INFINITI CONTEMPLATIO

STUDIES IN THE HISTORY
OF
CHRISTIAN THOUGHT

FOUNDED BY HEIKO A. OBERMAN †

EDITED BY

ROBERT J. BAST, Knoxville, Tennessee

IN COOPERATION WITH

HENRY CHADWICK, Cambridge
SCOTT H. HENDRIX, Princeton, New Jersey
BRIAN TIERNEY, Ithaca, New York
ARJO VANDERJAGT, Groningen
JOHN VAN ENGEN, Notre Dame, Indiana

VOLUME CVII

DANIEL BOLLIGER

INFINITI CONTEMPLATIO

INFINITI CONTEMPLATIO

GRUNDZÜGE DER SCOTUS- UND SCOTISMUSREZEPTION IM WERK HULDRYCH ZWINGLIS

MIT AUSFÜHRLICHER EDITION BISHER UNPUBLIZIERTER ANNOTATIONEN ZWINGLIS

VON

DANIEL BOLLIGER

BRILL

LEIDEN · BOSTON

2003

This book is printed on acid-free paper.

Library of Congress Cataloging-in-Publication Data

Bolliger, Daniel.
  Infiniti contemplatio : Grundzüge der Scotus- und Scotismusrezeption im
  Werk Huldrych Zwinglis / von Daniel Bolliger
    p. cm. — (Studies in the history of Christian thought ; v. 107)
  Originally presented as the author's thesis (doctoral)—Universität Zürich, 2000.
  Includes bibliographical references (p.) and indexes.
  ISBN 9004125590
    1. Zwingli, Ulrich, 1484-1531. 2. Duns Scotus, John, ca. 1266-1308. I. Title.
  II. Series.

  BR345 .B65 2002
  230'.42'092—dc21

                                                                2002026150

Die Deutsche Bibliothek - CIP-Einheitsaufnahme

Bolliger, Daniel:
Infiniti contemplatio : Grundzüge der Scotus- und Scotismusrezeption
im Werk Huldrych Zwinglis / von Daniel Bolliger. – Leiden ; Boston ;
Köln : Brill, 2002
  (Studies in the history of Christian thought ; Vol. 107)
  ISBN 90–04–12559–0

ISSN   0081-8607
ISBN   90 04 12559 0

PRINTED IN THE NETHERLANDS

INHALT

B. MOTIVGESCHICHTLICHER TEIL

D. EDITORISCHER TEIL

VERZEICHNIS DER ABBILDUNGEN

VORWORT

Die vorliegende Studie wurde von der theologischen Fakultät der Universität Zürich im Sommersemester 2000 als Doktoraldissertation im Verlauf des Promotionsverfahrens auf Antrag von Prof. Dr. Alfred Schindler angenommen.

Im Rahmen der "Dritten Emder Tagung zur Geschichte des Reformierten Protestantismus" wurde sie am 18. März 2001 mit dem *J. F. Gerhard Goeters-Preis* der "Gesellschaft für die Geschichte des Reformierten Protestantismus e. V." ausgezeichnet. Dem jurierenden Vorstand der Gesellschaft unter dem damaligen Vorsitzenden Prof. Dr. phil. dipl. theol. Harm Klueting (Köln) gilt mein tiefer Dank für dieses Signal der Ermutigung und Anerkennung.

Für die Drucklegung wurde der Text stilistisch überarbeitet und mit Registern versehen.

Die jahrelange Arbeit am Manuskript vollzog sich naturgemäß *in angello cum libello*, doch wurde sie erleichtert und belebt durch vielerlei Momente der Anregung, des Austauschs und der Unterstützung. Es ist mir ein Vergnügen, die wichtigsten nachstehend zu nennen.

Unpublizierte Quellen von Protagonisten der frühen Reformation untersuchen zu können, wird zunehmend zu einem Privileg. Ein ganzes Feld solcher Quellen in Zwinglis Annotationen vermittelten mir Forschungen von Prof. Dr. Alfred Schindler, der mir durch eine Anstellung als Wissenschaftlicher Assistent am Theologischen Seminar der Universität Zürich auch die Möglichkeit eröffnete, mich ausgiebig in ihm umzusehen. Durch ihn wurde ich nachhaltig ermutigt, die Reformation in übergreifendem Zusammenhang mit der Antike und dem Mittelalter zu verstehen – und auch die dazu nötige Ausdauer nicht zu scheuen. Für all dies bin ich herzlich dankbar. Froh war ich zudem um die außerordentlich rasche Erstellung der beiden Fakultätsgutachten zur Promotion durch die Professoren Dr. Alfred Schindler und Dr. Emidio Campi.

Von entscheidender Bedeutung waren mir Korrespondenzen und Gespräche mit den theologischen Mediävisten Prof. Dr. Berndt Hamm (Erlangen) und Prof. Dr. Volker Leppin (Jena, anfangs Heidelberg). Beiden möchte ich für ihre Bereitschaft dazu auch an dieser Stelle meinen Dank aussprechen.

Mannigfaltige und für das Gelingen der Arbeit konstitutive Unterstützung erfuhr ich in konkreten Hilfestellungen. Die Mitarbeiterinnen und Mitarbeiter der Abteilung Alte Drucke der Zentralbibliothek Zürich unter der Leitung von Dr. Michael Kotrba standen mir unzählige Male mit unerschöpflicher Hilfsbereitschaft, wertvollem Sachverstand und erfrischendem Humor bei allem zum Transkribieren Nötigen zur Seite, namentlich in der Anfangsphase Bibliothekar Christian Aliverti. Dr. Martin Germann (damals ZB Zürich, mittlerweile Burgerbibliothek Bern) gab mir bereitwillig Auskunft über seine paläographische Einschätzung der verschiedenen Zwinglischen Glossen. Dr. Maria Burger (damals Freie Universität Berlin, jetzt Köln) stellte mir freundlicherweise das Manuskript ihrer Dissertation vor der Drucklegung zur Verfügung, wie mir auch Prof. Dr. Christopher Schabel (University of Cyprus) großzügig unpublizierte Exzerpte aus Franciscus von Marchias Sentenzen zusandte. Prof. Dr. Ulrich Köpf (Tübingen), Dr. Marianne Schlosser (München), Prof. Dr. Martin Anton Schmidt (Basel) und Prof. Dr. Heribert Smolinsky (Freiburg) erteilten mir briefliche Auskünfte zu verschiedenen Anfragen. Von Dr. Hans-Ulrich Bächtold und Prof. Dr. Peter Stotz (beide Universität Zürich) erhielt ich wichtige Hinweise zur Editionspraxis von Inkunabeln. In kirchengeschichtlichen Arbeitskreisen oder öffentlichen Kolloquien an den Universitäten Basel, Genf und Zürich (dort im Verbund mit Basel, Bern und Luzern) konnte ich das Manuskript in verschiedenen Etappen seiner Entstehung vorstellen, woraus manche kritische Anregung schließlich in die Arbeit einfloss. Einen in seiner Präventivfunktion unschätzbaren Zugang zur vernetzten Datensicherung vermittelte mir lic. theol. Rainer Henrich als Webmaster am Institut für Schweizerische Reformationsgeschichte (Zürich).

Ein ganz besonderer Dank gebührt cand. phil. Richard Fasching und vor allem cand. phil. Christian Moser (beide Universität Zürich) für das anspruchsvolle Korrekturenlesen zur Edition und dipl. theol. Matthias Osthof (Tübingen) für seine umfassende Hilfe bei der Schlussredaktion des Textes.

Voraussetzung für diese Studie war nicht zuletzt die lebensgeschichtliche Unterstützung, die ich erfuhr. Meinen Eltern verdanke ich ein von materiellen Sorgen unbelastetes Studium der Theologie. Für Freiraum in der Schlussphase des Promotionsverfahrens bin ich der Großzügigkeit der evangelischen Kirchengemeinde Uerkheim, namentlich der damaligen Präsidentin Doris Lüscher Müller, verpflichtet. Insgesamt wurde die Fertigstellung der Arbeit maßgeblich durch eine über Jahre anhaltende Verzichtbereitschaft meiner Frau Christine ermöglicht.

Für die Aufnahme in die Reihe *Studies in the History of Christian Thought* schließlich gilt ihrem *editor in chief* Prof. Dr. Robert Bast (University of Tennessee) und dem *editorial board* mein aufrichtigster Dank!

Zürich, im Mai 2002

EINLEITUNG

Für die Zürcher Reformation sind von einem stadt- und institutionengeschichtlichen Ansatz her zahlreiche spätmittelalterliche Wurzeln freigelegt und für die reformierte Theologie in ihrer reifen Form gegen Ende des Reformationsjahrhunderts deutliche Verbindungsmomente zur klassischen Ordensscholastik entdeckt worden. Beinahe gar nichts wurde jedoch bis anhin zur Kontinuität mit dem hohen und vor allem späten Mittelalter beim ersten und damit wohl prägendsten theologischen Ansatz des reformierten Flügels der Reformation in der Person und dem Werk Huldrych Zwinglis gesagt. Noch immer gilt so im Jahr 2000: "One of the most serious gaps in Zwingli research is the lack of a study of the influence of scholasticism on his thought."[1] Das Desiderat einer gründlichen Untersuchung wird denn auch seit Jahrzehnten in beinahe jeder größeren Studie und teils auch in kleineren monographischen Publikationen immer wieder neu angemahnt.[2] Die folgende Arbeit wagt sich darum erstmals an wenigstens einen konkreten Punkt vor, von dem schon seit längerer Zeit vermutet wird, dass er für das Verständnis der Entwicklung, der Struktur und des Gepräges Zwinglischen Denkens zentrale Bedeutung besitze: Die Rezeption der scotischen und scotistischen Scholastik in den publizierten und unpublizierten Schriften des Zürcher Reformators.

Dieses Vorhaben stellt methodische Probleme vor allem auf zwei Ebenen. Zur Bewältigung der bei jeder historischen Fragestellung zu leistenden, in rezeptionsgeschichtlichen Studien aber besonders heiklen heuristischen Arbeit stellt sich die Frage, wie Rezeption überhaupt funktioniert, worin sie besteht und in welchen Formen sie

---

[1] Stephens, The Theology of Huldrych Zwingli, 6.
Der Nachweis der Zitate wird im Folgenden und in der gesamten Arbeit stets mit Zuname des Autors, Kurztitel des Werks und Seite oder Spalte geführt. Die Schreibweise bei zitierten Quellentexten richtet sich in aller Regel nach der Edition, aus der zitiert wird, insbesondere auch bei der Interpunktion fremdsprachiger Texte.
[2] Direkt: Gäbler, Huldrych Zwingli im 20. Jahrhundert (1975), 99; Locher, Die Zwinglische Reformation (1979), 199; Stephens, The Theology of Huldrych Zwingli, 6; Hoburg, Seligkeit und Heilsgewissheit, 57, Anm. 3; Schindler, Zwingli als Leser von Johannes Damascenus (1994), 189: Indirekt: Hamm, Zwinglis Theologie der Freiheit (1988), 43, Anm. 192; Campi, Zwingli und Maria (1997), 26 mit Anm. 50.

wissenschaftlich nachzuweisen ist. Zugleich aber ist dieser formal zu analysierende Rezeptionsprozess im Rahmen der aktuellen Erkenntnisse über die geschichtliche Situierung des jeweiligen Umfelds von Rezipient und Rezeptionsinhalt, ohne die dieser Prozess auch schlicht gar nicht zu verstehen ist, historiographisch zu interpretieren.

Die beiden dazu interessierenden Gebiete der scotistischen Spätscholastik einerseits, der Anfänge refomierter Theologie andererseits sind allerdings bisher vor allem beide je für sich ins Blickfeld akademischer Interessen getreten; eine Koordination der Perspektiven fand höchstens ansatzweise statt. Dass die Spätmittelalterforschung während der letzten Jahrzehnte erhebliche Fortschritte gemacht hat, ist von den Historikern der Zürcher Reformation noch kaum nachvollzogen worden. Die in verschiedenartigen Kontexten verstreut zu findenden Äußerungen zum Thema sind allzu oft eher bloßer Reflex veralteter Meinungen in der Spätscholastikforschung denn selbständig an den Quellen gewonnene Interpretation im Lichte eines gegenwärtigen Konsenses der Mediävistik. So erstaunt es wenig, dass in einem von der Spätscholastikforschung erst seit etwa einer Forschergeneration (an-)erkannten Sachverhalt eine der größten Lücken im Problembewusstsein der bisherigen Zwingliforschung besteht: Dem Faktum einer doppelten Scotusrezeption im Spätmittelalter durch Scotisten einerseits, Ockhamisten andererseits. Beide Gruppen reklamierten den Lehrer für sich, allerdings in je unterschiedlicher Weise. Beriefen sich erstere in expliziter Programmatik auf den großen Franziskaner, standen letztere mit ihm in ähnlich intensiver, wenn auch eher verborgener geistiger Verbindung. Dieser komplexe Sachverhalt verleitete die im 19. Jahrhundert einsetzende wissenschaftliche Scholastikforschung dazu, die zeitgenössische Aufnahme des Werks des großen Doktors gänzlich in der wissenssoziologischen Wirklichkeit einer aus Scotisten und Thomisten gebildeten Via antiqua anzusiedeln und Duns Scotus vornehmlich, wenn nicht gar ausschließlich, als einen Patron der als Repristinatoren realistischer Hochscholastik verstandenen Antiqui zu betrachten. Seit dem letzten Drittel des 20. Jahrhunderts kommt allerdings auch die andere Seite der Wahrheit einer breiteren forschenden Öffentlichkeit nachhaltig zum Bewusstsein. In ihr zeigt sich Duns Scotus als eigentlicher Pionier der – gemeinhin mit dem unpräzisen Begriff der Via moderna bezeichneten – Spätscholastik, die die voluntaristischen Aspekte des Weltbezugs Gottes ebenso sehr wie auch der dazu komplementären Kontingenzmomente des Gottesbezugs der Welt betont. Die aus dieser Rezeptionsduplizität sich ergebende, eigentlich durchaus simple historiographische Folgerung, dass die nur in der Selbstwahrnehmung der Zeitgenossen völlig getrennt verlaufenden Rezeptionen des *doctor subtilis* eine gemeinsame inhaltliche, weniger Logik und Erkenntnistheorie, aber teils sehr stark die Theologie betreffende Schnittmenge hatten, tritt in der bisherigen, in diesem Punkt rückständigen Zwingliforschung kaum je ins Blickfeld. Der Scotus, den Huldrych Zwingli kennenlernte und rezipierte, ist nach einhelliger Meinung so gut wie aller bisherigen Zwingliforscher exklusiv derjenige der Scotisten, der darum mit Via moderna und Ockhamismus nichts zu tun haben kann.

In einem ersten Teil der Arbeit wird darum die Entwicklung dieser reduktionistischen Auffassung der scotischen Theologie und ihrer Rezeption bei Zwingli in der bisherigen Forschung als Folge der Geschichte der wissenschaftlichen Darstellung der Spätscholastik in ihren Grundzügen nachgezeichnet, damit ihre Relativität durch die teilweise Abenteuerlichkeit ihrer Entstehung selber dargelegt werden kann (Kapp. I–II). In einem zweiten Teil werden sodann zwei zentrale scotistische Denkfiguren, die erwiesenermaßen auch auf Zwingli massiv eingewirkt haben,[3] nämlich die theologische Zentraldoktrin der intensiven Infinität Gottes und die ganz von den Formalitäten her konzipierte Distinktionenlehre, in ihrer Entstehung bei Duns und ihrer für die geistige Atmosphäre der Bildungszeit Zwinglis relevanten ordensinternen Weiterentwicklung verfolgt (Kapp. III–IV). In einem dritten Teil schließlich wird die konkrete Rezeption dieser beiden und weiterer Figuren bei Zwingli aufgewiesen (Kapp. VI–VII und VIII), nachdem die Frage, wie ein solcher Aufweis eigentlich genau aussehen und theoretisch untermauert werden soll, eingehend zu reflektieren versucht wurde (Kap. V). Durch diesen Nachweis soll die extreme Einseitigkeit der bisherigen Zwingliforschung in ihrer historischen Zuordnung des scotistischen Denkens korrigiert und

---

[3] Der Satz in der Amica Exegesis – Z V, 587, 26–30: *Quum ergo dicimus essentia deum sive natura et potestate (quod pridem theologi per essentiam et potentiam vocabant) ubique esse praesentem, non de nostro proferimus (etiamsi nonnihil huc faceret infiniti contemplatio), sed ex divinorum hominum oraculis.* –, dem auch der Titel dieser Arbeit entstammt, zeigt exemplarisch, wie sehr Zwingli seine Bibelauslegung von einem spätmittelalterlichen Bildungshintergrund scotisierender Prägung her anging, sich darüber aber längere Zeit hinweg nicht wirklich Rechenschaft ablegte: Gerade weil die Infinität Gottes für ihn vollkommen selbstverständlich war und darum auch vollkommen selbstverständlich mit der Wahrheit der Schrift in eins ging, hielt er selber Unendlichkeitsreflexion für nützlich, aber keineswegs unabdingbar zur Bestätigung der Resultate seiner Exegese.

dadurch auch wichtige Züge der Unterschiedlichkeit der Zwinglischen Lektüre des Scotismus im Vergleich zu der im Nominalismus und bei Luther genauer bestimmt werden (Kap. VIII). Diesem dritten (und implizit stets auch dem zweiten) Teil korrespondiert ein ausführlicher editorischer Anhang, der in breiter Auswahl die für diese Fragestellung relevanten Quellen zur Scholastikrezeption bei Zwingli wiedergibt.

In der Summe der drei Teile (Kap. IX) wird so ein neues Bild der biographischen Entwicklung in der Beeinflussung des Reformators durch den Scotismus zumindest skizziert, ein Bild, das Kontinuitäten sowohl im Leben Zwinglis vor und nach der bei ihm fließenden reformatorischen Wende, als auch, damit verbunden, generell im Übergang von scotistisch-spätmittelalterlichem zu reformiert-frühneuzeitlichem Denken zu sehen erlaubt. Die bislang noch immer faktisch dominierende Einschätzung der Traditionsverbundenheit Zwinglis nach dem Muster eines als bruchhafte Abfolge der Epochen vorgestellten Geschichtsverlaufs im Gefolge der Periodisierung des 19. Jahrhunderts soll so allmählich zu Gunsten einer mit der aktuellen Mediävistik und Frühneuzeitgeschichte dialogfähigeren Wertung des reformatorischen Wandels im Leben des Zürchers und der durch ihn ausgelösten Folgen ersetzt werden. Wenn Zwingli in dieser Studie darum vor allem als eine Gestalt des "langen 15. Jahrhunderts" in den Blick kommt, geschieht das immer in der Überzeugung, gerade so die das filigrane System der Theologie dieses Jahrhunderts sprengenden Aspekte seines Denkens besser, ja zum Teil überhaupt erst wirklich erfassen zu können.

A. FORSCHUNGSGESCHICHTLICHER TEIL

KAPITEL I

"VIA ANTIQUA – VIA MODERNA" – GESCHICHTE EINES HISTORIOGRAPHISCHEN SCHEMAS

Bis anhin wurden die Bezüge Zwinglis zur spätscholastischen Philosophie und Theologie eigentümlicherweise fast ausschließlich mittels des Interpretaments des so genannten spätmittelalterlichen Wegestreites beleuchtet. Gründe für diese einseitige Option sind wohl an verschiedenen Stellen zugleich zu suchen. Zuerst sicher einmal bei einem lange andauernden Ausbleiben besserer Deutungsangebote von Seiten der philosophiegeschichtlichen Forschung, vor allem was die in dieser Frage zentral wichtige Unterscheidung von Institutionen- und Ideengeschichte angeht, dann aber auch in einem schwer begründbaren, aber wohl latent konfessionalistischen mediävistischen Desinteresse vieler Zwinglikenner, und nicht zuletzt auch in inner- protestantisch-konfessionalistischen Eindeutigkeits- respektive Unter- scheidungswünschen in Bezug auf die bildungsmäßigen Herkünfte Zwinglis und Luthers, die darum nicht ganz selten als *toto coelo* unter- schiedlich vorgestellt wurden. Die aus solchen Gründen erfolgte Konzentration auf das Zweiwegeschema führte aber zwingenderweise zu groben Verzerrungen in der historiographischen Einordnung und der theologischen Beurteilung Zwinglis. Es ermöglicht und postuliert aufgrund seiner binären Struktur naturgemäß die exklusive Zuweisung eines Autors zu nur einem der beiden Wege: Wer zur so genannten Via antiqua gehört, kann nicht gleichzeitig zur Via moderna gehören, selbst in Einzelaspekten seines Denkens; genauso wie umgekehrt ein Vertreter der sogenannten Via moderna keinerlei Konvergenzen zum Duktus des alten Weges aufweisen darf. Es liegt auf der Hand, dass durch solchen Zwang zu einer scheinbar alles erklärenden Alternative die äußerst fassettenreiche Welt des spätmittelalterlichen Denkens in ihrer Wirkung auf Zwingli noch nicht einmal annähernd adäquat erfasst werden kann. Eine ganze Epoche lässt sich nun einmal nicht auf eine rein binäre Klassifikationsstruktur reduzieren. Dies verbie- tet sich schon allein durch die einfache Überlegung, dass zwei sich bekämpfende Wege durch ihr gemeinsames ideologisches Kampffeld, jedenfalls aus größerer Distanz betrachtet, von ähnlichen, wenn nicht sogar identischen Voraussetzungen ausgegangen sein müssen. Noch bedauerlicher freilich als sachlich unangemessene oder pauschalisierende Interpretation von Quellen ist das gänzliche Fehlen einer solchen, was in Bezug auf scholastische Einflüsse bei Zwingli leider in vielen Punkten der Fall zu sein scheint. Es steht zu vermuten, dass von der im streng alternativen Schema suggerierten Suffizienz allein schon des puren Aktes der Zuordung zu einem der beiden Wege eine unbewusste Denkhemmung ausging: Mit der erfolgten Zuordnung waren die Fragen ja doch wohl im Wesentlichen gelöst – wozu also ein scheinbar bereits behobenes Problem noch weiter bearbeiten wollen?

Angesichts des solchermaßen zu charakterisierenden Standes eines Großteils der früheren wie der gegenwärtigen Zwingliforschung scheint es nicht nur gerechtfertigt, sondern schlichtweg unumgänglich, die historische Genese des Zweiwegeschemas erst einmal in ihren Grundzügen nachzuzeichnen. Eine solche forschungsgeschichtliche Übersicht ermöglicht nicht nur eine *demonstratio ad oculos* der vielfältigen Unzulänglichkeiten ebendieses Schemas und damit eine mittelbare Einsichtnahme in die Gründe der ihm gegenüber in der neueren Literatur anzutreffenden Skepsis. Sie gestattet auch, durch den so gewonnenen Rahmen sämtliche relevanten Publikationen über Zwingli der allgemeinen geistesgeschichtlichen Forschung und deren durch ständige Selbstkritik ermöglichtem Fortschreiten zuzuordnen. Eine derartige virtuelle Synopse wiederum bildet die notwendige Grundlage zur Entkräftung bisher vertretener und entweder offensichtlich irrtümlicher oder aber ungewollt verzerrender Positionen in der uns interessierenden Frage nach den Bezügen Zwinglis zu spätmittelalterlichem Denken. Zudem gibt sie natürlich auch wichtige Anhaltspunkte zum Aufbau einer weiterführenden Sicht. Diesem Vorhaben widmet sich das vorliegende Kapitel – als Versuch eines skizzenhaften Abrisses der Geschichte des Wegestreitparadigmas in seiner spätneuzeitlichen Form.[1] Eine solche Skizze lässt sich im Wesentlichen in drei Abschnitte gliedern:

---

[1] Einem solchen Abriss kann insbesondere in seinem Fortschreiten in der Zeit und der mit ihm stetig anwachsenden Flut von Publikationen im weiteren Umfeld unserer Themenstellung kein Anspruch auf absolute Vollständigkeit zukommen. Umgekehrt besteht aber durchaus eine Absicht, hohe Repräsentativität des Ausgewählten zu bieten. Für den Forschungsabriss über Zwingli im nächsten Kapitel dürfte die Schere zwischen effektiv vorhandenem und besprochenem Forschungsmaterial geringer ausfallen, obschon auch dort eine absolut erschöpfende Erfassung des bisher Existierenden weder möglich noch sinnvoll erscheint.

1. Die eigentliche Genese des Schemas in seiner neuzeitlichen Form erfolgte in den 1870er Jahren unter logikgeschichtlichem Vorzeichen und ist aufs engste mit dem Namen des bekannten Münchener Philosophiehistorikers Carl Prantl verbunden.

2. Nach Abstreifung der gröbsten logizistischen Einseitigkeiten in der Prantl'schen Darstellung und unter Verschiebung des Interpretationsschwergewichtes auf die Erkenntnistheorie in allgemeinerem Sinne trat das Wegestreitparadigma in den 1920er Jahren in einen neuen Abschnitt. Diese Phase wurde vornehmlich durch den bekannten Heidelberger Historiker Gerhard Ritter eingeleitet und entwickelte sich zu einem eigentlichen Forschungsplateau, das einen mehr oder minder deutlichen Konsens bis in die 1960er Jahre hinein auszubilden und aufrecht zu erhalten vermochte.

3. Anschließend an diesen Zeitraum, also seit den späten 60er Jahren, wird das Schema von praktisch allen Forschern weitgehenden Differenzierungen unterzogen oder sogar völlig verabschiedet. Ein neuer Konsens beginnt sich *per negationem* zu bilden, nämlich in einem sich zunehmender Anerkennung erfreuenden Postulat, nur noch durch konkrete Interpretation konkreter Texte und also unter Verzicht auf größere nomenklatorisch-periodisierende Ansprüche einen historischen Erkenntniszuwachs erhalten zu wollen.

Die weitere Darstellung folgt dieser hier umrissenen Dreiteilung.

1. Genese des Paradigmas

1. *Streiflicht auf die vorkritische Historiographie*

Johannes Aventin (Thurmair)

In den 1519–1521 verfassten *annales ducum Boiariae* des bayerischen Chronisten Aventin dürfte, wenn nicht überhaupt der entscheidende, so doch zumindest einer der zentralen *historiographischen* Ausgangspunkte zu finden sein für die große Bedeutung, die der Wegedifferenz bis heute zugemessen wird.[2] Aventin nutzte seine im Zusammenhang mit der Nennung Roscellins gegebene Darstellung des frühscholastischen Universalienstreits zu einem ausführlichen Exkurs über die in

---

[2] Die Darstellung folgt für Aventin derjenigen Gerhard Ritters, Via antiqua und Via moderna auf den deutschen Universitäten des XV. Jahrhunderts, 4. Eine selbständige Einarbeitung in die Quellen zur Historiographie vom 15. bis 18. Jh. liegt außerhalb der Zielsetzung der vorliegenden Studie.

seiner eigenen Zeitgenossenschaft virulenten innerscholastischen
Streitigkeiten. Dadurch wurde ein direkter historischer, somit natürlich
auch inhaltlicher Zusammenhang fast automatisch hergestellt: Aus
einem Nebenexkurs zu einem Hauptthema wurde gleichsam unter
der Hand eine historiographische Verknüpfung zeitlich weit vonein-
anderliegender Kontroversen. In der Folge galt "es lange als selbstverständlich, in der Weise Aventins den Gegensatz der beiden 'Wege'
des 15. Jahrhunderts ohne weiteres auf die ältere [sc. frühscholasti-
sche] Parteispaltung in der Universalienfrage zurückzuführen – ein
Verfahren, das auch durch die Tradition der Gelehrtengeschichten
des 17. und 18. Jahrhunderts unterstützt wurde".[3]

Friedrich Zarncke

Wohl eines der ersten Werke, das wieder mehr mit eigenen Beobachtungen und Überlegungen aufwarten kann, ist Friedrich Zarnckes
1854 erfolgte Edition des "Narrenschiffs" von Sebastian Brant, mit
vorangestellter historischer Einleitung. Streng genommen entstammt
es ebenfalls vor-kritischer Geschichtsschreibung.[4]

Für Zarncke steht die Via antiqua in einer gewissen Kontinuität
zum vorangehenden "nominalismus" und die Interessen sind teilweise dieselben wie bei den "früheren nominalisten", schon alleine
durch die Tatsache, dass beide katholische Scholastik betrieben. Bei
den "realisten" äußert sich diese Arbeit "aber, und das ist der wesentliche unterschied, nicht in frischer kraftäußerung, sondern als senti-
mentale, zurückgehaltene wehmuth. es fehlt der muth und die schärfe
des denkens, die jene [sc. die Nominalisten] auszeichnete". Die Gründe
für diese "wehmuth" sind (kirchen-)politischer Natur.[5]

---

[3] Ritter, a. a. O., 4.
[4] Zarncke, Sebastian Brants Narrenschiff, lässt präzise Quellenbelege, die schlich-
teste, darum fundamentalste Bedingung historischen Arbeitens in neuzeitlich-kriti-
schem Sinn, weitgehend weg. Zarncke zeichnet vielmehr "Brants stellung zu den
bestrebungen seiner zeit" (IX–XXVI) durch ein Bild "jener periode, die wir die
vorgeschichte der reformation nennen dürfen" (IX), das durch eine gemütvoll-roman-
tisierende Einfühlung in die Charaktere, sozusagen einen intuitiv-psychohistorischen
Tiefenblick, gewonnen wird. Dennoch kann dem Werk eine gewisse Wissenschaftlichkeit
insofern zugebilligt werden, als Zarncke sich um eine kohärente Darstellung der
Dinge bemüht, nicht lediglich assoziativ oder narrativ-anekdotenhaft vorgeht. Allerdings
wirkt der methodische Fortschritt, der mit Prantls "Geschichte der Logik" (s. unten
Anm. 7) eintritt, gerade auch Zarncke gegenüber frappant.
[5] "Denn, wir dürfen es kurz so fassen, der realismus dieser männer ist eine übersetzung des nominalismus aus der frischen lebensluft der concilzeit im anfange
des jahrhunderts in die gedrückte atmosphäre des absoluten papstregiments zu ende

"Kaum kann man sich [...] eines gefühls des unwillens gegen jene männer enthalten" und es wäre "die gesammte thätigkeit jenes kreises nur characteristisch für ihre zeit, doch ohne nachhaltige wirkung für die folgende generation geblieben, wenn sie es nicht gewesen wäre, die in Deutschland zuerst ein ganz neues bildungselement von der weitgreifendsten bedeutung einführte – die classischen sprachen." Die Bewegung, die von Paris durch den berühmten Theologen der Via antiqua, Johann Heynlin vom Stein, nach Süddeutschland, vor allen Dingen aber auch nach Basel zu Brant, Wimpfeling, Geiler übergriff und weiterführte, brachte darum trotz allem kulturgeschichtlichen Fortschritt. Es begegnet uns hier – vermutlich zum ersten Mal – ein Motiv, das von da ab oft, wenn auch meist in unpräziser Weise, geäußert wurde: Die Zusammenschau der Intentionen und teilweise auch der Werke von Via antiqua und Humanismus.[6] Darauf baute vor allem Heinrich Hermelink später auf.

Alles in allem halten Dichtung und Wahrheit sich in diesem Opusculum, in dem deutlich Kulturkampf und Biedermeier sich widerspiegeln, letztlich wohl etwa die Waage.

2. *Carl Prantl*

Carl Prantls "Geschichte der Logik im Abendlande", die den gesamten Stoff von den Vorsokratikern bis zum Ausgang des Mittelalters in vier Bänden zur Darstellung bringt, bildet den Anfangs- und

---

desselben. Der character jenes kreises war der einer mehr oder weniger bewussten resignation. Schüchtern, keine einzige frage von umfassender bedeutung zu berühren wagend, in allen kirchlich-politischen angelegenheiten furchtsam und zurückhaltend, sind sie gleichsam zu dem satze der verzweiflung gelangt: unter jedem regiment, unter allen verhältnissen ist gut leben, wenn nur jeder einzelne wahrhaft gut ist." Aber damit nicht genug. Die Angesprochenen sind nicht nur politisch gesehen anpasserische Leisetreter, sondern auch denkerisch-intellektuell völlig unselbständig. "Ich glaube, es giebt [...] in der ganzen deutschen geschichte keine kläglichere zeit, als die des ausgehenden 15. jahrh., obgleich talentvoll, warm, fühlend, von ernstem willen für die wahrheit beseelt, ist doch unter jenen männern kein einziger, der wirklich productiv gewesen wäre. das schlagwort jener zeit ist die autorität der früheren lehrer [...]" (Zitate XVIII–XIX). Sind die Ausführungen Zarnckes eine Invektive gegen das reaktionäre Biedermeier seiner eigenen Gegenwart? Die von ihm festgehaltene Stimmung Brants und seiner Freunde passt ausgezeichnet auf diese Zeit; besonders, wenn man bedenkt, dass die kritische Auseinandersetzung mit dem Vormärz in Deutschland erst in den 1850er Jahren öffentlich geführt wurde. Ebenso wahrscheinlich ist freilich eine sich dem beginnenden Kulturkampf verdankende Stimmung als Erklärung seiner Ansichten.

[6] Vgl. a. a. O., XX–XXVI.

Ausgangspunkt einer wissenschaftlichen Beschäftigung mit spätmittelalterlichem Denken, die – trotz und in allen riesigen, gleich noch
zu nennenden Schwächen – diesen Namen auch nach modernen
Kriterien verdienen kann.[7] Zwar ist sie hauptsächlich ideengeschichtlich motiviert und in diesem Sinne aus heutiger Sicht wohl ebenfalls
als einer methodischen Beschränkung unterworfen anzusehen. Sinn
und Interesse für eine eigentlich wissenssoziologische oder schlicht
allgemeinhistorische Erfassung auch intellektueller Phänomene begann
sich erst im Laufe des 20. Jahrhunderts vermehrt zu entwickeln. Der
Münchener Philosophiegeschichtler Prantl sah als Kind seiner Zeit
die Frage von ihrem philosophisch-geistigen Aspekt her an und bediente sich wie selbstverständlich der damals gebräuchlichen Methode
eines streng literargeschichtlichen Quellenzugangs. In der Erarbeitung
dieser Literatur hat er einen stupenden Fleiß aufgeboten. Bis heute
ist das Werk in vielerlei Hinsicht unüberholt, die in ihm zu Tage
tretende Gelehrsamkeit überwältigend.[8]

Entsprechend der von ihm betriebenen literargeschichtlichen Methode, die sich dem einzelnen Autor und der präzisen und adäquaten Darstellung seines Werkes verpflichtet weiß, ist Prantl bei aller
Unterteilung und Systematisierung grundsätzlich zurückhaltend.[9] "Ein
aprioristisches Treiben, welches der Geschichte Gewalt anthut"[10],
das er bei Vorgängern und wissenschaftlichen Gegnern beobachten
muss, möchte er tunlichst vermeiden. Bei genauerem Hinsehen zeigt
sich in seinem Werk allerdings eine in die konkrete Darstellung zwar
stets verwoben, aber dafür um so konsequenter gehandhabte inhaltliche Systematisierung des Stoffs, die sich vom Ende des zweiten
Bandes bis zum Ende des letzten durchzieht. Diese merkwürdige
Mischung aus akribischer Quellennähe und letztlich dennoch kon-
struierender Systematik verlieh Prantls Hauptthese eine Überzeugungskraft, durch die sie ein halbes Jahrhundert und länger so gut

---

[7] Erster Band, Leipzig 1855: Eleaten bis Spätantike (I); Zweiter Band, Leipzig
1861: Frühmittelalter. Byzanz. Araber (II); Dritter Band, Leipzig 1867: Hochmittelalter;
Hochscholastik (III); Vierter Band, Leipzig 1870: Terminismus; "Nachblüthe" der
Scholastik (IV).
[8] Ganz in diesem Sinne äußert sich, trotz mancher Gegnerschaft in der Sache,
auch Ritter: Marsilius von Inghen und die okkamistische Schule in Deutschland,
49; Via antiqua und Via moderna auf den deutschen Universitäten des XV.
Jahrhunderts, 91.
[9] Vgl. a. a. O., Bd. III, 178.
[10] Ebd.

wie alle Teile der Forschung dominieren konnte. Das erstaunliche Phänomen, dass eine zwanzig Jahrhunderte zur Darstellung bringende Logikgeschichte hauptsächlich von deren letzten drei her wahrgenommen und rezipiert wurde, erklärt sich denn auch von daher, dass eben jene Hauptthese gänzlich auf eine Erhellung und Interpretation der spätmittelalterlichen Parteikämpfe abzielt.

Sie besteht in der Behauptung Prantls, zentrale und später zur sogenannten Via moderna hinführende Grundtexte mittelalterlicher Logik seien unter starkem oder sogar exklusivem Einfluss des Spätbyzantinismus entstanden.[11] Das maßgebliche Lehrbuch des Hoch- und Spätmittelalters, die *summulae logicales* des Petrus Hispanus (1220–1277, des nachmaligen Papstes Johannes XXI.)[12], in seiner Bedeutung durchaus zu vergleichen mit der Sentenzensammlung des Petrus Lombardus, ist in Prantls Sicht eine lateinische Übersetzung der σύνοψις εἰς τὴν Ἀριστοτέλους λογικὴν ἐπιστήμην des byzantinischen Aristoteleskommentators Michael Psellos (geb. 1020). Schon durch Wilhelm von Shyreswood (gest. 1249) ging nach Prantl eine, allerdings viel freier gehaltene, Übertragung ins Lateinische voraus. Doch auch er war noch nicht "der Erste, welcher das Compendium des Psellus in das lateinische Abendland übertrug, sondern [. . .] nur [. . .] ein [. . .] Repräsentant einer verbreiteten Richtung". Prantl behauptet daher, "dass schon im zweiten und dritten Jahrzehnt des 13. Jahrhunderts jenes byzantinische Original bei den Lateinern eine einflussreiche Annahme gefunden haben muss"[13], aber durch die papale Autorität des Petrus Hispanus *ex post* verdrängt wurde.[14]

Nach längerem Referat des "geistlosen Elaborats" resümiert Prantl abschließend den "Inhalt der einflussreichen Summulae des Petrus Hispanus" als eine einzige krude Ansammlung von Unsinn um die "peinlich ausführliche Lehre von den proprietates terminorum".[15]

---

[11] A. a. O., Bd. II, 658; Bd. III *passim*, vor allem im Abschnitt über Petrus Hispanus, 32–75.

[12] Zur Biographie vgl. unten Kap. V, Anm. 25.

[13] A. a. O., Bd. III, 25.

[14] A. a. O., Bd. II, 264: "[. . .] nur durch die Autorität, welche Petrus Hispanus als Papst in dem römisch-katholischen Abendlande genoss, konnte es geschehen, dass jene Bestrebungen anderer Schriftsteller des 13. Jahrhunderts, welche gleichfalls auf byzantinischer Literatur fussten, allmälig bei Seite geschoben wurden und mit einer gewissen Monotonie sich ausschliesslich das geistlosere Elaborat des Petrus Hispanus auf lange Zeit hin einbürgerte.

[15] A. a. O., Bd. IV, 73f.: "[. . .] eine Logik, in welcher (wenn auch nach einem zufälligen und wahrlich nicht philosophischen Motive) das Urtheil als erster Abschnitt

Der trotz seines ernstlichen Hasses auf die Scholastik und besonders
auf alles von ihm als irgendwie pfäffisch an ihr Empfundene augenscheinlich von ihr doch auch faszinierte Prantl sieht in den Wortformen
der Begriffe und damit zusammenhängend den Eigenschaften des
Satzbaues das innerste Wesen dieser – nach seiner Ansicht erst seit
Petrus im Abendland bekannten – Zusätze zur mittelalterlichen Logik.
Alles dreht sich um die genaue Bestimmung der für den jeweiligen
Erkenntnisgegenstand zu verwendenen *termini* und ihrer *proprietates*
sowie um deren Stellung im Satz. Diese Termini stehen für die *res*,
die Gegenstände, die als solche nicht unmittelbar erkannt werden
können, sondern durch sachgerechte Bestimmung ihres Erscheinens
im Satz benannt werden sollen. Dies ist die durch "den verpestenden Einfluss des von Anbeginn an blödsinnigen Stoicismus, welcher
mittelst dieser byzantinischen Logik drei Jahrhunderte hindurch das
abendländische Mittelalter beschäftigte" entstandene Suppositionslogik,
das geistige Fundament der Geschichtsschau Prantls.

Obwohl Prantl, wie erwähnt, mit Akribie den Quellen folgt und
sie stets ausgiebig selber zu Wort kommen lässt, und so sein Werk
auch schon kleine historische Fortschritte und Veränderungen re-
gistrieren kann, hat er andererseits ein seltsam geschichtsloses Bild der
Dinge.[16] Er bringt die auch in seiner Darstellung erst im 15. Jahrhun-

---

dem Begriffe vorangeht, in welcher der kategorische Syllogismus in drei Figuren
(mit den theophrastischen Schlussmodis der ersten Figur) entwickelt wird, hingegen
die hypothetischen und modalen Syllogismen fehlen, in welcher ferner eine erkleck-
liche Anzahl von Memorialversen auftritt, und endlich in welcher die eine erschre-
ckende Fülle byzantinischen Unsinnes enthält. Bedauernswerth erscheint uns der
Leser, welcher all dasjenige, was von Anm. 202 an vorzuführen war, durchstudi-
ren oder wenigstens durchblättern soll; aber es darf sich wohl hieran die Bitte knüp-
fen, dass einiges Mitleid von dem Leser auch wieder auf den Geschichtsschreiber
der Logik zurückfliessen möge, welcher jenes verstandlose und häufig läppische
Treiben nicht bloß bei Petrus Hispanus in seiner ganzen Ausdehnung geniessen,
sondern auch in hundertfachen Variationen verfolgen und bis in das 16. Jahrhundert
hinab nachweisen musste. In jener sinnlosen Verquickung grammatischer und logischer Momente, welche durch die ganze Lehre von der *suppositio, ampliatio, appella-
tio, restrictio, distributio, exponibilia* sich hindurchzieht, erblicken wir allerdings sogleich
den verpestenden Einfluss des von Anbeginn an blödsinnigen Stoicismus, welcher
mittelst dieser byzantinischen Logik drei Jahrhunderte hindurch das abendländische
Mittelalter beschäftigt."

[16] Was folgendes Zitat belegen mag; a. a. O., Bd. III, 178f.: "Indem ich daran
festhalten muss, dass die ganze Scholastik nur von der Masse und dem Inhalte des
zugeführten Stoffes bedingt wird, und ich auch den Nachweis hievon wahrlich nicht
schuldig geblieben bin, konnte mich nur ein äusserlich praktisches Motiv dazu ver-
anlassen, jenen einheitlichen Faden der Scholastik, welcher sich vom Ende des 13.
bis zum Anfange des 16. Jahrhunderts fortspinnt, in einzelne Stücke zu zerlegen.

dert virulent werdenden Konflikte zwischen einer Via antiqua und einer Via moderna an den Universitäten mehr oder minder direkt in Verbindung mit dem Aufkommen jener neuen Teile einer byzantinischen Logik, die, wiederum in zeitlicher Verschiebung, erst in den Quellen nach Ockham Terminismus genannt werden (die *termini* betonend). Die *moderni* sind diejenigen, die diesen Terminismus aufgreifen, applizieren, ausbauen und verfeinern – die *antiqui* lehnen ihn hingegen mehr oder minder deutlich ab. Diese Differenz will er auch vor allem durch einen Unterschied zwischen realen und sermocinalen *habitus* respektive Wissenschaften bestimmen: Die modernen Terministen betonen stark die sermocinale Wissenschaft terministischer Logik, die *antiqui* wenden sich eher den realen Wissenschaften wie Metaphysik, Physik, Psychologie zu.[17] Eine ähnliche Charakterisierung erfolgt später als Zusammenfassung eines kurzen institutionengeschichtlichen Überblicks über die Verhältnisse an den

---

Nemlich nur um die Ziffern der Anmerkungen nicht in die Tausende anschwellen zu lassen und dem Leser gleichsam einmal einen Ruhepunkt zu gönnen, scheide ich die 'allmälige Formulirung der Partei-Ansichten', soweit dieselbe bis Occam (einschliesslich) zu Tage tritt, vorläufig als eigenen Abschnitt ab, um sodann das 'üppigste Wuchern der scholastischen Logik', welches sofort an Occam's Auftreten sich knüpfte, bis zu den 'ersten Erscheinungen der Renaissance' zu begleiten und hierauf nach diesen die 'reiche Nachblüthe' der Scholastik darzustellen."

Es ist wahrscheinlich, dass Prantls Selbstbeschränkung auf gedruckte Quellen ohne jede Berücksichtigung der Manuskripte, die in der königlich-bayerischen Bibliothek ja in reicher Zahl zu finden gewesen wären (wie in jüngerer Zeit Neal Ward Gilbert kritisiert hat), eine gewisse methodische und geistige Patenschaft dieser ahistorischen Züge zuzuschreiben ist.

[17] A. a O., Bd. III, 147f.: "Was uns [...] besonders interessirt, ist die geschichtliche Thatsache, dass die Vertreter der modernen occamistischen Logik [...] den ganz passenden Namen 'Terministen' erhielten und ihre Gegner von ihnen Formalisten genannt wurden. Diese letzteren waren nun allerdings offenbar hauptsächlich die Scotisten; aber einerseits sahen wir doch, dass auch die thomistische Richtung sich nicht gänzlich spröd gegen die *formalitates* verhielt, und andererseits ist von grösstem Belang, dass der Gegensatz gegen die Terministen auch durch die '*reales in metaphysica*' ausgedrückt wird, sodass demnach die ältere Unterscheidung der *philosophia realis* und *philosophia sermocinalis* das Massgebende war, wonach zu ersterer, welche in sich Metaphysik, Physik, Psychologie u.s.f. enthielt, gleichmässig Thomisten und Scotisten nebst sämmtlichen Zwischenschattirungen, d. h. eben Alle mit Ausnahme der sermocinalen occamistischen Terministen, zu rechnen sind. Kurz, der im Lehrstoffe beruhende Gegensatz der realen und der sermocinalen Zweige der Philosophie (nicht aber die in der Auffassung der Universalien liegende Spaltung in logischen Realismus und logischen Nominalismus) hat hiemit hier bereits jenen seinen Ausdruck gefunden, welchen wir als Grundton in der Gegenüberstellung einer *Via antiqua* und einer *Via moderna* wiedererkennen."

Universitäten des 15. Jahrhunderts[18] und auch hier erfolgt sogleich die Abgrenzung gegen die alte – Aventinsche – Nomenklatur.[19]

Die Bestreitung jeder Bedeutung des Universalienstreits und die aus seinem antiklerikalen Affekt kommende Vernachlässigung aller eigentlich theologischen Faktoren, die Fixierung der Nomenklatur auf den *antiqui-moderni*-Gegensatz, das Vorkommen und sozusagen das Maß an terministischen Zügen der logischen Reflexionsweise als Kriterium für den Grad an Modernität (in jenem neuen Sinne der Nomenklatur) der untersuchten Schriften oder Autoren, sowie eine noch moderate Ausdehnung der Differenz in der logischen Lehrmethode zu einer Differenz im wissenschaftlichen Habitus und Interessenkreis in grundlegenderer Art: Das sind in Kürze die wesentlichen Punkte der Prantl'schen Sicht, die in ihrer Wirkung – trotz und, wie so oft, gerade auch im kurz danach gegen sie einsetzenden Widerspruch – kaum überschätzt werden kann und letztlich bis mindestens in die Mitte des 20. Jahrhunderts hinein prägend wirkte.

Prantl selber war sich bewusst, dass er mit dieser Darstellung vereinfachte, vor allem in Hinblick auf die wichtige, einflussreiche und

---

[18] A. a. O., Bd. III, 193: "Die den Thatsachen entsprechende Bezeichnung der zwei Parteien ist '*antiqui*' und '*moderni*', welch letzteres Wort auch durch '*terministae*' ersetzt werden kann. Die *antiqui* sind diejenigen, welche in Inhalt und Form sich an die thomistische und scotistische Litteratur anschliessen; *moderni* hingegen sind jene, welche der an Occam anknüpfenden Strömung folgen und hiedurch bei einem übermäßigen Betriebe der *proprietates terminorum* und der damit verbundenen Sophismen, *Insolubilia, Obligatoria, Consequentiae* sich den nicht ungerechtfertigten Vorwurf hohler und leerer Sophisterei zuziehen. Soll die Parteistellung durch die Worte '*reales*' und '*nominales*' bezeichnet werden, so ist diess nur in jenem Sinne zulässig, in welchem man von *scientiae reales* und *scientiae sermocinales* sprach, d. h. die *antiqui* beschäftigten sich im Hinblicke auf ihre Vorbilder auch mit den realen Disciplinen (Metaphysik, Physik, Ethik) und schätzten daher jene Theile der Logik höher, welche eine Brücke zu den realen Wissenschaften darboten (also Universalien und Kategorien); hingegen die *moderni* verweilten einseitig bei jenen Gruppen der Logik, welche sich auf die Wortformen der Begriffe und auf die Eigenschaften des Satzbaues beziehen."

[19] Ebd.: "Eine Verdrehung aber dieses Thatbestandes ist es, welche wir nicht von jeder Perfidie freisprechen können, wenn die Thomisten die Sache in die lediglich den Universalien-Streit betreffende Schablone hinüberwendeten, um von einem theologischen Standpunkte aus die Terministen ebenso verketzern zu können, wie weiland Anselmus mit Roscellinus verfahren war; perfid ist es, wenn die Thomisten in ihrem pfäffischen gegen Occam gerichteten Hasse nicht sehen und nicht hören wollen, dass die Terministen eben 'für die Logik' nur den Sprachausdruck (*terminus*) der Universalien gelten lassen und somit den ontologisch-metaphysischen Standpunkt wohl einem anderen Zweige der Philosophie zuschieben, darum aber noch lange nicht schlechthin verneinen. [...] Somit möchte ich auch für den gegenwärtigen Sprachgebrauch geschichtlicher Darstellungen vorschlagen, bei den Worten '*antiqui-moderni*' zu verbleiben und die Begiffe 'Realismus-Nominalismus', welche nur durch den Zelotismus Einer Partei als Stichworte auf den Markt kamen, zu vermeiden."

zahlreiche Gruppe der Scotisten. Er bringt hier eine beeindruckende
Liste von Autoren – Nicolaus Tinctor, Thomas Bricot, Georges de
Bruxelles, Johannes Faber de Werdea, Petrus Tartaretus, Samuel
Casinensis, Thomas Molenfeldt –, die er als "'terministische Scotisten'
oder als 'scotistische Terministen'" bezeichnet.[20] Zu noch weiterge-
henden Differenzierungen seiner Hauptthese ist Prantl genötigt durch
die Tatsache, dass das Lehrbuch des Hispanus in beiden Wegen
gleichermaßen Verwendung fand.[21] So bildet sich schon bei Prantl
selber mancher Kernpunkt späteren Widerspruchs gegen ihn wenigstens andeutungsweise: Die Stellung der Scotisten innerhalb des
Zweiwegeschemas ist keineswegs so eindeutig, wie in den großen
Zusammenfassungen seiner "Logik" behauptet; die "Hinneigung" der
moderni zum Terminismus ist keineswegs exklusiv bei ihnen zu finden;
die geistigen Wurzeln der *summula* des Petrus wurden schon kurz
nach Prantl keineswegs Byzanz, sondern natürlich Aristoteles und
dessen Organon zugeschrieben.

Vielleicht hätte Prantl in diesen Fragen mit sich diskutieren lassen.
Unverrückbar stand jedoch sein abgrundtief hasserfülltes Gesamturteil
über die spätscholastische Logik: "Unmittelbar nach Occam und
durch ihn veranlasst beginnt in der geschichtlichen Entwicklung der
Logik eine zum Erschrecken reichhaltige Litteratur-Periode, deren
Formalismus und Abstrusität, ja – wir müssen uns so ausdrücken –
deren Sinnlosigkeit fast alle Vorstellungen übersteigt."[22]

---

[20] Ebd.: "So sind es unter den Antiqui ganz besonders die Scotisten, welche einer
weiteren Fortbildung der Logik nicht widerstreben, und sowie ja gewisse innere
Fäden trotz aller Partei-Verschiedenheit von Scotus zu Occam hinüberleiten, so
werden wir sogleich eine Reihe von Autoren finden, welche wir um der Kürze willen als 'terministische Scotisten' oder als 'scotistische Terministen' bezeichnen wollen."

[21] A. a. O., 211: "Dass aber für den logischen Schul-Unterricht auch die Thomisten
ebenso wie die Scotisten Einiges aus der Litteratur der Modernen aufnahmen, ohne
ihren Parteistandpunkt irgendwie grundsätzlich zu verleugnen, ersehen wir aus den
Interpolationen und grösseren Zusätzen zu Petrus Hispanus. Seine *Summula* galt als
hauptsächliches Unterrichtsmittel und wurde als aristotelisch angesehen zur *Via antiqua* gerechnet, sodass sie für Thomisten und Scotisten an sich neutrales Gebiet war.
Das Bedürfniss der Schule aber hatte auch für diese beiden Parteien, welche wahrlich nicht in das Lager der Terministen übergehen wollten, die Forderung mit sich
gebracht, einerseits den Petrus Hispanus reichlich auszubeuten und andrerseits auch
einige Hauptlehren der Modernen über *Consequentia*, *Obligatoria* und *Insolubilia* in die
Schule beizuziehen."

[22] Das Zitat bildet den ersten Satz im vierten Band seiner Geschichte der Logik:
A. a. O., Bd. IV, 1.

3. *Heinrich Hermelink*

Die nächste wichtige Publikation zur Frage nach dem Wesen der sogenannten Via antiqua ist Heinrich Hermelinks, des späteren Marburger Ordinarius für Kirchengeschichte, 1906 erschienene Studie zur vorreformatorischen Situation an der theologischen Fakultät in Tübingen.[23]

Als eigentliche Fakultätsgeschichte konzipiert, bietet das Werk ungleich mehr prosopographisches und archivalisches Material als das des streng literargeschichtlich orientierten Prantl; dies freilich zumeist in lokalhistorischer Beschränkung. Durch die Intensivierung solcher Forschungsaspekte kommt Hermelink bezüglich des Auftretens und Vorkommens der Via antiqua zu einem gewissen Erkenntnisfortschritt gegenüber Prantl. In einem Abriss über ihre vollständige oder teilweise Eroberung verschiedener Fakultäten ist nunmehr ein "Geschichtsverlauf" erkennbar, der "das Bild einer siegreich vordringenden Reaktion gegen die Via moderna" darbietet.[24] Für den konkreten Fortgang dieses Geschichtsverlaufs kann man aus den von Hermelink eingesehenen Quellen "schließen, daß der Vorwurf des Nominalismus gegen die Schule Ockams von Köln über Löwen nach Paris gewandert ist und von dort durch die geschilderte Missionstätigkeit der Via antiqua an die süddeutschen Universitäten weitergetragen wurde"[25]. Dieser von Hermelink untersuchte südwestdeutsche Zweig der Via antiqua nun ist seiner Überzeugung nach "als vorwiegend skotistische Reaktion gegen den herrschenden Ockamismus zu verstehen"[26]. Nicolaus Tinctoris in Tübingen, Stephanus Brulefer in Mainz, Petrus Tartaretus in Paris, also lauter Köpfe, die bei Prantl noch mehr oder minder deutlich in Richtung der *moderni* wiesen, wie erst recht dann bei Gerhard Ritter,[27] alle diese Autoren sind jetzt führend in der scotistischen Richtung der Via antiqua. Freilich ist Hermelink gezwungen, diese These sogleich einzuschränken, da der in Tübingen, Basel, Bern und dem Badischen wirkende Pariser Doktor Johannes Heynlin eindeutig eklektizistisch vorgeht und auch andere

---

[23] Heinrich Hermelink, Die theologische Fakultät in Tübingen vor der Reformation 1477–1534.

[24] A. a. O., 135.

[25] A. a. O., 141.

[26] A. a. O., 136.

[27] Ritter, Via antiqua und Via moderna auf den deutschen Universitäten des XV. Jahrhunderts, 73.

wichtige Quellen nur so zu verstehen sind. Hermelink sieht darin die Folgen einer späteren Ausweitung vom Scotismus zu einem allgemeinen Aristotelismus in der süddeutschen Bewegung. Merkwürdig bleibt der Umstand, dass ausgerechnet eine aus dem thomistischen und nicht zuletzt stark albertistischen Köln hervorgehende Bewegung am Ende zu einer fast reinen Scotistenpartei geworden sein soll.

Während Hermelink hier einige zumindest durchaus bedenkenswerte Thesen aufstellt, ist er umgekehrt bezüglich der philosophischmaterialen Seite der Sache noch sehr wesentlich den Forschungen und Ansichten Prantls verpflichtet, vor allen Dingen in der Darstellung der Via moderna. Wie schon Prantl bricht auch Hermelink hier eine Lanze für eine Einschätzung des Ockamismus, die nicht einen ontologisch-nominalistischen, sondern einen logisch-terministischen Erneuerungswillen ins Zentrum stellt. Getreulich referiert Hermelink die Prantl'sche Darstellung dieser logischen Erneuerung durch die moderne Suppositionstheorie, die er nur mancherorts ergänzt durch eigene Quellenbelege, vor allem aus Gabriel Biels *Collectorium*.[28] Die tiefere Absicht hinter Ockhams kritischer, auch traditionskritischer Logik sieht Hermelink in fideistischen Motiven: "Der Schlüssel zu den Systemen des Ockamismus ist in der scharfen Abgrenzung der Gebiete des Glaubens und des Wissens zu suchen."[29] Die kritische Erkenntnistheorie, die auf der Suppositionslehre aufbaut, wird so zu einem Instrument des Zweifels an der Anwendbarkeit vernunftgestützter Hilfe für Theologie und Glaube. Theologie gewinnt in dieser Färbung stark mystische und positivistisch-kirchliche Züge. Auch die Erkenntnistheorie wird in dieser Gedankenlinie und getreu dem Vorbild Prantls bei Ockham und dessen Nachfolgern als "Konzeptualismus der Urteils"[30] gefasst. Der intellektive Vorgang, durch den komplexe *conceptus* (erster Intention) in *termini incomplexi* (zweiter Intention) im Intellekt des Menschen zerlegt werden, wird also vor allem von seiner konzeptualistischen Seite her gesehen: Der Verstand verarbeitet sensitive Eindrücke mit Hilfe von Konzepten, d.h. eher mit Hilfe von Urteilen (*propositiones*) als mit Hilfe von Begriffen (*termini*). Letztere werden durch erstere genauer bestimmbar, sie sind in der Bedeutung darum nachgeordnet. Eine direkte Beschäftigung mit Begriffen oder gar mit den durch diese Begriffe bezeichneten

---

[28] Hermelink, a. a. O., 99–102.
[29] A. a. O., 97f.
[30] A. a. O., 102.

Dinge ist unmöglich. "Eine inhaltlich bestimmte selbständige Beschäftigung mit den *res* gibt es nicht. Die Wissenschaft im Sinne
Ockhams, die scientia evidens, baut sich erst auf korrektem Schluß-
verfahren auf; sie ist also schon von der Erfassbarkeit der Dinge sehr
weit entfernt, noch weiter aber von der Wirklichkeit derselben."[31] Es
ist "zu sagen, daß die Erkenntnislehre Ockhams die Erforschung der
konkreten Einzeldinge direkt ausschloß"[32].

Diese Ausführungen zeigen den bei Hermelink häufig vorkommen-
den Hang zur Schematisierung und Simplifizierung von Sachverhalten.
Dies wird bei der Erläuterung der rivalisierenden Via antiqua gerade
in dieser Frage noch deutlicher. Die Via antiqua zeigt sich für
Hermelink wie schon bei Prantl als eine Art konkaves Pendant zur
Via moderna. Mit dem eingängigen Kampfruf *nos imus ad res, de terminis non curamus!* verweigern sich die *antiqui* allen terministisch-sup-
positionstheoretischen Innovationen der Neuerer oder *neoterici*, lehnen
alle Zusätze zu Petrus Hispanus ab und wenden sich vornehmlich
den Realien zu. An manchen Punkten allerdings kommt Hermelink
jedoch zu "sachlichen über die Lehrunterschiede hinausgreifenden
Unterschieden"[33], die die Via antiqua von ihrer Stiefschwester trennen und durch die sie also auch positiv definiert werden kann. Die
Via antiqua legt alles Gewicht auf die erkenntnistheoretische Untermauerung und Plausibilisierung ihrer realistischen Grundhaltung. Es
ist also "den antiqui darum zu tun, 1. die Einzeldinge als Wirklichkeit
im ontologischen Sinn nachzuweisen und 2. ihre reale Erkennbarkeit
zu behaupten"[34]. Dies geschieht für Hermelink durch den scotischen
Begriff der *haecceitas*.

Wie Hermelink überhaupt die Via antiqua in ihrer süddeutschen
Ausprägung für ursprünglich scotistisch hält und erst eine spätere
Ausweitung hin zum Thomismus und schließlich allgemeinen
Aristotelismus in einem weiteren Sinne anerkennt, so ist auch die
für seine Anschauung konstitutive Darlegung der erkenntnistheoretischen Prägung dieser Via ganz vom Scotismus her geprägt. Die *haecceitas* bei Duns Scotus ist ein Mittlerbegriff zwischen dem *universale
ante rem* und dem *Individuum*. Das individuelle Einzelding partizipiert
am Sein des Universalbegriffs mittels der ihm eigenen *haecceitas*. Durch

---

[31] A. a. O., 105.
[32] A. a. O., 97.
[33] A. a. O., 145–154.145.
[34] A. a. O., 147f.

die Teilhabe dieser *haecceitas* am *universale ante rem* wird das Einzelding
sozusagen in die Realität des Universalen miteinbezogen. Umgekehrt
ist die *haecceitas* das Individuationsprinzip, durch das ein Universale
sich in den Dingen individuell gestalten kann. Es existieren drei
Ebenen des Seins in der *res*, der *haecceitas* und dem Universalprinzip.
Diese Ebenen sind — hier kommt eine ebenfalls scotische Denkfigur
zum Tragen — *formaliter* zu unterscheiden, sachlich aber miteinander
letztlich identisch. Dank dieses Vermittlungsbegriffs können also die
individuellen Entitäten Realität für sich beanspruchen und darum
auch real erkannt werden. Der faktisch sehr komplexe Vorgang dieser Vollzüge im menschlichen Intellekt bei Duns Scotus wird von
Hermelink zwar nicht unzutreffend, aber auffallend knapp behandelt, denn der Text steuert vor allem auf seine eigentliche Aussageabsicht hin: Wer von der realen Erkennbarkeit von Einzeldingen
überzeugt ist, ist motiviert, solche Einzeldinge in ihrer konkreten
Vielfalt in der Welt zu erforschen. Die Anhänger der Via antiqua
"wenden sich" daher "den Dingen zu; pflegen 'reale Wissenschaft'.
Sie glauben an die Möglichkeit einer selbständigen Metaphysik und
einer rationalen Unterstützung der Glaubenslehre. Sie treiben vor-
zugsweise im Anschluß an Aristoteles und Albertus Magnus Physik
und Ethik; sie suchen aus Euklid und Ptolemäus Mathematik,
Geometrie und Astronomie zu lernen."[35] Was tun aber die, die diese
Voraussetzung der realen Erkennbarkeit der Einzeldinge nicht teilen?

In diesem Punkt nimmt, wie schon oben zu seiner Darstellung der
Via moderna bemerkt, Hermelinks Argumentation Züge einer holz-
schnittartigen Vereinfachung an, was später, von Gerhard Ritter
etwa, stark bemängelt werden wird.[36] Anscheinend ohne jeden Anflug
eines Zweifels kann Hermelink behaupten: "Kaum ein Name aus
der Schule Ockhams läßt sich während der zweihundertjährigen
Dauer nachweisen, dessen Träger Sinn für die realen Wissenschaften
gehabt oder der auch nur die naturwissenschaftlichen Schriften des
Aristoteles studiert hätte."[37] Die Bedeutung der scotistischen Indi-
viduationslehre kann darum nach Hermelink überhaupt nicht überschätzt werden, sie ist eine kulturhistorische Tat erster Güte. Aus
der Tatsache, dass die *antiqui* so fleissig (und in Hermelinks Sicht
ausschließlich sie) Realien und Naturkunde betrieben haben und also

---

[35] A. a. O., 149.
[36] A. a. O., 8–12 und *passim*.
[37] A. a. O., 97.

aus der "geschichtlichen Wirkung der Lehre von der haecceitas ersieht
man, daß dieser eigentümliche Individualuniversalismus, der als die
höchste Stufe scholastischen Unsinns bezeichnet worden ist, einen
Fortschritt in der Geschichte der Kultur bedeutet hat. Die scotistische Reaktion der Via antiqua gegen die terministische Häufung von
logischem Unsinn hat mit dieser aus Duns Scotus geschöpften Lehre
den realistisch-empirischen Standpunkt des Aristoteles erneuert und
so Boden geschaffen für die Naturforschung des Humanismus."[38]

Damit erreicht Hermelink ein anderes zentrales der von ihm
behaupteten positiven Unterscheidungsmerkmale der Via antiqua,
nämlich den bei der Via antiqua in hohem Maße vorhandenen,
bei der Via moderna hingegen weitestgehend fehlenden Bezug zum
Humanismus.

Auch diese Differenz jedoch findet ihren Ursprung in einer solchen über logische Fragen und deren Umkreis. Hermelink bezieht
sich beispielsweise auf ein von ihm in der Stadtbibliothek Schaffhausen
aufgefundenes Kollegheft des Basler Studenten Konrad Ufflinger, in
dem die Bedeutung des Begriffs der *suppositio* bei den beiden Wegen
unterschiedlich gefasst wird.[39] Die einen sagen: *suppositio est acceptio*
termini subiectivi pro aliquo esse reali. Die andern jedoch meinen: *suppo-*
sitio est acceptio termini in propositione pro aliquo, vel pro aliquibus, de quo et
de quibus talis terminus verificatur mediante copula propositionis. Daraus zieht
Hermelink den mehr als gewagten Schluss: Die einen trennen
Grammatik und Logik, die anderen verbinden sie im Sinne einer
grammatica philosophica oder *speculativa.* Trennung von Grammatik und
Philosophie aber macht nach Hermelink den Weg frei zur Erarbeitung
einer praktischen Grammatik, wie sie auch den Humanisten am
Herzen liegt. Zur prosopographischen Untermauerung dieses angeblich exklusiven Zusammenhangs von Via antiqua-Scholastik und
Humanismus fügt Hermelink eine lange Liste bekannter Namen bei
(Heynlin, Celtis, Brant, Agricola, Faber Stapulensis, Capito und weitere). Ähnliche Listen finden sich schon im 19. Jahrhundert, etwa
bei Franz Xaver Linsenmanns "Culturbild" von Konrad Summenhart.[40]

---

[38] A. a. O., 149f.
[39] H. Boos, Verzeichnis der Inkunablen und Handschriften der Schaffhauser
Stadtbibliothek, o. O. 1903, 70f., Note 14; diese Angabe und die folgenden Zitate
nach Hermelink, a. a. O., 150f.
[40] Vgl. a. a. O., 152f. mit Linsenmann, Konrad Summenhart, 9.

Bei allen kritischen Vorbehalten, die gegenüber Hermelinks Thesen anzubringen sind und die von seinen Zeitgenossen und Nachfolgern denn auch mehr (Ernst Troeltsch) oder weniger (Karl Holl) vehement erfolgten, darf freilich eines nicht vergessen werden: Hermelink versuchte als einer der ersten Reformationshistoriker, der Troeltsch'schen Sicht auf das 16. Jahrhundert eine eigenständige historiographische Konzeption entgegenzusetzen, in der nicht allein die Täufer und Nonkonformisten auf die Neuzeit vorverwiesen, sondern auch Luther und die durch ihn ausgelösten Folgen selbst prozessual zwischen spätem Mittelalter und früher Neuzeit verstanden werden konnten. Damit war er seiner Zeit – in gewissem Sinne – auch wieder voraus.[41]

4. *Otto Scheel*

Vehemente Kritik an Hermelinks tendenziöser Einseitigkeit blieb nicht aus. Einen verdienstvollen Grundstein legte hier die auch sonst für ihre Zeit beachtliche Lutherbiographie Otto Scheels,[42] die in ihrer instruktiven Beschreibung der Studien Luthers an der Erfurter Artistenfakultät der vorangegangenen Literatur teilweise heftig widersprach.

Das eigentliche dem Terminismus zugrundeliegende Motiv lag nach Scheels Ansicht in der Übernahme des aristotelischen Wissenschaftsideals, das auf dem (demonstrativen) Syllogismus beruht. Dieses Modell von Wissenschaftlichkeit, wie es vor allen Dingen in den zweiten Analytiken zum Ausdruck kommt, wurde konkretisiert in terministischen Lehrbüchern, die darum auch von allen Viae übernommen werden konnten, denn das aristotelische Wissenschaftsideal war allen mittelalterlichen Denkern seit Thomas von Aquin gemeinsam. "Man soll darum dem Terminismus weder eine Tragweite geben, die er nicht besitzt, noch über ihn ein Verdikt fällen, das in merkwürdigem Licht erscheint, wenn man auf den aristotelischen Wissenschaftsbegriff achtet."[43] Mit diesen einfachen, aber eben darum treffenden Beobachtungen, die ja natürlich nebst Hermelink auch

---

[41] Vgl. zu den biographischen Einzelheiten des Lebens Hermelinks und zu den Hintergründen seiner Beschäftigung mit Spätmittelalter und Reformation Hammann, Heinrich Hermelink als Reformationshistoriker.

[42] Scheel, Martin Luther, Vom Katholizismus zur Reformation, Erster Band: Auf der Schule und Universität.

[43] A. a. O., 184.

Prantl betreffen, greift Scheel der Erkenntnis seiner Zeit voraus. Ähnliche Gedanken tauchen erst in den 1960er Jahren beim holländischen Autor Anton Weiler wieder auf.

Der zweite große Einspruch Scheels richtet sich gegen die bei Prantl noch vorsichtige, bei Hermelink radikalisierte Einseitigkeit der Zuweisung der naturwissenschaftlichen Forschung zur Via antiqua allein. Zwar können die Einzeldinge als solche nicht aus evidenten, unumstößlichen Prinzipien vernünftigerweise deduziert werden, wie dies der oben skizzierte aristotelische Wissenschaftsbegriff verlangt, weswegen sie aber umgekehrt noch lange nicht die Möglichkeit, erkannt zu werden, schlichtweg verlieren. Sie werden statt dessen erkannt auf dem Wege der Wahrnehmung, d. h. sie werden induktiv durch die Tätigkeit des Verstandes nach ihrer Wahrnehmung einem der Allgemeinbegriffe zugeführt, mit ihm identifiziert und so zuverlässig eingeordnet. Unter dem Vorbehalt dieser Differenzierung ist die von den *moderni* betriebene Naturwissenschaft als außerordentlich reichhaltig zu bezeichnen. "Luther mußte nicht nur naturphilosophische Vorlesungen hören, er gewann auch in ihnen ein ganz erkleckliches Maß 'naturwissenschaftlicher Erkenntnisse'. Die Mitteilungen über die Erscheinungen des Naturlebens und ihre Erklärung waren so ausgebreitet und so stark mit empirischen Beobachtungen verflochten, daß der Satz schwerlich sich Beachtung verschaffen wird, kaum jemand hätte in den Schulen der Occamisten die naturwissenschaftlichen Schriften des Aristoteles studiert, geschweige denn Sinn für die realen Wissenschaften gehabt. Die angebliche Tatsache mit der Erklärung zu stützen, daß Occams Erkenntnislehre die Erforschung der konkreten Einzeldinge direkt ausgeschlossen hätte, ist vollends abwegig."[44]

In ebendiesem Sinn äußerten sich in der Folgezeit auch die meisten anderen auf Hermelink reagierenden Autoren. Neben den gleich anschließend darzustellenden, die Prantl-Hermelink'sche Position programmatisch überwindenden Publikationen ist hier etwa Junghans[45] zu nennen, der unter der Frage "War bei Ockham Realwissenschaft möglich?" auf die Habilitationsschrift Hochstetters verweist, die die diesbezüglichen Positionen Hermelinks als inhaltlich völlig unhaltbar herausstellt. Zudem zeigt Hochstetter auch in methodologischer

---

[44] A. a. O., 192.
[45] Junghans, Ockham im Lichte der neueren Forschung, 172–186.173.

Hinsicht auf, dass Hermelink nur wegen unzulässiger Verallgemeinerung mancher Sonderinterpretationen gewisser Sätze Ockhams durch Biel zu seinen Anschauungen kommen konnte: Hermelink fasste Speziallesarten Ockhams im späten 15. Jahrhunderts als ockhamistische Normaldoktrin auf.[46]

2. Blütezeit des Paradigmas

1. *Gerhard Ritter*

Dass Hermelinks Sicht der Dinge teilweise höchst fragliche Züge trägt, hat nach Scheel hauptsächlich der Heidelberger Historiker Gerhard Ritter klargestellt, vor allem in seiner zu diesem Thema verfassten Publikation "Via antiqua und Via moderna auf den deutschen Universitäten des XV. Jahrhunderts". Wie schon Hermelink sich in dauerndem Rückbezug auf und Diskussionen mit Prantl befindet, so Ritter mit beiden, nur in sehr viel kritischerer Weise. Mit beiden Autoren ist er lediglich verbunden durch den äußeren Umstand, dass seine Forschungen zur Via antiqua und zum Wegestreit allgemein keinen selbstzwecklichen Charakter trugen, sondern einem übergeordneten Arbeitsziel untergeordnet waren: Sie entstanden in der Form dreier SHAW[47] als Vorstudien zu einer großen Geschichte der Universität Heidelberg,[48] als Skizzen gleichsam zu einer großräumigen Karte des intellektuellen Klimas der Spätscholastik in (Frankreich und) Deutschland, in die die Heidelberger Lokalverhältnisse später eingeordnet werden konnten.

Während die erste dieser Abhandlungen sich werkgeschichtlich mit den Schriften des führenden Kopfes der Heidelberger Via moderna Marsilius von Inghen befasst, die dritte mit dem Erfurter Theologen Johann von Wesel, behandelt die mittlere die Fragen in grundlegenderer Weise, wie auch aus dem Titel hervorgeht. Vorangestellte "Prolegomena" informieren den Leser in einer "Literaturgeschichte

---

[46] Hochstetter, Studien zur Metaphysik und Erkenntnislehre Wilhelms von Ockham; Junghans verweist hier auf die Seiten 174–179.

[47] Marsilius von Inghen und die okkamistische Schule in Deutschland (Studien zur Spätscholastik I); Via antiqua und Via moderna auf den deutschen Universitäten des XV. Jahrhunderts (Studien zur Spätscholastik II); Neue Quellenstücke zur Theologie des Johann von Wesel (Studien zur Spätscholastik III).

[48] Ritter, Die Heidelberger Universität, Ein Stück deutscher Geschichte, Erster Band: Das Mittelalter.

des Problems"[49] über die Forschungslage seit Aventin. Ritter spart
nicht mit Kritik an alle Seiten, freilich niemals ohne Grund. Im
Besonderen bezweifelt Ritter – und dies ist eine der Hauptthesen
seines Buches – die Grundansicht Prantls, wonach sich die Via
moderna zum überwiegenden Teil durch eine terministische Fassung
der Logik charakterisieren lasse und im Prinzip mit ontologisch-
erkenntnistheoretischen Fragen wenig zu tun habe. Zwar habe Prantl
in merkwürdig widersprüchlicher Weise die Behauptung von Vertretern
des alten Weges, die Anhänger des neuen Weges betrieben Nominalismus in erkenntnistheoretischem Sinne, als Ausdruck pfäffischer
Verleumdungstaktik dargestellt. Dennoch habe er die Forschung trotz
gewisser bei ihm noch vorhandener Differenzierungen auf einen
grundsätzlichen Irrweg geschickt durch seine übergroße Betonung
des terministischen Aspektes für den modernen Weg.[50] Wichtigstes
Opfer auf diesem Irrweg wurde Heinrich Hermelink, der, statt die
diversen schon bei Prantl notwendigen und von ihm selber oft gewähr-
ten Einschränkungen an der Terminismus-Theorie zu prinzipieller
Kritik auszubauen, sie weiter verstärkt und dabei krass überzeichnet
und entstellt hatte. Gleichsam als Spitze des Eisbergs erwähnt Ritter
Hermelinks falsche Behauptung, nur die *moderni* hätten den zur
Grundlegung des Terminismus konstitutiven siebten Traktat der
Summulae des Petrus benutzt.[51] Ebenfalls zur Sprache kommt die Ausweitung des bei Prantl noch vorwiegend einfach geistige Grundinteressen ansprechenden Gegensatzes von realen und sermozinalen
Interessen zur sinnlosen Behauptung, nur die *antiqui* hätten Realien
und Naturwissenschaften getrieben.[52] Die im Rahmen einer Geschichte
der Universität Erfurt erfolgten Untersuchungen des jungen und
damals schon gefallenen Friedrich Benary werden von Ritter einer
noch fundamentaleren Kritik unterzogen.

Als Ergebnis seiner Literatursichtung sieht Ritter eine scheinbar
"unauflösliche Verwirrung der Ansichten".[53] Ursache dieser Verwirrung
sei die bisherige Vorgehensweise, die "unmittelbar nach dem gegenseitigen sachlichen (nicht historisch-genetischen) Verhältnis dieser
Gegensätze" fragte. Klarheit kann aber allein durch das strikte Aus-

---

[49] A. a. O., 4–19.
[50] A. a. O., 8.
[51] A. a. O., 10.
[52] Ebd.
[53] A. a. O., 18.

einanderhalten der "zeitlichen Epochen" und der "verschiedenen
nationalen und lokalen Schauplätze des Streites" erreicht werden.
Ritter bringt darum, die an sich sehr wichtigen spanischen Verhältnisse
wegen angeblichen Quellenmangels übergehend, zuvor als zweiten
Teil seiner Prolegomena die "Kämpfe um den Ockhamismus an der
Pariser Universität"[54] zur Darstellung, um sich darauf erst der Situation
an den deutschen Fakultäten zuzuwenden.

Ritters Sicht auf die Pariser Schulrichtungen
Schon für die Pariser Quellen, auf die Prantl sich hauptsächlich
stützte, kommt Ritter zu wesentlich anderen Ergebnissen als der bay-
erische Philosophiegeschichtler. Sah Prantl gerade in Paris die Ausbreitung der terministischen Logik im Mittelpunkt, so sieht Ritter in
dieser Sicht die erkenntnistheoretische – auch die Universalienfrage
mit einschließende – Seite der Sache sträflich unterbewertet. Seiner
Ansicht nach steht hinter der ganzen Debatte zwischen mehr oder
minder deutlich ockhamistischen und eindeutig realistischen Strömungen
an der Pariser Universität eine Kluft auch im Zugang zu metaphysischen und somit mittelbar auch zu theologischen Fragen, wodurch
auch eine theologisch-religiöse Motivation der Kämpfe wesentlich
plausibler erscheint.
   Die Argumentation Ritters im Sinne einer quellenmäßigen Erhärtung
seiner Ansicht erfolgt in drei Schritten, die im Folgenden dargelegt
werden sollen.

a) *Das Nominalistenstatut von 1339*   An den Anfang stellt Ritter die
noch sehr allgemein gehaltenen Beschlüsse der Artistenfakultät von
1339/40 gegen die neue ockhamistische Logik. Hauptvorwurf ist hier
die Verwendung einer neuen Form der Textlektüre, die zwischen
wörtlich-sermozinaler und sachlich-materialer Bedeutung des Wort-
gehalts unterscheiden will, derart, dass *de virtute sermonis* und bezogen
auf die personale, also direkt auf ein gegenständlich verstandenes
Ding bezogene Supposition, eine Aussage als falsch betrachtet, ihrem
Autor hingegen ein an sich, der inhaltlichen Intention nach, durchaus richtiger Verstand der Dinge zugestanden werden könne. Als
weiteren und mit dem ersten offensichtlich in Zusammenhang stehenden Hauptklagepunkt der Artisten nennt Ritter die Lehre, nach

---

[54] A. a. O., 19–38.

der alle Wissenschaft nur von Zeichen und nicht von Dingen handeln
könne. Hierin sieht Ritter "ganz eindeutig die Lehre Okkams von
dem rein intramentalen Charakter des Erkennens",[55] mithin drohe
hier "die Leugnung der realen Bedeutung der metaphysischen Begriffe,
wie sie eben damals Nicolaus von Autrecourt bis zu extremer Negation
aller Metaphysik trieb". Ritter übernimmt bis zu einem gewissen
Grad die Perspektive der in realistischem Sinne abgefassten Beschlüsse
und kommt so zu einer ersten Verifikationsmöglichkeit für seine
These, nach der die Auseinandersetzung zwischen den kämpfenden
Kräften sich wesentlich in metaphysisch-theologischen Dimensionen
abspielte, genauer gesagt in der unterschiedlichen Gewichtung der
Beweiskraft metaphysischer Sätze im Hinblick auf theologische Dogmen.

b) *Gerson: De concordia metaphysice cum logica*   Diese Linie wird weitergeführt in den nächsten von Ritter für Paris angeführten Quellen:
Den beiden Abhandlungen Jean Gersons *de modis significandi* und *de
concordia metaphysice cum logica*.[56]
   Die Schriften Gersons, beide 1426 entstanden, zeugen in prominenter Weise davon, dass die prohibitorischen Sätze von 1339/40
auf lange Frist nicht allzu viel vermochten: Sie sind durchaus nominalistisch geprägt, wenn auch nicht in rein ockhamistischen Sinne.[57]
Zu Beginn des 15. Jahrhunderts sind die führenden Schulhäupter
eindeutig im nominalistischen Lager zu verorten, wie Buridan, Oresme,
Albert von Sachsen. Das aber kann auf nichts anderes zurückzuführen
sein, als dass die Einstellung besonders zu den metaphysikkritischen
Aspekten und damit auch die psychologische Öffentlichkeitswirkung
dieses jüngeren Nominalismus sich kräftig verändert hatte. Auf eben
diese Veränderungen legt Ritter bei der – im philosophischen
Verständnis sicherlich nicht allzu tiefen, aber die wesentlichen Punkte
im Allgemeinen erfassenden –[58] Darstellung der beiden Gerson'schen

---

[55] A. a. O., 21f.
[56] Hier ist eine gewisse Doppelung der Ausführungen zu denen unten (IV. 5. 2)
mit dem dortigen Exkurs zu Gerson nicht zu vermeiden, da sie beide Male aus
verschiedenem, kontextuell je unabdingbarem Interesse geschieht.
[57] A. a. O., 24: "Vergeblich blieben [. . .] die [. . .] Versuche der Pariser Artisten-
fakultät und des Papstes, den Einfluß okkamistischer Ideen auf die Pariser Lehrtradition
zurückzudrängen. Warum? Letzten Endes doch wohl deshalb, weil die okkamistische Strömung sich einzufügen wußte in das eingefahrene Strombett der aristotelischen Traditionen."
[58] Vgl. zu Ritters Erklärung der beiden Schriften Gersons Karl Bauer, Die
Erkenntnislehre, XXII. Bauer wirft Ritter vor, erstens nur eine reine Paraphrase

Schriften den größten Wert: "Das ganze Interesse Gersons ist auf den Nachweis gerichtet, dass auch vom Standpunkt der nominalistischen Erkenntnistheorie eine christliche Metaphysik möglich ist, ja dass die nominalistische Lehre das unbeirrte Festhalten an den supranaturalen Wahrheiten des christlichen Dogmas der Vernunft leichter macht, als es der Realismus vermag."[59] Sermozinale und reale Wissenschaften können und sollen also sich — immer nach Ritter — in den Augen Gersons gegenseitig ergänzen.

Deutliche Meinungsunterschiede zwischen den streitenden Parteien der "Terministen" und "Formalisten" in der Frage nach dem Verhältnis von Logik und Metaphysik existieren zwar durchaus. Die Formalisten begehen nämlich den Fehler, ihre im Gefolge ihres Meisters liegenden und darum mit einiger Subtilität durchgeführten logischen Denkoperationen "ohne weiteres als metaphysische Realitäten in der Welt des objektiven Seins"[60] anzusehen. Hier insistiert Gerson auf dem Grundsatz, dass grundsätzlich alle Wissenschaft immer nur auf subjektiven Vorstellungen aufbauen kann, niemals direkt auf den Dingen selbst, obwohl, und dies ist den Terministen stets in Erinnerung zu bringen, diese Vorstellungen, als *rationes objectales*, immer auch einen Anhalt an den realen Dingen im Sinne eines extramentalen Vorhandenseins besitzen. Es ist hier also stets zwischen den beiden Bereichen zu unterscheiden und die Formalisten tun gut daran, die erkenntnistheoretischen Voraussetzungen ihrer metaphysischen Sätze eingehend zu bedenken, um möglichen Irrtümern vorzubeugen.[61]

Materialiter liegt das Hauptgewicht in der konkreten methodischen Durchführung dieser notwendigen Unterscheidung bei Gerson nach Ritter auf der Differenz von *suppositio personalis* und *suppositio materialis*: Erstere bezeichnet die extramentale Sache selber, letztere den sprachlichen Ausdruck. Die Rede von der *impositio primae* oder *secundae intentionis* fällt damit sachlich nach Ritter zusammen. Metaphysische

---

des Textes zu bieten, vor allem aber zweitens die Begriffe in hochmittelalterlichem Sinne verstehen zu wollen, ohne sie aus dem textlichen Zusammenhang heraus zu erklären.

[59] Ritter, a. a. O., 25.

[60] A. a. O., 26.

[61] Jean Gerson, *De concordia metaphysice cum logica*, in: Opera, ed. du Pin, tom. IV, 1738, Sp. 824, zitiert nach: Ritter, a. a. O., 27: *Subtilitas Metaphysicantium debet attendere conditionem et naturam virtutis cognitivae praesertim intellectivae, quoniam secundum diversitates operationum cognitivarum, maxime intellectualium, accipienda est varietas rationum objectialium, seu modorum significandi formalium, vel ex natura rei.*

Rede operiert demnach primär mittels der *suppositio personalis*, denkt
auf der Ebene der *prima intentio*, während der Logiker das intellektuelle Material und Instrumentarium zur Verfügung stellt, die verschiedenen Modi von Sätzen überhaupt unterscheiden zu können.
Denn sein Vorrecht, von der *suppositio personalis* her denken zu können,
entbindet den metaphysisch Denkenden, im Sinne oben erwähnter
Irrtumsprävention, keineswegs von der Pflicht, seine logisch-abstrak-
ten Vorstellungen von der Realität im metaphysischen Sinne zu unterscheiden. Tut er das nicht, besteht beispielsweise die Gefahr, die im
Intellekt Gottes von Ewigkeit her präsenten geschaffenen Ideen schon
alleine aufgrund dieser Präsenz für auch *realiter* ewig zu halten.[62]
Gerade die Unterscheidung des metaphysisch-realen vom logisch-ser-
mozinalen Denken verhilft allererst zur Möglichkeit der korrekten
Bildung metaphysischer Sätze. Mit diesen hier wiedergegebenen
Ausführungen zum berühmten Hochschullehrer, Konzilstheologen
und spirituellen Leiter kommt Ritter zu einer erneuten Bestätigung
seiner These: "Nach alledem kann an dem Wesenskern des Gegensatzes, den Gerson überwinden möchte, kein Zweifel sein: hinter der
Auseinandersetzung von Real- und Sermozinalwissenschaften steckt
letzten Endes ein Streit um erkenntnistheoretische Grundfragen."[63]

Ritters Resümee für die Pariser Verhältnisse für den ganzen Zeitraum: "Der Kern des in Frage stehenden Gegensatzes hat sich uns
während des ganzen betrachteten Zeitraums wesentlich unverändert
gezeigt: Es ist primär ein Streit um die erkenntnistheoretische Grundlage
aller wissenschaftlichen Arbeit. Was diesem Streit seine Schärfe gibt,
ist weniger das Universalienproblem an sich, dessen Bedeutung seit
dem Auftreten der großen theologischen Systeme und Kämpfe des
13. Jahrhunderts hinter zahlreichen neuen Problemstellungen zurück-
getreten war – es ist vielmehr die grundsätzliche Frage nach der
Tragweite der 'natürlichen' Erkenntnis in Metaphysik und Theologie.
Die Möglichkeit metaphysischer Erkenntnis glauben die Gegner des
Okkamismus durch die 'nominalistische' Lehre bedroht."[64]

Ritters Sicht auf die deutschen Schulrichtungen
Zu Beginn der bezeugten Spuren des Wegestreites steht in Deutschland
– so Ritter – die Universität Köln, deren Magister sich im Jahre

---

[62] Ritter, a. a. O., 28.
[63] A. a. O., 29.
[64] A. a. O., 38.

1425 erfolgreich verwahrten gegen eine von den deutschen Kurfürsten
nach dem Vorbild der Heidelberger Universität ihnen zugedachten
Einführung einer neuen, nach der Autorität Buridans, Marsilius' und
anderer vorgehenden Via.[65] Die Vorwürfe, die die Kurfürsten den
Kölnern vorlegen, sind nach Ritter in Ton und Gehalt sehr ähnlich
denjenigen Gersons an seine realistisch denkenden Pariser Kollegen,
die Replik der Kölner Magister im Konkreten eher ausweichend,
sich aber im Grundsätzlichen auf die überragende Autorität des
Thomas festlegend und berufend. In Heidelberg selber tauchen Anzeichen zur Wegespaltung erst einige Zeit später, hier natürlich in
umgekehrter Richtung, auf.[66]

Ritter zieht den Schluss, dass schon die ersten Konflikte zwischen
den beiden sich abzeichnenden Wegen zwar äußerlich "in der natürlichen Rivalität der beiden rheinischen Hochschulen" gelegen hätten,
letztlich aber in Analogie zu und zum Teil unter Einfluss von Paris
sich aus primär theologischer Motivation ergaben und den "Gegensatz

---

[65] Die Ursachen für diesen im Endergebnis vergeblichen Versuch einer aufgezwungenen Lehränderung sieht Ritter, a. a. O. 72f., zum einen in einer gewissen
Angst der rheinischen Kurfürsten vor der kürzlich in Konstanz verurteilten hussi-
tisch-wyclifitischen Lehrform, andererseits in einer Konkurrenzangst des Pfälzer
Kurfürsten, der um den Zulauf an seine rechtgläubig-moderne Hochschule wegen
der Kölner Neugründung gefürchtet habe und deswegen eine Denunziation ihrer
Gelehrten angestrengt habe.

[66] Der Universitätsgründer Marsilius von Inghen und seine zeitgenössischen oder
späteren Kollegen zeigten keinerlei Neigung zu einer Schulbildung oder einer sich
abgrenzenden Art des Denkens und Lehrens. Insgesamt ist es darum nach Ritter,
a. a. O., 48, "unwahrscheinlich, dass in diesen ersten Heidelberger Theologen-
generationen die alten dogmatischen Gegensätze überhaupt eine bedeutende Rolle
gespielt haben". Reformbemühungen kamen zwar vor, hatten allgemeinen Charakter
und gehen auf unmittelbare Verbesserung der Lehrverhältnisse aus, weniger auf
eine solche der Lehre selber. Gegen Ende der 1420er Jahre allerdings tauchte eine
Gestalt auf, deren Auftreten ganz allmählich, erst ohne großes Aufsehen, vom Einzug
eines neuen Geistes künden sollte: Johannes Wenck. In seinen Schriften finden sich
häufige Bezugnahmen auf Dionysius Areopagita, was kaum den Intentionen eines
wie auch immer gearteten Ockhamismus entsprechen konnte. Wenck offenbart sich
"als überzeugter und typischer Verteidiger der Schulzunft und Schultradition" (51).
Er strebt eine Reinigung der Theologie von allem Ballast und Eitlen an. Vor allem:
Er hinterlässt das Legat einer Burse, deren vom Testamentsvollstrecker Jodocus
Aichman aufgesetzte Statuten zur ausdrücklichen Aufnahme von Schülern *de Via
Realistarum* sowie zur verbindlichen Aufsicht durch einen Lehrer der Via antiqua
verpflichten. Sie enthalten die konkrete Anweisung an die Bursenmeister, sie soll-
ten lehren "Viam antiquam, als Thome, Alberti und die den selben nach schriben"
(54). Nebst Wenck und Aichman ist Simon de Amsterdam ein dritter Magister mit
Tendenz zu einer *Via antiqua* vor deren offizieller, d. h. kurfürstlicher Einführung
Ende Mai 1452. Danach werden die Namen natürlich mehr, auch die Immatriku-
lationen aus niederrheinisch-kölnischer Gegend nimmt deutlich zu.

Nominalismus-Realismus"[67] betrafen; und tatsächlich stehen ihm viele
Quellen zur Verfügung, die die erkenntnistheoretische Frage als Streit
um die Akzeptanz und richtige Auffassung der Universalien akzentuieren. Der Kölner Albertist Heimericus de Campo etwa leitet in
seinen *Problemata inter albertum magnum et sanctum thomam* schon im programmatischen Eingangssatz die Motivation der Schrift aus den
betrüblichen Tatsachen her, dass die *moderni* mit den Universalien
die eigentliche Grundlage aller Wissenschaft aufgäben und sogar die
antiqui unter sich hier nicht einig seien.[68] Diese hohe Gewichtung der
Universalienfrage wird sogleich bestätigt durch die unmittelbar nachfolgende Inhaltsangabe.[69] Die Schrift, von Ritter in die erste Hälfte
der 50er Jahre datiert, bezieht eindeutig Position für die Realität der
Universalien und zwar *extra animam*. Während aber Prantl hinter der
Verortung des Streits in der Frage nach den Universalien noch eine
Verzerrung aus thomistischer Sicht erkennen wollte, sieht hierin Ritter
den tatsächlichen Kernpunkt des Disputes.[70] Zur Erhellung der inhalt-

---

[67] Ritter, a. a. O., 43, zu Köln insgesamt vgl. a. a. O. 39–44. Universitäten der
modernen Richtung sind in der ersten Hälfte des 15. Jahrhunderts nach Ritter
schwer erkennbar. Zum einen, weil die Quellenverhältnisse zu Ritters Zeiten noch
sehr ungeklärt waren, zum anderen, weil die Vertreter der modernen Seite sich
nicht mit der selben Eindeutigkeit theologisch festgelegt hatten wie die Gegenseite
und sich durchaus auch etwa thomistischer Gedanken bedienen konnten. So weiß
Ritter über Wien noch fast nichts festzustellen. Zu Erfurt zählt er für einen späteren Zeitraum die zweifelsohne ockhamistischen Lehrer Luthers auf, meint dann
aber, dass es sich dabei um ein Wiederaufleben ockhamistischer Lehre handeln
könne und nicht zwingenderweise um eine lebendige kontinuierliche Tradition von
den Anfängen der Fakultät her handeln müsse. Für die nordöstlichen Universitäts-
standorte (Leipzig, Rostock, Greifswald) könne man "einen eigentlichen Kampf zwischen *Via moderna* und *antiqua* überhaupt nicht" ausmachen. Ergo: "Für den Ausbruch
des damaligen Kampfes kommen nur die beiden Rivalinnen in Betracht: Köln und
Heidelberg" (a. a. O., 47).
[68] Diese und die nächste Anm. zit. nach Prantl, a. a. O., Bd. IV, 182, Anm. 49,
der keine Stellenangaben gibt: *Cum animadverterem, modernorum figmenta a doctrina Aristotelis
praesertim in scientia universalium, quae sunt cardines et principia cuiuslibet artis et scientiae,
multiformiter deviare, et antiquorum coetum quaedam inter se problemata volutare, [. . .] decrevi,
praedictae controversiae obviare. [. . .].*
[69] *Hic ergo est dicendorum ordo: Primo contra modernos sine argumentis haec incidunt dubia
sive quaesita: An universalia sint; an sint a parte rei extra animam; an sint separata a singularibus et an etiam sint in singularibus; an sint materia vel forma vel compositum ex utrisque; an
sint corporalia vel incorporalia; an sint tantum quinque. His enim lucide perscrutatis et ex doctrina Aristotelis evidenter discussis promptum erit, videre, quam fructuosa et fidelis est sententia
antiquorum, quamque vituperabilis nova adinventio et contraria modernorum.*
[70] Zu den Differenzen *innerhalb* der *Via antiqua* zitiert Prantl, a. a. O., 184, Anm.
55, Folgendes: *Restat nunc dissolvere problemata inter Albertistas et Thomistas. [. . .] Videtur
enim secundum Albertistas, quod scientiae sermocinales sunt speculative. [. . .] Oppositum huius
arguitur ex multis secundum viam beati Thomae, [. . .] quod istae scientiae sermocinales sunt ad*

lichen Bedeutung dieser neu entstandenen Heidelberger Via antiqua
führt Ritter die durch ihn in der Forschung zu einer gewissen Prominenz gelangten beiden Promotionsreden des Heidelberger Theologen,
Hofpredigers und Vizekanzlers der Universität Stephan Hoest an.
Sie wurden vor dem alten Weg 1468, vor dem modernen 1469 gehalten und führten die Differenz der Wege ebenfalls ganz auf die
Unterschiede des Erkennens zurück: Die einen gehen den Quidditäten
der Einzeldinge, die anderen den Universalbegriffen insgesamt nach.[71]
Welche Bestätigung des vor allem gegen Prantl gerichteten *ceterum
censeo* Ritters, dass der Parteigegensatz eben nicht allein in logisch-
terministischer Ebene gelegen haben könne, sondern den Univer-
salienstreit mitbetroffen haben müsse! Selbst eine am unmittelbaren
Ausgang des Jahrhunderts 1499 gedruckte Rede kann das Gewicht
der Differenzen in der Universalienfrage zwischen *moderni* und *reali-
stae* noch immer sehr betonen, freilich nicht ohne wie Gerson die
Legitimität und Zweckdienlichkeit logischer Verbesserungen zur korrekten Durchführung metaphysischer Studien zu erwähnen.[72] Im
Lager der *moderni* findet Ritter Ähnliches, beispielsweise beim Bayern
Johannes Parreudt in dessen *Textus veteris artis [. . .] secundum doctrinam
Modernorum*, zu dessen Inhalt sogar Prantl meint, er gebe "einen sehr
klaren und sachgemässen Bericht über die Spaltung der Ansichten
bezüglich der Universalien", und von dem er später sagt: "Nach einigen anderweitigen Bemerkungen gibt ihm der Unterschied zwischen
realer und terminaler Aussage abermals Gelegenheit zu einer beson-
nenen (an Gerson erinnernden) Äußerung über die Parteispaltung."[73]
So kommt Ritter aus dem Studium von Quellen unterschiedlicher

---

[71] *actum seu opus finaliter inventae; [. . .] dicuntur artes et non proprie scientia, quia plus habent
de modo praxis, quam speculationis. [. . .]*.

[71] In der zweiten, also an die *moderni* gehaltenen Rede, heißt es von der *via
moderna*; zit. bei Ritter, a. a. O., Anhang 1, II, 153: *Hec via non contentatur confusa et
indistincta rerum cognicione, sed quidditates singularum rimatur et pervestigat distinctissime, uni-
versalitatem rebus auferens in animo dumtaxat collocat nocionem quandam ex tenui seu sublimi
similitudine collectam asseverans. [. . .] Hec unica de universalibus sententia viam hanc ab antiqua discriminat ceteris, in quibus dissentent, inde profluentibus.* Zu Recht bemerkt dazu Ritter,
a. a. O., 70: "Deutlicher kann man sich nicht ausdrücken, und die genaue Sachkenntnis
des Redners und seiner Hörer erhöht noch wesentlich den Wert dieses Zeugnisses."

[72] Interessanterweise wird hier übrigens auch Stephan Brulefer als *modernus* angesehen!

[73] A. a. O., Bd. IV, 240. Ritter befürchtet, Prantl könnte diese Spaltung hier als
"nur" die Universalienfrage betreffend aufgefasst haben – diese von Ritter, a. a.
O., 80, als authentisches Prantl-Zitat wiedergegebene Adverbiale lässt sich beim
Zitierten selber nirgends finden.

Herkunft zum Schluss, dass "der Kern des von uns untersuchten Parteigegensatzes im wesentlichen von allen Seiten her in der gleichen Gestalt" erscheine.[74]

Geringe Unterschiede in der logischen Lehre
Mit diesen eher programmatisch-theoretischen Äußerungen stimmt die praktische Gegenprobe durchaus überein. Im faktischen Lehrinhalt in der Wissenschaft der Logik, wie er sich den statutarischen Lehrplänen entnehmen lässt, ist "Parallelität das auffallendste Ergebnis"[75]. In der Studienordnung der Heidelberger Universität kommen Differenzen lediglich in einem einzigen Punkt vor: Nach dem Bakkalaureat empfehlen die Schulmanuale zu den *Summulae* des Petrus Hispanus Unterschiedliches: Die Scholaren der Via moderna sollen daraus vor allem den 7. Traktat, und zwar nach dem Lehrbuch des Marsilius, studieren, diejenigen der Via antiqua hingegen den gesamten Petrus Hispanus im Original. Das aber ist selbstredend vor allem eine Verschiebung des Lehrstoffes hin zu den noch stärker mit ontologischen Fragen verknüpften Inhalten der *logica vetus* und der *logica moderna* der ersten Teile des Organon. Ausserdem stellt es eine faktische pädagogische Verbesserung dar, durch die der Student das Organon in seiner eigentlichen Reihenfolge kennen lernen kann und nicht beispielsweise einen Einstieg anhand der *insolubilia* zu gewinnen suchen muss. Letztlich aber handelt es sich doch nur eine Differenz im Detail zweier an sich außerordentlich ähnlich aufgebauter Studiengänge.

Aber auch der schriftliche Lehrstoff in Form von Büchern zeigt kaum eine Abweichung im jeweiligen Inhalt, besonders auch in den Fragen der Logik nicht. Scotisten wie Petrus Tartaretus übernehmen in ihren Werken nicht nur die modernen Zusätze zu Petrus Hispanus, sondern sind am verfeinernden und komplizierenden Ausbau dieser terministischen und suppositionstheoretischen Teile aktiv beteiligt.

---

[74] Zwar (a. a. O., 82) "[...] wird das ganze Verhältnis der Schulen gegeneinander durch die schwankende Stellung des Skotismus mehrfach kompliziert; und gleichzeitig wird der erkenntnistheoretische Gegensatz im Vergleich zum früheren Mittelalter dadurch umgebogen (und in gewissem Sinn gemildert), dass der spätscholastische Nominalismus nur noch eine rein erkenntnistheoretische, nicht mehr ontologische Bedeutung besitzt. Trotz dieser Einschränkungen wird man aber sagen dürfen, dass die seit Aventin herkömmliche Ableitung der beiden *viae* aus dem großen Gegensatzpaar Nominalismus und Realismus entgegen der Meinung neuerer Darsteller der Wahrheit immerhin nahekommt."
[75] A. a. O., 91.

Ritter sieht darin eine weitere Bestätigung dafür, dass der Gegensatz
der beiden Wege in nichts anderem als eben der Universalienfrage
gelegen haben könne. Und hier reicht er plötzlich auch gleichsam
eine Hand zur Versöhnung mit Prantls Darstellung, die darum die
sermozinale Logik so sehr in die Mitte gerückt hätte, weil der effektive
logische Gegensatz im engeren Sinne von untergeordneter Bedeutung
sei.[76] Dennoch kommt Ritter, genau umgekehrt wie Prantl, zu einer
sehr abwertenden Gesamtbeurteilung der geistigen Leistung der Via
antiqua.[77] Auch von der von seinen Vorgängern Prantl und Hermelink
behaupteten Ansicht eines massiven Unterschiedes in der Zugangsweise
zur Wissenschaft, die entweder in vorwiegend realer oder vorwiegend sermozinaler Weise geschehe, distanzierte Ritter sich klar. Schon
zu Ritters Zeiten war deutlich erkannt und bewiesen, dass die *moderni*

---

[76] A. a. O., 94: "Die Motive seiner [sc. Prantls] Beweisführung vermögen wir
jetzt voll zu würdigen. Was ihn veranlaßte, den Unterschied der beiden *viae* wesentlich im Lehrstoff zu suchen, statt in der Universalienfrage, ist offenbar dieselbe
Einsicht, die wir hier verfechten: die Erkenntnis nämlich, dass der nominalistischen
Erkenntnistheorie im Rahmen der 'modernen' Schule gar nicht die Tragweite
zukommt, die ihre Gegner ihr vorwerfen – dass sie gar nicht in dem Sinne gegen
das metaphysische Denken gerichtet gewesen ist, wie es ihre thomistischen Gegner
glauben machen wollen. Statt nun aber der sonderbaren Zwitternatur dieses späten Nominalismus nachzugehen und ihn von innen heraus begreiflich zu machen
(dazu gehört freilich eine andere seelische Einstellung als Abneigung und Ironie),
glaubte er sich damit begnügen zu dürfen, dass er die Kennzeichen der 'modernen'
Schule an anderer Stelle suchte: in ihrer Vorliebe für die 'sermozinale Logik', deren
Entstehungsgeschichte er eigentlich erst entdeckt hatte." Aber natürlich ist das in
den Augen Ritters nurmehr eine Bekräftigung des eigenen Standpunktes (ebd.): "Nur
darf man über dieser Einsicht zweierlei nicht vergessen: einmal, dass der entscheidende Anstoß zur Neubelebung der älteren Systeme nicht etwa von den engeren
logischen Problemstellungen her kam, sondern aus dem Fortleben des alten Univer-
salienproblems; zum anderen, dass die 'terministische Logik' zu der Zeit, als der
Streit um die *viae* ausbrach, bereits eine so überragende Bedeutung im Universitäts-
unterricht gewonnen hatte, dass auch die Reformer sie nicht mehr entbehren konnten. Der Unterschied des 'Lehrstoffes' bedeutete deshalb nicht mehr, als höchstens
ein sekundäres Moment der Spaltung."

[77] Sie ist für ihn reines Epigonentum, "durchschnittlich, schulmäßig und langweilig"
(a. a. O., 96), letztlich "Verfall" (98). Ihre restaurativen Intentionen sind eine romantische Reaktion, ein "Seitenstück zu all den bald tragischen, bald rührend-komi-
schen, mit Fleiß und Eifer begonnenen und doch im Grunde schwächlichen,
krampfhaften Bemühungen, die Schatten einer großen Vergangenheit noch einmal
heraufzubeschwören, wie sie das zu Ende gehende Mittelalter so zahlreich kennt"
(99). Ihre Motive liegen im nur allzu Menschlichen: "Persönliche Reibereien,
Gegensätze der Schulen und Cliquen, wie sie mit dem akademischen Zunftbetriebe
einmal unzertrennbar verbunden scheinen, die übliche dogmatische Verhärtung einander widersprechender Meinungen, deren Kontrast alt und herkömmlich geworden ist – alle diese Begleiterscheinungen" (98f.) sind genau so sehr oder oft wohl
mehr verantwortlich für die Spaltungen als die vorhandenen Sachfragen.

die Naturwissenschaften und insbesondere die Physik mindestens
ebenso sehr pflegten und förderten wie die *antiqui*.[78]

Beiderseitige Bezüge zum Humanismus
Ähnlich liegen die Verhältnisse aber auch in der Frage nach dem
möglichen Bezug von Via antiqua und Humanismus.[79] Ritter beschäf-
tigt sich hier vornehmlich mit der vor allem von Zarncke und
Hermelink vertretenen These eines zwingenden Kausalzusammenhangs
beider Bewegungen und kommt schließlich zu einem negativen
Ergebnis.[80] In der Hinleitung zu diesem Verdikt deckt er eine ganze
Reihe von Hermelink'schen Fehlschlüssen auf, so die naive Behauptung,
nur die Via antiqua interessiere sich für Realwissenschaften, die
Zuweisung der *suppositio personalis* respektive *materialis* zu je nur einer
Via und die analog nur den *antiqui* zugeschriebene Trennung zwischen *significatio* und *suppositio*. Hermelink ließ sich zudem, wie auch
Zarncke schon, von der vor allem in Basel, Straßburg und Tübingen,
also im oberdeutschen Raum, zu beobachtenden Tatsache beein-
drucken, dass dort nicht wenige Männer sich sowohl der Via antiqua wie auch dem Humanismus verbunden wussten. Dieses Faktum,
durch Persönlichkeiten wie Heynlin vom Stein, Geiler von Kaisersberg,
Sebastian Brant, Konrad Summenhart genügend verbürgt, anerkennt
auch Ritter; nur hält er es nicht für historisch zwingend, sondern
eben kontingent: Der Bildungshintergrund jedes Akademikers im 15.
Jahrhundert gehörte zwangsläufig einer der spätscholastischen Viae
an; manche dieser Akademiker entschieden sich später für ein humanistisches Engagement, sowohl von der Via antiqua als auch moderna
herkommend.

---

[78] Ritter verweist hier – zu Recht – vor allem auf die Arbeiten von Pierre Duhem,
unter anderen die Etudes sur Léonard da Vinci, 3 Bde, 1906–1913. Es lässt sich
auch im Hinblick auf die Scotisten zeigen, dass etwa Petrus Tartaretus oder Konrad
Summenhart physikalische Erkenntnisse der Via moderna als wissenschaftliches
Allgemeingut in selbstverständlicher Weise übernahmen und in ihren eigenen
Kompendien publizierten.
[79] A. a. O., 115ff.
[80] A. a. O., 124: "Nach alledem ist der Nachweis eines sachlichen Zusammenhanges
zwischen *Via antiqua* und Humanismus in allen den Punkten, die den historischen
Charakter der humanistischen Bewegung als solcher ausmachen (und dazu gehört
das damals in weitesten Kreisen verbreitete Interesse an der Kirchenreform nicht)
als vollständig mißlungen zu betrachten. Wenn unsere Untersuchung des Schulstreites
irgend etwas erwiesen hat, so ist es die Tatsache, dass die *Via antiqua* genau das
Gegenteil von dem erstrebte, was Hermelink selbst als die charakteristische Tendenz
und Leistung des Humanismus auf dem Gebiete der Wissenschaften bezeichnet:
'Verselbständigung der Einzelwissenschaften gegenüber der Theologie'."

Summa: *Doppelte Scotusrezeption als Schnittpunkt beider Wege*

Über das eigene Konzept grundsätzlich hinausführend sind Ritters
Äußerungen über Duns Scotus, den Scotismus und die Scotisten. Er
setzt hier ein mit den Reden Stephan Hoests: Scotus und selbst
Heinrich von Gent gehören in ihnen noch zum modernen Weg.[81]
Hoest selber ist von der Lehrausrichtung her Scotist, lässt an seiner
Zugehörigkeit zur Via moderna jedoch keinen Zweifel. Auch spätere Schulbücher zählen Scotus zum neuen Weg, so weiß Ritter den
Titel eines in einer modernen Heidelberger Burse benutzten, 1513
gedruckten Kompendiums anzuführen: *Textus parvorum logicalium [. . .]*
compilatus ad mentem Marsilii, Scoti ceterorumque probatissimorum de via
moderna doctorum. Umgekehrt ist "zu Anfang der Parteispaltung [. . .]*
in Heidelberg unter der Via antiquorum oder realistarum wohl ausschließlich eine thomistische (bzw. albertistische) Richtung nach Kölner
Muster zu verstehen. Und noch 1498 wird die Via antiqua gelegentlich Via thomistarum genannt."[82] Dieses Paradox ruft nach einer
Erklärung. Ritter gibt sie in einer klaren und überzeugenden Weise,
indem er eine doppelte Scotusrezeption sowohl der Scotisten durch
eine "metaphysische Hypostasierung seiner formalitates" als auch der
Ockhamisten durch Betonung "des in seiner haecceitas unableitbaren Einzelnen" postuliert.[83] Dies führt Ritter zu einer erneut recht
weitgehenden Kritik an Prantls Logikgeschichte, diesmal nicht an der
inhaltlichen Fassung, sondern an dem von Prantl angenommenen
Periodisierungsvermögen der beiden Wege. Offensichtlich bestehen
in deren Grenzbereich weitgehende Unklarheiten und Übergangs-
möglichkeiten. Sie als erster einigermaßen deutlich formuliert zu
haben, dürfte nicht das geringste der historiographischen Verdienste
Ritters darstellen.[84]

---

[81] Bei Letzterem ist dies vielleicht wegen seines Festhaltens an einer augustinisti-
schen Illuminationstheorie der Fall.

[82] A. a. O., 72.

[83] A a. O., 73: "Sachlich ist diese Mittelstellung der Skotisten zwischen Realisten
und Nominalisten durchaus nicht unbegreiflich. Denn der starke Nachdruck, den
Duns Skotus auf die Tatsächlichkeit des in seiner *haecceitas* unableitbaren Einzelnen
(*individuum*) legte, das er als den realen Grund alles Seins betrachtete und gegenüber der abgeleiteten Realität der allgemeinen Naturen bevorzugte, hat ja historisch
ebensogut zur nominalistischen Weltauffassung Ockams hingeführt, wie die metaphysische Hypostasierung seiner *formalitates* und andere Gedankenreihen seiner Lehre
den Anstoß zu realistischen Folgerungen gegeben haben."

[84] A. a. O., 72–74: "Daß fast die gesamte neuskotistische logische Literatur des
15. Jahrhunderts (Joh. Anglicus, Stephanus Brulefer, N. Tinctor, Th. Bricot, G.
Bruxellensis, Petrus Tartaretus, Nic. Dorbellus u. a. m.) eine gewisse Verwandtschaft

2. *Franz Ehrle*

Die von Ritter eingeschlagene Linie weg von einer primär durch logikgeschichtliche Gesichtspunkte gewonnenen Interpretation der Wegedifferenz hin zu einer Beurteilung aufgrund erkenntnistheoretischer und anderer Faktoren findet sich auch in der wichtigen, zeitgleich entstandenen Studie Franz Kardinal Ehrles zum Sentenzenkommentar Peters von Candia, des Pisaner Papstes Alexander V.[85] Die beiden Arbeiten sind aber unabhängig voneinander entstanden, obwohl sie nicht nur fast dasselbe Material darbieten, sondern es auch sehr ähnlich interpretieren.[86]

Wie Hermelink (Geschichte der Universität Tübingen) und Ritter (Marsilius von Inghen; Geschichte der Universität Heidelberg) geht Ehrle von einem konkreten historischen Ansatz- und Fragepunkt aus, um dann zur allgemeineren Fragestellung nach den Umständen und Inhalten des Wegestreites überzugehen. Dieser konkrete Ansatzpunkt ist der "literarische Nachlaß" des dritten Pisaner Papstes Peter von Candia (ca 1340–1410). Er besteht vor allem aus einem damals in auffallender Weise verbreiteten Sentenzenkommentar mit zugehörigen *principia* (ca. 1380 in Paris als Vorlesung gehalten), was nicht allein aus der kirchlichen Stellung des Autors, sondern durch wissenschaftliche und didaktische Qualität zu erklären ist.

---

mit logischen Werken der 'Modernen' besitzt, hat auch Prantl bemerkt, der gleichwohl die Skotisten ohne Einschränkung zur Partei der *antiqui* rechnet. Er kannte auch ein skotistisches Lehrbuch, das sich im Titel selbst als 'moderne' Parteischrift ankündigt, und sah sich genötigt, diesen Titel als 'buchhändlerische verlogene Reklame' aufzufassen, um ihn zu eliminieren. Ein so gewaltsames Verfahren wird überflüssig, sobald wir annehmen, daß in der Tat skotistische Anhänger der 'modernen' Schule keine Seltenheit waren. [. . .] Wenn man bedenkt, daß zur Zeit des Stephanus [Hoest] der Schulkampf in Heidelberg und anderen deutschen Universitäten noch in voller Blüte stand und daß Stephanus Hoest keineswegs eine grundsätzliche Aussöhnung der Parteigegensätze im Auge hat, vielmehr seinen Duns Skotus ganz eindeutig der 'modernen' Partei zurechnet, so wird man geneigt sein, diese Frage zu verneinen und lieber die von Prantl gezeichnete Gesamtansicht der Parteiverhältnisse erheblich zu revidieren."

[85] Ehrle, Der Sentenzenkommentar Peters von Candia.

[86] Zwar ist die von Ehrle verfasste Untersuchung erst 1925 erschienen, also drei Jahre nach Ritters zweiter Akademieabhandlung. Diese wird aber trotzdem in jener unter der Rubrik "Nachträge" als Ergänzung angeführt, also ausdrücklich als nicht den eigenen Studien zu Grunde liegende Literatur behandelt. Aus manchen Äußerungen Ehrles geht außerdem auch indirekt hervor, dass seine Arbeit schon zur Zeit des Krieges voll im Gange war. Umgekehrt hatte natürlich Ritter, was er "lebhaft" bedauerte, seinerseits keine inhaltliche Kenntnis von Ehrles zwar bereits angekündigter, aber noch lange nicht erschienener Arbeit.

Ehrle jedoch interessiert sich für diesen einen Kommentar primär aus einem Grund: Es "finden sich bei Petrus so viele Namen, daß sich das Bild, das er sich von der Gruppierung der Theologen seines Jahrhunderts in Schulen und Richtungen machte, mit ziemlicher Sicherheit feststellen läßt"[87]. So ist denn auch seine Übersichtspräsentation des literarischen Nachlasses zwar eingeleitet durch bibliographische Angaben bezüglich der Werke Peters selber und durch methodengeschichtliche Erörterungen zur sich fortentwickelnden Quaestionentechnik im 14. Jahrhundert, schreitet dann aber rasch fort zu jenen Teilen und Abschnitten, in denen sich Nennungen und Bezüge auf die geistigen Väter und Lehrer, manchenorts auch die Gegner Peters finden. Daran schließt sich der Hauptteil der Arbeit an, der Stellung nimmt "zur Charakteristik Peters von Candia sowie der scholastischen Schulen und Lehrer der Zeit"[88]. Den weitaus größten Raum nehmen dabei an die kritische Erörterung des Begriffes des Nominalismus angefügte Ausführungen über die "Ausbreitung und teilweise Vorherrschaft des Nominalismus im 14. und 15. Jahrhundert" ein. Ehrle unternimmt eine Ermittlung der "Ausdehnung des Nominalismus auf die Fakultäten, die Schulrichtungen und die Universitäten"[89] in Paris, Prag, Köln, Löwen, Wien, Heidelberg, Freiburg, Basel, Ingolstadt, Tübingen, Erfurt, Leipzig, Rostock, Greifswald, Wittenberg, Krakau. Bis heute ist diese Ermittlung als Gesamtdarstellung die ausführlichste, die wir besitzen, wenn auch zu einzelnen Universitäten Gründlicheres existiert. Zu den von Ritter ebenfalls besprochenen Fakultäten bringt Ehrle im wesentlichen ähnliches bis identisches Material – die Quellenlage ist gerade in den den Wegestreit tangierenden Punkten nicht unendlich. Neues erscheint im Blickfeld vor allem bei den im Osten gelegenen Universitäten: Leipzig, Rostock, Greifswald, Wittenberg, Krakau. Sie scheinen grundsätzlich bezüglich der Wegefrage liberal gewesen zu sein, mit einer leichten Vorliebe für die Via antiqua, besonders in Wittenberg. In die Einzelheiten der Geschichte der diversen Fakultäten zu gehen hat im Rahmen dieses Berichtes wenig Sinn. Wertvoll ist das von Ehrle in vollem Wortlaut wiedergegebene, 1464 von der Universität Basel zu Handen des Rates abgegebene Gutachten zu Gunsten der

---

[87] A. a. O., 4. Es folgt der verdeutlichende Satz: "Wir möchten eben auch für das 14. Jahrhundert, wie es für das 13. gelang, die nötige Belehrung gewinnen."
[88] A. a. O., 74–280.
[89] A. a. O., 114.

Zulassung nur eines einzigen Weges: *Motiva universitatis propter que non videtur expediens ambarum viarum conjunctio, moderne scilicet et antique.*[90]

Die eigentlich philosophischen Ausführungen Ehrles sind relativ kurz gehalten. Wie schon Ritter plädiert er für eine differenzierte Sichtweise vor allem des so genannten Ockham'schen Nominalismus: Ockhams Lehre ist eigentlich eher als Konzeptualismus zu bezeichnen. Grundsätzlich ist die Fixierung auf logische Momente zu lockern: "Ohne Zweifel haben wir drei weite Gebiete zu unterscheiden, in welchen der Ockhamismus seine Eigenart ausgewirkt hat. Erstens das schon besprochene logische, das bis jetzt als das namengebende allzu sehr im Vordergrund stand; zweitens das realphilosophische der Psychologie, Metaphysik und Ethik und drittens das in den Geschichten des philosophischen Denkens meistens vergessene theologische. Diese drei Seiten der Nominalistenschule weisen trotz der Verschiedenheit ihres Stoffes einen gemeinsamen Familienzug auf, welcher eine wesenhafte Blutsverwandtschaft verrät. Ohne Zweifel färbte die logisch-sophistische Eigenart unverkennbar auf die beiden andern ab und gibt zumal der Behandlung der Theologie ein ganz eigenes Gepräge."[91] Diese Aspektentrias wird, wie wir später noch sehen werden, bestätigt durch den zu ihr analog verstehbaren dreiteiligen Ablauf der Forschungsgeschichte von 1870 bis 1980 als ganzer; Ehrle tut damit wohl einen tiefen Blick in das innere Wesen der Wegedifferenz.

Er hebt dann allerdings doch am meisten ab auf die erkenntnistheoretische Seite dieser Differenz, ähnlich wie Ritter. Völlig unzulänglich ist jedenfalls seine Behandlung der theologischen Seite der Frage, die sich auf eine präsumptive Kritik an einer vorgeblichen *vana curiositas* beschränkt.[92] Nicht ganz einzusehen ist darum die von

---

[90] A. a. O., 293.

[91] A. a. O., 109.

[92] A. a. O., 110f.: "Wollen wir das innerste und allgemeinste Prinzip der nominalistischen Eigenart aufweisen, so können wir wohl einen ungesunden, übertriebenen Drang nach Neuem und Eigenem als solches bezeichnen. Würde dieser Drang sich innerhalb vernünftiger Grenzen halten, so wäre es ein wohltätiges Vorwärtsstreben, das zu gesunder Fortentwicklung führen müßte. Aber nun entfernte sich dieser Drang, den wir durch drei Hauptetappen verfolgen können, immer weiter von der gesunden Basis und wurde stets radikaler und destruktiver. [...] Am gefährlichsten wurden diese Triebe in der theologischen Forschung. Hier kann man das Walten des Nominalismus als ein Überwuchern des Artistentums bezeichnen. [...] In allen theologischen Gebieten, welche sie [sc. die Nominalisten] berührten, bezeichnet eine traurige Verwirrung der bisher stehenden Begriffe den Gang ihres Wirkens. Zum Erweis dieses zersetzenden Einflusses genügt schon ein Blick auf die Fragestellungen ihrer Sentenzenkommentare [...]." Das letzte dieser Zitate hat Wolfgang Hübener,

Ehrle an Ritter geübte Kritik, er habe seine Quellen zwar historisch sauber, aber nicht selten ohne die adäquate spekulative Tiefe wiedergegeben.[93] Zwar mag dies wohl zuweilen bei Ritter zutreffen. Doch bei dem trotz mancher gelungener Tiefensondierungen in erster Linie an einer Darstellung des äußeren Verlaufs der Entwicklung der Schulen interessierten Archivar Ehrle scheint mir der spekulativ-philosophische Gehalt der Quellen noch viel weniger eingehend behandelt. Insofern zieht der Leser aus Ehrles Werk in Ergänzung zu Ritter für die soziogeographischen Aspekte der Fragestellung manchen Gewinn, für den inhaltlich-philosophischen hingegen stehen die Dinge wohl eher umgekehrt.[94]

3. *Konstanty Michalski*

Die Bemerkungen des gelehrten Polen Michalski[95] zu unserer Fragestellung sind eine Bestätigung dessen, was auch Ritter bezüglich der

---

Der Konservativismus des Jean Gerson, 184, ins "Labyrinth zählebiger Vorurteile" eingeordnet.

[93] Unter der Rubrik der Literaturnachträge, 342.

[94] Ähnlich wie für Ritter van Rhijn bietet für Ehrle eine ausführliche Zusammenfassung in niederländischer Sprache: N. Greitemann, Via antiqua en Via moderna op de universiteiten van Engeland, Frankrijk en Duitsland.

[95] Konstanty Michalski, zum Priester geweiht in Krakau und zum Doktor der Philosophie promoviert an der Universität Löwen, lehrte als Professor der Theologie mit Forschungsschwerpunkt in der Philosophie des Mittelalters an der Jagiellonischen Universität in Krakau bis 1939, wurde am 6. November anlässlich eines von der SS angeordneten gesamtuniversitären Vortrages über "Das Verhältnis des Deutschen Reiches und des Nationalsozialismus zu Wissenschaft und Universität" mit allen anderen Angehörigen des Lehrkörpers verhaftet und ins Konzentrationslager Sachsenhausen deportiert. Aufgrund internationaler Proteste kam er zwar 1940 frei, wurde allerdings ohne weitere Forschungsinfrastruktur aufs Land verbannt, nachdem Truppen der SA auch die in seiner Wohnung gelagerten Arbeiten und Dokumente vernichtet hatten. Vgl. Pluta, Die Philosophie des 14. und 15. Jahrhunderts, XIII–XV. Die Charakteristik der Arbeiten Michalskis besteht in einer ihm eigenen Mischung aus Philologie und Philosophie; "sie vereinigen historische Detailforschung mit philosophischer Fragestellung auf exemplarische Weise" (a. a. O., XI). Da ihm die nötigen Quellengrundlagen für seine Untersuchungen fehlten, wertete er etwa 350 mittelalterliche Handschriften aus Bibliotheken in ganz Europa aus, wodurch er "zu einem herausragenden Vertreter der Erforschung der handschriftlichen Quellen der Philosophie des 14. Jahrhunderts in Europa und der des 15. Jahrhunderts in Polen wurde (a. a. O., XV). Sechs seiner wichtigsten Essays wurden 1969 unter dem Titel "La Philosophie au XIVe siècle, Six Etudes" von Kurt Flasch veröffentlicht. Sie beschäftigen sich allesamt mit dem Aufkommen und dem Inhalt der neuen Strömungen des 14. und 15. Jahrhundert, die Michalski gerne mit dem Terminus "scepticisme" bezeichnet hat. Bis heute gehören sie zum Besten, was über die philosophiegeschichtlichen Strömungen dieser Zeit geschrieben wurde, bleiben allerdings mit einem bei römisch-katholischen Autoren des öfteren anzutreffenden Mangel behaftet: Sie

Behandlung des Terminismus in der Via antiqua schon zu vermelden hatte: Die Differenz der beiden Viae liegt nicht in der Frage, ob eine an Petrus Hispanus anschließende terministische Logik verwendet würde, sondern vielmehr nur in der Frage, wie diese bei beiden Wegen sozusagen gleichermaßen bekannte Logik verwendet wurde. Dabei geht die Differenz dahin, dass die Via moderna terministische Logik in einem eher nominalistischen Sinne, die Via antiqua aber in einem realistischen Sinne füllt. Hierin liegt nach Michalski letztlich der entscheidende Schlüssel zur Lösung des Rätsels um den Wegestreit des Spätmittelalters.

Schon im Jahre 1910 kommt Michalski in wünschenswert klarer Weise auf dieses Problem zu sprechen.[96] Er hält gegen Prantl fest, die *summulae logicales* des Petrus Hispanus seien "tirées presque toujours textuellement de la Summa de Lambert d'Auxerre" und kein wirklich logisch, sondern ein zuallererst dialektisch ausgerichtetes Lehrbuch. Darum kämen die Analytica Posterior bezeichnenderweise überhaupt nicht vor, die aristotelische Topik dafür um so stärker.[97] Zentral im Terminismus des Petrus Hispanus steht für Michalski der *terminus*, der die Funktion einer Supposition erfüllt: Petrus und mit ihm die realistisch denkenden Logiker des Mittelalters unterscheiden zwischen der *suppositio personalis* und der *suppositio simplex*. In der *suppositio personalis* repräsentiert der Terminus ein einzelnes Seiendes, etwa "Hans" oder "dieser Stein da". In der *suppositio simplex* steht der Terminus für den gemeinsamen Begriff einer ganzen *species*, etwa für "Mensch", "Tier", "Lebewesen". Bei Ockham nun ändert sich die der *suppositio simplex* zugelegte Bedeutung deutlich. Sie bezeichnet nicht länger den Gemeinbegriff verschiedener Entitäten als eine Realität, sondern als ein ideelles Konzept, als einen *conceptus*. Diesem *conceptus* entspricht keinerlei extramentale Realität mehr.[98]

---

sind, durch und durch dem Neuthomismus verpflichtet, in der Beurteilung der Übergangszeit des Spätmittelalters zu sehr als Retrospektive, zu wenig als Vorschau auf die beginnende Frühneuzeit hin verfasst. Dadurch haftet ihnen ein allzu kritischer Unterton an, der mit der Leidenschaft, die gerade katholische Autoren dem Studium dieser Zeit widmen konnten, in eigenartigen Gegensatz zu stehen kommt.

[96] Michalski, Les courants philosophiques à Oxford et à Paris pendant le XIVe siècle, in: La Philosophie au XIVe siècle.

[97] A. a. O., 5f.

[98] A. a. O., 10: "Les scolastiques du Moyen Age ont appelé Ockham un terministe non parce que, en logique, avec Pierre d'Espagne, il est partisan de l'idée du terme et de sa fonction substitutive, car alors Pierre d'Espagne et ses commentateurs thomistes de Cologne seraient eux aussi terministes, mais surtout parce qu'il a compris d'une manière particulière la fonction de la suppositio simplex."

In einem erstmals 1925 veröffentlichten Beitrag "Le Criticisme et le Scepticisme dans la Philosophie du XIVe siècle"[99] wird dieser Sachverhalt erneut und ausführlicher entfaltet unter der (Zwischen-)Überschrift "Le problème des universaux". Michalski expliziert zuerst die Differenz von *logica antiqua* und *logica moderna*, die ihrerseits bekanntlich noch einmal zu unterscheiden ist von der Differenz zwischen *logica vetus* und *logica nova*, beides Distinktionen innerhalb der *logica antiqua*. Sei die *logica antiqua* im Wesentlichen Rezeption des aristotelischen Organon, von Petrus Hispanus in den ersten sechs Büchern seiner *Summulae* referiert, zeichne sich erst die *logica moderna* durch eine eigentliche terministische Weiterentwicklung aus. Diese Art von Logik finde sich aber lediglich im siebten Buch des Petrus. Und selbst dieses würde von Lehrern und Adepten der Via antiqua häufig übernommen, gemeinhin unter dem Begriff der *parva logicalia*. Michalski grenzt sich ausdrücklich von Hermelink ab, der sich an dieser Stelle mit dem einfachen (immerhin authentischen!) Slogan *de terminis non curamus, nos imus ad res* aus der Propaganda der *antiqui* genügen liess und dadurch in sträflicher und verzerrender Weise vereinfachte. Also muss die Differenz des logischen Lehrgehaltes beider Wege anderswo liegen: "En effet, ce n'étaient pas les Summulae logicales, les Parva logicalia par eux-mêmes, qui distinguaient surtout le camp des moderni auquel appartenaient Ockham et ses partisans, tels que, du moins dans une certanie [sic] mesure, Buridan, Albertus de Saxonia et Marsilius ab Inghen, mais bien une certaine façon de comprendre la fonction de la substitution, dite suppositio"[100]. Es folgt die schon bekannte Differenz zwischen *suppositio personalis* und *suppositio simplex*.[101]

---

[99] Neudruck in: La Philosophie au XIVe siècle, 67–149.

[100] A. a. O., 145.

[101] Bezüglich der zweiten verweist Michalski hier auf einen Unterschied zwischen *moderni* und *antiqui*. Petrus definiert sie durch den Satz: *suppositio simplex est acceptio termini communis pro re universali significata per ipsum terminum, ut cum dicitur 'homo est species, animal est genus', ibi iste terminus 'homo' supponit pro homine in communi et non pro aliquo inferiori*. Ockham erklärt hingegen: *suppositio simplex est, quando terminus supponit pro intentione animae [. . .] Unde error illorum, qui credebant aliquid esse in re praeter singulare et quod humanitas distincta ab singularibus est aliquid in individuis et de essentia eorum*. Noch einen Schritt weiter geht Buridan, der sogar den Ausdruck *suppositio simplex* als solchen nicht mehr zulässt, sondern die der *suppositio simplex* im Ockham'schen Verständnis zugeordneten Funktionen dem Begriff der *suppositio materialis* subsumiert, die bei Ockham noch lediglich die Vokalebene übernehmen konnte. Ihm schloss sich etwa Marsilius von Inghen an, der ebenfalls nur noch eine *suppositio materialis* und die *suppositio personalis*: *suppositionem simplicem talem non pono, quamvis aliqui moderni antiquorum dicta salvare volentes dixerint, suppositionem simplicem esse, quando terminus vocalis vel scriptus stabat pro conceptu mentali [. . .] Mihi autem non apparet huius dicti magna utilitas [. . .]*

Auch hier sind also die Hermelink'schen Irrwege bezüglich der Weiterentwicklung der *scientiae reales* bereits klar korrigiert, zum ersten Mal wird zudem eine tiefergehende Analyse der logischen Inhalte geboten.

4. *Anton Weiler*

Wichtige Korrekturen zu Ritters Darstellung gibt auch Weiler in seiner eingehenden biographisch-werkgeschichtlichen Abhandlung zu dem vor allem in Köln wirkenden Thomisten Heinrich von Gorkum.[102] Er eröffnet damit einen Reigen gehaltvoller Autoren aus den Niederlanden, die sich zum Via antiqua-Via moderna-Problem äußerten.

Nach Weiler waren, gegen Ritter, zu Beginn nicht die *antiqui*, sondern die Gegenpartei dominierend; erst 1414 versuchte die Via antiqua, sich in die Vorreiterrolle zu drängen.[103] Dies zeigt, dass schon die allererste im Reich stattfindende Aktion der Via antiqua eine der Via moderna nachfolgende und *ex post* entgegengesetzte war, also deutlich den Charakter einer schon bestehende Bewegungen bekämpfenden restaurativen Bewegung hatte. Eine wirkliche Kontinuität von den eigentlichen *doctores antiquorum* (Albertus usw.) zur Via antiqua war institutionengeschichtlich in Deutschland nirgendwo, gerade auch in der rheinischen *antiqui*-Hochburg nicht, gegeben.[104] In den entscheidenden Punkten der Beurteilung des Wegestreites, insbesondere in der ihn stärker interessierenden Via antiqua stimmt Weiler grundsätzlich mit Ritter überein; auch er sieht die Hauptdifferenz zwischen den beiden Wegen in der Universalienfrage. Doch die eigentlichen

---

talem terminum sic supponentem reputo supponere materialiter.; Textus dialectices, Viennae 1516, fol. 161v, zit nach Michalski, a. a. O., 147. Umgekehrt vertritt Thomas Maulefelth wieder die Ockham'sche Position: *suppositio simplex est terminus vocalis vel scriptus prout est pars propositionis stans pro intentione animae [. . .] Unus est modus seu opinio realistarum, ponentium suppositionem simplicem stare pro natura communi, quae est universalis in essendo [. . .] Istum modum tenet [. . .] Petrus Hispanus [. . .] Alius est modus [. . .] modernorum [. . .] quidam moderni ponunt suppositionem simplicem stare pro quolibet conceptu [. . .]* Cracoviensis. Bibliothece Jagellionienis 2178, fol. 17r, zit nach Michalski, a. a. O., 148.

[102] Weiler, Heinrich von Gorkum.

[103] Weiler, a. a. O., 57f., zeigt, dass Ritter, Via antiqua und Via moderna auf den deutschen Universitäten des XV. Jahrhunderts, 42, mit Anm. 3, wie leicht ersichtlich ist, den *Liber facultatis artium*, fo. 58 (Protokoll der Fakultätsversammlung vom 1. Okt. 1414) falsch interpretierte, indem er die Neuerer mit den Nominalisten gleichsetzte.

[104] Obschon ein Traditionsstrang mit der Anwesenheit von Albertus und, weniger klar, Duns Scotus verknüpft gewesen sein mag, hat er doch eigentlich auf die Universität auf faktisch-institutionengeschichtlicher Ebene zumindest zu Beginn keinen Einfluss.

Gründe für die Feindschaft sieht er zunehmend anderswo, wie er in "Realisme, Nominalisme, Humanisme. De wegenstrijd in de laatscholastiek en het humanistisch antwoord", einer 1969 entstandenen Zusammenfassung bisheriger eigener und fremder Forschung zum Wegestreit, bekannt gibt, dabei an Ritter anknüpft, doch dessen Einsichten wesentlich vertieft.[105] Eine Analyse der gesamtgesellschaftlichen Umbrüche und Unsicherheiten, denen das aufstrebende Bürgertum des Spätmittelalters ausgesetzt war, offenbart dessen tiefes Bedürfnis nach sozialen, affektiven und intellektuellen Orientierungsmöglichkeiten. Von diesem umfassend wahrgenommenen sozialen Rahmen her interpretiert Weiler den Wegestreit als Kampf zweier verschiedener Weltanschauungen, nicht nur zweier fachphilosophischer Schulrichtungen.[106] Zwar stimmt er Ritter zu, wenn dieser auf die erkenntnistheoretische Problematik alles Gewicht legt, besonders auf die Frage nach der Erkenntnis der Universalien,[107] doch fragt er weiter nach der spezifischen Motivation intensiver Beschäftigung mit just dieser Problematik in exakt dieser Zeit.[108] Man dürfe nicht bei

---

[105] In der Gorkum-Biographie bezeichnet Weiler den "besoin de nouveauté" (Weiler mit de Wulf; a. a. O., 61) das "Überwuchern der bis zu ungesunden Spitzfindigkeiten getriebenen philosophischen Verarbeitung des theologischen Lehrstoffs" (Weiler mit Ehrle), Freude am unklaren "Probabiliorismus" (Weiler mit Michalski) als zumindest psychologisch wichtige Momente zur Entwicklung der Via moderna. Die *moderni* wünschten darum Anpassung der *antiqui* an ihre Lehrweise. Merkwürdigerweise werden allerdings die sog. *parva logicalia*, zu denen in Köln folgende acht Traktate zählten: *tractatus de suppositionibus, de ampliationibus, de appellationibus, de relativis, de restrictionibus, de distributionibus, de exponibilibus, de syncathegorematis* – vgl. die abweichende Reihenfolge bei Bochenski, Summulae logicales, 142f. – nicht alle vorausgesetzt, sondern nur die hier aufgezählten ersten drei (a. a. O., 66). Die im Haupttext aufgeführten Trakate sind nachträgliche Zusätze zu Petrus Hispanus vor allen Dingen in den Fragen der Logik. So erweitern sie den Umfang der *Summulae* des Petrus Hispanus, wo auch die neueren Zusätze *de obligacionibus, de insolubilibus, de regulis consequentiarum* miteingeschlossen werden sollen. Bezüglich des Prozedere wird die Quaestionenform vorgegeben, obwohl viele *antiqui* die genaue, teilweise interlineare, Auslegung der Texte vorzogen.

[106] A. a. O., 61: "Kort gezegt: in het nominalisme en het realisme, deze twee elkaar heftig bestrjidende denksystemen, staan twee wereldbeschouwingen tegenover elkaar. Zji leveren beide een interpretatie en legitimatie van de werkelijkheid, en zoeken daarmede aan het meselijk leven richting te geven, niet slechts aangaande zijn verhouding tot de kerk en de politieke gemeenschap, niet slechts aangaande zijn gedragen in profane of geopenbaare moraliteit, maar uiteindelijk aangaande zijn verhouding tot de waarheid zelf. Want hoe dan ook, elke middeleeuwer, ook die van slotfase, gelooft aan de alomvattende, ene, enkelvoudige waarheid, van waaruit en waarnaartoe alles bestaat."

[107] Ebd., mit Ehrle.

[108] A. a. O., 62: "Maar: waar nu eigenlijk de wortel [Wurzel] van de strijd ligt,

Äußerlichkeiten bleiben, etwa dem vielgeschmähten "Sophismus" der
moderni; nur das wissenschaftstheoretische Herzstück des Unterschiedes
könne wirklichen Aufschluss geben: Die Frage nach dem eigentlichen
Gegenstand wissenschaftlicher Arbeit. In ihr gibt Ockham nach Weiler
eine ebenso eindeutige wie eindeutig neue Antwort, die den alten,
an Roscellin und Anselm anschließenden Nominalismusstreit beendet
und die Epoche des Nominalismus im Sinne der *moderni* des späteren
Wegestreites beginnen lässt: Jede Wissenschaft handelt nur von
Sätzen.[109] Die für alles wissenschaftliche Arbeiten elementare Prädika-
mentenlehre handelt nicht von den Dingen selbst, sondern von der
Weise, in der die Dinge in Worte gefasst werden können.[110] In einer
Kölner Diskussion über die Wissenschaft der Logik sehen die *moderni*
darum folgende Reihenfolge wissenschaftlichen Arbeitens: *Scibile propinquum est conclusio (propositio), scibile remotum est terminus conclusionis (vel
propositionis), scibile remotissimum est res significata per terminum*, während
sie nach den *antiqui* genau umgekehrt liegt.[111]

   In diesem durch die Parolen *sciencia tantum de propositionibus* und
sciencia de rebus universalibus formulierten Gegensatz sieht Weiler die
Wurzel des Wegestreites, die alles andere erst hervorgebracht hat:
Die *antiqui* wollen und können sich mit der von ihnen als Auflösung
aller realen Grundlagen der Erkenntnis interpretierten Konzentration
auf den propositionalen Charakter von Wissenschaften nicht abfinden.[112]
Es geht um diese Grundangst der *antiqui*, die sie den Kampf gegen
die *moderni* überhaupt antreten lässt, auch wenn diese keineswegs
weniger Wissenschaft betreiben. Die Sicht Weilers stellt also eine wissenschaftstheoretisch vertiefte Verarbeitung der Ritter'schen Position
dar, gestützt auf die zu seiner Zeit neuesten logik- und linguistik-
geschichtlichen Arbeiten. In nicht Wenigem berührt er sich scheinbar
mit schon von Prantl geäußerten Positionen zu einem Gegensatz von
Real- versus Sermozinalwissenschaften. Der entscheidende Fortschritt

---

heeft ook Ritter niet duidelijk gemaakt. Waarom houdt de scholastieke wereld zich
zo intens met deze vraagstukken bezig, juist in deze periode?."
   [109] A. a. O., 63: *Sciendum quod scientia quaelibet, sive sit realis sive sit rationalis, est tantum de propositionibus, tamquam de illis que sciuntur, quia sole propositiones sciuntur* (*In quattuor sententiarum*, Lyon 1495, L. I, d. 2, q. 4).
   [110] Ockham, Expositio aurea. Proemium in librum Praedicamentorum Aristotelis;
vgl. a. a. O., 64.
   [111] *Disputatae Coloniae circa questiones veteris artis*; München Clm. 500, foll. 1–258 vgl.
a. a. O., 64, Anm. 2.
   [112] Johannes de Nova Domo formuliert bei der Darstellung des nominalistischen

besteht aber darin, dass er sie von der logizistischen Sicht Prantls wegführen und in ihrem wahren weltanschaulichen Tiefengehalt offenbar machen konnte.

Zugleich beginnt mit Weiler ein Phänomen, das in dem bald nach oder vielleicht schon in der Person Weilers selber anbrechenden dritten Abschnitt der Forschungsgeschichte zentrale Bedeutung einnehmen sollte: Der Abschied von latent ahistorischen, da sehr großflächigen Interpretationsschemata zu Gunsten einer auch innerhalb der (bis anhin in sich kohärent gedachten) Viae gründlich differenzierenden und nuancierenden historischen Darstellung der Phänomene – nicht nur in personengeschichtlicher, sondern mehr und mehr auch in doxographischer Hinsicht.[113] Weiler kommt beispielsweise zu einer

---

Standpunktes in seinem Traktat die grundlegende Angst, die viele *antiqui* um die Wissenschaft im Ganzen befällt, wenn sie mit dem neuen, modernen Standpunkt konfrontiert werden (zit. ebd.): *Si enim esset universale duntaxat quid abstractum in anima, sicut quidam conceptus in anima et tenuis similitudo singularium, ut dicunt moderni, [. . .] nulla sciencia sic esset realis, sed omnis sermocinalis, ex quo sciencie denominantur a suis subiectis [. . .] et non secarentur quemadmodum res, de quibus sunt, [. . .] sed pocius distinguerentur iuxta differencias modorum concipiendi.*

[113] Interessant ist im Hinblick auf den Abschnitt unten VIII. 2. (v. a. VIII. 2. 1.) Weilers (a. a. O., 165–195) Besprechung eines weiteren Heinrich'schen Traktats *de praedestinatione et reprobatione divina* wegen der Verhältnisbestimmung von *causa prima* und *causae secundae* innerhalb der Frage der (Mit-)Wirkung des Menschen zum Heil. Von dem von Thomas in S. Th. I, 23 dargelegten *ordo causarum* wird nirgends abgewichen, Gott selbstverständlich als totale primäre Ursache anerkannt. Dennoch muss, um einer genaueren Bestimmung der Frage willen, auch die Rolle der *causae secundae* bedacht werden. Und hier erweist sich Heinrich insofern als Thomist, als diese *causae* zwar eben, ihrer Definition gemäß, zweitrangig sind, dennoch keinesfalls vernachlässigt oder gar weggelassen werden dürfen zur adäquaten Erfassung der Handlungsweise Gottes mit der Schöpfung. Weiler zitiert hier, methodisch etwas verwirrlich, Thomas im Original: Einerseits gilt, dass die göttliche Vorsehung ihr Ziel jedenfalls erreicht, auch bei einem etwaigen Ausfall der eigentlich zur Kooperation vorgesehenen Zweitursachen, also *nullus defectus causae secundae impedire potest quin voluntas Dei effectum suum producat.* Andererseits will Gott nur mittels der Wirkung der Zweitursachen seinen Heilsplan ausführen. Daraus geht hervor, dass beim Versagen einer einzelnen Zweitursache in einer kausal geordneten Serie die anderen Ursachen das Fehlende ergänzen: *cum igitur voluntas divina sit efficacissima, non solum sequitur quod fiant ea quae Deus vult fieri, sed et quod eo modo fiant quo Deus ea fieri vult. Vult autem quaedam Deus necessario, quaedam contingenter, ut sit ordo in rebus ad complementum universi* (S. Th. I, 19, 8; Weiler, a. a. O., 193).

Sind hier einmal mehr die Gegner, wie etwa Gregor von Rimini, nicht explizit genannt, kommen sie in den Bibelvorlesungen gegen die Lehrsätze von Wyclif und Hus (a. a. O., 196–241) umso deutlicher zur Sprache. Und wie in der Frage der Prädestination und Heilsgewissheit geht es auch hier in besonderer Weise um das Verhältnis von Erstursache und Zweitursachen. Ähnlich wie später auch Zwingli wird Wyclif durch seinen extremen Realismus dazu gedrängt, Kontingentes zu negieren oder gar zu verteufeln. "Wyclifs Denken nähert sich einem Pantheismus, für den die Welt ein Akzidens Gottes ist. Diesem metaphysischem Realismus entspricht

differenzierteren, positiveren Beurteilung der Funktion und theologischen Dignität des spätscholastischen Thomismus als Ritter. In Köln
wird Thomas zu einer *auctoritas*, von Köln aus gelangt die *via beati
Thomae* dann nach Heidelberg, Basel, Freiburg, schließlich auch nach
Rostock und Greifswald. Köln und seine Thomisten stellen innerhalb
des 15. Jahrhunderts eine wichtige und keineswegs zu unterschätzende Geistesmacht dar; eine rein epigonal-abwertende Einschätzung
sollte sich angesichts der offensichtlichen Lebendigkeit und Erneue-
rungsfähigkeit des spätmittelalterlichen Thomismus nach Weiler verbieten. Vor allem aber kann Weiler, auch wenn er das Basis-Schema
moderni-antiqui weiter verwendet, indem er dessen Erklärung besser
fundiert, weitere hochinteressante und wichtige Differenzierungen
innerhalb der einzelnen Wege aufführen.[114] Er ist damit Zeuge wie

---

Wyclifs theologischer Realismus, in gleich undifferenzierter Form zu Ende gedacht.
Alles, was nicht an der Gnadenwirklichkeit teilhat, wird in Wyclifs Lehre als anti-
christliche Monstrosität gestrichen." Heinrichs Hauptwaffe gegen solche Ketzereien
ist seine Betonung des Rangs der Zweitursachen. "Hier liegt der Kernpunkt von
Heinrichs Beweisführung. Gegenüber dem extremen Spiritualismus Wyclifs betont
er immer wieder die geschaffene, irdische Wirklichkeit der *causae secundae*, und unter
diesen nimmt die menschliche Mitwirkung die erste Stelle ein. Wo Wyclif geradli-
nig zu Gott gelangen und Gott unmittelbar zu sich kommen lassen will, betont
Heinrich bewusst die Zwischenphasen oder -stufen, die Gott selber im Verkehr zwischen Ihm und seiner Kirche oder seiner Welt gewollt hat; er überschätzt dabei
aber keineswegs ihre Eigenwirksamkeit oder Selbständigkeit. Dass er den Akzent auf
die faktische Ordnung des Kosmos legt, stellt seine Anschauungsweise zugleich scharf
gegenüber der ockhamistischen Verwillkürlichung der Realität" (a. a. O., S. 216).
Dem *ordo causarum* entspricht also ein *ordo ministeriorum Dei*.
   [114] a) Es gibt einmal die extremen Nominalisten wie etwa Robert Holcot, die
propositio ausschließlich als besonderen, individuellen Komplex von *termini* betrachten. Jede Möglichkeit einer allgemeinen Wahrheit außerhalb eines gesprochenen
Satzes ist hier eliminiert.
   b) Die gemäßigten Nominalisten sehen die *propositio* in konzeptualistischem Sinn
– d. h eine *propositio* kann allgemeine Gültigkeit besitzen, wenn die Konzepte für
alle Menschen dieselben sind und immer dieselben Dinge diese selben Konzepte
evozieren – sie sind aber keineswegs allgemeine Begriffe mit allgemeiner Gültigkeit.
   c) die extremen Realisten, unter denen vor allem Wyclif, Hus, Hieronymus von
Prag figurieren, dachten die *res universales* in platonistischem Sinn vor und außer
den Einzeldingen. Diese Lehre wurde bekanntlich in Konstanz verurteilt. Darum:
   d) Die gemäßigten Realisten mussten sich permanent gegen solchen Hyperrealismus
absetzen. Für sie sind im Anschluss an ihre Schulhäupter Albertus, Thomas und
Duns Scotus zwar die *res* ebenfalls extramentale Realitäten, aber – feine Differenz
von großem Gewicht! – nicht als *ens quod*, sondern als *ens quo*. Diese Denker sehen
den Universalbegriff also als gemeinsame Natur der durch sie bezeichneten Einzeldinge,
die sich ihnen *actu* mitteilt.

Motor einer Bewegung zu mehr Genauigkeit in der Beobachtung sowohl der philosophischen Phänomene als auch deren sozialer Verwurzelung.

3. Vom Paradigma zum Patchwork: Die Wege gabeln sich weiter

Den zweiten in diesem Bericht dargestellten Abschnitt kann man trotz seiner recht langen Dauer als ein in sich relativ geschlossenes Forschungsplateau ansehen. Die während der Zeit zwischen 1922 und 1969 publizierten Beiträge zeigen nicht allein eine gewisse Kohärenz der Grundpositionen, sondern vor allem auch ein mehr oder minder identisches Vorgehen zur Gewinnung solcher Grundsatzpositionen: Alle vier referierten Autoren — Ehrle freilich am wenigsten deutlich — sind sich einig sowohl darin, dass letztlich nur zwei Wege existieren, die mittels mehr oder minder klar korrespondierender Polarität charakterisiert werden können, als auch darin, dass die logizistischen Muster Prantls eben dazu nicht mehr genügen, sondern ein ideengeschichtlich tiefergehender, gleichwohl in sich geschlossener Tiefengehalt eruiert werden musste.

Ein solcher Konsens geht ab 1972 mehr oder weniger verloren.

Zum einen droht die Diskussion sich rein äußerlich zu verzetteln. Die verschiedenen Beiträge nehmen weniger Bezug aufeinander und auf Früheres als eben in der Zeit zuvor. Zum zweiten entwickelt sich, bedingt durch eine immer präzisere und verfeinerte Faktenkenntnis, aber auch eine stets wachsende Vielfalt der am Forschungsdialog beteiligten Fachrichungen, ein Pluralismus der Zugänge und Meinungen, der kaum mehr unter einen Generalnenner subsumiert werden kann. Umgekehrt werden bisherige Generalschemata aufgrund eines in der philosophiegeschichtlichen Forschung immer konsequenter umgesetzten Bewusstseins für die radikale Geschichtlichkeit auch philosophischer Ideen manchmal implizit, zunehmend häufiger aber auch explizit verabschiedet: Die einfache Rede von den beiden

---

Ein ähnliches Schema bietet Johannes de Nova Domo für die vierfache Interpretation der Universalien:

1. *esse ideale et in intellectu primae causae (Platoniste)*
2. *esse intellectuale tantum et formale (Peripatetici)*
3. *esse formale et formatum in singularibus rebus (Epicurei)*
4. *esse universale in intellectu abstrahente a materia (Nominaliste).*

Viae wird mehr und mehr als zu grobe und zu sehr simplifizierende
Nomenklatur angesehen und statt dessen konkrete Forschung einzelner zeitlich oder räumlich begrenzter Bereiche geleistet oder zumindest eingefordert.[115] Im Folgenden können darum lediglich die main
streams der neueren Forschung ermittelt und dargestellt werden, nicht
mehr eine *communis opinio*.

1. *Heiko A. Oberman/William Courtenay/Berndt Hamm: The Dialectics of God's Power*

Eine an sich keineswegs neue, aber in der Diskussion zu den beiden Wegen überraschenderweise erst durch ihn mit nachhaltiger
Wirkung vertretene Perspektive brachte Heiko Augustinus Oberman
in seinen Publikationen seit den 1960er Jahren:[116] Die Interpretation
der Wegedifferenz mittels des Kriteriums von Akzeptanz oder Ablehnung der theologischen Zweipotenzendialektik. Gott agierend *de potentia absoluta* und *de potentia ordinata*: Das sei nur in der Via moderna
zu beobachten. Damit finde sich ein Interpretament der Wegedifferenz,
das sich auf alle theologischen Einzelfragen in variabler Kohärenz
applizieren lasse. In seinem wichtigen Forschungsbericht "Nominalism
and Late Medieval Thought" fasst William Courtenay Obermans
Grundansichten darum dahingehend zusammen, dass deswegen ältere
Kriterien zur Unterscheidung der Wege in den Hintergrund treten
sollten.[117] Im selben Zeitraum verwenden in ähnlicher Weise das

---

[115] Auf die institutionen- und mentalitätengeschichtliche Faktoren des Wegestreits
und die daraus resultierenden Relativierungen der Bedeutung der Konfliktpunkte
bis hin zu vollkommen absurden Auswüchsen legt viel Gewicht der wohl neuste,
aber in der Materie sehr kurzgreifende Forschungsbericht zum Thema von Overfield,
Humanism and Scholasticism, 49–60.

[116] Vor allem in: The Harvest of Medieval Theology, Gabriel Biel and Late
Medieval Nominalism (1963); dt.: Der Herbst des Mittelalters (1965). Minges, Vignaux,
Pannenberg, Dettloff und andere Autoren blieben, als Einzelautoren und nicht in
einer publizitätskräftigen "Schule", wie Oberman sie in Ansätzen kreiert hat, auf-
tretend, mit zum Teil sehr ähnlichen thematischen Interessen ohne Obermans äußerst
breite Wirkung.

[117] A. a. O., 720f.: "Heiko Oberman has defended the position that nominalism
was as much a theology as a philosophy, if not more so. Indeed, it was not so
much the method of linguistic analysis that characterized nominalism as it was the
dialectic of the two powers of God applied to a series of philosophical and theological problems, especially the atonement, justification and sanctification, natural
law and ethics. One can therefore identify the nominalist as the one who applies
this dialectic, with its twofold stress on the omnipotence of God and the stability
and dependability of the created order, to various problems in theology and on a
lesser degree philosophy."

Schema nebst Courtenay beispielsweise auch schon Martin Greschat;[118] ebenso war es Ausgangspunkt der magistralen Untersuchung Berndt Hamms zum Themenfeld von "Promissio, pactum, ordinatio".[119] Obschon sie die These Obermans nicht grundsätzlich in Frage stellt, zeigt sie doch, dass die Rede von der doppelten Macht Gottes schon weit vor dem 14. Jahrhundert begann und Bedeutung gewann.[120]

Während bei Oberman eine inhaltliche Verbindungslinie von dieser neuen Akzentuierung der Via moderna durch die Zweipotenzenlehre mit den dieser Via klassischerweise attribuierten sprachlogischen Präferenzen jedenfalls vorerst nicht ohne weiteres ersichtlich wird,[121] betonte Klaus Bannach in seiner "Lehre von der doppelten Macht Gottes bei Wilhelm von Ockham" gerade hier deutliche Zusammenhänge: Die auch in seiner Ockham-Interpretation konstitutive Doppelmachttheorie auf der einen und die Ockham eigene Vorliebe für sprachlogische Reflexionen auf der anderen Seite verhalten sich für ihn ungefähr zueinander wie Inhalt und Form derselben theologischen Grundidee. Er spricht explizit vom "Problemhorizont der Lehre der doppelten Macht Gottes"[122], der konsequenterweise zur "methodische[n] Bedeutung des potentia-dei-absoluta-Gedankens" hinüberführt: Der Problemhorizont besteht in Bannachs Sicht (wie in derjenigen Hamms und Obermans *mutatis mutandis* auch) in den Schwierigkeiten, die der unveränderlich-statische Gottesbegriff der griechischen Metaphysik für eine christliche Schöpfungs- und Erlösungslehre darstelle, die aber durch dialektische Rede von den beiden

---

[118] Greschat, Der Bundesgedanke in der Theologie des späten Mittelalters.

[119] Hamm, Promissio, Pactum, Ordinatio: Freiheit und Selbstbindung Gottes in der scholastischen Gnadenlehre, 5: "Ziel dieser Arbeit ist die Erkenntnis einer Traditionslinie, die von Augustin über die scholastische Theologie bis ins 16. Jahrhundert reicht. Es soll nachgezeichnet werden, wie der Selbstbindungsgedanke des Nominalismus, seine grundlegende Unterscheidung zwischen potentia dei absoluta und potentia dei ordinata, die in jüngster Zeit eine auffallend positive Würdigung erfährt, einerseits durch die Theologie Augustins sowie der Früh- und Hochscholastik in sehr wesentlicher Weise vorbereitet wird, andererseits in das Reformationszeitalter ausstrahlt."

[120] A. a. O., 5. Ähnlich wieder in ders., Frömmigkeitstheologie, 210; um so erstaunlicher, dass Hamm Zwingli in der Frage nach dessen bildungsbiographischer Verwurzelung vorwiegend an diesem Kriterium zu messen scheint.

[121] In Oberman, The Harvest of Medieval Theology, wird die Dialektik der doppelten Macht Gottes fast ausschließlich in Hinblick auf ihre soteriologische Relevanz expliziert, zumal in den Prolegomena, vgl. a. a. O., 30–56.

[122] Klaus Bannach, Die Lehre von der doppelten Macht Gottes bei Wilhelm von Ockham, 12 (Titel des § 2).

Potenzen Gottes einer Lösung zugeführt werden könnten. Dabei liegt
dann der Impetus nicht auf metaphysischen Spekulationen über das
Wesen Gottes an sich, sondern auf einer methodisch von einer Analyse
der vorfindlichen Wirklichkeit und der in ihr erlebten Heilserfahrungen
ausgehenden Theologie. Das Handeln Gottes *de potentia ordinata* also
steht im Mittelpunkt, gemäß der zentralen Ockham'schen Aussage:
deus nihil potest facere inordinate. Hieraus resultiert ein Bestreben, die
Wirklichkeit logisch möglichst präzise erfassen zu können, vor allem
auch, sie als einheitliche erfassen zu können. Nicht theologische
Parteibildung oder Ordensgegensätze dürfen den Disput über die
Wirklichkeit bestimmen, sondern allein die gleichsam unbestechliche
Logik in ihrer methodisch-kritischen Applikation auf alle Sätze über
die Wirklichkeit.[123] Es ist "das Grundanliegen Ockhams, nicht Sprache
und Wirklichkeit ineinszusetzen und damit die Wirklichkeit unnötig
zu vervielfältigen"[124], denn es gibt für ihn nur die Wirklichkeit, die
Gott tatsächlich faktisch "ordiniert" hat. Exakte Sprachanalyse gilt
in Bannachs Sicht des Ockhamismus darum als Bedingung der
Möglichkeit einer in sich kohärenten Beschreibung empirisch erfahr-
barer Lebenswirklichkeit. Und insofern gilt: "Der Vorrang des
Methodisch-Kritischen in Wilhelm von Ockhams theologischem
Denken ist eine Folge seiner zuerst im Sentenzenkommentar vorge-
tragenen Grundpositionen, in denen die Lehre 'von der doppelten
Macht Gottes' [. . .] gleichsam als Katalysator fungiert."[125]

---

[123] A. a. O., 39: "Aufgabe der Logik ist nicht mehr, zugleich mit den Ord-
nungsstrukturen des Denkens die Ordnung des Seins aufzuhellen, sondern vielmehr
die sprachlichen Bedingungen der Wirklichkeitsanalyse aufzudecken aufgrund der
kritischen Frage: Wie kommt es überhaupt zu einer verwirrenden Vielzahl von
Wirklichkeitsdeutungen, die in ihrem Systemzwang an der vielfältigen Komplexität
des Erfahrbaren nicht mehr verifizierbar sind?"

[124] A. a. O., 41.

[125] A. a. O., 53. Auch Oberman äußerte sich in dieser Frage kurze Zeit danach
ähnlich, wenn er (Werden und Wertung, 123f.) sagt, es erfolge "die moderne pro-
grammatische Verwendung der Unterscheidung von *potentia Dei absoluta* und *potentia
Dei ordinata*, um die Souveränität Gottes und die Kontingenz der Kreatur zum
Tragen zu bringen. Die Moderni vertreten diese Unterscheidung nicht mit dem
Anspruch, damit Einblick in Gottes Wesen zu gewinnen, sondern um damit die in
der kirchlichen Tradition vermittelte Selbstoffenbarung Gottes dem Zugriff ontologisch spekulativer Überfremdung zu entreißen und so erst recht zur Sprache zu
bringen. Demgemäß trägt die nominalistische Grundunterscheidung zwischen *potentia absoluta* und *potentia ordinata* der unterschiedlichen Redeweise der Heiligen Schrift
Rechnung, um dafür Sorge zu tragen, daß die offenbarte Heilsgeschichte kontingente Geschichte bleibt und nicht zum notwendigen Ausdruck göttlicher Essenz
wird. Der Erhebung des *modus loquendi* ist somit schon früh eine zentrale Funktion

Erkenntniskritisch-sprachanalytischer, unversalienverneinender und heilsgeschichtlicher Aspekt des spätscholastischen Nominalismus wären demnach als Erfahrung mit Sprache (ausgehend von der konkreten Einzelproposition), als Erfahrung der ontologischen Wirklichkeit (ausgehend vom konkreten Einzelding), als Erfahrung mit Gott (ausgehend von der konkret-kontingenten heilsgeschichtlichen Faktizität) sozusagen als drei Vektoren ein- und desselben Dreiecks zu sehen. Diese Erkenntnis aber führt uns zu dem Schluss, dass die in diesem Forschungsbericht postulierte Dreiphasigkeit in der Wegestreitforschung von Prantl bis heute zumindest bezüglich der Via moderna gleichsam modalisierend reinterpretiert werden kann: Drei sich letztlich gegenseitig bedingende sachinhärente Momente dieser umfassenden geistigen Bewegung wurden in drei zeitlich aufeinander folgenden Phasen der Forschung erkannt und schwerpunktmäßig betont: Bei Prantl und seinen Epigonen erscheint die Differenz der Via moderna zum Früheren als — wenn auch falsch verstandener — Unterschied in der logischen Manier, bei Ritter (Ehrle, Michalski, Weiler) primär als erkenntnistheoretische Innovation, bei Oberman-Courtenay als Verlagerung von metaphysischem zu heilsgeschichtlich-experientiellem Theologieverständnis. Alle drei Momente respektive Phasen sind Ausdruck derselben Grundbewegung, aus der diese Via moderna im Innersten — bei nicht geringen Differenzen in vielem Äußeren — getragen war, jener Umkehrung von der Deduktion des faktisch Vorfindlichen aus metaphysischen Prinzipien hin zur wissenschaftlichen Legitimierung des (zumindest der Tendenz nach) genau umgekehrten Weges in der Wahrnehmung und Reflexion der Welt.

Neue Betonung der Theologie — neue Periodisierung des Scotismus
Im Nachweis eines systemischen Zusammenhangs der Lehre von der doppelten Macht Gottes mit der Suppositionslogik der Via moderna besteht darum zwar eine gewisse Kontinuität zwischen älterer (Ritter, Weiler) und neuerer (Oberman, Bannach, Hamm) Gewichtung der Akzente. Dennoch bringt die Neugewichtung in den sechziger Jahren eine — ebenso unmerkliche wie deutliche — Umgruppierung der Zuordnung zu den Parteien innerhalb der Hoch- und Spätscholastik, besonders auch für Johannes Duns Scotus. War dieser bis anhin der

---

für die Legitimation eines Eckwerts im Ockham'schen Gedankensystem zuzusprechen [...]."

Ritter'schen These von der erkenntnis- und universalientheoretischen
Natur des Wegestreites gemäß hauptsächlich in Verbindung mit
dem Aquinaten als der letzte große realistische Hochscholastiker gesehen worden, steht er nun in dieser stärker theologiegeschichtlichen
Wertung plötzlich an prominentester Stelle in der Reihe der Vorläufer
Ockhams. Dies betonen Hamm[126], Oberman[127] und neuerdings vor
allem Courtenay gleichermaßen. Courtenay bringt dabei eine hilfreiche Unterscheidung der metaphysischen von den theologischen
Innovationen bei Duns; diese wirkten weiter auch bei Indifferenz
oder Protest gegen jene: Den grundlegenden Zug hin zur stärkeren
Betonung der Kontingenz der Welt und der Souveränität Gottes in
allen wichtigen Feldern der Theologie übernahmen auch diejenigen
doctores, die die grundlegenden philosophischen Lehren von der Univozität des Seins und der Formaldistinktion mehr oder minder vehement ablehnten, also die nicht-scotistischen Franziskaner und Lehrer

---

[126] Hamm, Promissio, Pactum, Ordinatio, a. a. O., 489f., relativiert allerdings:
"Sieht man, welche Bedeutung der Gedanke der Selbstbindung Gottes als alle
Bereiche der Theologie bestimmende Konzeption schon bei Theologen wie
Bonaventura und Duns Scotus besitzt, dann wird man der die in der neueren
Nominalismusforschung vertretenen These, der Nominalismus des 14. und 15.
Jahrhunderts sei durch die Anwendung der Dialektik der zwei Machtbereiche Gottes,
der potentia absoluta und der potentia ordinata, auf eine Fülle theologischer und
philosophischer Probleme charakterisiert, mit Vorsicht begegnen. Nur wer die
Selbstbindungstradition des 12. und 13. Jahrhunderts vor Augen hat, wird den
Umbruch, den der Nominalismus bringt, richtig beurteilen, die bemerkenswerte
Kontinuität des für die Selbstbindungstradition charakteristischen Interesses an der
Souveränität Gottes und der verbürgten Relevanz der faktischen Heilsordnung von
der Hoch- zur Spätscholastik erkennen und nicht ein für diese Tradition bezeichnendes Motiv wie den Vertragsgedanken als Spezifikum nominalistischen Denkens
ansehen. Ohne die eminente Bedeutung der Selbstbindungskonzeption für die
Theologie nominalistischer Denker in Frage stellen zu wollen, sei zumindest vor
einer Vernachlässigung der früh- und hochscholastischen Tradition innerhalb der
Nominalismus-Forschung gewarnt."
      Hamm verwirft also die Oberman-Courtenay'sche These einer Zäsur zwischen
der Hoch- und der Spätscholastik nicht *omni modo*, sondern nur in der Exklusivität,
mit der sie diese Zäsur auf die vermeintlich völlig innovative Lehre von der doppelten Macht Gottes zurückführen möchte. Korrekt wird die Zäsur-These erst, wenn
beigefügt wird, "dass nicht die Selbstbindungskonzeption an sich, sondern die gedankliche Verknüpfung des theologischen Selbstbestimmungsgedankens mit dem philosophischen Universalienproblem für den Nominalismus des 14. und 15. Jahrhunderts
charakteristisch ist" (a. a. O., 490), was dann natürlich heißt, dass eine nominalistische Lehre von der doppelten Macht erst bei Ockham aufzutreten beginnt.
      [127] Oberman, Der Herbst des Spätmittelalters (Spätscholastik und Reformation
I), zuerst kritisch referierend: 31–35; dann die eigentliche Bedeutung der beiden
Mächte bei Biel aufzeigend: 35–56; aber auch in verschiedenen Kontexten selber
analysierend, so etwa in der Christologie: 238–244.

anderer Orden außer den Dominikanern.[128] Zwar sind die Dinge
vielleicht nicht so fein säuberlich zu trennen, wie von Courtenay
zuweilen präsentiert.[129] Dennoch leistet er einen ersten Schritt zu
einer adäquaten Erfassung der Via Scotistarum, indem er Kontinuität
und Diskontinuität des Denkens von der Bewegung der Scotisten zu
der der Ockhamisten gleichermaßen in Rechnung zu stellen beginnt.
Allerdings beschränkt sich auch diese zwar skizzenhafte, aber in ihrer
Richtung so treffende Erfassung der Phänomene auf den Zeitraum
des Jahrhunderts der beiden großen *doctores* selber. Für das 15.
Jahrhundert ist abgesehen von teilweise ordensapologetischen Einzel-
studien im Blick auf den Scotismus wenig geleistet worden, ganz im
Gegensatz zum Thomismus: Die drei mutmaßlich interessantesten
neueren Thesen zum theologisch-weltanschaulichen Tiefengehalt der
Via antiqua im Jahrhundert vor der Reformation orientieren sich
alle am Thomismus und dessen schulmäßiger Neuformierung.[130]

---

[128] Courtenay, Schools and Scholars, 185f. mit Anm. 44: "Within Franciscan theology John Duns Scotus was the most influential figure shaping fourteenth-century
thought. No other writer of the order was as frequently cited or discussed, and
even those Franciscans who were most critical of his approach and solutions, such
as William of Ockham, held Scotus in great esteem and followed his lead in many
areas, especially in theology. [. . .] Scotus never became simply an intellectual alternative to Aureoli or Ockham in fourteenth-century Franciscan thought. Scotus was
its foundation. However critical of Scotus later Franciscans were on particular points,
they invariably remained in his debt and under his influence.
In assessing Scotus' influence one must distinguish between his metaphysics and
his theology. Only his closest followers, for whom the term 'Scotist' is most appropriate, adopted the two principal tenets of his metaphysics: the univocity of being
and the formal distinction. On the other hand, the shape Scotus gave to the dialectic of the powers of God, his view of omnipotence, his theory of divine accep-
tation (*acceptatio divina*) and covenantal theology (*pactum*), his view of justification and
the sacraments struck subsequent Franciscans (and even many seculars, Dominicans,
and others) as so convincing that what is often called Nominalist theology in the
Middle Ages is only a variation on Scotus. But Scotus' metaphysics and the area
of his theology influenced by his metaphysical assumptions and terminology were
not as widely accepted and proved to be major points of contention within the
scholastic development of the fourteenth century. Much of Ockham's critique lies
in this area."
[129] Die von Ockham abgelehnte Lehre der Univozität des Seins und die von ihm
rezipierte der Allmacht Gottes hängen eng miteinander zusammen; analog auch
Formaldistinktion und Christologie.
[130] Für die radikale Diversifikation allzu grober und großflächiger Klassifzierungs-
schemen votiert der interessante Aufsatz von Neal Ward Gilbert, Ockham, Wyclif,
and the 'Via moderna'. Die Grundthese Gilberts besagt, dass sich der Terminus
modernus in einer wissenssoziologisch definiten Verwendungsweise erst ab den 20er
Jahren des 15. Jahrhunderts aufzeigen lasse, während er zuvor – bis zurück zur
römischen Antike – einfach die entsprechenden Zeitgenossen bezeichne, ohne jenen
deswegen ein definites philosophisches Programm, das eigens und durch das Attribut

2. Neuere Studien zur Via antiqua im 15. Jahrhundert aus thomistischer Perspektive

a) *Stefan Swiezawski* Deutlich erkennbar bestimmen Differenzierungs-
bemühungen die wohl bedeutendsten Publikationen neueren Datums
zur spätmittelalterlich-vorreformatorischen Philosophiegeschichte aus
der Feder des Krakauer Professors Stefan Swiezawski.[131] Wie schon
Ehrle und Michalski ist auch Swiezawski überzeugter Thomist; er
interpretiert und wertet den Verlauf geistesgeschichtlicher Prozesse
anhand der Kriterien thomistischer Orthodoxie. Unter diesen Kriterien
ist ihm das wichtigste die bei Thomas in einzigartiger Klarheit he-
rausgestellte Differenz zwischen *esse* und *essentia*, die allein in Gott
als dem *ipsum esse* aufgehoben ist, während alle Kreaturen allein kraft

---

der Modernität allein schon identifizierbar wäre, zuzuschreiben. Die irrtümliche
Meinung, nach der sich eine definite und kohärente Begriffsverwendung vom 12.
Jahrhundert über deren weitere fünf erstrecke, stammt vor allen Dingen aus Prantls
Werken. Prantls Geschichte der Logik beruht in der Tat ausschließlich auf Drucken,
die aufgrund ihrer Entstehungszeit wissenschaftspolitische Rivalitäten und Vorurteile
in die Editionen mit einfließen ließen. Dadurch aber würden diese Quellen in ihrer
Valabilität und Glaubwürdigkeit erheblich gemindert. Deswegen scheitern – so
Gilbert – Michalski, Moody, Maier, Gilson, Iserloh, Garin, Leff, Pinborg, Miethke
samt und sonders in ihren Bemühungen, im 14. Jh. dem Lemma *modernus* einen
bestimmten einheitlichen Sinn zuweisen zu können (a. a. O., 88), und, so müssen
wir von uns aus hier unbedingt ergänzen, auch alle von uns bisher referierten
Autoren, also auch Ehrle, Ritter, Weiler! Der Begriff *modernus* beginnt eine einheit-
lichere Bedeutung erst ab 1370 anzunehmen – "this is the time when Wyclif's views
began to attract attention" (a. a. O., 107). Der Wegestreit wäre somit von einer
Universität ausgegangen, an der er selber eigentlich gar nicht wirklich stattgefunden hat: Von Oxford, wo die subtile Logik Ockhams und der Mertonians von
Wyclif als modern in abschätzigem Sinne, von ihren Vertretern selbst jedoch ebenso
im Sinne eines Qualitätsmerkmals bezeichnet worden seien. Dieser nomenklatori-
sche, mit Hilfe bewusster Äquivokation geführte Kampf brachte eine Vereinheitlichung
der Sprachregelung (*moderni* versus *antiqui*), die anschließend an das Konzil von
Konstanz auch auf dem Kontinent, zuerst in Köln und Louvain, sich ausbreitete.
Trifft diese Gilbert'sche These zu, wäre auf jeden Fall festzuhalten, dass Ockham
selber in strengem Sinne noch nicht zu den *moderni* zu zählen ist, ebenso alle geistig verwandten Autoren bis zur Konzilszeit. Es erübrigt sich, zu bemerken, dass mit
diesen Reflexionen Gilberts fast die gesamte bisher dargelegte Literatur unter einem
einschränkenden Vorzeichen steht: Alle Versuche einer wie auch immer gearteten
Differenzbestimmung der beiden Viae sind aus seiner Sicht letztlich als Aussagen
über diese Differenz innerhalb des 15. Jahrhunderts zu verstehen.

[131] Sein Lebenswerk *Dzieie filozofii europejskiej w XV wieku* (Geschichte der europäischen Philosophie des 15. Jahrhunderts, in acht Bänden, Warschau 1974ff.) ist im
vollen Wortlaut nur in polnischer Sprache zugänglich. Glücklicherweise existiert nun
seit 1990 eine verkürzte französische Zusammenfassung, die vom Autor autorisiert
wurde: Stefan Swiezawski. Histoire de la philosophie européenne au XVe siècle,
adaptée par Mariusz Prokopowicz.

ihrer Partizipation am göttlichen *esse*, keineswegs aber kraft ihrer eigenen Essenz zu existieren vermögen. Es ist also zu unterscheiden zwischen der existentiellen und der essentiellen Komposition des Seienden. Unter letzterer ist die von Aristoteles übernommene Vereinigung von Form und Materie zu verstehen, zu der im ganzen die Existenz – im Sinne der ersten Komposition – erst noch hinzukommen muss. Diese Existenz (*esse*) entzieht sich jedem Versuch einer Definition, die die Existenz zwangsweise hinunter auf die Ebene der Essenz ziehen muss: *Esse* ist inkommunikabel.[132] Die hauptsächlichen "Deformationen" des Thomismus beginnen für Swiezawski praktisch unmittelbar nach dem Ableben des großen Lehrers des Seins; sie bestehen in ungenügendem oder schwindendem Verständnis der thomasischen Figur von der Existenz als Basis alles Seienden. Die kategoriale Differenz zwischen Essenz und Existenz droht sich dort aufzulösen, wo die Existenz definitorisch eingeordnet wird: Sie zerrinnt so zu einer bloßen Spezialform essentiellen Seins. Hierhin gehört etwa, um nur eines der möglichen Beispiele etwas auszuführen, die Lehre von den *duae res* des (Generals der) Augustinereremiten Ägidius von Rom.[133] In ähnlicher Weise degradieren Albertisten, Ockhamisten und vor allem auch die bekanntlich formalisierenden (d. h. essentialisierenden) Scotisten den eminenten Rang des thomasischen Existenzbegriffs und negieren mehr oder minder stark den bei Thomas schlichtweg konstitutiven Unterschied zwischen *esse* und *essentia*. Selbst Thomisten selber werden von diesem zunehmenden Klima des Essentialismus erfasst, so etwa der berühmte Kardinal Cajetan.

Diese trotz ihrer augenscheinlichen neuthomistischen Interessen zweifellos nicht bloß korrekte, sondern hilfreiche Beobachtung eines

---

[132] Dieses Kriterium taucht bei Swiezawski immer wieder auf in den in Westeuropa zugänglichen Schriften, so in: Histoire de la philosophie européenne, 73–79 (Saint Thomas d'Aquin: Déformation de sa doctrine – Essentialisation et substantialisation de l'être); 209–222 (Changements significatifs dans les problèmes de la métaphysique) und öfters; auch in: Les débuts de l'aristotelisme chrétien moderne.

[133] Histoire de la Philosophie, 74: "Gilles le Romain a compris que saint Thomas distinguait l'existence de l'essence, mais il voulait comprendre ce qu'est l'existence (*esse*). La question 'qu'est-ce que quelque chose est?' (*quid est?*) s'adresse à l'essence de la chose. Si donc nous demandons ce qu'est l'existence, nous la traitons comme une essence, ce qui nous conduit à concevoir l'existence comme une chose quelconque. Dans une telle interprétation, l'existence est une chose et l'essence est une chose aussi. C'est ainsi qu'est née la conception des 'deux choses' (*duae res*) dont chaque être créé serait composé. Par cela même, l'existence est introduite dans l'ordre des essences (essentiel)."

innerhalb des Thomismus selber zu beobachtenden Entwicklungs-
prozesses vom 14. zum 15. und 16. Jahrhundert führt Swiezawski
in der Folge zu weit reichenden Zweifeln an der Brauchbarkeit des
(von Prantl und Ritter) überlieferten Zweiwegeschemas überhaupt:
"Les faits sont nombreux à prouver que le schéma des 'deux voies'
est loin de constituer l'instrument idéal pour l'étude de la pensée de
l'époque [. . .]. [. . .] Il s'avère que le modèle ou le 'type idéal'
proposé, il y a un siècle déjà, pour l'analyse de l'histoire de la pensée
de la fin du Moyen-Age et qui se ramène au schéma 'Via antiqua
– Via moderna' n'est pas utilisable par l'historiographie doctrinale
de cette époque sans de nombreuses réserves et restrictions."[134]
Rekapitulieren wir, Swiezawskis Interpretation folgend, die geschichtlichen Abläufe. Die unmittelbare Reaktion auf Thomas war, auch
von Rom her, oftmals herbe Kritik, die sich schon drei Jahre nach
seinem Tod in den *articuli Parisienses* von 1277 einen deutlichen
Ausdruck zu verschaffen wusste. Diese Kritik richtete sich vor allem
gegen die in deterministischem Sinne geführte Aristotelesauslegung
der den Stagiriten ins Abendland der Frühscholastik importierenden
byzantinischen und arabischen Autoren. Durch diese Kritik wurden
Autoren, die die Allmacht Gottes und die Kontingenz der Welt
betonten – in Swiezawskis Terminologie die *moderni* – erheblich
gestärkt, wurden auch als nützlich empfunden in der intellektuellen
Abwehr realistischer Häresien auf dem Konstanzer Konzil. Anschließend aber wendete sich das Blatt: Aufgrund vermehrter und
vertiefter Kontakte mit der griechischen Welt und der so auch in
Europa florierenden Plato-Verehrung, aufgrund der Türkengefahr
und der auch die Kirche bedrohenden innereuropäischen Bürgerkriege,
Aufstände, Hungersnöte, nicht zuletzt aufgrund der zunehmenden
Dekadenz des Klerus und des Niedergangs der führenden Universität
Paris wurde eine einheitliche, leicht zu propagierende sowie einfach
zu institutionalisierende Lehre notwendig, um die Christenheit einheitlich stärken und stärkend vereinheitlichen zu können. Dies führte
zum *renouveau idéologique* eines möglichst textnahen Aristotelismus, der
nun plötzlich wieder als Garant für orthodoxe Christlichkeit nicht
mehr nur opportun, sondern hochwillkommen schien – sofern er
"christlich" interpretiert wurde.[135] Pläne zu einem solchen Programm

---

[134] "Via antiqua" et "Via moderna" au XV^c siècle, 485 und 492.
[135] Dass es über die Vereinbarkeit von christlichen Grundwahrheiten mit einzelnen Teilen des *corpus Aristotelicum* höchst unterschiedliche Meinungen gab, weiß

werden ab 1425 geschmiedet, konkret dann von Papst Nicolaus V. in die Tat umgesetzt und ab 1452 in großem Stil an den Universitäten eingeführt. Allerdings – und daran liegt Swiezawski besonders – nur in einem begrenzten Raum, der lediglich Oberdeutschland und die nördliche Eidgenossenschaft umfasste. Selbst in diesem engen Raum aber blieb die Nomenklatur nicht einheitlich: Thomisten konnten in ihrem Kampf gegen die Via moderna etwa auch *neoterici* genannt, umgekehrt die sich gegen Widerstände einnistende Via antiqua als *novus modus doctrinandi* bezeichnet werden.

Swiezawski zeigt also, dass die eigentliche Via antiqua in Tat und Wahrheit nicht nur auf einen sehr eingegrenzten zeitlichen und geographischen Raum beschränkt blieb,[136] sondern im Prinzip auch ohne eigentliches theologisches Programm auftrat. Zu Aristoteles, seiner Ontologie und seinem Wissenschaftsbegriff bekannten sich faktisch so viele unter den hochscholastischen Schulhäuptern, dass sie unmöglich mittels eines einzigen, in sich einheitlichen Theologieverständnisses erfasst werden können – heute nicht und damals auch nicht. Kämpfe waren auch innerhalb einer Via an der Tagesordnung. Ein instruktives und von Swiezawski, wie erwähnt, oft angeführtes Beispiel hierfür sind die zwar dem alten Weg zuzurechnenden, gleichwohl das thomistische Seinsverständnis in essentialistischem Sinne interpretierenden großen Ordenslehrer der Franziskaner, Augustiner, nicht zuletzt oft auch der Dominikaner selber. Ein anderer lehrreicher Kasus wären die von Weiler in seiner Studie über Heinrich von Gorkum aufgezeigten starken Spannungen zwischen Albertisten und Thomisten an der Kölner Universität. Der unter der Parole eines christlichen Aristotelismus durchzusetzende ideologische Erneuerungskampf selber zersplitterte sich selber sogleich wieder in das, wogegen er angetreten war: In unterschiedliche Lehrmeinungen und sich befehdende Flügel. *Summa Summarum:* "En premier lieu, il faut renoncer à l'ancien concept par trop rigide et uniforme des deux voies, les différenciations étant notablement plus variées et nombreuses. Certains milieux ne se laissent pas enfermer uniquement dans l'une ou l'autre des voies. Plus encore. Le nombre des voies, lui non plus, ne se

---

Swiezawski natürlich wohl. Doch genau die kritischen Stimmen wurden ab 1452 seiner Meinung nach im Wirkungsfeld der Via antiqua unterdrückt.

[136] Was im Prinzip auch Ehrle schon erkannt hat, aber eben ohne die entsprechenden Konsequenzen im Sinne einer ideengeschichtlichen Restriktion dieses Begriffes auf die zweite Hälfte des Jahrhunderts zu ziehen.

réduit pas à deux (p. ex. le thomisme, le scotisme et l'ockhamisme à Wittenberg ou à Salamanque), et un rôle particulier dans cette différenciation revient, à côté des universités, aux collèges et maisons d'étudiants."[137]

b) *John O'Malley's Renaissance-Studien*   Zu Swiezawskis These eines von der Kurie in den 1450er Jahren lancierten wissenschaftspolitischen Umschwungs existiert eine interessante Parallelthese des irischen Jesuiten John O'Malley.[138] Sie geht aus von einem bisher wenig bekannten Dokument des päpstlichen Zeremonienmeisters Paris des Grassis, der als *supplementum et additiones* betitelten Revision eines von Patrizi verfertigten Zeremonienbuches für Innozenz VIII. Einer der Zusätze handelt *de missa et festo sancti Thomae de Aquino* und besagt, dass Nicolaus V. (1447–52), der "erste Renaissance-Papst", das Fest im Sinne einer völligen Neuerung als jährlich in der Kirche der Maria sopra Minerva zu begehendes und als Feiertag unter *abstinentia ab opere servili* für den apostolischen Hof anordnete. Obschon der Aquinate bereits 1323 durch Johannes XXII. kanonisiert worden war, erfreute sich sein Festtag höchstenfalls schwacher oder schlicht keiner Beliebtheit, denn der 7. März war traditionellerweise der Tag von Perpetua und Felicitas. Seit Nicolaus V. aber war nun das Fest plötzlich unter Präsenz des gesamten heiligen Collegiums jährlich zu feiern und dabei das Credo zu singen, was Thomas in einen Rang mit den vier altkirchlichen *doctores* lateinischer Zunge stellen musste. Die Heiligen Bernhard, Franziskus, Dominikus, Bonaventura, Laurentius, Nicolaus, auch Ambrosius, Hieronymus, Gregor, selbst Augustin kamen in der Zeit der Renaissance nicht in den Genuss all dieser Ehren, zumindest nicht regelmäßig oder gar wie Thomas *quotannis*. Möglicherweise findet sich in den polnischen Werken Swiezawskis ebenfalls tiefgehende Information über diesen Wissenschaftsmäzen Nicolaus V.; in den in Westeuropa zugänglichen Publikationen bleibt es bei einigen für die Position Swiezawskis durchaus repräsentativen Sätzen, in denen der Papst weniger als Thomist denn als überzeugter Aristoteliker gezeichnet wird.[139]

---

[137] Swiezawski, "Via antiqua" et "Via moderna" au XV^c siècle, 488.

[138] O'Malley: The Feast of Thomas Aquinas in Renaissance Rome, A Neglected Document and its Import.

[139] Über Thomas Parentucelli, den Papst Nicolaus V., schreibt Swiezawski, Les débuts de l'aristotélisme chrétien moderne, 179: "C'est certainement sous ses aus-

Die noch nicht explizit gemachte innere Verbindung zwischen den einander korrespondierenden Ansätzen des Polen und des Iren besteht wohl darin, dass ein *renouveau de l'aristotélisme chrétien* in der Renaissancezeit faktisch am ehesten als Thomismus realisiert werden konnte. Denn andere klassische Autoren waren entweder nicht dermaßen berühmt oder ihrerseits noch keine eigentlichen Aristotelesrezipienten oder schon zu "modern". Dies wirft bezüglich der Gesamtperspektiven des Wegestreits einmal mehr ein bezeichnend "unantikes" Licht auf die Via Scotica. Außerdem würde eine so verstandene Verbindung das auffällige Fehlen einer expliziten Reflexion in Swiezawskis Aristotelismusthese wenigstens halbwegs erklären: Über den selbstverständlich ebenfalls aristotelisch legitimierten, ja sogar im Duktus einer Wahrung und Purifikation des eigentlichen Verständnisses des aristotelischen Organon gehaltenen wissenschaftlichen Anspruch Ockhams und seiner Schüler scheint Swiezawski sich deshalb kaum je zu äußern, weil er augenscheinlich voraussetzt, dass es sich in der Via antiqua um eine anti-"modern" konzipierte Reaktion "zurück zu Aristoteles" handele, die also natürlich keinesfalls auf das moderne (propositionslogische) Verständnis des Aristoteles zurückgreifen könne, sondern anderswo anzusetzen gezwungen gewesen sei.

c) *Götz-Rüdiger Tewes' Tiefenblick in die Kölner Bursen: Zwei Wege, drei Gruppen* Mit konsequent prosopographischer Methode wird die Frage nach dem Proprium der Via antiqua in Götz-Rüdiger Tewes' monumentaler Studie über die Kölner Universität im 15. Jahrhundert gestellt und zu einem interessanten Ergebnis geführt:[140] Es herrschte eine faktische Dreiteilung im Rahmen einer offiziell in ihren Bursen nur zweiteilig strukturierten Universität. In den Differenzen zwischen den Wegen war eingeschlossen "mehr als nur der Kampf zweier Schulen um ihre Methoden. Schon in der Logik begründet, beinhalteten die Modi gesamtphilosophische Folgelehren, mit denen

---

pices et sous son initiative que [...] on procède à Paris [...] à une réforme nettement 'aristotélicienne' [...]. Il semble que nous touchons ici à la principale raison du lent déclin de la 'nouvelle voie' et de la renaissance, dans les années soixante du XV siècle, de la *Via antiqua*. Nous commençons à mieux comprendre pourquoi on arrive à Paris à condamner le nominalisme en 1474 et pourquoi, après 1460, comme si c'était à la suite d'une 'opération stratégique' uniforme, dans beaucoup d'universités de l'Europe centrale où dominait la *Via moderna*, la *Via antiqua* commence à pénétrer et à s'enraciner fortement [...]."

[140] Tewes, Die Bursen der Kölner Artisten-Fakultät bis zur Mitte des 16. Jahrhunderts.

Antworten auf Fragen der Zeit gegeben und bestimmte Verständnis-
weisen von Welt, von Glauben, ausgedrückt werden sollten."[141] Darum
entwickelten sich innerhalb der Via antiqua selber "zwei rivalisie-
rende, in Bursen institutionalisierte realistische Gruppierungen mit
unterschiedlichen Metaphysikkonzeptionen",[142] eine, die dem für häretisch erklärten Universalienrealismus wyclifitisch-platonischer Prägung
anhing, und eine, die "die Beweislast, der Häresie eines Universalienrealismus nicht entgegenzuarbeiten", zu tragen hatte. Diese Gruppierungen lassen sich nach Tewes eingehenden Studien relativ eindeutig
mit den sehr konservativen, ja reaktionären, jeder wissenschaftlichen
Innovation abgeneigten Albertisten und den umgekehrt für natur-
physikalische, linguistisch-humanistische und interreligiöse Horizonter-
weiterung durchaus offenen, ja sogar aktiven Thomisten identifizieren.
"Denn wenn dank der prosopographischen, inneruniversitären und
universitätsüberschreitenden Analyse eines als Ergebnis herausgestellt
werden darf, dann dieses: nicht der Thomismus – im Gegenteil! –,
der Albertismus zeigte sich als bewahrender, reaktionärer und erneu-
erungsfeindlicher; nur in den aus seinen philosophisch-theologischen
Prämissen gezogenen Grenzen tolerierte, akzeptierte oder pflegte er
den Humanismus."[143] Das paradoxe Ergebnis, dass selbst bei dem
offenkundigen, methodisch hochreflektierten und durch eine stupend
breite Quellenbasis abgestützten institutionengeschichtlich-prosopo-
graphischen Befund eine sich in zwei Flügel auseinander dividieren-
den Rivalität unter den Kölner Bursen faktisch eine Strukturierung
in drei Gruppen stattgefunden hat, setzt Tewes sodann in Korrelation
zur Forschungsgeschichte, die er primär oder eigentlich ausschließlich in Bezug auf das "Spannungsfeld Humanismus-Scholastik/
Wegestreit" untersucht und dabei eine dreistufige Periodisierung konstatiert. Nach Zarnckes und Hermelinks "unseligem, weil überzoge-
nem und undifferenziertem Plädoyer für eine von Italien unabhängige
Geburt des deutschen Humanismus aus der Via antiqua" kam, so
Tewes, eine ebenso undifferenzierte und emotionalisierte Anstrengung
seiner Widerlegung durch Gerhard Ritter, der das Blatt zu sehr
umkehrte, indem er den Alten Weg gänzlich "als geistig unfrucht-
bare, humanismusferne Reaktions- bzw. kirchliche Restaurations-

---

[141] A. a. O., 330.
[142] A. a. O., 332.
[143] A. a. O., 813.

bewegung" erweisen wollte.[144] Auch Oberman erfährt eine skeptische Würdigung, weil er zwar die institutionengeschichtliche Bedeutung des Wegestreits, die von Ritter tendenziell bestritten wurde, durchaus erkannte, sie aber zu schematisch schilderte. Zwar ist Tewes mit dieser Kritik nicht allein, doch muss er sich wohl selber den Vorwurf einer reduktiven Oberman-Lektüre gefallen lassen, da er ihn zu sehr auf institutionengeschichtliche Aspekte und auf den Humanismusbezug hin liest.

Immerhin stellt dieses Resümee Tewes' zwei Dinge klar, die zur Zusammenfassung unserer eigenen Sichtung der Forschung abschließend dienlich sind. Es besteht eine offensichtliche Differenz zwischen der institutionell-sozialhistorisch-prosopographischen Einordnung der Dinge und den ideengeschichtlich-doxographischen Verhältnissen, die sie repräsentieren. Dass eine Spaltung der Bursen und Fakultäten an deutschen und anderen Universitäten im Laufe des 15. Jahrhunderts stattfand, ist evident und kann kaum ernsthaft bestritten werden, doch dass die entscheidenden Unterschiede der Theologien nicht zwingenderweise mit diesen Spaltungen zusammenliefen, ist ebenso offensichtlich. Es ist darum vielmehr zwingend, diese Theologien in sich selber zur Kenntnis zu nehmen, um sich den Phänomenen zu nähern. Vor allem zu Beginn des 20. Jahrhunderts aber wurde der Gegensatz der Wege schematisch übercharakterisiert, was weniger mit dem Willen, das Denken der sie tragenden Theologen als solches zu ergründen, zu tun hatte, als vielmehr mit dem Wunsch, die Ursprünge des neu aufkommenden Humanismus zu erklären. – Von diesem Wunsch war auch die Erforschung der Rezeption mittelalterlicher Philosophie durch Zwingli lange Zeit massiv geprägt.

---

[144] Vgl. a. a. O., 811.

KAPITEL II

SCHOLASTIKREZEPTION ALS GEGENSTAND DER ZWINGLIFORSCHUNG

1. Klarsichtige Forschung des ausgehenden 19. Jahrhunderts (Eduard Zeller; Reinhold Seeberg)

Welchen Rückschritt der im 20. Jahrhundert so entscheidende Einfluss Walther Köhlers in der Frage der Scholastikrezeption Zwinglis darstellen sollte, kann eigentlich nur ermessen, wer sich darüber Rechenschaft ablegt, wie nahe an der historischen Wirklichkeit das 19. Jahrhundert in vielen für das Denken des Reformators entscheidenden Punkten schon gewesen war. Dies wird exemplarisch deutlich durch "das theologische System Zwinglis" des damaligen Tübinger Stiftsrepetenten Eduard Zeller, das den "Schlüssel der reformirten Theologie" schon 1853 im Anschluss an Schneckenburger in so präziser und tiefgehender Weise bestimmt,[1] dass man wohl bis zu Blankes Editionsanmerkungen und Hamms Zwinglibuch hinaufgehen muss, um bezüglich historischer Perspektivität der Interpretation qualitativ Vergleichbares finden zu können. Zeller durchschaut schon klar: "Der Gegensatz des Endlichen und des Unendlichen" ist der Schlüssel zum Verständnis Zwinglis insgesamt, seine Implikationen bieten das Feinmaterial zur richtigen Interpretation der Themenvarianz in seinen Schriften.[2] Dass in dieser so treffenden Bestimmung der Kardinalpunkte

---

[1] A. a. O., 95.

[2] A. a. O., 94f.: "Der eigentliche Erlöser ist [...] nach Zwingli nur der Gott im Gottmenschen, der Mensch, welcher den Erlösten gleichartig sein soll, ist nur das Werkzeug der Erlösung. Die vollere Wahrheit der menschlichen Natur Christi [im Vergleich zu Luther] ist nur eine Folge davon, dass das Menschliche überhaupt nach reformirter Ansicht von dem Göttlichen schärfer getrennt ist, als nach der lutherischen; nicht in der Sorge um die Menschheit Christi, sondern in der Ansicht vom Verhältnis des Menschen zur Gottheit liegt der Schlüssel der reformirten Christologie.

Dem entspricht es nun, wenn man den Grundunterschied der reformirten Christologie von der lutherischen und die wesentliche Bedeutung dieses Unterschieds für die beiden Lehrsysteme darin findet, dass auf der einen Seite der Gegensatz des Endlichen und des Unendlichen ebenso entschieden hervorgehoben werde, wie auf der andern ihre Einheit, dass das Göttliche und Menschliche dort so weit, als diess innerhalb Einer Person möglich ist, auseinandergehalten, hier bis zum Verschwinden

Zwinglischen Denkens eine enge Verbindung des Reformators zur reformierten Orthodoxie gegeben ist, hat Zeller selber ebenfalls bereits realisiert, den Zusammenhang zur scotistischen Christologie allerdings noch nicht. Seine Beschreibung der Zwinglischen Verhältnisbestimmung von Gott und Mensch könnte indes weitgehend unverändert auf die scotische Christologie übertragen werden, mit Ausnahme vor allem des konfessionell-restriktiven Gebrauchs des Terminus der Idiomenkommunikation.

Explizit auf diesen und andere theologiegeschichtliche Zusammenhänge aufmerksam macht Reinhold Seeberg in einem scheinbar leicht dahingeworfenen Aufsatz zur "Charakteristik der reformierten Grundgedanken Zwingli's"[3]. Es sei hier nur der Schlussabschnitt zitiert:

> Wenn es bei flüchtiger Vergleichung zwischen Zwingli und Luther den Anschein haben kann, als sei ersterer der consequentere, weitergreifende von den beiden Männern, so schwindet dieser Schein bei genauerer Prüfung. Die Umbildung, welche Luther in der Consequenz des reformatorischen Princips, an dem Dogma vollzogen hat, ist viel eingreifender, origineller und weitreichender. Jenes Princip ist von Zwingli zwar geltend gemacht und praktisch erprobt worden, aber der consequenten Ausgestaltung desselben haben in der Theorie wie in der Praxis fremdartige, mittelalterlichen Ideen entstammende Motive im Wege gestanden.
>
> Denn es liegt in Wirklichkeit nicht so, wie man nach Hegel'schem Schema verfahrend die Geschichte construirt, daß die reformirte Lehre die einseitige Antithese zur katholischen darstelle, während die lutherische das juste milieu bilde. Vielmehr wird der Gegensatz der reformirten zur lutherischen Lehre sich daraus erklären, daß trotz des gemeinsamen Palladiums der Rechtfertigungslehre und des schroffen Gegensatzes der Reformirten gegen Rom, diese, wie es bei Zwingli sich uns zeigte und auch bei Calvin zu erweisen ist, in mehreren Stücken in der mittelalterlichen Auffassung befangen blieben. Die wichtigsten Controverspunkte erklären sich aus dieser Annahme:
>
> 1) die Prädestinationslehre steht in Zusammenhang mit der scotistischen oder nominalistischen Lehre von Gott als der absoluten Willkür,

---

des Menschlichen im Göttlichen zusammengebracht werde, dass ihrer beiderseitige Beziehung dort nur als die absolute Bestimmtheit des Endlichen durch das Unendliche gefasst werde, hier als Immanenz des Unendlichen im Endlichen. Der christologische Gegensatz ist hier unstreitig auf seinen richtigen Ausdruck gebracht. Gerade in der Christologie ist das finitum non est capax infiniti der stehende Wahlspruch der Reformirten, dass der menschlichen Natur keine göttlichen Eigenschaften, dass dem Geschöpf nicht dasselbe zukommen könne, wie dem Schöpfer, ist schon bei Zwingli der Hauptgrund gegen die communicatio idiomatum."

[3] Separatdruck aus den "Mittheilungen und Nachrichten" 1889, Januar-Heft.

2) die reformirte Christologie ist verwandt mit der der Scholastiker,
3) die Bestimmung des Verhältnisses von Staat und Kirche und die
   Auffassung der socialen Aufgabe der Kirche entspricht der mittelalterlichen Anschauung,
4) die Sacramentslehre, obgleich in den schärfsten Gegensatz zu der
   magischen katholischen Auffassung gestellt, erwächst den Gedanken
   des Humanismus und ist in dieser Form besonders dem früheren
   Mittelalter nicht fremd gewesen.

Obschon in diesen Thesen Seebergs natürlich die Forschungslage
und (schroff abwertende) Terminologie der Mediävistik seiner Zeit
durchschimmert, ist dem – im Grunde – nicht mehr sehr viel hin-
zuzufügen, nur zu bedauern, dass solche Erkenntnisse später wieder
tief verschüttet wurden.

2. Erkenntnis und Interesse in Walther Köhlers Via-antiqua-Begeisterung

1. *Köhler in Hermelinks Bann*

Der 1909 aus Gießen nach Zürich berufene evangelische Kirchenge-
schichtler Walther Köhler[4] machte erstmals 1918 in dem biographischen Sammelband "Unsere religiösen Erzieher" den Versuch einer
Einordnung nach dem damals von Prantl und Hermelink neu aktuali-
sierten Zweiwegeschema und wies Zwingli, ohne Angabe von Gründen
und in nur wenigen Sätzen, den "Nominalisten"[5] zu.
   Nur ein Jahr später revozierte er diese Aussage bereits wieder. Im
großen Programmaufsatz von 1919 "Zwingli als Theologe"[6] ordnete
er den Reformator nun umgekehrt zur Via antiqua; dabei blieb er
dann auch in allen späteren Publikationen zum Thema. Schon allein
dieses anfängliche Schwanken zeigt die Relativität der Äußerungen

---

[4] Das Datum ist entnommen der: Bibliographie Walther Köhler, Zürich 1940, VII.

[5] A. a. O., 52f: "Wenn Oswald Myconius der scholastischen Disputation Zwinglis gedenkt, so deutet er richtig eine weitere Quelle Zwinglischen Denkens an. Aber sie ist schwer zu fassen, Zwingli spöttelt nur über die scholastischen 'Sophisten', Humanismus wie Reformation trafen sich hier im Spott. Aber Zwingli kennt die Scholastik, besser wohl, jedenfalls nicht so einseitig wie Luther. Doch sind auch ihm die Nominalisten die nächststehenden, nur kann man ihren Einfluß nicht präzisieren wie bei Luther; Reformation und Humanismus schoben sie in Hinterstellung. Er erwähnt sie nur, wo er sie bekämpft."

[6] Zwingli als Theologe, in: Ulrich Zwingli, Zum Gedächtnis der Zürcher Reformation 1519–1919, 9–74.

Köhlers. Es ist augenscheinlich nicht nur die jeder geistigen Pionier-arbeit innewohnende Neuheit des erst zu findenden Urteils, sondern auch die Unklarheit der Sache selber, die diesen Wechselkurs pro-vozierte. Denn auch noch in der Darstellung und Begründung seiner "endgültigen" Position selber zeigte der Altmeister eine erstaunliche Ungewissheit, erstaunlich zumindest im Verhältnis zu der Bestimmtheit, mit der er Zwingli dann schlussendlich doch der Via antiqua zuord-nete. So lesen wir in seinem Versuch einer Definition beider Wege: "Die Gegensätze beider Richtungen sind um deswillen nicht einfach zu bestimmen, weil sie nicht einheitlich gefaßt wurden."[7] In der berühmten Biographie "Huldrych Zwingli" hat sich die Unsicherheit nicht vermindert, im Gegenteil: "Einflüsse des neuen Weges zeigt Zwinglis Denken ganz und gar nicht. Es sei denn, dass man den neuen Weg schon mit Duns Scotus beginnt."[8]

Die wahren Gründe für das schwankende Urteil treten augen-blicklich zutage, wenn man die entscheidenden Textpassagen des Köhler'schen Programmaufsatzes an den Text des Hermelink'schen Buches über "Die Theologische Fakultät in Tübingen vor der Refor-mation" hält und beide vergleicht. Man kann Köhler zwar nicht direkt den Vorwurf eines Plagiats machen, weil er seine geistige Ab-hängigkeit von dem von ihm als "grundlegend" für die Geschichte der ganzen Bewegung der Via antiqua bezeichneten Buch Hermelinks in aller wünschenswerten Offenheit selber klarlegt; sogar mehr oder minder deutlich zu verstehen gibt, dass er sein früheres Urteil über Zwingli als den *moderni* nahestehenden Autor aufgrund seiner inzwi-schen erfolgten Hermelink-Lektüre verändern zu sollen glaubte.[9] Doch gerade in dieser von ihm selber als entscheidend für seine Meinungs-findung aufgezeigten Abhängigkeit zeigt sich die Unselbständigkeit Köhlers in dieser Frage. Hieraus erklärt sich zu wesentlichen Teilen auch der größte Teil der Kette der im 20. Jahrhundert gemachten Äußerungen über Zwingli als Scholastiker, die bis heute nur teilweise verkürzt werden konnte: In der Person Köhlers ging das erste Glied in dieser Publikationenkette von einem im Grunde schon damals überholten Forschungsstand aus und beeinflusste so nahezu alle weite-ren in wenig glücklicher Weise. Zwar hat Köhler die bald einsetzende

---

[7] A. a. O., 16.
[8] Huldrych Zwingli, Leipzig 21954, 22.
[9] Zwingli als Theologe, a. a. O., 71, Anm. 23.

Kritik an Hermelink durchaus zur Kenntnis genommen, sein Urteil
dadurch aber kaum beeinflussen lassen.[10]

Die angesprochenen Abhängigkeiten beginnen in der Gesamtbe-
stimmung des Verhältnisses der Wege als desjenigen von Fideismus
versus Betonung der Ontologie.[11]

> Hermelink:
> [. . .] der Schlüssel zu den Systemen des Ockamismus ist in der schar-
> fen Abgrenzung der Gebiete des Glaubens und des Wissens zu suchen.
> Es sind Systeme der Scholastik, d. h. derjenigen wissenschaftlichen
> Methode, welche die breite Fülle des kirchlichen Glaubens und Lebens
> mit Gründen der Vernunft zu rechtfertigen unternimmt. In der Ge-
> schichte dieses Unterfangens beginnt eine neue Phase damit, daß Ockam
> und seine Schüler mit einer Gewissenhaftigkeit ohnegleichen, mit der
> genauesten Aufzählung aller Gründe und Gegengründe die eigene
> Vernunft dazu führen, sich selbst außer Kraft zu setzen und die allei-
> nige Berechtigung des Glaubens an die kirchlichen Wahrheiten desto
> ausschließlicher zu fordern.

> Köhler:
> Im allgemeinen läßt sich sagen, daß die Via moderna auf eine scharfe
> Trennung von Glauben und Wissen hinauslief und die philosophische
> Unbeweisbarkeit der theologischen Wahrheiten lehrte, während die Via
> antiqua einer einheitlich philosophisch-theologischen Weltanschauung
> zuneigte und in ihrer Begründung die stärksten Anleihen bei Aristoteles
> machte.

Sie zeigen sich sodann in der "genaueren" Bestimmung der Via antiqua als eines "aristotelischen" Eklektizismus.[12]

> Hermelink:
> Es ist beachtenswert, daß der skotistische Standpunkt vorzugsweise zur
> logisch-erkenntnistheoretischen Grundlegung von dieser gegen den
> Ockamismus kämpfenden Strömung benützt wird, daß aber im weite-
> ren Aufbau der philosophisch-theologischen Lehren ein weitgehender
> Eklektizismus sich breitmacht, bis schließlich die Bewegung der Via
> antiqua aus [. . .] inneren Gründen in einen reinen Aristotelismus
> übergeht.

---

[10] Vgl. ebd. die Anm. 34f.
[11] Hermelink, Die theologische Fakultät in Tübingen, 96; Köhler, Zwingli als
Theologe, 16.
[12] Hermelink, a. a. O., 137; Köhler, a. a. O., 18.

Köhler:
[. . .] weil die Via antiqua, namentlich die in Basel beliebte Observanz, einem Eklektizismus huldigte, aus dem sich jedoch je länger desto deutlicher Aristoteles als der beherrschende Geist heraushob.

Ihr eigentliches Fundament liegt wohl aber in der polemischen Verkennung der Philosophie Ockhams.[13]

Hermelink:
Die Realisten sagen 'nos imus ad res, de terminis non curamus'. In doppeltem Sinn wird das wohl gemeint sein: Erstens mochten sie fühlen, daß der terministische Konzeptualismus Ockams und die damit zusammenhängende Diskreditierung der eigenen Vernunft [. . .] gefährlich für den Kirchenglauben sein konnte. [. . .] Und zweitens spricht aus jenen Worten: 'De terminis non curamus' ein Gefühl für die Nutzlosigkeit, für den öden Formalismus der terministischen Logik.

Köhler:
"Wir gehen auf die Sachen und kümmern uns nicht um den terministischen Konzeptualismus" war die Losung der Realisten. Damit wurde die Vernunft aus dem öden Formalismus terministischer Logik, den "sophistischen Meinungen", wie man sagte und wie Zwingli wiederholte, herausgenommen [. . .].

Dem Wunsch zur Abwertung Ockhams entsprechend werden die bei Prantl noch halbwegs vorsichtig formulierten wissenschaftsgenerischen Differenzen zu ins Gigantische vergrößerten logischen Unterschieden verzeichnet.[14]

Hermelink:
So kommt es, daß die beiden Parteien zwei ganz verschiedene Wissenschaftsvorstellungen haben. Nach dem Standpunkt des Ockamismus beschränkt sich die Wissenschaft [. . .] wesentlich auf Logik, welcher höchstens noch die übrigen 'rationalen' oder 'sermocinalen' Wissenschaften beigesellt werden. Die Gegner bezeichnen die für den ockamistischen Standpunkt möglichen scientiae rationales der Logik, Grammatik und Rhetorik als minderwertig und fordern desto eifriger die Pflege der scientiae reales, der Physik, Metaphysik, Ethik und Arithmetik. Wir sehen, der Gegensatz in der Lehrmethode führt weiter auf sachliche Differenzen.

Köhler:
Damit wurde die Vernunft aus dem öden Formalismus terministischer Logik, den 'sophistischen Meinungen, wie man sagte und wie Zwingli

---

wiederholte, herausgenommen, und den Urteilen objektiver Realwert
zugeschrieben. Das führte dann sofort weiter zu einer stärkeren Pflege
der Realwissenschaften, Physik, Ethik, Arithmetik und Metaphysik, so
gewiß gerade hier die Richtungsgegensätze keine absoluten waren.

Dies wiederum führt zu der für Köhler so wichtigen Ansicht eines
als singulär zu betrachtenden Bandes zwischen Via antiqua und
Humanismus.[15]

> Hermelink:
> Die skotistische Reaktion der Via antiqua gegen die terministische
> Häufung von logischem Unsinn hat mit dieser aus Duns Scotus geschöpf-
> ten Lehre den realistisch-empirischen Standpunkt des Aristoteles erneu-
> ert und so Boden geschaffen für die Naturforschung des Humanismus.
> [. . .] Aus alledem ist zu ersehen, daß nicht [. . .] der Ockamismus der
> Scholastik ein Ende gemacht hat, sondern, daß dies gerade durch eine
> Reaktion gegen den Ockamismus geschah, die vom realistisch-empiri-
> schen Standpunkt der skotistisch-aristotelischen Philosophie ausging und
> die zu den neuen humanistischen Bestrebungen überleitete. Das tritt
> noch mehr zu Tage, wenn wir die persönlichen Beziehungen der
> Vorkämpfer für die Via antiqua zu den Vertretern des Humanismus
> und zu den Ideen der neuen Zeit ins Auge fassen. [. . .] In Paris hat
> die realistisch-aristotelische Schule des Faber Stapulensis, wie bekannt
> ist, den Übergang zum Humanismus vermittelt. In Basel war Johann
> Mathias von Gengenbach, ein Pariser Magister des alten Wegs, der
> erste, welchem das regelmäßige Lehrfach der Poesie übertragen war.
> Sein Nachfolger in diesem Lehrfach Jakob Carpentarius und dessen
> Nachfolger Sebastian Brant, sowie auch Geiler von Kaisersberg ge-
> hörten zum alten Wege. [. . .] Verfolgt man die [. . .] in ihrer Wirk-
> samkeit geschilderten Personen nach ihrem Bildungsgang, so ist man
> erstaunt zu finden, daß die Mittelschicht von bedeutenden Männern
> zwischen Scholastik und ausgesprochenem Humanismus der Via anti-
> qua angehört.

> Köhler:
> Mit der selbständigen Metaphysik wurden dann die Glaubenssätze ratio-
> nal gestützt. Das Ganze bahnte einem deutlichen Empirismus die Wege.
> Von da aus liefen dann gewisse Fäden hinüber zum Humanismus, und
> für Paris war gerade die realistisch-aristotelische Schule des Faber
> Stapulensis das Mittelglied gewesen; in Basel hatte das Lehrfach der
> 'Poesie' seinen ersten Vertreter in einem Pariser Schüler des 'alten
> Weges' besessen, und seine Nachfolger gehörten zu derselben Richtung.
> Interesse an der Pflege der alten Sprache [sic], Hebräisch, Griechisch,
> Latein, nicht minder an den alten Klassikern lebte hier; mit Recht

---

[15] Hermelink, a. a. O., 153; Köhler, a. a. O., 18.

hat man von einer 'Mittelschicht' bedeutender Männer zwischen Scholastik und ausgesprochenem Humanismus geredet. Ihr gehörte auch Zwingli an.

Die von Köhler im Anschluss an das letzte Zitat gebotenen "naturwissenschaftlichen" Kenntnisse und Vorstellungen Zwinglis könnte man in eine, freilich nun nicht mehr im Wörtlichen liegende und auch vom Verfasser nicht mehr selber konstatierte, dennoch zweifellos in der Sache selber – nämlich der idealisierenden Zusammenschau von antikisierenden Bildungs- und christlichen Reformbestrebungen als eines vorgeblichen Proprium der Via antiqua – vorhandene Verbindung bringen zu Hermelinks Probevorlesung, die er kurz nach der Publikation über die "Theologische Fakultät in Tübingen" daselbst über "Die religiösen Reformbestrebungen des deutschen Humanismus" im Jahre 1907 gehalten hat.[16]

Ausdrücklich wird der Zusammenhang wieder in der Köhler'schen Darstellung der Zwinglischen Abendmahlslehre, in der er auf die Ausführungen Hermelinks zum scotischen Individuationsprinzip mittels des Begriffes der *haecceitas* verweist. Hier wird die Verwirrung vollkommen, denn das Insistieren auf dem wissenschaftlichen Gewicht und der geistlichen Würde des Partikularen, und noch mehr das daraus abgeleitete Interesse an Welterforschung und Naturkunde, das Köhler hier noch schärfer als Hermelink betont, ist ganz gewiss kein Signum der Realisten des Spätmittelalters, etwa der Albertisten.[17] Es

---

[16] Tübingen 1907, 17f.: "Ein Universalismus der Auffassung tritt uns da entgegen, der auf den ersten Blick bestechend wirkt. Die ganze, weite Welt der Gottestatsachen in Natur und Geschichte, in Altertum und Kirche soll studiert und zur Bildung des christlichen Charakters verwandt werden. Ein 'schöner Bund des Lichts der Natur und der Gnade' ist geschlossen. Wie sympathisch ist die Gestalt des Pfarrers von Glarus, der die Geographie des Ptolemäus mit eigen beobachteten Randbemerkungen über Geschichte und Religion, über Länder- und Völkerkunde, über Arznei- und Naturwissenschaft versieht, der die römischen Geschichtsschreiber und Plutarch, der die griechischen Philosophen und Seneka durcharbeitet, um die Wahrheit zu schöpfen, nach der er strebt, als nach der Sonne der Welt!"

[17] A. a. O., 20f.: "Wenn im Abendmahlsstreite mit Recht das Rückgreifen Luthers auf seine scholastischen Lehrmeister betont wird – insbesondere im 'großen Bekenntnis vom Abendmahl' 1528 – so muß vermerkt werden, daß auch Zwingli in seiner scharfsinnigen Beweisführung z. T. mit der Scholastik – nur eben mit der Via antiqua und nicht mit der Via moderna – arbeitet. Wenn er immer wieder mit der vollen Realität des Begriffes 'Leib' argumentiert, die mit diesem Begriffe unbedingt verbundene Umgrenztheit betont, die eine Ubiquität, ein Überall-sein, ausschließt, und wenn daher dieser Leib als verklärter, eben weil er Leib ist, im Himmel zur Rechten des Vaters 'sitzt' – Luther spottete: wie ein Vogel im Käfig – so liegt diesen logisch-dialektischen Gedankengängen die realistische Erkenntniskritik der Via

erstaunt daher nicht, dass Köhler für diese Ansicht keinen einzigen Quellenbeleg bei Zwingli angibt: Er schließt sich, auch hier, in wahrhaft blindem Vertrauen an Hermelink an,[18] der allerdings die Dinge, wenn schon bereits einseitig, doch wenigstens noch um ein gutes bisschen differenzierter zu betrachten wusste.[19]

Es ist offensichtlich, dass diese ganzen oft *verbatim* nachzuweisenden Texttransfers kein günstiges Licht auf die geistige Selbständigkeit Köhlers werfen, zumal ja das Meiste des solchermaßen Übernommenen schon damals von der Fachwelt im Prinzip als falsch erkannt worden war. Die wenigen wirklich angeführten Quellenbelege betreffen dermaßen allgemeine Sachverhalte eines mittelalterlichen Grundwissens, beinahe möchte man sagen: Lebensgefühls, dass es zwar (obwohl auch hier wiederum nur teilweise) in einer sehr allgemeinen Weise zutrifft, wenn Köhler meint: "Vielleicht kennzeichnet man sie am besten als die Elemente der 'Weltanschauung', im aristotelisch-physischen Sinn", aber dadurch erst recht uneinsichtig bleibt, weshalb man sie nun mit Köhler als "Elemente der Via antiqua" verorten soll.

Die wahre Absicht Köhlers in diesem 1919 enstandenen Programmaufsatz liegt ganz offensichtlich nicht in einer quellenanalytischen Darlegung rezeptiver Prozesse im Denken Zwinglis, sondern in zwei Fundamentalfeststellungen. Die eine entstammt einem legitimen und sogar notwendigen Abgrenzungsmotiv gegen die ihm unmittelbar vorangegangene, Zwingli als protoaufklärerischen, von der Vernunft allein, nicht jedoch von Traditionen oder gar Ordenslehrern abhängigen Reformator reklamierenden Forschung. Die andere dient dem Aufbau seiner eigenen Zwingliinterpretation und trägt Züge eines betrüblichen Opfers historischer Fakten auf einem Altar positioneller Interessen.

---

antiqua zum Grunde: ein Ding ist, indem es individuell ist, es besitzt sein Sosein, die Einzeldinge sind ontologische Wirklichkeiten und real erkennbar, der Leib Christi kann daher nicht Spielball ganz 'unleiblicher' Spekulationen werden."

[18] A. a. O., 17.

[19] In seinem Handbuch der Kirchengeschichte für Studierende, Dritter Teil, 113, äußert Hermelink sich noch einmal zu Zwingli: "Im Unterschied zu Luther war Zwingli Skotist." Schon dieses Urteil erstaunt angesichts der späteren scheinbaren Selbstverständlichkeit, mit der man Zwingli als Thomisten anzusehen pflegte, vor allen Dingen aber der für die Zeit (1931) erstaunliche Satz, ebd.: "In der Gotteslehre, die die skotistische Vorstellung der unbegreiflichen Majestät mit dem platonisierenden Panentheismus der Renaissance zu verbinden weiß, ist die schroffe Trennung des allschaffenden (auch die Sünde wirkenden), seine Ehre durchsetzenden Gottes und des nur durch die Beugung unter die Wahrheit und 'Fürsichtigkeit' (providentia dei) seligen Geschöpfs charakteristisch [. . .]."

Zum ersten betreibt Köhler, das sei ihm zugestanden, eine grundsätzliche Abwehr illegitimer Vereinnahmungen des Zürcher Reformators
durch eine blauäugig antimediävistisch konfessionalisierende und –
als solche! – liberale Theologie des 19. Jahrhunderts, die – man
denke an die epochemachenden politischen, aber auch theologiegeschichtlichen Ereignisse des Jahres 1919! – nun auch in der historischen Forschung suspekt zu werden begann, offenbar selbst bei einem
dem Liberalismus selber so verpflichteten Historiker, wie Köhler es
bekanntermaßen war.[20] Der Troeltsch in seinen Ansichten zunei-
gende Zwingliforscher Köhler trifft sich hier interessanterweise direkt
mit den Bestrebungen des scharfen Troeltsch-Kritikers Hermelink,
was man ihm in diesem Punkt durchaus zugute halten muss. Es ging
ihm hier erst einmal um das pure *dass* eines scholastischen Einflusses
bei Zwingli, das *wie* dieser Beeinflussung dürfte ihm nur in zweiter
Linie als Fragestellung präsent gewesen sein. Natürlich liegt schon
in dieser grundlegenden Anerkenntnis der Faktizität einer scholastischen Einflussnahme eine Leistung, die nicht unterschätzt werden
sollte – wie auch bei Hermelink nicht. Doch eine so fundamentale
Neuerschließung von Interpretationsräumen kann leicht einen bleibenden falschen Eindruck der Quellen vermitteln, wenn sie nicht
sorgfältig genug vorgenommen wird. Köhler hätte damals gut daran
getan, die neben der konfessionalistischen oder protoliberalen "ruhig
beobachtende Forschung" nicht so leichthin mit dem Vorwurf zu

---

[20] Dieser spezifischen Motivation verdanken sich Grundsatzäußerungen wie die
folgende, Zwingli als Theologe, 19f: "Der ganze Weltanschauungsrahmen, in dem
sich Zwinglis Theologie bewegt, ist mittelalterlich-scholastisch-realistisch, und damit
ist dem Versuche, ihn zum 'modernen Denker' und 'Aufklärer' zu machen, von
vornherein ein sehr starker Riegel vorgeschoben. Auf diesen an Naturwissenschaft
und Philosophie rührenden Gebieten hat Zwingli gar nichts 'Modernes' an sich, so
wenig wie Luther, dem man ihn hier nicht gegenüberstellen darf." Solche Erkenntnisse
sind dem Leser Zwinglis gegen Ende des 20. Jahrhunderts selbstverständlich und
wirken eher banal; Köhler jedoch, am Beginn dieses Jahrhunderts stehend, wandte
sich zu Recht gegen Charakterisierungen wie die von Volkmar, der Zwingli als
"eine Heldengestalt, die sich um die Pflege und Erweiterung vernünftiger Erkenntnis
so hoch verdient gemacht hat" betrachtete, oder die von Lang, bei dem Zwingli
"eine vorherrschend ethische, freie, weitherzige Natur" darstellte (Zitate nach Köhler,
dort auch Belege, a. a. O., 12). Gegenüber diesen Stimmen, die dem auch auf die
Schweiz seine Schatten werfenden Kulturkampf entstammten und die Zwingli von
allen "katholischen" Einflüssen fernhalten wollten, war eine Feststellung wie die folgende bereits ein Fortschritt, a. a. O., 21: "Neuerdings hat man darauf hingewiesen, daß auch die eigenartige Christuslehre Zwinglis [. . .] nicht unbeeinflußt von
zeitgenössischen, scholastischen [. . .] Fragestellungen gewesen ist. So schiebt sich
diese Bildungsgrundlage weit in die Theologie Zwinglis hinein."

bedenken, "im Kleinkram der Tatsächlichkeiten zu versinken und
die Werte und die Wertung zurückzustellen".[21] Dieser "Kleinkram",
der keiner ist, hätte ihn davor bewahren können, seine eigenen ideo-
logiegetränkten Interpretamente letztlich so ungeschützt mit einer Via
antiqua à la Hermelink zu verbinden.

Denn neben korrigierenden Motiven vertritt Köhler mit der Zuordnung Zwinglis zur Via antiqua vor allem ureigene persönliche
Interessen. Er tut dies im Sinne seiner in diesem Programmaufsatz
erstmals vertretenen Zwingliinterpretation unter der Chiffre "Antike
und Christentum",[22] in dem er für die Mischung dieser beiden Größen
bei Zwingli bekanntlich deren Hauptrepräsentanten während der
Reformation Erasmus und Luther in ihrem maßgeblichen Einfluss
auf ihn verantwortlich sieht. Hier liegt der zweite und vermutlich
bedeutungsvollere Grund für das trotz seiner geistigen Unselbständigkeit
und immer wieder in entwaffnender Weise offengelegten Unsicherheit
bei Köhler so stark vorhandene Interesse, Zwingli der Via antiqua
einordnen zu können, einer von Hermelink beschriebenen Via antiqua, *nota bene*: Eine Bewegung, die schon aufgrund ihrer äußerlichen
Wortähnlichkeit zur klassischen Antike, durch vermeintlich exklusive
Bindung des aufstrebenden Antikentransporteurs Humanismus an sie,
durch die Existenz mehr oder minder zusammenphantasierter anti-
kisierender Züge in ihrer Theologie ganz zur Antike hinzustreben,
oder, umgekehrt gesagt, geistig gänzlich aus der Antike herzustam-
men schien: Musste sie nicht fast zwingenderweise Köhler so sehr
nützlich scheinen, dass er auch bei eigener Unkenntnis und Unsicherheit
sich zum Anwalt ihres Einflusses auf Zwingli machen wollen musste?

Dass er gerade in diesem letzten Punkt der vermeintlich antiken
Elemente in der Via antiqua und mithin auch Zwinglis Werken nur

---

[21] A. a. O., 12.

[22] A. a. O., 49: "Der antike Einschlag, das theoretische Arbeiten mit der Kategorie
des Seins, ist bei Erasmus viel stärker als bei Luther, ist geradezu Grundelement,
während umgekehrt Luthers ganze Seele im Irrationalen des Heilswunders lebt und
nur ganz an der Peripherie rationale Momente mitschleppt. Um deswillen wird man
doch Erasmus als Typus der antiken Weltanschauung und Luther als Typus der
christlichen werten dürfen und den Zusammenklang Erasmus-Luther bei Zwingli
als einen solchen von Antike und Christentum bestimmen müssen. Zwingli hat von
Erasmus gewisse Gedankenkomplexe übernommen, die er bei Luther nicht fand,
und hat umgekehrt gewisse Wahrheiten bei Luther gefunden, die Erasmus nicht
bot oder direkt ablehnte. Die Verbindung beider ist [. . .] Zwinglis Originalität. [. .]
Die Nachwelt aber spürt in den Wirkungen die neue Regsamkeit alter Geisteskräfte
der Menschheit, Antike und Christentum, und nimmt in den feinen Verästelungen
der Theologie Zwinglis neue Lebenswerte in sich auf."

mit Fehlurteilen und Phantasiezitaten arbeiten konnte, hat er vermutlich selber nicht – und viele nach ihm ebenfalls nicht oder eher noch weniger – realisiert. Wie hätte er sonst etwa jene Widersprüchlichkeit stehen lassen können, mit der er einerseits der bei Zwingli häufig anzutreffenden "absoluten Gegensätzlichkeit des Unendlichen und Endlichen" einen antiken Hintergrund verleihen will, andererseits aber korrekterweise angibt, dass Zwingli den tatsächlich antiken, mit der aristotelischen Konzeption eines potentiell Unendlichen eng verknüpften Gedanken einer äquivoken Entstehung der Welt entschieden verneint?[23] Dass hier ein Widerspruch aufklafft, der nur dadurch aufzulösen wäre, dass man den Zwinglischen Unendlichkeitsbegriff anderswoher als aus der Antike bestimmte: Diesen und andere[24] elementare Gedankenbrüche übersieht Köhler, um seine These einer antiken Weltanschauung bei Zwingli nicht relativieren zu müssen – einmal abgesehen von den schlichtweg fehlenden Quellenbelegen für antike Ursprünge dieses und anderer Gedanken oder gar umgekehrt von den durch ihn neu kreierten *dicta Zwinglii*.[25]

2. *Kritik an Köhler*

Oskar Farners Anfragen

Dass zu einer so extrem einseitigen Darstellung sich bald einmal Widerspruch regen würde, war abzusehen und letztlich eine reine Frage der Zeit. Dennoch dauerte es erstaunlicherweise fast genau ein volles Vierteljahrhundert, bis 1943 in Oskar Farner ein Zwinglibiograph an die literarische Öffentlichkeit trat,[26] der die Fakten einer mehr oder minder gründlichen Neuprüfung unterzog und von daher zu einigen, allerdings eher scheuen, Anfragen an Köhler zu gelangen vermochte. Zwar sind die Erörterungen Farners über weite Strecken hinweg wiederum Zitate aus Köhlers Programmaufsatz, vermischt mit einigen neuen Irrtümern, so etwa der kuriosen Ansicht, Köln sei eine Hochburg der *moderni* gewesen, der grundfalschen Behauptung, im Tübingen des ausklingenden 15. Jahrhunderts hätten

---

[23] A. a. O., 53f.

[24] Etwa beim darauf folgenden Satz, a. a. O., 53: "Gott ist das höchste Sein, das höchste Gute, der erste Beweger, die oberste und erste Ursache, dem auch die sogen. zweiten Ursachen unterstehen": Der Begriff der Zweitursache ist der Antike gänzlich unbekannt.

[25] Vgl. dazu a. a. O. das 53f. überbrückende "Zitat".

[26] Farner, Huldrych Zwingli. Seine Jugend, Schulzeit und Studentenjahre 1484–1506.

"die Aquinaten mächtigen Vorsprung gewonnen" oder der nicht ganz
geringen Überschätzung von "Walther Köhler, dem wir die Durch-
leuchtung dieser Hintergründe verdanken". Aber immerhin folgen
dann auch scharfsinnige und seinerzeit leider viel zu wenig beach-
tete Bemerkungen: "Und doch will uns scheinen, das letzte Wort zu
der Frage, ob Zwingli damals den alten oder den neuen Weg beschrit-
ten habe, sei trotz allem noch nicht gesprochen. Es könnte nämlich
sein, dass das Problem überhaupt nicht ganz richtig gestellt ist, wenn
es zum voraus ein glattes Entweder-Oder wahr haben will."[27] Farner
sieht dafür folgende Gründe:

- Die bereits 1492 erfolgte institutionelle Wiedervereinigung beider
  Wege in Basel: "[. . .] So mag sich schon das Bild ergeben, dass
  Zwingli bei Lehrern dieser und jener Art gehört und sein Wissen
  bereichert haben dürfte, bei solchen des alten und des neuen Weges
  und dazu bei andern, die nun wohl schon eine mittlere Linie ein-
  hielten."[28]
- Den prinzipiellen und gewollten Eklektizismus Zwinglis, der zu seinen hermeneutischen Grundentscheiden gehört und ihn etwa am
  Gedanken einer Gleichrangigkeit Platons mit Aristoteles Freude
  finden ließ. "Man begreift [. . .], weshalb er selber uns im Ungewissen
  läßt, ob er damals als Realist oder Nominalist gelten wollte. Er
  ließ und läßt sich nun einmal in keine Parteischablone hineinpres-
  sen und hat sich von Anfang an nie nur einem einzigen Schulhaupt
  an die Rockschöße gehängt; dazu war er von Natur eine viel zu
  eigenartige, selbständige und allen Bildungselementen geöffnete
  Persönlichkeit."[29]
- Den von ihm angeführten Briefwechsel mit Kaspar Hedio, bei
  dem er am 17. März 1520 geistige Hilfe in der immer brisanter
  werdenden Frage der Zinsethik anfordert und dazu den *Tractatus
  de potestate et utilitate monetarum* des Tübingers *modernus* Biel – und,
  vermutlich viel bedeutungsvoller, aber von Farner nicht erwähnt,
  den *Tractatus bipartitus de decimis* von Biels Kollegen Summenhart – in Basel im Sinne eines humanistischen Freundschaftsdienstes
  sozusagen per Fernleihe bestellt.[30]

---

[27] A. a. O., 217.
[28] A. a. O., 218.
[29] A. a. O., 220.
[30] A. a. O., 221; vgl. Z VII, Nr. 124, 279.

– Die Zwinglische Rede von den *scholae*, die Farner auf die spätmittelalterlichen Universitätsfraktionen in einem primär institutionellen Sinne bezieht und sie mehr als soziale denn als intellektuelle Größe ansieht. Aus dem Plural geht für ihn zudem hervor, dass Zwingli sich nicht nur einer der aktuellen *viae* verpflichtet gefühlt habe. "Ist diese Auslegung haltbar, so hätte also Zwingli nach diesem gewichtigen Selbstzeugnis nicht nur die Via antiqua bebaut, sondern sich auch auf der Via moderna gründlich umgesehen."[31] Dieses Argument ist freilich von allen das schwächste, denn dass jemand bewusst und aktiv, also nicht einfach im Sinne eines durch äußere Umstände aufgezwungenen Wechsels, sondern aus eigenem Engagement, mehrere Wege *gleichzeitig* begangen hätte (wenn denn *scholas colere* überhaupt *diese* Bedeutung besitzt), wäre in der Welt der spätmittelalterlichen Hochschullandschaft singulär und ist darum wenig wahrscheinlich.[32]

Jacques-Vincent Pollet
Setzte Farner hinter seine teilweise scharfsinnigen, seither aber nie mehr in ihrem ganzen Gewicht beachteten Bemerkungen zur Frage nach der Erklärungskraft des Zweiwegeschemas bei Zwingli 1943 noch ein vorsichtiges Fragezeichen, geht der französische Dominikaner Jacques-Vincent Pollet 1950 zu einer klaren Prärogative über: In seinem Artikel "Zwinglianisme" im Dictionnaire de Théologie Catholique bietet er ein eigenes Unterkapitel über "Zwingli et la Via moderna".[33] Zuerst freilich referiert er recht unkritisch Köhlers Via-antiqua-These, übernimmt kritiklos von dort auch den von Mestwerdt seinerzeit ja nur sehr vermutungsweise und ohne jeglichen Quellenbezug in einem einzigen Sätzlein angenommenen Bezug Zwinglis zu einer Christologie des Faber Stapulensis.[34] Merkwürdig ist ebenfalls, dass er die sehr unterschiedlichen Werke von Hermelink und Ritter in einem Atemzug

---

[31] A. a. O., 222f.
[32] Bekannt sind Konversionen von einem Weg zum andern, so etwa bei Wessel Gansfort, der vom Thomismus zum Scotismus und von dort zu den *moderni* wechselte, das aber als deutlichen Fortschritt im Sinne eines persönlichen Austausches von untereinander unvereinbaren Grundpositionen ansah.
[33] Huldrych Zwingli et le Zwinglianisme, 6–8.
[34] Vgl. Mestwerdt, Die Anfänge des Erasmus, Humanismus und "devotio moderna", 311, Anm. 2: "'Apologia ad Fabrum Stapulensem' (opp. IX, 17ff.) Die Schrift dürfte für die Ausbildung der zwinglischen Christologie von Bedeutung gewesen sein, ein Zusammenhang, der m. W. noch nicht untersucht ist."

nennt. Er stellt aber klar, dass der Terminus *neoterici* meistens und
bei Zwingli stets alle mittelalterlichen Scholastiker unbesehen ihrer
jeweiligen Ordens- oder Schulzugehörigkeit umfaßte. Die sich daran
anschließende Ausweitung des Horizonts durch Pollet auf die soge-
nannte Via moderna beginnt ebenfalls mit einfachem Referat, nämlich des Farner'schen Insistierens auf dem Eklektizismus Zwinglis.
Dann aber folgen die wohl ersten selbständigen, nämlich aufgrund
direkten Quellenvergleichs gewonnenen Beobachtungen zur Scholastikrezeption Zwinglis in der neueren Forschungsgeschichte überhaupt.
Zwar ist sicher auch Pollets Analyse noch nicht über jeden Zweifel
erhaben, wie es wohl auch nie eine sein kann. Aber sie bringt erstmals einen Hinweis auf folgende wichtigen Punkte.

– Pollet registriert scotischen Voluntarismus in der Zwinglischen Lehre
  vom Gesetz, von der Sünde, vom Glauben, von der Vorsehung.
– Er bemerkt die zum Nominalismus weisenden Züge der Zwinglischen
  Alloiosislehre.
– Vor allem aber erkennt Pollet die prinzipielle Affinität derjenigen
  Systemteile bei Zwingli, die gemeinhin unter dem Schlagwort des
  Spiritualismus erfasst werden, zur "Distinction occamienne entre
  le monde des apparences, ouvert à nos sens, et l'être réel des
  choses". Anders formuliert: "Entre les sensibilia et les intelligibilia
  (ou spiritualia) point de médiation possible."[35] Ob damit die
  Zwinglische Verabständigung von Schöpfer und Geschöpf, Infinitem
  und Finitem wirklich exakt erfasst ist, scheint zwar fraglich, aber
  immerhin hat Pollet in die richtige Richtung gewiesen, was eine
  Grundeinschätzung jener Theozentrizität oder Kreatur-Relativierung
  angeht, die man als Herzstück der Theologie Zwinglis ansehen
  darf: Sie steht im Verbund mit Lehrentwicklungen, die sich scotisch-
  ockhamistischen Ursprüngen verdanken.
– Außerdem stellt Pollet als erster fest, dass Zwingli mit terministischer Logik durchaus vertraut gewesen sein muss, wenn er auch
  die bei weitem klarsten Belege für diesen Sachverhalt aus der
  Schrift *Über Doktor Martin Luthers Buch, Bekenntnis genannt*, nicht bei-
  zog. Obwohl es sich nicht nachweisen lässt, ist in diesem Punkt,
  wie überhaupt in der grundsätzlichen Bereitschaft Pollets zur
  Relativierung der Bedeutung und des Umfanges der Wegedifferenz,

---

[35] Art. Zwinglianisme, 3748f.

eine Folge seiner Lektüre von Ritters Schriften zu vermuten: Bekanntlich sah Ritter die Relevanz der Wegedifferenz für Lehrmethode, und – auf weite Strecken gesehen – auch Lehrinhalt, in Frage gestellt und wies insbesondere darauf hin, dass terministische Logik auch Pflichtstoff an den durch die Via antiqua geprägten Bursen, Fakultäten, Universitäten gewesen war.[36]

In anderen Punkten, vor allem in seiner Abweisung der Troeltsch-Köhler-Meyer'schen Interpretation der Zwinglischen Lehre von der doppelten Gerechtigkeit in ihrer göttlichen und menschlichen Façon als primärem und sekundärem Naturrecht,[37] war Pollet der Erkenntnis einer scotistischen Sozialethik sehr nahe, hatte sie aber nicht vollzogen. "Au lieu du dualisme: droit naturel premier et second (norme idéale; principes de réalisation), nous trouvons chez Zwingli la dualité: Esprit de Dieu – nature humaine corrompue [. . .]."[38] Seine grundsätzliche Charakterisierung der Zwinglischen Sozialtheologie zeigt sich dann allerding auch im Duktus der Lehre von der doppelten Macht Gottes, die er aber als solche ebenfalls in ihrem Einfluss auf Zwingli eher verneint: "Idéologiquement, à la volonté souveraine de Dieu qui règne sur la théodicée zwinglienne fait pendant, en morale, la Loi conçue tantôt comme norme idéale (justice divine), tantôt comme moyen de coercition (justice humaine)."[39]

Die Ausweitung des Horizonts auch auf Aspekte der sog. Via moderna war Pollet möglich, weil er über selbständige mediävistische Kenntnisse verfügte, sich aus dem Prantl-Hermelink'schen Definitionsschema lösen konnte und dadurch vor allem auf Johannes Duns Scotus, bis anhin von den Zwinglikennern fast sklavisch der Via antiqua zugeordnet, eine neue Sicht zu gewinnen vermochte.

---

[36] Ist diese Vermutung korrekt, böte sich eine Analogisierung der Forschungsetappen zum Wegestreitschema zwischen der allgemeinen philosophiegeschichtlichen und der reformationsgeschichtlichen Forschung als zumindest eines der möglichen Periodisierungsschemata für die Zwingliforschung an: Auf den aufs stärkste an Hermelink (und damit natürlich Prantl) angelehnten Köhler mit Farner folgte nun der zumindest *auch* von Ritter und dessen doch wesentlich differenzierterer und weitreichenderer Sicht ausgehende Pollet. Einer solchen Deutung entgegen steht freilich die bereits erwähnte Einheitsschau, unter welcher Pollet sowohl Hermelink als auch Ritter als Garanten für eine Verortung Zwinglis in die *Via antiqua* zu betrachten scheint.

[37] A. a. O., 3809f.

[38] Vgl. speziell hierzu unten VIII, 2. 2.

[39] A. a. O., 3810.

3. Die "Zwingli-Renaissance"
um die Mitte des 20. Jahrhunderts[40]

1. *Fritz Blanke: Pionierleistungen auf dem Feld der Zwinglischen Scholastikrezeption*

Wäre Blanke chronologisch gesehen unmittelbar nach Köhler anzuführen, gehört er sachlich gesehen doch eher zu jener gegen Mitte
des 20. Jahrhunderts aufkommenden Strömung, die auf die Präsentation
eines neuen, "christlichen", genauer gesagt: "christologischen" Zwinglibildes hinarbeitete. Fritz Blanke brachte diese Strömungen durch
einige nicht direkt unserem Thema gewidmeten Aufsätze mit ins
Fließen, vor allem aber in seinen Anmerkungen in der kritischen
Ausgabe der Werke Zwinglis im Corpus Reformatorum seit dem
Jahr 1934: Einer durchaus unprätentiösen, aber von ihm sehr quel-
lennah, präzise und tiefgehend gearbeiteten Form der wissenschaftlichen Arbeit.[41] "Absolut selbstlos, allein der Erhellung des Textes
dienend und philosophie-, theologie- und kirchengeschichtliche
Zusammenhänge aufdeckend, immer präzis belegend und begrün-
dend, hat Blanke in diesen Kommentaren wohl das Beste gegeben,
was ein Kirchenhistoriker überhaupt geben kann: eine meisterhafte
Interpretation wichtigster kirchengeschichtlicher Quellen."[42]

In der heute vorliegenden, beinahe lexikalischen Charakter gewinnenden Form dieses Anmerkungsapparates wird – unter vielem
anderen – deutlich, dass Zwingli in zentralen theologischen Begrün-
dungszusammenhängen in hohem Maße auf scholastische, besonders
auch scotische und scotistische Argumente zurückgreift. Speziell in
den drei für das Mittel- und Spätwerk Zwinglis konstitutiven christologischen Themenbereichen der Idiomenkommunikation, der hypostatischen Union und der durch den Begriff der Unendlichkeit definierten
göttlichen Natur dieser Union treten franziskanisch-scotische Akzente

---

[40] Der Ausdruck erscheint wohl erstmals bei Schmidt-Clausing, Zwingli, 8 und
passim.
[41] Der Nachgeborene kann sich über das auch ihm zugängliche Vermächtnis
Blankes in Form von Publikationen hinaus nur auf Zeugnisse seiner Schüler stützen, um ein Urteil über den Wert seiner Persönlichkeit gewinnen zu können. Alfred
Schindler, Zwingli und die Kirchenväter, 9, etwa spricht von ihm als "einem der
bedeutenden Erforscher Zwinglis und seiner Zeit, [. . .] begnadetem Hochschullehrer
und persönlichen Begleiter einer großen Anzahl von Studenten". Ähnlich Fritz Büsser
in seinem Nachruf: Fritz Blanke, in Z VI/2, VIIf.
[42] Büsser, Fritz Blanke, a. a. O., VIII.

zu Tage.[43] Diese Trennung des Endlichen vom Unendlichen enthüllt Blankes Meinung nach "das innerste Motiv von Zwinglis Christologie"[44]. Verdienstvoll ist auch, dass Blanke die fragwürdige Köhler'sche Ansicht, wonach Zwingli mit den *neoterici* die Spätscholastiker, mit den *veteres* hingegen die Vertreter einer Via antiqua bezeichnen wollte, zu korrigieren unternahm: Von den "Theologen der alten Kirche" (*veteres theologi*) "unterscheidet Zwingli die Theologen der mittelalterlichen Kirche, die Scholastiker, die er als 'Neuerer' (*neoterici*) und als 'Sophisten', auch einfach als 'theologi' und 'päpstische doctren' bezeichnet"[45]. Von großem Wert sind auch die von Blanke unternommenen

---

[43] Z V, 679–81, Anm. 3; 681f., Anm. 1f.; 799; 930, Anm. 15; 935, Anm. 8 u. a. m.

[44] Z V, 935, Anm. 8.

[45] A. a. O., 929, Anm. 8. Explizit dieser Meinung ist außerdem auch Alfred Schindler, der im Rahmen seiner ähnlich gearteten Fragestellung "Zwingli und die Kirchenväter" (46 u. 64f. mit den dortigen Anm.) auch auf die Scholastikrezeption Zwinglis zu sprechen kommt.

Der grundsätzlich die *neoterici* mit der ganzen Scholastik identifizierenden Position Farners, Blankes und Schindlers widersprechen Pollet, Huldrych Zwingli et la Réforme en Suisse, 15, Anm. 4 und Büsser in Z VI/3,203, Anm. 1f. Welche Position ist vorzuziehen? Zumindest beim Letztgenannten ist die kontextspezifische Begründung wenig überzeugend, so dass wir Farners und Blankes Meinung zuneigen: Ausgerechnet bei dem sowohl bei Thomas (671faches Vorkommen des Lemma, vgl. HWP 4, 1029) wie auch Scotus überaus zahlreich nachgewiesenen Begriff der Kontingenz meint Büsser, dass "gerade in diesem Fall [...] nicht allgemein die Scholastiker oder die Thomisten", sondern "die Terministen, die vor allem auf Wilhelm von Ockham und Gabriel fußten" gemeint seien. Ist schon dieser Versuch einer Definition des Terminismus unhaltbar, so erst recht die Behauptung, *contingentia* sei ein spezifisch dem "Terminismus" entspringender Begriff: An der in dieser Hinsicht im 15. Jh. prominentesten Debatte, an der Löwener *querelle des futurs contingents*, wollten eben die *antiqui* an der aristotelischen Schulmeinung festhalten. Merkwürdig ist zudem, dass Büsser selber als Belege zu seiner eigenen (einem Wörterbuch entnommenen) Definition einen Beleg ausgerechnet aus der Thomasischen Summe sowie eine Abhandlung "Nécéssité et Contingence chez saint Thomas d'Aquin et chez ses Prédécesseurs" angibt. Was Zwingli (a. a. O.) in seiner Gegenüberstellung von *fortuita* und *contingentia* wirklich anspricht, wäre leicht zu erkennen gewesen: Es ist der voneinander abweichende humanistische und (gemein-!)scholastische Sprachgebrauch.

Die Argumente für die Annahme, dass Zwingli mit den *neoterici* grundsätzlich alle Scholastiker im Auge hatte, verhalten sich in Inhalt und Wahrscheinlichkeit zu denen ihrer Bestreiter umgekehrt entsprechend. Wie Blanke schon erkannte, ist der Begriff mit dem dazugehörigen Wortfeld – das einem philologisch so interessierten Menschen wie Zwingli bestimmt gegenwärtig war: νεωτερίζω: Neuerungen machen, an etw. rütteln, Aufruhr anfangen, τὴν πολιτείαν: die Verfassung ändern, νεωτεροποιός: zu Neuerungen geneigt, revolutionär (Gemoll, Gr.-dt. Handwörterbuch, München⁹1954, 521) – in sich selber Programm: Neuerer sind in reformatorischem (wie auch schon erasmischem) Sinn all jene, die über Schrift und Väter hinauswollten; dazu aber gehören in der Sicht der Reformatoren natürlich nicht erst Ockham und dessen direkte oder indirekte Schüler. Wo Erasmus also von den *recentiores* zu

Anfänge in der Erkundung logischer Bildungselemente beim späteren
Zwingli, vor allem in der Schrift *Über D. Martin Luthers Buch, Bekenntnis
genannt*.[46]

2. *Gottfried W. Locher*

Der Titel "Die Theologie Huldrych Zwinglis im Lichte seiner
Christologie" des zumindest für die Theologiegeschichte wohl
bedeutendsten Locher'schen Werkes ist Programm.[47] Es sieht die theologische Arbeit Zwinglis nämlich beruhen auf "der eindeutigen
Bestimmtheit seines Denkens durch die *Gottheit* Jesu Christi auf dem
Hintergrund der *Gottheit Gottes* als *summum bonum*, d. h. der spenden-
den Güte und des einzigen Quells alles Guten"[48]. Das scheint mit
der theologischen Charakterisierung Zwinglis durch Blanke – Betonung
der "Gottheit Gottes" auch innerhalb des heilsökonomisch gefassten
Wesens Gottes als einer gottmenschlichen Einheit – identisch. Doch
in der exakten doxographischen Einordnung dieses an sich korrekt
skizzierten Bildes zeigt Locher, im Gegensatz zu Blanke, Schwächen.
Locher erkennt nur sehr ansatzweise, sozusagen widerstrebend, dass
Zwingli diese Betonung der "Gottheit Gottes" derjenigen Philosophie
verdankt, die als ganze zwar im Gegensatz zur rein heidnisch-antiken

---

sprechen pflegt (vgl. Beiczy, Erasmus and the Middle Ages, 80) verwendet Zwingli
den Terminus *neoterici* mit im Grunde identischer Absicht. Nur wenn er diejenigen,
die wir heute Hochscholastiker nennen, explizit verteidigt und als Garanten ortho-
doxer Positionen anerkannt hätte, schiene es sinnvoll und glaubwürdig, seine
Verwendung des Terminus *neoterici* von ihnen abzuheben. Eine solche Verwendung
des Begriffs gab es zwar in Zwinglis unmittelbarer Zeitgenossenschaft, so etwa im
Werk des Lambertus Campester: *Problemata Thomae Aquinatis quae quodlibeticas questiones inepte Neoterici vocant, opera F. Lamberti Campestris, qui recognovit et marginalibus anno-
tamentis insignivit*, Lugduni (Giunta) 1520. Bei Zwingli ist dies jedoch nicht der Fall;
er lässt im Gegenteil deutlich (Z V 925, 8–10) erkennen, dass die Thomas und
Scotus verbundenen Autoren für ihn zu den *neoterici* gehören. Theoretisch denkbar
wäre natürlich auch eine inkonsistente Verwendung des Begriffs in seinen Werken,
doch wahrscheinlich ist dies nicht.
[46] Z VI/2, Nr. 125. Da die Blanke'schen Erkenntnisse in vorliegender Studie
noch eigens zu Wort kommen werden, soll eine summarische Erwähnung an dieser Stelle vorläufig genügen.
[47] Zürich 1950. A. a. O., 9: "Im Verlauf der Untersuchung, welche Rolle die
Christusfrage in seiner Lehre und seinem Werk spielt, überraschte mich selbst die
entscheidende Bedeutung und allseitige Ausstrahlung derselben sowie die Erkenntnis,
dass in der Eigenart ihrer Beantwortung der Schlüssel zum Verständnis sonst uner-
klärlicher oder missverstandener Eigentümlichkeiten [sc. des theologischen Denkens
Zwinglis] liegt."
[48] Locher, Die Prädestinationslehre Huldrych Zwinglis, 107 (kursiv durch den
Verfasser vorliegender Studie).

durchaus christlich geprägt ist, faktisch und konkret jedoch genauso klar einer im methodischen Vorgehen rein philosophischen, also zumindest der Intention nach offenbarungsunabhängigen Rationalität verpflichtet sein wollte: Der mittelalterlichen Scholastik mit deren Metaphysik als natürlicher Theologie. Locher verbleibt daher letztlich in derjenigen schiefen Alternative, die er überwinden möchte, nämlich der Köhlersch-Wernleschen Diastase zwischen dem "antiken" und dem "christlichen" Zwingli: Auch wenn er innerhalb dieser Alternative die Akzente genau umgekehrt setzt wie seine Vorgänger, lässt er sich grundsätzlich ihr Denkschema weiterhin aufoktroyieren.

Zwar beteuert Locher selber natürlich eine gegenteilige Absicht. In seiner Kritik des Wernle'schen Zwinglibildes etwa bedauert er lebhaft, dass hier eine verbindungslose Zweiteilung in Zwingli projiziert werde: Heidnische Philosophie einerseits, biblisch-christliche Theologie andererseits.[49] Er spricht hier explizit von der "Unsicherheit auch großer Zwingli-Forscher und -Kenner: sie müssen in Gestalt, Denken und Werk einen Zwiespalt annehmen, weil sie die großen Linien nicht vereinigen können, – weil sie das Zentrum nicht gefunden haben, von dem aus sich alle Aussagen verbinden und ordnen lassen"[50]. Deshalb müsse eine neue, von der Christologie ausgehende, alle Wesenszüge des Zwinglischen Denkens gebührend beachtende und integrierende Interpretation aufgebaut werden. Dabei werde sich zeigen, dass Zwingli viel traditioneller, im Sinne dogmengeschichtlicher Kontinuität, denke und arbeite, als bisher allgemein angenommen, keinesfalls aber einem philosophischen Gottesbegriff in maßgeblicher Weise verpflichtet sei. Damit hat dann eben jene erwähnte schiefe Alternative das Locher'sche Denken wieder eingeholt. Locher erkennt nicht, dass Zwingli, *weil* er der kirchlichen Tradition verbunden bleibt, einem philosophischen Gottesbegriff verpflichtet ist. Statt dessen zieht er hier entgegen seiner Absicht und in widersprüchlicher Weise wiederum einen geistigen Trennstrich, indem er verkennt, dass die kirchliche Tradition als kirchliche konstitutiv philosophische, wenn als solche natürlich auch Aristoteleskritische Argumentationsstrukturen benutzt. Eben dieser geistige Trennstrich hindert Locher wesentlich daran, seine ansonsten oft luziden und hilfreichen Äußerungen zur christologisch zu verstehenden Theologie Zwinglis theologiegeschichtlich adäquat einzuordnen.

---

[49] Locher, Die Theologie Huldrych Zwinglis, 43f.
[50] Ebd.

Die scholastische Philosophie, um deren Verständnis er sich zeitweise
zumindest bemüht hat,[51] gewinnt in seiner Darstellung kein wirklich
eigenes Gewicht. Vielmehr darf sie in Lochers Zwingliinterpretation
als bestimmende Größe nur dann mitreden, wenn sie in seinen Augen
christlich genug, das heißt mit seinem Verständnis von biblisch-refor-
matorischer Theologie vereinbar ist. Damit aber droht sein Denken
unweigerlich einem Zirkelschluss zu verfallen: Zwinglis Theologie ist
für Locher allein darum christologisch zu interpretieren, weil für ihn
nur christologisch zentrierte Theologie überhaupt als christliche
Theologie interpretiert werden kann. Gibt es andere, also nicht sote-
riologisch-reformatorisch-christologische Elemente der Tradition in
Zwinglis Werken, sind sie für Locher entweder nicht "christlich" oder
aber stets von Zwingli selber durch ein christlich-biblisches Oberar-
gument als "christlich" legitimiert. "Unsere Untersuchung ergibt, dass
man nicht nach einer zweiten Wurzel neben der biblischen oder gar
einem zweiten Anliegen neben dem biblischen Zeugnis in Zwinglis
Denken über Gott forschen soll".[52] Solcher Denkzwang kann zuweilen etwas groteske Ausmaße annehmen, etwa wenn Locher darauf
insistiert, dass der Begriff des *summum bonum* keineswegs humanistisch-
philosophisch zu verstehen sei, *sondern* von Plato herkomme;[53] oder
auch, wenn er dem zentralen philosophischen Gedanken der Unendlichkeit bei Zwingli eine nur marginale Stellung zubilligen will,[54]
was dem Quellenbefund keineswegs entspricht, sondern einem
offensichtlichen Unwillen, solche Denkstrukturen bei Zwingli überhaupt wahrzunehmen.

Letztlich bringt Locher sich mit alledem selber um den vollen (und
verdienten) Gewinn seiner eigenen Denk- und Interpretationsarbeit.
Er stellt zwar, wie sachgemäß schon Blanke, fest, dass "die Theologie
Zwinglis im Lichte seiner Christologie" verstanden werden müsse,
und charakterisiert diese Christologie näherhin als theozentrisch.[55]
Warum aber die Christologie Zwinglis so enorm theozentrisch ist,

---

[51] Es macht den Anschein, als hätte der von Locher zu diesem Zweck persön-
lich beigezogene damalige Churer Theologieprofessor Calixtus Symeon (vgl. a. a.
O., 8) eine stramm neuthomistische Linie vertreten, wodurch andere scholastische
Linien, vor allem die scotisch-scotistische, zu wenig beachtet wurden.

[52] A. a. O., 93.

[53] A. a. O., 70.

[54] A. a. O., 82, Anm. 63. Vgl. aber auch unten Anm. 60 (Schluss).

[55] Vgl. etwa auch a. a. O., 20: Zwingli ist "unter allen Reformatoren derjenige,
welcher am einseitigsten und stärksten den Nachdruck auf die Gottheit Christi legt".

interessiert Locher erstaunlicherweise nicht mehr genauer, weder in theologischer noch in historischer Hinsicht. Obwohl er, auch später, immer wieder darauf drängt, dass etwa die christologischen Differenzen zu Luther vom Ganzen der Zwinglischen Theologie her interpretiert und beurteilt werden sollten und nicht, wie sonst so häufig geschehen, umgekehrt,[56] scheint er sich nicht im Klaren darüber zu sein, dass er damit die letzten Ursachen für die spezifischen Eigenheiten Zwinglischer Christologie in dessen Theologie im engeren Sinne verortet. Die aber kann ihrerseits logischerweise nicht noch einmal durch ihre eigenen christologischen Aspekte interpretiert werden. Dasselbe gilt für die Prädestinationsfrage: "Locher fällt das Verdienst zu, nachgewiesen zu haben, dass Zwinglis Erwählungslehre ohne Christologie undenkbar ist, obwohl die Christologie ihrerseits den Eindruck erweckt, überhaupt nur aus bestimmten Voraussetzungen der Gotteslehre heraus verständlich zu sein."[57] Es bleibt hier und insgesamt bei tautologisch anmutenden Bekräftigungen einer These von der Prävalenz der Gottheit Gottes ohne wirklich überzeugende Erklärung: Sie liegt weder, wie Locher will, wesentlich im biblischen noch wesentlich im altkirchlich-traditionellen, sondern wohl wesentlich im hochscholastischen Gottesbegriff (und der mit ihm verknüpften radikalen Subsistenzchristologie). Etwas nahezu Tragisches gewinnt dieser fehlende Schlussstein im Locher'schen Interpretationsschema zusätzlich dadurch, dass der Aufriss des von ihm schon vorgeplanten, speziell der Christologie gewidmeten zweiten Bandes der "Theologie Zwinglis" sich im Wesentlichen auf die "übernommene, orthodoxe Zweinaturenlehre in der Alten Kirche und im Mittelalter"[58] konzentriert hätte.[59] Zwar lässt auch diese Formulierung erahnen, dass Locher sich über die Eigenbedeutung und Andersartigkeit des scholastischen Denkens gegenüber dem patristischen wohl nicht genügend Rechenschaft abgelegt haben dürfte. Sie macht aber doch zumindest darauf aufmerksam,

---

[56] Die Zwinglische Reformation, 199.
[57] Gäbler, Huldrych Zwingli im 20. Jahrhundert, 66.
[58] A. a. O., 169.
[59] Noch 1962 beschäftigte ihn dieser Plan, wie er in seinem großen Forschungsbericht über "Die Wandlung des Zwinglibildes" bei der Besprechung der Köhler'schen Interpretation des Marburger Religionsgesprächs erkennen lässt (in: Huldrych Zwingli in neuer Sicht: 156): "[...] Dogmengeschichtlich treffen hier über der Exegese eines Textes ("das ist mein Leib") via antiqua (Zwingli) und via moderna (Luther) aufeinander. Hier liegt eine wichtige Forschungsaufgabe", die er sich offenbar selber vorgenommen hatte, vgl. a. a. O., Anm. 65: "In der Fortsetzung meiner 'Theologie Zwinglis' [...] hoffe ich auf diese Dinge näher einzugehen."

wie nahe dieser Altmeister der Zwingliforschung der eigentlichen Lösung einer seiner zentralsten wissenschaftlichen Lebensaufgaben schon gekommen war.[60]

3. *Johann Friedrich Gerhard Goeters*

In Goeters treffen wir den ersten Reformationshistoriker, der – im Jahr 1969 in einem Aufsatz in der Festschrift für Robert Stupperich –[61] den Zürcher Reformator von seinem Bildungshintergrund "nicht nur allgemein im Bereich der Via antiqua, sondern im wesentlichen und ganz in der Schule des Duns Scotus" ansiedelt.[62] Zu dieser deutlich neuartigen Grundcharakterisierung Zwinglis kommt Goeters durch Betrachtung dreier verschiedener Quellengattungen.

---

[60] An den 1950 (Die Theologie Huldrych Zwinglis) fixierten Interpretationslinien hielt Locher allerdings, wie vermerkt, ein Leben lang fest. In seinem zweiten, eher fakten- und institutionengeschichtlich orientierten, aber auch für theologische Aspekte offenen Hauptwerk von 1979 (Die Zwinglische Reformation) beschreibt er die Zwinglische Christologie in allen ihren Zügen und recht präzise als radikale Subsistenzchristologie und weist ihr höchsten systembildenden Wert für das Gesamtwerk des Reformators zu. Doch sieht er dann ausschließlich die altgläubige und lutherische Polemik *gegen* Zwinglis Christologie im Spätmittelalter verankert, während Zwinglis Denken von ihm für augustinisch-frühscholastisch gehalten wird (a. a. O., 169). Als wahrscheinlichste äußere Ursache dieser Vorliebe für die Patristik-Frühscholastik erweist sich die Verortung Zwinglis in der von Hermelink und Köhler übernommenen Via antiqua (vgl. zum ganzen Abschnitt a. a. O., 59–64, bes. 63 und dort die Anm. 48f.). So wird ohne den geringsten Quellenbeleg behauptet, es hätte allgemein "zu Zwinglis Studienzeit [...] in Basel die via antiqua in der Form der Summa des Thomas von Aquin und des Kommentars des Duns Scotus zu Petrus Lombardus" überwogen, und man fragt sich, woher eigentlich Locher das dermaßen präzise wissen konnte (wo doch andererseits selbst die Jahreszahl der Wiedervereinigung beider Wege in Basel falsch wiedergegeben ist). So oder so ist auch für Locher klar: "Es liegt im Dunkeln, welchen Vorlesungen er [Zwingli] gefolgt ist." In der Gesamtbeurteilung der Scholastikrezeption Zwinglis marginalisiert Locher neuere Erkenntnisse, hält an Köhler-Hermelink fest und hat darum von den Scotisten ein negatives Bild. Die Erkenntnisse in der 1966 in den Vereinigten Staaten erstmals der Öffentlichkeit vorgetragenen Studie über die "Grundzüge der Theologie Zwinglis", wonach wichtige Teile der Erwählungslehre und des dahinterliegenden Gottesbildes "occamistisch" gestimmt seien (Huldrych Zwingli in neuer Sicht, 173–270. 243, Anm. 289) schien er 1979 bereits wieder vergessen zu haben?
In seiner Überblicksdarstellung "Zwingli und die Schweizerische Reformation" kommt er in der Darlegung des Eingangs der *Expositio fidei* dem tatsächlichen Gewicht der Infinitätsthematik bei Zwingli näher: "Den Hintergrund bildet ein soteriologischer Monotheismus: Schöpfer-sein, Ungeschaffenheit, Ewigkeit und Unendlichkeit gehören zusammen; es kann aber nur ein Unendliches geben. Eine solche philosophische Erwägung stellte im Spätmittelalter keineswegs eine Abschweifung vom Glauben dar; gegenüber dem Fatalismus der Renaissance war sie aktuell."
[61] Reformation und Humanismus. Robert Stupperich zum 65. Geburtstag.
[62] A. a. O., 260.

Er konsultiert erstens die in Zwinglis Bibliothek vorhandenen scho-
lastisch-theologischen Bände und erkennt und reklamiert die historische Aussagekraft ihres bloßen Vorhandenseins; beim konkordanzartigen
Sentenzenkommentar des Paulus Cortesius, dem Basistext zu den
damals bereits edierten Marginalien des studierenden Zwingli, zieht
er auch den glossierten Inhalt zur Interpretation bei. Sodann greift
er zurück auf Drittpersonen, die im Briefwechsel mit Zwingli als
seine Freunde oder akademische Lehrer oder beides durch gewisse
ihrer Äußerungen eine stark scotisch-scotistische Prägung ihres Adres-
saten als wahrscheinlich gelten lassen. Drittens zieht er die "eigentlichen" Zwinglischen Werke, seine großen theologischen Schriften ab
den 1520er Jahren, zu Rate, die dem kundigen Auge Scotismus ent-
hüllen. Freilich sind die Beobachtungen in Bezug auf alle drei Quellensorten sehr kurz und bilden mehr eine Skizze als ein Bild der
Scotismusrezeption Zwinglis. So stellt Goeters gewissermaßen thetisch
folgende Scotica fest: Mariologie,[63] Sakramentsverständnis, Eucharistie,

---

[63] Gegen diese These Goeters' äußerte sich jüngst kritisch Campi, Zwingli und
Maria, explizit S. 60 und der Sache nach *passim*.
  Gegen einige im Zeitraum der Dogmatisierung der leiblichen Himmelfahrt Mariens
1950 unternommene Versuche konfessionell-katholischer Vereinnahmung der
Zwinglischen Mariologie hielt Locher, Inhalt und Absicht von Zwinglis Marienlehre,
fest, dass Zwingli zwar bleibend traditionell über Maria dachte, aber als Reformator
wohl nicht mehr so sehr an ihrer Person als vielmehr an den bei ihr auf Christus
weisenden Aspekten interessiert gewesen sein dürfte. Campi setzt (a. a. O., 69–80)
diese Linie fort, indem er insbesondere auch (a. a. O., 41f.) den bedeutsamen
Sachverhalt betont, dass Zwinglis starke Marienverehrung mit seiner Tendenz zur
Verabständigung der Naturen Christi eng zusammenhängt (wie das im Spätmittelalter
generell der Fall ist). Dazu bringt Campi weitere aufschlussreiche, auch von Locher
(a. a. O., 131f, dort. 3. und 4.) bereits vorgebrachte Differenzierungen, besonders
was den unter gewissen Aspekten unzweifelhaft traditionellen Umgang Zwinglis,
Bullingers und Zürichs allgemein mit der *assumpta* betrifft: Zwingli tradiert den
Glauben an den Eingang Mariens in die himmlische Freude, weil sie zum
Gesamtduktus seiner im Wesentlichen ebenfalls traditionellen Auferstehungslehre und
Eschatologieauffassung passt; und er und Zürich scheuen sich, die marianischen
Festtage rasch abzuschaffen, um den "Gegensatz zwischen der spätmittelalterlichen
Festkultur und dem reformatorischen Arbeitsethos" (a. a. O., 79) nicht für die
Volksseele allzu provokativ und überstürzt zu akzentuieren. Besonders hinsichtlich
der Auferstehungslehre sind diese Ausführungen erhellend, indem sie zeigen, wie
Zwingli mittelalterliches Material in seiner Theologie integrierte und es gerade so
beinahe unmerklich, aber eben darum sehr wirksam veränderte. Daher ist es aller-
dings umso weniger verständlich, wenn dann doch das Reformatorische in Zwinglis
Mariologie dadurch akzentuiert wird, dass das Mittelalterliche und besonders das
Franziskanische in ihr einfach negiert oder in methodisch problematischer Weise zu
relativieren versucht wird.
  Schon die Ansicht, bereits die Vertreter der Via antiqua hätten Maria keine

hypostatische Union, Prädestinationsauffassung. Zwar bleibt damit
also auch Goeters bei der grundsätzlichen und in dieser Grundsätz-
lichkeit nicht an sich falschen Einordnung Zwinglis in die Via anti-

---

spezielle Verehrung hinsichtlich ihrer *immaculata conceptio* entgegengebracht, kann –
wenn überhaupt – nur dann zutreffen, wenn man diese Via (in umgekehrter
Einseitigkeit zu aller bisherigen Forschung) gänzlich ohne Scotismus denkt. Alle existierenden Quellen aber weisen darauf hin, dass Zwingli auch in der Mariologie in
erster Linie vom Scotismus beeinflusst war. Die geradewegs als "einfache[s] Faktum"
dargestellte (a. a. O., 60) und explizit gegen Goeters geäußerte Hypothese, Zwingli
sei in diesem Punkt primär als thomistisch und erasmianisch geprägt anzusehen,
hat die wenigen wirklich historischen Zeugnisse zu diesem Aspekt der Bildungs-
biographie des Reformators eindeutig gegen sich; vgl. unten Kap. VII, Anm. 61.
Die dominikanischen (im Regelfall somit thomistischen) Opponenten der Entscheidung
des Basler Konzils bezeichnet Zwingli sogar ausdrücklich und wenig respektvoll
gegenüber einer andersdenkenden Mariologie als "töricht" (Z I 513, 3–514,2)! Zu
diesem äußeren Quellenbefund hinzu kommt, dass die christologische Funktion der
unangetasteten Virginität bei Zwingli genau den Motiven entspricht, welche die die
Naturen stärker als die Thomisten trennenden Scotisten und Ockhamisten und überhaupt Franziskaner zu ihrer Neubetonung und Neufassung der Mariologie hingeführt hatten – nämlich die Ermöglichung der *vollkommenen* erlösenden Menschennatur
Christi bei deren gleichzeitiger Selbständigkeit gegenüber der ihm so zentral wichtigen Gottnatur. Wenn nun als zentrale Motivation bei Zwingli ebenfalls genau diese
Parallelität figuriert, wieso sollte er dann ausgerechnet von deren theologischen
Opponenten abhängig sein?
    Problematisch wirkt sodann die seinerzeit schon von Köhler erhobene und von
der Forschung seither gleich mehrfach (Gestrich, Zwingli, 59–65; Schneider, Zwinglis
Marienpredigt, 117f.; implizit Hamm, Zwinglis Reformation der Freiheit, 72–82)
widerlegte Behauptung, "glauben" bedeute bei Zwingli den festen, religiös veran-
kerten Gewissheitsvorgang, "vertrauen" hingegen das bloße Fürwahrhalten. Sie wird
(Z I, 427, 7–10 kommentierend) zum Versuch einer Relativierung von Zwinglis
Glauben an die mit der von den Franziskanern favorisierten unbefleckten Empfängnis
historisch in einem inneren Zusammenhang stehende immerwährende Jungfräulichkeit
aufgestellt. Wenn dort aber in aller Pauschalität erklärt wird, "in der Begrifflichkeit
der scholastischen Theologie" werde (offenbar ganz generell) unterschieden zwischen
religiös assertorischem *credere* und einem rein putativ zu verstehenden anderen
"Begriff" – um welchen *lateinischen* Terminus es sich konkret handeln soll, wird
bezeichnenderweise nicht gesagt –, dann ist das nicht zu belegen und kann im
Sprachgebrauch Zwinglis wie auch allgemein der Zeit keinen Anhalt finden. Bei
einem der wichtigen scholastischen Lehrer des 15. Jahrhunderts etwa, Antonius
Syrrectus (vgl. unten Kap. IV, Anm. 96), werden *facere fidem alicui* und *credo* (wie bei
Zwingli an der genannten Stelle *vertruwen* und *glouben*) völlig gleichberechtigt, also
synonym, nebeneinander gestellt. Es ist auch allgemein bekannt, dass *credere* in mit-
tellateinischer Zeit eine primär religiös assertorische Bedeutung im Prinzip gerade
nicht aufweist, wie oft auch bei Zwingli nicht. Das hat schon Gestrich, Zwingli, 63,
erkannt: "Die natürliche Bedeutung von 'credere' ist nach Zwingli 'vermuten' (sic
putare), 'Glauben schenken' (fidem habere)." Wenn man einen Unterschied zwischen den Verben erkennen wollte, dann besäße bei Zwingli generell entgegen der
zu besprechenden Ansicht das Verb *fidere* oder *fiduciare* eine Bedeutung im Sinne des
Heilsglaubens. Im angeführten Zitat werden beide Verben freilich einfach den Sinn
einer traditionellen, unangefochtenen Glaubensüberzeugung besitzen, in humanisti-
scher Manier als Varianten der Formulierung einander abwechselnd. Auch dass

qua; aber er trennt doch innerhalb dieser Via sehr deutlich. Scotismus und Thomismus sind bei weitem nicht immer identisch und insofern spiegelt sich auch hier in der Zwingliforschung die Entwicklung der allgemeinen philosophiegeschichtlichen Forschung ziemlich genau wider, waren doch die späten 1960er Jahre der Anfang vom Ende eines undiversifiziert verwendeten Zweiwegeschemas bei den meisten namhaften Autoren. Eine umfassende, kohärente, tiefgehende theologische Würdigung der scotistischen Denkwege ist Goeters' Aufsatz zwar kaum, wollte es natürlich auch gar nicht sein, aber der methodische Fortschritt entspricht dennoch genau demjenigen des philosophiehistorischen der Zeit: Nur durch konsequentes, hartnäckiges, konkretes Quellenstudium ist bleibende Erkenntnis möglich; nur durch Kombination aller zur Verfügung stehenden Ebenen (edierte und nichtedierte Quellen, Eigen- und Fremdzeugnisse) kann ein Weiterkommen erzielt werden; nur durch Verabschiedung allzu pauschaler Interpretationsschemata ist ein angemessener Blick auf die Quellen möglich. Hierin liegt Goeters bleibende, die Forschung langfristig stimulierende Leistung: Auf die dem gewissenhaften Forscher grundlegend vertraute Notwendigkeit von "Eichhörnchenarbeit, Nuss für Nuss"[64] auch in diesem Teilbereich der Zwingliforschung hinzuweisen.

Zwingli *beiden* von ihm verwendeten Begriffen das Adverb *vestenklich* gleichermaßen voranstellt, weist wohl in die Richtung eines synonymen Gebrauchs und nicht in Richtung einer Unterscheidung, wie a. a. O., 69, behauptet.

Zu der im selben Abschnitt gemachten Behauptung schließlich, "als einem wissenschaftlich geschulten Magister" könne Zwingli "das unsichere", nämlich außerkanonisch-apokryphe, "Fundament, auf dem die Lehre von der Aufnahme Marias in den Himmel erbaut wurde", "nicht unbekannt" [ebd.] gewesen sein, stellt sich – nebst der Tatsache, dass seine Magisterausbildung mit seinen humanistischen Bestrebungen wohl eher indirekt zusammenhängt – die Frage: Hätte der Reformator tatsächlich die Erkenntnis eines schwachen oder nichtexistenten Schriftfundaments für die Aufnahme Mariens in den Himmel gehabt, falls er denn die Himmelfahrt wirklich anzweifelte: Wäre es dann nicht sein erstes Bestreben gewesen, diesen Fund publizistisch so stark wie möglich auszuwerten?

Dass Zwingli zum Zeitpunkt der Marienpredigt nicht mehr mit vorbehaltloser Begeisterung hinter der franziskanischen Mariologie steht, wie Campi gerade in den hier diskutierten Punkten anmerkt, trifft zweifelsohne zu. Genau darum musste er diese im Grunde defensive Predigt ja auch halten. Der Grund dafür liegt aber nach allem, was wir an Quellenhinweisen besitzen, wohl nicht darin, dass er nicht auch in diesem Punkt im Wesentlichen franziskanisch gedacht hätte. Er dürfte eher darin bestehen, dass die subjektive *Bindung* an die Autorität dieser Doktrin zu diesem Zeitpunkt nicht mehr gegeben war. Dass er sie in seiner beginnenden reformatorischen Arbeit darum bei weiterhin bestehender grundsätzlicher Akzeptanz *neu* zu interpretieren begann, legt Campi selber in den eingangs genannten Punkten eindrücklich dar.

[64] Klueting, Johann Friedrich Gerhard Goeters, 21.

Sein Aufsatz ist so von erheblich größerem Gewicht, als sein Umfang
es erahnen lässt.

4. ZWINGLI ALS LEHRER DER *POTESTAS DEI ABSOLUTA*

Die in erster Linie von Oberman mit Courtenay ab den sechziger
Jahren wieder ins Gespräch gebrachte und durch Berndt Hamm von
ihren epochenübergreifenden Aspekten her heller beleuchtete theologische Seite des spätmittelalterlichen Nominalismus, die sich auf
die theologisch grundlegende Lehre von der doppelten Macht Gottes
fokussieren lässt, war für diese beiden Autoren auch eines ihrer theologischen Hauptkriterien zur Interpretation Zwinglis.

1. *Berndt Hamm*

Der Reformationshistoriker Berndt Hamm unternahm im Jubiläumsjahr 1984 als erster seit langem wieder eine Gesamtschau des theologischen Wirkens und Denkens Zwinglis unter dem Titel "Zwinglis
Reformation der Freiheit" – und es versteht sich, dass eine unter
dem Zeichen der freiheitstheologischen Aspekte geschriebene Zwingli-
studie immer wieder sozusagen automatisch auf die scotisch-spätscho-
lastische Bestimmung des kontingenzgetränkten Gottesbegriffes stößt.
"Die bei Zwingli so dominierende Vorstellung von der souveränen,
ungebundenen Freiheit des göttlichen Willens zeigt, wie nachhaltig
er offensichtlich durch seine Scotus-Lektüre beeinflusst worden ist".[65]
Hamm fügt ausdrücklich bei: "Genau an diesem Punkt ist der
Unterschied zwischen Duns Scotus und Thomas besonders gravie-
rend." Vor allem aus diesem Grund betont Hamm die scotischen
Linien bei Zwingli viel stärker als Locher, aber andererseits wiederum schwächer als Goeters. Denn der Nachdruck, den Zwingli auf
die Einheitlichkeit des Wesens Gottes, aber auch die Einheit der
gesamten Weltzusammenhänge in kosmologischem Sinne gelegt hat,
verdankt sich in Hamms Sicht dem "thomistischen" Axiom *in deum
non cadit accidens* und einer tendenziell thomistischen Betonung des

---

[65] Zwinglis Reformation der Freiheit, 134. Die Einzelbelege für diese generell for-
mulierte Behauptung sind Legion. Besonders wertvoll ist der Hinweis 43, Anm. 192:
"Mit seiner Betonung der Ungebundenheit des Geistes und speziell mit seiner
Vorliebe für den Begriff alligare steht Zwingli offensichtlich in der theologischen
Tradition der Franziskanerschule" mit ebenfalls zahlreichen Belegen.

universalen Seinszusammenhanges der einzelnen Teilbereiche der Welt. Denkt man primär an den Eingang des *Commentarius* und auch die von ihm in seiner Jugend gelesenen Texte, dann – eigentlich nur dann – ist dieses Urteil sicher angemessen.[66] Deswegen votiert Hamm letztlich dennoch ebenfalls in Richtung der überkommenen Köhler'schen Sicht der Dinge: "Zwingli wurde durch die Via antiqua eines harmonisierten Thomismus und Skotismus und eindeutig nicht durch die nominalistische Via moderna geprägt" – wobei allerdings beizufügen ist, dass für Hamm diese Begriffe wohl anders gefüllt sind, als sie es für Köhler waren.

Dass Zwingli immer wieder einige Überzeugungskraft daran setzte, Duns Scotus als in einer Linie mit Thomas von Aquin stehend zu setzen oder umgekehrt, ist zweifelsohne wahr. Sozusagen noch wahrer ist aber das Faktum, dass Zwingli durch Duns in einer Weise beeinflusst wurde, die ihn in Konvergenz mit spätscholastisch-ockhamistischem Denken brachte, auch wenn er als Duns-Leser das selber vielleicht nur bedingt bemerkte.[67] Gerade auch die von Hamm betonte Simplizität des Zwinglischen Gottesbegriffs ist der aus dem scotisch-scotistisch-spätscholastischen Denken stammenden Souveränität Gottes systematisch gesehen untergeordnet, die absolute Einheitlichkeit Gottes bildet in sich selber einen konstitutiven Grund für dessen bei Zwingli recht unthomistisch verstandene Alleinwirksamkeit, die alle Ursachenketten sowohl im kosmologischen wie auch im soteriologischen Sinne aufsprengt – und daher auch nur mit großen Vorbehalten aus der Perspektive des Hermelink-Köhler'schen kosmisch-ontologischen Allverbundenheitsgefühls (als Erbe des Thomismus) verstanden werden darf. Hamms wertvoller Hinweis, Zwingli sei den klassisch spätscholastischen "modernen" Schritt von der totalen Freiheit Gottes im Sinne der *potentia dei absoluta* "zur geschichtlich-kreatürlichen Selbstbindung Gottes" im Sinne einer *potentia dei ordinata* eben nicht gegangen, sondern hätte "genuin reformatorisch" "die absolute (durch ihre Güte immer schon eindeutig qualifizierte) Freiheit Gottes offen in ihrer Ungebundenheit gegenüber aller Kreatur"[68] gehalten, ist dem Insistieren auf der *unitas* des Wesens dieses Gottes darum keineswegs wider-, sondern systemorganisch präzise entsprechend.

---

[66] Dass Zwingli das Axiom bekannt war, bezeugt seine Annotation zu Damascenus, De orth. fide I, 18 (s. Anhang 5. 3, S. 785).

[67] Vgl. zum ganzen Abschnitt a. a. O., 134f., den Exkurs V, Zwingli als Theologe der Via antiqua.

[68] A. a. O., 44.

2. *Heiko Augustinus Oberman*

Oberman hat sich kurz nach Hamm über seine Ansichten zur Scholastikrezeption bei Huldrych Zwingli ebenfalls prononciert geäußert:[69]
"I intend to show that Zwingli differed from Luther's approach just
as widely as the via antiqua does from the via moderna."[70] Obwohl
ganz global die unterschiedlichen Mentalitäten anführend, bringt
Oberman doch als Hauptbeleg für die durch die Wegedifferenz
aufklaffenden Abgründe zwischen den beiden deutschsprachigen
Hauptreformatoren ein Zitat aus Zwinglis Jesajakommentar:[71] Bei der
Auslegung der in Jes 42,8 angesprochenen Majestät Gottes kommt
Zwingli auf die Differenz der beiden Naturen Christi zu sprechen
und beschließt den exkursartigen Abschnitt mit der Feststellung: *Ubique
autem esse, intima ac sola numinis est proprietas. Hinc enim dimanat omnipotentia.*[72] In diesen zwei Sätzen sieht Oberman einen unwiderlegbaren
Hinweis auf die Verwurzelung Zwinglis in der Via antiqua; nicht
nur die Existenz Gottes, sondern auch deren Modus würden hier
"bewiesen"[73], denn eine für das Denken der Via antiqua typische
kausal-logische Verbindungskette führe das Argument.

Damit hat Oberman natürlich in der Tat eines der größten Probleme
der Zwinglischen Scotismusrezeption scharf ins Auge gefasst: Seine
zum Determinismus hinneigende Tendenz, metaphysisch zwingende
und theologisch kontingente Argumente zu mischen, die bei Scotus
selber und auch im Scotismus noch viel klarer, zum Teil nachgerade exemplarisch, getrennt wurden. So hebt bekanntlich Duns' Ordinatio in dem berühmten Beweis der Existenz eines aktual Unendlichen
(I, d. 2) Unendlichkeit und Omnipotenz klar voneinander ab: Ersteres

---

[69] Oberman, *Via antiqua* and *Via moderna*.

[70] A. a. O., 11. Zu diesem Votum und zum ganzen hier diskutierten Aufsatz
passt, was Hamm, Nekrolog, 833, gegen Ende seines Nachrufs auf den überragenden Gelehrten kurz anmerkt: "Heiko A. Oberman liebte die zuspitzende, provozie-
rende und bewußt einseitig gewichtende Darstellung. Sie beruhte immer auf intensivem
Quellenstudium, auf dem Bemühen, den Quellen 'ihren eigenen Ton abzulauschen'.
Doch war er ein so ideenreicher, origineller und existentiell engagierter Kirchenhistoriker, daß er die Quellen stets auch in hohem Maße seiner vergangenheitskon-
stituierenden Imagination dienstbar machte. Dies führte dazu, daß seine Thesen
einerseits die Forschung inspirierten, öffneten und wesentlich veränderten, andererseits aber auch sehr angreifbar machten, zum Widerspuch reizten, und so eine
Forschungsenergie freisetzten [. . .]."

[71] A. a. O., 18. Z XIV, 337, 1–15: 9–11.

[72] Z XIV, 337, 9–11.

[73] A. a. O., 18: "proven"!

ist Gegenstand metaphysischer Spekulation; Letzteres Inhalt theologischer Tradition. Dass das scotistische Verständnis von Allmacht Kontingenz nicht aus-, sondern gerade einschließt, bringt etwa Brulefer gerade auch in den von Zwingli gelesenen Passagen seines ersten Reportatiobuches prägnant zum Ausdruck: *Necessarium igitur simpliciter non est obiectum omnipotentie: et hoc secundum omnes theologos*!

Trotzdem liegen die Dinge komplizierter als von Oberman in diesem Aufsatz insinuiert. Die Katene ontologischer Nezessität, die er im angeblichen Aufstieg von kontingenten (*"potentia ordinata"*) zu notwendigen (*"potentia absoluta"*)[74] Sachverhalten und Entitäten in Zwinglis Jesajaauslegung beobachtet haben will, führt ja faktisch nirgendwo in irgend einer Weise über Gott hinaus; Zwingli beginnt mit dem Gedanken, dass Gott und Kreatur getrennt seien und variiert ihn dann in einigen Sätzen, ohne ein inhaltlich neues Argument zuzufügen.[75] Es gibt für Zwingli hier keinen Weg vom Unendlichen zum Endlichen und noch weniger einen umgekehrten, auch keinen logischen oder rhetorischen. Darum ist es jedenfalls nicht an diesem Beispiel zu verifizieren, wenn Oberman fortfährt: "The chain of argumentation leads from conclusion to conclusion – with the typical logical bridges 'necesse est,' 'ergo,' 'hinc enim,' and 'non potest' – thus passing over the demarcation line from the potentia ordinata to the potentia absoluta. This can be undertaken by Zwingli because for him there is no such demarcation line at all."[76]

Zwar ist auch hier Oberman durchaus zuzustimmen, wenn er darauf beharrt, dass es bei Zwingli keine eigentliche Unterscheidung zwischen der absoluten und der festgelegten Macht Gottes gibt, und auch darin, dass dementsprechend kein *passing over* einer solchen Unterscheidung bei ihm vorkommt. Aber ganz genau darum gibt es bei Zwingli nicht nur keine Kausalkette vom Endlichen zum Unendlichen, sondern jedenfalls an dieser Stelle auch umgekehrt keine von der Ersturache zu den Zweitursachen, von Gott zur Kreatur. Es

---

[74] Ebd. Oberman stellt zuerst fest, Zwingli gehe im Kommentar zu Jes. 42 von der Essenz Gottes zu deren Konsequenzen, also vom unwandelbaren Wesen zu seinen im Prinzip wandelbaren Handlungen. Darauf aber er sagt er, Zwingli überschreite in seinem Kommentar die Demarkationslinie von der ordinierten zur aboluten Macht Gottes – also in der umgekehrten Richtung.

[75] Äußerlich ist sein Verfahren vielleicht vergleichbar den oft ebenfalls in redundanter Weise um einen einzigen Gedanken kreisenden "Kausalketten" der johanneischen Schriften des Neuen Testaments.

[76] Ebd.

gibt lediglich eine Ausfächerung des einen Satzes, dass das Wesen
Gottes unendlich, allgegenwärtig, mit dem Endlichen nicht zu vermischen ist: Die Unendlichkeit Gottes stellt ihn in eine grundsätzliche Improportionalität zur Kreatur. Dass das keine nominalistische
Argumentation darstellt – und hierin dürfte die eigentliche Stossrichtung
von Obermans Argumentation bestehen –, ist klar zu konzedieren,
und dass sie keine *pur sang* scotistische Denkweise reflektiert, drängt
sich ebenfalls auf. Dennoch ist sie ebenso klar keine typische Denkfigur
in der Normallinie des 13. Jahrhunderts, indem aus dem Verbot
eines *regressus in infinitum* auf eine erste Ursache oder Bewirkendes
rückgeschlossen würde. Dieses ist vielmehr *von Anfang an* gesetzt – und
zwar, um es so zu formulieren, mitsamt seinen nur *jenseits* dieses
Regressverbots denkbaren Attributen. Das ist gerade bei der Omni-
präsenz eigentlich auch schwer anders denkbar, denn wie sollte gerade
sie aus kontingenten Sachverhalten zu deduzieren sein?

Das wiederum heißt, dass just jene Definition, die Oberman –
wenige Seiten zuvor! – von den Kritikpunkten der Via moderna an
der Via antiqua gibt, weitgehend auf sein hier zur Debatte stehendes Zwinglizitat zutrifft: "If God is no longer tied to creation by
'deterministic' causation but related to it by volition, that is, by his
personal decision, then all metaphysical arguments based on necessary causal links – as indeed typical of the cosmology of Aristotle
and the Via antiqua of Aquinas – lose their cogency, if not their
credibility." Die voluntaristischen Aspekte dieses Sachverhalts treten
im hier interessierenden Jesajakommentar zwar weniger zu Tage als
bei anderen Spätschriften.[77] Umso deutlicher wird dafür der andere,
entscheidend wichtige und eindeutig nicht mehr dem via-antiqua-
Denken im traditionellen Sinne zuzuordnende Sachverhalt: "[. . .]
There does not exist a metaphysically necessary ladder along which
the first cause has to 'connect with' the second cause."[78]

Diese gewisse Inkonsistenz der Argumentation mag damit zusammenhängen, dass Oberman die sonst von ihm natürlich durchaus
erkannte Janusgesichtigkeit der scotischen Theologie hier nicht eigens
zur Sprache bringt. Bei seiner mehr faktengeschichtlich ausgerichteten Einführung in die Wegefrage betont Oberman, dem allgemeinen Duktus der (von ihm ja selber ja maßgeblich mitinitiierten!)

---

[77] S. dazu unten VIII. 2. 1.
[78] A. a. O., 9.

neueren Wegestreitforschung entsprechend, zwar durchaus, die Via moderna trete an den deutschen Universitäten vielgestaltig auf.[79] Dass die Via antiqua mindestens ebenso viele und unterschiedliche Unterfraktionen aufwies, erwähnt er hingegen nicht. Duns Scotus gehört vielmehr für ihn mehr oder minder diskussionslos zur Via moderna, weil er die für Oberman zur Wegedifferenzierung (fast allein) grundlegende Unterscheidung zwischen absoluter und festgelegter Macht Gottes schon deutlich kenne.[80] Wäre Oberman bekannt geworden, dass das von ihm angeführte Zitat aus der Jesajaerklärung Zwinglis sich mit einiger Wahrscheinlichkeit auf dessen Lektüre von Duns' Ord. I, d. 3,[81] und generell seiner Kenntnis der Doktrin der *modi intrinseci* zurückführt, wäre er mit seinem so kategorisch ausgefallenen Urteil über die Einordnung Zwinglis zur Via antiqua vielleicht vorsichtiger verfahren – vermutlich etwa so, wie er Calvin in der Frage nach der göttlichen Macht einordnete: Als Scotist, so schreibt Oberman um Differenzierung bemüht, stehe Calvin letztlich *zwischen* der Via antiqua Zwinglis und der Via moderna Luthers auf einem "middle ground".[82] In gewissem Sinne muss das auch für Zwingli reklamiert werden.[83]

---

[79] A. a. O., 5f.: "*Via moderna* became a school not to be identified with just the one name of Ockham but associated with a whole range of 'school leaders'. [. . .] With the large number of school authorities goes a variety of ways to describe the chief tenets of the Via moderna."

[80] A. a. O., 8.

[81] W. q. 2, n. 17; V. p. 1 q. 1–2, n. 58. Zur Lehre der intrinsischen Modalitäten und ihrer Verflochtenheit mit der Unendlichkeitsmetaphysik s. unten S. 136.

[82] A. a. O., 20f.

[83] Dass Oberman in der Viae-Frage die pointierte Zuspitzung in geradezu absolutem Sinne betrieb, meint in einem ohne Belege verfassten Nachruf Brady, In memoriam Heiko Augustinus Oberman, 436f.: "How [. . .] could the spiritual bifurcation of Christian Europe have begun? Oberman found one central clue to this problem in his exposition of the two main scholastic traditions, the 'via antiqua' and the 'via moderna' or more simply, 'realism' and 'nominalism'. The conflicts between them, he came to believe, initiated a struggle that marked all of subsequent European thought and history: Thomas Aquinas, the German idealists, and modern German (Protestant) nationalist theology on one side; the neo-Augustinian forerunners, Luther, Copernicus, and Kierkegaard on the other. However odd it may seem, this configuration expressed Oberman's conviction that a titanic struggle, which began in the fourteenth century and broke surface with Luther, had shaped all subsequent European history. Peter Blickle has written that Oberman 'viewed the modern age from the standpoint of the Middle Ages. [sic]' That ist not incorrect, though it would be more accurate to say that he saw in the late Middle Ages a battle of ideas – nominalism versus realism – which prefigured both the sixteenth-century struggle between the Protestant Reformation and the Catholic Counter-Reformation and the key conflicts of modern Europe."

3. *Walter Ernst Meyer*

Einen noch deutlicheren Akzent auf den vor allem im späteren Werk
Zwinglis zu erkennenden scotischen Voluntarismus und dessen anti-
thomistische Spitzen als Hamm legt Walter Ernst Meyer in seiner
in den 1980er Jahren entstandenen Arbeit über "Huldrych Zwinglis
Eschatologie". Bei der Erörterung des "eschatologischen Hintergrundes"[84] der in Meyers Sicht durch und durch eschatologisch konzipierten Theologie des Reformators betont er insbesondere, dass
Zwingli nicht von einem rein kontemplativen Zugang zur ewigen
Seligkeit ausging, wie es dem Thomismus entsprochen hätte. "Das
bei Zwingli so ausgeprägte Streben zum eschatologischen Gottesgewinn
hin, welches darin besonders deutlich wird, dass ihm die Möglichkeit
des Abirrens vom Weg und des Sich-Verlierens an diese Welt so
scharf kontrastiert, hat seinen Ursprung sicher nicht in der kausalen
Betrachtung theoretischen Erkennens und entsprechend in der kontemplativen eschatologischen Ausrichtung des Thomas (was wohl auf
Erasmus zutrifft), sondern in der final orientierten Erkenntnistheorie
des Duns Scotus, welche Gott erkennt 'unter dem Gesichtspunkt des
ultimus finis'.[85] [. . .] Nur in dieser scotistischen Ausprägung konnte
das umfassende eschatologische Schema der Via antiqua später auch
den Rahmen abgeben für Zwinglis eschatologische Ausgangsfrage".[86]

---

[84] Vgl. a. a. O., 97.

[85] Wie recht Meyer mit genau dieser Vermutung haben sollte, belegt Zwinglis
Annotierung von Duns' Ord. I, d. 1, W. q. 2, a. 1; V. p. 1, q. 2, a. 1; siehe unten
Anh. 1. 2. Auch im weiteren thematischen Umfeld sind zahlreiche Glossen zum
scotischen Voluntarismus sowohl in seiner theologischen wie auch anthropologischen
Dimension zu finden, etwa zu Ord. Prol. und Ord. I, d. 1, W. q. 2; V. p. 1, q. 2.

[86] A. a. O., 62f. In seiner Einordnung Zwinglis als eines Scotisten kommt Meyer
vor allem auf die Zwinglische Sündenauffassung, die Rede von dem über dem
Gesetz stehenden Gott der Providenzschrift sowie die dort vorgenommene Hintan-
setzung von Sapienz und Präszienz Gottes in der Prädestinationsfrage zu sprechen,
um schließlich festzustellen: "Der in den Eingangskapiteln derselben Schrift stark
von Thomas her argumentierende Realist und Ontologe Zwingli wendet sich in der
Providenzlehre gegen den geistigen Vater der Via antiqua und betont den Primat
des Willens!" (a. a. O., Anm. 82, 308f., vgl. auch die Anm. 40. 80f. 83–87 sowie
die Seiten 60–765. 118–123). Sicherlich schüttet Meyer mit dieser Einschätzung in
gewisser Hinsicht das Kind mit dem Bade aus, denn Duns Scotus ist natürlich
ebenso sehr oder stärker als Thomas von Aquin dem ontologischen Realismus
verpflichtet, worin ja auch der Grund liegt, weshalb er so oft diskussionslos der *Via
antiqua* zugeordnet wurde. Aber es ist wertvoll, dass Meyer die vielen Verbindungslinien,
die von Duns Scotus nicht in die Zeit *vor* ihm, sondern in die Zeit *nach* ihm weisen, in aller Deutlichkeit zur Sprache bringt; keiner vor ihm, außer vielleicht Pollet,
hat das mit solchem Nachdruck getan. So gibt Meyer etwa auch eine aufschluss-

Es mag angesichts dieser Beobachtungen auf den ersten Blick erstaunen, wenn Meyer in seiner Grundeinschätzung der geistigen Herkunft Zwinglis dann letztlich doch wieder schreibt: "Ein fundamentales katholisches Denkschema blieb bei ihm (mit seiner Eschatologie des Ziels und des Wegs) auch für seine reformatorische Theologie bleibend in Kraft. So betrachtet ist er der Reformator innerhalb der hochscholastischen Denktradition. [. . .] Tatsächlich ist Luthers reformatorische Wende kaum denkbar ohne die nominalistische Auflösung hochmittelalterlichen Denkens (Via moderna); Zwinglis eschatologische Ausgangsfrage aber nur im Bereich eines noch relativ intakten Thomismus (Via antiqua)".[87] Dass Meyer trotz seiner in vielen Detailfragen massiven Relativierung der These von der Verankerung Zwinglis in einer thomistischen Via bei Zwingli zugunsten der scotischen Züge (bis hin zur allerdings völlig unbelegten und in dieser Schärfe fragwürdigen Behauptung, Zwingli habe sich schon in Basel "mit dem Scotismus der via moderna auseinander gesetzt")[88] grundsätzlich an der "hochscholastischen Denktradition" des Reformators festhalten will, mutet – von einem gewissen Cliché der Auflösung der Scholastik durch die Via moderna einmal abgesehen – widersprüchlich an. Sie hängt aber vermutlich damit zusammen, dass er eine Radikalisierung des ontologischen Grundkonzepts[89] Zwinglischer Theologie – von der anfänglich rezipierten thomistischen Lehre exklusiv göttlicher Herkunft allen Seins hin zum reformatorischen "Gegensatz des endlichen Seins der Kreatur zum unendlichen des Schöpfers" – *ausschließlich* als durch reformatorische Impulse bedingt und initiiert betrachtet.[90] Das ist zweifellos zutreffend

---

reiche und originelle Beobachtung zur Frage der unterschiedlichen theologischen Sicht der Sakramente in der Hoch- und Frühscholastik aus dem *Apologeticus Archeteles*. Die dort zu findende Differenzierung Zwinglis interpretiert Meyer, a. a. O., 22, dazu Anm. 40, folgendermaßen: "Zwingli hat hier deutlich die beiden scholastischen Schulen vor Augen: die Via antiqua mit ihrem streng ontologisch begründeten Sakramentalismus und die Via moderna, welche in der Nachfolge des Duns Scotus die Verdienstlichkeit der guten Werke dem Umstand zuschreibt, dass Gott sie in seiner willentlichen Nachsicht als verdienstlich anordnet und akzeptiert."

[87] A. a. O., 64f.

[88] A. a. O., 308, Anm. 82.

[89] Für die Frühzeit Zwinglis a. a. O., 118–122, dargestellt.

[90] Vgl. etwa a. a. O., 120: "Die Radikalisierung des Gegensatzes von Schöpfer und Geschöpf aber ist verankert in Zwinglis Erfahrung seines eschatologischen Ungenügens, der seinsmäßig totalen Infragestellung im Rahmen seiner eschatologischen Ausgangsfrage nach dem rechten Weg zur Seligkeit; und hier liegt auch ein wesentlicher Ansatz seines reformatorischen Offenbarungs- und Glaubensverständnisses. Zwingli wusste sich schon rein von seiner kreatürlichen Beschränktheit und

für das letzte Stadium dieser Radikalisierung, für das Meyer die präg-
nante Formulierung gefunden hat: "Reformatorisch wird [. . .] das
scholastische und mystische Verständnis von Schöpfer und Geschöpf
zum Gegensatz von Gott und den Götzen [. . .]".[91] Es trifft aber keineswegs zu, wenn Meyer pauschal behauptet: "Im Grunde genommen machte Zwingli nur ganz ernst mit dem Aquinaten, ernster als
dieser sich im wohlausgewogenen Gedankengebäude seiner Theologie
verstehen konnte: der radikalisierte ontologische Gegensatz zwischen
Schöpfer und Geschöpf spiegelt jetzt Zwinglis reformatorischen Ansatz
wieder [!] [. . .]".[92] Denn nicht erst Zwingli machte bezüglich einer
ontologischen Verabständigung Gottes von der Welt mit dem Aquinaten
ernster als der mit sich selber, sondern vor ihm wesentlich Duns
mit seinem enormen Gewicht auf dem Infinitätsbegriff – der bei
Meyer in diesem Argumentationszusammenhang ja auch stets wieder aufzutauchen pflegt – für seine Gotteslehre und die mit dieser
verbundenen Fragen. Es existiert eine schon innerscholastische Radi-
kalisierungstendenz, die mit Duns Scotus beginnt, mit der noch schärferen Betonung des Willens Gottes bei Ockham ihre Fortsetzung, bei
den Reformatoren ihre Vollendung findet. Wohl weil Meyer diese
Traditionslinie im Ausgang von Scotus wenig akzentuiert, verortet
er dessen metaphysisches Grundkonzept als einfach rezipierten oder
konsequent radikalisierten Thomismus und kommt so zu seiner
Einschätzung der intellektuellen Bezüge Zwinglis als hochmittelalter-
lich. Es zeigt sich hier bei Meyer also dasselbe Phänomen wie in
dem oben besprochenen Aufsatz von Oberman: Beide Autoren ordnen Duns Scotus bedenkenlos der Via moderna zu. Dabei schwei-
gen sich beide darüber aus, dass die bei Zwingli schlechthin konstitutive
Infinitätsproblematik scotische Wurzeln hat, mithin nach dem den
Autoren eigenen Periodisierungsschema also auch die ontologischen

---

Vergänglichkeit außerstande, das letzte Ziel aus eigener Kraft zu erreichen: als endliches Geschöpf sah er sich ganz und gar auf den unendlichen Gott und seine selig-
machende Kraft (im Wort des Evangeliums) angewiesen."

[91] A. a. O., 120. Die Arbeit Meyers ist, weit über dieses glänzende Zitat hinaus,
als ganze von Wert in der Betonung dessen, dass die für Zwingli typische Kluft zwischen dem Endlichen und dem Unendlichen *insgesamt* eine dynamische Asymmetrie
aufweist, dass also nicht beide Extreme dieser Relation gleichwertig und gleichge-
wichtig zu sehen sind. Sie überwindet damit ein allzu lange vorherrschendes und
bisher stets nur im Blick auf die Ethik durchbrochenes Bild einer statischen Kluft
zwischen Gott und Mensch beim Zürcher Reformator auch auf theologischer Ebene:
Nicht erst Calvin ist ein "Theologe der Diagonalen"!

[92] Ebd.

Grundpositionen Zwinglis einen, so gesprochen, modernen Charakter aufweisen müssten. Selbst wer wie Oberman und Meyer dem Wege-schema die Treue halten wollte, dürfte also nicht mit ihnen den Franziskaner selber dem einen, seine bei Zwingli ebenfalls wieder vorfindlichen Gedankenelemente dem anderen Weg zuweisen.

4. James M. Stayer

Hamm und Oberman sehen beide die "steile" Prädestinationslehre Zwinglis, also die Absolutheit seiner Allmachtslehre, die – zumindest scheinbar – durch keinen Gedanken einer Selbstordination Gottes eingeschränkt wird, als Beweis für die Zugehörigkeit Zwinglis zur Via antiqua an, die in ihrer Verbundenheit mit der früheren Hoch-scholastik die Unterscheidung zwischen den beiden Formen der Gottesmacht noch nicht besonders hervorgehoben hätte. Hier bietet Stayer in einer 1984er-Jubiläumspublikation einen neuen Vorschlag.[93] Seiner Meinung nach müssen zwei der in der Literatur immer wie-der genannten Hauptkriterien für die reformatorische Wende Zwinglis, nämlich Exklusivität der Schrift und Vorordnung der Prädestina-tion vor die Providenz Gottes, nicht als Übergang von der humani-stischen zur reformatorischen Phase Zwinglis verstanden werden, sondern als Übergang von einer scholastischen zu einer vermehrt humanistischen Ausrichtung, wie es auch die bekannten Zwinglischen Selbstaussagen bezeugten.[94] Für die Prädestinationslehre bringt er zusätzlich das plausibel wirkende Argument, dass eine theologische Balance zwischen dem Anteil des menschlichen Willens und demje-nigen Gottes in der Prädestinationsfrage eine Vorliebe der Scholastik gewesen sei, aber nicht des Humanismus, deswegen lasse sich eine Abwendung Zwinglis von diesem Balance-Denken problemlos seiner wachsenden Erasmusbegeisterung zuordnen. Noch einleuchtender wäre die Stayer'sche These, wenn sie auch die Einflüsse der spät-scholastischen Schriftlehre, vor allem der Franziskaner, und erst recht der Omnipotenz- und Voluntarismusdoktrinen berücksichtigen würde, die hier wohl schwerlich außer Acht gelassen werden dürfen. Doch der Grundgedanke ist wertvoll: Die Zwinglische Omnipotenz- und

---

[93] Stayer, Zwingli and the 'viri multi et excellentes'. The Christian Renaissance's Repudiation of *neoterici* and the Beginnings of Reformed Protestantism. Auch Stayer referiert die ganzen Hermelink-Köhler'schen Thesen als "historische" Grundlage zum Aufbau seiner Thesen.

[94] A. a. O., 147.

Prädestinationslehre ist sowohl biographisch wie auch sachlich ein Schritt über früh- und zum Teil auch über hochscholastische Ansichten hinaus, nicht ein durch eine (in unhistorischer Einseitigkeit aufgefasste) Via antiqua initiierter Sprung zu thomistisch-hochscholastischen Grundsätzen zurück.

5. *Paul Helm*

Dies hat, auf seine Weise, kürzlich (1994) auch ein anderer Autor vermerkt. In seinem Aufsatz "Calvin (and Zwingli) on divine Providence" referiert Paul Helm über die berühmte Schrift gegen Pighius und betont dabei besonders Calvins häufigen Gebrauch klassisch scholastischer Distinktionen (*prima causa – causae secundae; necessitas consequentis – necessitas consequentiae* u. a. m.), die Zwingli seinerseits in seiner Providenzschrift nicht mehr habe zur Anwendung bringen wollen. Zwingli dient dabei als Negativfolie, vor der Calvin zum Leuchten kommen sollte. Zwingli gehe aus von einer absoluten göttlichen Suprematie, die alle Zweitursachen ausschalte, aber auch die eine Primärursache selber als über jeder *lex* stehend deklariere. Dabei greife Zwingli *ausschließlich* auf antike Autoren wie Plato und Pythagoras zurück; *alle* scholastischen Differenzierungen und Abstufungen fehlten gänzlich. Natürlich zeigt Helm mit dieser Studie nicht nur eine oberflächliche Lektüre der Zwinglischen Providenzschrift, sondern auch nicht sonderlich große Vertrautheit mit führenden spätmittelalterlichen Theologen: Die Erkenntnis *nulla causa secunda propria causa alicuius effectus* (Pierre d'Ailly) gehört zu den elementaren Konsequenzen jener überragenden Vorrangigkeit, die man der göttlichen Kausalität in scotisch-ockhamistischem Denken zugestand.[95] Doch indem er Zwingli als völlig jenseits der Scholastik argumentierend einschätzt, zeigt der die historischen Fakten ignorierende Religionsphilosoph Helm zumindest indirekt auch, dass der späte Zwingli dem klassischen, hochscholastischen kosmologisch-theologischen Einheitsgefühl nicht mehr einzuordnen ist.

---

[95] Swiezawski, Histoire de la philosophie européenne au XVe siècle, Paris 1990, 214 f.: "D'après les nominalistes, c'est à Dieu seul qu'appartient la puissance de causalité; et on fait ainsi disparaître l'importance des Causes secondes (*causae secundae*). Pierre d'Ailly était persuadé qu'en limitant l'action de la causalité à la seule cause première on soulignait ainsi la puissance et la grandeur de Dieu: 'Aucune cause seconde n'est la véritable cause d'un effet quelconque' (*'Nulla causa secunda est propria causa alicujus effectus'*)." *Causas secundas iniuria causas vocari* lautet wohl kaum zufälligerweise Zwinglis Überschrift zum dritten Kapitel der Providenzschrift.

5. Konklusionen

1. *Scholastik- und Zwingliforschung im diachronen Vergleich*

Die allgemeine Geschichte des Wegestreitparadigmas in seiner neu-zeitlich-philosophiegeschichtlichen Form einerseits und die Entwicklung der Forschung in der Frage der Scholastikrezeption bei Zwingli ande-rerseits weisen deutliche Gemeinsamkeiten auf: Beide lassen sich in ihrem historischen Fortschreiten in drei sowohl zeitlich als auch inhalt-lich mehr oder minder parallel laufende Etappen aufgliedern:

1) Der Münchner Philosophiehistoriker Carl Prantl stellt als erster moderner Autor die Wegestreitthematik in seiner "Geschichte der Logik im Abendlande" 1870 in umfassender Weise dar. Er sieht eine Differenz hauptsächlich in der logischen Methode zwischen dem Terminismus der (noch gänzlich epochenübergreifend so verstande-nen) *moderni* einerseits und der alten Logik der *antiqui* andererseits, nicht aber in der seit Aventin an der eigentlichen Universalientheorie festgemachten wissenssoziologischen Unterscheidung zwischen *reales* und *nominales*, die er bekämpft und damit auch die Nomenklatur in Bezug auf die Vertreter der beiden Viae für lange Zeit prägen wird: Einer Via moderna kommt eine Via antiqua gegenüberzustehen.

Dieses Prantl'sche Schema wird übernommen und zu Beginn des 20. Jahrhunderts (1906) zu einer imaginären, weil allzu scharfen und undifferenzierten Unterscheidung in Real- und Sermozinalwissenschaften ausgebaut von Heinrich Hermelink in seiner Studie zur "Tübinger theologischen Fakultät vor der Reformation". Die personellen und ideologischen Verbindungen der unter anderem auch Grammatik als Realwissenschaft betreibenden *antiqui* mit dem Humanismus werden dabei übermäßig im Sinne einer exklusiven Verbindungslinie betont. Ebenso vereinnahmt Hermelink den faktisch von beiden großen Viae für sich beanspruchten oder auch als Haupt einer eigenen Via Scoti verehrten Franziskanertheologen Johannes Duns Scotus einseitig für die Via antiqua und wird dadurch wegweisend für weite Strecken der Zwingliforschung.

Nach leider wenig beachteten Ausführungen Reinhold Seebergs zum mittelalterlichen Hintergrund der reformatorischen Grundgedanken Zwinglis im Jahre 1889 finden wir den ersten neuzeitlichen Reforma-tionshistoriker, der sich mit der Frage nach dem Ausmaß und Inhalt einer durch Huldrych Zwingli erfolgten Rezeption scholastischer Autoren und Gedanken beschäftigt, in dem spätliberalen Positionen verpflichteten und außerordentlich einflussreichen Gießener, Zürcher und Heidelberger Ordinarius Walther Köhler. Er bringt ein großes Interesse mit am Bild eines humanistisch der Antike zugewandten Reformators und übernimmt deshalb seit dem Jubiläumsjahr 1919 bereitwillig und völlig unkritisch die Hermelink'schen Hauptthesen, womit er natürlich auch die scotisch-scotistischen Einflüsse auf Zwingli einseitig der Via antiqua zuordnet. Wie schon Hermelink erkennt auch er nicht, dass *antiqui* durchaus mit terministischer Logik vertraut sein konnten. Er zeichnet deshalb speziell auch in diesem Punkt ein schiefes Bild von Zwinglis Ausbildungsverhältnissen. Die fragwürdige Ansicht, wonach Zwingli innerhalb der Scholastik mit den Ausdrücken *neoterici* und *veteres* zwischen Spätscholastikern und Vertretern einer Via antiqua habe differenzieren wollen (als wären letztere nicht auch Spätscholastiker gewesen), pflanzt sich so von Köhler im Anschluss an Hermelink in die Zwingliforschung hinein fort.

2) Das Prantl-Hermelink'sche Bild des Wegestreites wird maßgeblich korrigiert durch den Historiker Gerhard Ritter, der in den 1920er Jahren in drei Vorstudien zu seiner Heidelberger Universitätsgeschichte zum Schluss kommt, die Hauptdifferenz zwischen den Wegen beruhe doch eher in Erkenntnistheorie und Universalienproblematik, was die Unterschiede in Lehrstoff und Lehrmethode erheblich relativiere und sie mehr auf eine wissenschaftstheoretische Grundebene, nämlich auf die Frage nach der richtigen Weise von Erkenntnis überhaupt, verlagere: Die *antiqui* möchten unvermittelten Erkenntniszugang zu den *res*, die *moderni* hingegen erarbeiten sich konzeptualistisch orientiert auf terministisch-suppositionslogischer Basis allererst die Grundlagen zur Erkenntnis der Dinge. Diese Interpretationslinie wird anschließend – *grosso modo* – durch wichtige Forscher wie Konstanty Michalski und Anton Weiler bis in die 1960er Jahre weiter vertreten und ausgebaut.

Eine direkte Übernahme der Ritter'schen Ansichten durch die Zwingliforschung ist kaum zu erkennen. Parallelen mehr formaler Art gibt es aber ohne Zweifel auch in diesem mittleren Forschungsabschnitt: Auch hier ist bald zu spüren, dass das Prantl-Hermelink'sche Schema nur sehr bedingt genügen kann. Dies erweist sich auf der einen Seite darin, dass die Forschung in Persönlichkeiten wie derjenigen Oskar Farners, Jacques-Vincent Pollets (und peripher selbst Gottfried W. Lochers) auf unverkennbare Spuren einer Mentalität der immer noch so bezeichneten Via moderna bei Zwingli, etwa auf

Kenntnisse der terministischen Logik oder ockhamistischer Schriften, hinweist und somit die Relevanz des Wegeschemas wo nicht direkt aufhebt, so doch relativiert. Auf der anderen Seite stellt sich, vor allem durch die sorgfältige Kommentierung der Werke Zwinglis durch Fritz Blanke, aber ansatzweise auch durch die dogmengeschichtliche Erstlingsarbeit Lochers und dann vor allem durch einen wichtigen Programmaufsatz von Gerhard Goeters, deutlich heraus, dass konkrete und präzise Aussagen zur Scholastikrezeption bei Zwingli nur abseits großräumiger nomenklatorischer Pauschalwertungen in streng an den einzelnen Quellen orientierter Interpretationsarbeit erreicht werden können. Vor allem im Hinblick auf die radikale Subsistenzchristologie Zwinglis sind dabei wertvolle Anfänge von Blanke und Locher bereits gemacht worden.

3) Seit den 1960er Jahren ist in der Wegestreitforschung eine deutliche Tendenz zur möglichst präzisen und differenzierten Wiedergabe der Unterschiede der beiden Haupt- und ihrer mancherlei Neben-Wege zu beobachten. Im Bezug auf die Via moderna und deren Fraktionen geschah das durch das Wirken Heiko Augustinus Obermans, der mit publizistischem Geschick das Interesse einer breiteren wissenschaftlichen Öffentlichkeit wieder auf die spezifisch theologischen Aspekte spätscholastischen Denkens hinlenkte, innerhalb derer er wiederum in besonderer Weise die Lehre von der doppelten Macht Gottes herausstrich. Dadurch rückte eine wichtige, aber von der vornehmlich philosophiegeschichtlich ausgerichteten Forschung oftmals vernachlässigte inhaltliche Komponente wieder neu ins Blickfeld. Kontinuitäten, aber vielleicht noch mehr auch Brüche primär innerhalb des großen Feldes der Via moderna wurden dadurch in einer Weise sichtbar, die dia-, aber auch synchronisch großflächig arbeitende Einordnungsversuche von Texten oder Autoren zunehmend als suspekt erscheinen ließ.

Für das Gebiet der sog. Via antiqua wurde entsprechende Arbeit primär von katholischen, thomistischen oder jesuitischen, Autoren geleistet. Vor allem der polnische Mediävist Stefan Swiezawski wies mit glaubwürdigem Nachdruck auf die elementare Tatsache, dass die Versuche des 15. Jahrhunderts zur erneuten Verbreitung älterer Lehrmeinungen wie auch zur Popularisierung älterer Lehrer sich nicht einfach in schlicht reproduzierenden Repristinationen erschöpften, sondern selbstverständlich Modifikationen, Akkommodationen, Umstrukturierungen und Mixturen aller Art mit sich führen mussten. Als geistiges und politisches Zentrum einer Via antiqua lässt sich zwar vielleicht eine durch Nicolaus V. initiierte päpstliche Kampagne zur geistigen Erneuerung der akademischen Zentren im Sinne eines "christlichen Aristotelismus" erkennen, wie auch die Forschungen des Jesuiten O'Malley ergeben haben. Doch trifft dies, so Swiezawski, nur auf den südwestdeutschen Raum und nur für eine kaum mehr als ein halbes Jahrhundert umfassende Zeitspanne zu. Ebenso konnte die inhaltliche Einheit dieser Bewegung durch das grundlegende Programm einer christlichen Aristotelesinterpretation nur notdürftig gewährleistet werden, weswegen immer wieder Spannungen zwischen Albertisten und Thomisten einerseits, Thomisten und Scotisten anderseits sich störend bemerkbar machten – wie denn überhaupt die Scotisten sich nur in gewissen Teilen und Vertretern der Via antiqua zuzählen wollten und nicht selten umgekehrt als *moderni* figurierten.

Die in ihren Interessen mehr der Via moderna zugewandten Autoren Oberman und Hamm tendieren in neueren Publikationen beide dazu, Zwingli aufgrund des Nichtvorkommens der von ihnen als konstitutiv für die spätscholastische Theologie erachteten Konzepte einer expliziten Selbstbindung Gottes im Umkehrschluss der Via antiqua zuzuordnen, wenn auch der sorgfältiger arbeitende Hamm breite Linien scotisch-spätscholastischen Voluntarismus' bei Zwingli feststellt, wie übrigens überraschenderweise auch der späte Locher. Alle drei Autoren betonen stark die als thomistisch eingeschätzte Einheitlichkeit und die als metaphysisch in allgemeinem Sinne betrachtete Erhabenheit und Alleinwirksamkeit des Zwinglischen Gottes. Sie arbeiten aber merkwürdig wenig heraus, dass die einem thomistischen Gottesbild konstitutiv zugehörigen Vermittlungsfiguren zur metaphysisch niedererstehenden Welt bei Zwingli fast stets fehlen, sodass die charakteristische Simplizität des Wesens Gottes eher als Bedingung der Möglichkeit des Zwinglischen Voluntarismus gesehen werden muss: Gott ist in sich eins, also auch sein Wille. Jede Vermittlungsontologie zwischen Gott und Welt mittels der hochscholastischen Volte über die Zweitursachen ist daher ausgeschlossen.

Auf dieses Phänomen scheinen auf je unterschiedliche Weise auch Autoren angelsächsischer Herkunft aufmerksam: Stayer, indem er die Radikalisierung der Providenzlehre und damit auch des Gottesbildes, ja letztlich der gesamten Theologie Zwinglis als Schritt über die Scholastik hinaus zu humanistischen Ansichten ansehen will; Helm, indem er bei einem Vergleich der Calvin'schen mit der Zwinglischen Providenzlehre das Fehlen thomistisch-metaphysischer Vermittlungsfiguren realisiert und deswegen den Schöpfer letzterer für gänzlich mit scholastischer Theologie unvertraut hält. Entbehren auch beide Ansichten letztlich tieferer Plausibilität, weisen sie doch darauf hin, dass das Gottesbild des Zürcher Reformators mit einer "klassischen" thomistischen, scholastischen Lehrposition nur schwer zu vereinbaren und zu erklären ist.

Die ganze in drei parallel zur philosophiegeschichtlichen Forschung verlaufende Abschnitte zu unterteilende Wegstrecke, die die Reformationsgeschichtsforschung in der Frage der Zwinglischen Scholastikrezeption während des 20. Jahrhunderts durchlief, lässt sich interpretieren als Geschichte des Scheiterns einer pauschalisierenden Applikation des Zweiwegeschemas auf Zwingli durch Walther Köhler. Die unkritische Zuordnung aller "irgendwie" aristotelischen philosophisch-theologischen Inhalte in den Werken Zwinglis an eine in sich weitgehend homogen konzipierte Via antiqua ist in ihrer Wirkung fatal, weil sie einer genauen geistesgeschichtlichen Einordnung der Herkunft vieler wichtiger Zwinglischer Systemelemente im Wege steht, indem sie aus Zwinglis zeitlich und sachlich differenzierter Theologie einen unfassbaren Einheitsbrei werden lässt.

Wohl am deutlichsten werden die unheilvollen Konsequenzen des Zweiwegeschemas in der bisherigen Verkennung des Einflusses des deutlich an oder bereits jenseits der Grenze zu spätscholastischen Lehren stehenden Franziskanertheologen Johannes Duns Scotus auf den ihn in jüngeren Jahren sich aneignenden, in seiner Lebensmitte zwar distanziert, aber dennoch willig rezipierenden Reformator. Im Zweiwegeschema musste der *doctor subtilis* von der Zwingliforschung zwangsweise einem der beiden Wege zugeordnet werden. Dadurch wurde der in seinen spezifisch theologischen Innovationen, die in den folgenden Jahrhunderten für viele und keineswegs nur franziskanische Theologen wegweisend werden sollten, äußerst wirkmächtige Lehrer ausschließlich in den Kontinuitätslinien zu den Denkern vor ihm wahrgenommen. Es ist keineswegs übertrieben, im Blick auf einen Großteil der bisher vorliegenden Zwingliforschung von einer eigentlichen Gleichschaltung Duns' mit Thomas von Aquin, der seinerseits oft als hypostasiertes Pauschalsubsistut für den Allerweltsbegriff der billigerweise so genannten und meist nicht wirklich definierten "Scholastik" herhalten musste, zu sprechen. Durch diese illegitime Vereinheitlichung aber lassen sich insbesondere diejenigen Konstitutionsprinzipien Zwinglischen Denkens, die enge Verwandtschaft mit der von Duns ausgehenden spätscholastischen Theologie aufweisen und

nachweislich auf die intensive Duns-Lektüre Zwinglis zurückgehen,
überhaupt nicht oder nicht ausreichend erklären. Da das wichtigste
dieser Konstitutionsprinzipien, die auf allen Ebenen theologischer
Argumentation reformatorisch sich zuspitzende Radikalisierung der
Gott-Mensch-Relation hin zu unbedingter Theozentrizität, mit dem
genuin Reformatorischen am Reformator Zwingli faktisch konver-
giert, ist seine genaue Erkundung von kaum auszumessender Bedeutung.
Ohne eine einigermaßen präzise Kenntnis der Verwurzelung Zwinglis
innerhalb spätscholastischer Denkwelten lässt sich sein gesamtes
Denken höchstens rudimentär verstehen.

2. *Desiderate der Scotismusforschung im Wunsch nach historischer Perspektivierung Zwinglis*

Anfänge für eine Erkundung der verschiedenen Strömungen innerhalb der beiden Viae sind für die Via moderna in gewissem, wenn
auch nicht ausreichendem Umfang gemacht worden. Für die Via
antiqua im Zeitraum des 15. Jahrhunderts existieren Erklärungsansätze
übergeordneter Art neueren Datums aber, wie gezeigt, primär erst
aus thomistischer Sicht. Die sich dem Wegeschema entziehende Via
Scotica im Jahrhundert vor der Reformation wurde hingegen von
der Forschung bisher wenig touchiert.

Immerhin existieren sowohl in synchroner wie in diachroner Perspektive interessante Zugänge zum Phänomen, die eine Evaluation
der Effektivität ihrer Methoden erlauben. Primär synchron verfährt
die einzige einigermaßen eingehende prosopographische Studie zum
Scotismus des 15. Jahrhunderts über "die Barfüßerschule zu Erfurt"
von Ludger Meier, die 1958 erschien. Sie analysiert die im *Studium
Generale* dozierten scotistischen Lehrgehalte in enger Verbindung mit
den Lehrern und den zwischen ihnen existierenden persönlichen und
inhaltlich-wissenschaftlichen Querverbindungen. Zwar führt diese
Konzentration auf die hinter den Lehrgehalten stehenden schulpoli-
tischen Intentionen nur wieder auf das altbekannte einseitige Bild
der Stellung des Scotismus – diesmal nicht wie bei Köhler aus einem
Wunsch nach humanistisch idealisierender Aufwertung eines harmo-
nisierend zusammengedachten Alten Weges, sondern umgekehrt aus
einer für die katholische Forschung vor allem der ersten Hälfte des
20. Jahrhunderts nicht untypischen Verachtung des Ockhamismus
als eines pestgleichen Vorläufers der Reformation.[96] Doch zeigt sie

---

[96] Meier, Die Barfüßerschule zu Erfurt, 84: "[. . .] galt der Ockhamismus in der

die Kraft und den Einfluss der Schüler des *doctor subtilis* in einem
studium exemplarisch in bisher nicht erreichter Weise. Auch die eingehende Untersuchung "zur Frühgeschichte der theologischen Fakultät
der Universität Freiburg" von Johannes Bauer bietet insbesondere
zur Frage der Aufteilung der Lehrstühle nach Schulen interessante
Aufklärung, indem er genau umgekehrt angibt, "daß in der Zeit von
1485 bis zum Ausbruch der Reformation und darüber hinaus bis
zum Ende des vierten Jahrzehnts des 16. Jahrhunderts die systematische Theologie besonders nach Skotus, Ockham oder Biel vorgetragen wurde".[97] Beide Studien reflektieren das "Reformbemühen im
Sinne eines 'sanierenden Traditionalismus'",[98] das auch die Scotisten
relativ unabhängig von anderen benachbarten Schulen in dieser Zeit
mit beachtlichem personellen Aufwand anstrebten. In den entweder
konfessionalistisch polemischen oder doch sehr wenig präzisen Angaben
liegt allerdings, wie analog auch in der monumentalen Studie von
Tewes, die Grenze eines synchronen Zugangs. Die Propria der vertretenen Lehren können so kaum erkannt werden. Untersuchungen
biographischer oder thematischer Art zu Leben oder Werk einzelner Scotisten sind vorhanden, auch für das 15. Jahrhundert, wenngleich für das Anfangszentennium der Schule deutlich mehr verfügbar
ist. Auch sie aber sind theologiegeschichtlich vor allem dann ergie-
big, wenn sie einen Angelpunkt der Lehrentwicklung anhand eines
einzelnen Lehrers oder Œuvre der *Scoticantes* ins Blickfeld rücken,
also diachrone Aspekte zumindest mitbetonen.[99]

Womöglich aus diesem Grund wurden immer wieder auch Längs-
schnitte zu wichtigen Themen des Scotismus geboten, die bis ins 15.
Jahrhundert, meist auch noch weiter, eine Thematik in ihrer Entwicklung verfolgen und so Kontinuität und Diskontinuität zur Gründer-
figur in ihrem relativen Verhältnis zueinander bestimmen konnten.

Erfurter akademischen Öffentlichkeit schon im 15. Jahrhundert als gänzlich unver-
einbar mit dem Skotismus. Demnach haben die dortigen Barfüßer nur die klaren
Konsequenzen aus klaren Tatsachen gezogen. Man hätte es in Erfurt überhaupt
nicht verstanden, wenn sie gleichzeitig skotistisches und ockhamistisches Lehrgut sich
zu eigen gemacht hätten. Offenbar aber wollten sie ihrer Jugend den 'Venerabilis
Inceptor' nicht einmal negativ in Form einer ausgedehnten Polemik nahe bringen.
Man hatte ja damals ein feines Empfinden dafür, wie verheerend ein einziger Herd
von Irrtumsbakterien unter Umständen wirken kann [. . .]."

[97] A. a. O., 120.

[98] Hamm, Frömmigkeitstheologie, 134, Ritter zitierend.

[99] Zu nennen sind hier etwa: Brady, William of Vaurouillon, O.F.M., A Fifteenth-
Century Scotist; Pelster, Wilhelm von Vorillon, ein Skotist des 15. Jahrhunderts.

So kommt etwa der Münchner Franziskaner Dettloff für die Akzeptationslehre zum Schluss eines weit reichenden Einflusses des Schotten
bei gleichzeitig tendenziell immer stärkeren Abweichungen sachlicher
Art;[100] der Jesuit Lay untersuchte die Lehre von den *passiones entis
disiunctae* hinsichtlich ihres Einflusses auf die frühneuzeitliche Philosophie
bis hin zu Wolff und Kant;[101] Sebastian Day untersuchte die schulenübergreifende Weiterwirkung des von Duns maßgeblich mit entwickelten Gedankens der *cognitio intuitiva*. Auch zeitlich genauer auf
die uns interessierende Ära ausgerichtet ist wertvolle Arbeit, etwa in
der Bußtheologie, geleistet worden. Für die beiden sowohl philosophisch wie theologisch betrachtet vermutlich zentralsten Arbeitsfelder
des Scotismus, die intensive Unendlichkeit Gottes und die Formaldistinktion, existieren just solche diachronen Untersuchungen erst in
Ansätzen.[102] Sie sind im Wesentlichen noch zu leisten.

Eine aufschlussreiche Erhellung der mehr formalen Seiten der sich
allmählich formenden und im 15. Jahrhundert recht einflussreichen
Scotistenschule bietet neuerdings Hoenen in einem kurzen, aber anre-
genden Aufsatz.[103] Auch wenn der Leser nicht allen Schlüssen Hoenens
einfach trauen darf,[104] werden ihm zwei bemerkenswert interessante

---

[100] Dettloff, Die Lehre von Acceptatio Divina bei Johannes Duns Scotus; ders.,
Die Entwicklung der Akzeptations- und Verdienstlehre von Duns Scotus bis Luther.

[101] Lay, Passiones entis disiunctae. Ein Beitrag zur Problemgeschichte der
Transzendentalienlehre.

[102] Zur Unendlichkeitsthematik existiert zwar viel Forschung zu Duns' Werk selbst,
aber auch dort meist nur zu den Texten der Ordinatio selber. Zur Werkgeschichte
des *doctor subtilis* und erst recht dann zur Wirkungsgeschichte innerhalb der Scotistenschule gibt es wenig. Die im Laufe der Zeit mit sich verfestigender Identität der
Schule an Konstitutionskraft stets noch wachsende Bedeutung der Formalitätenlehre
und des Distinktionendenkens wurde von Antonio Poppi, Il Contributo dei Formalisti
Padovani al Problema delle Distinzioni, in glänzender und für alle weitere Forschung
fundamentaler Pionierleistung dargestellt, aber doch wiederum nicht in allen relevanten Punkten analysiert, besonders auch, was die Eckpunkte der uns interessierenden Entwicklung bei Duns/Mayronis und Syrrect/Brulefer angeht.

[103] Hoenen, Scotus and the Scotist School. Dieser Aufsatz versteht sich wohl als
Vorstudie zu einer in ihm, 209, Anm. 46, angekündigten Publikation über "Thomismus,
Skotismus und Albertismus. Das Entstehen und die Bedeutung von philosophischen
Schulen im späten Mittelalter".

[104] Manche Behauptungen mitsamt den ihnen zu Grunde liegenden methodischen
Optionen sind problematisch. Der Scotismus ist im 15. Jahrhundert keineswegs, wie
Hoenen a. a. O., 198, letztlich behauptet, hauptsächlich ein Kind von Individuen,
entstanden ohne Bindung an Institutionen gelehrter oder kirchlicher Natur, sondern
blüht gerade an deutschen Universitäten durch gemeinsame Anstrengung über
Generationen hinweg, wie das Beispiel der Universitäten Erfurt, Tübingen, Freiburg,
wohl auch Prags und Krakaus und anderer mehr zur Genüge zeigt. Mitnichten bil-

Beobachtungen geboten. Zum einen äußert Hoenen die von ihm selber zwar nur erst mittels einiger Einzelbeispiele gestützte, aber sehr plausibel wirkende These, dass innerscotistische Flügelbildungen und Richtungsgegensätze mit dem unfertigen und oft in mehreren, zueinander aus biographischen Gründen zumeist in Spannung stehenden Etappen überlieferten Werken und Lehren Scotus' zu tun haben könnten.[105] Zum andern registriert Hoenen die große Häufigkeit und didaktische Wichtigkeit des *regula*-Denkens bei den Scotisten, die sich möglicherweise mehr durch die Weitergabe grammatischer, logischer und theologischer Basisregeln als durch die Verbindlicherklärung präziser Lehrsätze auszeichneten und Schüler unterrichteten. *Ist* diese Annahme richtig – was noch genauerer Untersuchung bedürfte –, erhielte die große Bedeutung des *regula*-Begriffs auch bei Zwingli zumindest teilweise eine neue Bedeutung.[106]

---

det es, wie Hoenen a. a. O., 298, meint, einen Beweis für die mangelnde institutionelle Verankerung der Scotisten, wenn von der Universität Köln, die seit jeher primär thomistisch-albertistisch geprägt war, mehr thomistische und albertistische Promovenden und Disputanten überliefert sind als scotistische. Aber auch theologiegeschichtlich täuscht sich Hoenen an einem Punkt von großer Tragweite, wenn er allen Ernstes a. a. O., 200, behauptet, Scotus hätte die Allmacht Gottes von dessen natürlicherweise beweisbaren Essenz (theo-)logisch abgeleitet – genau diesen Schluss hat der *doctor* zeit seines Lebens vehement abgelehnt.

[105] Beispielsweise hat der sachliche Gegensatz in der Distinktionenfrage unter den Scotisten zwischen der "Mayronis-ad-Syrrect"-Linie und der "Brulefer-Tartaretus"-Richtung (vgl unten IV. 2.-5.) offensichtlich – unter vielem anderem! – mit der noch tastenden und biographisch wechselnden Formulierungsweise bei Duns selber zu tun. Auf ähnliche Beispiele in ebendieser Thematik aus dem 14. Jh. weist Hoenen selber a. a. O., 205.

[106] S. dazu unten Kap. VI, Anm. 69.

B. MOTIVGESCHICHTLICHER TEIL

KAPITEL III

INTENSIVE UNENDLICHKEIT GOTTES

Über die Zentralstellung des Infinitätsbegriffs nicht nur in der Gotteslehre, sondern mittelbar in der gesamten Theologie Duns' Scotus
besteht ein beeindruckender Konsens von den Anfängen des Scotismus
selber bis hin zur neuesten Scotusforschung. Dieser Sachverhalt mag
belegt werden durch repräsentative Zitate aus drei verschiedenen
Forschungsepochen.

Als Vertreter des klassischen Scotismus statuiert schon Hieronymus
de Montefortino in markanter Weise die unbedingt und unbeschränkt
geltende Vorrangigkeit der Unendlichkeit Gottes in der scotischen
Systembildung.[1] Der vielleicht berühmteste aller Scotuskommentatoren

---

[1] Ven. Ioannis Duns Scoti [...] Summa theologica (1720), I, q. 3, a. 4, ad 1;
zitiert nach der Übersetzung der deutschen Ausgabe von Gilsons Klassiker: Johannes
Duns Scotus, 220f. mit Anm. 1: "Gott ist eine *unitas singularissima*, insofern er auf
Grund seines Wesens das *esse* und das Unendliche besitzt, und zwar so weit, daß
seine absolute Einzigkeit an nichts anderem hängt als an seiner Unendlichkeit. Weil
diese wie ein Ozean ist, der alle Vollkommenheit der Substanz in sich aufnimmt,
gibt es außer ihm nichts anderes, das ihm gleicht oder ähnelt, weil er dann nicht
die ganze je mögliche Vollkommenheit umfaßte. Gott ist also unvervielfachter und
einer, weil er unendlich ist. Wahr ist also, daß man auf irgendeine Weise viel eher
begreifen kann, daß auf Grund der Wesenheit die Unendlichkeit ein *modus* der
Entität ist, als daß ein jeweiliges Seiendes ein Dieses-Seiendes (*esse hoc*). Wir wollen
jedoch nicht daraus schließen, daß die Existenz nicht in den quidditativen Begriff
eines solchen Seienden eingeschlossen sei. Im Gegenteil, wenn sie nicht in einen
quidditativen Begriff hineingehörte, wäre es nicht das unendliche Seiende und auch
nicht die Wesenheit als solche, die von sich aus jede Vollkommenheit besitzt. Wenn
es jedoch auf Grund seines Wesens ist und von sich aus jede Vollkommenheit
besitzt, *ist* es sicher im vollen Sinne des Begriffes; es wäre aber nicht ein solches,
wenn es nicht von seiner Wesenheit her existierte (*nisi essentialiter existeret*), denn die
anderen, die kraft eines *esse*, das von ihrer Wesenheit verschieden ist, existierten,
sind nicht in vollem Sinne des Begriffes, sondern sie eignen sich ein bestimmtes Maß
von Seinsvollkommenheit an, wenn sie von dem erhalten, der es ihnen mitteilt.
So besitzt das, was von sich aus über jede Vollkommenheit verfügt, dadurch auch
die Existenz (*esse*): es existiert also kraft seiner Wesenheit, derart, daß die *essentia* in
ihm mit dem *esse* identisch ist. Es scheint also, daß die Unendlichkeit *modus intrinsecus* genannt werden muß, insofern man sich auf sie stützt, um zu sagen, 'welches'
Seiende Gott ist; in Wirklichkeit *ist sie jedoch das, was formaliter die Wesenheit Gottes konstituiert*, weshalb man nach einer gewissen Ordnung die Existenz (*esse*), die Notwendigkeit,
die Aseität und dann alle anderen Vollkommenheiten sich daraus ableiten zu sehen
meint."

Lychet, Ordensgeneral der observanten Franziskaner im 16. Jahrhundert, formuliert in einem Kommentarabschnitt zu Prolog der
Ordinatio womöglich noch pointierter.[2]

Als einer der bedeutendsten Gelehrten der neuscholastischen franziskanischen Scotus-Renaissance zu Beginn des 20. Jahrhunderts vermerkt P. Parthenius Minges O.F.M. den Unendlichkeitsbegriff als
die eigentliche Wesenscharakterisierung für Gott.[3] Und als wohl bester
Kenner der neueren philosophiegeschichtlichen Forschung spricht
auch Ludger Honnefelder vom "höchsten gegenwärtig möglichen
Gottesbegriff, dem des 'ens infinitum'" bei Duns Scotus, und sagt
an anderer Stelle: "Endlichkeit und Unendlichkeit sind für Scotus
[. . .] die Modi, in denen die Differenz zwischen Gott und Geschöpf
ihre maßgebliche Formulierung findet"[4] – eine Erkenntnis, die erfreu-
licherweise seit neuestem auch in evangelische Lehrbücher der historischen Theologie Eingang findet.[5]

In diesen über viele Jahrhunderte und sehr unterschiedlich motivierte wissenschaftliche Zugänge hinweg sich ziehenden Strom einhelliger Bestimmung der theologischen Zentraldoktrin des *doctor subtilis*
in der Unendlichkeit Gottes ist in seiner Weise auch der Zürcher
Reformator einzureihen, dessen Gotteslehre ohne den Scotismus undenkbar wäre. Dass Gott unendlich sei, war dem scotistisch geprägten Magister so gleichsam selbstverständlich, dass er möglicherweise
nicht schlecht gestaunt hätte, wäre ihm je klar geworden, wie sehr
über Jahrhunderte und Jahrtausende gerade diese Eigenschaft des
göttlichen Wesens immer wieder umkämpft gewesen war.

---

[2] Kommentar zu Ord. Prol. W. q. 3, n. 12, V. n. 6 (Wadding, Bd. VI/1, 87).
*Perfectissimus conceptus quem possumus habere de aliquo ente via naturali; sive etiam via super-
naturali, loquendo semper de communi lege, est conceptus entis infiniti: ideo magis per huiusmodi
infinitatem cognitam demonstramus veritates Theologicas, quam per rationem Deitatis in se, cum
illa sit nobis ignota. Concludimus enim multa de Deo, per rationem infinitatis. Quia si quaera-
tur, quare est trinus, et unus? Quia infinitus. Quare omnipotens? [. . .] Quia infinitus, et non
quia Deus.*
[3] Minges, Iohannis Duns Scoti doctrina, II, 46f.: *Naturaliter acquiri potest aliquis Dei
conceptus, non solum attributalis, sed etiam quidditativus vel quasi definitio. Ille conceptus quidditativus est conceptus entis infiniti seu infinitas fundamentalis et radicalis. Haec infinitas designat
essentiam metaphysicam Dei vel gradum constitutivum, formale constitutivum, ultimo distinctivum,
vel quasi definitionem essentiae et naturae divinae.*
[4] Honnefelder, Scientia transcendens, 118.
[5] Hauschild, Lehrbuch der Kirchen- und Dogmengeschichte, I, 610, schreibt zu
Duns Scotus: "Sein Denken hinsichtlich Gott und Welt war entscheidend bestimmt
durch den Gegensatz von Unendlichkeit und Endlichkeit." Das Wort "entscheidend" ist an dieser Feststellung – entscheidend.

1. Umstrittene Unendlichkeit Gottes vor Duns Scotus

Dass Gottes Wesen durch seine Unendlichkeit bestimmt werde, wird im spätscholastischen Scotismus ebenso selbstverständlich wie es ansonsten und insbesondere vor dem 13. Jahrhundert in der Geschichte philosophischer Theologie unselbstverständlich war. Die Ablehnung der Unendlichkeit als eines adäquaten Gottesattributes ist sowohl bei Plato als auch bei Aristoteles systemkonstitutiv, was die gesamte antike Theologie christlicher ebenso wie heidnischer Provenienz gleichermaßen deutlich prägte. Nur im Neuplatonismus und dessen vornehmlich ostkirchlich-patristischer Rezeption wurde in Ansätzen, die allerdings kaum je einen aktualen Infinitätsbegriff erreichen konnten, ein nichtendliches göttliches Wesen gedacht. So bleibt die einzige bis heute bekannte Gestalt der antiken Welt "expressing infinity as a positive or actual or intensive perfection of God"[6] der gegen arianische Denkmuster kämpfende Kappadozier Gregor von Nyssa.[7] Zwar bringen später auch Kirchenväter wie Augustin *en passant* oder, etwas deutlicher, der Frühscholastiker Johannes von Damaskus solche Unendlichkeit zur Sprache. Doch obwohl gerade der Damaszener langfristig keineswegs ohne Wirkung blieb, ja wohl wesentlich größere Effekte erzielte als die entsprechenden und viel klareren Ausführungen Gregors, machen die spätpatristisch-frühscholastischen Äußerungen zur Unendlichkeit Gottes den Eindruck kontextuell vollständig eingebetteter und thematisch unselbständiger Erörterungen. Unendlichkeit Gottes als distinktes theologisches Thema tritt bis zur eigentlichen Hochscholastik kaum in den Blick. Die Vertreter der christlichen Theologie des Westens konnten sich erst in der Mitte des 13. Jahrhundert zur Identifikation des Wesens Gottes mit einer aktualen Unendlichkeit bereit finden, nachdem zahlreiche intellektuelle und frömmigkeitliche Denkhindernisse überwunden waren. Allerdings blieb auch diese erste Identifikation eine zögernde. Die Mitte des göttlichen Wesens lag für die großen Lehrer der Hochscholastik nicht in seiner Unendlichkeit und die volle Zentrierung der Essenz Gottes auf ihre Infinität hin vollzog erst Duns Scotus mit letzter Konsequenz.

---

[6] Sweeney, Divine Infinity, 479.
[7] Sweeney, Divine Infinity; Hennessy, The Background, Sources and Meaning of Divine Infinity in St. Gregory of Nyssa; Mühlenberg, Die Unendlichkeit Gottes bei Gregor von Nyssa; Ferguson, God's Infinity and Man's Mutability; Brightman, Apophatic Theology and Divine Infinity in St. Gregory of Nyssa; Duclow, Gregory of Nyssa and Nicholas of Cusa.

Diese siebzehn Jahrhunderte andauernde, hartnäckige Reserve gegen
den Infinitätsbegriff macht die zu ihrer Zeit noch immer schockie-
rende Novität der Zentralstellung und Sachdominanz der Unendlichkeit
Gottes bei Duns Scotus erst richtig verständlich und nachvollzieh-
bar. In ihrer ganzen Länge und Komplexität ist die hinter dieser
knappen Zusammenfassung liegende geistesgeschichtliche Entwicklung
hier nicht darstellbar, sondern nur in Beschränkung auf ihre Grundzüge
in zwei ideengeschichtlichen Hauptlinien, einer platonisch–neuplatonischen und einer aristotelisch–scholastischen.

Der gebräuchliche antike Ausdruck für Unendlichkeit ist der der
Indeterminiertheit (ἀπειρία, *infinitas*), der Absenz jeder Grenze (πέρας,
finis). Solche Unbegrenztheit wird bei Platon und Aristoteles allerdings je unterschiedlich verstanden. Die platonische Vorstellung von
Unendlichkeit, die vorwiegend in den Spätdialogen entwickelt wird,[8]
ist bestimmt durch den Gegensatz von πέρας, Bestimmung durch die
Idee und ἀ-πειρία, Unbestimmtheit der ungeordneten Phänomene:
Die Welt ist in ihren vorfindlichen Erscheinungen unbegrenzt, ohne
Bestimmung durch gedankliche Ordnung. Tritt nun der νοῦς zu dieser unbestimmten Mannigfaltigkeit hinzu und beginnt, sie denkend
auf ihren Ursprung in den Ideen und mithin der Idee des Einen
Guten hin zu ordnen, gewinnt sie an Konturen, an Bestimmtheit.
"So ist für Platon das Unendliche gerade das Merkmal der Immanenz,
von wo man sich zur Transzendenz erheben soll".[9]

Auch für Aristoteles (Phys. Γ, 4–8; 8, 10; Met. Κ, 10; Λ 7, De
caelo Α, 5–7) ist Unendlichkeit Mangel oder Absenz an Determination.
Während allerdings bei Plato diese Bestimmtheitsdefizienz zum Begriff
des Einen als letztgültiger ontologischer Determination zumindest der
Intention nach hinführt, kennt Aristoteles das Unendliche nur mehr
als nicht realisierbare Möglichkeit. Die maßgebliche aristotelische
Definition von Unendlichkeit geht aus vom Endlichen (τὸ πεπε-
ρασμένον, Phys. Γ, 4. u. *passim*) in quantitativem Sinne, das potentiell, aber eben nur potentiell, unendlich minimiert oder maximiert
werden kann. Dabei ist es indifferent, ob Quantitäten zeitlicher Dauer,
geometrischer Ausdehnung oder numerischer Zählung im Blick sind
und also, um welcherart spezifizierte Kontinua es sich handelt, denn
erstere sind beliebig dividier-, letztere beliebig multiplizierbar. Nach

---

[8] Mühlenberg, Die Unendlichkeit Gottes bei Gregor von Nyssa, 29.
[9] A. a. O., 42.

Widerlegung einiger Argumente für die Existenz aktualer unendlicher Größen im dritten Buch seiner Physik kommt Aristoteles daher zu jener ungemein wirkmächtigen Feststellung, die hier in der Sprache ihrer eigentlichen späteren europäischen Ausbreitung wiedergegeben sei:

> *Non enim cuius nihil est extra, sed cuius semper aliquid est extra, hoc infinitum est [. . .] Infinitum quidem igitur hoc est, cuius secundum quantitatem accipientibus, semper est aliquid accipere extra* (Phys. Γ, 6, 207a).

Letztlich versteht sich so alle Potentialität zur Unendlichkeit als potentialitätsbedingter Mangel an Endlichkeitsdetermination oder, aristotelischer gesprochen, Form. Weil aber der Gott in aristotelischem Denkhorizont aufgrund seiner Transzendenz nichts anderes als eben reine Form sein kann, scheut sich Aristoteles selbst dort, wo es die von ihm geführte Argumentation eigentlich erforderte, nämlich in metaphysischem Kontext (primär Met. Λ, 7, 1073 a), ihn explizit als unendlich zu bezeichnen, sondern begnügt sich mit der bloßen Negation seiner Endlichkeit. Dass also der gottgleiche unbewegte Beweger mit der potentiell unendlichen Zyklusbewegung in Verbindung gebracht wird, geschieht gerade aufgrund der Tatsache, dass ihm jedwedes μέγεθος, alles Hylische, aufgrund dessen allein Infinität potentiell statuiert werden könnte, vollkommen abgeht. Umgekehrt liegt die Unendlichkeit der durch den göttlichen Beweger bewirkten Zirkularität ebenso wie die Unendlichkeit der Wirkkraft selber allein in der Potentialität unaufhörlicher Verlängerung zeitlich strukturierter Translokationsprozesse, zumal zyklischer Art, begründet. Denn "wo Werden und Bewegung ist, muss auch eine Grenze sein" (Met. Γ, 4, 999 b).[10] Mit diesem Grundsatz bezieht der Philosoph seine betonte Indifferenz bezüglich (und damit wohl auch implizite Ablehnung) eines metaphysischen Unendlichkeitsbegriffes wiederum auf seine Anschauung der Physik als einer Veränderungslehre (Phys. Γ, 1–3), die letztlich in allen ihren Konkretionen stets den modalen Wandel weg vom ontologisch defizienten Status des Möglichseins hin zu dem des Wirklichseins[11] zu reflektieren hat. Das Unendliche als rein potentiales Seiendes kann keine Eigenschaft eines transzendenten, "abtrennbaren" Seienden darstellen, sondern verbleibt *per definitionem* im Rahmen physikalischer Gegenstände. Dass die entscheidende Definition des

---

[10] Seidl, Aristoteles' Metaphysik, 103.
[11] Vgl. besonders die Phys. Γ, 1, 201b, gebotene Definition von κίνησις.

Unendlichkeitsbegriffs bei Aristoteles in seiner Physik zu finden ist, ist also keineswegs zufällig, ja es ist geradezu programmatisch für den Inhalt des Begriffs selber. Dennoch dürften seine letzten Wurzeln eher in der Logik zu finden sein, die einen argumentatorischen *regressus in infinitum* verbieten muss, um überhaupt zu sinnvollen Aussagen kommen zu können, denn "das Unendliche lässt sich nicht denkend durchschreiten. Und so sind denn der Bestimmungen weder nach oben noch nach unten unendliche an der Zahl. Denn eine Substanz, von der unendlich vieles ausgesagt wird, lässt sich nicht definieren" (Anal. Pr., Kap. 22, 83 b).[12] Das so wirkmächtige aristotelische Unendlichkeitsverbot hat seinen letzten Grund in der Beschränktheit des Intellekts. Dass freilich der höchste Intellekt aristotelisch gedacht ebenfalls nur endlich sein kann, impliziert jene Zirkularität der Argumente, durch die deren vor allem auch erkenntnistheoretische Sprengung seit dem 12. Jahrhundert ermöglicht werden würde.[13]

In diesen beiden in der Antike schulbildenden Grundmustern sollte sich nun die weitere Fortentwicklung des Problembewusstseins gestalten. Die platonische Linie führte hin zum Neuplatonismus, der die vollkommene Transzendenz des Einen Wesens so sehr betonte, dass es sozusagen jenseits des Gegensatzes von Endlichkeit und Unendlichkeit zu liegen kam. Die Frage, ob Gottes Wesen damit selber Unendlichkeit miteinschließe, wurde sehr unterschiedlich beantwortet. Entschieden bejaht wurde sie von dem bedingt dem Neuplatonismus verbundenen Bischof Gregor von Nyssa, der aktuale Unendlichkeit wohl als erster christlicher Theologe in sehr prononcierter Weise als einen Grundzug der göttlichen Essenz ansah. Die weitere Wirkung sowohl spezifisch dieser gregorischen wie auch allgemein der neuplatonischen Aussagen scheint wenig erforscht zu sein.

Das peripatetische Grundmuster führte dank der über die großen Araber vermittelten abendländischen Aristotelesrezeption zu Beginn des zweiten Jahrtausends hin zum theologischen Denken und besonders zur Gotteslehre der Hochscholastiker und damit zu seiner Selbstauflösung. Denn bei den prominentesten Lehrern der Scholastik im 13. Jahrhundert beginnt die grundsätzliche und tiefgreifende

---

[12] Anal. Post., Kap. 22, 83 b, übers. durch Rolfes, PhB 11, 46. Vgl. die erhellenden Ausführungen bei Mühlenberg, Die Unendlichkeit Gottes bei Gregor von Nyssa, 43–50.

[13] Vgl. zur aristotelischen Gesamtkonzeption auch Wolf, Das potentiell Unendliche, 3–140.

Verabschiedung der mit den antiken Unendlichkeitsvorstellungen verbundenen prinzipiellen, nämlich gleichsam aus ihrem nur quantitativ gedachten Begriff selber gewonnenen, Abwertung von Infinität,
durch die sie der philosophischen und der kirchlichen christlichen
Theologie bis dahin so zweifelhaft erschienen war.

1. *Attributale Unendlichkeit Gottes bei frühfranziskanischen Theologen*

Auf den ersten Blick scheint es, als hätten die ersten Hochschullehrer
im Geist des Franziskus die Problematik antiken Unendlichkeitsdenkens
bereits grundsätzlich und mehr oder minder endgültig überwunden.
So bejaht die im Namen Alexanders von Hales verfasste Summa die
Unendlichkeit des göttlichen Wesens in aller Form.[14] Der etwas später
schreibende Bonaventura sagt sogar mehrfach explizit, sie sei *omnino
infinita actu*.[15] Die klassischen Einwände – Inkongruenz Gottes zur
Kategorie der Quantität; Unendlichkeit als Imperfektion; Potentialität
der Unendlichkeit versus Aktualität Gottes sowie andere mehr – werden allesamt mit christlich-theologischen Argumenten widerlegt. Bei
näherem Hinsehen zeigt sich freilich, dass diese Aussagen zwar die
Essenz Gottes betreffen, ihre Begründung aber nicht aus dieser Essenz
selber, sondern aus den von Gottes Handeln ausgehenden Wirkungen
erfahren, aus seiner Allmacht und seiner Kraft und damit jenen
Eigenschaften Gottes, an denen den franziskanischen Theologen sehr
viel lag. Insofern wird zwar die Unendlichkeit Gottes anerkannt, sie
bleibt aber letztlich eher ein sozusagen extrinsisches Attribut des göttlichen Wesens. Beide Autoren bewegen sich zwar durchaus schon in
einem Zwischenfeld zwischen rein extrinsischer und eigentlich intrinsischer Unendlichkeit, indem sie die *quantitas molis* oder *dimensiva* in
theologischem Kontext ablehnen zugunsten einer *quantitas virtutis*.
Doch weist die von beiden als nicht mehr steigerbare *immensitas*
bezeichnete Ausdehnung der göttlichen *virtus* noch so deutlich extensive Konnotationen auf, dass sie letztlich kaum als intrinsische Unendlichkeit verstanden werden darf. Wo Aussagen dieser Art bei den
frühen Franziskanern erscheinen, sind sie als Konsequenz aus dem
eminent franziskanischen Interesse an den Aussagen christlicher
Tradition über die unbeschränkte Wirkmächtigkeit Gottes zu verstehen, wie übrigens auch aus ihrer Stellung innerhalb der jeweiligen

---

[14] P. 1, t. 2, q. 1, c. 1, sol.
[15] Sent. I, d. 43, q. 3.

Sentenzenkommentare oder Summen ersichtlich wird.[16] Darum ist
die Rede von der Infinität Gottes hier weder als rein akzidentelle –
was in metaphysischem Gottesverständnis ohnehin undenkbar wäre –
noch als rein essentielle Bestimmung zu verstehen, sondern sozusagen
als eine attributale, eine, die eher Fehlaussagen über Gottes Wesen
ausschließen als es selber tatsächlich beschreiben soll. Diese relati-
vierende Einschätzung will keineswegs als Abwertung der in diesen
Texten zu beobachtenden historischen Leistung verstanden werden.
Im Gegenteil wird durch das bei diesen Theologen beobachtbare
Herantasten an einen christlich-theologischen Unendlichkeitsbegriff
die Schwierigkeit der Aufgabe erst richtig klar. Deutlich wird das
Gewicht dieser denkerischen Pionierarbeit zudem dadurch, dass zahlreiche vor allem bei Bonaventura anzutreffende Denkfiguren im
Dienste einer Lösung verschiedener Aspekte der komplexen Problem-
stellung im Laufe des 13. und vor allem 14. Jahrhunderts zu eigent-
lichen Standardargumenten werden sollten. Das wohl wichtigste unter
ihnen ist der zur Abwehr der averroisierenden Behauptung einer
Ewigkeit der Welt entwickelte Aufweis der Inkompossibilität einer
Dualität oder gar Pluralität von Infinita.[17]

2. *Übergänge von attributaler zu aktualer Unendlichkeit Gottes bei Thomas von Aquin*

Mehr oder minder parallel zu den frühen Franziskanern führte, vermutlich im Anschluss an den ersten Oxforder Dominikanermagister

---

[16] Alexander behandelt die Frage zwar bereits in der eigentlichen Gotteslehre,
stellt sie aber als Frage nach der *immensitas Dei quantum ad se* in eine Reihe mit den
Fragen der *immensitas Dei quantum ad intellectum, ad locum* und *ad durationem*. In
Bonaventuras Kommentar wird die Problematik angesprochen innerhalb der traditionellen d. 43 des ersten Buches zur göttlichen Allmacht und am Beginn der
Schöpfungslehre – dem zweiten Buch – in der Frage nach der Ewigkeit der Welt
in der d. 1.

[17] Sent. II, d. 1, p. 1, q. 2, ad opp. *Prima est haec. Impossibile est infinito addi – haec
est manifesta per se, quia omne illud quod recipit additionem fit maius – sed si mundus est sine
principio, duravit in infinitum: ergo durationi eius non potest addi. Sed constat hoc esse falsum,
quia revolutio additur revolutioni omni die: ergo etc. Si dicas quod infinitum est quantum ad prae-
terita, tamen quantum ad praesens quod nunc est, est finitum actu, et ideo ex ea parte qua finitum
est actu, est reperire maius, contra: Ostenditur quod in praeterito est reperire maius; haec est veritas infallibilis, quod, si mundus est aeternus, revolutiones solis in orbe suo sunt infinitae; rursus,
pro una revolutione solis necesse est fuisse duodecim ipsius lunae: ergo plus revoluta est luna quam
sol; et sol infinities: ergo infinitorum ex ea parte qua infinita sunt, est reperire excessum. Hoc
autem est impossibile: ergo.* Vgl. dazu Murdoch, Infinity and continuity, 569f.

und "fähigsten unter den älteren Dominikanern" Richard Fishacre,[18] Thomas von Aquin die durch Arbeit am Begriff vorgenommene Auflösung des aristotelischen Infinitätsverständnisses durch.[19] Zur klassischen Stelle des Lombarden in der Behandlung der Frage nach der Infinität Gottes, nämlich Sent. I, d. (42 und) 43, bringt auch Thomas zuerst aristotelische Einwände,[20] wobei besonders die auch bei den frühen Franziskanern schon anklingende intrikate Homonymie des aristotelischen mit dem christlich-theologischen *potentia*-Begriff[21] verdeutlicht, was in allen diesen hochscholastischen Infinitätstraktaten geschieht: Mehr oder minder manifeste anti-aristotelische Aristotelesrezeption. Ähnlich wie die *Summa Halensis* bringt Thomas als Lösung eine *sumptio duplex* des Infiniten *privative* oder *negative*, wobei es letztere, die allein auf Gott zutreffen könne, genauer zu untersuchen

---

[18] Zitat aus: E. Filthaut, Roland von Cremona, O.P., und die Anfänge der Scholastik. Ein Beitrag zur Geistesgeschichte der älteren Dominikaner, Vechta i. O., 1936, 195, nach Hamm, Promissio, Pactum, Ordinatio, 280.

[19] Sweeney, Divine Infinity, Chapter 18.

[20] Thomas, *in 4 sententiarum*, I, d. 43, q. 1, a. 1, agg.: *Ad primum sic proceditur. videtur quod potentia dei non sit infinita. sicut enim dicit philosophus, infinitum habet rationem partis et materiae, et ita imperfecti sed potentia dei est perfectissima, ergo non debet dici infinita. ag. 2: Praterea, secundum philosophum, finitum et infinitum congruunt quantitati. sed omne quantum est divisibile, cum igitur potentia dei sit simplex, videtur quod neque finita neque infinita dicenda sit. Praeterea, secundum philosophos, si esset aliqua potentia activa cui non responderet aliqua potentia. [. . .] ag. 5: Praetera, omnis potentia potest reduci in actum. si ergo potentia dei sit infinita, poterit actu infinita facere. sed si actu infinita fecisset, aut aliquid posset facere amplius, et sic infinito esset aliquid majus. vel nihil amplius facere posset, et sic impotens ex his quae faceret redderetur, et sua potentia ad opera ejus finiretur, et infinita non esset: quae omnia impossibilia sunt. ergo dei potentia non est infinita.*

[21] Thomas, *in 4 sententiarum*, I, d. 43, q. 1. a. 1: *Utrum potentia dei sit infinita.*

Ad primum sic proceditur. videtur quod potentia dei non sit infinita. sicut enim dicit philosophus, infinitum habet rationem partis et materiae, et ita imperfecti. sed potentia dei est perfectessima, ergo non debet dici infinita.

Praeterea, secundum philosophum, finitum et infinitum congruunt quantitati. sed omne quantum est divisibile, cum igitur potentia divina sit simplex, videtur quod neque finita neque infinita dicenda sit.

Praeterea, secundum philosophos, si esset aliqua potentia activa cui non respondet aliqua potentia passiva in natura, illa esset frustra. sed nulla potentia passiva est ad recipiendum effectum infinitum, cum ergo potentia activa dei non sit frustra, videtur quod non sit infinita.

Praeterea, nullum infinitum comprehendi potest: quia, secundum augustinum [sic] in lib. de videndo deum, illud comprehenditur cujus fines circumspiciuntur. sed intellectus divinus comprehendit potentiam suam, cum totam potentiam suam deus cognoscat, ergo sua potentia non est infinita.

Praeterea, omnis potentia potest reduci in actum. si ergo potentia dei sit infinita, poterit acut infinita facere. sed si acut infinita fecisset, aut aliquid posset facere amplius, et sic infinito esset aliquid majus. vel nihil amplius facere posset, et sic impotens ex his quae faceret redderetur, et sua potentia ad opera ejus finiretur, et infinita non esset: quae omnia impossibilia sunt. ergo dei potentia non est infinita.

gelte.[22] Im Corpus der *quaestio* inseriert der Aquinate dann seinen
eigenen theologischen Grundansatz der göttlichen *esse-essentia*-Indifferenz,
was mittels der postulierten Unterscheidung zweier verschiedener
Finitätsfassungen, eines *finis* als eines *terminus quantitatis* und eines *finis*
als einer Begrenzung *quantum ad essentiam rei* ermöglicht wird: Ersterer
finis ist der bereits durch die Unmöglichkeit eines privativen Infinitätsverständnisses theologisch ausgeschlossene quantitative Unendlichkeitsbegriff, der *finis quantum ad essentiam rei* aber ist nichts anderes als
die De-finition einer beliebigen definierbaren Entität. Diejenige Essenz
aber, die ihre Bestimmung gänzlich aus ihr selber hat, ist darum
auch gänzlich infinit.[23] Letztlich bleibt so der Fortschritt von der

---

[22] Eine analoge Belegstelle zum Zusammenhang zwischen dem privativen
Unendlichkeitsverständnis der Scholastiker und der potentiellen Unendlichkeit des
Aristoteles gibt Murdoch, Infinity and continuity, 567, Anm. 8, aus dem *tractatus de
continuo* des Thomas Bradwardina: *Infinitum privative secundum quid est quantum finitum,
et finitum maius isto maior, et sic sine fine ultimo terminante; et hoc est quantum, et non tantum quin maius* (Paris BN n. a. 1. 625,71v und andere Quellen).
[23] *Illud, quod significat essentiam rei, vocatur definitio vel terminus; et sic dicitur unumquod-
cumque finiri per illud quod determinat vel contrahit essentiam suam.* Thomas, *in 4 sententiarum*, I, d. 43, q. 1, a. 1, co. Der seit Jahrzehnten die Geschichte des theologischen
Unendlichkeitsbegriffes erforschende Jesuit Sweeney sieht in dieser maßgeblichen
thomasischen Definition der Unendlichkeit Gottes, wie sie ebenso auch in der bekannteren, aber sekundären Stelle STh I, q. 2, a. 7 und öfters gegeben wird, die entscheidende geistesgeschichtliche Wende zu einem intrinsisch der Essenz Gottes
zugedachten aktualen Infinitätsbegriff. Dabei scheint er allerdings in seiner Darstellung
zu marginalisieren, dass alle aktuale Infinität der Essenz Gottes in thomistischem
Denken letztlich doch nur mehr eine systemimmanente Folgeerscheinung der ontologisch primären Nichtunterscheidung von Existenz und Essenz in Gott darstellt.
Zwar würde Sweeney dies wohl nicht bestreiten; im Gegenteil zielt ja sein ganzes
Buch von Beginn weg darauf ab, die thomasische Rede von der Unendlichkeit
Gottes gerade innerhalb der thomasischen Fassung des aristotelischen Form-Materie-
resp. Akt-Potenz-Schemas zu interpretieren: Gerade *weil* die göttliche *essentia* nicht
durch ein extrinsisches *esse* realisiert zu werden braucht, besitzt sie, im Gegensatz
zu allen anderen Essenzen, keine Begrenzung. Auch die merkwürdige, teilweise
durch äquivoke Redeweise erreichte semantische Polyvalenz des thomasischen
Infinitätsbegriffes zwischen aristotelisch-quantitativem und eher unaristotelischem
hylemorphistischen Verständnis verschweigt Sweeney keineswegs. Divine Infinity,
434 mit Anm. 53, etwa bringt eine aufschlussreiche historisch-biographische Linie
über einen vorwiegend am quantitativen zu einem vorwiegend am hylemorphistischen Infinitätsbegriff orientierten Lösungsansatz mit Zwischenpositionen. Dennoch
betont Sweeney insgesamt eigentümlich wenig die in den thomasischen Texten
offenkundige Posteriorität der Bestimmung der göttlichen Essenz durch die
Unendlichkeit gegenüber ihrer prioritären Definition durch ihre vollkommene
Koinzidenz mit dem eigenen *esse*. Dass durch sie der Rede von der göttlichen
Unendlichkeit bei Thomas eine trotz ihrer Aktualität funktional gesehen nurmehr
attributale Stellung zukommt, blendet Sweeney tendenziell aus – ebenso wie die
zumindest in dieser Frage mit Händen zu greifende Entfernung des Aquinaten vom

frühfranziskanischen Kritik am quantitativen Infinitätsbegriff zu der des Thomas von Aquin ein relativer. Beiden Positionen gemeinsam ist die Ablehnung eines rein privativ gesehenen und deswegen theologisch als inapplikabel gewerteten quantitativ-aristotelischen Infinitätsverständnisses. Es wird ihm ein bei den einen aus Gottes Omnipotenz, bei dem anderen aus der Absolutheit seiner Existenz gewonnener – in anerkennendem Sinne nunmehr negativ verstandener und deswegen –, theologisch brauchbarer Unendlichkeitsbegriff gegenübergestellt. Systemkonstitutive Funktion eignet ihm bei den Autoren des 13. Jahrhunderts aber letztlich noch nicht.

2. Das scotische Programm einer Theologie der intensiven Unendlichkeit

1. *Skizze*

Sowohl bei Thomas wie bei Duns Scotus wird von der göttlichen Essenz eine scheinbar gleichermaßen aktuale, aber je charakteristisch anders gefasste Unendlichkeit ausgesagt. Diese Differenz wird gut sichtbar in der von Duns an Thomas geübten Kritik an dessen Begründungsstruktur in seinen Aussagen zum Unendlichen. Sie findet sich als letzte Widerlegung einer gegnerischen Position am Ende des berühmten scotischen Gottesbeweises im ersten Buch der Ordinatio. In erster Linie beruht sie auf der Ablehnung der *negatio causae intrinsecae*, also der Zurückweisung der Verneinung des für Scotus grundlegenden Gedankens, die Unendlichkeit des ersten Seins sei aus ihm selber, also intrinsisch, zu verstehen.[24] Diese (abgelehnte) Verneinung

---

Stagiriten, die er nur bei den franziskanischen Schriftstellern sehen will. So sagt Sweeney a. a. O., 436, Anm. 60, zum thomasischen Metaphysikverständnis: "Such a view of matter and potency is basically Aristotelian – at least as Aquinas read the Physics and Metaphysics. If Bonaventure and other medieval authors do not approach divine infinity through form/matter and act/potency, it may indicate their basic metaphysics is radically un-Aristotelian." Beide Feststellungen sind nicht unwahr, aber die Kontinuität-Diskontinuität-Relation erscheint doch je reziprok perspektivisch verzerrt. In dieser eher willkürlich wirkenden, jedenfalls Vorlieben für den prinzipiellen Ansatz der thomasischen Gotteslehre zeigenden Position dürften auch jene Schwierigkeiten begründet liegen, die Sweeney mit einer Aneignung der scotischen Kritik bekundet: Sie prangert genau diese noch immer faktisch attributal fungierende Rede von göttlicher Infinität bei Thomas von Aquin in einer die eigene Position konfirmierenden Weise an (vgl. Sweeney, a. a. O., 553–558).

[24] Ord. I, d. 2, W. q. 2, n. 33; V. p. 1, qq. 1–2, nn. 140–142: *Ultimo ostenditur propositum ex negatione causae intrinsecae: quia forma finitur per materiam: ergo, quae non est nata esse in materia, est infinita.*

ist durch die beigefügte Begründung leicht als thomistisch motivierte
zu ersehen.[25] Scotus versucht die in seinen Augen thomasische oder
thomistische Begründungsstruktur zum einen durch den Nachweis
von Inkonsistenzen innerhalb des thomistischen Systemzusammenhangs
zu widerlegen: Nicht nur das erste Seiende, sondern auch die Engel
sind immaterial; Engel können aber nicht im selben Sinn unendlich
sein wie ihr Schöpfer. Zum anderen ist der (nach Scotus nur ver-
meintliche) Schluss auf die Infinität einer Essenz aus dem Fehlen
eines extrinsisch sie Begrenzenden eine *fallacia consequentis*, ein Fehlschluss, durch den beispielsweise auch der äußerste Himmel oder die
Engel zu *infinita* erklärt werden könnten. Von solchen gleichsam konkreten Widersprüchlichkeiten leitet Duns über zu dem generelleren
Argument, dass Finität oder Infinität einer jeden Essenz rein intrinsisch innewohnen, also nicht durch äußere Einflüsse motiviert werden müssten. Es geht ihm hier also nicht nur um Kritik an der
thomasischen *esse-essentia*-Differenz, sondern vor allem auch um ein
Beispiel extrinsisch strukturierter Infinität, die er – in welcher Form
auch immer – grundsätzlich ablehnt. Die von Duns entwickelte
Infinität ist nur als intrinsische denkbar, sie ist dem durch sie prädizierten Seienden "von innen her", kraft seiner selbst und also essen-

---

*Haec ratio nihil valet, quia secundum ipsos Angelus est immaterialis, ergo in natura erit infinitus:
nec possunt dicere, quod esse Angeli finiret eius essentiam: quia (secundum eos) esse est accidens
essentiae, et posterius naturaliter: et sic in primo signo naturae essentia secundum se, ut prior,
videtur esse intensive infinita, et per consequens in secundo signo naturae non erit finibilis per esse.*
   *Breviter respondeo ad argumentum, quod quaelibet entitas habet intrinsecum sibi gradum suae
perfectionis, in quo est finitum, si est finitum: vel infinitum, si est infinitum: si ergo sit finitum,
non per aliud ens finitatur.*
   *Et cum arguitur. Si forma finitur ad materiam, ergo si non est ad illam non finitur; fallacia
est consequentis. Corpus finitur ad corpus, ergo si non est ad corpus, est infinitum, ultimum coe-
lum ergo erit infinitum. Sophisma est tertii Physicorum. Quia sicut prius, corpus in se finitur,
quam finiatur per aliud corpus, ita forma finita in se prius finitur, quia est talis natura in entibus, quae finitur, quam finiatur per materiam: nam secunda finitas praesupponit primam, et non
causat eam, ergo in primo signo naturae, est essentia Angeli finita: ergo non finibilis per esse, ergo
in secundo signo non finitur per esse.*
   *Breviter dico, unam propositionem, quod quaecunque essentia absolute finita, in se est finita, ut
praeintelligitur omni comparatione sui ad aliam essentiam.*
   [25] *Quia forma finitur per materiam: ergo, quae non est nata esse in materia, est infinita.* Mit
größter Wahrscheinlichkeit ist hier Thomas gemeint (so etwa Lychet, Gilson, Sweeney,
Kluxen). Ob der faktische thomasische Lehrbestand getroffen sei, lässt sich bezweifeln. Es geht Duns um die Kritik an einem thomasischen Denkprinzip, das er als
solches richtig erkannt hat. Die scholastische Wissenschaftskultur kennt bekanntlich
einen äußerst diskreten Umgang mit den Vorgängern und Gegnern, die oft nur als
quidam, *ipsi* oder in reinen Passivkonstruktionen erscheinen, vgl. dazu generell Ehrle,
Die Ehrentitel.

tiell zu eigen. Das unendliche Seiende bedarf so keiner irgendwie
gearteten Verbindung mit etwas außer seiner selbst. Es ist als solches Seiendes unendlich, genauso wie das endliche Seiende als solches endlich ist. Die Unterteilung alles Seienden in endliches und
unendliches geschieht darum für den Schotten vor jeder anderen
Unterteilung. In dieser so postulierten Indifferenz des Seienden hinsichtlich aller kategorialen Unterteilung liegt eine der metaphysischen
Grundsatzentscheidungen Duns' Scotus schlechthin: Gott als dem
unendlichen Seienden und den Kreaturen als endlichem Seienden
kommt das gleiche, univoke Sein zu.[26]

Damit wird in der durch diese kritischen scotischen Reminiszenzen
an Thomas konkret werdenden Frage eines infinitätstheoretischen
Vergleichs zwischen den Schulen sofort und gleichsam unweigerlich
die auf die großen Araber Avicenna und Averroes zurückgehende
Differenz zwischen den beiderseitigen metaphysischen Fundamental-
positionen der großen Ordenslehrer Duns und Thomas offenbar –
jene Differenz, von der Gilson sagen konnte, dass in ihr "zwei Arten
von Metaphysik, ja, eigentlich zwei unversöhnliche Weltanschauungen
aufeinander"[27] gestoßen seien. Letztlich dürfte allerdings die Stritig-
keit des adäquaten Metaphysikverständnisses auf die aristotelische
Metaphysik selber zurückgehen.[28] Aristoteles sieht die erste Philosophie
als eine Wissenschaft, die alle nur konkrete Entitäten untersuchenden
Einzelwissenschaften transzendiert, indem sie das Sein als Solches,
als Sein, also das ὄν ἧ ὄν betrachtet und auf seine Gründe hin
erforscht.[29] Darüber hinaus gibt es aber auch Stellen der Metaphysik,
die dieses im Sinne eines reinen Transzendenzbegriffs gefasste Seinsverständnis mit der Dignität einer gewissen aktualen Selbständigkeit
bedenken.[30] In letzterem Sinne bekommt die aristotelische Metaphysik

---

[26] Ord. I, d. 8, W. q. 3, n. 19; V. p. 1, q. 3, n. 113: *Ens prius dividitur in infinitum
et finitum, quam in decem Genera: quia alterum istorum, scilicet ens finitum est commune ad
decem Genera: ergo quaecunque conveniunt enti, ut indifferens ad finitum, et infinitum, vel ut est
proprium enti infinito, conveniunt sibi, non ut determinatur ad genus, sed ut prius: et per consequens est transcendens, et extra omne genus; quaecunque sunt communia Deo, et creaturae, sunt
talia, quae conveniunt enti, ut est indifferens ad finitum, et infinitum. Ut enim conveniunt Deo,
sunt infinita, ut creaturae, sunt finita: ergo illa per prius conveniunt enti, quam ens dividatur in
decem genera, et per consequens quodcunque tale est transcendens.*

[27] Gilson, Duns Scotus, 82.

[28] Dieser Ansicht ist auch Honnefelder, Ens inquantum ens, 100, Anm. 106 mit
ausführlichen Literaturhinweisen, der eine in der aristotelischen Metaphysik liegende
Spannung zwischen 'Ontologie' und 'Theologik' beobachtet.

[29] Met. Γ, 3, 1005a et *passim*.

[30] Vor allem im Duktus des Buches. Zu den mit dieser theologischen Note von

eine ausgesprochen theologische Note, insofern sie ihren Gegenstand nun nicht mehr nur als reine Univozität des Seins, sondern als das dieses Sein allererst gewährende höchste Sein betrachtet, das dann konsequenterweise als göttlich betrachtet wird. Dies ist das Metaphysikverständnis, dem Averroes sich anschließen wird. Avicenna hingegen sieht die Metaphysik ausschließlich von ihrer formalen Bestimmung her und bezeichnet ihren Gegenstand als das univok zu verstehende "absolute Sein".[31] Duns Scotus radikalisiert diesen Standpunkt dahingehend, dass jedes partikuläre Seiende und also auch Gott nicht eigentliches *subiectum* der Metaphysik sein, sie ihn nur als perfektes Seiendes mittels des Unendlichkeitsbegriffs zur Sprache bringen könne.

Diese hier sehr kurz artikulierten Zusammenhänge sollen im Folgenden für die uns interessierende werkgeschichtliche Entwicklungslinie von der klassischen Fassung einer extrinsischen Konzeption von Unendlichkeit, nämlich der aristotelischen, zur scotisch intrinsischen dargestellt werden. Da dieser Prozess, wie zu skizzieren versucht, auf tiefgreifende systemtheoretische Entscheide rekurriert, ist er ohne Bezug auf die Grundlinien scotischen Denkens nicht darzustellen. Es folgt daher zuerst eine Entfaltung seines wissenschaftstheoretischen und metaphysischen Rahmens als einer Vorbedingung des neuen Unendlichkeitsverständnisses und des damit verbundenen theologischen Programms. Das Unendlichkeitsdenken selber soll darauf in drei Schritten zur Sprache kommen. Die erste in den Quellen heute fassbare aristoteleskritische Beschäftigung mit dem Unendlichen liegt zeitlich ebenso wie vom Sachgehalt her vor der Entstehung der Ordinatio in den *quaestiones in metaphysicam Aristotelis*, was in der Forschung so gut wie nie wahrgenommen wird.[32] Doch gerade in diesem Frühwerk wird deutlich, auf welche Weise Duns Scotus überhaupt vom traditionell quantitierenden Ansatz zu seiner neuartigen metaphysischen Statuslehre in der Kausaltheorie und damit zu einer neuen

---

Met. verbundenen redaktionsgeschichtlichen Thesen s. etwa Seidl, Aristoteles' Metaphysik, 547f.

[31] Zitiert nach Kobusch, Artikel Metaphysik, 1210.

[32] Selbst Davenport, Measure of a Different Greatness, lässt diese wichtige Quelle völlig aus, vgl. a. a. O., 248, Anm. 51; dabei hätte gerade der dort zentrale *perfectum*-Begriff sich mit ihrer These maßgeblichen Einflusses der Spiritualen auf Duns aufs Beste zusammengefügt. Auch ihre relative Spätdatierung der eigentlich innovativen Teile in seiner Infinitätstheorie hätte zumindest insofern aufrecht erhalten werden können, als die literarische Einheitlichkeit und Datierung der *quaestiones* bis heute alles andere als sicher ist (vgl. unten Anm. 65).

Sicht der *causa prima* gelangen konnte. In einer zweiten Stufe wird diese neue Unendlichkeitsanschauung dann im bekannten Gottesbeweis in der d. 2 des ersten Ordinatiobuches sowohl breit ausgeführt wie auch theologisch fruchtbar gemacht, was im Spezialtraktat *de primo principio* gesondert, aber in deutlicher Anlehnung reformuliert wird.[33] Die biographisch gesehen vermutlich späteste Darstellung des scotischen Unendlichkeitsdenkens in den *Quodlibeta* schließlich bietet die komprimierteste und kohärenteste Fassung seiner Konzeption und ihrer theologischen Applikabilität.[34]

2. *Rahmen: Anfänge spätfranziskanischer Wissenschaftstheorie*

Das Hauptinteresse der scotischen Unendlichkeitslehre bestand in der Ermöglichung einer Doppelung der Konzepte zu entweder extensiver oder intensiver Unendlichkeit, die aber doch auch keine völlige Trennung darstellen sollte. Diese nicht-trennende Unterscheidung bedurfte einer vorgängigen grundsätzlichen Reflexion der mit den beiden Unendlichkeitsbegriffen befassten Wissenschaftsarten der Physik, der Metaphysik und der Theologie. Sie sollten als unterschieden, aber nicht völlig getrennt dargestellt werden.

Wissenschaftstheoretische Erörterung in theologischer Perspektive aber geschah seit dem zwölften Jahrhundert immer öfter anhand der ausbildungsmäßig vorgeschriebenen Kommentierung des Prologs der lombardischen Sentenzen. Das erscheint der dort mit aller polemischen Schärfe als wissenschaftliches Arbeitsziel charakterisierten Erkenntnis der Differenz zwischen allein legitimer *assertio veri* und verachtenswerter *defensio placiti*[35] durchaus angemessen. Neben allen am aristotelischen Organon, zumal den Analytiken, ausgerichteten Idealdefinitionen von Wissenschaft der folgenden Jahrhunderte musste sie freilich vergleichsweise einfach wirken. Dies gilt insbesondere auch durch die vom Lombarden noch recht selbstverständlich vorausgesetzte Einheit wissenschaftlicher Erkenntnis in theologischer Perspektive. Hier brachte schon das 13. Jahrhundert ein stärkeres Differenzenbewusstsein, das nun durch die Wissenschaftstheorie der mittleren (und später der jüngeren) Franziskanerschule wesentlich

---

[33] Zur vermutlichen Entstehungsgeschichte dieser Schriften s. die Einleitung zum ersten Band der Editio Vaticana sowie die Einleitung zu Kluxen (Hg.), Abhandlung über das erste Prinzip.

[34] Quodl, q. 5.

[35] Magistri Petri Lombardi Parisiensis Episcopi In IV Libris Distinctae, 4.

vertieft wurde, wie schon der Wortlaut der ersten *quaestio* des scotischen Sentenzenprologs zum Ausdruck bringt. Das eigentlich Neue
bei Duns besteht dabei keineswegs in der bloßen Unterscheidung
zwischen natürlicher und übernatürlicher Erkenntnis oder zwischen
Philosophie und Theologie,[36] vielmehr liegt sie in der Art, wie er
diesen Gegensatz zu betonen weiß. Er konstatiert nicht mehr nur
eine gleichsam wertneutrale Differenz zwischen Natur und Übernatur, sondern eine *controversia* zwischen exklusiv die Suffizienz der
Natur zur Gotteserkenntnis vertretenden Philosophen und ebenso
exklusiv die Notwendigkeit der Übernatur zur Gotteserkennnis vertretenden Theologen.[37] Diese Verschärfung eines bereits vorfindlichen
Gegensatzes und dessen anschließende nichtrelativierende, sondern
durch den Erklärungsvorgang der Nichtidentität reintegrationskräf-
tige Auflösung prägt den scotischen Gang durch den Prolog der
Sentenzen. Er präpariert so den für sein System konstitutiven Übergang von natürlicher zu übernatürlicher Unendlichkeit.

Natürliche und übernatürliche Erkenntnis Gottes (Ord. Prol. W. q. 1;
V. p. 1, q. un.)
Die Eingangsquaestio folgt in ihrem Aufbau dem Schema eines
fiktiven Dialogs zwischen Philosophen und Theologen. Weil hier der
Aristotelismus und besonders seine potentiellen ethisch-handlungsprak-
tischen Konsequenzen in gänzlich ungetaufter Authentizität darge-
stellt werden, kommt eine für die Zeit ungewohnte Klarheit und
Schärfe der Auseinandersetzung mit ihm zustande.[38] In der magis-

---

[36] *Utrum homini pro statu isto sit necessarium aliquam doctrinam specialem supernaturaliter*
inspirari, ad quam non possit attingere lumine naturali intellectus. Bonaventura bestimmt in
der q. 3 seines Kommentars zum Prolog die Finalursache der Theologie als das
Gutwerden des Menschen, das allerdings nicht durch einen *habitus speculativus* ent-
stehe und auch nicht durch einen *habitus practicus* oder *moralis*, sondern durch den
habitus sapientiae, der der theologischen Wissenschaft eigen und gleichsam zwischen
den andern beiden zu verorten sei. Es ist also gerade kein unauflöslicher Gegensatz
vorhanden. Thomas spricht in q. 1, a. 1 zum Prolog bereits von der Notwendigkeit
einer *sacra doctrina* neben den physischen Wissenschaften, die den Menschen über
die *felicitas viae* zu jener *in patria* hinführen könne *secundum fidei suppositionem.* Er scheint
hier aber, wie auch STh I, q. 1, a. 1, im Stufenschema und nicht in Gegensätzen
zu denken und so versteht ihn auch Duns, Ord. Prol. W. q. 1, n. 27f.; V. p. 1,
q. un.
[37] Ord. Prol., W. q. 1. n. 3; V. p. 1. q. un., n. 5: *In ista quaestione videtur esse con-*
troversia inter Philosophos et Theologos. Tenent enim Philosophi perfectionem naturae, et negant
perfectionem supernaturalem. Theologi vero cognoscunt defectum naturae, et necessitatem gratiae, et
perfectionum supernaturalium.
[38] Es scheint darum angebracht, diesen philosophisch-theologischen Dialog in
Kürze mitzuteilen:

tralen *responsio* erfolgt darum als Klärung des Supranaturalitätsbegriffs
eine für die scotische Bestimmung des Verhältnisses von Theologie
und Philosophie konstitutive Kette terminologischer Differenzierungen,

---

*Quaestio. Utrum homini pro statu isto sit necessarium aliquam doctrinam specialem supernatura-
liter inspirari, ad quam non possit attingere lumine naturali intellectus?* Videtur quod non. Es
folgen drei Einwände erkenntnistheoretischer Art (W. nn. 1–2; V. nn. 1–3), wobei
der erste – das erste natürliche Erkenntnisobjekt jedes Intellekts ist das natürlich
auch Gott einschließende Sein als reines Sein – sicherlich der wichtigste ist und im
Grunde durchaus scotische Handschrift trägt, wenn es auch durch ein Diktum
Avicennas belegt wird. *Ad oppositum* (W. n. 2, V. n. 4; es folgen Schriftbeweise zur
Unabdingbarkeit biblischer Überlieferung, vor allem der *locus classicus* 2. Tim. 3). *In
hac quaestione videtur esse controversia inter Philosophos et Theologos* (W. nn. 3–5; V. nn.
5–11); es folgen drei Argumente für die Meinung der Philosophen, die im Grunde
alle die eine Tatsache wiedergeben, dass aristotelisches Denken keine Supranaturalität
anerkennen *kann* – woher denn auch? –, sodass erstens in seinem Verständnis die
natürliche Erkenntnisfähigkeit des aktiven und passiven menschlichen Intellekts jedes
mögliche Objekt miteinschließt, zweitens sowohl die spekulativen Wissenschaften
Metaphysik, Physik und Mathematik dem spekulativen Intellekt als auch die praktischen Wissenschaften dem praktischen Intellekt umfassende Erkenntnis liefern können, drittens das uns natürlicherweise gegebene Wissen um die ersten Prinzipien
die Kenntnis aller ihrer Konsequenzen mit sich bringt. *Contra istam positionem potest
argui tripliciter* (W. nn. 6–8; V. nn. 12–18): Hier folgen die zwei Hauptargumente
gegen die Meinung der Philosophen, deren erstem ein Nebenargument beigefügt
ist: Wir können erstens unser letztes Handlungsziel als Menschen nicht erkennen,
zweitens auch nicht die mit diesem Ziel verknüpften Umstände, denn – so die *probatio* – unser letztes Ziel, die Glückseligkeit in der Gemeinschaft mit Gott, ist nur
aufgrund kontingenter göttlicher Akzeptation unserer Verdienste möglich, also auch
deren Erkenntnis. *Contra istas duas rationes instatur* (W. nn. 9–13; V. nn. 19–39): Es
folgen zwei Gegenargumente zu Gunsten der Philosophen, die aufgelöst werden,
wobei vor allem die Differenz im anthropologisch-gnoseologischen *natura*-Begriff eine
Rolle spielt: Ist für die Philosophen die *physis* des Menschen ohne Weiteres auf die
sie bewirkenden Ursachen befragbar und somit zur Erkenntnis der ersten Ursache
in sich ausreichend, gilt für den Theologen von der natürlichen Erkenntnisfähigkeit
des Menschen völlig Anderes, nämlich *naturalem dico, secundum statum naturae lapsae,*
W. n. 13; V. n. 37). *Tertio, arguitur principaliter contra opinionem Philosophorum. Quarto
principaliter arguitur sic. Quinto, arguitur sic* (W. nn. 14–18; V. nn. 40–50). Das vierte
und fünfte Argument sind gegen einzelne Aussagen des Thomas von Aquin und
des Heinrich von Gent gerichtet; das dritte von zentralerer Bedeutung, weil es die
Lösung der *quaestio* durch Duns unmittelbar vorbereitet. Es besagt, dass durch die
natürliche Erkenntnis der getrennten Substanzen nach Metaph. 6 nicht auch deren
eigentümliche Attribute erkannt werden können. Ihr eigentliches Wesen ist nicht
bekannt, da eine *cognitio propter quid*, eine direkte Erkenntnis aus dem Wesen des
erkannten Objektes selber, nicht gegeben ist, sondern nur eine solche ihres Seins.
Die ausschließlich durch *cognitio demonstratione quia* gewonnene indirekte Erkenntnis
aus den Wirkungen des zu erkennenden Objekts andererseits führt zu Irrtümern,
weil jene Effekte, durch die Gott *demonstratione quia* erkannt wird, gerade nicht auf
das dreieinige Wesen Gottes hindeuten und statt dem kontingenten Willenshandeln
Gottes einen unchristlichen Determinismus in der ersten Ursache vortäuschen. In
diesen Ausführungen deutet sich die Differenz zwischen der Gott aus seinen natürlicherweise erkennbaren Wirkungen unvollkommen erkennenden Metaphysik und
der ihn durch Offenbarung in seinem eigentlichen Wesen erkennenden Theologie

die geistesgeschichtlich durch ihre zugespitzte Dialektik neuartig wirkt.
Es wird zuerst der rezipierende Intellekt in Bezug auf seine Fähigkeit
unterschieden nach rezipiertem Akt und Rezeption ermöglichendem
Agens. Dieses wiederum ist entweder ein natürlicherweise oder ein
übernatürlicherweise den Intellekt formendes Agens und führt so entweder zu natürlicher oder zu übernatürlicher Erkenntnis. Natürliche
Erkenntnis aber führt in unserem jetzigen Zustand des Gefallenseins
nur zu inkomplexen Wahrheiten in Bezug auf Gott, die Erkenntnis
komplexer Wahrheiten muss uns durch die Überlieferung übernatürlicher Inhalte zukommen. Den jeweils ersten dieser Überlieferungs-
vorgänge nennt man Offenbarung.[39] Offenbarung, so fasst Duns den
Gedankengang an dessen Ende zusammen, ist also deswegen übernatürlich *quia est ab agente, quod non est naturaliter motivum intellectus nostri
pro statu isto.* Bliebe dies allerdings das letzte Wort zur *controversia inter
Philosophos et Theologos* über die Erfordernis *alicuius doctrinae specialis
supernaturaliter inspiratae,* es wäre das abrupte Ende allen Streites der
Fakultäten und der Rat solch vorgeblich scotischer Wissenschaftstheorie
lautete nur: 'Schweigst du als Philosoph, wirst du Theologe bleiben
dürfen!' Ein zusätzlich eingeführter alternativer Übernatürlichkeits-
begriff bringt jedoch den Gedanken erkenntnistheoretischer Stellver-
tretung bezüglich des übernatürlichen Erkenntnisobjektes.[40] Diese
zweite Art übernatürlicher Erkenntnis geschieht zwar, im Gegensatz
zur ersten, nur dunkel und unvollkommen. Sie vermittelt kein Wissen
des erkannten Objekts als Erkenntnis des Wesens dieses Objektes selber. Gleichwohl ist sie aufgrund ihrer Macht, die Evidenz der dieses Objekt und sein Wesen betreffenden Wahrheiten herauszustellen,
in der Vollkommenheit der ersten Art übernatürlicher Erkenntnis
aufgrund deren Eminenz eingeschlossen – ohne allerdings deswegen
mit ihr hinsichtlich der Erkenntnisweise identisch zu sein. Unmissver-

---

an. *Ad quaestionem igitur respondeo* (W. nn. 20–22; V. nn. 57–65); es folgt die eigene
Position sowie anschließend (W. nn. 23–34, V. nn. 66–71) die Unterstützung der
Argumente zu Gunsten der Theologen und Widerlegung der Argumente zu Gunsten
der Philosophen.

[39] Ergänzend wird verwiesen auf Ord. III, d. 23, wo deutlich gemacht wird, dass
alles Wissen aus Offenbarung nur durch Glauben möglich ist, weil *naturaliter* keine
Zustimmung zu solchem Wissen zu Stande kommen kann.

[40] *Aliter etiam posset dici [sc. cognitio] supernaturalis, quia est ab agente supplente vicem obiecti
supernaturalis. [. . .] Quodcunque igitur agens causat notitiam aliquarum veritatum, quae per tale
obiectum sic cognitum natae sunt evidentes, illud agens in hoc supplet vicem illius obiecti.*

ständlich hält Duns fest, daß *differentia istorum duorum modorum ponendi supernaturalitatem notitiae relevatae patet, separando unum ab alio.* So wird am Ende dieser Eingangsquaestio die von Scotus so deutlich betonte Trennung von Philosophie oder natürlicher Erkenntnis und Theologie oder übernatürlicher Erkenntnis durch eine weitere innerhalb der Theologie ergänzt, die diese weitgehend kommunikationsfähig erhält, ohne sie deswegen zu natürlicher Erkenntnis zu degradieren. Wie um ebendies zu unterstreichen, widmet sich Duns vor einer genaueren Klärung dieser entscheidenden modalen theologischen Erkenntnisdifferenz[41] der Frage, *utrum cognitio supernaturalis necessaria viatori, sit sufficienter tradita in sacra scriptura.*[42] Einschlägige Vorfragen nach der Wahrheit und Glaubwürdigkeit und der Heiligen Schrift werden überraschend undialektisch mit allem Nachdruck durch acht Gründe bejaht.[43] Die Lösung der gesamten Quaestio liegt in der Erkenntnis:

---

[41] Prol. W. q. 3, V. p. 3. q. un.

[42] Prol. W. q. 2, V. p. 2, q. un.

[43] Die Häresien der die Schrift ablehnenden, ja verdammenden Manichäer und Saracenen werden überwunden durch (a. a. O., W. n. 3; V. n. 100 und dann über die ganze Quaestio hinweg ausgeführte) *octo viae eos rationabiliter convincendi: praenunciatio prophetica, scripturarum concordia, auctoritas scribentium, diligentia recipientium, rationabilitas contentorum, irrationabilitas singulorum errorum, Ecclesiae stabilitas, miraculorum claritas.* Sie werden ergänzt um zwei weitere Argumente, die Zeugnisse nichtchristlicher Autoren für die Glaubwürdigkeit der Schrift, und die Treue der Märtyrer zu den in der Schrift niedergelegten Glaubenswahrheiten selbst angesichts des drohenden Todes.

Bemerkenswert in dieser scotischen Prologquaestio ist ihre Kommentierung durch Mauritius Hibernicus. Er liefert kontroverstheologische Polemik gegen die Reformatoren ausgerechnet im Kontext der von Duns betonten Notwendigkeit der Schriftgemäßheit aller Theologie wegen deren notwendiger Supernaturalität. Am ausführlichsten findet sich diese Polemik in Hibernicus' Scholium zum achten scotischen Weg, die Häretiker von der Klarheit, Unumgänglichkeit und Glaubwürdigkeit der Heiligen Schrift zu überzeugen. Er liegt in allen jenen Wundern, in denen Gott selber den ihn im Sinne der Schrift verkündigenden Predigern eine besondere und unwiderlegbare Legitimation verschafft, die aber eben darum vom Teufel immer wieder nachgeahmt werden wollen. Duns nennt hier als Differenzierungskriterium an, dass die wirklich göttlichen Wunder zur unmittelbarer Erkenntnis des Wesens Gottes und somit zur Gewissheit des Glaubens führen. Hibernicus zieht in seinem Scholium daraus den Umkehrschluss, dass falsche Lehre nicht durch Wunder beglaubigt werden könne, *quia extra Ecclesiam nulla miracula sunt.* Als horrible Exemplifikationen des teuflischen Mirakelzaubers solcher außerhalb der Kirche stehender *sectarii* finden sich in anrüchiger Gesellschaft mit Simon Magus und Mani unvermittelt auch der vergebens einen ihn fast vernichtenden Dämon exorzierende Reformator Luther sowie Calvin, der *tentavit resuscitare mortuum fictum, et fecit mortuum verum!* Angegebene Quellen sind Cochläus und Bolsecs Calvinbiographie, die im 16. u. 17. Jahrhundert naturgemäß in Frankreich starke Verbreitung fand. Direkte Lektüre der Reformatoren verrät Hibernicus im Scholium zum fünften Weg, der die Rationalität der Schrift als Argument ins Feld führt. Auch hier finden sich Luther und Calvin durch ihre Neigung, dem Bösen letztlich göttlichen Ursprung zuzuschreiben und durch ihre

Was die Philosophen (gemäß der Eingangsquaestio) nicht wirklich zu
formulieren in der Lage seien, sei in der Schrift *sufficienter* festgelegt,
quod ista tradit, quid sit finis hominis in particulari, quia visio et fruitio Dei.

*Natürliche anstelle übernatürlicher Erkenntnis Gottes im Begriff des unendlichen
Seienden (Ord. Prol. W. q. 3; V. p. 3, qq. 1–3)*
In der dritten Quaestio, *utrum theologia sit de Deo tanquam de subiecto
primo?*[44] führt Duns seinen in der Eingangsquaestio entwickelten
Gedankengang weiter. Zentral ist entsprechend der Diktion der
Hauptfrage die Aussage, dass in der Theologie und allen ihren
Unterarten Gott selber das Objekt (*subiectum*) darstellt, und zwar aus-
schließlich und vollkommen in Hinsicht auf sein Gottsein.[45] Die bei-
den Lateralquaestionen dienen zur Vorbereitung der *responsio*, indem
in der ersten klargemacht wird, daß Gott nicht in irgendeiner seiner Eigenschaften oder einer seiner Taten oder Wirkweisen in der
Theologie betrachtet wird, die *quaestio* daher verneint wird.[46]

Zentral wichtig ist hier die Ablehnung der averroisierenden Ansicht,
Gott sei Subjekt der Metaphysik und könne darum nicht noch einmal in derselben Weise Subjekt der Theologie darstellen und müsse

---

Leugnung der Willensfreiheit in Gemeinschaft mit den Unvernünftigkeiten etwa der
Manichäer, des Simon Magus, in der Soteriologie zudem mit den Eunomianern
und vielen anderen. Es ist nicht ohne Tragik, dass ein so ausgezeichneter, treffsicherer
und kritischer Denker wie Hibernicus der offensichtlich tendenziösen Schreibweise
Bolsecs schlichtweg erlag; ein Indiz dafür, dass auch hohe Intelligenz nur zu oft
Grundansichten ihrer eigenen Zeit und Herkunft nicht zu überschreiten in der Lage
ist. Insofern ist gerade Hibernicus' Polemik ein typisches Beispiel für die allgemeine
Verbreitung in Bezug auf "Das Calvinbild bei Bolsec und sein Fortwirken im französischen Katholizismus bis ins 20. Jahrhundert" (Pfeilschifter). Dagegen wirkt Duns'
sonderbare Vermutung, die *Mahometani* würden durch eine entscheidende Schwächung
im Jahre 1300 und im Einklang mit eigenen Prophetien in Kürze aussterben (als
Beleg für den siebenten Weg durch die *stabilitas Ecclesiae* in n. 9; meint er damit
den Untergang des seldschukischen Sultanants von Ikonium?), geradezu vorurteilsfrei.
  [44] Mit den beiden "Lateralquaestionen" q. 1 lateralis (V. q. 2): *utrum Theologia sit
de Deo sub aliqua ratione speciali?* und q. 2 lateralis (V. q. 3): *utrum ista scientia sit de
omnibus ex attributione ipsorum ad primum eius subiectum?*
  [45] Zur Polysemie des scotischen *subiectum*-Begriffs, die in neuzeitlicher Sprache
ausgedrückt sowohl den Aspekt eines Objekts als auch den eines Subjekts einschließt,
s. Gilson, Duns Scotus, 49f. Der Entscheid dieses Buches, *subiectum* und *obiectum*
durch die entsprechenden modernen Ausdrücke wiederzugeben, wird hier übernommen.
  [46] Wenn also etwa Hugo von St. Viktor zu Beginn von *De sacramentis christianae
fidei* behauptet, die *opera restaurationis* oder Gott als *restaurator* seien Subjekt der
Theologie, hat er nach Duns Unrecht, denn er redet nicht vom Subjekt selber, sondern von dessen *materia proxima* (n. 1 u. Lösung n. 20). Duns hätte wohl auch die
allesamt soteriologisch zentrierten reformatorischen Normaldefinitionen von Theologie
als Definitionen rundweg abgelehnt.

daher in spezieller Hinsicht als Subjekt der Theologie betrachtet werden. Hierzu sagt Duns in aller Klarheit, daß das erste Subjekt der Metaphysik nicht Gott, sondern das Sein in seiner allgemeinsten Hinsicht als Sein darstelle. Diesem Sein und seinen Eigenschaften nähere sich die Metaphysik zwar in der vornehmsten Weise, in der das einer natürlichen Wissenschaft überhaupt möglich sei, aber eben unter Hinsicht seines Seins und dessen Modi und nicht unter Hinsicht seines Gottseins selber. Duns lässt sich an dieser Stelle die Gelegenheit denn auch nicht entgehen, den berühmten Averroes'schen Tadel an Avicennas Ansicht, die Metaphysik hätte die Existenz einer ersten Ursache zu beweisen, in ein Argument gegen Averroes selber umzukehren. Die Begründung des Averroes'schen Tadels, Subjekt der Metaphysik seien ja schon die getrennten, immaterialen Substanzen, die darum nicht noch einmal bewiesen werden könnten, ist nach Duns falsch, denn sonst hätte ja die Physik die Aufgabe des Beweises zu übernehmen und würde damit zur Voraussetzung metaphysischer Arbeit insgesamt. Dann aber wäre nur mehr der Beweis der Existenz eines ersten Bewegenden, nicht aber der einer ersten Ursache als ersten und notwendigen Seins möglich. Damit zieht sich die Linie zur Trennung von Metaphysik und Theologie aus der ersten q. weiter, zugleich aber wird klar, daß Duns durch die Betonung solcher Trennung nicht nur der Theologie als übernatürlicher Wissenschaft, sondern mindestens ebenso sehr auch der Metaphysik als wirklich erster Philosophie ihre ureigene Würde zukommen lassen, ja geradezu erkämpfen will, nicht zuletzt, indem er sie von der Physik unterscheidet.

Die zweite Lateralquaestion bringt eine Reihe von Distinktionen unter verschiedenen Arten von Theologie. Es gibt eine *Theologia in se* und eine *Theologia in nobis*. Dabei ist erstere eine sozusagen natürliche Erkenntnis Gottes im göttlichen Intellekt, der allein dem Objekt Gott vollkommen proportioniert ist. Bei der *Theologia in nobis* hingegen handelt es sich um eine übernatürliche Erkenntnis Gottes im menschlichen Intellekt, der dem Objekt Gott nicht proportioniert ist. Sie muss sich ihm deswegen über Mittelsbegriffe annähern via den Glauben an deren Fähigkeit, das eigentliche Objekt wiederzugeben. Es wird hier also sachlich auf die Lösung der Eingangsquaestio zurückgegriffen. Zudem erklärt Duns hier, nicht zuletzt gegen Thomas' Wissenschaftsverständnis, die terminologische Differenz zwischen *subiectum* und *obiectum* in der Theologie und generell in den Wissenschaften zu einer sozusagen nurmehr terminologischen: Auch das die *habitus* einer Wissenschaft generierende *obiectum* erzeugt genau wie das *subiectum* alle diese Habitus, die sich auf es wie auf ein Genus beziehen. Das gilt allerdings nur für die *Theologia in se* in vollkommener Weise, da das *obiectum primum notum* der *Theologia in nobis* nicht mehr mit dem *obiectum* identisch ist, sondern eine gleichsam stellvertretende Identität stellt.[47]

Die Lösung der Quaestio verbindet nun die vorbereitenden Lösungen der Lateralquaestionen und das dort bereitgestellte Begriffsmaterial mit dem schon in der ersten Quaestio erarbeiteten Lösungspotential. Zentral ist die – sowohl dem Duktus der ersten wie der vorhergehenden Teile der dritten q. – entsprechende Unterscheidung in göttliche und menschliche Theologie: *Theologia in se* – *Theologia in nobis*. Die *Theologia in se* betrifft nur die notwendigen theologischen Wahrheiten, die *Theologia in nobis* sowohl die notwendigen wie die kontingenten. Nun ist klar, dass das Subjekt der *Theologia in se* nur Gott selber sein kann, denn das als erstes Objekt erkannte Subjekt dieser Wissenschaft muss alle notwendigen Wahrheiten ihres Habitus zumindest virtuell beinhalten, dieses aber kann nur Gott selber. Kein aus den Wirkungen Gottes natürlicherweise (durch eine *demonstratio quia*) rückerschlossener Begriff enthält alle notwendigen theologischen Wahrheiten, zumal die wichtigste unter ihnen, das trinitarische Sein Gottes, natürlicherweise gerade nicht erkannt werden kann. Darum ist jeder Begriff Gottes, der Gott unter bestimmter, zum Beispiel attributaler, Hinsicht darstellt, als Subjekt-Objekt der *Theologia in se* ungenügend. Ebensowenig genügt aber auch jeder Begriff Gottes, der Gott unter allgemeinsten, auch anderen Wesenheiten zukommenden Begriffen, wie vor allem dem des Seins, auch des unendlichen oder notwendigen Seins, erkennen will. Denn die allgemeinen Begriffe, die *conceptus communes*, sind nicht nur von Gott natürlicherweise erkennbar. Damit aber wären theologische Wahrheiten natürlicherweise zugänglich und Theologie eine natürliche Wissenschaft. Die *Theologia in nobis* hat, wie alle denkbaren Formen theologischer Erkenntnis, Gott hinsichtlich seines Gottseins zum ersten Subjekt, nicht aber zum ersten Objekt der Erkenntnis. Denn die für die göttliche Theologie gegebene Einheit aller Habitus des Intellekts der theologischen Wissenschaft sowohl im Subjekt wie im Objekt ist hier nicht mehr gegeben. Der Habitus des Intellekts der *Theologia in nobis*

---

[47] Vgl. dazu Honnefelder, Ens inquantum ens, § 2, 3–9.

bezieht sich nicht unmittelbar auf sein Subjekt, so dass dieses zugleich erstes Objekt bleibt, sondern nur mehr mittelbar über ein erstes erkanntes Objekt, das darum von dem Subjekt, dessen Kenntnis es unklar und unscharf, *indistincte*, wiedergibt, zu unterscheiden ist.

Dieses erste erkannte Objekt nun ist das unendliche Seiende, da es den vollkommensten aller möglichen Begriffe des Subjekts aller Theologie unter den Bedingungen unserer gegenwärtigen Existenz wiederzugeben vermag. Das Subjekt der *Theologia in nobis* ist mit dem der *Theologia in se* also nur darin identisch, dass es die theologischen Wahrheiten in sich enthält, die aber als solche nicht direkt erkannt werden können, sondern nur indirekt über den Begriff des Unendlichen. Der Status der Erkenntnis dieses Unendlichen als erstem Objekt der *Theologia in nobis* verhält sich zu demjenigen der Erkenntnis des mit dem Subjekt aller Theologie vollkommen identischen Objekts, also der Erkenntnis des Wesens Gottes selbst, für uns wie Indikativ und Konjunktiv.[48] Aber auch die kontingenten Wahrheiten der Theologie werden unter dem Begriff des Unendlichen am adäquatesten erfasst: Letztlich können alle kontingenten Wahrheiten auf die notwendigen zurückgeführt werden, mit anderen Worten muss alles Handeln Gottes mit seinem Wesen in Einklang stehen. Woher und inwiefern wir dieses erste erkannte Objekt der *Theologia in nobis* erkennen können, wird an dieser Stelle noch nicht explizit angesprochen. Es ist aber klar, dass er als erstes erkanntes Objekt der *Theologia in nobis* innerhalb des gesamten Systems eine herausragende und kaum zu überschätzende Stellung innehaben muss. Denn die *Theologia in se* ist sowohl als notwendige wie als kontingente Theologie nur in intuitiver Erkenntnis des Wesens Gottes überhaupt möglich. Das aber bleibt uns Menschen in unserer Existenz *in statu isto* verwehrt. *Theologia in se* gibt es nur bei Gott und den Seligen. Alle anderen an der Erkenntnis Gottes Interessierten sind verwiesen auf den Begriff des Unendlichen – oder aber auf noch unvollkommenere Begriffe.

---

[48] Ord. Prol. W. q. 3, n. 12; V. p. 3., q. un., n. 168: *Si arguis: ergo [primum subiectum Theologiae in se] non est primum obiectum nostri habitus; Respondeo, verum est, non est primum subiectum dans evidentiam: sed subiectum primum continens omnes veritates, natum dare evidentiam, si ipsum cognosceretur.*

Kondignität natürlicher und übernatürlicher Erkenntnis des unendlichen
Seienden als Parallelität von theoretisch-metaphysischem und praktisch-
theologischem Wissenschaftshabitus (Ord. Prol. W. qq. 4 und 5 laterales,
V. p. 4)

Damit ist das Subjekt der Theologie in allen ihren Modifikationen
– *Theologia in se* als natürliche Theologie Gottes oder übernatürliche
Theologie der Seligen, *Theologia in nobis* als übernatürliche notwendige und kontingente Theologie – als Gott hinsichtlich seines Gottseins
allein bestimmt. Das eigentliche Arbeitsfeld der Theologie ist so abge-
steckt. Umso klarer stellt sich nun die Frage nach der Stellung der
Theologie gegenüber anderen Wissenschaften, vor allem natürlich
der Philosophie, und hier wiederum besonders der Metaphysik. Duns
stellt sie sich in drei Anläufen.[49] Zuerst klärt er, ob überhaupt und
inwiefern Theologie eine Wissenschaft sei.[50] Gemessen an dem von
ihm selber gelegten strengen Maßstab der Wissensdefinition der
Zweiten Analytiken ist sie es nur bedingt, genauer gesagt: nur mit
gewissen Modifikationen. Wissenschaft hat erstens gewisse, zweifels-
freie Erkenntnis, zweitens Erkenntnis eines notwendigen Objekts, drittens durch eine dem Intellekt evidente Ursache bewirkte Erkenntnis,
viertens eine syllogistisch von ihrer Ursache auf das Erkannte schließende Erkenntnis zu sein. Von diesen vier Bedingungen ist die letzte
für die *Theologia in se* nicht erfüllbar, was aber nicht wesentlich ist.
Ein schwerwiegenderer Einwand gegen die Wissenschaftlichkeit der
Theologie betrifft die Erkenntnis ihrer Kontingenz. Deren Erkenntnis
geschieht zwar in evidenter und gewisser Weise, jedoch – entsprechend der Definition kontingenter Propositionen – nicht von einem
notwendigen Objekt. Die kontingenten Wahrheiten der Theologie
sind eingeschlossen in deren erstem Objekt. In der *Theologia in nobis*
kann es jedoch nicht unmittelbar, das heißt sicher und mit Evidenz,
erkannt werden, sondern nur über eine durch die Offenbarung und

---

[49] Spätscholastischer Gewohnheit entsprechend ist die Anordnung des Flechtwerks
der Quaestionen in dieser zweiten Hälfte des Prologkommentars recht kompliziert.
Sowohl Wadding wie Bagnacavallo teilen den Prolog grundsätzlich in vier qq.
Wadding zählt in der dritten Quaestio zusätzlich zwei inserierte (qq. 1 und 2 *late-*
rales) und zwei appendizierte (qq. 4 und 5 laterales) Nebenquaestionen. Die *Vaticana*
rechnet in der *Ordinatio* grundsätzlich in *partes*; im Prolog mit deren fünf. Von ihnen
koinzidieren die ersten drei mit den Hauptquaestionen der Bagnacavallo- und
Waddingausgabe. Die p. 4 umfasst die Wadding'schen qq. 4 und 4 laterales der q.
3 und die p. 5 die q. 4, wobei deren q. 1 der n. 1, die q. 2, den nn. 2ff. bei
Wadding entsprechen.
[50] Q. 3: Q. 4 lateralis; V. p. 4, qq. 1–2.

den Glauben an sie vermittelte *visio*. Da nun aber diese Schau der
kontingenten Wahrheiten im ersten Objekt der *Theologia in nobis* nicht
einfach eine Meinung oder eine Vermutung darstellt, sondern eine
bestimmte, eindeutige Wahrnehmung, kann sie zwar nach den erwähnten Vorgaben der Zweiten Analytiken nicht als Wissenschaft bezeichnet werden, sehr wohl aber nach weniger rigiden, in gewisser Weise
ebenfalls noch aristotelischem Sinn verpflichteten Maßstäben. Die
Evidenz der theologische Kontingenzen betreffenden Sätze schöpft
die *Theologia in nobis* aus ihrem eigenen ersten Objekt. Sie hat keine
von anderen erbettelte Evidenz. Mit dieser Feststellung ist die nächste Frage, *utrum Theologia sit scientia subalternans, vel subalternata*,[51] bereits
vorbereitet. Nach der schon den ganzen Prolog bestimmenden Entscheidung, in Abgrenzung von früheren Lehrern die Eigenständigkeit
der Theologie als übernatürlicher Wissenschaft zumal gegenüber der
Metaphysik, aber auch gegenüber anderen philosophischen Wissenschaften wie der Physik zu betonen, ist es nur konsequent, auch in
dieser zentralen Frage vorschnelle Harmonisierung durch eine einfache Themenhierarchie zu vermeiden. Keine theologische Aussage
kann je in der mit dem Sein hinsichtlich seines Seins beschäftigten
Metaphysik bewiesen werden, auch wenn das Subjekt der Theologie
in gewisser Weise in demjenigen der Metaphysik enthalten ist.
Umgekehrt weisen die nichttheologischen Wissenschaften ebenfalls
ihre eigenen Konstitutionsprinzipien auf. Selbst innerhalb der verschiedenen Arten von Theologie ist keine Subalternation gegeben.
Duns hält hier der thomasischen Vorstellung einer Abhängigkeit der
Theologia in nobis von der Theologie Gottes und der Seligen entgegen, dass alle Formen von Theologie nur ein einziges Subjekt aufweisen. Die *controversia* zwischen Philosophen und Theologen, bisher
durch Differenzen bezüglich Herkunft[52] und Inhalt[53] ihrer jeweiligen
Erkenntnis begründet, wird schließlich in der letzten Quaestio des
Prologkommentars – *utrum Theologia sit practica* – durch deren unterschiedliche Erkenntnisausrichtung in Ziel und Zweck erklärt. Wissenschaft ist bei den Philosophen spekulativer, bei den Theologen aber
praktischer Natur. Theologische Erkenntnis erstreckt sich *aptitudina-*
liter als praktische Erkenntnis stets auf Praxis, die einen erwählenden
Akt gemäß der im Intellekt zuvor erkannten rechten *ratio* darstellt;

---

[51] Q. 3: Q. 5 lateralis.
[52] Qq. 1f.
[53] Q. 3.

metaphysische Erkenntnis hingegen begnügt sich gleichsam mit der
Erkenntnis des Objekts als solcher. Da der erwählende Akt natürlich einer des menschlichen Willens ist, der in der definitionsgemäß
rein spekulativ ausgerichteten aristotelischen Metaphysik als erkennt-
nisbestimmende Größe gar nicht vorkommt – was als eigentlichen
wissenschaftlichen Irrtum des Philosophen zu brandmarken Duns
Scotus nicht unterlässt –, kann metaphysische Erkenntnis immer nur
spekulativ bleiben. Insofern sind zwar sowohl Metaphysik wie Theologie
gleichermaßen Wissenschaften, aber der Bezug zur Praxis erfolgt
doch in der einen *respective*, in der anderen *privative*. Theologie ist deswegen aufgrund ihres edleren Vermögens höherstehend als jede spekulative Wissenschaft.[54] Sie führt hin zu der Liebe zu Gott als letztem
Ziel jeder Erkenntnis, so dass gerade die scheinbar theoretischsten
theologischen Wahrheiten wie die Dreieinigkeit Gottes oder die wahre
Vaterschaft der ersten trinitarischen Person praktische Erkenntnisse
darstellen. Ebendeswegen müssen sie auch der metaphysischen
Erkenntnis verborgen bleiben.[55] Diejenigen Erkenntnisobjekte, die
Theologie und Metaphysik gemeinsam sind, werden darum unter je
spezifischer Hinsicht erkannt.[56] Vielleicht liegt in diesem Über-
schneidungswinkel zweier verschiedener Erkenntnisperspektiven für
ein und dasselbe Objekt ein Schlüssel zur Lösung der von den
Scotisten häufig diskutierten Frage, ob und inwiefern das *ens infinitum*
als Zentralbegriff der *Theologia in nobis* durch den natürlichen Intellekt
begriffen werden könne. Dies jedenfalls scheint der Kommentar Franz
Lychets, des observanten Ordensgenerals und Kommentators der
Wadding-Ausgabe,[57] zur dritten Quaestio zu insinuieren. Er ist motiviert vor allem durch zwei Einwände des Engländers John Bacon
gegen Duns' Vorstellung, Gott sei unter Hinsicht seiner Unendlichkeit
Subjekt der *Theologia in nobis*.[58] Bacon hält diese Ansicht in seinem
ersten Argument für falsch, weil beide Erkenntnismodi, durch die
das unendliche Sein als erster Begriff der Gottheit erkannt werden
könnte, zu unhaltbaren Konsequenzen führten. Werde das Unendliche – so der erste Artikel des Bacon'schen Arguments – in natürlicher Weise erkannt, sei es Subjekt nicht der *Theologia in nobis*, sondern

---

[54] A. a. O., n. 23–25 ; V. nn. 200–207.
[55] A. a. O., n. 31.
[56] A. a. O., n. 7. Pannenberg, Wissenschaftstheorie und Theologie, 230–240.
[57] Zu seiner Vita s. Wegerich, Bio-bibliographische Notizen, 169–174.
[58] A. a. O., nn. 3–6 des Kommentars zu Prol. q. 3, n. 12.

der Theologie der Philosophen. Werde es hingegen – so der zweite Artikel – in übernatürlicher Weise erkannt, dann wäre ebenso gut wie das Unendliche Gott selber *sub ratione Deitatis* mögliches Subjekt. Lychet antwortet gegen den ersten Artikel, Subjekt der Metaphysik sei das Sein. Doch die *Theologia in nobis* handele umgekehrt als übernatürliche von theologischen Sätzen und nicht von inkomplexen Termini. Im Grunde besitzt also noch nicht die auf natürliche, metaphysische Weise zu gewinnende Erkenntnis des einfachen Begriffs der aktualen Unendlichkeit theologischen Charakter, sondern erst die diesen Begriff mit theologischen Wahrheiten verknüpfende Erkenntnis. Für diese Erkenntnisweise gibt Lychet als Beispiel die theologische Wahrheit der Dreieinheit Gottes. Dem Gläubigen ist sie aus dem Begriff des Unendlichen in Verbindung mit den Inhalten der traditionellen Glaubensartikel sofort plausibel. Dem Ungläubigen bleibt sie hingegen stets unplausibel, weil er mit dem Begriff der Unendlichkeit vollkommene reale Einheit verbinden muss – zu Recht.[59] Auch der zweite Artikel ist nach der Meinung Lychets nicht haltbar, denn ein adäquaterer theologischer Begriff als der der Unendlichkeit ist nach ihm auch auf übernatürliche Erkenntnisweise nicht möglich. Deswegen werden aus dem bloßen Begriff des Unendlichen auch Dreieinheit, Notwendigkeit und Allmacht dem Gläubigen erkennbar. Die Lychet'schen Ausführungen explizieren wie meist den Charakter der scotischen Lehre kongenial. Aus ihnen scheint mir der Schluss ableitbar, natürliche Erkenntnis inkomplexer Termini besitze theoretisch-metaphysischen, übernatürliche Erkenntnis komplexer Termini praktisch-theologischen Charakter. Beide Male wird zwar derselbe Begriff des Unendlichen erkannt, doch zieht allein die Theologie daraus praktische Konsequenzen. Indem der dem reinen Intellekt folgende Wille die Erkenntnis auf die Praxis des Glaubens bezieht, lässt er sich zum Glauben an theologische Wahrheiten überzeugen.[60]

---

[59] Kommentar, n. 6, zu Prol. q. 3, n. 12: *Si dicatur: Si per rationem infinitatis demonstro deum esse trinum, et unum; vel aliquod ens esse trinum et unum: quare Philosophi, qui perfectius hoc cognoverunt, non potuerunt demonstrare huiusmodi infinitatem? Dico, quod nec etiam nos absolute possumus demonstrare talem veritatem per rationem infinitatis: sed habita revelatione huius, quod Deus est trinus, et unus: si volumus alicui fideli hoc persuadere, nihil notius ad hoc persuadendum, quam infinitas intensiva talis entis: ita quod demonstratio Trinitatis per rationem infiniti tantum valeret credenti articulis fidei: sed puro Philosopho nihil valeret, sed diceret quod omnino repugnaret tali naturae esse formaliter in tribus suppositis.*

[60] Vgl. dazu auch *quaestiones subtilissimae in Metaphysicam Aristotelis*: Q. 7 zum 1. Buch.

Endlichkeit und Unendlichkeit als innere Modi des univoken Seins

Die im Prolog zur Ordinatio als ein Hauptpunkt erscheinende Vermittlung von Metaphysik und *Theologie in uns* ist der Unendlichkeitsbegriff nur deshalb zu leisten im Stande, weil er partizipiert an der
universalen Mediatisierungspotenz des univoken scotischen Seins-
begriffs.[61] Aufgrund seiner Univozität verhält sich dieser Seinsbegriff
gegenüber allen Objekten metaphysischer Erkenntnis indifferent und
ist so im Sinne der klassischen aristotelisch-porphyrianischen Kategorienlehre für Duns Scotus nicht mehr zu erfassen. Vielmehr unterläuft
der scotische Seinsbegriff kategoriale Stukturierung, weil er basale-
rer Natur ist, was schon von der traditionell selbstverständlichen
Transkategorialität des Wesens Gottes her erforderlich ist. Da aber
evidenterweise auch kategoriales Seiendes existiert, das dem univoken Seinsbegriff genauso zu subsumieren ist wie das transkategori-
ale, ist ein differenzierungsmächtiges Strukturmoment wünschenswert.
Dieses Moment fasst Duns Scotus in den Begriff der intrinsischen
Modalität des Seins als eines *modus intrinsecus entitatis*.[62] Diese Modalität
ist als modale Alternative zu verstehen, die alles Seiende entweder
als endliches oder als unendliches erfasst. Ist es endlich, ist es in
Kategorien fassbar. Ist es unendlich, hat es transkategorialen Charakter,
genau wie das Sein selber. Aufgrund *dieser* systemischen Grundlegung
des scotischen Unendlichkeitsbegriffs ist es unmöglich, ihn als extrinsisch-
quantitativen zu fassen.

Die Lehre der inneren Modalität der Begriffe ist nicht auf den
des univoken Seins beschränkt. Alle univok von Gott und Kreatur
aussagbaren Begriffe sind modal zu sehen, wobei Duns hier eine gra-
duale Abstufung an Intensitäten für möglich zu halten scheint, was
er für den Seinsbegriff explizit ablehnt. Dabei gilt generell, dass der
aus einfachem Begriff und Modus zusammengesetzte 'Modalbegriff'
zwar grammatisch komplexer, inhaltlich aber vollkommener ist.[63]

---

[61] Die Reflexion des univoken Seins, der intrinsischen Modalität univoker Begriffe
und deren Applikation auf die intrinsische Endlichkeit oder Unendlichkeit leistet
Duns an verschiedenen Orten seiner Werke, v. a. in Ord. I. Sie wird hier um der
Einfachheit willen nicht in literarischem, sondern systematischem Zusammenhang
referiert. Es ist aber davon auszugehen, dass sich auch hier eine zum Verständnis
der Texte konstitutive werkgeschichtliche Entwicklung vollzog.

[62] Es sei hier daran erinnert, dass die gesamten Ausführungen immer indirekt
auch das Interesse Zwinglis im Auge haben. Das gilt für diesen Begriff insbesondere.

[63] Ord. I, d. 8, W. q. 3, n. 27; V. p. 1. q. 3 n. 138f.: *Respondeo, quod quando intelligitur aliqua realitas cum modo intrinseco suo, ille conceptus non est ita simpliciter simplex, quin
possit concipi illa realitas, absque modo illo: sed tunc est conceptus imperfectus illius rei. Potest*

Wird nun der jeweils höchstmögliche Seinsmodus zur Aussage eines Begriffes gewählt, ist der Begriff auf Gott anwendbar. Von allen in ihrer perfektesten Modalität gefassten Begriffen freilich ist derjenige der Unendlichkeit der theologisch adäquateste, da er alle anderen transzendenten Realitäten vollkommen in sich fasst. Damit ist die übliche metaphysische Methode zur Generierung von Gottesprädikaten in Duns' Augen überwunden, da der Unendlichkeitsbegriff bereits perfekter ist, als jede Vervollkommnung eines beliebigen kreatürlichen Attributes es je werden könnte.[64]

---

etiam concipi sub illo modo, et tunc est conceptus perfectus illius rei. Exemplum, si esset albedo sub decimo gradu intensionis, quantumcunque esset simplex omnino in re, posset tamen concipi sub ratione albedinis tantae: et tunc perfecte conciperetur conceptu adaequato illi rei, vel posset concipi praecise sub ratione albedinis, et tunc conciperetur conceptu imperfecto, et deficiente a perfectione rei; conceptus autem imperfectus posset esse communis illi albedine, et alii, et conceptus perfectus proprius esset: requiritur igitur distinctio inter illud a quo accipitur conceptus proprius, non ut distinctio realitatis et realitatis, sed ut distinctio realitatis, et modi proprii et intrinseci eiusdem: quae distinctio sufficit ad habendum perfectum conceptum, vel imperfectum, de eodem, quorum imperfectus sit communis et perfectus sit proprius: sed conceptus generis, et differentiae requirunt distinctionem realitatum, non tantum eiusdem realitatis perfecte, et imperfecte conceptae.

[64] Ord. I, d. 3, W. q. 2, n. 17; V. p. 1, q. 2. nn. 58–60: *Quarto dico, quod ad multos conceptus proprios de Deo possumus pervenire, qui non conveniunt creaturis: cuiusmodi sunt conceptus omnium perfectionum simpliciter in summo, et perfectissimus conceptus (in quo quasi in quadam descriptione perfectissime cognoscimus Deum) est concipiendo omnes perfectiones simpliciter, et in summo: tamen conceptus perfectior, et simplicior nobis possibilis est conceptus entis simpliciter infiniti. Iste enim simplicior, quam conceptus entis boni, vel entis veri, vel aliquorum similium: quia infinitum non est quasi attributum, vel passio entis, sive eius, de quo dicitur: sed dicit modum intrinsecum illius entitatis: ita quod cum dico 'ens infinitum', non habeo conceptum quasi per accidens ex subiecto et passione, sed conceptum per se subiecti in certo gradu perfectionis, scilicet infinitatis, sicut albedo visibilis, immo intensio dicit gradum intrinsecum albedinis in se, et ita patet simplicitas huius conceptus, scilicet ens infinitum.*

Perfectio autem istius conceptus multipliciter probatur, tum quia iste conceptus inter omnes a nobis conceptibiles, virtualiter plura includit: sicut enim ens includit virtualiter bonum et verum in se, ita ens infinitum includit verum infinitum et bonum infinitum, et omnem perfectionem simpliciter sub ratione infiniti. Tum quia demonstratione quia, ultimo concluditur esse de ente infinito, vel esse infinitum de aliquo ente, sicut apparet ex quaest. 1. 2. dist. illa autem sunt perfectiora, quae ultimo cognoscuntur demonstratione quia, ex creaturis, quia propter eorum remotionem a creaturis, difficillimum est ea creaturis cognoscere.

Si autem dicis de summo bono, vel de summo ente, quod illud dicit modum intrinsecum entis, et includit virtualiter alios conceptus. Respondeo, quod si 'summum' intelligatur comparative, sic dicit respectum ad extra: sed infinitum dicit conceptum ad se: si autem intelligatur absolute 'summum, hoc est, quod ex natura rei non possit excedi: perfectio illa expressius concipitur in ratione infiniti entis. Non enim summum bonum indicat in se utrum sit finitum, vel infinitum.

Ex hoc apparet improbatio illius, quod dicitur in praecedenti opinione quod perfectissimum, quod possumus cognoscere de Deo, est cognoscere attributa, reducendo illa in esse divinum, propter simplicitatem divinam. Cognitio enim esse divini, sub ratione infiniti est perfectior cognitione eius sub ratione simplicitatis, quia simplicitas communicatur creaturis, infinitas autem non secundum modum quo convenit Deo.

3. *Durchführung*

Verabschiedung extrinsischer Infinität durch den Perfektionsbegriff
(Quaestiones in Metaphysicam Aristotelis)
Die früheste beobachtbare konkrete Auseinandersetzung mit dem
Prototyp aller extrinsischen Unendlichkeitsverständnisse führt Duns
in den *quaestiones super libros Metaphysicorum Aristotelis.*[65] Die Datierung
dieser Schrift ist, wie die ganze Chronologie der scotischen Werk-
produktion, umstritten und vielleicht kaum je mehr definitiv bestimmbar. Es kann aber im Sinne relativer Chronologie gesagt werden,
dass die Kommentierung der Metaphysik in aller Regel vor derjenigen der Sentenzen erfolgte, zumeist im Status eines *baccalaureus formatus*; das wird wohl auch bei Duns der Fall gewesen sein. Die für
seine *Ordinatio* und die nachfolgenden Schriften konstitutive Entge-
gensetzung von extrinsischer und intrinsischer Unendlichkeit findet
sich vielleicht aus diesem Grund in seinem Metaphysikkommentar
noch nicht explizit, wird allerdings durch die Transferierung der
Diskussion von einer eher physikalischen zu einer eher metaphysischen Ebene wesentlich vorbereitet. Die in diesem Kommentar bezüglich der Frage nach dem Unendlichen hauptsächlich erarbeitete
Differenz zwischen extrinsischer und intrinsischer und zwischen per-
fektibler und perfekter Unendlichkeit entspricht sich sachlich durchaus.
   Die *Quaestiones* folgen locker der Abfolge der aristotelischen Bücher
mit ihren Themen. Die im Prolog zur Ordinatio nicht nur in der
ersten q. zentrale Kontroverse zwischen den Philosophen und den
Theologen wird schon hier gleichsam von der anderen Seite her
geführt, vor allem in den von ihrem Bearbeiter Cavellus so genannten *decem quaestiones prooemiales* zum ersten Buch der Metaphysik. Schon
in der Fragestellung der q. 1 – *utrum subiectum Metaphysicae sit ens
inquantum ens, sicut ens posuit Avicenna? vel Deus, et Intelligentiae, sicut posuit
Commentator Averroes?* – geht hervor, dass hier dasselbe Anliegen wie

---

[65] Wadding IV, 505–848. Nicht zu verwechseln sind die *Quaestiones* mit der viel
präziser dem Text folgenden, aber vermutlich pseudoscotischen *dilucidissima expositio
in duodecim Libros Metaphysicorum Aristotelis* (Wadding IV, 1–495). Die Datierung der
Quaestiones ist alles in allem auch nach neuesten Erkenntnissen in die Frühzeit des
Schotten zu veranschlagen, obwohl viele Detailfragen noch mit großen Fragezeichen
versehen sind, vor allem, was die literarische Kohärenz des teils gar nicht jugend-
lich, sondern sehr magistral reif wirkenden Werkes angeht; vgl. Schönberger, Johannes
Duns Scotus, 277f., der auch darauf hinweist, dass S. Dumont, The Question on
Individuation in Scotus's [sic] Quaestiones in Metaphysicam, eine andere Werk-
chronologie (offenbar eine Spätdatierung der *Quaestiones*) vertritt.

im Prolog zur Sprache kommt: Trennung der Subjekte von Metaphysik und Theologie. Die Meinung des Averroes wird vor allem durch das Argument widerlegt, dass eine Wissenschaft nicht allein ihr Subjekt, sondern auch dessen Ursachen zu bedenken habe. Nun ist unbestritten, dass die Metaphysik die ersten Ursachen überhaupt betrachtet. Da erste Ursachen aber als erste Wirkung das Seiendsein als solches bewirken, muss dieses auch als das Subjekt der Metaphysik betrachtet werden.[66] Gott kann so folglich nur indirekt erkannt werden. Ob Duns hier schon den Unendlichkeitsbegriff im Auge hatte, lässt sich kaum entscheiden, explizit genannt wird er noch nicht. Völlig ohne weiterreichende Horizonte wird Duns die im zweiten Buch sich anschließende Auseinandersetzung mit dem aristotelischen Unendlichkeitsbegriff freilich kaum unternommen haben. Ihr soll nun unsere Aufmerksamkeit gelten.

Aristoteles bestreitet in Met. B im zweiten Kapitel die Unendlichkeit erster Ursachen sowohl als serielle Unendlichkeit von Bewegungs- und Stoffursachen wie auch als numerische von Zweck- und Wesensursachen.[67] Grundargument ist, wie stets bei der aristotelischen Widerlegung aktualer Infinität, die Unmöglichkeit eines *regressus in infinitum*. Dem Argumentationsgang dieses zweiten Buches folgt Duns Scotus nun erst willig, um dann aber zu einem völlig anderen Schluss zu kommen als der Philosoph. War für Aristoteles die Nichterkennbarkeit jegliches Unendlichen unausweichliche Konsequenz seiner Widerlegung infiniter Kausalitäten in metaphysischer Perspektive,[68] heißt es bei Duns am Ende desselben Gedankengangs umgekehrt: *cognoscere possumus Deum secundum quod infinitus, quia secundum se per effectus; sed aliquis est effectus, cuius Deus causa est secundum quod infinitus, scilicet creatio*.[69] Wie kann es zu so unterschiedlichen Schlussfolgerungen kommen?

Der Aufbau von Met B. verleiht faktisch nur den ersten beiden von drei Kapiteln faktische Relevanz. Entsprechend scheint Duns seine insgesamt sechs *quaestiones* einer von den Editoren der Vaticana entdeckten Methode gemäß in zwei *partes* aufgeteilt zu haben, die je eines der ersten beiden aristotelischen Kapitel behandeln. Beide pp. sind je noch einmal in drei Fragen gegliedert. Die erste *pars* besteht

---

[66] A. a. O., n. 13.
[67] Metaphysik α, 994a.
[68] A. a. O., α, 994b.
[69] A. a. O., q. VI, n. 25.

aus drei der allgemeinen metaphysischen Erkenntnis gewidmeten, die
zweite *pars* aus drei der metaphysischen Erkenntnis des Unendlichen
im Speziellen nachforschenden *quaestiones*.[70] Die diese *secunda pars* bildenden Quaestiones 4–6 scheinen einer inneren Stufung der Refle-
xionsebenen zu entsprechen, und zwar genau der von Aristoteles
selber vorgegebenen. Die Eingangsquaestio fragt einführend, *utrum sit
status in genere causarum*,[71] ob es einen Stand, nämlich einen Grundstand
oder Haltepunkt in der Gattung der Gründe gebe.[72] Wird diese Frage
mit Aristoteles bejaht – Duns lässt sie freilich vorerst offen –, ergibt
sich durch einfachen Syllogismus sogleich die Verneinung der folgenden Quaestio, *utrum sit procedere in infinitum in effectibus*.[73] Konsequenterweise müßte im Anschluss an Aristoteles nun die Schlussquaestio,
utrum infinitum possit cognosci a nobis,[74] ebenfalls verneint werden. Da
Duns dies nicht tut, muss er von einem vom aristotelischen unterschiedenen Infinitätsbegriff ausgehen. Um diesen differenten Begriff
zu erhalten, wird erst der aristotelische in alle denkbaren Richtungen
ausanalysiert.

Duns unterscheidet, im Anschluss an die bisherige scholastische
Tradition, grundsätzlich drei verschiedene Verwendungsweisen des
Begriffes des Unendlichen: *negative*, *privative*, *contrarie*. Das *infinitum negative dictum* zielt auf Indivisibilitäten, konkret auf die Figur des Punktes,
das *infinitum privative dictum* auf Kontinua. Diese beiden Unendlichkeitsbegriffe sind also, hierin dem aristotelischen Unendlichen korrespondierend, insofern mit dem Endlichen vermittelbar, als ihre Definition
vom Endlichen ausgeht, das entweder grundsätzlich negiert oder von
seiner durch Begrenzung bedingten Endlichkeit befreit wird. Das
infinitum contrarie dictum hingegen zielt auf einen gleichsam kategoria-

---

[70] Die ersten drei qq. folgen also dem ersten Kapitel des aristotelischen Buches.
In ihm wird in platonisch anmutender Weise unser vor der Wahrheit der ersten
Prinzipien stehender Intellekt mit einem vom allzu grellen Tageslicht geblendeten
Nachtvogel verglichen. Es gibt damit eine ideale Plattform ab für die Entfaltung
der scotischen Ansicht, metaphysische Substanzen seien im gegenwärtigen Stand
unserer Erkenntnisfähigkeit nicht in ihrer Wesenheit zu erkennen, sondern nur aufgrund ihrer Akzidenzien, also ihren nur ihr zukommenden Eigenheiten. Unmittelbare
metaphysische Erkenntnis sowohl materialer als auch immaterialer Substanzen gibt
es nur in deren allgemeinstem Begriff, dem des Seienden. Dies trifft natürlich auch
und erst recht auf die Substanz des Unendlichen zu.
[71] A. a. O., q. 4.
[72] Zur franziskanischen Tradition dieses Ausdrucks s. Bonaventura Sent. II, d. 1,
art. 1, q. 2, ad opp, b.
[73] A. a. O., q. 5.
[74] A. a. O., q. 6.

len Gegensatz zu jedem *finitum* – wie etwa Ungerechtigkeit einen
konträren, unüberbrückbaren, habituellen Gegensatz zu aller Gerechtigkeit darstellt. Während Duns ein privatives Unendlichkeitsverständnis, seiner offensichtlich schon früh entwickelten divisibilistischen
Grundhaltung entsprechend, rundweg ablehnt und ein negatives
zumindest äußerst skeptisch betrachtet, hält er das *infinitum contrarie
dictum* einer genaueren Untersuchung wert. Dabei ergibt sich die
zumindest theoretisch gesehen achtfache Möglichkeit je potentieller
oder aktueller Unendlichkeit einer je eigentlich oder metaphorisch
zu nehmenden Menge (*multitudo*) oder Größe (*magnitudo*).[75] Es geht
hier also offensichtlich um *infinita* als Quantitäten und es wird, wie
anders nicht zu erwarten, diese quantitative Unendlichkeit nur als
reine Potentialität akzeptiert, und selbst dies nur für multitudinale
Größen. Die einzige denkbare Möglichkeit einer aktual unendlichen
Menge hätte die Annahme der Existenz einer ewigen Welt mit einer
nicht begrenzten Anzahl menschlicher Seelen in dieser Welt zur
Bedingung. Das lehnt Duns hier ausdrücklich ab. Die ganze so entwickelte und erörterte Reihe von Differenzierungen im Unendlichkeitsbegriff zeigt durch ihre (hier nur sehr verkürzt wiedergegebene)
Vielfalt an logischen, mathematischen, physikalischen, metaphysischen
und theologischen Gedankengängen bereits die für das 14. Jahrhundert
insgesamt charakteristische Vorliebe für Infinitätsspekulation in ver-
schiedensten Kontexten. An zwei entscheidenden Stellen freilich lässt
Duns die Diskussion in einen bisher fremden, auch in dem als
Prämisse vorausgeschickten dreifachen Unendlichkeitsgegriff nicht enthaltenen Terminus einmünden: *perfectio*. Der *distantia proprie dicta* zwischen Gegenständen physischer Art wird eine kategorial andere *distantia
perfectionis* zwischen zwei nicht mehr durch ein *medium*, einen Zwischenstatus vermittelbaren Extremen einer Relation gegenübergestellt.[76] Damit ereignet sich wohl hier der entscheidende Übersprung
vom aristotelischen und letztlich physikalischen zum scotisch-meta-
physischen Unendlichkeitskonzept. Das aristotelische Unendlichkeitsverständnis wird dabei gleichsam von innen aufgesprengt. Duns zeigt
sowohl für die multitudinalen als auch die magnitudinalen *quanta*,
dass konsequente Analyse auf eine andere Ebene führen müßte, die
aber innerhalb solchermaßen verstandener quantitativer Infinität nicht

---

[75] A. a. O., q. 6, n. 2.
[76] A. a. O., q. 6, n. 12.

mehr zu finden ist. Sie bedürfte vielmehr einer Seinsvollkommenheit schlechthin, die nur in Gott liegen kann: Einer Unendlichkeit an ontologischer Perfektion. Den Begriff der *perfectio* selber hat Duns dabei natürlich aus der früheren franziskanischen Tradition übernommen, vermutlich vor allem von Bonaventura. Die Verwendung des Begriffs innerhalb dieses Kontextes ist aber insofern bei ihm originär, als dort der Terminus zwar auch schon auf die *essentia dei in actu* angewendet, sie selber aber aufgrund ihrer (zwischen räumlicher und ontologischer Bedeutung des Wortes oszillierenden) Immensität nur *negative* charakterisiert wurde.[77]

Ein Doppeltes ist damit impliziert und wird in der Quaestio 6 entfaltet.

Zum einen ist nun – die Existenz Gottes vorausgesetzt – ein Unendliches als Ausdruck nicht mehr steigerbarer seinsmäßiger Vollkommenheit ohne inneren Widerspruch denkbar, somit auch erkennbar. Aus diesem Grund kann die der Quaestio zugrundeliegende Frage jetzt doch vollumfänglich bejaht werden. Nur in traditionell aristotelischer Vorstellung, so die unausgesprochene Rüge, ist Unendliches letztlich ohne logischen Widerspruch kaum denkmöglich. Doch selbst schon, so schränkt Duns sogleich ein, die Wahrnehmung der bloßen Existenz von Unendlichkeitsvorstellungen, die in sich widersprüchlich sind, setzt eine gewisse Erkenntnis des Unendlichen voraus.[78] Eine Reihe unendlicher Sukzessionen richtig zu erfassen vermag freilich nur der Intellekt Gottes und, durch vollkommene Gnade, Christi, während unser Intellekt *in statu isto* dazu nur sehr bedingt in der Lage ist.[79] Die andere Implikation aus der als Seinsvollkommenheit gefassten Unendlichkeit liegt darin, dass die aristotelische Kausalitätstheorie nur deshalb den Unendlichkeitsbegriff als erkenntniszerstörend ablehnen muss, weil sie ihn falsch versteht. In der Ablehnung der metaphysischen Anwendbarkeit eines quantitativen Unendlichkeitsverständnisses stimmt Duns mit Aristoteles und den Aristotelisten zwar letztlich überein. Dass eine Unendlichkeit von *causae essentialiter ordinatae*, von Ursachen, die hinsichtlich ihrer Ursächlichkeit voneinander abhängen, unmöglich ist, ist für Aristoteles und seine mittelalterlichen Exponenten klar. Auch für die *causae acciden-*

---

[77] In Sent. I, d. 43, art. un., q. 2, resp.
[78] A. a. O.. q. 6, nn. 27–29.
[79] A. a. O., q. 6, n. 29.

taliter ordinatae, jene Ursachen, deren Abhängigkeit voneinander nicht ihre Ursächlichkeit selber betrifft, ist eine Unendlichkeit der Sukzession nur dann möglich, wenn die aristotelische Vorstellung der anfangslosen Zeit zugrunde liegt. Duns lehnt das, wie bereits erwähnt, ab.[80] Dass diese beiden Kausalitätsreihen nicht ins Unendliche führen können, heißt gerade nicht, dass der Unendlichkeitsbegriff hier grundsätzlich obsolet würde, wie Aristoteles behauptet. Ganz im Gegenteil gewinnt er so erst seine eigentliche Bedeutung, nämlich als Bedingung der Unmöglichkeit unendlicher Kausalreihen. Nur eine vollkommene Ursache kann ihrerseits nicht noch einmal verursacht sein. Durch dieses Argument erfährt die in der aristotelischen Metaphysik thetische Zurückweisung eines infiniten Regresses von Kausalreihen eine plausible Begründung, die ihr bis anhin fehlte.[81]

Durch diese Einführung und Betonung des Perfektionsbegriffs ist der Übersprung von ontischer zu ontologischer, von physikalischer zu metaphysischer Begründung, der für die Passage von extrinsischer zu intrinsischer Unendlichkeitsfassung so entscheidend ist, in diesem richtungsweisenden Abschnitt des Metaphysikkommentars in einer dem Prolog wie auch dem Gottesbeweis der Ordinatio entsprechenden Weise vollzogen. In allen diesen Texten erfolgt der Übergang von physischer zu metaphysischer und von dieser zur theologischen Ebene zwar deutlich, aber ohne Bruch. Dies ist das, was Duns sowohl von Thomas oder Bonaventura einerseits, und andererseits von Ockham, jedenfalls dessen Intention nach, trennt. Insofern Übergänge aber überhaupt wahrgenommen und als solche angesprochen werden, scheint die Kontinuität zur späteren Franziskanerschule größer. Auch Ockham baute seinen Unendlichkeitsbegriff auf den Perfektionsbegriff auf, wenn auch in leicht anderem Sinn.

---

[80] A. a. O., q. 6, nn. 12–16.

[81] Scotus legt darum seine ganze Argumentation auf diesen einen Punkt an, a. a. O., q. 6, nn. 14f.: *Ut breviter dicatur, minus curando de litera Aristotelis tota vis eius est in ista propositione: Omnium causarum causatarum, cum est aliquod unum primum, quae negaretur ponendo infinitatem: semper enim cuiuslibet esset causa aliqua, sed non omnium causantium. Probatur autem propositio sic: Causare est simpliciter perfectionis; omni causae causatae hoc imperfecte inest, quia inquantum causat dependet ab alia; igitur erit in aliquo, sine aliqua imperfectione (quicquid enim est simpliciter perfectionis, si in aliquo est imperfecte, est a perfecto secundum illud) sed illud est in quo est causare sine aliqua imperfectione, non causatur, quia tunc dependeret; igitur est primum. Confirmatur etiam illud, per illud inferius. Prius principio propinquius: sic perfectius perfectissimo propinquius. aliqua illarum causarum causatarum esset prior et perfectior alia; ergo aliqua prima. Sed ne prior propositio, nec ista confirmatio accipitur a litera Aristotelis sed aliunde ad probandam propositionem, cui tota sua ratio innititur.*

Das intensive Unendliche als erstes Seiendes (Ord. I, d. 2)
Die in seinem Metaphysikkommentar erstmals beobachtbare, womöglich sogar früher schon errungene Überwindung des aristotelischen Unendlichkeitsverständnisses hin zu einer perfektiven Infinität ermöglichte Duns Scotus eine neuartige Form eines Gottesbeweises im ersten Ordinatiobuch.[82] Dass Gott bewiesen werden müsse und von uns nicht etwa intuitiv erkannt werden könne, hat Duns aufgrund seines neuartigen Theologieverständnisses keineswegs angezweifelt, sondern umgekehrt eher tiefgründiger als seine Vorgänger dargelegt. Über Modus und Methode des Beweises war er jedoch mit seinen averroisierend-aristotelischen Vorgängern durchaus im Streit. Rein auf der Physis basierende Beweismethoden lehnt Duns, entsprechend seiner Sicht der Wissenschaften und ihrer Subjekte ab. Zwar ist auch sein Beweis ein Beweis Gottes als des ersten Seienden aufgrund seiner unserem natürlichen Intellekt zugänglichen Effekte. Diese Effekte jedoch sind keine physischen, sondern metaphysische.[83] Aus ihnen soll eine Aussage über das erste Seiende hinsichtlich dessen metaphysischer Eigenschaften abgeleitet werden. Da ein auf eine metaphysische Aussage hinführender Gottesbeweis Gott als unendliches Seiendes und nicht als Beweger erkennt, führt nur eine konsequente Analyse metaphysisch verstandener Kausalität zwangsläufig zur Anerkenntnis der Existenz eines einzigen unendlichen Seienden. Eine gewisse Kontinuität zur früheren franziskanischen Theologie ist in diesem Beweisverfahren dadurch gegeben, dass Gottes Unendlichkeit bei Duns ebenfalls aus dem Gedanken seines verursachenden Wesens hergeleitet wird. Doch besteht eine mindestens ebenso große Differenz darin, dass Duns nicht nur auf der Ebene des Argumentationsgangs, sondern auch auf der des sachlichen Gehalts von einer Nominaldefinition des göttlichen Wesens als des aktual Unendlichen ausgeht und erst aus dieser Definition zur Kausalitätenlehre übergeht. Während bei Bonaventura und Alexander sich der Eindruck aufdrängte, auf-

---

[82] Ord. I, W. d. 2, q. 2, V. p. 1, qq. 1–2.

[83] Vgl. folgenden gegen Heinrich von Gent gerichteten Passus aus der Reportatio Parisiensis I, d. 8, q. 3, n. 10: *Metaphysicus enim considerat quattuor genera causarum et naturalis similiter, sed non eodem modo sicut metaphysicus, quia sicut metaphysicus in considerando abstrahit a naturali, ita causae ut considerantur a metaphysico abstrahuntur a seipsis ut considerantur a naturali philosopho. Philosophus enim naturalis considerat causam agentem ut est movens et transmutans, materiam ut est subjectum transmutationis, et formam ut dat esse per comparationem ad actionem et motum ei proprium, et finem ut est terminus motus et transmutationis. Sed sic a causis abstrahit metaphysicus, nam metaphysicus abstrahit causam moventem ut dat esse sine motu et transmutatione.*

grund der im christlichen Bekenntnis überlieferten Bezugsweisen Gottes zur Welt müsse eine als solche noch nicht allzutief reflektierte Infinität des göttlichen Wesens gleichsam konzediert werden, scheint die Intention bei Duns Scotus – von seiner Kritik an einem metaphysischen Allmachtsbegriff einmal abgesehen – eher umgekehrt geartet zu sein: Gerade weil er vom Wesen Gottes ausgeht, sieht er sich genötigt, zu einem Beweisverfahren *a posteriori* zu greifen.

Jede Aussage über das Wesen Gottes nämlich ist nach Duns im derzeitigen Zustand unseres Intellekts notwendig aus mindestens zwei Begriffen zusammengesetzt: Dem des Seins, der die Existenz dieses Wesens prädiziert und einem zweiten, der eine superlativische, die Göttlichkeit garantierende Eigenschaft dieses Wesens angibt. Dieser zweite Begriff kann unter den *in statu isto* gegebenen Erkenntnisbedingungen nicht einfachhin evident sein, da er selber wiederum aus verschiedenen Einzelbegriffen besteht, deren widerspruchsfreie Kombinierbarkeit erst bewiesen werden muss. Ist sie gegeben, kann aus mehreren *conceptus simplices* ein *conceptus* entstehen, der in Bezug auf sein Objekt *simpliciter simplex* zu verstehen ist. Die essentialistisch-metaphysische Pointe des ganzen Beweisverfahrens besteht dabei darin, dass der Nachweis der Widerspruchslosigkeit dieser *conceptus simpliciter simplices* und hier konkret eben der Begriff des Unendlichen koinzidiert mit dem Beweis für die Existenz jenes Wesens, von dem dieser Begriff prädiziert werden kann: Gottes Wesen. Dabei empfiehlt es sich, so Duns Scotus, von den auf die Kreaturen bezogenen Eigenschaften des Unendlichen auszugehen, da dessen absolute, nicht-bezügliche Eigenschaften nicht ebenso direkt beweiskräftig sein können wie die bezüglichen der Kausalität und der Eminenz. Dies liegt daran, dass vom *conceptus simpliciter simplex* "*ens infinitum*" zuerst das *esse* bewiesen werden muss; dies aber ist leichter von dessen relativen Eigenschaften aus. In einem zweiten Beweisgang wird dann demonstriert, dass das im ersten durch diese relativen Eigenschaften als solches belegbare *ens* nur das Unendliche sein kann. Wieder und an entscheidender Stelle ist hier der typische Übergang der Ebenen sozusagen von der physischen Seite der Metaphysik zu deren metaphysischer zu beobachten.

Durch diese zwei Beweisgänge unterteilt sich die *distinctio* in zwei Hauptartikel. Im ersten dieser Hauptartikel entwickelt Duns nun vorerst eine bei den kreaturrelativen Proprietäten des Unendlichen startende dreigeteilte Beweisführung in drei Unterartikeln. Im ersten dieser Artikel zeigt er auf, dass es je ein erstes Bewirkendes (*effectivum*), ein erstes Begrenzendes (*finitivum*), ein erstes Überragendes (*eminens*) unter den Seienden gibt; im zweiten Artikel, dass der Primat jeder dieser Eigenschaften den der beiden anderen je mitbedingt; im dritten, dass dieser dreifache Primat nur einer einzigen Wesenheit zukommen kann, was ja durch das im ersten Artikel Demonstrierte noch nicht zwingendermaßen klar geworden war.

Duns kann nun für den ersten dieser Artikel bereits weitgehend auf die in den qq. zur Metaphysik des Aristoteles entwickelten Gedankengänge zur Überwindung des aristotelischen Unendlichkeitsbegriffes zurückgreifen, die ja darin ihre Spitze hatten, dass aus der Ablehnung eines kausativen *regressus in infinitum* gerade nicht die Unmöglichkeit eines aktualen Unendlichen, sondern dessen notwendige Existenz resultieren sollte. Der Beweis der Existenz des aktualen Unendlichen wird zwar in diesem ersten Artikel noch nicht direkt angestrebt, sondern nur der des ersten Effizierenden, Begrenzenden und Eminenten. Doch liegt jener diesem zugrunde, vor allem im Gedanken, dass weder essentiell noch akzidentiell angeordnete Ursachenreihen ohne eine erste Ursache auskommen können.[84] Für jedes dieser drei ersten Seienden wird so bewiesen, dass es das je erste seiner Art ist, dass es als solches inkausabel ist und schließlich, dass es aktual existiert.

Dass diese insgesamt neun *conclusiones*[85] eine innere Kohärenz aufweisen, macht Duns im zweiten Artikel klar.[86] Wie er schon einleitend bemerkt hatte,[87] sind Effektivität und Finitivität zwei Formen von Kausalität, die sich ergänzen, und zwar derart, wie er jetzt präzi-

---

[84] Der Satz in W. d. 2, q. 2, n. 17: *Secunda conclusio est haec: Primum finitivum est causabile* ist natürlich als sinnentstellender Druckfehler anzusehen; vgl. V. d. 2, p. 1, q. 2, n. 61.

[85] Ord. I, d. 2, W. q. 2, n. 11; V. p. 1, qq. 1–2, nn. 42f.

[86] Ord I, d. 2, W. q. 2, n. 18; V. p. 1, qq. 1–2, nn. 68f. *Quantum ad secundum articulum, dico, quod ista est triplex primitas, quae est sparsim probata de ista quiditate, competit eidem quantitati: quod ostenditur duabus conclusionibus sequentibus.*
Prima est ista: Quod primum efficiens est ultimus finis.
Secunda est: Quod primum efficiens est primum eminentia; ita quod iste articulus habet duas conclusiones. Prima probatur sic: quia omne per se efficiens, agit propter finem, et prius efficiens agit propter finem priorem: ergo primum efficiens agit propter ultimum finem: sed propter nihil aliud a se principaliter, et ultimate agit: qui nihil aliud a se potest esse finis eius, ergo agit propter se, sicut propter ultimum finem, ergo primum efficiens est ultimus finis.
Secunda conclusio huius articuli probatur sic: Primum efficiens non est univocum respectu illarum naturarum effectarum, sed aequivocum; ergo eminentius, et nobilius eis, ergo primum efficiens est eminentissimum.

[87] A. a. O., d. 2, W. q. 2, n. 10; V. p. 1, qq. 1–2, n. 40.

siert, dass das erste Bewirkende das letzte Ziel darstellt, entsprechend der funktionalen Komplementarität von *efficere* und *finire*. Umgekehrt sind effizierte und effizierende Naturen nicht univoke, sondern nur aequivoke Seiende, weil sie sich durch unterschiedliche Perfektionsgrade auszeichnen. Das erste Effizierende muss darum auch das eminenteste Wesen sein.

Im dritten Artikel schließlich bedient sich Duns jener Argumentationsfigur, die zum Erweis der Einheit der aktualen Unendlichkeit im Spätmittelalter so oft anzutreffen ist, nämlich der intrinsischen Unvereinbarkeit (*incompossibilitas*) des Unendlichen mit einem hypothetisch postulierten anderen seiner selbst. Duns scheint hier das Argument freilich, seiner vorläufigen Beschränkung auf die relativen Eigenschaften des Unendlichen gemäß, dahingehend zu universalisieren, dass einer selbstursächlichen Wesenheit überhaupt kein irgendwie positiv oder gar privativ gedachter seinsunverträglicher Konkurrent gegenüberstehen kann, da er ja eine seinsmächtigere Kausalitätspotenz beinhalten müßte. Das ist bereits logisch ausgeschlossen – wie übrigens auch die simultane Seinsnotwendigkeit zweier realunterschiedener Wesen. Die, wie Duns selber bemerkt, in diesem dritten Artikel der d. 2 primär intendierte Einheit der Natur des ersten Seienden wird der Konsequenz zuliebe auch vom letzten Begrenzungsziel und dem ersten Überragenden nachgewiesen, die nächste *distinctio* so vorbereitend.

Nachdem so aus den kreaturbezüglichen Eigenschaften des Unendlichen die Einheit und Existenz des ersten Seienden schlechthin bewiesen ist, wird anhand seiner nichtbezüglichen Eigenschaften (*proprietates*) im zweiten Hauptartikel gezeigt, dass dieses *ens* zwingenderweise unendlich sei. Dies geschieht in vier vorbereitenden Überlegungen und anschließend vier Beweisen, einem doppelten *per viam efficientiae*, einem *per viam finis*, einem *per viam eminentiae*. Die vier Präambeln dieses Hauptartikels dienen alle dem Nachweis des Satzes, dass das erste Seiende mit Intellekt und Wille begabt sein müsse.[88] Dies ist doppelt bedeutsam. Zum einen zeigt diese Charakterisierung des ersten Seienden, wie weit sich der Franziskaner Duns Scotus von dem der ἀπάθεια (und ontologischen Starre) verpflichteten aristotelischen Höchstseienden[89] entfernt hatte, wie sehr er als Vordenker bereits der späteren Franziskaner Kontingenz und Voluntarität des Handelns als

---

[88] A. a. O., d. 2, W. q. 2, n. 20; V. p. 1, qq. 1–2, nn. 74–81.
[89] Met. Λ, 1073 a.

für das Wesen Gottes konstitutiv erachtete.[90] So legt Duns in der
dritten Präambel allen Wert darauf, dass Wille und Intellekt keine
akzidentiellen, sondern essentielle Proprietäten des ersten Seienden
sind.[91] Zum anderen sind diese vier vorbereitenden Gedankengänge
Bedingung der Möglichkeit des zweiten der vier Wege zum Unendlichen in seinen absoluten Eigenschaften. Der Intellekt des ersten
Seienden nämlich ist imstande, alles Intelligible, das unser endlicher
Intellekt nur sukzessive erkennen kann, zugleich zu erkennen und
damit nach gut scholastischer Vorstellung auch zu bewirken. Das
aber heißt, dass er eine aktuale Unendlichkeit von Intelligiblen erkennen kann, was wiederum voraussetzt, dass er selber unendlich ist.
Ist aber der Intellekt des ersten Wesens unendlich, folgt aus den
bereits entwickelten Prämissen, dann ist es auch dieses Wesen selber.
    Ist dieser zweite Weg problemfrei deduzierbar, so der erste und
der strukturell mit dem dritten verwandte vierte Weg nur in Abgrenzung gegen ähnliche Lösungsversuche der Vergangenheit. Bei dem
ersten *per efficientiam* geführten Beweis muss man allerdings schon beinahe von einer eigentlichen Abrechnung sprechen. Der Unendlichkeitsbegriff des Philosophen wird in ultimativer Klarheit als
ungenügend herausgestellt, sicherlich eine Frucht der jahrelang vorangegangenen Auseinandersetzung des Doktors mit der aristotelischen
Metaphysik und ihren spanisch-maurischen Kommentatoren.[92] Der
Schluss: *primum movet motu infinito; ergo habet potentiam infinitam* ist nach
Duns nämlich nur dann korrekt, wenn der Obersatz gleichsam ent-
physiziert und gleichzeitig ins Metaphysische ausgeweitet wird.
Zuallererst muss diese *maior* freilich in einen Potentialis gesetzt werden, da sie ja nach Aristoteles als solche keine Aktualität besitzen
kann. Dasselbe leistet der gleich folgende Umformulierungsversuch
des Obersatzes von der einfachen Bewegung des ersten Seienden hin
zu der durch die Bewegung des Ersten bedingten Produktionsmäch-
tigkeit des ersten Seienden bezüglich aller potentiell in dieser Bewegung
liegenden Effekte. In diesen Reformulierungen, oder, wie Duns so

---

[90] A. a. O., W. n. 20; V. n. 81: *Nullum est principium operandi contingenter: nisi voluntas, vel aliquid concomitans voluntatem, quia quodlibet aliud agit ex necessitate naturae, et ita
non contingenter: ergo [. . .].*

[91] A. a. O., d. 2, W. q. 2, n. 23; V. p. 1, qq. 1–2, nn. 98–104. Solche
Programmsätze sind philosophiehistorisch nicht zuletzt deswegen bedeutsam, weil
sie jene klischierende Gegensatzbildung von angeblich rein voluntaristischem Franziskanismus zum intellektuellen Thomismus schon *a radice*, nämlich dem Wesen Gottes,
verwehrt.

[92] Wie übrigens auch Lychet vermutet: Kommentar zur d. 2, q. 2, n. 26.

schön sagt, *colorationes*, beginnt im Grunde schon die Sachdifferenz, weil diese Potentiale faktisch wie Aktualitäten behandelt werden. Doch darum geht es Duns hier nicht eigentlich, denn genau diese Art von Differenz bedarf, soll sie nicht letztlich als *petitio principii* dastehen, einer tieferen, nämlich transphysischen Begründung. Duns liefert sie, indem er zeigt, dass die zitierte aristotelische Schlussfolgerung von der Bewegung auf die bewegende Essenz lediglich eine *infinitas durationis* oder eine *infinitas numeralis* demonstriert, die beide aber von je finiten Gegenstücken nicht sozusagen kategorial zu unterscheiden sind. Denn endliche Quanta an Dauer oder Zahl ins Unendliche auszuweiten, bedeutet eben gerade nicht eine Überwindung der Kategorie der Quantität. Deswegen geschieht hier derselbe Übersprung, der schon in den scotischen Fragen zur Metaphysik zu beobachten gewesen war und der es Duns hier wie dort ermöglicht, von der quantitativen Unendlichkeit aristotelischen Zuschnitts wegzukommen; wobei der Text allerdings nun terminologisch konsequenter und einheitlicher strukturiert ist, was auf eine vertiefte Reflexionsstufe rückschließen lässt. Dies lässt sich auch beobachten an der entscheidenden terminologischen Neuerung. Duns fasst den von ihm intendierten Übersprung von partikulärer Bewegungsursache zu schlechthinniger Ursächlichkeit, von Quantität zu Perfektion, mithin von Physik zu Metaphysik in die Begriffe der Ex- versus der Intensität. Denn nur insofern in der zitierten aristotelischen Schlussfolgerung die im Obersatz gegebene Kausalität der Bewegung durch das erste Seiende auf Kausalität als solche und in jeder Hinsicht ausgeweitet wird, kann und muss diese aristotelische Schlussfolgerung Anspruch auf Gültigkeit erheben, denn dann und nur dann ist die Simultaneität verschiedener vom ersten Seienden verursachter Effekte im ersten Seienden gegeben. Nur die Gleichzeitigkeit verschiedener schon in sich eine jeweilige Art von Perfektion der Ursache verlangender Effekte im ersten Seienden bedeutet virtuelle Koinzidenz dieser Perfektionen, damit Graduierung an Perfektion und letztlich an Seinsintensität dieses Seienden selber. Und nur Graduierung der Seinsintensität führt zu einem plausiblen Verständnis von Infinität, denn allein Veränderung in der Intensität des Seins vermag einen durch rein quantitierende Extension stets innerhalb der kategorialen Grenzen der Endlichkeit verbleibenden Effizienz- oder Potenzbegriff aufzusprengen. Diese intensive Infinität oder eher infinite Intensität ist freilich mit der natürlicherweise nicht erkennbaren Allmacht noch nicht einfach identisch. Das durch sie ausgezeichnete erste Seiende macht ja nicht als

Totalursache sämtliche Zweitursachen überflüssig. Innerhalb *metaphy-sischer* Bestimmungsmöglichkeiten ist freilich die dem ersten Seienden zuzuerkennende intensive Unendlichkeit die potenteste Möglichkeit, in der Sein überhaupt wahrgenommen werden kann. Intensive Unend-lichkeit ist der höchste aller *modi intrinseci* von Sein.

Nicht weniger brisant als der erste Weg ist der vierte, durch den auch der dritte bestätigt wird. Er beruht auf der bereits bewiesenen Eminenz des ersten Seienden und ist dem ontologischen Argument in dessen klassisch anselmischer Form eng verwandt. Der in verschie-denen Varianten durchgeführte Grundgedanke lautet: Da dem emi-nentesten Seienden nichts Perfekteres gegenübergestellt werden kann, endlichem Seienden aber selbstverständlich Perfekteres als es selber kompossibel ist, muss das eminenteste Seiende unendlich sein. Das Hauptargument liegt hier in der statuierten Kompossibilität oder Nichtwidersprüchlichkeit von Seiendem und Unendlichkeit: Seiendes ist nicht gleichsam aus sich selber heraus der Endlichkeit verpflichtet. Diese Grunderkenntnis scheint, wie Duns selber bemerkt, nicht wei-ter belegbar, also eine axiomatisch-präargumentative Anerkenntnis einer selbstevidenten Tatsache zu sein. Zur Bekräftigung dieses an sich doch in sich selber plausiblen Faktums, sozusagen zur Unter-streichung seiner Selbstverständlichkeit, scheut Duns selbst vor einem angesichts seiner eigenen Prämissen eher zweifelhaften Vergleich nicht zurück. Die Kompossibilität von Quantität und extensiv-potentialer Unendlichkeit als einer *infinitas molis* stellt er mit der von ihm jetzt dargelegten Kompossibilität von Seiendem und essentiell-intensiver Unendlichkeit als *infinitas virtutis* in eine Linie. Schon Lychet muss hier das Gefühl gehabt haben, in seinem Kommentar Duns vor sei-ner eigenen, vermutlich aber eher scheinbaren als tatsächlichen Inkonsequenz in Schutz nehmen zu müssen.[93] Von der Kompossibilität oder Nichtwidersprüchlichkeit von erkennendem Intellekt und erkann-tem unendlichen Objekt kommt Duns scheinbar unversehens auf das ontologische Argument Anselms. An dieser in den Beweisgängen des vierten Wegs liegenden und von Duns selber explizit gemachten Nähe zum ontologischen Argument wird deutlich, wie weit trotz geringen zeitlichen Abstandes das scotische Seins- und Metaphysikverständnis vom thomasischen bereits entfernt liegt. Thomas lehnt dieses Argument rundweg ab. Duns hingegen begnügt sich mit einer einfachen Kolo-

---

[93] Kommentar zu d. 2, q. 2, n. 2.

ratur. Sie betrifft nicht den ontologischen Kern des Arguments, sondern seine erkenntnistheoretische Rekonstruierbarkeit, der er eine in der Eminenz des ersten Seienden beruhende Begründungsvertiefung beigeben will. Das höchste denkbare Seiende ist nach Duns deswegen *in re* statt *in intellectu* allein, weil es sonst von dem es erkennenden Intellekt abhängig und also nicht das Eminenteste schlechthin sein könnte. Außerdem ist nur *in re* Existierendes intuitiv erkennbar, das allein im Intellekt Existierende hingegen lediglich abstraktiv.[94]

Dieser vierte Weg bietet letztlich auch die Begründung zu dem gänzlich analog aufgebauten dritten. Der dritte Weg *ex parte finis* basiert auf der Nichtwidersprüchlichkeit unseres Willens und des unendlich Guten als Objektes dieses Willens. Wäre hier eine essentielle Unverträglichkeit, hätte unser Wille eine Abneigung gegenüber der Vorstellung eines unendlich Guten. Dies ist nicht der Fall.

Einen sozusagen fiktiven fünften Weg hält Duns hingegen für gänzlich unbegehbar und statuiert an ihm ein Exempel unhaltbarer Argumentationsweise für das Unendliche. Es ist die einleitend zu diesem Kapitel schon dargelegte thomasische Unendlichkeitsdefinition aus der *esse-essentia*-Differenz. Sie ist für Duns letztlich nicht anders zu bewerten als eine etwas spezielle Form extrinsischer oder extensiver Unendlichkeitsgenerierung, die jeden intrinsischen Unendlichkeitsbegriff nur verfremden könne. Insofern bietet dieser fünfte Weg die Gegenprobe zu den ersten vier in positiver Weise entwickelten Wegen und zeigt *e contrario* noch einmal, woran Duns in erster Linie gelegen ist: Vermeidung jeglicher Mixtur von in- mit extrinsischen Infinitätskonzeptionen. Die Frage, ob die thomasische Lehre ihrer Intention nach dadurch schon ernsthaft getroffen sei, ist damit keineswegs schon beantwortet. Das wiederum verändert – zumindest im Verständnis und Selbstverständnis des Franziskaners – nichts an der exemplarisch an ihr aufscheinenden Systemdifferenz.

Dass ans Ende der ganzen Quaestio zu den Beweisen eine kurze Zusammenfassung des gesamten Beweisganges angefügt wird, trägt Ausnahmecharakter und hebt die hohe Bedeutung, die der Beweis

---

[94] Zur Differenz zwischen *cognitio intuitiva* und *abstractiva* bei Duns Scotus s. das noch immer aktuelle klassische Werk von Day, Intuitive Cognition, mit dessen berechtigtem Untertitel: A Key to the Significance of the Later Scholastics. Zur universalientheoretisch mitbedingten semantischen Neukonzeption desselben Begriffspaars bei Ockham s. etwa Owens, Faith, ideas, illumination and experience, oder Boler, Intuitive and abstractive cognition.

in den Augen schon seines Urhebers gehabt haben muss, noch ein-
mal hervor. Erst an diese Zusammenfassung anschließend beantwor-
tet er die Fragen der vorangegangenen Quaestio, in der er die
Vereinbarkeit der Existenz des aktualen Unendlichen mit derjenigen
von evidenterweise Widergöttlichem in der Welt problematisiert hatte.
Dass Gott ein intensiv zu verstehendes unendliches Seiendes ist, so
Duns Scotus, hindert ihn in keiner Weise in seiner kontingenten
Handlungsfreiheit. Im Gegenteil eröffnet gerade der Gedanke der
Unendlichkeit Gottes die Möglichkeit, die dem ersten Seienden im
Kontext der aristotelischen Physik und Metaphysik auferlegten
Handlungszwänge zu durchbrechen, so vor allem die Zeitgebundenheit
von Bewegungshandlungen, die ihrerseits wiederum für Aristoteles
die Denkmöglichkeit intensiver Unendlichkeit verhinderte. So schließt
sich hier, zumindest innerhalb der scotischen Beweisgänge, ein Kreis,
obschon man im Sinne des *doctor subtilis* wird anfügen müssen, dass
Kontingenz nicht demonstrierbar ist, sondern lediglich als nicht zum
vornherein logisch unmöglich herausgestellt werden kann.

Die an die soeben skizzierte anschließende dritte Quaestio steht im
Übergang von dem in den beiden Anfangsdistinktionen entwickel-
ten eigentlichen Gottesbeweis zur Erörterung der trinitarischen
Personenpluralität in Gott in der zweiten Hälfte der zweiten Distinktion.
Diesen Übergang bildet sie durch ihr Thema der numerischen
Einzigkeit und somit essentiellen Einheit Gottes, die einerseits die
Konsequenz der essentiellen Infinität Gottes, andererseits den Ausgangspunkt der trinitarischen Fragestellung bildet. Auch hier gibt sich Duns
zuerst wissenschaftstheoretische Rechenschaft. Die Einzigkeit Gottes
kann nicht mittels der natürlichen Vernunft erkannt werden, da sonst
auch die aus der Einzigkeit abzuleitende Singularität des göttlichen
Wesens es wäre, was nach den im Prolog festgestellten Grundsätzen
unzulässig ist. Eine rein fideistische Gegenposition ist nach Duns aber
genauso abzulehnen. Die Lösung liegt auch hier im Unendlichkeitsbegriff, der damit an dieser Stelle zum ersten Mal das leisten
kann, was ihm seit dem Prolog programmatisch zugeschrieben wurde:
Er substituiert als unter gegenwärtigen Konditionen höchstmöglicher
metaphysischer Begriff für den nur durch Offenbarungswissen zugänglichen Glaubensinhalt göttlicher Singularität. Dieses rationale Annä-
herungsverfahren an die göttliche Essenz und deren Einzigkeit wird
sechsfach durchgeführt, indem bei sechs unterschiedlichen Existenz-
formen aktualer Unendlichkeit – *infinitus intellectus*, *infinita voluntas*,

infinita bonitas, infinita potentia, infinitas absolute, ratio necesse esse – die logische Widersprüchlichkeit jeder Plurifikation der durch sie prädizierten Essenz aufgezeigt wird. Es sind dies nichts anderes als sechs Variationen des einen bei Duns, seinen Vorläufern und Nachfolgern immer wiederkehrenden Argumentes der logischen Inkompossibilität gleichartiger oder, was dasselbe ist, der faktischen Unmöglichkeit der Existenz ungleichartiger unendlicher Seiender.

Bemerkenswert scheint, dass das siebte in der Allmacht liegende Argument zum Erweis der Einzigkeit Gottes dieser Sechserreihe nicht zugeordnet werden kann. Die Allmacht Gottes gehört für Duns, wie er stets betont, zu den ausschließlich dem kirchlichen Traditionsgut entstammenden Glaubensinhalten, die auch kraft substituierender Rationalität nicht erreicht werden können.[95] Auch scheint hier jedoch die Argumentation nicht in gleicher Weise apodiktisch zu sein wie in den vorangegangen Beispielen. Zwar wird jede Vielheit allmächtiger Wesen negiert und von Negationen kann es keine Grade geben. Dennoch ist durch die Kontingenz des göttlichen Willens und seiner Macht nach Duns eine direkte Negation der Existenz eines anderen notwendigen Wesens nicht an sich ausgeschlossen: Kontingente Willensäußerungen können notwendige Wesenheiten nicht betreffen. Auch die Richtungen oder Inhalte beider Willen müssen sich seiner Meinung nach aufgrund ihrer Kontingenz nicht zwingenderweise gegenseitig ausschließen. Lediglich aufgrund der Unmöglichkeit zweier Totalursachen für ein und dasselbe Willensobjekt ist eine Doppelung oder Vervielfachung allmächtiger Wesen dann doch abzulehnen. Unklar oder wenigstens ohne Begründung bleibt freilich, wieso für die göttliche Allmacht die im Begriff der unendlichen Macht inhärierende Totalkausalität ebenfalls zu gelten hat. Da der Omnipotenzbegriff sich aufgrund des ihm inneliegenden Allquantors ja auch auf die Gesetze der Logik erstreckt, wäre er zumindest theologisch hinterfragbar. Für Duns freilich ist übernatürlich erkennbare theologische Wahrheit zwar über die der Logik verpflichtete metaphysische Erkenntnis hinausweisend, aber niemals ihr widersprechend.

Beweis des aktualen Unendlichen im Gebetsmodus (De primo principio)
Der aller Wahrscheinlichkeit nach erst nach der *Ordinatio* aus einem dringenden Wunsch nach einer überblickbaren Zusammenfassung

---

[95] Als selbständiges Thema taucht sie auf in Ord I, d. 42 und Quodl. q. 7. Eine Parallelstelle zu Ord. I, d. 2 existiert in *de primo principio* IV, Sent. 9, *via septima*.

seiner metaphysischen Gotteslehre in Paris entstandene *Tractatus de primo principio* bildet die werkgeschichtlich nächste Stufe des Unendlichkeitsdenkens bei Duns. Wesentliche Modifizierungen im Inhalt werden keine dargeboten, dafür aber eine Schrift, die nicht durch den Kontext einer bestimmten aristotelischen Schrift oder lombardischen *Quaestio* veranlasst, sondern sozusagen aus ureigenstem Antrieb die gesamte Metaphysik im Begriff des intensiven Unendlichen gipfeln lässt. Dieser Antrieb dürfte doppelt motiviert sein. Zum einen will Duns dem an prominenter Stelle – dem Prolog der *Ordinatio* – als *conceptus perfectissimus* bezeichneten Terminus die ihm gebührende methodische und vor allem formale Reverenz erweisen: Der Aufbau des dritten und vierten Buches des Tractatus entspricht ziemlich genau den Quaestionen 2 und 3 der zweiten Distinktion des ersten Ordinatiobuches, doch fiel er als separate Publikation natürlich mehr ins Auge. Zum andern wird der ganze Gedankengang gänzlich in Gebetsform eingehüllt. Der gläubige Christ soll aus dem vernünftigerweise von Gott Erschließbaren eine Hilfe zur Andacht bekommen, gleichsam den *ordo* korrekten metaphysischen Denkens zum Inhalt oder doch wenigstens zur Vorlage seines Gebetes machen können. Geht der Beter mit Duns diese Vorlage durch, landet er schlussendlich bei der Einzigkeit Gottes, die durch die zwingende Singularität aktualer Unendlichkeit nachgewiesen wird. Die Schrift konnte darum schon als ein "Proslogion des 13. Jahrhunderts" bezeichnet werden.[96] Dennoch hat auch hier die Unendlichkeit nicht das allerletzte Wort. Dass Gott allmächtig, unermesslich, allgegenwärtig, gerecht, barmherzig, vorhersehend sei, wollte Duns erst in einem am Ende von *de primo principio* 4 angekündigten eigenen Tractatus *de creditis* speziell behandeln.[97] Er wurde wohl nie geschrieben.

4. *Resultate* (Quaestiones Quodlibetales, 5)

Die Topoi und Texte zur Frage der Unendlichkeit, denen wir uns bisher zuwandten, sind keineswegs alle, die im Werk des Johannes Duns Scotus existieren.[98] Schon innerhalb der von uns getroffenen

---

[96] Prentice, The "De Primo Principio" as a thirteenth century "Proslogion". Auch wenn es vielleicht ein "fourteenth century 'Proslogion'" war: Eine hübsche Formulierung.

[97] *De primo principio* IV, Sent. 10.

[98] So wäre etwa Ord. II, d. 9, q. 2 ein weiteres wichtiges Beispiel, das zudem die in der Zeit charakteristische enge Nachbarschaft der metaphysisch-theologischen

Auswahl an Texten ist jedoch die in ihnen angesprochene Fülle von Themen nicht leicht zu überblicken. Duns selber scheint das Bedürfnis nach einer Zusammenfassung der Sache in ihren verschiedenen Problemaspekten verspürt zu haben. Er kam ihm nach in der fünften der allgemein spät datierten Schrift der *Quaestiones Quodlibetales*.[99] Aufgrund dieser Stellung in der Biographie ihres Verfassers besitzt die Beweisführung eine Übersicht und Klarheit, die zuvor nicht zu finden war.[100]

Gestellt wird im relationentheoretischen und somit, wie beim augustinisierenden Doktor zumeist, trinitätstheologischen Kontext der ersten Quaestionen dieses (vermutlich während einer einzigen Pariser Disputation entstandenen) Quodlibet die Frage nach der Unendlichkeit Gottes: *utrum relatio originis sit formaliter infinita*. Schon in der Exposition der Quaestio wird ersichtlich, dass die Frage sich für ihn in aller Schärfe stellt. Dem trinitätstheologischen Einwand, nicht eine einzige innergöttliche Ursprungsrelation könne unendlich sein, stellt Duns die gleichsam axiomatisch postulierte, aus dem ersten Ordinatiobuch übernommene Präkategorialität der Unendlichkeits-Endlichkeits-Differenz entgegen.[101] Denn diese Präkategorialität bedingt eine streng alternative Zuteilung aller Entitäten entweder zum endlichen oder zum unendlichen Sein, und da Ursprungsrelationen in Gott nicht endlich sein können, wäre eigentlich ihre Unendlichkeit zwingend. Das aber würde natürlich sofort die Folgefrage auslösen, wie denn mehrere Unendliche in Gott koexistieren können.[102] Die eigentliche

---

mit der naturphilosphisch-mathematischen Reflexion aufzeigt, ebenso wie die Verbindung von Unendlichkeitsfrage und der Indivisibilismusproblematik. Duns lehnt die Punktstruktur von Kontinua in divisibilistischem Sinne ab mittels des Arguments, dass die Parallel- oder Zentralprojektion von Linien und Flächen die Anzahl der Punkte in der proijzierten Grösse niemals vermehren könne. Vgl. Maier, Kontinuum, Minima und aktuell Unendliches, 164f.

[99] Wir schließen uns mit dieser Datierung der Vermutung in Kluxen (Hg.), Abhandlung über das erste Prinzip, XVII, an. Bezüge zur Ordinatio sind zahlreich und machen den Eindruck einer Zusammenfassung von früher schon Durchdachtem. Zur Fragestellung der q. 5 vgl. Ord. I, q. 13, n. 9.

[100] Cavellus beispielsweise meint im Vorwort zu seiner Ausgabe, Wadding, a. a. O., XII, O: *Opus est pretiosissimum suum, et medullam doctrinae, quam Doctor in sententiis tradidit, maiori claritate, faciliori methodo, et solidiori argumentorum fundamento complectens, in omnibus subtilis, hic subtilissimus extitit Doctor, ubi aliis aliae speculationis levavit se supra se. Ultimum omnium opus istud scripsit; ut igitur posterius generatione, ita prius perfectione inter omnia eius opera habendum est.*

[101] Ord. I, d. 8, q. 3, n. 16.26; V. d. 8, p. 1, q. 3, n. 95.136.

[102] An anderen Stellen seines Werkes, zumal in den schon erwähnten in Ord. I, erklärt Duns in analoger Weise die Präkategorialität der Differenz von Geschaffensein und Ungeschaffensein und spricht von der "Gemeinschaft", die das Sein mit

Durchführung der Quaestio stellt sich dieser Problematik und erarbeitet Plausibilitätsmomente einer Lösung in dreistufiger Vorgehensweise. Ein erster Artikel *de intellectu quaestionis* bringt mit Souplesse den Unterschied zwischen extrinsischer und intrinsischer Unendlichkeit zur Sprache. Ein zweiter Artikel, *quid est tenendum de quaestione*, legt die Vereinbarkeit intrinsisch-intensiver Unendlichkeit mit der Trinitätslehre dar. Ein dritter und letzter Artikel schließlich soll *dubia occurrentia* ausschließen.

Der erste Artikel geht von der klassischen quantitativen Unendlichkeit aus, um festzustellen, dass sie nur potentiell existieren kann. Existierte sie aktuell, wäre sie nicht quantitativer Natur, da sie sonst perfektibel würde. Dem aktuell Unendlichen kann keine Perfektion fehlen, ja überhaupt nichts an Seiendheit. Darum wird es intensives Unendliches genannt, geballtes Seiendes.[103] Es ist darum schlechthin und unüberbrückbar von allem Endlichen getrennt. Die scotische Formel, derer sich die scotistischen Gelehrten, aber nicht nur sie, künftig bedienen sollten, lautet:

> *Ens infinitum est quod excedit quodcunque ens finitum, non secundum aliquam determinatam proportionem, sed ultra omnem determinatam proportionem*

– das unendliche Seiende ist dasjenige, das alles endliche Seiende übersteigt, und zwar nicht in irgendeinem Verhältnis, sondern jenseits jedes möglichen Verhältnisses.[104] Diese Improportionalität ist nicht in erster Linie mathematisch zu verstehen, sondern, um einen neuzeitlichen Begriff zu verwenden, ontologisch. Das unendliche Seiende übertrifft alles endliche Seiende an Seinsmächtigkeit, an Seiendheit, an Intensität des Seiendseins. Ebendeswegen ist die Unendlichkeit eine keinesfalls äußerliche Bestimmung, sondern eine

---

Geschaffenem und Ungeschaffenem gleichermaßen verbindet, beispielsweise in Ord. I, d. 3, W. q. 3, n 7; V. p. 1, q. 3, n. 135: *Ens sufficienter dividitur tanquam in illa quae includunt quiditative ipsum, in ens increatum, et in decem genera, et in partes essentiales decem generum.* Zum Gemeinschaftsbegriff vgl. ebd. W. n. 8, V. nn. 137f.

[103] Dies ist die aufgrund der Improportionalität von intensiver und extensiver Unendlichkeit nicht nur glückliche, aber hier treffende Übersetzung für *intensive infinitum* von H. L. Fäh, Johannes Duns Scotus: Gottes Dasein und Einzigkeit, Ordinatio I, d. 2, q. 1 und 3 übersetzt und erklärt, 213.

[104] A. a. O., q. 5, n. 4: *Ex hoc possumus 'ens in infinitate' sic describere, quod 'ipsum est cui nihil entitatis deest, eo modo quo possibile est illud haberi in aliquo uno', et hoc pro tanto additur, quia non potest in se realiter et formaliter per identitatem omnem entitatem habere. Potest etiam describi per excessum ad quodcunque aliud ens finitum sic: 'Ens infinitum est quod excedit ens finitum, non secundum aliquam determinabilem proportionem, sed ultra omnem determinatam proportionem, vel determinabilem.*

innere Modalität des Seins.[105] Diese scotische Unendlichkeitsauffassung führt in der Beantwortung der Frage im zweiten und dritten Artikel in die bereits angeführte paradoxe Aporie, dass die Frage nach der Unendlichkeit der innergöttlichen Ursprungsbeziehungen weder verneint noch bejaht werden kann. Sowohl für die Unmöglichkeit der Bejahung wie auch die der Verneinung bringt Duns je mehrere taugliche Gründe. Die Gründe für die Unmöglichkeit der Verneinung liegen letztlich in der Seinstotalität des Unendlichen. Da es unmöglich ist, eine der trinitarischen Beziehungen als weniger seinsmächtig denn eine der beiden anderen anzusehen, kann keine nur endlich sein; es wirkt hier der Grundsatz der Improportionalität, der Verhältnislosigkeit von Unendlichem und Endlichem, die eine graduelle Seinsdifferenz im Unendlichen ausschließt. Vielmehr gilt: Was am Unendlichen teilhat – die göttlichen Ursprungsbeziehungen in Gott – kann selber ebenfalls nicht anders als unendlich sein. Die Ursprungsrelation der väterlichen Person in Gott nun hat am Wesen Gottes selbstredend Anteil,[106] gleichwohl kann die Unendlichkeit der

---

[105] Ebd.: *Verbi gratia, accipiatur haec entitas 'albedo'; exceditur ab alia entitate, quae est scientia in triplo. iterum exceditur ab anima intellectiva in decuplo. Iterum a supremo Angelo; esto quod in centuplo: qualitercunque procedis in entibus, semper esset dare in qua proportione determinata supremum excedit infimum: non quod ibi sit proprie proportio talis quali utuntur Mathematici: quia non constat Angelus ex aliquo inferiori cum aliquo addito, cum sit simplicior, sed intelligendum est hoc secundum proportionem virtutis, et perfectionis, sicut est excessus in speciebus. Hoc modo per oppositionem, infinitum excedit in entitate finitum ultra omnem proportionem assignabilem.*

Ex hoc sequitur quod infinitas intensiva non sic se habet ad ens, quod dicitur infinitum tanquam quaedam passio extrinseca adveniens illi enti: nec etiam eo modo quo 'verum' et 'bonum' intelliguntur passiones vel proprietates entis: imo infinitas intensiva dicit modum intrinsecum illius entitatis, cuius est sic intrinsecum, quod circumscribendo quodlibet, quod est proprietas vel quasi proprietas eius, adhuc infinitas eius non excluditur, sed includitur in ipsa entitate, quae est unica. Unde de ipsa entitate praecisissime accepta, absque scilicet quacunque proprietate, verum est dicere quod aliquam magnitudinem propriam virtutis habet sibi intrinsecam, et non magnitudinem finitam quia ipsa repugnat sibi: ergo infinitam. Ipsum etiam infinitum praecisissime acceptum non sub aliqua ratione proprietatis attributalis ut bonitatis, vel sapientiae potest comparari secundum ordinem essentialem ad aliqua, quae excedit, et non secundum aliquam proportionem determinatam, quia tunc esset finitum: intrinsecus ergo modus cuiuslibet infiniti intensive est ipsa infinitas, quae intrinsece dicit ipsam esse, cui nihil deest, et quod excedit omne finitum ultra omnem proportionem determinabilem.

[106] A. a. O., q. 5, n. 26: *Ad Argumentum principale sicut declaratum est in primo articulo: infinitas in entitate dicit totalitem in entitate, et per oppositum suo modo finitas dicit partialitatem entitatis. Omne enim finitum ut tale, minus est infinito ut tali: quia secundum Euclidem 7. conclusione 4. 'omnis numerus minor numeri pars est, vel partes'. Hoc non sic intelligendum est: quod iste binarius sit pars illius ternarii, quod nihil est sic in Divinis: sed quantum ad proportiones omnes attendas in quantitatibus, ille binarius se habet ad illum ternarium, sicut pars, vel partes ad totum, quia simili modo exceditur ab illo ternario, sicut exceditur alius binarius ab alio ternario cuius est pars. Ita dico hic: nullum creatum est pars Dei, cum Deus sit simplicissimus, sed omne finitum, cum sit minus illa entitate infinita conformiter potest dici pars, licet non*

Ursprungsbeziehungen nicht einfach bejaht werden. Das der Ursprungsrelation wie der Person im scotischen Verständnis Eigene ist ja deren
Inkommunikabilität, die je eigene Unverwechselbarkeit, durch die sie
mit anderen Seienden essentiell nicht identifiziert werden kann.
Aufgrund dieser für das scotische Denken eminent wichtigen Voraussetzung kann auch eine göttliche Ursprungsbeziehung oder Person
nicht einfach mit dem Wesen Gottes als solchem gleichgesetzt werden. Sie ist darum nicht im selben vollkommenen Sinne wesensmä-
ßig vollkommen und unendlich. Wie Duns schon bei der Ablehnung
jeder Setzung von Proportionalitätsverhältnissen seinen persönlichen
Willen als eines autoritativen theologischen Lehrers in ungewöhnli-
chem Maße betonte, so auch jetzt in Bezug auf die Inkompossibilität
von innertrinitarischer Personalität und Unendlichkeit. In seinen
Augen ist diese Unvereinbarkeit als letztlich kontingentes Faktum zu
betrachten, das auch er als Magister nur vertreten, aber nicht beweisen kann. Sie ist bedingt durch göttliche Willenssetzung und von
daher nicht mehr weiter zu begründen, wie es etwa sein berühmter
indirekter Schüler Brulefer zumindest versuchen sollte.[107]
    Dass Duns hier die innergöttlichen Relationen und die essentielle
Infinität Gottes so deutlich voneinander trennt, kann vielleicht in
zwei verschiedene Richtungen interpretiert werden. Es kann darin
eine grundsätzliche Problematik gesehen werden, die auch dem scotisch gefassten intensiven Unendlichkeitsbegriff noch anhaftet. In dieser Sicht ist er insofern noch nicht in der Lage, quantitative Momente
völlig zu verabschieden, als sein Urheber darauf insistiert, Seinstotalität
könne nur der Essenz Gottes selber zukommen. Es tauchen so gesehen gewisse Konsistenzprobleme aktual intensiver Infinität schon in
ihr selber auf, wie Ockham später behaupten wird.[108] Es kann aber
auch die genau umgekehrte Betrachtungsweise vertreten werden.
Verstehen wir mit Duns die Personalrelationen als *modi essendi*, die
der Intensität und Perfektion Gottes nichts zufügen können, wird
ihre Trennung der Essenz als eines unendlich intensiven und per-

---

*sit secundum aliquam proportionem determinatam, quia exceditur in infinitum, et hoc modo omne
aliud ens ab ente infinito dicitur ens per participationem, quia capit partem illius entitatis, quae
est ibi totaliter, et perfecte. Hoc ergo volo habere, quod omne finitum, cum sit minus infinito, est
pars: cui ergo repugnat esse pars, vel excedi realiter ab aliquo, ei repugnat esse finitum. nunc
autem paternitati huic repugnat esse pars divinitatis illo modo, vel excedi a divinitate, quia propter infinitatem divinitatis paternitas, cum sit compossibilis sibi in eodem supposito est simpliciter
idem sibi.*
    [107] Brulefer, Sent. I, d. 8, q. 4, *resolutio*: *Ad formam igitur argumenti.*
    [108] S. unten III. 3. 1.

fekten *ens quantum* denkbar. Das ist insofern ein entscheidender Schritt über frühere Konzeptionen essentieller Infinität Gottes hinaus, als denen aufgrund der noch ungelösten Frage der Essenz-Relationen-Bestimmung latent tritheistische Momente anhaften mussten.[109]

5. *Relevanz*

Waren schon die frühfranziskanischen Unendlichkeitstheoreme stark theologisch motiviert, da sie sich der intellektuellen Plausibilisierung traditioneller Aussagen über die Schöpfer- und Rettermacht Gottes verdankten, wird dieser Zusammenhang bei Johannes Duns Scotus ebenso sehr methodisch vertieft wie zugleich thematisch dissoziiert.

Die methodische Fundierung liegt im Verdienst, die Rede vom Unendlichen von einer faktischen Seitenfrage der theologischen Attributenlehre zu einer metaphysisch selbständigen, ja konstitutiven Problemstellung verlagert und ausgebaut zu haben. Vornehmlich als Mittel zum Zweck metaphysischer Demonstration von Existenz und Singularität des aktualen Unendlichen als auch seiner unendlichen Macht leistet Duns erheblichen und enorm wirkungsmächtigen geistigen Aufwand zum Erweis der Existenz intrinsischer und somit aktualer Unendlichkeit. Für seine einflussreiche Konzeption bedient sich Duns kursierender naturphilosophischer Materialien, die er in charakteristischer und origineller Weise auf metaphysischer Ebene verarbeitet, womit er nicht zuletzt auch seinerseits zu deren Popularisierung beiträgt. Der für die Intentionen auch der theologischen Wissenschaft substituierende, in sich jedoch streng metaphysisch gedachte Nachweis von Existenz und Singularität des aktualen Unendlichen und damit dessen Macht erlaubt eine Entkoppelung von Prämissenklärung und theologischer Applikationspragmatik, die etwa bei Johannes Bonaventura noch nicht erreicht worden war. Dadurch konnte sowohl der Kredit theologischer Allmachtsvorstellungen bei den gelehrten Zeitgenossen maximiert als natürlich zugleich auch ein die intellektuellen Problemstellungen der Zeit in sich repräsentativ bündelndes, elementares und existentielles Reflexionsbedürfnis des schottischen Minderbruders selber gestillt werden. Wie schon aus einleitenden Zitaten zur Forschungsgeschichte ersichtlich, kommt der Denkfigur der Unendlichkeit bei Duns Scotus nach einhelligem Urteil

---

[109] Diese Meinung vertritt mit Nachdruck und Plausibilität Davenport, Measure of a Different Greatness, 276–306.

unter den materialen theologischen Aussagen eine Zentralstellung zu, die sie zum geeigneten Interpretativum anderer Systemelemente werden lässt. Sie dürfte auch zu einem der wohl besten Adäquanzkriterien bei der Beurteilung rezeptiver Konkretisation scotischen Denkens durch nachfolgende Autoren gehören.

Scheint eine gewisse Neigung zu kompromissloser Aktualisierung und unüberbietbarer Intensionalisierung des Unendlichen genuin scotisch und später scotistisch zu sein, so war in der Zeitgenossenschaft des Johannes Duns und seiner Schülerschaft der Einbezug infinitistischer Figuren in die Entwicklung und Lösung theologischer Problemstellungen als solcher keineswegs exklusiv – ganz im Gegenteil. Die Integration einer kritischen Analyse von *infinita* und, korrespondierend, *continua* gehört zu den häufigsten Artikulationen wissenschaftlichen Bemühens aller Art im vierzehnten Jahrhundert überhaupt. Der Ursprung dieser – denkt man an die zeitgenössisch zwar umstrittene, doch faktisch geltende Autoritätsstellung der Antike und ihrer Philosophie – einigermaßen erstaunlichen Entwicklung liegt wohl primär in der in der Zeit allseits wahrzunehmenden lebensweltlichen Zunahme von Kontingenz in der Wahrnehmung des Gottesbezugs der Welt ebenso wie des Weltbezugs Gottes. Sie avanciert zu einem veritablen "urger of the infinite"[110]. Dass der Infinitätsbegriff bei Duns als Vermittlungskonzept der theologischen mit der metaphysischen Wissenschaft schlechthin figuriert, ist von daher überaus typisch und lässt den *doctor subtilis* voll und ganz als Kind seiner Zeit erscheinen. Nur auf dem Hintergrund der wissenschaftlich plötzlich mit Nachdruck betriebenen Erforschung der ebenso naturphilosophisch wie theologisch verstandenen Infinität in ihren lebensweltlichen Voraussetzungen, ihrer institutionellen Vielfalt und ihren zeitbedingten Grenzen kann der spezifisch scotische Akzent sowohl auf der streng metaphysischen Herleitung als auch auf dem exklusiv intensiv gedachten Begriff von Unendlichkeit überhaupt adäquat situiert werden.[111]

---

[110] Murdoch, Unitary Character of Medieval Learning, 303.

[111] Diese Aufgabe ist von der lange Zeit als nicht primär historisch motivierte Konkurrenzarbeit zur thomistischen Neoscholastik betriebenen Scotusforschung noch kaum in Angriff genommen worden.

3. UNENDLICHKEITSTHEOREME ALS AUSDRUCK SPÄTMITTELALTERLICHEN VERLANGENS NACH METRIERUNG DER WELT

Die Bedeutung des Unendlichkeitsdenkens und seiner mannigfaltigen Theoreme für die Zeit der beginnenden Spätscholastik, mittelbar auch des gesamten Übergangs von der mittelalterlichen zur frühneuzeitlichen Philosophie, kann schwerlich überschätzt werden. "The prevalence of issues involving the infinite or the continous in later medieval natural philosophy is such that an exhaustive history of these two notions in the later Middle Ages would constitute a very large part of the history of natural philosophy during this period."[112] Woher kommt dieses spezifisch spätmittelalterliche Interesse an der wissenschaftlichen Bewältigung infinitistischer Problemkomplexe?

Im universitären Leben des vierzehnten Jahrhunderts lässt sich eine zweifache Tendenz zur Vereinheitlichung wissenschaftlichen Arbeitens erkennen.[113] Die eine, fundamentalere dieser Einheitswerdungen beruhte auf einer weitgehenden Identifikation von Naturwissenschaft und Philosophie durch eine Reihe nunmehr neuerdings entwickelter Metrierungssprachen. Diese Gleichsetzung erfolgte aufgrund des weitgehenden Mangels spezifischer experimenteller Verifikationsmöglichkeiten naturphilosophischer Sätze – wobei selbstredend das solchem Urteil zugrundeliegende Bedürfnis nach geeigneten Experimentalstrukturen zur Unterscheidung der Philosophie von der Naturwissenschaft nur ein gleichsam "nach-vorneuzeitliches" sein kann, die genannte Identifikation in ihrer Zeit daher gar nie ernsthaft fragwürdig werden konnte.[114] Aufgrund oder eben mittels dieser

---

[112] Murdoch, Infinity and Continuity, 564.

[113] Bis heute grundlegend sind die beiden genannten Studien Murdochs: From Social into Intellectual Factors: An Aspect of the Unitary Character of Late Medieval Learning (Murdochs Beitrag für das von ihm mitinitiierte Erste Internationale Kolloquium über Philosophie, [Natur-]Wissenschaft und Theologie im Mittelalter von 1973 an der Boston University, ed. 1975), und: Infinity and continuity. Der folgende Abschnitt beruht primär auf dem Titel von 1975. Zum Lebenswerk des Lehrers Murdochs, Marshall Spragett, sowie generell zu der gerade in der Frage der Erforschung der ersten Hälfte des vierzehnten Jahrhunderts führenden Tradition der US-amerikanischen History of Science, deren Institutionen und Persönlichkeiten instruktiv ist die FS Spragett: Mathematics and its applications to science and natural philosophy in the Middle Ages, Essays in honor of Marshall Spragett.
Zum Problem der intensio et remissio formarum allgemein gibt es natürlich auch neuere Literatur, etwa Souffrin, La Quantification du mouvement chez les scolastiques.

[114] In diesem Sinne äußert sich auch Molland, Continuity and Measure, 137: "[. . .] the frequency with wich infinity entered into such medieval discussions of measure may be taken as a sign of their scanty empirical reference."

fundamentaleren Einheit wurde aber, und das ist das Entscheidende, ein zweites, allerdings weniger enges Band zwischen Philosophie und Theologie mitkonstituiert. Naturphilosophen und Theologen begegnen sich in diesem Jahrhundert also vornehmlich in der gemeinsamen Hingabe an wesentlich philosophische Fragestellungen. Da aus lebensweltlichen Gründen ein immenses, schon vorwissenschaftlich motiviertes und dann wissenschaftlich konturiertes Interesse der Zeitgenossen an der Entwicklung gedanklicher Instrumentarien zur Metribilität der Dinge vorherrschte, ein "near frenzy to measure everything imaginable",[115] ja eine eigentliche "measure mania", fungiert die Entwicklung, Applikation und Verfeinerung analytischer Sprachen primär unter diesen gemeinsamen philosophischen Interessen sowohl der Artisten wie der Theologen. So ist, um nur ein gewichtigeres unter den zahlreichen möglichen Beispielen zu nennen, der dem Theologiehistoriker primär als augustinisierend-antipelagianischer Theologe bekannte Erzbischof Bradwardina auch Verfasser eines *Tractatus de proportionibus velocitatum in motibus*, eines bezüglich des Divisibilismus entwicklungsgeschichtlich wichtigen Tractatus *de continuo* sowie einer Reihe von (durch den Einbezug der bonaventurianischen Erkenntnis des impliziten Wahrheitsanspruchs von Sätzen) innovativen Sophismata zur Problemlösung von *insolubilia*.[116]

Fünf Familien dieser Metrierungssprachen sind, im Anschluss an John Murdoch, hier zu nennen:

I. *Intensio* und *remissio* mit den Unterbegriffen *intensus, intensior, intensissimus, intendere* (*remissus, remissior, remissimus, remittere*), *latitudo, gradus, uniformis, uniformiter, difformis, difformiter* etc.

II. *Proportiones* – *denominatio proportiones, excessus sc. quantitatem* etc.

III. *de incipit et desinit; de primo et ultimo instanti; de maximo et minimo*: Limesfunktionale Sprachen, die durch

IV. *suppositiones* (suppositions-)logisch appliziert werden, sowie

V. *continua* und *infinita*.   ˋ

Diese letzte, bedeutendste Messsprache wurde aus traditionellen Ausdrücken wie *divisio, divisibilitas, partes proportionales, excessus, pars,*

---

[115] Murdoch, Unitary Character of Medieval Learning, 341; 287.

[116] Ein anderer Mertonian, Ralph Strode, brach darum in den Preisruf aus: *Post quos surrexit princeps modernorum physicorum, videlicet, magister Thomas Bradwardine, qui aliquid quod valuerit de insolubilibus primitus adinvenit.* Zu den beiden *tractatus* s. Murdoch, Thomas Bradwardine, 104; zu den Insolubilia und dem Diktum des Strode s. Spade, Insolubilia, Anm. 29.

totum gewonnen, die allerdings, wie etwa bei Duns Scotus ersichtlich, stark durch innovatorische Zusätze ergänzt werden mussten. Die Tradition wusste mit Infinitäten nicht viel anzufangen, wenn auch eine gewisse Terminologie aus der aristotelischen Physik als begriffliches Rohmaterial übernommen werden konnte. Da *infinita* durch Maximierung von Quantitäten, *continua* durch deren Minimierung entstehen, diese beiden Veränderungsweisen aber auch in allen anderen Metrierungssprachen von zentraler Bedeutung sind, nimmt das Ergründen der *infinitum-continuum*-Problematik eine überproportional wichtige Rolle in der Naturphilosophie und somit der gesamten Wissenschaft des vierzehnten und der beiden folgenden (diesbezüglich mehrheitlich epigonalen) Jahrhunderte ein. Es ist ein intrikates, faszinierendes und viel zu wenig beachtetes Phänomen sowohl der Philosophie- wie der Theologiegeschichte, dass in diesem Kontext das theologische Konzept unbegrenzter Potenz Gottes als Ermöglichungsfaktor von Infinitätsfiguren und damit philosophischer Vermessungsunternehmen eine ihre wichtigsten Funktionen einnahm. Wenn Gott seiner absoluten Macht entsprechend unbegrenztes Kreativitätspotential umfasst, können auch Sätze, die der Naturphilosoph nur *secundum imaginationem* postulieren darf, theologischen Realitätsgehalt reklamieren, unter ihnen beispielsweise und vor allem auch Infinitäten und Kontinua. Das tiefe Verlangen nach Evidenz oder gar Gewissheit in einer Epoche, die von nicht allein theoretisch reflektierter, sondern auch krisenhaft existentiell erlebter Kontingenz bestimmt war, trug sein Teil dazu bei, dass fast jede theologische Thematik als Objekt der Finität-Infinität-Metrierung dienen konnte – oder musste.[117] Freilich waren nicht einfach schon allein deswegen in den Augen zumal der theologischen Autoren des vierzehnten Jahrhunderts alle erdenklichen Formen von *infinita* oder auch *continua* schlechthin legitim. Vor allem bei Figuren intensiver Unendlichkeit war erhebliche Vorsicht geboten. *Peccatum, meritum, caritas, dilectio, actus* können als geschöpfliche Realitäten niemals unendliche Intensität aufweisen. Da es theologisch unmöglich ist, Kreatürliches zu Nichtkreatürlichem

---

[117] Die früher durch die Ungebildeten unter den Verächtern mittelalterlicher Philosophie oft ins Lächerliche gezogenen Metrierungssophismata im Kontext der Angelologie zu Beginn des zweiten Sentenzenbuches haben ihren Sitz im Leben einer höchst existentiellen und alles andere als belächelnswerten Verunsicherung des spätmittelalterlichen Menschen.

erheben zu wollen, war es in den Augen der Zeitgenossen des vierzehnten Jahrhunderts auch unmöglich, es zum Unendlichen zu erheben.[118] Weil es jedoch aufgrund der absoluten Potenz Gottes zumindest

---

[118] Murdoch, Unitary Character of Medieval Learning (Anmerkungsteil), führt
hierzu einschlägige Texte an:
- (Anm. 128) Zur Unmöglichkeit unendlicher Sünde oder Liebe Adam Wodeham,
  Sent. I, q. 8. *Utrum voluntas necessario vel libere principiet suos actus.* Dass der menschliche Wille niemals sich selber als *prima causa* setzen könne, will Wodeham beweisen aus der Unmöglichkeit der dann gegebenen Potenz des Willens zur Setzung
  von *infinita* in einer Reihe von *dubia* zur *quaestio* (ed. Paris. 1512, 18r–19r): *Dub.
  2: Tunc voluntas posset libere peccare sine causa movente, et tunc peccaret peccato infinito secundum intensionem malitie, quod est impossibile [. . .]. Dub. 4: Tunc voluntas libere posset se
  conformare rationi recte, et quia illa dictat quod Deus est diligendus quod quanto aliquid est
  melius tanto ceteris paribus est magis diligendum, sequitur quod voluntas posset diligere Deum
  infinite, quod est impossibile cum sit virtus finita [. . .]. Dub. 7: Tunc possem tantum diligere
  Deum, quod vellem sibi dare gloriam infinitam [. . .]. Dub. 9: Si voluntas aget libere, igitur
  potest efficacius et velocius agere et sic in infinitum.*
- (Anm. 85) Zur Unmöglichkeit zeitloser Generierung von Willensakten s. Roger
  Rosetus, Sent I, d. 1, q. 2, a. 2 (MS Bruges 192, 28r): *Circa secundum articulum,
  supposito quod voluntas causet aliquos actus suos, utrum causet illos subito vel successive [. . .].
  Primo ponam alias conclusiones [. . .]. Prima conclusio: Quod voluntas, quando causat actos
  suos, solum causat illos successive et nullos instantanee ita quod sit dare aliquem actum voluntatis quem actus voluntas causet totum simul et non per partem ante partem [. . .] sicut alie
  qualitates corporales successive causantur [. . .] Istam conclusionem probo sic: quia si posset
  actum suum volendi causare instantanee, sequitur quod voluntas posset causare actum infinitum
  intensive; patet, nam ponatur quod voluntas eliciat unum actum volendi in A mediante alio
  conatu, et cum hoc quod voluntas intendat actum suum immediate postea mediante eodum conatu
  per aliquod tempus; quo posito, sequitur quod voluntas mediante illo conatu in qualibet parte
  huius temporis tantum causabit de actu et hoc totaliter distinctum ab illo quod causabatur in
  A; et cum sint infinite partes in illo tempore per quod sic continue intendet actum suum, sequitur quod infinite partes in tali actu erunt quarum quelibet erit equalis illi parti que precise
  causabitur in A et ab invicem totaliter distincte; igitur per consequens erit actus infinitus.* Der
  Sentenzenkommentar des Roger Rosetus, aus fünf *questiones principales* bestehend,
  befasst sich so gut wie ausschließlich mit Problemstellungen, die durch die
  Applikation der *infinita-continua*-Metrik gelöst werden sollen.
- (Anm. 83) Zum selben Problem Robertus Halifax, Comm. Sent., q. 5: *Utrum aliquis actus voluntatis possit subito esse productus a voluntate* (MS VA 1111, 34v): *Circa
  istum articulum [. . .] primo ponam aliqua suppositiones, secundo conclusiones [. . .]. Prima
  suppositio est (1) quod omnis* (37v) *res quocunque modo de non esse ad esse producta. quod
  dico pro generatione Filii in divinis et pro processione S: S. quia ibi non est productio de non
  esse ad esse – per motum vel mutationem producitur [. . .] (2) quod omnis res quocunque modo
  corrupta per motum vel mutationem corrumpitur; et accipio motum et mutationem proprie secundum quod eos distinguit Philosophus 5 et 6 Phisicorum [. . .] (3) quod omnis res producibilis vel corruptibilis per motum habet partes et divisibilis est [. . .] (4) omnis res habens partes
  est divisibilis secundum extensionem tantum vel secundum extensionem vel secundum utrumque;
  secundum extensionem ut forme substantiales in subiecto quanto que non decipiunt magis vel
  minus, et materia prima; secundum intensionem tantum ut qualitates spirituales in subiecto non
  quanto cuiusmodi sunt omnes actus ipsius intellectus et omnes actus in subiecto quanto corpo-
  rali [. . .] (5) rem aliquam intendi non est aliud nisi immediate ante hoc aliquam partem eiusdem speciei in eodem situ non habuisse quam modo habet et immediate post hoc aliquam partem
  fore habituram precise in eodem situ quam non habet modo, quia additio partis et non in eodem*

möglich ist, diese Erhebung zu denken, waren Infinitätssprachen auch
hier anwendbar, wenngleich mit jeweils negativem Resultat. In dem
Argument für die Negation der Existenz kreatürlicher Infinitäten liegt
natürlich zugleich auch der Grund für deren Zulässigkeit in theologischem Kontext: Es ist die einhellige Überzeugung der Theologen
des vierzehnten Jahrhunderts, dass es als Indikator für die Distanz
von Geschaffenem und Ungeschaffenem nicht nur fungieren *kann*,
sondern auch *muss*. Diese unendliche Distanz wird in der Folge, vor
allem auch in christologischem Zusammenhang, in allen Jahrhunderten,
Schulen und Konfessionen in gleichsam selbstverständlicher Weise
und bis zu der in der Aufklärung sich vollendenden Auflösung der
Zweinaturenlehre meist zustimmend verwendet.

Mensura-Sprachen bilden so auch eine wichtige und keinesfalls zu
vernachlässigende Brücke zwischen der älteren, der mittleren und
den Anfängen der jüngeren Franziskanerschule. Die Problemstellungen
und deren zum Teil in sich gegensätzlichen Aspekte gehen so sehr
überkreuz, dass auch hier oft nicht einfach mehr nach Schemata wie
"Scotismus" oder "Ockhamismus" differenziert werden kann – und
zwar auch schon zu Beginn des vierzehnten und nicht erst am Ende
des darauffolgenden Jahrhunderts, wo die doktrinäre Pluralität zwar
noch verwirrender werden, im Gegenzug aber die Schulbildung um
so intensiver betrieben werden sollte. Ein Beispiel zu diesen schulen-
übergreifenden Meinungsfamilien bildet der sehr weitreichende und
intensiv diskutierte Gegensatz über die Definition von *continua* durch
aristotelische Divisibilisten (Duns Scotus, William von Ockham,
Thomas Bradwardina, Johannes Buridan, Albert von Sachsen, William
von Heytesbury) und – unter anderem auf Demokrit rekurrierende –
Indivisibilisten (Heinrich von Harclay, Walter Chatton, Gerhard von
Odo, Nicolaus Bonetus, Nicolaus von Autrecourt, John Wyclif, Stephan

---

*situ non est proprie intensio sed augmentatio [. . .] (6) quod rem aliquam remitti non est aliud
quam immediate hoc [. . .]. Conclusiones: (1) omnis res producta vel corrupta ab alica potentia finita per motum producitur vel corrumpitur [. . .] (2) nulla res carens partibus est producibilis a potentia finita [. . .] (3) nulla res producta a potentia finita producitur subito et in
instanti [. . .] (4) nulla res divisibilis solum secundum extensionem est intensibilis vel remissibilis [. . .] (5) omnis res divisibilis secundum intensionem sive in partes non distinctas secundum situm est intensibilis vel remissibilis [. . .] (6) omnis actus elicitus a voluntate est productus
a potentia finita [. . .] (7) omnis talis actus producitur in tempore [. . .] (8) Octava conclusio est quod ad bonum intellectum hec est vera: quod omnis actus voluntatis habet partes non
distinctas secundum situm et cuilibet tali actui possunt addi per motum partes eiusdem speciei.*
Diese Beispiele wären stark vermehrbar.

Brulefer).[119] Innerhalb dieser das ganze vierzehnte Jahrhundert hindurch bis zur Verdammung Wyclifs in Konstanz geführten Debatte stehen Duns Scotus und sein indirekter Schüler Ockham auf derselben Seite, obschon letzterer scotische Zentralsätze zur Unendlichkeits- und Kontinuumtheorie unter anderem aufgrund ihrer in seinen Augen vorhandenen materialen Assoziierungen zum Indivisibilismus verurteilen zu sollen glaubte. Umgekehrt konnte der theologisch in Fragen der Gnadenvermittlung gegenüber dem Attritionismus und der korrespondierenden Akzeptationslehre der jüngeren Franziskaner so anders denkende Bradwardina ein streitbarer Kampfgenosse Duns' und Ockhams im Kampf gegen den Indivisibilismus werden.[120] Solche vielfältigen sprach- und vor allem naturphilosophischen Verbindungen jenseits theologischer Grabenkämpfe offenbaren die Bedeutung, die der weitverbreiteten, aufgrund ihrer thematischen Unabhängigkeit Fakultäten und Schulen verbindenden Integrationskraft spätmittelalterlichen Metrierungssprachen auch hinsichtlich der Wahrnehmung ordenstheologischer Kontinuitäten zukommt. Die Berücksichtigung dieses wissenschafts- und philosophiegeschichtlichen Hintergrundes ist zur Interpretation des Infinitismusproblems bei den nachscotischen Franziskanern daher zentral.

1. *Transmensurales Denken der Unendlichkeit Gottes bei William von Ockham*

Als vehementer Gegner der Indivisibilitätenlehre in der Frage der *continua* und des von ihm zum Indivisibilismus in Entsprechung gesetz-

---

[119] Personal nach Murdoch, Infinity and Continuity, 574–76.

[120] Zu Wyclif s. Murdoch, Infinity and Continuity, 576, Anm. 36. Für Ockham s. vor allem die *expositio in libros physicorum Aristotelis l. III.* Instruktiv sind die von Richter gesetzten Kapitelüberschriften: Cap. 1: *Quod nullum continuum componitur ex indivisibilibus.* Cap. 2: *Quod magnitudo, motus et tempus non componuntur ex indivisibilibus probatur per hoc quod ista consequuntur se secundum divisibilitatem et indivisibilitatem.* Cap. 3: *Quod magnitudo, motus et tempus non componuntur ex indivisibilibus probatur per velocius et tardius.* Cap. 4: *Quod instans est indivisibile.* Cap. 5: *Quod neque motus neque quies est in instanti.* Cap. 6: *Quod mobile est divisibile.* Cap. 7: *De divisibilitate motus in generali.* Cap. 8: *De divisibilitate motus in infinitum.* Cap. 9: *Quod non est primum mutatum esse in motu.* Cap. 10: *Quod motum dividitur in infinitum, et quomodo.* Cap. 11: *De comparatione moti ad illa quae exiguntur ad motum sub finitate et infinitate.* Cap. 12: *De divisibilitate status et quietis.* Cap. 13: *Remotio quarundam obiectionum circa motum.* Cap. 14: *Quod nullum indivisibile potest moveri.* Cap. 15: *Quod nullus motus est infinitus praeter motum circularem.* Zur wissenschaftshistorischen Näherbestimmung des Ockham'schen Indivisibilismus sowie zur Weiterentwicklung bei Chatton und Burley s. die instruktive Studie von Zupko, Nominalism Meets Indivisibilism.

ten Gebrauchs von *infinita* in kategorematischem Sinne[121] setzte sich
Ockham mit seinem Ordensvorgänger durchaus kritisch auseinander, was die Möglichkeit einer intensiven Unendlichkeit angeht. Er
identifizierte die durch Duns postulierte *infinitas intensive* mit kategorematischem oder aktualem Gebrauch von Unendlichkeit, die er für
logisch, darum auch theologisch illegitim hielt.[122] Der Auseinandersetzung mit dem scotisch intensiven Verständnis von Unendlichkeit
und Unendlichem widmete Ockham darum an verschiedenen Stellen
seiner Schriften einigen Raum. Die wohl ausführlichste und grund-
sätzlichste Kritik geschieht im siebten Quodlibet, qq. 11–18, am

---

[121] *Expositio in libros physicorum Aristotelis*, III, Capp. 7–16. Cap. 7: *Quod ad naturalem scientiam pertinet determinare de infinito.* Cap. 8: *De rationibus ad probandum infinitum
esse.* Cap. 9: *De rationibus ad probandum infinitum non esse.* Cap. 10: *Nullum sensibile est
actu infinitum.* Cap. 11: *Nullum corpus sensibile est actu infinitum.* Cap. 12: *idem.* Cap. 13:
Quomodo concedendum est infinitum esse? Cap. 14: *De definitione infiniti.* Cap. 15: *De differentia
infiniti in continuis et discretis.* Cap. 16: *De solutione rationum probantium infinitum esse.*

[122] Den Unterschied zwischen *categoremata* und *synkategoremata* hält Ockham für
selbstverständlich, weil traditionell. *Expositio in libros physicorum Aristotelis*, III, cap. 13,
§ 4, lin. 11–59: [Philosophus] *ostendit quomodo aliquo modo consimiliter invenitur infinitum
verificari de praedictis, dicens quod universaliter in omnibus praedictis invenitur infinitum sic quod
semper contingit accipere aliud et aliud, ita tamen quod semper acceptum sit finitum et quod semper acceptum sit alterum et alterum. Et vocat hic acceptum illud de quo verificatur 'esse' vel 'esse
tale' in propositione non includente plures exponentes, de quo dictum est. Sicut est de tempore quod
quidquid est de tempore fiat quod non includatur aliud non esse, vere est finitum. Et ex ista veritate concludit Philosophus unam conclusionem quod infinitum non est ponendum tamquam hoc
aliquid sicut est homo vel domus, hoc est infinitum non est aliqua res disctincta secundum se totam
a rebus finitis, sed est sicut dies et agon quae non ideo dicuntur esse quasi sint quaedam substantiae vel res secundum se totas distinctae ab aliis rebus, sed dicuntur esse eo quod semper est
alterum post alterum. Et ita est hic intentio Aristotelis expressa quod nec infinitum nec dies nec
agon nec tempus nec aliquod successivum est aliqua alia res distincta secundum se totam a rebus
permanentibus, sed talia important res permanentes ita tamen quod unam post alteram, sicut dicit
Philosophus, et hoc quia in propositione in qua praedicatur esse de talibus, denotatur quod primo
una res sit et alia non sit sed quod postea sit. Ad quod verificandum non oportet ponere aliam
rem ab illis quae sic sibi succedunt, sed sufficit quod utrumque sit ista tamen quod non simul.
Et istud est manifestum de generatione hominum infinita. Nam ista secundum intentionem Philosophi
debet concedi 'infinita generatio hominum est' vel 'generatio hominis est infinita sive perpetua', et
tamen non requiritur propter hoc aliqua alia res ab hominibus et ceteris rebus permanentibus, sed
sufficit quod semper fuerit vere homo, unus tamen post alterum, et quod modo vere sit homo et
quod semper erit homo, unus tamen post alterum.*

*Et si quaeras, quid est ista posteritas quando dicitur quod unus homo erit post alterum, et ego
quaero, quid est ista tantitas quando dicitur quod tantum Deus est Deus. Et si dicas quod est
essentia Dei, tunc erit haec concedenda 'Deus est tantum'; si accidens, igitur 'Deus habet accidens'.
Ideo tales quaestiones de adverbiis, coniunctionibus, praepositionibus, syncategorematibus et huiusmodi sunt ridiculosae nec sunt quaerendae nisi a rudibus qui nesciunt distinguere inter voces quae
habent significandum pro quo supponunt, et inter voces quae non proprie significant sed cum aliis
consignificant, cuiusmodi sunt adverbia, coniunctiones, praepositiones et huiusmodi. Et ideo simile
est quaerere quid est posteritas, quando dicitur quod unus homo erit post alterum et quaerere quid
est si-itas, quando dicitur 'si Deus est, Deus est ens', et quid est et-itas, quid est vel-itas, quid
est dum-itas, quae sunt nomina ficta a talibus 'et', 'vel', 'dum', et sic de aliis. [...]*

zentralen scotischen Gottesbeweis aus der intensiven Unendlichkeit. Dabei scheint Ockham nicht allein am Begriff intensiver Infinität, sondern vor allem auch an der scotischen Behauptung ihrer Beweisbarkeit Anstoß zu nehmen. Fünf der gewichtigsten scotischen Argumente werden in den fünf ersten *quaestiones* nacheinander zu entkräften gesucht, alle mit dem einen, je spezifisch applizierten Argument, es sei ein gleichsam kategorialer Fehlschluss, von der nach Ockham mit Aristoteles und der gesamten Tradition logisch für uns allein wirklich nachvollziehbaren extensiven Unendlichkeit auf intensive Unendlichkeit schließen zu wollen.[123] Diese Kritik an der Probabilität intensiver Infinität ist zwar letztlich dann doch Kritik am Begriff selber, aber sie wird nur vorgetragen, weil sie schon die Voraussetzungen der Beweisführung ablehnt: Ockham hält im *scotischen* Sinne intensiv gedachte Unendlichkeitsbegriffe für verkappt extensive. Es folgen daher die einschlägigen Argumente aus Aristoteles und dem Kommentator gegen einen aktualen intensiven Infinitätsbegriff. Dabei verbinden sich nun in der Ockham'schen Negation naturphilosophische und logische Momente durch die sachliche Koinzidenz des von ihm historisch korrekt dem aristotelisch potentiellen Unendlichkeitsbegriff zugeordneten Gedankens potentiell unendlicher Sukzession von Einzelentitäten beliebiger Art oder potentiell unendlicher Durativität der Kreisbewegung einerseits und der Forderung nach ausschließlich synkategorematischer Verwendung des Unendlichkeitsbegriffs in Aussagesätzen andererseits. Trotzdem lehnt Ockham, scheinbar erstaunlicherweise, in der letzten der betreffenden quodlibetalen *Quaestiones* die Unendlichkeit Gottes als solche keineswegs ab, ganz im Gegenteil. Gerade der Unendlichkeitsbegriff dient ihm dazu, die Nichtzugehörigkeit Gottes zur aristotelisch verstandenen Kategorie der Quantität aufzuweisen. Dadurch, dass Gott und die unendliche Intensität seines Seins den hergebrachten Quantitätsbegriff völlig relativieren, gelten dann auch alle Einwände aus der aristotelischen Physik nicht mehr, so dass etwa die alle Gesetze des aristotelischen Bewegungsbegriffs verletzende Ubiquität Gottes im Sakrament nunmehr ohne Weiteres denkmöglich wird, weil Gott in seiner intensiv unendlichen

---

[123] Quodlibet 7, q. 11: *Utrum per viam efficientiae possit probari sufficienter quod Deus sit infinitus intensive?* q. 12: *Utrum per cognitionem Dei possit sufficienter probari quod Deus sit infinitus intensive?* q. 13: *Utrum per simplicitatem possit probari quod Deus sit infinitus intensive?* q. 14: *Utrum per causalitatem finis possit sufficienter probari quod Deus sit infinitus intensive?* q. 15: *Utrum per vim eminentiae possit evidenter probari quod Deus sit infinitus intensive?*

Macht *subito* den Ort seiner Präsenz verändern kann, ohne Bewegungsabläufe und damit Sukzessivität zu evozieren. Angesichts dieser *prima facie* überraschenden Volte und vor allem der unverkennbaren und explizit an Duns Scotus adressierten Ockham'schen Kritikpunkte stellt sich uns die Frage nach dem Verhältnis von Kontinuität und Diskontinuität beider Konzeptionen. Sie lässt sich – bei aller Komplexität der Thematik – wohl am ehesten dahingehend beantworten, dass trotz partieller logisch-wissenschaftstheoretischer Diskontinuität einer auf der Ebene intentionaler Pragmatik gegebenen materialen Kontinuität zumindest gleiche, wenn nicht gar letztlich überwiegende Bedeutung zukommt.[124] Diese These soll anhand zweier zentraler theologischer Themenfelder zu verifizieren versucht werden, zum einen durch den Ockham'schen Gottesbeweis, zum andern durch die spätscholastisch bedeutungsvolle Frage nach der Steigerungsfähigkeit der Intensität eines Liebeshabitus.

Zwar lehrt auch Ockham, entgegen einer in der älteren Forschung vielfach vertretenen Meinung, die prinzipielle Beweisbarkeit Gottes und zwar wie schon und in explizitem Anschluss an Duns Scotus unter Rekurs auf den Primat Gottes unter den Wirkursachen.[125] Doch spiegelt sich die Differenz der Unendlichkeitsbegriffe in einer Differenz der je beweisdienlichen Begriffe von Effizienz unweigerlich wider, indem die Möglichkeit eines Gottesbeweises über ein simultanes Effiziertsein aller Effekte durch das *primum efficiens* Gott von Ockham

---

[124] Diese an einem zwar nicht peripheren, gleichwohl partikularen Gegenstand bei Ockham beobachtbare Dialektik von materialer Kontinuität zu Duns bei gleichzeitiger Diskontinuität in Rezeption und Produktion logischer Innovationen trifft sich mit dem auf ungleich breiterer Textbasis vorgenommenen Urteil in der epochalen Studie von Leppin, Geglaubte Wahrheit, 272. Leppin bestimmt die bei jedem geschichtlichen Gegenstand anzutreffende Dialektik von Kontinuität und Diskontinuität im Übergang vom akademischen zum Münchner Lebensabschnitt als latent verbliebenes Bestimmtsein Ockhams durch die zwei bisher immer wieder bemerkten Traditionblöcken der Duns-Schule und der modernen Logik bei zunehmender Gewichtigkeit des kanonischen Rechts und dessen Kritik im Spätwerk Ockhams. So lässt sich spezifisch vom Ockham'schen Unendlichkeitsverständnis *ceteris imparibus* exakt das behaupten, was Leppin, a. a. O., 327, ganz allgemein feststellt: "Historisch läßt sich Ockhams Theologieverständnis als eine produktive Reaktion auf die Vorgaben der Duns-Schule [...] charakterisieren. Diese Reaktion besteht erstens in der Aufnahme des Vorgegebenen, zweitens im radikalisierenden und systematisierenden Weiterdenken des Vorgegebenen [...] und drittens in der Brechung dieser Vorgaben durch eine intensivierte Logikrezeption [...]."

[125] Zur Überwindung dieses konkreten und vieler anderer älterer Irrtümer durch das immense Lebenswerk Philotheus Böhners s. Junghans, Ockham im Lichte der neueren Forschung, 221–227.

problematisiert wird. Damit ist aber die Alleffizienz Gottes für ihn
keineswegs einfach verabschiedet – das Effizienzargument in sich hält
Ockham vielmehr für unwiderlegbar –, sondern lediglich in eine die
Effekte als solche in ihrem Bewirktsein konservierende transformiert,
die ihrerseits Sukzessivität potentiell unendlich vieler Effekte verhindert.[126] Das Raffinierte am Ockham'schen Diskurs mit Duns Scotus
besteht dabei darin, dass der *venerabilis inceptor* den Glauben seines
frater Ioannes an die Notwendigkeit der Vermeidung eines *processus ad
infinitum* beim Verständnis des Erstbewirkenden als reiner Produktionseffizienz für leicht unterminierbar hält, somit in sozusagen scotischem
Sinne für eine göttliche Erhaltungseffizienz plädiert. Nur bei einer
ohne alleffizientes Seiendes gedachten Erhaltungseffizienz, meint

---

[126] Die hauptsächliche und biographisch späteste Belegstelle ist Ord. I, d. 2, q.
10. Die q. 10 bildet das letzte Drittel der d. und fragt nach der Einheit Gottes.
Die von ihm in voller Länge über Seiten hinweg zitierte scotische *ratio probans pri-
mitatem efficientis* hält er für *sufficiens, et est ratio omnium philosophorum.* Doch gilt: *Videtur
tamen quod evidentius potest probari primitas efficientis per conservationem rei a sua causa quam
per productionem, accipiendo productionem secundum quod dicit rem accipere esse immediate post
non-esse.* Dies gilt vor allem deshalb, weil die von Scotus vorausgesetzte Verneinung
nicht von einander abhängiger, einander aber folgender Kausalitäten gegen Aristoteles
und heidnische Aristoteliker dann schwer aufrecht zu erhalten ist, wenn diese
Kausalitäten von derselben Art stammen. Dann aber folgt: *Et si ista duo essent vera,
difficile esset probare quod iste processus in infinitum non esset possbilis nisi esset unum semper
manens a quo tota ista infinitas dependeret. Et ideo potest argumentum sic formari: quidquid realiter producitur ab aliquo, realiter ab aliquo conservatur quamdiu manet in esse reali; sed iste
effectus – certum est – producitur; igitur ab aliquo conservatur quamdiu manet. De illo conservante quaero: aut producitur ab alio, aut non. Si non, est efficiens primum sicut est conservans
primum, quia omne conservans est efficiens, sicut declarabitur in secundo [libro sententiarum]. Si
autem illud conservans producitur ab alio, igitur conservatur ab alio, et de illo alio quaero sicut
prius, et ita vel oportet ponere processum in infinitum vel oportet stare ad aliquid quod est conservans et nullo modo conservatum, et tale erit primum efficiens. Sed non est ponere processum in
infinitum in conservantibus, quia tunc aliqua infinita essent in actu, quod est impossibile, sicut
posset declarari per rationes Philosophi et aliorum, quae satis sunt rationabiles. Sic igitur videtur
per istam rationem quod oportet dare primum conservans et per consequens primum efficiens. Et
differt ista ratio ab alia ratione facta sub forma priori [doctoris subtilis], quia ista accipit conservans, et semper omne conservans aliud – sive mediate sive immediate – est cum conservato, non
autem omne productum ab alio requirit omne producens – mediate vel immediate – esse cum producto. Et ideo quamvis posset poni processus in infinitum in producentibus sine infinitate actuali,
non tamen potest poni processus in infinitum in conservantibus sine infinitate actuali.*
Ord. I, d. 2, q. 10 steht in einem engen, aber m. W. bisher nicht vollständig
geklärten Verhältnis zu den qq. 131–136 der *Quaestiones in libros physicorum Aristotelis.*
Die dem Kontext entsprechend andere Themenreihenfolge gliedert sich in folgende
qq.: q. 131: *utrum album per se aedificet?*; q. 132: *utrum in causis essentialiter ordinatis secunda
dependeat a prima?*; q. 133: *utrum in causis essentialiter ordinatis causa superior sit perfectior?*;
q. 134: *utrum causae essentialiter ordinatae necessario simul requirantur ad producendum effectum
respectu cuius sunt causae essentialiter ordinatae?*; q. 135: *utrum possit sufficienter probari primum efficiens per productionem distinctam a conservatione?*; q. 136: *utrum possit sufficienter probari primum efficiens esse per conservationem?*

Ockham, wäre Infinität stets nur als kategorematisch aktuale denkbar. Weil dieses Argument für die Produktionseffizienz eben gerade nicht analoge Gültigkeit beanspruchen kann, ist sie dort folgerichtig nicht um jeden Preis zu vermeiden. Diese Bemerkung ist nicht nur bemerkenswert subtil, sondern zeigt zudem in ihrer Argumentationsstruktur präzise die wichtigste Differenz im Status des Unendlichkeitstheorems der Gottesbeweise bei Duns und Ockham. Ist sie beim Schotten konstitutiv positiver Natur, fungiert sie bei Ockham rein negativ. Bei ersterem führt der Unendlichkeitsbegriff durch Transformation von extrisischer zu intrinsischer zu einer positiven und sogleich theologisch besetzten Infinitätsfassung, bei letzterem spielt er bezüglich der Beweisführung eine rein ausgrenzende Rolle. Eben die Unzulässigkeit von mehr als potentieller und somit, aristotelisch gedacht, zwingend vor-realer Unendlichkeit ist Ockhams Beweisgrund für die Notwendigkeit der Existenz eines Gottes. Die Unmöglichkeit von mehr als potentieller Infinität von Effekten ist ihm Bedingung der Unmöglichkeit der Nichtexistenz eines ersten Bewirkers. Auch die Umkehrung dieses Satzes findet sich bei Ockham ausdrücklich: Die aus der zwingenden Finität seiner Effekte beweisbare Unmöglichkeit der Nichtexistenz eines ersten konservatorischen Effektors ist wiederum Bedingung der Unmöglichkeit jeglichen Beweises mehr als potentieller, nämlich sukzessiver Generierung von Effekten durch ihn und somit der Unmöglichkeit des Beweises seiner eigenen aktualen Infinität.[127] Diese also keineswegs völlige, sondern nur spezifische Differenz der Gottesbeweise und die in ihnen reflektierte Differenz der Unendlichkeitsauffassungen führt aber nun bei Ockham zwar einerseits in einen gewissen – übrigens auch schon bei Duns sich anbahnenden – Rückfall in faktischen Aristotelismus durch averroisierende Akzeptanz der Ewigkeit der Welt, nicht aber, wie noch bei Bonaventura, zu einer eher äußerlichen, gleichsam para-essentiellen Anerkenntnis göttlicher Infinität, sondern vielmehr zu einer entscheidenden Vertiefung der durch die grundlegende Innovation der

---

[127] Quodlibet III, q. 1: *utrum supposito quod Deus intelligat et sit causa efficiens immediate omnium, possit ex hoc demonstrari quod sit virtutis intensive.* Es folgt nach *quod non* und *quod sic* die im Verlauf der Disputation *ex officio* zwar angezweifelte, aber dadurch erst richtig befestigte *conclusio: supposito quod Deus sit efficiens omnium, non potest per hoc sufficienter probari quod Deus sit infinitus in vigore, quia ex finito effectu vel ex finitis effectibus simul producibilibus non potest probari infinitas causae; sed quilibet effectus producibilis a Deo est finitus, similiter omnes effectus producibiles a Deo sunt finiti; igitur per efficientiam illorum non potest probari infinitas Dei.*

scotischen Unendlichkeitslehre im Intensionsdenken angestrebten Intention. Der theologische Unendlichkeitsbegriff Ockhams ist sozusagen nicht weniger intensiv, sondern wesentlich intensiver als bei Duns. Er ist so sehr intensiviert, dass die Trennung theologischer und nichttheologischer Unendlichkeit konsequenter erfolgt als noch beim Schotten und zu einer expliziter statuierten Differenz zwischen physikalisch-"irdischer" und theologischer Unendlichkeit hinführt. Diese Dissoziierung findet sich in der Folge bei traditionell als ockhamistisch eingeschätzten Autoren wie etwa Marsilius von Inghen, der im Anschluss an Buridan und somit mittelbar an Ockham, Unendlichkeit der Effizienz und Unendlichkeit der Essenz grundlegend voneinander unterscheidet. Im Gegensatz zu Ockham hält er allerdings nicht nur erstere für unbeweisbar, sondern auch letztere für durch natürliche Vernunft beweisbar, bezeichnenderweise allerdings nur *per similitudinem* zu magnitudinaler, also physischer Unendlichkeit. Auch in der Applikation solcher Theoreme auf die konkrete theologische Frage nach den Objekten göttlichen Wissens hält Marsilius konsequenterweise eine 'distributive', nicht aber eine 'kollektive' Erkenntnis der numerisch und also quantitativ unendlichen Teile eines Kontinuums durch Gott denkbar.[128]

Diese deutliche intensionale, zuerst bei Ockham, von ihm ausgehend dann weit herum im vierzehnten, fünfzehnten, sechzehnten und siebzehnten Jahrhundert zu beobachtende Zuspitzung des scotischen Infinitätsbegriffs besitzt formal gesehen ihren argumentationstechnischen Angelpunkt in einer postulierten Differenz zwischen Messweise und Messeinheit, die die sprachlogische Kritik an Duns nicht nur nicht abschwächt, sondern im Gegenteil einer theologischen Weiterführung gerade der theologischen Beweggründe des Schotten integrativ dienlich sein lässt. Die Unendlichkeitsfrage ist damit ein Exempel für den hohen Stellenwert, den auch in Ockhams Werk der *mensura*-Begriff mit den damit verbundenen Fragestellungen und Spezialsprachen schon grundsätzlich, vor allem aber theologisch besitzt.[129] Die Modalität von Maßen als *extensio, multitudo, duratio* oder aber, und

---

[128] Marsilius, Sent. I, q. 42, a. 2 (Strasbourg 1502, fol. 180rb); *Abbreviationes super octo libros Physicorum Aristotelis* VIII (Venedig 1521, fol. 40ra) und III (ebd. fol. 13va). Zitiert nach Hoenen, Marsilius, 114–119 mit Anm. 189.190.200.

S. auch Duns Scotus, Ord. III, d. 13, q. 4, wo eine *gratia creata* in der Seele Christi im Sinne nichtüberbietbarer intensiver Unendlichkeit behauptet wird. Es existiert eine Reihe entsprechender Passagen im Scotismus.

[129] Vgl. etwa Ord. II, I, q. 9: *Utrum mensura sit semper notior et nobilior mensurato?*;

dies ist der entscheidende Begriff, als *perfectio*[130] ist bei ihm nicht dasselbe wie deren sozusagen spezifische Gradualität. Die drei ersten dieser vier Modi sind quantitativer und damit, der Ockham'schen Reduktion der Kategorienlehre entsprechend, nicht selber aktualer Natur, sondern die jeweilige Summe ihrer aktualen Einzelentitäten, die ihrerseits deswegen stets derselben *species* angehören müssen. Das Maß an *perfectio* hingegen kann auch von Gegenständen verschiedener *genera* ausgesagt werden. So kann etwa das Maß an farblicher Vollkommenheit, das nach gemeinscholastischer Überzeugung durch den je eigenen Grad an Weiße einer Farbe gemessen wird, von verschiedenen Farben, beispielsweise der Röte in ihrem perfektiven Vorsprung vor der Schwärze, ausgesagt werden.[131] Es muss, so Ockham, für diesen letzten Messmodus keine eigentliche Proportionalität von Maß und Gemessenem gegeben sein, auch eine Ähnlichkeit genügt.[132]

---

q. 11. *Utrum tempus sit mensura angelorum?* Die Applikationen des Begriffs erfolgen innerhalb von Kommentaren und Quaestionen in großer Kontextvarietät, sind darum schwer allesamt erfassbar. Die Belegstellen zu den Wortfeldern *mensura* und *mensurare* in Baudry, Lexique Philosophique, s. v., 148f. sind, wie Baudry schon im Vorwort seines Lexikons angesichts der seinerzeit noch ungenügenden Editionslage konzediert, kaum vollständig, zeigen aber die wesentlichen Bedeutungen auf, v. a. unter *mensura, 4°*.

[130] Ord. I, q. 11 (Vat., 232): *Dico quod quadruplex est mensura: extensionis, multitudinis, durationis et perfectionis. Extensionis in continuis, sicut ulna panni. Multitudinis, sicut unitas numeri. Durationis, sicut tempus mensurat notum. Perfectionis, sicut Deus respectu creaturarum et albedo respectu colorum. Et hoc, si per cognitionem Dei intuitivam et creaturarum potest cognosci quae creatura est perfectior et quae imperfectior per hoc quod una magis accedit ad Deum quam alia, et alio modo non potest dici mensura [. . .]. Et eodem modo est de albedine respectu aliorum colorum quod dicitur mensura perfectionis si per eius cognitionem intuitivam et per cognitionem aliorum colorum potest quis cognoscere quod unus color sit perfectior alio, puta rubedo nigredine, propter hoc quod unus plus accedit in perfectione ad albedinem quam alius.*

[131] Ebd.

[132] Dies ist das Schlussargument der sieben Quaestionen umfassenden Problematisierung des scotischen Unternehmens, intensive göttliche Unendlichkeit zu beweisen. Q. 18: *Utrum de facto Deus sit infinitae virtutis intensive? Quod non: Quia nullum infinitum intensive est mensura rerum finitarum intensive; sed Deus est mensura rerum finitarum intensive; igitur etc. Maior patet, quia mensura et mensuratum sunt commensurabilia; finitum et infinitum non sunt commensurabilia. Minor probatur, quia, X Metaphysicae, comm. 7, dicitur quod in genere substantiae est unum primum et illud est Deus; primum autem in omni genere est mensura aliorum, patet in eodem commento; igitur etc.* [Es folgen fünf *instantiae* mit Widerlegung.]
Ad argumentum principale dico quod quaedam est mensura per replicationem, sicut ulna, quaedam per continentiam, sicut modius tritici, quaedam secundum perfectionem et similitudinem. Tertio modo est Deus mensura aliorum et non aliter, secundum quod aliqua sunt similiora Deo et aliqua minus similia. Et ideo dico quod mensura et mensuratum primo modo et secundo sunt proportionabilia, sed non tertio modo.
Si dicis: omnis mensura est proportionabilis mensurato, et ita est dupla vel tripla respectu mensurati:

Somit ist dieser *modus mensurandi* theologisch applikabel, sind andererseits aber zugleich die korrespondierenden naturphilosophischen
Modi theologisch inapplikabel und somit illegitim. Mit dieser Setzung
aber ist das entscheidende Legitimationsargument für die materiale
Entkoppelung physischer und theologischer Infinität bereits gegeben.
Da die göttliche Unendlichkeit durch den Perfektionsbegriff interpretiert wird, kann, ja muss sie von quantitierenden Unendlichkeitsbegriffen
separiert werden. Die mensurative Denkweise seiner Zeit, die Ockham
hier aufgreift, erlaubt ihm also die Radikalisierung intentionaler
Grundmomente scotischer Gotteslehre durch die Radikalisierung des
Doppelcharakters des Unendlichkeitsbegriffs. Doch nicht nur die
intentionale theologische Pragmatik einer jeweiligen Doppelung des
Infinitätsbegriffs scheint historisch beim schottischen Lehrer und dem
indirekten englischen Schüler identifizierbar. Schon das terminologische Movens der Ockham'schen Modalisierung von Messweisen im
perfectio-Begriff selber verweist auf einen wortgeschichtlich nicht nur
allein als Kontinuität, sondern Identität erscheinenden Bezug bei beiden Autoren.

Christologie
Differenzen in der Logik bei gleichzeitiger absichtspragmatischer und
teilweise sogar inhaltlicher Reidentifizierbarkeit der beiderseitig doppelten Unendlichkeitstheoreme bei Ockham und Duns lässt sich aber
nicht nur im Bereich des Gottesbeweises, also des unter theologischer
Perspektive thematisierten Gott-Welt-Bezugs deutlich aufweisen. Sie
zeigen sich ebenso auch in der Frage nach den Grenzen der Liebe
endlicher Christen zum unendlichen Gott, also der unter anthropo-
logischer Perspektive beleuchteten Welt-Gott-Relation. Natürlich ist
die Frage nach Notwendigkeit, Maß und Mehrbarkeit habitualer
Liebe zu Gott einer der klassischen Topoi spätscholastischer Mensura-
tionsbestimmungen, durch den gleich eine ganze Reihe von Problemstellungen gelöst oder zumindest in aller Ausführlichkeit besprochen
werden konnten – so etwa das Maß des Verhältnisses von *gratia creata*
und *increata* als *proprietas divina* und *charitas habitualis*, die Möglichkeit
der Intensibilität und Remissibilität von *formae* überhaupt anhand
einer Konkretisierung in der *forma charitatis*, der Bezug der *anima*

---

*Dico primo quod solum mensura finita est proportionabilis mensurato, non autem infinita. Secundo
dico quod illa proportio dupla et tripla solum est inter quanta, non autem inter species diversorum generum, quae habent diversas proportiones secundum perfectionem. [. . .]*

Christi und ihrer spezifischen virtusbezogenen *capacitates* zu allen anderen kreatürlichen *animae* mit deren Vermögen, vor allen Dingen aber der Mehrbarkeit der *perfectio* einer Natur. Den klassischen Ort der Frage geben die Sentenzen in der *distinctio* 17 des ersten Buches wie für alle anderen Kommentatoren auch für Scotus und Ockham vor,[133] doch entgegen sowohl der lombardischen faktischen Gleichsetzung von *Deus* und *charitas* wie auch dem spätfranziskanischen logischen Ökonomieprinzip halten in ihren sorgfältigen Erörterungen unsere beide Autoren unbedingt – und hierin liegt für beide sicherlich der Hauptakzent – an einer Heilsnotwendigkeit distinkter habitualer kreatürlicher Liebe *secundum potentiam ordinatam* fest.[134] Beide sind sich

---

[133] Exegesen der Kommentierungsgeschichte bieten vor allem Vignaux, Luther Commentateur des Sentences (Livre I, Distinction XVII) und Dettloff, Die Entwicklung der Akzeptations- und Verdienstlehre von Duns Scotus bis Luther.

[134] Duns teilt Ord. I, d. 17 in zwei Teile zu je drei qq. auf. Der erste befasst sich mit der Notwendigkeit kreatürlicher Liebe, der zweite mit ihrer Vermehrbarkeit. Die q. 1, *utrum necesse sit ponere charitatem creatam formaliter inhaerentem naturae beatificabili?* wird mit rein formalem Rekurs auf Augustin beantwortet, bietet eigentlich durch die ganzen *quod non*-Argumente nicht viel mehr als einen Einstieg in die Problemstellung. Die q. 3 über den *habitus moralis* bietet somit die Antwort auch auf q. 1: *Ad solutionem huius quaestionis tria sunt videnda. Primo, si debeat poni aliquis habitus supernaturalis gratificans naturam beatificabilem. [. . .] Dico igitur, quod ultra omnes conditiones praedictas, videlicet, ultra intensionem actus, delectationem, facilitationem in agendo, rectitudinem, sive bonitatem, et conformitatem rationi rectae, sive rectae secundum dictamen prudentiae, sive secundum dictamen fidei. Ultra, inquam, haec omnia creditur esse una conditio in actu, videlicet, quod est acceptabilis Deo, non quadam communi acceptatione solummodo, quatenus acceptat omnem creaturam, vel quo etiam modo vult actum substratum peccato, alioquin non esset ab ipso: sed ex acceptatione speciali, quae est in voluntate divina: ordinatio huius actus ad vitam aeternam, tanquam meriti condigni ad praemium. Hoc modo credimus etiam naturam nostram beatificabilem, iustam esse habitualiter acceptam, hoc est, quando non actualiter operatur: adhuc tamen voluntas divina eam ordinat ad vitam aeternam, tanquam dignam tanto bono secundum dispositionem, quam habet habitualiter in se. Propter hanc acceptationem naturae beatificabilis habitualem, etiam quando non operatur, et propter acceptationem actualem actus eliciti a tali natura, oportet ponere unum habitum supernaturalem, quo habens formaliter acceptetur a Deo, et quo actus elicitus eius acceptetur tanquam meritorius. Sic enim non videtur acceptari natura, vel actus sine aliquo habitu informante; quia, sicut argutum est, non videtur Deus aliam volitionem secundum rationem habere de obiecto nullo modo diversificato, nec etiam actus, ut acceptabilis Deo, videretur esse in potestate agentis, nisi illud, quo formaliter ageret sic, esset forma eius (n. 22). [. . .]* De secundo articulo dico, quod Deus de potentia absoluta, bene potuisset acceptare naturam beatificabilem, acceptatione spirituali praedicta, existentem in puris naturalibus. Et similiter actum eius, ad quem esset inclinatio eius mere naturalis, potuisset acceptare ut meritorium. Sed non creditur ita disposuisse, quod naturam puram, vel actum eius sic acceptaret: quia actum ex puris naturalibus esse meritorium, appropinquat errori Pelagii. Ideo verisimilius creditur, quod acceptet naturam, et actum eius tanquam meritorium, per habitum supernaturalem. [. . .] Quantum igitur ad istum articulum non est necessarium ponere habitum supernaturalem gratificantem, loquendo de necessitate rescipiente potentiam Dei absolutam: praecipue cum possit dare beatitudinem, sine omni merito praecedente, licet sit necessarium, loquendo de necessitate quae respicit potentiam Dei ordinatam:*

freilich ebenfalls darin einig, dass Gott *secundum potentiam absolutam*
auch auf den Liebeshabitus als einer Zweitursache seiner heilskon-
stituierenden und somit selbstredend freien Akzeptationsbeschlüsse
hätte verzichten können. Dass er es nicht tut, ist Ausdruck jener
Abundanz göttlicher Liebesfreiheit, deren uneingeschränktes Lob hier
wie sonst stets die Absicht spätfranziskanischer Potenzendistinktion
in Gott bildet: Gott akzeptiert zwar frei, aber in liebevollem Eingehen
auf die meritorischen Bemühungen des Sünders. Wenn aber nun
kreatürliche habituale Liebe in der von Gott vorgesehenen Ordnung
notwendig ist, stellt sich sogleich die nächste Frage *de modo augmenti
charitatis*, die uns zum Kontinuitäts-Diskontinuitätsproblem der Fassung
des Unendlichkeitsbegriffs zurückführt. Beide Autoren diskutieren und
bejahen die Mehrbarkeit von Liebe zu Gott, wobei sie insbesondere
darin exakt übereinstimmen, wie Ockham denn in seiner q. 5 auch

quam ordinationem colligimus ex Scriptura, et ex dictis Sanctorum, ubi habemus, quod peccator
est indignus vita aeterna, et iustus dignus (n. 29).
  Auch Ockham behandelt in Ord. I, d. 17 in den ersten drei qq. erst die Frage
nach der Notwendigkeit der *charitas creata*. Q. 1: *Circa distinctionem decimam septimam
quaero utrum praeter Spiritum Sanctum necesse sit ponere caritatem absolutam creatam, animam
formaliter informantem, ad hoc quod anima sit Deo cara et accepta.* Die Hauptauskunft der
responsio lautet: *Ideo dico quod ad hoc quod anima sit accepta Deo, de potentia Dei absoluta
nulla forma supernaturalis requiritur in anima; et quacumque posita in anima, potest Deus de
potentia Dei absoluta illam non acceptare; ut sic semper contingenter Deus et libere et misericorditer et ex gratia sua beatificat quemcumque; ut ex puris naturalibus nemo possit mereri vitam
aeternam, nec etiam ex quibuscumque donis collatis a Deo, nisi quia Deus contingenter et libere
et misericorditer ordinavit quod habens talia dona possit mereri vitam aeternam; ut Deus per nullam rem possit necessitari ad conferendum cuicumque vitam aeternam. Et sic ista opinio maxime
recedit ab errore Pelagii.*
  Q. 3: *Tertio quaero utrum de facto omni actui meritorio caritas creata praesupponatur.*
  *Quod non: Frustra fit per plura quod potest fieri per pauciora; sed sine caritate potest actus
esse meritorius; ergo etc.*
  Ad oppositum: Sola caritas dividit inter filios regni et perditionis.
  Es folgt eine *salvatio* des Lombard'schen Arguments *quod nulla caritas creata est
ponenda in anima formaliter ipsam informans, sed quod caritas est Spiritus Sanctus.*
  Die *Responsio* erfolgt mit zu widerlegenden Einwänden: *Secundum praedicta patet ad
quaestionem, quod caritas aliqua creata – qua tamen posita, non includit contradictionem habentem non esse carum Deo ut sibi praeparatur vita aeterna – praesupponitur omni actui meritorio.
Nec aliquis de facto actum meritorium elicit sine tali caritate formaliter informante. Et hoc tenendum est propter auctoritates Sanctorum, quae hoc sonant. [. . .] Tamen contra praedicta potest
obici: primo [. . .], praeterea, si non necessario requiritur caritas creata, ergo totaliter superflueret;
sed nihil superfluum est in divinis actibus; ergo etc. [. . .] Ad secundum dico quod frequenter facit
Deus mediantibus pluribus quod posset facere mediantibus paucioribus. Nec ideo male facit, quia
eo ipso quod ipse vult, bene et iustum factum est.*
  *Per hoc patet ad primum principale, quod caritas est ponenda quia Deus sic ordinavit, non
tamen quin posset facere contrarium.*
  *Ad argumentum in contrarium patet quod caritas quae est Spiritus Sanctus necessario dividit
inter filios regni et perditionis. Caritas autem creata dividit de facto, modo suo, non tamen necessario.*

ausdrücklich anmerkt, dass die jeweils der Mehrung vorangehende
Liebe nach der Zunahme nicht etwa zugunsten des neuen Liebesgra-
des verschwindet, sondern in ihn bleibend eingeht.[135] Entsprechend
der Logik spätmittelalterlichen *mensura*-Denkens steuert der ganze
Fragenkomplex bei Ockham auf die Auslotung und konsequente
Bestreitung eventueller Grenzen möglicher Liebeszunahme im Menschen zu,[136] während der *doctor subtilis* im Rahmen *dieses* Kontextes
auf das Ergründen einer solchen Problemstellung verzichtet. Da aber
Ockham seine Position vor allem in Abgrenzung gegen Duns – nebst
Gottfried von Fontaines – aufbaut und darlegt, entsteht so die paradoxe Situation eines Kampfes des Späteren gegen vom Früheren nie
kontextrelativ und somit letztlich nur bedingt kontextrelevant Ge-
sagtes.[137] Die Ockham'sche Überzeugung, dass Grenzen des Wachstums
für den Liebeshabitus grundsätzlich nicht gelten können, beruht auf
derjenigen der prinzipiellen Unmöglichkeit aktual simultaner Infinität:
Niemals kann Gott eine solche Liebe erschaffen, dass er nicht eine
noch größere erschaffen könnte, denn keine von Gott erschaffene
Liebe kann simultan alle anderen Liebesgrade in sich beschließen,
sondern nur die je geringeren. Aus diesem Grund aber wird sie, wie
groß sie immer sein mag, stets endlich bleiben müssen. Aufgrund

---

[135] Es mag genügen, die Fragestellungen zu referieren.
Duns Scotus, Ord. I, d. 17, q. 4: *Quaero de modo augmenti charitatis, et primo, utrum
tota charitas praeexistens corrumpatur, cum nova inducitur, ita quod nulla realitas idem numero
maneat in charitate maiore et minore?* q. 5: *Quinto, supposito quod charitas prior non corrumpatur, quando augmentatur charitas; quaero propter aliam opinionem de augmento charitatis: Utrum
illud positivum charitatis praeexistentis, quod manet in augmento, sit tota essentia charitatis inten-
sae, ita quod si poneretur charitas intensa sine subiecto, nullam realitatem habereret positivam in
se essentialiter aliam ab illa, quae praefuit in charitate remissa?*
Ockham, Ord. I, d. 17, q. 4: *[...] Secundo principaliter quaero de augmentatione caritatis, et primo quaero utrum caritas possit augeri.* q. 5: *Secundo quaero – supposito quod caritas augmentetur – utrum caritas praeexistens remaneat in fine augmentationis. [...] Aliter arguit
Doctor Subtilis et bene, quia actus virtutis augmentat habitum virtutis. Aut igitur habitus virtutis praecedens manet et habetur propositum, aut non manet et tunc ille actus non esset aliquo
modo ab habitu, quia nec ab habitu praecedente, cum non maneat quando est actus, nec ab habitu
sequente, quia ille generatur ex actu. [usw.].* q. 6: *Tertio quaero utrum in augmentatione caritatis aliquid realiter differens a priori sibi adveniat.* q. 7: *Quarto quaero utrum in augmentatione
caritatis illud quod additur sit eiusdem speciei specialissimae cum caritate praecedente, separabilis
ab ea.*
[136] Ockham, Ord. I, d. 17, q. 8: *Quinto quaero de termino augmenti caritatis, utrum si
dare summam caritatem cui repugnet augmentari.*
[137] Es gilt auch hier, was Wood, Ockham, 41, für das inhaltlich nahe Gebiet der
essentiell ordinierten Ursachen feststellt: "Often Ockham attacks Scotus superficially,
in the same question where he borrows important parts of his own argument from
Scotus without acknowledgement."

des Gesamtduktus der fast vollkommen analogen und von Ockham
explizit gelobten scotischen Ausführungen besteht nun kaum Grund
zur Annahme, dass der Schotte dem Engländer hier gegebenenfalls
hätte widersprechen wollen – ganz im Gegenteil. Wenn Ockham,
wie erwähnt, zentrale Differenzen zu Duns vermeldet, kann er sie
nur exemplifizieren, indem er den Kontext wechselt und ins dritte
Buch der scotischen Ordinatio ausweicht.[138] Denn dort spricht Duns
tatsächlich von der intensiven Unendlichkeit geschaffener Gnade in
der *anima Christi*.[139] Dies hält Ockham seinerseits, wie stets, gut aris-

---

[138] Ockham gestaltet den Verlauf der *quaestio octava* der d. 17 in Ord. I wie folgt:
Fragestellung mit *quod-sic-* und *ad-oppositum*-Argumenten. Dann folgen repräsentativ
für die vielen Frage bejahenden *doctores* die Positionen von Johannes Duns Scotus
und Gottfried von Fontaines, die in dieser Reihenfolge nach einer allgemeinen,
sozusagen das *corpus* bildenden Erörterung widerlegt werden. Am Schluss erfolgt,
wie stets, die Refutation der *quod-sic*-Gründe. Seine eigene Meinung fasst Duns so
zusammen: *Ideo dico quod propter infinitatem vitandam non oportet negare talem processum in
infinitum, sicut propter infinitatem vitandam non oportet negare quod Deus non potest facere tot
individua alicuius speciei quin possit facere plura. Cuius ratio est, quia si ponatur talis processus in infinitum, semper illud quod ponetur in actu, erit finitum. Sicut ponendo quod Deus non
possit facere tot individua quin possit facere plura, semper illa quae fient, erunt finita. Et ideo
semper faciendo plura, numquam fient infinita sed finita.*
[139] Duns Scotus, Ord. III, d. 13, q. 1: *Circa istam distinctionem decimam tertiam, in
qua Magister determinat de progressu Christi, quantum ad eius conversationem, et operationem,
quaeruntur quattuor. Primo, utrum Christo potuerit conferri summa gratia, quae potuit conferri
creaturae? Secundo, utrum de facto fuerit collata animae Christi summa gratia, possibilis conferri
creaturae? Tertio, utrum possibile fuerit voluntatem animae Christi habere summam fruitionem,
possibilem naturae creatae? Quarto, utrum anima Christi potuerit summe frui Deo sine summa
gratia?*
Die relevanten Lösungsetappen der für unseren Zusammenhang wichtigsten und
von Ockham ausführlich zitierten q. 4: *Quarto quaeritur, utrum anima Christi potuit summa
frui Deo sine summa gratia? [. . .] Summum potest accipi dupliciter. Uno modo positive per exce-
dentiam ad omnia alia: alio modo negative per non excedi ab aliquo alio. [. . .] Secundo modo,
dico quod summam gratiam creabilem potuit dare huic animae. Ad quod ostendendum probo duo.
Primo, quod summa gratia isto modo potuit creari simul unica creatione. Secundo, quod potuit
conferri creaturae. Primum probo sic, accepta aliqua gratia determinata infima, puta A, quaero
ascendendo, aut est status ad aliquam supremam, et habetur propositum: aut non, sed potest pro-
cedi in infinitum; et tunc sequitur quod quanto aliqua magis excedit A, tanto est perfectior: et per
consequens illa, quae in infinitum excedit, est in infinitum perfectior, et ita in se erit intensive
infinita: et tamen cum ipsa videatur ab intellectu divino, sicut unum creabile potest una creatione
creari, et ita praeter hoc quod infertur impossibile, scilicet quod sit gratia sic infinita, habetur propositum, quod ista gratia possit unica creatione creari, sicut ab intellectu divino videtur ut unum
creabile. Ab ista ratione habent evidentiam suam aliae duae rationes, quarum una accipitur a
Philosopho 3. Physic. cap. de Infinito, quod 'quantum contingit esse in potentia, tantum contingit esse in actu': et ita non est procedere in infinitum in potentia, eundo ad formam: et ideo necesse
est in forma quantumcunque perfecta, ponere terminum qualitercunque possibilem. [. . .]*
   *Alia ratio ponitur ad conclusionem istam talis, quantamcunque charitatem Deus potest creare,
tantam potest creare (subiectum includit praedicatum). ponatur ergo in 'esse' quod tantam creet,
quantam potest creare: ergo non potest maiorem creare, habuit ergo propositum, quod summa cre-
abilis potest creari. [. . .]*

totelisch und in traditioneller impliziter Anlehnung an die Schlussschrift
für eine *fallacia figurae dictionis*, da für ihn aus dem den Infinitätsbegriff
synkategorematisch verwendenden Satz 'jeder endlichen Liebe kann

*Secundum, quod magis est ad propositum, supponendo quod summa gratia possit unica actione
creari, probo quod ista possit conferri animae Christi. Primo, quia subiectum receptivum accidentis convenientis, habentis gradus, quod non determinatur ex se ad aliquem gradum, potest quantum ex se, recipere illud accidens secundum quemcunque istorum graduum: anima est tale subiectum
respectu gratiae: ergo potest quantum est ex se, recipere quemcunque gradum gratiae. [. . .] Vel sic
potest formari ratio, et brevius: susceptivum formae habentis gradus, cui nullus repugnat, potest
quemlibet recipere: anima sic se habet respectu gratiae. Probo, si alicui susceptivo, inquantum tale
(per quod excluditur quaelibet ratio activi concomitans) repugnat aliquis gradus gratiae, repugnat
et cuilibet eiusdem rationis, quia quodlibet capax gratiae, est capax, ut eiusdem rationis. per secundam rationem hîc: nullus autem gradus gratiae repugnat cuilibet susceptivo. ergo nec alicui. [. . .]
Praeterea, quando inter aliqua extrema communia est proportio, ut inter aliqua extrema illius proportionis, ipsa est inter quaecunque contenta sub altero extremo. Exemplum, calefactivum, et calefactibile sunt prima extrema fundata super habens calorem in actu, et in potentia: in quibuscumque
ergo inveniuntur istae rationes actualiter calidi, et potentialiter calidi, illis potest inesse talis proportio. Sed prima extrema huius proportionis, et natura intellectualis: ergo in quibuscumque con-
tentis sub alterutro extremo, est ratio istius proportionis, et ita quaecumque gratia potest esse perfectio
cuiuscumque naturae intellectualis.*

*Hic iuxta primum membrum distinctionis, scilicet exponendo super relativum positive, est unum
dubium; Utrum de potentia ordinata Dei, posset fieri alia gratia aequalis isti. Et videtur quod
non, quia nulla alia natura posset esse caput habentium gratiam, quia non possunt esse duo capita,
sicut nec duo suprema in eodem ordine. Similiter si posset dari alicui alii tanta gratia: ergo posset tantum proficere in meritis, quod posset tantum mereri, quod videtur absurdum. Hic posset dici,
quod licet Deus de potentia absoluta posset tantam gratiam conferre alii naturae, sive assumptae,
sive forte non assumptae; non tamen de potentia ordinata: quia secundum legem iam positas a
sapientia divina, non erit nisi unum caput in Ecclesia, a quo sit influentia gratiarum in membris.*

Höchst instruktiv sowohl für die franziskanische Figur eines gestuften Potenzensystems
in Gott wie auch für die sachliche Kontinuität von Duns Scotus zu Ockham sind
außerdem die Lösungen zu q. 1 und 2, die im Anschluss an q. 4 gegeben werden.
*Ad argumenta primae quaestionis. Ad primum dicitur, quod licet non sit summe gratificabile, quia
tamen unitur personae Verbi, ex hac unione ampliatur eius capacitas, ut possit recipere summam
gratiam, quam non posset recipere, si non esset assumpta. [. . .] Ad argumenta alterius quaestionis* [Aus Augustins Definition trin. 13,5,8 *Beatus est, qui habet quicquid vult, et nihil mali
vult*, die nicht nur für aktuelles, sondern auch für erst potentielles Wollen Gültigkeit
habe, gehe hervor, dass das Maß an Seligkeit einer Seele der Gnadenkapazität ihrer
natura entspreche, auf welch letztere hin sich das potentielle, freie Wollen im
Seligkeitsfalle willig ausrichte. Diese Kapazität ist in der rein menschlich betrachteten *natura animae* des Christus jedenfalls geringer als bei den Seligen, vor allem als
bei den seligen Engeln; vgl. ibid. n. 1.] *dico quod Beatus habet quidquid potest recte velle,
non de potentia absoluta, sed de potentia ordinata; vel si de potentia absoluta, potest sic intelligi;
quidquid potest absolute recte velle, hoc est, quidquid Deus vult voluntatem velle: Deus autem non
vult aliquam voluntatem libere maiorem gloriam habere, quam sibi contulit, et ideo non potest
aliam gloriam recte velle. [. . .] Sed cum dicis quod voluntas libera erit recta, si consonet voluntati naturali: dico quod non semper: sed tantum, quando cum hoc consonat voluntati superiori,
scilicet voluntati divinae, quando vult, quod Deus vult eam velle: quandoque autem Deus vult
voluntatem libere velle, quod vult appetitum naturalem appetere velle; quandoque autem non, sed
vult voluntatem liberam velle esse consonam voluntati suae, et dissonam appetitivi naturali: et ideo
Beatitudo recte appetitur libere, quia Deus vult naturalem appetitum hoc appetere, et voluntatem
liberam esse sibi consonam. Vult autem Deus voluntatem non odire mortem in casu, et tamen vult*

eine größere folgen' niemals der den Unendlichkeitsbegriff kategorematisch applizierende Satz 'also kann eine unendliche Liebe entstehen, die größer ist als jede endliche Liebe' resultieren kann – selbst
dann nicht, wenn von der Liebe Christi die Rede ist. Dabei spielt
es für ihn keine Rolle, ob von extensiver, aus distinguierbaren Partialitäten bestehender, oder intensiver, aus *ex post* untrennbaren
Partialitäten hervorgehender Vermehrung des formalen Liebeshabitus
die Rede ist, denn letztlich sind ihm diese Figuren logisch gesehen
beide extensiver, nämlich synkategorematischer Natur. Dass Duns
seinerseits den Wechsel von synkategorematischen zu kategorematischen Unendlichkeitssätzen als valablen Übergang von extensiver zu
intensiver Unendlichkeit in explizit christologischem Kontext vornimmt, wird bei Ockham hier nicht eigens reflektiert. Wo solche
Reflexion dann doch in aller Form geschieht, nämlich in eigener
Kommentierung des dritten Sentenzenbuches,[140] nötigt sie den kritischen Duns-Schüler zu aufschlussreichen Konzessionen an die scotische
Position, die die beiderseitige intentionale Pragmatik der Unendlichkeitstheoreme als reidentifizierbar veranschaulicht.[141] Ockham muss,
oder, seiner Souveränität vielleicht angemessener formuliert, will nunmehr doch konzedieren, dass die Frage nach einem möglichen *status in formis* für die *forma animae Christi* wohl nicht rundweg zu verneinen
sei, da zumindest *de potentia Dei ordinata*, in gewisser Hinsicht auch *de
potentia Dei absoluta* ein *gradus caritatis ulterior* in Christus und erst recht
außerhalb Christi nicht denkbar wäre. Sogar methodische Pluralität

---

*appetitum naturalem esse ad oppositum mortis: et tunc non vult voluntatem liberam sequi eum,
sed voluntatem suam, quae est regula superior. Ita est hic, quia ipse ex voluntate sua, quae est
regula suprema, praefixit cuilibet voluntati creatae, ut ipsa non plus velit, quam voluntas divina
sibi contulit, et vult eam velle.*

[140] Rep. III, d. 8, q. 8, a. 2.

[141] Die Annahme, dass Rep. III, q. 8 vor Ord. I, d. 17 entstanden sein könnte,
dürfte sich durch den beiderseitigen Inhalt verbieten – eine Einschätzung, die sich
im übrigen auf die mit Modifikationen auch von den Editoren der Reportatio in
den OT Gàl und Wood vertretenen These Maiers einer vor Rep. II–IV anzuset-
zenden Datierung einer ersten Kommentierung von Sent. I durch Ockham berufen kann. Auch wenn Ord. I erst nach Rep. II–IV entstanden ist, rekurriert sie
nach Konsens von Böhner, Courtenay, Junghans, Gàl, Wood jedenfalls auf eine
Erstfassung des Kommentars als Reportatio, wobei das Ausmaß redaktioneller
Veränderungen aufgrund des bisherigen Fehlens von Rep. I kaum bestimmt werden kann. Möglicherweise ist es minim: "Ockhams *Ordinatio* may be simply a rewor-
king of the first book of his *Reportatio* and not a separate series of lectures" (Courtenay,
Ockham, 329). Vgl. OT, V, Introductio, 23*; Junghans, Ockham im Lichte der
neueren Forschung, 43–55.

bezüglich der Bestimmung der Nichtmehrbarkeit der Gnade in Christus, mithin der Unendlichkeitsbegriffe, gesteht er formell zu.[142] Dies aber lässt den Schluss durchaus zu, dass die Ockham'sche Insistenz auf einen rein extensiven ebenso wie die scotische Begeisterung für seinen intensiven Unendlichkeitsbegriff dieselbe Absicht mit unterschiedlichen Mitteln verfolgen, nämlich die gleichsam transmensurative Sicherung der Unhintergehbarkeit vollkommener Inkommensurabilität von Gott und Kreatur. Denn kaum zufälligerweise brechen die Gegensätze in der Christologie auf, ohne aber durch sie gelöst werden zu können. Während Ockham die Kreatürlichkeit der Seele Christi und somit die stets un-terminierbare Intensibilität ihrer Gnadenkapazität akzentuiert, betont Duns nach seinem Grundsatz

nihil est formaliter infinitum nisi quod per identitatem est Deus[143]

die vollkommene Rezeptivität der intellektualen Natur Christi – und so die Möglichkeit einer perfekten und als solcher nichtintensiblen Gnade in ihr kraft der hypostatischen Union mit der Person des Sohnes. Für beide scheint, so gesehen, die unbedingte Respektierung der Finität des Kreatürlichen ebenso wie der Infinität Gottes leitendes Konzeptionsinteresse zu sein. Die konzeptionsbedingt etwas größere Aristotelestreue Ockhams wie die etwas stärkere Kritik am stagiritischen Denken durch den von Ockham stets explizit als Ordensgenossen angesprochenen *frater Ioannes* erstreben somit wenn nicht Identisches, so doch in ihrer intentionalen Pragmatik für den Historiker in ihrer Abfolge Identifizierbares.[144]

Dass wir mit dieser Deutung durchaus das Empfinden der – im weiteren Sinne – zeitgenössischen Schüler der beiden Franziskaner getroffen haben, ergibt sich auch durch einen Blick in das Referat der Position beider Autoren in Biels Collectorium.[145] Biel statuiert

---

[142] Dies passt gut zur Einschätzung der Argumente Ockhams gegen die intensive Unendlichkeit als nicht sehr gewichtig durch Anneliese Maier, Kontinuum, Minima und aktuell Unendliches, 207.

[143] Ord. II, d. 1, q. 1, W. n. 13; V. n. 30.

[144] Die Unterschiede in der Methodik bei nicht unähnlicher theologischer Grundabsicht haben hauptsächlich mit der Ockham'schen Semiotik zu tun, die neuerdings (etwa von Schulthess, Sein, Signifikation und Erkenntnis) wieder ins Zentrum der Interpretation gerückt wird; vgl. Davenport, Measure of a Different Greatness, Kap. 6.

[145] Coll. I, d. 2, q. 10, notabile 2: *Quoad secundum quid nominis duo quaerit quaestio. Primo, an sit Deus; secundo, an sit unus et non plures secundum expositionem signi tantum. Quoad primum tenet Auctor [Ockham] cum Scoto, quod Deum esse est demonstrabile per hoc,*

erst prinzipielle Übereinstimmung der Gottesbeweise hinsichtlich der
gemeinsamen Fundierung im Effizienzargument bei gleichzeitiger
Differenzierung des Effizienzverständnisses als eines produktiven oder
konservativen, um dann die Ockham'sche Kritik des bei Duns mit
dem Existenzbeweis in eins fallenden Infinitätsbeweises anzusprechen.
Diese Kritik betrifft nach Biel keineswegs die Infinität Gottes als solche, sondern allein die Behauptung ihrer rationalen Evidenz. Dies
kann wohl ebenso sehr als Verstärkung ihrer theologischen Relevanz
wie als deren Verminderung gesehen werden. Somit können wir
bezüglich der Ockham'schen Unendlichkeitslehre festhalten, dass zwar
ein Urteil wie das Baudrys, wonach Ockham schlichtweg "avec saint
Thomas et Duns Scot" intensive und extensive Infinität unterschieden hätte, in dieser sehr komplexitätsreduktiven Formulierung zwar
entschieden historisch zu kurz greift, aber dennoch alles in allem das
Richtige trifft. Dass Gottes Wesen unendlich, dass diese Unendlichkeit
von aller innerkreatürlich denkbaren Unendlichkeit elementar verschieden sei, dass hier bestenfalls analogische Vergleiche möglich
sind, das alles war in der gesamten Spätscholastik außer Diskussion.
Entschieden strittig war allein die konzeptuelle Fassung konkreter
und zumal kreatürlicher Infinitätskonzepte, deren jeweilige Beweisbarkeit
und wiederum deren Beweismodalitäten.

2. *Prominente Vertreter eines synkategorematisch verstandenen Unendlichen im Anschluss an Ockham*

Betrifft die Kritik Ockhams an Duns Scotus weniger direkt die Behauptung intensiver Unendlichkeit als vielmehr vor allem deren
Beweisbarkeit, so verneint sie auch nicht in jeder Hinsicht die Vor-

---

*quod potest demonstrari, quod est aliquod primum in genere causae efficientis, demonstratione ad
impossibile. Alias enim procederetur in infinitum, et esset infinitas rerum actu existentium separa-
tarum; quod esse impossibile III Physicorum. Et hanc demonstrationem Philosophi Petrus de Alliaco
effert super omnes alias demonstrationes Philosophi, licet dicat eam non fore demonstrationem, sed
bonam probabilem rationem. Attamen secundum Doctorem* [Ockham; die Scheu, Wilhelm
den Titel zuzusprechen, kennt das Mittelalter nicht durchgehend, die Hs. der
Amploniana Erfurt Fol. 95, Bl. 203v. etwa bezeicnet ihn als *doctor singularis Wilhelmus
Hockam*, so Ehrle, Ehrentitel, 43.] *illa demonstratio evidentius fieri posset per rerum conservationem quam per rerum productionem.*
  *Quoad secundum, scilicet quod etiam unitas Dei sit demonstrabilis et non-pluralitas, circa quod
Scotus probare nititur infinitatem Dei et consequenter impossibile esse plura infinita; quas rationes
multiplicat in q. 1 et 2 huius distinctionis. Sed has Auctor* [Ockham] *solvit, ostendens quod
non procedunt ex evidentibus, sed frequenter ex creditis, in q. I Quodlibeto et q. 17 [!] et sequentibus VII Quodlibeto.*

stellung eines extensiven Unendlichen und dessen theologische Applikabilität. Streng genommen fußt der Gottesbeweis Ockhams sogar grundlegend auf dem Postulat der Zulässigkeit einer irgendwie sich vorzustellenden und an gewisse Paradoxien aristotelischen Gottesdenkens erinnernden synkategorematischen Unendlichkeit. Entsprechend diesem auch strengen Aristotelikern als äußerste Konzession vielleicht gerade noch akzeptablen und just darum im vierzehnten Jahrhundert populär werdenden, wohl eher aber schon eigentliche Aristoteleskritik verkörpernden Gedanken gibt es nun Stellen in Ockhams Werk, die darauf hindeuten, dass er einem aktualen Unendlichkeitsbegriff keineswegs einfach abgeneigt war, was extensive Größen wie Zahlenmengen oder Zeitdauer betrifft. Auch die Behauptung einer Anfangslosigkeit der Welt, die diesem Unendlichkeitsbegriff zugrunde liegt, akzeptierte er als zumindest denkmöglich.[146] Ockham spricht etwa im Hinblick auf die *revolutiones coeli* von *infinita pertransita sed non pertranseunda*, um den Gegensatz zu einem kategorematischen Unendlichkeitsbegriff herauszustreichen, und vermerkt ausdrücklich, dass er es *secundum illam viam*, also im Sinne extensionaler Entitäten, für möglich hält, *quod infinita possunt esse in actu*.[147] Ob er schon deswegen vorbehaltlos "zu den Infinitisten des 14. Jahrhunderts"[148] gerechnet werden soll, mag hier dahingestellt bleiben. Unbestritten ist jedoch, dass die Anerkenntnis extensiv synkategorematisch aktual Unendlicher, die bei Ockham eher tastend formuliert erscheint, einige Jahrzehnte später im Brustton der Überzeugung als wissenschaftlich gesicherte Erkenntnis vertreten wurde. Prominentester Name unter den Anhängern dieser Richtung ist derjenige Gregors von Rimini.[149] Doch speziell in der Entwicklung der Idee ungleicher Unendlichkeiten, für die die Relation von Totalität und Partialität applikabel wird und die für seinen eigenen Infinitätsbegriff konstitutive Bedeutung besitzt, steht auch er in klarer Kontinuität zu Ockham.[150] Selbst der Ockhamist

---

[146] Rep. II, q. 8 und Quodl. II, q. 5.

[147] Quodl. II, q. 5, rationes 1 und 2 mit Widerlegung.

[148] Maier, Kontinuum, Minimum und aktuell Unendliches, 206.

[149] Zu Recht sagt Brulefer, Rep. I, d. 43, q. 2, dass zwar für ebendiese *opinio modernorum doctorum possent allegari quadraginta rationes hincinde disperse* in den Werken vieler Autoren, vor allem aber *in Gregorio de ariminio qui quasi princeps illius opinionis.*

[150] Maier, Kontinuum, Minimum und aktuell Unendliches, 210f und Murdoch, Infinity and Continuity, 572f., die auf Gregor, Comm. Sent. I, dd. 42–44 verweisen. Sehr ähnlich schon Ockham, Quodl II, q. 5, v. a. die Widerlegung der *ratio quarta*, OT IX, 132.

Marsilius von Inghen, der kategorematische Unendlichkeit vehement
ablehnte, hielt synkategorematische für existenzmöglich und deren
Definition durch Gregor für die beste aller ihm vorliegenden.[151]

Johannes von Ripa: Die Immensität der göttlichen Unendlichkeit
Eine eigene und originelle Bearbeitung dieser Thematik findet sich
bei dem Pariser Franziskanermagister Jean de Ripa. Es scheint zudem
sehr, als hätte er auch den für Zwinglis Denken wichtigen Scotisten
Brulefer entscheidend mitbeeinflusst. Dabei gelingt es ihm, das scotistische Erbe der absoluten Andersartigkeit der Unendlichkeit Gottes
mit dem eigentümlichen Bedürfnis der Zeitgenossen nach nicht-gött-
licher Unendlichkeit zu versöhnen, ohne einfach Aristoteles anzuru-
fen. Seine zentrale "Entdeckung" ist die Dimension der Immensität
Gottes. Sie ist bei ihm wörtlich zu verstehen: Gott steht in seinem
Wesen über allem, was in irgend einer Weise messbar ist. Dazu
gehört nach Ripa auch die Unendlichkeit, die von Kreatürlichem
auszusagen ist. Diesen Sachverhalt bringt der zweite Artikel[152] der
Questio de supremo gradu – dem zweiten Teil seines um 1335 entstandenen *principium*[153] zum Kommentar des ersten Sentenzenbuches –
besonders klar und exemplarisch für sein Gesamtwerk zur Sprache.[154]
Er beginnt gleich in der eröffnenden *conclusio* mit dem Zugeständnis

---

[151] Elie, Le traité, 216–220.

[152] Combes/Vignaux, Questio de gradu, 195, 2f.: *Utrum a supremo gradu simpliciter
sit derivabilis aliquis gradus citra sibi immediatus?*

[153] Die eigentliche Quaestio – a. a. O., 143, 4–6: *Utrum a supremo gradu entis simpliciter tot latitudo ymaginaria, quam terminat, sit derivabilis contingenter?* – wird, wie bei
Ripa stets, in vier Artikel unterteilt.

[154] Ruello, La pensée de Jean de Ripa O.F.M., 203: "L'idée d'immensivité divine
est ainsi partout présente dans l'œuvre de Jean de Ripa: *Quaestio de Gradu supremo*
– son *Principium* –, le *Prologue* de sa *Lectura* et commentaires de plusieurs distinctions
des quatre livres des *Sentences*. Chaque fois qu'il le peut, Jean de Ripa montre que
sa notion d'immensité divine s'accorde avec d'autres notions théologiques dont il
ne peut faire l'économie; celles par exemple 1) de communicabilité *ad intra* de
l'essence divine (distinctions des *rationes essentiales et suppositales*); 2) de la communicabilité
ad extra de cette essence par création (réitération de l'unité divine), par cognoscibilité
en lumières créées, naturelle et surnaturelle (distinction de la raison et de la foi, de
la foi comme habitus d'adhésion, comme habitus cognitif, comme habitus non-
scientifique, comme pouvant donner naissance à un habitus scientifique), par incarnation d'une personne divine (distinction entre essence divine communicable comme
forme constitutive et perfective en plénitude essentielle et la personne du Verbe
comme subsistance propre; distinction entre Dieu et déité)."

Konkrete Parallelen des behandelten Artikels ergeben sich zu I Sent., d. 2, q. 3,
a. 2; s. Combes/Vignaux, Kommentar zu 195, 5/21.

kreatürlicher Infinität,[155] die in der ersten der sie beweisenden *propositiones* sogleich von der göttlichen Form der Unendlichkeit, eben deren Immensität, abgehoben wird:

> *Quelibet denominatio perfectionis simpliciter immense correspondet entitati divinae.*

Dies lässt sich nicht wirklich weiter begründen, darum fügt Ripa an:

> *Patet: Nam divina entitas est omniquaque immensa essentialiter.*

Zwar muss in gewisser Weise einschränkend gesagt werden, dass die Vorstellung eines nichtgöttlichen *ens infinitum* bei Ripa, dem *doctor supersubtilis* oder gar *doctor difficilis*, teilweise nur *ymaginarie*, eben nur als Vorstellung, präsentiert wird. Er befindet sich damit in der Tradition der die Grenzen des möglich Messbaren gleichsam durch supponierte Denkbarkeit des nicht-messbaren *Un*möglichen auslotenden Mensura-Sprachen.

Dennoch dient die weitere Gestaltung des Artikels, wie die ganze Quaestio, voll der Entfaltung dieser einen imaginären Grunddifferenz, so schon in der zweiten und dritten *conclusio*, die – in einem doppelten Sinne des Wortes – die "Grenzen" des kreatürlich Unendlichen aufzeigen. Es ist außerhalb der göttlichen Form der Unendlichkeit, auch wenn es in sich selbst als unendlich bezeichnet werden kann:[156] Der ein *infinitum* als solches deklarierende höchste Grad desselben verhält sich zu jenem *inclusive*, zum *immensum* aber *exclusive*. Damit ist natürlich auch gegeben, dass der bei Duns den *ordo essentialis* aller finiten Entitäten noch transzendierende Infinitätsbegriff ebenfalls zu ersetzen ist, was der dritte Artikel[157] vornimmt. Zwar kann es in jedem Ordo unendlich viele Stufen geben.[158] So gibt es etwa unendlich viele Grade der Intension, die innerhalb der einen *res*, die sie intensivieren, durch eine *distinctio gradualis ex natura rei* voneinander getrennt werden. Doch auch diese unendlich vielen Einheiten des

---

[155] Combes/Vignaux, Questio de gradu: 195, 5f.: *Cuiuslibet denominationis perfectionis simpliciter communicabilis creature possibilis est latitudo infinita.*

[156] A. a. O., 196, 22–197, 24: *Secunda conclusio: Quelibet latitudo perfectionis simpliciter in creatura terminabilis est exclusive ad gradum denominationis consimilis in divina essentia. Tertia conlusio: Cuiuslibet talis latitudinis necesse est ponere gradum supremum possibilem inclusivum et infinitum.*

[157] A. a. O., 207, 2f.: *Utrum ex quolibet gradu citra immensum concludi possit immensitas primi gradus?*

[158] A. a. O., 207, 5–8: *Prima [conclusio] est ista: Inter quamcumque signabilem causam secundam alicui effectui essentialiter ordinatam et causam simpliciter primam, infinite sunt possibiles intermedie essentialiter ordinabiles in causando.*

Ordo müssen einen Halt finden in einem ersten *ens*.[159] Dieses *ens*
kann nicht selber von der gleichen Art sein wie die in sich endlichen
gradus, die es terminiert, da ihm ja die Kraft eignen muss, die essentiellen Dependenzverhältnisse aufzubrechen und allesamt in sich auf-
zuheben. Es ist darum zwingend außerhalb jeder finiten oder infiniten
Kausalität jedes Ordo, dergestalt, dass es sich zu ihnen in einem
Verhältnis expliziter Nicht-Relation befindet.[160] Es kann darum zwischen ihm und dem höchsten unendlichen Grad keine Zwischengrade
geben.[161]

Die Literatur über Jean de Ripa gibt verschiedene Erklärungen
für die – um es so zu formulieren – historischen Quellen seiner
Originalität. Jean Jolivet sieht den *Liber de causis*, Proklus und Pseudo-
Dionys hinter den Innovationen: Die vervielfältigende Reduplikation
der Einheit (im *ordo essentialis*) führt zwar erst zu einer Infinitisierung,
radikal weiter gedacht aber erneut zu einer nicht übertreffbaren
Einheit. Der Weg hin zum unendlich Vielen hat auch eine unendliche Intensivierung des formalen Gehalts der betreffenden Entität
zur Folge: In ihrem Überschreiten zur Immensität der vollkommenen Form kann sie nur totale Einheit in sich bedeuten. Francis Ruello
sieht den ganzen Werkaufbau als eine natürliche Theologie der göttlichen Immensität, was, abgesehen von der terminologischen Änderung,
gegenüber der klassisch scotischen Position, wie Gilson sie versteht,
nicht viel ändern würde. Die Abweichungen gegenüber Duns erheblich stärker gewichtet allerdings Vignaux. In mehreren Publikationen
plädiert er für eine potentielle Aufsprengung der beim *doctor subtilis*
noch gegebenen vollkommenen Einheit des Wesens Gottes durch die
nunmehr immense Verschiedenheit seiner Attribute beim *doctor supersubtilis*. Die Formaldistinktion nach klassisch scotischem Muster in
ihren Grundintentionen sei bei Ripa faktisch nicht mehr haltbar.[162]

---

[159] A. a. O., 210, 37–39: *Tertia conclusio: Eque evidenter ex infinito ordine essentiali causarum potest aliquod ens simpliciter concludi primum, sicut ex ordine causarum tantum finito.*
[160] A. a. O., 212, 67–75: *Sexta conclusio: Ex quolibet gradu finito essendi evidenter concluditur immensa causalitas primi gradus. Probatur: Nam ex quolibet gradu finito essendi evidenter concluditur aliqua causalitas primi gradus, et non aliqua mensurabilis penes aliquam latitudinem
causalitatis finitam vel infinitam: igitur immensa causalitas. Minor patet: nam cuiuslibet latitudinis causalitatis, gradus remissior est prior naturaliter quam intensior: igitur causalitas simpliciter
prima in natura rerum non est sic mensurabilis.*
[161] Dies bestätigt Ripa in seiner Widerlegung der zweiten *ratio principalis*, a. a. O.,
222, 38–41: [. . .] *quidquid est citra supremum infinite, est citra non per aliquod intermedium
ymaginabile, sed per immensitatem supremi.*
[162] Vignaux, Préface, in: Combes, Jean de Ripa Conclusiones, 8.

Vignaux sieht hier eine Weichenstellung des Übergangs vom 14. zum
15. Jahrhundert im Scotismus, die vor allem bei Gerson vehemente
Kritik an der Bewegung im Ganzen hervorrief, obschon eigentlich
die Gründerzeit von ihr auszunehmen gewesen wäre. Die Rückkehr
zum ursprünglichen Konzept der Formaldistinktion und das mit ihr
verbundene starke Insistieren auf der unauflösbaren Einheit Gottes
bei Stephan Brulefer unter gleichzeitigem positivem Rückbezug auf
Gerson ließen sich aufgrund dieses Vignaux'schen Ansatzes jedenfalls hervorragend erklären. Nirgendwo reflektiert scheint allerdings
in der bisherigen Ripa-Literatur die doch auffällige Stellung des
Immensitätsbegriffs im vorscotischen Franziskanismus und die Möglichkeit eventueller Bezüge zwischen Bonaventura und Ripa. Die *prima
facie* im Anschluss an Bonaventura zu beobachtende Verwendung
dieses Begriffs bei dem von Zwingli am stärksten rezipierten Scotisten
Brulefer könnte so wohl auch eine Verwertung der Innovation des
doctor difficilis gewesen sein.

4. Unendlichkeitskonzeptionen im Scotismus an der Wende vom 15. zum 16. Jahrhundert

Die Ordens- und Schul-interne Übernahme und Weiterverarbeitung
des Unendlichkeitsbegriffs bei den Scotisten in ihrer universitätspoliti-
schen und wissenschaftlichen Blütezeit im 15. und 16. Jahrhundert
ist bisher kaum erforscht worden, obschon gerade sie sicherlich von
zentraler Bedeutung sein dürfte – sowohl für die Geschichte des Scotismus selber als auch für die in sie involvierten Wissenschaften der Physik,
der Metaphysik, der Mathematik, der Logik und der Theologie.[163]
Soweit Resultate schon vorliegen, zeichnet sich das Bild einer
zunehmend deutlicheren Gabelung der Schule im Bezug auf die
Ansichten zu Möglichkeit und Form eines "kreatürlichen" Unendlichen.
Die frühen Scotisten Mayronis und Bonetus anerkannten die Existenz
aktualer extensiver Unendlicher, allerdings nur in einem simultaneistischen Verständnis des Unendlichen. Deswegen lehnten sie dann
aber auch die Idee der Gleichzeitigkeit inaequaler Unendlicher ab;
Mayronis mit dem typisch scotistischen Argument:[164]

---

[163] Die hier folgenden Ausführungen und die ihnen zu Grunde liegenden Thesen
wollen darum – noch mehr als der Rest dieser Arbeit – in der Vorläufigkeit des
gegenwärtigen Forschungsstandes verstanden sein.
[164] Maier, Kontinuum, Minimum und aktuell Unendliches, 207.

infinities infinitum non excedit simpliciter infinitum.

In der zweiten Hälfte des 14. Jahrhunderts scheint der Gegensatz zwischen – im mittelalterlichen Sinn verstandenen – physikalischem und theologischem Unendlichkeitskonzept dann noch etwas klarer aufzubrechen, ähnlich wie zuvor bei Ockham, so etwa, wie erwähnt, bei Jean de Ripa, der den spezifisch theologischen Infinitätsbegriff mittels der *immensitas* Gottes zum Ausdruck bringt: Gott sprengt jede Mensurabilität des endlichen Seienden grundsätzlich.[165] Es scheint sehr, als hätte der Immensitätsbegriff hier eine gegenüber Bonaventura klarere Bedeutung bekommen, die ganz auf die – im Gegensatz zu jeder ins Unendliche steigerbaren Unendlichkeit kreatürlicher Art stehende – Improportionalität der nicht meßbaren Infinität Gottes abhebt. Dieser Gegensatz steht auch ein gutes Jahrhundert später, in der Zeit um die Wende vom 15. zum 16. Jahrhundert, im Mittelpunkt des Interesses der Scotisten, wenn sie sich der Unendlichkeitsfrage zuwenden. Dass Gott unendlich sei, war hier nicht mehr strittig, unter den Schülern des *doctor subtilis* schon gar nicht. Das Bedürfnis nach einer bei Duns noch nicht sehr weit gediehenen Klärung des Verhältnisses von Unendlichkeit in physikalischem und theologischem Sinne aber wurde um so manifester: Wie ist der Status nichtgöttlicher aktualer Unendlichkeit einzuschätzen? Ist er trotz zumindest vor Ripa äquivoker, beide Größen mit dem Terminus der Unendlichkeit bezeichnender Denominationsvorgänge mit unerbittlicher Konsequenz als unaufhebbare Disproportionalität zu charakterisieren? Oder ist die Idee aktualer Infinität geschaffener Entitäten trotz der unbedingt zu respektierenden theologischen Transzendenz der Infinität Gottes eine Art Sprungbrett hin zur Bestimmung der Essenz Gottes *in statu isto* – abstraktiv stellvertretend für die nicht erreichbare intuitive Erkenntnis der göttlichen Unendlichkeit in sich selber? Diese solchermaßen nur scheinbar etwas plakativ gemalten Extrempositionen finden sich interessanterweise in aller Schärfe bei zwei der prominentesten Scotisten in der Zeit der beiden Generationen vor Zwingli, dem französisch observanten Franzosen Stephanus Brulefer und dem nach ihm lebenden Schotten John Mair. Beide waren Professoren in Paris, wenn sie auch dort mit unterschiedlicher existentieller Ausrichtung ihrer wissenschaftlichen Arbeit tätig wurden. Der Mönch Brulefer betrieb seine Studien erklärtermaßen zur Vertiefung seiner eigenen

---

[165] Vignaux, Être et Infini, 53.

und seiner Schüler Frömmigkeit, in Abwehr aller unnützen eitlen *curiositas*. Der Säkularkleriker Mair hingegen trägt ein genuines Interesse an differenzierter Entfaltung wissenschaftlicher Probleme auch in einem – für vormodernes Forschen zwar stets gegebenen, aber von ihm besonders geschätzten – "transdisziplinären" Horizont, insbesondere auch in der Perspektive des Übergangs zwischen Natur- und Sprachphilosophie. Erklärtermaßen ablehnend und erklärtermaßen zustimmend unternahmen die beiden an der Wende vom 15. zum 16. Jahrhundert sehr prominenten scotistischen Hochschullehrer den Versuch, die Unendlichkeitsfrage unter die Probleme der Satzlogik (genauer gesagt: den damals weitflächiges Interesse beanspruchenden *exponibilia*) zu klassifizieren. Obschon sie nicht in unmittelbarer Zeitgenossenschaft lebten, besteht doch insofern ein indirekter Dialog zwischen ihnen, als der ältere sich kritisch genau an jene Scotisten wendet, die die Position des jüngeren vertreten.

1. *Stephan Brulefers Devotion des allein unendlichen Gottes*

Dem im letzten Viertel des fünfzehnten Jahrhunderts in Paris, Mainz, Metz und der Bretagne lehrenden observanten Franziskaner Stephan Brulefer war es trotz und entgegen offensichtlicher Einwirkungen diverser nach-scotischer Problemstellungen ein Anliegen, genuin scotische Doktrinen nicht nur festzuhalten, sondern auch neu zu beleben.[166] Wie schon vor ihm sein berühmter Lehrer Guillaume de

---

[166] Stephanus Brulefer O.F.M. (auch Brulifer, Brulyfer, Brulever, Burlefer, Prulefer, Bruleferus; frz. Etienne Pillet; Herkunftsname: Maclovius, nach dem bretonischen St. Malô). Geboren wurde der nachmals hochberühmte Doktor zu einem (noch) nicht genau bekannten Zeitpunkt in St. Malô, später wurde er in Paris Schüler des berühmten Scotisten Guillaume de Vaurouillon. Seit 1461 wirkte er als scotistisch orientierter Ordinarius ebenfalls an der Universität in Paris. Ab den späteren siebziger oder frühen achtziger Jahren wurde er dann überraschenderweise Konventuale und in der Funktion eines *director studii* theologischer Lehrer bei den seit 1469 reformierten Mainzer Observanten. Dieser eher ungewöhnliche äußere Wechsel von der weltweit mit Abstand renommiertesten Universität der Zeit an eine wohl deutlich aszetisch ausgerichtete Provinzhochschule zeigt höchstwahrscheinlich auch einen inneren Wandel der Persönlichkeit Brulefers hin von brillanter und gefeierter Gelehrsamkeit allein zu einer auch, aber nun eher sekundär, mit intellektuellen Mitteln unterstützten intensiven Pflege der Frömmigkeit und der Askese. (In dieser Hinsicht ist Brulefer eine interessante Parallele zum Basler Heynlin vom Stein, der ebenfalls als höchst angesehener Pariser Dozent und intellektuelles Multitalent 1474 den Weg in die Basler Kartause einschlug und sich fortan vor allem dem Predigen widmete, s. Vischer, Geschichte der Universität Basel, Bd. 2, 599). Als Folge dieser Konzentration auf gelebte Spiritualität lässt sich wohl auch seine (nach primär scotistisch orientierten Studien) auf Bonaventuras Sentenzenkommentar fallende Wahl für die Vorlage

Vaurouillon oder der Erfurter Magister Kilian Stetzing verwirklichte
er es (unter anderem) in dem komplexen Textgefüge scotisierend
gehaltener Vorlesungen zum Sentenzenkommentar Bonaventuras. In
diesen nachmals als Reportationen edierten Kollegtexten unternahm
er das in der Geschichte der wissenschaftlichen Literatur wohl nicht
gerade häufige Wagnis einer simultan je möglichst adäquat erfolgenden Aufnahme und Kommentierung zweier in mehrerlei Hinsicht
doch recht unterschiedlicher theologischer Vorlagen.[167] Das hatte eine
(bei rezeptorisch mehrschichtigen Vorhaben wohl fast zwangsläufig
sich einstellende) Hierarchisierung der rezipierten Texte zur Folge.
Auch wenn der Bonaventurakommentar den exegesierten Basistext
darstellt, stellt doch faktisch, soweit ich sehen kann, die scotische
Vorlage die inhaltlich-philosophisch letztlich maßgebliche Instanz
dar. So wird etwa der noch tastende bonaventurianische Gebrauch
einer *distinctio media sive modalis* in der Trinitätstheologie zwischen den
Hypostasen der Gottheit wie selbstverständlich von der scotischen
Formaldistinktion her beurteilt und als Vorläufermodell der späteren
und kompletten Figur bei Duns und dessen Schülern angesehen.[168]
Mit dieser Einschätzung kommt Brulefer natürlich der heutigen Sicht
der Dinge sehr nahe, insofern bot gerade dieser Punkt der Distinktionentheorie ein dankbares Exempel zuhanden seiner Wahrnehmung
der Lehrer seines Ordens: Bonaventura bedeutet ihm mehr oder
weniger einfach einen Duns *in nuce*, stellt darum auch das ideale

---

seiner Vorlesungen in den neunziger Jahren erklären; möglicherweise spielte dabei
auch die 1482 erfolgte Heiligsprechung des *doctor Seraphicus* eine Rolle. Prolog und
Sent I wurden noch 1490 in Mainz abgeschlossen, Sent II-IV in Metz zu einem
nicht genau bekannten Zeitpunkt. Brulefer starb vermutlich 1496 oder 1497, nachdem er in den letzten Lebensjahren in Bernon in der Bretagne unter anderem zur
kirchenpolitischen Verteidigung des dortigen Konvents gewirkt hatte. Die von der
nachreformatorischen protestantischen Geschichtsschreibung über Brulefer – vermutlich zum Zwecke seiner Vereinnahmung als eines *testis veritatis* – verbreitete Behauptung
massiver Heterodoxie in seiner Mainzer Zeit hat schon Nikolaus Paulus, Paulus
Scriptoris, ein angeblicher Reformator vor der Reformation widerlegen können.
Streng scotisch lehrte Brulefer vor allem in seinem zweiten Hauptwerk *Formalitatum
textus cum ipsius commento*, während der Bonaventurakommentar jedenfalls nicht ausschließlich scotisch argumentiert. Eine Reihe kleinerer Werke hat häufig Fragen
praktischer Frömmigkeit zum Inhalt. Zur Vita Brulefers und überhaupt zu den scotistischen Autoren seiner Zeit s. den ausgezeichneten Überblick von Wegerich, Bio-
bibliographische Notizen, zu Brulefer: a. a. O., 157–163.
  [167] Es legt sich die Annahme nahe, dieses komplizierte Vorhaben besitze seinen
Motivationsursprung in der Biographie des erst ausschließlich scotistisch, später dann
auch bonaventurianisch interessierten Ordenslehrers.
  [168] Vgl. Anh. 2. 1. 23. zu Rep. I, d. 33, q. 1.

Kriterium für die nötige Rückführung der überkompliziert geworde-
nen scotistischen Theologie auf ihren wahren *nucleus rerum* dar. Doch
ganz so linear verläuft die Entwicklung vom *doctor seraphicus* zum *doctor
subtilis* und gar zu seinen Schülern bekanntlich bei weitem nicht ausnahmslos. Darum hebt die von Brulefer vorgenommene Themenhierarchie die durch seine Wahl zweier Autoren gegebene Spannung
keineswegs einfach auf. Schon ein oft unvermittelter und betont nicht-
diskursiver, ja manchmal sozusagen in "Duns-*ex-machina*"-Manier über-
raschender Einsatz scotischer Argumente verrät oft eine gewisse
Formalisierung des Rekurses auf diese prinzipiell höherstehende
Autorität: Duns ist die zu befolgende Autorität, weil er eben die zu
befolgende Autorität ist, auch wenn seine Lösung vielleicht nicht in
jeder Hinsicht einleuchtet.

Noch mehr impliziert natürlich schon der – immerhin sehr bewusst
gewählte! – Anschluss an die zweite, faktisch als Basis dienende
Vorlage eine recht deutliche Relativierung der Dominanz der ersten.
Zumindest das didaktische Grundanliegen einer Reduktion theologischer Komplexität, das Brulefer primär zur Wahl des bonaventurianischen Kommentars als Rahmen und Raster seiner Vorlesungen
und deren Publikation geführt hat, lässt sich schwerlich anders denn
als indirekte, vielleicht nicht ganz reflektierte Scotuskritik verstehen,
zumal was die formale Seite von dessen Werken betrifft. In wirkli-
chem oder vermeintlichem, jedenfalls beabsichtigtem Einklang mit
dem meditativ-mystischen Grundton des *doctor devotus*[169] Gerson ist
Brulefer an allzu ausgetüftelten Denkmustern und Problemlösungs-
verfahren explizit desinteressiert. Speziell das in dieser Hinsicht seit
jeher besonders anfällige zweite Sentenzenbuch, will er darum, wie
er in einer Vorrede ausdrücklich zu erkennen gibt, nur *omissis questionibus curisiosis que vanitatem afferunt* zu kommentieren unternehmen.[170]
Auch wenn Brulefer mit dem Bewusstsein des senkrechten Observanten
natürlich nur allzu gut weiß, dass die Menschenkinder in die *vanitas*
geradezu verliebt sind,[171] gilt es nach ihm gerade darum erst recht,
sich im Anschluss unmittelbar an Bonaventura und mittelbar Gerson
auf die *questiones utiles et virtuosas ad devotionem et amorem dei incitativas*

---

[169] Zu den Ehrennahmen der Scholastiker s. Ehrle, Die Ehrentitel.
[170] Zu dem sehr ähnlichen Prolog zum ersten Buch s. unten Anh. 2. 1. 1., auch
hier beschäftigt Brulefer die angemessene Kommentierung des zweiten Buches der
lombardischen Sentenzen und die seiner Meinung nach vorzügliche Zurückhaltung
Bonaventuras am meisten.
[171] Rep. II, Einleitung, fo. CXCVIIr.

zu beschränken. Mit diesem doppelten Rekurs auf Gerson und Bonaventura tritt Brulefer mit einigen anderen um Bonaventura bemühten observanten Ordensgenossen seiner Zeit wohl als Vorbote einer
großen und bekannten historischen Bewegung hin zu Johannes
Bonaventura auf. Indirekt war sie wohl maßgeblich auch durch die
Gerson'schen Reformbemühungen mitinitiiert worden. Für diese
Bewegung war die im Jahr 1482 erfolgende – bis in Zwinglis Bibliothek
mit ihrer *relatio circa canonisationem Bonaventurae* hinein ausstrahlende –
Heiligsprechung durch Sixtus IV. ein wichtiger Ausdruck: Sie führte
den General der Observanten Franciscus de Zamora dazu, als maßgebliche Autorität den *doctor subtilis* offiziell durch den *doctor seraphicus* zu substituieren. Später, während des Trienter Konzils, wandten
sich darum auch die Kapuziner weg von Duns hin zu Bonaventura.[172]
   Zwar entfernte sich Brulefer insgesamt nicht annähernd so massiv von Scotus wie seine späteren Ordensgenossen. Dennoch ist zu
beobachten, dass der angestrebten philosophischen Reduktion in seelsorgerlicher Absicht – sie ist im Prolog zum zweiten Buch zwar wohl
am schärfsten formuliert, wird aber sachlich entsprechend auch schon
in dem für das ganze Werk richtungweisenden Prolog zum ersten
Buch und auch an anderen Orten immer wieder programmatisch
deutlich bekundet – in allen vier Büchern nicht ganz wenige der
Subtilitäten scotischen Denken mit zum Opfer fallen mussten. Das
geschieht zwar durchaus entgegen der eigentlichen und im Prolog
(*Incipit*) des ersten Buches angegebenen Gesamtintention der Vorlesungen.[173] Doch weil Brulefer in seinen Ausführungen grundsätzlich
und meist konsequent dem bonaventurianischen Quaestionenschema
folgt, muss er die oft schon strukturell, nämlich makrokontextuell,
anders verfahrende scotische Ideenentwicklung nur allzu oft faktisch
unterbinden. Auch die Begrifflichkeit, in der scotische Ansätze situiert
werden, ist oft eine entweder den Vorläufern oder den Nachfolgern
des Duns oder, weil deren Intentionen sich ihrerseits keineswegs
immer zu schneiden brauchen, beiden Gruppen zugleich entnommene. Ausgesprochen der Spätscholastik verbunden, ja bereits sachte
deren baldigen Übergang zur *methodus definitiva* und der Vorliebe für
eine Enzyklopädisierung im frühneuzeitlichen Schulbetrieb signalisie-
rend, ist zudem die Ausdrucksweise einer jeder Quaestio vorange-

---

[172] Bérubé, La première école scotiste, 15f.
[173] S. Anh. 2. 1. 1.

henden *declaratio terminorum*. Unter dem Gewand scheinbar simpler Lexikographie nimmt sie meist konstitutive Momente der *resolutio* bereits vorweg – auch dies ein Zeichen des allgemeinen Wunsches zur Komplexitätsreduktion im Ausgang der spätmittelalterlichen Theologie, für die Bonaventura ein Ideal darstellte.

Sowohl die Eigenheiten des Textes selber wie auch die in den Vorreden zum Prolog und zum zweiten Buch des Kommentars gegebene Beschreibung seiner Ziele lassen Stephan Brulefer unschwer als einen der typischen Vertreter jener spätmittelalterlichen gelehrten theologischen Literatur erkennen, von der gilt, in ihr sei "Theologie eine Art von Frömmigkeit und Frömmigkeit eine Art von Theologie, so dass man geradezu von einer Frömmigkeitstheologie sprechen kann".[174] Dies zwingt im Hinblick auf das Ziel einer angemessenen Lektüre seiner Texte zu einer doppelten, aber aufgrund der in dieser Art von Theologie spezifischen Reziprozität von Frömmigkeit und Intellektualität gegenseitig durchlässigen Fragerichtung bei der interpretatorischen Arbeit. Zum einen ist es auch bei frömmigkeitstheologisch orientierten Werken keineswegs illegitim, ihren philosophie- und theologiegeschichtlichen Gehalt mit Hilfe syn- und diachroner Vergleiche möglichst genau erheben und einordnen zu wollen. Dies dürfte zumal bei einem Autor, der ja selber auf seine Autoritäten mit Nachdruck verweist und also doch auch ein gutes Stück weit an eben diesen Autoritäten gemessen werden will, doppelt zutreffen. Die dabei dann leider unausweichliche Erkenntnis, dass auf der Ebene des Lehrgehaltes der Schüler meistens nicht nur nicht größer, sondern oft und so auch bei Brulefer erheblich geringer denn sein Meister erscheint, sollte dann allerdings gerade nicht zu einer auf die Hochscholastik fixierten Verfallstheorie verengt werden. Sie weist vielmehr in ihrer Weise auf die Tatsache, dass die beschriebene Theologie dieser vielleicht mehr als in allein chronologischem Sinne vorreformatorisch tätigen Lehrer "auf dieser Ebene in ihrem eigentlichen Anliegen oft nicht zu fassen ist"[175]. Es muss also in einem zweiten Schritt auch nach dem vorwissenschaftlich-frömmigkeitlichen Anliegen gefragt werden, das einen Autor zur Wahl einer bestimmten Autorität, möglicherweise dann aber auch wieder zu einem (mehr oder weniger

---

[174] Hamm, Frömmigkeit, 479.
[175] Ebd.

bewusst vorgenommenen) Abweichen von deren konkreten Vorgaben
bewegt haben könnte. Diese zweite Frage, die im Folgenden nach
einer ersten Darstellung der zur Unendlichkeitsfrage relevanten Texte
einer Antwort zugeführt werden soll, scheint im Hinblick auf eine
von Duns über Brulefer zu Zwingli führende Linie vielversprechend
zu sein.

Wo nun Brulefer mit seinem für die unmittelbare Textgestaltung
erstrangigen Gewährsmann Bonavenura auf theologische Unendlich-
keitsfragen zu sprechen kommt, tut er dies an jenen beiden Orten,
in denen die Diskussion des Unendlichen in der franziskanischen
Spätscholastik fast ausnahmslos aufzutauchen pflegt: An der nach der
Wesenseinheit Gottes fragenden *distinctio* 2 sowie dem der Allmacht
Gottes gewidmeten Komplex der *distinctiones* 42–44 des ersten Buches;
ergänzt von marginaleren Kontexten[176] und eher nur Anspielungs-
charakter besitzenden Erwähnungen. Ist sein Anliegen in der zweiten *distinctio* in der Reformulierung des Simplizitätsarguments
Bonaventuras noch die Darstellung eines theologischen Infinitätsbegriffs,
interessiert ihn in der Diskussion der Effekte der unendlichen Macht
Gottes stärker die schon angesprochene Frage nach der Möglichkeit
der Existenz nicht oder nicht direkt göttlicher unendlicher Entitäten.

*Infinität als transzendierte Immensität: Scotuslektüre im kritischen Gefolge
Bonaventuras*

Reportatio I, d. 2   Die theologische Illegitimität einer Pluralität von
Göttern, die etwa Thomas von Aquin noch eher neuplatonisch beweisen wollte,[177] wird, wie bekannt, in der franziskanischen Tradition
vermutlich seit Bonaventura durch das Argument der Inkompossibilität
mehrerer Unendlicher begründet. Diesem Gedanken folgt die *distinctio secunda* in ihrem Aufbau, bringt die selben vier *quaestiones* wie bei
Bonaventura zur Sprache und beantwortet sie auch in ungefähr bona-
venturianischem Sinne, wobei im Rahmen unserer Erkundung vor
allem die erste und dritte *quaestio* bedeutsam sind.
    Die Lösung der ersten *quaestio*: *utrum in deo sit ponere essentie unitatem*
wird, wie in der Brulefer'schen Kommentierung so oft, durch eine
declaratio terminorum eingeleitet: *Deus, essentia, unitas* werden expliziert.

---

[176] Wie etwa Rep. I, d. 9, q. 4, S. unten Anh. 2. 1. 18.
[177] Sent. I, d. 2, a. 1, co.

Letztere beide scheinen dabei wenig neuartig.[178] Für die Erklärung des Gottesbegriffes hingegen verfällt Brulefer interessanterweise wie vor ihm schon die Beinahe-Zeitgenossen Nicolaus von Kues und Jean de Ripa und nach ihm auch Mair, Rabelais und andere mehr, dem Irrtum, die damals gängige Definition Gottes als einer peripheriefreien Sphäre mit entsprechend ubiquitärem Zentrum stamme von Hermes Trismegistus. Diese Zuschreibung verdankt sich der Rezeption des *Liber XXIV Philosophorum*. Diese vermutlich aus der Mitte des 12. Jahrhunderts datierende Sammlung von vierundzwanzig philosophischen Sätzen stark mystisch-henologischer Prägung wurde erstmals von Alanus ab Insulis Hermes zugeschrieben, was in der Folge – mit Ausnahme Alberts des Großen – zur *opinio communis* werden sollte.[179] Brulefer könnte also die Definition, die dem zweiten der vierundzwanzig Sätze im *Liber* entspricht, auch etwa durch Gerson vermittelt dem *itinerarium mentis ad deum* Bonaventuras entnommen haben.[180] Von wem aber auch immer Brulefer den zur Debatte stehenden Satz zu wissen bekommen hat – paradox ist seine Fehleinschätzung, die Kugel-Definition habe ihren Ursprung in der Antike, jedenfalls insofern, als er durch sein Unternehmen insgesamt ja nichts anderes im Sinn hat, als Bonaventura stark zu machen. Wir dürfen darum wohl annehmen, dass Brulefer dem bonaventurianischen Gottesbegriff essentieller Immensität verhaftet war und ihn darum – mit vielen andern – originär in der für ihn wichtigen Antike zu lozieren suchte. Doch die von dem observanten Bonaventuraschüler ausdrücklich als solche deklarierte Sphärenmetapher[181] verweist auf eine wichtige Nuance seiner Verwendung des Bonaventurianischen Immensitätsbegriffs. Mit Nachdruck und einigen Exempeln wird Immensität gleichsam paradox als nichträumliche (weder als lokal noch im Sinne spezieller Dignität als sektoriell zu verstehende) Präsenzweise Gottes herausgestellt. Modus der Anwesenheit Gottes in Dingen und Wesenheiten ist vielmehr deren durch göttliche *cognitio intuitiva* nicht allein erkannte, sondern letztlich auch bedingte Existenz. Noch deutlicher

---

[178] Während anschließend die Definition von *essentia* traditionell gehalten scheint, reiht diejenige von *unitas* wörterbuchartig neun bei Bernhard entnommene Bedeutungsweisen aneinander, nur um schlussendlich auf die Nichtgeschaffenheit der innergöttlichen Einheit hinzuweisen.

[179] Ruh, Geschichte der abendländischen Metaphysik, Bd. 3, 33–44.

[180] Vgl. Elie, Le traité, 125, Anm. 1.

[181] A. a. O. [fo. xxii verso a]: *Unde sphera hic capitur metaphorice.*

als die substantivische Form hält zudem die auch bei Ripa schon anzutreffende adverbiale Wendung des Lemma *immensus* zu *immensive* dessen semantisches Grundelement faktischer Mensurabilitätsnegation vor Augen,[182] was das bonaventurianische Gesamtkonzept – hier! – letztlich allerdings eher wenig verändert.

Die Lösung besteht nicht nur in dem erwartungsgemäß von Bonaventura übernommenen Argument der Inkompossibilität zweier ungleicher Unendlicher, sondern auch in der Übernahme seiner Begründung in der unüberbietbaren Simplizität, Allmacht und Hoheit des unendlichen Gottes. Dies nötigte freilich zu einer entscheidenden Korrektur an Bonaventuras Allmachtsverständnis, das Brulefer gut scotistisch, und insofern typisch für die Denkweise aller jüngeren Franziskaner, in kontingenztheoretischer Weise perspektivisch bricht. Koexistenz zweier allmächtiger Wesen ist nicht, wie Bonaventura behauptete, schon aufgrund des supponierten Sachverhalts existierender Totalität von Macht allein unmöglich. Nur Kontingentes – so sagt Brulefer mit Duns – kann ein Objekt der göttlichen Allmacht darstellen, ein göttliches Wesen aber niemals anders als notwendigerweise existieren. Folglich ist Bonaventuras Aussage nach Brulefer dahingehend zu reformulieren, dass die zwingend kontingenten Objekte des Willens allmächtiger Wesen allein aufgrund dieser ihrer Kontingenz voneinander differieren und allein darum Pluralität omnipotenter Essenzen verunmöglichen könnten. Es scheint sehr, als ob man die Brulefer'sche Veranschaulichung des Gemeinten durch das Beispiel zweier Götter, von denen der eine an der Erschaffung ausgerechnet von Eseln seine Freude, der andere aber an diesem Vorhaben ein unüberwindliches Missfallen hätte, als Zeugnis einer gewissen scotisch (oder buridanisch?!) empfindenden Ironie betrachten darf – auch wenn dabei zu berücksichtigen ist, dass in spätscholastischem Kontext der arme Esel außerordentlich oft als Schulbeispiel für Spezifizierung des *genus animale* herhalten musste. Ohne Zweifel abwegig fand Brulefer jedoch die Vorstellung zweier miteinander kompaktierender Allmächtiger, da in diesem Falle keiner von ihnen tatsächlich allmächtig sein konnte. Diese als Zitat fast wörtlich von Duns übernommene Aussage[183] hält Brulefer irrigerweise für die Meinung Ockhams, indem er offenbar

---

[182] In Rep. I, d. 37, qq. 1f. und IV, d. 10, q. 3.

[183] Wadding hält sie für bereits scotistisch, die Vaticana jetzt aber wieder für authentisch scotisch!

das simple Faktum der geschichtlichen Abfolge beider Autoren schlicht negiert.

Entscheidend zur Interpretation dieses ganzen Passus dürfte sein, dass Brulefer zwar die konkreten allmachtstheoretischen Differenzen zwischen Bonaventura und Duns durchaus als solche wahrnehmen konnte und wollte, sich aber kaum klarmachte, dass damit im Bezug auf den Beweis der Einheit Gottes auch tiefgreifende konzeptionelle Unterschiede verbunden waren. Für Duns war, wie für die jüngeren Franziskaner überhaupt, Gottes Allmacht nicht beweisbar. Sie konnte für ihn somit nicht direkt zum Beweis der essentiellen Einheit Gottes herangezogen werden, weswegen ja der ganze Beweis bei Duns auf dem metaphysisch herleitbaren Unendlichkeitsbegriff und nicht etwa auf rein theologischen Voraussetzungen beruht.[184] Brulefer hingegen vermischte das Bonaventura und Duns gemeinsame Argument der Unmöglichkeit inäqualer Unendlicher mit dem bonaventurianischen Immensitätsbegriff und dem Glaubensgegenstand der Allmacht Gottes. Dies ergab eine spezifische Veränderung des Unendlichkeitsbegriffs, die allerdings doch auch wiederum keine Verabschiedung der scotischen Position sein wollte, sondern sich der Autorität des großen Doktors zu Korrekturen selbst an Bonaventura willig bediente.[185]

Reportatio I, d. 3 Ähnliche frühfranziskanische Distanz zum Scotismus trotz an sich uneingeschränkter Anerkennung in paradoxer Verbindung mit scotistischer Reserve gegenüber Bonaventuras Vorlage beim gleichzeitigen Willen, sie zu ehrenvoller Geltung zu bringen: Das lässt sich exemplarisch beobachten in der die Unendlichkeit direkt ansprechenden dritten *quaestio*: *utrum in divinis sit ponere infinitatem*. Die auch hier vorentscheidende *declaratio terminorum* gibt die spätscholastische Rahmung der ganzen Untersuchung durch die der Diskussion um

---

[184] Ord. I, d. 2, q.3.

[185] Bemerkenswert ist die Verbindung der kategorialen Distanz von Gott zur Kreatur mit der trinitarisch gedachten Einheit Gottes in sich, die Brulefer zu einem Ausfall gegen die, wie er sagt, *in alemania* weit verbreitete Sitte der Trinitätsdarstellungen veranlasste. Dies war eine Thematik, der Brulefer andernorts sogar einen eigenen Traktat – *Positio decem propositionum [. . .] clare discendens: an persone in divinis sint ut usus habet depingendo: et quae personarum sit depingibilis*; der dritte Teil der Paris 1500 und Venedig 1516 edierten und später von Georg Calixt als kryptoprotestantische Zeugnisse reedierten *opuscula varia theologica*, dort foll. XXIV bis CXXIV (DThC 1146; DHGE 917) – gewidmet hatte und die ihn in eine merkwürdige Nähe zu reformierter Bilderskepsis stellt, auch wenn sie primär nur dem Geheimnis der Trinität galt.

die Jahrhundertwende offenbar immer noch eigentümliche Fundamen-
talunterscheidung von kategorematischem und synkategorematischem
Unendlichem. Brulefer verweist hier in bezeichnend doppeldeutiger
Weise auf seinen ansonsten der Forschung noch nicht bekannten,
aller Wahrscheinlichkeit dem Problem der Exponibilia gewidmeten
tractatus distributionum.[186] Die angesprochene Differenz kategorematischer und synkategorematischer Aussageweise war ihm also auf der
einen Seite so wichtig, dass er ihr schon eine eigene Schrift gewidmet hatte. Auf der andern Seite schien sie ihm aber offensichtlich
wiederum so elementar, dass er sie an dieser Stelle – ganz im
Gegensatz zur *distinctio* 43 desselben Reportatiobuches – nicht wei-
tergehend, sondern nur *prout ad propositum pertinet* ausführen wollte.
Es folgt darum sogleich eine der Intention nach zwar enzyklopädi-
sche Vollständigkeit anstrebende, aber nur in kategorematischem
Sinne gehaltene Liste sechs verschiedener Arten von Unendlichkeit
(*infinitas numeralis, molis, virtutis, immensitatis, durationis, intensionis*) mit je
einem sozusagen spezifisch entsprechenden Unendlichen (*secundum
multitudinem, magnitudinem vel extensionem, perfectionem vel entitatem, locum,
durationem vel tempus, intensionem*). In der *resolutio* werden diese sechs
Unendlichkeitsarten auf ihre theologische Applikabilität hinsichtlich
des Wesens Gottes einer Prüfung unterzogen, in der die *infinitas numeralis* und *molis* und sogar die *infinitas intensionis* als nicht tauglich erkannt
werden. Die Begründung der Nichtanwendbarkeit oder eigentlich des
Nichtverhältnisses der Unendlichkeit der Zahl oder der Ausdehnung
in Bezug auf Gottes Wesen ergibt sich beide Male aus einem Mangel
an Vollkommenheit. Ist es bei der Zahl die aus der Verhinderung
essentieller Selbstreferentialisierbarkeit resultierende Verunmöglichung
ontologischer Simplizität alles Zählbaren, so bei der unendlichen wie
überhaupt bei jeder Ausdehnung durch die aller Extensionalität eigene
physische Körperlichkeit (*corporeitas*). Das ist ganz im Anschluss an
die Vorlage bei Bonaventura geschrieben, mit je entsprechenden
impliziten Parallelen bei Duns. Bei den anderen Unendlichkeitsarten
hingegen trennt Brulefer Aspekte des Infiniten, die im Werk des
Duns Scotus doch wohl nur streng in Einheit zu denken sind, in
real unterschiedene Unendliche. Bereits bei Bonaventura fehlen dafür
insofern die Vorgaben, als zwar auch er schon von *infinitas virtutis*

---

[186] Eine Schrift mit diesem Titel oder überhaupt eine Publikation zu logischen
Fragen ist in den Artikeln der einschlägigen Lexika nicht angegeben.

sive perfectionis und zudem von *infinitas immensitatis* sprechen konnte, allerdings kaum in der Absicht, hier Realdistinktionen vorzunehmen, sondern höchstens mit dem Bestreben, (Formal-)Aspekte göttlicher Unendlichkeit aufzuzeigen. Doch ist auch hier der erst unkritisch scheinende Anschluss an Bonaventura letztlich insofern von tiefgründig scotistischen Intentionen konterkariert, als Brulefer in der Besprechung der Unendlichkeit der Perfektion den transzendentalen, extragenerischen Charakter ganz in den Mittelpunkt stellt und dazu eindeutig scotistische Improportionalitätsformeln rezitiert, um jede Vermittelbarkeit von quantitativ-extensiver und perfektiver Infinität auszuschließen. Noch deutlicher zeigt sich diese Intention in der anschließenden überraschenden Widerlegung einer Vereinbarkeit von intensiver Unendlichkeit und Gottes Infinität: Intension könne nur gradual verlaufen, Graduierung aber impliziere stets Unvollkommenheit. Das zu sagen, heißt sozusagen scotischer denken als Duns selbst es tat.

Mit dieser Feststellung legt sich eine Vermutung nahe, die zwar nicht direkt beweisbar scheint, aber doch andererseits sich beinahe aufdrängt. In unmittelbarer Folge, nur durch die Beschäftigung mit der *infinitas durationis* unterbrochen, bezeichnet Brulefer hier die *infinitas immensitatis* als theologische Notwendigkeit, während er die *infinitas intensionis* ebenso klar ablehnt. Beides ist mit scotischem Gedankengut nicht ganz leicht zu verbinden, wäre mit demjenigen Ripas jedoch aufs trefflichste zu vereinen. Gottes Immensität übersteigt jede Form der Gradualität, auch diejenige der Intension: Überholt hier der Scotist Brulefer Scotus scotistisch mit dem Neuplatonisten Ripa?

Reportatio I, d. 8   Noch klarer erscheint das gut erkennbare Grundanliegen des Mainzer Dozenten, die Transzendenz der spezifischen Unendlichkeit Gottes herauszustreichen, in seinem Kommentar zum ersten Buch.[187] Hier referiert er zwar getreulich die schon von Bonaventura unter anderem mit der Infinität Gottes begründete klassische Aussage, dass "gut" in kein Genus zu verorten ist, erweitert sie im Fortgang dann aber nicht unerheblich im Sinne der scotischen Univozität des Seienden. Alles Seiende ist entweder endlich oder unendlich, und nur ersteres kann mit den zehn Kategorien erfasst werden, letzteres nicht, weil es keine Definition erleiden kann. Definiert zu werden bedeutet Unvollkommenheit und vor allem

---

[187] Kommentar zu d. 8, p. 2, q. 4.

Veränderlichkeit. Dies führt zu zwei Abgrenzungsnotwendigkeiten, die typisch für Brulefers geistesgeschichtliche Position sind. Zum einen ist der Status des Seienden selbst, oder, wie Duns sagen würde, des Seienden als Seienden – welche Formel bei Brulefer interessanterweise nirgends erscheint – durchaus strittig. Nach scotischer Sicht ist es bekanntermaßen transzendent, weil es nicht in ein Genus verortet werden kann, was von Gregor "im Anschluss an seinen Meister Ockham" aber explizit bestritten wird: Was univok quidditativ von zwei verschiedenen Species ausgesagt werden kann, muss jedenfalls selbst ein Genus bilden. Zwar ist das nach Brulefer evident, doch nur dann, wenn es lediglich durch verschiedene Formalitäten kontrahiert vorgestellt wird; ansonsten ist es schlicht häretisch: Gott und Engel sind beide "Geist", aber nicht als realidentisch oder auch nur als formaldistinktiv konstituierte Formalitäten zu denken; vielmehr wird Gott weder so noch anders überhaupt irgendwie konstituiert. Entsprechend kann auch das von ihm auszusagende Seiende nicht in ein Genus fallen. Doch nach dieser zu erwartenden Bemängelung des kategorientheoretisch bekanntlich von Duns weit sich entfernenden *inceptors* Ockham muss, und das ist nun bezeichnend, auch Bonaventura in diesem Punkt nicht nur einfach mit scholastischer Höflichkeit "koloriert", sondern förmlich kritisiert werden. Wenn der General sagt, über Gott könne es schlichtweg nicht Höheres geben, ist diese Ansicht des *doctor seraphicus* nicht differenziert genug gedacht, weil es logisch gesehen durchaus "vor" Gott liegende Größen geben kann, auch wenn er selbstredend einen ontologischen oder schöpfungstheologischen Primat ihnen gegenüber einnimmt.[188] In einer terminologisch noch deutlicher an Duns orientierten Fassung bringt Brulefer diesen Sachverhalt in seinem Kommentar zu seinem eigenen Formalitätentraktat vor, den er natürlich ungleich spezifischer auf die Lehre des Duns hatte ausrichten können.[189] Die Univozität

---

[188] Fo. lxir.: *Solutio autem in textu seu littera Bonaventure posita non est multum bona. Non enim sequitur, si aliqua duo differant secundum speciales rationes, non sequitur ob id, quod non possint convenire in communi ratione. Non ergo sequitur, deus non est in alio independenter, creatura est in alio dependenter, ergo non conveniunt in communi ratione etc.*

[189] Fo. l: *Undecima* und *duodecima propositio*:

Undecima propositio. Modus intrinsecus dicitur per se determinativus superioris et cum hoc est inclusus in ratione inferioris. Unde infinitum habet ens in communi pro superiori, quia ens dividitur per finitum et infinitum, et est hec cum hoc determinativum superioris, scilicet entis. Nam dicendo 'ens' ens est commune deo et creature. Sed dicendo 'ens infinitum' tunc 'ens' modo contrahitur per infinitatem ad deum et 'ens infinitum' includitur in deo quidditative.

des Seienden muss also offenbar gegen beide, gegen die Frühfran-
ziskaner genauso wie gegen gregoristische Ockhamisten, verteidigt
werden, weil ohne sie das scotistische Zentralanliegen der Improportionalität von Finität und Infinität nicht oder nicht in seiner ganzen
Tiefe gedacht werden kann.

*Aktuale Infinität als göttliches Privileg: Scotuslektüre als Kritik am Gefolge
Gregors*

In der Kommentierung des ganzen Komplexes der *distinctiones* 42–44
mit ihrer traditionellen Untersuchung der Macht Gottes konnte sich
Brulefer nebst Bonaventura vor allem auch der nachscotischen
Infinitätslehre eingehender und dabei keineswegs nur ablehnend wid-
men. Freilich stutzt man auch hier schon bei der Betrachtung des
Aufbaus. Brulefer folgt zwar gleichsam natürlicherweise dem Quaestio-
nenschema Bonaventuras, vermischt es allerdings mit der logischen
Diskussionslage seiner eigenen Zeit, was ganz eigenartig paradoxe
Problemkonstellationen ergibt. Hatte Bonaventura treffend in seinen
Ausführungen zur lombardischen *distinctio* 42 erklärt, die göttliche
Macht werde hier unterschieden *quantum ad quidditatem possibilium*, [. . .]
quantitatem und [. . .] *modum operandi*; rekapituliert er ähnlich in der
divisio zur *distinctio* 44 die Problementfaltung durch die Termini *substantia, quantitas, qualitas.* Daraus ergibt sich die Abfolge dreier Distinktionen.[190] Die mittlere, das Quantum der Macht ergründende *distinctio*
43 führt unausweichlich sofort zum Begriff der Infinität, die vierfach
erforscht wird in vier Quaestionen, nämlich als *infinitas in possendo, in
essendo, in operando, in ratione operandi.*[191] Dieser Unterteilung schließt
Brulefer sich weitgehend an.

    Während er in q. 1 mit Hilfe der Begriffspaare *voluntas divina* und
velle divinum und der scotischen Unterscheidung eines *actus primus* und

---

    *Duodecima propositio. Licet modus intrinsecus non variat rationem formalem superioris, tamen
variat, id est distinguit rationem formalem illius, cuius est modus, quia 'ens' stat in deo secundum suam rationem formalem similiter et in creaturis et ideo modus intrinsecus non variat rationem formalem superioris sed variat rationem formalem illius, cuius est modus sive illius, in quo
includitur. Nam deus differt a creatura, sed non per aliquam differentiam, quia talis semper est
contractiva alicuius speciei vel generis; sed nullum genus vel species ponitur in divinis: Nihilominus
adhuc differt a creaturis et hoc per infinitatem, que est modus intrinsecus et sic modus intrinsecus
variat, id est distinguit rationem formalem illius, in quo includitur quidditative.*

  [190] Dist. 42, *divisio textus*: *In prima determinat magister de potentia in comparatione ad possibilia, que potest. In secunda determinat de potentia quantum ad quantitatem, ostendens eius
immensitatem* [. . .]. *In tertia determinat de ipsa quantum ad modum* [. . .].

  [191] Die ersten beiden qq. gelten also der Unendlichkeit der göttlichen Macht als
solcher, die letzten beiden qq. der Unendlichkeit des durch diese Macht Effizierten.

secundus in Gott den Beweisgang Bonaventuras *propter summam [. . .]*
indivisionem virtutis cum essentia formal nachvollzieht, kommt er in q. 2
konkreter auf die Unendlichkeit des göttlichen Wesens zu sprechen.
Hier versucht er, zeitgenössische Distributionslogik mit der klassischen bonaventurianischen Nomenklatur zu verbinden, was Verwick-
lungen zur Folge hat, die vor allem in einer gewissen Konfusion der
satzlogischen Differenz kategorematischen und synkategorematischen
Verständnisses von Unendlichkeit mit dem physisch-metaphysischen
Gegensatzpaar von Akt und Potenz bestehen. Im Duktus einer *arbor
Porphyriana* ordnet Brulefer die Begrifflichkeiten mittels fünf Hauptver-
zweigungen, von denen

- die erste synkategorematische (betreffend Mengen als *aliquot non tot
  quin plura* oder, entsprechend, Größen als *aliquot et quelibet plura*)
  und kategorematische Rede trennt,
- die zweite in Übernahme bonaventurianischer Klassifizierung die
  kategorematische Rede aufteilt in ein *capi pure negative* (als Punkt
  im indivisibilistischen Sinne) oder *pure privative* (als Linie ohne
  Endpunkte, die aber denk- und sachlogisch gesehen durchaus vorhanden sein könnten) oder aber *pure contrarie*.
- Das *infinitum contrarie captum* ist drittens seinerseits zu unterscheiden
  in ein Seiendes *extra genus* (Gott, Anklänge an das scotische Verständnis superlativischer Intension sind unübersehbar) und unendliche Seiende *in genere*.
- Dies führt zur *quarta divisio* in die schon aus *distinctio* 2 als theologisch unzulässig bekannten *infinita secundum numerum* oder *extensionem* oder *durationem* oder *intensionem*,
- die fünftens und letztens interessanterweise noch einmal nach aktuel-
  lem oder potentiellem Vorhandensein differenziert werden können.

Bezeichnenderweise spielt diese ganze Katene für die aktuelle *quaestio* 2 eigentlich noch gar keine Rolle, da sie völlig traditionell und
ziemlich apodiktisch unter Rekurs auf die Überlieferung, einschließlich des Damaszeners, außerdem ohne erkennbaren Erkenntniszugewinn
gegenüber *quaestio* 1 entschieden wird. Sie liefert vielmehr das Material
für die entscheidende dritte Quaestio: *utrum divina potentia possit in
effectum actu infinitum*, in der nun die Auseinandersetzung mit den
moderni doctores, hauptsächlich mit der Position des *doctor authenticus*
Gregor von Rimini, stattfinden kann. Die ausdrückliche Anmerkung,
dass diese Meinung auch *secundum plures scotistas* Gültigkeit besitze,
zeigt allerdings, dass der Brulefer'sche Modernitätsterminus keines-

wegs vorschnell im Sinne der alten *viae*-Nomenklatur verstanden werden darf! Die zuerst verblüffend unproblematisch eingeführte Unterteilung kategorematischer (konträrer) Unendlicher nach Akt und Potenz entpuppt sich in dieser Kontroverse mit Gregor und dessen Anhängern nun plötzlich als Gegenstand einer "großen Schwierigkeit" (*maxima difficultas*). Freilich zielt dieses auftauchende Bewusstsein einer *difficultas* keineswegs auf die Aufklärung der merkwürdigen Subsumierung potentieller extensionaler *infinita* unter einen kategorematisch konträren Infinitätsbegriff – eine Spannung, die Brulefer überhaupt nicht wahrzunehmen scheint? Vielmehr richtet es sich gegen die Behauptung der *Existenz* solcher Unendlicher in aktualem Sinne durch die *moderni*, was Brulefer für alle vier Unterarten des konträren generischen Unendlichen umständlich ausführt. Er selber hält sie nur *in potentia* für denkmöglich und will diese Meinung belegen durch die Auflösung zweier unterschiedlicher Beweisgänge seiner Gegner und da, wie Brulefer beteuert, gut und gern vierzig Arten von Überlegungen für die *opinio modernorum doctorum* hätten angeführt werden können, dürfte den ausgewählten beiden eine gewisse Exemplarität zukommen.

Der erste der Beweisgänge scheint von den scotisierenden unter diesen Gegnern vertreten worden zu sein, die eine gegenüber Finität oder Infinität indifferente *ratio multitudinis* oder *magnitudinis* im Sinne einer *multitudo inquantum multitudo* als solche vertreten, die vermutlich gewisse Anklänge an einen scotischen Formalitätenbegriff erlauben sollte oder zumindest im Nachhinein aufgrund solcher Anklänge von den Scotisten akzeptiert werden konnte. Brulefer zeigt, hierin konsequent scotisch denkend, dass jedenfalls bei Duns selber die Verhältnisse genau umgekehrt zu liegen kommen, weil die vom *doctor subtilis* gegenüber Finität und Infinität indifferente *ratio formalis* der Dinge als solcher quantitative Betrachtungsweise eben gerade ausschließt, vielmehr die Differenz von Finität und Infinität exklusiv theologischen Charakter, wenn auch in metaphysischer Sprache, besitzt. Es kommt darum jeder Form ein wesentlich finiter Seinsmodus zu, falls sie nicht explizit als theologische Größe benannt und somit zu einem Aspekt göttlicher Essenz erhoben wird. Dieser Gedankengang findet sich mit sehr ähnlichem Vokabular auch bei Franciscus Mayronis, allerdings mit weniger deutlicher Abgrenzung gegenüber der Idee einer univoken Verwendungsmöglichkeit des *numerus*-Begriffs auf Gott und Kreatur.[192] Es scheint, als kämpfe Brulefer hier denselben Kampf

---

[192] Confl. I, d. 24f., q. 1: (79 G) *Circa distinctionem 24am et 25am Primo queritur vtrum*

mit dem großen Haupt der Scotisten und dessen Vorliebe für die
Quidditalisierung jedweder Entität, den er dann vor allem in der
Distinktionenlehre gründlich ausfechten sollte: Auch univoke Begriffe,
wie sie sich aus der *ratio formalis* eines Dings stets ergeben, heben
nicht die aus der Improportionalität von Endlichkeit und Unendlichkeit
resultierende theologische Grunddifferenz aus den Angeln.[193]

Die Widerlegung des zweiten Beweisgangs setzt ein bei der der
Vorstellung eines aktualen synkategorematischen Unendlichen eigenen Zwischenstellung zwischen extensiver und intensiver Infinitätsart.
Das Verhältnis von synkategorematisch-aktual intensiver Unendlichkeit
zur kategorematischen Unendlichkeit sei als Sonderform einer spezifischen Differenz zu fassen, in der das kategorematische Unendliche
dem Genus, das synkategorematische einer Species dieses Genus entspreche. Gemäß der gegnerischen Meinung wäre dann diese spezifische
Differenz vernachlässigbar oder als höchstens rationale Distinktion
zu relativieren, während im Gegenzug Brulefer sie für unüberwind-
lich hält, hauptsächlich deshalb, weil jeder Übergang von einem
Akzidens zu dessen Substanz ontologische Komposition im Sinne
nicht vollkommener Aktualität voraussetze.

Zur Bekräftigung bringt er den prominenten Topos der intensiv
unendlichen Gnade der Seele Christi, die dank ihrer unendlichen
Intensität nur seiner Seele zukommen konnte und darum auch durch
Addition sämtlicher anderer an Menschen in individuellen Portionen
verliehenen Einzelgnade nicht zu erreichen wäre. Dieser Rekurs auf
Ord. III, d. 13 zeigt auf seine Weise, wie die distributionenlogische
Neuverortung des Unendlichkeitsproblems zu einer primär logische
Akzente setzenden Rezeption zwang. Ging es bei Duns noch vor

---

in deo sit formaliter numerus. [. . .] *Hic duo sunt facienda. primo insistendum est circa nume-*
rum in se. Secundo circa numerum ut applicatur ad deum. [. . .] (fo. 80 B) *Quantum ad secun-*
dum principale videndum est quomodo numerus deo applicatur et introducuntur quattuor preambula.
[. . .] *Istis premissis ponuntur quattuor conclusiones.* [. . .] (30 E) *Quarta conclusio est quod*
numerus est eiusdem rationis in deo et in creatura: quia quicquid dicitur de numero ternario in
creaturis dicitur de ternario in deo: vtpote quod sit numerus primus impar: et quod excedat bina-
rium in uno. Confirmatur: quia Arriani fuerunt certi de trinitate dubitando de creata vel increata.
ergo numerus dicit communem conceptum deo et creature. Dico ergo quod numerus est eiusdem
rationis in deo et creatura. Intelligendum tamen quod respectu diversorum quattuor species numeri
ponuntur in divinis. [. . .] *Sed contra ista instatur quattuor.* [. . .] *Ad quartum dico quod nume-*
rus ut numerus est transcendens scilicet secundum rationem suam formalem: sicut sapientia ut
sapientia: sed sicut per sapientiam circumloquimur per sapientiam non est proprie sapientia secun-
dum rationem formalem sapientie. et per consequens non est in deo: sic illud quod per numerum
circumloquimur non est proprie numerus: et per consequens non est in deo formaliter.
[193] Vgl. dazu ausführlicher unten Kap. IV, S. 334: Brulefers Mayronis-Kritik.

allem um das gnadentheologische Problem möglicher Gradualität des
Habitus in der Einzelseele und deren fraglicher Gnadenkapazität, so
jetzt mehr um die logische Frage einer synkategorematisch oder doch
kategorematisch zu verstehenden Sukzession von Gnadenmomenten.
Auch wenn die Frage nach dem Übergang von der simplen Addition
einzelner Gnadenteile zu einer intensiven Größe natürlich dieselbe
bleibt, gewinnt sie doch bei Brulefer insofern ein anderes Gesicht,
als er die Gnadenfrage nur zur Verdeutlichung einer letztlich infinitistischen Problemen gewidmeten Überlegung heranzieht; ein Vorgang,
bei dem Parallelen zu Ockham nicht zu übersehen sind. Wehrt sich
auch Brulefer gegen die Legitimität eines solchen Übergangs, ist er
doch von der Relevanz des Problemstellung zweifellos überzeugt.
Trotz seiner für einen konservativ denkenden observanten Mönch
fast selbstverständlichen Verbundenheit mit den klassischen franziskanischen Autoren steht Stephan Brulefer voll und ganz im logisch
zentrierten Wissenschaftsduktus der ausgehenden Spätscholastik. Eine
zu erhoffende Wiederauffindung des erwähnten[194] logischen Traktates
dürfte diesen Sachverhalt noch deutlicher erkennen lassen, als es
schon durch die Lektüre der Reportatio der Fall ist. Zugleich aber
wird auch hier sehr deutlich, dass Brulefer die Möglichkeit geschaffener
aktualer Infinita klar ablehnt. Auch im zweiten großen Block, in dem
in den Sentenzenkommentaren traditionell über die Unendlichkeit
Gottes nachgedacht wird, bezweckt der Bretone in der Auseinandersetzung mit seinen Zeitgenossen vor allem die eine Aussage, dass
aktuale Infinität immer nur göttlicher Art sein kann, und jede kreatürliche Unendlichkeit stets in der Sprache der Metaphysik potentiell und in derjenigen der Logik synkategorematisch verbleiben muss.
Damit stellt sich die Frage nach der Motivation zu *dieser* Akzentsetzung
in der Infinitätsthematik.

Von der scientia zur conscientia: Theologie zur Entflammung der Frömmigkeit
Trotz Einflüssen institutioneller (franziskanische Observanz und damit
Treue zum Stil Bonaventuras), persönlicher (Scheu vor allzu großer
intellektueller Brillanz) und nicht zuletzt didaktischer (gezielte Vereinfachung der teilweise äußerst anspruchsvollen Lehrtradition) Natur
liegt die Antwort auf diese zentrale Frage aller Wahrscheinlichkeit
nach eher in der für die Zeit des großen bretonischen Lehrers und

---

[194] Vgl. oben Kap. III, S. 198 mit Anm. 186.

Predigers typischen frömmigkeits-existentiellen Ausrichtung aller theologischen Arbeit. Brulefer fasst – ähnlich wie etwa Johannes von
Paltz[195] – diese Grundintention seines Tuns in seiner bereits angesprochenen Vorrede zum Prolog des Sentenzenkommentars in präg-
nanter Weise in die begriffliche Differenz zwischen der traditionell
scholastischen Größe der *scientia* und der im Spätmittelalter massiv
an Bedeutung gewinnenden *conscientia*.[196] Der Besitz von scholastischem Wissen allein ist hier nicht etwa nur neutraler, sondern vielmehr dämonischer Natur: Allein die Vermehrung und Weitergabe
von Wissen durch ein frommes Gewissen ist theologisch legitim. Es
kommt also nicht nur darauf an, dass ein Theologe weiß, was er
tut, sondern ebenso sehr und mehr, dass er weiß, *warum* er es tut.
Darum fällt die Wahl für die Vorlage seines Kollegs auf Johannes
Bonaventura, der nicht allein *doctor cherubicus, quia intellectum illuminat,*
sondern auch *doctor seraphicus, quia inflammat et affectum,* genannt werden darf. Und darum ist, wie Brulefer gleich danach ausführt, theologische Arbeit ihrer Natur nach weder reine *contemplatio* (führend
zur *conscientia*) noch reine *actio* (verpflichtet der *scientia*), sondern die
Verbindung beider – und damit für alle Religiosen wie überhaupt
für alle Menschen die moralisch schlichtweg optimale Form menschlicher Existenz überhaupt. Theologie besteht also in einer von der
betrachtenden Lebensweise existentiell abgeleiteten, aber dennoch
letztlich in Lehramt und Verkündigung ausgesprochen aktiven Tätigkeit. Dieses Ideal theologischer Existenz als einer anzustrebenden
Amalgamierung von seelsorgerlicher mit wissenschaftlicher Theologie
dürfte Brulefer zu einer Reduktion und Konzentration der scholastischen Inhalte und Methoden auf deren frömmigkeitsrelevanten
Gehalt motiviert haben. Damit erklärt sich die gewisse implizit kritische Zurückhaltung gegenüber einem allzu komplexen Scotusbild:
Wenn Brulefer mit dieser theologischen Grundeinstellung an ein scotisches Theorem wie die intrinsische Unendlichkeit des göttlichen
Wesens heranging, so darf man annehmen, dass er die in seinen
Augen so notwendige Spannung von *scientia* und *conscientia* zwar nicht

---

[195] Hamm, Frömmigkeitstheologie, 140 mit Anm. 52.
[196] Fo. iii recto. Der im Folgenden referierte Zusammenhang umfasst iii recto-
verso. Zur beachtlichen Bedeutungs- und Tragweite des *conscientia*-Begriffs in der
Theologie des Spätmittelalter s. das Referat der Begriffsanalyse in Johannes Niders
Consolatorium timoratae conscientiae durch Grosse, Heilsungewissheit, 10f., die Aufstellung
von Niders vielfältigen Quellen, ebd. 160–62, sowie im Register der Sachen und
Begriffe *sub verbo*, ebd. 286.

den Begriffen, aber sicherlich der Sache nach stets vor Augen hatte und daher stets vor allem auch auf die existentielle Note des Ganzen abzuheben suchte: Die Unvergleichlichkeit von Schöpfer und Geschöpf mitsamt den daraus resultierenden Konsequenzen für das geistliche Selbstverständnis des gläubigen Christen. Wo es möglich war, drückte Brulefer diese Differenz auch in bonaventurianischen Begriffen aus: Dem *infinitum privative* steht das letztlich unvergleichliche *infinitum entitative* gegenüber, das darum das den Christen unbedingt angehende ist, weil es das *infinitum quietative* ist.[197] Terminologische Komplikationen wurden also insoweit – und nur insoweit – entfaltet, als sie zum Verständnis des Theorems und zur Abwehr bedrohender Fremdmeinungen notwendig schienen. Deswegen wohl glaubte sich Brulefer mit der Entfaltung eines streng aktualen Unendlichkeitskonzepts in Abgrenzung primär von den so trügerisch ähnlichen gregoristischen Ansichten begnügen zu können. Mit diesem Konzept waren die wesentlichen geistlichen Implikationen der theologischen Behauptung der Unendlichkeit Gottes gesichert: Aktuale Unendlichkeit ist nicht wie potentielle mit endlichen Größen aufzurechnen oder sonstwie vermittelbar.

Obwohl sein etwas jüngerer Zeitgenosse John Mair, wie noch zu zeigen ist, wissenschaftlich-logisch sorgfältiger und wohl auch motivierter vorging, trifft dasselbe im Wesentlichen auch auf das Unendlichkeitskonzept des Schotten zu. Es dürfte vermutlich ein Grundcharakteristikum der spätmittelalterlich-scotistischen Unendlichkeitstheologie überhaupt darstellen. In der Linie dieses einen Grundziels des aktualen Unendlichkeitsbegriffs in frömmigkeitstheologischer Perspektive dürfte dann auch seine willige Übernahme durch Huldrych Zwingli zu sehen sein. Dies würde jedenfalls erklären, wieso einerseits bei Zwingli eine deutliche Bevorzugung aktualer Unendlichkeit in scotisch-scotistischer Terminologie vor vergleichbaren und ihm vermutlich zumindest per Referat bekannten Konzeptionen vorhanden war, obwohl andererseits ein Interesse an einer problemorientierten wissenschaftlichen Auseinandersetzung mit Ausnahme der Exponibilienlogik weitgehend fehlte. War die Primäraussage aktualer Unendlichkeit erst einmal gesichert, waren es auch die damit verbundenen theologisch-spirituellen Interessen, so dass eine vertiefte Behandlung nicht mehr vonnöten schien. Freilich darf eine Interpretation der Brulefer'schen

---

[197] Vgl. unten Anh. 2. 1. 3. zu Rep. I, d. 1, q. 5.

Schriften die in ihnen angelegte Spannung zwischen *scientia* und *con-scientia* nicht einseitig zugunsten der letzteren auflösen wollen. Brulefer ist vor allem an der Logik immer dort sehr interessiert, wo sie zur Verdeutlichung einer geistlich-theologischen Aussage dienlich ist. Ein reizvolles Beispiel dafür ist seine Untersuchung des logischen Status des Exponibile *solus* in dem in der augustinischen Überlieferung traditionell Rep. I, d. 1 behandelten Satz *solo bono creato sit utendum*.[198] Es ist diese Mischung aus exponibilienlogischem, frömmigkeitsbegründendem und franziskanisch-traditionellem Interesse, die den Autor Brulefer charakterisiert.

2. *John Mairs exponibilienlogischer Beweis für geschaffene 'infinita in actu'*

Ob die Werke des zu seiner Zeit überaus prominenten scotistischen Pariser Doktors Mair dem Zürcher Reformator jemals zum Studium vorlagen, wissen wir nicht. Auch wenn eine direkte Rezeption nicht nachweisbar ist, kann man wohl davon ausgehen, dass Zwingli um die Existenz dieses breiten gebildeten Kreisen bekannten Gelehrten, möglicherweise auch um gewisse Grundrichtungen seines Denkens wusste.[199] So oder so gibt aber nicht die (mögliche, aber nicht wahrscheinliche) unmittelbare Einwirkung auf den Reformator den Grund, seine Unendlichkeitskonzeption hier darzustellen.[200] Vielmehr soll die charakteristische Lehrweise Mairs hier dazu dienen, die positionelle Bandbreite, literarische Verbreitung und nicht zu unterschätzende geistesgeschichtliche Bedeutung spätscotistischer Unendlichkeitstheorien im Zeitraum kurz vor und während der Reformation – und im Weiteren bis hin zur faktisch konfessionstranszendierenden Barockphilosophie – deutlich machen zu können.[201]

---

[198] Vgl. unten Anh. 2. 1. 2. zu Rep. I, d. 1, q. 3.

[199] Fast zur Gewissheit werden lässt diese Vermutung die Tatsache, dass Zwingli Ecks Chrysopassus ausgiebig annotierte und also las, in dessen Centurien Mair des öfteren erwähnt oder zitiert wird. Zwinglis Schüler und Nachfolger in Glarus Tschudi erwähnt Mair in einem Brief vom Juni 1518 so beiläufig als eine der in Paris besonders geschätzten Größen, dass er wohl von einer prinzipiellen Kenntnis von Seiten Zwinglis ausgegangen sein muss (Z VII, 89).

[200] Ziemlich sicher mit den Schriften (nicht unbedingt mit der Person) Mairs bekannt war Johannes Calvin. Eine kritische neuere Diskussion zur These eines direkten Einflusses Mairs auf Calvin ist zu finden in Lane, John Calvin, 16–25.

[201] Diese erstaunliche Fähigkeit und Bereitschaft zur Transzendierung der Grenzen von Scotismus und Ockhamismus betont unter spezieller Erwähnung Mairs auch Swiezawski, Histoire de la philosophie européenne, 86: "Comme nous verrons, Occam et les occamistes, irréconciliables ennemis du scotisme, ont cependant subi

Mair war wie Brulefer überzeugter Scotist, doch ein Scotist zugleich gelehrteren und weltoffeneren Zuschnitts. Nicht im Ordenshabit lebend, interessierten Mair auch para-theologische Themenfelder, unter ihnen vor allem die Wissenschaft der Logik, die Naturphilosophie und nicht zuletzt die nationale Geschichte Schottlands. Zwar verdankt auch der berühmte Doktor der allgemeinen Bewegung zur Frömmigkeit in der Folge Gersons einiges, aber sie kann kaum wie bei Brulefer als einigende Mitte seiner Werke gesehen werden. Während Brulefer die allzu profunde und von theologischer Konkretion losgelöste Erörterung logischer und naturphilosophischer Probleme in aller Form als Streben nach leeren Eitelkeiten gebrandmarkt haben wollte und die Erörterung der *Exponibilia* im Kontext des theologischen Kommentars zu den Sentenzen ohne Weiteres *quoad propositum pertinet* reduzieren, ja fast auflösen konnte, verfuhr Mair hier sehr viel defensiver, ja geradezu widerstrebend. Nur äußerst ungern und erst auf nicht mehr zu ignorierenden Druck einer von reformatorischer Frömmigkeit angesteckten breiteren literarischen und studentischen Öffentlichkeit war er bereit, spätere Auflagen seiner Kommentare zu den lombardischen Sentenzen von spezifisch logischer Form oder Inhalt zu beschneiden.[202] Diese zunehmende Entfremdung seiner intellektuellen Zeitgenossen von der ihm so lieben Artistik und deren (spät-)mittelalterlichem Herzstück, der Logik, musste Mair um so mehr geschmerzt haben, als er doch in deren Zeichen wie überhaupt seine publizistische Karriere so speziell auch seine Lösung der Infinitismusprobleme erstmals und grundlegend begonnen hatte. Nachdem er, noch nicht als theologischer, sondern noch als artistischer und somit primär logisch geforderter Dozent schon in den ersten fünf Jahren des neuen Jahrhunderts die ganzen *tractatus* des Petrus Hispanus oder Portugalensis durchkommentiert und die zuerst in Einzelbeiträgen erschienenen Beiträge 1505 in Lyon (und 1506 in Venedig) als Sammelband veröffentlicht hatte, wurde er (wohl mit einigem Schrecken) der Tatsache gewahr, dass der fünfte und der sechste in der Sammlung noch fehlten: Topik und *Elenchi Sophistici*. Er holte deren Kommentierung schleunigst nach und veröffentlichte

---

l'influence du Docteur Subtil. Il y eut même des tentatives de concilier ces deux orientations philosophiques, caractéristiques des conceptions de certains nominalistes tels que Thomas Bricot, Georges de Bruxelles, John Mair et même Gabriel Biel. Cette attitude de l'irénisme n'était pas arbitraire."

[202] Elie, Le traité, XXI, gibt über diese redaktionellen Veränderungen genaueren Bericht.

sie schon 1506 mit dem Herausgeber und Schüler Louis Coronel in
Paris in einem in den folgenden Jahren mehrmals (Lyon 1508, 1513
und 1516) wiederaufgelegten Band. In ihm stellte er nicht nur diese
ganzen und nunmehr wirklich kompletten *tractatus*-Kommentare zusammen, sondern zusätzlich eine *Quaestio* über das für ausgesprochene
Antirealisten so typische[203] gregoristische *complexum significabile*[204] voran
und ein *Propositum* oder *tractatus de infinito* sowie ab der Auflage von
1508 den *Trilogus inter duos logicos et magistrum* hintennach; unter dem
Titel *Introductorium in Aristotelicam dialecticen totamque logicen* wurde dasselbe Werk 1514 und 1521 auch in Lyon aufgelegt.[205]

Das *propositum de infinito* übernahm Mair dann auch in Form der
quaestiones 2 bis 4 der *distinctio* 44 seines 1510, 1519 und 1530 auf-
gelegten Kommentars zum ersten Sentenzenbuch, wobei er allerdings
Zusätze anbrachte, in denen er auf die bald nach der Erstpublikation
des *propositum* nicht zuletzt von seinen eigenen Schülern erfolgenden
Einwände einging und sie zu widerlegen suchte. In der letzten Auflage
von 1530 musste er außerdem die teilweise sehr ausführlichen und
oft nicht nur scheinbar, sondern auch faktisch repetitiven logischen
Beweisgänge zugunsten des *infinitum in actu* vornehmlich auf die zentrale und ihm am meisten am Herzen liegende Figur der Spirale
reduzieren. Die drei *quaestiones* des *tractatus* umfassen folgenden Inhalt:

> *Primo queram an sit aliquid infinitum extensive vel intensive; secundo queritur an*
> *implicet contradictionem dare infinitum actu, hoc est querere an Deus de sua poten-*
> *tia absoluta possit producere infinitum magnitudine vel intensione, vel infinitam mul-*
> *titudinem rerum non constituentium aliquod unum; tertio et ultimo quero circa*
> *motum corporis infiniti an dato corpore infinito ipsum potest moveri.*[206]

Obschon nun der *tractatus de infinito* nicht direkt aus den Kommentaren
zu den *tractatus* des Petrus Hispanus entstanden ist, verweist Mair
schon gleich zu Beginn der ersten *quaestio* auf die *Exponibilia*, deren
Problemstellung er im Folgenden voraussetzt, vor allem hinsichtlich
des Unterschiedes von kategorematischer und synkategorematischer
Aussageweise.[207] Im unmittelbaren Anschluss an diese frühe, wenn

---

[203] Prantl, a. a. O., IV, 207.
[204] Zu Maiors Verwendung des Begriffs vgl. Torrance, La philosophie, 271 und
passim.
[205] Zur ganzen Entstehungs- und Redaktionsgeschichte des komplizierten Werks
siehe die Einleitung bei Elie, Le traité, V–XIX.
[206] Elie, Le traité, 2; 91; 175.
[207] Die zur Lösung der spezifischen Probleme exponibler Sätze grundlegende
Differenz kategorematischer von synkategorematischer Rede bildete häufig den

auch nur ansatzweise erfolgende Entfaltung des Problemstatus der *Exponibilia* und also noch ganz zu Beginn legt Mair so etwas wie ein umfassendes Bekenntnis zur Existenz kategorematischer Unendlichkeit in der Form von Korrolarien ab.[208] Interessanterweise weicht er dabei einer Entscheidung zwischen Divisibilismus und Indivisibilismus aus mit dem Argument, dass ein Kontinuum weder aus teilbaren noch aus unteilbaren Teilen bestehen könne und deswegen eine aktuale Unendlichkeit bilden müsse. Ist möglicherweise diese auffällige Indifferenz gegenüber der Indivisibilismusdebatte nicht mehr als eine Folge typisch spätscholastischer Skepsis, die trotz der offenkundigen Positionalität Mairs in der Frage nach der spezifischen Exponibilität von Unendlichkeitsaussagen nicht überwunden werden konnte? Dieser Vermutung widerspricht in gewisser Weise, dass der Pariser Professor ebenso klar – wenn auch erst in den Auflagen von 1510 und 1519 und so aller Wahrscheinlichkeit nach bloß als Reaktion gegen entsprechende Einwände – bereits in diesen Einleitungssätzen seine Gegner thematisch als Anhänger eines exklusiv synkategorematischen und Bestreiter jeglichen kategorematischen Aussagemodus angibt und namentlich als Albert von Sachsen und Johannes Buridan benennt. Da beide Autoren, wie erwähnt, ihrerseits überzeugte Divisibilisten waren, gerät Mairs Ambivalenz in der Divisibilitätenfrage durch diese Opposition in ein merkwürdiges Gegenlicht. Diese Undeutlichkeit der Perspektive wird verstärkt durch die eigenartige Tatsache, dass im Verlauf der insgesamt neun in der ersten *quaestio* angeführten Argumente für die Existenz eines aktualen Unendlichen Mairs Sympathien für indivisibilistische Ansichten recht deutlich erkennbar sind, etwa wenn er darauf insistiert, dass das Licht (der Sonne) in einem Moment erschaffen wurde[209] oder wenn er bei der Darlegung

---

Gegenstand von *sophismata*. Man kann darum vermuten, dass die vor allem von Forschern mit gemischt logisch-naturwissenschaftlichen Interessen (unter ihnen beileibe nicht nur für die Studenten, sondern auch für die Meister der *artes*) gerne angenommene Herausforderung der Sophismen einen Sitz im Leben dieses Traktates bildete. Vgl. Elie, Le traité, XXII.

[208] A. a. O., 6: *Istis notatis sequuntur correlaria*:

Primum: infinite sunt partes proportionales cathegoreumatice in continuo. Probatur: multitudo partium proportionabilium est cuius non est dabilis ultima unitas. Quod probatur.

Secundum correlarium ex hoc sequens est quod datur infinitum multitudine actu et sic est infinita multitudo rerum existentium actu.

Tertio sequitur: licet Deus quamlibet partem proportionalem a continui distincte videt, tamen non videt ultimam vel saltem si videt ultimam non videt primam.

[209] Q. 1, arg. 7.

infiniter Intensität wie beiläufig auf die Indivisibilität von Raumstruk-
turen rekurriert.[210] Umgekehrt kann er mit Aristoteles gegen Demokrit
Stellung nehmen, aber nur und ausdrücklich im Rahmen des gerade
durchdachten Arguments und also einfach *pro nunc*![211]

Statt nun dem berühmten Denker in den Höhen des *mons acutus*
vorschnell argumentative Inkonsistenz oder gar Unehrlichkeit vorzuwerfen, empfiehlt es sich hier, in der spezifischen Unbestimmtheit –
nebst einem offensichtlich eher logisch über das Exponibilienproblem
als durch die Divisibilitätsdebatte motivierten Gestus der Kontinuums-
reflexion – die eigentliche Pointe seines Werks zu sehen. Denn das
Bekenntnis Mairs zur kategorematischen Rede von unendlichen
Entitäten ist offenbar keines, das das Bekenntnis zur Synkategorematik
ausschließen würde. Im Gegenteil denkt Mair in diesem Punkt augenscheinlich keineswegs disjunktiv, sondern in einer Weise, die man
am ehesten als übergreifend bezeichnen möchte. Am besten wird
dies ersichtlich in der zentralsten und raumgreifendsten Figur des
ganzen Traktats in der *linea girativa*.[212] Die Spirale, genauer gesagt,
die Vorstellung linearer Spiralität, die er durch das Beispiel der
Schlange am Baume Adams einführt, dient Mair zur Darlegung der
nach seiner Überzeugung zum adäquaten Verständnis von Kontinua
konstitutiven nicht-disjunktiven Übergänge von synkategorischer zu
kategorischer Perspektive. Wie er in einer sich Gregor von Rimini
verdankenden Terminologie formulieren kann, gelangt der Logiker
so vom nur distributiven zum auch kollektiven Sinn der Totalität
aller proportionalen Teile eines spiralig gedachten linearen Ganzen:
Alle einzelnen Abschnitte einer Spirallinie sind, wenn sie auf einen
Zylinder abgerollt vorgestellt wird, in dieser Linie enthalten. Dabei
spielt es für Mair keine Rolle, ob man in diesem Satz den Quantor
omnes synkategorematisch oder kategorematisch versteht, wenn er nur
auch kategorematisch verstanden werden kann. Aufgrund dieses
Kontinuumsverständnisses ist es Mair unwesentlich, ob divisibilisti-
sche oder indivisibilistische Vorgaben gemacht werden. So oder so
sind für ihn alle Teile des Kontinuums in ihm enthalten. Dabei legt
er großen Wert auf die Feststellung, dass ein solcher Übergang logisch
nicht nur nicht illegitim, sondern im Gegenteil gerade logisch zwin-

---

[210] Q. 2, arg. 8.
[211] Q. 1, arg 2; prop. 1.
[212] Q. 1, arg. 2.

gend sei.[213] In Mairs Augen müssen sich Albertus Saxo und Johannes Buridanus, die die Zulässigkeit eines solchen Übergangs bestreiten, ihrerseits des Vorwurfs logischer Widersprüchlichkeit erwehren. Es ist dieses eine Argument zwingenden Übergangs, das Mair auch in den späteren bis hin zur letzten Auflage des *tractatus* stets am Beispiel der Spirale wiederholte und ausbaute, während er andere Exempel, wie erwähnt, aus publizistisch-pragmatischen Gründen teilweise einschränken musste. Die nach Mair logisch unerlässliche Verschränkung kategorematischer in synkategorematische Unendlichkeitspropositionen ist zweifelsohne die Mitte des ganzen Traktats.

Wie anders der ganze Zugang des schottischen Doktors aus dem sechzehnten Jahrhundert zur Unendlichkeitsthematik im Vergleich zu seinem schottischen Vorbild aus dem vierzehnten Jahrhundert sich ausnimmt, zeigt nebst dem spezifisch logischen Erstpublikationskontext bei Mair im Gegensatz zu Duns' Ausgangspunkt im Metaphysikkommentar wohl nichts so deutlich wie die Tatsache, dass die Frage nach Möglichkeit und Legitimität intensiver Infinität fast beiläufig und sicherlich nicht im klassisch scotischen Sinne material oder formal bevorzugt behandelt wird. Die Möglichkeit einer Unendlichkeit der Intension zeigt lediglich das achte von neun Argumenten für die Existenz des aktualen Infiniten der *quaestio* 1 sowie die fünfte der sechs ausführlich besprochenen Konklusionen der *quaestio* 2. Dabei reflektiert Mair die Intensionsfrage im Infinitätskontext vorerst als Frage der Intensibilität einer – an sich beliebigen – *forma* und denkt insofern im gewöhnlichen Schema von *intensio* und *remissio* und also gradual, denn Intensibilität und Remissibilität sind grundsätzlich graduell strukturierte Vorgänge. Es stellt sich damit auch in diesem Bereich dasselbe Problem wie etwa schon im mathematischen Argument der Spirallinie: Die zwingende Begründung einer Überführung der synkategorematischen oder sukzessorischen oder distributiven Sicht der Abfolge der einzelnen Grade zu einer kategorematischen oder

---

[213] Vgl. zu diesem Passus auch Biard, La toute-puissance divine, 38: "L'essentiel est ici l'assimilation de l'infini au continu, qui se traduit par des exemples s'organisant autor de l'idée de parties proportionnelles. L'un des exemples privilégiés (déjà utilisé par Buridan quoique celui-ci en tirât des conclusions inverses!) est celui d'une spirale s'enroulant autour d'un cylindre en couvrant chaque fois la moitié de la hauteur qui reste. Le raisonnement vise à établir qu'il y a une infinité de parties proportionnelles, non seulement en puissance (divisibilité du continu) mais en acte puisque le corps est donné dans sa totalité, qui n'est autre que la totalité de ses parties."

simultaneistischen oder kollektiven. Hier kommt nun die Theologie
zum Zuge, die die gewünschte problemlösende Begründungsfunktion
zu leisten vermag. Streng genommen findet freilich allein die Christologie im Text des *Tractatus* Verwendung, in zwei von den schon
genannten Orten zwar formal weit voneinander entfernten, jedoch
material parallel aufgebauten Beispielen.

Das erste Beispiel betrifft den Finger Christi und dessen Weiße,
deren unendliche Intensität bewiesen wird: Räumliche Verkleinerung
einer gleichmäßig farbigen Oberfläche hat zwangsläufig eine graduelle Intensivierung der Farbe zur Folge. Zwar könnte man bei
kreatürlichen Körpern einwenden, die einzelnen Oberflächenteile
durchdrängen einander nicht essentiell. Sie seien bloß voneinander
zu unterscheidende Akzidentien derselben von ihnen zu trennenden
Substanz, in diesem Fall des Körpers. Ihr Zusammenfallen bei
Verringerung ihrer einzelnen Oberflächenteile sei daher rein additiv
oder synkategorematisch zu verstehen. Die christologische Pointe des
Arguments löst diesen Einwand dahingehend auf, dass eine gegen-
seitige Penetration dieser Flächenteile kraft der nicht begrenzten
Macht Gottes möglich wird. Diese Macht Gottes ist in Christus und
dessen *corpus* präsent. Durch eben diese Durchdringung wird aus der
synkategorematischen Anordnung der Teile eine kategorematische –
und somit eine unendliche Intensivierung der Farbe auf der Oberfläche
des Leibes Christi.

Nichtintensible Intensität ist auch, so zeigt das zweite Beispiel,
denkbar als essentieller Ausdruck der Seele Christi in Verbindung
mit deren Erkenntnistätigkeit. Da jeder Seelenhabitus grundsätzlich
gradual beliebig vermehrbar ist und die Seele Christi nicht durch
Körperlichkeit und Sterblichkeit irgendwie limitiert ist, kann sie ihre
habitus in unendlich vielen aktualen Erkenntnisvorgängen als formale
Einheit erkennen. Aber auch ohne habituale Vermittlung wäre die
Seele Christi zu unendlich vielen aktualen Erkenntnisvorgängen fähig,
denn es gilt grundsätzlich die theologische Maxime, dass Gott auch
ohne Sekundärursachen bewirken kann, was er normalerweise mit
ihnen bewerkstelligt.[214]

Theologische Argumente sind also vonnöten, um die Existenz intensiver Unendlichkeit nachweisen zu können, doch nehmen sie letzt-

---

[214] Elie, Le traité, 166: q. 2, *contra quintam conclusionem, sexta propositio.*

lich eine eher funktionale Rolle ein. Die konstitutive Verknüpfung des scotischen Unendlichkeitsbegriffs mit demjenigen des Wesens Gottes und dessen intrinsischer Seinsmodalität oder die Feststellung der Improportionalität des Unendlichen zu allem Endlichen fehlen völlig. Selbst bezüglich der intensiven Unendlichkeit der Seele Christi ist Mair einigermaßen unsicher. Eigentlich überzeugt ihn nebst der formal verstandenen Autorität des *doctor subtilis* vor allem die Gefahr der Häresie, in die diejenigen verfallen, die den *purus viator* desselben oder gar eines höheren Grades an Liebesgnade für fähig halten wie den Erlöser selber. Der Westeuropäer Mair weiß zu betonen, dass alemannische Begarden das gerne tun, wofür sie schon 1311 in Vienne verurteilt worden waren.[215]

Die Denkweise John Mairs erscheint in ihrer verschränkenden Struktur als typisches Beispiel für die starke Verschleifung logischer und theologischer Richtungsgegensätze in der spätesten vortridentinischen respektive noch nicht direkt konfessionell kontroverstheologischen Scholastik. Zwar ist Mairs Movens zur angestrengten Arbeit an Begriffsstringenz und am Existenzbeweis des aktualen Unendlichen unzweifelhaft seine Verwurzelung im und Verbundenheit mit dem Scotismus. Doch ist die konkrete Ausformung und Umsetzung dieser Option nur noch bedingt als scotische zu erkennen, und es zeigt sich hier, deutlicher als bei Brulefer, dass die Übernahme primär der Logik als Rahmen des Unendlichkeitsproblems mehr als nur eine methodisch-äußerliche Änderung darstellte. Möglicherweise muss dies nicht als bloße, im Grunde unscotistische Konzession an die Zeit und deren Vorlieben, sondern wie bei Johannes de Ripa als konsequente Verschärfung der scotischen Grundintention der Improportionalität von Endlichkeit und Unendlichkeit angesehen werden: Mair wäre so als ebenfalls spezifisch nach de Ripa schreibender – und darum göttliche und kreatürliche Infinität noch deutlicher als Duns selber trennender – Denker seinem Ordenslehrer auf seine Weise ebenso treu wie umgekehrt Brulefer es ohnehin war.

---

[215] Elie, Le traité, 96f.: q. 3, *ad secundam et tertiam conclusionem.*

3. *Schemensprengende infinitätstheoretische Flügelbildung im*
Scotismus vor Zwingli

Unzweifelhaft stellen die beiden hier geschilderten Autoren Typen
dar, in mehrerlei sich überkreuzender Hinsicht sogar. Der fromme
Lehrer Brulefer strebt nach "Restauration" bewährter Systeme, in
denen ein spirituelles Grundanliegen als primäre Absicht aufscheint;
der gelehrte Forscher Mair hat das Bedürfnis, sich den neusten logischen Strömungen im Gefolge Gregors und Ockhams gewachsen zu
zeigen. Er versucht, sie womöglich gar selber voranzutreiben, während umgekehrt Brulefer eben sie bekämpfen zu sollen glaubt, da
sie die ihm wichtigen theologisch-spirituellen Basisintentionen zu
unterminieren drohen. In einer der wichtigsten Lehrpositionen des
Scotismus findet damit eine durch diese beiden Exponenten reprä-
sentierte Flügelbildung statt, durch die der große Lehrer Duns entweder eher in die Richtung seiner eigenen Lehrer, hier Bonaventuras,
oder aber seiner Schüler und Kritiker, hier Ockhams und Gregors,
gerückt wird. Ein nicht zu übersehender Fingerzeig auf beide Flügel
kommt hier ja vom *digitus* Christi selber, dessen kuriose Weiße beiden Scotisten je zum Beleg ihrer Position dienen muss. Wäre hier
also nicht doch die Terminologie der beiden Wege angebracht?
   Sie ist es sicherlich nicht im Sinne der wissenssoziologischen
Unterscheidung von Real- und Sermozinalwissenschaften bei Prantl,
Hermelink und Köhler, weil beide die Verwendung von Exponibilia
als solche unumschränkt akzeptieren, und nur in deren Interpretation
und der Beurteilung legitimer Einsatzabsichten stark differieren. Sie
ist es auch nicht in dem die Via antiqua antikisierenden Sinne
Köhlers, da bei Brulefer keineswegs einfach eine Synthese der
Hochscholastik zum Besten gegeben, sondern mit Duns teils heftige
Kritik an Bonaventura gerade dort geübt wird, wo dieser Aristoteles
treu bleibt – und aus demselben Grund auch an den Gregoristen!
Sie ist es weiter auch nicht in einem die Lehre von der doppelten
Macht Gottes zum Schibboleth erhebenden Sinne, da die hier gar
nicht ins Blickfeld gerät. Sie ist es allein in dem Sinne, dass hier ein
aufrichtig von seinen geistlichen Interessen auch in seiner wissenschaftlichen Arbeit bestimmter Konventuale bei den klassischen
Gestalten seines Ordens eine ebendiesen Interessen günstigere intellektuelle Ausgangslage findet als bei seinen zeitgenössischen Mit-
scotisten und auch bei andern Doktoren seines weiteren akademischen
Umfeldes. Doch genau in der Beurteilung dieses frömmigkeitstheo-
logisch-restaurativen Zuges hin zum genuinen Scotismus ist größte

Vorsicht angebracht: Just diese restaurative Lektüre betont jene Elemente spätmittelalterlichen Denkens, die es in letzter Konsequenz aufzusprengen drohten. Anders formuliert: Der restaurative Duns-Leser Brulefer bringt dessen theologisches Innovationspotential gegenüber der Hochscholastik in *diesem* – freilich zentralen – Punkt der Unendlichkeitslehre ungleich markanter zur Sprache als der eindeutig spätscholastischem Infinitätsverständnis verpflichtete Scotus-Interpret Mair.

KAPITEL IV

DIE EINHEIT DES UNENDLICHEN GOTTES IM LICHTE SEINER FORMALEN NICHTIDENTITÄTEN

Der von Duns Scotus grundlegend initiierte und dann vor allem auch durch seine Schüler ausgebaute Komplex der *distinctio formalis* stellt für die in vorneuzeitlicher Philosophie nicht unwichtige Distinktionenlehre das eigentliche Markenzeichen des spätmittelalterlichen wie auch des frühneuzeitlichen Scotismus dar. Damit entspricht sie in Stellenwert und Sachgehalt demjenigen der schlechthin inkommensurablen Infinität einer der Theologie supponierenden scotistischen Metaphysik. Sie repräsentiert damit dasjenige Themengebiet, das alle in sich teilweise unterschiedlichen Richtungen des Scotismus sowohl untereinander vereinte als auch nach außen (eher mehr für Feind als für Freund) überhaupt identifizierbar machte.[1] Scotismus und Formalitätenlehre waren sozusagen nur formal nichtidentisch; *formalizantes*[2] und *Scotiçantes* im Spätmittelalter zumindest bei ihren Gegnern schlichtweg Synonyma.[3] Noch Leibniz erklärte in seiner philosophischen Dissertation von der *distinctio formalis* wie selbstverständlich: *Tribuitur communiter Scoto ut media inter realem et rationis, unde eius sectatores dicti Formalistae.*[4] Sinnentsprechend und zur selben Zeit, aber aus umgekehrter Perspektive, stellt Mastrius von dieser Unterscheidungsfigur fest, sie sei *adeo celebris et famigerata in Scotistarum schola, quam omnes fere extra scholam nostram aversantur et acriter impugnant.*[5]

---

[1] Viele der wichtigen Gegenmeinungen des 14. und 15. Jahrhunderts (Bacon, Ockham, Gregor) finden sich referiert (und der Absicht nach widerlegt) im Kommentar Lychets zu Ord. I, d. 8, q. 3.

[2] Auch die französische Schreibweise *formaliçantes* kommt vor, s. Knebel, Art. Scotismus, 989 mit Anm. 6. Die Barockphilosophie benutzt dann eher die Begriffe *formalista* und *Scotista*.

[3] Grajewski, The Formal Distinction; Honnefelder, Ens inquantum Ens, v. a. 136–142.

[4] *De principio individui, § 24* (Akad. Ausg. VI, 1, 18), zit. n. Schönberger, Realität und Differenz, 115, Anm. 24.

[5] *Disputatio ad mentem Scoti in 12 Arist. Stag. lib. Met. 1* (1646, Venedig 1727), 4, 44: 6, 22), zit. n. Knebel, Art. Skotismus, 989 mit Anm. 12.

Ihre geschichtliche Klimax erreichte die Formalitätenlehre, aufs Ganze ihrer Wirkung und Verbreitung gesehen, schon im späteren vierzehnten und im fünfzehnten Jahrhundert, um danach konzeptuell wieder entschlackt zu werden, nicht zuletzt aufgrund des Drucks einer nicht nachlassenden Kritik sowohl der Thomisten als auch der "Nominalisten".[6] Der grundlegende Ausgangspunkt des Formalitätendenkens liegt in den – ihrerseits die ältere franziskanische Tradition und Heinrich von Gent kritisch rezipierenden – Werken des *doctor subtilis* ganz zu Beginn des 14. Jahrhunderts. Eine stark quidditativische, *distinctio realis* und *distinctio ex natura rei* scharf trennende Auslegung und Systematisierung der gewissermaßen noch eher tastenden Anfänge beim großen Doctor erfolgte knapp zwei Dezennien später durch den "ersten Scotisten" Franciscus Mayronis. Sie mündete gegen Ende des Jahrhunderts zunehmend in eine epigonalisierende Radikalisierung dieses Erbes durch eine Schule von *maroniste*, die sich in einem anonymen, auch andere Flügel des Scotismus integrierenden, *Tractatus formalitatum* ihr wichtigstes Manifest gegeben hatte. Endpunkt dieser Richtung im doppelten Sinne des Wortes wurde Antonius Syrrectus, gegen den wiederum ganz gegen Ende des 15. Jahrhunderts der französische Observante Stephanus Brulefer vehement auftrat. Der stark von Gerson inspirierte Magister nahm damit nicht nur wesentlichen Einfluss auf die Weiterentwicklung der scotistisch-franziskanischen Philosophie, sondern sollte nicht zuletzt auch Zwinglis Christologie und Trinitätslehre bleibend mitprägen.

---

[6] Kaluza, Les Querelles doctrinales à Paris, betont immer wieder, die eigentlichen Kämpfe zwischen Scotisten und Ockhamisten seien eine Angelegenheit des 14. Jahrhunderts gewesen, die Gerson'sche Polemik gegen die Scotisten seiner Zeit darum im Grunde eine anachronistische Projektion der eigenen Studienzeit in die Gegenwart. Auch wenn dies stimmen mag, was angesichts der immer noch in den Anfängen steckenden Forschung zum Scotismus speziell des beginnenden 15. Jahrhunderts kaum jetzt schon mit Sicherheit gesagt werden kann, findet der Kampf der genannten Schulen gegen Ende des 15. Jahrhunderts eine Fortsetzung, wenn auch dadurch, wie weiter unten in diesem Kapitel *in extenso* ausgeführt, eine deutliche Annäherung in der Sache stattfand.

1. Von Formaldistinktionen zu Formalprädikationen: Die Identitätenlehre als scotischer Angelpunkt von Universalienlehre und Christologie

1. Duns' Metaphysikkommentar als Kommentar zu Heinrichs Intentionaldistinktion

Duns Scotus selber stand in der Entwicklung der Figur einer Formaldistinktion, wie ja auch sonst oft, in der kritischen Schülerschaft Heinrichs von Gent, indem er dessen berühmte Intentionaldistinktion an einem entscheidenden Punkt weiterführte. Nach Heinrichs Überzeugung ist die erkenntnistheoretische Differenz von *genus* und *differentia* weder nur begrifflich-rational noch auch im Vollsinn real zu verstehend. Um sie adäquat aussagen zu können, hatte er darum eine *differentia intentionis* als distinktionentheoretische Vermittlungsfigur zwischen den beiden traditionellen Formen der Realdistinktion und der Rationaldistinktion neu in den scholastischen Diskurs eingeführt.[7] Die Intentionaldistinktion fungierte nach Heinrichs Verständnis *medio modo, scilicet plus quam ratione sola et minus quam re*.[8] Sie wies damit durch ihre Position zwischen den Extremen zwar einerseits bereits auf die bei Duns dann in aller Klarheit entwickelte Idee einer möglichen Graduierung von Unterscheidungsmächtigkeiten durch diverse Distinktions- respektive Identitätsstufungen. Andererseits drohte sie aber eine sowohl für die gesamte Tradition wie besonders für Duns selber unhintergehbare Kluft zwischen begrifflichem und realem Getrenntsein zu unterminieren.[9] Schon frühzeitig und werkgeschichtlich wohl grundlegend verwarf Duns darum seinerseits in einer in seinem Metaphysikkommentar geführten Auseinandersetzung mit Heinrich jede prinzipielle Alternative zu den beiden traditionellen Distinktionsmodi *in re* oder *in intellectu* deutlich.[10] Sein Hauptargument liegt dabei in der von ihm reklamierten Erkenntnis, dass jedem Akt eines intentionaldistinkte Objekte erkennenden Intellekts zwingenderweise die erkannten Objekte auch *in re* vorausgehen müssten – im Gegensatz zur eigentlichen Rationaldistinktion, in der erst und allein durch die Tätigkeit des erkennenden Intellekts verschiedene *rationes*

---

[7] Vgl. zu Heinrich Schönberger, Realität und Differenz, 100f.
[8] A. a. O., 101.
[9] Quodl. X, 7; Op. Omnia 165 (Schönberger, Realität und Differenz, 114, Anm. 18).
[10] In Met. Arist. VII, q. 19: *Utrum conceptus generis sit alius a conceptu differentiae?*

eines realidentischen Objekts unterscheidbar würden. Somit ist die Intentionaldistinktion für Duns nichts anderes als eine spezifische Unterart der Realdistinktion. Dieser für das gesamte weitere Schaffen des *doctor subtilis* und seiner mehr oder minder subtil denkenden Schüler fundamentale Gedankengang bedeutet jedoch, wie er mehrfach ausdrücklich anmerkt, keine Ablehnung des Anliegens einer Intentionalunterscheidung an sich. Es geht ihm vielmehr um deren anerkennende Präzisierung in Richtung auf eine besondere Form realen Differentseins. Seine eigene Position kommentiert Duns in sichtlichem, fast schon erstaunlichem Interesse an prinzipieller Kontinuitätswahrung, indem er mehrfach den Sachverhalt klarstellt, dass *ista opinio non negat differentiam intentionis, sed ponit sibi necessario correspondere aliquam in re.*[11] Wenn Duns nun aber die grundlegende Stoßrichtung der Ausführungen Heinrichs zur Intentionaldistinktion vorbehaltlos zu teilen scheint, stellt sich die Frage, warum ihm an einer die rationaldistinktiven Traditionsreste grundsätzlich überwindenden Vertiefung und Verschärfung des von Heinrich avisierten Phänomens denn überhaupt so viel gelegen war. Die Antwort dürfte in grundlegende Dimensionen des philosophischen und theologischen Wirklichkeitsverständnisses bei Duns Scotus hineinführen: in seine Sicht der Universalienlehre.

Duns skizziert sie — wohl ebenfalls erstmals und somit werkgeschichtlich grundlegend — in der unmittelbar voraufgehenden, sachlich jedoch eher eine Ergänzung darstellenden q. 18 des Kommentars zum siebten Buch der Metaphysik.[12] Sie ist der Frage gewidmet, ob Universalien etwas *in rebus* Liegendes oder — so muss man ergänzen — nur etwas rein Begriffliches darstellen. Eine nominalistische Position, die lediglich eine unmittelbar im Einzelding gelegene Realität im Sinne einer simplen numerischen Einheit der *res* mit sich selber anerkennt, lehnt Duns unter Angabe von sechs Gründen ausdrücklich ab. Diese sechs schon zuvor im Metaphysikkommentar[13] und später in den berühmten angelologischen Ausführungen in zweiten Buch der Ordinatio[14] sehr ähnlich wieder genannten Argumente laufen alle

---

[11] Ebd., n. 10.
[12] In Met. Arist. VII, q. 18: *Utrum universale sit aliquid in rebus?* Zu Recht sagt Mauritius de Portu Hiberni in seinem Kommentar: *Sequitur quæstio decima octava de universali [. . .] quæ famosa est, difficilis, quæ bene ordinaretur post sequentem quæstionem sed ut sæpe dixi, ordo non nocet.*
[13] Met. Arist. VII q. 13.
[14] Ord. II, d. 3, q. 1.

darauf hinaus, die aus Gründen antinominalistischer Konsequenz
gegebene Notwendigkeit einer zur numerischen Bestimmung alternativen Art von realer Einheit aufzuzeigen.

Die Einheit dieses neuen scotischen Universalienbegriffs ist zwar
geringer oder schwächer als die numerische, aber gleichwohl nicht
allein logischer oder intellektualer, sondern durchaus realer Natur.
Nicht habitual ist sie im unmittelbar wahrnehmenden Intellekt (*intellectus possibilis*) präsent, sondern aktual (*intellectus agens*). In dieser aktualen Präsenz kommt die Tätigkeit des Intellekts mit der Erkenntnis
des universalen Objekts zeitlich zwar überein. Sachlich folgt sie ihr
aber nach, so dass berechtigterweise von der Realität des Universalbegriffs gesprochen werden kann. Diese Realität ist keine im pla-
tonischen Sinn ideale, weil sie ohne konkomitierende Tätigkeit des
Intellekts (*intellectus agens*) diesem nicht als erkannte präsent bleibt,
obwohl sie andererseits doch vor aller Aktivität des Intellekts (*intellectus possibilis*) geschaffen wird.[15] Diese elegante Lösung ermöglicht
es Duns, die seit je zur Universalienfrage vorhandenen *opiniones extre-
mae*, nämlich einerseits *quod universale est in re*, andererseits *quod universale tantum est in intellectu* als letztgültige Antworten beide zurückweisen
zu können, ohne ihren jeweiligen relativen Wahrheitsgehalt zu missachten. Er kann *universalia* anerkennen, ohne sie vorbehaltlos und
ausschließlich *in re* platzieren zu müssen.[16]

Ebendiesem Unterschied zwischen habitualer und aktualer Präsenz
eines Objekts im Intellekt entspricht nun die Differenz zwischen rationaler und intentionaler Distinktion. Ein Objekt, das intentional von
einem anderen geschieden wird, geht im Gegensatz zu einem bloß
rational distinkten jeder Tätigkeit des *intellectus possibilis* voraus. Es ist

---

[15] Zu diesen beiden auch in *de anima* gewichtigen Begriffen s. neuerdings Oeing-
Hanhoff, Art. Intellectus agens, intellectus possibilis. Die bei Duns angestrebte
Ausgewogenheit des Anteils beider Intellekte in der Perzeption der *natura communis*
ist nicht Gemeingut der Franziskaner und wurde im Anschluss an Antonius Andreas
später wieder aufgegeben zu Gunsten eines stärkeren Gewichtes des *intellectus possibilis*
bei der Erkenntnis des Universalen. Vgl. Bérubé, La première école scotiste, 20.
[16] Diese vermittelnde Position baute Duns vornehmlich in den angelologischen
Teilen des zweiten Ordinatiobuches weiter in Richtung einer formalitätentheoretisch argumentierenden Individuationstheorie aus. Einer simplifizierenden Zuordnung
zu einer der spätmittelalterlichen Viae verschließt sich das Denken des *doctor subtilis* auch und nicht zuletzt durch die in ihm – in beeindruckender werkgeschichtli-
cher Kontinuität – aufgebaute Universalienlehre. Vgl. zu dieser "Zwischenposition
zwischen Begriffsrealismus und Nominalismus" auch den Exkurs zum scotischen
Individuationsprinzip bei Burger, Personalität, 71.

aber ohne den *intellectus agens* gleichwohl nicht denkbar. Aufgrund dieser instruktiven Rückführung auf die Grundlagen seines metaphysischen Denkens wird die zentrale Motivation zum Ausbau der Intentionaldistinktion Heinrichs erst richtig deutlich. Es ist nicht allein oder auch nur primär, wie man unter Projektion neuzeitlicher Erkenntnisinteressen oft anzunehmen versucht war, ein Interesse an haecceistischer Individualität oder gleichsam empirischer Singularität, das Duns Scotus so viel geistige Energie in die Bildung einer neuen Form der Realdistinktion investieren ließ. Vielmehr liegt dieser seiner Innovation das Bestreben zugrunde, Individualität *innerhalb* in sich *identischer* Realitäten markieren zu können. Hierin liegt der tiefere Grund, wieso Duns sowohl die Distinktionentheorie wie korrespondierend auch die Universalienlehre neu zu formen unternahm, und hier auch der Grund, weshalb er in der später breiter ausgebauten Lehre einer formalen Distinktion oder Nichtidentität deren Ursprung als gänzlich *a parte rei* bestimmen wird: Nicht nur und nicht vor allem, um durch sie Trennungsmomente zu vertiefen, sondern eher, um das in sich *a parte rei* Getrennte als umso stärkere reale Einheit erkenntlich zu machen.

Schon im Metaphysikkommentar findet dieser Sachverhalt (was bis anhin stets übersehen wurde) eine erste exemplarische Konkretion. Duns betont dort, dass die Eigenschaften Gottes sich zu seinem Wesen nicht wie Gattung und Differenz verhielten, weil Gott wesentlich unendlich sei. Diese Unendlichkeit dulde keine wie auch immer geartete Zusammensetzung, präsentiere sich vielmehr als eine Art Fächerung verschiedener Formalaspekte.[17] Intrinsische Unendlichkeit steht hier, wie in den breit ausgeführten Abschnitten der Ordinatio zur selben Frage, als eigentliche Letztbegründung der nicht aufzulösenden essentiellen Einheit Gottes. Sie dürfte so, um das mindeste zu sagen, unter allen Motiven zur Entfaltung der neuen Distinktionenlehre nicht den geringsten Innovationsdruck ausgeübt haben: Je stärker die Einheit Gottes gedacht wird – und stärker als im scotistisch-franziskanischen Unendlichkeitsbegriff kann sie kaum gedacht werden –, desto präziser muss auch innergöttliche Vielfalt bedacht werden.

---

[17] A. a. O., n. 9: *[. . .] Si ponatur in illo [sc. Deo] talis differentia [sc. differentia generis ad differentiam], sive attributorum, sive idearum: nullum enim perfectibile est per alterum specialiter de attributis: quia quodlibet est infinitum, et de ideis: quia respectus ad diversa non perficiunt se. Ideo si est talis differentia, non erit compositio, quia nihil perfectibile, nihil perficiens: licet alius ordo prioritatis alicuius poneretur.*

2. *Grundlegung scotistischer Distinktionentheorie in der Duns'schen Ordinatio*

Ihren vollgültigen Ausbau findet die Doktrin der formalen Nichtidentität freilich erst in den größtenteils später entstandenen, heute wesentlich bekannteren Werken der Pariser Zeit, unter denen prominent die magistrale *Ordinatio* zu nennen ist. Während der Metaphysikkommentar, seiner Bestimmung gemäß, meist ohne unmittelbaren theologischen oder sonstigen Konkretisierungshorizont verfasst wurde, sind die in den verschiedenen Stufen der Sentenzenauslegung und im Quodlibet anzutreffenden Entfaltungen der Formaldistinktion stets auf theologische, angelologische oder anthropologische Themen bezogen. Durch sie wird die grundsätzliche Struktur der Formalitätenlehre – entspringend aus dem Interesse an der Wahrung von Einheit selbst in den der Erkenntnis vorausliegenden Differenzen in Gott – erkennbar als durch den Problemdruck der Phänomene und dem diesem Druck sensibel entsprechenden wisssenschaftlichen Gewissen des brillanten Doktors motiviert. Wir beschränken uns darauf, drei zentrale und auch hinsichtlich ihrer Rezeption durch Zwingli relevante theologische Applikationskontexte anzusprechen.

Formale Nichtidentität der Attribute Gottes als Garantin singulärer Infinität
Wie schon der Metaphysikkommentator Duns so bestreitet auch und erst recht der theologische *magister regens* Duns nachdrücklich – und hier wie dort vor allem gegenüber Heinrich von Gent –, dass das Verhältnis Gottes zu seinen Eigenschaften als Zusammenfügung von Gattung und Differenz[18] oder Akt und Potenz[19] oder Teil und Ganzem[20] oder ähnlichen Komponibilia zu verstehen sei, die *allein*

---

[18] Als bekräftigende Zusammenfassung der thomasischen Position in Ord. I, d. 8, W. q. 4, n. 5; V. p. 1, q. 4, n. 165: *supposita unitate formæ specificae secundum rem, in illa distinguit intellectus rationem generis, et differentiae, quæ dicuntur non diversae res, sed diversae rationes.*

[19] In Verbindung mit der Lehre vom doppelten Intellekt sieht Duns die thomasische Position in der Attributenlehre in Ord. I, d. 8, W. q. 4, n. 2; V. p. 1, q. 4, n. 162: *Ista opinio dicit, quod pluralitas pefectionum attributalium, ut est in essentia divina, est quasi in potentia. ut autem est in conceptu intellectus est quasi in actu.* Ähnlich ist Duns' Sicht auf Heinrichs Aussagen über die göttliche Essenz und deren Eigenschaften in Ord. I., d. 8, q. 4, n. 9: *Potest dupliciter accipi, aut inquantum movet intellectum quasi simplici intelligentia; et sic adhuc concipitur per rationem suæ simplicitatis, nec habet aliquam pluralitatem, nisi quasi in potentia; aut inquantum intellectus post istam apprehensionem negotiatur circa ipsam pluralitatem attributorum, quasi reducendo ipsam de potentia ad actum.*

[20] Ord. I, d. 8, W. q. 4, n. 20; V. p. 1, q. 4, n. 206: zu einem Augustinzitat über die Trinität: *Ita quod tres personae non sunt partes unius Dei. Arguit enim ibi, quod si*

dem erkennenden Intellekt zu verdanken wären. Die voneinander
unterschiedenen göttlichen Eigenschaften haben den Grund ihrer
Unterschiedlichkeit nicht in den verschiedenen Weisen, durch die
wir ein und dasselbe Formalobjekt (Gott) je unterschiedlich erkennen. Er liegt auch nicht in der Unterscheidung verschiedener
Formalobjekte (Eigenschaften in Gott) durch den erkennenden Intellekt,
sondern vielmehr *in re ex natura rei*, wie Duns mit beinahe pleonasti-
schem Nachdruck betont.[21] Die thomasische und henricische Überzeugung, wonach Gottesattribute nur in Hinsicht auf deren Bezug zu
den Kreaturen und also allein rational in den soeben präsentierten
Formen virtueller Komposition zu unterscheiden seien, kritisiert Duns
in derselben Weise, in der er schon seine neue Sicht der Intentionaldistinktion von der Rationaldistinktion abgehoben hatte: Gäbe es
in den Dingen ausschließlich Rationaldifferenzen zu beobachten,
gäbe es demzufolge auch ausschließlich numerische Identitäten und
damit überhaupt keine realen Gegensätze mehr, sondern nur noch
Betrachtung in sich vollkommen identischer Essenzen hinsichtlich
verschiedener *rationes*.[22] Dann aber könnte wohl aus einem einzigen
Attribut Gottes auf alle anderen rückgeschlossen werden. Das aber
scheint dem hier ganz neuplatonisch denkenden Franziskaner schon
allein aus Gründen eines *ordo* unter den emanierenden Eigenschaften Gottes unmöglich.[23] Er beruft sich außerdem auf den in der

---

*in eodem sine compositione, et partialitate possunt esse multæ perfectiones simpliciter: ergo multo
magis possunt esse tres personæ in Deitate sine compositione et partialitate.*
[21] Ord. I, d. 8, W. q. 4, n. 17; V. p. 1, q. 4, nn. 191f.
[22] In Met. Arist. VII, q. 18, n. 2 [*Si nihil esset in re, nisi singulare, nulla est unitas
realis, nisi unitas numeralis, quæ est propria singulari; consequens falsum propter sex:*] [. . .]
*Quinto, non esset contrarietas oppositio realis, quia extrema eius prima non sunt singularia: et
oportet utrumque esse in unum.* Zwar ist eine *formalitas* nicht einfach ein *singulare*, doch
beide Ausdrücke meinen ein vor der Aktivität des Intellekts zu erhebendes reales
Objekt der Erkenntnis und entsprechen einander insofern exakt. Dies wird deutlich
durch die Reformulierung in Ord. II, d. 3, q. 1, W. n. 4; V. n. 19: *Praeterea quarto,
unius oppositionis realis sunt duo extrema realia: contrarietas est oppositio realis, quod patet, quia
realiter unum destruit et corrumpit aliud, circumscripto omni opere intellectus: et non nisi quia sunt
contraria: igitur utrumque primum extremum istius oppositionis realis ut est extremum est unum
aliqua unitate reali, non autem unitate numerali: quia tunc præcise hoc album esset primum contrarium huic nigro, vel præcise aliud album, quod est inconveniens: quia tunc essent tot contrarie-
tates primæ, quot individua contraria: igitur, etc.*
[23] Ord. I, d. 8, W. q. 4, n. 19; V. p. 1, q. 4, nn. 204f.: *Ad quid etiam Doctores,
qui tenent oppositam opinionem, implent tot quinternos, ostendendo unum attributum ex alio, si
non est inter ea, nisi differentia relationum rationis tantummodo? [. . .] Similiter iusta auctoritatem Damasceni [. . .], ad quid assignant ipsi ordinem attributorum, quasi essentia sit fundamentum: et quædam sunt propinquiora essentiae, quædam propinquiora emanationibus [. . .]?*

theologischen Formalitätenlehre untergründig ohnehin stets präsenten Trinitätsdenker Augustin: Es findet eindeutig eine Steigerung des Mysteriums von der Möglichkeit der Vereinigung verschiedener Eigenschaften in Gott zu derjenigen der Personen in Gott statt. Doch diese Steigerung wäre wenig erstaunlich und deshalb wenig bemerkenswert, wenn die Eigenschaften Gottes von ihm selbst nur rational zu trennen wären.[24]

Wieso entsteht aber dann keine Komposition im Wesen Gottes, welche Überzeugung Heinrich ja so entschieden vertreten hatte?[25] Diese Frage, der Duns eine eigene Quaestio widmete,[26] ist für ihn von der intrinsischen Unendlichkeit Gottes her anzugehen.[27] Alle, mit Duns zu sprechen, *in re ex natura rei* vorhandenen und zu seinem Wesen attributal sich verhaltenden Formalitäten entstehen aus der Abstraktion aller ihrer Außenbezüge, indem beispielsweise von der Weisheit Gottes deren vielfältige Verknüpfungen mit ihren Nachbareigenschaften aufgelöst werden, so dass sie am Ende ganz als solche fassbar wird. Solche Abstraktion ist in endlichen Wesen zwar genauso zu erreichen, aber mit einem entscheidenden Unterschied: Die in endlichen Dingen voneinander unterschiedenen Formalitäten bedürfen einer außerhalb ihrer selbst liegenden, Realidentität stiftenden Vermittlung, die im unendlichen Wesen Gottes liegenden hingegen nicht. Ihre Unendlichkeit ist nämlich mit der Unendlichkeit Gottes realidentisch, so dass sie auch selber untereinander realiden-

---

[24] Mayronis zitiert dazu, wie er sagt, aus Augustin c. Maximin.: *Si potes Deum Patrem concedere simplicem, et tamen esse sapientem, bonum [. . .] quanto magis unus Deus potest esse simplex: et tamen Trinitas?* Das Zitat lässt sich in dieser präzisen Form in der Schrift gegen Maximinus allerdings nicht nachweisen; ähnliche Formulierungen finden sich allerdings durchaus. Es scheint, als hätte Mayronis aus dem Gedächtnis zitieren müssen.

[25] Zusammenfassender Schlusssatz zu den *Summae Quaest. Ordinar.*, Art. 28 (*De compositione Dei ex aliis*), q. 4 (*Utrum in Deo sit compositio ex essentia et esse*), Z: *Diversa sola ratione simul sunt sine omni compositione ut dictum est, et amplius dicetur infra: non autem diversa re vel intentione, ut dictum est, et similiter infra dicetur.*

[26] Ord. I, d. 8, W. q. 4; V. p. 1, q. 4: *Quarto quæro, utrum cum simplicitate Dei possit stare aliquo modo distinctio perfectionum essentialium, præcedens aliquo modo omnem actum intellectus?*

[27] Ord. I, d. 8, W. q. 4, nn. 25–26; V. p. 1, q. 4. nn. 218–222. Wichtig ist in dieser ganzen subtilen Differenzierungdifferenzierung folgender Satz über zwei exemplarisch angenommene Formalitäten in Gott in W. n. 26; V. n. 220: *Abstrahendo a quocunque, quod est extra eius rationem formaliter, remanet utraque quiditas praecise sumpta formaliter infinita, et ex quo infinitas est ratio identitatis eorum, facta tali abstractione praecisissima, remanet ratio identitatis extremorum: non enim haec erant eadem praecise propter identitatem eorum ad tertium, a quo abstrahuntur, sed propter infinitatem formalem utriusque.*

tisch sind, ja gar nicht anders als in einem Verhältnis realer Identität
zueinander stehen könnten. Formalitäten im Kreatürlichen hingegen
sind als solche in unterschiedlichen Perfektionsgraden vorhanden und
darum durch nichts untereinander vermittelt. Sie bedürfen eines
außerhalb ihrer selbst liegenden einigenden Bandes realer Einheit
durch die sie alle miteinschließende jeweilige *res*. Es fungiert hier also
das aus dem Unendlichkeitsbegriff logisch ableitbare und in dieser
Form seit Bonaventura gebräuchliche Simplizitätsargument, hier nun
analog über die Behauptung eines für Gottes Wesen superlativisch
gefassten Grades an formaler Perfektion: Auch er kann nur ein einziger sein – und zwar für alle Attribute gleichermaßen:

perfectiones sunt infinitae formaliter, ergo quaelibet eadem cuilibet![28]

Unter Beizug der Autorität des Damasceners erklärt Duns darum in
aller Form, Gottes unendliches Wesen und die Differerenz seiner
Formalitäten bedingten einander notwendig, während Rationalaspekte
von jedem beliebigen endlich-kreatürlichen Ding ebenfalls festgestellt
werden könnten – eine Aussage, die wohl verallgemeinernd auf alle
analogen distinktionentheoretischen Problemstellungen in der scotischen Theologie extrapoliert werden darf.[29]

Formale Nichtidentität der Personen Gottes als Garantin essentieller Simplizität
Weitaus der bekannteste und sicherlich bestuntersuchte Themenbereich,
in dem der *doctor subtilis* die von ihm entwickelte Formalitätendistinktion
zur Anwendung bringt, ist die zumal durch die westliche Väterüber-
lieferung vorgegebene Dialektik von Einheit und Diversität in der
Lehre der personalen Dreiheit des einen göttlichen Wesens.[30] Diese

---

[28] Ord. I, d. 8, W. q. 4, n. 24; V. p. 1, q. 4. n. 217: *[. . .] Concedo quod ratio
sapientiae est infinita, et ratio bonitatis, et ideo haec ratio est illa per identitatem; quia oppositum non stat cum infinitate alterius extremi: tamen haec ratio non est formaliter illa.*

[29] Ganz in diesem Sinne äußert sich nicht zuletzt Vignaux in seiner kurzen, für
die Geschichte des Scotismus wichtigen Studie: Être et infini selon Duns Scot et
Jean de Ripa (47f): "La dialectique de l'unité et da la pluralité en Dieu se pour-
suit sans sacrifice de la première à la seconde, sans un déséquilibre inverse de celui
qu'impliquaient les conceptions nominalistes ou 'seminominalistes' des attributs divins.
Ne cherchons pas dans les textes du *Doctor Difficilis* [Jean de Ripa] une 'rupture'."

[30] Dass Duns sich an die westlich-augustinische Tradition gebunden fühlt, wird
am deutlichsten in der nur durch Rekurs auf die Überlieferung zu beantwortenden
Frage Ord. I, d. 2, W. q. 5; V. p. 2, q. 2, ob die Dreizahl der Personen notwendig sei, die er ungewöhnlich schlicht mit zwei neutestamentlichen Bibelstellen und
einem Augustinzitat bejaht. Analog ist Ord. I, d. 2, W. q. 7, n. 2; V. p. 2, q. 4,

Vorgabe mit ihrer doppelten Forderung nach der in Gott unter allen
Wesenheiten am kompromisslosesten zu wahrenden essentiellen Einheit
einerseits, nach unzweideutiger Individualität der Personen andererseits gab Duns Gelegenheit, seine Formaldistinktion sozusagen unter
Extrembedingungen unter Beweis stellen zu können, eben deshalb,
weil Extrempositionen unbedingt vermieden werden mussten: Tritheismus oder gar Quaternität waren ebenso wie Modalismus auszuschließen, sowohl aus Gründen der Konsequenz gegenüber der
eigenen Systembildung als auch aufgrund traditioneller Vorgaben
und aktueller kirchlicher Verbote.[31] Aufschlussreich und sicherlich
auch im Gedächtnis, ja Gewissen des *doctor subtilis* verankert war hier
etwa der Ausdruck abgrundtiefer Verachtung, mit der Heinrich von
Gent über Denker spricht, die Gott als real zusammengesetztes Wesen
bezeichnen;[32] auch die Verurteilung porretanischer Ansichten lag
noch nicht lange zurück. Und wer hätte die Einheit Gottes in seinem Wesen stärker herausstellen können, als Duns es selber in Ord.
I, d. 2 über und durch den Unendlichkeitsbegriff getan hatte? Umgekehrt kam allerdings die zumindest theoretisch mögliche Alternative,
die Einzigartigkeit der Personen zugunsten der Einheit Gottes preis-
zugeben, für den Lehrer einer doppelten Inkommunikabilität personaler Supposita genausowenig in Frage: Zu sehr wusste er sich an
die in diesem Punkt gut augustinische trinitätstheologische Grundlinie
seines eigenen Ordens, zu sehr an die Personalitätsdefinitionen von
Boethius und Hugo gebunden. Letztere radikalisierte er zugunsten
der Würde und Unverwechselbarkeit menschlicher ebenso wie göttlicher Personen bekanntlich sogar noch, indem er Begriff und Konstitution von Personalität in Richtung auf deren absolute Autonomie
neu ausgerichtet hatte. So ist die Aussage angemessen, dass sich am

---

n. 219 das Verfahren zur Beantwortung der Frage, ob es nur zwei *personae productae* geben könne, das gipfelt in der Feststellung: *Illæ ergo auctoritates, quæ ostendunt tantum tres esse personas in divinis, ostendunt quod sunt tantum duae personae productae.*

    [31] In der für ihn typischen Darstellungsweise hat Franciscus Mayronis die *famosi
errores* der Tradition als *quadruplex error vulgatus qui fuit circa personarum divinarum Trinitatem*
aufgelistet: *Primus error fuit Sabellii qui negavit inter personas distinctionem realem. Secundus
fuit Arii qui posuit inter ipsas distinctionem essentialem. Tertius fuit Porretani qui posuit relationes divinas assistentes et non insistentes. Quartus fuit Prepositini qui posuit duas personas se totis
differentes.*

    [32] *Summa Quaest. Ordinar.,* Art. 28, q. 1, O: *Quantum ergo ad quæstionem de isto arti-
culo, primo sciendum quod licet responsio ad ipsam sicut et ad plures sequentes plana est, ut
quasi frivole induci videantur: propter tamen errores hominum animalium et carnalium contraria
huiusmodi tanquam indigna deo ab ipso removenda sunt.*

Ende der zweiten *distinctio* in deren q. 7, die die formale Nichtidentität von Gottes Wesen und Personen beleuchtet, die beiden zentralen Themen des ersten Ordinatiobuches – Einheit des unendlichen Gottes und Konstitution der göttlichen Personen – in ihrer Substanz treffen. Sowohl aus der Architektonik der lombardischen Anlage wie auch aus der Logik des scotischen Systems heraus begegnen sich hier das mit Hilfe der Metaphysik für die *theologia in nobis* Beweisbare und das nur dem Glauben Zugängliche: Distinktionentheoretische Vermittlung tut not.

Es dürfte aus dieser besonders akuten Dialektik heraus zu erklären sein, warum die Formaldistinktion in trinitätstheologischem Kontext sowohl in ihrer einheitswahrenden wie auch in ihrer realdistinktiven Funktion speziell markant akzentuiert wird. Zum einen wird die Unabhängigkeit von einer Tätigkeit des Intellekts viel massiver als jedenfalls noch im Kommentar zur Metaphysik betont; jede irgendwie denkbare Unterscheidung innerhalb des Intellektbegriffs fällt völlig weg.[33] Zum andern aber bevorzugt Duns nun die Verwendung der Figur im Sinne einer negativen Aussage, sodass er lieber von einer formalen Nichtidentität von Supposita und Essenz spricht als von deren Getrenntsein.[34] Dieses offensichtliche Bestreben, Nicht-Einheit und Einheit als miteinander in der *distinctio formalis* vereint möglichst exakt gegeneinander auszutarieren, veranlasste Duns am Ende der *distinctio* 2 zu einer gleich doppelt gewendeten Systematisierung des von ihm Intendierten. Sie stellt wohl das Präziseste dar, was zu diesem Themenbereich von ihm überliefert ist. Zwar gilt es hier immer jenen unübersehbaren Selbstvorbehalt im Auge zu behalten, durch den der diktierende Magister signalisiert, dass diese seine Ausführungen noch mehr als sonst vorläufigen Charakter tragen. Sie sollten anscheinend eher im Sinne einer Vorstudie als einer definitiven und autoritativen Lehre verstanden werden.[35] Doch greifen beide

---

[33] Ord. I, d. 2, W. q. 7, n. 41; V. p. 2, q. 4, n. 389: *Ratio, qua formaliter suppositum est incommunicabile, et ratio essentiae, ut essentia, habent aliquam distinctionem praecedentem omnem actus intellectus creati et increati.*

[34] Ord. I, d. 2, W. q. 7, n. 44; V. p. 2, q. 4, n. 403: *Nunquid igitur debet concedi aliqua distinctio. Respondeo, melius est uti ista negativa, hoc non est formaliter idem, quam hoc est sic et sic distinctum. Sed nonne sequitur A et B, non sunt idem formaliter, ergo sunt formaliter distincta? Respondeo, quod non oportet sequi: quia formalitas in antecedente negatur, et in consequente affirmatur.*

[35] Die berühmte Aussage der relativierenden Selbstbescheidung kommt gleich ganz zu Beginn des bei Wadding vierzehn Paragraphen umfassenden Problemlösungskomplexes Ord. I, d. 2, W. q. 7, n. 41; V. p. 2, q. 4, n. 389: *Et dico sine*

Systematisierungsansätze auf schon im Metaphysikkommentar – sozusagen noch ansatzweiser – Entwickeltes zurück. Eine gewisse Kontinuität und damit wohl auch eine gewisse doktrinäre Stabilität ist also durchaus zu verzeichnen. In der materialen Aussage sind so oder so beide Ansätze kongruent. Sie unterscheiden sich aber signifikant in der Betrachtungsweise, insofern der erste gestufte Trennungsgrade, der zweite gestufte Einheitsgrade bedenkt.[36]

Im ersten Ansatz unterscheidet Duns zuerst zwischen einer *differentia maior in rebus* und *in intellectu*, also zwischen der traditionellen Real- und Rationaldistinktion in beispielsweise thomasischem Sinne. Jeder von beiden wird nun je eine *differentia minor* zugeordnet, von der Duns meint, sie sei auch von Autoren vor ihm schon des öfteren (*frequenter*) erkannt und beschrieben worden. Diese kleinere Schwester ist beide Male *immanifesta* – nicht mit Händen zu greifen – und ihre Unscheinbarkeit kommt von daher, dass sie beide Male die je geringste ihrer Art darstellt. Im Falle der Realdistinktion ist das wohl nur elativ zu verstehen, denn faktisch gibt es hier lediglich zwei Unterarten. Deren kleinere ist die Formaldistinktion, die im Gegensatz zur größeren und manifesten Unterscheidung nicht zwischen *res* und *res*, sondern zwischen *realitas* und *realitas* unterscheidet. Sie entspricht damit der Differenz von Formalobjekten in der intuitiven Erkenntnis. *Cognitio intuitiva* ist nur von real existenten Dingen möglich, die aber als Formalobjekte trotzdem nicht wie *res et res* voneinander getrennt vorzustellen sind. Eine *res* wird in diesem ersten Ansatz also als eine Größe präsentiert, die zwei oder mehr *realitates* in sich enthält, die aber nur gleichsam virtuell voneinander zu trennen sind. Der andere der beiden Ansätze skizziert einen *ordo* von fünf aufeinander folgenden Graden an Einheit zwischen mehr oder minder getrennten Entitäten. Deren fünfter und letzter, die *unitas simplicitatis*, entspricht der *identitas formalis*. Diese *unitas simplicitatis* stellt eine reale Einheit (*unitas*) oder Gleichheit (*identitas*) dar, während die ersten vier Grade *uniones*, also bloße Vereinheitlichungen oder Einheitssetzungen bleiben. Damit ist die Differenz zwischen Rational- und Realdistinktionen gewahrt, aber in eine positive Aussageweise gewendet.

Man darf diesen von Duns, wie vermerkt, eher vorläufig gemein-

---

assertione, et praeiudicio sententiae melioris, quod ratio, qua formaliter suppositum est incommunicabile, et ratio essentiae, ut essentia, habent aliquam distinctionem praecedentem omnem actum intellectus creati et increati.

[36] Die beiden Ansätze finden sich Ord. I, d. 2, W. q. 7, nn. 43b und 44; V. p. 2, q. 4, nn. 396–406.

ten Erklärungen keine Überinterpretation antun wollen. Dennoch
steht zu vermuten, dass aufgrund der Abfolge dieser beiden Ansätze
von der Perspektive der Trennung zu derjenigen der Einheit, wie
auch aus der deutlichen Bevorzugung der formalen Nichtidentität
vor der formalen Trennung, ein etwas stärkeres Interesse an der
Wahrung von Einheit in der Trennung als von Trennungsmomenten
in einer gegebenen Einheit festzustellen ist. Die Figur der formalen
Nichtidentität scheint jedenfalls in ihrer wichtigsten Anwendung in
der Theologie eher ein identitätsgarantierendes als ein differenzen-
setzendes Instrument zu sein.[37]

Formale Nichtidentität der Naturen Christi als Garantin personaler Unität
Erst kürzlich ist in vollem Ausmaß erkannt worden, welch zentrale
Bedeutung der *distinctio formalis* bei Duns Scotus auch in der gedanklichen Ermöglichung seiner spezifischen Konzeption der hypostatischen Union zukommt.[38] Die Formaldistinktion leistet bei Duns
dieselbe Vermittlungsfunktion, die sie in seiner Trinitätslehre einnimmt, konsequenterweise auch analog in der Christologie, die ja in
vorneuzeitlicher Theologie faktisch nichts anderes als ein anhyposta-
sietheoretisch vermitteltes Teilgebiet der Trinitätslehre darstellt. Fungiert
für Duns die Behauptung formaler Nichtidentität zwischen Gottes
Wesen und personalen Einzelsupposita in der Trinität als Vermittlungsfigur zwischen unendlicher Essenz und den jenseits von Endlichkeit
und Unendlichkeit zu situierenden *supposita*, überbrückt sie in der

---

[37] Dieses gleichsam paradoxe Spannungsmoment bringt ein Zitat H. Boraks auf
den Punkt: "Ita sumpta non-identitas denotat maximam possibilem compositionem
(quamvis re vera non agatur de aliqua *compositione!*) in simplicissima Dei essentia"
(zit. nach Burger, Personalität, 66, Anm. 44).

[38] Burger, Personalität, hat es erstmals unternommen, die wichtige, zuvor erstaunlicherweise noch nie monographisch behandelte Frage, wie im Werk des Duns Scotus
"die Ermöglichung der hypostatischen Union" (a. a. O., 51) zu verstehen sei, einer
überzeugenden Klärung zuzuführen. Der dabei für das Verständnis konstitutive
Aspekt einer Formaldistinktion zwischen göttlicher Essenz und jeweiliger Personalproprietät ist niemals zuvor, jedenfalls nicht im Rahmen einer breiteren Darstellung
scotischen Denkens, so überzeugend und klar dargelegt worden. Eine Zusammenfassung
bezüglich dieses Aspektes ihrer Untersuchung bietet folgender, Ord. III, d. 1, q. 5,
n. 5 resümierender, Abschnitt: "Scotus kommt zu dem Ergebnis, daß nicht das göttliche Wesen der Formalgrund für die Terminierung ist, sondern die Personalproprietät. Jede Person, in der der Formalgrund für die Terminierung läge, würde
nämlich terminieren. Dies ist etwa bei der Schöpfung so, weil der Formalgrund des
Erschaffens allen drei Personen durch das Wesen zukommt. Im Fall der hypostatischen Union ist man jedoch auf die Eigenheit der zweiten göttlichen Person verwiesen" (a. a. O., 123).

Christologie die Kluft zwischen der unaufhebbaren Abständigkeit der
göttlichen Essenz zur menschlichen Natur Christi einerseits, der personalen Einheit beider andererseits. Ohne diese Vermittlungsfunktion
der formalen Nichtidentität zwischen Wesen und Person Gottes ist
die oft schon konstatierte Grundtendenz der scotischen – und nach-
folgend der gesamten spätfranziskanischen – Christologie zu einer
schärferen Trennung der Naturen mit größerer Autonomie und Relevanz des Menschseins Christi nur schwer zu verstehen.[39] Nur weil
Duns das filiale Suppositum schärfer als seine Vorgänger Heinrich,
Thomas und Varro *formaliter* vom Wesen Gottes abheben kann, ist
er in der Lage, seine assumptiven Fähigkeiten klarer zu fassen; und
wiederum nur, weil er die assumptiven Potenzen des filialen Suppositums aufgrund seiner distinktionentheoretischen Innovationen klarer fassen kann, ist er fähig, die Vereinigung der Naturen in der
Person differenzierter als die früheren *doctores* zu beschreiben, somit
auch, beide Naturen besser in ihrem jeweiligen Eigenrecht zu belas-
sen. Der argumentative Rekurs auf formale Nichtidentität als Bedingung
der Union von Natur und Person zieht sich daher – sowohl als
Nichtidentität von Gottperson und Menschennatur als interessanterweise auch von Menschennatur und nur anhypostatisch, gleichsam
fiktiv, vorhandener Menschenperson – von Beginn des dritten Ordinatiobuches weg bis zum Ende des eigentlich christologischen Teils
durch. Drei Sachaspekte der mittels Formaldistinktionen ermöglichten hypostatischen Union lassen sich dabei im Sinne von Argumen-
tationsetappen nachzeichnen.

a) Die gerade bei Duns so scharfe Gott-Mensch-Differenz kann
zwar niemals aufgehoben, aber kraft der formal von der unendlichen
Essenz zu differenzierenden Personalproprietät des filialen Suppositums
sozusagen in ihre metaphysischen Schranken verwiesen werden. Sie
kann mit anderen Worten relativiert werden genau dadurch, dass sie
in sich vollgültig respektiert wird. Diese genialisch einfache, darum
so wirksame distinktionentheoretische Strategie erlaubt es dem Doktor,
einige starke und in sich fast nicht zu widerlegende Einwände gegen

---

[39] Die beobachtbaren Folgephänomene (*esse actualis existentiae*; prior existence of
the human personality before the assumption by the word; subsistence of the humanity of Christi in the Logos not to be defined unity but as union; twofold sonship
of the Son, with respect to the Father and his mother, the Virgin Mary) dieser scotischen Trennungschristologie sind etwa bei Oberman, The Harvest of Medieval
Theology, 253–55, korrekt aufgelistet, ihre tiefere innere Ursache aus der Gotteslehre
wird jedoch nicht unbedingt ersichtlich.

die Möglichkeit hypostatischer Union elegant zu entkräften. An erster Stelle steht hier – und vielleicht nicht ganz zufälligerweise symbolkräftig ganz zu Beginn von Ord. III sozusagen als ein thematisches *incipit* des Buches – die axiomatische Formel *finiti ad infinitum nulla est proportio*.[40] Diese durch Scotus andernorts so stark betonte Unvereinbarkeit kann nun einfach dadurch aufgelöst werden, dass das Nicht-Unendliche zwar prinzipiell als Effiziertes dem Unendlichen inbegriffen ist, nicht aber formal: Weil sich Unendliches nichtunendliche Formalitäten nicht einfach per Realidentität gleichsam inkorporieren kann, verliert es auch durch deren je aktuelle Nichtidentität nichts an Perfektion, wie es auch umgekehrt durch ihre aktuelle Dependenz nichts an Perfektion gewinnt. Unendliches kann aufgrund dieser gegenseitigen formalen Nichtidentität zu endlichen Formen in eine Relation des Dependentseinlassens treten, die weder volle reale Identität noch auch lediglich durch den Intellekt generierte Komposition darstellt. Diese Relation ist darum eine vollgültige Proportion der beiden ansonsten stets komplett disjunkten Seinsmodi Endlichkeit und Unendlichkeit, die allerdings den hier illegitimen klassischen Proportionalitätsschemata (Quantum-Quantum; Akt-Potenz; Activum-Passivum) nicht zugehört, sondern eine völlig eigene (*specialis*) Art bildet. Ein anderer Einwand gegen die Möglichkeit einer hypostatischen Union, nämlich der Gegensatz zwischen geschaffener und ungeschaffener Natur, wird ebenfalls durch formaldistinktive Differenzierung aufgelöst, weil er zwar, wie Scotus konzediert, durchaus besteht, aber nicht als Gegensatz, der auch formal nicht vermittelt werden könnte. Sogar das urmetaphysische Argument, dass Gott nicht leiden könne, lässt sich fomaldistinktiv auseinandernehmen. Es leidet ja nicht das Suppositum des Wortes, sondern die mit diesem formal vereinte Menschennatur. Die Leidensaussage gilt damit für das Wort nur grammatisch gesehen, für die unierte menschliche Natur hingegen real. Bereits hier wird damit deutlich, dass Formaldistinktion und Formalprädikation aufs engste zusammengehören.

b) Nachdem hiermit wesentliche Einwände gegen die Möglichkeit einer hypostatischen Union beseitigt sind, kann deren Wesen als Union von filialem Suppositum und menschlicher Natur genauer beschrieben werden. Im Wesentlichen besteht die Union darin, dass

---

[40] Ord. III, d. 1, q. 1, n. 1: *Verbum est infinitum, natura humana est infinita: ergo non sunt unibilia.*

das *Verbum* eine Abhängigkeit der angenommenen menschlichen Natur
von sich terminieren kann. Duns betont hier in Abgrenzung vor
allem gegen Thomas und Heinrich, dass nur eine Person in Gott
eine solche Abhängigkeitsbeziehung zu terminieren vermöge. Eine
Beziehung dieser Art könne stets nur von einer Totalursache ausgehen, diese in sich darum nur je eine sein.[41] Durch die Terminierung
entsteht eine neue *forma* zwischen terminierter Natur und terminie-
rendem Wort. Wie diese *forma* und die in ihr zu verstehende Abhängigkeit der Natur von der Person zu sehen ist, lässt Duns relativ
weitgehend offen.[42]

Die neue *forma* zwischen Person und Natur verbindet nun indirekt auch Natur und Natur. Sie ist dabei mit der *natura* oder *essentia divina* weder real identisch noch von ihr getrennt, sondern formal
– eben als eine *forma* von einer anderen *forma* – von ihr zu unterscheiden. Diesem Punkt wendet der Doktor seine besondere Aufmerksamkeit zu: Die Union, die das Verbum als personales Suppositum
zur menschlichen Natur Christi stiftet, konstituiert unter den Naturen
selber weder reale Identität noch auch Komposition. Seine Erklärungen
dazu sind analog zu den Ausführungen über die formale Nichtidentität
im Metaphysikkommentar und der Gotteslehre im ersten Ordinatiobuch
strukturiert. Sie zeigen auf ihre Weise noch einmal, dass hier tiefe
systemarchitektonische Querverbindungen zwischen Universalienschau,
Distinktionentheorie, Gotteslehre und Christologie bestehen. In einem
typisch scotischen Sinne wird so die Verbindung der Naturen als
nur indirekte *unitas unionis* bezeichnet. Allein über diese personale
Union sind die Naturen miteinander in Beziehung, indem sie der
einen Natur eine neue, durch die Einung mit der anderen entstandene Form hinzufügt. Diese Form entsteht zwar vor aller Aktivität
des erkennenden Intellekts, stellt aber dennoch keine reale Identität
unter ihnen her. Dieses Konzept der *unitas unionis* macht deutlich,
dass in der Abhängigkeit der menschlichen Natur, die durch das von
der göttlichen Natur formal unterschiedene *Verbum* terminiert wird,
nun auch die Naturen selber in eine Einheit treten. Sowohl zwischen
Verbum und menschlicher Natur als auch zwischen den Naturen entsteht somit eine Einung; das Verhältnis beider untereinander bedarf
jedoch weiterer Klärung.

---

[41] Ord. III, d. 1, q. 2, n. 10.
[42] Ord. III, d. 1, q. 1, n. 17b.

Aufschluss über die Relation der trinitarischen Einung des göttlichen Wesens mit dessen Supposita einerseits, der hypostatischen Union des filialen dieser Supposita mit der Menschennatur andererseits liefert hier der scotische Lehrkomplex der Formalprädikation, in den die theologische Rede von formaler Nichtidentität in ihren beiden großen Applikationsfeldern gleichermaßen einmündet und aufgeht. Eine grundsätzliche Definition liefert im Rahmen der zu Beginn des ersten Buches der Ordinatio erläuterten Trinitätslehre die *distinctio* 4, die – gänzlich analog zur Distinktionen- und Unitionenlehre – zwischen Identitäts- und Formalprädikation unterscheidet.[43] Ist in jener das Prädikat dem durch es prädizierten Subjekt nur real identisch, so in dieser auch formal; es wird also das einemal bloß rational Distinkte dem Subjekt addiert, das anderemal jedoch formal Distinktes.[44] Die Differenz beider Redeweisen liegt präzise darin, dass die *praedicatio formalis* konkrete Aussagen erlaubt, die *praedicatio identica* nur abstrakte. Mit Duns zu reden: Der Satz *Deus est Pater et Filius et Spiritus Sanctus* hat eine gewisse Wahrheit, die der Satz *Deitas est Pater et Filius et Spiritus Sanctus* eben nicht kennt,[45] nämlich, so dürfen wir ergänzen, einen unüberbietbaren Wahrheitsvorsprung des Konkreten. Prädikationenlogisch formuliert ist nämlich das formale Prädikat nur in seinem ersten, nicht mittelbaren Signifikationshorizont semantisch wirksam, nicht jedoch in sekundären oder tertiären oder noch inferioreren Bedeutungen. Somit steht es nur für den konkreten Begriff, nicht für das, wofür dieser Begriff abstrahiert auch noch stehen könnte. Dieser Vorsprung des Konkreten wird noch deutlicher, wenn Duns es sogleich unternimmt, zu erklären, was denn nun das Formalprädikat in dem Satz *Deus est Pater et Filius et Spiritus Sanctus* eigentlich bedeutet.[46] Dazu zieht er die konstitutive Differenz zwischen *quo* und *quod*, oder, hier, *quo* und *quis*, hinzu: Jedem *quo* als operativem Aspekt einer Entität entspricht ein *quis* als Wesensaspekt. Das *quis*, das dem Formalprädikat 'Gott (ist)' entspricht, ist von dem *quis*, das dem Identitätsprädikat 'Gott (ist)' entspricht, insofern zu

---

[43] Ord. I, d. 4, W. q. 2; V. p. 2 q. un.

[44] Es besteht hier ein gewisser, wenn auch eher lockerer Anschluss an die aristotelische Unterscheidung von substantieller und akzidenteller Prädikation in An. Post. I, IV, 73a–b. Vgl. dazu unten die Anm. 181f. zu Nicolaus Bonetus.

[45] Ord. I, d. 4, W. q. 2, n. 2; V. p. 2 q. un., n. 10: *Ista.*, Deus est Pater etc. *habet aliquam veritatem, loquendo de praedicatione formali, quam non habet ista* Deitas est Pater etc.

[46] Ord. I, d. 4, W. q. 2, n. 3; V. p. 2 q. un. n. 11.

unterscheiden, als es die personalen Supposita, denen die göttliche
Natur subsistiert und von denen sie sich *identice* prädizieren lässt,
nicht mit einschließt. Das *quis*, auf das eine formale Prädikation von
Gott rekurriert, ist nicht durch in sich inkommunikable Formalitäten
informiert und darum kommunikabel, weil es selber als *forma* verstanden wird, die von den Supposita prädiziert wird. Intendiert wird
durch formale Prädikation also ein Begriff Gottes ausschließlich hinsichtlich seines formalen Gottseins, nicht aber hinsichtlich seiner suppositalen Subsistenzen. Dieses formale Gottsein aber kann nichts
anderes bedeuten als dessen Unendlichkeit, an der die Supposita partizipieren. Für diesen Sachverhalt kann der Magister auch die Unterscheidung von *natura* und *singulare* benutzen, wobei letzterer Begriff
mit ersterem die natürliche oder abstraktive Erkennbarkeit teilt, nicht
aber dessen Subsistenz in den Personen und deren Proprietäten.

Ist das Prinzip formaler Prädikation somit anhand trinitätstheolo-
gischer Satzbeispiele vorerst – dass der spätere Scotismus das Problembewusstsein noch erheblich steigern konnte, geht schon aus den
Kommentaren Lychets in der Wadding'schen Edition hervor – geklärt,
können mit seiner Hilfe auch theologisch schwierige(re) Probleme
christologischer Natur gelöst werden. Obschon wir hier wieder in
das dritte Buch der Ordinatio wechseln müssen, entspricht der der
verwendeten Terminologie zugrundeliegende Definitionsgehalt dem
des ersten Buches. Die Problematik ist allerdings insofern komplizierter, als der hauptsächlich zur Debatte stehende christologische
Hauptsatz *Deus est homo* nicht so aufgefasst werden kann, dass das
Prädikat 'Mensch' direkt formal auf sein Subjekt 'Gott' bezogen werden könnte.[47] Freilich passt auch keine andere der traditionellen
Prädikationsweisen auf den Satz, dass Gott Mensch sei, insbesondere
auch nicht die der Definition im herkömmlichen Sinne, die nur bei
essentieller oder realer Identität von Subjekt und Prädikat angemessen
wäre. Schon aus Gründen des scotischen *ceterum censeo* der Endlichkeits-
Unendlichkeits-Differenz kann ja das endliche Menschsein niemals
unmittelbar von Gott prädiziert werden.[48] Also muss sich die Möglichkeit der Prädikation des intendierten und für die damals noch christologisch zentrale Inkarnationslehre unverzichtbaren Satzes noch
anders begründen lassen. Diese notwendige Begründung findet sich

---

[47] Ord. III, d. 7, q. 1, n. 2: *Circa istam quæstionem primo videndum est.*
[48] Ord. III, d. 7, q. 1, n. 1: *Circa primum.*

in der formalen Prädikation des *filialen* Suppositums durch den *Menschen* Christus: *Verbum est homo*. Freilich ist diese – durch die Univozität des Personbegriffs für Gott und Mensch denkmögliche – Identität von personalem Suppositum und dem sein Personzentrum an die Gottheit übereignenden Menschen Christus ihrerseits nicht weiter begründbar; sie stellt keine notwendige, sondern eine kontingente Wahrheit dar, die nur mehr geglaubt werden kann.[49] In dieser Koordination von Kontingenzerkenntnis und Formalitätendenken liegt ein weiterer, für den Beginn spätscholastischer Denkmomente überaus charakteristischer Zug der scotischen Vorliebe für Formalprädikationen. Gott und Mensch können nach Duns' Vorgaben nicht allein deshalb nicht einfach identisch voneinander prädiziert werden, weil sie unvereinbare Gegensätze bilden, die nicht in derselben Essenz reale Identität annehmen können, sondern auch, weil ihre Einheit, wäre sie denn *an sich* formal gegeben und somit identisch prädizierbar, notwendigerweise der Fall sein und damit Kontingenz regelrecht ausschließen müsste. Es herrscht hier also eine Verschränkung formal prädizierter göttlicher Subjekte: Das Suppositum des Logos wird formal prädiziert durch den angenommenen Menschen nach Maßgabe des Glaubens und somit kontingent; aus ebendiesem Grunde aber kann die göttliche Natur vom Suppositum ebenfalls nur formal prädiziert werden, da der *natura divina* Kontingentes nicht unvermittelt innewohnen kann.

3. *Differenzierung der Distinktionen als heuristisches Instrument bei Duns*

Von einem mehr formalen, übergeordneten Gesichtspunkt – nach der eben erfolgten Darstellung ihrer immensen konkreten Leistungsfähigkeit – sind primär zwei Punkte für die scotische Formalitätenlehre charakteristisch.

Zum einen hat Duns von Anfang an den Vorrang der Trennung von Real- und Rationaldistinktion vor der Unterscheidung von Real- und Formaldistinktion nicht nur stets respektiert, sondern sehr bewusst betont. Die Formaldistinktion ist für ihn ein Spezialfall der Realdistinktion, der zur angemessenen Darstellung philosophischer und vor allem theologischer Lehrpunkte unumgänglich notwendig war, aber keine eigene Distinktionenart werden sollte. Zwar insistiert er

---

[49] Ord. III, d. 7, q. 1, n. 2f.

mit Nachdruck auf der Unerlässlichkeit, gewisse Entitäten *formaliter* voneinander zu separieren. Doch aus allen seinen Texten wird ersichtlich, dass diese Separierungsmöglichkeit in seinen Augen niemals mehr als instrumentalen Charakter besitzen sollte. Die *distinctio formalis* und die aus ihr hervorgehende und mit ihr verbundene *praedicatio formalis* konzipiert er einfach als identitätengarantierende Instrumente zur Beschreibung in sich komplexer, aber einheitlicher Entitäten.[50]

Zum anderen – und das hängt mit dem ersten Punkt direkt zusammen – gibt es bei Duns selber noch kein eigentliches Lehrgebäude zur Formaldistinktion. Die Terminologie und die je betonten Teilaspekte sind innerhalb der zu verschiedenen Zeiten verfassten Schriften wie auch der verschiedenen behandelten Fragen innerhalb derselben Schriften noch nicht allzu konsistent. Eine monographische Publikation zur *distinctio formalis* fehlt, im Gegensatz etwa zum scotischen Gottesbeweis, wohl nicht zufälligerweise.[51]

In diesen beiden Punkten sollten schon kurz nach Duns wesentliche Änderungen eintreten.

---

[50] Die treffende, weil erklärungsstarke Formulierung von der scotischen *distinctio formalis* als einem Arbeitswerkzeug stammt von Gilson, Duns Scot, 345, Anm. 2 (= ders., Duns Scotus, 359, Anm. 2): "Notons au passage le scrupule qu'éprouve Duns Scot à parler de 'distinction formelle' dans l'essence divine; il préfère parler de 'non identité' formelle. On observera, à propos de la distinction formelle de Duns Scot, un phénomène analogue à celui qui s'est produit à propos de l'analogie chez saint Thomas. Ces deux doctrines sont partout à l'œuvre chez leurs auteurs, plus comme des outils de travail que comme matière à spéculation. C'est plutôt chez les disciples qu'elles sont devenues des objets en soi. Nous ne voulons pas dire que leurs auteurs ne les ont pas définies, mais que ses disciples seuls ont écrit des traités *De formalitatibus*."

[51] Diese Variabilität der Bezeichnungen und die Zurückhaltung gegenüber allzu fixierender Theoriebildung bei Duns Scotus wird sehr schön zur Sprache gebracht durch Gregor von Rimini, Sent. I, d. 8, q. 1, a. 1: *Quia in diversis locis iste Doctor [sc. subtilis] varie locutus est de ista distinctione formali ex natura rei, aliquando nominans eam distinctionem virtualem, aliquando distinctionem secundum quid, quandoque autem non-identitatem formalem et aliquando dicendo, quod ex parte rei est aliqua pluralitas et distinctio rationum formalium et quidditatum, quarum una non est alia, verbi gratia quod formalitas seu ratio quidditativa sapientie existens extra animam in Deo non est formalitas bonitatis, sed sunt distincte ex natura rei, aliquando autem dixit, sapientiam non esse formaliter bonitatem nec quidditative et hanc: Sapientia est bonitas, non esse formalem et quidditativam in primo modo dicendi per se. Ex quo aliqui sequaces eius dixerunt non fuisse intentionis huius doctoris ponere aliquam multitudinem vel pluralitatem formalitatum aut rationum quidditativarum extra animam ex natura rei distinctarum in Deo, sed tantummodo negare unam de alia predicari formaliter, ut sic ly formaliter potius sit determinatio compositionis in propositione quam extremorum et syncategorema quoddam et quod arguentes contra eum in alio sensu procedunt ex ignorantia dicti opinantis.* Zitiert nach Roth, Franz von Mayronis O.F.M., 310.

2. Franciscus Mayronis

Schon bei Franciscus Mayronis, dem wohl bedeutendsten unmittelbaren Schüler des Duns Scotus,[52] nimmt das Reden über Formaldistinktion und Formalitäten eine Richtung, die beim Lehrer zwar schon zu erahnen, aber wohl – letztlich – mit Absicht nicht explizit eingeschlagen worden war: Der *doctor acutus* gibt eine begrifflich klar definierte, in ihrer – keineswegs zufälligen[53] – Vierzahl und Abfolge unveränderbare, somit über alle Etappen seines Werkes gleich bleibende Hierarchie der außerhalb des menschlichen Intellekts begründbaren Distinktionen. Dabei ergeben sich für ihn drei gegenüber der Lösung durch Duns charakteristische Abweichungen. Noch vor die Realdistinktion kommt eine von ihr unterschiedene *distinctio essentialis* zu stehen. Die Formaldistinktion sodann wird präzise, nämlich als *distinctio quidditatis et quidditatis* definiert. An sie fügt sich schließlich eine nunmehr ebenfalls als gesonderte Kategorie fassbare *distinctio quidditatis et modi intrinseci*.[54] Die wesentlichste dieser Weiterentwicklungen

---

[52] Auch Maironis, Maronis, Mayronis, Meyronis, de Mairone, de Mauronis, de Meronis, de Meyronnes, de Moronis; frz. François Meyronnes. *Doctor acutus, doctor illuminatus, doctor abstractionum.* Geboren vor 1288 in Meyronnes, heute canton Saint Paul im département Basses-Alpes. Gilt als direkter Schüler des Johannes Duns Scotus während dessen dritten Pariser Aufenthaltes und zumindest einer der, wenn nicht überhaupt der Begründer der Scotistenschule. Eine erfolgreiche Pariser Universitätskarriere gipfelte in der von Johannes XXII. persönlich veranlassten Doktorpromotion, was auf Mayronis' kirchen- und ordenspolitische Einstellung rückschließen lässt. Ab 1324 wird er Provinzialminister des Ordens in der Provence. Stirbt 1327 oder 1328. Zu Namen, Titel und Biographie vgl. das die theologisch-metaphysischen Grundlagen darlegende Werk des Grabmannschülers B. Roth, Franz von Mayronis O.F.M., 14–50. Außer diesem Standardwerk existiert bisher nur wenig an Forschung zu Franz. Die wichtige, der Mayronischen Schöpfungstheologie gewidmete Monographie stammt von Roßmann, Die Hierarchie der Welt. Kritisch über Mayronis, besonders über seine deutlich spätfranziskanische Zuspitzung der innergöttlichen Dialektik äußert sich Dettloff, Die Entwicklung der Akzeptations- und Verdienstlehre von Duns Scotus bis Luther, 168–180, und meint, er sei nicht der treue Scotusanhänger, als der er weitgehend angesehen wird (178). Instruktiv ist außerdem Leinsle, Einführung in die scholastische Theologie, 201–205.

[53] Mayronis liebt Viererreihen über alles, so sehr, dass später Brulefers Lehrer Vaurouillon, der seinerseits eine "Vorliebe für eine Dreiteilung [. . .] auf die Spitze getrieben" hatte (Pelster, Wilhelm von Vorillon, 63) anlässlich einer Besprechung der Mayronischen Conflatus-Parallele in seiner Rep. I, d. 28 meinte, es sei besser, eine gute Dreier- als eine schlechte Viererkatene zu entfalten (wie Pelster, a. a. O., 64, Anm. 1 wiedergibt: *Unde dico quod debebat sibi sufficere unus bonus ternarius et non addere istum quartum modum, qui simpliciter est falsus, ut malum habet quaternarium*).

[54] Conflatus, d. 8, q. 1, a. 2 (fo. 44 O):
Secundo videndum est quot sunt modi distinctionum. quod fuit secundum declarandum. Ad quod dico quod sunt quattuor gradus distinctionum non fabricati [sic] ab intellectu sive ab anima. Prima

ist zweifellos die als reine Quidditätendifferenz redefinierte Formaldistinktion. Von ihrer exakten Bestimmung sind diejenigen der Essen-
tial- und auch der Realdistinktion bei Mayronis gleichsam abgeleitet.
Verlauf und Motive dieser Neudefinition sollen daher im Zentrum
unseres Nachdenkens über die Mayronische Distinktionenlehre stehen.

   Prinzipiell trieb dasselbe Ziel, das schon Duns bei der Weiterführung
der bereits von seinen Vorgängern auf den Ordenslehrstühlen entwickelten Formaldistinktion vor Augen hatte, auch den *doctor acutus*
in seiner spekulativen Arbeit an: Die Wahrung eines letzten Realitäts-
gehaltes für die Inhalte theologischer oder metaphysischer Aussagen
bei gleichzeitiger Überwindung des Zwangs, die gesamte Philosophie
auf den Existenzakt als solchen aufbauen zu müssen.[55] Diese von
Avicenna übernommene gemeinsame Richtung interpretierte Franciscus
nun allerdings eine deutliche Spur quidditativischer als Duns selber.[56]
Der auch bei – und schon vor – Duns selber vorkommende Terminus
der *quidditas* wird bei Franciscus massiv aufgewertet und erhält eine
zentrale, wenn nicht überhaupt die zentralste Stellung in seinem
System.

---

est distinctio essentialis. eo modo quo distinguitur deus a creatura: et ista proprie accipiendo: est
quando quidditas cum sua existentia est distincta ab alia quidditate cum sua existentia.
   Secunda est realis: eo modo quo est distinctio inter patrem et filium. Unde distinctio realis est
illa que est inter rem et rem.
   Tertia est formalis et ista est inter quidditatem et quidditatem: sic dicimus quod homo et asinus in potentia obiectiva distinguuntur: et ista distinctio proprie est rationum distinctarum.
   Quarta est distinctio non quidditatis et quidditatis: sed quidditatis et modi intrinseci: sicut est
inter quidditatem hominis et eius finitatem et quidditatem albedinis et eius remissionem et intensionem.
   Iste distinctiones sunt essentialiter ordinate: quia maxima est essentialis: et ideo que essentialiter
distinguuntur omnibus aliis distinctionibus distinguuntur. secunda post essentialem maior est realis. Post illam est tertia scilicet quidditative vel formalis. Quarta est minor omnibus scilicet quidditatis et modi intrinseci. Nam minor est distinctio ubi statur intra eadem rationem specificam et
formalem quam ubi est exitus. Non est autem exitus a ratione formali per modum eius: quam ad
rationem formalem et non ad aliam reducitur: quia modus adueniens non variat rationem formalem.
   [55] Vgl. dazu besonders Leinsle, Einführung in die scholastische Theologie, 201–205.
   [56] Dass Franciscus in diesem Punkt sich explizit gegen seinen Lehrer Duns stellt,
wie Roth, Franz von Mayronis O.F.M., 303, seinerseits zum Prolog des Conflatus
(q. 1 [3 C]: *Sed tamen unus socius excellens volens primum principium salvare sine distinctione
ex natura rei in divinis aliter dicit. Dicit enim quod sicut actio et passio sint idem motus realiter: et tamen cum sint in predicamentis diversis: habent diversas rationes distinctas. Et similiter
cum relatio non differat a fundamento: sequitur quod similitudo et dissimilitudo sunt res unius
albedinis. habentes tamen distinctas rationes siue diffinitiones tanquam sint distincte species de predicamento relationies: et sic potest dici quod essentia et relatio sunt una res. Hoc tamen non
obstante habent distinctas diffinitiones ex quibus salvatur contradictio.*) explizit behauptet, ist
fraglich. Roth kann für seine Lesart keinen Beleg aus dem Werk des *doctor subtilis*
liefern. Außerdem ignoriert er die Marginalien zur Stelle, die auf Petrus Rogerii
und auf Herveus verweisen, scheinbar bewusst.

1. *Erkenntnisgewissheit à tout prix*

Zum Verständnis dieser Entwicklung dient eine gewisse problemorientierte Entfaltung der geistesgeschichtlichen Stellung und der daraus folgenden konkreten Kampfesabsichten des *doctor acutus* Mayronis. Am Beginn aller nicht nur universitäts-, sondern auch kirchenpolitisch engagierten geistigen Arbeit des Franciscus zugunsten seiner Fassung des Quidditätenbegriffs steht seine Abwehr – beinahe ist man versucht zu sagen: seine Grundangst! – vor der Relativierung erkenntnistheoretischer und ganz allgemein wissenschaftlicher Gewissheit, die er in der terministisch (oder auch, was die Auffassung der Personendifferenz in Gott angeht, thomistisch)[57] orientierten Zeitgenossenschaft beobachten muss. In den drei Wissenschaftszweigen seiner Epoche begegnet ihm die drohende Auflösung letzter Erkenntnisgewissheit immer wieder: Bezüglich der Physik als drohende Auflösung der Gewissheit sinnlicher Perzeption, in der Metaphysik als drohende Infragestellung der Letztbegründbarkeit kreatürlicher Begriffsrelationen und hinsichtlich der Theologie als drohende Verunmöglichung unzweifelhafter Aussagen über das Wesen Gottes.[58] So drohen unmittelbare

---

[57] Barbet, Édition, 276f–j: *[f] Dicunt tamen quod non possumus fidem nostram per rationem naturalem ostendere propter altitudinem suam, et istud verum est quantum ad hoc quod ipsa possit demonstrari, et tamen secundum verum ipsa potest defendi. Dicunt quod non possumus eam defendere ut evadere possimus instancias que fiunt contra ipsam, ut in proposito concedunt.*

[g] Sec contra istud arguitur quadrupliciter. Primo, quia impossibile est quod aliquis credat aliquid cuius oppositum est sibi declaratum per medium urgens et necessitandum, quia sic philosophi possent destruere totam catholicam fidem.

[h] Secundo, quia fides catholica esset summe debilis et infirma que resistere non posset destruentibus eam, sed convinci posset evidenter, sicut aliqua secta erronea.

[i] Tertio, quia frustra laborassent sancti doctores, ut Augustinus et ceteri, ad disputandum cum hereticis, si eis rationabiliter resistere non valebant, nec respondere rationabiliter, cum eorum disputatio in respondendo fuisset tantum sophistica.

[j] Quarto, quia nullus potest convinci nisi a per se notis vel demonstratis, cum cetera non sint evidentia. Nullum autem per se notum vel demonstratum potest esse contra fidem catholicam, et ideo illi qui dicunt quod theologi non possunt fidem catholicam sustinere in disputatione ponunt [artem] theologicam que ad hoc nititur sicut artem sophisticam que nititur solum ad apparentiam in solvendo, cum solvere non possit.

[k] Intelligendum tamen est quod isti quattuor difficultates in creatis ponunt in quibus habent tantam anxietatem sicut in materia intenta. Primo quidem, quia eisdem rationibus quibus.

[58] Für diese Mayronische "Grundangst" seien einige Beispiele angeführt.

a) Hinsichtlich der Theologie kann sie gleich schon zu Beginn des Conflatus, Prol, q. 1, anhand der Infinität der göttlichen Essenz aufgezeigt werden, die von den Gegnern für ihre Argumentation zu nutzen versucht wird. Sie behaupten (3A): Wegen Unendlichkeit der göttlichen Essenz gibt es keine Gültigkeit des *primum principium complexum* in Gott. Dagegen kann sich Franciscus nur verwahren (3 C): Wäre

Alltagsorientierung, intellektuelle Grundwerte und geistliche Seligkeits-
fundamente allesamt und zugleich ruiniert zu werden. Daher sucht
Franciscus nach einem in keiner Weise mehr in Frage zu stellenden
letzten Basalwert – und findet ihn in der *quidditas* als reiner *formalitas
quidditative*. Diese *quidditas* oder eben reine *formalitas* unterscheidet sich

dies so richtig, dann könnte kein Ketzer je überführt werden: *Quarto quia si infinitas
subiecti amovet aliquam repugnantiam: tunc eodem modo et omnem: et sic deum esse eternum et
non eternum non repugnant. similiter deum esse infinitum et non infinitum: et sic nullus hereticus
covinceretur concedendo utramque partem contradictionis. Apparet igitur propter infinitatem et distinctionem rationis non potest salvari contradictio que in deo reperitur: cum ibi contradictoria ex natura
rei reperiamus.*
  b) Auch in der Erkenntnislehre der *philosophia naturalis* legt Mayronis aus ebendiesem Interesse heraus, wie im Text dieser Arbeit gleich noch näher erläutert werden wird, allen Nachdruck auf die aktuale Existenz des intuitiv Erkennbaren, Confl.,
Prol., q. 19 (11 D–E):
*Utrum potentia sive sensitiva sive intellectiva possit cognoscere naturaliter non existens. Et arguo
quod sic. In libro Regum de puere Helysei scribitur quem videbat currum et alia que non erant.
Contra. Joanne 19. qui vidit testimonium perhibuit: quod non esset, si posset esse falsum. Circa
istam questionem pono duas conclusiones.*
  *Una quod potentia intellectiva non potest intuitive cognoscere non existens. Hoc probo duplici-
ter. Primo sic. Illa notitia non potest esse falsa, a qua dependet certitudo omnis notitie nostre. hoc
probatur: quia in essentialiter ordinatis ablato primo aufertur posterius. si ergo falsa est illa notitia, a qua dependet omnis nostra certitudo: aufertur omnis alia veritas: sed a notitia intuitiva
dependet omnis certitudo nostre cognitionis. ergo etcetera.*
  *Secundo sic. Illa notitia non potest esse dubia ex qua arguitur illud quod nulli est dubium,
sed omnino certum: sed per actum intelligendi cognitum intuitive arguitur illud in nobis, quod nulli
est dubium et scimus nos esse certos. ergo cognitio intuitiva intellectiva non potest esse dubia.*
  *Secunda conclusio est quantum ad sensitivam. Et dico quod sensitiva non potest esse falsa. Et
probo primo sic. Nulla propositio in qua est veritas per se nota: potest esse falsa: cum ex per se
notis deducatur conclusio demonstrativa: sed talis est per se nota scilicet notitia sensitiva. hoc probo
sic scilicet quod veritas sensitiva apprehensa per sensus intuitive cognoscentes est per se nota. Arguo
sic. Sicut se habent principia ad conclusiones: ita termini ad principia: sed oportet principia esse
notiara conclusione: ergo oportet quod termini sint notiores principiis: sed terminos cognoscimus per
sensus. ergo etc.*
  *Secundo sic. Quia in naturali philosophia non devenitur ad conclusionem demonstrativam, nisi
per sensus ergo conclusio non est certior nec notior illis, que apprehenduntur per sensum: cum veritas conclusionis ab illo dependeat: Assumptum de naturali philosophia est manifestum. Ex hoc
enim quod video aliquid moveri arguo esse movens immobile. aliquid autem actu moveri precipi-
tur a sensu et per sensum.*
  *Tertio sic. Scientia certissima non presupponit aliquid incertum vel dubium: scilicet scientie
metaphysice sunt certissime. presupponunt autem notitiam terminorum, que habetur per sensum: et
per terminos intelligitur principia. ergo notitia terminorum est eque certa sicut notitia principii.
Confirmatur per illam regulam. Propter quid unumquodcunque tale et illud magis: sed propter notitiam habitam per sensus cognoscimus terminos: quibus cognitis cognoscimus principia: ergo terminos ipsos magis cognoscimus.*
  *Quarto sic. In astrologia videntur esse demonstrationes: scilicet tales non possunt esse, nisi per
terminos habitos per sensus. ergo oportet quod iste veritates accepte per sensus sint per se note.
Omnes iste rationes habent istam veritatem. Certum non presupponit incertum: sed omnis certa
cognitio scientis presupponit notitiam sensitivam. ergo etc.*

von der *res* im strengen Sinne[59] dadurch, dass von ihrer aktualen Existenz, und damit auch von ihrer Zeitlichkeit, ja sogar von ihrer Kreatürlichkeit, völlig abstrahiert werden kann und deswegen, so Mayronis, auch abstrahiert werden muss.[60] Sie kommt jenseits von aller *in anima* oder *extra animam* bedingten Fehlbarkeit oder auch nur Unschärfe kreatürlicher Wahrnehmung zu stehen. Damit stellt sie ein zwingenderweise letztgültiges Objekt des erkennenden Intellektes dar, von dem nur unter Negation des aussagenlogischen quidditativischen Gehaltes einer *formalitas* selber abgesehen werden kann, also ausschließlich durch ihr logisches Gegenteil, das seinerseits wiederum nur quidditativ zu fassen ist. Durch konsequente Entfaltung dieser Quidditätenkonzeption wird, von der Sicherung der ultimativen Unhintergehbarkeit metaphysischer Aussagen ausgehend, zugleich auch die naturphilosophische Wahrung sensitiver Wahrnehmungsgewissheit und vor allem auch die intellektuelle Verteidigung substantieller Inhalte der theologischen Tradition betrieben.

Trügerische, nicht-quidditative Erkenntnis durch göttliche Illumination
Die sachlich prioritär metaphysischen Motive, die Franciscus zur Festsetzung des Quidditätenbegriffs als einer von Aktualität und Durativität vorbehaltlos abstrakten Entität hinführten, werden exemplarisch deutlich in seiner kritischen Sichtung der in seiner Zeitgenossenschaft eifrig diskutierten augustinischen Illuminationslehre. Diese

---

[59] Confl. I, d. 33, q. 5 (104 D–E):
Sed adhuc sunt duo dubia vel tria. Primum est quod cum res accipiatur dupliciter secundum mentem doctoris: vel pro omni eo quod est extra animam. et sicut videtur concedere quod sint tot res quot sunt rationes formales. Dico quod hoc potest fieri de quocunque vocabulo: quod multa significabit: tamen dico quod proprie accipiendo rem: non dicitur de omni eo quod est extra animam. sed pro eo precise quo aliqua dicuntur una res et distinguuntur realiter. eo ergo modo quomodo negatur esse distinctio realis intra eandem personam oportet dicere quod ratio formalis multipliceretur et non realitas.
Aliqui tamen volunt salvare per alium et alium modum predicandi quidditativum: sed quod sit una formalitas tantum. Sed illud non apparet mihi intelligibile quia extrema contradictionis ponuntur secundum rationes quidditativas quibus negatis totum aliud negatur.
[60] Die Quidditas geht ihrer Existenz vor, Confl., d. 42, q. 1 (118 C): *Confirmatur quia quidditas est prior sua existentia, non secundum esse existere: quia ut sic non est prior. sicut homo inquantum albus non est prior albedine: ergo secundum aliquid aliud esse. Des mihi quodcunque tu vis. sufficit: quia illud non habet ex tempore. Ideo dicunt quod creatura in potentia obiectiva habet esse essentie.*
Die Quidditas abstrahiert von der Zeitlichkeit, a. a. O. (118 K): *Ad quintum de eternitate aliqui concedunt: quod tales quidditates sunt eterne: sed hoc non credo esse verum: quia quidditas sicut abstrahit ab existentia: ita abstrahit a duratione: duratio enim non est nisi existentis sicut actualitas. eternitas autem est mensura durationis: et etiam temporis. Et ideo sicut abstrahit a duratione: ita ab eternitate et tempore: et sic non sunt eterne.*

Lehre Augustins, die (im Wesentlichen) die Unfähigkeit des kreatürlichen Intellekts zur Erfassung übernatürlicher Wahrheiten, darum
auch dessen Angewiesensein auf Erleuchtung durch Gottes ewiges
Licht postuliert, lehnt der – ansonsten vehement proaugustinisch ein-
gestellte[61] – Doktor in nur auf den ersten Blick erstaunlicher Weise
faktisch ab. Für den *doctor illuminatus* sind die ursprüngliche Doktrin
und die vielfältigen zeitgenössischen Umdeutungen[62] einer Notwendigkeit der göttlichen Illumination des menschlichen Intellekts
zur Erkenntnis ewiger Wahrheiten unhaltbar, weil dieser dadurch zu
sehr als in seinen Fähigkeiten eingeschränkt betrachtet würde:[63] Bliebe
er nämlich letztlich auf die Assistenz göttlicher Erhellung angewiesen,

---

[61] Mayronis war überzeugter Augustinist, wenn er auch faktisch Augustins theologische Entscheidung zuweilen frontal zu widerlegen suchte, so etwa hier in der
augustinischen Illuminationslehre. Es gibt keinen anderen Kirchenvater, der auch
nur annähernd die Autorität für den Professor aus der Provence gehabt hätte wie
der Bischof von Hippo. Er taucht darum häufig zu Beginn einer Quaestio auf, wo
die Argumente für oder gegen die eigene Meinung aufgelistet werden. Mayronis
schätzte Augustin vor allem auch als (echten oder vermeintlichen) Platoniker, weswegen freilich umgekehrt auch Pseudo-Dionys häufig zitiert wird. Allerdings gilt
auch hier, wie für die wohl allermeisten mittelalterlichen Autoren, dass keine
Verbalzitation erfolgte; vgl. Barbet, Introduction, 33: "François de Meyronnes, tout
particulièrement, cite 'ad sensum' le plus souvent. Nous avons eu la curiosité de
chercher, si, en tant que compilateur et commentateur de deux des autorités qu'il
apporte: Denys et saint Augustin, il citait son propre texte: il n'en est rien." Zu
den Augustinkommentaren des Mayronis s. unten Kap. V, Anm. 58f.
[62] Franciscus widerlegt darum in Confl., d. 3, q. 5 (25 F) der Reihe nach die
Vorschläge zur Umdeutung der *lux eterna* als *intellectus agens* (vermutlich der Standpunkt
des Averroes), als Hilfe nur zur Erkenntnis der *veritas* als Relation unseres *intellectus*
mit einer *species*, nicht aber des *verum* an sich (vermutlich der Standpunkt des Heinrich
von Gent), als Hilfe nur zur Erkenntnis der unveränderlichen *habitudo* oder Ver-
hältnismäßigkeit der *termini* inkommutabler Propositionen, nicht aber der Termini
selber (vermutlich der Standpunkt zeitgenössischer Terministen). Vgl. Roth, Franz
von Mayronis und der Augustinismus seiner Zeit, 61–63.
[63] Confl., d. 3, q. 5 (25 E–F): *Utrum lux eterna sit intellectui nostro ratio cognoscendi.
Quod sic. quia Augustinus adducit ad hoc illud Joannis primo. Erat lux vera: que illuminat etc.
Contra. Augustinus dicit quod tenebre id est infideles eam non comprehenderunt.*
*Hic introducuntur quattuor rationes Augustini quas idem Augustinus adducit ad conclusionem
affirmativam: ex quibus opinati sunt aliqui quod opinio esset Augustini.*
*Prima ratio est ista. Impossibile est quod aliqua virtus virtute propria attingat ad naturam vel
virtutem prestantiorem se: sed si attinget: hoc est in virtute prestantioris se: sed intellectus noster
attingit ad aliqua prestantiora se: quia ad eternas regulas. ergo hoc erit in virtute alicuius prestantioris se.*
*Secunda ratio est ista. Omne iudicans de aliquo preest illi: de quo iudicat: sed intellectus noster
iudicat de supernaturalibus et incommutabilibus. ergo eis presidet. non a se. ergo a luce increata.
Hec Augustinus de vera religione.*
*Tertio sic. Impossibile est quod in luce commutabili iudicet quis vere de re incommutabili: sed
intellectus noster iudicat vere de re incommutabili. ergo incommutabili luce. et per consequens eterna.*

wäre er zweifellos in sich selbst zu täuschen, weil er innerhalb seines autonomen Operationsbereichs auf kontingente Termini beschränkt bliebe.[64] Gott könnte hinsichtlich der Erkenntnis unveränderlicher Begriffsrelationen zur zuverlässigen Erkenntnis erleuchten oder – wenngleich nur theoretisch – auch nicht.[65] Solches aber riecht für einen Denker vom Schlage Mayronis' viel zu stark nach *de-potentia-absoluta*-Vorbehalten nicht nur gegenüber theologischen Grundeinsichten, sondern vor allen Dingen auch hinsichtlich der Weltgewissheit des orientierungsbedürftigen *viator* hinieden.

Darum widerspricht er allen Neuinterpretationen der *illuminatio*, als dem letzten, für ihn als Scotusschüler in jedem Falle wichtigsten Umdeutungsversuch sogar der Position des *doctor subtilis* selber. Für Duns stellt das Licht Gottes im göttlichen Intellekt die *causa universalis* der durch den nur mehr als *causa particularis* anzusehenden menschlichen Intellekt gewonnenen Erkenntnis dar.[66] Besäße, so Mayronis, dieser scotische Standpunkt einer Kooperation des göttlichen und menschlichen Intellekts Gültigkeit, wäre nicht einzusehen, warum die *lux divina* nur für intellektuellen und nicht auch für sensitiven Erkenntnisgewinn vonnöten wäre. Dann aber wäre – so die nicht ausformulierte, aber im Hintergrund gut zu spürende Besorgnis – jede Wahrnehmung niederer oder höherer Seiender permanent göttlichen Sukkurses bedürftig und damit letztlich alles Erkennen Theologie.[67]

Quarto sic. Impossibile est quod idem numero reperiatur in pluribus sine aliquo communi reperto in illis. sed plures intellectus veritatem eandem intelligunt: et per consequens eadem veritas in pluribus est: ergo per aliquid commune. hoc est lux.

[64] A. a. O. (25 G): *Quartum etiam non valet: quia tunc omnis nostra scientia esset ex terminis, vel regulis commutabilibus* [nicht: *incommutabilibus*, wie die Ausgabe Venedig 1520 anführt]: *quod esset mirabiliter dicendum.*

[65] So sagt es ausdrücklich Duns, der die voluntaristisch-franziskanischen Aspekte dieser These mit aller Kraft als im Ursprung und Grunde augustinisch nachweisen will, in Ord. I, d. 3, W. q. 4, n. 4; V. p. 1. q. 4 n. 216: *Et ex hoc concluditur ultimo, quod requiritur specialis influentia: quia sicut illa essentia non videatur a nobis naturaliter in se: ita etiam, ut illa essentia est exemplar respectu alicuius creaturae, non videtur naturaliter, secundum Augustinum de videndo Deum: in eius enim potestate est videri: si vult videtur, si non vult, non videtur.*

[66] A. a. O. (Anm. 480) (25 H): *Tenendo igitur preter commutatiorem priorem oportet respondere ad argumenta: que videntur esse Augustini. ad que dicit Scotus: volendo salvare opinionem Augustini quod Augustinus intelligit quod deus qui est lux concurrit ut causa universalis ad causandum actum cognoscendi in intellectu cum intellectu ut causa particulari.*

[67] A. a. O. (25 G): *Quartum dictum est quod Augustinus videtur expresse concedere conclusionem illarum rationum. est enim tale quod scilicet sine speciali illustratione divina nullum principium incommutabile cognoscere possumus: quia nulla potentia commutabilis ad talia per se attingit.*

Mayronis nimmt deswegen selber zum vielleicht zweifelhaftesten aller
Umdeutungsversuche der Illuminationstheorie Zuflucht, indem er behauptet, Augustinus habe sie *inquirendo, non autem determinando* aufgestellt,[68] mit anderen Worten: Er habe nicht genügend weit und scharf
gedacht, insofern er die relativierenden Konsequenzen seiner Lehre
nicht wirklich in Betracht gezogen habe. Die von Mayronis angeführten Argumente gegen die Illuminationslehre gehen denn auch
allesamt in die Richtung des Aufweises sachlicher Priorität der erkannten Objekte vor dem erkennenden Intellekt.[69] Und an ebendiesem
Punkt verweilt Mayronis auch gleichsam noch nach Abschluss der
Disputationsverhandlungen. Er forscht in einer Art Appendix zur
eigentlichen Quaestio[70] genauer nach den exakten Bedingungen unveränderlicher, also nicht kontingenter *termini* oder *regule*. Diese Suche
geschieht unter der bezeichnenden Fragestellung: *qualiter earum incommutabilitas salvari potest*: Relativierungsabwehr als oberstes Ziel![71] Wie
fast stets stellt er eine Viererreihe von existierenden Lösungsversuchen
kritisch zur Debatte, um danach die *solutio propria* zu präsentieren.

Unter den vier verworfenen *modi dicendi* figuriert zuerst die Lösung
der Terministen.[72] An dieser Lösung, die nur Nichtkreatürliches als
unwandelbar ansieht, umgekehrt aber die prinzipielle Kontingenz
kreatürlicher *termini* vertritt, kritisiert Mayronis insbesondere, dass in
diesem Falle die Verifizierbarkeit jeder Erkenntnis eines nichtgöttlichen Objektes an dessen aktuale Existenz gebunden werden müsste.

---

*Quartum etiam non valet: quia tunc omnis nostra scientia esset ex terminis, vel regulis incommu-
tabilibus: quod esset mirabiliter dicendum.*

[68] A. a. O. (25 H): *Potest ergo dici ad mentem Augustini quod ipse loquitur inquirendo:
non autem determinando: et tunc oportet solvere rationes suas.*

[69] Vor allem die Widerlegung des zweiten und dritten Arguments, a. a. O. (25 I):
*Ad secundam de presidentia dico quod maior est vera quando obiectum iudicii dependet a iudi-
cante. sed quando non dependet non est vera: sic est in proposito. Iste enim veritates non dependent ab intellectu nostro: sed magis econtra.*

*Ad tertiam dico quod evidentia veritatis est ab obiecto scilicet a rationibus formalibus termino-
rum effective et ab intellectu. non autem a luce: quamvis lucem requirat: non forte, nisi in ratione
causantis.*

[70] A. a. O. (25 K–N).

[71] A. a. O. (25 I): *Sed hic est una difficultas de incommutabilitate illarum veritatum et de
regulis incommutabilibus: de quibus loquitur Augustinus qualiter earum incommutabilitas salvari
potest secundum determinationem Augstini. Ad istam difficultatem solvenda sunt quattuor modi
dicendi.*

[72] A. a. O. (25 K): *Primus est istam incommutabilitatem habent iste veritates ex natura terminorum necessaria: et ideo tales regule non possunt formari nisi de obiecto incommutabili scilicet de deo: et ideo omnis veritas circa creata est non necessaria: unde dicunt quod omnibus hominibus
annihilatis: ista esset falsa: Omnis homo est animal.*

Um diese Konsequenz vemeiden zu können, muss metaphysische und überhaupt jede Form von Letztbegründbarkeit von der Frage der Existenz oder Nichtexistenz der zur Debatte stehenden Entitäten gelöst werden. Ansonsten ist, ausgehend von dem für jede vorkritische Philosophie unhinterfragbaren Satz, dass nur Gott allein notwendigerweise existiert, ein exklusiv theologischer Begriff von Wissenschaft in Kauf zu nehmen.[73]

Sodann kommt die Lösung des Petrus Aureoli zur Sprache, der nur die Existenz der einzelnen Termini, nicht aber der durch sie gebildeten Relationen oder Propositionen als zu gesicherter Erkenntnis unabdingbar hält.[74] Doch auch dieser *secundus modus dicendi* greift nicht. Wiederum gälte die Wahrheit einer Proposition erneut nur bei der aktualen Existenz der sie bildenden Termini.

Der dritte von Mayronis diskutierte Ansatz vertritt die Ansicht, die Unveränderlichkeit der Termini liege nicht ihrem *esse* selber, sondern in ihrem *esse obiective* innerhalb unseres Intellekts als einem sogenannten *esse diminutum*.[75] Damit ist – vermutlich – die Position des Aquinaten gemeint, der Mayronis entgegenhält, dass konzipiert, also

---

Licet iste modus ex se et ex dictis appareat inconveniens. Induco tamen argumentum contra eum. Arguo enim sic. Supposito dicto tuo: sequitur quod omnis scientia preter theologiam est de contingentibus. nec aliqua preter theologiam erit scientia: huius oppositum dicit Augustinus.
Preterea. Si ita est: tunc impossibile est accipere aliquod principium necessarium: quod verificetur in deo et in creatura: sed Augustinus est in oppositum: Augustinus enim primo de trinitate dicit quod hoc principium nulla res seipsam gignit. verificatur necessario tam in deo quam in creatura. ergo non solum de deo. ergo etc.

[73] Vgl. dazu a. a. O. (25 I) die erste Verwerfung des ersten Modus.

[74] A. a. O. (25 K): *Secundus modus dicendi est quod iste regule dicuntur in creaturis incommutabiles: quia a suppositis terminis impossibile est quin habitudo consurgat per quamcunque potentiam. Iste modus non valet: quia tunc sequeretur, quod nulla veritas in creaturis esset absoluta: sed omnis esset conditionata: et cum ista non sufficiat ad certitudinem sequeretur quod nulla scientia esset de creaturis. Nam destructis terminis propositio scita est falsa: et sic scientia esset de falso.*
Preterea. Nullum posterius potest esse magis necessarium quam prius: sed habitudo est posterior extremis. extrema autem sunt contingentia. ergo et habitudo erit contingens: et sic non erit illa habitudo incommutabilis.

[75] A. a. O. (25 L–M): *Tertius modus dicendi est quod iste regule non sunt incommutabiles quantum ad esse quod habent res in se: sed quantum ad esse quod habent in intellectu nostro obiective et in esse diminuto. Nam de quidditatibus, ut concipiuntur a nobis formantur iste complexiones.*
Sed nec iste modus stare potest. nam accidit quidditatibus quod a nobis concipiantur: et tunc sublato tali esse non maneret veritas incommutabilium regularum.
[25 M] *Preterea. Non magis est incommutabile aliquid ens in esse diminuto, quam sit illud esse reale et simplex: ad quod reducitur: sed tam conceptio sive actus concipiendi quam etiam intellectus sunt commutabiles. ergo et esse conceptuum terminorum: ergo etc.*

verstanden zu werden, der Quiddität äußerlich, d. h. nicht wesentlich sei. Ein *esse diminutum*, wie dasjenige des in unserm Intellekt konzipierten Begriffs, sei außerdem gewiss nicht unveränderlicher als das *esse simpliciter*, auf das es reduziert werden kann.[76] Das zu behaupten, heiße vom Akzidens oder *secundum quid* auf die Sache selber zu schließen, stelle also gleichsam eine konzeptualistische Variante der Relativierung unserer Erkenntnisgewissheit respektive der faktischen Objektivität des Erkannten dar.

Als vierten und letzten *modus dicendi* präsentiert Franciscus die Lösung seines eigenen Lehrers Duns, die derjenigen des dritten *modus* ähnlich ist.[77] Statt der Unveränderlichkeit der Termini in unserm Intellekt wird hier diejenige im göttlichen Intellekt postuliert.[78] Doch auch dieses Argument lehnt Mayronis ab, mit der Begründung, ein immergültiges propositionales Urteil wie: 'Jedes Ganze ist größer als einer seiner Teile' sei in seiner Unveränderlichkeit nicht *formaliter* im göttlichen Intellekt verankert. Es stellt sich die Frage: Wo denn dann?

Sie wird beantwortet im *ultimus modus dicendi*, der Mayronischen Lösung: In einem *esse quidditativum qualitercunque* der Termini selber. Dies gilt zwar nicht für nur temporär gültige Sätze wie 'Der Mensch

---

[76] Zur Differenz zwischen *esse simpliciter* und *esse diminutum* siehe Duns Scotus, Ord. I, d. 36, q. u., n. 8; dazu Gilson, Duns Scotus, 307–311.

[77] A. a. O. (25 M–N): *Quartus modus dicendi est, quod iste regule sunt incommutabiles quantum ad esse: quod habent in intellectu divino tantum: quia earum extrema semper sunt incommutabilia ibi. nusquam autem sunt incommutabilia preter quam ibi.*

[25 N] *Sed contra. evidentia est formaliter ex terminis. ergo ubi non sunt formaliter termini ibi non potest esse evidentia formaliter sive habitudo: sed termini istius propositionis. Omne totum maius est sua parte: non sunt formaliter in intellectu divino. ergo nec habitudo.*

Videtur ergo aliquibus dicendum, quod incommutabilitas istarum regularum videtur procedere ex incommutabilitate teminorum in esse quidditativo qualitercunque ponantur. Nam quidditates et esse quidditativum ab omni esse in anima et reali sunt abstracte: alique enim habitudines conveniunt terminis ex rationibus formalibus terminorum: sicut homo est animal: alique autem non: sicut, quod homo sit albus. prime autem sequuntur esse quidditativum, secunde autem non: sed forte esse reale vel in anima.

Sed contra. Nam termini adhuc videntur esse contingentes. possunt enim annihilari vel creari.

Preterea. Vel illa habitudo convenit eis ut sunt in anima: vel ut sunt extra animam: quodcunque dato, sequitur, quod sit contingens.

Respondeo ad primum, quod rationes formales terminorum abstrahunt ab istis predicatis. scilicet ab esse creari, vel annihilari. Et ideo quia, ut sic, abstrahunt, ut sic secundum tale esse potest esse incommutabilis habitudo ad terminos. Ad aliud dico, quod evidentia vel habitudo non competit eis, ut sunt in anima, nec ut sunt extra animam. sed secundum esse quidditativum: quod abstrahit ab esse in anima et extra animam: sicut dicimus, quod equinitas non est in anima nec extra animam. Ad rationem patet.

[78] Vgl. generell zur Ideenlehre des Duns Scotus: Gilson, Duns Scotus; Roth, Franz von Mayronis und der Augustinismus seiner Zeit; Bannach, Die Lehre von der doppelten Macht Gottes, 154–182.

ist weiß', ausnahmslos hingegen für überzeitliche Feststellungen wie 'Der Mensch ist ein Lebewesen'. In ihrem quidditativen Gehalt sind sie hinsichtlich jeder Seinsmodifikation in sich unrelativierbar, *incommutabiles*, vor allem in Bezug auf die Differenz zwischen *entia realia* oder *rationalia, esse in anima* oder *extra animam*. Mayronis geht sogar noch einen Schritt weiter und weitet die Nichtrelativierbarkeit der *formalitas quidditative* aus auf Kreierbarkeit oder Annihilierbarkeit an sich: Jedes Kontingenzmoment ist somit aus der formalen Washeit eines Terminus vollkommen ausgeschaltet.

Franciscus zerschneidet damit den gordischen Knoten der Ideenlehre, wie er in der scholastischen Diskussion nach der Jahrhundertwende fast unlösbar wurde, mitten durch. Ob, inwieweit und inwiefern die Existenz einer Entität sich dem göttlichen Intellekt oder dem göttlichen Willen verdankt, inwieweit *esse essentie* und *esse existentie* einer Entität real, formal oder intentional getrennt sind: Diese Fragen vermag er samt und sonders dadurch in den Hintergrund treten zu lassen, dass er die Evidenz in kognitiven Vorgängen gänzlich auf den formalen Gehalt der Termini selber zurückbindet. Mit dieser Aufwertung des Vermögens des menschlichen Intellekts durch die frappierende These einer letztlich absoluten Macht der quidditativen Termini, als solche unter allen Umständen und Modifikationen erkannt zu werden, wird Franciscus freilich gezwungen, den Erkenntnisvorgang selber ebenfalls von allen Modifikationen zu reinigen. So wie das *esse quidditativum* der Termini ab *omni esse in anima et reali* abstrakt zu sehen ist, wird auch der Vorgang ihrer Erkenntnis gänzlich abstraktiv.

Das scheint nun ein merkwürdiger Pyrrhussieg zu sein. Erkenntnis der elementaren Weltkonstituenten ereignet sich in Franciscus' Metaphysik ohne jede den Intellekt modifizierende Hilfe, der nicht anders kann, als die Quidditäten just als solche zu erkennen; dafür wird sie, um es einmal so zu sagen, auch von aller Konkretion entäußerlicht. Doch genau hier setzt Franciscus nun erst recht den Hebel an, um die Theorie der Terministen aus dem Lot zu bringen. Die korrekte, nämlich unüberbrückbare Unterschiedenheit von abstraktiver und intuitiver Erkenntnis ermöglicht nach Franciscus erst die unmittelbare Erkenntnis real existierender Entitäten. Auf dem klassisch scotischen Verständnis der Differenz von *cognitio intuitiva* und *abstractiva* insistiert Franciscus darum vor allen Dingen gegen Ende seines Prologs zu seinem Sentenzenkommentar.[79] Der *doctor subtilis*

---

[79] Conflatus, Prolog, q. 18f. (10 M–19 P).

hatte diesen beiden Termini eine klare jeweilige Funktion beigege-
ben: Abstraktives Erkennen geschieht unter Abstraktion des Existenz-
status einer Sache, bezieht sich daher auf das essentielle Sein der
Dinge, intuitives Erkennen hingegen ist zwingenderweise auf real existierende Dinge bezogen, deren Existenz es unmittelbar intuiert.[80]
Diese Funktionsdifferenz wurde sowohl von Petrus Aureoli wie auch
durch Wilhelm von Ockham entscheidend aufgeweicht, indem sie
beide die Möglichkeit intuitiver Erkenntnis auch nichtexistenter Dinge
behaupteten, wenn auch je mit unterschiedlicher Begründung. Petrus
Aureoli behauptete, Gott könne sehr wohl ein Ding erhalten, ohne
die Kausalität der diese Sache produzierenden Kraft mitzuerhalten.
Grundsätzlich sei er in der Lage, von beiden Termini einer Relation
den einen zu erhalten, ohne den andern mitzuerhalten. Darum könne
Gott auch ohne Weiteres eine *cognitio intuitiva* fundieren, ohne die sie
bewirkende Ursache, das real existierende Objekt dieser Erkennnis,
mit konservieren zu müssen.[81] War für Petrus die Ermöglichung intuitiver Erkenntnis nichtexistenter Dinge noch innerhalb der von Gott
in der Welt festgelegten Gesetze möglich, hielt Ockham denselben
Sachverhalt nur *de potentia dei absoluta*, also außerhalb der natürlichen
Weltgesetze für denkbar.[82] Beide aber sahen die entscheidende Differenz
zwischen intuitiver und abstraktiver Wahrnehmung im Erkenntnisvorgang selber, nicht durch dessen Objekt, gegeben. Gegen diese
Verabschiedung realistischer Grundüberzeugungen erhob sich im
Lager der Scotisten schon bald Widerstand. Walter Chatton etwa
warf Aureoli vor, die These natürlicher Intuition eines abwesenden
Objekts müsste über kurz oder lang zur Zerstörung jeder Erkenntnisgewissheit führen, da deren Fundament letzlich in der unmittelbar
sinnlichen Erfahrung gründe, die die Existenz des Erkannten zwingend voraussetze.[83] Gegenüber Ockham war Chatton zwar zu mehr

---

[80] Ord. II, d. 3, q. 9, n. 6: *Et, ut brevibus utar verbis, primam voco abstractivam, quae
est ipsius quidditatis secundum quod abstrahitur ab existentia actuali et non existentia; secundum,
scilicet, quae est quidditatis rei secundum eius existentiam actualem, vel quae est rei presentis
secundum talem existentiam, voco cognitio intuitivam: non prout intuitiva distinguitur contra discur-
sivam, quia sic aliqua abstractiva est intuitiva, ut cognitio principii, sed simpliciter intuitiva, eo
modo quo dicimur intueri rem sicut est in se.*
[81] Vgl. Maurer, Marons's Defense, 205f.
[82] A. a. O., 206.
[83] J. O'Callaghan, The Second Question of the Prologue to Walter Chattons'
Commentary on the Sentences on Intuitive and Abstractive Knowledge, in: Nine
Medieval Thinkers, Toronto 1955, 233–269, 242; zitiert nach Maurer, 206, a. a.
O., Anm. 14: *Probo quod visio rei non potest naturaliter causari re absente, nec etiam natura-*

Zugeständnissen bereit, vor allem zu jenem, dass es in Gottes Macht zu liegen komme, intuitive Erkenntnis auch nichtexistierender Dinge zu generieren. Dafür sah er hier die Konsequenzen für noch katastrophaler an, weil in diesem Falle die natürliche Erkenntnis Nichtexistentes für existent hielte.

In dieselbe Richtung – und vor allem mit derselben Grundabsicht – argumentiert auch Mayronis in seinem Prolog, in dem er zwei aufeinander folgende Quaestionen der Widerlegung zuerst der Ockham'schen, dann der Aureolischen Ansichten widmete.[84] *Cognitio* ist für Mayronis keine absolute Realität, sondern stets und zwingend auf ein Objekt bezogen, ja sogar mit ihm realidentisch.[85] Deshalb ist eine intuitive Erkenntnis ohne ein existierendes Objekt gar nicht möglich. Abstraktive Erkenntnis hingegen zielt auf Quidditäten, von deren Existenz oder Nichtexistenz sie absieht.[86] Intuitive Erkenntnis ist darum stets Erkenntnis über die Sinne, die durch die Umittelbarkeit ihrer Wahrnehmung den metaphysischen Wissenschaften jene Gewissheit verschaffen, deren diese bedürfen, ohne – auf der Ebene der nur abstraktiv erkennbaren Ideen – direkt auf sie rekurrieren zu können. Nähme man nun den intuitiv gefassten Erkenntnisvorgang als Basis metaphysischer Erkenntnis, könnte sie ihr genau jene sinnlich perzipierende Gewissheit, deren allein die *philosophia naturalis* fähig

---

liter diu conservari ipsa recedente. Probo: primo, quia aliter periret omnis nostra certitudo, quia maxima certitudo nostra de sensibilibus convenit nobis per hoc quod experimur nostras sensationes per quas sensibilia nobis apparent praesentia. Si ergo sensatio causatur naturaliter re absente, et etiam diu conservetur sine ea, ergo illa via non est certa.

[84] S. oben Anm. 72–74.

[85] Confl., Prol., q. 18 (11 G): *Sed hic sunt due difficultates. Prima est quod quando sunt aliqua essentialiter ordinata et realiter disctincta, deus potest facere unum, sine alio: sed relatio notitie differt realiter ab actu et est posterior essentialiter. ergo etcetera. [. . .] Ad primum quando sunt alique duo que separari non possunt, ista sunt idem realiter. Et tunc dico, quod notitia et sui relatio ad obiectum sunt idem realiter: licet aliquo modo distinguantur.* So auch schon kurz zuvor a. a. O. (10 P): *notitia dicit respectum ad obiectum,* im Gegensatz zum *intellectus,* der eine *qualitas* in sich darstellen kann.

[86] A. a. O. (10 Q): *Ad secundum dico quod differunt in ratione terminantis: quia una concernit existentiam puta intuitivam. Alia autem scilicet abstractiva non: quia terminatur ad quidditatem: ut abstrahit ab existentia.*
So schon Prol., q. 17 (10 H): *Intelligendum tamen quod notitia intuitiva concernit quattuor extrema contradictionis, a quibus abstrahit notitia abstractiva. Primum est actualis existentia: quia si cognoscatur non ut actualiter existens: sed tamen quidditas cognoscitur abstractive tantum et non intuitive. Secundum est quod intuitiva concernit presentiam de communi lege: licet enim forte deus posset facere obiectum non presens: tamen de communi lege ita est. Tertium est causatio: quid de communi lege causatur a re ad quam terminatur. Ad quartum est motio, quia de lege communi oportet quod obiectum moveat.*

ist, gar nicht vermitteln.[87] Es liegt also letztlich im Interesse fundierten metaphysischen Erkennens, wenn es nicht unmittelbar auf die
Intuition aufbaut, sondern auf abstraktiver Erkenntnis beruht, vermittelt durch die bei Mayronis alles in sich bündelnde Figur der
Quiddität.

Abstrahentium (Plato und Avicenna) non est mendacium (Aristoteles)
Als letzte Autorität in dieser Entscheidung führt Mayronis – in der
der Ideenlehre im engeren Sinne gewidmeten Distinctio 47 im ersten
Buch des Conflatus – niemand geringeren als Plato ins Feld. Dessen
Ideenlehre sei von Augustin zwar in theologisch legitimer Weise rezipiert worden, sei in sich aber eigentlich anders intendiert gewesen,
was eine letzte, entscheidende *difficultas* der ersten Quaestio artiku-
liert: Entspricht das in dieser Quaestio eben entwickelte Ideenverständnis
auch demjenigen Platos? Hier setzt Mayronis zu einem merkwürdigen Aushebelungsmanöver gegen den Lehrer der Kirche an, nämlich insofern er ihn nur als solchen akzeptiert: Augustin hat Plato
eben theologisch verstanden, ist damit aber auch nur theologisch im
Recht.[88] Entscheidend und letztlich zukunftsweisend ist aber das
authentisch philosophische Verständnis des Schöpfers der Ideenlehre:
Nicht als objektale Größen im göttlichen Intellekt, durch dessen
Illuminationskraft der menschliche seinerseits zu erkennen in der
Lage ist, sondern schlicht und einfach als *ratio quidditativa* wollte Plato
die Ideen gefasst haben.[89] Damit aber sah sich Franciscus anschließend genötigt, noch einmal deutlich auf Distanz zu gehen gegenüber seinem Lehrer, den er hier sogar namentlich nennt.[90] Duns

---

[87] Die Wissenschaften werden hier unterschieden, aber nicht getrennt.
[88] Confl., d. 47, q. 1, ult. diff. (133 O): *Sed hic est difficultas. Utrum idee secundum
quod accepit Plato sint identice cum istis quas nunc ponimus. Dico quod aliquando Plato fuit
locutus sicut theologus de ideis: sicut ponit Augustinus. quia ponit exemplaria esse principium.
Aliquando autem locutus fuit ut metaphysicus: et ut sic idea non est aliud nisi ratio quidditativa:
et in illo intellectu prosequitur cum Aristoteli. De illo autem loquar in questionibus sequentibus.*
Damit stellt Mayronis hier sozusagen die umgekehrte Variante der bekannten
scholastischen These einer doppelten Wahrheit auf: Wird Averroes nur als Philosoph,
so Augustin nur als Theologe anerkannt . . .
[89] Ebd.: *Sed unum dubium est loquendo ut theologi loquuntur: propter opinionem doctoris [sc.
subtilis] qui videtur ponere ideas esse obiecta cognita: producta in esse intelligibili. Sed non videtur hoc stare posse: quia accipio unam ideam scilicet lapidem sic productum: lapis sic productus
et a deo cognitus: non est adorandus et non est eo fruendum: nec est eternus: et deus non est eo
formaliter sapiens. ergo non est idea: quia omnes ille conditiones conveniunt ideis secundum quod
ostensum est prius in Augustino.*
[90] Confl., d. 47, q. 2.

interpretierte die Ideen als *quidditas productiva in esse intelligibili*, was nach Franciscus weder theologisch noch philosophisch zutreffen kann; theologisch nicht, weil eine *quidditas producta* nur ein *esse secundum quid* und somit *diminutum* haben kann, was für ein *formaliter* in Gott liegendes *ens* keineswegs zutreffen kann, umgekehrt philosophisch aber erst recht nicht, weil hier nur das authentisch platonische Verständnis Geltung beanspruchen kann, das von aller Produzibilität der Idee weit absieht und sie als reine *ratio diffinitiva* erkennt.

Diese *ratio* ist von den Dingen, wie Franciscus in einer dritten Quaestio erläutert, abzuheben im Sinne einer *precisio*, nicht aber einer eigentlichen *separatio*, als wäre die Idee nun auch selber ein reales Ding.[91] Die Ideen abstrahieren von den kontingenten Bedingungen der *res*, ohne die sie aber nicht denkbar sind, weshalb insbesondere Avicennas Schüler, wie Mayronis zustimmend notiert, bemerkten, dass dieser Vorgang der *precisio* auch vom Objekt selber her komme: Er beschreibt den Prozess der Siebung von Eigenschaften einer *res*, die ihr nach dem Grad ihrer Akzidentialität mehr oder weniger angehören. Was einer Sache unbedingt – *in primo modo dicendi* – zukommt, bildet sozusagen ihren Wesenskern, ihre *ratio diffinitiva*, die sich also aus dem erkannten Objekt selber heraus konstituiert: Wenn von Temporalität und Existenz einer *res* überhaupt abgesehen wer-

---

[91] Confl., d. 47, q. 3 (134 B–D):
Utrum idee sint in rerum natura. Quod non: quia nunc essent separate. Contra. quia sunt quidditates rerum. ergo sunt in eis.

Hic primo videndum est de illis qui ponunt ideas precisas. Dicunt enim aliqui quod idee secundum intellectum sunt precise. nam quidditas in particularibus semper est coniuncta conditionibus individualibus: et ut sic non habet rationem idee: intellectus autem a talibus conditionibus eam prescindit. Ex hoc patet: quia abstrahentium non est mendacium. sic ergo per intellectum precisa quidditas habet rationem idee secundum quod Plato et etiam Avicenna loquebantur de ideis: secundum quod equinitas est tantum equinitas non faciendo nunc mentionem de ideis secundum intentionem sanctorum. Sed contra hoc arguo quadrupliciter [...] [134 C] Confirmatur per principium complexum. idem secundum eandem rationem non potest esse cognitum et incognitum: sed intellectus terminatur ad illam rationem et non ad illa que per accidens insunt sibi. [...] [134 D] Et ideo dicunt alii magis sequentes Avicennam quod illa precisio non solum est ex parte intellectus: sed etiam ex parte obiecti. Hoc autem declaratur sic. quae sunt in primo modo dicendi per se: prius insunt quam que insunt in secundo modo ex natura rei. Secundo que insunt secundo modo: prius insunt quam que per accidens insunt. Tertio que insunt per accidens sicut inferius accidit superiori: sicut homini accidit hic homo. Quarto que per accidens: sicut accidens accidit subiecto. Et secundum hoc oportet dare quatuor signa. Primum in quo illa de primo modo insunt. Secundum in quo illa de secundo modo. Tertium in quo illa que per accidens insunt sicut inferius superiori. Quartum in quo per accidens sicut accidens accidit subiecto.

Unde licet accidentalis abstractio sit per intellectum: abstrahibilitas tamen inest sibi ante omnem abstractionem intellectus et precisio quidditativa.

den kann, liegt das in deren sich der *ratio quidditativa* selber verdankenden Abstrahibilität begründet.

Dass also auch Franciscus in seiner Platoninterpretation nicht ohne wirkungsgeschichtliche Beeinflussung arbeitet, zeigt dieser Hinweis auf Avicenna deutlich. Von ihm wird dann umgekehrt Aristoteles in seinem Ideenverständnis massiv kritisiert, ja für scholastische Verhältnisse regelrecht abgekanzelt:[92] Dass er Platos Intention im Sinne einer realen Separation der Ideen missverstand, ist die Ursache allen Übels − *Aristoteles fuit optimus physicus, sed pessimus metaphysicus* −, denn just die vier Eigenschaften, die Aristoteles der Idee des Akademikers zuerkennen wollte, erweisen sich als Fehldeutung: Singularität, Aktualität, Lokalität und Existentialität. Sie alle zeigen: Der Stagirite verstand sich nicht aufs Abstrahieren. Das kann ihm keinen Lorbeer einbringen von Seiten jenes Scholastikers, der sich die Parole *abstrahentium non est mendacium* zutiefst zu Eigen machte, weil sie − hier schließt sich der Kreis zum Prolog − sein wichtigstes Anliegen absichern kann, die Unveränderbarkeit des wissenschaftlichen Wissens.[93] Intrikat also, wie Franciscus hier den Abstraktionsbegriff der früheren Franziskaner mit seinem an der Erkenntnisgewissheit orientierten Quidditätenschema und dessen Abstraktionsbedürfnissen im Namen Platos amalgamiert.

Mit dieser extremen Quidditalisierung des Erkenntnisvorgangs allerdings entwertet Franciscus Mayronis in subtiler Weise einen Elementargedanken scotischer Metaphysik, die Unterteilung in *ens extra animam*

---

[92] A. a. O., art. 2 (134 D–F): *Secundo videndum est in ista questione: Utrum idee sint ponende separate: Et quantum ad hoc premittendum est quod Aristoteles imponit Platoni separationem realem: et Aristoteles attribuit ideis quattuor conditiones: quas videtur negasse Plato. Prima est singularitas: quoniam Plato posuisset unum individuum singulare esse commune pluribus. Secunda quo esset ens actu existens. Tertia quod esset separata localiter scilicet in aere. Quarta quod mensuraretur tempore vel aliqua alia mensura: sicut existentia. Plato autem videtur illas conditiones omnes negasse ab eis. [. . .] Qui autem grossi sunt intellectus: difficulter intelligunt. et solum est quia nesciunt abstrahere. Similiter de quattuor apparet: quia ponit quod abstrahitur ab omni duratione: et sic ab existentia. Et ideo quia rationes quas facit Aristoteles solum arguunt supponendo aliquod istorum: ideo non concludunt contra Platonem. Sed quare Aristoteles voluit sic facere una assignatur voluntas: quia habuit invidiam contra eum: sicut apparet in aliis. Imponitur enim sibi quod opinio Platonis fuit: quod melius esset quod omnia essent communia: et arguit contra eundem de uxoribus: Et tamen certum est quod licet Plato illam opinionem teneret: quantum tamen ad uxores non tenuit: sed solum de aliis. Aliter dicitur quod Aristoteles fuit optimus physicus: sed pessimus metaphysicus: quia nescivit abstrahere: et ideo pessimam metaphysicam fecit.*

[93] Diesen Grund gibt Mayronis als viertes, letztes und darum vermutlich gewichtigstes Argument zu Gunsten "Platos" abstrahierender Schau der Ideen, a. a. O. (134 L–M): *Quarto ad salvandum scientiarum invariabilitatem cum varietates scibiles sint incommutabiles. oportet quod compilationes scite habeant terminos que non varientur: cum ex ipsis compilationes dependeat: sed termini non sunt incommutabiles ut existunt: cum sic quotidie varientur: sed solum quidditates ut ab existentia prescindunt.*

und *ens in anima*.[94] Quidditäten bestehen weder *in anima* noch *extra
animam*, sondern eigentlich *nusquam*![95] In der Tat stellt Franciscus hier
die klassisch scotischen Verhältnisse tendenziell gleichsam auf den
Kopf: Nicht mehr Quiddität oder Formalität ist für ihn eine Unterart
von Realität, sondern eher die Realität der Existenz einer Sache
ein Derivat – ein *modus intrinsecus* – von Quiddität. Selbst ein so tief
in (pseudo)mayronistischer Tradition stehender Autor wie Antonius
Sirectus hat darum hier Bedenken angemeldet und bemerkt in scharf-
sinniger Weise, dass damit zugleich ein anderes, noch fundamenta-
leres Prinzip scotischen Denkens reinterpretiert wird:[96] Die gänzlich

---

[94] Duns Scotus, Ord. I, d. 36, q. un., n. 9: *Prima distinctio entis videtur esse in ens
extra animam et ens in anima: et illud extra animam potest distingui in actum et potentiam essentie, et existentie: et quodcumque istorum esse extra animam potest habere esse in anima, et illud
esse in anima aliud est ab omni esse extra animam. et ideo de nullo ente, nec de aliquo esse
sequitur, si habet esse diminutum in anima, quod propter hoc habeat esse simpliciter, quia illud
esse est secundum quid absolute, quod tamen accipitur simpliciter inquantum comparatur ad animam,
ut fundamentum illius esse in anima.*

[95] Franciscus Mayronis, Confl., d. 47, q. 3, art. 2 (134 M–N) *Sed difficultas est
utrum ille quidditates sint in anima vel in rerum natura. Dico quod secundum se nec in anima
nec in rerum: sed nusquam: eo quod abstrabunt ab omni ubi qualitercunque accepto: sunt tamen
in anima obiective per accidens: quia accidit eis quod intelligantur. Sunt etiam in rerum natura
per accidens: quia accidit eis quod actualiter existant. Et ideo secundum se dicantur separari: per
accidens autem sunt coniuncte.*

[134 N] *Sed quomodo possunt talia esse in pluribus. Dicitur quod eis accidit esse in pluribus: quia hoc eis convenit per proprietates individuales: quibus per accidens coniunguntur. Intelligendum
tamen quod huiusmodi quidditates licet possunt dici idee: non tamen vocantur a theologis idee: sed
tantum illa que sunt in mente divina.*

[96] Antonius Sirectus, *formalitates moderniores*, fo. 13: *Advertendum ulterius quod ens capitur dupliciter uno modo transcendenter, alio modo transcendentissime. Ens transcendentissime captum est equivocum quacunque equivocatione quia ut sic capitur ens est commune ad ens reale: et
ens rationis. et clarum est quod ut sic non dicit aliquem conceptum unum: quia vel ille conceptus esset secluso opere intellectus vel non. si sic: ergo aliquid quod esset preter opus intellectus
includeretur quidditative in illo quod non esset preter opus intellectus cuiusmodi est est [sic] rationis. Si non esset preter opus intellectus sed per opera intellectus. ergo aliquid quod est per opus
intellectus includitur quiddative in illo quod esset preter opus intellectus quod videtur falsum. et
sic relinquitur quod ens ut sic tactum non est univocum.*

*Predicta ratio facit mihi fidem et credo illam esse insolubilem. licet franciscus de mayronis nita-
tur eam soluere sed iudicio meo non soluit.*

*Ens vero transcendenter captum est ens commune ad deum et creatura quod assignatur primum
obiectum nostri intellectus ex natura potentie. et primum obiectum voluntatis et primum subiectum
metaphysice et ut sic est univocum ad omne illud quod est secluso opere intellectus collativo. ut
sic est univocum ad differentias ultimas et ad proprias passiones et breviter ad omnia positiva ut
dictum est.*

*Verum est tamen quod non predicatur univoce de ultimis differentiis et propriis passionibus suis
sed tantum de deo et decem predicamentis. Et de materia et forma secundum scotum in tertia
distinctione primi sententiarum. Et posset addi quod predicatur univoce de illis que directe mediant inter ipsum et decem predicamenta, cuiusmodi sunt absolutum, relatio, etcetera. Et secundum
has divisiones tu potes salvare omnes auctoritates militantes contra univocationem entis.*

vorbegriffliche Univozität des Seienden. Sie wird bei Franciscus in eine so scharf quidditativische Richtung geführt, dass sie faktischer Äquivokation entspricht, wie Sirectus polemisch, aber doch wohl zu Recht bemerkt.[97]

Gewisse, quidditative Erkenntnis durch das Primum principium complexum
Dreht sich bei Franciscus in letzter Konsequenz also alles um diese eine Mitte, den Quidditätsbegriff, beruht diese doch ihrerseits auf einem vielleicht noch elementareren Prinzip: Das *primum principium complexum*, das er in verschiedenen Schriften zur Sprache bringt, namentlich in seinen Erklärungen zum ersten Kapitel der *Mystica Theologia* des Pseudo-Dionysius Areopagita,[98] in seinem (auch von Zwingli gelesenen) *Florilegium* zu Augustins *De Trinitate*[99] und in einem eigenen *Tractatus de primo principio complexo* (dessen Echtheit allerdings einigen Zweifeln unterliegt).[100] Im Sentenzenkommentar wird es gleich zu Beginn entfaltet, nämlich zu Beginn des Prologs, was freilich nicht unbedingt der exakten Stellung des Phänomens innerhalb der Chronologie der Genese der Mayronischen Ideenwelt zu entsprechen braucht.[101] Franciscus geht seine Erklärung des *principium* in deduktiver Weise an, zuerst wird das *primum principium complexum* in sich

---

[97] Möglicherweise freilich bekämpft er in erster Linie oder zumindest nebenbei die Mayronis korrespondierende, aber auch ergänzende Ansicht des individuellen oder kollektiven Autors des *Tractatus formalitatum*, art. 1, [Widerlegung der] ob. ad concl. 3 (263 K–L), der festhält: *[. . .] videndum est de divisione entis in generali: et etiam contentorum sub eo: et quicquid continetur sub quiddidate hec est vera quidditas et formalitas: et illud quod continetur sub modo intrinseco non est formalitas vel quidditas sed modus quidditatis. et quamquam multi explicuerunt divisionem entis breviter tamen secundum mentem Francisci de Mayronis hec est. Ens in sua prima divisione dividitur in ens in anima et in ens extra animam sed ens in anima est duplex: quia quoddam est elaboratum per actum reflexum intellectus: vel per imperium voluntatis: et de tali ente in anima et extra animam dicitur equivoce. Aliud est ens in anima derelictum et est quidditas in esse cognito producta: et de tali ente in anima non dicitur equivoce.*

[98] Roth, Franz von Mayronis O.F.M., 167: *Fratris Francisci Mayronis O.F.M. Commentarii in opera Pseudo-Dionysii Areopagite [o. J. u. O., in diversen Mss.].* Zur generellen Hochschätzung des Pseudo-Dionys durch Franciscus vgl. Roth, a. a. O., 170.

[99] S. unten Kap. V, S. 387, Nr. 5.2, mit Anmm. 58f.

[100] (268 M–270 G). Der letzte der zehn Artikel zur Erklärung des *primum principium complexum* diskutiert Gegenpositionen zur authentisch Mayronischen Sicht, was voraussetzt, dass seit der Erstpublikation schon einige Zeit verstrichen war – Zeit, die es im Leben des provenzalischen Professors nicht gab.

[101] Confl., Prol., q. 1 (2 A–B): *Circa prohemium primi libri sententiarum. Queritur primo. Utrum primum principium complexum possit formari in theologia. Videtur quod non. quia secundum beatum Dionysium qui de deo recte sentiunt omnia sibi attribuntur: et omnia removentur. ergo etcetera.*

erklärt, und zwar zuerst in allgemeiner, sozuagen in fundamental-
metaphysischer,[102] dann in spezifischer, eher erkenntnislogischer Manier.
Schließlich folgt der Nachweis seiner Applikabilität auf die Theologie,
vor allem auf die eigentliche Gotteslehre.

In der allgemeinen Entfaltung des *principium* legt Franciscus in
erster Linie dessen Allgemeingültigkeit und Letztbegründungscharakter
dar. Es bezieht sich auf das erste *subiectum* und ist von allen Prinzipien
das allgemeinste, intrinsischste, wahrste und bekannteste.[103] Besonders
das letzte Attribut des größtmöglichen Erkennbarkeitsgrades ist für
Mayronis bezeichnend, der sein Anliegen metaphysischer und generell wissenschaftlicher Letztbegründbarkeit, das im Grunde erst im
Kontext konkreter Problemhorizonte im Verlaufe des Kommentars
Konturen gewinnen wird, schon von Anbeginn unübersehbar einbringt. Daraufhin wird das Prinzip genauer in seinen Teilen erläutert. Es ist das erste in der Reihe aller Prinzipien, darum auch in
seiner Art einzig; wie jede *habitudo* bzw. *relatio* ist auch das *primum
principium complexum* als durchaus intrinsisches Prinzip von seinen
Extremen nicht zu trennen, darum auch von den Formalgehalten
seiner Termini nicht ablösbar.[104] Was das genauer heißt, wird in der
Folge *magis in particulari* erläutert.[105] Das *primum principium complexum*
ist faktisch das Prinzip vom ausgeschlossenen Dritten: "'Von jedem
Satz ist die Bejahung oder die Verneinung wahr, von keinem Satz
aber [diese] beide zugleich in gleicher Weise': Dieses erste Prinzip
wird allgemein anerkannt."[106] Dieser Grund-Satz wird in vier *conclusiones*

---

*Contra. quia idem Dionysius dicit quod duplex est processus in sacra scriptura. Unus ab
affirmationibus ad negationes. Alius a negationibus ad affirmationes. In ista questione duo sunt
principaliter facienda. Primum est istud principium declarare. Secundum est istud defendere. Quantum
ad primum duo faciam. Primo declarabo ipsum in se. secundo in comparatione ad theologiam.
Quantum item ad idem primum primo declarabo ipsum in generali. secundo in speciali.*

[102] A. a. O. (2 C–D): *Quantum ad primum subiectum ad declarationem primi principii
se et in generali premittuntur quattuor preambula. Primum est quod primum principium complexum formatur de subiecto primo. [. . .] Quartum preambulum est. Quod primum principium formatur in prima scientia. Hoc probatur sic. Quia sicut scientie habent distinctionem ex subiectis,
ita et ordinem consequenter, et ideo cum prima sicentia sit de primo subiecto: et de primo subiecto formaliter primum principium: ut iam patuit. sequitur quod in prima scientia formatur illud
primum principium: sicut intelligendo quod ab eo incipit processus talis scientie.*

[103] A. a. O. (2 D–E): *Ex his potest videri que sint proprietates primi principii. Prima est
quod sit communissimum. [. . .] Secunda proprietas est. Quod primum principium est omnibus
intimum et intrinsecum. [. . .] Tertia proprietas est. Quod ipsum est in se verissima. [. . .] Quarta
proprietas est quod ipsum est in se notissimum.*

[104] Vgl. a. a. O. (2 F–G).

[105] A. a. O. (2 G–O).

[106] A. a. O. (2 G): *De quolibet est affirmatio vel negatio vera: et de nullo eorum ambo similiter: istud conceditur communiter primum principium.*

entfaltet. Erstens ist das *primum principium complexum* eine hypotheti-
sche und kopulative Proposition, die aus zwei kategorischen Propositionen besteht, von denen die erste mit disjunktivem, die zweite
mit kopulativem Prädikat gebildet wird, die beide universale Gültigkeit
haben. Zweitens besteht zwischen diesen beiden Propositionen ein
ordo essentialis: Affirmative Sätze haben stets den Vorrang vor negierenden – sie können also nicht zugleich ausgesagt werden. Drittens
ist das Subjekt des *primum principium complexum* das Sein. Viertens sind
Affirmation und Negation Prädikate des *primum principium complexum*,
das heißt, von dessen Subjekt, dem Sein. Dass dieses Sein nicht nur
denominativ-logisch, sondern quidditativisch zu verstehen ist, beweist
Mayronis im Anschluss an die dritte und vierte *conclusio* sehr ausführlich, woraus einmal mehr zu erkennen ist, wie sehr ihm daran
liegt, Gewissheit der Erkenntis möglichst präzise zu fundieren.

Was sind nun aber die Konsequenzen all dessen für die Theologie?
Nach ausführlichem Nachweis der Gültigkeit des *primum principium
complexum* für Kreaturen und Gott gleichermaßen bekämpft Mayronis
zuallererst einen zeitgenössischen Einwand. Dieser Einwand besagt,
möglicherweise in Auseinandersetzung mit dem erstarkenden Scotismus
der späteren zehner und früheren zwanziger Jahre, das *primum principium complexum* sei wegen der Unendlichkeit der Termini in theologischen Aussagen in Gott nicht anzuerkennen. Die Unendlichkeit
des göttlichen Wesens ermögliche kontradiktorische Aussagen, darum
könne ein und dasselbe als kommunikabel und inkommunikabel
zugleich prädiziert werden. Dagegen argumentiert der *doctor illuminatus* wie stets vierfach; von den vier Argumenten sind besonders das
erste und das letzte bedeutungsvoll. Das erste besagt, dass die erste
der komplexen Wahrheiten, das *primum principium complexum* die erste
der inkomplexen Wahrheiten, Gott, nicht ausschließen müsse. Die
Begründung hierfür ist bezeichnend, wenn auch nicht unbedingt
überzeugend, weil tautologisch: Wenn das, worauf alles sich stütze,
wegfalle, falle auch alles andere weg. Alle unsere natürliche Erkenntnis
aber beruhe auf dem *primum principium complexum*, auch alle natürliche theologische Erkenntnis. Das zweite Argument insistiert darauf,
dass der Formalgehalt aller Extreme kontradiktorischer Aussagen
unbeachtet des Applikationskontextes – und somit natürlich auch in
der Theologie – sich gleich und somit kontradiktorisch bleiben müsse.
Drittens erklärt Franciscus, dass die Intention zum Widerspruch in
einer kontradiktorischen Aussage mit zunehmender Intention der

Grundaussagen über ihre kontradiktorischen Extreme an Kraft gewinne, damit natürlich erst recht in den Aussagen über die perfekteste aller Naturen, die ja am meisten intendiert ist. Viertens und abschließend behauptet der Avignonesische Dozent mit aller Kraft, dass ohne die Feststellung konkreter Widerspüche in Gott auch disjunkte Attribute wie Ewigkeit und Zeitlichkeit oder Unendlichkeit und Endlichkeit nicht mehr unterschieden werden könnten, dann aber auch kein Ketzer mehr von der Notwendigkeit solcher Differenzierung überzeugt werden könne. Es scheint also, resümiert Franciscus am Ende seiner vier Konklusionen, kein anderer Ausweg aus den Problemen vorhanden zu sein als die Anerkenntnis realer Gegensätze in Gott – die alte distinktionentheoretische Crux in der Trinitätstheologie aus dem sich schon damals bildenden Erbe des Thomismus.

2. Quidditates: nec entia rationis nec entia realia: *Die neue Mitte der Distinktionentheorie*

Hier nun zieht sich Franciscus angesichts der scheinbar völlig verfahrenen und zumal für einen Scotisten beinahe auswegslosen Zwangsalternative zwischen Anerkenntnis einer Real- oder einer Rationaldistinktion in Gott elegant aus der Affäre. Selbstredend ist der ganze lange Einleitungsteil dieser ersten Quaestio des Prologs *via* das *primum principium complexum* nicht zufälligerweise in derart konziser und darum letztlich alle Alternativen ausschaltenden Weise gehalten. Die Zuspitzung hin zur erzwungenen Anerkenntnis einer elementaren und in keiner Weise mehr hintergehbaren Gegensätzlichkeit nichtidentischer Quidditäten dient Franciscus dazu, seine Quidditätsvorstellung in Philosophie und Theologie exemplarisch deutlich klarzustellen. Er schafft, scheinbar mühelos, das Kunststück, mittels eines in seinem Sinne quidditativisch verstandenen Distinktionskonzepts auf der tatsächlichen und nicht allein für unsere Vorstellung vorhandenen Differenz zwischen Wesen und Personen in Gott zu insistieren, und in eben diesem Insistieren sich von einer vollen Realdistinktion vehement abzugrenzen. Dies ermöglicht ihm, seine beiden wesentlichen Anliegen an einem zentralen theologischen Punkt zu vereinen und somit auch wechselseitig je zu verstärken: Die Quiddität ist bleibend essentielle Grundlage aller nur logisch gehaltenen Reflexion über sie, wird zugleich aber von jeder realistischen Konkretion befreit.

Auftrennung der Distinktionen ex natura rei *und* realis (Disp. coll. =
Confl. Prol. q. 1)

Besonders elegant wirkt hier der Umstand, dass sich Franciscus zur
Lösung dieser Crux eines Fadens bedient, den er wohl kurz zuvor
als junger Gelehrter in seinen Pariser Tagen als Baccalaureus schon
aufgegriffen hatte: Seine über längere Zeit stattfindende *Disputatio collativa* mit Petrus Rogerii O.P., dem späteren Papst Clemens VI.,[107]
einem mehr oder minder überzeugten Thomisten, der sie auch initiiert hatte, und einem anderen, unbekannten *socius*, also einem Kodisputanten.[108] Während des akademischen Jahres 1320/21 führten die
beiden Baccalaurei, zusammen mit je einem *socius*, eine modellhafte
Debatte über zentrale Auseinandersetzungspunkte zwischen Thomisten
und Scotisten. Diese Punkte bezeichnete Franciscus selber als *duas
precipuas materias que nunc apud theologos inquiruntur*. Gemeint war damit
zum einen die Frage nach der rechten Definition und dem rechten
Verständnis der *rationes formales*, also der Differenz zwischen Rational-
und Formaldistinktion. Diese Frage wurde zuerst behandelt, und in
ihr ein zumindest anfänglich fast vollkommener Konsens erreicht.
Zum andern ging es um die *signa originis* in der Trinität, mithin um
die Frage, ob und inwiefern die Personen der Trinität in ihren individuellen Eigenschaften und somit eine *prioritas originis inter divinas personas*[109] erkannt werden können.[110] In dieser als zweiter behandelten
Frage gingen die Meinungen von Anfang an klar auseinander; es
sind diese theologischen Differenzen, die in der philosophische(re)n
Frage der Distinktionenlehre schließlich ebenfalls zu einem Dissens
oder jedenfalls sehr verwässerten Konsens führen sollten, wohl auch
führen mussten.[111]

---

[107] Zu seiner Biographie s. Barbet, Introduction, 12, Anm. 2; Roth, Franz von
Mayronis O.F.M., 29.

[108] Der Titel der ersten Quaestio innerhalb der Disputation: Barbet, Édition, 51:
*Questio prima quam fecit super quartum sententiarum anno domini millesimo trecentesimo vige-
simo in die sancte Agnetis contra fratrem Franciscum baccalarium minorum.* Maier, Der literarische Nachlass des Petrus Rogerii, hat gegenüber Barbet, a. a. O., nachgewiesen,
dass Franciscus nicht gegen Petrus allein disputierte, und dass der Thomismus des
unbekannten Mitdisputanten des späteren Papstes wohl von klarerer und profilierterer
Natur gewesen sein muss als der des Petrus selber (Roßmann, Die Sentenzenkommentare, 145, Anm. 24 und *passim*; dort auch die minutiöse Auflistung der lite-
rarkritischen Probleme und Aspekte der Disputation).

[109] Barbet, Édition, 323.

[110] Dass diese Fragen auch dem vermutlich jungen Zwingli nicht unbekannt gewesen sein können, zeigen seine Annotationen zu Ord. I, d. 1, q. 2, a. 2 (Anhang
1.1).

[111] Barbet, Édition, 145: *Circa secundam particulam istius sermonis restat insistere circa
signa originis; erga quam materiam occurrunt alia decem puncta pertractanda.*

Die beiden Hauptfragen wurden bezeichnenderweise bereits in der chronologisch ersten von insgesamt vier Disputationen grundlegend behandelt. Die ganze Disputationenserie oder *disputatio collativa* bestand in der Produktion von vier *principia*, also Vorlesungen zum Behufe der Einleitung, zu den einzelnen Sentenzenbüchern durch Petrus und ebensovielen präzise vorgenommenen *replicationes* durch Franciscus, von denen die letzten drei in zwei Manuskripten größtenteils erhalten sind.[112] Die Abfolge war die folgende: Disputation über das vierte Buch der Sentenzen am 21. Januar 1321,[113] über das zweite Buch am 14. April,[114] über das dritte Buch vermutlich später, im Mai oder Juni desselben Jahres.[115] Nicht auffindbar sind hingegen unmittelbare Aufzeichnungen zur *disputatio* über das erste Buch und *nota bene* den Prolog. Vermutungsweise ist sie vor die anderen drei Dispute zu datieren und hätte so zu Anfang des akademischen Jahres, ungefähr im Oktober 1320, stattgefunden.[116]

Basis des ganzen Unternehmens ist eine zu Beginn – im ersten von vier Büchern erwähnte – *pax* zur Distinktionenfrage,[117] von der es dort heißt, sie sei *pax nostra*, während sie in späteren Teilen dann nur noch als *pax reformata*,[118] schließlich als *pax distemperata* angesprochen

---

Primus punctus. Quorum primus est quod disceptatio inter scolas disparatas fuit rigide inchoata pro eo quod solers socius, in primi principio, ultra limites propositum transiens, dicebat quod nullo modo quis potest, etiam de potentia Dei absoluta, videre divinam essentiam quin videret personam.

[112] Maier, nach Barbet, Introduction, 15. Es handelt sich um die Mss Vat. Borghese 39 und Troyes Bibl. mun. 994.

[113] Barbet, Édition, 39.51: *Utrum pater, in illo priori originis in quo perfecte beatus, ante productionem filii, cognoscat in sacramentis nove legis esse aliquam virtutem inherentem ad creationem gratie.*

[114] Barbet, Édition, 44.147: *Utrum creare posset, de potentia dei absoluta, convenire supposito patris absque hoc quod conveniret supposito filii.*

[115] Barbet, Édition, 47.177: *Utrum una persona divina potuerit naturam humanam assumere ad unionem hypostaticam sine altera.*

[116] Wieso sie dem Kopisten nicht zur Hand oder sogar gänzlich unbekannt war, ist schwer zu erklären.

[117] Barbet, Édition, 95. a: *Primus est quod pax duarum scolarum correlativarum quantum ad istam materiam fuit legitime facta pro eo quod dicebat socius sollers qui in antiquioribus docet quod, secundum doctrinam fratris Thome in primo Sententiarum, ratio accipitur dupliciter: uno modo pro ratione que est fabricata ab anima, et alio modo pro ratione definitiva que non est ab anima fabricata; et dicebat quod definitio rationis primo modo accepte non sufficit ad salvandam contradictionem de communicabili et incommunicabili inter essentiam et relationem, sed est necessaria distinctio rationis accepte secundo modo.*

95. b. *Et illud est quod convenit scola nostra, quia, per definitionem formalem quam ponit inter essentiam et relationem, non intendit astruere nisi distinctionem definitivam ab anima non fabricatam.*

[118] Barbet, Édition, 99.

wird.[119] Dieser Friedensschluss, der von Petrus zuerst vorgeschlagen
wurde, bestand in der gegenseitigen Anerkennung des jeweiligen Verständnisses von Rationaldistinktion, und beruhte auf einer Definition
im ersten Buch des Sentenzenkommentars des Aquinaten, aus der
Petrus oder, so die neuere, nicht immer völlig abgesicherte Forschung,
sein Kodisputant Schlüsse zog, die auch für einen Scotisten über-
nehmbar schienen: Die *ratio* einer Unterscheidung innergöttlicher
Personen kann nicht im Sinne einer *ratio definitiva que est fabricata ab
anima*, muss vielmehr als *non ab anima fabricata* zu verstehen sein.[120]
Was damit genauer gemeint ist, erklärt das Referat des Franciscus
gleich anschließend, indem es eine dreifache Erläuterung der thomasischen Definition personaler Differenz anfügt: Wie eine *res* in *actio*
oder *passio* dieselbe bleibt, und doch zwischen beiden zu unterscheiden ist, wie *relatio* und *fundamentum* ein und dieselbe *res* konstituieren
und doch nicht identisch sind, so wie ferner eine einzige Bewegung
actio oder *passio* bewirken kann und dennoch diese Wirkungen nicht
einfach miteinander identizifiziert werden können, so ist auch das
Verhältnis der göttlichen Essenz mit ihren drei Naturen zu betrachten.[121] Dem allem kann Franciscus nur zustimmen.[122] Sogleich zieht
er aus den auch für ihn korrekten Ausführungen des späteren Papstes
vier Folgerungen, deretwegen, wie er sagt, seine Schule häufig bekämpft
werde: Erstens muss eine mittlere *distinctio* zwischen Real- und Rationaldistinktion existieren, zweitens ist nicht jede Distinktion *extra animam*
tatsächlich faktisch real, sondern nur in dem Sinne, als sie vor der
erkenntnisverarbeitenden Tätigkeit der Seele erfolgt, drittens können
in einer *res* verschiedene Formalitäten zu finden sein, viertens bedeutet die Pluralität dieser Formalaspekte keineswegs reale Komposition,

---

[119] A. a. O., 268.
[120] Thomas von Aquin, I Sent, d. 33, q. 1, a. 1, corpus quaestionis: [...] *relationes distinguentes personas* [...], *cum fundentur super aliquod quod vere in re est, scilicet in
communicatione naturae,* [...] *sunt reales relationes habentes esse fundamentum in natura rei.*
[121] Barbet, Édition, 96: *Distinctio rationis. Illam autem distinctionem ipse declarat tripliciter: a. primo quidem in actione et passione que sunt idem realiter tamen habent diversas rationes vel definitiones, cum in diversis praedicamentis collocentur quelibet actio et passio precise. b.
Secundo in relatione et fundamento que secundum ipsum non differunt realiter, et tamen alia est
definitio albedinis et similitudinis, cum in diversis generibus collocentur. c. Tertio in motu actionem et passionem fundante, a quibus non differt realiter, secundum actionem et passionem fundante, a quibus non differt realiter, secundum Philosophum, et tamen differunt definitive, cum motus
non sit de genere actionis et passionis, sed de genere termini ad quem vadit.*
[122] A. a. O., 97: *Et istud est recte quod intendit demonstrare scola minorum, ut habeamus
aliquam distinctionem definitivam, non fabricatam ab intellectu vel ab anima, que non sit realis.*

auch wenn sie unterschiedliche quidditative Gründe besitzen.[123] Eben diese vier Konklusionen, wie schon die drei Beispiele, die die Gegenseite zur Erklärung der thomasischen Definition der Personendifferenz angegeben hatte, führt Franciscus nun in der Eingangsquaestio zum Prolog seiner Sentenzen wieder an. Es darf sogar vermutet werden, dass die Fassung im Prolog zum Sentenzenkommentar die originale Debatte zumindest in größeren Auszügen enthält; nicht wenige Indizien scheinen jedenfalls darauf hinzudeuten. So ist in dem hier wiedergegebenen Stand der Debatte jener Friede, von dem später nur noch als einst vorhandenem und dann wieder brüchig gewordenem gesprochen wird, Wirklichkeit.[124] Zweitens nennt Franciscus seinen Kodisputanten einen *socius excellens* und desssen Aussagen *dicta valde gratiosa*:[125] Höfliche, um nicht zu sagen freundschaftliche Bezeichnungen, die in die von Barbet vorgeschlagene Chronologie der Ereignisse oder Disputationsetappen passen würde, die ja von einer permanenten Verschlechterung des Verhältnisses als Folge einer Verunklärung des Konsenses ausgeht, aber natürlich noch besser in die von Maier präsentierte. Drittens scheint die tastende Art der Verarbeitung der Voten des Rogerii durch Franciscus[126] der Unsicherheit des noch fortlaufenden Prozesses zuzuschreiben zu sein.[127]

Die problemgeschichtliche Bedeutung dieser Disputation für die gesamte Epoche ist nicht zu unterschätzen.[128] Franciscus bringt eine

---

[123] A. a. O., 98.

[124] A. a. O. (3 F): *Ex istis apparet quod est dicendum consequenter ad primum dictum: oportet enim quod pax sit inter opiniones inter quas primo videbatur esse contentio: licet non esset contentio animorum.*

[125] A. a. O. (3 C).

[126] Franciscus sagt a. a. O. (3 F) zum dritten und vierten Argument des Petrus Rogerii, dass er sie nicht verstehen könne – *istis adduntur duo alia dicta que non intelligo* –: Ein wohl nicht nur rhetorisches Nichtverstehen*wollen*, sondern höfliche Umschreibung einer sachlichen Differenz mit dem ausdrücklichen Vorbehalt, bei genauerer Aufklärung über die Meinung des Opponenten möglicherweise bessere Einsichtnahme in seine Denkweise gewinnen zu können.

[127] Alle diese Punkte verkennt Roth, der im theologisch-inhaltlichen Teil seines Werkes über Mayronis den interessierenden *socius excellens* als Duns Scotus bezeichnet, merkwürdigerweise, obschon er ihn bereits im biographischen Teil desselben Buches richtigerweise als Petrus Rogerii identifiziert hatte: Roth, Franz von Mayronis, 303: "Der zitierte 'hervorragende Genosse' ist wohl, wie sich aus dem Folgenden ergibt, niemand anderer als Johannes Duns Skotus." Ebenfalls falsch ist die Identifikation der *dicta* des Petrus Rogerii als Zitate des *doctor illuminatus* (ebd.).

[128] Barbet, Introduction, 33: "Il nous semble donc à la fin de cette rapide introduction au texte, que nous avions quelque raison d'y voir un document particulièrement caractéristique de tout un aspect de l'histoire des idées dans le premier quart du XIVe siècle [. . .]."

Lösung der alten distinktionentheoretischen *crux* unter Rezeption der
thomasischen Sicht der Dinge, einer Rezeption, in der, wie in solchen Prozessen fast immer, Reinterpretation und damit Neufüllung
thomasischer Terminologie geschieht. Damit aber nimmt er freilich
nicht nur eine vereinnahmende Abgrenzung gegenüber seinem thomistischen Gegner vor, sondern auch und zugleich eine sachte, aber
doch sehr merkliche Veränderung scotistischen Traditionsgutes. Aus
der bei Scotus erst sehr zögernd von ihrer großen Schwester Realdistinktion abgehobenen "immanifesten" Distinktion der Objekte vor
aller Aktivität des Intellekts wird bei Franciscus nun eine in aller
Ausführlichkeit und Systematizität von der Realdistinktion getrennte
neue Unterform einer *distinctio ex natura rei*: Sie charakterisiert sich
nicht mehr durch Trennung von *res*, sondern allein von *quidditates*.
   In dieser Mayronischen Distinktionenschau und insbesondere in
der Frage der Formaldistinktion ist also eine doppelte Interessenherkunft
und Linienführung erkennbar. Einerseits argumentiert Mayronis auch
hier aus seinem erkenntnistheoretischen Realismus in Abgrenzung
gegen alle echten oder vermeintlichen Terministen seiner Zeit. An
dieser Stelle liegt sehr wahrscheinlich der Ausgangspunkt seines denkerischen Interesses: Von hier kommt die Bereitschaft, überhaupt mit
einem Thomisten einen Schulterschluss zu versuchen, um eventuell
eine Phalanx gegen gemeinsame Gegner aufbauen zu können; von
hier aber auch die Bereitschaft, scotische Gedanken weiterzuentwick-
eln und mehr oder minder bewusst zu verändern in Richtung auf
einen jede disjunktive Modifikation unterlaufenden Quidditätenbegriff.
Die pure Quiddität wird so zu einer Basalentität jenseits aller Spezi-
fikationen, Quidditäten sind in dieser Weise *non entia rationis nec entia
realia*:[129] Es geht hier nur noch um das reine "Dass" der möglichen
Sagbarkeit dieses Seienden unter Absehung jeder irgendwie vorstellbaren Näherbestimmung seines Aktualitätsgehaltes.
   Andererseits aber, vermutlich allerdings erst sekundär, verfolgte
Franciscus ein distinktionentheoretisches Interesse in Abgrenzung
gegen den Thomismus seiner Zeit: Er leistet eine positive Rezeption
des thomistischen trinitätstheologischen Konzeptes einer *ratio* zur
Bezeichung der Personendifferenz, freilich nur der Sache, nicht des
Begriffs, denn der lässt sich deuten im scotistischen Sinne, die Sache
in ihrem theologischen Kern kaum. Mit dieser interpretierenden

---

[129] Confl., d. 42, q. 2 (119 I).

Auffassung konnte Franciscus eine strategische Doppelüberlegung umsetzen: Einerseits brachte diese inklusivistisch scotistische Lesart eine Konzession an den thomistischen Realismus der Personenauffassung, andererseits aber keine wirklich reelle Trennung der Personen von der Essenz. Auch aus diesem taktischen Doppelziel war Franciscus darum interessiert an der Entfaltung einer Unterart der *distinctio ex natura rei*, die weniger als eine *distinctio realis*, nämlich eine *distinctio realitatum*, ist. Es konnte auch von daher ausschließlich um das reine "Dass" nicht unmittelbar aus der Essenz Gottes deduzierbarer *passiones* oder eben auch *relationes* gehen.

Im Schnittpunkt, respektive in der Fluchtlinie dieser beiden Anliegen und ihrer konkreten konzeptuellen Niederschläge in den Hauptzügen seines theologischen Werkes liegt die eigentliche Stoßrichtung des Franciscus Mayronis: Der doppelte Kampf gegen Terministen und Thomisten prägt seine Fassung der Formaldistinktion gleichermaßen. Er gibt ihr einen Inhalt, den sie bei Duns so noch nicht besessen hatte, indem sie die nichtrealistische Seite der Formaldistinktion in ausgesprochen realistischer Weise betont. Damit wird ihr eine Eigenständigkeit vermittelt, die ihr zuvor als reiner Subspecies der Realdinstinktion noch nicht zukommen konnte.

Auffächerung der distinctio ex natura rei *in eine hierarchisierte Viererkatene* (Confl. d. 8)
Die konkreten Folgerungen aus diesen seinen Grundüberzeugungen und Kampfabsichten in der Distinktionentheorie schildert Franciscus in der achten Distinktion des *Conflatus*.[130] Hauptanliegen ist hier die Trennung des Oberbegriffs der Distinktion *ex natura rei* von den durch sie umschlossenen konkreten Distinktionsmodi durch deren möglichst präzise Definition:[131] Nur indem demonstriert werden kann, dass jede

---

[130] Confl., d. 8 in sieben qq. (43 G–53 H): Q. 1: *Utrum in divinis possit esse distinctio. Secundo videndum est quot sunt modi distinctionum. Tertio videndum est quomodo iste distinctiones possunt investigari. Quarto videndum est utrum distinctio sit in divinis.* Q. 2: *Utrum in divinis sit aliqua non identitas ante omnem distinctionem.* Q. 3: *Utrum divine perfectiones distinguantur ex natura rei scilicet distinctione ab anima non fabricata.* Q. 4: *Utrum perfectiones in deo distinguantur secundum rationem ab anima fabricatam.* Q. 5: *Utrum omnes ille perfectiones que sunt in deo possunt esse una res: supposita alique non identitate vel distinctione ex natura rei inter illas.* Q. 6: *Utrum unitas entis possit salvari in deo cum distinctione formali istarum perfectionum.* Q. 7: *Utrum ista distinctio attributorum possit stare cum summa simplicitate.*

[131] Confl., d. 8, q. 2 (44 H): *Sed adhuc est dubium. Utrum distinctio ex natura rei possit abstrahi ab istis. Dico quod intelligendo distinctionem ex natura rei non ab anima fabricata ipsa est communis istis. Nam quelibet istarum est distinctio ex natura: quia nulla est ab anima fabricata.*

der – wie stets bei Mayronis! – vier *ex natura rei* operierenden Distink-
tionsformen vor jeder Tätigkeit des Intellekts einsetzt, gewinnt die
Behauptung Konturen, *distinctio ex natura rei* könne nur mehr als ein
Oberbegriff ohne konkrete Distinktionsspezifikation verstanden werden.

Die je separat gegebene Distinktionskraft dieser Unterscheidungs-
grade vor aller Aktivität des Intellekts aber wird ihrerseits nur klar
durch einen Vergleich aller vier untereinander. Dies zeigt sich schon
in dem Unternehmen, das Franciscus am meisten interessiert, nämlich die Quidditätendistinktion von der Realdistinktion möglichst
präzise – und in gewissem Sinne auch, möglichst weit – zu trennen:
Die betonte und systemstringente Absetzung der Formal- von der
Realdistinktion zog zwingenderweise zwei weitere, im hochscholastischen und zumal scotischen Denken präfigurierte oder zumindest
angedachte, von Mayronis aber neu gefüllte und akzentuierte distinktionentheoretische Arten mit sich, nicht allein, weil es der Mayronischen
Tetraphilie beliebte, sondern weil sachliche Gründe in der Konsequenz
seines Denkens es erforderten: Eine terminologisch auch bislang bereits
bekannte Essential- und eine von ihm, wie es scheint, neu in die
Problemgeschichte eingebrachte Modaldistinktion. Mit eben dieser
Katene von der Essential- bis zur Modaldistinktion beginnt jene für
die Geschichte der scotistischen Philosophie so wichtige Tradition
hierarchischer Distinktionenreihen, die erst vier, dann meist sieben
Teile umfassten.[132]

Großen Wert legt Franciscus als Begründer dieser Katene auf die
nicht vertauschbare Rangfolge in ihrer essentiellen Struktur. Die
Reihenfolge: Essential-, Real-, Formal-, Modaldistinktion ist zwingend. Durch die erste dieser Distinktionen sind automatisch die durch
sie distinguierten Entitäten auch in den drei anderen Distinktionsgra-
den getrennt, durch die zweite auch in den beiden folgenden, durch
die dritte auch im letzten Grad. (Den Umkehrschluss, dass somit
durch je niedrigeren Grad getrennte Entitäten in allen größeren
Graden identisch bleiben, zieht Franciscus offensichtlich noch nicht).
Dieser wiederum in lockerem Anschluss an Duns – der, wie bereits
vermerkt, Distinktionshierarchien seinerseits ebenfalls schon, aber
lange nicht so kategorisch und terminologisch definitiv betonte hatte –
gesetzte Akzent auf der Hierarchie der *ex natura rei* agierenden Distinktionen führte Franciscus jedoch vor ein systeminternes Fundamental-
problem.

---

[132] Confl., d. 8, q. 2.

Denn es ist, so wendet Franciscus gegen sich selber ein, keineswegs unmittelbar einleuchtend, dass die ohne die Disjunktion vorhandener oder fehlender Realität ihrer Distinguenda auskommende Quidditätendistinktion in einer essentiellen Ordnung der Distinktionen hinter die auf diese Disjunktion zwingenderweise rekurrierende Realdistinktion zu setzen ist. Diesen Evidenzmangel suchte Franciscus darum durch eine weitere Unterscheidung auszugleichen: Die prinzipiellere Unterscheidung brauche nicht die auch essentiell größere zu sein, vielmehr könne essentielle Minorität mit größerer Prinzipialität in eins gehen, da sich Größe oder Kleinheit einer Distinktion nach deren Separationskraft und nicht Priori- oder Posteriorität bemesse.[133] In einer korrolarähnlichen, die Vierzahl von Objektionen im betreffenden Artikel der Quaestio garantierenden Zusatz wird dieser Alternative sogar die Kraft zur Relativierung einer ansonsten in Mayronis' Denken absolut geltenden Regel zugestanden: Obschon eine quidditative Distinktion in jedem Fall prinzipieller sei als jede nicht quidditative, folge daraus nicht, dass sie auch stets – zu ergänzen: im Sinne des *ordo essentialis* – als größer zu gelten habe.

Wohl noch gravierender wird der Begründungsnotstand bei der erforderlichen Rechtfertigung einer Unterscheidung zwischen Quidditäten- und Essentialdistinktion. Denn sowohl die Essential- wie die Realdistinktion werden durch die Realität ihrer Distinguenda bestimmt, eine Unterscheidung zwischen ihnen ist nur in entsprechend verfeinerter Subtilität überhaupt noch wahrnehmbar: Beide betreffen reale Entitäten, die Essentialdistinktion kann jedoch nur dort in Kraft

---

[133] Confl., d. 8, q. 1, a. 2, ob. 3f. et resp. (43 Q): *[Sed contra hec instatur quadrupliciter:] Tertio ostendo quod non sit ordo essentialis inter ista: quia tertia scilicet formalis est maior secunda. primo quia quicquid distinguitur per priora magis distinguitur quam illud quod distinguitur per posteriora: quia distinguitur per ea que sunt de primo modo et sic magis: sed que distinguuntur formaliter distinguuntur per priora: quia per diffinitiva: sed que realiter per posteriora: quia per modum realitatis que est posterior quidditate. ergo distinctio formalis est maior: quam distinctio realis. Quarto sic. Omnis distinctio vel est quidditativa vel non quidditativa: si quidditativa ipsa excedit non quidditativam: si quidditativa ipsa excedit non quidditativam: omnis ergo talis est maior non quidditativam: sed cum realis sit non quidditativa et formalis quidditativa sequitur quod formalis est maior quam realis. [...] Ad tertium dico quod principalior est illa que fit per priora quam est illa que per posteriora et quasi per accidens. Illa autem que est per priora est per se: sed non sequitur quod sit maior si est principalior. Maioritas enim distinctionis et minoritas est propter maiorem distantiam et minorem. Distantia autem maior est inter omnia que essentialiter distinguuntur et etiam realiter quam inter illa que distinguuntur quidditative solum. sunt enim magis separabilia. Ad quartum concedo quod quidditativa inter omnes est prima et principalior: non tamen sequitur ex hoc quod sit maior.*

treten, wo unauflösbare Dependenzverhältnisse zu Tage treten. Essentialität wird somit also als Nichtdeduzierbarkeit oder absolute Nichtreferenzialität definiert.[134] Dies entspricht sicherlich dem letztlich sich Avicenna verdankenden Verständnis von Essentialität bei Heinrich von Gent und Johannes Duns Scotus, in deren Schülerschaft sich Franciscus Mayronis einreihen wollte, wirft allerdings sogleich die heikle Frage auf, inwiefern sich denn dann die essentiale noch von der quidditativen Distinktion unterscheide. Faktisch sind beide gleichermaßen als Essentialdistinktionen zu sehen, wenn anders Essenz als im vollgültigen Sinne nichtdeduzierbares Seiendes begriffen wird. Da Franciscus an einer Differenz aus Gründen der Kohärenz des von seinem Quidditätenverständnis geprägten Systems festhalten muss, wird er zu einer merkwürdigen Konstruktion gezwungen. Galten in der angesprochenen avicennischen Denklinie Essentialität und Existentialität mehr oder minder dezidiert als nicht gegeneinander verrechenbare Alternativen, wird hier diese zur Voraussetzung für jene. Quidditäten sind ja nach Franciscus grundsätzlich nichtableitbare Entitäten, während Essenzen einfach als reale nichtdeduzierbare Entitäten zu verstehen sind. Franciscus fand damit zwar eine in ihrer präzisen Funktionalität elegant anmutende Problembewältigung. Sie bot einen zumindest formellen Ausweg aus dem Dilemma, dass *quidditas* und *essentia* durch verbindliche Aktualität der letzteren voneinander zu unterscheiden waren, ohne dass diese Aktualität den unter strikter Abstraktion von aller Durativität oder Realität geforderten Formalgehalt der ersteren verändern sollte. Realsein oder Aktualität konnte unter diesen Voraussetzungen ja keineswegs als zum quidditativen Formalgehalt extrinsisch hinzukommendes Definiens – im Sinne einer veritablen Seinskomposition – gefasst werden. Die dennoch notwendigerweise irgendwie in Begriffe zu fassende Modifikation der mit Realität versehenen Quiddität zu der ohne sie wesenden bezeichnete Franciscus darum

---

[134] Confl., d. 8, q. 1, a. 3 (43 C–H): *Tertio videndum est quomodo iste distinctiones possunt investigari: et circa hoc sunt quattuor facienda. [. . .] [43 H] Quantum ad essentialem distinctionem dico quod quattuor modis investigatur. Primo per viam generationis et corruptionis: quecunque enim sic se habent quod uno genito vel corrupto aliud non generatur nec corrumpitur: distinguantur essentialiter. Secundo per viam separationis: quecunque sic se habent quod unum separatur ab alio essentialiter distinguuntur. Tertius modus est magis proprius scilicet per viam dependentie. Nam via prima non valet sine ista: quia generatio est in divinis: non tamen distinctio essentialis. Unde per viam dependentie probatur sic. Quecunque se habent sic: quod unum dependeat ab alio: necessario unum ab alio distinguitur essentialiter. Infra enim eandem essentiam non potest esse proprie dependentia que in essentia fundatur: quia nihil refertur ad se. [Quarta via etc.]*

schlicht und einfach als – rein intrinsisch zu verstehenden – *modus*.
Auch damit greift er einen klassisch scotischen Terminus auf. Schon
bei Duns selber dient er dazu, eine nicht im Vollsinn reale, auch
nicht objektale – zwei verschiedene formal separierbare Objekte vo-
raussetzende –, nichtsdestotrotz aber *ex parte rei* zu verstehende Differenz
anzuzeigen. Dies alles aber konnte nicht vor sich gehen, ohne dass
Franciscus die bei Duns gegebenen Bezugsverhältnisse gleichsam
umkehrte. Denn bei Duns vermag die intrinsische, also erkenntnis-
notwendige Modalität einen in sich unvollkommenen Begriff soweit
zu perfektionieren, dass er intuitiv erkannt werden kann,[135] während
ohne intrinsischen Modus der Begriff als solcher nur abstraktiv und
imperfekt erkennbar bleibt.[136] Insoweit stimmen zwar die Verwendung
des Begriffs durch Franciscus und Johannes überein: Die Mayronische

---

[135] Ord. I, d. 8, W. q. 3, n. 27; V. p. 1, q. 3, nn. 138–140: *Respondeo quod quando
intelligitur aliqua realitas cum MODO intrinseco suo, ille conceptus non est ita simpliciter simplex, quin possit concipi illa realitas, absque modo illo, sed tunc est conceptus imperfectus illius
rei. Potest etiam concipi sub illo modo, et tunc est conceptus perfectus illius rei. Exemplum, si
esset albedo sub decimo gradu intensionis, quantumcunque esset simplex omnino in re, posset tamen
concipi sub ratione albedinis tantae: et tunc perfecte conciperetur conceptu adequato illi rei, vel posset concipi praecise sub ratione albedinis tantae: et tunc perfecte conciperetur conceptu adaequato
illi rei, vel posset concipi praecise sub ratione albedinis, et tunc conciperetur conceptus imperfecto,
et deficiente a perfectione rei; conceptus autem imperfectus posset esse communis illi albedini, et
alii, et conceptus perfectus proprius esset: requiritur igitur distinctio inter illud a quo accipitur conceptus propius, non ut distinctio realitatis et realitatis, sed ut distinctio realitatis et modi proprii
et intrinseci eiusdem: quae distinctio sufficit ad habendum perfectum conceptum, vel imperfectum,
de eodem, quorum imperfectus sit communis et perfectus sit proprius: sed conceptus generis, et
differentiae requiruntur distinctionem realitatum, non tantum eiusdem realitatis perfecte, et imperfecte conceptae.*
*Illud potest sic declarari. Si ponamus aliquem intellectum perfecte moveri a colore ad intelli-
gendam realitatem coloris, et realitatem differentiae, quantumcunque habeat perfectum conceptum
adequatum primae realitati, non tamen habet in hoc conceptum realitatis, a quo accipitur differentia
nec e converso: sed habet ibi duo obiecta formalia, quae nata sunt terminare conceptus proprios
distinctos. Si autem tantum esset distinctio in re sicut realitatis, et sui modi intrinseci, non posset intellectus habere proprium conceptum illius realitatis, et non habere conceptum illius modi
intrinseci rei, saltem ut modi sub quo conciperetur.*
[136] Vgl. dazu auch den Kommentar S. 748 d: *Haec responsio est valde ponderanda,
nam Doctor primo distinguit duplicem realitatem, scilicet perfectam et imperfectam. Perfecta est
ipsa realitas sumpta cum suo modo intrinseco. Imperfecta sumpta sine tali modo. Nota secundo,
quod realitas sumpta sine modo non potest esse aliquid existens, neque intelligi existens in re, sed
tantum in conceptu. Exemplum: nam Deus sumptus cum modo suo intrinseco est tantum unum
obiectum formale terminatum cognitionis intuitivae, ita quod impossibile est aliquem intellectum
intuitive cognoscere ipsam Deitatem, vel ipsum ens summum, non intelligendo gradum intrinsecum.
et ut sic nihil est ibi quasi potentiale, sive quasi perfectibile ab alio. Si vero intelligatur ipsa
realitas sine modo intrinseco, quid tunc est? Dico, quod in re nihil est existens potens terminare
intuitivam cognitionem, sed tantum est conceptus entis, cognitus tantum cognitione abstractiva, et
exemplum patet de ipsa albedine intensa, ut decem: quia ipsa albedo sumpta cum grado suo intrinseco est tantum unum obiectum formale terminativum cognitionis intuitivae, ita quod impossibile est.*

Quidditas ist ein nur abstraktiv zu erkennender Begriff, der ohne die
Realität der *res*, der sie inhäriert, nicht intuitiv erfassbar ist. Und
insofern spricht Mayronis zu Recht von einer intrinsischen Modalität
der Realität in der Quiddität: Ohne jene ist diese nicht als voller
eigener Begriff erkennbar. Doch während bei Duns der innere Modus
einer Sache gewissermaßen den Intensitätsgrad einer Eigenschaft
anzeigt, der als solcher die Realität ebendieser Sache mit sich bringt,
macht Mayronis umgekehrt die Realität zum *modus intrinsecus* selber,
aus dem sie als dessen Resultat doch im scotischen Denken erst hervorgeht. Innerhalb seiner Systemvorgaben ist es konsequent, dass er
die *quidditas* und die ihr sozusagen aufoktroyierte Realität stärker
trennen will als noch Duns und dazu eigens eine neue Kombination
bereits existierender Begriffe ersinnt. Dennoch führt diese Explikation
von Dingen, die beim *doctor subtilis* nur mehr impliziert waren, zu
Problemen, mit denen dieser noch nicht zu kämpfen hatte.

Aufsplitterung von Infinität und Quiddität: Scotistische Grenzen des
Mayronischen Konzeptes
Was dieses absolute Unterlaufen jeder disjunktiven Modifikation rei-
ner Quiddität bei Franciscus problemapplikativ in theologischer
Hinsicht bewirkt, lässt sich exemplarisch leicht an einem so zentralen Punkt wie der Unendlichkeit Gottes betrachten. Franciscus behandelt die Unendlichkeitsfrage zwar natürlich am selben Ort innerhalb
der Sentenzen wie Duns, in der zweiten Distinctio des ersten Buches.
Doch tut er dies mit entscheidend abweichenden Konsequenzen.[137]
Er stuft hierarchisch, was Duns nur gleichsam virtuell trennen mochte.
Zuerst steht die göttliche Essenz, die eigentliche Deität, der als ein
intrinsischer Modus ihre Unendlichkeit zukommt, während als eine
beiden nachgeordnete *passio* erst die Existenz folgt.
      Grundsätzlich wird diese Frage zuerst abgehandelt in der q. 5 die-
ser Distinctio: *Utrum deus sub ratione infinita posset esse obiectum alicuius*
scientie create? Wie gewöhnlich kündigt Mayronis einen Quaternar von
Infinitätsbegriffen an, präsentiert dann aber merkwürdigerweise nur
einen Ternar: Infinität als Gottheit, unter Feststellung von Begriffs-
identität; Infinität als Attribut der Gottheit; Infinität als *ratio priva-*
tiva.[138] Mayronis verwirft alle drei mehr oder minder stark,[139] und

---

[137] Confl., d. 2, qq. 3–8 (17 I–20 B).
[138] Confl., d. 2, q. 5 (18 E–F).
[139] A. a. O. 18 (F–G).

bestimmt das Verhältnis der Unendlichkeit Gottes zu dessen Essenz als das eines *modus intrinsecus* zur Quiddität, der von einer Formal-distinktion deutlich zu trennen sei, weil er den Formalgehalt, also die reine Quiddität der göttlichen Essenz, in keiner Weise in sich verändere.

Diese Verhältnisbestimmung wird in den vor- oder nachfolgenden Quaestionen dann exakter beschrieben oder wiederholt. Bei der als q. 3 dieser *distinctio* aufgeworfenen Frage, ob Gottes Existenz (*esse*) mittels einer *demonstratio quia* nachgewiesen werden könne, unterschei-det Franciscus zwischen zwei Beweisarten, einem Beweis *a priori* und einem solchen *a posteriori*. Die beiden Beweisarten gehen je alterna-tiv von der Priori- oder Posteriorität zweier einander zugeordneten *passiones* einer *essentia* aus. Die beiden einander stets zugeordneten Eigenschaften (*passiones*) bilden zusammen Prädikat und Kopula eines syllogistischen Obersatzes. Der Untersatz desselben Syllogismus besteht in einer *demonstratio a priori* aus der prioritären Eigenschaft als Prädikat und der fraglichen *essentia*. Der Schlusssatz beweist dann die poste-riore Eigenschaft als Eigenschaft der zur Debatte stehenden Essenz; in einer *demonstratio a posteriori* im Sinne Mayronis' funktioniert alles selbstredend entsprechend umgekehrt. Als Beispiel für eine *demonstra-tio quia a priori* (für Gottes Sein) nun nennt Mayronis explizit Infinität und Existenz; er hebt damit die beiden deutlich voneinander ab.[140] Damit ergibt sich eine ontologische Vorordnung der Unendlichkeit der göttlichen Essenz vor ihre Existenz, mithin also eine doppelte Stufung Essenz-Infinität-Existenz. Auch in q. 6 wägt Mayronis die beiden Begriffe der Gottheit und der Unendlichkeit in ihrem Nobi-litätsverhältnis gegeneinander ab[141] und betont auch hier die Dreistufung Essenz-Infinität-Existenz.[142]

---

[140] A. a. O. 17 (K–O): *Exemplum: Omne ens infinitum existit actualiter: deus est ens infinitum. Ergo etcetera. Hic enim posterior passio demonstratur per priorem passionem, tanquam per medium. Infinitas autem est passio prior existentia: sicut patebit octava distinctione.* Die Reihenfolge wird hier klar markiert.

[141] Confl., d. 2, q. 6 (18 Q): *Utrum conceptus entis infiniti sit conceptus nobilissimus in via.*

[142] Erste und zweite *obiectio* gegen die eigene *solutio* und die Lösungen dazu a. a. O. (19 C–D):
Primo sic. Omnis conceptus quidditativus est prior et principalior quam non quidditativus, sed conceptus infinitatis non est quidditativus. Ergo conceptus infinitatis non est prior et principalior. Secundo sic. Conceptus prior est nobilior. Sec conceptus infiniti non est prior. Nam prius est: et concipitur habens gradum quam gradus. [. . .]
[19 D] *Ad primum dico quod conceptus quidditativus proprius est nobilior conceptu non quid-ditativo: sed conceptus generalis quantumcunque quidditativus non oportet, quod sit nobilior quocunque*

Die Konsequenzen dieser hochgradig essentialisierenden Scotus-
Lektüre zeigen sich in der die Mayronische Infinitätslehre im Prinzip
beschließenden q. 8, die nach der Beweisbarkeit des *esse infinitum*
Gottes fragt.[143] Bevor der *doctor acutus* zur eigentlichen Beantwortung
der Frage mittels der vier klassischen *viae* des Dionysius Areopagita
vorstößt, hält er in einer einleitend kommentierten *conclusio* noch einmal fest, dass Unendlichkeit eine Eigenschaft des Wesens Gottes sei,
so wie Endlichkeit eine Eigenschaft der Kreatur darstelle. Endlichkeit
sei kein bloßes Akzidens der Kreatur, da sie von ihr ja in potentieller Existenz schon erkannt werden könne, was für Akzidenzien schlechterdings unmöglich sei. Darum könne umgekehrt analog auch
Unendlichkeit kein schlichtes Akzidens Gottes, sondern müsse im
Gegenteil eine wirkliche Eigenschaft seines Wesens sein. Deswegen,
so die freilich nur implizierte Folgerung, muss sie auch beweisbar
sein.[144] Diese der Unendlichkeit scheinbar einen hochrangigen Platz
zuweisende Argumentation kaschiert nur vordergründig die faktische
Entwertung des bei Duns so zentralen Unendlichkeitskonzepts durch
seinen wirkmächtigsten Schüler. Denn interessanterweise trennt ja
Mayronis genau hier, zu Beginn der q. 8, die Frage nach der Demon-
strabilität der Existenz Gottes von derjenigen nach möglichen Beweisen
seiner Unendlichkeit. Die Essenz Gottes wird vor ihrer Unendlichkeit
bewiesen, die ja nur den Status einer *passio*, eines von ihr klar – und
wohl klarer als bei Duns – zu trennenden *modus intrinsecus* aufweist.[145]
Schon aufgrund der konzeptuellen Anlage der Distinctio mit ihrer
oben beschriebenen essentialisierenden Dreiteilung konnte Franciscus
Mayronis keinen andern Schluss ziehen, auch wenn, in der Sprache
seiner Schüler gesagt, dies nur ein eindeutiges *non scotiçat* bedeuten
kann. Noch dem späten, einflussreichen Kommentator der Werkausgabe
von 1520, Mauritius Hibernicus, stach dies störend ins Auge. Er ver-
wies darum in ungewohnter Schärfe auf eine Aussage des *doctor subtilis*, in der dieser nicht nur Existenz und Unendlichkeit des ersten

---

non quidditativo, de deitate autem non habemus nisi conceptum generalem. Ad secundum dico quod
conceptus infiniti est prior in deo quam conceptus existentie. Nam creatura in potentia recipit pre-
dicationem finitatis, non autem existentie.

[143] Die Ausführungen in Confl., dd. 43f., q. 9 (128 B), *quarto*, sind wohl mehr
als Appendix zu sehen.

[144] Confl., d. 2, q. 8 (19 K).

[145] Zu einem andern Urteil gelangt hier im Anschluss an Gilsons Scotusinterpretation
Vignaux, L'être comme perfection, 303–304, der Franciscus im Punkt der inner-
göttlichen Einheit insbesondere gegen den von ihm als Scotismus-geschichtlichen
Sündenfall betrachteten Jean de Ripa abheben will.

Seienden aneinanderbindet, sondern auch ausdrücklich beide als exklusiv durch intuitive Erkenntnis perzipierbar erklärt.[146]

Mit seinen zwar funktional scharfsinnigen, in ihrer Konsequenz jedoch nur bedingt luziden Definitionsunternehmungen und den durch sie offensichtlich werdenden Bestimmungsproblemen des *doctor abstractionum* wird eine der Hauptschwächen des Mayronischen Systems insgesamt erkennbar: Die massive faktische Dominanz des Quidditätendenkens über andere für scotistisches Bewusstsein ebenfalls systemkonstitutive Inhalte mitsamt den aus diesem Übergewicht sich ergebenden Spannungen. In langer Sicht waren es denn auch genau sie, die zu gewissen Missverständnissen in der bedeutungsvollen Rezeptionsgeschichte der scotischen Formaldistinktion, die stets aus der spezifischen Formung durch Mayronis übernommen wurde, führen sollten. Sie in erster Linie waren es, die der im ausgehenden 15. Jahrhundert bei Brulefer und andern einsetzenden Kritik an der Linie vom *doctor abstractionum* Mayronis bis zu Antonius Sirectus den Nährboden geben sollten.[147]

Überlieferungsvehikel des Mayronismus war ein *Tractatus formalitatum*, der aus zwei anderen Strängen des Scotismus des 14. Jahrhunderts

---

[146] Marginalien zu Confl., d. 2, q. 8 (19 K): *Conclusio preambula. Hoc etiam videtur contra Scotum nisi capiatur propria passio et modus intrinsecus pro eodem. Ideo nota. Est etiam contradictio in dictis propriis ut patet supra sepe hoc. Sed omnia salvabis.*
Considera hoc bene ponderando. Modus intrinsecus est intimior passione: sed pro te esse est modus intrinsecus in divinis ergo est intimius et prius infinitate respectu essentie cuius oppositum Scotus dixit questione tertia huius distinctionis 'contra' [W. n. 2; V. n. 167: *Si dicas quod A intelligit B per essentiam ipsius A, que simillima est ipsi B, aut quod A intelligit B, in ratione speciei communis ipsi A, et ipsi B. Contra. Neutra responsio salvat, quod A, intelligat B, perfectissime et per consequens non est Deus, quia cognitio alicuius in simili tantum, sive in universali, non est cognitio perfectissima et intuitiva ipsius rei in se, et ita non cognoscit B intuitive et perfectissime, quod est propositum.*]

[147] Auch hier stellt der Ersteditor und Kommentator der wichtigsten in der Ausgabe Venedig 1520 versammelten Werke des *doctor abstractionum*, Mauritius Hibernicus, bereits Differenzen in der Lehre fest, wenn er den Leser vor dem Einstieg in das Studium warnend anspricht: *Nec mireris queso: si Scoto aliquando quod perrarum est dissentiat. Nam fidelis interpretis est officium potius quam authoris nihil addere de suo. sed aliena exponere hisque semper insistere. Licet igitur dissentiat ut dixi perraro: eum tamen colit atque adorat doctoremque suum appellat: et veluti religionis nostre decus perpetuum suspicit et veneratur* (aus der Widmung an Christophorus Marcellus Patrizius, fo. 1). Dass diese beinahe beschwörende Treueversicherung unter dem Gewand der humanistischen Lobrede ihr Gegenteil bedeuten könnte, wie vielleicht in heutigem akademisch-diplomatischem Kontext, ist nicht wirklich wahrscheinlich; zu sehr wohl waren scotistische Publizisten und Lehrer wie Hibernicus am Jahrhundertanfang noch von der Homogenität ihrer Bewegung überzeugt. Sie lässt allerdings dennoch aufmerken: Der Weg zur Bewusstwerdung ideengeschichtlicher Differenzen zwischen Meister und Schüler – und damit einer neuen Etappe des Scotismus, derjenigen reflektierter Flügelkämpfe – scheint nicht mehr allzu weit.

mit zusammengesetzt ist: Den Formalitätentheorien des Katalanen Petrus Thomae und des Franzosen Nicolaus Bonetus, deren Hauptlinien im Folgenden im Hinblick auf deren Aufnahme im *tractatus* skizziert werden sollen.

3. Schritte zur klassischen "distinctio septemplex": Die Formalitätenlehre im 14. Jahrhundert

1. *Petrus Thomae*

Zu einem nicht geringen Teil verdanken sich, wie es scheint, die Anfänge scotistischer Distinktionentheorie aus ihr peripheren Beweggründen. Das geistige Schulhaupt Duns Scotus war wie schon Johannes Bonaventura vor allem, wenn auch längst nicht ausschließlich, aus trinitätstheologischen und christologischen Gründen am Ausbau einer Formaldistinktion interessiert. Sein unmittelbarer Schüler Franciscus Mayronis fand primär erkenntnistheoretisches Interesse an ihr. Später sollte Nicolaus Bonetus eine vorrangig kategorienlogisch-metaphysische Absicht in ihrer präzisen Explikation verfolgen. In Petrus Thomae aber tritt erstmals in der Geschichte des Scotismus ein weniger durch instrumentell bedingte als durch unmittelbare Anteilnahme an der Thematik von Identität und Differenz oder Union und Distinktion motivierter Autor und Lehrer.[148] Seine wirkmächtige distinktionentheoretische Reflexionsintensivierung sicherte ihm große Prominenz: Der Katalane wird in der posthumen Gipfelzeit seiner Ausstrahlung, im 15. Jahrhundert, als *magnus Scotista*, als *egregius et subtilissimus vir* und sogar als *eximius doctor* bezeichnet; schon im Jahrhundert zuvor erhielt er gleich drei magistrale Ehrentitel als *doctor invincibilis, doctor strenuus, doctor proficuus*.[149] Beides verweist auf eine in der Geschichte des frühen Scotismus herausragende Stellung, die sich wohl nicht

---

[148] Waren bis vor kurzem nur zwei eindeutige Daten aus dem Leben des *doctor proficuus*, der als Magister am Ordensstudium in Barcelona unterrichtete, bekannt – Peter widmete seinen *Tractatus de Conceptione Beatae Mariae Virginis* Jakob II. von Aragonien und Papst Johannes XXII.; die früheste bekannte Handschrift eines seiner Werke datiert von 1336 – und wurde sein Tod gemeinhin um 1350 oder gar 1360 festgesetzt, konnte Ignatius Brady, The Later Years, weitere Lebensstationen erhellen: Petrus arbeitete in den dreißiger Jahren als Abbreviator und Poenitentiar an der Kurie in Avignon. Er starb wahrscheinlich schon um 1340 und zwar als Angeklagter im päpstlichen Kerker von Noves (Novarum) südlich von Avignon.

[149] Belege bei Bridges, Petrus Thomae, 172. 174.

zuletzt seinem bleibenden Einfluss auf die Konzeption der nach-may-
ronischen Distinktionentheorie unter den Schülern des *doctor subtilis*
verdankte.[150]

Seine Formalitätenlehre ist uns in drei mehr oder minder voneinander verschiedenen Quellen überliefert: Zum einen als *Formalitates
breves*, deren Originaltitel vermutlich *De modis distinctionis* lautete; zum
anderen als *Formalitates Conflatiles*, die ursprünglich wohl *De distinctione
praedicamentorum* hießen,[151] später entstanden waren, eine reifere
Bearbeitung des Themas boten[152] und einen nachhaltigen verlegeri-
schen Erfolg darstellen sollten;[153] schließlich auch in einem *Quodlibet*,
das zwei *Quaestiones*[154] zur Identitäten- und Distinktionentheorie aus
den *Formalitates breves* in leicht revidierter Weise wiederholt.[155] Die
Datierung dieser Quellen ist nicht ganz einfach zu bewerkstelligen;
wesentlich für unsere Interessen ist, dass die entscheidenden geistigen Prozesse in der Entstehung der philosophischen Grundoptionen
des Petrus *nach* dem Werk des Franciscus Mayronis entstanden sein
müssen.[156]

In dem uns primär interessierenden Gegenstand der Auffassung
des Petrus zur scotistischen Distinktionenlehre gehen die beiden Quel-
lengruppen zwar terminologisch unterschiedlich vor – die *Formalitates*

---

[150] Poppi, Il contributo, 628, Anm. 14: "La presenza di numerose manoscritti di
Pietro nelle biblioteche europee denota una sollecita e vasta diffusione del suo pensiero nei centri culturali del tempo."

[151] So Bridges, Identity and Distinction, 5–13.

[152] Die *Formalitates Breves* und *Formalitates Conflatiles* existieren auch in kompilierter
Form, wobei die früheren und kürzeren *Formalitates Breves* interessanterweise an zweiter Stelle kommen. Die Zusammenfügung dürfte allerdings erst nachträglich erfolgt
sein.

[153] Es gibt offenbar eine Vielzahl von Titeln dieses in verschiedenen Fassungen
vor allem in der Form von Manuskripten zirkulierenden Traktates. Druckausgaben
entstanden 1501, 1505, 1514, 1517, 1526, 1585, 1588 und 1606 (Prantl, Bd. IV,
Anm. 102). Die im folgenden zitierte Ausgabe wurde 1517 durch Nuciarelli in
Venedig verfertigt.

[154] Quodlibet, ed. Hooper/Buytaert 1957, pars prima, qq. 6 (*Utrum identitas identica possit poni in aliquo sine infinitate intensiva utriusque vel alterius extremorum*) und 7 (*Utrum
distinctio ut est ad genus et differentiam et diversitatem dicat aliquid positivum formaliter*).

[155] Als weitere Hauptschriften des Petrus Thomae dürfen gelten: Eine *Reportatio*
über die Sentenzen, eine Schrift *De esse intelligibili* über den ontologischen Status der
Ideen bei Gott und den Kreaturen und ein Quodlibet; vgl. Bridges, Petrus Thomae,
2–5.

[156] Hooper/Buytaert, a. a. O., XI–XIII, datiert die Komposition des gesamten
Quodlibet auf *frühestens* 1320, möglicherweise auch erst um 1322. Die hinsichtlich
der Ausformung seiner Distinktionenlehre entscheidende d. 8 des *Conflatus* des
Franciscus Mayronis entstand als Teil der Redaktion mit Sicherheit einige Jahre
zuvor.

conflatiles gehen aus von einer Primärunterscheidung von Dingen, die entweder *ratione* oder *ex natura rei* unterschieden werden,[157] das *Quodlibet* spricht (im Anschluss an die *Formalitates breves*) von einer entweder von der kollativen Potenz des Verstandes abhängigen oder von ihr unabhängigen *distinctio*[158] – doch evidenterweise liegt hier kein sachlicher Unterschied.

Größer ist die Verschiedenheit in der näheren Bestimmung der *distinctio realis* respektive *distinctio ex natura rei*. Sie wird von den *Formalitates conflatiles* eingeteilt in drei Unterkategorien, eine *distinctio formalis*, eine *distinctio realis* und eine *distinctio essentialis*, wobei letztere noch einmal unterteilt wird in eine *distinctio se totis subiective* und eine *distinctio se totis obiective*. Das später entstandene Quodlibet geht hier

---

[157] A. a. O. (fo. 30 va): *Praedicamentum potest accipi duobus modis; uno modo logice, prout nominat seu importat secundum intentionem; alio modo metaphysice, prout nominat primam intentionem, quae substernitur secundae tanquam fundamentum relationi. [. . .] Eorum, quae distinguuntur, quaedam distinguuntur ratione, quaedam vero ex natura rei. [. . .] Eorum, quae distinguuntur ex natura rei, quaedam distinguuntur formaliter, quaedam realiter, quaedam essentialiter. [. . .] Distinctorum essentialiter quaedam distinguuntur se totis subiective, quaedam se totis obiective* (zit. nach Bridges, Identity and Distinction; ebenfalls zit. bei Poppi, Il contributo, 629, Anm. 14).

A. a. O. (fo. 30 vb): *Ratione distinguuntur per actum intellectus possibilis collectivum, [. . .] sicut diffinitio et diffinitum logice loquendo. [. . .] Distinguuntur ex ratione rei praecise, quorum distincta dependent praecise ex propriis rationibus terminorum, [. . .] ut lapis et homo. [. . .] Formaliter distinguuntur, quaecunque ita se habent, quod unum ultimate abstractum non includit quidditative reliquum, sicut patet in divinis.*

A. a. O. (fo. 31 ra): *Illa distinguuntur realiter, quaecunque ita se habent, quod quodlibet est formaliter positivum et unum ab alio ultimate abstractum nullo modo includit aliud nec de eo potest vere et affirmative praedicari. [. . .] B. Illa distinguuntur essentialiter, quaecunque ita se habent, quod uno existente aliud non existit seu non oportet existere, [. . .] ut homo et angelus. [. . .] Illa distinguuntur se totis subiective, quaecunque ita se habent, quod realitates eorum sunt distinctae numero vel individualiter, [. . .] ut Petrus et Bernardus. [. . .] Illa distinguuntur se totis obiective, quae non conveniunt in aliqua una realitate seu ratione quidditativa, [. . .] ut ens et bonum. [. . .] Omnia praedicamenta distinguuntur ex natura rei. [. . .] v. A. Omnia praedicamenta distinguuntur formaliter. [. . .] B. Omnia praedicamenta distinguuntur realiter. [. . .] Omnia praedicamenta distinguuntur essentialiter. [. . .] Omnia praedicamenta distinguuntur se totis subiective. [. . .] B. praedicamenta non distinguuntur se totis obiective* (zit. nach Prantl, Bd. IV, 195f.).

[158] Quodlibet, ed. Hooper/Buytaert, 119f., 30–58: *[. . .] Distinctio videtur posse dividi per distinctionem dependentem ab actu alicuius potentiae collativae, et per distinctionem non dependentem ex aliquo tali actu. Haec, inquam, potest esse prima eius divisio, eo modo etiam quo distinguitur prima sui divisione ipsum ens, cum dicitur quod aliud est ens in anima seu rationis, aliud reale seu extra animam. Sic in proposito ista divisione dividitur ipsa distinctio. Unde prima distinctio, puta ab actu potentiae collativae, est distinctio rationis, secunda realis. [. . .] Tertium dictum est, prosequendo de distinctione non dependenti ab actu aliquo collativo [. . .], quaedam est distinctio essentiae et essentiae, quaedam sicut rei et rei, alia realitatis et realitatis, alia realitatis et rei, alia formalitatis et formalitatis, alia formalitatis et rei, alia modi intrinseci et eius cuius est.*

differenzierter vor und benennt darum eine größere Zahl von Distinktionen als Unterarten der *distinctio realis*: Eine *distinctio essentiae et essentiae*, eine *distinctio rei et rei*, eine *distinctio realitatis et realitatis*, eine *distinctio realitatis et rei*, eine *distinctio formalitatis et formalitatis*, eine *distinctio formalitatis et rei* und eine *distinctio modi intrinseci et eius cuius est*. Diese Einteilung ist evidenterweise dadurch viel feinmaschiger, als sie die Bestimmung der Distinktionsart nicht durch ein adjektivisches Attribut erreicht, sondern durch eine präzise objektale Apposition der je distinguierten Entitäten zum Distinktionenbegriff vornimmt. Diese Appositionen sind daher in der Lage, die gleichsam bereits traditionellen adjektivischen Distinktionsbegriffe noch einmal zu differenzieren. So entsprechen der *distinctio essentialis* die *distinctio essentiae et essentiae*, der *distinctio realis* die *distinctio realitatis et realitatis*, diejenige *realitatis et rei* und diejenige *rei et rei*; der *distinctio formalis* entspricht die *distinctio formalitatis et formalitatis*, diejenige *formalitatis et rei* und diejenige *modi intrinseci et rei*.

Es stellt sich darum die Frage nach der Motivation des Petrus für diese feinere Gliederung seiner eigenen früheren und scheinbar doch alle Sachaspekte schon abgeltenden Nomenklatur. Dass dem Empfinden des katalanischen Lehrers nach ein massiver Präzisierungsbedarf vorgelegen haben muss, liegt als heuristische Erstantwort auf der Hand. Doch damit stellt sich sofort auch die Frage, warum Petrus eine Terminologie präzisieren wollte, die er doch gleich von Beginn seines Schaffens weg hätte genauer fassen können. Die einfachste und historisch plausibelste Antwort dürfte darin bestehen, dass er die erste Version als solche in seinem Umfeld angetroffen und übernommen hat. Da die feste Reihenfolge der sieben in den *Formalitates conflatiles* auftretenden *distinctiones* kaum und auch deren Terminologie nur in Ansätzen bei Duns vorkommt, kann deren Ursprung nur bei Franciscus Mayronis liegen, der ja auch chronologisch gesehen mit großer Wahrscheinlichkeit einige Jahre vor Petrus zu publizieren begonnen hatte. Bei Mayronis findet sich sozusagen die Kernzelle der Petrinischen Siebenerkette in der ebenfalls unveränderlich festen Kette der vier Unterarten (*distinctio essentialis – realis – formalis – quidditatis et modi intrinseci*) einer *dinstinctio ex natura rei*.[159]

Doch nicht nur die in der ordensinternen Rezeption des *doctor*

---

[159] Das hat Poppi, Il contributo, 633, Anm. 18, erkannt, Bridges, Identity and Distinction, hingegen nicht, obwohl er gelegentlich (9, Anm.; 25, Anm.; 148, Anm.; 160, Anm.) auf die Bedeutung des *doctor illuminatus* für Petrus hinweist.

proficuus Thomae so wirkungsmächtige, weil so festgeformte Katenenstruktur seiner *septemplex distinctio*[160] fand sich bei Franciscus vorgegeben. Auch deren materialer Angelpunkt, als der ja wohl die
Differenzierung zwischen Real- und Formal- oder Quidditätendistinktion
gelten darf, übernahm Petrus mehr oder minder unverändert. Schon
die sicherlich charakteristisch post-scotistische Unterscheidung dieser
beiden Distinktionen durch die Feststellung, dass Formalitäten unendlich und somit durch eine *identitas identice seu essentialis* mit der unendlichen Essenz Gottes verbunden sein können, während Realitäten
stets im Rahmen kreatürlicher Finität verbleiben müssen, findet sich
beim provenzalischen Magister explizit.[161] Erst recht ist aber die

---

[160] *Brevissimus Tractatus Septemplicis Distinctionis*: Madrid, Nac. 2017 ff. 40v–43v.
(Vgl. dazu Roest, Bert: http://users.bart.nl/~roestb/franciscan/franautp.htm (März
2002) unter dem Stichwort Petrus Thomae.)
[161] Confl, d. 8, q. 3, *utrum divine perfectiones distinguantur ex natura rei scilicet distinctione ab anima non fabricata* bringt Franciscus diesen Sachverhalt zur Sprache.
Zuerst nur indirekt im Zuge der letzten (47 D–F) von acht *difficultates* zur *quaestio*. Sie besteht in der Frage, ob Konnotieren und nicht Konnotieren als Tätigkeiten
göttlicher *perfectiones* voneinander differieren *ex natura rei* oder nicht, ob also beispielsweise vom göttlichen Willen und vom göttlichen Intellekt oder auch anderen göttlichen *perfectiones* Unterschiedliches ausgesagt werden könnte. Da, so Franciscus, das
Ausüben und das Nichtausüben einer konnotativen Tätigkeit tatsächlich zwei konträre Handlungen darstellen, die nur von zwei notwendigerweise konträren Agenten
denkbar sind, stellen sie die Extreme eines Gegensatzes dar, die, so ergänzen wir,
jeder sie erkennenden Tätigkeit unseres Verstandes vorauslaufen müssen.
Wie aber, hält er sich selber entgegen, verhielte sich die Angelegenheit, wäre nur
einer der angesprochenen Handlungsagenten göttlicher, der andere aber menschlicher Natur? Diese Option ist "nichts", lautet die Antwort, denn in einem unendlichen Akt (*actus*) alles Gute wollen, in einem unendlichen Akt alles Üble wollen
oder auch in einem unendlichen Akt alles Gute oder Üble zu erkennen: Dies alles
kommt einer Kreatur *formaliter* nicht zu.
Der unendliche Willensakt und der unendliche Erkenntisakt sind nun aber beide
formaliter in Gott. Es gilt darum, dass zwei unendliche Akte *ex natura rei* voneinander zu unterscheiden sind, nicht aber *realiter*.
Explizit drückt Franciscus den Sachverhalt aus in der Besprechung der zweiten
von insgesamt sechs *instantiae* (47 Q–48 C) zu seiner bejahenden Beantwortung, ob
die *perfectiones* respektive Attribute des Wesens Gottes voneinander *ex natura rei* getrennt
seien. Die *instantia* fragt, wie es möglich sei, dass das perfekteste Wesen in sich
Pluralität aufweise. Franciscus entgegnet dem eigenen Einwand, dass die Eigenschaften
Gottes unter dem Aspekt ihrer formellen Nichteinheit differieren, d. h. nur im zweiten Modus (*dicendi per se*) eins seien, unter demjenigen ihrer gemeinsamen Zugehörigkeit
zur Essenz Gottes jedoch vollkommene Einheit aufweisen, also im ersten Modus
identisch seien. Diese Essenz ist in sich aufgrund ihrer Infinität nur eine und alle
an dieser Infinität partizipierenden Formalitäten partizipieren auch an deren Essenz.
Damit ist zugleich gesagt, dass Identitätsaussagen über Formalitäten von deren
Unendlichkeit ausgehen. *[. . .] Magis sunt illa que sunt de primo modo: quam illa que sunt
de secundo modo. attributa autem sunt idem in secundo modo. non in primo. ergo non sunt summe
idem. Dico quod attributa in rationibus suis formalibus: nec sunt idem. nec unum. et ut sic com-*

Qualifizierung der Formaldistinktion als einer Quidditätendistinktion[162] Mayronisches Gut,[163] ungeachtet dessen freilich, dass Petrus auch hier stärkere Differenzierungen leistet. Dass eine *formalitas* nicht präzise eine *quidditas*, sondern die nur unter jeder Abstraktion begrifflicher Definibilität zu verstehende *ratio quidditativa* darstellt, hat schon Mayronis so[164] formuliert; Petrus findet hierzu den grammatisch angemessenen Terminus einer *quidditalitas*.[165]

Gänzlich neu ist hingegen der Gedanke einer analogischen Entsprechung von Distinktionen und Identitäten, wie überhaupt Petrus der präzisen Bestimmung der Identitäten merklich größere Aufmerksamkeit schenkt als seine Vorgänger.[166] Jede je größere *distinctio* schließt nach dem Katalanen alle je geringeren in sich, ohne aber in ihnen enthalten zu sein, während umgekehrt jede je geringere Identität alle je größeren mit einschließt, ohne in ihnen enthalten zu sein. Der Katalane operiert hier also mit einer deduktiven Herleitung aller einzelnen Distinktionstypen aus ihrer jeweils nächstniedrigeren. Er parallelisiert zudem die Distinktionen mit analogen Identitäten, die ebenfalls deduktiv voneinander abgeleitet werden können.[167] Dadurch wird zum einen die Festigkeit der eindeutigen Reihenfolge der Distinktion durch ihr entsprechendes Gegenstück aus der ebenso feststehenden

---

parantur illis de secundo modo. prout autem comparantur ad essentiam habent per illam unitatem. et reducuntur ad primum modum: quia habent eandem infinitatem et eandem realitatem. sicut suos modos intrinsecos: quia videntur ad eos reduci sicut ad primum modum: et isto modo sunt summe idem: sicut persone divine sunt idem et summe unum: et non nisi isto modo scilicet unitate et identitate que est per essentiam: licet distinguantur et plurificentur inquantum sunt persone. Potest tamen breviter dici: quod illa de primo modo non sunt magis idem: sed pluribus modis idem.

[162] *De modis distinctionum*, q. 6: *Formalitas proprie loquendo est idem quod ratio quidditativa alicuius, nec aliud per formalitatem intelligo, licet aliis diversimode describatur* (zit. nach Bridges, Identity and Distinction, 104, Anm. 181).

[163] Vgl. nur Confl., d. 8, q. 5.

[164] Confl., d. 33, q. 5 (103 G): *Ideo dico addendo ad priorem modum quod formalitas nihil aliud est nisi ratio quidditativa cuiuscunque quidditatem habentis: sive illa sit diffinibilis sive non sicut est in simpliciter simplicibus et primo diversis.*

[165] *De modis distinctionis*, q. 7: *[. . .] Quando dicitur [. . .] quod formalitas est quidditas, nego proprie loquendo, sed ratio quidditativa. Unde si proprie loqui volumus, debemus fingere nomen de quidditate, quidditalitas.* (zit. nach Bridges, Identity and Distinction, 103, Anm. 179). Die *as*-Endung versieht das betreffende Nomen mit höherem Abstraktionsgrad.

[166] *De modis praed.*, fo 31 rb: *Sicut est quod idem et diversum sunt opposita, ita distinctio vel diversitas et identitas. Quaedam sunt idem ratione, quaedam ex natura rei, quaedam formaliter, quaedam realiter, quaedam essentialiter, quaedam se totis subiective, quaedam se totis obiective, ita quod descriptiones istorum modorum identitatis sunt accipiendae per oppositum ad descriptiones superius dictas de modis distinctionum* (zit. nach Bridges, Identity and Distinction, 143).

[167] Poppi, Il contributo, 632, bringt diese Logik mit der aristotelischen Topik in Verbindung, ohne freilich eine konkrete Quellenangabe zu liefern, weder bei Aristoteles noch bei Petrus. Bezüge sind gegeben etwa in Top. VI, 9 (147a–b).

Katene der Identitäten verstärkt, ungeachtet aller dadurch zweifelsohne implizierten Tautologie. Vor allem aber wird dadurch der später für Brulefer so skandalöse Eindruck, die *distinctio ex natura rei* stelle
unter den Distinktionen eine eigene *species* dar, gleichsam zementiert.

Ebenfalls aus diesem Wunsch nach Systematik entspringt die andere
wirkungsmächtige Novität, die Petrus in den Scotismus und dessen
Distinktionenlehre einführte, nämlich die bereits erwähnte Verfeinerung
der Essentialdistinktion. Hält er sich bei seiner Definition der *distinctio essentiae et essentiae* (im *Quodlibet*) vorerst an Mayronische Vorgaben,[168]
erfolgt wenig später allerdings eine entscheidende Zusatzcharak-
terisierung dieser Art von Distinktion, insofern sie als *distinctio simpliciter et absolute* bezeichnet wird.[169] Die etwas abbreviatorische syllogistische
Beweisführung geht dabei davon aus, dass der Perfektionsgrad einer
Distinktion entsprechend der Zahl der in ihr kompossibel integrier-
baren relationalen relationenstiftenden Extreme anderer Distinktionen
ansteigt. Da in der *distinctio essentialis* alle anderen Bestandteile der
anderen Distinktionen integrierbar sind, ist sie von allen die vollkom-
menste. Da keine schlechthinnige, nämlich essentielle Identität neben

---

[168] Quodlibet, ed. Hooper/Buytaert, Pars prima, q. 7, 120: *[. . .] prima distinctio,
puta quae est essentiae et essentiae, cognoscitur per viam separabilitatis in actuali existentia et per
viam dependentiae essentialis, ut in prima quaestione de ista materia dictum est, quoniam impossibile est aliqua in actuali existentia separabilia ab invicem essentialiter esse idem. Impossibile est
etiam idem essentialiter a seipso essentialiter dependere.*

[169] Quodl., a. a. O., 122: *[. . .] prima omnium praedictarum distinctionum, puta quae est
essentiae et essentiae, est simpliciter et absolute distinctio. Hoc ostendo sic: quanto maior est com-
possiblitas extremorum alicuius distinctionis, tanto ista distinctio videtur esse perfectior; sed inter
omnes distinctiones, distinctionis essentiae et essentiae seu essentialis est maior incompossibilitas
quam inter membra alicuius alterius distinctionis; ergo ista est maior seu perfectior. Maior patet
quanto enim aliqua magis sunt incompossibilia, multa magis sunt non idem quia plus recedunt
ab identitate; [et] quanto aliqua plus recedunt ab identitate, tanto est maior eorum distinctio.
Minor patet: extrema enim distinctionis realis sunt compossibilia in eadem essentialiter, ut tres
divinae personae in divina essentia. Consimiliter omnia membra aliarum distinctionum a distinctione essentiali sunt compossibilia, vel in eadem realitate, vel in eadem re, vel in eadem essentia.
Ergo illa prima distinctio essentialis est distinctio simpliciter et absolute, ita quod, in comparatione ad istam, omnes aliae possunt dici distinctiones secundum quid.*

*Praeterea, cum distinctione primo modo dicta nullo modo potest stare identitas simpliciter; ergo
ipsa est distinctio simpliciter. Consequentia evidens; antecedens etiam patet, quoniam cum ipsa non
potest stare identitas essentialis, quae est identitas simpliciter, ut in quadam quaestione iam dictum est. [. . .]*

*Praeterea, quanto aliqua sunt magis separabilia, tanto videtur magis distincta; sed extrema illius
distinctionis, videlicet essentialis, sunt magis separabilia quam quaecumque alia aliarum distinctionum; ergo etc.*

*Praeterea, ad distinctionem essentiae et essentiae sequuntur omnes aliae distinctiones, et non e
converso; ergo etc. Ex hoc concludo corollarie quod distinctio essentialis est maior et perfectior
distinctione formali, immo distinctio ipsa formalis in comparatione ad istam est distinctio secundum quod sicut et ipsa realis, ut dictum est.*

der Essentialdistinktion bestehen kann, ist sie auch eine schlechthinnige Unterscheidung, eine *distinctio simpliciter*. Damit kann es keine
distinctio geben, deren Extrema noch weiter auseinander liegen könnten. Somit ist die *distinctio essentialis* im Ordo der Distinktionen die
erste und übertrifft an Perfektion auch die Formaldistinktion. Dieses
Insistieren auf dem höchsten Perfektionsrang und der Absolutheit
und Schlechthinnigkeit dieser Distinktionsart ist nicht nur einer der
Gründe bei Petrus Thomae für das Feststellen der Eindeutigkeit in
der Abfolge der Distinktionen untereinander, sondern auch für die
nähergehende Bestimmung von zwei oben bereits erwähnten Unter-
typen ebendieser absoluten Distinktion. Denn die Absolutheit der
distinctio essentialis lässt sich in doppelter Weise verstehen. Zum einen
ist sie als *distinctio se totis subiective*[170] aufzufassen als vollständige Trennung zweier *subiecta*, also zweier individueller Subsistenzen, die unter
sich keine reale Verbindung aufweisen, aber dennoch zum selben
genus gehören können. Zum anderen kann sie als *distinctio se totis obiective*[171] gedacht werden als die Trennung zweier für den Intellekt nicht,
nicht einmal nur annäherungsweise kombinierbarer *obiecta*. Letztere
Trennung ist die vollkommenere, obschon auch die *distinctio se totis
subiective* alle Kriterien einer Essentialdistinktion voll erfüllt. Diese der
Petrinischen Reflexionstiefe entspringende Präzisierung führte – scheinbar! – den scotistischen Reigen an Unterdistinktionen zu einer seit-
dem erst wieder durch Brulefer problematisierten Siebenzahl.

2. *Aristoteles als Vater der* distinctio ex natura rei:
Die Formalitates *des Nicolaus Bonetus*

Nicolaus Bonetus, vermutlich aus der Touraine stammend und im
dortigen Konvent in den Orden eingetreten,[172] möglicherweise Hörer

---

[170] *De dist. praed.*, f. 31 ra (zit. nach Prantl, Bd. IV, 195): *Illa distinguuntur se totis
subiective, quaecunque ita se habent, quod realitates eorum sunt distinctae numero vel individualiter, [. . .] ut Petrus et Bernardus. [. . .]*

[171] *De dist. praed.*, f. 30 vb (zit. nach Bridges, Identity and Distinction, 133): *Illa
distinguuntur se totis obiective quae non conveniunt in aliqua una realitate seu ratione quidditative, vel quibus non potest aliquis conceptus abstrahi unicus realis seu primae intentionis, sicut
sunt differentiae formales seu individuales, et illa quae habent conceptum quidditativum et quali-
tativum, sicut ens et bonum.*

[172] So die Aussagen des Guillaume de Vaurouillon, Provinzialminister der Provinz
von Tours vermutlich in den 1430er und 40er Jahren, einer ansehnlichen Reihe
von Zeugen und vor allem des MS Erfurt 314 noch aus dem 14. Jh. (*Fr. Nycolai
Boneti ord. min. de provincia Turone et de conventu Turonensi*) und einiger anderer MSS

des *doctor subtilis* in Paris,[173] wurde als Pariser Magister *doctor pacificus*, *proficuus* und *imaginativus* genannt. Als solcher gehörte er 1433 zu der von Philipp VI. einberufenen Kommission zur Überprüfung der Ansichten des Papstes Johannes XXII. über die *visio beatifica* und genoss also zweifellos höchste Reputation inmitten seiner Kollegen. Im Amt eines Bischofs von Malta starb er zwar schon 1443, vertrat aber einen sowohl gegenüber Mayronis als auch Petrus Thomae bereits fortgeschrittenen Scotismus.[174] Dies lässt sich in der uns interessierenden Frage der Formalitätenlehre anhand seiner *Formalitates* auf einer doppelten Ebene beobachten.

Material gesehen wird in der von Bonetus diesem Punkt gewidmeten Schrift der Fokus erstmals gänzlich auf eine nur dem Scotismus und seinen doktrinären Partikularinteressen dienende Unterscheidung gerichtet, die bei Mayronis – und Duns selber – noch wesentlich mehr ins Gesamtgefüge seines Denkens eingefügt gewesen war: *Distinctio rei* und *distinctio ex natura rei* sind voneinander noch um eine merkliche Stufe deutlicher – und damit auch material anders, nämlich schärfer – separiert als noch beim *doctor illuminatus* Mayronis und selbst beim *doctor invincibilis* Petrus. Zwar werden sie schon von jenem nachhaltig als zwei distinkte Größen reklamiert. Doch wohl erstmals in der Geschichte des Scotismus wird bei Bonetus nicht allein dieser Frage ein eigener Traktat gewidmet, sondern in ihm nebst der Möglichkeit explizit auch die Notwendigkeit der Existenz dieser Distinktionsart unter Beweis gestellt. Die ganzen *Formalitates* dienen so dem einen Ziel des Autors, aufzuzeigen: *distinctionem ex natura rei* [. . .] *preter intellectum esse possibilem*, und nicht nur das: *immo necessariam absque reali distinctione*.

Kontextuell gesehen sind die *Formalitates* Teil des Metaphysikkommentars des Bonetus, sie umfassen dessen drittes Buch und sollten (viel) später gesondert erscheinen und als eigener Traktat gelesen werden.[175] Zwar hat diese Buchnummer nicht direkt mit dem nach

---

aus demselben Jahrhundert. S. Martin de Barcelone, Fr. Nicolas Bonet O.F.M., 96f.

[173] Auch diese Angabe stammt von Vaurouillon.

[174] Poppi, Il contributo, 619–628, reiht ihn in seiner chronologisch vorgehenden Darstellung der Formalisti vor Petrus Thomae ein, was aber wenig wahrscheinlich scheint.

[175] Als gesonderter Traktat erschien die Schrift 1489 in Venedig, das Explicit lautet: *In hoc volumine habes summulam Nicolai de orbellis una cum textu Petri hispani: deinde passus Francisci mayronis: et tria principia Antonii andree et formalitates Boneti et Scoti: nec non fallacias sancti Thome ac tractatum de ente et essentia: et impressum Venetiis per Bernardinum*

griechischer Zählung dritten Buch der aristotelischen Metaphysik zu tun. Doch behandelt sie wie dieses – und durchaus in sachlichem Anschluss daran – primär den eigentlichen Gegenstand der Wissenschaft der Metapysik: *ens inquantum ens*. Die vom Philosophen aufgeworfene und vom Kommentator wieder zu bearbeitende Frage nach dem Seienden als Seiendem nimmt Bonetus zum Anlass einer umfassenden Klärung diverser von ihm verwendeter, jedoch "anderen nicht gebräuchlicher" Begriffe.[176] Diese Definitionen führen zum zitierten eigentlichen Kardinalpostulat der Möglichkeit, ja Notwendigkeit einer Unterscheidung von *distinctio realis* und *ex natura rei*,[177] die als *clef de*

---

de choris de Cremona et Simonem de Luero. Die septimo mensis nouembris. 1489. Aus den foll. 117r–121r dieser Ausgabe wird im Folgenden zitiert.

Sechzehn Jahre später erschienen die *Formalitates* in ihrem ursprünglichen Kontext im Gesamtrahmen des Bonet'schen Metaphysikkommentars: *N. Bonetti viri perspicacissimi quattuor volumina: Metaphysicam videlicet naturalem philosophiam. predicamenta. necnon theologiam naturalem in quibus facili calle et perbrevi labore omnia fere scibilia comprehenduntur, per Laurentium Venerium recognita, Venetiis 1505.* Vgl. zu dieser Ausgabe auch Poppi, Il contributo dei *formalisti* padovani, 619–621.

Schließlich wird in der Literatur ein MS (Krakau n. 2713, 168 Foll. in 4°) des Traktates genannt: *Formalitates Boneti secundum viam doctoris subtilis feliciter incipiunt. Ens in quantum ens manifestum est [. . .]* Explicit: *et sic est in proposito de distinctione et separatione [. . .] Expliciunt formalitates Boneti secundum viam Scoti qui vocatus doctor subtilis. Per Petrum de Obosnyky anno domini MCCCCV.*

A. a. O., fo. 63: *Bonetus fuit doctor subtilis in viam Scoti qui fecit predicamenta et metaphysicam. Ergo iste libellus est introductorius in eius metaphysicam et alios libros Scoti.* Es scheint, als beziehe sich der letzte Satz nicht auf die Stellung des Büchleins innerhalb des Kommentarcorpus, sondern auf seine Deutungskraft ihm gegenüber.

[176] A. a. O., 117 ra: *Formalitates Boneti secundum viam doctoris subtilis.*

Ens inquantum ens manifestum est quoniam est primum quod quid est: non habens quid est: sed principium cuiuslibet habentis quid est: in identitate et distinctione primi quod quid est ab omni alio quod quid est ex natura rei perscrutandum est. Et quia in istis frequenter utimur verbis aliquibus non usitatis vel notis cuilibet hanc metaphysicam audienti quotiens hec nomina dicantur et quid significent non est pretermittendum.

Et prima inquisitio que occurrit est circa hunc terminum res. et quid sit res. et quid tu vocas rem. Quid sit esse idem realiter. Quid sit distinctio realis. Quid formalitas. Quid intelligitur per esse idem formaliter. Quid per esse distincta formaliter. Quid distinctio formalis. Quid esse idem primo modo dicendi per se. Quid secundo quid tertio quid quarto. Quid sit quiditas. Quid sit modus intrinsecus quiditatis. Quid predicatio identica. Quid indivisio absoluta. Quid indivisio relativa. Quid est esse idem indivisione relativa. Istis enim terminis frequenter utimur in hac metaphysica. ergo est tibi valde necessarium quod in isto libro quamlibet significationem terminorum non ignorare precures. Ignorantia enim terminorum multos decipit et multos errare permisit. et hanc metaphysicam contemnere qui distinctionem ex natura rei negant et preter intellectum esse possibilem immo necessariam absque reali distinctione clare volo ostendere.

[177] A. a. O., 119 rb: *De distinctione ex natura rei quantum ad eius possibilitatem et necessitatem.*

Amplius autem ulterius est insistendum circa distinctionem ex natura rei quantum ad eius possibilitatem et quantum ad eius necessitatem.

Et primo est videndum si est possibile sic quod in una re possit esse distinctio aliquorum ex

voûte des gesamten Argumentationsbogens schließlich gipfelt in deren
Rückführung auf den *achylles philosophantium* Aristoteles, bevor dann
in gut Mayronischer Manier der frühscotistische Quidditätenbegriff
ausführlich erörtert wird.[178] Bemerkenswert ist an der Schrift die im
Vergleich besonders zur scotistischen und generell zur spätscholastischen Literatur konzise Knappheit einer eben dadurch in sich kohärent wirkenden Argumentation, bei der rechten Definition von *res*
beginnend, bei deren Verortung in Aristoteles endend.

Res *und* aliquid rei *als* simultotum
Zwar kennt Bonetus drei verschiedene Definitionen von *res*, die ganz
allgemein Gültigkeit erheben können; von denen aber nur zwei für
"die neuen und die alten" Philosophen, die eine gesonderte Kate-
gorisierung der *distinctio ex natura rei absque distinctione reali* vornehmen,
brauchbar sind. Von diesen beiden – es sind die erste und die letzte
– erscheint wiederum nur die dritte als vollkommen adäquat und
operabel, weil die erste gewisse äquivoke Bedeutungsmomente nicht
gänzlich auszuschließen vermag.[179] Sie versteht nämlich unter dem

---

natura rei. *Apparet autem manifeste quod accipiendo rem per modum predicati ut hoc nomen est
impositum ad significandum omne positivum quod est extra nihil. positio formalitatum et distinctio ex natura rei. stare cum re est omnino impossibile et quasi contradictionem includens. quia
quequnque sic distinguuntur ex natura rei distinguuntur realiter. ut patuit ante in principio huius
libri. Et in ista significatione rei decipiuntur omnes emuli formalitatum. credentes quod imposito-
res formalitatum utantur re in illa significatione sicut ipsi quod falsum est.*
      A. a. O., 119 va: *An sit necessaria distinctio ex natura rei.*
      *Palam autem natura nihil facit frustra. unde in natura non est ponenda pluralitas ubi non
apparet necessitas. palam autem si pluralitas formalitatum non est necessaria in natura non est
ponenda. Ergo inquirendum occurrit si sit aliqua necessitas ponendi aliqualem distinctionem ex
natura rei sine distinctione reali.* Beachte die auch hier wieder auftauchende "Aristotelizität"
der Argumentation mit dem einleitenden Politeia-Zitat (I, 3, 10; 1253a).
      A. a. O., 119 vb: *Ubi et a quo traxit originem distinctio ex natura rei.*
      A. a. O., 120 ra: *Utrum quiddidates in singularibus existentes ad singularium corruptionem
totaliter annihilatur sive non.*
      A. a. O., 120 rb: *Utrum sit necessitas ponendi tales quiddidates in potentia obiectiva vel in
esse quiddidativo quod idem est.*
   [178] A. a. O., 119 vb (im Abschnitt *an sit necessaria distinctio ex natura rei*).
   [179] A. a. O., 117 ra–b: *Primo a termino qui est res est incipiendum. quid tu intelligis per
rem. Rem vocant nonnulli per modum substrati. Alii per modum predicati. Alii vero per modum
constituti resultantis. [. . .] Amplius autem alii vocant rem per modum predicati scilicet quod omne
predicatum positivum dicitur res et sic accipiendo rem res convertitur cum ente inquantum ens quod
est subiectum huius metaphysice quia ipsa quidditas entis sic intelligendo rem non est tantum res.
sed etiam differentie et passiones et alie quiditates a quiditate entis. immo omne positivum est res
realiter et sic res et positivum convertuntur. et res in ista significatione est nomen equivocum cum
essentialiter omne positivum sit res. et sic accipiendo rem res sunt quecunque habent aliquam
distinctionem extra intellectum ex natura rei. et in ista significatione accipiunt rem omnes arguentes contra formalem distinctionem et decipiuntur. ut infra patebit. quia capiunt rem pro omni posi-*

Nomen *res* ein Seinssubstrat, das exklusiv allen einer *res* zugehörigen
Subentitäten und Seinsaspekten wie Modalitäten oder Formalitäten
ihre Realität verleiht. In dieser Sicht sind aber natürlich Seinsgrade
innerhalb ontischer Teilaspekte einer *res* unmöglich zu differenzieren.
Noch äquivoker argumentiert die zweite Bedeutung, die von einem
prädikativen Seinsverständnis ausgeht. Hier wird alles, was überhaupt
als seiend ausgesagt werden kann, als *res* bezeichnet: *Res* steht schlicht
pro omni positivo quod est extra nihil, umfasst darum auch die durch diese
res konstituierten Differenzen ebenso wie ihre Eigenschaften und sogar
andere, nicht diese *res* betreffenden Quidditäten. Folglich ist jede entitative oder auch nur irgendwie positive Distinktion in dieser Bedeutung
von *res* stets auch eine reale, weswegen sie auch als einzige der drei
Positionen ausdrücklich und in jedem Fall verworfen wird. Bonetus'
uneingeschränkte Zustimmung findet nur die dritte, in dieser Form
vermutlich von ihm selber stammende Form einer Bedeutung von
res als eines Kompositum verschiedener Teilquidditäten, vergleichbar einer *species* als Komposition von Genus und Differenz. Dieses
von Bonetus als Explikation favorisierte *totum resultans* findet sich konkret etwa als aus Körper und Seele zusammengesetzte Person. Die

---

tivo quod est extra nihil et per consequens consequentia formali concludunt [117 recto b] *quod
ubicunque est aliqua non identitas vel distinctio ex natura rei quod ibi est distinctio realis. et
manifestum est quod bene sequitur accipiendo in illa significatione rem prout est nomen impositum
ad significandum omne positivum quod est extra nihil quod non est nomen univocum sed equivocum ut fuit supra dictum. nec potest esse subiectum alicuius scientie. sic capiendo rem isto modo
res et ens convertuntur et que distinguuntur entitative et positive distinguuntur realiter. sed in illa
significatione inventores formalitatum et distinctionis ex natura rei et antiqui philosophi et moderni
non intendunt. nec in illa significatione in metaphysica accipitur res isto modo. immo significationem
nominis huius quod est res omnino abiicimus a consideratione nostra. nec volumus uti in aliquo
quod nominis que est res in tali significatione.*

*Amplius pro tertia significatione accipitur res per modum constituti resultantis sicut persona et
suppositum. accipiuntur per modum totius et per se entis et existentis perseitate tertii modi. unde
anima non dicitur persona sed suppositum. nec corpus dicitur persona. sed totum resultans ex
anima et corpore dicitur persona. sicut quidditas generis non dicitur res. nec differentia dicitur res.
sed dicuntur aliquid rei. nec sunt res in recto sicut anima. sed aliquid rei in obliquo sed constitutum ex genere et differentia sicut ipsa species vel individuum includens omnia illa dicitur res in
recto. sicut anima non est persona in recto sed aliquid persone in obliquo. et similiter nec corpus.
sed totum compositum ex anima et corpore dicitur persona in recto.*

*Et si queras quis istorum modorum accipiendi rem est magis proprius. Respondeo. et dico quod
quilibet istorum potest esse verus vel est possibilis. quia nomina significant ad placitum. et ideo
unus potest imponere hoc nomen res ad significandum aliquid substrati et subiecti. et alius per
modum predicati. et ut convertitur cum omni positivo. et alius per modum constituti resultantis.
Secundus autem modus ut dictum est abicitur a modernis philosophis et antiquis qui ponunt distinctionem ex natura rei absque distinctione reali. possibile est autem ipsis uti in prima et tertia
significatione. sed que magis sit propria prima vel tertia. fertur quod tertia et in illa significatione
hoc nomine res volumus uti ut in pluribus in ista metaphysica licet prima non abiciatur a consideratione huius metaphysice. tertia tamen est magis intelligibilis.*

Einzelteile des sich zu einer *res* zusammenfügenden Ganzen stellen
konsequenterweise nicht die eigentliche *res* selber dar, sind also nicht
eigentlich die *res in recto*, sondern repräsentieren sie nur als *aliquid rei
in obliquo*. Sie sind nur bedingt *res*, nämlich insofern sie an deren
Charakter erst nach ihrer "*res*-Werdung" partizipieren können. Diese
Partizipation kommt ihnen insofern zu, als sie durch den dritten
modus dicendi per se von der betreffenden *res* ausgesagt werden können. Freilich stellt ebendieser nach Bonetus im Grunde eher einen
modus essendi dar.[180] Mit dieser Einschätzung schließt er sich Robert
Grossetestes Lesart der betreffenden Stelle in den Zweiten Analytiken
an, die ihm durch Petrus Thomae vermittelt wurde.[181] Aristoteles selber hatte vier Weisen angegeben, in denen eine Sache καθ᾽ αὐτὸ zu
einer anderen gehörend ausgesagt werden kann und unterschied dabei
zwischen den ersten beiden, substantiellen, und den letzten beiden,
akzidentellen Modi.[182] Dies provozierte unter den Aristotelesrezipienten
des 12. Jahrhunderts eine Debatte über Wert und Sinn des dritten
und vierten Modus. Wollte Robert Grosseteste nur die ersten beiden als volle *modi per se* oder als *modi inhaerendi* (eines Attributs "in"
einem Subjekt) anerkennen und die beiden andern als *modi essendi*
(ab)qualifizieren, sah der Aquinate auch den vierten als inhärieren-

---

[180] A. a. O., 118 ra: *De tertio modo dicendi per se. Amplius autem de tertio modo dicendi
per se qui non est proprie modus dicendi per se sed potius essendi. Dicendum quod tertius modus
est esse solitarium et ab alio precisum. Ex hoc est esse per se sicut dicimus: sortes est per se vel
solitarie. et pars continui separata ab alio dicitur esse per se. coniuncta autem alteri amittit perseitatem tertii modi: quia amittit esse solitarium. Et si queras quando pars continui perseitatem
tertii modi acquirit quod est ista perseitas quam acquirit vel quid amittit quando istam perseitatem amittit. Respondetur. quod illud pertinet ad predicamentum quantitatis de divisione continui
et terminatione linee et ideo differant usque ad specialem tractatum de quantitate. [. . .]*

[181] Zur Bonet'schen Rezeption des dritten *modus predicandi per se* bei Petrus Thomae
vgl. nebst Schulthess, Sein, Signifikation und Erkenntnis, 60–62, als einer allgemeinen Einführung in die Differenz von homonymer und paronymer Prädikation v. a.
Bridges, Identity and Distinction, 20f, besonders Anm. 12. Die generelle Abhängigkeit
des (vermutlich älteren) Bonetus von Petrus zeigt sich darin, dass er dessen Unterteilung
des *primus modus dicendi per se* in vier, resp. drei Untergrade exakt übernimmt (118
ra: *[. . .] Tertium dictum est cuiusdam alterius quod predicatio primi modi per se est in triplici
gradu. Primus in quo idem predicatur de seipso. Secundus in quo pars diffiniens predicatur de
diffinito. Tertius in quo tota indiffinitio [sic] predicatur de diffinito. magis tamen propria dicitur
in quo pars diffinitionis vel tota diffinitio predictur de diffinito quam in quo idem predicatur de
se ipso.[. . .]*), wobei er die präzise Fassung dieser Untergrade aus *Ista convertuntur* ent-
lehnt und offensichtlich den von Petrus als vierten und letzten Grad angesetzten
modus intrinsecus weglässt, der für ihn ausdrücklich von den *modi predicandi per se* zu
unterscheiden ist, wie er betont im Abschnitt *De modis intrinsecis*, fo. 118 va: *Omnes
modi intrinseci sunt primo diversi quantum ad primum modum* (vgl. Bridges, a. a. O., 31).

[182] An. Post. I, IV, 73a–73b.

den Modus.[183] Bonetus schließt sich somit Grosseteste an, wobei zu vermuten ist, dass ihm die durch die Differenz von *modi inhaerendi* zu *essendi* indizierte relativ zum ersten Modus wesentlich größere Abständigkeit der durch den dritten Modus ausgesagten Attribute von der Essenz darum zusagte, weil sie sein Grundanliegen, das Ungenügen einer bloßen vollen Realdistinktion zwingenderweise aufzeigen zu können, leicht unterstützen konnte: Ist die *distinctio formalis* bei Duns selber wie bei allen, die ihm folgen, dadurch charakterisiert, dass die durch sie von der *res* unterschiedenen Quidditäten im ersten Modus von jener ausgesagt werden können, kann sie offensichtlich nicht alle von einer *res* im dritten Modus prädizierbaren Entitäten ansprechen. Sie genügt nicht, um die bei Bonetus als umfassendes *simul totum* verstandene *res* auch nur von ferne adäquat und suffizient in ihren Teilaspekten beschreiben zu können.[184] Konsequenterweise benutzt Bonetus darum im Hauptteil seiner Schrift diese aggregative Definition von *res* in erster Linie, um die grundsätzliche Möglichkeit einer *distinctio ex natura rei* überhaupt nachzuweisen.[185]

---

[183] Die Frage, ob Thomas in seinem Kommentar zu den Zweiten Analytiken auf Grossetestes Kommentar zurückgriff, ist in der Forschung noch wenig geklärt.

[184] A. a. O., 118 vb–119 ra: *De simul toto. Palam ergo quod in simul toto et in singulari sunt plura ac diversa positiva non tamen eiusdem ordinis existunt. In simul toto enim quid est sortes non sicut in acervo lapidum sed quodam ordine essentiali et naturali inexistunt aliqua que dicunt per se quid. aliqua que dicunt pure quale. alia que dicunt quale quid. alia que dicunt mere hoc. alia que dicunt hoc aliquid. Ens quod in sorte et in quolibet individuo includitur dicit mere quod cum non sit nisi mere quiditas simpliciter simplex primo diversa ab omni quali et ab omni hoc. quia quale et hoc sunt extra ratione eius. quale sunt differentie contrahentes ens inquantum ens. immo omnes differentie medie et extreme: cum sint primo diverse ab omni quid. Sunt etiam in simultoto aliqua que dicunt quale quid. sicut sunt omnia predicata secundum rectam lineam capiendo ab ente exclusive. descendendo usque ad simultotum quia sunt constituta ex contrahibili et contrahente. aliqua etiam in simultoto que dicunt mere hoc. sicut sunt omnes differentie individuales omnium individuorum [119 ra] predicatorum superiorum: est enim ibi individuum entis. substantie. corporis. animalis et sic de aliis. Aliqua sunt in simultoto que dicunt hoc aliquid. ut sunt omnia simultota. et similiter alia. Sunt etiam in simultoto multi modi intrinseci sicut finitas existentia actualis et sic de aliis. Ipsum autem singulare includit omnia ista eta philosophis antiquis et modernis vocatur non immerito simultotum et ipsa res de qua locuti sumus supra predicata que dicunt mere quid non sunt ipse res. nec que dicunt quale nec hoc. nec hoc aliquid. sed sunt aliquid illius rei. Ipsum autem simultotum vocatur res. omnia autem illa que sunt in simultoto sunt in eo quodam ordine essentiali ex quibus omnibus resultat simultotum vel etiam aggregatum.*

[185] Er bezieht sich dabei wiederum unmittelbar auf den Philosophen, nämlich auf die seinen *simultotum*-Begriff inspirierende Definitionsdefinition in Met. Z, die in den von Aristoteles neu geschaffenen Terminus des σύνολον einmündet: 1035b, 19.22; 1036a, 2, 1037, 26.

Ens inquantum ens: Primum principium
Zwar kehrt er zum Zweck dieses Nachweises zuerst zurück zur Grundannahme der Univozität des Seienden als solchem und damit zum eigentlichen Ausgangspunkt des Traktats.[186] Die Univozität des *ens inquantum ens* besagt bereits durch ihr Vermögen, Differentes univok aussagen zu können, dass Differenzen *ex natura rei* existieren müssen. Alles diesem (in der Erkenntnis an erster Stelle stehenden) univoken Seienden univok Zukommende muss in einer gewissen Differenz zu ihm stehen, da es niemals in allem mit dem *ens inquantum ens* übereinstimmen oder von ihm abweichen wird. Diese Differenz kann nur *ex natura rei et formalis* sein, weil sie weder als *distinctio realis* reale Unterschiedenheit noch als *distinctio rationis* reale Identität darstellen kann. Den Ursprung solcher Differenzen setzt Bonetus mit anderen Worten gleich dem Beginn unseres Erkennens überhaupt, dem *primum obiectum intellectus*,[187] das zugleich das erste Objekt metaphysischen Wissens darstellt, also dem *ens inquantum ens*. Der Denker aus Tours legt denn auch entsprechend viel Wert darauf, dass alle alten und neuen Philosophen, insbesondere Aristoteles, diesen einen ersten Begriff des Erkennens kannten – und von diesem Begriff alle alten und neuen Philosophen in ihrem Beweis einer *distinctio ex natura rei* ausgingen.

Res *als* simultotum: *Grund des* primum principium
Anschließend greift er die von ihm neu eingebrachte aggregative Lesart der *res* erneut als Demonstrationsinstrument auf, das die Lehre von den *prima principia* des Philosophenfürsten als einen weiteren Beweis für die notwendige Existenz einer besonderen *distinctio ex natura rei* entscheidend integrieren soll. Warum unterscheiden die durch diese ersten Prinzipien festgelegten *extrema contradictionis* sich das eine Mal *realiter* voneinander, ein anderes Mal nur *formaliter ex natura rei*? Bei allem, was einer *res ratione rei*, also kraft ihrer selbst zukommt, führen gegensätzliche Aussagen via Negation und Position zu real unterscheidbaren Größen, so etwa Sein und Nichtsein oder aktuelle oder potentielle Existenz. Was hingegen einer *res* inhäriert, aber nicht vollkommen, sondern nur als Teil ihres aggregativen Ganzen, muss sich in seiner Gegensätzlichkeit nicht *realiter* unterscheiden, beispiels-

---

[186] Dies geschieht unter ausdrücklichem Bezug auf das erste Buch seines Metaphysikkommentars.
[187] Vgl. Duns Scotus, Ord. I, d. 3, W. q. 3, n. 3; V. p. 1, q. 3, n. 116.

weise das Wahre und das Gute, verschiedene Potenzen der Seele oder unterschiedliche Eigenschaften einer Substanz. Dieser Sachverhalt kann als solcher nicht weiter bewiesen werden, es sei denn, so Bonet, tautologisch: *hoc est hoc!* Tautologische Beweise aber wünscht nur der *insipiens*. Der Verständige hingegen hält sich an Aristoteles. Durch ihn und seine Schule in Athen wurde die *distinctio ex natura rei* schließlich allererst entdeckt: Nicht in Schottland oder Frankreich liegt der geistige Ursprung aller *formalites*, sondern in Hellas selber![188]

Auf das Unternehmen, die seiner Ansicht nach so gut wie ausschließlich aristotelische Herkunft des Formalitätendenkens mittels einer ausführlichen und teilweise sehr pointierten Darstellung des Verhältnisses von *quidditas* und *individuum* zu klären, verwendet Bonet den gesamten Rest seiner *Formalitates*. Dabei stellt er auch hier ein durchaus scotistisches und konkret Mayronisches Theorem ganz ins Licht des Aristoteles und seiner Kommentatoren. Es ist das *additum* aktualer Existenz, das eine Quiddität zu diesem individuellen Seienden werden lässt. Wird ihm dieses Plus wieder genommen, das heißt, hört das individuelle Seiende zu existieren auf, bleibt die zugrunde-liegende Quiddität weiter bestehen bis in Ewigkeit. Dieses sicherlich von Mayronis übernommene und in ihm ähnlicher Weise dargelegte Anliegen wird freilich in einer Weise zugespitzt, wie selbst Mayronis sie so noch nicht kannte: Bonet schwingt sich zu der Aussage auf, dass allein die aktuale Existenz im metaphysischen Sein rein nichts sei.[189] Damit wird hier der Aufwertungsprozess der *formalitas* gegenüber der *res*, der schon bei Franciscus begonnen hatte, weiter fortgeführt: Nichtexistente Quidditäten besitzen einen unschätzbaren metaphysischen Mehrwert gegenüber existenten Realitäten. Der Graben zwischen beiden Größen wird unüberbrückbar vertieft.

---

[188] A. a. O., 119 vb: *Ubi et a quo traxit originem distinctio ex natura rei. Amplius videtur quod positio formalitatum habuit ortum non in scotia nec in francia. sed magis in grecia apud athenas in scholis Aristotelis qui verbo et scriptis eam docuit. ut patet omni intuenti philosophiam suam. Ait enim de particularibus non est scientia sed tamen de universalibus. ergo universalia non sunt omnino idem cum particularibus. Quero ergo quid intelligit per universalia et per quidditates universales. non actum concipiendi quid ille est particularis et de illo non sit scientia. sed de obiecto particulari extra. Ait enim quod universalia sunt incorruptibilia. singularia autem corruptibilia. ergo ipsorum singularium non est scientia nec diffinitio. ergo est distinctio inter illa.*

[189] A. a. O., 120 vb: *[...] sola actualis existentia est illud quod nihil est in esse metaphysico. nec ponitur ibi. quid si ibi esset posita tunc omnia ab eterno actualiter extitissent. et sic periret omnis generatio. quia quod ab eterno actualiter extit. non potest generari.*

Insgesamt ist Bonetus somit zwar nicht allzu originell, aber sehr ein-
fallsreich in seinem Bemühen, die scotistische Formaldistinktion auf
schulenübergreifende, anerkannte, gleichsam "objektive" Größen wie
Aristoteles, die Geschichte der Philosophie und die Natur selber zu
gründen.[190] Nicolaus macht zwar nicht die Erkenntnisgewissheit selber zum Thema wie Franciscus Mayronis, um die Notwendigkeit
einer formalen Unterscheidungsmöglichkeit aufzuweisen. Aber auch
er hat ein offenkundiges Bedürfnis, dieser Unterscheidungsmöglichkeit
den Ruf einer franziskanisch-scotistischen Sonderlehre zu nehmen,
indem er ihre Legitimität auf unanfechtbare Autoritäten gründet. Die
theologische Tradition im engeren Sinne zählt für ihn dabei nicht;
Bonetus erwähnt darum nicht ein einziges Mal die in der Ordens-
tradition doch ganz zu Beginn der Distinktionenlehre stehende Trinitätslehre. Er sieht die Dinge ganz in ihem philosophischen Licht.
Das bringt ihm etwa gegenüber Mayronis einen beträchtlichen
Luziditätsgewinn. Es löst ihn freilich auch von theologischen und
somit in der franziskanischen Scholastik letztlich wohl doch präva-
lenten Applikationskontexten soweit, dass er einer ursprungs- und
damit wohl auch problemfremden Differenzierung in einer Weise
das Wort redet, dass ihre Scotizität zumindest in Frage gestellt werden kann – wenn man das denn für eine sinnvolle Fragestellung
hält, wie jedenfalls Brulefer es tun sollte.

3. *Der pseudo-mayronische* Tractatus formalitatum

Eine der wichtigsten bei Mayronis noch mit Unklarheiten behafteten
Fragen – die Unterbestimmtheit des Realitätsbegriffs, die der nicht
sonderlich klaren Differenz zwischen Real- und Quidditätendistinktion
zugrundeliegt – konnte seinem Schülerkreis, den sogenannten *maroniste*
oder *maironiste*, nicht verborgen bleiben. Eine genauere Beantwortung
im Rahmen dessen, was das Mayronische System der Theologie
grundsätzlich an Denkmöglichkeiten offen ließ, schien geboten, zumal
der Druck von thomistischer und anderer Seite in der Zeit nach
Mayronis' Wirken bestimmt nicht geringer wurde.[191] Ein uns bis
heute unbekannter Autor (oder vielleicht ein anonymes Autorenkollektiv)

---

[190] A. a. O., 119 va: *An sit necessaria distinctio ex natura rei. Palam autem natura nihil
facit frustra. unde in natura non est ponenda pluralitas ubi non apparet necessitas. palam autem
si pluralitas formalitatum non est necessaria in natura non est ponenda. Ergo inquirendum occurrit si sit aliqua necessitas ponendi aliqualem distinctionem ex natura rei sine distinctione reali.*
[191] Vgl. dazu unten IV. 5. 3, p. 356.

nahm sich dieser Aufgabe mit mehr oder minder großem Geschick, aber jedenfalls viel Nachdruck an und wurde, ähnlich wie Mayronis in seinem Verhältnis zu Scotus, gerade durch seine sachte Reinterpretation des Meisters zu einer diesem wirkungsgeschichtlich ebenbürtigen, wenn nicht gar überlegenen Stimme des Mayronismus.

Das Werk, durch das sie sich Gehör verschaffte, war ein im Scotismus des Spätmittelalters überaus einflussträchtiger *tractatus formalitatum*: Die späteren Formalitätenlehren von Heinrich Werl und Nicolaus Lakmann um die Mitte und schließlich von Antonius Syrrect[192] gegen Ende des 15. Jahrhunderts kopierten nicht nur die Form fast vollständig, sondern auch den Inhalt sehr weitgehend. Lange Jahrhunderte hindurch wurde die Schrift darum für ein *opus* des *doctor illuminatus* selber gehalten. In gewissem Sinne ist sie das auch, insofern nämlich, als ihr Grundaufbau mit Confl., d. 8, q. 5 einigermaßen deutlich, wenn auch bei weitem nicht vollständig übereinstimmt. Dass sie freilich dennoch nicht von Franciscus selber stammen kann, ist aus mehreren Gründen leicht ersichtlich. Zum einen zeigen dies schon rein grammatisch-stilistische Differenzen, hinter denen sich redaktionell-kompilatorische Arbeit verbirgt: Während etwa Franciscus im *Conflatus* ohne Hemmungen von sich selber in der ersten Person spricht und stets nur seine Genossen oder Gegner in der dritten Person anführt, nennt ihn der *Tractatus* nun seinerseits stets in der dritten Person und sagt schon im *Incipit*, der *Tractatus* sei *secundum doctrinam Francisci Mayronis* verfasst, ja er flickt ihm – *cum reverentia doctoris Francisci*, versteht sich – an einem entscheidenden Punkt der Schrift diskret am Handwerkszeug herum.[193] Schon die erste Werkausgabe bettet die Schrift darum ein in eine Reihe sicher pseudomayronischer Texte.[194] Vor allem aber sind in den Text wichtige postmayronische definitorische Neuerungen sowohl von Bonetus

---

[192] Vgl. zu diesen drei Autoren unten 4. 4.; zu Syrrect ausserdem Poppi, Il contributo, 462.

[193] A. a. O., a. 2 (264 N).

[194] In der Ausgabe Venedig 1520 wird der *Tractatus Formalitatum* (263r–268v) inmitten einer Art Appendix mit deuteromayronischen Schriften im Anschluss an den Sentenzenkommentar (2r–226v) und die *Questiones quodlibetales* (227r–262r) abgedruckt:
– *Tractatus primum principii complexi secundum doctrinam Magistri Francisci de Mayronis ordinis Minorum* (268v–270r).
– *Declarationes quorundam terminorum theologicalium secundum doctrinam eiusdem illuminati Doctoris Francisci de Mayronis ordinis Minorum* (270r–271v).
– *Tractatus eiusdem Francisci de Mayronis de Univocatione entis* (271v–274r).

als auch von Petrus Thomae integriert.[195] Aus allen diesen Gründen
steht als *Terminus post quem* jeder Datierung die Entstehung des
Mayronischen *Conflatus* fest. Umgekehrt erscheint als ein erstes wirklich sicheres Datum *ante quem* erst wieder die offenkundige Rezeption
der Schrift in Nicolaus Lakmanns *Quaestio de formalitate* von 1444.[196]
Ockhamistisch argumentierende Gegner und subtil ockhamistische
Tendenzen der Gedankenführung machen es allerdings wahrscheinlich, dass der Traktat zwar noch nicht gleich zu Beginn, aber doch
vermutlich ungefähr in der Mitte des zweiten Viertels des vierzehnten Jahrhunderts entstanden sein dürfte. Dieser Zeitraum bleibt allerdings reine Konjektur. Doch nicht nur die Datierung, auch das
konkrete Umfeld der Autorschaft der Schrift präziser zu bestimmen,
erweist sich als nicht ganz einfach. Wird aus den im Traktat angeführten Beispielen auf deren historischen Kontext rückzuschließen
versucht, irritiert stark die Nennung eines der Gemeinschaft des
Autors zugerechneten Abtes gegen Ende des ersten Artikels: Man
weiß nicht genau, ob dieser *abbas* als fiktive oder etwa doch als reale
Person zu betrachten sei, denn bekanntlich gibt es keine franziskanischen Äbte.[197] Grundsätzlich jedoch ist die Herkunft einer so engagiert scotistischen Stellungnahme zum Formalitätenproblem – unter
plakativem Rückgriff auf einen der prominentesten Ordenslehrer der
damaligen Zeitgeschichte oder gar Gegenwart – außerhalb der
Gemeinschaft der Minderbrüder nicht leicht denkbar.

Hauptanliegen: Bedingte Realität der Quidditätendistinktion
Offenkundiges und zumindest vordergründig aus dem *Conflatus* als
solches übernommenes Hauptanliegen des *Tractatus* ist der Nachweis,
dass die Mayronische Formaldistinktion eine Quidditätendistinktion
darstellt und als solche *distinctione reali improprie dicenda* zu operieren
vermag. Zwar ist sie in dieser Sicht nur *improprie* als real zu sehen,
weil die durch sie unterschiedenen Entitäten nicht wie *res* und *res*,
sondern *ex natura rei sicut rei et rei* getrennt werden. Diese Differenzierung
wird innerhalb der Schrift mittels einer Näherbestimmung des Begriffs
der *res* ermöglicht, die sich ihrerseits stark an Bonetus respektive

---

[195] Poppi, Il contributo, 634, meint, diese Stücke müssten schon vorher kompi-
liert worden sein, gibt dafür aber keine Gründe an.
[196] Pompei, De Formalitatibus, 248f.
[197] A. a. O., 263 L: [. . .] *posito hoc igne et alibi abbate nostro non innascitur combustio
sine debita approximatione.*

Avicenna anlehnt. Sie führt zu der gegen Ende der Schrift verfoch-
tenen *solutio*, dass auch die Formaldistinktion durchaus als *distinctio
realis* zu bezeichnen ist, weil auch sie als Quidditätenseparation *diffinitiones simpliciter ab intellectu non dependentes* voneinander scheidet.[198] Die
gegenüber Franciscus neue Definitionsweise der *realitas* wird also eher
versteckt eingeführt und erscheint innerhalb des ganz in der breiten
Quaestionenform des 14. Jahrhunderts verfertigten Traktats eher am
Rande.[199]

Zuerst einmal wird, ganz schulgemäß, die am Ende als Hauptanliegen deklarierte operationale Koinzidenz von Formal- und Realdistinktion kräftig in Zweifel gezogen. Dieser Zweifel wird – als
eigentliches *contra* der Quaestio – in neun Varianten durchdekliniert
und führt schließlich in der *resolutio* der Schrift zu ebensovielen
Versionen ein und derselben Antwort. Der Weg dazu hin führt gut
(pseudo-)mayronisch über vier Artikel, deren letzte beide allerdings
bereits die Beantwortung der Eingangsfragen mit ihren Unterformen
darstellen. Als eigentlicher Mittelteil des Traktats steht darum zum
einen die Klärung zweier zentraler Oberbegriffe (*formalitas, modus
intrinsecus*) im ersten Artikel (mit zwei Unterartikeln), zum anderen
die Darlegung aller verschiedenen Distinktionstypen mit dazu gehörigen Erläuterungen im zweiten Artikel. Dieser Aufbau lehnt sich
Confl., d. 8, q. 5, insofern an, als auch dort die *quaestio* nach dem
Verhältnis von Real- und Formaldistinktion fragt, sie durch eine
Differenzierung der Begriffe *realis* und *res* auflöst und deren genaue-
res Verständnis durch eine Explikation der Begriffe *formalitas* und
modus intrinsecus erläutert. Auch zahlreiche Details stimmen überein,
so etwa das Zitat aus *De doctrina christiana*, das sowohl im *Conflatus*
wie im *tractatus* gleich schon zu Beginn unter den Autoritäten *pro
parte falsitatis* der *quaestio* aufgezählt wird und bei beiden eine wichtige
Rolle spielt.[200] Pseudo-Mayronis verändert diese *Conflatus-quaestio* aber
andererseits auch massiv, indem er nicht nur, wie erwähnt, Insertionen
aus Stücken anderer Autoren vornimmt, sondern auch die Aussagen
des *doctor abstractionum* in ihren Positionen innerhalb des Gesamtzusam-
menhangs verändert.

---

[198] A. a. O. (268 B–K).
[199] Zur Entwicklung dieser Form vom 13. zum 14. Jahrhundert vgl. Marenbon,
Later Medieval Philosophy, 27–34.
[200] Der Satz aus *De doctrina christiana* I, 2: *Quod omnino nulla res est: nihil est* erscheint
sowohl in Confl., d. 8, q. 5: (48 G) als auch in der die *divisio entis in generali*
betreffenden *sexta difficultas* am Ende der *quaestio* (Tractatus, 263 A).

Differenzierung des Mayron'schen Realitätsbegriffs bei den modi intrinseci (Art. 1)

Art. 1/1: Die Novität bei Bonet gegenüber Franciscus erscheint interessanterweise noch nicht in der im ersten Artikel vorgenommenen Begriffsexplikation zu *formalitas*, die kaum Neues einbringt, sondern sich an diejenige des *Conflatus* weitgehend anlehnt, sowohl was den definitorischen Bestimmungsgehalt angeht wie auch hinsichtlich der Verachtung der andersdenkenden Gegner, deren Meinung als roh und eselisch qualifiziert wird. Von vier – wieviel denn sonst!? – angeführten Definitionen erscheint die gut mayronisch gehaltene letzte: *formalitas accipitur pro ratione diffinitiva seu quidditativa* als angemessen,[201] was freilich sofort in gleichsam noch mayronischeren Konklusionen wieder eingeschränkt wird: Eine *formalitas* ist die *quidditas* einer jeden *res*, sei diese nun definibel oder auch nicht.[202] Können Definitionen nämlich nur innerhalb eines *genus* existieren und Essenzen sowohl innerhalb als ausserhalb, sind Quidditäten ausschließlich extragenerisch denkbar, weil sie jede generische Restriktion transzendieren können und von ihrer Anlage her auch müssen: In ihrer vollkommenen Gestalt in Gott transzendieren Formalitäten stets *alle genera*.[203]

---

[201] Wie beinahe alles ist auch diese Definition weitgehend dem Conflatus entnommen, s. oben Anm. 162f.

[202] A. a. O., 263 I.

[203] Interessant und wohl typisch epigonal ist eine hier beigefügte technische Anleitung zur Bestimmung von Formalitäten. Sie geht aus von einer grundsätzlichen Scheidung aller Entitäten in solche *in anima* oder *extra animam*. Erstere sind begründet entweder in einem produktiven Akt des Intellekts oder des Willens, die sie evozieren oder aber durch eine Einprägung im *esse cognitum* nach ihrer Wahrnehmung als einer *extra animam* existierenden Quiddität. (Sind sie durch einen intellektiven oder voluntativen Akt entstanden, sind sie mit Entitäten *extra animam* äquivok, ansonsten – muss man hier ergänzen – univok). Letztere sind entweder Quidditäten oder *modi intrinseci*, wobei es bei ersteren absolute oder respektive gibt, was aber gar keine Rolle spielt, denn letztlich läuft die ganze skizzierte Handreichung zur einfachen Formalitätenerkennung auf die Tautologie hinaus, dass jede absolut oder respektiv zu verstehende *ratio* nach erfolgter Abstraktion von ihren intrinsischen Modi unfehlbar eine *formalitas sive quidditas* darstellen müsse: Es wird also ein Paar von Begriffen (*quidditas, modus intrinsecus*) eingeführt, wobei der erste Begriff wiederum durch die Attribute absolut oder respektiv qualifiziert wird, und der Sachverhalt ihrer Nichtkoinzidenz – *quidditas* kann ohne *modus intrinsecus* vorkommen – sodann als Definition ausgegeben. Dies zeigt, dass der Autor oder Redaktor den Begriff eines *modus* oder *modus intrinsecus* bereits für so bekannt hält, dass er ihn zur Definition eines anderen Terminus einsetzen kann, ohne ihn erst näher erläutert zu haben. Epigonal wirkt zudem die Tatsache, dass Franciscus den Unterschied von *formalitas* und *res* durch das Nichtvorhandensein eines bestimmten intrinsischen Modus bei ersterer, nämlich der Realität, definiert, während der Traktat vom *modus intrinsecus*

Art. 2/1: Zum Kern der Sache stößt unser wie viele im Mittelalter zwar pseudonym Tätige, aber in seiner Originalität trotz allem nicht zu unterschätzende Mayronist im zweiten Unterartikel des ersten Artikels der Quaestio vor.[204] Zwar hält er sich auch hier im Wesentlichen vorerst ganz an die Grunddefinition seines Vorbildes, nach der ein intrinsischer Modus einer Quiddität zwar eine genauere Bestimmung gibt, ihren Formalgehalt aber keineswegs ändert.[205] In der genaueren Angabe der *genera* der Modi bietet er jedoch Abweichungen, sowohl, was deren Zahl, als auch, was deren gegenseitigen Bezug betrifft. Ging Franciscus im Conflatus noch von vier respektive fünf Modi aus (*hecceitas, existentia, eternitas, infinitas* und, als eine Art Supermodus, *realitas*),[206] bietet sein Adept deren neun (*finitum et infinitum, actus et potentia, necessarium et contingens, existentia, realitas et hecceitas*). Dies erklärt sich *prima facie* dadurch, dass der provenzalische Sententiar in der achten Distinktion des ersten Buches allein die in der göttlichen Essenz wahrnehmbaren Modi zur Darstellung bringen wollte und konnte. Dass er gerade vier innergöttliche Seinsmodalitäten erkennen konnte, liegt bei seiner notorischen Tetraphilie ohnehin auf der Hand. Doch der eigentliche Grund liegt tiefer.

Der Mayronist nähert sich in vierfacher Etappierung in vier *puncta* an ihn an.

Art. 2/1 p. 1: In deren erstem nimmt er in Form einer *arbor Porphyriana* eine deduktive Herleitung der neun Modi vor, die im Folgenden schematisch wiedergegeben werden soll, wobei immer das zweite Glied zu einer erneuten Definitionsgabel in der unter ihm liegenden Linie führt:

---

im Allgemeinen, ohne spezifische Einschränkungen, spricht: Eine Generalisierung der ursprünglichen Ansicht des zitierten Autors wird für diese Ansicht angesehen oder ausgegeben.

[204] Dieser Unterartikel, 263 va (M) – 264 vb (O), ist seinerseits in vier (wie könnte es anders sein!) *puncta* unterteilt.

[205] Vgl. Confl., d. 8, q. 5: *Dico quod modus intrinsecus est qui adveniens alicui non variat rationem formalem eius: vel recedens ab eo non variat rationem: sicut patet de albedine et eius gradibus.*

[206] Confl., d. 8, q. 5 (49 G–I). Wieso Pompei, Quaestio, 257, im Zusammenhang der *genera modorum* auf Confl., d. 33, qq. 3 und 5, verweist, ist mir nicht ersichtlich.

modus quiddititatis est

demonstrabilis de quidditate (finitum aut infinitum) – *indemonstrabilis de quidditate*

potentialis (potentia obiectiva) – *actualis*

immediate inest quidditati (hecceitas) – *mediate inest quidditati*

magis respicit quidditatem quam modum   *respicit utrumque scilicet quidditatem et modum*

modo propinquiori (ex natura rei) –   *respicit quidditatem ad esse producibile*
(contingens vel contingentia) –

modo minus propinquiori (realitas)

ad esse improducibile et semper manente (necessitas vel necessarium)[207]

Schon hier wird ersichtlich, dass der Autor die einfache Gleichsetzung von *actus*, *existentia* und *realitas*, wie sie bei Franciscus – in diesem Punkt – zu sehen ist, mit einem gewissen Misstrauen betrachtet, wenn er die Unterscheidung von Akt und Potenz ganz an den Beginn der ganzen Verzweigungskette stellt und somit die Möglichkeit für die Differenzierung innerhalb des Aktbegriffs erschafft.

Art. 2/1 p. 2: Im zweiten *punctum* dekliniert er dann die einzelnen *modi* genauerhin durch und lässt seine Reserve gegenüber seinem Lehrer deutlicher werden.[208] Nach einer noch an die Duns'sche bzw. traditionelle Spezifizierung von göttlicher Infinität als einer *quantitas virtutis* (nicht aber *quantitas molis*) angelehnten Erklärung des ersten Modalitätenpaars (*finitas* – *infinitas*) werden für das zweite (*actus* – *potentia*) zuerst Bedeutungen des *actus*-Begriffs, die nicht als *modus intrinsecus* verstanden werden können, aufgelistet. *Actus* als intrinsischer Modus, die (*nota bene*) vierte dieser Verständnismöglichkeiten, wird

---

[207] Zum Gegensatz von *producibile* und *improducibile* s. Petrus, *prima pars*, q. 4. Vgl. Bridges, Identity and Distinction, 62f.

[208] 264 B: *Secundo dicendum est de actu et potentia: et primo de actu est notandum quod actus accipitur quattuor modis. Primo potest dici actus omne illud quod habet entitatem: et non est pure nihil et omne positivum potest dici actus sicut materia prima denudata omni forma per intellectum dicitur actus. Secundo dicitur actus omne illud quod est determinans et constituens et contrahens: et sic iste differentie possunt dici actus hoc modo et forma substantialis nominatur actus. Tertio dicitur actus illud quod actu per se subsistit: et sic sola substantia dicitur actus [–] in istis tribus modis actus non dicitur modus intrinsecus. Quarto dicitur actus ab actu existendi et nominatur hoc illud mediante quo aliquid dicitur esse de facto ens in actuali existentia: sive hoc sit hecceitas sive existentia: realitas vel alius modus actualis: hoc modo accipiendo actum actus est quidam modus intrinsecus: et quidam modus generalis competens omnibus modis qui non sunt nec possunt esse in potentia obiectiva[.] pro actu sic considerato sepe ponitur in Francisco existentia.*

als Oberbegriff aller quidditalen Daseinsweisen genommen, die nicht potential aufgefasst werden können. Damit werden *hecceitas, existentia* und *realitas* grundsätzlich gleichrangig behandelt und die Tendenz des Franciscus, Existenz primär als Aktualität zu verstehen, von daher eigens vermerkt. Die Nichtselbstverständlichkeit der Mayronischen Präferenz eines existentialen Aktualitätsverständnisses wird dadurch zwar noch nicht eigens beanstandet – im dritten *punctum* wird die Sprache dann deutlicher –[209], aber durch ihre Hervorhebung mit einer gewissen kritischen Distanz bedacht. Einen Schritt weiter in dieser Richtung geht der Mayronist im selben zweiten *punctum* nach der Darlegung des dritten Modalpaars (*necessitas* und *contingentia*), indem er als vierte Modalgruppe nicht nur die drei gleichsam aktualen Modi nebeneinander stellt, wodurch er ihnen schon rein formal bereits so etwas wie eine operationale Ebenbürtigkeit verleiht, sondern ihnen auch durch eine höchst interessante Gleichsetzung mit den drei ersten aristotelischen Kategorien – Substanz, Quantität und Qualität einer *substantia qualificata* verhalten sich in seiner Sicht zueinander wie Haecceität, Existenz und Realität einer *substantia realiçata* – prinzipielle Gleichrangigkeit zugesteht.[210]

Diesem Realitätsbegriff korrespondiert eine gewisse Auffassung von *res*, die gleich in zwei Anläufen geschildert wird, erst in Anlehnung an Bonetus, dann an Avicenna. Bonetus wird zitiert in seiner Schilderung einer dreifachen Lesart von *res* als Substrat, das einer Quiddität Realität verleiht, so wie *qualitas* eine Substanz qualifiziert; *res* als Prädikat, durch das jedes quidditative Prädikat zur *res* wird, was jedes *tertium* zwischen realen und rationalen Dingen ausschließt; und schließlich die ihn am meisten interessierende Variante der *res*

---

[209] 264 H (Korrolar zum zweiten *punctum* des Artikels): *Notandum est quod actus est quidam modus generalis et communis: qui competit omnibus illis qui solum habent esse actu: sicut hecceitas potest dici actus vel modus actualis: similiter existentia realitas et necessitas et contingentia: sec non finitas nec infinitas: quia ista insunt quidditatibus in potentia ut dictum est. Franciscus tamen actum attribuit existentie: et vocat existentiam actualem existentiam: licet omnibus possunt competere demptis finitum et infinitum.*
[210] 264 H, in etwas kürzender Schematisierung:
Intellectus intelligit tria in substantia qualificata
   – substantia que est subiectum accidentium
   – quantitatem (et absque quantitate qualitas corporalis esse non potest)
   – ipsa albedo vel aliqua alia qualitas
sic pariformiter tria intelliguntur a substantia realiçata
   – ipsa quidditas contracta per hecceitatem
   – ipsa existentia
   – ipsa realitas.

als einer Resultante, die sich hier aus den beiden ersten Verständ-
nisweisen von *res* ergibt. Gleichsam als Bekräftigung zieht der unbe-
kannte Autor sodann auch einen zweiten Ternar an Interpretationen
von *res* bei, der sich dem ersten Buch der Metaphysik Avicennas verdanken will, insbesondere der dort anzutreffenden bekannten Aussage,
dass *ens et res convertuntur.*[211] Ob Pseudo-Mayronis damit den Intentionen
des berühmten Arabers gerecht wird, scheint zwar fraglich, denn
Avicenna unterstreicht wohl zuerst die, wenn man so will, Gleichur-
sprünglichkeit der beiden Begriffe, betont dann aber deutlich auch
deren Unterschied, den er dahingehend definiert, dass *ens* vollkommen äquivok alles Seiende in sich fasst, während *res* je nur eine
bestimmte Intention beinhaltet.[212] Immerhin kann unser Maironist
solchermaßen die Idee, die seinen ersten beiden Teilen des Ternars
zugrunde liegt, sowohl durch die Tradition legitimieren als auch dergestalt verdeutlichen, dass unter *res* alles verstanden werden solle,
was nicht nichts ist, beziehungsweise, was *secluso opere intellectus* überhaupt wahrgenommen werden kann. Doch sind es auch in diesem
zweiten Ternar weniger diese ersten beiden Verstehensweisen, die
ihn beschäftigen, als vielmehr der dritte, der eine *res* bestimmt als
jenes, das *per se* im dritten Modus stehen kann. Dieser dritte Modus
fällt, wie betont wird, mit dem letzten Modus des ersten Ternars
zusammen; *res* wird in dieser Konzeption also − und darin gleicht
sie letztlich doch wesentlich mehr derjenigen von Bonetus als von
Avicenna − als eine Art ontologisches Kollektiv genommen, dem
darum dann verschiedene *realitates* inhärieren können.

Art. 2/1 p. 3: Dieser Aspekt wird auch im dritten *punctum* zur Sprache
gebracht, der die verschiedenen Distinktionsarten innerhalb der Novene
intrinsischer Modi erläutert.[213] Existenz und Realität müssen unter-

---

[211] *Avicenna, Liber de philosophia prima sive scientia divina, tractatus primus, cap. quintum,*
in: Avicenna Latinus, ed. van Riet, Bd. 3, 31–42.

[212] A. a. O., 34, 50–35, 61: *[. . .] intentio entis et intentio rei imaginantur in animabus
duae intentiones; ens vero et aliquid sunt nomina multivoca unius intentionis nec dubitabis quin
intentio istorum non sit iam impressa in anima legentis hunc librum. Sed res et quicquid aequi-
pollet ei, significat etiam aliquid aliud in omnibus linguis; unaquaeque enim res habet certitudinem qua est id quod est, sicut triangulus habet certitudinem qua est triangulus, et albedo habet
certitudinem qua est albedo. Et hoc est quod fortasse appellamus proprium, nec intendimus per
illud nisi intentionem esse affirmativi, quia verbum* ens *significat etiam multas intentiones, ex quibus est certitudo que est unaquaeque res, et est sicut esse proprium rei.*

[213] 264v (K–M). Das *punctum tertium* in schematisierter Darstellung:
Es gibt vier *distinctiones* bezüglich der *modi intrinseci.*

schieden werden, da nur der eine dieser Modi mehrfach von einer *res* ausgesagt werden kann.[214]

Art. 2/1 p. 4: Wie dazu im vierten *punctum*, das den *ordo* der Modi untereinander festsetzt, erklärt wird, setzt jede *realitas* die Existenz der *res*, in der sie erscheint, zwingend voraus: Unter den neun *modi* sind nur sieben wichtig, da sie eine *quidditas* deutlich verändern; Akt und Potenz zählen dazu nicht. Von diesen sieben stehen *infinitas* und *finitas* an erster Stelle, da sie den Quidditäten *per se* inhärieren; die andern Modi stehen zu ihren Quidditäten quasi akzidentiell. Gleichwohl herrscht unter ihnen eine klare Rangfolge nach dem Prinzip abnehmender Allgemeinheit. Es kommt darum zuerst die *hecceitas*, dann die *existentia*, darauf die *realitas* und schließlich die *necessitas* (in der göttlichen Essenz) oder *contingentia* (in der Kreatur), denn es gibt *hecceitates* ohne Existenz, Realität und Nezessität, nicht aber umgekehrt. Ebenso, und darauf legt Pseudo-Mayronis großen Wert, gibt es Existenz ohne Realität, nicht aber das Gegenteil. Der von Franciscus selber festgelegte *ordo* ist darum, so deklariert sein nicht ganz unkritischer Schüler, an dieser Stelle umzustellen. Welcher *ordo* freilich hier genau angesprochen ist, kann nur erkennen, wer weiß, dass der gesamte *tractatus* eine bestimmte *quaestio* des *Conflatus* im Visier hat. In der schon angesprochenen und der ganzen Schrift zugrundeliegenden q. 5 der d. 8 des Conflatus ist eine von Franciscus festgelegte Rangfolge zu erkennen: *quattuor modi intrinseci: primus hecceitas – secundus existentia – tertius eternitas – quartus infinitas*; mit großer Wahrscheinlichkeit liegt sie auch der Polemik seines Adepten zugrunde.[215]

---

1. *Modus* von der *quidditas*, deren *modus* er ist.
2. *Modus disperatus* von einem ebensolchen:
   - *infinitas et necessitas. finitas et contingentia.*
   - *necessitas et realitas.*
   - *existentia et realitas.*
   - *existentia et necessitas.*

(Der *actus* gehört nicht in diese Reihe, denn er ist *quidam modus generalis et communis*, der von allen anderen Modi ausgesagt werden kann außer dem Gegensatzpaar *finitas* und *infinitas*.)

3. Einander entgegengesetzte *modi*.
4. Zwei *modi* desselben *ordo*.

[214] Ebd.: *Similiter ibidem est una existentia et plures realitates: et ratione dicimus quod in creaturis existentia et realitas differunt: quia unus modus potest multiplicari: alius vero non.* Das Argument findet sich auch schon bei Mayronis selber.

[215] *Ex premissis declaratis ad propositum descendendo introducuntur quattuor modi intrinseci: ex quibus declaratur quod plures formalitates possunt esse cum una realitate: quod est propositum. Primus est hecceitas vel proprietas individualis: nam hecceitas est modus intrinsecus: quia non*

Dem ersten Modus in dieser Reihe wird nämlich von Mayronis beigefügt, aber nicht explizit in die Zählung aufgenommen, auch die
realitas, die den Formalgehalt der durch sie modifizierten Quidditäten
ebensowenig verändert wie die *hecceitas* den der durch sie individu-
ierten Spezies. Damit liegt sie, wenn auch sozusagen nur per Apposition
der Haecceität beigefügt, vor dem Modus der Existenz und das kann,
wie nun der Maironist am – scotisch oder nicht scotisch gedachten –
theologischen Beispiel der vor der Realität der Personen bereits existierenden Essenz Gottes demonstriert, nicht sein. Damit wird *realitas*
im Sinne unseres pseudomayronischen Formalisten von der mit der
res (im spezifischen Vollsinn des Wortes) verknüpften Existenz um
eine – in seiner eigenen Sicht vermutlich nicht zu unterschätzende! –
Nuance deutlicher unterschieden und erleichtert und plausibilisiert
die *solutio* der eigentlichen Quaestio gegen Ende des Traktats, die
von einem doppelten Verständnis von *realis* ausgeht.

Differenzierung des Mayronischen Realitätsbegriffs in der Distinktionentheorie
(Art. 2)
Dieses vielleicht noch nicht direkt subtil zu nennende, aber doch mit
einigem Argumentationsvermögen vorgenommene Ausnutzen gewisser Spielräume und Unschärfen innerhalb des mayronischen Systems
setzt sich fort im zweiten Artikel innerhalb der Quaestio, die die
Distinktionen als solche und ihre konkreten Unterarten entwickelt.
Es werden drei *puncta* angekündigt, von denen freilich nur die ersten
beiden dann auch behandelt werden.[216]

Art. 2. p. 1: Das erste über das Wesen der *distinctio* im Allgemeinen
entspricht beinahe *verbatim* dem Text in Confl., d. 8, q. 1.[217]

---

variat rationem formalem. nam individua sub eadem specie differunt per hecceitates: et tamen eius-
dem rationis formalis sunt: albedo ergo individuatur per unam proprietatem: et non solum albedo:
sed etiam omnia universalia que abstrahuntur ab ea et sunt formaliter in ea hec: una simplici
hecceitate: nec eis respondet nisi una hecceitas totalis. Eodem modo dico de realitate que: ut pro-
babitur: est modus intrinsecus. et potest esse illud quo multe rationes formales dicuntur reales: et
nullatenus variata nec multiplicata.
   Secundus est existentia. nam consuevit dici quod realitas et existentia sunt idem secundum esse:
sed differunt secundum diffinitionem. non accipiebant esse pro essentia: sed pro existentia. [. . .]
  [216]   Handelt es sich hier womöglich um einen Druckfehler?
  [217]   *Quantum ad primum* (43 H–N). Es wirkt schon fast ironisch, wenn in der *respon-*
sio propria zu einem wichtigen *dubium* am Ende des Artikels das einfache *dico quod*
des "wahren" Mayronis (43 N) zu einem *sed ego dico* seines Kopisten (265 D) rich-
tiggehend aufgebaut wird. Die Steigerung kann sich freilich auch einer anderen zu
Grunde liegenden Handschrift verdanken.

Art. 2. p. 2: Im zweiten *punctum* wird dann allerdings die vierfache Differenzierung, die Mayronis in seiner Distinktionentheorie entfaltete, durch die siebenfache Reihung des Petrus Thomae ersetzt, selbstverständlich ohne dessen Namen zu erwähnen. Damit tritt diese *septemplex distinctio*,[218] bis dahin eher eine – sofern sich das in scholastischem Umfeld überhaupt sagen lässt – individuelle Neuschöpfung des katalanischen Doktors, einen nicht mehr aufzuhaltenden Siegeszug an. Das dürfte freilich wohl weniger mit dem geistigen Format der ersten ihn rezipierenden Schrift als vielmehr mit ihrer flächendeckenden Verbreitung in Europa zu tun gehabt haben. Immerhin bringen die an- oder pseudonymen Formalitates einen wichtigen Beitrag zu diesem Siegeslauf, indem erstmals eine *illatio* der Distinktionen respektive Identitäten explizit festgestellt wird. Bei Petrus war das, erstaunlich genug, so noch nicht zu sehen. Beim Anonymus nun bringt die jeweils größere *distinctio* auch alle im Vergleich zu ihr geringeren, die jeweils kleinere *identitas* jeweils auch alle im Vergleich zu ihr größeren mit sich.[219] Daraus werden flugs vier Korrolarien abgeleitet, in denen nicht nur die jeweils kleinste und größte *distinctio* und *identitas* angezeigt wird, sondern auch, dass mit der *distinctio se totis obiective* keine *identitas* stehen kann. Die mögliche Parallelisierung oder Analogisierung von Distinktionen und Identitäten, so ist hier zu ergänzen, kann vielmehr erst bei der *distinctio se totis subiective* beginnen.

Für die recht ausführliche Explikation der sieben einzelnen *distinctiones* lehnt sich Pseudo-Mayronis so weit möglich an Mayronis an, verfertigt aber natürlich dort eigene Argumentationsgänge, wo das petrinische Schema es erfordert. Dies betrifft inbesondere die *distinctio ex natura rei*, für die er bei Bonetus kräftige Anleihen macht, wie auch Mauritius Hibernicus eigens *in margine* vermerkt.[220] *Ex natura rei*

---

[218] Auch diese erst in der zweiten Generation des Scotismus auftretende Neuerung wird eingeführt mit allen für das Epigonale charakteristischen Kennzeichen. Zum einen wird sie mit der größten Selbstverständlichkeit präsentiert. *Quantum ad secundum punctum est sciendum quod modi distinctionum sunt septem quomodo* [?; die verwendete Abbreviatur ist für Majuskeln bezeugt durch Cappelli, Lexicon Abbreviaturarum, 310 b] *que distunguuntur*. Zum andern mit einer Langfädigkeit, die nicht unbedingt nur der Zeit zuzuschreiben ist. Auch wenn die spätere Scholastik breite Formen liebt, ist der Formalismus in den Ausführungen von besonderer Art, wenn nicht nur erklärt wird, welche *distinctio* oder *identitas* welche mit sich bringt, sondern auch, welche nicht, obschon genau diese Information eindeutig bereits durch die Darlegung des positiven Sachverhalts vorimpliziert wird.

[219] Vielleicht muss *inferre* hier sogar als "verursachen" übersetzt werden.

[220] Marginalie zu 265va (I).

unterschieden wird nach dem *tractatus*, was sein je eigenes Sein ohne
Bewirken des Intellekts gewinnt und sich dadurch von ebenfalls ohne
Intellekt Seiendem abheben kann, beispielsweise Ganzes und Teile,
Oberes und Unteres, formale Wirkung und Ursache. Es braucht aber
deswegen nicht im Vollsinn real zu sein und sich darum auch nicht
im Vollsinn real voneinander zu unterscheiden.[221] Darauf folgen (wie
bei fast allen sieben Distinktionsschilderungen im *tractatus*) vier Weisen
(*modi*) des Aufspürens (*investigationis*). Im konkreten Fall der *d. ex natura
rei* lehnen sie sich an Bonetus an, in dem sie vier Arten von Gegensätzen, die zur Bildung eines Unterschiedes *ex natura rei* ausreichen,
präsentieren, von denen zwei schon bei Bonetus unter dem selben
Terminus (*genera oppositionum*) behandelt worden waren.[222] Während
bei Bonetus der Akzent noch darauf lag, die betreffenden Oppositionen
als tatsächlich *ex natura rei* erfolgend zu charakterisieren, legt Pseudo-
Mayronis größeres Gewicht auf die Abgrenzung gegen im Vollsinn
reale Gegensätze. Damit akzentuiert er auch in diesem Artikel seiner Quaestio das, was sein eigentliches Anliegen darstellt: Alles, was
ex natura rei zu unterscheiden ist, stellt auch eine *distinctio realis* dar,
aber nicht als Unterscheidung zwischen *res* und *res*, sondern *sicut rei
et rei in obliquo*. Dieser Gesamtansatz, der dem ganzen Traktat ent-
lang entwickelt wird, erlaubt es ihm schließlich, im Schlussteil, den
er in aller Ausführlichkeit und korrolarischer Form noch einmal
gründlich ausfeilt, den Autoritäten (Augustinus!) recht zu geben, ohne
die Argumente der Gegner akzeptieren zu müssen.[223]

4. Die Formaldistinktion als Herz des Scotismus des 15. Jahrhunderts

Mit dem Autorenquartett bestehend aus Franciscus Mayronis, Petrus
Thomae, Nicolaus Bonetus sowie dem Anonymus, der den *tractatus*

---

[221] 265va (I): *Unde concedo correlarie quod propter hoc multi sunt decepti quia credunt quod
quecunque distinguuntur preter opus intellectus distinguuntur realiter. quod non est verum.*
[222] Bonetus, a. a. O., 119vb.
[223] Auch bei den anderen Distinktionsarten übernimmt unser Autor die schon bei
Mayronis an die unmittelbare Definition und deren Diskussion anschließende
Aufspürhilfe für die jeweilige Diskussionsart mit Hilfe von vier *modi investigandi*, außer
bei den beiden sich eng an die Essentialdistinktion anlehnenden Distinktionen *se
totis obiective* und *subiective*. Hier begnügt sich der Verfasser des Traktats mit dem
Anfügen von Korrelarien (was er auch bei den ersten fünf Distinktionen schon reichlich getan hatte).

formalitatum verfasste, steht das intellektuelle Material im Wesentlichen fest, das die Scotistenschule und damit ja letztlich auch den Franziskanerorden insgesamt in der wichtigen Frage der Distinktionentheorie bis zum Anbruch des sechzehnten Jahrhunderts (und teilweise weit darüber hinaus) leiten sollte. Damit war – wie schon ganz zu Beginn dieses Kapitels belegt – die geistige Identität der Schule erst einmal gesichert. Die gut hundertfünfzig Jahre von der Zeit vor der Mitte des dreizehnten bis zum Ende des fünfzehnten Jahrhunderts brachten keine so unmittelbaren Neuerungen mehr wie sie auf diesem Feld während des vorangegangenen Jahrhunderts zu beobachten gewesen waren. Nebst Veränderungen in der Diskussionskonstellation mit den philosophischen Gegnern wurden vor allem Präzisierungen, Verfeinerungen und Variationenen des von den Formalisten schon Erreichten vorgenommen. Diese allerdings dürfen in ihrer Bedeutung nicht unterschätzt werden. Sie entsprechen der autoritätsverbundenen und traditionsorientieren Mentalität des 15. Jahrhunderts, die Neuerungen gerne im Gewand bekannter Überlieferung präsentierte, dadurch aber Änderungen präsentieren konnte, wie sie ansonsten wohl nicht mehr möglich gewesen wären.

1. *Heinrich von Werl*

Dies ist in sehr origineller und zudem – *sit venia verbo* – sympathischer Weise zu Beginn eines der ersten uns erhaltenen Formalitätentraktate des 15. Jahrhunderts zum Ausdruck gebracht, nämlich in dem aller Wahrscheinlichkeit nach vor 1430 entstandenen *Tractatus de Formalitatibus* des Kölner Provinzials Heinrich von Werl.[224] Der bestechende Einleitungssatz, der paulinisches Metaphernerbe mit franziskanischer Demut verbindet, um die eigene Verwurzelung in der Ordenstheologie zu bekennen, vergleicht die Komposition der Schrift aus verschiedenen Traditionsstücken dem Geknetetwerden verschiedener Körner zu einem Brot.[225] Diese Teile unterschiedlicher Herkunft organisiert Heinrich mittels einer Anordnung unter drei Hauptteile – der Distinktionsbegriff im Allgemeinen (I), im Speziellen (II) sowie Einwände und Erwiderungen (III) –, die als Gruppierung innovativ

---

[224] Zur Textgestalt und zu den Standorten s. den instruktiven Einleitungsteil bei Clasen, Henrici de Werla (§§ 1 und 2).

[225] Clasen, Henrici de Werla, 412, (I): *Sicut ex multis granis unus panis conficitur, sic ex multis formalitatum dictis hic praesens tractatus conficietur, in quo panis rudi stilo studentibus tradetur suavis ad manducandum.*

erscheinen, es zum Teil sogar sind, aber dennoch nur längst Bekanntes in anderer Form wiederholen.[226]

Die augenfälligste Differenz besteht in der Anordnung der unter (I) beschriebenen Distinktionstypen. In ihr werden die (durch die obligate Grundtrennung in vom Intellekt dependente oder unabhängige voneinander geschiedenen) Distinktionen in sich auffällig anders voneinander deduziert als bei den früheren Autoren – entgegen einer Behauptung (wenn auch nicht der Intention) des Autors also durchaus nicht *tanquam commune quoddam*. Dies betrifft nicht in erster Linie die Rationaldistinktion, die sich hier in eine *distinctio rationis subiective* und eine ebensolche *rationis obiective* gliedert. Diese Novität erweist sich bei näherem Hinsehen nur teilweise als denkerische Eigenleistung, denn die Untertrennung des Ratiobegriffs in eine subjektive und eine objektive Species entspricht in der Beschreibung, die er ihr gibt, der thomistischen Differenzierung von *ratio ratiocinans* und *ratio ratiocinata*, wie ihr ja auch Mayronis unter gewissen Aspekten bereits zugestimmt hatte.[227]

Wesentlicher ist ein deutlicherer Neuakzent, der selbst unter diesen stark den Ordensvorgängern verbundenen Autoren des 15. Jahrhunderts zu beobachten ist, nämlich eine klar stärkere Gewichtung der Modalterminologie innerhalb der Spezifizierung der Distinktionen: Es zerfällt die *distinctio ex natura rei* in eine *distinctio formalis* und eine *distinctio modalis*.[228] Diese stellt eine terminologische Neuheit dar, deren

---

[226] Hierin liegt eine der besonderen Schwierigkeiten mit der Theologie des 15. Jahrhunderts insgesamt: Vieles scheint sehr bekannt, stellt sich aber in einer neuen Konfiguration dar und will als solche erkannt und interpretiert werden.

[227] Die beiden Unterarten korrespondieren den zweierlei durch sie getrennten Entitäten: *Ens rationis purum* und *ens derelictum ab intellectu* (a. a. O., 415). Zu letzteren zählen etwa die göttlichen Ideen: *[. . .] ideae sunt idem quod Deus ex natura rei nec sunt causatae ab intellectu divino, sed sunt coaeternae ipsi intellectui*. Dies hindert nicht, dass Heinrich die Thomisten andernorts frontal angreifen kann (a. a. O., 425, 392–94): *Ex quo sequitur, quod male intellexerunt Thomistae et eorum sequaces, qui posuerunt formalitatem sumi a forma, nam sicut patuit superius, duplici differentia differunt*.

[228] Die von Heinrich gewählte Terminologie zeichnet sich nicht durch sonderliche Luzidität aus, weil sie zwei Ebenen der Deduktionslinien ohne weitere Explikation ineinander verschachtelt; vgl. a. a. O.; 413, 25–38:
Distinctio dividitur tanquam commune quoddam.
Omnis distinctio aut est rationis aut ex natura rei. Si est rationis, hoc est dupliciter: aut obiective aut subiective. Si ex natura rei, hoc est dupliciter: aut est modalis aut est formalis. Si est modalis, hoc est dupliciter: aut est realis aut non realis. Si quidditativa, hoc est dupliciter: aut formalis aut essentialis.
Ista distinctio sic patet, quoniam sicut quodlibet ens aut est rationis aut ex natura rei. Si rationis, hoc dupliciter: aut obiective aut subiective. Si est ex natura rei, hoc est dupliciter: aut ex natura rei simpliciter aut est reale simpliciter. Si est ex natura rei simpliciter, et hoc est duplici-

Inhalt streng genommen nichts Neues bot, dessen Präsentation allerdings schon. War die Darlegung der *modi intrinseci* bei Franciscus
Mayronis und seinem pseudonymen Schüler mehr oder minder noch
eine Unterfrage der Quidditätendistinktion, gewinnt die nun neu
so genannte Modaldistinktion hier einen dominierenden Status, indem bei Heinrich alles, was *ex natura rei* zu trennen ist, durch sie
oder durch eine Formaldistinktion zu unterteilen ist. Modal- und
Formaldistinktion werden damit zu einer Art von Superdistinktionen,
die eine Reihe anderer Distinktionsarten in sich integrieren. Die
Heinrich'sche Formaldistinktion vereint Quidditäten- und Essentialdistinktion, denn sie gehört zur Gruppe der quidditativen Distinktionsarten, die auch die Essentialdistinktion in sich fasst. Seine
Modaldistinktion umspannt darum die Realdistinktion[229] in ihren verschiedenen Bedeutungen *und* auch die Formaldistinktion in einem
ganz bestimmten Sinn. Die Darstellungslogik dieses Versuchs einer
Neugruppierung der Distinktionstypen zeichnet sich außerdem dadurch
aus, dass Heinrich den im Anschluss an Franciscus etablierten *ordo
essentialis* der einzelnen Distinktionsformen für nicht begründet ansieht,
sondern im Gegenteil für akzidentell hält.[230]

2. *Nicolaus Lakmann*

Diese scheinbar komplizierende, in Wahrheit aber wohl eher verein-
fachende Denkweise forderte weitere Erklärung. Was in den für uns
nicht mehr zugänglichen Gesprächen und Vorlesungen der Partikularstudien der deutschen Provinzen erläuternd zu Heinrich und anderen

---

*ter: aut est in esse essentiae aut in esse existentiae. Si in esse essentiae, sic est res sive realitas.
Si in esse existentie, sic est rei et non realitas. Et potest esse dupliciter: vel est essentia vel est
quidditas. Et hoc tantum de definitione distinctionis in generali et de divisione in speciali.*

[229] A. a. O., 422: *[. . .] distinctio realis est distinctio modalis, quia sicut dictum est superius realitas est modus entis in actu. Non tamen sequitur ex hoc, quod omnis distinctio modalis
sit realis, nisi sit entis in actu.*

[230] A. a. O., 427f.: *Est tamen advertendum diligenter, quod quaedam sunt, quae distinguuntur formaliter et non realiter, sicut homo et asinus in potentia obiectiva, sapientia et essentia in
divinis, veritas et entitas in transcendentibus, genus et differentia, intellectus et voluntas in creaturis et angelis. Secundo vero sunt quaedam, quae distinguuntur realiter et non formaliter, sicut duo
individua realiter eiusdem speciei, ut Socrates et Plato. Quaedam vero sunt, quae distinguuntur
realiter et formaliter, sicut duo individua diversarum specierum, ut puta hic homo et hic asinus;
ista enim duo individua realiter et formaliter distinguuntur ab invicem. Quaedam vero sunt, quae
nec realiter nec formaliter distinguuntur, sicut existentia et haecceitas; sunt enim una res et duo
modi, quibus non convenit formalis distinctio. Ex quo patet evidenter, quod inter distinctiones non
est ordo essentialis, sed ordo quidam accidentalis.*

Formalitätentheoretikern debattiert worden sein muss, mag sich widerspiegeln in den Schriften eines weiteren Scotisten des 15. Jahrhunderts.
Er steht als Schüler auf den Schultern seines – vermutlich indirekten – Lehrers Heinrich von Werl: Der Erfurter Regens[231] Magister
Nicolaus Lakmann.[232] Ähnlich wie dieser setzt er auch die Gesamt-
gewichte. Schon der Titel seiner Werke weist auf die Bedeutung, die
er der Modaldistinktion zumaß. Sein in zahlreichen Abschriften ver-
breitetes Hauptwerk kreist gänzlich um die Frage, ob ein von einer
formalitas getrennter intrinsischer Modus von ihr im ersten Perseitäts-
modus (wie stets im Sinne der Zweiten Analytiken) ausgesagt werden könne.[233] Ein zumindest in einem der erhaltenen *Codices* von

---

[231] Ohne dass die statistische Basis zu einer Schlussfolgerung auch nur entfernt
genügen würde, scheint es doch evident, dass der Scotismus als Bewegung erst nach
der Jahrhundertwende in deutschen Universitäten Fuß fassen konnte, die zum größten Teil ja auch selber erst in dieser Zeit gegründet wurden. Mit dem Aufstreben
von Partikularstudien zu Generalstudien und dann Universitäten wurden die
Möglichkeiten zum personellen und publizistischen Austausch wesentlich erweitert
und institutionell gefestigt.
  Eine der Bastionen des Scotismus wurde eindeutig die 1392 als solche eröffnete
Universität Erfurt, insbesondere die theologische Fakultät. Dieser "Barfüßerschule
zu Erfurt" gehörte wie viele seiner scotistischen Landsgenossen auch Nicolaus
Lakmann zu (vgl. zum Thema die gleichnamige Monographie von Ludger Meier).
Diese "Schule" erlangt im Laufe des 15. Jh. eine gewisse Berühmtheit mit Vertretern
wie Matthias Döring, Johannes Bremer, Laurentius Nicolai, Johannes Schwitzer oder
Christian von Borxleben. Die scotistische Richtung zeigt sich deutlich sowohl in der
philosophia naturalis, in der primär Antonius Andreas (mit seinen *Tria principia rerum
naturalium*; wie auch der *Quaestio de subiecto totius scientiae naturalis*) aufgenommen wurde,
wie auch in der Metaphysik, die die entsprechenden Schriften desselben Antonius
Andreas und des Nicolaus Bonetus favorisierte, wie auch in der Formalitätenlehre,
wo Scotus selber, Mayronis, Bonetus und Petrus Thomae am meisten Widerhall
fanden (Meier, a. a. O., 66–69). Nikolaus Lakmann besaß die *Formalitates* des
Franciscus Mayronis und des Petrus Thomae in seiner Handbibliothek; somit gleichsam persönlich (a. a. O., 68); außerdem finden sich dort auch die *Tria principia rerum
naturalium*, der Metaphysikkommentar des Antonius Andreas und ein *Extractum de
Metaphysica Boneti* eines Frater Henricus der Straßburger Provinz.
[232] Nikolaus Lakmanns Weg als Wissenschafter beginnt 1433–34 am Magdeburger
studium, 1442 ist er als *lector secundarius* am Studium von Erfurt bezeugt, wo er am
17. Oktober 1446 promoviert wird (Meier, a. a. O., 23f.) Er gilt als Johannes
Bremers hervorragendster Schüler und war lange Zeit Regens des Erfurter Studiums.
1461 war er Provinzialminister in der Nachfolge Matthias Dörings. Nebst dem hier
zu besprechenden Werk stammen von ihm insbesondere sein in Erfurt und den
deutschen Provinzen vielbeachteter scotistischer Sentenzenkommentar und eine
Quaestio de quolibet von 1448 über den Umfang der Schlüsselgewalt im Bußsakrament
sowie diverse andere pastoraltheologische Traktate (Meier, a. a. O., 26.55).
[233] Edition durch Pompei, Quaestio, aus der im Folgenden auch zitiert wird.
Meier, a. a. O., 67: "Diese öfters abgeschriebene 'Quaestio' [*utrum modus intrinsecus
distinctus a formalitate eidem insit in primo modo perseitatis*] fasste die überkommene Tradition
zusammen und beeinflusste den Lehrbetrieb bis unmittelbar vor der Glaubensspaltung.

redigierender oder aber Lakmanns eigener Hand verfertigter Über-
gangssatz verbindet diese *quaestio* mit einem vorangehenden Tractatus
de distinctionibus et modis intrinsecis Scoti et Francisci Maronis, in dem offensichtlich dieselbe Problemstellung schon vorher angeklungen war.[234]
Auch in anderen Schriften lehnt sich Nicolaus stark an Mayronis
an, wie dies generell in der Erfurter Scotistenschule der Fall gewesen
zu sein scheint.[235]

So sehr die Quaestio die Modaldistinktion in den Mittelpunkt stellt
und einer abschließenden Beantwortung zuführt, so sehr bedient sie
sich im Grunde traditionellen Materials, das sie in vier Teile unterteilt. Deren erster ist der Definition des Terminus *formalitas* gewidmet, die sich streng an Pseudo-Mayronis anlehnt, ebenso der zweite
zur Bestimmung der *modi intrinseci*.[236] Stark im Anschluss an Heinrich
von Werl ist hingegen der dritte Teil, der sich mit der *distinctio* im
engeren Sinne befasst, gehalten. Der vierte wiederum thematisiert
die vier Modi der Perseität und schließt sich somit an Bonetus und
Petrus an.

Der hier primär interessierende dritte Teil geht die Dinge zuerst
ebenso an wie Heinrich, indem er nach der (außer jeder Diskussion
stehenden) Grundunterscheidung von *distinctio rationis* oder *ex natura
rei* letztere in eine Disjunktion von Formal- oder Modaldistinktion

---

Denn 1480 schreibt Johannes Schwitzer sie in Erfurt ab und noch 1505 zeigt sich
der in Erfurt geschulte Valentin Ortulani als Görlitzer Lektor abhängig von dem
bereits sechsundzwanzig Jahre toten Lakmann, wodurch er dessen literarisches
Weiterwirken bestätigt" (vgl. auch a. a. O., 54, Anm. 77).

[234] Universitätsbibliothek Leipzig Cod. lat. 1348, 302r–309r: 309v (so Meier,
a. a. O., 54, Anm. 78). Der Beginn dieser Schrift ist mit demjenigen der *Formalitates
breves* des Petrus Thomae identisch (*apposui cor meum*; vgl. Bridges, Identity and
Distinction, 12), weshalb von ihm auch dessen Autorschaft vermutet wurde (A propos, 165–170).

[235] Meier, Nicolai Lakmann O.F.M., 415, stellt diese Abhängigkeit von Mayronis
auch für den Lakmann'schen Gottesbeweis in Sent. I, d. 2, fest; glaubt allerdings,
dass damit dem *sanus sensus traditionalis* (ebd.) des Erfurter Lehrers kein Abbruch
getan werde, weil Mayronis *inter fideles Scoti discipulos est connumerandos [sic]*. Dieses
Urteil Meiers kann einem auch nur oberflächlichen Vergleich des Lakmann'schen
Textes mit der Ordinatio des *doctor subtilis* kaum standhalten; die dort zentrale
Infinitätsthematik wird kaum je überhaupt erwähnt. Damit liegt Lakmann in einer
Linie mit Mayronis, die von Duns an entscheidender Stelle wegführte.

[236] Die Schrift scheint darum zumindest einmal für (pseudo-)mayronisch gehalten worden zu sein, wie sich aus dem Exlipicit eines Warschauer Manuscripts ergibt
(Codex Wratislaviensis Bibl. Univer. I Q. 72, fol. 278r): *Et sic est finis tractatus De
formalitatibus et distinctionibus Francisci Maronis scripti par me Guntherum A. D. 1445 in
die Judoci Confessoris hora duodecima finiti.* Zitat nach Clasen, Henrici de Werla, 317f.,
Anm. 37.

unterteilt. Bei beiden dieser Unterarten der *dinstinctio ex natura rei*
ergibt sich je eine weitere Aufzweigung.

Seitens der Formaldistinktion verwendet Nicolaus für diese Verastung
die Termini *distinctio formalis suprema* und *infima*. Erstere ist die klas-
sisch-mayronische Quidditätendistinktion. Die *distinctio formalis infima*
hingegen unterscheidet Definiertes von dessen Definition, insofern sie
Begriff ist, oder von deren Teilen. Normalerweise, so Nicolaus, verstehen die Gelehrten nicht diesen Aspekt unter dem Begriff der
Formaldistinktion mit, obschon auch durch sie getrennte *extrema* nichts
anderes als Formalitäten sein könnten. Es scheint um eine Unterscheidung von Begriffen erster und zweiter Intention zu gehen und
möglicherweise eine Konzession an thomistische Terminologie darzustellen. Ähnliches jedenfalls entwickelt einige Jahrzehnte später der
überzeugte Thomist Andreas Bodenstein von Karlstadt.[237]

Auch für die *distinctio modalis* unterscheidet Lakmann eine reine
und eine nicht reine Form.[238] Die reine Form betrifft die Unterscheidung einer Quiddität von deren intrinsischem Modus. Die nicht
reine Form teilt sich ihrerseits erneut. Sie fügt einer Quiddität entweder deren Existenz bei und wird so zur Essentialdistinktion, oder
deren Realität und wird so zur Realdistinktion.

Es ergibt sich damit insgesamt eine (durch Nicolaus auch präzise
in porphyrianischer Diktion vorgenommene)[239] *arbor Porphyriana* der

---

[237] Vgl. unten IV. 6.

[238] A. a. O., 267, Nr. 65: *Distinctio modalis est illa quae principaliter consequitur modos
intrinsecos. Et ista est duplex: aut pure modalis, aut impure modalis. Distinctio pure modalis est
illa, quae est inter duos modos intrinsecos ut consideratur separatim a quidditate; vel inter modum
et suam quidditatem; vel inter haecceitatem et humanitatem. Distincito non pure modalis est illa
quae est inter duos modos eiusdem rationis, qui sunt seorsum coniunctim quidditati. Et haec est
duplex: aut ille modus est realitas, et sic oriter distinctio realis, quae est inter illa, quorum quodlibet realiter et seorsim est aliquid positivum, sic quod unum realiter non includit aliud: et talis
est inter Petrum et Johannem. Aut ille modus est existentia, et tunc oritur distinctio essentialis,
quae est inter illa, quae ita se habent, quod, una existente, aliud non existit, nec oportet quod
existat: ut ubi unum non dependeat ab alio essentialiter, vel quum unum potest poni sine alio in
actuali existentia, sicut homo et angelus.*

[239] A. a. O., 268, Nr. 67: *Iuxta illam divisionem generalem distinctionis est notandum,
quod distinctio respectu suorum modorum se habet ad instar generis supremi; distinctio rationis
habet se ad distinctionem, sicut species suprema eius; sed distinctio ex natura rei se habet ad
distinctionem ut species subalterna, sed ad sua inferiora sicut genus subalternum; distinctio autem
formalis se habet ut species suprema respectu distinctionis ex natura rei; distinctio autem modalis
se habet ut subalternata respectu distinctio ex natura rei, sed ut genus subalternatum respectu suorum inferiorum; distinctio pure modalis se habet ut species intermedia respectu modalis; distinctio
non pure modalis respectu eiusdem se habet ut species subalterna, sed respectu suorum inferiorum
ut genus, sed distinctio realis et essentialis respectu distinctionis-non-pure-modalis se habent ut duae
species specialissimae.*

Distinktionen, die, wie es scheint, einen Widerhall der intensiv an Porphyr ausgerichteten logischen Schulung in Erfurt bilden dürfte.[240] Nicolaus selber zeichnet diesen Baum in seinem Manuskript wie folgt:[241]

Ens dividitur:

genus supremum – distinctio

in ens extra animam   in ens in anima
(distinctio) ex natura rei   species suprema – (dist.) rationis

ens extra animam
distinctio ex natura rei

in modum   in quidditatem (i.e. formalitatem)
(distinctio) modalis   (distinctio) formalis

modus
distinctio modalis

in purum   in impurum
(dist. modalis) pura   (dist. modalis) impura

(modus) impurus
distinctio modalis impura

existentia cum quidditate   realitas cum quidditate
(distinctio essentialis)   (distinctio) realis

Damit radikalisiert Lakmann im Anschluss an Werl das Mayronische Erbe. Schon beim provenzalischen Duns-Schüler war ein deutlicher Schwerpunkt auf Begriff und Sache der *quidditas* und der auf sie und ihre *ratio* abgestützten Distinktion zu beobachten gewesen. Der gut hundertzwanzig Jahre später in Sachsen publizierende Erfurter Magister geht hier insofern noch weiter, als er die formale von den anderen Distinktionen, die bei Mayronis noch in einem *ordo essentialis* aneinander hingen, trennt und ihr somit einen Sonderstatus verleiht. Unterscheidungen *ex natura rei* sind bei ihm grundsätzlich Formaldistinktionen im Sinne quidditativ nicht mehr untereinander vermittelbarer

---

[240] Meier, Die Barfüßerschule, 61–65, zeigt, dass der neuplatonische Logiker in Erfurt hoch im Kurs war: So kopierte Laurentius Nicolai für sich die *Quaestiones super Porphyrium* des Duns Scotus, einen Kommentar zu diesem Werk vom Scotisten Johannes Foxal und die *Quaestiones super Porphyrium* des scotistischen Italieners Augustin von Ferrara. Andere besaßen dieselben oder ähnliche Werke. Auch der Porphyrius-kommentar des Antonius Andreas war im Umlauf.

[241] Vgl. a. a. O., 268.

Entitäten. Sind sie das nicht, sind sie in seiner Konzeption und seinem Verständnis letztlich eben nichts anderes als modifizierte Formaldistinktionen. Die Essential- und, bedeutungsvoller, die Realdistinktion werden somit zu Unterformen der Formaldistinktion. Das in der formalen Präsentation so auffallende Gewicht der Modaldistinktion bei Werl und Lakmann erweist sich daher letztlich als eine starke faktische Depotenzierung der durch ihre Modifikationskraft von der Formaldistinktion abgehobenen Distinktionsfunktionen.

Damit ist einerseits eine gewisse Vereinfachung eingetreten, indem die zumal für institutionell Außenstehende im Laufe des 14. Jahrhunderts wohl immer schwerer überblickbare Fülle an Distinktionssorten und Modalitätsarten straffer geordnet wird. Zugleich aber führt diese Vereinfachung in eine Richtung, die mit den originären Intentionen des *doctor subtilis* nicht mehr sonderlich viel zu tun hat. Dies in Erinnerung zu rufen, sollte dem zwei Generationen später wirkenden Stephan Brulefer vorbehalten bleiben. Doch auch bei ihm finden sich interessanterweise unterschiedliche Zugänge zur Thematik der Modaldistinktion, wie noch zu zeigen sein wird.

3. *Antonius Syrrectus*: magister formalitatum

Der unter dem Ehrentitel eines *magister formalitatum* bekannte Konventuale der Provinz von Tours und Professor am Ordensstudium in Paris geht, entgegen seinen deutschen Kollegen, in seinen *Formalitates moderniores*[242] ganz vom Gesamtaufriss des pseudo-mayronischen Traktats

---

[242] Ich zitiere im Folgenden wegen ihrer guten Lesbarkeit und des interessanten Kommentars des Antonius de Fantis aus der Wiener Ausgabe von 1517. Deren Incipit und Explicit lauten wie folgt:
Formalitates moderniores de mente clarissimi doctoris subtilis Scoti in florentissimo Parisiensi Gymnasio compilatae per excellentem sacrae Theologiae professorem magistrum Antonium Sirrectum provinciae Turoniae ordinis minorum foeliciter incipiunt.
Viennae Pannoniae per Hieronymum Vietorem Anno 1517 die 14 Mensis Julii.
Der Traktat wurde allerdings schon 1484 erstmals ediert, dann 1489 in Venedig in einem Sammelband, der auch die in dieser Arbeit zitierte Ausgabe der *Formalitates* des Bonetus enthält. Besonders interessant und von theologiegeschichtlicher Relevanz ist die weniger bekannte, in Wittenberg lancierte Ausgabe von 1505 (Bauch, Karlstadt, 47): *Formalitates moderniores de mente clarissimi doctoris subtilis Scoti cum concordantijs in margine decorate. Impressum Lypzick* [Prantl, *a. unten a. O.: Lyptzick*] *per baccalarium Wolffgangum Monacensem. Anno incarnationis domini. M. d. v.* Editor war der Dekan der theologischen Fakultät, der Franziskaner und Schüler des Mauritius Hibernicus Magister Ludwig Henning, einer der ersten und intensivsten Leser vermutlich Karlstadt, s. unten IV. 6. Weitere Ausgaben nennen Prantl, Bd. III, 196f. mit Anm. 102, und Poppi, Il contributo dei formalisti, 642 mit Anm. 27.

aus; jedenfalls, was dessen Form, weniger, was dessen Inhalt angeht. Aufs Ganze gesehen hält sich die Originalität seines Werkes in gewissen Grenzen und besteht in erster Linie darin, bestehende und bewährte Konzepte und Termini der bisherigen Formalisten zu verfeinern. Dennoch repetiert er keineswegs einfach den mayronistischen Anonymus. Indem der (wie auch schon Bonetus) in der Touraine wirkende Lehrer Syrrect die Neuansätze der ersten und zweiten Scotistengeneration durchdenkt, vermag er sie in einer gegenüber ihren Urhebern ungleich durchreflektierteren Ordnung auch darzustellen.[243]

Die Formalitäten des Franzosen sind in ihrem Kern in drei Artikeln aufgebaut.[244] Der erste stellt eine eingehende Erklärung der ontologischen Elementarbegriffe dar, deren sich Syrrect im Folgenden bedient.[245] Der zweite Artikel besteht aus sieben Unterartikeln, die die klassischen sieben Distinktionstypen im Anschluss an Pseudo-Mayronis entwickeln.[246] Als letzten Artikel referiert Syrrect, wenn auch irgendwie ohne wirkliche Begeisterung, die Theorie der *illatio* der einzelnen Distinktionen oder Identitäten untereinander, die durch Petrus Thomae dem scotistischen Denken eingebracht wurde.

Um diese drei Artikel gruppiert sich die eigentliche mayronistische Quaestio, nämlich, wie bekannt, ob Formaldistinktion zwingenderweise Realdistinktion impliziere, was mit zwölf Argumenten bejaht wird.[247] Syrrectus übernimmt dabei von den neun *obiectiones* seines Vorbildes alle außer der fünften und der siebten, fügt also insgesamt fünf eigene hinzu. Dabei stammt eines von Hervaeus, über das von Pseudo-Mayronis schon gebotene Zitat des Briten hinaus, ein anderes

---

[243] Die geschichtliche Chance zu dieser Leistung, die ihm seinen Ehrentitel einbringen sollte, bekam Syrrect wohl nicht zuletzt auch durch den Umstand, dass der Hundertjährige Krieg die Forschung auf französischem Boden ganz erheblich erschwert, zeitweise auch gänzlich verunmöglicht hatte. Der über mehrere Generationen reichende zeitliche Abstand zu ihren im Grunde direkten Vorgängern, der den französischen Scotisten so aufgezwungen wurde, gereichte ihnen insofern zum Vorteil, als er ihnen eine kritische Distanz vermitteln musste, die ansonsten schwer zu erreichen gewesen wäre.

[244] A. a. O., fo. 7: [. . .] *In ista quaestione sic procedam. Primo aliquas diuisiones praeponam. Secundo numerum cuiuslibet distinctionis et identitatis aperiam. Tertio dabo modum investigandi et inferendi unam distinctionem et identitatem ex alia.*

[245] A. a. O., foll. 8–18.

[246] A. a. O., foll. 18–70, fo. 18: *Quantum ad secundum articulum sunt septem partiales articuli declarandi.*

[247] A. a. O., fo. 1: *Circa formalitates doctoris subtilis Scoti. Quaeritur utrum illa que distinguuntur formaliter distinguantur realiter. Et Arguitur quod sic.*

von Franciscus de Marchia. Beide boten sich als Exempelspender
wohl insofern an, indem der eine als Thomist und wohl auch der
andere als Scotist[248] keine Formalisten im eigentlichen Sinne waren,
dennoch die Existenz einer formalen neben der realen Distinktion
anerkennen, nur deren funktionale Unterschiede wiederum nicht, die
aufzuzeigen ja die Absicht der ganzen Schrift darstellt. Es zeigt sich
schon an dieser Stelle der Schrift in der Nennung des Scotisten
Franciscus, dass bereits Syrrect so etwas wie ein historisch(-kritisch)es
Bewusstsein entwickelt, das sich später in der Schule noch wesentlich verstärken sollte, hier aber bereits anklingt. Es folgten die fünf
klassischen Gegenargumente;[249] ganz am Schluss der Schrift werden
die *obiectiones* widerlegt.[250]

Schon in den luzide vorgetragenen Definitionsgängen zu einer
ausdifferenzierten Näherbestimmung des *ens* zeigt sich immer wieder,
dass Syrrectus dem 15. Jahrhundert angehört. Er sucht den kritischen
Anschluss an die "eigentliche" Lehre der ersten Formalisten und setzt
dabei mehr auf die gedankliche Durchdringung ihrer Intentionen als
auf die Autoritativität der Form ihrer Lösungsansätze. So beginnt er
seinen Entwurf, im Gegensatz vor allem zum mayronistischen *tractatus*, nicht direkt mit einer Bestimmung der Formalität und der zur
Formaldistinktion unmittelbar erforderlichen Termini, sondern mit
einer Bestimmung ontologischer Grundthemen. Sie beginnt freilich
auch nicht direkt mit dem scotischen Zentralthema der Univozität
des Seins als Sein, sondern mit der Unterscheidung von *ens realis* und
ens rationis. Doch auch hier wird schon gleich zu Anfang betont, dass
das Seiende in dieser Unterscheidung nicht anders als äquivok verstanden werden kann: Reales und nicht-reales Seiendes stehen zueinander in einem Verhältnis der Kontrarietät, nicht der Subordination,
also nicht wie (in porphyrianischem Sinne gefasstes) Oberes und
Unteres.[251] Nur insofern das Seiende – wie bei Duns selber – als

---

[248] Die Verwurzelung des Franciscus de Marchia im Scotismus bezeugt beispielsweise Wadding, indem er ihn als siebten Schüler des Schotten erwähnt (Belege bei
Schneider, Die Kosmologie, 13, Anm. 23). Dass Franciscus allerdings nicht als Scotist
à tout crin gelten kann, sondern in "teilweiser Ablehnung und teilweiser Anerkennung"
zu dessen Ansichten stand, geht aus seiner Rezeption in der Schule ebenfalls deutlich hervor; vgl. Schneider, 32f.

[249] A. a. O., fo. 6: *In oppositum arguitur ex quintuplici auctoritate, et primo ex auctoritate
logicali sic* [. . .]

[250] A. a. O., foll. 70–75: *Ad argumenta principalia.*

[251] A. a. O., fo. 8: *Quantum ad primum, dico quod ens dividitur in ens reale, et in ens
rationis, et ista est divisio equivoci analogi in sua analogata equivocata.* [. . .] *ens rationis tertio*

erstes Subjekt der Metaphysik und erster Gegenstand der Erkenntnis überhaupt genommen wird, können *ens simpliciter* und *secundum quid* univok voneinander ausgesagt werden. Denn so allein wahren sie die als Kriterium der Univozität fungierende (relative) Einheit des Begriffs (*conceptus*). Wird diese Einheit durch die Integration von mittels des Intellektes geschaffenen Begriffen zweiter Intention durchbrochen, entsteht aus dem ursprünglichen Begriff und dem neu hinzutretenden Akzidens zwangsläufig eine äquivoke Aussage, für die gelten muss: *Inter univocum et equiuocum non est medium.*[252] Dieser Grundsatz findet seine wichtigste Anwendung dann bei der in der weiteren Einleitung akzentuierten Differenz von *ens transcendenter* oder *transcendentissime captum.*[253] Nur *transcendentissime*, also vor aller Arbeit des erkennenden Intellektes, verstanden – der Superlativ darf als sublimes sprachliches Distanzierungsmittel von Seiten des Autors verstanden

---

modo [der von Syrrect als eigentlich adäquater Modus gesehen wird] *captum, nullo modo continetur, nec continet sub se ens reale, tanquam superius suum inferius.*

[252] A. a. O., fo. 12.

[253] A. a. O., fo. 13: *Advertendum ulterius quod ens capitur dupliciter uno modo transcendenter, alio modo transcendentissime. Ens transcendentissime captum est equivocum quacunque equivocatione quia ut sic capitur ens est commune ad ens reale: et ens rationis. et clarum est quod ut sic non dicit aliquem conceptum unum: quia vel ille conceptus esset secluso opere intellectus vel non. si sic: ergo aliquid quod esset preter opus intellectus includeretur quidditative in illo quod non esset preter opus intellectus cuiusmodi est est [sic] rationis. Si non esset preter opus intellectus sed per opera intellectus. ergo aliquid quod est per opus intellectus includitur quidditative in illo quod esset preter opus intellectus quod videtur falsum. et sic relinquitur quod ens ut sic tactum non est univocum.*

Predicta ratio facit mihi fidem et credo illam esse insolubilem. licet franciscus de mayronis nitatur eam soluere sed iudicio meo non soluit.

Ens vero transcendenter captum est ens commune ad deum et creatura quod assignatur primum obiectum nostri intellectus ex natura potentie. et primum obiectum voluntatis et primum subiectum metaphysice et ut sic est univocum ad omne illud quod est secluso opere intellectus collativo. ut sic est univocum ad differentias ultimas et ad proprias passiones et breviter ad omnia positiva ut dictum est.

Verum est tamen quod non predicatur univoce de ultimis differentiis et propriis passionibus suis sed tantum de deo et decem predicamentis. Et de materia et forma secundum scotum in tertia distinctione primi sententiarum. Et posset addi quod predicatur univoce de illis que directe mediant inter ipsum et decem predicamenta, cuiusmodi sunt absolutum, relatio, etcetera. Et secundum has divisiones tu potes salvare omnes auctoritates militantes contra univocationem entis.

Das entspricht ziemlich genau der Ansicht des individuellen oder kollektiven Autoren des *Tractatus formalitatum*, der festhält, a. a. O., 264, L: *[. . .] videndum est de divisione entis in generali: et etiam contentorum sub eo: et quicquid continetur sub quidditate hec est vera quidditas et formalitas: et illud quod continetur sub modo intrinseco non est formalitas vel quidditas sed modus quidditatis. et quamquam multi explicuerunt divisionem entis breviter tamen secundum mentem Francisci de Mayronis hec est. Ens in sua prima divisione dividitur in ens in anima et in ens extra animam sed ens in anima est duplex: quia quoddam est elaboratum per*

werden,[254] – sind *ens reale* und *ens rationis* in eine gemeinsame Aussage zu bringen, die dann aber nur äquivok sein kann. Denn was ohne Arbeit des erkennenden Verstandes ausgesagt werden kann, wird nie im quidditativ gleichen Begriff ausgesagt wie das, was nur mit Hilfe dieses Verstandes erkannt wird. Diese Einsicht unterstreicht Syrrect mit affirmativer Redundanz in aller Form und wendet sich in ihr explizit gegen Franciscus Mayronis, der in seiner Meinung offensichtlich eine nicht äquivoke (und das kann nur heißen: univoke) Aussage von realen und nicht-realen Entitäten behaupten wollte. Syrrect will also, diese Absicht ist unverkennbar, die bei Mayronis auftretenden platonisierenden, die Differenz zwischen Realität und Nichtrealität verwischenden, Tendenzen wieder zurückbinden auf einen ihm den Duns'schen Vorgaben und den Dingen angemessen erscheinenden Stand. Das Mayronische Verständnis von *quidditas* als einer in Bezug auf den Realitätsstatus von aller Modifizierung freien Basisentität wird zwar nirgends direkt bestritten (und später sogar in leicht veränderter Weise zitiert),[255] aber es ist evident, dass Syrrect – hier Brulefer faktisch, wenn auch nicht bewusst, vorarbeitend[256] – nicht mehr in dem Maße auf ihr sein System aufbaut. Dies geht umgekehrt indirekt auch aus den in diesem Einleitungs- und Grundlegungsteil seiner Studie vorgenommenen Näherbestimmungen des Seienden hervor, die dieses Thema nirgendwo anschneiden.[257]

Auch in den sieben Artikeln zu den einzelnen *distinctiones*[258] zeigt

---

actum reflexum intellectus: vel per imperium voluntatis: et de tali ente in anima et extra animam dicitur equivoce. Aliud est ens in anima derelictum et est quidditas in esse cognito producta: et de tali ente in anima non dicitur equivoce.

[254] Zu dieser Parallelität von *fides facere alicui* und *credere* s. oben Kap. II, Anm. 63.
[255] S. unten Anm. 259.
[256] Zur geharnischten Polemik in de Fantis' Syrrect-Kommentar gegen Brulefer vgl. unten Anm. 344.
[257] In schematisierter Darstellung a. a. O., foll. 8–11.
Ens reale, ens rationis.
Ens quantum et non quantum.
Ens quantum [fo. 9]: Ens finitum et infinitum, absolutum et respectivum. Omne enim ens dicitur formaliter absolutum, quod non est formaliter ad aliud, sicut est deus, et omnia attributa in divinis, et tria genera generalissima tantum, scilicet Substantia, Quantitas, et Qualitas. Ens vero respectivum dicitur illud quod formaliter est ad aliud, sicut sunt in divinis proprietates notionales, et relationes communes, et ista septem praedicamenta, scilicet ad aliquid, actio, passio, quando, ubi, situs, et habitus.
[fo. 01; sic, = 10]: Substantia et accidens.
[fo. 11] Ens simpliciter et secundum quid.
[258] A. a. O., fo. 18: *Quantum ad secundum articulum sunt septem partiales articuli declarandi. In primo videbitur quod est identitas rationis, et eius distinctio. [fo. 19] In secundo quod est identitas ex natura rei, et eius distinctio. In tertio quod est identitas formalis, et eius distinc-*

sich in Syrrects Erklärungsweise diese eigentümliche Distanz gegenüber der Mayronischen Quiddität zur Formaldistinktion. Zwar kennt
er, wie erwähnt, eine der mayronischen ähnliche Definition,[259] erwähnt
sie aber nur sehr beiläufig und baut seine Konzeption der *distinctio
formalis* nicht in dem Maße auf ihr auf, wie Mayronis das tat. Vielmehr
schließt er sich, nachdem die korrekte Etymologie und Bedeutung
von *formalitas* in einer von Mayronis bereits leicht abweichenden
Weise erhellt wird,[260] den mehr prädikationslogischen Darstellungsver-
suchen in der Linie von Duns und Petrus Thomae an, die ihrerseits
den Zweiten Analytiken nahestehen und deren Kommentierungstradition fortsetzen und in gewissem Sinne in die franziskanische
Theologie integrieren.[261] Diese Prädikationstheorien entfaltet Syrrect
so ausführlich wie vor ihm kein Scotist,[262] indem er vier Arten von
Prädikationen anführt.[263] Schon in der ersten dieser Prädikationen,
die sich dem ersten *modus dicendi per se* widmet, aber auch in der dritten, und vor allem dann in der vierten und letzten, ist ihm sonderlich an der Wahrung der Kontingenz kontingenter Aussagen gelegen:
Sie sind weder notwendig noch deduzierbar, sondern verdanken sich
der Offenbarung Gottes.[264] Antonius Syrrectus kehrt so zu den ursprünglichen, insbesondere auch christologischen Motivationen zur
Bildung einer formalen Distinktion zurück, die schon vor Duns, besonders aber dann bei ihm ihren innovatorischen Effekt zeitigen sollten.

---

*tio. In quarto quid est identitas realis et eius distinctio. In quinto quid est identitas essencialis et
eius distinctio. In sexto quid est identitas subiectiva et eius distinctio. In septimo quid est identitas obiectiva et eius distinctio.*

[259] A. a. O., fo. 45: *Ex praedictis apparet quid sit ultima abstractio cuiuslibet rei, quia
quidditatis absolutae sumpte ab omni eo quod est quocunquemodo extra rationem quidditatis, in
qua quadem abstractione, nihil aliud invenitur, seu intelligitur, precise re, vel ratione, nisi quid
est ipsius quidditatis.*

[260] A. a. O., fo. 36: *formalitas [...] nihil aliud est, quam ratio obiectalis, sub qua una
quaeque res concipi potest ex natura rei [...].*

[261] In der Marginalie zu fo. 37 wird ausdrücklich empfohlen: *Quaere [...] exposi-
tores communiter super librum posteriorum ad propositum hic ex maxime Linconiensem!*

[262] Man vergleiche nur etwa das minimale Maß an Raum, das Mayronis der
Prädikationenfrage in den einschlägigen Distinktionen reserviert: In Confl. I, dd.
5–7 dient sie als Einleitung der fünften d.; die dd. 5–12 des dritten Buches werden gar zu einer einzigen Distinktioneneinheit zusammengezogen. Mayronis entwickelt dieser Fragestellung gegenüber nicht das geringste Interesse!

[263] A. a. O., fo. 37: *praedicatio quidditativa et formalis* (die mit den vier traditionellen *gradus* eingeführt wird; vgl. oben zu Petrus Thomae); a. a. O., fo. 41: *Prädikation:
praedicatio formalis et denominativa*; a. a. O., fo. 43: *praedicatio idemptice identica*; fo. 47:
praedicatio tantum essentialis.

[264] A. a. O., fo. 40f.

Er bezieht sich dabei ausdrücklich auf Duns Scotus, und zwar –
nebst der die Frage der *propositiones per se* im wissenschaftstheoretischen Diskussionsfeld ihrer Zeit traktierenden d. 2. in Ord. I – vor
allem auf zwei Distinktionen, in denen die Frage der *Prädikation: praedicatio formalis* und der *propositio per se* in ihrem Verhältnis zu kontingenten Prädikationen in exklusiv christologischem Kontext thematisiert
wird, nämlich die dd. 7[265] und 22[266] im dritten Buch der Ordinatio:
Beide haben sie zum Ziel, die Möglichkeit formaler Prädikation inkar-
nationstheologischer oder soteriologischer Aussagen zu erweisen, insofern und nur insofern die zur Debatte stehenden Offenbarungssätze
(*Deus est homo*; *Christus in triduo non fuit homo*) als kontingente Aussagen
verstanden werden. Umgekehrt besteht dort eine formale Identität,
wo ein Subjekt seinem Prädikat formal inhäriert, wo also das im
Sinne porphyrianischer Spezifizierung Untere (oder ein *genus*) das
Obere (oder eine *species*) formal einschließt.[267]

Auch die *distinctio ex natura rei* wird von Syrrect zuallererst mit theologischen Argumenten als notwendig bewiesen. Es gibt Entitäten,
so sagt Syrrect mit Bonet, die nicht eigentlich ein *ens* oder eine *res*
darstellen, sondern nur *aliquid rei*, und darum mit der ihnen zugehörigen *res* nicht in allem vollkommen identisch sind. Diese Nichtidentität findet sich in Gott gleich vierfach: Zwischen Gottes Wesen
und dessen Modi (und diesen Modi untereinander), zwischen den

---

[265] Auf diesen Zusammenhang verweist ausdrücklich auch der Kommentator in
der Marginalie; zum a. a. O., fo. 41: *Considera etiam an ista deus est homo, vel verbum
est homo, sit formalis, et qualiter, vide scotum septima distinctione.*

[266] Weitgehend übernommen werden die Argumentation und die Beispielsätze
aus Duns, Ord. III, d. 22, q. un., n. 19: *Cum igitur hoc nomen* Christus *significet suppositum existens duabus naturis: et in triduo non existebat in natura humana tota, quamvis partes naturae essent sibi unitae; ideo haec propositio,* Christus fuit homo in triduo, *est falsa:
quia ratio subiecti pro tunc erat in se falsa; et ideo non potest homo verificari de eo, ut haec sit
vera;* Christus est homo, *quia ratio subiecti, scilicet Christi, non fuit in se vera, quia non
includebat suum significatum. Exemplum, haec est falsa,* homo albus est homo, *nullo homine
existente; quia ratio subiecti in se est falsa, haec scilicet,* homo albus. *Probatio, quia sequitur
per conversionem simplicem,* homo albus est homo, *ergo homo est homo albus; et ultra,*
homo est homo albus, *igitur homo est homo: et ita a primo ad ultimum, nullo homine
existente, haec est vera,* aliquis homo est.
Et si dicatur, quod haec est per se vera, Christus est homo, *sicut supra dictum fuit: et si
per se vera, igitur necessaria. Respondeo sicut supra dictum fuit, si ad perseitatem propositionis
sufficit quod subiectum includat in suo intellectu causam inhaerentiae praedicati ad subiectum, et
non requiratur quod subiectum dicat conceptum unum; posset concedi quod haec,* Christus est
homo, *semper fuit vera. Sed magis credo, quod requiritur hoc, et plus, scilicet quod subiectum
habeat conceptum unum: vel si non, sed includat conceptus plures, oportet quod ratio eius sit in
se vera, antequam aliquid verificetur de eo.*

[267] A. a. O., fo. 49.

göttlichen Attributen untereinander, den göttlichen *notiones* und zwischen dem Wesen und den Relationen. Bei den *modi intrinseci* wiederholt Syrrect die Mayron'schen Beispiele, was das göttliche Wesen angeht, übernimmt interessanterweise dann aber für die Aufzählung intrinsischer Modi *in creaturis* nicht nur nicht den Mayron'schen und auch nicht den Pseudo-Mayron'schen *ordo*, sondern nimmt als erster auch die im Grunde doch eher gradual als modal alterierenden Größen der *intensio et remissio* in die Reihen der intrinsischen Modi auf. Sie alle sind in einer Weise nicht identisch, die vor aller kollativen Tätigkeit des Verstandes, darum *ex natura rei* besteht. Syrrect integriert damit die bei den deutschen Scotisten als eigene Kategorie geführte Modaldistinktion (wieder?) ganz in die *distinctio ex natura rei*.[268] Insofern alle diese Modi – entgegen dem, was Landulphus Caraccioli behauptete – nicht derselben *ratio formalis* angehören wie die *res*, von der sie ausgesagt werden, konstituieren sie als modale auch je eine formale Distinktion.[269] Aus dieser Überlappung dreier bei Mayronis noch fein säuberlich getrennter Distinktionstypen wird zudem offenbar, dass Syrrect von der Idee einer unumkehrbaren *illatio* dieser Typen untereinander nicht allzu überzeugt ist. Zwar stellt auch er sich ihr keineswegs wirklich entgegen, aber er lässt kritische Vorbehalte durchaus erkennen.[270] Es ist auch hier, nicht entgegen

---

[268] Die in der Linie dieser konzeptuellen Konkurrenz von *distinctio modalis* und *ex natura rei*, die sich im Scotismus des 15. Jahrhunderts gegenseitig zu subordinieren versuchten, liegende Schlussfolgerung zu ziehen, war dann dem 16. Jahrhundert in der Person des Scotisten Mauritius Hibernicus vorbehalten, der eine achtfache Distinktionenunterteilung aufstellt, in der die beiden angesprochenen Arten je für sich zu stehen kamen. vgl. Prantl, Bd. IV, 269, Anm. 582.

[269] A. a. O., fo. 29f.: *Omnes isti modi intrinseci, nec intrant quidditatem, nec differunt ab ea formaliter positive, sed bene negative, hoc est quod non sunt de ratione formali ipsius quidditatis, quorum sunt modi intrinseci, et tales modi reducuntur ad aliud genus in creaturis cuius est sua quidditas. Landulphus tamen in suo primo [sc.: in ?] prologo tenet oppositum, cum quo [fo. 30] multi tenent quod modus intrinsecus est idem formaliter, cum illo cuius est modus intrinsecus, videlicet constituti per ipsum. et exemplificat de infinitate que est modus intrinsecus dei, et est de quidditate, seu de ratione quidditativa ipsius dei hoc etiam videtur tenere doctor in quolibet, quia ex eo quod est natura divina est infinita, est natura divina, cum natura dividatur. alia autem infinita, et ista est natura divina.*

[270] A. a. O., fo. 69f.: *Quantum ad secundum de modo inferendi unam distinctionem ex alia, pono istam conclusionem quod maior distinctio infert minorem, tamen non video iudicio meo, qualiter una distinctio per bonam consequentiam possit omnes alias distinctiones inferre licet aliquas inferat. Minima tamen videtur esse, distinctio rationis, quia ab omnibus infertur quod declaro sic. duae potentiae animae distinguuntur se totis obiective, eodem modo quo dictum est, et tamen non distinguuntur se totis obiective, secundum secundam opinionem superius recitatam de distinctione subiectiva, nec etiam infert distinctionem realem secundum omnes formalizantes, nec essentialem. materia etiam et forma distinguuntur realiter a composito, et tamen non formaliter, ut iam dictum est. Ista mihi videntur vera, licet multi formalizantes dicant oppositum, solvant tamen difficultates*

den Zielsetzungen, sondern gerade in der Konsequenz seines systematisch interessierten Darstellungswillens, nicht die formale Stringenz
der durch Franciscus und Petrus angebotenen Serienbildung, die ihn
interessiert, sondern die argumentativ-theologische Konsistenz der –
seriell verbundenen oder für sich stehenden – Inhalte des durch die
formaliste propagierten Distinktionendenkens.

Es ist diese offene, sich über eigene Schultraditionen latent oder
manifest hinwegsetzende und an Duns sich orientierende Beweglichkeit,
die Syrrect dann auch zur Dialogbereitschaft mit anderen Schultraditionen veranlasst. Es ist offensichtlich weniger die Terminologie der
Formalisten, an der ihm gelegen ist, sondern ihre Sache. Darum ist
er ohne weiteres imstande, sie in die Sprache der Thomisten zu
übersetzen. Was die Scotisten als Formaldistinktion bezeichnen, heißt
bei den Schülern des Aquinaten – faktisch! – *distinctio rationis ratioci-
natae.* Jeder Streit ist hier also müßig, findet Syrrect, denn es handelt sich nicht um mehr als um eine Differenz der Konventionen,
um nicht zu sagen einen reinen Wortstreit: *non est disputatio nisi ad
vocem.*[271]

Doch ist es nicht geistige Flexibilität und intellektuelle Gewandtheit
allein, die den Franzosen zu dieser Identifikation mit konkurrieren-
der Schulsprache veranlasst. Zum einen steht er auch hier in einer
gewissen, allerdings bis anhin nie so fein ausgearbeiteten, mayronistischen Tradition, die in der berühmten Disputation über das rechte
Verständnis des trinitarischen *ratio*-Begriffs ihren Anfang nahm. Darüber
hinaus kann Syrrect, einem seiner Grundanliegen entsprechend, auch
auf eine terminologische Unterscheidung bei Duns selber zurückgrei-

---

*ibi tactas. videlicet de potentiis animae se totis obiective distinctis, et tamen non realiter nec essen-
tialiter, quae etiam sunt eaedem realiter, non tamen obiective, etiam de materia et forma, quae
sunt eaedem formaliter cum composito, et tamen non realiter, immo distinguuntur realiter, nec
unquam Scotus ordinavit illas consequentias sive illationes nec etiam habent aliquam rationem con-
venientem, ideo eadem facilitate qua sic affirmantur et ordinantur destruuntur.*

[271] A. a. O., fo. 21: *[. . .] Inter entia realia et rationis, ut inter animal et genus, similiter
inter entia rationis inter se, ut inter genus, et speciem est distinctio rationis quia non sit nisi ex
sola collatione intellectus, et accipio distinctionem rationis quae est a potentia ratiocinante, et non
pro distinctione rationis, quae est a natura rationabili. Ex hoc patet quod distinctio rationis, est
respectus rationis per actum collativum a potentia ratiocinante causatus.*
*Similiter patet, quod illi qui respondent ad istud argumentum, essentia divina est communica-
bilis, paternitas est incommunicabilis, ergo essentia divinia, et paternitas distinguuntur aliter quam
ratione. respondetur namque quod argumentum concludit quia distinguuntur plusquam ratione ratiocinante, sed non plus quam ratione rationabili. patet inquam quod non est disputatio nisi ad
vocem, quia nec intelligunt vim vocabuli distinctionis ex natura rei quia quod illi vocant distinctionem rationis rei rationabilis formalizantes vocant distinctionem ex natura rei. et sic non capio
inclusione me distinctione rationis quae est precise et solum a potentia ratiocinante.*

fen, wenn er unterscheidet zwischen dem *intellectus rectus*, dem eigentlichen erkennenden Akt des Intellekts, und dem *intellectus collativus*, der lediglich bereits erkannte Objekte mit ihnen selbst oder mit anderen vergleicht.[272] Von hier weiterdenkend kann dann auch die *distinctio rationis ratiocinantis* genauer bestimmt werden als eine Differenz zwischen Prädikat und Subjekt bei einer Aussage einer Sache über sie selber.[273] Dass diese Differenz entweder grammatischen oder logischen Charakter haben kann, spielt dann auch in der weiteren Diskussion bei Brulefer und Zwingli eine nicht unerhebliche Rolle.[274] Zum andern sind in diesem Angleichungsbemühen wohl schon die Anfänge dessen zu beobachten, was später gemeinhin als *via* bezeichnet wird: Scotisten und Thomisten schmieden Allianzen zur Abwehr Dritter. Im Kampf gegen die grundsätzlichen Zweifel der Nominalisten gegen die Notwendigkeit und Möglichkeit einer weiteren Distinktion durch die *ratio* nebst dem einfachen Grundtypus waren die ansonsten nicht sonderlich nahen Schüler des Aquinaten mehr als willkommen.[275] Dass die Bildung von schulenstrategischen Koalitionen

---

[272] A. a. O., fo. 20: *Notandum secundo quod duplex est actus intellectus scilicet rectus et collativus, actus rectus appellatur quo intellectus fertur super rem aliquam absolute, ut quando intellectus intelligit rosam. Actus vero collativus appellatur quo intellectus rem intellectam comparat ad seipsam, vel ad aliam.*

[273] A. a. O., fo. 21: *[. . .] pono duas conclusiones. Prima est quod illa sunt idem vel eadem ratione, habent eundem conceptum omnino indistinctum a parte rei, et etiam indistinctum ex parte intellectus, ut homo est idem sibiipsi, et omnia entia tertii modi perseitatis, et sic de aliis. Secunda conclusio, Illa distinguuntur ratione, que distinguuntur per actum collativum intellectus precise. Ex quo sequitur, quod in omne propositione mundi, in qua etiam predicatur idem de seipso, subiectum et predicatum, distinguuntur ratione, quia sicut contradictio fundata in entibus ex natura rei, concludit distinctionem ex natura rei, ita contradictio fundata in entibus rationis, concludit distinctionem rationis.*

[274] A. a. O., fo. 65f.: *Quantum ad primam partem primo incipiam a distinctione rationis et pro ampliori declaratione notandum, quod distinctio rationis investigatur propter diversas relationes rationis attributas per actum rectum, vel collativum intellectus eidem obiecto, vel diversis hoc modo, quia vel res realis comparatur ad rem realem, vel realitas ad realitatem, et hoc vel ad seipsam, vel ad aliam in uno et eodem obiecto formali, ut quando [fo. 66] intellectus comparat colorem et disgregativum in albedine, vel res rationis ad rem realem, ut quando intellectus comparat genus ad animal, et econverso, vel res rationis ad rem rationis, ut quando intellectus comparat genus ad speciem, et econverso, si primo modo vel res realiter comparatur ad seipsam, vel ad aliam, si ad seipsam, vel comparatur ipse ut intellecta ad seipsam non intellectam, vel ad seipsam ut intellectam. Si secundo modo, vel igitur comparatur ipsa res concepta sub uno modo concipiendi ad seipsam, vel ad aliam vel sub alio modo concipiendi, si primo modo, vel igitur sub alio modo concipiendi grammaticaliter, ut significando aliquid in recto vel in obliquo, vel logicaliter, puta in concreto vel in abstracto, et sic secundum diversas comparationes intellectus ad res easdem vel diversas oritur distinctio rationis.*

[275] Mit dieser Grundlinie regte Syrrect möglicherweise auch den ersten "thomistischen" Formalitätentraktat, die unten (IV. 6) erläuterten *distinctiones Thomistarum* des Andreas Bodenstein von Karlstadt, mit an.

stets auch den Versuch einer simplen Vereinnahmung des Gegners
bedeuten konnte, ja vielleicht sogar musste, zeigt sich schon in einer
vermutlich bewussten Saloppheit der Argumentation bei Syrrect und
dann erst recht in den Marginalien des de Fantis. Hier bestehen
keine Hemmungen mehr gegenüber der Behauptung, dem philosophischen Gegner sei durch eine *consonantia* alles Wahren die Anerkennung einer Formaldistinktion unausweichlich gewesen.[276] Dass sie
allerdings selber an dieser Allianzenschmiede durch ihren Innovationsdruck maßgeblich, und zwar philosophisch-material, nicht einfach
nur bildungspolitisch, mitwirkten, lag außerhalb der Optik beider
und ist erst derjenigen des Historikers zugänglich.

Insgesamt präsentiert sich Syrrect als ein – dieser gegnerische
Kampfbegriff ist hier nicht fehl am Platz – *formaliçans* mit großen
didaktisch-publizistischen Fähigkeiten, der die Partikulardoktrinen der
untereinander nur bedingt koordiniert arbeitenden Scotisten des vorangegangenen Jahrhunderts erstmals zu einem kohärenten Lehrganzen
zu vereinen vermag. Aus diesem Grund sicherlich entstanden während des nach ihm folgenden Jahrhunderts zahlreiche scotistische
Kommentare zu seiner Formalitätenschrift, teils von so prominenten
Autoren wie Antonius Trombeta, Mauritius Hibernicus, aber auch
weniger bekannten wie dem Mediziner de Fantis.[277] Die Kompilations-
und Systematisierungsleistung Syrrects bedingte und bewirkte zudem,
dass das, was maßgeblich auch durch ihn zu einer Tradition zusam-
menwachsen sollte, auf das sachlich Wesentliche durchleuchtet wurde.
Dieser Prozess führte formal gesehen nicht schlechthin zu einer
Vereinfachung, sondern zu einer mindestens doppelten Komplizierung;
Syrrect ist ohne Weiteres imstande, um der sachlichen Klarheit willen Begriffe, die bereits vor ihm in einiger Komplexität behandelt
wurden, noch einmal erheblich weiter aufzufächern.[278] Vor allem

---

[276] A. a. O., fo. 3 *in margine* zur sechsten *obiectio*: *Nota quod quidam thomiste moderniores coacti sunt ponere quattuor genera distinctionum, videlicet Rationis, Formalis, Realis et
Essentialis. que quotiens dicantur, et quales sint, quere in Herveo, et Capriolo, et aliis ut nosti.
Nam cum omnia vere consonant ex primo ethicorum necesse erat ut veritati Scotice etiam ipsius
adversarii convicti consentiant.* Die Nennung Capreolus' in diesem Sinn und Zusammenhang
ist für die Interpretation entsprechender Äußerungen Zwinglis von Belang; vgl. dazu
unten IV. 6. und VII. 2. 3.

[277] Vgl. oben Anm. 242; Prantl, Band. IV, 269f.

[278] So beschreibt er etwa den Quidditätenbegriff in sechsfacher oder sogar sie-
benfacher Ausdifferenzierung a. a. O., fo. 26f.: *Et quia ibi tactum est de quidditate iccirco
notandum, quid quidditativum dicitur sex modis. Primo modo essentiative [. . .] Secundo modo
[. . .] quidditativum constitutive [. . .] Tertio modo quidditativum specificative [. . .] Quarto modo*

aber fügt er allen Argumentationsgängen eine Metaebene ein, die
den früheren Scotisten noch nicht in dieser Form bekannt war, indem
er alle Überlegungen stets auf ihre Stimmigkeit im Lichte der unmittelbar scotischen Aussagen überprüft. Nicht trotz, sondern wohl eher
aufgrund dieser äußerlichen Additionen findet Syrrect nämlich andererseits über weite Strecken zurück zu den theologischen Grundintentionen des *doctor subtilis*, die im starken Systemwillen der Autoren
des vorangegangenen Jahrhunderts nicht verleugnet, aber partiell verschüttet worden waren: Starke Betonung der funktionalen Bestimmung
der Formaldistinktion zur Ermöglichung kontingenter trinitätstheolo-
gischer und damit insbesondere auch christologischer Aussagen – bei
gleichzeitig strenger Wahrung der Differenz von erkannten Objekten
mit oder ohne Aktivität des Intellekts.

5. Stephan Brulefer: Scotus' Rasiermesser gegen die Scotisten geschärft

In der Distinktionenfrage ist Brulefer inhaltlich und damit dann auch
methodisch gänzlich von einer ebenso einfachen wie eindeutigen
Vorgabe geleitet. Es ist das ontologische und dann auch terminologische Ökonomieprinzip, das als solches zuerst bei den Franziskanern –
aber längst nicht nur bei ihnen! – auf den Plan trat, das ihn bei der

---

[. . .] *quidditativum representative [. . .] Quinto dicitur quidditativum indicative [. . .] Sexto modo
quidditativum predicative [. . .] Et posset addi septimus modus licet inproprius quia aliquid dicitur quidditativum consecutive [. . .].*
    Dass allein der Quidditätenbegriff so stark diversifiziert wird, ist kein Zufall. Es
fehlt bei Syrrect die bei den deutschen Autoren des 15. Jahrhunderts so wichtige
Modaldistinktion, die gänzlich in die *distinctio ex natura rei* (re)integriert wird.
    Auch bei den Erläuterungen zum *modus intrinsecus* beginnt Syrrect mit der klassi-
schen Definition, dass ein solcher niemals die *ratio formalis* dessen variiert, dem er
zukommt. Die ganze Beweisführung ist hier streng an Duns selber orientiert (a. a.
O., foll. 29–36). Später fügt Syrrect eine genauere Definition bei: *Modi intrinseci* vari-
ieren nicht die *ratio formalis*, sondern die *ratio quidditativa*. Beide *rationes* zugleich können nur einer *species* im eigentlichen, porphyrianischen Sinne zukommen. Treten sie
beide gemeinsam auf, konstituieren sie eine (volle reale) Differenz; eine *ratio quidditativa* allein eignet jedem quidditativen Begriff schlechthin (a. a. O., fo. 34). Doch
auch dies genügt, um eine Unterscheidung *ex natura rei* zu begründen: Quidditäten
gehen dem erkennenden Intellekt voraus. Darum geschieht jede Unterscheidung von
Modus und Quiddität, aber auch die Unterscheidung von Modi untereinander *ex
natura rei*. Die solchermaßen *ex natura rei* konstituierte Distinktion ist keine im Vollsinn
reale, sondern irgendwie zwischen Rational- und Realdistinktion anzusiedelnde.
Wenn Franciscus sie als modale bezeichnet, dann verwendet er damit ein vergleichsweise minderwertiges und unvollkommenes Wort (a. a. O., fo. 35).

Konzeption und Durchführung seiner berühmten *declarationes idemptitatum et distictionum rerum in doctrina doctoris subtilis* bestimmte: "Es ist offenkundig bekannt, dass eine Vielheit nicht ohne Notwendigkeit behauptet werden darf. Und es scheint keine Notwendigkeit vorhanden, die dem Intellekt vorangehenden Distinktionen weiter aufzuteilen als in eine formale und eine reale Distinktion. Daraus folgt, dass keine Notwendigkeit besteht, andere, eigenständige, eigentliche, durch sich selber subsistierende und von jenen beiden unterschiedene Distinktionen aufzustellen. Es ist ja offenkundig, worin diese anderen unter jenen inbegriffen sind, und auf sie werden sie darum zurückgeführt."[279] Die materiale Plausibilität und sachliche Notwendigkeit dieses Reduktionsprogramms herauszustreichen ist sozusagen die *regula regularum* der Brulefer'schen Metaphysik.

Diese Rückführung aller der klassischen Siebenerkatene entstammenden Distinktionstypen auf die "authentisch" – unter dem Vorbehalt der experimentell-tastenden Vorgehensweise des *doctor subtilis* – scotische Trias von Real-, Formal- und Rationaldistinktion geschieht in zwei gleichlautenden Traktaten, die von fast identischem Grundaufbau, aber von sehr unterschiedlichem Umfang und damit auch Differenzierungsgrad sind. Der kleine Traktat ist dreiteilig, bestehend aus einer einleitenden Darlegung des irrigen Standpunkts der Gegner, deren Widerlegung und schließlich der Präsentation der eigenen korrekten Meinung. Der größere ist vierteilig, wobei er sich allerdings der Gliederung des kleineren anschließt und lediglich die Exposition der gegnerischen Meinung und die ihr folgenden Korrolarien, die im kleinen Traktat zusammen einen Teil bilden, zu zwei gesonderten Teilen umbaut. Dieser größere der beiden Traktate ist also schlicht ein den kleineren mit einer Vielzahl von Argumenten und einer teils kaum mehr endenden Zahl von Regeln legitimierender Kommentar zum kleineren. Die im *incipit* je gleich betitelten Traktate erscheinen daher im Buchgesamttitel der Edition von 1507, etwas verwirrlich, als *formalitatum textus cum ipsius commento*.[280]

---

[279] Brulefer, *Declarationes*, s. unten Kap. V, B. 1, 1.2; vgl. Anh. 2. 2: fo. 6vb: *Ex istis omnibus evidenter notum est, quod, cum pluralitas non sit ponenda sine necessitate, et non appareat aliqua necessitas multiplicandi distinctiones, que sunt precedentes intellectum nisi in distinctionem formalem et distinctionem realem, sequitur, quod non sunt necessario ponende alie distinctiones condistincte proprie et per se et alie et ad istis duabus. Patet enim manifeste, quomodo alie continentur sub istis, et ad eas reducuntur.*

[280] Zur *Regula*-Didaktik der Scotisten vgl. oben Kap. II, S. 105 und unten Kap. VI, Anm. 69.

1. *Kurze Invektive gegen die eigene Schule: Der Grundtext* (formalitatum textus)

Im Eingangsteil des kleineren (und demzufolge dann auch des größeren) Traktats wird die "Siebenfaltigkeit" der Distinktionen seit Petrus Thomae gleich zu Beginn referierend entfaltet, wie sie sich – zumal bei Syrrect – in der pseudomayronistischen Tradition bis zu Brulefer hin etabliert hatte. Interessanterweise wird dabei in der Druckausgabe von 1507, die Zwingli vorlag und die er annotierte, irrtümlicherweise statt des korrekten Titels *distinctio essentialis* die falsche Angabe *distinctio realis* gesetzt, was Zwingli am Rande richtig stellte: *Essentialis*. Auch wenn hier offensichtlich ein als simpler Druckfehler einzustufender technischer Irrtum vorliegt, handelt es sich in einem höheren Sinne um mehr als einen Zufall. Just an diesem Punkt weicht Brulefer mit Syrrect vom klassischen Siebenerschema klar ab, indem er Real- und Essentialdistinktion im Gegensatz zu den Scotisten des 14. Jahrhunderts nur noch bedingt, nämlich nur als in göttlichen Dingen gültig unterscheidet![281]

Den sieben Distinktionen korrespondieren dann, ebenfalls traditionell, sieben Identitäten. Dieser ersten Auflistung folgen acht Korrolarien im Sinne der Formalisten, die alle das Postulat einer unumkehrbaren *illatio* der Distinktionen oder Identitäten voneinander zur Sprache bringen.[282] Im zweiten Teil wird dann mit allem Gewicht das

---

[281] Syrrect, a. a. O., fo. 62f., bringt diesen Neuerungsschritt allerdings ungleich subtiler und differenzierter zur Sprache. Er bringt nicht einfach die Feststellung einer Beschränkung der Differenz von Real- und Essentialdistinktion auf das Handeln Gottes, sondern geht aus von einem doppelten *ordo essentialis*. Es gibt nicht nur den üblichen, seit Aristoteles bekannten *ordo essentialis simpliciter*, bei der das Erscheinen des im Ordo Inferioren ganz ohne das Superiore, von dem es abhängig ist, einen unauflöslichen Widerspruch bedeuten würde. Es existiert auch ein Gegenstück *secundum quid*, bei dem durch göttliches Eingreifen das Spätere vom Früheren unabhängig subsistieren kann, indem beispielsweise die Akzidenzien (in der Eucharistie) verbleiben, auch wenn die Substanz sich wandelt, oder indem die Substanz verharrt, auch wenn die Zweitursachen, von denen sie abhängt, nicht mehr vorhanden sind. Es handelt sich also in diesem zweiten, theologisch begründeten Fall ebenso sehr oder mehr um eine Kausal- wie um eine Seinskette, wie Hibernicus am Rande anmerkt, die den Peripatetikern verborgen bleiben musste. Erst danach kommt Syrrect auf die Koinzidenz von Real- und Essentialidentität zu sprechen, die in Göttlichem ihre einzige Ausnahme erfährt. Es ist interessant, wie sehr Brulefer diese bei Syrrect noch recht deutlich Neuerungscharakter tragende Traditionsabweichung bereits als selbstverständlich vorträgt.

[282] Allein das achte dieser Korrolare wird Brulefer später im Text (a. a. O., fo. 2va) akzeptieren: *Octavum correlarium est, quod cum idemptitate reali stat distinctio formalis et ex natura rei.*

Entscheidende nachgewiesen, nämlich dass es keine von der Formaldistinktion separierbare, weil kleinere *distinctio ex natura rei* geben könne,
und zwar anhand derjenigen Beispiele, die Syrrect für die Unterscheidung von Entitäten *ex natura rei* angeführt hatte: *Superius* und
inferius; totum und *partes; modus intrinsecus* und *res; diffinitio* und *diffinitum*.

Alle diese Größen haben – dies ist, wenn es auch nicht explizit
als solches angezeigt wird, das erste einer Serie von zehn Hauptar-
gumenten – definitionsgemäß und also zwingenderweise eine je andere
ratio formalis und sind darum nur *formal* voneinander getrennt. Einzig
die *modi intrinseci* verfügen nicht eigentlich über eine andere Formalität:
Dennoch sind auch sie nicht *in primo modo dicendi per se* mit der durch
sie veränderten Sache identisch, und was nicht solchermaßen identisch ist, ist mehr als nur durch die Arbeit des Intellekts getrennt.
Es verhält sich bei ihnen gerade nicht wie bei der Unterscheidung
von *abstractum* und *concretum*, die durch unterschiedliche Modi rein
logischer Art der Wahrnehmung bedingt sein kann. Bemerkenswerterweise rekurriert Brulefer faktisch mit diesem ersten Argument auf
seine frühere Reportatio, in der er in Bezug auf die Modalitätenter-
minologie Bonaventura mit Scotus und Mayronis zu harmonisieren
versuchte: Modale Differenz ist für Brulefer primär (und wohl schon
immer) eine vor aller Aktivität des Intellektes liegende Differenz; ob
sie nun ursprünglich trinitätstheologisch (Bonaventura), transzendenta-
lienlogisch (Duns) oder in Bezug auf den Realitätsstatus (Mayronis)
gedacht war, ist ihm zweitrangig.[283]

Als zweites Hauptargument für seine Zurückweisung einer Trennung
der dictinctiones ex natura rei und *formalis* bringt Brulefer ein Scotuszitat
aus der *Distinctio* 2 des ersten Ordinatiobuches, das den Formalunterschied zwischen Essenz und Supposita Gottes dadurch nachweist,
dass er eine kleinere Distinktion *in intellectu* von einer ebensolchen
größeren trennt. Trennt die kleinere nicht mehr als nur grammatisch (*homo, hominis*) oder logisch (*homo, humanitas*) unterschiedene Dinge
(oder eher: Dingaspekte), erfasst die größere reale Objekte durch
zwei verschiedene intellektive Akte. Alle oben aufgezählten Begriffspaare
aber sind mehr als nur logisch oder grammatisch getrennt und darum
unter die größere der beiden genannten Distinktionen zu zählen.

In dieselbe Richtung stößt auch das dritte Hauptargument, indem
es zwei (in ihrer Aneinanderreihung etwas beliebig wirkende) Ordina-

---

[283] Vgl. unseren Anhang 2 (1. 23) zu Rep. I, d. 33, q. 1.

tiozitate (und, im zweiten enthalten, ein Diktum aus *de divinis nomi-nibus* des Areopagiten) zum Nachweis der zwingenden Ausschließlichkeit nur zweier Distinktionen ohne Mitwirkung des Intellekts anführt. Das erste der Zitate entstammt derselben Distinktion der *Ordinatio* wie das des zweiten Hauptarguments. Durch die Behauptung einer forma-len, nicht manifesten Trennung von Essenz und personalen Eigen-schaften (*proprietates*) Gottes spricht es eine vergleichbare, ebenfalls trinitätstheologisch fundierte These aus. Zusätzlich sagt Duns hier aber, dass neben oder nach dieser nicht manifesten Unterscheidung (außer der manifesten, realen Trennung) von Objekten sonst keine mehr ihrer Art existieren können, denn sie ist die kleinste innerhalb ihres *ordo*. Auf diese nicht nur dem Sinne nach, sondern *verbaliter* in den Werken des Schulhauptes nachweisbare und in der Tat völlig unmissverständliche Tatsache legt Brulefer großen Wert.[284] Nach die-ser hilfreichen, weil umfassend gültigen Feststellung der authentischen Absicht des *doctor subtilis* kommt Brulefer etwas überraschend wieder auf die im ersten Hauptargument bereits von ihm bestrittene Ansicht der Formalisten. Schon Mayronis und insbesondere dann Syrrect erklärten, Oberes und Unteres im porphyrianischen Sinne seien in einer gegenüber der Formaldistinktion geringeren Unterscheidung *ex natura rei* getrennt. Dass dem nicht so sein kann, belegt ein *passus* aus der d. 16 des zweiten Ordinatiobuches, in dem Scotus Pseudo-Dionys in formaldistinktivem Sinne auslegt. Er tut dies im Rahmen der zu dieser Distinktion der Sentenzen gehörigen Frage, ob die *imago* der Trinität im Menschen aus drei real voneinander getrenn-ten Potenzen der Seele bestehe.[285] Während die meisten Autoritäten dies bejahen (Thomas, Hervaeus, Aegidius), bestreitet es Duns unter Berufung auf das Ökonomieprinzip, das eine unnötige Pluralisierung innerseelischer Größen verbietet. Da sie aber auch nicht nur ratio-nal von der Seele getrennt sind, muss die zur Debatte stehende Unterscheidung *formaliter* zu verstehen sein, was anhand des Pseudo-Dionysischen Begriffs der *continentia unitiva* eingeführt wird: Die im Sinne des Neuplatonikers geeinten Unitäten sind weder miteinander

---

[284] Brulefer erlaubt sich sogar, entgegen seiner sonst eher strengen Art, ein net-tes Wortspiel, wenn er seine zustimmende Schlussfolgerung einleitet durch ein Zitat (der entscheidenden Vokabel) des Zitats: *Ex quo manifeste patet quod [. . .]*.

[285] Interessanterweise hat der Lombarde zur Erstellung dieser Distinktion nicht nur Augustin, was zu erwarten war, sondern besonders auch das Hexaemeron des Beda Venerabilis herangezogen.

identisch, noch voneinander in der Weise getrennt, wie sie es vor
der Einigung waren. Sie sind also – so liest es Duns in Dionys –
formal voneinander getrennt. Da sie sich außerdem nicht anders
denn als *superius* und *inferius* interpretieren lassen, existiert hier ein
weiterer Beweis dafür, dass *inferius* und *superius* nicht anders denn formal voneinander getrennt werden können.

Im vierten Hauptargument argumentiert Brulefer aus den eigenen
Voraussetzungen der Gegner gegen ihre Behauptung, Über- und
Untergeordnetes, Teil und Ganzes, Definiertes und Definition seien
nur *ex natura rei*, nicht aber *formaliter* voneinander getrennt. Ist nicht
deren Definition der Formaldistinktion dergestalt, dass sie alles trennt,
was nicht *primo modo dicendi per se* identisch ist? Unter diese Nichtidentität
aber fallen alle die obigen Paare, so dass sie alle formal voneinander zu trennen sind.

Der Widerlegung der gängigen Definition einer *distinctio se totis subiective* widmet sich das fünfte Hauptargument. Brulefer stößt sich vor
allen Dingen an der prätendierten Differenz von Real- und Subjekti-
vitätsdistinktion. Während erstere "nur" verschiedene Realitäten unterscheidet, verlangt letztere nun auch eine *separatio actualis*, denn die
subiective verschiedenen Realitäten dürfen nicht am selben Existenzakt
partizipieren. Deshalb, so die Argumentation der Gegner, seien Körper
und Seele, aber etwa auch ein Mensch und seine Weißheit oder die
anima intellectiva und ihre Erkenntnis, zwar *realiter* getrennt, aber nicht
se totis subiective. Genau diese Konkretionen aber zeigen nach dem
kritischen Bretonen die Unhaltbarkeit der gegnerischen Ansichten
auf, denn Körper und Seele sind, wenn sie getrennt sind, auch durch
verschiedene Existenzakte aktualisiert, somit den von den Formalisten
eingeforderten Kriterien durchaus entsprechend. Ihre Einigung im
Menschen konstituiert keine größere Einheit hinsichtlich ihrer Aktualisierung oder ihres Subjektseins als ihr Getrenntsein.

Die Vorstellung einer *distinctio se totis obiective* wird im sechsten
Hauptargument angegriffen, weil sie nicht zwingenderweise eine
Realdistinktion voraussetzt. 'Lachfähig' und 'weinfähig' oder 'lachfähig'
und 'Mensch' sind *se totis obiective* voneinander verschieden, da sie,
der Definition der Formalisten konform, als eigene Begriffe in keinem gemeinsamen realen Konzept übereinstimmen. Trotzdem sind
sie nicht realdistinkt, da sie durchaus von der selben *res* prädiziert
werden können. Dies betrifft noch allgemeiner vor allem die *passiones entis* wie Wahrheit oder Güte, die ja in sich letzte Abstraktionen
darstellen und darum begrifflich nicht in höhere oder abstraktere

Begrifflichkeiten integrierbar sind. Brulefer unterlässt es auch hier nicht, sich für die Korrektheit dieser seiner Aussage, dass *conceptus simpliciter simplices* in ein Drittes, mit dem sie real identisch sind, integriert werden könnten, auf die Absicht der scotischen *Ordinatio* selber zu berufen.[286]

Mit alledem ist dann auch – ein wichtiger Einzelbeweis gegen die Möglichkeit einer *illatio* der Distinktionstypen voneinander, der im siebten Hauptargument angeführt wird – klar, dass die *distinctio se totis obiective* nicht der obersten Typus seiner Art sein kann. Die wichtigste Qualifikation dazu, nämlich die Fähigkeit, alle anderen Distinktionstypen zu implizieren, fehlt offensichtlich.

Die d. 3 des zweiten Ordinatio-Buches, zudem aber auch alle gleichdenkenden Formalisten werden im achten Hauptargument angeführt als Zeugen dessen, dass Real- und Essentialdistinktion auch ohne Formaldistinktion vorkommen können – und zwar sowohl jede dieser Distinktionen für sich als auch beide zusammen. Als *dictum probans* dient hier zudem die d. 16 des dritten Buches, die im Zusammenhang des Triduum die reale und essentielle Trennung der Seele und des Körpers vom Menschen bespricht, der dennoch formal mit ihm identisch bleibt.

Das neunte Hauptargument schließlich zeigt auf, dass Rationalidentität nicht zwingenderweise reale (und, so können wir der Intention Brulefers gemäß ergänzen, noch weniger essentielle) Identität implizieren kann. Brulefer demonstriert dies anhand der *praedicamenta* oder Kategorien, die unter sich rationalidentisch sind, aber essential-, real- und womöglich auch formaldistinkt:[287] Sie gehen ja auf in die Hauptkategorien wie Qualität und Quantität. Die Teilung der Kategorien in sieben gewöhnliche und drei zentrale war schon von Syrrect stark betont worden. Unversehens ergibt sich so eine Kontinuität in der Reduktion der Kategorien auf zwei oder drei prinzipielle, die sehr nominalisierend wirkt.

Diesen Gedankengang entwickelt Brulefer weiter im zehnten Hauptargument anhand sakramententheologischer Erwägungen. Elemente und Worte kommen in der zweiten Intention überein, sind also rationalidentisch, aber *realiter* und *essentialiter* voneinander getrennt, denn

---

[286] Zitiert werden ohne genauere Stellenangaben die dd. 3 des ersten und 2 des zweiten Buches, die sich beide auf ihre Weise mit Individuation befassen.

[287] Die Meinungen hierüber sind unter den Scotisten geteilt, wie Brulefer ausführlich referiert.

Wasser und Brot bleiben, wenn die gesprochenen Worte längst verklungen sind.

Am Ende dieses ganzen "redargutiven" Teils wiederholt der Bretone
seine eigene, ökonomisierende Meinung: Die referierte und widerlegte Meinung der Gegner ist in sehr vielem falsch, genau genommen immer dann, wenn sie sich von den Vorgaben und der *mens*,
der Absicht und Denkhaltung des *doctor subtilis*, entfernt. Gesteigert
wird die Irrigkeit der Opponenten noch dadurch, dass sie ihre Überzeugungen (in für Brulefer tragischer Weise) für diejenigen des *doctor
subtilis* selber halten.

Dass die verschiedenen Distinktionen, die die Gegner Brulefers
propagieren, unter sich nicht in einer eindeutigen und hierarchischen
Reihenfolge angeordnet werden und auch nicht zwingenderweise einander in dieser Reihenfolge implizieren oder ausschließen, steht als
resümierende Feststellung zu Beginn des dritten Teils der Brulefer'schen
declarationes. Sie wird dreifach bewiesen, wobei der Beweis in einer
eher schlichten Wiederholung schon bekannter Thesen besteht: Erstens
kann Realidentität mit Formaldistinktion und Formalidentität mit
Real- und Essentialdistinktion zusammengehen; zweitens kann Formalidentität in einem spezifischen Sinne auch als Einschluss des formalen
Grundes im ersten Prädikationsmodus in das Subjekt der betreffenden
Sache mit Real- und Essentialdistinktion zusammengehen; drittens
bedingen sich die *distinctio se totis obiective* und Real- und Essentialdistinktion keineswegs gegenseitig, weder in der einen noch in der
anderen Richtung. An diese grundsätzlichen Thesen schließen sich
weitere, zumeist ohne erkennbaren inneren Zusammenhang präsentierte Darlegungen, die allesamt Brulefers im Grunde bereits sattsam
erörterten Standpunkt repetieren. Eine Ausnahme bilden die letzten
Erklärungen des Textes, die die beiden jüngsten Neuerungen in der
Siebenerkette betreffen, weil sie die vorhin implizierten Sachverhalte
in eindeutigerer und klarerer Weise aufstellen: Sowohl die *distinctio
se totis subiective* als auch diejenige *se totis obiective* stellen sich, je nach
präzisem funktionalem Kontext, als reale oder auch formale Distinktion
heraus.

Auch wenn die Präsentation mit ihrer um "idiotensichere" Klarheit
bemühten Repetitivität ihre Längen aufweist, besticht die Gedankenführung insgesamt durch ihre große Treffsicherheit. Die dem Aufbau zugrundeliegenden Basisintention der distinktionentheoretischen
Ökonomie überzeugt durch ihren Mut und ihre Konsequenz, vor
allem aber imponiert die ganz eindeutig die Tatsachen auf sich ver

einende Beanspruchung einer authentischen Scotusinterpretation. Just in diesen beiden zentralen Punkten aber ist Brulefer nicht wirklich originell. Die Feststellung, dass die ganzen *conceptiones distinctionis septemplicis* auf deren drei reduziert werden könnten, wurde erstmals geäußert von einem, der davon zwar nicht eigentlich viel verstand, der aber für das ganze Jahrhundert sehr einflussreich war und mit seinem Einfluss auch Brulefer maßgeblich mitprägen sollte: Jean Gerson. Schon diese Tatsache als solche, dass Brulefer in seinem Kampf für genuines Scotusverständnis sich auf einen sich so weit von aller scotistischen Tradition fernhaltenden, ja sie massiv bekämpfenden Politiker berief, ist überraschend. Zur Irritation, zumal für das Denken in den gängigen Wege-Schemata, wird diese Überraschung vollends durch das unzweifelhafte Faktum, dass Gerson seinerseits in diesem Reduktionsprogramm sich primär auch auf Ockham berief.[288] Das gleich ganz zu Beginn des Brulefer'schen Traktats als weichenstellend eingeführte Ökonomieprinzip übernahm schon Gerson im selben Kontext vom *venerabilis inceptor*, der es ja seinerseits vom *doctor subtilis* verschärfend aufgegriffen hatte. Dass eine umittelbare Gerson-Rezeption bei Brulefer vorliegt, vermag erst der viel ausführlichere Kommentar zu belegen; allerdings verriet ja schon die Reportatio zu Bonaventura und insbesondere deren Prolog große Nähe zum *doctor consolatorius*, wie er dort bezeichnenderweise genannt wird. So sei hier thetisch formuliert, dass Brulefer mit seinem Traktat die vom Bemühen scholastischer Präzision nicht sonderlich beschwerte Option Gersons für eine reine Distinktionentrias in eine Form rationaler Argumentation eingoß, deren Rationalität freilich nicht vor allem nur darin bestand, Grundprinzipien schulgemäßer Argumentation zu beachten, sondern sich als schulgemäß-scotistisch zu erweisen und damit der eigenen Tradition zu entsprechen. Nicht eigentlich in seiner Applikation des schulentranszendierenden Ökonomieprinzips auf die Distinktionenlehre an sich liegt – Spitze der These – die wahre Originalität Brulefers, sondern in der sowohl ihr zugrundeliegenden als auch durch sie sich offenbarenden Mischung aus Resonanz an

---

[288] Centilogium de Conceptibus, n. 93. *Conceptiones distinctionis septemplicis quam aliqui trahere se dicunt ex scotistis, referri possunt ad tres dumtaxat modos juxta Ockamistas, quorum unus solus reperitur in divinis qui est relationis realis, aliis solum reperitur in creaturis qui est essentialis diversitatis; tertius est modus distinctionis rationis quam fabricat intellectus tam circa Deum, quam circa creaturas modis innumeris. Nominantur hi septem modi: primus rationis, secundus ex parte rei; tertius formalis, quartus realis, quintus essentialis, sextus se totis subjective, septimus se totis obiective.*

frömmigkeitstheologisch motivierter Ockhamrezeption bei Gerson einerseits, binnen-scotistischer Überbietung jedes bislang erhobenen
Anspruchs auf Scotizität andrerseits – und der so faktisch zwei höchst
unterschiedliche Anliegen in sich bündelnden instrumentalen Funktion
dieses ockhamistischen Prinzips beiderseits.

2. *Ausführliches Streitgespräch mit der eigenen Tradition: Der Kommentar zum Grundtext* (tractatus idemptitatum et distinctionum)

Illegitimität der *illatio distinctionum* (Einleitung; 1. und 2. Teil)
Beim zweiten, ungleich größeren Traktat handelt es sich, wie erwähnt,
offensichtlich um einen Kommentar zum kleineren, der nun verschiedentlich als *textus* zitiert wird.[289] Das explizite Lob der Fähigkeiten
des Verfassers und der Tiefsinnigkeit seines Werks, wie es etwa in
der Einleitung schon vorkommt, dürfte zwar kaum vom franziskanischen Professor selber herrühren, doch wahrscheinlich betrifft das
nur redaktionelle Scharnierstellen oder Teile mit Anmerkungscha-
rakter.[290] Auffällig ist jedenfalls, dass nur im kausalitätentheoretischen
Einleitungsteil in der dritten Person von Brulefer gesprochen wird,
danach stets in der ersten, während schon zu Beginn des kommentierten Textes die Verhältnissse in diesem Punkt sich genau umkehren.[291]

---

[289] So etwa a. a. O.,
- fo. 23v: *Unde primum argumentum positum in textu est contra hoc, quod dicunt illi formalisantes, scilicet quod distinctio ex natura rei sit minor distinctione formal. Hoc autem est falsum, et efficaciter improbatur et ostenditur, quod quecunque sunt distincta ex natura rei sunt
etiam distincta formaliter.*
- fo. 24r: *Et licet illud ex textu sufficienter reprobetur, formabo tamen unam rationem specialem contra sic opinantes, qua fundamentum illorum formalisantum eiiciatur et efficaciter reprobetur.*
- fo. 28r: *[. . .] Si dicas Textus non loquitur de illo toto in hac parte, quia postea sit specialis mentio et probatio de diffinito et diffinitione. Respondeo: In textu non distinguitur totum illo
modo sumptum contra diffinitum. Et licet specialis mentio fiat de diffinitione et diffinito, hoc
tamen est propter maiorem expressionem. [. . . . . .] Tertio dicunt illi formalisantes modum
intrinsecum distingui ex natura rei et non formaliter. Pro quo sciendum, quod licet in ratione
prima posita in textu dixerim sic, licet modus intrinsecus sit ille, qui additus alteri non variat
rationem eius formalem; hoc tamen non dixi secundum propriam opinionem meam.*
- fo. 37r: *Circa rationem sextam. In textu positam principalem, per quam probatur, quod distinctio se totis obiective non inferet omnes alias nec sit maior illis, supponendum est ex precedentibus, ut argumentum melius intelligatur [. . .]*
- fo. 38v: *Circa septimam propositionem principalem [. . .]*
- fo. 39v: *Pro elucidatione octave, none et decime rationum sciendum idemptitas rationis non
infert omnes alias idemptitates.*
[290] So könnte es sich beispielsweise bei dem betroffenen Autorenlob um eine
Insertion unter dem Stichwort *sciendum* handeln; a. a. O., fo. 28v: *Opinio propria et
famosissima, secundum quam modus intrinsecus sic describitur [. . .].*
[291] Die erste Nennung Brulefers in der ersten Person steht a. a. O., 10r.

Der Traktat beginnt mit einer nicht ganz kurzen Einleitung, die allerdings nicht direkt ins Thema führt, sondern auf einer Metaebene die Legitimität und Sinnhaftigkeit des gewählten Zugangs über das zu diesem Zweck gewählte vierfache Kausalitätenschema belegen soll. Die *causa efficiens* des Traktats ist der Autor, die *causa formalis* der Titel, die *causa materialis* das eigentliche Thema, nämlich die Identitäten- und Distinktionenfrage, die *causa finalis* schließlich ist, nebst genauer Kenntnis des Themas und einer Prüfung des Ganzen am Maßstab der Werke des *doctor subtilis*, natürlich die Präsentation der korrekten Brulefer'schen Ansichten. Im Rahmen der genaueren Ausführungen erscheinen dabei manche scotistischen Lieblingsthemen in gleichsam verfremdeter Form, etwa die Einheit in den untereinander differierenden Relationen der Trinität[292] oder die Aufteilung in- und extrinsischer Gründe durch ihre Situierung inner- oder außerhalb der *ratio quidditativa* einer Sache. Ein zwingender Grund zur Aufgreifung des Kausalitätenthemas ist nicht ersichtlich, dürfte aber wie angedeutet in einer Hoffnung auf nachhaltige Aufbesserung des wissenschaftlichen Prestiges zu lokalisieren sein.

Die im ersten eigentlichen Kommentarteil entwickelte Definition der *distinctio rationis* bewegt sich in den im doppelten Sinne des Wortes überkommenen Bahnen, betont allerdings in besonderer Weise, dass die reine Form dieser Unterscheidung vor allen Dingen auf der Ebene der *intentiones secundae* geschieht, also beispielsweise *genus* und *species* oder Subjekt und Prädikat. Der üblichen Definition der *distinctio ex natura rei* stimmt Brulefer zu: *Ex natura rei* ist voneinander zu trennen, was einen Widerspruch schon vor aller erkennenden Tätigkeit des Intellekts konstituiert. Er rügt allerdings die nicht zu rechtfertigende Abgrenzung gegen die Formaldistinktion, die die Formalisten dieser sehr allgemeinen und umfassenden Definition zukommen lassen wollen. Wesentlich für die Trennung zweier Objekte *ex natura rei* ist allein, dass sie beide ohne Mitwirkung des Intellekts erkannt werden, während es bei einer Rationaldistinktion immer nur für eines der beiden Objekte vor dem vergleichenden Aktivwerden des Intellekts der Fall sein kann. Die ohne Mitwirkung des Intellekts erkannten Objekte können sich allerdings voneinander unterscheiden, indem sie zwar real sein können, aber keine *res* sein müssen. Damit sind auch unterschiedliche Grade von Widersprüchlichkeit gegeben, die allerdings

---

[292] A. a. O., fo. 7r.

von den Moderni bestritten werden, weil Widerspruch nach ihrer Ansicht stets völlige Inkompossibilität, also unendliche Alterität der beiden kontradiktorischen Aussagen bedeutet. Schon hier setzt sich Brulefer darum mit dieser Gruppe, die vermutlich in diesem Kontext tatsächlich im Sinne des Wegestreites verstanden werden darf oder muss, auseinander. Das Maß eines Widerspruchs ist eine lineare Folge des, wenn man so will, Kontrarietätsabstandes zwischen den gegensätzlichen Aussageprädikaten. Nur wenn diese Prädikate den unendlichen Abstand zwischen Schöpfer und Geschöpf ansprechen, besteht zwischen ihnen auch ein unendlicher Widerspruch. Damit kreiert Brulefer, bewusst oder nicht, eine Art Äquivokation zwischen dem von den Gegnern (wörtlich oder nur sinngemäß) herangezogenen und dem von ihm selber vertretenen Unendlichkeitsbegriff, die er dann einseitig in seinem Sinne auflösen kann.

Die *distinctio formalis* wird im Anschluss an die bei Petrus Thomae aufgekommene Rezeption der Aussagemodi in den Zweiten Analytiken bestimmt als Relation zweier Entitäten, deren eine die andere im ersten Aussagemodus nicht einschließt. Nach einer wie stets ausführlichen Rekapitulation der vier Aussagemodi und einigen Korrolarien kommt Brulefer auf das ihm hier Wesentliche zu sprechen, indem er für Wesenheiten, in denen Formaldistinktion vorkommen kann, ein eindeutiges Kriterium angibt, wobei er sich der Unterscheidung einfacher und vollkommen einfacher Begriffe bedient. Alles, was sich durch einen *conceptus simpliciter simplex* formulieren lässt (*ens, omnis differentia ultima, omnis differentia individualis, omnis passio entis sive cuiscunque alterius*), kann nicht ein Prädikat im ersten Aussagemodus einschließen.

Die Realdistinktion ist, ganz der Brulefer'schen Grundintention folgend, die *distinctio* tout court, die *distinctio* schlechthin, die Entitäten überall da trennt, wo überhaupt ein Satz mit dem Verb *differre* formuliert werden kann. Schon aus diesem Grund kann die Definition der Formalisten für die Essentialdistinktion nicht genügen, denn die reine Separabilität garantiert noch nicht die Verschiedenheit der Essenzen, die alleine dann entsteht, wenn zwei Wesenheiten nicht nur in einem Abhängigkeitsverhältnis voneinander getrennt werden können, sondern auch zwingenderweise in Kontradiktion zueinander stehen. Darauf kommt Brulefer in den wiederum ausführlichen Erklärungen verschiedentlich zu sprechen. Offensichtlich bewegt ihn vor allem die im Scotismus so deutlich markierte Schöpfer-Geschöpf-

Differenz, eine Ergänzung der bisherigen Definition anzumahnen.[293]

Der zweite Kommentarteil bezieht sich offensichtlich auf die Korrolarien des kleineren Traktats: Er referiert sie, ohne sie vollständig zu zitieren. Doch ihr unvollständiges, auf die ersten beiden Korrolare beschränktes Referat reicht aus, um gleich zu Beginn feststellen zu können, dass sie nicht nur allesamt "schlicht falsch", sondern auch "hochgefährlich" und sogar "häresieverdächtig" sind.[294] In der Tat demonstriert Brulefer dann auch anhand der ersten beiden dieser Zusammenfassungen, dass das ganze System der *illatio* unhaltbar sein muss. Wenn weder, wie es die im ersten Korrolar dargelegte Meinung der Gegner behauptet, die größte Distinktion zwingenderweise alle anderen impliziert, noch, wie das zweite besagt, die kleinste Identität alle größeren voraussetzt, dann fallen in der Tat auch alle anderen, analogen Ableitungen der Distinktionen und Identitäten in sich zusammen. Die angesprochene *descensus-ascensus*-Logik – die auch die Bildung der jeweils gegenüberstehenden Distinktions-Identitäts-Paare mit sich bringt – scheitert an der für Brulefer entscheidenden Tatsache, dass *distinctio se totis obiective* nicht Real- und Essentialdistinktion einschließen muss. Er kann das demonstrieren an den *passiones entis*, die nach allgemeinem und also auch von den Thomisten und Moderni geteiltem Konsens *realiter* und sogar *essentialiter* mit dem *ens*, auf das sie sich beziehen, identisch sind. Das belegt im Übrigen, so Brulefer, auch schon die Avicennische Metaphysik, die von Beginn weg *ens* und *res* als erste Erkenntnisobjekte deklariert, was nicht möglich wäre, wenn ein in Bezug auf beide univokes Objekt noch vor ihnen würde erkannt werden können. Brulefer generalisiert den Sachverhalt allerdings ausdrücklich und gegen den eben noch beschworenen Konsens mit den Thomisten auf die Relation aller *passiones* mit allen deren Subjekten.[295] Im Besonderen gilt er freilich in den göttlichen Dingen,

---

[293] A. a. O., fo. 13v. Die Erläuterungen zu den beiden *distinctiones se totis* bringen nichts entscheidend Neues.

[294] A. a. O., fo. 16v: *Et tantum de prima parte expedita prima huius opusculi parte, in qua est positus modus quorundam formalisantium et declaratis distinctionibus et multis erroribus illorum formalisantium ostensis hic consequenter accedendum est ad secundam partem, que est de modo redarguendi falsitates formalisantium et primo ostenduntur falsitates et periculositates illorum, que ex distinctionibus et correlariis secundum modum ipsorum positis inferuntur. Pro quo sciendum, quod omnia correlaria istius opinionis sunt simpliciter falsa excepto ultimo, et sunt multum periculosa, et ex eis possunt inferri multa heretica.*

[295] Er ist damit jedenfalls Zeuge, vielleicht sogar Mitmotor der starken Aufwertung dieses Teils der scotistischen Metaphysik im Laufe des 15. und vor allem dann auch des 16. und 17. Jahrhunderts, wie auch seine Erwähnung der *passiones entis disiunctae* beweist; vgl. dazu generell Lay, Passiones entis disiunctae.

da die *passiones* der göttlichen Essenz untereinander *se totis obiective* getrennt sind – sie kommen in keinem gemeinsamen Begriff zusammen, sondern stellen *conceptus simpliciter simplices* dar –, die aber natürlich mitnichten essentielles Getrenntsein zulassen können, das die göttliche Simplizität verletzen müsste. Erst recht gilt dies für die innergöttlichen Relationen schlechthin,[296] und aus ebendiesem Grund kann auch die *distinctio se totis subiective*, wie sie unter den drei trinitarischen Personen herrscht, nicht bedeuten, dass sie auch essentiell voneinander zu trennen wären.

Die Widerlegung des zweiten Korrolars läuft via die Tatsache, dass auch realdistinktive Entitäten, wie die drei Personen der Gottheit, rationalidentisch sein können, da ihr Bezug zur Kreatur, wie bei Scotisten und auch Thomisten unbestritten, nur eine (einzige) *relatio rationis* sein kann. Aus allen diesen, primär theologischen Gedankengängen geht für Brulefer klar hervor, dass alle Korrolarien zu verwerfen sind, mit Ausnahme des achten, nämlich, wie bekannt, dass Realidentität mit Formaldistinktion zusammengehen kann. Dieses achte und als einziges von Brulefer für richtig befundene Korrolar wird sogleich durch sieben Hauptsätze untermauert, in denen sich, nebst dem eigentlichen Anliegen, stets noch Raum für kleinere Polemiken auch gegen die Thomisten findet.[297]

Gegen platonisierende Ansichten über die formalitas (3. Teil)

Brulefers Mayronis-Kritik   Im dritten Kommentarteil werden die zehn Argumente des "redargutiven" Traktatabschnitts aufgegriffen und trotz und in aller Ausführlichkeit – und damit auch Redundanz in Bezug auf den kommentierten Traktat – mit einer einigermaßen klaren Absicht kommentiert. Brulefer will den scotischen Formalitätenbegriff abgrenzen von der Mayronischen Sicht der Quiddität und seiner damit aufs engste verbundenen Auffassung der intrinsischen Modi. Schon in der in diesem Teil erfolgenden Beschreibung der *formalitas* legt er allen Wert auf deren Verschiedenheit von den intrinsischen und überhaupt allen Modalitäten, weil diese keine Realität in sich aufweisen noch einer anderen Entität hinzufügen oder abziehen können.[298] Ein *modus intrinsecus* ist im Verständnis Brulefers gene-

---

[296] A. a. O., fo. 18r.
[297] A. a. O., fo. 23r.
[298] A. a. O., fo. 24v: *Tertia opinio est quorundam dicentium, quod formalitas nihil aliud*

rell viel schwächer als in der bisherigen scotistischen Tradition: Er wahrt in allen Fällen die konzeptuelle Einheit mit dem jeweils betroffenen Modifikat, kann also dessen Realitätsstatus unmöglich verändern, weil er ihm stets im ersten Aussagemodus (immer nach den zweiten Analytiken) zukommt.[299] Darum können alle *passiones propriae*, Attribute und Notionalien der göttlichen Essenz, alle ihre gemeinsamen Akzidenzien und *proprietates* keine intrinsischen Modi darstellen, ebenso auch alle formalen und individuellen Differenzen, alle Bestandteile einer Essenz und alles im porphyrianischen Sinne Obere im Bezug auf sein Unteres nicht. Eine für die scotische Systemkohärenz besonders kritische Relevanz aller dieser Negationen der bisherigen Ansichten stellt die zentrale Disjunktion von Finität und Infinität dar. Auch sie muss mehr sein als ein intrinsischer Modus, denn es ist evident, dass sie den Formalgehalt dessen verändert, dem sie zukommt: Nach einer Änderung in dieser Hinsicht "wird" – bildlich gedacht – ein Seiendes entweder zu Gott oder zu einer Kreatur. Was also die *ratio formalis* einer Sache alteriert, wie das für alle erwähnten Größen der Fall ist, kann kein intrinsischer Modus sein. Zwar betont der Bretone konzedierend, dass die Alteration einer *ratio formalis* keine *distinctio formalis* im eigentlichen Sinne darstellt, weil Modus und Modifikat sich nicht wie *formalitas* (respektive *quidditas*) und *formalitas* verhalten. Dennoch ist schon die Klarstellung, dass eine intrinsische Modifikation stets auch eine Alteration des Formalgehalts mit sich bringt, eine gegenüber Mayronis sehr bedeutsame Abweichung. Die Gravitationskraft der Formalität oder Quiddität, die beim letzten Endes neuplatonisch denkenden – und, in seiner Abwehr gegen den anbrechenden Nominalismus und dessen Erkenntniskritik, doch wohl auch so *fühlenden* – Provenzalen Mayronis das geistige Universum an sich zog, wird beim Bretonen erheblich geschwächt. Eine *formalitas* kann nicht bis zur Unkenntlichkeit alteriert und modifiziert werden,

---

sit quam quedam modalitates et modi intrinseci. Hoc autem est falsum et contrarium doctrine Scoti, quia ubicunque ipse loquitur de modo intrinseco et realitate, distinguitur modum contra realitatem.
   Die Absicht ist klar: Ein *modus intrinsecus* ist nicht in der Lage, den Realitätsstatus einer Entität (*res*) zu verändern. Sie führt in der Formulierung, die Brulefer ihr hier angedeihen lässt, allerdings in einen gewissen Widerspruch zu seiner kurz darauf erfolgenden Abgrenzung der Formalitäten von *rationes obiectivales*, die sich ihrerseits dadurch von den Formalitäten unterscheiden, dass sie *ex natura rei* erkennbar sind, mithin volle Realität besitzen.
   [299] A. a. O., fo. 28r: *Tertio dicunt illi formalisantes modum intrinsecum distingui ex natura rei: et non formaliter.*

ohne ihren Gehalt, ihre *ratio* eben, irgendwann aufgeben zu müssen.

Die Überzeugung, selbst eine derart massive Modifikation einer Entität wie der Wandel von deren Endlichkeit zur Unendlichkeit belasse sie in ihrem Kern unberührt, kann Brulefer darum nicht übernehmen. Erst recht verwahrt er sich darum gegen die Mayronische Behauptung, jede Quiddität abstrahiere als reine Quiddität auch von aller Temporalität und müsse darum von Ewigkeit her existiert haben. Diese Haltung qualifiziert er – unter Berufung auf den (angeblich oder tatsächlich) bei Albertus Magnus auftretenden Versuch einer Pluralisierung des Ewigkeitsbegriffs – als albertistisch und lehnt sie unter ausdrücklicher Nennung des Namens Mayronis', den er auch in der Infinitätsproblematik bereits denunziert hatte, ausdrücklich ab. Die Quidditäten können schon darum nicht von Ewigkeit her existiert haben, weil es nur *ein* Ewiges geben kann.[300] Auch die exakt diesen Punkt betreffenden beiden Artikel 52 und 53 der Pariser Verwerfungen von 1277 werden von Brulefer, der sonst zumeist innerscotistisch argumentiert, wenig später ausdrücklich zitiert!

Die Problemebenen schneiden sich in diesem Punkt, denn Brulefers Insistieren auf der exklusiven Göttlichkeit des Unendlichen beruht ja auf dessen Singularität. Letztlich zeigt sich hier somit exemplarisch und in gewissem Sinne paradox die Tendenz Brulefers, ein Allzuviel an Metaphysik zu vermeiden oder wenigstens zu vermindern. Indem er die intrinsischen Modi auf eine strikte konzeptuelle Einheit mit dem Modifikat zurückbindet, sondert er ein hübsches Bündel an Relationen aus, die nunmehr erst zu Formaldistinktionen werden, was auf eine faktische Vermehrung von Formalitäten im geistigen Raum des Bretonen und seiner Schüler hinausläuft. Doch ist gerade sie nur Mittel zum Zweck, die von Brulefer für Duns reklamierte Dreiheit der erkenntnistheoretischen Grundfiguren als rational, formal und real Intelligibles im Dschungel der distinktionentheoretischen Detailanalyse auch tatsächlich durchzusetzen.

Brulefers Hinneigung zu Gerson   In der hier skizzierten Art der Brulefer'schen Abwehr des quidditalisierenden Platonismus Mayronischen Zuschnitts sind, wie bereits angedeutet, erhebliche Parallelen zum Werk Jean Gersons zu finden. Schon Gerson wandte sich explizit gegen die Annahme kreatürlicher Ewigkeit und der damit verbun-

---

[300] A. a. O., fo. 36v.

denen Pluralisierung von Infinität, und auch er nannte bereits die Pariser Artikel von 1277 in diesem Zusammenhang.[301] Gewisse auffallende Ähnlichkeiten zwischen den beiden Pariser Dozenten, vor allem die starke Betonung der notwendigen Ausrichtung aller Theologie auf die gelebte Frömmigkeit, und die mit eben diesem Anliegen verbundene sowohl hagiologische wie methodologische Vorbildfunktion Bonaventuras für die zwei Pariser Lehrer könnten vielleicht, allerdings nur reichlich theoretisch, noch als überpersönliche epochenbedingt geistig-geistliche Nähe interpretiert werden.[302] Doch gibt es mindestens ein sehr starkes konkretes Indiz dafür, dass Brulefer von Gersons Ontologie und damit näherhin auch Distinktionstheorie beeinflusst worden sein muss: Seine Rezeption des in Gersons Scotismuskritik zentralen Begriffs der *ratio obiectalis*. Indirekt stammt zwar auch er schon aus früherer scotistischer Tradition, insofern schon Antonius Andreas kurz nach Duns von *ratio obiectivalis* spricht,[303] doch taucht die genannte Form erst im 15. Jahrhundert wieder auf, und da nicht zuerst bei den Formalisten, sondern 1425 bei Jean Gerson. Wo Brulefer den Ausdruck aufgreift, bezieht er sich allerdings wiederum nicht direkt auf ihn, sondern auf eine Aussage Syrrects. Es besteht also auch hier zwar keine unmittelbare Stellungnahme Brulefers zu Gerson, aber eine um so interessantere indirekte.

Auf dem im Folgenden vorgeschlagenen Weg zu einer möglichst

---

[301] Jean Gerson, *Contra vanam curiositatem*, O.C. III, 246: *Rursus Plato volens abstrahere quidditates a motu et materia et tempore et loco et ceteris extrinsecis, posuit ideas rerum aeternas, sicut ideam hominis separatam, quae erat quidditas omnium hominum, ideam boni et universalia realia extra animam et Deum aeterna, si verum sit quod ei imponitur. Quidam ex nostris volentes talibus abstractionibus ut, corruunt in hunc errorem non solum peripateticae sed catholicae scholae contrarium. Ponunt itaque quidditates rerum aeternas, extra animam, quae nec sunt Deus, nec productae a Deo, nec producibiles aut annihilabiles a Deo, contra Articulum Parisiensem tempore Guillelmi Parisiensis et Bonaventurae, sicut recitat 23 dist. secundi.*

[302] Zu Gersons Rezeption von Begriff und Programm der *reductio* bei Bonaventura vgl. Vial, Une harmonie, 13.

[303] So Poppi, Il contributo, 661, Anm. 42, der hier stillschweigend auf den eigenen Beleg, a. a. O., 619, Anm. 3, zurückgreift wo er zitiert aus Antonius Andreas, *Questiones super XII libros Metaphysice*, IV; q. 2 (Venedig 1523), foll. 16vb–17ra: *Formalitas est ratio obiectalis in re apprehensa ab intellectu ex natura rei, quam non oportet semper movere intellectum, dummodo actum intellectus possit terminare. [. . .?] Itaque tria requiruntur ad hoc quod aliquid moveat intellectum. primum quod sit ens. 2um quod sit absolutum. 3um quod habeat rationem quid vel essentie. propter primum removentur negationes. propter secundum relationes. propter tertium omnis proprietas hypostatica vel proprietas personalis in divinis et proprietates individuales que omnia licet actum intellectus terminent non tamen movent intellectum. Ex ista descriptione concludo correlarie quod quecumque possunt distincte concipi per intellectum habent distinctas formalitates ex natura rei.*

einleuchtenden Interpretation dieser terminologischen Koinzidenz ist
darum zuerst die Frage aufzuwerfen, warum Brulefer in seiner Syrrect-
Rezeption anstelle eines einfachen und, wie man ohne Argwohn vermuten darf, wirklich völlig unbestimmten *aliquid* bei Antonius den
Ausdruck der *ratio obiectalis* setzt. Er dürfte damit ja der erste Scotist
sein, der diesen Ausdruck verwendet. Die Antwort kann kaum anders-
wohin gehen als auf eine gewisse Vertrautheit mit Gerson und seinem Werk: Woher sollte Brulefer denn auch *sonst* diesen Ausdruck
gekannt haben? Die Übernahme dieses Terminus zeigt darum wohl
– beweisbar ist diese These nicht, aber gleichwohl von hoher
Plausibilität – mehr als nur die Überbrückung einer nomenklatori-
schen Verlegenheit; ganz abgesehen davon, dass überhaupt kein
Grund erkennbar ist, das Pronomen im Original ersetzen zu müssen. Sie weist vielmehr auf eine viel entscheidendere Parallele: Beide
Autoren waren bemüht, das Verhältnis von *formalitas* und *distinctio ex
natura rei* neu und grundlegend zu klären und beide gelangten dabei
zu einer vernichtenden Kritik des Scotismus nach Mayronis.

*Exkurs: Gersons Konkordie als Basis für das rechte Verstehen der
ratio obiectalis*
Die bei Gerson sich erstmals zeigende Kritik und das hinter ihr stehende, im *ratio-obiectalis*-Postulat sich konkretisierende Minimum an
konzeptueller Alternative verdanken sich nicht unbedingt großer
Kompetenz in Sachen Scotismus, sondern im Grunde genommen
wohl eher deren genauem Gegenteil. Gerson ist vehementer Gegner
der scotistischen Lehre als einer Philosophie, über die er vornehmlich aus Erinnerungen an die eigene Studienzeit unterrichtet zu sein
scheint und darum in ihr etwas kritisiert, was er eigentlich gar nicht
so genau kennt, – weshalb auch seine Alternative in der auf seinem
Verständnis der *ratio obiectalis* aufbauenden Konkordanz der Fakultäten
und Schulen mehr seinem Wunschdenken als einem denkerisch sinnvollen Gegenmodell entspricht.[304] Seine Kritik trifft zwar, alles in
allem, die beiden wohl entscheidenden Fragen der mayronistischen
Wende in der Scotismusgeschichte, die platonisierende Ideenlehre
hinter der Quidditätendoktrin und die daraus sich ergebende Vervielfachung der Distinktionenlehre; doch verfehlt sie den Skopus bei-

---

[304] Diese Ansicht begründet überzeugend im Anschluss an den von ihm so genannten "vrai découvreur des 'formalizantes'" André Combes in: Kaluza, Les querelles
doctrinales à Paris, im Unterkapitel: Gerson et les querelles doctrinales, 35–86.

der Themengebiete in zuweilen recht kurioser Weise. Protest gegen die Ideenlehre der *formalizantes* findet sich schon und vor allem auch im Frühwerk, zumal in den 1400 entstandenen (und von André Combes in unserer Fragehinsicht gründlich untersuchten) *Notulae super quaedam verba Dionysii*, in denen vier Mal gegen die Scotisten polemisiert wird, in einer Weise, bei der die Schärfe der Angriffe deren Ungenauigkeit um nichts nachsteht, etwa wenn der Kanzler allen Ernstes von der Methodik der Scotisten behaupet, *a distinctis ratione distincta [. . .] egrediuntur distincta realiter.*[305] Er referiert in diesen vier Anspielungen im Großen und Ganzen die Ideenlehre Mayronis' mit deren charakteristischen Eigenheiten: Sie bezieht sich auf Plato, setzt die Quidditatitäten dessen gesonderten, ewigen und universalen Ideen mehr oder minder gleich; wie diese bedürfen sie keinerlei externer Relationalität, sie abstrahieren *a motu et materia*, also von ungefähr allem überhaupt Denkbaren.[306] Dabei unterscheidet er, wie auch Mayronis, zwei Platoauslegungen, eine, die mit Augustin die Ideen in Gott bestimmt, und eine, die sie außerhalb verortet, nämlich die der *novi formalizantes.*[307] In *contra vanam curiositatem* gibt Gerson den

---

[305] Notulae, 206f.: *Ad tertiam dicitur quod Aristoteles et Avicenna et sequaces male sentiebant dicentes quod ab uno in quantum unum non exit nisi unum. Ideo a primo non exit, inquiunt, nisi prima intelligentia . . . Et nota quod est de perfectione quod agens non semper necessitetur agere secundum ultimum sui posse, et forte Deus non ita ageret, etiam si ageret naturaliter. Et si dicunt formalizantes quod a distinctis ratione aut forma metaphysica egrediuntur distincta realiter, cur non poterit ab eadem re et ratione progredi diversitas talis, et praesertim a Deo, quia hoc magis salvat eius unitatem* (zit. nach Kaluza, a. a. O., 132).

[306] Notulae, 305–311: *Plato ponebat quidditates separatas aeternas et universales extra Deum, et hoc est error, secundum Thomam. Formalizantes innituntur isti dicto quod ab eodem in quantum idem non provenit nisi idem; secundo quod intellectus dum vere concipit reperit ita esse in re sicut concipit, alias esset falsus; tertio quod quidditates rerum non componunt seu imperfectionem includunt si abstrahantur a motu et materia, nec dicunt necessitatem respectus ad alia extrinseca, sicut patet in Deo se intelligente, et non sunt termini synonymi, et unum non praedicat de alio quidditatem. Alii negant primum, de secundo dicunt quod ex parte rei est quod Deus est conceptibilis tot conceptibus. Et pro statu viae non possunt haberi tales conceptus attributales nisi per respectus et connotationes, tamen an possint abstrahi est duplex modus dicendi. De tertio, licet supponant penitus pro eadem re iustitia et voluntas in Deo, hic homo et animal in Socrate dum absolvuntur etc., tamen in sua resolutione et ratione formali includit aliquid unum quod non est de ratione alterius, ut haec iustitia divina includit hunc conceptum iustitiae in universali qui non est conceptus voluntatis in universali, quia alicubi potest reperiri unum sine alio. Aliqua concluduntur distingui formaliter quae sunt eadem in re et tamen ante omnem operationem intellectus verificatur unum de uno quod non de altero. Sic non est inter attributa, quoniam nihil verificatur de iustitia divina quin verificetur de sapientia et econtra; et si fiat praecisio unius quidditatis ab alia, hoc non potest vere fieri neque secundum rem neque secundum intellectum, sicut non potest intelligi de iustitia divina quin intelligatur sapientia eius, licet non sub eadem ratione, modo dicto; et ly formaliter potest dicere modum dicendi per se aut rem aliquam sine dicatur forma* (zit. nach Kaluza, a. a. O., 133f.).

[307] Notulae, 299: *De opinione Platonis, nota explicationem, quomodo ponebat ideas, et quo-*

existentiellen, keineswegs primär intellektuell im engeren, artistischen
Sinne motivierten Grund seiner Reserve an. Er sieht die innergöttliche Einheit bedroht durch die Setzung der durch die Quidditätenlehre
fundierten neuen Distinktionsweise der Formalisten, für die Augustin
nur in illegitimer Weise beigezogen werden könne.[308]

Exakt dasselbe Augustinzitat lässt er ein Vierteljahrhundert später
aber genau in dem Sinne gelten, den er damals verworfen hatte. Eine
gewisse Tendenz zwar nicht zur umittelbaren inhaltlichen Anerkennung der scotistischen Ansichten, aber zur universitätspolitisch-dok-
trinären Versöhnung mit ihnen wird mit zunehmender Amts- und
Lebensdauer des Kanzlers deutlicher erkennbar und findet im *Centilogium*
seinen Ausdruck, ja sogar breite Entfaltung als eine der Hauptin-
tentionen letztlich auch des Lebenswerkes Gersons. Die in den früheren Werken so dominante Verachtung für die Scotisten verschwindet
zwar keineswegs rundum, aber das theologische Hauptanliegen hinter der Polemik wechselt – tendenziell – von purer Abwehr zu wer-
bend-konzilianten Integrationsversuchen. Nicht mehr die Sorge um
die scheinbar von Aufsplitterung bedrohte Einheit Gottes, sondern
jene um die inneruniversitäre Verständigung bewegte den Pariser
Kanzler europäischen Formates nun, weniger die Einheit Gottes in
sich, als die Einheit der Kirchenflügel für sich. Er konstruiert darum
ein Konkordanzprogramm. Die Idee dazu hatte er ebenfalls schon
früh, insbesondere in *Contra curiositatem studentium* und den mit dieser
Schrift formal verbundenen *de theologia mystica lectiones sex* hatte Gerson
die Quidditätenverabsolutierung gewisser Scotisten nicht nur an-, sondern gleichzeitig auch aufgegriffen, nämlich als Beweisstück für die
eigene wissenschaftstheoretische Grundkonzeption, nach der Logik
und Metaphysik nicht miteinander zu vermischen, aber zu versöh-

---

modo reprobatur si ponat universalia in re extra Deum, sicut novi formalizantes volunt. Zitiert
nach Kaluza, a. a. O., 133.
    [308] *Contra vanam Curiositatem, septima consideratio* (O.C. III, 246): *Hic potest inferri quod
Haymon posuit, Avicenna et Algazel, et multi similium quia pro principio habuerunt ex uno
inquantum unum non provenire nisi unum, posuerunt consequentur solam intelligentiam secundam
a prima causari. Et hoc erroneum principium, ita enim Albertus vere nominat, quidam e nostris
non satis forte repudiantes, prolapsi sunt ut ponerent distinctiones inter essentialia in divinis, non
quidem reales, hoc enim dicere non ausi sunt, sed quod idem apud multos sonat, distinctiones ex
natura rei; quasi non perfectius judicari debeat si eadem res et eodem modo penitus se habens sit
productiva diversorum, quam arguere ex distinctione causatorum distinctionem in causa suprema,
praesertim cum distinctio si realis non est, nihil operari videtur ad distincta realiter producenda.
Quod si trahere nitantur pro sua sententia Augustinum, quod alia ratione conditus est homo, alia
equus, respondeo quod resolvendus est reverenter, sicut et in caeteris multis doctores innumeri sibi
tradiderunt, absque casu in hoc absurdum principium.*

nen sind.[309] Die in den Augen der Scotisten gänzlich metaphysisch
zu verstehende Figur der Formalität, die als reine Quiddität vor allem
Zugriff des Intellekts jenseits von Zeit und Raum, aber auch jenseits
aller sprachlichen Modifikation erscheint, ist in Tat und Wahrheit
nach Gerson nur durch intensive Arbeit am Begriff, also durch Logik
und Grammatik überhaupt zu erreichen.[310] Dieses Grundanliegen
eines gegenseitigen Anschlusses zwischen den Wissenschaften unter
Wahrung, ja gerade aufgrund ihrer jeweiligen Eigenständigkeit wird
in den späteren Werken Gersons dann aber nicht nur stärker betont,
sondern nun auch anhand eines konkreten Lösungsansatzes entfaltet: Der später auch bei Brulefer applizierten *ratio obiectalis*. Dabei
bedient sich Gerson, wie des öfteren, einer Art von *Centilogium*, das
er allerdings in zwei sehr eigenständige Schriften zu je fünfzig Sätzen
aufteilt.[311] Beide zusammen ergeben die Grundlagen der Gerson'schen
Konzeption einer Enzyklopädie, indem die erste – *de modis significandi*
– die Erkenntnis der Zeichen behandelt, die zweite – *de concordia metaphysicae cum logica* – diejenige der realen, metaphysischen Dinge.[312]
Gerson beginnt hier mit einer Reihe von Bibelzitaten, die Gott als
Seienden herausstreichen (1), um dann sogleich den doppelten
Charakter des Seienden im Allgemeinen zu betonen: Dem Seienden
als reale *res* gefasst entspricht stets ein *esse obiectale*, das dessen
Repräsentiertsein im Intellekt bezeichnet. Diese Unterscheidung gibt
es nach Gerson von alters her (2). Dieses objektale Sein steht quasi
formaliter für die *res*, die es vertritt, oder anders gesagt: *Res* und *ratio
obiectalis* dieser *res* verhalten sich zueinander wie Materie (oder Substrat
oder Subjekt) und Form. Hier liegt darum der Schlüssel, der
Ausgangspunkt für jede Einigung von Formalisten und der sie – zu
Recht in Gersons Augen – bekämpfenden Terministen (3). Doch

---

[309] S. oben I. 2. 1.

[310] *Contra curiositatem studentium, quinta consideratio* (a. a. O., 241): *Afferunt itaque formalizantes multam et sonoram novis auribus vocabulorum varietatem, intendentes, ut aestimo, sub-
limius erigere aciem intellectus ad rerum quiddates intuendas, et nolentes animam apud se cum
conceptibus suis jugiter negotiari. Conantur praeterea intellectum subducere cum consuetudine cognoscendi res solum materiales et grossas; denudare praeterea quiddates rerum a confusione accidentium, ut sunt situs locus, figura, tempus et similia; quatenus abstractis omnibus his velut
extrinseca veste, remaneat nuda quidditas rei, et talem se mentis oculo repraesentet.*

[311] Allerdings handelt es sich um eine Art Idealform; es sind beide Male keineswegs genau fünfzig Sätze.

[312] In den Œuvres Complètes, ed. Glorieux, Bd. IX, Nr. 466 ist die Schrift darum
nur noch unter dem Titel *de modis significandi* aufgeführt. Wenig hilfreich ist, dass
der sehr bekannte Name des zweiten Teils nicht einmal mehr im Index der gesamten Ausgabe erscheint.

auch dieser Schlüssel funktioniert nur dann, wenn er umsichtig und
nicht übereilt verwendet wird.

Die Notwendigkeit der Wahrnehmung einer *ratio obiectalis* ergibt
sich aus der simplen Tatsache, dass auf einer gänzlich *ex natura rei*
wahrgenommenen *res* als solcher keine Wissenschaft aufgebaut werden kann. Jede Form wissenschaftlicher Arbeit basiert auf einem *habitus* des Intellekts, der die *res* als Objekt begreift, indem er eine *ratio
obiectalis* oder *formalis* zwischenschaltet. Diese *rationes* sind *formae rerum*,
aber nicht realer, sondern intentionaler Natur, da sie durch den
Intellekt fabriziert werden (4). Der Unterschied zum Formal- oder
(in ihrer eigenen Terminologie) Formalitätenbegriff der Formalisten
ist evident. Er rührt hauptsächlich daher, dass die Scotisten fälschlicherweise davon ausgehen, dass sie die Abstraktionsvorgänge, die
zur jeweiligen *formalitas* hinführen, auf die *res* selber projizieren, die
als solche völlig unveränderlich ist. Direkt in Hinsicht auf die *res* for-
malisieren zu wollen aber hieße für den Kanzler, verstehen zu wollen ohne Verstand (5).

Die Leistung des Verstandes bei der Formung einer *ratio obiectalis*
möglichst präzise zu bestimmen, stellt das Bemühen der weiteren
Propositionen dar. Dieses Ziel wird, unter Rückgriff auf den ersten
Teil des Doppelwerks, und implizit natürlich auch anderer Werke
Gersons, durch eine Doppelserie weiterer Differenzierungen erreicht.
Die erste dieser Serien klärt das Verhältnis der Wissenschaftstypen
untereinander, indem sie deren jeweilige spezifische Leistung anhand
des interessierenden Begriffs erläutert. Die *ratio obiectalis*, oder, der
Gewohnheit der Terministen eher entsprechend, der *modus significandi*,
ist in Bezug auf die sermozinalen Wissenschaften (Logik, Grammatik,
Rhetorik) als *suppositio materialis* zu verstehen. Hinsichtlich der realen
Wissenschaften (Physik, Metaphysik, Mathematik) jedoch (faktisch)
als *suppositio personalis*,[313] wobei Gerson ausdrücklich unterstreicht, dass
die Realwissenschaften Gegenstände *extra animam* zum Hauptobjekt
haben (18). Damit ist freilich auch indirekt gesagt, dass Abstraktions-
begriffe, wie die Formalitäten sie darstellen, letztlich Begriffe zweiter Intention darstellen. Wenn also die Sermozinalwissenschaft der
Grammatik feststellt, ob eine Aussage korrekt oder inkorrekt (*congruum vel incongruum*) (19), die Sermozinalwissenschaft der Logik, ob
sie wahr oder falsch (20) und die Sermozinalwissenschaft der Rhetorik,

---

[313] Dieser Begriff wird nicht explizit genannt, ist hier jedoch sinngemäß mitzulesen.

ob sie Regeln ästhetischer Art (*ad ornatum per orationem*) einhält (21), so besteht die Subtilität der Metaphysiker vor allem darin, dass sie eine akkurate Bestimmung des Seienden als "Sein, wie es sich im Denken als Gegenstand zeigt" leisten können (22).[314] Diese den inneren Anschluss an den programmatischen Beginn realisierende Unterteilung und die durch sie gegebene Anerkennung der Metaphysik ist durchaus ernst gemeint – und nicht etwa ironisch zu verstehen.[315] Auch der Vorwurf der Terministen, dass die Metaphysiker die *modi significandi* und die Signifikationen nur *materialiter*, als Materialsupposition, verstehen wollen, ist ganz dem Gerson'schen System entsprechend, das ja davon ausgeht, dass die Signifikation unter dem doppelten Aspekt der beiden Suppositionsweisen betrachtet werden kann (14f.).[316] Erst dort, wo die Metaphysiker den Zugang zur *res* unmittelbar und unter Auslassung des vermittelnden *esse obiectale* zu gewinnen suchen, wird die Subtilität der Metaphysiker – Gerson bleibt der alte Polemiker auch als *concordantiam* Erstrebender – nicht nur zur Dummheit, sondern zur Idiotie in einem gleichsam psychiatrischen Sinn. Es ist Idioten und Geistesschwachen eigen, so Gerson, dass sie das, was nur in ihrer Phantasie existiert, in ihrem Wahn für externe Realität halten. Menschen, die den Schein der Dinge für deren eigentliches Wesen halten, verhalten sich wie Schlafwandler (23). Damit die Metaphysiker – im Klartext vermutlich: die Scotisten und Formalisten – aus diesem ungesunden Schlaf, in den sie verfallen sind, wieder aufwachen können, müssen sie beginnen, sich über die Bedingungen der Erkenntnis, dank derer sie Zugang zum *esse reale* bekommen wollen, Rechenschaft abzulegen. Tun sie das nicht, beginnen sie eben diese notwendig kreatürlichen Bedingungen der Arbeitsweise ihres eigenen Intellekts demjenigen Gottes zuzuschreiben, so dass Materialität (in Sinne des Gegensatzes zur Form), Kontingenz, Wandelbarkeit, Komplexität fälschlicherweise Gott attribuiert werden (24). Dieser Irrtum ist nicht allein eine Verletzung logischer Gesetze – das ist in

---

[314] *Subtilitas metaphysicantium si vera sit consistit in resolutione entis, secundum esse suum obiectale personaliter seu formaliter acceptum.* Die Übersetzung im Haupttext stammt von Karl Bauer, Die Erkenntnislehre, 344.

[315] So Bauer, a. a. O., 343.

[316] Die Vorbehalte der Metaphysiker gegenüber den Terministen bestehen darum in den Augen Gersons durchaus zu Recht; es scheint im Übrigen unwahrscheinlich, dass er einen Ausdruck wie *rationabiliter* ironisch hätte gebrauchen wollen. Zudem müsste eine solche Vermutung wohl durch übergreifende Stilstudien im Werk Gersons belegt werden können.

Gersons Augen schon schlimm genug! –, sondern auch theologischer Grundregeln und hat damit eine Tendenz zur Irrlehre, was Gerson im Bild der babylonischen Sprachenverwirrung zum Ausdruck bringt: Hybris gegenüber Gott und Ignoranz in Kommunikationskonventionen hängen eng miteinander zusammen (25). Die notwendige Rechenschaft über die Erkenntnisbedingungen geschieht dann angemessen, wenn die Metaphysiker sich darüber klar werden, dass nur die Dinge in Gottes Intellekt so erkennbar werden, wie sie tatsächlich sind, weil der göttliche Intellekt sie ja allererst generiert. Zwischen dem *esse reale* und dem *esse obiectale* eines Seienden ist in Gott eine nur virtuelle, wenn man so will: eine nur der *virtus* seiner eigenen Erkenntnis zugängliche Differenz. Weil Erkennen bei Gott zugleich Erschaffen heißt, und in ihm beides gleichursprünglich ewig geschieht, ist in Gottes Intellekt auch jedes kreatürliche Seiende von Ewigkeit, nämlich Gottes Ewigkeit her erkennbar (27 und 28). Werden diese Entitäten jedoch aus Gottes Intellekt losgelöst als einfache kreatürliche Seiende angesehen, – und dies allein ist dem kreatürlichen Intellekt ja möglich –, wird die Unterscheidung von *esse reale* und *esse obiectale* zwingend (25 und 28). Dies missachten freilich nicht nur die Metaphysiker, indem sie die objektale Seite des Seienden kurzschlüssig für deren reale ansehen, sondern umgekehrt auch die Logiker, indem sie sie für die einzige überhaupt zu beachtende oder existierende halten. So negieren sie die Realität der Dinge, indem sie deren *esse existentiae* durch rein logische Verallgemeinerungsfiguren wie Ampliationen und Konnotationen faktisch ersetzen möchten (28).

Erkenntnislogisch adäquat und theologisch allein zulässig ist darum für Gerson eine Betrachtungsweise, die eine der Verschiedenartigkeit der kreatürlichen Entitäten und dem Reichtum des göttlichen Wesens entsprechende Pluralität der verschiedenen *esse obiectale* innerhalb des Intellekts anerkennt, weil sie von einem Anhalt des *esse obiectale* am *esse reale* eines Dings ausgeht, es aber keineswegs mit ihm schlechterdings identifiziert. Der Ausdruck der *ratio obiectalis* bewegt sich insofern auf einer Doppelebene: *Ratio* meint den Anteil des Intellekts, *obiectalis* den Anhalt an der Realität, die die Erkenntnis je voraussetzt.[317] Jedes *esse obiectale* ist eine zulässige – *abstrahentium non est men-*

---

[317] Hübener, Der Konservativismus [sic] des Jean Gerson, 199, Anm. 190, möchte diese konnotative Doppelebene auf eine doppelte Quelle des Begriffs zurückführen: "Gersons Begriff der 'objectalis causa vel ratio' [. .] ist vermutlich eine unglückliche Verquickung der ratio objectalis Aureolis mit der causa objectalis Heinrichs."

dacium zitiert Gerson immer wieder gerne den Stagiriten, durchaus *mit* Mayronis und Ripa – Abstraktion individueller Entitäten, die sich als solche im Intellekt ereignet, aber sie erlaubt keinen Rückschluss auf die unmittelbare Konstitution der realen Entität, die ihr zugrundeliegt. Dass etwa die Dinge von Ewigkeit her in ihrem *esse obiectale* durch Gott erkannt werden, heißt nicht, dass sie deswegen als solche ewig wären. Darum ist es zwar legitim, dieses *esse obiectale* in scotistisches Vokabular zu gießen und es als *distinctio rei*, *distinctio formalis* oder als *non identitas* zu bezeichnen, aber durchaus illegitim, in scotistischer Manier daraus reale Differenzen in Gott abzuleiten (29).

Gerson steht so, Brulefer nicht ganz unähnlich, zwischen den Fronten. Er kritisiert zwar vorwiegend die Formalisten, aber an äußerst entscheidenden Punkten auch die Terministen. Die einen vernachlässigen je genau den Anteil der Aufgabe, der das Anliegen der anderen darstellt. Nur bei Berücksichtigung beider Anforderungen kann die vollständige Lösung der Aufgabe erreicht werden: Die *ratio obiectalis* ist ein Philosophem mit Janusgesicht, gewendet nach innen zum Intellekt und nach außen zur Sache (40).[318] Darin liegt freilich auch ihre Problematik. Dass die Scotisten – ob nun theologisch wie Duns, wissenschaftstheoretisch wie Franciscus oder aristotelisierend wie Nicolaus verfahrend – ihre ganze intellektuelle Energie darein setzten, diese Janusgesichtigkeit des *ratio*-Begriffs ganz dem Objekt zu und vom Intellekt weg zu wenden, wo nötig auch mit sanfter Gewalt: Diese elementare Tatsache hat der große Theologe bis ans Ende seines Lebens zwar vielleicht verstehen, aber nicht nachvollziehen können.

Stilles Gespräch mit Gerson als hidden curriculum in Brulefers Syrrectkritik
Brulefer setzt sich in einem längeren Passus des dritten Teils seines Traktats mit dem Andreas-Gerson'schen Terminus der *ratio obiectalis* auseinander, den er allerdings eben in Auseinandersetzung mit der

---

Wäre die Verwendung des Figur bei Antonius Andreas von daher eine Übernahme von Aureoli – aber mit welcher Absicht? Oder hätte im Gegenteil Aureoli einen ihm willkommenen *terminus technicus* Andreas' neu gefüllt? So oder so, die Wahrscheinlichkeit, dass Gerson den Ausdruck direkt von Antonius rezipierte, ist ungleich grösser als die völlig vage Vermutung Hübeners.

[318] Bauer, a. a. O., 498 (= Du Pin IV, 827 C–D). *Quoniam ratio obiectalis non sistit in solo intellectu aut conceptibus, sed tendit in rem extra, tanquam in suum principale significatum, vel obiectum vel substractum; alioquin diceretur ens secundae impositionis vel intentionis, vel rationis logicalis. Et ita ratio obiectalis habet quodammodo duas facies vel respectus, ad intra scilicet et extra.*

Fassung Syrrects präsentiert.[319] Syrrect referiert eine an Andreas ange-
lehnte Definition von *formalitas* als erste in einem Ternar möglicher
Bestimmungen von Formalität, von denen sie die weiteste ist, und
im Grund alles *extra nihil* umfasst. Eine so definierte Formalität ist
von der Realität, im scotistischen Sprachgebrauch verstanden, nicht
zu unterscheiden. Es ist denn auch offensichtlich, dass Syrrect zu
ihrer Aufstellung auch bei der maximalen Definition von *realitas* bei
Bonetus Anleihen gemacht hatte, wenn auch innerhalb eines veränderten Kontextes. Syrrect seinerseits wertet diese Definition nicht
eigentlich, zählt aber im weiteren eine striktere und dann eine ganz
strikte Beschreibung von *formalitas* auf.

Brulefer nun kritisiert diese Formalitätendefinition im dritten Teil
seines Traktats massiv. Zum Verständnis von Absicht und Sinn des
betreffenden Passus ist es wichtig, den Ausgangs- oder Anknüpfungs-
punkt zu kennen.[320]

Es geht ihm um die sein *ceterum censeo* bildende Feststellung, dass
formalitates, wie *realitates* auch, *ex natura rei* wahrgenommen werden
müssen und nicht durch eine Leistung des Intellekts allein erkannt
werden können.[321] Dabei greift er einen spezifischen Einwand auf,
den er selber oder andere im Lehrbetrieb aufgeworfen hatten: Darf
eine *ratio formalis* wirklich als *formalitas* im Vollsinne angesehen werden, wo sie doch primär durch den Intellekt generiert wird? Zur
Erläuterung dieses Einwandes folgt dann die bei Syrrect entnommene Definition, freilich mit zwei nicht ganz unwesentlichen Zusätzen
versehen, die anschließend Punkt für Punkt widerlegt wird.[322]

---

[319] Syrrectus, a. a. O. (s. Anm. 242), fo. 25: *Formalitas est aliquid repertum in re, ex
natura rei, quod non oportet semper intellectum movere dummodo possit intellectum terminare.*
    Brulefer, a. a. O., fo. 31rb: Im Rahmen einer längeren Reihe von *propositiones*
sagt Brulefer: *Quartadecima propositio. Quecunque distinguuntur quidditative distinguuntur formaliter, quia distinctio formalis semper est inter duas formalitates sicut distinctio realis inter duas
res.* Darauf nennt er einen Einwand der Gegner. *Si diceres [. . .]: Rationes formales non
sunt proprie formalitates, quia oportet, quod illud, quod est formalitas, reperiatur in re ex natura
rei extra suam causam; sed rationes formales sunt per intellectum. igitur etc. Respondeo et dico,
quod hoc est falsum. ergo etc.* Um diesen Einwand der Gegner widerlegen zu können,
muss ihre Definition von *formalitas* widerlegt werden. Darum ist *Notandum, quod secundum adversarios sic describitur: Formalitas est ratio obiectalis reperibilis in re ex natura rei comprehensa ab intellectu, quam non oportet semper movere intellectum, dummodo possit actum eius
terminare.*
[320] A. a. O., fo. 31r.
[321] A. a. O., fo. 31r.
[322] A. a. O., foll. 31r–31v: *Hec descriptio habet tres partes. In prima parte dicunt isti formalisantes, quod ratio formalis reperta est in natura rei. In secunda, quod sit comprehensa ab*

Gegen den ersten Punkt der dreiteiligen Definition – *Formalitas est ratio obiectalis reperibilis ex natura rei* –[323] argumentiert Brulefer, nicht jede Formalität sei auch *ex natura rei* wahrnehmbar, es sei denn dieses

intellectu. In tertio, quod non oportet etc. Sciendum, quod hec descriptio est omnino falsa et insufficiens.

[323] A. a. O., foll. 31v–32r. *Ideo contra eam sic arguitur. Primo improbando primam eius partem sic. Non omnis formalitas est reperibilis in re ex natura rei, igitur diffinitio mala. Antecedens probatur. In entibus rationis sunt formalitates et tamen non sunt reperte in re ex natura rei, quia illud dicitur esse in re ex natura rei, quod habet actualem existentiam in rerum natura vel quod extra suam causam. Ergo non oportet, quod formalitas sit ratio obiectalis in re ex natura rei. Consequentia probatur, quia in intentionibus secundis sive entibus rationis reperitur distinctio formalis. Sed ubicunque est distinctio formalis, ibi est alia et alia formalitas; sed quod in intentionibus secundis reperiatur distinctio formalis probatur, quia ibi reperitur distinctio essentialis, igitur et formalis, quia secundum adversarios distinctio essentialis infert distinctionem formalem. Quod autem ibi reperiatur distinctio essentialis probatur, quia quecunque diverse species specialissime sub eodem genere proximo constitute distinguuntur essentialiter; sed in entibus rationis sunt multe species specialissime sub eodem genere proximo contente, igitur etc.*

Minor probatur, quod secundum eos universale est genus ad quinque. Igitur multe species specialissime continentur sub eodem genere, igitur distinguuntur essentialiter.

Secundo arguitur. Quecunque sunt diffinibilia diffinitione quidditativa habent formalitates, quia rationes diffinibiles sunt formalitates, sed secunde intentiones sunt diffinibiles. Nam in logica diffiniuntur secunde intentiones, cum ipsa secundum Avicennam sit de secundis intentionibus est vera scientia. Sed vera scientia est de aliquo diffinibili, cum ipsa diffinitio sit medium ad demonstrandum propriam passionem de suo subiecto in demonstratione potissima.

Tertio arguitur contra primam particulam. Res in potentia obiectiva habent formalites et tamen ille formalitates non reperiuntur in re ex natura rei, igitur etc. Sed pro maiori declaratione huius argumenti est sciendum, quod potentia obiectiva est illa, secundum quam aliquid est producibile extra antequam est productum. Unde due conditiones requiruntur, ad quod aliquid sit in potentia obiectiva. Prima conditio est, quod tale sit producibile ad extra. Secunda, quod nondum sit productum. Ex quo sequuntur alique propositiones.

Quarum hec est prima. Nullum ens prohibitum est in potentia obiectiva, quia illud non est in potentia obiectiva, quod non est producibile; ens prohibitum est huiusmodi, igitur etc.

Secunda propositio est. Nullum ens actu existens in actuali existentia, est in potentia obiectiva, quia tale est actu productum.

Tertia propositio est. Licet filius dei et spiritus sanctus in divinis sint vere producibiles, tamen non sunt in potentia obiectiva, quia non sunt producibiles ad extra nec causabiles: igitur etc.

Quarta propositio est. A potentia ad actum in divinis bene valet consequentia, ut ' pater potest generare', igitur generat, 'pater potest esse sapiens', igitur est sapiens, quia actus et potentia ibidem non distinguuntur.

Quinta propositio est. A propositione de possibili ad propositionem de inesse in divinis bene valet consequentia, ut 'pater potest generare', igitur generat, 'pater potest esse sapiens', igitur est sapiens. A propositione de possibili ad propositionem de inesse in creaturis non valet consequentia. Unde non sequitur 'Johannes potest esse sapiens', ergo est sapiens.

Arguitur quarto contra primam particulam sic. Res in potentia obiectiva habent formalitates et tamen ille formaliter non reperiuntur in re ex natura rei, quia rosa iam non existens et antichristus sunt in potentia obiectiva et distinguuntur formaliter. Probatur, quia secundum adversarios distinguuntur essentialiter, sed quecunque (ut ipsi dicunt) distinguuntur essentialiter, etiam distinguuntur formaliter, igitur habent diversas formalitates. Sed contra hoc arguitur. Si antichristus et rosa non existens distinguuntur essentialiter, igitur etiam realiter, quia distinctio essentialis non reperitur sine distinctione reali; consequens autem est falsum. probatur. Nam distinctio realis non potest esse sine relatione reali, sed antichristus et rosa in potentia obiectiva non fundunt relatio-

ex natura rei sei sachentsprechend genügend differenziert beschrieben. Dies weist er nach für drei Fälle, von denen allerdings nur die ersten beiden sich wesentlich unterscheiden, während die letzten zwei sich ergänzen. Zum einen hat (a) alles durch eine quidditative Definition Definible auch eine Formalität, denn definible *rationes* sind stets Formalitäten. Die *intentiones secundae*, die wesensgemäß nicht *ex natura rei* wahrgenommen werden können, gehören hier ebenfalls dazu. Zum andern haben (b) auch alle *res in potentia obiectiva* Formalitäten und sind trotzdem nicht *ex natura rei* wahrnehmbar. Denn damit eine *res in potentia obiectiva* subsistieren kann, ist ihre logische Possibilität ausreichend. Von ihr aus führt kein Weg zur metaphysischen Realität. Trotzdem sind (c) etwa eine reine Gedankenrose und der Antichrist *formaliter* getrennt. Selbst nach den Voraussetzungen der Gegner sind sie essentiell getrennt, also auch real, wenn auch nicht – dies ist der springende Punkt – durch eine Realdistinktion im vollen, positiven Sinne, sondern durch eine rein privative, gleichsam negative Unterscheidung: *distinctio realis privativa*. Dieses Privativmoment – die Formulierung scheint Brulefers eigene Schöpfung – bezeichnet nicht mehr als die Nicht-Initiierung der *res in potentia obiectiva* durch den Intellekt. Damit ist die in der Definition allgemein und somit zwingend formulierte These der Reperibilität einer *formalitas ex natura rei* im Sinne einer vollen Realdistinktion genügend widerlegt. Auch die *passiones* eines Subjekts können selbst unter Absehung von dessen Existenz ausgesagt werden, wie überhaupt alle Aussagen *per se* im ersten und zweiten Modus unter Absehung der Existenz der *res* (des Subjekts), von dem sie prädiziert werden, vorgenommen werden können.

Gegen den zweiten, bei Syrrect merkwürdigerweise nicht vorhandenen Teil der Definition – *comprehensa ab intellectu* – wendet sich

---

nem realem, cum non sint due res realiter existentes, igitur nec realiter differentes. [32 recto] *Respondeo: Licet antichristus et rosa in esse cognito non sint entia realia, sunt tamen aliquo modo realia, quia non sunt per actum intellectus fabricata et illo modo, quo sunt res, habent distinctionem realem, cum non sunt una et eadem res, immo sunt diverse res et habent diversas differentias essentiales, igitur aliam et aliam essentiam, igitur distinguuntur essentialiter, et per consequens realiter, non tamen distinctione reali positiva. Sed est inter ea distinctio realis privativa, hoc est non causata per actum intellectus. Item omnis propria passio distinguitur formaliter a suo subiecto, sive subiectum existat sive non existat, igitur est ibi alia et alia formalitas etiam si non existat, nec tunc reperiuntur in re ex natura rei.*

Septima propositio est. Omnis propria passio dicitur de suo subiecto, sive subiectum existat sive non. Nam si nullus homo sit, adhuc illa est vera 'homo est risibilis'.

Octava propositio est. Omnes propositiones primi et secundi modi dicendi per se semper sunt vere, sive res existat sive non.

Brulefer mit einer traditionellen Verstehensweise von *comprehensio*, die die Totalität des zu erkennenden Dinges als Bedingung des durch den Begriff selber ausgedrückten Aktes voraussetzt,[324] und sie damit in einen Gegensatz zur lediglich auf Partialaspekten des Erkenntnisaktes beruhenden *apprehensio* stellt.[325] Die Fähigkeit zur *comprehensio*, die die Gegner im Bezug auf die *formalitas* allgemein voraussetzen, ist damit selbstredend durchaus restringierter Natur. Im Bezug auf Gottes Essenz kann sie nur von der Seele Christi behauptet werden. Aber auch im Bezug auf kreatürliche Objekte darf sie nur mit Hilfe einer weiteren Differenzierung ausgesagt werden, durch die *comprehensio* entweder im weiten oder im strengen Sinne verstanden wird. *In statu isto* kann keine Sache der Welt, die nicht einen *conceptus simpliciter simplex* darstellt, im strengen Sinne durch einen Akt der *comprehensio* verstanden werden. Da *formalitates* evidenterweise nicht zu diesen *conceptus* gehören können, müssten sie durch einen entscheidend weiter gefassten Sinn von *comprehensio* angeeignet werden, nämlich rein intuitiv, wie dies in der *theologia beatorum* für Gott der Fall ist. Diese Möglichkeit aber führt Brulefer nicht weiter aus, so dass die eigentliche Aussage dieses Passus darin besteht, die Unangemessenheit der gegnerischen Behauptung, *formalitates* könnten durch eine *comprehensio* begriffen werden, klar herauszustellen: Formalitäten entziehen sich, versteht man sie strikt scotisch, definitionsgemäß einem solcherart ins Totale gewendeten Zugriff des erkennenden Intellekts.

Schließlich untersucht Brulefer die im dritten Teil der Definition – *quam non oportet semper movere intellectum* –[326] zwischen *movere* und *terminare*

---

[324] A. a. O., fo. 32ra: *Contra secundam particulam in descriptione formalitatis positam, in qua dicitur comprehensa ab intellectu ponenda sunt aliqua dicta. Sed ut melius intelligatur. Sciendum est, quod differentia est inter apprehendere et comprehendere. Nam intellectus dicitur apprehendere aliquam rem, quando aliquid cognoscit sive distincte sive confuse. Sed comprehendere est simul totum apprehendere.* Es folgt eine Reihe von Propositionen, die diesen Unterschied erklären, insbesondere bezüglich der "Nichtkomprehensibilität" Gottes durch einen natürlichen Intellekt.

[325] Diese Unterscheidung wird etwa auch von Bonaventura im entsprechenden *locus classicus* im ersten Buch vorgenommen: In Sent. I, p. I, a. un., q. 1, ad ob 1.

[326] A. a. O., foll. 32va–33ra:
Contra tertiam particulam, ubi dicitur quam [sic] non oportet semper movere intellectum dummodo possit actum eius terminare. Unde sciendum quod alique sunt formalitates, que possunt movere intellectum sicut entia realia. Alie sunt formalitates, que non possunt movere intellectum, sed solum tales terminant eius actum sicut sunt entia rationis. Movere autem intellectum nihil aliud est, nisi causare aliquid in intellectu sicut movens in mobili, sicut ignis movet producendo aliquid in aqua puta calorem. Sic etiam obiectum dicitur movere intellectum, quia causat aliquid in intellectu, puta

vorgenommene Unterscheidung in Bezug auf die effektive Tätigkeit
eines Erkenntnisaktes. Während reale Entitäten den Erkenntnisakt
von sich aus anstoßen können, vermögen ihn rationale Seiende nur
zu terminieren. Da das Erkenntnisobjekt zur ersten Kategorie, der
Erkenntnisinhalt zur zweiten gehört, haben sie beide unterschiedliche

*intellectionem, non quidem ut causa totalis, sed ut causa partialis. Intellectus enim cum obiecto
est una causa totalis ipsius intellectionis. Ex his sequuntur alique propositiones.*

Quarum prima est. Intellectus noster movet seipsum.

*Secunda propositio est. Quodlibet ens existens actu in actuali existentia potest movere intellec-
tum nostrum.*

*Et si non pro statu nostro, tamen ex natura potentie. Illud autem dicitur terminare actum intel-
lectus nostri, quod intelligitur. Unde sciendum, quod causa est duplex, scilicet libera et naturalis.
Causa libera est, que positis omnibus necessario requisitis ad actionem adhuc potest non agere et
alio nomine vocatur agens voluntarium vel agens secundum propositum. Causa naturalis est, quando
positis omnibus necessario ad acquisitionem requisitis non potest non agere; de hac causa naturali
intelligitur dictum Scoti. In cuiuscunque agentis potestate non est actio neque modus agendi, ut
ignis calefacit naturaliter.*

*Propositio tertia est. Quamlibet entitatem inquantum entitas consequitur illud, quod potest movere
actum intellectus. Nota non est maior differentia inter naturaliter principiare vel causare et libere
principiare quam necessario principiare et contingenter principiare. Pro declaratione tertie rationis
principalis sequuntur alique propositiones.*

*Quarum prima est. In rebus duplex est distinctio, una maior et manifesta, alia minor et non
ita manifesta.*

Secunda propositio est. Distinctio vero minor et non ita manifesta vocatur distinctio formalis.

*Tertia propositio est. Distinctio realis stricte loquendo capta est inter aliquas res, quarum una
non est alia, ut inter sortem [fo. 33ra] et platonem.*

*Quarta est. Distinctio formalis est illa, que est inter duas formalitates, quarum una non inclu-
dit aliam in primo modo dicendi per se.*

*Quinta est. In genere vel in generali sunt tantum tres distinctiones, scilicet rationis, formalis et
realis stricte sumpta.*

*Sexta est. Distinctio realis stricte sumpta est duplex, quedam suppositorum tantum et quedam
naturarum. Distinctio realis suppositorum solum reperitur in divinis personis.*

*Septima est. Quecunque distinguuntur in creaturis stricte loquendo realiter, distinguuntur etiam
naturaliter vel essentialiter.*

*Octava est. Distinctio naturarum nullum locum habet in divinis nec potest habere, quia que-
cunque sunt in divinis, sunt una et eadem natura sive una et eadem essentia.*

*Nona est. Implicat contradictionem unam et eandem naturam reperiri in duabus creaturis rea-
liter distinctis.*

*Nota illa distinctio dicitur precedere actum intellectus, que est ex natura rei in re non solum
per operationem intellectus.*

*Regula vel propositio. Quecunque forma specifica, que vocatur species specialissima habens lati-
tudinem graduum, salvatur in quolibet graduum. Patet de albedine, que habet latitudinem graduum, et salvatur in quolibet gradu.*

*Regula vel propositio. Quilibet gradus forme est ipsa forma. Patet de albedine, quia quilibet
gradus albedinis est albedo, ergo quilibet gradus distinctionis formaliter erit distinctio formalis vi
impertinens.*

*Regula vel propositio. Quecunque continentur unitive in aliquibus, sunt formaliter distincta ab
eis, sed omnia inferiora continentur unitive in suis superioribus, ergo distinguuntur ab eis formaliter. Maior est primum dictum doctoris subtilis, secundum dictum est minor eiusdem.*

Kausalvermögen. Es scheint, dass Brulefer hier nicht einfach referierend die Konsequenzen aus dem von Syrrect Vorgegebenen zieht,
sondern ihnen auch zustimmt. Ist dem so, ergibt sich eine verblüffend
weitgehende Akkommodation Brulefers an Gerson, dahingehend, dass
der Bretone die Janusgesichtigkeit der *ratio obiectalis* sprachlich mittels zweier (bei Mayronis entlehnten!) substantivisch-autonomer Entitäten
interpretiert: *Entia realia* und *entia rationis*. Nur der reale Typus hat
im Vollsinn kausative Wirkung auf den Intellekt, aber auch der rationale bewegt ihn, in dem er ihn, um den schwer zu übertragenden
Ausdruck der Quelle selber zu gebrauchen, terminiert.[327] Die Differenz
zu Gerson besteht dann "lediglich" noch darin, dass Brulefer *zwei*
Typen werden lässt, wo Gerson auf der Doppelaspektualität einer
nicht weiter dividierbaren *ratio obiectalis* beharrt. Genau das hat aber
dann zur richtungweisenden Konsequenz, dass Gerson die Dualstruktur
seines Begriffs auf der Seite des Intellekts, Brulefer seine Stereo-
Typologie auf derjenigen der *res* ansiedelt: Die unbedingte Objektivität
des *ex natura rei* Erkannten wird so paradoxerweise gerade beim
Scotisten unterstrichen. Es könnte allerdings auch sein, dass Brulefer
genau hier von seiner Lektüre Bonaventuras geprägt wurde.

Auf einer "systempraktischen" Ebene ergeben sich dennoch – doppelt paradox und gleichsam als "enharmonische Verwechslung" der
metaphysischen Basiskonnotationen der jeweiligen Terminologien –
dieselben Konsequenzen: Beide anerkennen nur noch drei mögliche
Distinktionstypen.[328] Nebst der absolut schulübergreifend anerkannten *distinctio rationis* statuiert Gerson zwar eine nur in der Gottheit

---

[327] Diese Unterscheidung scheint in Zusammenhang zu stehen mit jener, die
Brulefer zwischen Formal- und Modaldistinktion annimmt. Beide sind Formaldistinktionen, beide darum auch Distinktionen *ex natura rei*, doch während die eine
zwischen Realitäten im scotistischen Vollsinn, die sich gegenseitig vollkommen ausschließen, geschieht, verändert die andere nur den Formalgehalt des neu entstehen-
den Modifikats, nicht aber denjenigen der eigentlichen *res*. Man könnte von daher,
ohne Brulefer Unrecht anzutun, wohl die Grenzaussage wagen, dass der *modus intrinsecus* ein *ens rationis formalis* darstellt, das durch ihn Modifizierte jedoch *ex natura rei*
von der modifizierten *res* zu unterscheiden sei. Vgl. die unten a. a. O., foll. 49v–50v
(mit jeweils folgenden Spalten), entfaltete Unterscheidung von *distinctio formalis large*
oder *proprie sumpta*.

[328] *Centilogium de Conceptibus*, a. a. O., n. 92: *Concipiens distinctionem in divinis vel in
creaturis minorem ex parte rei quam sit distinctio personarum divinarum, fallitur sive dicatur
distinctio formalis sive relativa sive modalis nisi tantummodo rationis. Quae distinctio qualiter fiat
et significet ex modis supponendi et connotandi in conceptibus vel terminis sciri debet a logico et
grammatico qui a metaphysico trahunt scientiam, quia nomen bene et proprie nequit imponi rebus,
essentiis earum non cognitis. Qua super re latior erit sermo in opusculo De modis significandi.*

gültige Realdistinktion (der Personen) und eine zwischen kreatürlichen
Essenzen, was dem Brulefer'schen Schema nur partiell entspricht.
Doch ist die Tendenz und der Wille zur Reduktion der siebenteili-
gen Distinktionenkette bei beiden unzweifelhaft gleichermaßen stark
und zentral: Das Ökonomieprinzip bricht sich Bahn.

Reduktion der Distinktionen als Quelle innertrinitarischer
Identitätssicherung (Teil 4)
Der vierte Teil des Traktats, der wie schon seine Vorgängerschrift
die zuvor erörterten Probleme auflöst und zusammenfasst, bringt
noch einmal das Brulefer Wesentliche.

    In einem ersten Abschnitt zeigt er mit ausgefeilten logischen
Bestimmungen der diversen *inferius-superius*-Relationen erneut die
Gründe für den schon im kleinen Traktat aufgestellten Satz, dass
die verschiedenen Distinktionen untereinander nicht in einem Verhältnis
der Unter- oder Überordnung stehen können. So wird etwa das von
Brulefer als thomistisch taxierte, spezifisch anti-scotistische Axiom 'Dies
ist allgemeiner als jenes, also übergeordnet' explizit zurückgewiesen.[329]

    Bedeutungsvoll ist das lange Entfalten des Einheitsgedankens im
nächsten Abschnitt. In einer wie zufällig wirkenden, vordergründig
zum Zweck einer *e contrario* ermöglichten besseren Explikation der
Formaldistinktion zur Sprache gebrachten sechsteiligen Reihe von
Graden der Identität[330] dürfte sich faktisch auch ein tieferliegendes
Grundinteresse sowohl bei Duns wie auch bei Brulefer zeigen: Die
große Aufmerksamkeit, die der Einheit Gottes geschenkt wird.[331]
Dadurch wird einmal mehr offensichtlich: Die Formaldistinktion stellt
von ihren genuinen Intentionen her ein Instrument zur christologischen Prädikation unter Wahrung der Einheit Gottes dar. Sie tut
dies keineswegs mit dem Ziel oder auch nur unter der Konzession
von deren Auflösung. Dass Brulefer genau diese Gradualkatene, die
in der scotistischen Tradition ansonsten kaum je Beachtung fand,

---

[329] A. a. O., fo. 40v: *Sextum [dictum]: [. . .] Thomistarum consequentia non tenet. Hoc est
commune ad illud, ergo superius. [. . .] Nigredo est communis color ethiopi et carboni et tamen
non est superius ad illa, quia illa sunt de genere accidentis, igitur non est superius [. . .].*
[330] A. a. O., fo. 44r.
[331] A. a. O., fo. 42r: *Distinctio formalis nullo modo variat nullo modo obviat nullo modo
impedit simplicitatem divinam. Probatur, quia distinctio realis est multo maior quam sit formalis, igitur si distinctio realis potest stare cum simplicitate divina a fortiori, hoc potest distinctio
formalis. Item si distinctio minor impediret simplicitatem divinam, distinctio realis maior impediret magis simplicitatem divinam; tenet consequentia per maximam: Si illud, quod magis videtur
inesse, non insit, ergo nec quod minus.*

rezipiert, zeigt nicht nur, dass er genauer und, wenn man so will, textverhafteter liest als die meisten seiner Vorgänger, sondern auch, dass er die essentielle Einheit Gottes stärker akzentuiert. Die komplexitätsreduktiven Grundstrukturen seines Denkens sind letztlich nichts weiter als eine Umsetzung dieses Elementaranliegens, zu der hier ein besonders originär scotisches, paradoxerweise eben darum originell unscotistisches Philosophem aufgegriffen wird. Selbst Syrrect, bei dem schon eine recht deutliche Wende zurück zu einem zumindest authentischeren Scotus zu spüren ist, nimmt zwar die Notwendigkeit einer abgestuften Unitätsbegrifflichkeit wahr, löst sie aber im Anschluss an Bonet mittels einer durchaus klassischen aristotelisch-porphyrianischen Aufteilung.[332]

Dasselbe Anliegen, aber unter mehr oder minder unmittelbarer Syrrectrezeption, wird schließlich in einem weiteren Abschnitt des Kommentars traktiert. Er ist, ausgehend vom Wunsch nach einer präziseren Bestimmung des Phänomens der Nichtidentität und einmündend in die *praedicatio identica*, der Abstraktionsthematik gewidmet.[333] Zwar greifen weder Brulefer noch Syrrect mit dieser Thematik Neues auf. Syrrect geht aus von Problemen der trinitarischen Aussagen im Anschluss an die fünfte Distinktion des ersten Sentenzenbuches. Er nennt dann die diesbezüglich entscheidende Regel Duns', die im Folgenden auch von Franciscus, Petrus Thomae und vermutlich auch von anderen aufgegriffen wurde. Duns selber geht dabei, ebenfalls in der d. 5 des ersten Buches, vom höchstmöglichen Abstraktionsgrad aus, also der *abstractio ultimata*. Wird von einem Subjekt alles, was nicht zu seinem Wesenskern gehört, ultimativ abstrahiert, kann jede es betreffende Aussage nur noch formal getätigt werden.[334] Aus diesem Grund ist es logisch und theologisch unmöglich zu sagen, die göttliche Essenz – als ultimativ abstrahiertes Subjekt – erzeuge (in

---

[332] *Formalitates moderniores*, a. a. O., fo. 18: *[. . .] Secundum Bonetum in predicamentis, ens dividitur in unum et multa, et etiam secundum philosophum unum, ut in predicto loco dicit Bonetus, dicitur quinque modis. Primo modo dicitur unum unitate transcendenti [. . .], secundo modo [. . .], [. . .] unum unitate generica generalissima [. . .], [. . .] tertio modo [. . .] unum unitate speciei subalternae [. . .], quarto modo [. . .] unum unitate speciei specialissimae [. . .], quinto modo [. . .] unum unitate numerali [. . .].*

[333] A. a. O., foll. 50v–52v.

[334] Ord. I, d. 5, W. q. 1, n. 5; V. d. 5, p. 1, q. un., n. 18: *Quandocunque est subiectum abstractum ultimata abstractione, et praedicatum ex ratione sua, non potest praedicari nisi formaliter: non potest propositio esse vera, nisi sit per se primo modo. subiectum, hoc est, abstractum ultimata abstractione, et praedicatum hoc de ratione sua non est natum praedicari nisi formaliter: ergo propositio non posset esse vera nisi per se primo modo.*

innertrinitarischem Sinne), obwohl selbstverständlich gilt: 'Gott zeugt'. Gott ist nicht ein vollständig auf seine Quiddität abstrahiertes Subjekt und kann daher mit dem Verb *generare* kopuliert werden.[335] Franciscus referiert in der betreffenden Distinktion mehr oder minder die Duns'schen Vorgaben, unter Einbau und Ausräumung diverser Einwände. Bei Petrus dient die *abstractio ultimata* in der Folge dann sogar selber als Instrument zur Differenzierung von *identitas identice* und *identitas formalis*, indem sie selbst die *identitas identice* der durch sie abstrahierten Entitäten nicht aufzulösen vermöge, während die formale Identität dabei verlorengehe.[336] Der Argumentationsgang bei Syrrect wird weitgehend von Brulefer übernommen,[337] der damit offensichtlich nicht seine ansonsten ja recht vehemente Traditionskritik weiter-, sondern, vielleicht nicht ganz bewusst, noch einmal seine Anstrengungen zum Beweis der Nichtgefährdung der Einheit Gottes in sich fortführen will. Dies tut er einerseits im originär scotischen Sinne, indem in der durch Formalprädikation ermöglichten trinitarisch-christologischen Denkarbeit die Einheit Gottes als bewahrt erwiesen wird. Er hat auch ein aus der jüngeren franziskanischen Theologie vermitteltes Interesse an der Vermittlung von Abstrakta und Konkreta, das sie als nur verschiedene Modi der Wahrnehmung betrachtet und somit die logische (und nicht metaphysische) Seite des Phänomens betont; Brulefer hat denn auch gar keine Hemmungen, zugunsten dieser Sicht Ockhams *Summa logicae* zu zitieren.[338]

Summierend spricht Brulefer ganz am Ende des Traktats noch

---

[335] De dist. praed., fo. 30vb: *Abstractio dicitur ultimata secundum quam aliquid abstrahitur ab omni eo quod in eius ratione quidditativa seu diffinitiva proprie et simpliciter dicta nullo modo includitur* (zit. nach Bridges, Identity and Distinction, 35, Anm. 67).

[336] Quodl., 114, 854–858: *Ultimata abstractio non tollit identitatem identicam ab illis quae se ipsis identificantur vel quorum unum identificat sibi aliud, et tamen in illis ipsa ultimata abstractio tollit identitatem formalem, ut patet in essentia divina et sapientia in relatione et essentia* (zit. nach Bridges, a. a. O., 35, Anm. 69).

[337] A. a. O., fo. 51v: *Abstractum ultimate abstractum est illud, quod in se precisissime et abstractissime consideratur absque habitudine ad omne illud, quod non convenit sibi in primo modo dicendi per se. Et ideo cum sortes non conveniat homini in primo modo dicendi per se, sequitur quod est sibi extraneum sub [fo. 52r] tali modo et per consequens illa erit falsa 'sortes est humanitas', quid humanitas sic est abstracta abstractione ultima et nullam habet habitudinem ad sortem cum non includat illum in primo modo dicendi per se.*

[338] Zwar bezieht sich Brulefer auf eine Einschränkung der von Ockham in diesem ersten Teil seiner Logik grundsätzlich befürworteten Synonymie von Abstrakta und Konkreta in Fragen der hypostatischen Union, um die Notwendigkeit einer Unterscheidung der beiden Größen demonstrieren zu können. Ockham lehnt die Aussage, dass Gott einen Menschen annimmt, ab, konzediert aber immerhin die Assumption der Menschheit. Genau damit zeigt er, dass die Differenzen der logischen Wahrnehmung zur Lösung theologischer Probleme beitragen.

einmal – erstmals sogar mit einer sehr einsichtsvollen Bemerkung zur Unvermeidbarkeit von Wiederholungen im Rahmen seiner ausführlichen Erklärungen – über sein elementares Anliegen: Es gibt nur drei Genera von Distinktionen, aber sie existieren jeweils in einer Art Doppelform.[339] Für die Rational- und die Formaldistinktion verweist Brulefer zur Erläuterung dieser Doppelgesichtigkeit des einzelnen Genus auf schon besprochene Stellen im Traktat zurück; für die Realdistinktion ist sie im folgenden Abschnitt noch von ihm zu leisten (was hier zu vernachlässigen ist). Wenn unsere Interpretation der Gesamtintentionen Brulefers im Licht seiner Affinitäten zu Gerson zutrifft, ergibt sich die von ihm reklamierte Dualität der Distinktionstypen aus der je wechselnden Aspektualität ihrer separativen Funktion, die sich entweder auf Entitäten erster oder zweiter Intention bezieht, oder anders gesagt entweder metaphysisch oder logisch zu verstehen ist.[340] Auf die Realdistinktion appliziert bedeutet diese Doppelung die Berücksichtigung ihrer logischen Seite als einer *distinctio ex natura rei ante omnem actum intellectus* und ihrer metaphysischen Seite als einer Trennung zweier *res*.[341]

---

[339] A. a. O., fo. 53v: *Pro realis distinctionis intellectu. Sciendum licet in precedentibus plura sint dicta de distinctione reali, tamen hic aliqua alia, que prius in precedentibus non habita, dicentur. Et si aliqua, que prius sunt dicta, dicentur, hoc erit ad maiorem expressionem et sub aliis verbis; ideo ponenda sunt alique dicta. Quarum primum est. In genere tantum triplex est distinctio, scilicet rationis, formalis, et realis. Distinctio autem rationis est duplex, similiter et distinctio formalis, sicut in precedentibus sufficienter declaratum est. Secundum dictum est. Distinctio realis est duplex, quia quedam est realis, id est ex natura rei precedens omnem actum intellectus; hoc modo capitur generaliter. Alia est, que semper est inter duas res positivas, quarum una non est alia; de distinctione reali secundo modo capta est hic ad propositum. Tertium dictum est. Distinctio realis proprie sumpta investigatur septem viis, scilicet via originis, generationis, corruptionis, separationis, dependentie, ordinis, et causalitatis essentie.*

[340] Zur Differenz von erster und zweiter Intention s. auch Engelhardt, Art. Intentio.

[341] Für unsere unmittelbare Leitfragestellung nebensächlich, aber als Zeugnisse franziskanischer Spiritualität dennoch erwähnenswert und reizvoll sind die speziell in diesem letzten Teil gehäuften frömmigkeitspolemischen Züge.
Die heilige Katharina, Vorzugsheilige der Dominikaner in Brulefers Zeit, kann, so ist sich der observante Minorit Brulefer a. a. O., fo. 55r, gewiss, nicht drei Tage lang ohne ihr eigenes Herz unter Ausleihe des Herzens Christi gelebt haben, denn dann wäre die Gottheit Christi mit dem Herz eines Menschen geeint worden – und das wiederum reine Häresie. So zeigt sich in dieser vermeintlich theologisch irrelevanten Ordensquerele einmal mehr die für die scotistische Christologie entscheidende Tendenz, die beiden Naturen deutlich zu trennen.
Selbst der Lehrer des Bretonen, *Forlion* (Vaurouillon), muss in seiner berühmtberüchtigten These, Christus habe noch am Kreuz hängend seinen Jünger Johannes zum natürlichen Sohn Mariens machen können – Kenntnisse über unsere Unkenntnis der Identität des "Jüngers, den Jesus liebte" stammen ja aus weit späterer Zeit – a. a. O., fo. 47r, Fundamentalkritik seines wichtigsten Schülers gewärtigen.

3. *Brulefers Distinktionentheorie als Exemplar der Scotismus*

Was bei Brulefer auf den ersten Blick sicherlich am meisten ins Auge
sticht, ist seine vehemente Aufforderung an die formalisierenden
Ordensgenossen (und an die anderen Magister ohnehin), endlich wieder zur "wahren Lehre" des *doctor subtilis* zurückzukehren und auf
den ganzen durch seine Nachfolger aufgebauten Distinktionsapparat
außer den drei Grundgenera zu verzichten.[342] Erst auf einen zweiten und dritten Blick, aber nicht weniger deutlich, werden dann auch
die durch diese These implizierten Akkomodationsleistungen an theologische Grundströmungen des 15. Jahrhunderts ersichtlich: Die im
Anschluss an Gerson zumal und mittelbar auch an Ockham das
Denken dominierenden Prinzipien der geistigen Ökonomie und der
Wahrung einer logischen Eigenperspektive nebst der metaphysischen
bestimmen auch das Vorgehen Brulefers. Mit diesen beiden Einflüssen
nicht originär verbunden, aber durchaus vereinbar ist das zumindest
in der Präsentation erstaunliche, einem ebenfalls nicht zu unter-
schätzenden universitäts- und kirchenpolitischen Druck stattgebende
Angleichungsbemühen an thomistische Formulierungen in der Distinktionenlehre, vor allem bei der Rationaldistinktion. Weder die im
Zuge einer scotistischen Via antiqua vollzogene Reorientierung auf
authentisch scotische Intentionen, noch die wissenschaftstheoretischen Vereinfachungsbemühungen im Gefolge Gersons, noch die von
Thomisten, Ockhamisten und Gersonianern gleichermaßen stark
immer wieder aufgestellte Forderung nach fundamentaler distinktio-
nentheoretischer Komplexitätsreduktion wären als Einflüsse je für
sich bei einem franziskanischen Lehrer des ausgehenden Spätmittelalters
speziell erstaunlich. Bemerkenswert ist vielmehr die fast unmerklich
Strömungen verwebende, sie geradezu als gleichsam zufällige Koinzidenz erscheinen lassende Koordination aller damals virulenten distink-
tionen- und formalitätentheoretischen Richtungen. Brulefers Kritik
an der Distinktionenlehre Syrrects liefert somit den wohl geradezu
exemplarischen Fall einer faktischen Übereinstimmung der Restaura-
tionsbemühungen genuin scotistischer Art im Geiste einer entspre-

---

[342] Dieses *ceterum censeo* hält Brulefer dem Leser in einem *correlarium finale*, a. a.
O., fo. 55v, dem letzten Satz des größeren Formalitätentraktats, ein letztes Mal vor
Augen: *Sequitur correlarium finale. Preter distinctionem rationis non sunt ponende plures distinctiones ex rei natura precedentes omnem actum intellectus, nisi due, scilicet distinctio formalis et
realis.*

chenden Via antiqua mit den Vereinfachungsbemühungen aller anderen zeitgenössischen *viae* und Schulen.

Dass er sich mit dieser an der Oberfläche des Textes so kämpferisch exklusiv scotistischen, in seiner Tiefenstruktur jedoch eindeutig schulübergreifend inklusiven Vorgehensweise, die ihm unmöglich selber gänzlich unbewusst geblieben sein konnte, bei den durch ihn angegriffenen Vertretern des eigenen Lagers nur Freunde gemacht hätte, war natürlich vorerst nicht zu erwarten. Vereinzelte Zustimmung – wie sie in fast wörtlicher Übernahme bei einem zeitgenössischen Rektor der Universität Paris und also vermutlich zeitweiligen Kollegen Brulefers, dem trotz seines nicht ordensgebundenen Status dem Scotismus zuzurechnenden Säkularkleriker Petrus Tartaretus, festzustellen ist –[343] dürfte in den ersten Jahrzehnten nach der Publikation seiner *declarationes* von ebenfalls einsetzender Kritik übertönt worden sein.

Einen aufschlussreichen und schätzungsweise durchaus repräsentativen Einblick in die Beurteilung unseres Autors durch den zeitgenössischen Scotismus gibt der gut belesene de Fantis in seinem in Marginalien präsentierten Kommentar zu den Formalitäten Syrrects.[344] Mit letztlich etwas hilflos wirkendem arrogantem Spott wird die Kritik Brulefers als Haarspalterei abqualifiziert, von dieser behauptet, sie

---

[343] Petrus Tartaretus, *Expositio super textus logicales Aristotelis*, s. l. 1498, foll. 19vb–20ra (zit. nach Hoenen, Scotus and the Scotist School, 206, Anm. 26): *Dubitatur secundo utrum praeter distinctionem realem et rationis sit ponenda aliqua alia distictio [sic]. Pro cuius solutione supponitur, quod aliqui dicentes se insequi doctrinam Scoti ponunt septem genera distinctionum et tot identitatum, scilicet distinctionem rationis, ex natura rei, formalem, realem, essentialem, se totis subiective, et se totis obiective, et dicunt quod istae distinctiones se invicem inferunt, nam dicunt quod distinctio se totis obiective infert omnes alias, et sic consequenter. Sed iste modus dicendi est falsus, neque est de mente Scoti, primo in hoc quod ipsi ponunt septem genera distinctionum, secundo in hoc quod ipsi ponunt istas distinctiones se invicem inferre.*

[344] Antonius de Fantis in Syrrectum, a. a. O., 18 (*in margine*): *Quicquid dicat ille bonus vir qui dilatavit mirabiliter fimbrias noviter Burlifer formalitates glosando alios fatuos appellans. videat et ne ipse stultus esse mereatur. Aliqui ponunt distinctionem modalem octavam inter distinctionem formalem et realem et hoc capiendo distinctionem communiter, sed proprie capiendo illam ponunt tantum sex omittendo distinctionem modalem et se totis obiective. alii ponunt quattuor, alii ponunt tres modos distinctionum, quere pro et contra, sed pro nunc sustineatur iste modus dicendi quia communis est.*

A. a. O., 27 (*in margine*): *Introducatur hic disputatio sequens magistri Stephani brulyfer, et cui voluerit lector adhereat, sed quia ut dixi iste numerus distinctionum famose apud Scotistas acceptatur, defendatur et solvantur motiva illius preclari viri ut infra notabo in margine eiusdem disputationis brevibus. superfluas glosas omittendo quorundam in dictam disputationem pro, et contra tempus et cartam inaniter consumentium, ideo tanquam inutiles omittantur et ad fontem scoticum ubique recurratur.*

könnte ihren Urheber unter (bezeichnenderweise nicht näher ausgeführten) Umständen selber dumm aussehen lassen, und sodann zur
Tagesordnung, nämlich zum überkommenen sieben- oder sechsteiligen
Katenen- und Illationenschema, fortgeschritten: Brulefer blieb in der
ersten Zeit nach seinem Ableben ein eher bewusst ignorierter als
wirklich widerlegter Außenseiter der Scotistenschule. Später allerdings, sobald die Dominanz der Syrrect'schen Systembildung und
der ihm verpflichteten Kommentare tatsächlich einmal, wie Brulefer
es gefordert hatte, durchbrochen worden war, wurde gerade seine
Kritik für viele Scotisten zum eigentlichen Ausgangspunkt ihrer Arbeit,
weil sie der Sache und nicht Schulgegensätzen verpflichtet war.[345]

6. Karlstadts "Distinctiones thomistarum": Syrrect durch Capreolus interpretiert

Mit allem in diesem Kapitel Präsentierten dürfte im Hinblick auf
die Zwinglische Scotismusrezeption genügend gesagt sein. Eine Frage
allerdings ist noch offen: Warum beruft sich der Reformator an zentraler Stelle für seine scotistisch geprägte Sicht der Distinktionenlehre
auch auf Johannes Capreolus, der doch als großer Thomist bekannt
ist und war?[346]

Dazu gibt eine Schrift des später berühmten Andreas Bodenstein
von Karlstadt einigen Aufschluss, nämlich dessen 1508 entstandene
distinctiones sive formalitates Thomistarum. Zwar stammen sie von einem
zumindest zu diesem Zeitpunkt nach außen und im eigenen Selbstverständnis primär thomistisch eingestellten Autor. Doch stehen sie
mit den bisher dargestellten scotistischen Formalitätentraktaten schon
allein darum in einem Zusammenhang, weil sie angeregt wurden
durch eine in Wittenberg durch den Magister und Dekan Ludwig
Henning O.F.M. besorgte Ausgabe der Syrrect'schen Formalitäten.
Es handelt sich darüber hinaus in gewissen Sinne um ein doppelt
umgekehrtes thomistisches Gegenstück zu Brulefer: Prüfte Brulefer
Syrrect an Duns Scotus, verifiziert Karlstadt nun seine thomistische
Tradition an den ihm sinnvoll scheinenden Vorgaben Syrrects.

Zwar sieht sich Karlstadt klar als Jünger des heiligen Thomas,

---

[345] Poppi, Il contributo, 662f.
[346] Z VI/2, 199.

und so eröffnet er auch die in zwei Hauptteilen (A-R; S-i)[347] gehaltene Schrift. Die heilige Katharina wird gleich zu Beginn schon ange-
rufen, was beweist: Ein Dominikaner lehrt! Allerdings doch ein
Dominikaner, der zeigt, dass dominikanische Identität und streng
antiscotistische Gesinnung sich keineswegs bedingen mussten.[348] Zwar
ist auch für Karlstadt gleich vom Start weg (A) klar, dass jede *distinctio* entweder real oder aber dann rational operieren muss. Die gegen-
teilige Ansicht erklärt der Wittenberger Bakkalaureus explizit für
falsch mit der Begründung, die *distinctio ex natura rei et formalis* habe
keine außerhalb des Intellekts liegende *extrema*; dann aber müssen sie
durch den Intellekt bedingt sein. Entsprechend beginnt Karlstadt
seine Übersicht über die verschiedenen Distinktionstypen von der
distinctio rationis rei necessitantis (C) ausgehend: Jede *res* nötigt den
Intellekt, unterschiedliche Konzepte zu bilden, insofern er sie als
genus, *differentia* und *species* betrachtet. Damit ist *er* die leitende Größe
in der Generierung dieses Distinktionstyps, nach der auch die Definition
benannt werden muss. *Extra intellectum* liegt nur das Fundament der
Distinktion, ihre Vollendung aber *im* Intellekt. Der Intellekt erkennt
hier damit nicht verschiedene *species intelligibiles*, sondern verschiedene
conceptus innerhalb ein- und derselben *species*. Er kann etwa (D) eine
bestimmte ausgedehnte *res* entweder als *locus* hinsichtlich ihres Ausmaßes
nach außen oder als *superficies* hinsichtlich ihres Ausmaßes nach innen
wahrnehmen. Dieser jeweiligen Verschiedenheit der *conceptus* entspricht
eine je andere *ratio obiectivalis* (ebd.) – und mit diesem Begriff ist
bereits (der Leser Gersons und Brulefers ist versucht, zu sagen: natürlich) die Wende zum Scotismus gegeben. Denn gleich nach dieser
Exposition entfaltet Karlstadt seine mit ihr eng zusammenhängende
Sicht der scotischen *formalitas* (E), indem er sich erst nach der bekannten Stelle Ord. I, d. 2 ausrichtet, und dann erklärt, die scotische
quidditas stimme mit seiner oder generell der Thomisten Vorstellung
der *ratio obiectivalis* rundweg überein. Der zwischen den beiden
Begriffskonzepten vorhandene Unterschied liege nicht in der Tatsache,
dass jede *ratio obiectivalis* ebenso wie jede *quidditas* den Intellekt zu
dessen Aktivität determiniere, sondern vielmehr im Status der jeweiligen Aktivierungsleistung. Duns sieht sie als gänzlich außerhalb oder
"vor" der Tätigkeit des Intellekts liegend, während Thomas nach

---

[347] Seitenzählung von A–Z, aa–zz, a–l.
[348] Seitenangaben erfolgen im Text in Klammern.

Karlstadt sie nur als *fundamentum* oder *initium* betrachtet. Eine fundamentale Nichtidentität (*non-identitas fundamentaliter*) ist damit also in
dieser Logik nicht eine reale Nichtidentität, sondern wesentlich weniger, nämlich letztlich eine rationale Nichtidentität mit starker Tendenz
hin zu Realaspekten. Doch just damit liegen die beiden Vorstellungen
offenbar doch recht nahe beieinander, was Karlstadt auch ausdrücklich in einem Korrolar bemerkt: Die Differenz zwischen Thomas
und Scotus sei bei weitem nicht so groß, wie viele annähmen (F).
Als Zeuge für diese Ansicht führt der Wittenberger *in margine* die
Additiones in Capreolum des Silvester Prierias an, eine bezeichnende
Inanspruchnahme eines klar zum Flügel der "offenen" Thomisten zu
zählenden Lehrers: Die *Additiones* sind der zweite Teil eines Doppelwerks
zu Capreolus und zeigen schon insofern einen offenen Geist typisch
spätscholastischer Prägung, als sie sich mit sehr vielen, wohl beinahe
allen, wichtigen *doctores* der Zeit befassen.[349] Aber nicht nur in der
Tatsache einer Diskussion auch mit Andersdenkenden, sondern auch
in den speziell in unserer Frage doch massiven Konzessionen an sie
zeigt sich die den Rahmen des Thomismus zwar nicht sprengende,
aber sozusagen transzendierende Beweglichkeit des Prierias im Anschluss
an Capreolus. Unumwunden gesteht Prierias ausgerechnet in dem
doch sensiblen Punkt der göttlichen Attributte eine Unterscheidbarkeit
ex natura rei zu. Ausdrücklich verwendet er in diesem Kontext die
vermutlich sowohl von Capreolus bei Syrrect als dann ebenfalls wieder von Karlstadt bei Prierias beobachtete Begriffsfigur der *ratio obiec-*
tiva. Besteht im ersten Wort dieses Doppelbegriffs immerhin noch
ein gewisser gleichsam legitimierender Anklang an dessen Gebrauch
in den einschlägigen trinitätstheologischen Quaestionen im ersten
Buch des thomasischen Sentenzenkommentars, eröffnet Capreolus
zum zweiten Teil der Begriffsfigur durch explizite Rezeption des
Ausdrucks *distinctio formalis* für die Nichtidentität der Attribute Gottes (H) ein neues Feld des Dialogs. Dieser in die Geschichte des
Thomismus wohl als begriffsgeschichtlicher Paukenschlag erklingen-
den Novität wird dann zwar faktisch sogleich mittels einer raffinierten
Differenzierungsleistung die materiale Spitze gebrochen. *Intellectus* und
voluntas Gottes sind, so erklärt Karlstadt, vermutlich noch im Anschluss
an Capreolus, zwar in Bezug auf die Fähigkeit, das Wort Gottes zu
zeugen (*generari*), *principia contradictoria*, aber nicht in jeder Hinsicht:

---

[349] Tavuzzi, Prierias, 31.

Der Widerspruch, zur Zeugung fähig oder nicht fähig zu sein, betrifft sie als ganze (*toti*), aber nicht ganzheitlich (*totaliter*). Der Intellekt Gottes vermag den Sohn Gottes zu zeugen. Doch nicht alles in diesem Intellekt hat mit diesem Vermögen zu tun.

Nachdem diese theologisch gestützte Argumentationsweise durch einige Zusatzexempel logischer Natur (K) bekräftigt wurde, bringt Karlstadt eine erste Tabelle der Definitionen (L) der bisher in seinem Traktat entwickelten Form der Rationaldistinktion bei den von ihm bevorzugten jüngeren Thomisten Hervaeus Brito, Armand de Beauvoir, Petrus de Palude, Johannes Capreolus, Petrus Nigri, Dominicus de Flandria. Alle konvergieren sie in dem einen Punkt, dass einem *conceptus* oder einer *formalitas* oder einem *fundamentum*, durch die oder mittels derer der Intellekt eine *res* wahrnimmt, eine *ratio* entspricht, die den Intellekt *ex natura rei* zwingt, den angesprochenen *conceptus* oder die Formalität von sich aus zu formen. Weitere Zusatzreflexionen zu diesem Punkt führen den Bakkalaureaten darum dann erneut zu der bedeutungsvollen Feststellung (R): *Patet igitur ex prioribus distinctionem formalem non esse negandam absolute in via Thomae.* Sie lässt sich, nach Karlstadt, weniger stringent, aber der Sache ebenso dienlich durch eine andere bei den Thomisten beliebte Formel bestätigen, die besagt, dass etwas einer *res* zwar *materialiter*, aber nicht *formaliter* zukommen kann. *Privatio* kann einer *res* nicht *formaliter* zukommen, weil sie als solche (*privatio inquantum privatio*) der Form einer Sache völlig widerspricht. Ähnliches lässt sich von den Triaden *homo risibilis animal* oder *anima vegetativa* als *sensitiva* oder *intellectiva* besagen.

Dass Karlstadt in dieser vorliegenden Schrift seinen ganzen Impetus auf die Abstimmung der scotistischen Formalitätentheorie mit der thomistischen Tradition richtet, geht auch aus ihrem recht umfangreichem zweiten Teil über die verschiedenen Arten der Realdistinktion hervor. Er enhält die im ersten Teil der Schrift entwickelte Theorie auf der primären Argumentationsebene merkwürdigerweise scheinbar kaum. Aus thomistischer Sicht aber kann er sie ja eigentlich auch gar nicht enthalten. Dass sie dennoch an zentralen Orten auch des zweiten Teils vorkommt, zeigt deutlich, dass Karlstadt die Inkonsistenzen, die sich aus seinem Harmonisierungsversuch ergeben, nicht auszugleichen wusste. Im Grunde sind es dann gar nicht nur Inkonsistenzen aus dieser Harmonisierung, sondern auch solche der normalscotistischen Konzeption an sich, wie sie vor allem auch bei Franz von Mayronis zu sehen waren, an denen die Einheit des Karlstadt'schen Ansatzes zerbricht. Denn wie die Scotisten hat auch

Karlstadt offensichtlich einige Mühe, Formaldistinktion und Essentialdistinktion einigermaßen stringent auseinanderzuhalten. Beruht die
Karlstadt'sche *distinctio formalis* vor allem auf dem Begriff des *conceptus*, so derjenige des realen Gegenstücks, der *distinctio specivoca*, auf
demjenigen der *species*. Zwar besteht insofern ein Unterschied zwischen der (um es mit einem in den Quellen nicht enthaltenen Ausdruck
zu formulieren) '*distinctio conceptuvoca*' und (dem Quellenbegriff) der
distinctio specivoca. Doch scheint er nur relativ zu sein, weil beide als
Formaldistinktion bezeichnet werden und sogar beide auf die *formalitas* rekurrieren. Die konzeptuelle Formalität vermag allerdings nur
den Intellekt zu dessen letztlich entscheidender Aktivität zu initiie-
ren, die specivok gefasste hingegen ist völlig selbstmächtig: Durch sie
getrennte Entitäten vollziehen ihre Trennung *absolute* ohne Mithilfe
des Intellekts.

Auch durch die Schlusszusammenfassungen (h) *pro pueris* – auf der
einen Seite die *distinctio realis: singularium (numeralis) sive communium
(essentialis, specifica, generica)*; auf der anderen die *distinctio rationis repugnans vel non repugnans* – können diese ganzen Ungereimtheiten nicht
wirklich überdeckt werden. Damit zeigt sich gleichsam *e negativo*, dass
die Differenzen zwischen Duns und Thomas speziell in dieser für
die Metaphysik der Scotisten so entscheidenden Frage nicht so einfachhin harmonisierbar sind, wie viele Zeitgenossen Zwinglis und
heutige Zwingliinterpreten das glauben annehmen zu sollen. Doch
nicht nur deswegen ist das Werk von uns von Wert. Nebst der reiz-
vollen Einsicht in eine durchschnittliche scholastische Schrift – sie ist
entstanden als ehrgeiziges Gelegenheitswerk, aber trotzdem geboren
aus den Fähigkeiten eines selber noch mitten in seiner Ausbildung
stehenden Bakkalaureaten und insofern vermutlich viel repräsentati-
ver für das alltägliche Universitätsleben als die absoluten Spitzen-
produkte der brillantesten Doktoren! – bringt die Schrift eine für uns
sehr wertvolle Information: In unmittelbarer zeitlicher und intellek-
tuell-mentalitätsmäßiger Nähe zu Zwinglis Glarner Zeit wird Capreolus
als hochprominenter Zeuge für eine thomistisch moderierte Akzeptanz
scotistischer Positionen in der Distinktionenfrage angeführt.

C. REZEPTIONSGESCHICHTLICHER TEIL

KAPITEL V

REZEPTIONSGESCHICHTE

Zwinglis Rezeption der scotischen und scotistischen Theologie interessiert uns in dieser Studie prioritär. Um sie allerdings möglichst adäquat erkennen zu können, erscheint uns eine doppelte methodische Einbettung geboten. Zum einen ist der Rezeptionsvorgang selber ins Auge zu fassen: Die Aussagekraft des vorhandenen Quellenmaterials in seiner ganzen Verschiedenartigkeit darf weder über- noch unterschätzt werden (V.1). Zum anderen ist die Einbettung jener scotischen und scotistischen Schriften, die von Zwingli benutzt wurden, in die Reihe aller irgendwie von ihm verwendeten scholastischen Werke von Nutzen (V.2) – nicht nur, weil eine solche Auflistung bisher nie erfolgte, sondern auch, weil so der überdurchschnittlich große Anteil der Scotica unter den scholastischen Rezepta und generell der scholastische Kontext der Scotismusrezeption klarer sichtbar wird.

1. QUELLENSORTEN UND METHODOLOGISCHER BASISENTSCHEID

Die scholastischen Kenntnisse und Rezeptionsaktivitäten des Zürcher Reformators sind zwei verschiedenen Quellensorten literarisch zu entnehmen.

1. Die im Corpus Reformatorum bereits kritisch edierten Werke Zwinglis[1] enthalten zahlreiche literarische Referenzen scholastischer Theologie, die entweder

a) *explizit* als eigentliche Zitate, d. h. mit Autoren- und Stellenangabe präsentiert werden, oder

b) *semi-explizit* ohne Werk- oder gar Stellenangabe, aber mit namentlichen Autorennennungen genannt werden, oder

c) rein *implizit* durch Allusionen und (nicht als solche erkennbare) Zitatenfragmente sowie durch terminologische Wiederaufnahmen erscheinen.

---

[1] CR; im Folgenden stets abbreviatorisch als "Hauptwerke" unter der Glosse "Z" bezeichnet.

2. Eine Vielzahl vermutlich aus der Frühzeit stammender Annotationen
von Zwinglis Hand zu scholastisch-theologischer Studienliteratur,
wurde

a) entweder im Corpus Reformatorum[2] durch Walther Köhler bereits
   ediert
b) oder ist bis anhin (1999) nicht greifbar.

Diese zwei Quellensorten unterscheiden sich grundsätzlich in doppelter Weise.

(1) Textkritisch, d. h. in der äußerlichen Gestalt der Quellenstücke
selber sowie in deren Überlieferungsgeschichte, Editionsstand und
-standard.

(2) Rezeptionsgeschichlich, d. h. im jeweiligen Grad an rezeptorischer
Produktivität und bewusster, zielgerichteter auktioraler Intentionalität.

Ad (1): Die Annotationen Zwinglis erscheinen nicht als selbständige Texte, sondern als Beigaben, Unterstreichungen oder Glossen,
zu anderen Texten. Sie sind unter Absehung von diesen Basistexten,
ohne die sie, zumal in der Formung von Unterstreichungen, gar
nicht existieren könnten, oft gar nicht darstellbar. Außerdem sind
sie, ihrem marginalen Charakter entsprechend, schon rein graphisch
oft in kaum mehr lesbarer Kleinheit gemacht. Aufgrund der mit dieser Textform verbundenen Editionsproblematiken sind sie erst teilweise in der nicht über alle Zweifel erhabenen genannten kritischen
Ausgabe erhältlich.[3] Mit dieser Editionslage im Zusammenhang steht
die Tatsache, dass die Existenz mancher Annotationen erst in jüngster Zeit überhaupt entdeckt wurde und möglicherweise Einiges überhaupt erst in Zukunft zu Tage treten wird. Im Gegensatz dazu sind
die der Edition der Hauptwerke zugrundeliegenden Quellenstücke
größtenteils als selbständige Manuskripte oder als Urdrucke erhalten.
Bereits mehrfach, zuletzt im Corpus Reformatorum in einer modernen Maßstäben zumindest genügenden Weise, wurden sie ediert,

---

[2] Z XII, [derzeit] 1–400.
[3] Z XII, von Walther Köhler in pionierhafter und sicher verdienstvoller Weise
verfertigt, aber auch mit mancherlei Mängeln behaftet, vor allem in der Entscheidung,
oftmals "nur charakteristische Proben, rein philologische Textverbesserungen und
aus dem Text an den Rand geschriebene Worte oder lateinische [oder bei lateinischen Texten auch griechische] Übersetzungen Zwinglis nicht" (a. a. O., 240) anzugeben. Wichtig zur Erfassung der Rezeptionsleistung Zwinglis ist auch, was er nur
passiv zur Kenntnis genommen hat. Zur Qualität der Edition insgesamt s. Gäbler,
Huldrych Zwingli, Eine Einführung 38; Schindler, Zwinglis Randbemerkungen, 4.

wobei eigentliche quellenkritische Probleme nur selten auftauchen.[4] Letzteres ist bei den Annotationen anders, da die Größe, die Tinte und Feinformungen der Handschrift häufig und oft auch innerhalb derselben Seite wechseln können. Eine Datierung ist unter diesen Umständen nur unter recht massiven Vorbehalten überhaupt erreichbar. Zwar lässt die Absenz materialer Äußerungen kritischer Natur auf ein Entstehungsdatum vor der – gerade bei Zwingli aber ihrerseits vermutlich sehr lange währenden, inhaltlich nicht leicht bestimmbaren und darum wohl zwangsläufig bleibend umstrittenen – reformatorischen Wende rückschließen. Doch da der Reformator, wie noch zu zeigen sein wird, gegen Ende seines Lebens eine zwar nicht vollumfänglich positive, aber doch recht respektvolle Einstellung zu zumindest gewissen Flügeln scholastischer Theologie wiederfinden konnte, ist auch dieses Argument keineswegs zwingend, wie ja überhaupt *argumenta e silentio* von bekanntermaßen problematischer methodologischer Natur zu sein pflegen.[5] Allerdings sind in gewisser Hinsicht zumindest Ansätze zu einer verlässlichen Datierung der Glossen möglich.[6]

Ad (2): In Anlehnung an wichtige Modelle[7] eines neueren Zweiges

---

[4] Das vielleicht wichtigste Beispiel bildet die Frage nach dem authentischen Manuskript der *Expositio fidei*, vgl. Z VI/3, Einleitung zu Nr. 181, und speziell zu den Manuskripten, 39–46.

[5] Zu den vielfältigen und massiven Schwierigkeiten in der Datierung der Randglossen Zwinglis allgemein schreibt Schindler, Zwingli und die Kirchenväter, 19, in einer Weise, die auch für die Glossierung Duns' Gültigkeit hat, in wünschenswerter Deutlichkeit: "Zuletzt muss aber doch eine Unsicherheit genannt werden, die nahezu allen derartigen Randglossen anhaftet: Die Datierung. Trotz Usteris Entdeckung ist es bei fast allen Randbemerkungen unmöglich, jeweils ein sicheres Datum zwischen den Anfängen und 1519 oder zwischen 1519 und 1531 anzugeben, sofern man nicht zum Beispiel das Anschaffungsdatum des Buches kennt, Hinweise auf zeitgenössische Ereignisse erkennt oder Andeutungen aus Zwinglis Briefwechsel entnehmen kann. Da nun bei Zwingli die entscheidenden Wandlungen sehr wahrscheinlich [. . .] *nach* dem Sommer 1519 liegen, also innerhalb der späteren Phase der d-Schreibung, ist aus den Randglossen für diese entscheidende Entwicklungsphase nichts Eindeutiges zu entnehmen." Insbesondere das letzte Argument gilt für die Scotus- und Scotistenglossierung noch verstärkt, weil Zwingli erwiesenermaßen seit 1527 sich diesem Themenkomplex wieder neu in seiner Lektüre zuwandte.

Die Datierungsfrage der zur Diskussion stehenden Glossen ist im Übrigen sozusagen ein eigener Forschungszweig, auf den an dieser Stelle nicht eigens eingegangen werden kann. Dies wird im Rahmen der Darstellung einzelner Werke und deren Annotationen geschehen. Vgl. überblicksmäßig Usteri, Initia Zwinglii; Schindler, Zwinglis Randbemerkungen.

[6] Vgl. dazu unten V.2, S. 385f., zur scotischen Ordinatio.

[7] Ehrismann, Thesen zur Rezeptionsgeschichtsschreibung; Grimm, Rezeptionsgeschichte; Link, Rezeptionsforschung; Wunberg, Modell einer Rezeptionsanalyse kritischer Texte.

der Literaturwissenschaft – der Rezeptionsforschung – lassen sich die beiden Quellensorten, die die Scholastikrezeption Zwinglis bezeugen, als Ausdruck zweier differierender Rezeptionsmodi ansehen. Gemeint ist die in den meisten dieser Modelle vorgenommene Unterscheidung verschiedener Rezeptionsschichten, deren fundamentalste diejenige zwischen reiner und produktiver Rezeption darstellt. So lässt sich eine von Gotthart Wunberg vorgenommene Bestimmung dieser Differenz fast unverändert zum Zweck pragmatischer Klassifizierung auch epochenübergreifender Rezeption von Quellenstücken benutzen:[8]

> Modus 1: Die erste Form der Rezeption, die rein rezeptive, die sozusagen in sich selber kreist, ist die häufigste. Sie findet sich überall dort, wo Literatur lediglich gelesen, gehört wird. Sie ist notwendigerweise und stärker als die drei übrigen Rezeptionsmodi in erster Linie vom Rezipienten abhängig; erst in zweiter Linie vom Gegenstand, der rezipiert wird. Prinzipiell verfährt nach diesem Modus jeder Leser, der seine Aufgabe nicht darin sieht, über den Vorgang des Lesens hinaus selbst produktiv zu werden. – Das Ergebnis ist in der Regel nicht als Text zu fassen [oder nur als] Privatbrief, Tagebuchaufzeichnung [. . .].
> Modus 2: Den Begriff einer produktiven Rezeption sollte man dem spezifischen Vorgang vorbehalten, den man innerhalb der Literaturwissenschaft unter der Überschrift 'Einflussforschung' zu behandeln pflegt. Er ist insbesondere an Autoren zu beobachten, die von einem bestimmten Werk angeregt werden und diesen Rezeptionsvorgang in eine eigene Produktion, die ihrerseits eines Rezipienten bedarf, gleichsam umfunktionieren. [. . .][9]

Entsprechend könnte auch das den Rezeptionsvorgang bezeichnende Tätigkeitswort in sich modalisiert werden als Re- (Modus 1) oder

---

[8] Ebd. 119f. Die im Folgenden von Wunberg dargestellten beiden *Modi 3 und 4* sind faktisch Nebenmodi des zweiten und betreffen spezifisch wissenschaftlich-neuzeitliche Rezeptionsvorgänge.

[9] In sehr ähnlicher Weise fasste Hannelore Link in ihrem Standardwerk die zur Rezeption literarischer Texte vorgelegten Vorschläge von Ehrismann zusammen: In seinen 'Thesen zur Rezeptionsgeschichtsschreibung' hat Ehrismann 1974 [. . .] fundamentale Kategorien von Rezipienten herausgearbeitet. Er unterscheidet dabei zwischen passiver und produktiver Rezeption. Zur produktiven Rezeption, die naturgemäß ungleich besser dokumentiert ist als die passive, zählt er vier Schichten: die akademische, die schulische, die journalistische und die künstlerische. A. a. O., 125f.: "Die vier Schichten sind verbunden durch die gemeinsamen Akte von Aufnahme und Mitteilung. Ich fasse sie als produktive Schicht zusammen. Ihnen steht die Schicht der reinen Rezipienten – eine 'schweigende Mehrheit' – gegenüber: etwa Schüler, Zeitungsleser, Theaterbesucher, literarische Zirkel." Vgl. Link, Rezeptionsforschung, 85f.

Apper-zeption (Modus 2).[10] Durch Favorisierung anhand der Rezipiententätigkeit selber gewonnener Differenzen wird in dieser Studie zumindest intendiert, dass sie eher als subjektorientierte Rezeptionsgeschichte und weniger als textorientierte Wirkungsgeschichte mit historistisch-hermeneutischen Folgeproblemen verstanden sein möchte.[11]

Dass die in den Hauptwerken Zwinglis erfolgte Scholastikrezeption eine ausgesprochen produktive Rezeption darstellt, so sehr, dass sie teilweise gar nicht mehr als solche, nämlich als explizite Übernahme höchst traditionellen Materials offengelegt wird, dürfte außer Frage stehen. Nicht völlig eindeutig ist hingegen der rein rezeptive Charakter der Zwinglischen Annotationen, denn möglicherweise liegt ihnen eine gewisse Intention zugrunde, die wir nicht mehr feststellen können, beispielsweise die einer Botschaft an andere, das jeweilige Werk ebenfalls studierende befreundete Kleriker oder Humanisten oder die einer Lektüreanleitung an gewisse Schüler Zwinglis. Dann müsste adäquaterweise von reproduktiver Rezeption[12] gesprochen werden. Besonders wahrscheinlich scheint dies allerdings nicht, so dass man wohl von einem reinen Privatgespräch zwischen dem sich bildenden Reformator und den großen *doctores* der spätmittelalterlichen Theologie und somit von einer vollständig passiven Rezeptionshaltung wird ausgehen dürfen; ein Eindruck, der zudem verstärkt wird durch die in den Annotationen auffällig häufig anzutreffende Fiktion unmittelbar direkter Rede an die rezipierten Autoren, wie beispielsweise in einer seiner Glossen zur scotischen *Ordinatio*, wo er dem *doctor subtilis* in gleichsam solidarischer Entrüstung zuruft:[13]

> *Hic tibi falso iniuriantur o Scote plerique Thomicantes [!. . .]*

In dieser literaturwissenschaftlich zu erhebenden, gewissermaßen elementaren Differenz zwischen produktiver Rezeption in den Hauptwerken und passiver oder reiner Rezeption in den Annotationen liegt – in Verbindung mit den textkritischen Befunden bei beiden Quellensorten – das Hauptargument einer dieser Studie zugrundeliegenden methodologischen Basisentscheidung: Autorintention und damit Sinngebung kann einem rezeptorischen Text nur dann innewohnen, wenn er in, literaturwissenschaftlich gesprochen, produktiver

---

[10] Ein Vorschlag von Grimm, Rezeptionsgeschichte, 27.
[11] Vgl. zu dieser Unterscheidung etwa Grimm, a. a. O., *passim*.
[12] Vgl. zu diesem Begriff Link, a. a. O. 89.
[13] Ord. I, d. 1, q. 2, W. n. 2; V. n. 31.

Absicht verfasst wurde. Passiver Rezeption hingegen kann und darf
solche Sinngebung zumeist und jedenfalls bei Zwingli kaum entnommen werden. Das gilt auch für die passive Rezeption von Werken
innerhalb anderer Werke; wenn also etwa in einer scotischen Schrift
ein nicht weiter kommentierter Verweis auf eine Stelle eines Werkes
Bonaventuras erfolgt, wird man kaum von aktiver Rezeption sprechen können, sondern dies als einen Sonderfall passiver Rezeption
einzustufen haben. Mit dieser Grundentscheidung wird zwar die
Überlieferung passiver Rezeptionsvorgänge quellenmäßig keineswegs
schon irrelevant, im Gegenteil: In Verbindung mit der eindeutig als
solcher zu erhebenden produktiven Rezeption desselben Autors zu
denselben thematischen Inhalten vermag die Bezeugung passiver
Rezeptionsstücke zur Erhellung der zur Debatte stehenden Rezeptionsvorgänge ein Doppeltes zu leisten. Sie kann erstens die in den mit
produktiver Absicht verfassten, möglicherweise in höchst unterschiedlichen Kontexten stehenden Spuren der produktiven Rezeption zu
mehr oder sogar vollständiger thematischer Einheitlichkeit verhelfen,
indem sie durch ihren fremden und aufgrund ihrer Passivität gleichsam neutralen Blickwinkel die Vielfalt produktiv-rezeptorischer Widers-
piegelungen bündelt. Zweitens vermag sie die Herkunft und Entstehung
terminologischer Reprisen innerhalb der produktiven Stücke, zumal
der nicht explizit als solche herausgestellten, befriedigender Eindeutigkeit
zuzuführen. Zumindest sachlich gesehen muss jedoch der Bezeugung
produktiver Rezeptionsvorgänge ein Primat der quellenmäßigen
Aussagekraft zuerkannt werden, dem die Spuren passiver Rezeption
interpretatorisch-hermeneutisch und sachlich nach- und methodisch
zugeordnet zu sein haben.

Analytisch streng genommen müsste sogar bei der bei Zwingli über
weite Strecken faktisch gegebenen thematischen Parallelität der
Bekundung passiver Rezeptionsvorgänge mit Zeugnissen produktiver
Rezeption letzteren ein einer doppelten Rezeption korrespondierender doppelter Primat zugestanden werden. Es scheint ja von hoher
motivationspsychologischer Wahrscheinlichkeit, dass ein Stoffe in produktiver Weise verarbeitender Autor dieselben Stoffe nicht nach dieser produktiven Rezeption noch einmal passiv rezipiert. Umgekehrt
bildet jede thematisch analoge passive Rezeption die intellektuelle
und entwicklungsgeschichtliche Grundlage für erst später erfolgende
produktive Rezeption. In dieser Perspektive gesehen wäre die produktive zur passiven Rezeption derselben thematischen Felder bei
ein und demselben Autor ihrerseits wiederum in rezeptorischer Relation

zu sehen. Die produktive Rezeption stellte somit Frucht sowohl einer Rezeption fremder Tradition als auch eigener, nämlich passiver Rezeptionsleistungen dar und wäre von daher als doppelte Rezeption oder Rezeptionsduplizität zu klassifizieren. Doch ist dieser Gedanke zwar in gewisser Weise konsequent, sollte aber aus (mindestens) zwei Gründen einer methodisch verantwortungsbereiten rezeptionsgeschichtlichen Studie nicht zugrunde gelegt werden. Zum einen ist die entsprechende Hypothese kaum jemals direkt aus den Quellen nachweisbar. Entsprechende Datierungsanhalte sind bestenfalls in sehr indirekter, ihrerseits wieder mit entsprechenden Vorbehalten massiver Hypothetik versehener Weise überhaupt zu erreichen. Selbst wenn ein solcher Nachweis möglich wäre, hätte die aus ihm zu gewinnende Erkenntnis nur bedingt eine Bedeutung für Reformationshistoriker. Nicht erst seit Danto ist bekannt, dass bloße Fakten erst aufgrund der durch sie ausgelösten Folgen zu geschichtlichen (historiographisch und nicht lediglich chronologisch darstellbaren) Ereignissen werden.[14]

---

[14] Als Beispiel für die auch praktische Evidenz der hier vorgeschlagenen methodischen Entscheidungen sei die mittlerweile als klassisch geltende Studie Leif Granes, Contra Gabrielem (1962), angeführt, zu der die vorliegende diesbezüglich im Theoriedesign analog konzipiert ist. "Luthers Auseinandersetzung mit Gabriel Biel in der Disputatio Contra Scholasticam Theologiam 1517" kann nach Granes Überzeugung nur von der Luther'schen Disputation zum Tübinger Professor rückwärts, nicht aber in umgekehrter Abfolge, untersucht werden. Ernüchtert durch erhebliche Divergenzen in den Ansätzen der von ihm dargestellten Forschung zieht Grane Bilanz, a. a. O., 40–42: "Wenn man versucht die bisherige Forschung zu überschauen, muss man feststellen, dass die Meinungen über den Ockhamismus und Luthers Verhältnis dazu sehr von einander abweichen. Es ist klar, dass eine Würdigung von der Auffassung abhängig ist, mit der man die Theologie des jungen Luther betrachtet, und diese wiederum wird notwendigerweise durch die eigene theologische Grundauffassung der respektiven Verfasser bedingt. [. . .] Aber abgesehen von diesen Schwierigkeiten [. . .] hat die Behandlung des Themas 'Luther und der Ockhamismus' doch vielleicht oft unter mangelhaftem Durchdenken der methodischen Probleme, die das Thema aufwirft, gelitten. Luthers Verhältnis zum Ockhamismus ist ein historisches Problem, und der Ausgangspunkt für seine Behandlung sollte deshalb bei Luther selber gesucht werden. Nur allzu oft ist das Verfahren ein anderes: Man stellt auf Grund des Quellenmaterials fest, dass Luther ursprünglich Ockhamist war. Daraufhin gibt man eine mehr oder weniger gründliche Darstellung dessen, was 'Ockhamismus' bedeutet, um daran eine Darstellung von Luthers Theologie anzuschliessen. Zum Schluss oder eventuell auch unterwegs erörtert man endlich, was Luther vom Ockhamismus gelernt haben kann sowie, worin er sich davon unterscheidet. Diese Methode verhindert keineswegs eine Berücksichtigung der Entwicklung von Luthers Gedanken, sodass man z. B. mit dem 'Ockhamismus' der Randbemerkungen zum Lombarden beginnt usw. Aber als historische Methode ist diese Methode trotzdem bedenklich, weil die erreichten Resultate, auch wenn sie vielfach 'richtig' sind – auf der Konstruktion zweier fester Grössen, dem

Aus dieser deutlichen Überlegenheit an quellenmäßiger Aussagekraft in der produktiven Rezeption ergibt sich eine doppelte methodische Konsequenz:

a) *Quellenstücke*, die *rein rezeptiv* strukturiert sind, können in methodisch verantwortungsvoller Weise auch nur als rein rezeptive Texte behandelt werden. Sie dürfen nicht selbständig, sondern nur in enger Anlehnung an die Darstellung der von ihnen rezipierten Texte und Textauszüge interpretiert werden. Sie werden so als das genommen, was sie faktisch aufgrund ihrer passiv gearteten Rezeptionsform bereits schon sind: Als Indikatoren gründlich erfolgter Lektüre von *recepta* durch den Rezipienten, oder (um der germanistischen Nomenklatur zu folgen) als reine Lektürespuren, denen kaum je mehr als deiktische Funktion bei ihrer Entstehung zugedacht worden sein dürfte, die daher in ebendieser Funktion wahr- und ernstgenommen werden sollten.[15] Verweise auf Rezipiertes aber werden dann und nur

---

'Ockhamismus' und 'Luther', beruhen. Das gilt ebenso, wenn man sich eventuell darauf beschränken sollte, nur einen bestimmten ockhamistischen Theologen zu behandeln, oder jedenfalls nicht mehrere gleichzeitig.

Wenn das Thema 'Luther und der Ockhamismus' die Bedeutung hat, die man ihm zuschreibt und worüber im großen und ganzen Einigkeit herrscht, muss das bei Luther selbst klar und deutlich vorliegen, damit es möglich ist, dass man es zu Beginn – ohne vorausgehende Konstruktionen – in gerade der Weise oder besser, aus der Problemstellung heraus, die Luthers eigene Verfasserschaft anweist, behandeln kann. Es ist möglich, dass eine solche Behandlung weitgehend die Ergebnisse bestätigt, zu denen man auf anderen Wegen gelangt ist, aber in dem Fall kann man in dieser Weise diesen Ergebnissen ein solides Fundament geben. Auch richtige Konklusionen wirken am überzeugendsten, wenn die Prämissen klargelegt worden sind. Die Aufgabe muss deshalb darin bestehen, einen Ausgangspunkt zu finden, der nicht willkürlich gewählt ist, sondern von der historisch gegebenen Relation zwischen Luther und dem Ockhamismus, die zu beleuchten versucht wird, selbst veranlasst wird. [...]

Wenn man an Luther mit der oben genannten Intention herangeht, gerät man nicht in Verlegenheit. Es gibt nämlich einen Text, der sich genau mit dem angegebenen Thema beschäftigt: *Disputatio contra scholasticam theologiam*. [...] Indem man als Ausgangspunkt einen Text wählt, den Luther selbst als seine entscheidende Stellungnahme zu der Theologie, in der er erzogen worden war, betrachtete, müsste man gegen Willkür in der Art und Weise, wie das Problem gestellt wird, gesichert sein. Man geht in der Fragestellung also nicht von im voraus eingenommenen Standpunkten zum Ockhamismus betreffend Luthers Theologie aus, sondern es wird nach dem Sinn des Textes gefragt, von dem Luther *selbst* wünschte, dass er für die Auffassung anderer von seinem Verhältnis zur Schultheologie bestimmend sein sollte."

[15] Sachlich sehr ähnlich sieht die Dinge Schindler, Zwingli und die Kirchenväter, 19.

Hoburg, Seligkeit und Heilsgewißheit, 12–15, spricht hingegen auch den Marginalien selber, insbesondere den Glossen unter ihnen, Konkretisationsfunktion und -vermögen zu. Sie zeigen seiner Meinung nach nicht allein, *dass* ein Text zur Kenntnis

dann ernstgenommen, wenn das durch sie Rezipierte in angemessener Weise apperzipiert wird. Eine angemessene Weise dürfte dabei zumindest als Zielvorgabe die Wiedereinholung des zu vermutenden

---

genommen, sondern in signifikativer Weise auch, *wie* er verstanden wurde. Sie widerspiegeln für ihn einen Prozess verstehender Selektion oder selektiven Verstehens, der auf die konkretisierende Rezeption des glossierten Textes in seinen Augen hinreichenden Aufschluss gibt. Hoburg, a. a. O., 13, wendet sich damit ausdrücklich (und mit Recht) gegen Gäblers (Huldrych Zwingli. Eine Einführung, 38) Aussage, die Marginalien seien lediglich "unbedachte oder schnell hingeworfene Bemerkungen" gewesen: "Es zeigt sich vielmehr, daß schon die Auswahl von Zitaten ein Teil des individuellen Verstehensprozesses ist." Auch wenn Hoburg darin voll zuzustimmen ist, dass die Annotationen (jedenfalls normalerweise) Spuren nicht flüchtiger, sondern intensiver, um Verstehen bemühter Auseinandersetzung mit dem Annotierten darstellen, muss man sich fragen, ob er nicht umgekehrt zu ambitiös argumentiert, wenn er daraus ableitet, sie seien "[. . .] ein Teil des individuellen Verstehensprozesses [. . .], der auf seine Kriterien hin untersucht werden kann. Ungleich mehr läßt die Aneinanderreihung von Zitaten die Absicht des Rezipienten erkennen. Darüber hinaus zeigen die Marginalien, daß Zwingli bei seinen handschriftlichen Einträgen nicht nur systematisch, sondern auch nach bestimmten Regeln und Prinzipien vorgegangen ist, die es nahelegen, sie als integrativen Bestandteil seines Verstehensprozesses zu werten." Diese "Regeln" laufen in Hoburgs konkreter Darstellung der Annotationstätigkeit Zwinglis meistens darauf hinaus, dass Zwingli sich schlicht und ergreifend annotierend den annotierten *Text* aneignet. Das betont Hoburg selber wieder und wieder. Zur Erasmusrezeption in den Annotationen zum Römer- und Galaterbrief lesen wir a. a. O., 37: "Nur an wenigen, vereinzelten Stellen geht er [Zwingli] in seiner Benutzung der Annotationen über die Worterklärungen von Erasmus hinaus." Zu Zwinglis Korrekturen am Konstanzer Psalmenbrevier (Brev.) anhand des Psalterium Quincuplex (QP) des Faber Stapulensis heißt es a. a. O., 75: "Es läßt sich Zwinglis Verfahrensweise entnehmen, daß er nicht aufgrund der eigenen philologischen und textkritischen Arbeit zu den Korrekturen gelangt, die er mit seinen Marginalien an den Rand des Brev. notiert, sondern sich streng an seine Vorlage, das QP hält. [. . .] [78]. Die [. . .] Korrekturen, die Zwingli in seinen Marginalien aus dem QP rezipiert, liegen nicht nur auf der Linie des von Faber vertretenen Bibelhumanismus, sie führen auch die theologische Intention des QP weiter und passen sich dem Stil der Vorlage weitgehend an. [. . .] Die Marginalien am Brev. werden in der Tat erst verständlich, wenn ihrer Interpretation eine Einführung in den Charakter und die theologischen Schwerpunkte des QP vorangeht, weil dadurch offen zutage tritt, wie sehr Zwingli sich in seiner *Rezeption* eines Werkes an den Stil des Autors sowie seine theologischen Absichten (intentio) anlehnt." Diese Beispiele ließen sich vermehren und belegen die Richtigkeit der allgemeinen Feststellung Martin Brechts zu Luthers Randbemerkungen zur Theologia Deutsch, die Hoburg (offenbar keinen Widerspruch zu seinen eigenen Ausführungen wahrnehmend) a. a. O., 14, zustimmend zitiert: "Meistens bestimmt der Text auch den Aussagehorizont der Randbemerkungen."

Offenbar bestätigt sich also auch durch die von Hoburg studierten Texte, dass jede noch so markante Selektion eines Textes sich logischerweise nur wieder auf diesen selber beziehen kann, sei es positiv rezipierend oder negativ auslassend, je nach Voreinstellung und Erwartungshorizont des Rezipienten. Das mag in sich historisch und biographisch, wie Hoburg anhand der frühen Exegetica in eindrücklich forschungsinnovativer Weise belegt, von Bedeutung sein, indem es die Grundlage

Problembewusstseins des (oder der) Rezipienten darstellen. Dabei braucht heute zur Verfügung stehendes philosophiegeschichtliches Wissen natürlich nicht verleugnet zu werden, insofern es uns so etwas wie eine synthetische Konkretisation, einen aus mehreren Informationsquellen zugleich gespeisten thematisch-inhaltlichen Nachvollzug der von Zwingli annotierten *recepta* ermöglichen kann.[16]

b) Die im Sinne *produktiver Rezeption* zu verstehenden *Hauptwerke* Zwinglis können hingegen auf die in ihnen erfolgte Rezeption und deren sowohl kontinuitätsintendierende wie auch pragmatische Funktion hin direkt befragt werden. Mittels des Modells verschiedener in sich eine sachliche Hierarchie bildender Rezeptionsformen lässt sich zudem eine unausweichlich zu treffende Selektion der insgesamt vermutlich vierstelligen numerischen Umfang erreichenden Zwinglischen Lesespuren methodisch reflektieren. Sie hat sich an den in den Hauptwerken produktiv verarbeiteten Themenkreisen zu orientieren. Für die nicht auch produktiv rezipierten Themenkreise wird die rein rezeptiv getä-

---

zu weiteren historiographischen Schlüssen bilden kann. Es schließt aber im eigentlichen Sinne produktive Rezeption gerade aus. Eine nur exzerptorische "Konkretisation des Leseaktes" allein ist eben gerade darum noch keine wirkliche Konkretisation, weil sie als Abschluss des Leseaktes nicht für weitere (dritte) Rezipienten bestimmt ist und darum letztlich reine Rezeption verbleibt.

Damit eröffnet sich ein weiteres gewichtiges Argument zur methodischen Restriktion auf aktive oder produktive Rezeption: Allein für sie kann es überhaupt intersubjektiv verifizierbare Interpretationsregeln geben, weil nur sie sich an eine Außenstehende wendet und damit – durch den Kontext des Kommunikationsaktes von dem oder der Rezipierenden (in unserem Falle Zwingli) zu dessen Rezipienten (Leserinnen, Hörern) – allererst einen Rahmen des intersubjektiv Beurteilbaren kreiert: Es lässt sich darüber streiten, ob und wie Zwingli einen Autor verstanden hat, wenn er ihn in einem rezeptionsexternen Kontext zitiert und erläutert, nicht aber, falls er ihn lediglich exzerpiert. Dort lässt sich lediglich spekulieren, was durchaus spannend, aber nicht eigentlich die Aufgabe um ihre Kompetenzgrenzen wissender Historiker sein kann.

Einen Zwischenstatus nehmen alle diejenigen Glossen ein, die den eindeutigen Charakter eines Selbstgespräches aufweisen: Sie richten sich zwar nicht an Außenstehende, bringen aber durch das ausdrückliche Eingehen auf die Anliegen des glossierenden Autors selber einen interpretationsregulativen textfremden Kommunikationskontext ein. Noch einen Schritt näher bei der aktiven Rezeption sind Glossierungen eines Basistextes anhand zweier oder mehrerer diesen Basistext interpretierender Texte, wie das bei den Annotationen Zwinglis zu biblischen Texten anhand mehrerer Kommentatoren oder ganz generell bei Verweisen auf textfremde Autoren oder Werke der Fall sein kann. Nicht von ungefähr verdienen darum gerade diese der aktiven Rezeption weitaus am nächsten stehenden "Typen von Marginalien" auch nach Hoburg die größte "Aufmerksamkeit des Interpreten" (a. a. O., 14). Sie sind es, die auch für ihn inmitten vieler vermutungsweise geäußerter Interpretationen ein sicheres methodisches und darum auch historiographisches Fundament bilden.

[16] Zu diesen Ausdrücken s. Link, Rezeptionsforschung, Kapitel 4, 142–162.

tigte Annotation in ihrem bloßen Umfang anhand des rezipierten Textes mitgeteilt.

2. Edierte und nichtedierte Quellen

Die folgende Übersicht über den Bestand der Quellen zur Zwinglischen Scholastikrezeption baut auf der dargelegten methodischen Unterscheidung auf und nennt

A. die in Zwinglis Hauptwerken zitierten oder genannten Autoren,
B. die passiv rezipierten Werke, sowohl
    B1. diejenigen von Autoren, die auch (vgl. A) aktiv rezipiert wurden, als auch
    B2. jene, von denen nur passive Rezeption bekannt ist, sowie
C. nur potentiell rezipierte Werke oder Namen, nämlich
    C1. durch Dritte im Kontakt mit Zwingli genannte Autoren und
    C2. Werke in Zwinglis Besitz ohne weitere Rezeptionsspuren.

Die Listen sind abschnittweise alphabetisch gehalten. Das unter C. Genannte wird im Interesse eines Gesamtüberblicks über alle aus den gegenwärtig bekannten Quellen überhaupt erschließbaren scholastischen Autoren angeführt.[17] In ebendem Interesse erfolgt eine durchgehende Autorennummerierung von A bis C (selbstredend unter Sistierung in B1).

A. Einen Überblick über die als explizit oder semi-explizit zu klassifizierenden Nennungen von Autoren aus der Zeit der Hoch- und Spätscholastik in den Hauptwerken Zwinglis gibt die folgende, alphabetisch nach Zunamen geführte Liste:

1. Antonius Beck O.F.M.[18] wird 1528 zweimal namentlich erwähnt in Z VI/2, 134f.

---

[17] Nicht berücksichtigt wurde zwangsläufig die noch nicht edierte Glossierung all jener Autoren, die im Alphabet nach dem bisher letzten, teilweise in Z XII, 392ff. noch erfassten Autor Livius einzureihen sind; vgl. oben Anm. 2. Denkbar ist auch, dass in Briefen an Zwingli, die möglicherweise über den in Z VII–XI erfassten Bestand hinausgehen, Nennungen von Scholastikern existieren.

[18] Auch Brass, Braß oder Metzger. Der aus Vringen (Ihringen bei Freiburg i. Br.) stammende badische Theologe wurde an der Universität Freiburg 1498 *baccalaureus biblicus*, 1506 Sententiar und im Juni 1509 als Magister probeweise für die Vertretung des im April von Johann Gaudens von Blumeck (offenbar aus Rache, vgl. Joseph Bauer, Zur Frühgeschichte, 74, Anm. 407) auf offener Straße ermordeten scotistischen Professors Northofer zugelassen, mit Aussicht auf eine feste Anstellung

2. Stephan Brulefer O.F.M.[19] wird 1519 und 1528 je einmal namentlich erwähnt in Z VII, 156 und VI/2, 198f.
3. Johannes Capreolus O.P.[20] wird 1519 und 1528 je einmal namentlich erwähnt in Z VII, 156 und VI/2, 199.
4. Johannes Duns Scotus[21] O.F.M. wird (teilweise mit seinen Schülern)
von 1519 bis 1528 (mindestens) fünfzehnmal namentlich erwähnt

als Ordinarius nur unter ausdrücklicher und streng zu prüfender Bedingung einer
(bei ihm offenbar recht zweifelhaften) korrekten Lebensführung. Beck war verschiedentlich aufgefallen durch Schlägereien, Aktivitäten im Nachtleben und Übernachten
außerhalb der Burse, wie das Senatsprotokoll des Jahres 1507 (I, 226ff.) berichtet.
Freilich sind solche Angaben heute kritisch zu betrachten im Bewusstsein dessen,
dass die Differenz zwischen Burse und Kaserne von der disziplinarischen Strenge
her gesehen nicht allzu groß war! Im März 1510 befand ihn der Senat der Universität
des Amtes dann für würdig. Überlieferte oder auch nur in ihrer Existenz bekannte
Werke Becks sind in allen einschlägigen Lexika, Bibliographien und Monographien
leider keine genannt. Sein sehr früher Tod stand dem seines Vorgängers an Dramatik,
aber auch Tragik in nichts nach: *Miserrime obiit doctor Antonius Metzger de Vringen vice-
sima prima die Augusti in Brisaco anno 1511 mane paulo post horam sextam* (Akten der theologischen Fakultät I, 176r). Die genaue Todesart war eigentlich ein *pudendum*, doch
im Nachlassstreit mit dem Konstanzer Bischof wird der Senat im Protokoll zum
Klartext genötigt: *quod d. Antonius infirmitatis et debilitatis impulsu sibi mortem consciverit
unde eius bona non sint fisco condecenda* (Senatsprotokoll vom 13. Sept. 1511, II, 38rf.;
beide Angaben nach Bauer, a. a. O., 74f.). Ob das kritische Referat Zwinglis über
Becks Trinitätslehre auch einen Reflex von dessen etwas bedenklichem Ruf zu
Lebzeiten oder einfach die gewohnte Polemik darstellt, ist kaum noch zu entscheiden.
    Von besonderem Interesse ist in diesem Zusammenhang, dass Becks Vorgänger
Northofer in Basel und Tübingen studiert und 1487 mit Michael Lindelbach und
Benedikt Morder die Freiburger Via antiqua begründet hatte (Bauer, a. a. O., 69f.).
Sein ausdrücklich in diese Via herbeigerufener Kollege Martin Mölfeld hingegen
hatte in Paris studiert und gab die *Expositio in summulas Petri Hispani* des Pariser
Rektors Petrus Tartaretus heraus (Bauer, a. a. O., 70f.), der schon Prantl (vgl. oben
Kap. I, Anm. 84) eine besondere Nähe zur Logik der Moderni zugesprochen hatte.
Er vertrat in der Distinktionenlehre gegen Mayron und Syrrect die reduktive Position
Brulefers, was ebenfalls auf sachliche Kongruenzen mit dem Ockhamismus hinweist.
Erneut zeigt sich hier also, wie relativ die Via-Grenzen zu verstehen sind.
   [19] S. oben Kap. III, Anm. 166.
   [20] Geboren in der Diözese Rodez wohl um die Mitte der zweiten Hälfte des vier-
zehnten Jahrhunderts, trat Capreolus 1407 in den Konvent des Predigerordens zu
Rodez ein. Vom Studienjahr 1408 an war er, durch das Generalkapitel des Ordens
1407 dazu designiert, Sententiar an der Universität in Paris und erlangte dort 1411
die Magisterwürde. Anschließend wirkte er als Regens des Ordensstudiums in
Toulouse und im Konvent in Rodez, bis er 1432 starb. Zu dem mit Abstand bedeutendsten thomistischen Lehrer des fünfzehnten Jahrhunderts wurde er durch seine
Libri defensionum theologiae divi doctoris Thomae de Aquino in libros Sententiarum (Angaben
nach Mandonnet, Art. Capréolus, und Hegyi, Die Bedeutung des Seins).
   [21] *Doctor subtilis. Frater Ioannes* – wie ihn Ockham zu nennen pflegte – wurde vermutlich 1265 oder 1266 in dem in seiner geographischen Lokalisierung umstrittenen, wahrscheinlich aber in der schottischen Grafschaft Berwick gelegenen Ort Duns
als Spross der adeligen Familie der Duns geboren. 1279 wurde er vom Franziska-

in Z I, 274. 285. 303 (Pluralform: *Scotistae*). 304 (Plural). 314 (Plural); III, 349. 819 (Plural); IV, 503. 519; VI/2, 150. 199; VII, 158. 473. 549; IX, 537.

---

nerorden durch den Konvent im nahegelegenen Haddington dank der Vermittlung seines Onkels Elia Duns, des nachmaligen Generals der schottischen Ordensprovinz, als Novize aufgenommen. Dank des Ordensprivilegs einer Befreiung vom regulären universitären Magisterstudiengang im Ordensstudium konnte er ab 1281 in Oxford seine artistischen Studien durchführen. Sein Theologiestudium begann er ab 1288 in der theologischen Fakultät der Universität Oxford. Als aller Wahrscheinlichkeit und regulierter Tradition nach Fünfundzwanzigjähriger wurde Duns 1291 vom Lincolner Bischof Oliver Sutton in St. Andrews, Northampton, zum Priester ordiniert. Die These Callebauts, dass Duns von 1293 bis 1296 vom Orden zum Weiterstudium an die Universität Paris beordert worden sei, gilt mittlerweile als überholt. Vielmehr hat er bis 1301 die üblichen Stufen zum theologischen Magisterium alle in Oxford absolviert, in vermutlich folgender Reihenfolge: 1296–1299 *baccalaureus sententiarius* und Entstehung der *Lectura*, 1299–1300 *baccalaureus biblicus*, 1300–1301 *baccalaureus formatus*. 1302 wurde er in Paris als der immer noch renommiertesten der drei damals existierenden theologischen Fakultäten mangels dem Orden verfügbarer freier Lehrstühle wiederum Sententiar; die *Reportata Parisiensia* gehen auf diese Kommentierung zurück. Im großen Streit zwischen dem aufstrebenden französischen Nationalstaat und der Kurie 1303 weigerte sich Duns, eine von Philipp dem Schönen geforderte Appellation an ein Konzil gegen Bonifaz VIII. zu unterschreiben, musste deswegen Paris verlassen und ging mit ziemlicher Wahrscheinlichkeit nach Cambridge, wo der Orden ebenfalls über ein Studienhaus verfügte. Ein Jahr darauf kehrte er jedoch in allen Ehren zurück, wurde 1305 – endlich – promoviert und war 1306 und 1307 *magister regens* der theologischen Fakultät der Universität Paris, was damals die bestmögliche Karriere für einen Theologen überhaupt darstellte. In dieser Zeit entstand unter Mitarbeit eines Stabs von Assistenten und Sekretären in teilweiser Verbindung mit dem Lehrbetrieb jene Redaktion der Sentenzen, die heute zumeist als *Ordinatio* bezeichnet wird; 1306 außerdem das formal freiere und philosophisch zumal hinsichtlich der Lehre der Formaldistinktion etwas freimütigere Werk der *Quaestiones Quodlibetales*. 1307 als *Lector principalis* des Franziskanerkonvents aus noch nicht ganz geklärten Gründen nach Köln berufen, starb er dort in dieser Funktion am 8. November 1308. Neben Johannes Bonaventura ist er der wichtigste Lehrer und eigentliches theologisches Schulhaupt des Franziskanerordens bis heute. Nach der jahrhundertelangen Zurücksetzung des *doctor subtilis* in der offiziellen römisch kirchlichen Theologie trotz seiner kaum zu überschätzender Wirkung in der spätmittelalterlichen und frühneuzeitlichen Philosophie wie auch der Theologie aller westlichen Konfessionen, konnte der Orden 1991 endlich seine Heiligsprechung durch Johannes Paul II. erreichen. Sie erfolgte freilich weniger aufgrund der intellektuellen Leistungen des Schotten, sondern vor allem wegen seiner entsprechend kräftig überstilisierten lehrmäßigen Tendenz zur unbefleckten Empfängnis Mariens, der das aktuelle Pontifikat Sympathien abgewinnt. Biographische Angaben nach Burger, Personalität, 7f. und Vos Jaczn, Johannes Duns Scotus, 23–36. Zu den modernen Texteditionen s. gleich unten unter den von Zwingli passiv rezipierten scotischen Werken.

Die neuere Forschung zu Duns scheint faktisch leider mehr oder weniger dreigeteilt in (1) philosophiehistorische sowie katholisch-fundamentaltheologische Studien, die sich vor allem den metaphysisch-wissenschaftstheoretischen Texten in Ord. I und II zuwenden, (2) vor allem protestantische, teilweise auch neuere katholische Theologiegeschichte, die an der Christologie und der Gnadenlehre in Rep. III

5. Johannes Durandus de Sancto Porciano O.P.[22] wird 1519 einmal namentlich erwähnt in Z VII, 158.

6. Johannes Eck[23] wird von 1525–1530 allein in den Werken Zwinglis weit über einhundertmal namentlich erwähnt in Z II, 305–312. 315–321; III, 757; V, 88. 120. 123. 138f. 141. 144. 146. 168–170. 177–195 *passim*. 213–236 *passim*. 245. 247. 262. 268. 283. 303–307 *passim*. 315. 469. 484. 489. 789. 945; VI/2, 112; VI/3, 248 (Titelblatt). 249. 252. 273. 275. 277. 282; dazu im Briefwechsel Z VII–XI von Zwingli und Korrespondenten insgesamt 92 mal.

7. Franciscus Mayronis O.F.M. wird 1519 und 1530 je einmal namentlich erwähnt, das erste Mal ablehnend, das zweite Mal unter Zitation als legitimatorische Autorität in Z VI/3, 267.[24]

8. Petrus Hispanus Portugalensis[25] wird 1523 und 1528 je namentlich erwähnt in Z II, 154; VI/2, 55.

Interesse zeigt, und (3) einer stark ordensgeschichtlich sowie hagiographisch und mariologisch ausgerichteten Biographik.

[22] *Doctor modernus.* Jean Durand erhielt seinen Beinamen aufgrund seiner 1275 in Saint Pourçain sur Sioule en Auvergne erfolgten Geburt. Er wurde nach Studien in Metz und Paris 1312 Magister der Theologie, 1313 Lector Sancti Palatii in Avignon und 1317 Bischof von Limoux, 1318 von LePuy und 1326 auch von Meaux. Nebst fünf Quodlibeta und weiteren Traktaten verfasste er einen Sentenzenkommentar mit verschiedenen späteren Redaktionsstufen in korrigierendem Sinne, zu denen er durch das Generalkapitel seines Ordens veranlasst wurde. Durandus gehört zu den wenigen ernsthaften Kritikern thomasischer Theologie im Dominikanerorden überhaupt. Er entwickelte auch in seiner Gnaden- und Verdienstlehre unter Verwendung der *de-potentia-dei-absoluta*-Figur eine der scotisch-franziskanischen ähnliche (wenn wohl auch nicht direkt von ihr abhängigen) Position. Biogr. Angaben nach Dettloff, Art. Durandus de S. Porciano, dort weitgehend übernommen aus dem Durandus gewidmeten Abschnitt der Habilitationsschrift dess., Die Entwicklung der Akzeptations- und Verdienstlehre von Duns Scotus bis Luther, 107–128.

[23] Geboren 1486 in Eck an der Günz in Schwaben. Ab 1510 war Eck Ordinarius in Ingolstadt bis zu seinem Tod im Jahr 1543. Berühmt wurden vor allem seine Lehrbücher der Logik: *Bursa pavonis* und der Soteriologie: *Chrysopassus praedestinationis*. Über ersteres informiert Seifert, Logik zwischen Scholastik und Humanismus; über letzteres Moore, Between Mani and Pelagius. Eck kann als kompetentester deutschsprachiger theologischer Gegner der Reformation in allen ihren Flügeln gelten. Vgl. Iserloh, Johannes Eck, mit zahlreicher Literatur.

[24] Zur Biographie s. oben Kap. IV, Anm. 52. Bei der zitierten Schrift handelt es sich nicht, wie von Köhler, Huldrych Zwinglis Bibliothek, *27, angegeben, um den Sentenzenkommentar (bzw. den *Conflatus*), sondern um den Kommentar zu Augustins *De Trinitate*; vgl. unten Kap. VIII, Anm. 51.

[25] Auch Petrus Juliani nach seinem Vater Julian. Geb. in Lissabon 1210/20. Studium der Künste in Paris vermutlich unter Albertus Magnus und dem prominenten Logiker William of Shyreswood, anschließend der Medizin an einer anderen Universität. Von 1245 bis 1249 war Petrus in Siena Dozent an der medizinischen

9. Petrus Lombardus[26] wird 1530 einmal namentlich in gleichsam selbstverständlicher Weise zustimmend erwähnt in Z VI/3, 257.

10. Nicolaus von Lyra O.F.M.[27] wird 1523 namentlich erwähnt in Z II, 152.

11. Johannes Picus de Mirandola (der Ältere)[28] wird 1528 zweimal zustimmend namentlich erwähnt in Z VI/2, 150; XIV, 99.

12. Thomas Aquinas O.P.[29] wird von 1521 bis 1530 mindestens dreizehnmal erwähnt in Z I, 109. 285. 301; III, 349. 819; IV, 113; VI/3, 156. 158; VII, 9. 164. 549. 614; IX, 573.

Fakultät der Universität, 1250 Dekan des Kathedralkapitels in Lissabon und Erzdiakon von Braga. Ab 1272 wirkte er an der Kurie als Hofarzt Gregors' X. Es folgten kurze Zeit später die Erlangung der Würde eines Erzbischofs von Braga und diejenige eines Kardinals von Tusculum, nach den Apostolaten Innozenz' V. und Hadrians V. die Wahl auf den apostolischen Stuhl als Johannes XXI. am 13. Sept. 1276. Der Philosoph auf dem Thron starb allerdings schon am 20. Mai 1277. Allbekannt und in unserem Kontext wichtig wurde Petrus Hispanus als Verfasser der zur inneren Entwicklung und äußeren Propagation terministischer Logik bedeutungsvollen Tractatus, später unter dem Titel *Summulae logicales* verbreitet. Die als Grundlage diverser Lehrbücher und Spezialtraktate fast ubiquitären Summulae waren allerdings ein redaktionell komplexes Gebilde, sodass ein spätmittelalterlicher Rekurs auf Petrus den Spanier weniger den Mann als das unter dem Namen des Mannes kursierende Werk anpricht. Textausgabe der *Summulae* durch Bochenski, Summulae Logicales; Rijk, Tractatus. Biographische Angaben nach Bochenski, XII und CHLMPh 877f.

[26] *Magister Sententiarum.* Geboren um 1100 in oder bei Novara. Lehrer an der Kathedralschule in Paris. Bekannt hauptsächlich als Verfasser von vier zur Erlangung des theologischen Magistrats zur Kommentierung vorgeschriebenen Sentenzenbüchern. Entgegen einer leider weit verbreiteten Meinung war Petrus durchaus mehr als reiner Kompilator der Tradition, sondern ein in vielen wichtigen Fragen durchaus eigenständiger und einflussreicher Autor. Er starb 1160 nach einjährigem Episkopat als Bischof von Paris.

[27] *Doctor planus.* Geb. um 1270 in Lyre in der Normandie, einer jener Pariser Doktoren, die nicht ein Leben lang bei der Sentenzenkommentierung "hängenblieben", sondern wie vorgesehen ihre magistrale Regenz zu biblischen Vorlesungen nutzen wollten (Schmidt, Nikolaus von Lyra; Hauschild, Lehrbuch der Kirchen- und Dogmengeschichte, I, 630). Seine Schriften, darunter besonders das Hauptwerk *postilla literaris super totam Bibliam*, bildeten eine Verbindung scotistischer Theologie, franziskanischer Frömmigkeit und jüdischer mittelalterlicher Exegese. Gest. 1349.

[28] Geboren 1463 in Mirandola bei Modena. Universal gebildeter, florentinischen Renaissanceplatonismus mit verschiedenen scholastischen Strömungen und jüdischer Kabbala verbindender fürstlicher Privatgelehrter, der aufgrund seines Denkens ohne Geländer mit dem apostolischen Stuhl in erhebliche Schwierigkeiten geriet. Gest. 1494.

[29] *Doctor angelicus.* 1224–1275. Bedarf als biographisch wie inhaltlich bekanntester aller Scholastiker überhaupt hier keiner eigenen Explikation.

13. Thomas Wyttenbach[30] wird von 1523 bis 1527 siebenmal erwähnt in Z II, 146; V, 718; VII, 487; VIII, 84. 87. 89. 104; dazu von Korrespondenten in Z VII 490. 534; VIII 8. 76.[31]

Außerdem sei als nicht eigentlich der mittelalterlichen Scholastik zugehöriger, aber mit ihr eng verbundener und für sie grundlegender Autor genannt

14. Johannes Damascenus, der 1525 zweimal in seinen Hauptwerken in Z IV, 115,7; V, 924,1 sowie in XII, 230; 13 und in weiteren Glossen passiv rezipierter Werke namentlich erwähnt wird.

B1. Von diesen in den Hauptwerken erwähnten Autoren hat Zwingli folgende Werke passiv rezipiert:

1. Stephanus Brulefer:
   1.1. *Excellentissimi atque profundissimi humanarum divinarumque litterarum doctoris fratris Stephani Brulefer ordinis minorum charitate igniti reportata clarissima in quattuor S. Bonaventurae sententiarum libros Scoti secundi*, Basel (Mag. Jakob von Pfortzheim) 1507. 4°. 2 Bände. Band 2 enthält auch die
   1.2. *Declarationes idemptitatum et distinctionum rerum (Formalitatum textus).*[32]
Reich glossiert sind Rep. I, dd. 1–26 sowie II, d. 44, q. 4; IV, d. 10, qq. 3 und 10, d. 12, q. 6 und der unmittelbare Beginn des kleineren Traktats (Vgl. oben S. 322) der *Declarationes*.[33]

---

[30] Zu den für unser Interesse wichtigsten biographischen Daten des 1472 in Biel geborenen Theologen s. unten IX. 1, S. 475.

[31] Es seien hier der Vollständigkeit halber noch erwähnt die *theologice veritates* des Albertus Magnus, die während der zweiten Zürcher Disputation einmal zur Sprache kommen (Z II, 729), allerdings von gegnerischer Seite (durch den Prior der Zürcher Augustiner Doctor Balthasar Friedberger) und ohne jeden näheren Bezug zu Äußerungen Zwinglis.

[32] Germann, a. a. O., 233, Nr. 84f.; Signatur ZBZ: IV S 113 (enthält Rep. I und II) und IV S 114 (Rep. III und IV; *Declarationes*); Köhler, a. a. O., H *37, Nr. 334; VD 16, S. 8918 u. S. 8916. Ein Beispiel für Typographie und Glossierung dieses Druckes zeigt die fotographische Reproduktion von Rep. I, fo. 16ʳ in Abb. 3, s. unten S. 533. Es ist eine offene Frage, warum Köhler ausgerechnet dieses Werk unter die "Schriften, von den Zwingli Kenntnis hat, deren Einsichtnahme durch ihn aber nicht nachweisbar ist", klassifiziert hat.

[33] Einige Auszüge aus den Intitulationen:
Bd. 1, Fo. I: *Excellentissimi atque profundissimi humanarum divinarumque litterarum doctoris fratris Stephani Brulefer ordinis minorum charitate igniti reportata clarissima in quattuor sancti Bonventurae, doctoris seraphici, sententiarum libros Scoti subtilis secundi incipiunt feliciter. Ut autem lector securum pergas: a priscis erratis si que fuere scito emendatio.*
Fo IIv: *Ad lectorem. Accipe, candide lector, elaboratissima et iterum atque iterum castigata:*

2. Johannes Damascenus:
Theologiae libri quattuor, Paris (H. Stephanus, 15. April) 1507. 4°.[34] In
allen vier Büchern reich glossiert.[35]

3. Johannes Duns Scotus:
Super quattuor libros sententiarum, Venedig (Bernhard Vercellensis für A.
Torresanus), 1503. 2°, gefolgt von den (nicht glossierten) scotischen
Quaestiones quodlibetales.[36] Bei dem vor den qq. abgedruckten Kommentar
über die vier Sentenzenbücher handelt es sich um jenes scotische
Werk, das früher gewöhnlich als *Opus oxoniense* bezeichnet wurde, seit
einigen Jahrzehnten, zumal seit der für die Edition mittelalterlicher
Philosophie schlechthin Maßstäbe setzenden Editio Vaticana,[37] meist

---

*charitate igniti doctoris fratris Stephani Brulefer ordinis seraphici minorum de observantia dicti
Reportata longe clarissima: In quattuor sententiarum libros sanctissimi Bonaventurae. Quorum primum nobilis illa Germanie civitas Moguncia comportavit. Quae si legas studiose an legendo revi-
ses, tunc primum tibi persuadeas aliquantulum sapiscere. Ne igitur (ut callidus quisque rerum
estimator) facile calumnias inferre presumas, ne ubi sapuisse et intellexisse somniaris, desipuisse
ac stomachose iniurium irrogans delirasse dicaris. Nihil enimvero illa Teutonum clarissima inge-
nia invida correctori castigandum emendandumve reliquere. Vale nec ingratum tibi futuram opus
arbitrare, ubi legeris ac simul intellexeris, atque vale.*
    S. 1: *Venerabilis magistri fratris Stephani Brulefer Parisiensis ordinis minoris Formalitatum
Textus unacum ipsius commento perlucido.*
    fo. iir: *Incipiunt venerabilis sacri eloquii professoris alme universitatis Parisiensis fratris Stephani
Brulefer ordinis minorum de observantia declarationes idemptitatum et distinctionum rerum in doctrinam doctoris subtilis.*
  [34] Germann, a. a. O., 236, Nr. 105; Signatur ZBZ: III H 580; Köhler, a. a. O.,
Nr. 83; Adams (Cambridge) J 277. Ein Beispiel für Typographie und Glossierung
dieses Druckes zeigt die fotographische Reproduktion der Seite 52^r in Abb. 4,
s. unten S. 534.
  [35] Schindler, Zwingli als Leser des Johannes Damascenus, 187, gibt eine Wiedergabe
des Kolophons (Ausgabe des Faber Stapulensis). Schindler schätzt gegen 1000
Lesespuren in dem 114 Quartseiten kleinen Werk! Für die Datierung plädiert er
für einen Zeitraum von 1507 bis 1508 aufgrund der im großen Ganzen einleuchtenden – nicht erwähnt ist die sehr andere Tinte gegen Ende des Bandes – Hypothese
einheitlicher Annotation in Verbindung mit der Beobachtung, dass einige der Glossen
beim Einbinden beschnitten wurden: Der Einband stammt laut Dr. Germann vom
sog. Katharinenmeister, der nur bis ca. 1507 in Zürich und Umgebung tätig war.
  [36] Germann, a. a. O., 232, Nr. 83; Signatur ZBZ: IV S 44; Köhler, Huldrych
Zwinglis Bibliothek, Nr. 290; Panzer, Bd. 8, 354, Nr. 205. Ein Beispiel für Typographie
und Glossierung dieses Druckes zeigt die fotographische Reproduktion der foll. 15vb
und 34^r in Abb. 1 u. 2, s. unten S. 531 u. 532. Das Explizit auf S. 53 (Zählung
der *Questiones Quodlibetales*): *Expliciunt questiones quodlibetales edite a fratre Ioanne duns ordinis fratrum minorum doctore subtilissimo, ac omnium theologorum principe. Per excellentissimum
sacre theologie doctorem magistrum Philippum de bagnacavallo eiusdem ordinis fratrum minorum,
in gymnasio Ueneto ordinarie legentem maxima cum diligentia emendate. Impresse Uenetiis mandato
ac sumptibus nobilis viri domini Andree Torresani de Asula, per Bernardinum vercellensem, 1503
die 26. Augusti.*
  [37] Durch die Commissio Scotistica unter Carl Balić, Civitas Vaticana, ab 1950.

einfach *Ordinatio* genannt wird. Konkret handelt es sich um die von
dem italienischen Franziskaner Filippo Bagnacavallo[38] redigierte[39] und

---

[38] Philippus Porcatius Bagnacavellus, prominente Gestalt des italienischen Zweigs
des Franziskanerordens zu Beginn des 16. Jahrhunderts, Doctor Parisiensis der
Theologie, seit 1488 Mitglied des *collegium theologorum* der Universität Bologna, ab
1506 nachweislich Dozent für metaphysische und Moraltheologie, weiteren Kreisen
bekannt – noch Andreas Quenstedt wird ihn dafür in seinem *dialogus de patriis illu-
strorum virorum* zu loben wissen – durch seine berühmten in San Petronio gehaltenen
Fasten- und andere Predigten, 1510 Generalminister des ganzen Franziskanerordens,
am 10. Sept. 1511 in Bologna gestorben. Als Lektor des Venediger Ordensstudiums
betätigte er sich als Editor der *Ordinatio* und des Quodlibet des Johannes Duns
Scotus. Alle Angaben nach Sbaralea, Supplementum II, 383b–384a. Die im *incipit*
angegebenen *annotationes opinionum diversorum doctorum* sind nichts anderes als das 1483
erstmals edierte *Vademecum* Vaurillons, eine Schrift, die die von Duns mittelalterlicher scholastischer Gepflogenheit entsprechend ohne Namensnennung (geschweige
denn Quellenangabe) angeführten Texte zumindest der Absicht nach verifiziert. Sie
beginnt mit dem *Incipit repertorium magistri Guillermi Varillonis quod alio nomine dicitur
Vademecum vel collectarium non opinionis Scoti: sed opinionum in Scoto nullatenus signatarum*
(nach Brady, William of Vaurouillon, 297f. und Anm. 21).

[39] fo. 1r.: *Scotus novissime cum emendatissimo codice parisino castigatus: Additis responsio-
nibus ad argumenta locis suis: et annotationibus opinionum diversorum doctorum ac etiam textuum
commentatorum Aristotelis in marginibus. Nec non textu magistri sententiarum appositis titulis
questionum. Et cum tabula.*

fo. 1v.: *Philippus Bagnacavallo minoritani ordinis Prestantissimo Patri Francisco Samsoni
Theologorum eminentissimo totiusque minoritane professionis Generali ministro felicitatem.*

*Iraberis: scio: Pientissime pater: quid sit quod ego unus ex omnibus subtilissimi Doctoris Ioannis
Scoti affectionibus: qui permulti sunt numero: longeque ingenio et eruditione prestant: eius sim
demum scripta recognoscere ausus: qui omnium qui de re christiana aliquid scripserunt: sit haud
dubie acutissimus: quum multo plures potuissent audacius id onus subire: ac rem tantam tutius
tractare. Sed quo consilio alii presenti opera abstinuerint: neque satis scio: nec si sciam dixerim.
Ipse quod ad me attinet non humane solum: sed pie quoque sum mihi visus facere: et quod illius
scripta: per quem aliquid omnino profeci: aut certe me profecisse existimo: quantum ingenio et
industria efficere potui. ab omne labe vindicavi. Et quod honeste meorum discipulorum voluntati
meum accommodavi officium: qui diu a me hoc ipsum efflagitare non destiterunt: identidem admo-
nentes ingrate nimium et invidiose fieri quod eminentissimi theologorum scripta: et que mysterii
instar oraculi ve alicuius verissimi omnes miretur posteritas: minima sui parte inoffense manerent:
queque ad singularem fructiferamque doctrinam aureis essent litteris scribenda: multis fedata inqui-
namentis propemodum sordescerent. Non quare plus potui quam quivis alius hanc audivi provin-
ciam: sed quod plus posse volui: totisque ingenii viribus connixus feci: ut divinum alioqui opus:
magna ex parte videri posset restitutum. Nam si qua temere ab aliis fuerant doctoris eximii rebus
inserta: parisini codicis atque eiusdem emendatissimi collatione usus ut supervacua maleque cohe-
rentia exemi. Que contra pro alienis adempta in integrum restitui. Quedam vero: ac potissimum
quarto libro: satis habui subiecta linae pro extrariis notare: ut legentibus observatu faciliora essent.
Subiecti ad hec responsa que alibi querenda ipse demonstrat auctor. Additiones preterea bipartitas
que ad primum librum attinent in unum contuli: sparsimque toto opere plurimum auctorum opiniones limitari margine presentavi: et cum his Aristotelis locos in ipsius commentatoriis petitos: per
que tanquam digitus a nobis ad fontem intenderetur. Que nostri studii lucubratio quantulacomque
est nulli melius quam tibi pater prestantissime inscribi potuit aut debuit. Quippe qui non solum
dignitate ceteros Theologice professionis viros antecellis: sed ingenio etiam et singulari eruditione:
cuius etiam virtutibus amplissimis: non poterit minoritanum nomen disciplinis optimis et morum
sanctitate non semper florere. Ceterum si nostra hec industria tuo sapientissimo probabitur iudicio:*

durch Informationen aus dem Vaurillon'schen *vademecum*[40] ergänzte Venezianische Edition beim Verleger Bernardinus Vercellensis von 1503.[41] Diese Edition hat zwei ebenfalls Venezianische Parallelen in einer Ausgabe von 1497 durch Bonetus Locatellus und einer Ausgabe von 1505 durch Gregorius de Gregoriis.[42] Sie sind als drei bei verschiedenen Verlegern erschienene, aber ansonsten identische Auflagen anzusehen; die Vaticana verwendet darum für alle drei nur ein Sigel (β).[43] Die Ausgabe wurde später gewürdigt, einer der drei Grundlagentexte der klassischen Gesamtausgabe der spekulativen scotischen Werke durch das Team von Lukas Wadding, Lyon 1639, zu werden.[44] Der Zwingli vorliegende Text war und ist also mit dem der Wadding-Ausgabe zwar nicht absolut deckungsgleich, aber doch sehr weit gehend identisch, abgesehen natürlich von den Zusätzen in den Scholien des Cavellus sowie den zumeist schon im sechzehnten Jahrhundert verfassten Kommentaren François Lychets und anderer Gelehrter. Er wird deshalb in dieser Arbeit immer nach Wadding zitiert, da die Vaticana eine zwar historisch-kritisch unvergleichlich höherstehende, auf wesentlich älteren *Codices*, besonders dem *Assisiensis* beruhende, aber ebendeshalb von den Editionen des sechzehnten Jahrhunderts erheblich abweichende Fassung darbietet.[45] Dabei besteht

---

aliquid certe sumus. Si minus: non voluntas accusanda est: que officio non caruit: Sed parum felix navale opere eventus: qui nostris non respondit votis. Et si divini potius quam humani ingenii ubique scribentibus iudicium constare: et in his presertim: que natura sunt cognitu difficillima. Vale Pater amplissime et Philippum qui tui est nominis observatissimus tua pietate fove et tuere.

[40] Vgl. Brady, William of Vaurouillon, 300.

[41] Diese Ausgabe entspricht der Nr. 9 des zum Prolog der Ordinatio erstellten Editionenkatalogs der Vaticana, I, 128*.

[42] Nr. 8 und 10 des Katalogs der Vaticana.

[43] Duns Scotus, Editio Vaticana, I, ebd. und 135*.

[44] Duns Scotus, Opera Omnia 1639, V/1, *2: *Censura R. P. F. Lucae Waddingi Hiberni circa commentarios Oxonsienses: [. . .] Secundus* [sc. *omnium editionum, quod sciam*], *Philippus a Bagnacavallo in gymnasio Veneto ordinarius Praelector, dein Minister generalis totius Ordinis Minorum, eadem in Urbe anno 1505 imprimi curavit, infertis in textum additionibus, addito etiam in margine aliquot citationum ornatu.*

[45] Dass unter Umständen aus historisch-kritischem Eifer auch zu viel des Guten getan werden kann, zeigt die speziell für unser erstes Thema der intensiven Unendlicheit instruktive Detailbeobachtung von Catania, John Duns Scotus on Ens Infinitum, 41, zu einem wichtigen Zitat des Johannes Damascenus. Der Damaszener selbst spricht von Gott als einem *pelagus infinitum substantiae* (De fide orth. I, 9). Nach Wadding (Ord. I, d. 8, q. 4, nn. 18f.) reformuliert Duns das Zitat zu einem *pelagus infinitae substantiae*. Die Vaticana (V. p. 1 q. 4 n. 198 mit Anm. 5) ihrerseits hält dies für einen philologischen Irrtum. Ähnlich wahrscheinlich jedoch ist die Vermutung, dass Duns hier einfach in stillschweigender und für sein gesamtes Denken höchst charakteristischer Weise korrigieren wollte. Insofern ist hier das geschultere philologische Denken vielleicht das historisch problematischere.

der gravierendste Unterschied nicht eigentlich im Text selber, sondern in dessen Unterteilung. Die Bagnacavalloausgabe unterteilt die Lombardischen *distinctiones* einfach in *quaestiones*, die Vaticana in *partes*, *quaestiones, membra* oder *articuli*, was nicht ganz selten eine völlig andere Anordnung ergibt.[46] Wadding hat eine Mittellösung: Die Quaestioneneinteilung ist mit der bei Bagnacavallo im Prinzip identisch, zusätzlich zählt er *quaestiones laterales* innerhalb einer q. Doch diese Abweichung ist eher geringfügig, indem sie die Superstruktur nicht verändert, sondern dann und wann geringfügig verfeinert. Auch von daher legt sich diese Ausgabe des frühen siebzehnten Jahrhunderts als Textgrundlage für unsere Arbeit nahe.

Auf der Schnittfläche der dem Einband gegenüberliegenden Seitenränder sind mittels römischer Ziffern von *I* bis *IV* und der Maiuskel *Q* die Umfänge der einzelnen Bücher der Ordinatio und des Quodlibet angezeigt. Glossiert sind Ord. Prol., W. qq. 4 u. 5 / V. p. 5, qq. 1 u. 2; Ord. I, dd. 1–26;[47] Ord. III, d. 2, q. 3; dd. 15–20.22f.39;[48] Ord. IV, dd. 1–6.8–12.14.21–23.44f.49.[49] Die *quaes-*

So scheint das harte Urteil De Muralts, L'enjeu 66, Anm. 38 [Auszug], möglicherweise nicht ungerechtfertigt: "D'une manière génerale, il faut dire que l'Edition vaticane, œuvre splendide d'érudition philoloqique, n'est pas plus sûre doctrinalement que l'Edition Vives, laquelle reproduit le texte de Wadding, Lyon 1639, ainsi que les commentaires extrêmement précieux et intéressants des scotistes modernes, Hiqaeus, Poncius, Cavellus, Lychetus, etc."

[46] Vgl. zu den Editionsprinzipien der Vaticana dies., I, 285*–287*.

[47] Ord. I: Foll. 1–9v sind aus Annotationen leer, 10r beschrieben, 10v–14r leer, 14v–18vb beschrieben, 19ra leer, 19rb–55va beschrieben, 56ra leer, 56va–59r beschrieben, 59v leer, 60r–91v beschrieben, 92r[im Druck: 62]–138v leer (122r–138v *additiones*).

[48] Ord. III: Foll. 1–7vb leer, 8 ra beschrieben, 8rb–26va leer, 26vb–29rb beschrieben, 29va–30ra leer, 30rb–32va beschrieben, 32vb–33va leer, 33vb beschrieben, 34ra–34vb leer, 35ra–35va beschrieben, 35vb–36ra leer, 36rb–37ra beschrieben, 37rb–38rb leer, 38vb–40ra leer, 40rb–41rb beschrieben, 41va–64rb leer (46v und 47r beschmutzt), 64va beschrieben, 64vb–66vb leer.

[49] Ord. IV: Foll. 1ra beschrieben, 1rb leer, 1va–2rb beschrieben, 2va–3rb leer, 3va beschrieben, 3vb–5ra leer, 5rb beschrieben, 5va–6ra leer, 6rb beschrieben, 6va–8ra leer, 8rb–9ra beschrieben, 8va–9ra leer, 9rb–9va beschrieben, 9vb leer, 10r beschrieben, 10va leer, 10vb beschrieben, 11ra leer, 11rb–12va beschrieben, 12vb leer, 13ra–13va leer, 13vb leer, 14ra–15rva beschrieben, 15vb–16va leer, 16vb–19ra beschrieben, 19rb leer, 19va–21va beschrieben, 21vb leer, 22ra–23ra beschrieben, 23rb leer, 23va–25va beschrieben, 25vb–29ra leer, 29rb–31vb beschrieben, 32ra leer, 32rb–32va beschrieben, 32vb–33ra leer, 33rb beschrieben, 33v leer, 34ra–37vb beschrieben, 38ra–44vb leer, 45ra–46va beschrieben, 46vb–52ra leer, 52va–55vb beschrieben, 56ra leer, 56rb–58va beschrieben, 58vb leer, 59r beschrieben, 59v–69r leer, 69va beschrieben, 69vb leer, 70r beschrieben, 70va leer, 70vb–91va leer, 91vb–92rb beschrieben, 92va–94rb leer, 94va beschrieben, 94vb–95rb leer, 95v beschrieben, 96ra–125rb leer, 125va beschrieben, 125vb–128ra leer, 128rb beschrie-

tiones quodlibetales sind nur an einer einzigen Stelle in der q. 20 glossiert.[50] Es scheint, als sei dieser Annotationsumfang in sich bereits ein Hinweis auf eine parallele Lektüre der Kommentare von Duns und Brulefer. Jedenfalls ist bemerkenswert, dass sowohl bei Duns als auch bei Brulefer das erste Buch je bis zum Abschluss des Trinitätsbegriffs und das vierte mit beidseitigem Schwerpunkt auf dem Eucharistiesakrament glossiert sind. Der Umfang des annotierten Teils ist in Sent I sogar je exakt identisch und in Sent IV erfahren dd. 10–12 beide Male spezielle Beachtung. Diese Indizien einer Parallelität der Lektürevorgänge verdichtet sich nahezu zur Gewissheit angesichts der mannigfaltigen Verweise in beiden Werken auf das je andere. Zugleich wird dadurch die Art und Weise dieser Parallelität noch genauer bestimmt: Erschienen nur von einem Werk Verweise auf das entsprechend andere, wäre ein zeitlicher Abstand der Lesevorgänge wahrscheinlich. Da die Kommentare aber wechselseitig aufeinander verweisen, dürfte die rezeptorische Parallelität hier auch (relative) Synchronizität bedeuten. Ob diese Gleichzeitigkeit allerdings nur einmal in Zwinglis Leben eintrat, ist eine andere, aus den Annotationen selber kaum zu lösende Frage.

Tinte und Schriftgröße wechseln des öfteren, dürften aber aller Wahrscheinlichkeit nach von ein und derselben Hand stammen.[51] Dieser Ansicht ist auch der derzeit wohl beste Kenner der Handschriften der Zürcher Gelehrten des sechzehnten Jahrhunderts Martin Germann.[52] Walther Köhler schreibt: "Randglossen durch das ganze Buch, Handschrift der Frühzeit".[53] Auffällig ist in diesem Punkt, dass bei den Tinten vor allem zwei in charakteristischer Weise immer wieder erscheinen: Eine hellere, breitere, auch größere, und eine dunklere, kleinere, feinere. Die hellere scheint wohl die jüngere zu sein. Sie könnte, falls ihre Entstehungsphase als in sich zeitlich einheitlich betrachtet werden darf, am ehesten aus den Jahren nach 1513 stammen, da in ihr Ord. IV, d. 4,[54] ein mit griechischen Buchstaben

---

ben, 128v–131va leer, 131vb–132rb beschrieben, 132va–142rb, 142va beschrieben, 142vb–161rb leer.

[50] Es handelt sich um eine längere Annotation am Rand von fo. 48 verso a, die bis unter die Spalte b hinübergezogen wird beim Abschnitt W. n. 8: *Ad illa in contrarium. Ad primum de spiritu dico quod spiritus et si extensiue non diuidatur.*

[51] Zu diesem Sachverhalt generell Schindler, Zwinglis Randbemerkungen, 483f.

[52] Dr. Martin Germann hat sich mit der Bibliothek des Großmünsterstifts wie kein anderer beschäftigt.

[53] Köhler, Huldrych Zwinglis Bibliothek, *33, Nr. 290.

[54] Annotation zu Ord. IV, W. d. 4, q. 6, n. 4.

geschriebenes Annotationswort verfertigt wurde.[55] Doch wie oben schon allgemein bemerkt, muss diese Annahme einer zeitlich einheitlichen Schriftführung auch in diesem Punkt mit größter Vorsicht getätigt werden. Möglicherweise hat ja Zwingli schon vor 1513 gewisse griechische Wörter gekannt. Und möglicherweise hat er das vierte Ordinatiobuch erst nach dem ersten Buch gelesen oder glossiert. Die Annotationen im weiteren Kontext der uns interessierenden griechischen Glosse beschäftigen sich nämlich mit der Gefährdung korrekter Durchführung sakramentaler Handlungen durch den Priester und der möglichen Toleranzschwelle für Unkonzentriertheit und Ablenkungen während des Ritus. Das könnte den amtierenden Leutpriester zwar natürlich zu jeder Zeit seiner Laufbahn interessiert haben. Es passt vielleicht etwas eher zu den Berufssorgen des schon seit Jahren im Dienst stehenden, routinierten Pfarrers als zu einem schon durch eigene angespannte Nervosität motivierten Anfänger. *Für* einen inneren Zusammenhang der Glosse im ersten und im vierten Buch spricht umgekehrt vielleicht das an beiden Orten eigens an den Rand notierte, im Gegensatz zu vielen anderen annotierten oder konnotierten Begriffen eher ungebräuchliche Wort *putrefactio*. Doch sind die Kontexte beide Male stark unterschiedlich, und das beiderseitige Erscheinen des Ausdrucks in den Glossen ist alleine natürlich längst nicht genügend aussagekräftig für einen Beweis.

4. Johannes Eck:

Chrysopassus sive De praedestinatione, Augsburg (J. Miller) 1514. 2°.[56] Die ersten sechs Centurien sind glossiert in einem von Köhler auf Ende 1515 bis 1517 datierten Zeitraum.[57]

5. Franciscus Mayronis:

    5.1. Kommentar zu Aurelius Augustinus, *De civitate dei*, Basel (Adam Petri für J. Koberger in Nürnberg) 1515. 2°.[58]

---

[55] Aus einem Brief Zwinglis vom 23. 2. 1513 an Vadian erfahren wir erstmals von seinen Bemühungen um Kenntnis der Sprache (Z VII, Nr. 9, 22, 8–12).

[56] Germann, a. a. O., 246, Nr. 177; Signatur ZBZ: III K 71; Köhler, a. a. O., Nr. 91; VD 16, E 305; Panzer, Bd. 6, 142, 71.

[57] Z XII, 246–253.

[58] Germann, a. a. O., 249, Nr. 213.1; Signatur ZBZ: III L 110; Köhler, a. a. O., Nr. 14; VD 16, A 4180; Panzer, Bd. 6, 194, Nr. 146.

Roßmann, Die Quodlibeta, 48–50: "Manchen Einblick in die Gedankenwelt unserer Scholastikers vermitteln seine weit verbreiteten, weil sehr beliebten 'Veritates' (oder 'Flores') zu zahlreichen Werken des hl. Augustinus. Ihr Titel leitet sich von

5.2. Kommentar zu Aurelius Augustinus, *De trinitate dei*, Basel (Adam Petri für J. Koberger in Nürnberg) 1515. 2°.[59]
Beide Kommentare wurden in einem Band gedruckt.[60]

6. Giovanni Pico de Mirandola:
Opera latina, Straßburg (Johannes Prüß) 1504. 2°, enthaltend die Werke: *Vita, Heptaplus, Deprecatoria ad Deum elegacio carmine, Apologia 13 quaestionum, De ente et uno, Oratio de dignitate hominis, Epistolae plures, Disputationum adversus astrologos libri 12*. Bis auf die *Disputationes* sind alle Traktate glossiert.[61]

---

der Einteilung dieser Kommentare her, die aus einzelnen Anmerkungen ('veritates') zu wichtigen Absätzen des zu kommentierenden Textes bestehen. [...] Franz von Meyronnes beginnt in der einzelnen 'veritas' [...] mit einer (zuweilen leicht paraphrasierenden oder auch zusammenfassenden) Wiedergabe des Textes. Darin hebt er, was bereits zu seiner Interpretation, einer Art Glossierung gehört, bestimmte Grundgedanken ('documenta', 'argumenta') hervor. Insbesondere ist es ihm darum zu tun, 'Zeugnisse' und 'Beweisgründe' für und gegen bestimmte theologische und philosophische Meinungen seiner eigenen Zeit zu gewinnen." A. a. O., 51: "Die *Veritates* zu Augustinus verfasste Franz von Meyronnes wahrscheinlich als *Baccalaureus formatus*, d. h. als Baccalar, der die Sentenzenvorlesung absolviert hatte, in Paris noch vor seiner Promotion im Sommer 1323, wobei nicht ausgeschlossen ist, dass er sie in Vorlesungen dargeboten hat. Sie spiegeln vielfach den gleichen Stand der Lehrentwicklung wider wie die im gedruckten Sentenzenkommentar, zu dessen Ergänzung sie geeignet sind. Da außerdem einmal auf das IV. Buch des gedruckten Sentenzenkommentars (1320–1321) verwiesen wird, anderseits in einem anderen der Augustinuskommentare die Jahreszahl 1322 auftaucht, wird man an die Jahre 1321–1322 als Abfassungszeit denken dürfen."
[59] Germann, a. a. O., 249, Nr. 213.2; Signatur ZBZ: III L 110; Köhler, a. a. O., Nr. 15; VD 16, A 4245; Panzer, Bd. 6, 194, Nr. 146.
Roßmann, a. a. O., 50: "Der bedeutendste der Augustinuskommentare sind, ihrem Gegenstand entsprechend, die *Veritates* zu Augustins gewaltigem Werk De trinitate. [...] [Sie liegen], was B. Roth nicht auffiel, in zwei verschiedenen Fassungen vor, deren eine sich [...] in den Druckausgaben Basel 1515 und Lyon 1520 findet, während die andere mindestens durch die Münchener Hss Clm 18176, Clm 5399 und Clm 5385 b überliefert ist. Die Fassung der Münchener Hss scheint die spätere zu sein. Franz [...] hat hier die meist kürzeren veritates der anderen Fassung zu größeren Einheiten (ebenfalls "veritates") zusammengefaßt und dadurch ihre Anzahl auf etwa die Hälfte reduziert. [...] Die Frage der Priorität zwischen beiden Fassungen ist nicht leicht zu entscheiden, weil der zeitliche Abstand zwischen ihnen gering sein dürfte; für ein abschließendes Urteil wären ausgedehnte Textvergleiche und -analysen nötig."
[60] Roth, Franz von Mayronis O.F.M., erwähnt den Band auf S. 64. Zum Augustinismus des Mayronis vgl. oben Kap. III, Anm. 61, sowie Roth, Franz von Mayronis und der Augustinismus seiner Zeit.
[61] Germann, a. a. O., 251, Nr. 226; Signatur ZBZ: IV PP 15; Köhler, a. a. O., Nr. 259; VD 16, P 2578; Panzer, Bd. 6, 31, Nr. 40. Eine Analyse von Zwinglis Pico-Glossierung mit ausführlichen Quellenzitaten bietet Backus, Randbemerkungen Zwinglis.

7. Thomas Aquinas:

    7.1. Sentenzenkommentar (IV. Buch). Um welche Ausgabe es sich handelt, lässt sich nicht feststellen, da nur in einer Glosse zum vierten Buch der Scotischen Ordinatio auf das Werk verwiesen wird.

    7.2. *Quodlibetales quaestiones*, Venedig (B. Locatelli für Erben des O. Scoti, 6. April) 1501. 2°.[62] Zwingli erbte den Band 1506 von seinem Vorgänger Johannes Stucki in Glarus.[63] Die Annotationen beziehen sich auf Stucki, Josephus und Aulus Gellius.

    7.3. *Summa theologiae* (*Ia* und *IIIa pars*). Um welche Ausgabe es sich handelt, lässt sich nicht feststellen, da allein in Glossen der passiven Rezeption, vor allem in der Ordinatio des Duns Scotus, auf das Werk verwiesen wird.

B2. Ebenfalls annotiert, d. h. passiv rezipiert hat Zwingli auch folgende Werke von fünf in den Hauptwerken nicht mehr (bei Mirandola d. J.: explizit eindeutig) genannten Autoren:

15. Albertus Magnus:
    De muliere forti, Köln (H. Quentell, 7. Mai) 1499. 4°.[64]

16. Johannes Bonaventura:
    Sentenzenkommentar. Um welche Ausgabe es sich handelt, lässt sich nicht feststellen, da nur in einer Glossen zum ersten Buch der Scotischen Ordinatio auf das Werk verwiesen wird.[65]

17. Lambertus de Monte:
    Quaestio magistralis de salvatione Aristotelis, Köln [H. Quentell, ca. 1498]),[66] gebunden Basel 1510/1520 in einen Sammelband in

---

[62] Germann, a. a. O., 232, Nr. 79; Signatur ZBZ: 4.44; fehlt bei Köhler.

[63] Laut Farner, Huldrych Zwingli. Seine Jugend, Schulzeit und Studentenjahre 1484–1506, 242, war Stucki (nicht nur *in bibliothecalibus*) ein vermöglicher Mann, der etwa seinem Bischof in Konstanz beträchtliche Darlehen gewähren konnte.

[64] Germann, a. a. O., 233, Nr. 86.1; Signatur ZBZ: Ink K 321; fehlt bei Köhler; GW 699; H 465=466.

[65] Es gibt im übrigen auch Annotationen zu andernorts vermittelten Bonaventurazitaten, beispielsweise im Chrysopassus Ecks, wo Zwingli fo. Aiiib und öfters Bonaventurasätze glossiert.

[66] Germann, a. a. O., 233, Nr. 227.5; Signatur ZBZ: IV PP 17; Köhler, a. a. O., Nr. 182; Z XII, 391.

2° als letztes von insgesamt fünf Werken. Glarean schreibt 1511 (Z VII, 14, 1f.) von diesem Werk an Zwingli, und sagt, es befinde sich in seinem Besitz (und bezeichnet Zwingli in Z. 3 als *Aristotelicus*). Annotationen finden sich nur auf der ersten Seite.[67]

18. Johannes de Colonia:[68]
Quaestiones magistrales in Scoti volumina sententiarum, Basel (Adam Petri, 23. Dezember) 1509. 4°.[69] Mit nur einem einzigen Wort glossiert.[70]

---

[67] Köhler, ebd.

[68] Zu seiner Vita, über die wenig bekannt ist, s. Wegerich, Bio-bibliographische Notizen, 166–169. Der Verfasser der *Quaestiones*, der mit einem gleichnamigen Minoriten aus der ersten Hälfte des 14. Jh. nicht identisch sein kann, gehört wohl am ehesten in die zweite Hälfte des 15. Jahrhunderts.

[69] Germann, a. a. O., 233, Nr. 87; Signatur ZBZ: IV S 115; Köhler, a. a. O., Nr. 74; VD 16, J 622 Panzer, Bd. 6, 186, Nr. 83; Z XII, 221.

[70] Implicit und Explicit: [fo. 1r] *Incipiunt questiones magistrales in libros sententiarum quolibetarum Metaphysices de Anima: fratris Ioannis Scoti. doctoris subtilissimi de ordine minorum compendiose clareque in unum digeste: per fratrem Ioannem de Colonia germanum sacre pagine professorum eximium: cum decisionibus doctorum summarie cuilibet questioni propositis cuiusdam fratris ordinis prefatum.*
[fo. 309v] *Finiunt questiones Magistrales de libris sententiarum quolibetorum metaphysice de anima et posteriorum Scoti: compendiose et formaliter per fratrem Ioannem agrippinum theologum illustrem ordinis minorum comportate: cum decisionibus opinantium cuiusdam fratris de observantia eiusdem ordinis: questionum capitibus diligenter adiunctis: atque concordantiis imaginariis laboriose locatis. Ex officina providi viri Ade petri de Langendorff civis inclite urbis Basilee impressorie artis gnari: Anno incarnationis domini nostri iesu christi 1510 decimo Kalendas Ianuarii.*
Dieses Werk ist sowohl inhaltlich wie formal interessant und wäre zweifellos genauerer Untersuchung wert. Beachtlich ist auf der einen Seite die beträchtliche Anzahl der anhand der Werke des *doctor subtilis* diskutierten Autoren, sehe ich recht, vor allem aus seiner Zeitgenossenschaft, unter denen sehr häufig der Aquinate explizit widerlegt wird. Ich zitiere die Überschriften der ersten beiden qq.:
[fo. 1r] *prima questio habetur ex metaph. Scoti lib. 8 q. 1. Aliqui assignant 5. tamen non est 5. sed in Antonio Andree quinta est. Et respondet doctor affirmative ad q. Et concludit contra Ioannem iandonum super 5 met. nihilominus notat Henricum et Thomam in tractatu de ente et essentia ca. 5 et 6 in tractatu de natura accidentis parte 1.*
[fo. 1v]: *Secunda questio habetur ex Scoto li. 5 metaph. q. 7 enim sententia est assertiva. Et concludit contra opinionem Thomae 3 parte art. 5 q. 35 et q. 9 metaphysice ac tractatu de veritate. Et Henrici quolibeto 4 q. 3 qui partem tenet negativam.*
Interessant ist dann aber vor allem auch die Form der Darstellung und die ihr zu Grunde liegenden methodischen Optionen. Der Magister unterteilt den gesamten Stoff der *Ordinatio* in Quaestionen und zwar nicht dem Aufbau der Sentenzen folgend, sondern dem Alphabets. Faktisch ist das wohl nichts anderes als die Applikation der Lokalmethode auf die scotistische Sentenzenliteratur. In einem kunstvollen, von Michael Wildeck erstellten Synopsenwerk zu Beginn des Druckes erfolgt dann in einem ersten Tabellenwerk eine Synopse des von de Colonia präsentierten

19. Paulus Cortesius:
In quattuor sententiarum libros Petri Lombardi, Basel (Jakob Froben, August) 1513. 2°.[71]

20. Gian Francesco Pico della Mirandola:
20.1. *De rerum praenotione libri novem,* Straßburg (Johann Knobloch) 22. Dez. 1506, 31. Jan. 1507.[72] Sammeldruck in 2° mit folgenden anderen Schriften desselben Autor: *De fide theoremata; De morte Christi et propria cogitanda libri tres, De studio divinae et humanae philosophia libri duo, De divini amoris imaginatione unus, Vita patrui, Defensio de uno et ente, Expositio textus Decreti de cons. dist. ii Hilarii Iustini tralatio; Staurostichon de mysteriis Germaniae heroico carmine, Epistolarum libri quattuor.* Außer der *defensio* und der *expositio* sind alle Werke mehr oder minder annotiert.

---

mit dem klassisch-lombardischen Aufbau, in einer anschließenden Tabelle das umgekehrt Analoge.

[Ohne Paginierung, im Einleitungsteil des Bandes] *Ad humanissimum lectorem pro prima tabula d. a.*

Directorium hoc primum candide lector in questionum titulos operis huius ocius intellectum pertrahit vagantem: et ordine quicquid expetessit elementali facile offendat. quod si litteram velit ordine primo: si distinctionem secundo et tertio: si questionem quarto: si titulum quinto: si vero folium sexto occurrit concito loco: ut omni ex parte quotationes absque pessulo intret promptarium. Si autem Scoticam gliscat sententiam secundum curriculo adeat directorium: Et si sententias summarias dictionesve singulares: in calce huius perfectissime consolabitur. Valeat ergo charitas tue lector amice. [. . .]

[An das erste *directorium* anschließend, ebenfalls ohne Paginierung] *Figure sequentes prudens lector dirigunt intuentium oculos in omnium questionum ordinem doctoris subtilis super quattuor libris sententiarum quolibetis et metaphysicalibus: quas ideo huius operis occipio assignandas duxi: ut indagator gnarus facilem habeat ingressum ad quotam questionum huius et ingressum ad quotam doctoris subtilis: sic ut opido recolligat que hic breviter compilator recenseat: quod alibi in longum Scotus protelat. Hunc autem ordinem notas velim. Primo assignabo librum deinde distinctiones tertio questiones. quarto proprios questionum titulos. Post quos reducende sunt omnes questiones huius operis ad questiones Scoti: e quibus sunt elicite iuxta numerum et questionum et foliorum.*

Das Frappierende an dem in diesem und anderen Büchern zu beobachtenden Anwachsen tabellarischer Einleitung und Umgruppierung der Sentenzentradition besteht darin, dass der Aufbau des lombardischen Werkes offenbar schon *innerhalb* der spätscholastischen Welt am Beginn des 16. Jahrhunderts an Plausilibät zu verlieren anfing. Der Wechsel hin zur Lokalmethode, der sich hier unzweifelhaft anzubahnen begann, darf also nicht einfach mit dem Wechsel der Theologien von kirchentreuem Spätmittelalter zur Reformation gleichgesetzt werden. Zur Rezeption der Lokalmethode bei Zwingli generell s. Sallmann, Zwischen Gott und Mensch, 56–63 mit weiterer Literatur.

[71] Germann, a. a. O., 246, Nr. 177.2; Signatur ZBZ: III K 71.1; Köhler, a. a. O., Nr. 186; VD 16, C 5314; Panzer, Bd. 6, 190, Nr. 114; Z XII, 221–225.

[72] Germann, a. a. O., 251, Nr. 226; Signatur ZBZ: IV PP 16; fehlt bei Köhler; VD 16, P 2636.

20.2. *Ioannis Francisci Pici Mirandulae hymni heroici tres ad Trinitatem. Eiusdem Sylva. Eiusdem Staurostichon*, Straßburg (Matthäus Schürer) 1511, mit 20.3 zusammengebunden.[73]

20.3. *Liber de providentia contra philosophastros*, Straßburg (Johannes Grüninger) 1. Sept. 1509; an zweiter Stelle in dem zu 20.2 erwähnten Sammelband.[74]

C1. In den Hauptwerken Zwinglis werden in der Korrespondenz mit ihm von dritter Seite erwähnt, und daher von ihm zweifellos zur Kenntnis genommen, die Werke folgender Autoren:

21. Gabriel Biel wird 1520 dreimal namentlich erwähnt in Caspar Hedios Korrespondenz mit Zwingli in Z VII, Nr. 124, 279, 2; Nr. 135, 281, 9; 305, 14f., nämlich als Autor des *Tractatus de potestate et utilitate monetarum*, Jakob Köbel (Oppenheim), ca. 1515 (mit div. Auflagen und Neudrucken während Jahrhunderten).[75]

22. Konrad Summenhart O.F.M. wird 1520 einmal namentlich erwähnt in Caspar Hedios Korrespondenz mit Zwingli in Z VII, Nr. 124, 279, 4, nämlich als Autor des *Tractatulus bipartitus de decimis defensivus opinionis theologorum adversus communiter canonistas de quotta decimarum si debita sit iure divino vel humano*, Hagenau (Heinrich Gran) 13. Nov. 1497.[76]

C2. In Zwinglis Besitz waren, aber nicht von ihm annotiert wurden folgende Werke:[77]

---

[73] Germann, a. a. O., 251, Nr. 226; Signatur ZBZ: IV PP 16; fehlt bei Köhler, a. a. O., Nr. 260; VD 16, P 2644; Panzer, Bd. 6, 43; Nr. 144.

[74] Germann, a. a. O., 251, Nr. 227.2; VD 16, P 2654; ansonsten wie Anm. 73.

[75] Panzer IX 551, Nr. 17b; Hain 3188.

[76] Die Schrift war nicht in Zwinglis Bibliothek und fehlt darum in Germanns Katalog der Stiftsbibliothek. Signatur ZBZ: 2.82.2 (s. dazu unten Kap. VIII, Anm. 32); Köhler, a. a. O., Nr. 403; Hain 15177; BMC III-685; Goff S-685. Die Schrift wurde ediert von Oberman, Werden und Wertung, 381–411; die bibliographischen Angaben dort 381, Anm. 1; vgl. generell seine Ausführungen zu Summenhart. Die Schrift über die Zehnten ist nicht zu verwechseln mit dem (Hain 15181; BMC III, 702; Goff S-867; ZBZ Ink K 336.2) *Tractatus bipartitus in quo quod deus homo fieri voluerit: quamquam messias in lege et prophetis promissus: non solum homo sed etiam deus esse debuerit et debeat: quinquaginta duobus et vltra: veteris testamenti et infidelium hebreorum simulque gentilium ex scriptura testimoniis: adiectis sparsim ad idipsum rationibus congruentie plurimis: in bipartiti sermonis forma comprobatur: per Magistrum Conradum Summenhart de Calw sacre theologie professorem in generali studio Tu(e)wingensi editus et Anno domini M.cccc.xciiii. et xcv ad cetum eiusdem vniuersitatis in vigilia natiuitatis christi per eundem pro magna declamatus [fo 1 recto]*.

[77] S. den instruktiven "Exkurs: Zwinglis Bibliothek" bei Germann, a. a. O., 166–168.

Johannes Duns Scotus:
Quaestiones quodlibetales, Venedig (Bernhard Vercellensis für A. Torresanus), 1503. 2°, im Band anschließend an die Edition des scotischen Hauptwerkes *Super quattuor libros sententiarum* gedruckt.[78]

23. Lambertus de Avignon, Franciscus:[79]
Evangelici in Minoritarum regulam commentarii, Straßburg (Johann Knobloch d. Ä) 1523,[80] später in Zürich ca. 1540 gebunden in einen Sammelband in 8° mit sieben anderen, von humanistischen und reformatorischen Autoren stammenden Werken. Zwingli erhielt den Band als Geschenk mit einer Widmung von L. Rollenbutz.

24. Franciscus de Pavinis, Johannes:
Relatio circa canonisationem Bonaventurae, Rom (E. Silber, nach November) 1484, in einem Sammelband mit dreizehn anderen, größtenteils von italienischen Autoren stammenden Werken in 4°, gebunden in Zürich ca. 1500.[81] Zwingli annotierte das vierzehnte Werk in diesem Band, *due Facetiae* des Poggio Bracciolini.

25. Nicolaus de Orbelli O.F.M.[82]
Cursus librorum philosophiae naturalis secundum viam Scoti, Basel 1503, 4°,[83] in einem Sammelband mit *De muliere* des Albertus Magnus (s. oben Nr. 15) und *De triplici via* des Marsilio Ficino, Nürnberg(?) 1503/1510. Die ersten beiden Werke sind durch Zwinglis Hand glossiert, das dritte nicht.

Insgesamt mutet es in dieser Übersicht über die zur Verfügung stehenden Quellen merkwürdig an, dass von dem einer (nach dem traditionellen Bild zumindest auch sehr stark) thomistischen Via antiqua schon so oft zugeordneten Reformator nachweisbar sieben explizit scotistische Werke annotiert wurden, jedoch nur ein einziges aus der

---

[78] S. oben Anm. 36.
[79] S. die Artikel zu seiner Person von Müller und Olszesky (die Angabe bei Letzterem, Franz hätte dem O[rdo] P[raedicatorum] angehört, ist ein Irrtum).
[80] Germann, a. a. O., 296, Nr. 612.5; Signatur ZBZ: III O 210c tief 5; Köhler, a. a. O., Nr. 180.
[81] Germann, a. a. O., 239, Nr. 122; ZBZ: Ink K 343.
[82] Gest. 1475; mag. theol. 1435; zur Biographie s. Wegerich, Bio-bibliographische Notizen, 174–178, vgl. Imbach, Repertorium, 528.
[83] Germann, a. a. O., 233, Nr. 86.3; Signatur ZBZ: Ink K 321. Der Band fehlt bei Köhler, obwohl er sich nachweislich in Zwinglis Besitz befand.

Thomistenschule, die *Quodlibetales quaestiones*. Um dieses Werk hatte sich Zwingli aber aller Wahrscheinlichkeit nach gar nicht aktiv bemüht, sondern es war ihm vermutlich mehr oder minder in den Schoß gefallen, obschon er immerhin genügend Interesse zur aktiven Lektüre aufbrachte.[84] In der bis heute zu erhebenden passiven Rezeption scholastischer Theologie durch Zwingli ist von daher, so erstaunlich das klingen mag, nur sehr wenig genuiner Thomismus zu finden, nebst einem Erbstück vom Vorgänger allein einige wenige auf den Aquinaten – und zwar oft polemisch gegen ihn – Bezug nehmende Marginalien. Zwar offenbaren sie Kenntnis diverser konkreter Textstellen (Sent. IV, d. 8, q. 1, arg. 2,[85] Summa theol. I, q. 41, art. 5 u. q. 43, art. 5;[86] I/II, q. 52, artt. 1ff. u. q. 53, artt. 1f.;[87] III, q. 66, art. 3, corp. quest.[88] u. q. 78, art. 2, ad arg. ult.[89]) und es liegt natürlich auch hier – der passiven Scotus- und Scotismusrezeption entsprechend – auf der Hand, dass diese konkreten Verweise nur gleichsam Schattenrisse statt konkrete Einblicke in das Zwinglische Gesamtverständnis thomasischer Theologie darbieten. Doch zeigen sie so zwar, *dass* der Reformator – aller Wahrscheinlichkeit nach ebenfalls schon früh – durch Thomas (und vermutlich auch Thomisten) geprägt wurde, *wie* diese Prägung aber genau erfolgte und inhaltlich ausgesehen haben könnte, ist zumindest beim heutigen Stand bibliohistorischer Forschung nur erst sehr begrenzt zu erkennen: Weil auf einzelne Quellen konkret zurückgehende und somit konkret fass- und referierbare Rezeption nur höchst indirekt aus dem Scotismus, aus Johannes Ecks Chrysopassus sowie aus den schon eher post- oder deuteroscholastischen Werken des Giovanni Pico[90] nachzuweisen ist,

---

[84] Lambertus' de Monte *Quaestio* über die Rettung des Aristoteles kann nur bei sehr wohlwollender Interpretation dem Thomismus überhaupt zugerechnet werden: Der Autor selber gehört zwar zum Kreis des Kölner Thomismus, sein Werk ist aber nicht eigentlich auf thomistische Theologie bezogen. Außerdem ist es von Zwingli nicht annotiert.

[85] Zu Ord. IV, d. 8, q. 2, n. 4 (fo. 30rb).

[86] Zu Ord. I, d. 6, q. un., W. n. 1; V. n. 9 (fo. 57va).

[87] Zu Ord. I, d. 17, q. 3, n. 2; V. p. 2, q. 2, n. 241 (fo. 84vb).

[88] Zu Ord. IV, d. 3, q. 3, n. 2 (fo. 13rb).

[89] Zu Ord. IV, d. 8, q. 2, n. 4 (fo. 30rb).

[90] Giovanni Pico della Mirandola weist, wie zu fast allen geistigen Strömungen seiner Zeit, Affinitäten zum Thomismus auf, die aber nicht dominierend sind. Es scheint nicht, als hätte ihn Zwingli *in erster Linie* als Thomisten wahrgenommen. Zu Picos Thomismuskritik siehe neuerdings Farmer, Syncretism in the West, 47f., Anm. 126: "Pico's supposed agreement with Thomas is especially emphasized by Catholic historians including Dulles (1941) and Di Napoli (1965, 1971); cf. also the

ähnelt sie – um im selben Bild zu sprechen – mehr dem Schatten
eines Schattens der Zwinglischen Rezeptionsleistung als diesem selber: Die Schattenrisse der konkreten Zwinglischen Thomaslektüre
offenbaren sich nur als Reflexe seiner Lektürespuren in scotistischen
Werken. Ebenfalls deutlich, wenn auch etwas weniger asymmetrisch
ist hier das Verhältnis in der produktiven Scholastikrezeption: Bei
den in den Zwinglischen Hauptwerken explizit genannten Autoren
kommen auf (mit Thomas selber) insgesamt zwei thomistische (mit
Duns) vier scotistische Autoren zu stehen. Auffällig ist zudem, dass
Duns meist zuerst zur Sprache kommt, wo Scotus und Thomas als
Paar genannt werden.

modern French theologians De Lubac (1974: 274) and Roulier (1989). Apparent
support for this interpretation was provided by Gianfrancesco Pico, who in his spi-
ritualized biography of his uncle (Opera, fol. 5v) claimed that whatever differences
Pico had with Thomas early in life – an obscure allusion to Pico's troubles over
his debate – Pico later told him that he disagreed with the official Dominican theologian on only 'three or four out of ten thousand propositions' [adde quod ex
decem millibus propositionum, tribus tantum, aut quattuor non consentire]. The
fact that Gianfrancesco was heavily under the influence of the Dominican Girolamo
Savonarola when he wrote the Vita was undoubtedly one factor behind this fanta-
stic claim. Gianfrancesco also quotes Pico's praise for Thomas in the Heptaplus,
which was written while Pico was attempting to repair his differences with both the
Dominicans and papacy. The violence of Pico's early polemics with the Dominicans
is clearly suggested in Pico's defense of his first examined thesis in the Apology, in
Opera, 125–50. On pp. 132–33 Pico attacks the vicar general of the order (cf.
Dorez and Thuasne 1897: 62, 120) – one of Pico's most powerful adversaries – as
a magister rudis, 'badly disposed to the study of natural philosophy, worse to the
study of metaphysics, and worst of all to the study of theology'."

KAPITEL VI

ZWINGLIS *INFINITI CONTEMPLATIO*

6.1. Passive Rezeption

Mit den beiden derzeit bekannten Quellen seiner passiven Rezeption in der Unendlichkeitsfrage, den Sentenzenkommentaren von Johannes Duns Scotus und Stephan Brulefer, wählte Zwingli Schriften sowohl des Urhebers wie auch des in seiner Zeit wichtigsten Kronzeugen und Popularisators des scotisch-scotistischen Infinitismus. Bei beiden Kommentaren, also der scotischen Ordinatio und dem Brulefer'schen Bonaventurakommentar, sind es vor allem die ersten Distinktionen des ersten Buches, die annotiert sind und gewisse Rückschlüsse erlauben. Direkte Einsichtnahme in die Zwinglischen Annotationen zu Duns und zu Brulefer gibt unser editorischer Anhang; hier erfolgt die Kommentierung dieser Lesespuren.

Alle Unterstreichungen, Anmerkungen oder Korrekturen bezeugen, dass Zwingli den einigermaßen komplexen Aufbau und die Begriffsstrukturen des scotischen Beweisganges für Existenz und Einheit des Unendlichen in ihrer Differenziertheit erstaunlich genau wahrgenommen hat. Deutliche Schwerpunkte sind dabei zu sehen in der in verschiedenster Hinsicht subtil rezipierten Kausalitätentheorie des Gottesbeweises ebenso wie in der metaphysischen Konzeptuslehre in Verbindung mit der diese beiden Gebiete miteinander verklammernden Univozitätslehre. Von besonderem Interesse sind dabei eine längere Glosse zur Frage nach einer möglichen Ewigkeit der Welt und, sachlich damit im Zusammenhang, eine andere ausführliche Annotation zur Thematik der *generatio aequivoca*.[1] Beide bezeugen sie dasselbe Grundinteresse des – vermutlich jungen – Autors, einen Regress ins Unendliche hinsichtlich der Entstehung von Kosmos und Materie ausschließen zu können, was Duns mit seiner neuen *status*-Lehre innerhalb seiner Unendlichkeitsbeweise etwas eindeutiger als Thomas vertritt. Interessanterweise sieht jedenfalls der Glossator eine starke

---

[1] Vgl. unten Anh. 1. 2. zu Ord. I, d. 1, W. q. 2, a. 1f., n. 2; V. p. 1, q. 2, a. 1f., n. 32 und 1. 5. zu Ord. I, d. 2, W. q. 2, n. 19; V. p. 1, q. 1–2, n. 71.

Notwendigkeit, Scotus gegen ihn "zu Unrecht diffamierende"
Thomisten in dieser Frage in Schutz zu nehmen, die behaupten, der
scotische Beweis eines ersten Verursachers könne nicht funktionieren, weil dafür stets eine erste *suppositio* gemacht werden müsse, sodass
also jedenfalls in seiner Sicht ein sogar sehr deutlicher Unterschied
zwischen thomistischer und scotischer Sichtweise auf dieses Thema
vorhanden gewesen sein muss.

Hinsichtlich der Zwinglischen Kenntnisse der Logik ist ein Interesse
für die *exponibilia* zu beobachten, das sich insbesondere in Glossierungen
der jeweils ersten Distinktionen der ersten Sentenzenbücher bei
Brulefer manifestiert.[2] Auch wenn sie sicher, wie dies generell für
alle Glossierungen gilt, nicht überinterpretiert werden dürfen, ist aus
ihnen keine Reserve gegenüber dem 7. Traktat des Petrus Hispanus
zu ersehen, wie dies in der Forschung so lange als sicheres Kennzeichen
der Via antiqua betrachtet wurde. Dies dürfte sowohl die Tatsache,
dass die Kämpfe zwischen den Bursen im Basel des Jahrhundertbeginns
bereits stark nachgelassen hatten, als vor allem die ebenfalls alte
Erkenntnis, dass der Gegensatz der Wege nicht primär in der Logik
zu suchen ist, einmal mehr bestätigen.

Insgesamt weist der Inhalt der Spuren einer halbwegs aktiven
Rezeption auf eine engagierte, zuweilen im Detail kritische, niemals
aber in humanistischem, reformatorischem und schon gar nicht in
thomistischem Sinne auch nur einigermaßen Grundsätzliches in Frage
stellende Auseinandersetzung mit dem Werk des *doctor subtilis*. Diese
Rezeptionsmentalität scheint sowohl für die Geisteshaltung des in
ausklingender Jugend stehenden Scholaren Zwingli wie auch des nach

---

[2] Vgl. unten Anh. 2. 1. 2. zu Rep. I, d. 1, q. 3: Es ist nicht unerheblich, dass
in der Kommentierung allein *einer* Folioseite Zwingli viermal explizit den *exposito*-
Begriff verwendet, mit dem hier sinngleichen Wort *capitur* zusammengezählt sogar
fünfmal. Verweise auf sachentsprechende Terminologie finden sich fo. xcix recto zu
Rep. I, d. 22, q. 2: *dictio exclusiua* und fo. cvi verso zu Rep. I, d. 24, q. 1: *unum
kathegoreumatice quadrupliciter dicitur.*
   Wo wäre hier eine irgendwie geartete Distanz gegen den siebten Traktat des
Petrus Hispanus zu spüren?
   Auch in der späteren, aktiven Rezeption in Z VI/2, 49, 2 (im Eingangsteil der
Schrift über Luthers Bekenntnis von 1528, wo generell viel Argumentation logischer
Art zu finden ist), geht Zwingli mit Begriffen wie *ampliatio* und *restrictio* in einer
Weise um, aus der hervorgeht, dass nicht die Legitimität der hinter diesen Begriffen
stehenden Logik an sich zwischen ihm und Luther strittig war, sondern die Zulässigkeit
von deren Applikation auf konkret vorliegende Probleme theologischer Natur: Luther
hat eine vom Nominalismus beeinflusste, diesen aber wohl übersteigend radikalisie-
rende Tendenz, Logik und Philosophie für *schlechthin* obsolet zu erklären.

Autoritäten Ausschau haltenden reformatorischen Publizisten Zwingli, ja letzlich eigentlich fast für jede biographische Epoche nach Abschluss des artistischen Studiums plausibel zu sein, wobei am wenigsten freilich die von pauschaler und zuweilen ätzend scharfer Kritik gekennzeichneten frühen 1520er Jahre in Frage kommen dürften. Über diese – freilich nur vermutungsweise, da im Ausschlussverfahren und nicht aufgrund positiver Indizien der Rezeption selber zu erschließende – biographische Lücke eines guten Jahrfünfts hinaus lassen sich Datierungsanhalte wie schon aufgrund äußerer Textritik nun auch aufgrund innerer Sachkritik jedenfalls im gegenwärtigen Stand der bio-bibliographischen Forschung kaum gewinnen.

6.2. Aktive Rezeption

Explizite oder semi-explizite Rezeption der scotisch-scotistischen oder teilweise auch bonaventurianischen Unendlichkeitstheoreme ist bei Zwingli – mit Ausnahme einiger *dicta* im *Commentarius* von 1525 – erst ab 1527, von da an aber in allen seinen größeren theologischen Schriften durchgehend bis zum Ende zu finden. Dieser Sachverhalt charakterisiert, mit der gewichtigen Ausnahme der spätfranziskanischen Fassung des (augustinischen) *dominium*-Begriffs, auch seine aktive Rezeption wohl fast aller anderen wichtigen theologischen Themenstellungen des späten Mittelalters, wenn sie auch teilweise schon etwas früher, ab 1526, zu beobachten ist. Er erklärt sich dadurch, dass einerseits die großenteils franziskanisch geprägten Rezepta ohnehin meist mit der in fast jeder Hinsicht zentralen Unendlichkeitsfrage inhaltlich verknüpft waren, der Reformator andererseits zu expliziter Rezeption der vormals oft kritisierten Scholastik durch eine Ursache veranlasst wurde, die den gesamten Prozess seiner Übernahme mittelalterlicher Theologie in ihrem zeitlichem Beginn einigermaßen eindeutig determinierte: Den sogenannten ersten reformatorischen Abendmahlsstreit. Durch ihn fühlte sich Zwingli genau wie auf der gegenüberliegenden Seite Luther und dessen Anhänger zu rezeptorischer Tätigkeit überhaupt erst gedrängt, ja aus einem massiven Bedürfnis nach Darlegungsmöglichkeiten der eigenen intellektuellen Redlichkeit regelrecht gezwungen.[3]

---

[3] Auch für dieses Gefühl des Gezwungenwerdens ist das Zitat Z IX, 537, 13f., von August 1528 bezeichnend: *Revocavit nos Luterus ad Scotica et Thomistica, non hercle*

Denn der in diesem literarischen Streit nicht nur entstandene, sondern vor allem erst richtig gefühlte Zwang zum Beizug legitimatori-
scher Autoritäten der theologischen Argumentation war eine wohl
unausweichliche Folge des in der frühen Reformation noch kaum
angedachten, geschweige denn gelösten Problems einer materialen
theologischen Unterbestimmheit des anfangs doch recht unmittelbar
und im spirituell besten Sinne naiv proklamierten reformatorischen
Schriftprinzips. Dieses im Streit zwischen "Zürich" und "Wittenberg"
beidseitig einigermaßen plötzlich empfundene und sofort je auf den
Gegner projizierte Gefühl eines Zwangs markierte einen der Anfänge
im Übergang von mehr oder minder spontan verkündigender
Schriftauslegung zu reflektierter reformatorischer Lehre. Es ist somit
sowohl Reflex wie Ausdruck jenes vielschichtigen Umbruchs, den die
gesamte reformatorische Bewegung als sachte anhebende Konfessionalisierung in den mittleren zwanziger Jahren erlebte. In der Selbstwahrnehmung Zwinglis sind damit deutlichere oder eher implizite
Rekurse auf scholastische Theologie nicht trotz, sondern wegen dieses Gefühls disputativ bedingten Zwangs stets nur Instrumente zur
Explikation vor allem Streit liegender reformatorischer Intuitionen.
Dabei konnte freilich die Schrift allein gegen die sie ebenso vehement reklamierenden Syngrammatisten oder andere Fronten zwar
nicht material, aber doch formal nicht mehr genügen. Sie waren
ihm also niemals mehr als Mittel zum Zweck des Fortschreibens
reformatorischer Theologie in der vermeintlichen oder wirklichen
Sprache Andersdenkender innerhalb des eigenen Lagers oder altgläu-
biger Gegner. Wenn Zwingli dabei nach einer mit seiner Erasmusbegeisterung anhebenden Phase weitgehender Ablehnung alles nicht
explizit Biblischen seit der Abendmahlsdebatte nun in ambivalenter
Haltung zwischen der früheren Verachtung aller sophistischen *philosophi*[4] und einer faktisch kaum hinterfragten Übernahme scholastischen Denkens zu schwanken schien, zeigt dies nur noch einmal,
dass er den Einbezug scholastischer Theologie oder auch der Artistik

---

*quasi illis ipsi fidamus aut ipsum dextere pauperrimis istis usum esse viderimus, sed ut ei omne
telorum genus adimeremus.*
  [4] Z VI/1, 458, 20–22, prägt Zwingli die symptomatisch abschätzige Formulierung
"ein philosophisches rechnen unnd ein werck der vernunfft". Bezeichnend für seine
zunehmend wieder wachsend respektvolle, aber doch höchst nüchtern distanzierte
Haltung zu den Scholastikern ist der Umstand, dass er zwar zunehmend auf
Verballhornungen und Spötteleien über deren Namen verzichtet, dennoch aber
umgekehrt auch niemals zu den Ehrennamen der Scholastik für ihre *doctores* selber
zu greifen beginnt.

einfach als Explikation jener reformatorischen Wahrheit, die er auch in der Bibel enthalten sah, betrachtet haben wollte.[5] Es ist darum von absolut entscheidender Bedeutung, dass Zwinglis spezifische Wahl und Applikation spätmittelalterlicher Themen und Autoren nicht allein zur Nachzeichnung frühkonfessioneller innerprotestantischer Richtungskämpfe, sondern auch und vor allem im Interesse einer Erforschung der Genese reformatorischer Theologie überhaupt wahrgenommen werden. Schon die Tatsache, dass Zwingli auch nach dem Abendmahlsstreit gerade dort sehr häufig in scholastischen Mustern argumentiert, wo er die ihn in ihrer reformatorischen Konstitutionsfunktion am meisten bewegenden theologischen Thesen anspricht, zwingt zu dieser über die anfängliche Neuaufnahme der Scholastik bei weitem hinausweisenden Interpretation.

Formal hat die von Zwingli intendierte Integration der Scholastika in die Entfaltung reformatorischer Anliegen zur Konsequenz, dass produktive Rezeptionsvorgänge auch dort, wo sie von Zwingli offenkundig gemacht werden, selten bis nie in einer gesonderten Systematik auftauchen, sondern inmitten oder oft auch am Ende anderer Gedankengänge erscheinen. Die systematische Anordnung der benutzten Argumente ist daher vom Historiker nachträglich zu leisten, um rezeptorische Kontinuität während der späteren Jahre Zwinglis wieder sichtbar werden zu lassen. Dabei ergibt sich die methodische Option einer vom unmittelbaren historischen Entstehungskontext individueller Texte absehenden zitatenselegierenden wortfeldartigen Clusterstruktur von Begriffsmotiven und Argumentationsmustern praktisch wie von alleine. Inmitten dieser Clusters sind einzelne Substrukturen dann unschwer erkennbar und, teilweise auch in ihrer geschichtlichen Abfolge, gut zu differenzieren.

Als eigentlicher Grundton des insgesamt je nach Zählung etwa dreißig von 1527 (oder 1525) bis 1531 publizierte Textstellen umfassenden Zitatenclusters schwingt sicherlich die unaufhebbare Dignitätsdifferenz von Schöpfer und Geschöpf als theologische Konsequenz des metaphysischen Prinzips irreduzibler Improportionalität von Infinität und Finität. Interessanterweise wird er das erste Mal in erkenntnistheoretischem Zusammenhang, nämlich im Kapitel *de deo* des *Commentarius*, eingebracht: Die endliche Menschenseele kann das unendliche Wesen Gottes nicht fassen – *capere!* – und darum auch

---

[5] Siehe etwa Z V, 587, 22–30.

nicht erkennen. Sodann wird er hörbar schon in der ersten eigentlichen Applikation des Unendlichkeitsbegriffs in der *Amica Exegesis*, wo Grundsatzstatements metaphysischer – *nos ergo non sic a finito ad infinitum argumentantes* –[6], christologischer – *hec enim infinita est, illud finitum* –[7] oder satzlogischer – *quod non eque de infinita atque finita predicatur* – gleich gehäuft auftreten. In der Schrift "Dass die Worte" wird von Zwingli in pointierter Weise, nämlich in entschiedener Negation – *Die menscheit Christi ist ein ware creatur, deßhalb sy nit mag unentlich sin* –[8] jede Verbindung von Kreatürlichkeit und Unendlichkeit bestritten, denn es gilt unumstößlich der ebenfalls in diesem Werk zu findende Satz, *daß nun ein unentlich guot sin mag, und das ist der eynig gott* – ebenso wie dessen Umkehrung, *daß alles, so gemachet ist, nit unentlich, das ist: ungemessen, unbegriffen, infinitum sin mag*; es gibt ja grundsätzlich nur *ein geendete creatur*. Oder wie es *Über D. Martin Luthers Buch* formuliert: *Und darumb so ist "die creatur by gott sin" nit, ußgebreyt sin nach der unentliche der gottheyt; dann wo im also, so wär die creatur nit ein creatur, sunder gott selbs.*[9]

Spitzensätze der Differenzstatuierung sind aber ebenso häufig und in immer universellerer Aussageabsicht auch in den Veröffentlichungen nach dem Abendmahlsstreit anzutreffen, und zwar in so unterschiedlichen Werken wie in der *Fidei expositio* – *Christi humanitas non est eterna, ergo neque infinita. Si non est infinita, ergo nequit non esse finita* –[10] oder der Jesajakommentierung (53,3) – *Verus homo est, vere finitus ac dimensus, et simul verus deus, infinitus et immensus, quomodo in elencticis nostris ubertim est ostensum* –[11] oder der Vorsehungspredigt – *quod de ratione finiti est, coepisse, de ratione infiniti nunquam coepisse!*[12] Am eindrücklichsten, weil am universellsten formuliert, wirkt der Beginn der *Expositio fidei* – *Universa, que sunt, aut creata sunt aut increata. Increatus unus ac solus deus est; nam increatum nisi unum esse nequit* –,[13] der ebenfalls und ausschließlich durch das Unendlichkeitsargument abgestützt wird. Solchermaßen theologisch umfassend gehaltene Kontrastierung von *creator* und allen *creaturae*, wie sie etwa auch im Jesajakommentar – *Hoc enim nulli creaturae*

---

[6] Z V, 657, 16f.
[7] Z V, 657, 29f. Gemeint ist der Gegensatz von Gottheit und Leib Christi.
[8] Z V, 954, 3f.
[9] Z VI/2, 164, 17–20.
[10] Z VI/5, 143, 4f.
[11] Z XIV, 372, 36–38.
[12] Z VI/3, 88, 3f.
[13] Z VI/5, 53, 10f.

quam infinitae dei naturae competit −[14] geschieht, ist in den späteren Schriften auch ohne explizite Nennung der basierenden Infinitätstheoreme bis hin zur *Expositio fidei* stets gegenwärtig.

Dieser Grundton wird nun, wie erwähnt, thematisch variiert. Es sind vor allem acht Motive, die wegen ihrer Häufigkeit und ihrer diese relative Häufigkeit wohl noch übersteigenden konstitutiven Funktion für das gesamte Zwinglische Spätwerk zu nennen sind:

(1) Die schon relativ früh anzutreffende erkenntnistheoretische *Applikation des Improportionalitätsaxioms*, (2) die Rede von der *intrinsischen Modalität göttlichen Seins* als Unendlichkeit, (3) die ontologische *Unmöglichkeit der Plurifizierung* von Unendlichkeit, (4) die *Koinzidenz von Infinität und Aeternität* in Gott respektive Finität und Temporalität im Kosmos, (5) die vor allem bei den Halensischen Summisten, deren Schüler Bonaventura und wiederum dessen Rezipienten im Scotismus figurierende und somit eher frühfranziskanische Vorstellung des *Konnexes von Immensität und Infinität*, (6) die in diesem Bonaventurianischen Immensitätsbegriff ersichtliche Ambivalenz zwischen noch physikalischer und schon metaphysischer Wortbedeutung sich widerspiegelnde Behauptung, *Omnipotenz sei ein Derivat der Infinität* oder der Ubiquität Gottes, (7) die die weit über den Abendmahlsstreit hinausgreifende spirituelle Dimension der Unendlichkeitsreflexion zeigende Verwendung der *klassischen Formel für das Improportionalitätsaxiom* und schließlich (8) die traditionelle eschatologische Gipfelung der Infinitätskontemplation in der *Vorstellung ewigen Infinitätsgenusses* (als Gottesschau).

Im Gegensatz zur differenziert möglichen inhaltlichen Gliederung der infinitistischen Äußerungen Zwinglis ist die Entwicklung ihrer Entstehung nur bedingt wiederzugeben. Nach einer Art Vorspiel im *Commentarius* von 1525, das nicht zuletzt erkennen lässt, dass das Thema als solches für Zwingli immer (schon) präsent war, taucht die erste Nennung in der *Amica Exegesis* (1527) auf und zieht sich von dort – wenig überraschend – durch alle Schriften des Abendmahlsstreits hindurch, mit einem gewissen Spitzenwert in der Schrift *Dass diese Worte* (1528). Zugleich lassen sich ab 1527 teils überraschende Anwendungen der Unendlichkeitslehre auch in weiteren Publikationskontexten ausmachen, so vor allem in der Auslegung zu Jesaja in

---

[14] Z XIV, 372, 17f.

ihren verschiedenen Überlieferungen. Schließlich sind sie in prominenter Weise auch in den großen Bekenntnisschriften der letzten Jahre zu finden.[15]

6.2.1. *Gottes Unendlichkeit als Notwendigkeit einer Illumination endlichen Erkennens*

Als eine – wenn auch bestimmt nicht als solche intendierte – Art Prolog zum Abendmahlsstreit greift Zwingli das Unendlichkeitsthema zum ersten Mal wohl im *Commentarius* im Kapitel *de deo* auf. *Was* Gott eigentlich ist, übersteigt jedes *humanum captum*; *dass* Gott überhaupt ist, kann der Mensch aufgrund einer natürlichen Weisheit im Prinzip durchaus begreifen.[16] Zwar scheitern schon an der Erkenntnis der simplen Existenz Gottes die Meisten. Doch nur, weil sie nicht seine unendliche Kraft zu begreifen (*capere*) vermochten, begannen sie sich mehrere Götter vorzustellen![17] Die *natürlicherweise* zu erkennende Singularität Gottes wird hier also klar an dessen Unendlichkeit gebunden. Der Glaube der Gläubigen beruht letztlich darin, dass sie an die Existenz eines einzigen wahrhaften allmächtigen Gottes glauben und ihm allein vertrauen.[18] Dieses Wissen zum Vertrauen erhalten sie letztlich nur durch Offenbarung, indem eine höhere Macht den irrenden menschlichen Geist an sich bindet (*alligaret*).[19] In dieser Linie kann Zwingli dann plötzlich doch auch und in gewissem Widerspruch zum Eingang des Kapitels sagen, nur dank Gottes Hilfe können der Mensch *sowohl* Existenz wie Essenz Gottes irgendwie erkennen.[20] Es kommen also hier zwei Fäden zusammen, der eine die natürliche Erkennbarkeit Gottes *aufgrund* seiner singulären Unendlichkeit betonend, der andere den Gedanken, dass jede, auch die im Prinzip in natürlicher Weise mögliche Erkenntnis Gottes sich wegen

---

[15] Soweit genauere Beschreibungen zur Rezeptionsentwicklung in einzelnen Themensektoren möglich sind, werden sie im Folgenden geschildert.

[16] Z III, 640, 28–30.

[17] Z III, 641, 38–642, 3: *Alii vero vim ac potentiam humanam angustiorem quum prorsus sensissent, deum agnoverunt eam esse; verumtamen unam ac solam non acceperunt, sed ad se conversi, qualisnam deus esset, imaginati sunt. Diviserunt ergo eum ante omnia in plures, quod infinitam eius potentiam nullo modo caperent, et mox quemlibet eorum propria inventione, alia atque alia figura, induerunt.* Die Stelle wird in der Vorrede zur Auslegung des Lukas-evangeliums, SS VI, 2, 540, 3–7, wörtlich wieder aufgenommen.

[18] A. a. O., 642, 12–14.

[19] Ebd. 18–21.

[20] A. a. O., 642, 34–37.

der Improportionalität von erkennendem endlichem Subjekt und erkanntem unendlichem Objekt bereits dem gnadenvollen Wirken Gottes verdanke.

Es fällt jedoch auf, dass trotz dieses doppelten Erkenntnisbodens in Bezug auf die Existenz Gottes generell in diesem Kapitel die Unfähigkeit zur Erkenntnis der Essenz Gottes stärker betont wird. *Was* Gott sei, kann der Mensch ebensowenig erkennen, wie ein Käfer erkennen kann, was der Mensch sei — mit dem entscheidenden Unterschied freilich, dass das unenendliche und ewige göttliche Wesen viel weiter vom Menschen entfernt ist als der seinerseits vom Käfer, weil letztere beide trotz aller relativen Unterschiede Geschöpfe bleiben, während der Schöpfer einer anderen Kategorie angehört:[21] Wir treffen hier die typisch scotistische Denkfigur vollkommener Improportionalität von Unendlichem und Endlichem, mit der sich Zwingli, die scotische Ordinatio glossierend, vermutlich schon einige Zeit vor der Erstellung des Commentarius, intensiv beschäftigt hatte. Zwar argumentiert Duns wesentlich feiner, indem er die abstraktive Erkenntnis der unendlichen Essenz durch den endlichen Intellekt nicht nur konzediert, sondern postuliert, (was Zwingli auch so zur Kenntnis nimmt, vermutlich sogar einmal in diese Richtung einen Druck *per annotationem* korrigierend)[22]. In der scotistischen Tradition wird das Improportionalitätsaxiom dann aber generell auch in erkenntnistheoretischem Zusammenhang verwandt; in Verbindung mit einer Betonung der Notwendigkeit einer Offenbarung taucht die infinite Distanz Gottes zur erkennenden Kreatur beispielsweise auf in der von Zwingli annotierten q. 1 der d. 3 des ersten Brulefer'schen Reportatiobuches.[23] Es gibt nur eine *mens*, die zur Erkenntnis unendlicher Dinge in der Lage ist: Die unendliche *mens* Gottes selber.[24]

---

[21] A. a. O., 643, 1–5: *Porro, quid deus sit, tam ex nobis ipsis ignoramus, quam ignorat scarabeus, quid sit homo. Imo divinum hoc infinitum et aeternum longe magis ab homine distat, quam homo a scarabeo, quod creaturarum quarumlibet inter se comparatio rectius constet, quam si quamlibet creatori conferas.*

[22] Zu Ord. I, d. 3, q. 2; W. n. 20; V. n. 65.

[23] Vgl. unten Anh. 2. 1. 5 mit Z III, 634, 1–5 (s. obige Anm. 21): *Propositio. Plus distat verum increatum: id est deus ab intellectu nostro quam obiectum sensibile ab intelligibili. Inter deum enim et creaturam est infinita distantia entitativa. Deus autem non distat tantum ab intellecto nostro secundum rationem cognoscibilis quantum distat secundum rationem entis.*

[24] Z III, 647, 31–36: *Quasi vero divinae sapientiae humana mens capax sit, et uno altero-ve cognito non multo plura emergant, quae ad sui cognitionem haud aliter quam priora invitent, quorum omnium nulla mens plane, quam ea, quae infinita est et immensa, cognitionem capere potest; quae vero tam angusta est, ut est humana, nihil sibi quam vanum laborem curiosa huius-modi percunctatione conciliat [. . .].*

Damit erscheint, bei den glossierten Doktoren etwas weniger, bei
Zwingli eher deutlicher, ein klassisch franziskanisches Schema leicht
abgeändert: Nur die unendliche Seele Christi ist zur Erkenntnis Gottes
wahrhaft in der Lage.[25] Die christologische, bei Bonaventura stark
akzentuierte, aber gemein-franziskanische und -scholastische Fassung
der Aussage tritt bei Zwingli also etwas in den Hintergrund, was
vielleicht einfach schon damit zusammenhängt, dass er vorwiegend
das erste und viel weniger das dritte Sentenzenbuch benutzt zu haben
scheint, sicher aber seinen Hauptgrund in der theologischen Tendenz
des Reformators hat: Wenn die Seele Christi unendlich ist, ist es die
Gottnatur selber, die sie unendlich macht. Die Aussage als solche
'Unendliches wird nur durch Unendliches erkannt' scheint Zwingli
aber wohl nur umso mehr und völlig selbstverständlich zutreffend,
und darum rezipiert er sie in der Sache auch noch als Reformator
ausdrücklich. Die Namen, denen dieses erkenntnistheoretische Programm sich verdankt, nennt er freilich nicht, ja er wendet sich in
späteren Teilen der Schrift, allerdings in ganz anderem Kontext,
explizit gegen sie,[26] und just dieser unprätentiöse, sich nicht auf Autoritäten, sondern auf die faktische Evidenz der reklamierten Inhalte
selber stützende Umgang mit infinitistischen Denkfiguren deutet an,
wie bedenken- und alternativlos sie Zwingli erschienen sein mussten.

Mit an Sicherheit grenzender Wahrscheinlichkeit waren ihm diese
Figuren also schon vor der eigentlichen großflächigen und zielgerich-
teten Rezeption im Abendmahlsstreit präsent. Sie waren offenbar in
der Lage, wesentliche reformatorische Entscheidungen maßgeblich
mit zu beeinflussen: Die – allerdings zumindest methodologisch gerade
im *Commentarius* keineswegs konsequent realisierte – Absage an die
Möglichkeit, mittels natürlicher Theologie das Wesen Gottes bestimmen zu können, ist für den Erweis des Schriftprinzips konstitutiv!
Erstmals taucht hier darum das später so entscheidende Verbum
capere im Zusammenhang mit der Unendlichkeit Gottes in reformierter
Theologie auf und setzt so Perspektiven und Grenzen für Jahrhunderte:

---

[25] Brulefer, Rep. I, d. 3, p. 1, q. 1: *Correlarium. Ex hoc sequitur quod intellectus noster
non comprehendit deum: immo nullus angelus nec intellectus beatus alius ab intellectu anime christi. Intellectus anime christi intelligit deum quantum intelligibilis est. Nec tamen ex hoc sequitur
quod anima christi comprehendat deum quia licet deus non cognoscat plura obiecta quam intellectus anime christi: tamen intellectus divinus infinite et infinito actu independenter omnino intelligit.
Intellectus autem anime christi dependenter et finite intelligit omnia: quia hoc sibi communicatur
a deo.*

[26] Z III, 819, 14.

finitum non capax infiniti. Für den Zusammenhang mit Zwinglis Theologie noch wesentlicher aber ist, dass der Akzent hier auf der Notwendigkeit einer Offenbarung liegt. Die spiritualisierende Illuminationslehre Zwinglis, in augustinischem Geist gehalten, wird hier in scotischer Weise begründet: Johannes Duns Scotus ist Augustins Schüler und Zwingli der Schüler beider.[27]

---

[27] Wenn nicht alles trügt, spiegelt sich hier bereits bei Zwingli ein in der früheren Reformation generell nicht untypisches Denkschema: Die Essenz Gottes ist als solche nicht zu erkennen, ihr Handeln in und durch Christus aber wohl. Nicht nur in Melanchthons *loci communes* wird bekanntlich der, wenn man so will, "wesentliche" Christus markant von seinen *beneficia* unterschieden. Auch Oekolampad beispielsweise äußerte ausdrücklich an entscheidender Stelle in der Badener Disputation, dass er die Erkenntnis der Essenz Gottes für ebenso unnötig und unmöglich halte wie diejenige der Barmherzigkeit Gottes in Christus für zentral und heilsnotwendig. Oekolampad sagt in der Debatte mit Eck, wie die Akten zum 21. Mai 1526, in: Thomas Murner, *Die Disputacion vor den XII orten einer loblichen Eidtgnsschaft, [. . .], in dem iar Christi unsers erloesers MCCCCC und XXVI uff den XVI. tag des Meyens erhoeret und zuo Baden im Ergoew, irer statt, gehalten unnd vollendet,* fo. Aiiij, berichten: *In dem spruch Pauli angezogen lernend wir die allerhoechsten wisheit, das des wort des critz ist die krafft und die wisheit gottes. Also hat unns ouch Cristus selbs gelert unnd uns dahin gewissen, die warheit zuo erlernen, so er spricht: "Ich bin der weg, die warheit und das leben." In welhen wortten er uns lert, zuo der warheit zu kommen, dann er vorhin gesagt hett sinnen jungeren von sinem liden und abscheiden uß disem leben, durch welhes wir zuo der rechten warheit komend goetlicher erkanntnüs, dann er darby sagt: "Niemand mag komen zuo dem vatter dan durch mich." Ir wissend all wol, das gotlichs wesen zuo erkennen dem menschen noch moeglich noch zu noeten, aber goetliche barmhertzikeit zup erkennen ist uns am allernotwendigisten. Durch das liden unsers herren Jhesu Cristi komen wir zuo erkanntnis der barmhertzikeit gottes, das sy unußsprechenlich sig, und also moegen wir warlich zuo got gezogen werden, im frywilligklich ze dienen in allen guoten werchen* (zit. nach einem unpubl. Editionsprobedruck, hg. von Wolfram Schneider-Lastin et al., Zürich, 1999). Reformatorische Christuszentriertheit, scholastische Erkenntnislehre und spätmittelalterliche Passionsfrömmigkeit werden hier zu einer berührenden und plausiblen Einheit verbunden – ein reizvoller Passus aus der nicht nur Polemik, sondern auch geistliche Tiefe freisetzenden Disputation in der Bäderstadt. Dass der Gelehrte damit bewusst eine bekannte gemeinscholastische Distinktion aufgriff, zeigt sich durch die Selbstverständlichkeit, mit der er sich schon gleich im Vorab des Einverständnisses aller, auch der altgläubigen Gegner, versichern konnte. Von diesem Denkschema erklärt sich dann wohl wiederum ihrerseits die in Zwinglis *Commentarius* konstitutive Disposition einer eher merkwürdigen Weise der Auftrennung menschlicher Gotteserkenntnis in eine allgemeine Offenbarung von Gott und eine spezielle von Christus (als *religio* und *religio christiana*): Dass sie von Zwingli mehr oder weniger chemisch rein auf die beiden Testamente zu verteilen versucht wird, stellt vermutlich den gut gemeinten, wenn auch wenig überzeugenden Versuch einer Transformation der gut scholastischen Differenz von *cognitio Dei ex naturalibus sive supernaturalibus* ins frühreformatorische Schriftprinzip dar. Auch die Spannung zwischen dem Anspruch auf natürliche Erkenntnis des Wesens Gottes und der Einsicht in deren Unmöglichkeit in derselben Schrift dürfte von daher rühren, dass das eine Mal das natürliche Erkenntnisvermögen des Menschen, das andere Mal aber die Existenz des Sünders vor Gott Kognitionskriterien darstellen.

6.2.2. *Unendlichkeit als intrinsische Modalität göttlichen Seins*

Dass Gott aufgrund seines eigenen Wesens, damit in essentiell konstitutiver und von den Theologen gemeinhin anerkannter Weise unendlich sei, erklärt Zwingli in genuin scotistischer Terminologie erstmals in der *Amica Exegesis*.[28] Auffallend ist, dass Zwingli mit einfachem determiniertem Artikel auf die *theologi* zu sprechen kommt, denn das impliziert, dass es nennenswerte alternative Lehrtraditionen für ihn nicht gab, womit er, jedenfalls unserer intentional-pragmatischen Interpretation der entsprechenden Texte bei Ockham und Rimini gemäß, ja auch nicht eigentlich unrecht hatte. In der im Datum wenig späteren, aber im Ton schärferen Schrift *Über D. Martin Luthers Buch* kommt denn auch prompt die in ihrer Absolutheit nun allerdings etwas problematisch wirkende, weil schlichtweg alle spätmittelalterlichen Autoren für den Scotismus explizit vereinnahmende Steigerung vom definiten Artikel zu einem Allquantor: *Alle theologi sagend, daß "allenthalb sin" sye die eigen inner art des göttlichen wesens, unnd redend recht.* Mit der selben typischen Verschiebung zur Ubiquitätsterminologie bringt Zwingli eine formelhaft (durch Entsprechung des Intrinsitäts- mit dem Intimitätsbegriff) vollkommen entsprechende Wendung im zeitgleich entstandenen Jesajakommentar: *Ubique autem esse, intima ac sola numinis est proprietas.* Eine deutsche Übersetzung ebendieser Formel ist dann sogar doppelt vorhanden.[29]

Auch die (auf Nennung von Intrinsität und Modalität verzichtenden, aber denselben Inhalt ansprechenden) Darlegungen der Unendlichkeit Gottes durch den als traditionell deklarierten[30] *essentia*-Begriff[31] oder die von ihm im Gegensatz dazu als innovativ vermerkte *natura*-Vokabel[32] verweisen auf den in charakteristischer Weise essentialistischen und somit scotistischen Infinitismus Zwinglis.[33]

---

[28] Z V, 930, 15–17: *Unentlich, unbegrifflich, ungemessen sin (als ouch die theologi sagend: intrinsecus modus divinitatis) die recht innerlich eygenschafft der gottheyt ist.*

[29] Z V, 945, 1f.: *Es ist sin innerliche eygenschaft, allenthalb sin*; Z V, 179 33f.: *Dann gottes eigenliche eigenschafft ist, das er allein allenthalb ist.*

[30] Z V, 587, 26–30: *Quum ergo dicimus* essentia *deum sive natura sive potestate (quod pridem theologi per essentiam et potentiam vocabant) ubique esse praesentem, non de nostro proferimus (etiamsi nonnihil huc faceret infiniti contemplatio), sed ex divinorum hominum oraculis.* S. dazu auch oben die Einleitung, Anm. 3.

[31] Z VI/3, 93, 15–17: *Cum autem infinitum, quod res est, ideo dicatur, quod essentia et existentia infinitum sit.*

[32] Z V, 929, 20f.: *Die göttlichen natur, die unentlich, unermeßlich und unbegrifflich ist*; Z VI/3, 93, 11 (*De Providentia Dei anamnema*): *unum ac solum natura esse infinitum.*

[33] Es scheint zudem, dass die formale Rede von einem *modus intrinsecus* in Wendungen

6.2.3. *Logische Inkompossibilität zweier oder mehrerer zugleich existierender* Infinita

Eindeutig ist der Befund auch bezüglich des Argumentationsfeldes zum Erweis der zwingend singulären Existenz unendlichen Seins, wobei interessanterweise mehr Übernahmen in den erst nach Abschluss des eigentlichen Abendmahlsstreits enstandenen Schriften zu finden sind als den ihm gleichzeitigen. Den Einstieg in den Gedanken der logischen Unmöglichkeit der Gleichzeitigkeit zweier Unendlicher macht Zwingli freilich schon in der *Amica Exegesis* im Kampf mit Luther.[34] Aus diesem wiederum auch mit Immensitätsvorstellungen operierenden Basisbeweis leitet Zwingli sodann zwei Korollarien ab. Das erste – *Daruß nun volgt, das nit mee dann ein ding mag unentlich, unermeßlich sin, das ist die eynig gottheyt*[35] – stellt eine theologische Applikation des im Grunde in der Schwebe zwischen Naturphilosophie und Metaphysik verbleibenden Arguments dar, wobei die das Zentrum des Satzes bildenden Nennung der Einzigkeit Gottes besonders hervorzuheben ist. Das zweite – *Es volgt ouch, daß dasselb unentlich guot ewig muoß sin; dann wer wolt im den anfang ggeben habenn? Ein anders? So muoßte dasselb das unermeßlich guot sin und anfang aller dingen unnd möcht das nachgender oder gemachet aber nit sin*[36] – eine faktische Deduktion der wohlbekannten *infinitas durationis* aus der *infinitas essentiae* darstellt.

In dem zum Druck überarbeiteten Manuskript der Marburger Vorsehungspredigt wendet Zwingli dann den Gedankengang entsprechend der dort dominierenden kosmologischen Fragestellung zu einem Argument *ex infinito intellectu* über. Wenn die Welt, so sagt Zwingli, aus lauter endlichen Teilen zusammengesetzt ist, dann kann umgekehrt das Unendliche nicht die Summe dieser Teile darstellen und die diese Teile ins Dasein rufende Weltseele ihrerseits nicht endlich sein.[37] Damit lehnt Zwingli natürlich zugleich jedes synkategorematische

---

wie *das inner eygenlich vermögen der red* (= der Redewendung; Z V, 932f.) sich mehr oder minder verselbständigt.

[34] Z V, 930, 3–5: *Lieber, so sag an, ob zwey unentliche ding mögind sin; dann mögend zwey sin, so muoß das erst nit unentlich gewesenn sin oder aber es hette das nachgender nit mögen zuolassen. Dann das vorhin voll ist, mag nit ein anders duldenn, das ouch alle ding erfülle; dann sy sind vorhin voll.*

[35] Ebd., 8–10.

[36] Ebd., 10–13.

[37] Z VI/3, 87, 11–88, 2: *Cum vero unum ac solum infinitum esse possit et mundus infinitus esse nequeat, quoniam et partes eius omnes infinitas esse oporteret (quantum enim cumque aliquid sit, dum ex partibus est, finitum esse oportet, nisi partes quoque infinitae essent, quod iterum absurdissimum est; una enim parte infinita existente, quo extenderet alia infinitatem aut immensitatem*

Verständnis von Unendlichkeit deutlich ab.[38] Denn die aus dem
Akzent auf der Komposition der Welt aus allen ihren Teilen zu ver-
mutende – jedenfalls nicht historisch zwingend in eine so oder so
geartete Präferenz auflösbare – Indifferenz gegenüber Divisibilismus
und Indivisibilismus ist hier kaum als eine Konzession an die theologische oder auch nur metaphysische Legitimität einer in irgendeiner Weise synkategorematischen Prädikation von Infinität zu verstehen.
Wenn der von Zwingli hier verwendete Satz diese logische Struktur
aufweist, dann aus reinen Exemplifikationsgründen in polemischer
Absicht.[39] Die wenig später in der Predigt erfolgende Wiederholung
der Argumentationsstruktur[40] zeigt erneut den für Zwingli offensichtlich

---

suam?) mundus autem cum ex partibus sit, finitum esse oporteat, constat infinitum istud mentem
illam esse, quem philosophi primum motorem vocant. Atque hic est numen et deus noster.

[38] Eine ähnliche, aber von Zwingli nicht annotierte Beweisführung findet sich in
Brulefers *Declarationes* (fo. xliiii verso). Im Rahmen der *pars resolutoria et recollectiva*, des
Kommentars behandelt Brulefer zusammenfassend die Generalpunkte der scotischen
Formalitätenlehre und dort die Frage des Verhältnisses von Einheit (*unitas*) und
Unterschiedenheit *(distinctio): Quecunque sunt unum unitate ordinis necessario debent habere*
duplicem ordinem scilicet ordinem partium inter se: et ordinem partium ad aliquod unum bonum.
Sequuntur correlaria. Universum non est aliqua entitas realiter distincta in partibus simul sump-
tis. Propositio secunda: Deus non est pars universi probatur quia per se non est pars nec perti-
net ad universum tanquam pars: licet ipse sit ens etiam perfectissimum. Quod autem deus non sit
pars probatur quia nullum ens formaliter infinitum potest esse pars: deus est huiusmodi: igitur
etcetera. Maior probatur: quia nullum ens formaliter infinitum potest esse ab alio. ergo nullum
potest esse pars. probatur: quia si posset esse ab alio posset esse pars universi consequens est fal-
sum: igitur et antecedens: falsitas consequentis probatur. Nam quelibet pars imperfectior est suo
toto: igitur deus est imperfectior universo. antecedens probatur per illud principium. Omne totum
est maius sua parte. Secundum correlarium. Omnes creaturae simul sumpte cum deo non sunt
tante perfectionis quante deus intensive licet bene extensive.
Im Gegensatz zu Zwingli sieht Brulefer eine gundlegende Differenz zwischen dem
von der Summe seiner Teile nicht real zu trennenden *universum* und dem niemals
als Teil irgendeines Ganzen vorstellbaren Gott. Damit zeigt sich die Art, wie Zwingli
den Scotismus aufgreift, auch hier wieder so, dass er zwischen Metaphysik und
Theologie tendenziell weniger stark unterscheidet. Ist das *universum* für Brulefer eine
nicht theologisch zu qualifizierende Grösse, sieht der "Kosmologe" Zwingli in der
Identifikation von Universum und Gottheit jedenfalls in der zitierten Textstelle kein
Problem.

[39] Dieselbe, Formalmerkmale nicht vorschnell mit Aussagesubstanz identifizierende
Vorsicht ist übrigens gegenüber der stark an die jeweiligen Schlusssätze der thomasischen *quinque viae* (STh I, q. 2, a. 3, resp.) erinnernden Diktion in der Folgerung
von der Existenz eines unendlichen Intellekts zur Existenz Gottes im Ausgang des
zitierten Textes geboten: Hier wird ein eindeutig franziskanisches Argumentieren in
thomistisches Gewand gekleidet, ein Vorgang der bei Zwingli nicht ganz selten
stattfindet.

[40] Z VI/3, 93, 11–94, 1: *Unum ac solum natura esse infinitum; nam si duo quaedam*
essentia diversa infinita esse perhiberentur, non minus incommodi sequeretur, quam si quis lucem
esse tenebras dissereret; nam quocunque alterum infinitorum proferretur aut extenderetur, isthic alte-
rum contractum et abesse oporteret. Cum autem infinitum, quod res est, ideo dicatur, quod essen-

erstaunlich problemlosen Übergang von Räumlichkeit zu Metaphysik, die durch den interessanten, an den Kusaner erinnernden Kontraktionsgedanken vermittelt wird.[41] In Verbindung mit dem Ewigkeitsbegriff erscheint das Motiv dann noch einmal – möglicherweise frühere Äußerungen Zwinglis aufgreifend – in aller Ausführlichkeit an prominenter Stelle in feierlich proömialem Stil in der *Expositio fidei*.[42] Damit tritt in den Blick die

6.2.4. *Koinzidenz von Unendlichkeit und Ewigkeit*

Der Rezeptionsverlauf der Koinzidenz von Infinität und Aeternität im Spätwerk Zwinglis ist von allen der Unendlichkeit zugehörigen

---

tia et existentia infinitum sit, iam constat extra infinitum hoc "esse" nullum esse posse. Nam quodcunque dares, iam ubicunque externum illud esse vel esset vel consisteret, isthic infinitum non esset et eam ob causam neque infinitum esset. Cum igitur unum ac solum infinitum sit, necesse est praeter hoc nihil esse.

[41] Das Motiv ist schon in der *Amica Exegesis* zu beobachten, Z V, 697, 25–28: *Neque possumus dicere vicissim esse aliquando ubique, aliquando minus; quod enim infinitum est, se ipsum contrahere non potest, quominus infinitum sit, ac rursum explicare in infinitum.*

[42] Z VI/5, 53, 10–54, 6: *Universa, que sunt, aut creata sunt aut increata. Increatus unus ac solus deus est; nam increatum nisi unum esse nequit. Si enim plura essent increata, iam plura essent eterna. Socia enim sunt increatum et eternum, ita ut utrumque sit alterum quoque. Si plura essent eterna, iam plura essent infinita. Nam et illa sic paria sunt ac socia, ut, quicquid sit eternum, etiam sit infinitum, et quicquid sit infinitum, etiam sit eternum. Cum autem infinitum unum modo queat esse (nam ut primum admittimus duas infinitas substantias, utraque finita est) iam constat increatum unum ac solum deum esse.* Es ist bemerkenswert, dass das Zitat sehr an einen Passus des jungen Heinrich Bullinger erinnert, der in seinem *Psalmorum liber ex Hebraica veritate ad collationem Graecorum, qui LXX interp. sunt, translatus, consultis praetera optimis quibusque interpretibus*, 224, (zit. nach Staedtke, Die Theologie des jungen Bullinger, 106, Anm. 2) zu finden ist: *Omne enim quod est, aut creatum est, aut increatum, necesse est autem unum esse increatum dumptaxat. Si enim plura essent increata, plura essent aeterna. Si plura aeterna, plura essent infinita. At quam primum dua ponis infinita, utraque fecisti finita. Ergo unum tantum infinitum et proinde unum dumptaxat est aeternum, unicum ergo et increatum.* Da dieser Auswahl-Kommentar während des fünfmonatigen Studienaufenthaltes des Kappeler Lehrers 1527 in der Zürcher Großmünsterschule verfasst wurde, legt sich als mögliche Interpretation der auffälligen Koinzidenz nahe, dass Bullinger mündliche Äußerungen Zwinglis aufgenommen hatte, deren auch dieser sich seinerseits dann 1531 wieder erinnerte, die vielleicht sogar zu einer Art argumentatorischen Standartrepertoires des Predigers Zwingli gehörten. Dass Bullinger aufgrund eigener Kenntnisse franziskanischer Philosophie eine auch in der äußerlichen Formulierung so ähnliche Wendung in die Feder floss, ist weniger wahrscheinlich, wenn auch nicht absolut auszuschließen. Eher aber könnte die Parallele einen Hinweis darauf bilden, dass die schriftlich überlieferte Scotismusrezeption Zwinglis nicht nur die Spitze eines nach seinem Ableben ins historische Dunkel versunkenen Berges an persönlicher scholastischer Bildung, sondern vielleicht sogar gleichsam die mediale (nämlich verschriftlichte) Oberfläche eines mündlichen Fundus zur nachhaltigen Verbreitung dieser Bildungs- und Überzeugungsinhalte darstellt.

am deutlichsten zu beobachten und als in zwei Stufen erfolgend zu beschreiben.[43] Eine erste Stufe zeigt sich in der Aufnahme kosmologischer Argumentationsmotive in die Marburger Vorsehungspredigt, wo zum Erweis der Alleinursächlichkeit des Handelns Gottes die Endlichkeit alles Nichtgöttlichen und hier zuerst der Himmelskörper und der Erde statuiert wird.[44] Diese Motive sind nicht als ausschließlich scotisch oder scotistisch bedingt anzusehen, sondern stehen in einem weiten, einhellig von der zeitlichen Schöpfung der Welt ausgehenden und die Koaeternität geschöpflicher Größen schon früh häretisierenden dogmengeschichtlichen Kontinuitätszusammenhang von Augustin bis zum Spätmittelalter und darüber hinaus. Durch die gegenteilige Meinung der lateinischen Averroisten und des in diesem Punkt primär als Philosoph argumentierenden Aquinaten sowie gewissen seiner Schüler wurde der augustinisch-franziskanische Konsens des Spätmittelalters eher bestärkt als überwunden. Es lässt in dieser Hinsicht zumindest ein Fragezeichen hinter eine thomistische Prägung Zwinglis setzen, der doch, thomasisch gesprochen, eindeutigerweise zu den *murmurantes* gegen die Annahme einer Ewigkeit der Welt zu rechnen ist. Auch wenn Duns in der Frage der Ewigkeit oder Zeitlichkeit der Welt neutral verblieb[45] und die von Zwingli verwen-

---

[43] Eine Art Vorstufe bildet die erkenntnistheoretische Verwendung des Arguments im Sinne der Notwendigkeit einer göttlichen Offenbarung im Kapitel *De Deo* des *Commentarius*, Z III, 643, 2–5: *Imo divinum hoc infinitum et aeternum longe magis ab homine distat, quam homo a scarabeo, quod creaturarum quarumlibet inter se comparatio rectius constet, quam si quamlibet creatori conferas.* Im selben sachlichen Kontext und formalen Kapitel stehen die anderen beiden Infinitismus-Applikationen im *Commentarius* (vgl. oben VI. 2.1).

[44] Z VI/3, 87, 4–11: *Si vero mens ista mundo est contemporanea, quis menti dedit imperium in mundum? Ex aequo enim aeternus esset mundus atque mens, neque iugum sumpsisse, capi citra inferioritatis aut posterioritatis notam potest neque coaeternum esse cum diminutione. Aeternum enim infinitum est, et quae coaeterna sunt, indubie quoque coinfinita erunt. Quod si mens ista aeterna est et mundus ei coaetaneus, iam, ut mens infinita est, mundus etiam infinitus erit; quod quam absurdum sit, sensus nedum animus videt. [. . .]* A. a. O., 88, 3–8: *Cognito itaque, quod de ratione finiti est, coepisse, de ratione infiniti nunquam coepisse, quodque unum ac solum infinitum et proprie aeternum est, viso deinde, quod mundus et universae partes eius finitae sunt, et ob id temporariae et non aeternae, iam adperiant oculos philosophi et videant mundum finitum esse, esse creatum, aeternum autem non esse. [. . .]*; a. a. O., 88, 16f.: *Nunc ad astra ascendimus pervestigaturi, quod neque ista sint a seipsis. [. . .]* A. a. O., 90, 3–91, 1: *Astra corpora ista sua quantumvis grandia, agilia et perspicua habere aut a se aut ab alio. Si a se habent, iam aut a se coeperunt esse, aut ab aeterno a se sunt. Si a seipsis esse coeperunt, iam fuerunt, priusquam essent; sese enim genuerunt, ut essent. Nam nihilum generare nihil potest. Si ab aeterno sunt, iam infinita erunt; solum enim infinitum aeternum est, et infinitum ac aeternum convertuntur, hoc est: paria imo re ipsa idem sunt. Astra vero cum infinita non sint (quantum enim illorum exercitum uno intuitu complectitur oculus, tantulum organum?), constat ab alio esse, qui alius noster ille motor et autor rerum universarum, deus ac parens est.*

[45] Ord. II, d. 1, (W.) q. 3: *Utrum possibile sit Deum producere aliquid aliud a se sine*

dete Terminologie (*coaeternus*) eher auf die Thomas-Bonaventura-Debatte selber und das recht weite Diskussionsumfeld zu Beginn des 14. Jahrhunderts im Ganzen als auf deren scotisches Referat verweist,[46] dürfen daraus keine vorschnellen Schlüsse gezogen werden. So hat beispielsweise die ausdrückliche Ablehnung einer äquivoken generativen Abfolge potentiell unendlich zahlreicher Welten zwecks Vermeidung eines *regressus in infinitum* Zwingli nachweislich bei seiner Lektüre des scotischen Unendlichkeitsbeweises, wann immer sie erfolgt sein mag, in sachlich genau entsprechender Weise beschäftigt,[47] sodass hier eine aus den Quellen konkret nachweisbare Rezeptionslinie wiederum zum *doctor subtilis* und jedenfalls nicht unmittelbar in die Philosophie des dreizehnten Jahrhunderts zurückführt. Es scheint nach allen heute einsehbaren Dokumenten sehr wahrscheinlich, dass auch die kosmologische Fassung des Unendlichkeitsarguments, obschon in sich selber nicht unbedingt rein scotischer Natur, für Zwingli doch in enger Verbindung mit seiner zustimmenden Kenntnisnahme der Texte Duns' wichtig wurde und aus diesem Gedanken- und Rezeptionszusammenhang in seine theologischen Werke eingeflossen war. Aus diesem im Jahr 1529 und vorbereitend vermutlich schon 1528 entfalteten schöpfungstheologischen Kontext wurde das Argument dann 1531 in der *Expositio Fidei*[48] in den Rahmen infinitistisch geführter christologischer Fragestellungen transferiert.[49]

---

principio durationis? Duns will sich zwischen der Ansicht *D. Thomae et multorum* (Lychet) und der *sententia Henrici, Bonaventurae, Richardi, Alberti Marsilii* nicht entscheiden und würde wohl die abschließenden Worte Lychets unterschreiben: *De ista tamen quaestione non multum curandum est cum sit problematica et utraque pars sustentabilis* (Kommentar n. 14).

[46] Zur ganzen Thematik Wissink, The Eternity; zur kirchlichen Verketzerung von Koäternitätsaussagen über Kreaturen seit dem Konzil von Konstantinopel 543 (can. 8) dort, 7.

[47] Vgl. unten Anhang 1. 3. zu Ord. I, d. 2, W. q. 2, n. 19; V. p. 1, q. 1–2, n. 71.

[48] Z VI/5, 142, 18–143, 8: *Nam docti omnes pro explosa et impia damnarunt hanc sententiam, qua quidam ausi fuerunt adseverare Christi corpus perinde esse ubique atque divinitatem. Ubique enim esse nequit, nisi quod natura infinitum est; quod infinitum est, simul est eternum. Christi humanitas non est eterna, ergo neque infinita. Si non est infinita, ergo nequit non esse finita. Si finita est, iam non est ubique. Sed missis istis, que tamen in hoc adduximus, ut philosophice ratiocinationi non deessemus, si quando in eam incideres, o rex, ad impenetrabilia scripture testimonia accedemus.*

[49] Eine Andeutung des Arguments in christologischer Hinsicht ist zudem schon in der Jesajakommentierung zu finden, Z XIV, 337, 1–4: *Qui ubique est, eum ab eterno fuisse necesse est. Nam perinde est de ratione infiniti semper fuisse atque ubique esse. Oporteret ergo humanitatem Christi ab eterno fuisse et sic fuisse, qum non esset.*

6.2.5. *Unendlichkeit als Immensität*

Die räumliche Bedeutung der unbeschränkten Präsenz Gottes in der Welt spielt für Zwingli eine so zentrale Rolle, dass er sogar diverse sich der hoch- und spätscholastischen Tradition verdankende Termini zu ihrer Explikation verwendet: Unter ihnen befindet sich vor allem (nebst demjenigen der Zirkumskription)[50] der der Immensität.[51] Hier

---

Interessant ist im Zusammenhang mit dem von der *Expositio fidei* verschiedentlich herausgehobenen Ewigkeitsgenuss die Schlusspassage des Briefes Giovanni Picos an seinen Neffen Gian Francesco: *quam ut perpetua utriusque hominis pace infinito bono sine fine fruamur.* Beachtenswert ist insbesondere die wörtliche Auslegung des Infinitätsbegriffs auf die Zeitachse des Daseins hin: *in-finito/sine fine.* Vgl. insgesamt Schulten, Giovanni Picos Brief, und unten VI. 2.8.

[50] Z V 657, 12–20: *Videris in hac sententia, quasi ubi non sit distinctus adpertis verbis ad Christi adorationem locus, illic adorari posse aut minus. Quod quid aliud est, quam deum loco includere? Nam si uno in loco excludis aut liberum facis, in alio minus, iam divinitatem eius plane circumscribis. Loci enim coniunctione liberum facis aut minus; quod aliud nihil est, quam ad locorum angustiam alligare deum. Nos ergo non sic a finito ad infinitum argumentantes dicimus Christum esse ubique; unde et ubique esse adorandum.*

A. a. O. 697, 1–18: *Quod autem humanitas Christi (ne quicquam adsumamus, quod non fortissime scriptura muniatur) sic circumscripta sit aut sita, ut uno in loco tantum esse oporteat, sic probamus: Christus ipse tot locis, quorum non paucos iam adduximus, corpus suum circumscripsit, sive abitione, sive ad dextram sessione, ut circumscriptum esse nullus magister melius docere ulla philosophia potuerit. Secundo: Manifestavit idem Christus, ubinam sit futurus usque ad publici iudicii diem, neque uspiam prodidit se alibi situm futurum esse, quam ubi se ostendit futurum. De dextera vero dei nihil simus solliciti, cum circumscripta non sit; unde arguamus neque humanitatem circumscriptam esse posse. Nam etsi divinitas sit ipsa infinita, que nimirum nulla circumscribi ratione potest, adhuc tamen circumscripte sunt omnes intellectuales creature, quae apud eum sunt, alio modo quam hic simus in ipso. In isto igitur loco aut modo, ubi se deus infinitus finitissimis intellectualibus creaturis fruendum et pascendum praebet, agnoscimus Christum secundum humanitatem ad dextram patris sedere, circumscriptum perinde atque angeli et homines circumscripti sunt.*

[51] Z VI/3, 87, 16f.: *Una enim parte infinita existente, quo extenderet alia infinitatem aut immensitatem suam?* Z V, 932, 13–17: *Nun wellend wir widerum zuo unser fürgenommen frag. So sich nun erfindt, daß Christus menscheyt nit von nüwem infinita, das ist: unentliche oder unermessen mag gemacht sin, und du sagst aber, sy sye unermeßlich, so mueßte es sin, das sy in die unentlichen gottheit verwandlet wär. Das aber nit sin mag.* Z V, 933, 8–10: *Dann von der gottheyt ist es nit not ze fragen, so wir alle wol wüssend, das er nach dero von ewig zuo ewig unbegrifflich, unermessen, unentlich und ungezilet ist.* [...] Z VI/2, 164, 17–25: *Und darumb so ist "die creatur by gott sin" nit, ußgebreyt sin nach der unentliche der gottheyt; dann wo im also, so wär die creatur nit ein creatur, sunder gott selbs. Dann der einig gott ist unentlich und unermeßlich, Job 9: "Er hatt die himmel allein ußgetennet." Und 23: "Er ist's allein und nieman mag syne radtschleg wenden." Nun ist "allenthalb sin" die ader und ursrprung der allmechtigkeyt. Wenn nun die creatur allenthalb wär, so wär sy der allmechtig unnd deßhalb der schöpffer und nit die geschöpfft.* Z XIV, 372, 14–38: *Nam si illius* [sc. Christi] *corpus pro immensitate divine naturae immensum est factum, iam et nostra corpora aut erunt immensa post resurrectionem, aut nobis adempta erit resurrectionis spes. At non erunt immensa. Hoc enim nulli creaturae quam infinitae dei naturae competit. Relinquitur ergo nobis spem resurgendi amputari. Quod hoc modo confirmamus. Si Christi caro ex mortuis resurgens immensa facta est pro infinitate divinitatis, iam qum nos sciamus nunquam ad eam mensuram venturos, ut nostra corpora sint*

könnte man nun denken, Zwingli folge in dessen Verwendung dem vermutlichen mittelbaren Urheber Bonaventura in dessen Semantik zwischen noch physischer und schon metaphysischer Bedeutungsebene. Im Gegensatz zu den teilweise außerordentlich problembewussten Wiederaufnahmen infinitistischer Immensitätsvorstellungen in der vierten und fünften Generation reformierter Schultheologie bevorzugt der Reformator nicht ganz selten die physisch-geometrische Konnotation recht unabgeschwächt.[52] Doch ist auf der anderen Seite stets im Auge zu behalten, welche Bandbreite der Immensitätsbegriff insbesondere im französischen Scotismus des 15. Jahrhunderts besessen hatte, wo ihn besonders Jean de Ripa gänzlich metaphysisch verstand. Von diesen Entwicklungen weg vom bonaventurianischen hin zu einem enträumlichten Verständnis mag Zwingli nicht unberührt geblieben sein; auch wenn er sich selber dazu nicht äußert, lebte er jedenfalls im allgemeinen Klima des Scotismus seiner Zeit, der sich mit diesen Neuerungen der Immensitätsauffassung auseinandersetzte.

---

infinita aut immensa, non potest illius resurrectio nostram resurrectionem polliceri, qum ille deus sit et homo, et humanitas secundum istos extensa et inaugurata sit infinitati per divinitatem. Nos autem, nihil quam homines et non deus natura qum sumus, non est spes reliqua, quod resurgamus. Si vero, quomodo et Paulus argumentatur, ille verus homo resurrexit, iam et nos veri homines resurgemus. Nam alias inconstans esset argumentum Pauli, quum ait: "Si mortui non resurgunt, neque Christus ressurexit." Fieri enim posset, ut qui ad immensitatem divinitatis immensus esset, resurgeret, imo semper existeret, nobis non resurgentibus. Nunc autem qum eius resurrectio nostram promittat, oportet eum simili modo resurgere, quomodo nos resurrecti sumus. Atque istud est, quod Irenaeus perhibet: illius corpus nostrum corpus ad resurrectionem pascere, hoc est: nobis certum periculum praebere, quod et nos resurrecti simus, qum ille resurrexerit. Quid multa? Verus homo est, vere finitus ac dimensus, et simul verus deus, infinitus et immensus, quomodo in elencticis nostris ubertim est ostensum.

[52] Wie gewinnbringend das scotische Problembewusstsein in diesem Punkt für den stark traditionsbestimmenden Denker Arminius war, legt Muller, God, Creation, and Providence, 135f, dar in der Darstellung von dessen *Disputationes publicae IV, XIII*: "Immensity, like eternity, was derived from the infinity of God, but is placed second by Arminius in view of its temporal corollary – a corollary defined not only by the relation of God to created space but also by the temporal character of created space. Space, in other word, is not viewed by the scholastic mind as eternal: rather it is a predicate of material substances which, by definition, have a beginning in time. Eternity, therefore, governs the language of immensity: only in relation to time may God be called omnipresent. We are once again thrown back on Scotist antecedents: Aquinas discussed omnipresence prior to eternity and did not raise the distinction between immensity and omnipresence. Scotus, by way of critique, had argued that previous definitions of omnipresence rested on an unacceptable analogy between God and creatures and that the divine presence ought to be defined primarily in terms of the immutability and ultimacy of God prior to any activity or relation to creatures."

6.2.6. *Konnexion von Infinität und Omnipotenz*

Im Verbund mit Immensitäts- und Aeternitätsvorstellungen wird vom Zürcher Reformator, problemgeschichtlich analog zu Punkt 4, eine direkte (nicht mittelbare) Verbindung von Ubiquität, Unendlichkeit und Allmacht behauptet.[53] Die von Duns ausdrücklich statuierte Differenz[54] zwischen metaphysisch nachzuweisender unendlicher Macht und nur durch die theologisch-kirchliche Tradition vermittelter göttlicher Allmacht hat Zwingli also wohl nur sehr bedingt wahrgenommen, womit er im Spätscotismus allerdings nicht ganz alleine steht.[55] In diesen Identitätsstatuierungen ist nicht besonders viel vom Kontingenzbewusstsein der eigentlichen Spätscholastik zu finden und es dürften Äußerungen wie die angeführten sein, die das – durchaus falsche – Schlagwort vom theologischen Determinismus Zwinglis gebildet haben.

Doch auch hier wie schon beim Zusammenschluss von Unendlichkeit und Immensität und in gewisser Weise auch schon bei der Identifikation von Infinität und Aeternität ist bei der historischen Einordnung dieser Verbindung Umsicht geboten. Denn zum einen ist sie, wenn sie sich auch von der scotistischen Lehre tendenziell und oft eher unterschwellig unterscheidet, doch unzweifelhaft erst im Rezeptionsverbund mit dieser zusammen in Zwinglis spätere Schriften hineingekommen. Darum ist sie in der Darstellung nur künstlich von genuin scotischen Unendlichkeitsnotionen loszulösen und wohl am ehesten als realistisch-konservative Variation des scotisch-scotistischen Grundtons zu charakterisieren. Und zum anderen ist festzuhalten, dass trotz der im Übergang zur (nur vereinfachend mit dem unpräzisen Sammelbegriff

---

[53] Z IV, 2, 155, 24–156, 3: *Unnd so aber die menscheyt Christi ußgebreyt were nach der gottheyt (als Luter sagt), so wäre ye die menscheyt Christi allmechtig, dann die allmacht ist uß der unentliche. Und mag nützid allmechtig sin, denn das einig unentlich guot; und was wesenlich unentlich ist, das ist ouch allmechtig. Ist nun der lychnam Christi allenthalb, wo die gottheit ist, so ist er wesenlich unentlich; ist er wesenlich unentlich, so ist er ouch allmechtig.* A. a. O., 164, 23–25: *Nun ist "allenthalb sin" die ader und ursrprung der allmechtigkeyt. Wenn nun die creatur allenthalb wär, so wär sy der allmechtig unnd deßhalb der schöpffer und nit die geschöpfft.* Z XIV, 337, 9–11: *Ubique autem esse, intima ac sola numinis est proprietas. Hinc enim dimanat omnipotentia.*

[54] Zur scotischen Applikation der eigenen wissenschaftstheoretischen Grundsätze auf die Allmachtslehre s. Ord. I, d. 2, W. q. 3, n. 6; V. p. 1, q. 3, n. 178.

[55] Trotz aller *prima facie* erscheinenden Interessiertheit an logischen Streitpunkten sind infinitistische Gedankengänge scotistischer Prägung, wie sie etwa in Mairs *tractatus* geboten werden, ihrem intentionalen Tiefengehalt noch zu Beginn des sechzehnten Jahrhunderts zumindest *auch* der Allmachtsfrage zuzuordnen.

des Ockhamismus zu bezeichnenden) jüngeren Franziskanerschule
teilweise vorhandenen scotistischen Tendenz, Metaphysik und Theologie
zunehmend stärker zu trennen, jedenfalls bei Duns selber metaphysische Theoreme und Beweisführungen in konstitutiver Weise Sub-
sistenz- und Mediatisierungsfunktion für spezifisch theologische und
darum dem Intellekt des Erdenpilgers nicht unvermittelt zugängliche
Aussagen zu übernehmen haben.[56]

6.2.7. Nulla proporcio: *Die klassische Formel*

Ist die Improportionalität von Finität und Infinität in so vielen appli-
kativen Kontexten in Zwinglis Schriften fassbar, wirkt es kaum mehr
überraschend, dass sie auch explizit in ihrer klassischen Formel
erscheint:

> *Minus sumus coram deo quam "lutum in manu figuli" [Jer 18,6]. Nam creato-
> ris ad creaturam, finiti ad infinitum nulla est proporcio. Olle et figuli racio que-
> dam est, nam creatura uterque.*[57]

Damit ist nun der Anschluss an die scotistische Tradition an Deutlichkeit nicht mehr zu übertreffen, nicht nur insofern, als hier die
zentrale Improportionalitätsformel gleichsam schibbolethartig wörtlich erscheint, sondern auch insofern, als sie alle Flügel und Richtungen
des Scotismus faktisch in sich vereint. So zeigt sich auch in Zwinglis
konkreter Verwendung dieser philosophischen Formel das letztlich
spirituelle Anliegen, das alle franziskanischen Autoren in ihrer Unendlichkeitsreflexion verband. Es ging ihm mit ihr weder um abstrakt

---

[56] Eine scotistisch geschultem Problembewusstsein angemessene Verbindung des
Macht- und des Unendlichkeitsbegriffs bietet Brulefer, Rep. II, d. 1, q. 1 (fo. cxcviii
verso): *Queritur utrum potentia creandi sit communicabilis creature. Respondeo premittendo unam
suppositionem (scilicet quod creare est aliquid de nihilo in effectu producere, producere ponitur loco
generis quia non omne producere est creare sed econtra. De nihilo ponitur ad differentiam generationis. In effectu ponitur pro actuali existentia. Dico ergo ad questionem quod potentia creativa
nullo modo est communicabilis creature etiam per potentiam divinam. In deo sunt duo tantum
principia causativa scilicet voluntas et intellectus. In creaturis sunt tria. scilicet intellectus, voluntas et potentia executiva. Unde est error et articulus Parisiensis quod angelus possit sola voluntate exequi vel producere effectum, sed requiritur tertium: scilicet potentia executiva. Sed in deo
suum velle est suum facere. Patet ergo: quod potentia creativa est voluntas divina que est formaliter deus et formaliter infinita: ergo incommunicabilis.*
[57] Nachschrift der Predigt über Jes 29,13 in: ZBZ Ms Car I 185, fo. 69r. Den
Hinweis auf diese Stelle verdanke ich der Satzaufbereitungsdatei zum Band XV der
Werke Zwinglis (= Exegetische Schriften, Bd. 3 = Corpus Reformatorum, CII) von
Dr. Max Lienhard †. Da sich beim Satz die Seitenzahlen verschieben werden, sind
sie noch unbekannt.

metaphysische Fragen noch auch um das Abendmahlssakrament mit
entsprechenden Räumlichkeitsvorstellungen. Vielmehr zielt die im
Kreis der provenzalischen *spirituali* einst populäre Formel auch in
Zwinglis Mund auf Gottes Hoheit, die alle weiteren Manifestationen
von Göttlichkeit ausschließt und der darum ohne allen falschen Schein
unsere aufrichtige Ehrfurcht und Liebe gelten soll: Es ist der Mund
des gegen scheinfromme Heuchelei auftretenden Predigers Zwingli,
der so spricht.

Auf den ersten Blick überraschend nämlich zeigt sich die Nomenklatur der Improportionalität so explizit in Zwinglis Großmünsterpredigt
über Jesaja 29 vom Winter 1528.[58] Sollte der vielgerühmte Verkündiger
also seiner Zuhörerschaft aus dem breiten Kirchenvolk in der Auslegung
eines schon an sich nicht leicht zu verstehenden Prophetentextes auch
noch die durchaus philosophische und nur in Latein überhaupt ver-
mittelbare Formel zugemutet haben? Eine Frage, die sicherlich zu
verneinen ist, denn die Nachschriften, die uns vom Zwinglischen
Predigtwerk zur Verfügung stehen, umfassten die in der sog. Prophezey
stattfindenden halböffentlichen Vorbereitungsvorlesungen im Kreis
der Pfarrerschaft jeweils mit. Theoretische, im strengeren Sinne exegetische, und freiere, eigentlich homiletische Teile wechseln daher
darin stetig ab.[59] Zwingli wird für das interessierte Publikum die latei-

---

[58] Die Predigtreihe über Jesaja dauerte vom 2. Sept. 1527 bis zum 27. Febr.
1528, s. Meyer, Die Entstehung, 330. Es ist von daher zu vermuten, dass die
Auslegung des Kapitels 29 kurz vor Weihnachten erfolgte. Bezüglich der Überlieferung besteht insofern ein minimaler theoretischer Vorbehalt, als die Exegetica
Zwinglis nur indirekt in Nachschriften überliefert sind, beim Ms Car I 185 insofern sogar doppelt indirekt, als der Schreiber Heinrich Buchmann (Biblianders
Bruder) sich seinerseits auf Notizen Leo Juds stützte. Dennoch ist ein Zweifel an
der Authentizität hier kaum möglich, weil eine so auffällige und in ihrem Kontext
erratisch wirkende Formel von keiner andern Seite als der des ursprünglichen Redners
Zwingli her gekommen sein kann; die interpretatorische Freiheit, eine textfremde
lateinische Formel einfach nur einzuschieben, hätte sich ein *amanuensis* kaum geleistet.

[59] Für die Sicht permanenten Sprachenwechsels innerhalb ein- und desselben
(wenngleich vielleicht einige Tage dauernden und in verschiedenen Kreisen vorgenommenen) Entstehungsganges der Predigten nach der Mitte der zwanziger Jahre
spricht sich Meyer in seinem grundlegenden Aufsatz (vgl. oben Anm. 58) aus.
Hoburg, Seligkeit und Heilsgewißheit, 166, Anm. 43, optiert darüber hinausgehend
für den methodisch zweifellos gebotenen Versuch konsequenter Quellenscheidung
von deutschen und lateinischen Teilen, vor allem in den Predigten zu jenen biblischen Büchern, für die uns Quellen auch aus der Zeit von 1519–1523 zur Verfügung
stehen, und zieht die Möglichkeit von früher Datierung für die deutschen und später Datierung für die lateinischen Stücke in Betracht. Fest steht (Hoburg, ebd.):
"Solange das Quellenproblem nicht intensiver behandelt ist, läßt sich kein abschließendes Urteil bilden"!

nische Formel also kurzerhand mit eingeflochten haben, als sie sich eben anbot. Weil er zum Zeitpunkt der Jesajaauslegung ohnehin gedanklich mit scotistischem Gedankengut beschäftigt war, füllte die entsprechende Nomenklatur damals bereits sein Gedächtnis, sodass er bedenkenlos deren klassische Formel der aufkeimenden reformierten Spiritualität fruchtbar zu machen suchte. Genau in diesem Vorgang umstandsloser Übernahme tritt darüberhinaus – einmal mehr – auch die bedenkenlose Akzeptanz des ihren Inhalten zugrunde liegenden metaphysischen Weltbildes zutage.[60] Philosophie und Spiritualität sind hier – wie bei den Schöpfern der Formel selber – noch ungetrennt; theologische Überlegung und öffentliche Verkündigung waren es ohnehin. Dass Zwingli in seiner Jesajaauslegung gleich mehrfach auf die Improportionalität von unendlichem Schöpfer und endlichem Geschöpf zurückgreift, dürfte also keineswegs allein der zeitlichen Nähe zu seiner besonders viele Scotismen aufweisenden Schrift *Über D. Martin Luthers Buch, Bekenntnis genannt* von August 1528 zuzuschreiben sein. Erbauliche Schriftauslegung und polemischer Abendmahlsstreit ergänzten sich hier vielmehr vermutlich gleichsam interaktiv, indem Rezeptionsvorgänge, die innerhalb des einen Kontextes geschahen, im anderen ebenfalls nutzbringend wurden.[61]

6.2.8. *Gottesschau als ewiger Genuss des Unendlichen*

Trotz der bisher entfalteten Katene in sich gut traditionell variierter Rezeptionsvorgänge des Improportionalitätsaxioms war selbst für Zwingli die Differenz von Unendlichkeit und Endlichkeit keine unüberwindliche. Zum einen wird sie auch für ihn durch die eine Person des Christus zwar nicht als solche aufgehoben, aber doch wirkungsvoll, nämlich im Hinblick auf die Erlösung der Menschen, überbrückt.[62] Zum andern ist sie für Zwingli aufgehoben im Eschaton, wo es den endlichen Kreaturen vergönnt sein wird, das Wesen des

---

[60] Möglicherweise – auch wenn das zugegebenermaßen spekulativ bleiben muss – könnte er sich im Kreise der Seinen sogar freier gefühlt haben, eine authentisch scholastische Wendung einzustreuen, als im Gespräch mit Gegnern, weil er von ihnen mehr Verständnis oder aber weniger Bildung zu erwarten hatte.

[61] Das ist auch darum bemerkenswert, weil die meisten Übernahmen einseitig verlaufen sein dürften: Die Nachschriften der Exegetica greifen massenhaft auf frühere Monographien Zwinglis zurück, vor allem auf den *Commentarius*. So ist etwa die oben (Anm. 17) angeführte Stelle Z III, 641, 38–642, 3, in SS VI/2, 540, 3–7, unter Zusatz lediglich zweier adverbialer Füllwörter absolut wörtlich wieder aufgenommen.

[62] Dazu vgl. unten VII. 2.4.

unendlichen Gottes zu "genießen", wie er mit dem klassisch augustinisch-franziskanischen Terminus formuliert.[63] Auch damit steht
Zwingli tief in der franziskanischen Tradition, die im Anschluss vor
allem an Bonaventura existenzielle Bedürfnisse des Menschen zur
Legitimation der Notwendigkeit von Unendlichkeitsreflexion in der
Theologie anführt.[64] Dadurch, dass der Mensch letztlich nur in der
seligmachenden Schau Gottes Erfüllung findet, wird der Unendlichkeitsbegriff so auch in seiner profunden eschatologischen Dimension enthüllt: Die *visio* Gottes, des Unendlichen, ist nur dem *perfectus*
möglich, dem *viator* nicht. Duns' Scotus Weiterarbeit am Unendlichkeitsbegriff verdankt sich nicht zuletzt diesen existenziell-spirituell-escha-
tologischen Motivationen der Franziskaner der zweiten und dritten
Generation nach Franziskus. Eine direkte Verbindung der Lexeme
frui und *infinitum* findet sich in der Ordinatio zwar, sehe ich recht,
keine; doch steht der Doktor ganz in der Denkweise seiner Vorgänger,
wie aus der ganzen d. 1 des ersten Ordinatiobuches hervorgeht.[65] In
dem dem *doctor seraphicus* so verbundenen Sentenzenwerk des Stephan
Brulefer findet sich der Gedanke des Unendlichkeitsgenusses hingegen schon gleich zu Beginn in aller Deutlichkeit.[66]

Indem Zwingli diese Motive gelegentlich als seine eigenen zu erkennen gibt, wird für uns zweierlei deutlich: Seine Eschatologie trägt

---

[63] Z V, 697, 1–18; s. oben Anm. 50 (der relevante Passus ab *secundo: Manifestavit*
etc.).
  Z VI/5, 131, 8–10: *Bonum quo fruemur, infinitum est, infinitum hauriri nequit; ergo fasti-
dium eius neminem potest capere; semper enim et novum et idem est.*

[64] Davenport, Measure of a Different Greatness, 73f.: "Bonaventure attributes a
central importance to the idea that man's spiritual desire cannot be satisfied by
finite means. Unlike Fishacre and Thomas, who, in defense of the beatific vision,
invoke the infinity of God's power to argue that the created intellect is supernatu-
rally 'elevated' to behold God, Bonaventure emphazises the uninterrupted continuity that exists between the inexhaustibility of man's spiritual desire in lifetime and
the infinite vision that 'perfects' the human soul in heaven. What makes the vision
of God 'beatific' is precisely that it involves *infinite* Being: the human soul, consti-
tutionally unsuited to find its 'rest' in finite beings, finally comes to experience
fulfillment. Divine infinity is thus inscribed in the human heart in the form of unli-
mited spiritual yearning."

[65] Von Zwingli vermerkte Stellen in Anh. 1. 1. zu Ord. I, d. 1, W. q. 1; V.
p. 1, q. 1, n. 2, V. n 15: *Teneo igitur quantum ad hunc articulum hanc conclusionem quod
fruitio ordinata habet tantum vltimum finem pro obiecto.* V. n. 16: *De tertio articulo Dico quod
obiectum fruitionis in communi est finis vltimus vel verus finis: qui id est finis vltimus ex natura
rei vel apparens.*

[66] S. Anh. 2. 1. 3. zu Rep. I, d. 1, q. 5: *Unde infinitum entitative est quod est supremum ens quod includit omnem entitatem. et hoc modo infinitum est quietativum.* Vgl. den gesamten Kontext!

augustinisch-franziskanische Züge. Alles finite Leben und letztlich die ganze Geschichte drängen hin zum *ultimus finis*.[67] Und: Seine Beziehung zur franziskanischen Unendlichkeitsdoktrin geht über Instrumentalisierungszwecke zu Gunsten seiner Abendmahlslehre weit hinaus; eher ist sie Instrument der Wahrung seiner grundlegenden Überzeugungen hinsichtlich Gottes und der Ewigkeit. Das aber dürfte zugleich auch heißen, dass sie schon vor diesem Zweck für ihn eine Rolle gespielt hatte, die nur einfach durch die Abendmahlsdebatte erst wieder ins volle Licht gerückt wurde.

6.3. Zur Interpretation der Rezeptionsprozesse

Die in (mindestens) sieben Themenfeldern deutlich zu beobachtenden Spuren der aktiven und die breitflächig verstreut wahrzunehmenden Zeichen der passiven Rezeption spätmittelalterlicher Unendlichkeitstheoreme durch den späteren wie vermutlich auch den jugendlichen Zwingli sind nun im Hinblick auf ihre historiographische Relevanz, Zwinglis reformatorische Identität und, damit in engem Zusammenhang stehend, seine zu großen Teilen im franziskanischen Spätmittelalter zu situierende theologische Verwurzelung zu bedenken.

1. Wenn auch der Subtilitätsgrad der Denkkraft eines Duns Scotus von Zwingli – man muss korrekterweise sagen: bei weitem! – nicht mehr erreicht wurde und er teilweise gewissen aus heutiger Sicht eher bedauerlichen Simplifikationen erlag; wenn er auch, zugespitzt formuliert, terminologische Relikte des Frühfranziskanismus stark zu machen versuchte, eines bleibt doch in allen diesen Einschränkungen schwer bezweifelbar: Die gesamte Rezeption des Infinitismus und der umliegenden Theoreme, mochte sie teilweise auch eher vulgärscotistisch geartet und mit einigen Exkursen in allgemein-franziskanisches Lehrgut angereichert gewesen sein, ist motiviert aus seiner inneren Verbundenheit mit und seiner Lektüre von scotischen und scotistischen Werken. Ohne diese primäre Rezeptionsschicht wäre ein variierender Ausbau ihrer Einzelelemente gar nicht denkbar gewesen. Diese rezeptorische Hierarchie gilt es daher zu beachten, wenn eine

---

[67] Hier bestätigt sich noch einmal die grundsätzliche Richtigkeit der Aussagen von Meyer, Huldrych Zwinglis Eschatologie, 62, die Zwinglis Streben nach dem *ultimus finis* mit dem scotistischen Franziskanismus in enge Verbindung stellen. S. oben Kap. II, Text vor Anm. 85.

historisch adäquate Klassifizierung der Phänomene im Umkreis der massiven Akzentuierung der Improportionalität von Schöpfer und Geschöpf bei Zwingli möglich werden soll. Erst sie lässt die Abständigkeit von unendlichem *creator* und endlicher *creatura* (mithin also das, was sich beim reifen Zwingli in weiter entwickelter Form als "reformatorischer Fundamentalgegensatz"[68] beobachten lässt) als innere Mitte der Scholastikrezeption überhaupt erkennen.

Mit dieser traditionsgeschichtlichen Situierung des "Fundamentalgegensatzes" im zeitgenössischen Scotismus ist ein Weiteres mitimpliziert: Das Gewicht der scotistischen Herkunft des Finität-Infinität-Gegensatzes für die späteren Werke Zwinglis kann aus den effektiven Spuren ihrer Rezeption nur dann adäquat erkannt werden, wenn man sie als das betrachtet, was sie faktisch waren: Fußnoten zu einem ungleich größeren und tieferen scotistisch geprägten Bildungshintergrund, publizistische Spitze eines ganzen Berges an biographisch geprägter (und vermutlich auch mündlich regelmäßig vertretener) Mentalität. Das Axiom der Improportionalität von Endlichkeit und Unendlichkeit dürfte für Zwingli einer der elementarsten aller jener vielen scotistischen *regulae* dargestellt haben, die er bei Brulefer und Scotus so intensiv studiert und teils angestrichen hatte.[69]

2. Die Annahme eines über den unmittelbaren Rezeptionsvorgang weit hinausreichenden Bestimmtseins Zwinglis durch die scotische

---

[68] Hamm, Zwinglis Reformation der Freiheit, 23 und *passim*.

[69] Der *regula*-Begriff findet sich in den Annotationen zu Brulefers Reportatio in foll. xvi verso (2x); xviii recto; xix verso; xxxxiiii verso; xli recto (2x); lxxxi recto (2x); lxxxiii recto; cvi recto; also insgesamt immerhin elfmal; außerdem, wie erwähnt, zu Duns' Ord. Ord. I, d. 5. Generell ist allerdings zu sagen, dass die reformatorische Verwendung des Regula-Begriffs bei Zwingli seinen Ursprung in seiner Polemik gegen die Orden in den Schlussreden von 1523 genommen haben dürfte, wie in Z II, 257, 2f.; 260, 17, nachzuverfolgen ist. Dort wird die Regel oder Richtschnur Christi den Regeln der Orden, insbesondere der Franziskanerobservanz, diametral entgegengestellt; die Regel Christi hat bei ihm dort und auch später in ihrem absoluten Sinn eine ethisch-lebensorientierte und weniger eine logisch-theologische Bedeutung. Es ist nicht unwahrscheinlich, dass die von Rollenbutz 1523 an Zwingli mit Widmung übergebenen sehr polemischen *Evangelici in Minoritarum regulam commentarii* (bibliographische Angaben s. Kap V. 2: Nr. 23) des ehemals observanten Franziskaners und späteren Reformators in Hessen François Lambert d'Avignon mit dieser spezifischen Rezeption des *regula*-Begriffs in irgend einem Verhältnis stehen. Die wohl vollständigste Übersicht über die Verwendung des Lexems bei Zwingli bietet derzeit wohl das Register von Huldrych Zwingli, Schriften, Bd. 4, 454 (unter: Christus, Regel). Allerdings bezieht sich nicht jede Stelle tatsächlich auf das gleichnamige Lexem im Original (die Übersetzung von "Orden", a. a. O., 273, 4, mit "Regel" z. B. scheint problematisch.)

Unendlichkeitslehre erscheint zudem plausibel aufgrund einer anderen auf der Hand liegenden Überlegung: Rezeption von Autoren und Schulen greift nicht nur einzelne Teile des von ihnen aufgestellten Lehrgebäudes auf. In dem beim Fehlen offensichtlicher Rezeptionsbehinderungen zu erwartenden Regelfall wird sie auch deren wechselseitige Bezogenheit übernehmen, damit aber auch die den einzelnen Teilen zukommende Stellung im Ganzen. Zumindest bei der Annahme adäquater Konkretisation durch einen Rezeptor ist ein Transfer der intrinsischen Themenhierarchie des durch ihn rezipierten Textkorpus stets mit zu unterstellen. Über die Behauptung, dass das zentrale Moment synthetischer Konkretisation – die scotische Theologie als Kommunikationsangebot zur Reflexion und Verbalisierung der je eigenen Situation nutzend und somit spezifisch modifizierend – in Zwinglis reformatorischer Überzeugung lag, dürfte wohl ein Konsens herzustellen sein. Ebendiese reformatorische Überzeugung aber stand mit der eigentlichen Mitte scotischen Denkens, wie sie ebenfalls weitestgehend konsensuell von den Schulen des Scotismus selber (und später auch von der philosophiehistorischen Forschung) in der Formalitätendistinktion und deren theologischer Konsequenz des Infinitismus und umgekehrt lokalisiert wurde, faktisch in Übereinstimmung. Das "Denken hinsichtlich Gott und der Welt" war bei beiden Autoren und deren sowohl wissenschaftlicher wie auch lebensweltlicher Grundstimmung gleichermaßen "entscheidend bestimmt durch den Gegensatz von Unendlichkeit und Endlichkeit", denn beide respektierten und propagierten gleichermaßen denselben "Fundamentalgrundsatz, dass der unendliche Gott nicht mit der endlichen Kreatur vermischt werden darf"[70]. Das reformatorisch bedingte Interesse des "mittleren" und späten Zwingli an synthetischer Konkretisation scotisch-scotistischer Texte dürfte darum mit großer Wahrscheinlichkeit dem (von der historisch feststellbaren Autorintention aus zu fordernden) Maximalmaß an Konkretisationsadäquanz jedenfalls in diesem Punkt der Themenhierarchie durchaus entsprechen. Etwas komplizierter wird die Lage allerdings, wenn die unterhalb dieser Themenhierarchiespitze situierten scotischen Lehrmomente zum Gegenstand der Untersuchung werden.[71]

---

[70] Hauschild, Lehrbuch, I, 610 (zu Duns); II, 333 (zu Zwingli), in wohl unbeabsichtigter, aber instruktiver Formulierungsanalogie.
[71] Zur linguistischen Terminologie vgl. stets Link, Rezeptionsforschung, vor allem das 4. Kapitel.

3. Diese gemeinsame Mitte der theologischen Denk- und Lebenswelt
in der Abständigkeit von Schöpfer und Geschöpf und die damit verbundenen Momente der für die Zeitgenossen typischen Empfindung
einer subjektiv stets wachsenden Kontingenz der Welt durch eine
Radikalisierung theistischer Momente in der Theologie ist nun aber
nicht allein Signum der beiden hier zur Debatte stehenden konkreten Gestalten und deren Gestaltwerdung in ihren Werken und denen
ihrer Schüler. Sie ist vielmehr charakteristisch für die Entwicklung
des späteren Mittelalters insgesamt und auf der Ebene der Unendlichkeitsfrage in den in sich zwar verschiedenen, aber allesamt mehr
oder minder aristoteleskritisch infinitistischen Lehrverzweigungen
gleichermaßen zu beobachten.[72] Insofern zieht sich hier eine breite
geschichtliche Brücke vom Scotismus zur Reformation, die beide in
Reflexion und Verkündigung die Unabhängigkeit und die gegenüber
der Welt bestehende metaphysisch-theologische Disproportionalität
Gottes in zentraler Weise betonen – eine breite, aber eben erst ab
Beginn des 14. Jahrhunderts wirklich tragende Brücke. Damit steht
das Werk Zwinglis von diesem Fundamentalgegensatz her in klarerer Kontinuität zum Spätmittelalter und deutlich weniger zum
Hochmittelalter, als dies bis anhin in der *opinio communis* der Forschung
angenommen wurde. Es ist bezeichnend, dass die in mehr oder minder positivistischer Weise Texte paraphrasierende Doxographie der
Autoren des 19. Jahrhunderts diesen Zwinglischen Fundamentalgegensatz im Ganzen klarer erkennen konnte, als die die humanistischen (Köhler), die altkirchlich-traditionellen (Locher) oder die angeblich
primär thomistischen (Köhler, Locher, Büsser) Linien in Zwinglis
Denken einseitig betonenden Historiker des zwanzigsten Jahrhunderts.[73]

---

[72] Dies zu belegen ist die Absicht der obigen Abschnitte 3.3 und 3.4.
[73] Dies kann leicht erkennen, wer folgende Zitate Zellers einerseits, Lochers oder
Neusers andererseits miteinander vergleicht.
a) Zeller, Das Theologische System Zwinglis, 94f; zur Interpretation vgl. Kap. II,
S. 60f.: "Der eigentliche Erlöser ist [. . .] nach Zwingli nur der Gott im Gottmenschen,
der Mensch, welcher den Erlösten gleichartig sein soll, ist nur das Werkzeug der
Erlösung. Die [im Vergleich zu Luther] vollere Wahrheit der menschlichen Natur
Christi ist nur eine Folge davon, dass das Menschliche überhaupt nach reformirter
Ansicht von dem Göttlichen schärfer getrennt ist, als nach der lutherischen; nicht
in der Sorge um die Menschheit Christi, sondern in der Ansicht vom Verhältnis
des Menschen zur Gottheit liegt der Schlüssel der reformirten Christologie.
Dem entspricht es nun, wenn man den Grundunterschied der reformirten
Christologie von der lutherischen und die wesentliche Bedeutung dieses Unterschieds
für die beiden Lehrsysteme darin findet, dass auf der einen Seite der Gegensatz
des Endlichen und des Unendlichen ebenso entschieden hervorgehoben werde, wie

auf der andern ihre Einheit, dass das Göttliche und Menschliche dort so weit, als diess innerhalb Einer Person möglich ist, auseinander gehalten, hier bis zum Verschwinden des Menschlichen im Göttlichen zusammengebracht werde, dass ihrer beiderseitige Beziehung dort nur als die absolute Bestimmtheit des Endlichen durch das Unendliche gefasst werde, hier als Immanenz des Unendlichen im Endlichen. Der christologische Gegensatz ist hier unstreitig auf seinen richtigen Ausdruck gebracht. Gerade in der Christologie ist das *finitum non est capax infiniti* der stehende Wahlspruch der Reformirten, dass der menschlichen Natur keine göttlichen Eigenschaften, dass dem Geschöpf nicht dasselbe zukommen könne, wie dem Schöpfer, ist schon bei Zwingli der Hauptgrund gegen die *communicatio idiomatum*."

b) Locher, Die Theologie Huldrych Zwinglis, 82, Anm. 63, kommentiert eine Stelle im Werk Zwinglis wie folgt: "Zwingli hat hier ein Scotistisches Theologoumenon aufgenommen. Ein 'Scotist' wäre er erst, wenn bei ihm der Gottesgedanke als 'ens infinitum' eine beherrschende Stellung einnähme; das ist nicht der Fall."

c) Neuser, Zwingli und der Zwinglianismus, 185: "Das philosophische Argument '*Finitum non est capax infiniti*', das heißt, die begrenzte Menschheit kann die unbegrenzte Gottheit nicht fassen, taucht erst in der reformierten Orthodoxie auf (Beza, Zanchi, Danaeus u. a.)."

KAPITEL VII

ZWINGLI ALS "FORMALIÇANS"

1. Passive Rezeption

Schon – diese Adverbiale ist vorerst eher in sachlichem als in zeitlichem Sinne zu verstehen – in der passiven Rezeption Zwinglis wird offensichtlich, dass er den ganzen Komplex der Formalitätenlehre mit allen ihren metaphysischen und theologischen Implikationen zustimmend aufnimmt. Alles Wesentliche wird von Zwingli selber hier angesprochen und, wenn man so will, aktiv reproduziert:[1] Duplizität der Distinktion als reale oder formale (*ergo realiter distinguetur ab eo; realis differentia in diuinis quomodo; formaliter differre; differentia formalis/virtualis*), Duplizität der Prädikation als formale oder identische (*predicatio uera formaliter/per identitatem. predicatio duplex identica/formalis*), Abstraktion der Entitäten auf ihren quidditativen Gehalt (*abstractio ultima*).[2] Die durch seine Lesespuren berührten Distinktionen in den

---

[1] Dass diese Aktivität auf eine faktische Repetition des Textes beschränkt bleibt, ist Teil des Phänomens der passiven Rezeption an sich, wie oben V. 1. erläutert.

[2] – Zu Duns Ord I, d. 2, W. q. 7, n. 43; V. p. 2, q. 4, n. 402: *Realis differentia In diuinis quomodo [?] differentia formalis/virtualis.*
– Ebd. zu W. n. 44; V. n. 403: *gradus in unitate* sowie: *Identitas formalis.*
– Ebd. zu W. n. 10; V. n. 264: *Abstractio cum/sine mendacio.*
– Zu Ord. I, d. 4, W. q. 2, n. 2; V. p. 2 q. un., n. 9: *predicatio formalis et formalior.*
– Ebd zu V. n. 10:

$$predicatio \; vera \; \begin{cases} formaliter \\ \\ per \; identitatem \; [\ldots] \end{cases}$$

nempe eam que dis (?) (bis?; eis?) conuersa est uere formalis quum huiusmodi (?) posterioris nec conuertens nec conuersa sit uere formalis sed solum per (hier steht ein durchgestrichenes, nicht mehr leserliches Wort oder Wortteil) identitatem
– Zu Ord. I, d. 5, W. q. 1, n. 6; V. p. 1., q. un., n. 22: "Ex istis narratis apparet que sit vltima abstractio: quia quiditatis absolutissime sumpte ab omni eo quod est quocunque modo extra rationem quiditatis." ist am Rand notiert: *ultima abstractio.*
– Ebd. zu W. n. 10; V. n. 32: *non omnis predicatio est per* [sic; das Wort ist nur schwach geschrieben und vielleicht eben deswegen noch einmal wiederholt] *per se vel per accidens.*
– Ebd. zu V. 33 unterstrichen im Text: *substantiuum potest predicari de aliquo per identitatem.*

Sentenzenkommentaren von Duns und Brulefer stellen die eigentlichen Basistexte der Formalitätendoktrin (Sent. I, d. 2 und teilweise 3) und ihrer christologisch-prädikationenlogischen Applikation in der traditionellen Trinitätslehre (Sent. I, dd. 4 und 5) dar; und erst recht die von ihm gelesenen Traktate Brulefers widmen sich ausschließlich den Formalitäten und ihrer Distinktion. Dass bis heute genau die Werke dieser beiden Sententiare als von ihm rezipierte Texte dokumentarisch belegt sind, ist zwar möglicherweise dem Zufall zu verdanken. Es ist zudem denkbar, ja sogar wahrscheinlich, dass Zwingli darüber hinaus formalisierende Kommentare, Formalitätentraktate oder weitere entsprechende *opera* auch anderer Scotisten ausführlich zur Kenntnis genommen hat, wie wir das beispielsweise von den Werken des Antonius Beck aus der aktiven Rezeption Zwinglis wissen. Doch Zufall der Quellenlage oder nicht: In jedem Fall ist es bezeichnend, dass er aus der langen Reihe der Formalisten einerseits die beiden Eckpunkte der scotismusgeschichtlichen Entwicklung seiner Zeit, andrerseits damit zugleich auch die beiden "authentischsten" Scotisten – bei Duns selber ist das natürlich zwangsläufig der Fall – mit der entsprechend größten formalitätentheoretischen Ökonomie ausgewählt hatte. Inwieweit Zwingli sein Herzblut in die Ergründung der ausführlichen und oft (mit den Augen des metaphysisch wohl mehr und mehr zur Nüchternheit tendierenden Humanisten betrachtet) umständlichen distinktionentheoretischen, auf der avicennisch-platonischen Ideenlehre und der spezifischen scotistischen Perzeption des Seins- und *res*-Verständnisses basierende Begründung fließen ließ, ist aus der schlichten Existenz seiner Annotationen zwar nicht mehr feststellbar. Mit Sicherheit lässt sich aber sagen, dass er sich für sie innerhalb ihrer theologischen Applikationskontexte soweit interessierte, dass er auch ihre Hintergründe, nämlich das hinter ihnen liegende Grundschema in seinem Funktionieren begriffen hatte, mit dem Funktionieren dieses Schemas dann aber auch dessen tiefere Absicht: Dialektische Momente innergöttlicher Differenzierung mit der Forderung unbedingter innergöttlicher Einheit ausgleichen

---

– Ebd. zu W. n. 15; V. n. 117: unterstrichen im Text: *perfectio enim identitatis excludit omnem compositionem: et quasi compositionem que identitas est propter infinitatem: et tamen infinitas non tollit formaliter rationes quin hec formaliter non sit illa.*
– Zu Ord. I, d. 6, q. un., n. 13: *ergo realiter distinguetur ab eo.*
– Zu Ord. I, d. 17, q. 3; V. p. 2, q. 2: *Formaliter differre b.*
– Zu Brulefer, Rep. I, d. 5, q. 1, fo. xliiir: *predicatio duplex Identica/formalis.*

zu können. Einen andern Schluss lassen seine Auswahl der annotierten Texte und der Inhalt seiner Annotationen kaum zu. Und genau in diese Richtung weist dann auch die aktive Rezeption. Sie zeigt uns einen Reformator, der zwar durchaus und mit heißem Bemüh'n hatte *formalitates Scoti lernen*[3] wollen, sie aber nicht oder nicht mehr als eigentlichen Selbstzweck betrachtete, sondern als Mittel zur Lösung primär in der Christologie und deren Nachbarfeldern der theologischen Attributenlehre und der Eucharistiereflexion angesiedelter Problemstellungen einsetzte.

Zwinglis Rückbezug auf den Freiburger Scotisten Antonius Beck macht es zudem sehr wahrscheinlich, dass er mit dessen Wirken schon vor dem Freitod von 1511 in irgend einer Weise, vermutlich als einer seiner Hörer oder als Bekannter seiner Hörer, in Verbindung stand – also vor seiner reformatorischen und aller Wahrscheinlichkeit nach auch vor seiner humanistischen Wende im engeren, erasmischen Sinne.[4] Doch unabhängig von der genauen Datierbarkeit seines passiven Zugriffs auf dieses Kernstück scotistischer Schulbildung zeigt dieser schon als solcher, dass der Reformator ganz prinzipiell das Formalitätendenken verinnerlicht hatte – und hier also in einem ganz anderen Klima atmete als sein großer Opponent. Denn für Luther ist die scotische Formalitätenlehre schon 1509, bei seiner Kommentierung der berühmten siebzehnten Distinktion des ersten Sentenzenbuches, eine *frivolis et inutilis philosophiae confictio*, und das sollte sie ihm Zeit seines Lebens bleiben. Zwei Jahre vor seinem Tod urteilt er: *unitas trinitatis (ut sic dicamus) est magis una, quam ullius creaturae, etiam mathematicae unitas. Leviter et frigide consolantur nos Scotus et Scholastici cum suis distinctionibus formalibus et realibus.* Ein Jahr vor seinem Tod heißt es dann nur noch: *Scotus non intelligit seipsum.* Auch das entspricht voll seiner Position zu den Sentenzen von 1509: *loquimur quod non intelligimus* lautet dort eines seiner Urteile zur Formaldistinktion.[5] Luther überbietet damit die ockhamistische, bereits scharfe Kritik an der Formaldistinktion. Ockham lehnt zwar grundsätzlich

---

[3] V, 534, 25.

[4] Diese Vermutung legt sich doppelt nahe angesichts der Tatsache, dass in den Freiburger Universitätsarchiven, den europäischen Bibliotheken und der gesamten Forschung bis heute noch nie ein einziges schriftliches *opus* dieses Beck aufgetaucht und also vermutlich seine Lehrvermittlung ganz überwiegend mündlich oder in individuellen Reportationen von sich gegangen ist, die eben nur für Hörer zugänglich waren.

[5] Alle Belege zu Luther bei Vignaux, Luther Commentateur des Sentences, 25f.

die Formaldistinktion und ohnehin die realistisch denkende Formalitätenlehre ab, akzeptiert und übernimmt sie aber bekanntlich ausdrücklich in der Trinitätslehre, weil an diesem Ort philosophische Konsequenz, um derentwillen Formaldistinktion eigentlich abzulehnen wäre, nicht das letzte Kriterium sein könne.[6] Die Reformatoren bewegen sich somit in zwei verschiedenen Welten; zumindest in der Frage der Trinitätslehre ist die Zwinglische der ockhamistischen als Erbin der scotischen wohl näher als die Luther'sche. Nicht zufällig spricht Brulefer im weiteren Kontext der Trinitätstheologie vom *sanctissimus Ockam!*[7]

2. Aktive Rezeption

2.1. *Eucharistietheologische Applikation der Identitätenkatene*

Es ist denn auch eine konkrete Auseinandersetzung mit Luther im Rahmen des Abendmahlsstreits, der wir die ausführlichste und evidenteste aller Applikationen der Formalitätenlehre auf die theologische Argumentation bei Zwingli verdanken.[8] Zwingli streitet mit Luther um die rechte Auslegung des Ausdrucks der *predicatio identica*,

---

[6] Vgl. Schönberger: Realität und Differenz. Ockhams Kritik an der *distinctio formalis*.

[7] Rep. I, d. 26, q. 1, fo. cxiiii recto; s. unten Anh. 2. 1. 21.

[8] Z VI/2, 198, 18–199, 20: *Da er aber mit praedicatione identica kumpt, ist ouch in der sophistry nit meysterlich, als er's brucht. Nam sub qua identitate comprehenderet identitatem corporis et panis? Reali, essentiali sive formali, personali an rationali? Non reali; nam ea est, ubi res est eadem, formae autem, hoc est virtutes, sunt diversae; ut intellectus, voluntas et memoria sunt eadem res, distinguuntur tamen virtute; alia enim est vis intelligendi, alia propendendi, alia memorandi; attamen istae vires omnes sunt una eademque anima rationalis. Non formali aut essentiali; sic enim coniunctiora essent corpus et panis quam humanitas et divinitas; eadem enim formaliter et essentialiter sunt, quae definiuntur per eandem formalem et essentialem differentiam. Non personali; nam alioqui Christi persona constituta esset ex filio dei, filio hominis et, ut sic dicam, filio tritici; atque, ut, quicquid est creatum in Christo, passum est in cruce, ita oportuisset panem quoque crucifigi.*
Sequitur ergo, quod solum rationalis est identitas inter panem et corpus Christi, qualis est omnis denominativa, synecdochica, translativa sive metaphorica, transsumptiva sive metaleptica identitas. Sic vir canus est canicies; sic belligerat Gallia, cum rex belligerat; sic lapis et Christus sunt eadem res; sic calix est testamentum; sic pati est mori Christum etc. En ut omnia ista non vere sint ea, quae esse dicimus. Attamen ratio invenit aut cognationem aut viciniam aliquam, qua, quae non sunt eadem, aliquo modo faciat eadem; cumque vere nunquam sint eadem, eisdem tamen nominibus adpellentur. Nam, quod alii dicunt, quaedam esse eadem genere, specie et numero, in hac divisione ampliter comprehenduntur. Und nihil imperitius potuit a Lutero arripi, quam ut per praedicationem identicam tentaret panem esse corpus Christi contendere. Sed iamdudum donavimus ei ista, modo non gravius peccarat. Und darum lassend wir dasselb dem Scoto, Brulifer unnd Capreolo.

der für beide, wenn auch aus ganz anderen Gründen, erhebliche, um nicht zu sagen zentrale Bedeutung besitzt. Als eine Art *testes veritatis* reklamiert Zwingli im Zuge dieser Kontroverse Duns, Capreolus – allerdings ohne irgend ein konkretes Werk zu nennen –[9] und, vor allem, seinen indirekten observanten franziskanischen Lehrer Stephan Brulefer.

Dieser in seiner Bedeutung kaum überschätzbare Passus zeigt ein Mehreres zugleich. Einmal, dass der Chorherr zu einem Zeitpunkt, als er längst Reformator geworden war, jederzeit die Katene der Distinktions- und Identitätstypen nach scotistischem Muster reproduzieren, salopp formuliert sozusagen "aus dem Effeff herunterbeten" konnte.[10] Sodann bildet die Stelle einen eindeutigen Beleg für die Tatsache, dass Zwingli seine christologischen Basisüberzeugungen (völlige Trennung der Naturen Christi bei ihrer völligen Integration in die Person Christi) in scotistischer Terminologie zu verteidigen wusste, was einen Rückschluss auf die biographische Herkunft dieser Überzeugungen zwar keineswegs zwingend, noch weniger aber unwahrscheinlich macht. Überdies ist der Inhalt sehr instruktiv zum Verständnis der Lutherrezeption Zwinglis, indem an diesem prädikationstheoretischen Beispiel offensichtlich wird, wie komplex die Verstehensbedingungen zwischen den beiden Reformatoren oftmals gewesen sein müssen, die unter Äquivokationen und nicht selten groben ein- oder beiderseitigen oder, wie hier (Luther missversteht Wyclif und darum dann erst recht Zwingli, während Zwingli seinerseits gar nicht begreift, was Luther eigentlich wollte) sogar vielstufigen Missverständnissen vor sich gehen mussten. Schließlich bestätigt der ganze, Scotus durch Brulefer und einen Thomisten interpretierende Abschnitt eine schon in der Analyse der passiven Rezeption erscheinende Tendenz zu einer, verglichen mit der voll ausgebildeten mayronistischen Formalitätenlehre, eher abgeschwächten Lesart der Identitätenlehre: Zwingli scheint gegen die offensichtlichen Affinitäten einer im Geiste Brulefers geprägten scotistischen Richtung zu manchen wesent-

---

[9] Die Behauptung Köhlers in: Huldrych Zwinglis Bibliothek, *37, Nr. 339, Zwingli habe die *Defensiones theologiae* gekannt, ist durch nichts belegbar.

[10] Das scheint mir auch die in ihrer Unbestimmtheit bezeichnende Nennung gleich dreier Referenzautoren zu bezeugen: Nicht die Konsultation eines bestimmten Textes, sondern das auch durch biographische Brüche unablösbar zu seinem persönlichen Bildungskanon gehörige scotistische Gedächtnis Zwinglis dürfte hinter dieser Wiedergabe der Identitätenreihe gestanden haben.

lich jüngeren Zweigen der Spätscholastik nichts einzuwenden gehabt haben – wenn er sie denn überhaupt voll realisiert hat.

Der konkrete Kontext: Wyclifitische oder Scotistische Identitätsprädikation!?
Wie so viele seiner Anspielungen und Nennungen der scotistischen und sonstigen Scholastik bringt Zwingli auch die Auseinandersetzung über das richtige Verständnis der *praedicatio identica* und die daraus sich ergebenden distinktionentheoretischen Polemiken gegen Luther in seiner großen Schrift zu dessen Bekenntnis zum Abendmahl,[11] hier nun gegen dessen Abschnitt: *De predicatione Identica.*[12] Zwingli führt Luthers Rede von der identischen Aussage an, um zu beweisen, dass Luther durch sie selber seine Ahnungslosigkeit offenlege darüber, was unter Identität und Identitätsprädikation eigentlich zu verstehen sei. Damit hatte er im Sinne der gewöhnlichen universitär-mendikantischen Bedingungen spätscholastischen Denkhandwerks durchaus recht, ignorierte (vermutlich im transitiv-intransitiven Doppelsinn dieses Wortes) allerdings, auf welche historischen Vorgaben Luther sich stützte und vor allem, worin seine – die Legitimität der Figur insgesamt negierenden – Intentionen lagen. Auf einer ersten Ebene entsteht bereits in der unterschiedlichen Herleitung des Ausdrucks der *praedicatio identica* ein entscheidender Gegensatz. Luther bezieht sich grundsätzlich in erster Linie auf Wyclif, den er allerdings bekämpft;[13] in zweiter Linie auf die Spätscholastiker im Allgemeinen,[14] die zwar genau umgekehrt argumentieren wie Wyclif, dabei aber, wie so oft, von denselben Grundvoraussetzungen ausgehen. Zwingli denkt in der Herleitung der Begriffsherkunft sofort und mehr oder minder exklusiv an Scotus, den er faktisch allerdings ebenfalls in seinem eigenen Sinne interpretiert. Die ganze Zwinglische Vorgehensweise steht dabei unter einer Art Generalvorbehalt durch sein völliges Verkennen der Luther'schen Fundamentalkritik an der *predicatio identica*: Wenn Zwingli den Ausführungen Luthers eine richtige Erklärung dieser philosophischen Figur entgegenhalten will, trägt er damit Eulen nach Athen oder Wasser der Limmat in die Elbe. Trotz dieser Missverständnisse lohnt es sich wegen der in ihr implizierten Anschauungen über die

---

[11] Zwingli, Über D. Martin Luthers Buch, Bekenntnis genannt, zwei Antworten von Johannes Oekolampad und Huldrych Zwingli, Z VI/2, Nr. 125, 22–248.
[12] Luther, Vom Abendmahl Christi, Bekenntnis, 176,21–186,28.
[13] A. a. O., 177, 3.
[14] A. a. O., 177, 4.

Scholastik im Allgemeinen, die Debatte der beiden Reformatoren
genauer zu betrachten.

Luthers Identitätsverständnis als Wyclif-Kritik
In seinen *dialogorum libri quattuor* verwirft Wyclif jede Identifikation
von Brot oder Wein und dem Leib Christi im Sinne einer numerischen Einheit zweier an sich distinkter Größen.[15] Die später von
Luther gerne herangezogene Sachanalogie in der Einheit der Naturen
in der Person Christi ist für den Engländer in der Eucharistie nicht
statthaft, weil kein gemeinsames *suppositum* vorliegt, darum auch keine
predicatio identifica möglich ist. Mehr als eine *predicatio habitudinalis* will
Wyclif darum nicht zugestehen; die aber läuft auf ein gut augusti-
nisch-figuratives Abendmahlsverständnis hinaus. Was Luther hieran
nun stört, ist weniger nur die Ablehnung der Realpräsenz, die faktisch ja, ganz im Sinne des Reformators, auf eine Ablehnung der
Transsubstantiation hinausläuft, sondern vor allem die prinzipielle
Voraussetzung, dass eine logisch korrekte *predicatio identifica* – wie sie
auch von der regulären Scholastik vertreten wurde – überhaupt auf
die ganze Abendmahlsfrage appliziert werden dürfe und solle. In
natürlichen Dingen hat sie zweifellos ihr Recht,[16] angesichts des
Handelns Gottes aber versagt sie vollkommen.[17] Darum sind sie, und
die sie vertreten, angehalten, sich dem Glauben gänzlich zu unter-
werfen und gleichsam sich selbst abzuschwören.[18] Luther beruft sich

---

[15] *Dialogorum libri quattuor*, s. l.: IV, 7–112r (zit. n. Hilgenfeld, Mittelalterlich-
traditionelle Elemente, 51): *[. . .] quod naturas distinctas in specie vel numero deus faciat
unum et idem in numero, ac si personam Petri faceret esse Paulum.*
[16] A. a. O., 177, 14–178, 2 (= WA 26, 439): "Es ist ia war vnd kann niemand
leucken/das zwey vnterschiedliche wesen nicht mugen ein wesen sein/als was ein
esel ist/das kann ia nicht ein ochse sein/Was ein mensch ist kann nicht ein stein
oder holtz sein/Vnd leidet sich nicht/das ich wolt von S Paulo sagen/Das ist ein
leiblicher stein oder holtz/[. . .]/Solchs alles mus alle vernunfft ynn allen Creaturn
bekennen/da wird nicht anders aus."
[17] A. a. O., 178, 2–7 (= WA 26, 439): "Wen wir nu mit solchem verstand hie
yns abendmal komen/so stoesset sich hie die vernunfft/Den sie findet/das hei zwey
vnterschiedliche wesen/als brod vnd leib/werden fur ein ding odder wesen gesprochen ynn diesen worten/Das ist mein leib/Da schuttelt sie den kopff vnd spricht/
Ey/Es kann vnd mag nicht sein/Das brod sol leib sein/Ists brod/so ists brod/Ists
leib/so ists leib/der eins/welchs du wilt."
[18] A. a. O., 179, 3–13 (= WA 26, 439): "Vnd also widder alle vernunft vnd
spitze Logica/halte ich das zwey vnterschiedliche wesen/wol ein wesen sein vnd
heissen mugen/Vnd das ist mein vrsache/Erstlich/das man ynn Gottes wercken
und worten/sol vernunfft vnd alle klugheit gefangen geben/wie S Paulus leret 2.
Corinth. 10. vnd sich blenden [!] vnd leiten/furen/leren vnd meistern lassen/auff

auf klassische Dogmen und erklärt, die zentralen trinitarischen oder
auch christologischen Sätze fußten auf einem Verständnis von Einheit,
in dem Entitäten von maximaler Verschiedenheit eine numerischen
Einheit bildeten: Die drei Personen der Gottheit eine essentielle und
die beiden Naturen Christi eine personale Einheit. Er geht freilich
insofern entscheidend über die als solche völlig unbestrittene Tradition
hinaus, als er die Sätze der wesentlichen ('Vater, Sohn und Geist
sind eins') oder der persönlichen ('Gott ist Mensch') Einheit als gleichsam sich selber ereignende Aussagen verstanden haben will. Wenn
Luther dazu eine Prävalenz der Grammatik vor der Logik reklamiert, meint er damit nichts anderes, als dass der performative
Charakter der Sätze als solcher respektiert werden müsse, damit die
durch sie effizierte "Wirkliche einigkeit"[19] nicht durch logische Analysen
entkräftet werde.[20] Anhand einer Vielzahl biblischer Visionen wird
dies anschließend näher erläutert.[21] Der jeweilige Visionär sieht übernatürliche Wesen wie Engel und den Heiligen Geist als natürliche
Erscheinungen, weil Gott durch die natürlichen Phänomene wirkt
und also im Sinne etwa der Wortwahl der Konkordienformel *per
modum efficaciae* in diesen natürlichen Dingen tätig ist.[22] Ebendies gilt
nach Luther nun erst recht für die Einheit von Brot und Leib Christi.
Er greift also einen ihm bei Wyclif begegnenden Ausdruck auf, und
lehnt die Autorintention, die er teilweise missversteht, wie auch die
Bedeutung in der gewöhnlichen Schultheologie umfassend ab.

---

das wir nicht Gotts richter werden ynn seinen worten/denn wir verlieren gewislich
mit vnserm richten ynn seinen worten/wie Psal. 50 zeuget. Zum andern/wenn wir
denn nu vns gefangen geben vnd bekennen/das wir sein wort vnd werck nicht
begreiffen/das wir vns zu friden stellen/vnd von seinen werkken reden mit seinen
worten/einfeltiglich/wie er vns dauon zu reden furgeschrieben hat [. . .]."
    [19] A. a. O., 181, 31 (= WA 26, 441).
    [20] A. a. O., 184, 6–31 (= WA 26, 443). Vgl. zu diesem sprachorientierten Ansatz
Schwarz, Gott ist Mensch, insbesondere Teil IV, 334–345.
    [21] A. a. O., 181, 16–183, 12 (= WA 26, 441f.): "Er macht seine Engel zu
winde/vnd seine diener zu fewrflammen [. . .]. Abraham vnd Lot haben Engel gese-
hen/gehoret/gespeiset vnd geherberget. Gideon und Manoha sahen vnd horeten
Engel/Dauid vnd Daniel sahen und horeten Engel. Die Marien bey dem grabe
Christi/sahen vnd horeten Engel. [. . .]" Der Heilige Geist kommt auf Christus in
Taubengestalt im Jordan, in Gestalt von Feuerzungen an Pfingsten, auf dem Berge
Tabor in Wolkengestalt.
    [22] BSLK 1053, 33f: "[. . .] per modum efficacie, das ist, wirklich [. . .]." Zitiert
nach StA 4, 181, Anm. 2366.

Zwinglis Identitätsverständnis als Scotismusrezeption

Die Hintergründe der Luther'schen Wyclifkritik waren Zwingli seinerseits kaum bekannt. Er assoziiert, wie erwähnt, mit *predicatio identica* vielmehr sofort einen *terminus technicus* der scholastischen Sprache seiner eigenen Zeit, den er als vorwiegend scotistisch gebildeter Magister wohl fast zwangsläufig in Sinn und Geist der *formaliçantes* lesen und verstehen musste – und insofern ja auch nicht zu Unrecht, als der Wittenberger die Sophisten in Bausch und Bogen verdammt, und dabei ganz gewiss die federführenden Lehrer seiner eigenen Zeit mit eingeschlossen haben wollte. Interessant und für seine freie Art des Umgangs mit der scotistischen Tradition bezeichnend ist indes nun allerdings, dass Zwingli hier zwar mit Vehemenz und letztlich zu Recht einen Interpretationsanspruch anmeldet, ihn aber sogleich seinerseits wieder für interpretationsbedürftig hält. Während Scotus selber den Ausdruck *praedicatio identica* vornehmlich, wenn nicht ausschließlich, im Sinne einer formalen Identität gebraucht, und Brulefer explizit diese Restriktion durch eine Beschränkung auf rein innergöttliche Propositionen verschärft,[23] will ihn Zwingli als Instrument zur Mitteilung einer *identitas rationalis*, wie er sich ausdrückt, also in der klassischen Terminologie der Formalisten einer *identitas rationis*, verwenden. Zwar dürfte er damit im weitesten Sinne ungefähr die Sache des *doctor subtilis* vertreten haben, so wie sie im vierten Ordinatiobuch in seiner Explikation von Sätzen, die die eucharistische Wandlung anzeigen, erscheint: Propositionen, die diese Wandlung zum Inhalt haben, können niemals Seinsaussagen sein, weil sie niemals eine essentielle – und somit reale – Union anzeigen, sondern sie geschehen nur *in obliquo* durch vermittelnde Präpositionen.[24] Zudem ist es auch schon bei Duns dem kreatürlichen Intellekt durchaus möglich, die Existenz des Leibes Christi in der Eucharistie zu erkennen.[25] Dies ergibt – mit einer gehörigen Portion guten Willens – in etwa die Vorstellung einer kraft göttlicher Allmacht vollzogener, nicht eigentlich realen, aber für den Intellekt wahrnehmbaren Einigung von Elementen und Leib Christi in der Eucharistie und insofern

---

[23] *Declarationes*, (s. oben V. 2, B. 1, 1.2) 22 recto b: *Tertium genus predicationum, quod reperitur in divinis est predicatio idemptica, et talis predicatio proprie loquendo solum reperitur in divinis. Predicatio autem idemptica dicitur illa: ubi abstractum predicatur de abstracto ultimata abstractione abstracto: ut 'essentia divina est bonitas', 'bonitas est sapientia', 'sapientia est veritas', et sic de aliis.*

[24] Ord. IV, d. 11, q. 5, n. 1f.

[25] Ord. IV, d. 10, q. 8.

könnte Zwinglis Konstruktion einer *identitas rationalis* dieser beiden
Größen durchaus als sinnvoll betrachtet werden. Es ist allerdings,
auch aufgrund des Nichtverstehens der Luther'schen Totalnegation
der fraglichen Denkfigur, evident, dass Zwingli nicht primär oder
sogar überhaupt nicht an einer sozusagen theologiegeschichtlichen
Verifikation ihrer im Zuge seiner Kritik an Luther vorgenommenen
Einschätzung interessiert war.[26] Vielmehr lag ihm an einer Harmonisierung eines von ihm als gut scotistisch eingeschätzten Begriffs mit
seinem eigenen Konzept der Verbindung von Elementen und Leib
Christi zu dessen besserer Legitimierung – und natürlich auch, und
vielleicht sogar zuallererst, an einer klaren, den Gegenstand möglichst adäquat ansprechenden Antwort auf Luther. Es ist ja eigentlich erstaunlich, mit welcher Entschiedenheit Zwingli hier den von
Luther vorgegebenen Terminus aufgreift und sogleich unter Aufbietung
eines beträchtlichen Begriffsapparates seinerseits bekämpft. Der Grund
hierfür liegt mit großer Wahrscheinlichkeit darin, dass der Zürcher
Scotist diese Thematik schon gut drei Jahre früher intensiv durch-
dacht und für sich damals ganz entgegen dem jetzt vom großen
Mitreformator Behaupteten entschieden hatte. Schon als Verfasser
des *Commentarius* und also im Frühjahr 1525 hatte Zwingli das scotistische Konzept der Rationalidentität oder Realdistinktion auf die
in seinem abendmahlstheologischen Konzeption so zentrale Abständigkeit von physischem Brot-Element und lebendigem Glaubens-Christus
adaptierend appliziert.[27] Er akzentuierte dort zwar noch stärker den
Aspekt, dass eine *realiter* von einer anderen getrennte Entität in derselben enthalten sein kann und konkret hier beim Kelch/Testament-
im-Blut-Christi auch ist, was im Sinne eines scotistisch verstandenen
formalen *inesse* des einen im anderen gelesen werden könnte. Doch
zugleich betonte Zwingli auch die Tatsache, dass er wirklich eine
Real- und nicht etwa nur eine Formaldistinktion ansprechen wollte:
Er zog die scotistische Distinktionentheorie bei, weil er ein gedankliches Instrument suchte, das über die bloße Feststellung von Alterität

---

[26] Vgl. dazu auch unten Anm. 88.
[27] Z III, 800, 22–30: *Quod autem hoc poculum sic pro symbolo veri testamenti accipiatur,
ipsa verba indicant; qum ait: "Hoc poculum, quod novum testamentum est, est sanguis meus",
sed: "Hoc poculum novum testamentum est in meo sanguine." Ea autem, quorum unum in altero
est, inter se distinguuntur, ut res et res, quod isti dicunt realiter. Porro, quae realiter distingun-
tur, nulla ratione sic convenire possunt, ut eadem res sint. Quod enim in alio est, non est hoc
ipsum, in quo est.*

hinaus maximale Nichtidentität in der Lage auszudrücken ist. Genau
deswegen muss ihn die Luther'sche Identitäts-Aussage förmlich ange-
sprungen haben.

Erstaunen mag in Zwinglis Anordnung in der Schrift über Luthers
Bekenntnis auf den ersten Blick auch das Auftauchen einer *identitas
personalis*; indes nimmt er hier wohl einfach die in seinem, in Luthers
und im Denken der Spätscholastik generell großen Raum einneh-
mende christologische Kategorie der Person auf, die in seinen
Abendmahlsschriften des öfteren erscheint. Eine Kritik oder Abän-
derung der scotisch-Brulefer'schen Vorgaben ist damit nicht in seinem Blick, allerdings natürlich auch keine sklavische Übernahme.
Das zeigt auch die Parallelisierung von *identitas formalis* und *essentialis*.
Sie entspricht eher dem durch Mayronis initiierten klassischen Denken
der Formalisten, die, modern gesagt, ontologisierend die quidditati-
tive Seite der Formalität bekanntlich stark akzentuierten, die aber
auch bei Brulefer trotz dessen Kritik an ihrer exzessiven Propagierung
bei seinen Vorgängern nicht gänzlich fehlt.[28]

Dennoch ist Zwinglis Auswahl der beiden Beinahe-Zeitgenossen
Brulefer und Capreolus in Bezug auf das von ihm als einzig korrek-
tes reklamierte scotisch-scotistische Verständnis der Identitätsprädikation
wohl kaum zufällig. Dies zeigt nicht nur die nur dreifache Aufgliederung
der Identitätstypen, die in den Grundzügen als Reihe von *distinctio
realis*, *formalis* und *ration(al)is* genau mit derjenigen Brulefers übereinstimmt. Auch die bemerkenswerte Akzentuierung der *identitas rationis*
passt nicht allein in Zwinglis tropologische Abendmahlsauffassung,

---

[28] *Declarationes*, fo. 26 recto b: *Ratio quidditativa large sumpta. Est illa, qua aliquid est
primo extra nihil vel primo repugnat nihilo et qua primo est talis entitas. Unaqueque entitas per
suam propriam rationem formalem et intrinsecam est primo extra nihil vel talis entitas. Nota hic
duo principia metaphisicalia, et est tale primum: Quecunque sunt incompossibilia sibiinvicem ex
suis propriis rationibus formalibus intrinsecis, sunt incompossibilia. Secundum princpium: Quecunque
sunt sibiinvicem repugnantia ex suis propriis rationibus et intrinsecis, sunt repugnantia. Entitas,
realitas, quidditas, formalitas, ratio quidditativa et ratio formalis. Illa sex sunt penitus (large
loquendo) synonima et etiam convertuntur. Patet, quia quicquid est entitas, est etiam realitas, formalitas, ratio quidditativa etc. Et quicquid est formalitas, est etiam realitas, quidditas etc. Et
quicquid est quidditas, etiam est realitas, formalitas et ratio quidditativa, et sic de aliis sex.*
Auch die Identifikation von *ratio formalis* und *essentia* findet sich im selben Kontext,
wenn auch eher beiläufig, was allerdings wiederum ihre Selbstverständlichkeit beweist.
Declarationes, fo. 26 verso b: *[. . .] impossibile est, quod tota ratio formalis sit tota ratio sive
essentia totius alicuius et non tota essentia eiusdem. Sed ratio formalis ipsius compositi puta hominis est tota essentia ipsius constituti; ratio autem formalis partis constituentis non est tota ratio
sive essentia ipsius constituti, ut patet de rationalitate et animalitate, quorum nullum est de ratione
totali sive essentia totalis ipsius hominis. ergo [. . .].*

sondern auch in die den Begriff zunehmend stärker gewichtende Entwicklung des Scotismus im 15. Jahrhundert, wie sie bei Syrrect und Brulefer ersichtlich wird, und ihrerseits dem deutlicheren Interesse dieser Autoren an Duns' eigenen Werken entspringt. Sie zeigt außerdem auch, dass Zwingli hier zwar die just über den Begriff der Rationaldistinktion laufende Annäherung von Scotismus und Thomismus im Laufe dieses Jahrhunderts mitverfolgt, aber natürlich wohl auch, dass er damit wie schon Syrrect und Brulefer selber ebenfalls ins Fahrwasser nominalistisch-gerson'scher Interventionen bezüglich einer Annäherung von Formal- und Rationaldistinktion geraten war.

Doch ist abschließend für dieses Feld der Aneignungsprozess eher zurückhaltend zu beurteilen, wie insbesondere der Vergleich mit den im Folgenden (VII.2.2.–VII.2.4) dargestellen Rezeptionskontexten zeigt. Es finden sich bei Zwingli drei deutlich erkennbare Applikationsfelder der Identitäten- und Distinktionentheorie nach Duns Scotus und seinen Schülern (Abendmahl, Trinitäts- und Attributenlehre, Christologie). Unter ihnen ist das hier zuerst skizzierte der Analyse eucharistisch-biblisch-liturgischer Sätze sicher dasjenige, in dem die uneigentlichste Verwendung dieser Theorie vorgenommen wird. Die Distinktionentheorie zum Zwecke der Illegitimität des Substantiationsgedankens zu verwenden ist niemals im eigentlichen Sinne scotistisch, auch wenn der "technische" Umgang mit ihr recht stimmig mit den Schulvorgaben übereinstimmt, sondern in gut scholastischen Augen eher eine Art *opus alienum* dieser Theorien. Das ist bei den andern beiden Rezeptionskontexten in Trinitätslehre und Christologie wesentlich anders.

Grunddifferenzen des Theologieverständnisses

Das bisher in diesem Kapitel Entwickelte erweckt den Eindruck, dass sowohl zuerst Luther als dann auch Zwingli einen nicht unwichtigen Begriff der Tradition aufgreifen, um ihn dann je in ihrem Sinne, beiderseits mit mehr oder weniger viel Gewalt und Ignoranz, zu reinterpretieren.

Dabei stehen leitende Interessen im Hintergrund, die für das gesamte Schaffen und Denken der beiden Reformatoren maßgeblich sind. Luther lehnt den rezipierten Ausdruck in der ihm überlieferten Form rundweg ab, was die Applikation auf den eucharistischen Vorgang angeht. Er verfolgt dabei eine seiner allgemeinsten fundamentaltheologischen Linien: Nur wenn die seiner Meinung nach von außertheologischen Faktoren prädominierte Vernunft außer Kraft

gesetzt wird, kann die Realität des Glaubens erkannt werden und
als solche gewahrt bleiben. Darin liegt ein unbestreitbares Wahrheitsmoment der Theologie Luthers: Keine Unterwerfung unter eine wie
auch immer geartete Ontologie, weil sie stets durch die Tiefe des
Glaubens gesprengt werden wird. Problematisch an dieser einseitigen Zuspitzung der Dinge ist die Reduktion theologischer Arbeit zu
einer jeder Überprüfung entzogenen theologischen Arkansprache, die
"senkrecht von oben" jedes Ernstnehmen einer vortheologischen
Vernunft in Glaubensdingen prinzipiell nicht nur ablehnt, sondern
für schlicht unmöglich hält.

Bei Zwingli liegen die Dinge genau umgekehrt. Er respektiert willig die grundsätzlichen Denkbedingungen der Zeit, in der er lebt,
und wahrt damit in Vielem einen viel stärkeren Anschluss an das
ihn prägende späte Mittelalter als gerade Luther. Damit bleibt er,
zumindest seiner Intention nach, dialogfähig mit den *opinion leaders*
des altgläubigen Lagers noch zu einem Zeitpunkt, an dem Luther
diesen Dialog längst schon hinter sich gelassen hatte.[29] Weit entfernt
davon, die Tradition kritiklos zu akzeptieren, ist er doch bereit, deren
Denkstrukturen als kommunikationsermöglichende Konventionen anzunehmen (um das Mindeste zu sagen). Dies zumindest ist das Bild,
das sich aus diesem Text und allgemeiner auch in den Fragen des
Abendmahlsverständnisses und der Christologie oder der Theologie
generell ergibt.

Dazu gehört konkret auch, dass Zwingli in der Verwendung der
ganzen Identitäten-Katene und besonders ihrer Spitze in der *identitas rationalis* eine Methode appliziert, die auch sonst in seinem Umgang
mit scholastischem Erbe noch weit mehr als bei Luther – der in dieser Hinsicht sogar von ihm lernt – anzutreffen ist. Er übernimmt
und integriert die Phänomene der "Wortkämpferen",[30] indem er
ihnen ein neues, humanistisches Sprachgewand gibt. Konkret beginnt
er in unserem Abschnitt zwar mit einer gut scholastischen und gut
scotistischen Adjektivierung der *predicatio identica* durch den Ausdruck

---

[29] Besonders deutlich zeigt sich diese Anschlussfähigkeit in der "Fülle der von
Zwingli verwerteten katholischen Begriffe" und insbesondere der "Heranziehung der
Scholastik, des Lombarden und des Franz Mayron in der für den Augsburger
Reichstag geschriebenen Defensions-Schrift *De conviciis Eckii* von Ende August 1530"
(Köhler, Zwingli und Luther, Bd. 2, 217f). Fritz Büsser teilt in der Einleitung zur
CR-Ausgabe, Z VI/3, 243f. mit, dass auch Bullinger, etwa in den Dekaden, diese
Schrift und ihr Interesse an Traditionsverwurzelung stets hochgehalten habe.

[30] Z V, 534, 23; 52, 9.

der *denominatio*. Er besagt in Brulefers Definition die Zuschreibung
von Eigenschaften an Gott, die nicht *in quid* oder im ersten Aussagemodus von ihm behauptet werden können, sondern nur denominativ und konkret,[31] weil Gott sich nicht essentiell durch Abstraktionen,
welcher Art auch immer, definieren lässt, sondern nur *formaliter*, also
gleichsam indirekt und konkret. Das entspricht dem, was Zwingli
von der Identifikation des Leibes Christi mit Brot und Wein behauptet, dass sie nämlich nicht eigentlich, sondern nur im Sinne einer
Zuschreibung durch die Kraft der *ratio* geschehe. Das ist dann auch
die Meinung der ebenfalls hier aufgeführten und typisch humanistischen Ausdrücke, die Zwingli zur genaueren und zu seiner Zeit eben
"moderneren" Umschreibung für die *predicatio identica* anführt: Diese
predicatio ist tatsächlich "denominativ", "metaphorisch", "transsump-
tiv" und "metaleptisch".[32] Sachlich nicht ganz konsequent – in dieser Hinsicht ähnlich wie bei Luthers Verwendung des Begriffs für
die Idiomenkommunikation –,[33] aber dafür sehr humanistisch wirkt
der hier ebenfalls aufgelistete Begriff der Synekdoche, die im Grunde
doch eine reale Einheit voraussetzt und sie lediglich auf besondere
Weise formuliert.

2.2. Formalitates als virtutes: *Trinitätstheologische Identitätsprädikation*

Der humanistische Firnis, den der Reformator über scholastische
Argumentation und Vokabular zu legen pflegte, verbarg lange Zeit
die eigentlichen Wurzeln der Zwinglischen Theologie auch dem historisch interessierten Publikum. In besonderem Maße gilt das für die
Trinitätslehre, die nicht ganz leicht auf ihre auch scotistischen Wurzeln
hin zugänglich ist. Mit einem typisch altlateinischen und darum auch
bei den Humanisten beliebten (ehemals auch zugleich scholastischen)
Wort kleidet Zwingli in *Über D. Martin Luthers Buch, Bekenntnis genannt*
das in Worte, was bei den Formalisten *formalitas* (oder *forma*) heißt:

---

[31] *Declarationes*, 22 recto a: *Secundum genus predicationum in divinis est predicatio denomi-
nativarum, et sunt ille in quibus perfectiones attributales predicantur de deo in concreto, ut 'deus
est volens', 'deus est intelligens, 'deus est sapiens'. Illa enim attributa non predicantur in quid de
deo, quia non dicuntur de deo in primo modo dicendi per se. Notandum tamen, quod secundum
doctorem Subtilem predicationes denominative quandoque dicuntur formales, unde breviter doctor
Subtilis, quandoque sumitur.*

[32] Z VI/2, 199, 6f.

[33] Hilgenfeld, Mittelalterlich-traditionelle Elemente, 357–362.

virtus.[34] Das augustinische anthropologisch-psychologische *gemeyn Byspil der Gelerten*[35] von *intellectus, voluntas* und *memoria*, das Zwingli im anthropologischen Sinne hier für solche *virtutes* anführt, verwendet er des öfteren ebenfalls gut augustinisch-theologisch für die Personen der Trinität;[36] er tut es gar mit markantem Überbietungsgestus dort in der genannten Schrift, wo ihm Luther aufgrund seiner extravaganten Ansichten über die göttliche Trinität als eine "Sau im Blumengarten" erscheint: Die Einheit der drei Personen ist seiner Ansicht nach noch wesentlich stärker als die Einheit von *verstand, gedechtnus* und *willen* in der Seele.[37] Das in Zwinglis Augen so Abominable an Luthers Umgang mit der Trinität liegt darin, dass er die spannungsvolle Dialektik von Ein- und Dreiheit einseitig und verantwortungslos auflöse zu Gunsten der Viel- resp. Dreiheit, während doch die Einheit stets mit zu bedenken sei, da sie ja letztlich Grund aller Dreiheit darstelle. Diese typisch Zwinglische Zuspitzung auf größtmögliche Betonung der Einheit Gottes ohne jede Preisgabe der innergöttlichen Unterschiedenheit entspricht dem Gedanken der sich allein der Unendlichkeit Gottes verdankenden Distinguierbarkeit der innergöttlichen Formalitäten, die Zwingli zuhauf in der scotistischen Literatur vorgefunden hatte.[38]

Konkret vermittelt werden diese dialektischen Momente durch die Formalprädikation oder, wie der Reformator formuliert, die Alloeose. Zwingli wendet sich – immer noch in der Schrift über Luthers Bekenntnis zum Abendmahl – gegen die Behauptung Luthers, die christologisch zentrale Inkarnationsaussage – *gott ist mensch oder mensch ist gott* – komme aus und sei zu verstehen auch ganz ohne Tropologie. Vielmehr stellt er diesem Anspruch eine typisch scotistische trinitätstheologische Vertiefung des Problems entgegen:[39] Wofür steht "Gott"

---

[34] Z VI/2, 198, 22f (Text oben, Anm. 8). Zur (sowohl antik-humanistischen wie auch scholastischen – diese Bewegungen greifen hier, wie so oft, Hand in Hand) Grundbedeutung des Wortes (Wirkmacht, Vermögen) bei Zwingli s. Hoburg, Seligkeit und Heilsgewissheit, 133 mit Anm. 415; vgl. etwa Z XII, 338, 10 (Ann. zu Hieronymus' Psalterium quadruplex), *domine in virtute tua letabitur rex* (Ps. 21, 2).

[35] Z VI/1, 456, 20–457, 14.

[36] Ebd. und Z I 344, 9–13.

[37] Z VI/1, 195, 16–18.

[38] Einschlägig ist hier natürlich vor allem die d. 8 des ersten Buches der Sentenzen in der Kommentierung der Scotisten. Ein deutlicher Widerhall dessen findet sich etwa in Z VI/5, 61, 11–16: *Nam si quicquam esse posset, quod non esset ex illo, iam ille non esset infinitus; non enim extenderetur isthuc, ubi illud aliud esset, cum esset extra illum. Quibus fit, ut, cum patrem, filium et spiritum sanctum videamus in scripturis deum adpellari, ut non sint aut creaturae aut dii diversi, sed quod hi tres unum sunt, una essentia.*

[39] A. a. O., im Abschnitt: Von dem gegenwechsel oder alloeosi (126–159):

in dem genannten Satz? Steht das Wort für das *abstractum* "Gottheit",
wird der Satz in seinem Verständnis häretisch. Steht er aber für das
concretum Gott", ist eine christologische Alloiosis zwingende Voraussetzung, denn hier, so Zwingli, ist fraglos nicht die Essenz Gottes,
sondern die Person des Sohnes gemeint. Damit bewegt sich der
Opponent Luthers zwar *auch* innerhalb eines gut gemeinscholastischen Konsenses.[40] Dass er aber sehr wohl auf scotistische Konkretionen rekurriert, geht dennoch aus mehreren Anzeichen hervor.

1) Zwingli stellt, dem klassisch scotistischen Sprachgebrauch von
deus und *deitas* analog, Gott und Gottheit nebeneinander. Er bezieht
sich damit auch auf eine vom ihm selber kurz zuvor und im selben
Kontext der Alloiosis explizit vorgenommene exemplarische Gegenüberstellung der je konkreten und abstrakten Form von Leib als *corpus* und *corporeitas* respektive Seele als *anima* und *animeitas*. Zwar hält
er diese Opposition für unübersetzbar, entnimmt sie aber zweifelsohne der genau diese Duplizität stark akzentuierenden scotistischen
Tradition, wie er sie diesbezüglich in der scotischen Ordinatio, vermutlich in deren viertem Buch, kennengelernt hatte.[41] In dieser formalisierenden Tradition werden Abstrakta zumeist durch Formen auf
-itas angezeigt, sodass eine Art grammatischen Nachvollzugs einer
logischen Kategoriebildung geschieht, die ja allererst sprachlich eingeholt werden muss, bevor sie didaktisch und publizistisch vermittelt
werden kann. Dies gilt insbesondere auch für die Frage nach der

---

133,12–135,18. Zu der stark an Luthers Vorgabe angelehnten und darum an einer
eigenständigen Systematik wenig interessierten Struktur dieser Schrift Zwinglis s.
Köhlers Einleitung, Z VI/1, 5f.

[40] Vgl. nur etwa die entsprechenden Kommentarstellen im thomasischen Sentenzenkommentar, Rep. I, d. 4, q. 1, a. 2, ratio 3, die in der Sache ähnlich, in der
Terminologie sehr unterschiedlich argumentieren:
*Ad secundum dicendum, quod, quamvis hoc nomen deus significat essentiam, tamen, quantum
est de se, supponit habentem essentiam, et rem naturae, etiam non intellectis personis, quas fides
distinguit, unde potest supponere pro persona, etiamsi ab alio non restringatur, et quia supponit
personam indistincte, ideo potest stare in locutione pro quacumque persona: et sic reddit locutionem veram. unde in hac propositione, deus generat deum, in supposito stat pro patre, in apposito
pro filio.*
*Ad tertium dicendum quod hoc nomen deus, proprie loquendo, nec est universale nec singulare;
sed habet aliquid de ratione universalis, scilicet quod praedicatur essentialiter de pluribus suppositis, praedicantur de ipso: habet autem de ratione singularis hoc quod non multiplicatur ad multitudinem suppositorum: dicimus enim, quod pater et filius sunt unus deus, sed socrates et plato
sunt plures homines.*
[41] Z VI/2, 133, 2f. Der Hinweis ebd., Anm. 2, auf Albertus Magnus ist philologisch korrekt, aber historisch irreleitend. Siehe dazu unten unter 4. die entsprechenden Ausführungen zur Zwinglischen Rezeption der *forma corporeitatis*.

Möglichkeit der Zuschreibung von essentiellen Prädikaten an die einzelnen Personen in trinitarischen Sätzen, in der die Differenz zwischen Formal- und Identitätsprädikation in der Trinität seit Duns mit exakt diesem Wortbildungsdual wiedergegeben wird.[42]

2) Dies wird zudem in wünschenswerter Klarheit dadurch bestätigt, dass Zwingli sich explizit auf Antonius Beck, den Freiburger Magister, bezieht. Diesen – vermutlich sowohl persönlich wie theologisch – etwas überspannten Scotisten[43] kritisiert er zwar in dessen Trinitätslehre rundwegs, doch zeigt er durch die Art seiner Bemerkungen zugleich, dass er nur den Exzess des eben angesprochenen Prinzips verwirft, nicht dieses selber. Bei diesem an sich legitimen, ja notwendigen Prinzip handelt es sich um eine *alloeosis*, oder, ebenfalls mit Zwingli zu sprechen, einen *gegenwechsel*, der für das grammatische Suppositum "Gott" vorgenommen wird, wenn eine auf die unpersönliche Essenz Gottes bezogene Aussage von einer seiner unessentiellen Personen getätigt wird, wenn also, in der Sprache der Scotisten formuliert, eine (innertrinitarische) Identitätsprädikation zu einer Formalprädikation umgewandelt wird. Zwingli referiert hier Becks eigenes Beispiel durch den elementaren Satz: "Es existiert nur ein Gott". Hier wird offensichtlich das *concretum*, das eigentlich den Personen Gottes zukommt, für das Wesen genommen. Beck hat nun offenbar daraus den Schluss gezogen, dass das Wort "Gott" auch dort, wo es eindeutigerweise nur auf eine Person bezogen sein kann, für das Wesen supponieren könne, womit er zwangsläufig beim Tritheismus landen musste. Zwingli kritisiert hier also nicht die scotistische Position an sich, sondern deren Missbrauch, er bemängelt quasi den Komparativ oder Superlativ einer philosophischen Denkweise, die im schlichten Positiv durchaus als korrekt gelten konnte.

Wir können hier also feststellen, dass Zwingli ein durch die scotistische Trinitätslehre nicht geschaffenes, aber doch verschärftes Problem durch das von Scotus gegen diese Verschärfung selber angebotene Remedium selbst wieder aufzulösen versucht. Der scotistische Anspruch,

---

[42] Ord. I, d. 4, q. 2. Brulefer seinerseits arbeitet hier – vermutlich aus Gründen der Abgrenzung gegen den nicht nur im Vergleich zu früheren Formalisten stärker am authentischen Duns, sondern auch stärker am authentischen Aristoteles interessierten Syrrect oder auch schon in Abgrenzung von dessen Vorlage Bonet – mit dem klassischen Essenzbegriff, dem er zur Unterscheidung gegen den aristotelisch-metaphysischen Essenzbegriff einen längeren Passus widmet in den *Declarationes*, 19recto b-20verso b. Instruktiv ist der in Zwinglis Reportatioausgabe unterstrichene Satz in Rep. I, d. 2, q. 1, fo. xxii verso: *unde natura dei essentia dei et deitas idem sunt.*

[43] Zu seiner Biographie s. Kap. V, Anm. 18.

die Hypostasen von der Wesenheit Gottes mittels Formaldistinktion und damit deutlicher als zumal in der hier nur rationaldistinktiv optierenden thomistischen Tradition zu trennen, wird durch die Möglichkeit der Formalprädikation überhaupt erst einlösbar, indem so Wesen und Hypostase wieder auf einander beziehbar werden.

Dieses Verfahren war dem Reformator so geläufig, dass er es auch in seinen exegetischen Vorlesungen verschiedentlich für Erläuterungen zur Trinität gebrauchte, stets unter ausdrücklicher Nennung der *alloiosis*. In der ohnehin auch sonst mit Scotismen durchsetzten Jesajaauslegung kommt dabei die typische Formel *id quod* zum Tragen.[44]

2.3. Tamen simplex et indivisa res sunt: *Zwinglis formalisierender Umgang mit Gottes Attributen*

Zugleich wird so ein anderes zentrales Phänomen der Zwinglischen Theologie erklärbar, das bislang immer wieder Aufmerksamkeit und Fragezeichen auf sich gezogen hat, aber ohne eigentliche Antwort blieb: Seine massiv die Einheit Gottes betonende Attributenlehre. Es fällt auf, dass Zwingli sowohl bei den Personen in Gott als auch bei dessen Attributen immer wieder betont, sie würden nur vom Verstand überhaupt als distinkte Momente wahrgenommen, sozusagen in die Gottheit hineingelesen, seien dort aber in Wahrheit gar nicht eigentlich da. Das scheint in Richtung einer klassischen (thomistischen) Rationaldistinktion zu deuten.[45] Doch unser Wissen darum, dass Zwingli den Terminus *ratio* in trinitätstheologischem Zusammenhang ebenfalls braucht, in dem mit absoluter Sicherheit *keine* reine Rationaldistinktion gemeint sein kann, und dass er bei den Proprietäten Gottes nicht nur den *ratio*-Begriff, sondern parallel zu diesem auch jenen der *[dif-]finitio* benutzt,[46] führt dazu, hier an die zwischen den meisten Scotisten und vielen Thomisten im 15. Jahrhundert sich einstellende Bereitschaft zur "gemeinsamen" Verwendung von *ratio* im Sinne von *quidditas* oder, genauer, *ratio quidditatis* zu denken, wie sie etwa in den von Zwingli bei Brulefer und wohl auch bei Capreolus

---

[44] Z XIV, 201, 10–13 zu Jes 9, 6: *Patrem aeternum autem vocari filium non est durum piis auribus, quae didicerunt personas quoque pro essentia per allaeosim poni. Nam revera filius non est pater, sed id, quod pater est.* Vgl. auch SS VI, 2, 189.

[45] Vgl. etwa Pollet, Art. Zwinglianisme, 3748.

[46] Z VI/3, 76, 11–78, 5; 76, 15–78, 2: *Quae tamen omnia unius eiusdemque numinis et οὐσίας esse scimus, non aliter quam hic potentiam, bonitatem ac veritatem, quae ratione ac finitione quidem discriminata sunt, unum tamen atque idem summum bonum esse oportere demonstravimus.*

(oder diesbezüglichen Capreolus-Schülern) konsultierten Werken mehrfach propagiert wird. Schon die bei Brulefer – trotz aller anderslau-
tenden Versicherungen – im Anschluss an Syrrect merkwürdig
schwebende Stellung dieser *ratio* zwischen (purer) Rational- und (realer) Formaldistinktion passt bestens zu Zwinglis eigenartig sich win-
denden Versicherungen, zwar müssten Personen und Eigenschaften
in Gott zwingenderweise und unbedingt getrennt betrachtet werden,
aber darin liege eine reine Konzession an die Grenzen der Kapazität
des menschlichen Verstandes, letztlich sei die Simplizität Gottes allein
maßgeblich. Erst recht offensichtlich aber wird die Konformität dieses Aspektes seines Denkens mit dem Scotismus seiner Zeit bei der
Lektüre der d. 34 des ersten Brulefer'schen Reportatiobuches, wo
der Doktor in aller Entschiedenheit und Klarheit gleichsam ganz
thomistisch und dennoch in Wirklichkeit ganz und gar scotistisch
aufzeigt, dass es sich bei der letztlich in jeder Theologie unabweis-
baren denkerischen Notwendigkeit, Personen und Attribute additiv
zur Essenz vorzustellen, um ein Problem des erkennenden Intellekts
handelt, der die Simplizität Gottes nicht so vollkommen abbilden
kann, wie sie ist, nämlich als *predicatio per identitatem* (zweier Abstrakta,
wie: *deus est creatio*), sondern Sätze notwendigerweise nur über Kompo-
sitionen als *predicatio per inherentiam* (eines konkreten Vorgangs *ad extra*:
deus creat) herstellen kann. Dieses Unvermögen besteht aufgrund der
Tatsache, dass der Intellekt üblicherweise stets sinnliche, also materiale Dinge erkennt, während Gott rein intellektualer Natur ist. Dieses
Ausnahmeobjekt zwingt den Intellekt darum, sich das Intellektuale
vorzustellen, als wäre es sinnlicher Art, und darum Komposition zu
imaginieren, wo eigentlich keine ist. Das heißt allerdings deswegen
trotzdem nicht, dass der diese Zusammensetzung "erkennende" Intellekt
einfach ein falsches Resultat produziert, sondern vielmehr, dass in
sinnlicher Weise die unerreichbar ideale Beschaffenheit des vollkommen in sich einen und dennoch verschieden subsistierenden und agierenden Gottes abstrahiert. Dieser spannungsvolle, an sich und streng
gesehen falsche, im Endeffekt aber dennoch das Richtige anzeigende
Erkenntnisvorgang spiegelt sich konsequenterweise wider in seiner
fachterminologischen Einordnung in Anlehnung an Bonaventura selber: Er ist eine *distinctio rationis*, aber nicht einfachhin, sondern als
*distinctio rationis que scilicet est distinctio rationum formalium existentium ibi
ex natura rei* – eine Verwendung des Begriffs der Rationaldistinktion,
die sich auch bei offiziell thomistisch argumentierenden, faktisch aber
eher scotistisch denkenden Autoren der Zeit wie Andreas Karlstadt

von Bodenstein finden lässt, aber eben erst in sekundärer, von den Franziskanern übernommener Linie.

Es sind diese hier skizzierten scotistischen trinitätstheologischen Figuren, die Zwingli in seinen reformatorischen Werken wieder aufnimmt, wie auch ein Blick auf die Lesespuren Zwinglis in den einschlägigen Passagen der Werke Duns' und Brulefers, die sich mit der Möglichkeit einer Pluralität von (Personen, Notionen und) Attributen in Gott beschäftigen, belegen mag. Schon in der Ordinatio des großen Schotten selber beschäftigt sich Zwingli offensichtlich intensiv mit dem Faktum der Indivisibilität Gottes trotz distinkter Ursprungsrelationen. Bemerkenswerterweise kann er dabei für die diese Indivisibilität noch wesentlich stärker akzentuierende Gegenposition Heinrichs von Gent, die ohne Formaldistinktion und absolute Konstitution der Personalrelationen auskommen will, überraschend viel Verständnis aufbringen und auf jeden Fall schon hier die Einheit Gottes tendenziell mehr betont als die Verschiedenheit der Supposita.[47] Auch in der bekannten, sich mit der Prädikabilität christologisch-trinitarischer Aussagen über Gott befassenden 5. Distinktion des ersten Buches interessiert sich der Leser Zwingli besonders für die Frage der notwendigen Sukzession von Aussagen über die generativen Tätigkeiten Gottes, der in sich trotz dieser prädikationslogischen Akkomodationen ewig und unwandelbar eins bleibt.

Dieselbe Sicht scheint er bei Brulefer dann auch in Bezug auf die Eigenschaften Gottes zu entwickeln, indem er die Einheitlichkeit Gottes betont, und etwa einen Satz wie 'Bonitas enim et sapientia et iusticia sunt unica res essentialiter et nullo modo distinguuntur realiter' unterstreichend hervorhebt.[48] Dass die Attribute in Gott real identisch, aber formal getrennt sind, wie es Zwinglis scotistische Lehrer auch über Brulefer hinaus einhellig – vielleicht mit Ausnahme Becks – dargelegt haben müssen, dürfte so über den engeren trinitätstheologischen Rahmen hinaus zu dem in der Forschung ebenfalls seit jeher bestaunten konkreten Umgang des Reformators mit polaren Wesenseigenschaften Gottes beigetragen haben. Vor allem seine – in den Spätschriften wiederholt erscheinende – Unterordnung der scheinbar unvereinbaren Notionen der Gerechtigkeit (iustitia) und der Milde

---

[47] Vgl. unten Anh. 1. 3 zu Ord. I, d. 2, q. 3, W. n. 36; V. n. 368 mit der Glosse Zwinglis.

[48] Vgl. unten Anh. 2. 1. 3. zu Rep. I, d. 2, q. 2.

(*misericordia*) unter den einen Oberbegriff der unübertrefflichen Güte des einen Gottes, der ihn von Luthers Denken in diesem Punkt so markant unterscheidet, zeigt, dass das Insistieren auf der Simplizität Gottes auch soteriologische Konsequenzen zur Folge hatte.[49] In der Betonung der Komplementarität gerade dieser beiden Eigenschaften in ein und demselben Wesen Gottes vermochte Zwingli sich zwanglos der Sichtweise bei Duns, der seinerseits die Sichtweise des Lombarden aufgriff, anzuschließen, auch wenn der im Mittelalter noch zentrale temporale Aspekt dieser Komplementarität (Gottes Barmherzigkeit in der Gegenwart und Gerechtigkeit in der Zukunft) für ihn an Bedeutung verliert.[50] Auch in der Frage der Relation von Präszienz und Providenz oder Weisheit Gottes äußert sich Zwingli in dieser Weise: Für unser Fassungsvermögen erscheinen sie zwar getrennt, doch sind sie faktisch nichts anderes als veschiedene Vorzüge (*dotes*) der einen Gottheit.[51] Dieses Insistieren auf der vollkommenen Einfachheit des Wesens Gottes geschieht keineswegs auf Kosten jeder innergöttlichen Unterscheidung. Die Indivisibilität der Essenz Gottes geht, wie der Reformator betont, mit der Wahrnehmung eines *ordo quidam naturae*[52] (hier konkret von Präszienz und Weisheit Gottes) völlig überein. Dieser *ordo* orientiert sich – definitionsgemäß – an der Natur, am Wesen der zu separierenden Dinge; es handelt sich also um einen *ordo essentialis* der Distincta, der im vorliegenden Fall beispielsweise angibt, dass die Weisheit Gottes vor seinem Vorherwissen erkannt werden muss. Nun kann man sich fragen, ob ein *ordo essentialis* für *relationes rationis* denkbar sei; der gesunde "scholastische" Menschenverstand scotistischer Prägung dürfte von einer Bejahung abraten. Ein *ordo naturae* wird nämlich stets einer *ex natura rei* auf den Intellekt einwirkenden Unterschiedenheit dieser Naturen korrespondieren,

---

[49] In eindrücklicher Reziprozität finden sich die beiden Eigenschaften etwa Z VI/3, 151f.; Z VI/5, 63. Besonders auf diese Eigentümlichkeit des Zwinglischen Denkens hingewiesen hat immer wieder Gottfried Locher: Die Theologie Huldrych Zwinglis, 147; Die Prädestinationslehre Huldrych Zwinglis, 105–125.

[50] S. den aufschlussreichen Abschnitt in: Hoburg, Seligkeit und Heilsgewißheit, 129–134: "Die Iustitia Dei in den Marginalien".

[51] Z VI/3, 159, 10–17.

[52] Z VI/3, 158, 6: *Et quamvis istud quoque me non fugiat: numinis dotes, puta sapientiam, scientiam, prudentiam et caeteras tales esse, ut, quicquid una sit, etiam altera sit (hoc enim, quod numen est, undique simplicissimum est cum omnibus dotibus ac virtutibus suis), undique simplicissimum est cum omnibus dotibus ac virtutibus suis), tamen est ordo quidam naturae inter ista, ut unum ante aliud natura intelligatur ab intellectu humano, qui non est natus, ut omnia simul unoque inspectu videat quemadmodum deus [. . .].*

wobei bei Zwinglis Fassung dieses *ordo* – und somit in seinem Distinktionsverständnis bei theologischen Attributen – die schwächstmögliche Form dieser Unterschiedenheit im Sinne einer *ratio obiectalis* in Betracht zu ziehen sein wird, wie sie auch bei seinem Lehrer Brulefer so oft in trinitätstheologischem Kontext zu beobachten ist.

Obgleich Zwingli insgesamt natürlich nicht den vollen Reflexivitätsgrad der wesentlich via theologische Attributenlehre und deren Problemdruck sich in der christlichen Philosophie des Hochmittelalters bildenden Transzendentalienphilosophie im Gefolge Duns' und dessen Einmündung in die Doktrin der *passiones entis disiunctae* erreicht, vollzieht er doch den wesentlichsten Teil dieses Transzendentaliendenkens gedanklich mit: Gottes Eigenschaften sind eigene Größen – die Scotisten würden sagen: eigene Realitäten –, die von Gottes Wesen aber nur mehr formal getrennt sind und seine reale Einheit nicht im geringsten und auf keine Art und Weise stören, beeinträchtigen oder herabmindern. Dieses Transzendentaliendenken, das wohl zu den prägendsten Charakteristika des mittelalterlichen Geisteslebens gehörte, ist nicht unbedingt originär scotisch oder scotistisch; nicht zu Unrecht wurden darum, wenn auch höchst selten, in der Zwingliforschung auch Stellen aus dem Werk des Thomas angeführt, die die Transzendenz der Attribute Gottes herausheben.[53] Es ist in der Tat recht wahrscheinlich, dass für Zwingli selber in diesem Punkt zwischen den thomistischen und den scotistischen Winkeln seiner immer noch scholastisch intuierenden Seele kaum ihm selber bewusste Unterschiede gegeben hat – und damit lag er ja, angesichts der Annäherungen der Schulen über die *ratio obiectalis* – auch größtenteils richtig. Dennoch ist es wohl mehr als ein überlieferungsgeschichtlicher Zufall, dass seine Kenntnisnahme dieser Lehre ausschließlich aufgrund scotistischer Quellen erhalten ist, während uns Zeugnisse thomistischer Herkunft dafür fehlen. Denn die durch den Unendlichkeitsbegriff gegenüber den Vorgängern deutlich verstärkte Betonung der Simplizität Gottes lenkte Duns zu einer wesentlich profilierteren Untersuchung und Lösung des Transzendentalienproblems, das mit der Formaldistinktion methodisch zusätzlich ebenso erleichtert wie verfeinert wusste.

---

[53] Pollet, *Huldrych Zwingli. Biographie et Théologie*, 344.

2.4. Humanitas *und* divinitas *formal getrennt:*
Zwinglis Christologie im Licht des scotischen Personbegriffs

Genau gleich wie die Attributen- und vor allem die Trinitätslehre
(VII.2.2.), nur mit womöglich noch massiverem Problemdruck, geht
die scotische, die scotistische und daran anschließend auch die
Zwinglische Christologie vor: Der an sich nicht zu überbrückende
Abstand zwischen endlicher Menschen- und unendlicher Gottnatur
wird durch die Möglichkeit der mittels Austausch operierenden
Formalprädikation der angenommenen menschlichen Natur von der
Hypostase des Sohnes geschlossen. Es ist die "Wahrheit" dieses
Abstandes, die wie jeden scotistisch und überhaupt gut scholastisch
orientierten Theologen auch den Verfasser der *amica exegesis* dazu
führt, "im Bollwerk der Alloiosen Zuflucht zu nehmen"[54]. In wünschenswerter Deutlichkeit bestätigt Zwingli die scholastische Herkunft
seiner berühmten Alloiose zu Beginn seiner ersten längeren Entfaltung
dieser Figur in der eben genannten Schrift, indem er sie als humanistische Umbenennung der *communicatio idiomatum* deklariert, was er
auch später noch wiederholt.[55]

Diese Fragestellung der Christologie wurde im späteren Mittelalter
intensiv behandelt, eher intensiver als zuvor. Es entstanden eigene
Traktate und auch die großen Sentenzenkommentare widmeten der
Frage im Anschluss an Duns zunehmend mehr Raum.[56] In diesen
publizistischen Raum gehört auch der Zürcher Reformator, der selber seine Quellen denn auch deutlich nennt, Duns Scotus gleich
mehrmals, dessen (natürlich sehr indirekten) Schüler Giovanni Pico
della Mirandola immerhin einmal explizit.[57] Schon von daher ist
deutlich, dass der *primäre* Hintergrund seiner Argumentation in jener
spezifischen Form und Begründung der Idiomenkommunikation zu liegen kommt, die ausgelöst worden war durch die Anstöße jenes

---

[54] Z V, 694, 21.
[55] Z VI/2, 128, 17: *Und sehend aber die armen lüt nit, erstlich das ich nützid anders leer,
dann das ire theologi selbs ye und ye erkennt, ob sy glych nit zum geschicktesten darvon geredt
habend; dann communicatio idiomatum, i. gemeynsame der eygenschafften, heysst uns alloeosis,
gegenwechsel.*
[56] Beispielsweise die "thematische Monographie" des Nicolaus d'Oresme, sein
Traktat *de communicatione idiomatum*, den Borchert, Der Einfluss des Nominalismus
auf die Christologie der Spätscholastik, schon 1940 ediert und kommentiert hat.
[57] Skizzenhafte Ausführungen zu den Glossen Zwinglis zu Pico und zur Abhängigkeit
des Grafen vom Doktor finden sich bei Backus, Randbemerkungen Zwinglis in den
Werken von Giovanni Pico della Mirandola.

Lehrers, der die Christologie insgesamt in jene das Verhältnis der Naturen Christi zueinander so nachhaltig vertiefende Richtung gestoßen hatte: Johannes Duns Scotus. Wie sehr Zwingli von ihm und seinen Schülern auch präzise in diesem Punkt beeinflusst war, belegen hinsichtlich der Formalprädikation allgemein die Spuren seiner passiven Rezeption der vierten und fünften Distinktion des ersten Ordinatiobuches, die er sowohl bei Duns Scotus wie auch Stephan Brulefer in reichem Maße vorgenommen hat.[58] Auch passive Rezeption hinsichtlich der scotischen Subsistenzchristologie können wir voraussetzen.[59] Später sind in der aktiven Rezeption in den eigentlich reformatorischen Werken Anklänge an die scotische Christologie mit ihrem Akzent auf der Person des Sohnes und ihrem genau ausgewogenen Verhältnis der je anders gearteten Dependenz beider Naturen zu dieser Person in wachsender Deutlichkeit zu beobachten, mit einem sprunghaften Interesse von Beginn des Abendmahlsstreites an.[60] Sie kommen indirekt schon 1522 in der Marienpredigt zum Tragen, in der der auch in diesem Punkt nachhaltig scotistisch beeinflusste Zwingli[61] auf die immerwährende (und unbefleckte) Jungfräulichkeit

---

[58] In Ord. III sind die d. 2 und die dd. 14–20 glossiert, wodurch der Schluss, dass auch die dazwischenliegenden Distinktionen gelesen wurden, naheliegt und legitim erscheint.

[59] Siehe dazu die Anhänge 1 (11–14) und 2 (10–13).

[60] Das ist schon Köhler aufgefallen (Zwingli und Luther I, 661: "Die Übereinstimmung seiner [sc. Zwinglis] Christologie mit der des Duns Scotus ist schlagend"), wenn auch wiederum nicht durch eigenes Quellenstudium, sondern in Abhängigkeit von Seebergs Scotus-Buch.

[61] Bei den von Zwingli nachweislich gelesenen Scotisten Brulefer und Cortesius ist eine klare Ehrung der unbefleckt Empfangenen festzustellen. Brulefer bringt eine (auch psycho-biologisch sehr detailreiche . . .) Erklärung der Jungfräulichkeit in allen ihren Aspekten und verweist hinsichtlich der Frage *utrum anima beate virginis fuerit sanctificata ante peccati originalis contractionem* auf eine eigene Lehrpedigt mit dem Incipit *nondum erant abyssi*, s. Anh. 2. 1. 34. Diese Predigt ist bei Wegerich, Bio-Bibliographische Notizen, nicht angeben; sie ist aber möglicherweise identisch mit dem von ihm, a. a. O., 162, angezeigten *Sermo de conceptione purissima, virtutum praerogativa, meritorium excellentia, assumptione quoque gloriosa dignissimae genitricis Mariae*, in: ders., *Opuscula*, Paris (Andreas Bocard für Jean Petit) 1500, 8°; Hain 4004; GW V, 5587. Können wir bei Brulefer nicht mit letzter Sicherheit sagen, dass Zwingli ihn in diesem Punkt tatsächlich gelesen hat, obschon es wahrscheinlich ist, werden die Erlärungen des Cortesius zur scotischen Mariologie von ihm als Glossator ausdrücklich zustimmend zur Kenntnis genommen. Er notierte, und zwar frühestens im Herbst 1513, zu Cortesius, In Sent. III, d. 4, "zu der Äußerung, dass gegen die Anschauung des Thomas, *deam matrem orginis esse polluta tabe* hätte sich eine Phalanx von Gegnern erhoben, *quorum e numero Argus theologorum Scotus: Argus theologorum*" (so Köhler grammatisch leicht holprig in Z XII, 224, 17–20). *Scotus argus theologorum* – das dürfte wohl etwa so zu interpretieren sein: Scotus bewacht wie der Höllenhund persönlich die Reinheit der Lehre, insonderheit auch der Lehre von der unbefleckten

Mariens darum großen Wert legt, weil sie allein es ist, die eines seiner zentralen Anliegen garantieren kann: Die ungeschmälerte Gottheit Christi.[62] Der werdende Reformator steht damit insgesamt in einer Linie, die im Spätmittelalter generell zu beobachten ist: Die Virginität Mariens wird in dem Maße immer wichtiger und lehrmäßig ausgebauter wie die Ermöglichung der vollkommenen Menschennatur Christi bei gleichzeitiger Selbständigkeit gegenüber dessen Gottnatur mit immer eingehenderer Reflexion bedacht wird.

Später dann vertritt Zwingli seine subsistenzchristologischen Überzeugungen ohne Umwege und direkt: Ein außerordentlich starkes Interesse Zwinglis an der komplexen suppositalen Einheit der beiden Naturen in der Person Christi und inbesondere an der bei Duns gegenüber der Hochscholastik so sehr verschärften Wahrnehmung einer totalen Dependenz der Menschenperson vom göttlichen Suppositum zieht sich durch mehr oder weniger alle Abendmahlsschriften durch. Sein Interesse in der Verwendung dieser Figur war sicher ein doppeltes. Zum einen eine jedes Interesse im klassischen Sinne übersteigende Tendenz zur Wahrung der Tradition insgesamt, der sich Zwingli teils im (hier untersuchten) manifesten Anschluss an Autoritäten, großenteils aber wohl auch aufgrund einer ihm nur teilweise selber klaren Bindung durch das kollektive (provokativ gesagt: im besten Sinne katholische) Gedächtnis seiner Epoche,[63] verpflichtet wusste. Dass hier Luther im Rekurs auf die Mystik, Bernhard von Clairvaux und die Väter mehr oder weniger die gesamte Scholastik als depravat und unsachgemäß ansah, konnte er (wiederum aufgrund seines fehlenden

---

Empfängnis Mariens. Auch wenn das historisch streng besehen so gar nicht stimmt, weil diese Doktrin von Duns zumindest theoretisch noch offengelassen wird, und auch wenn der Reformator Zwingli ein solch panegyrisches Lob auf den *doctor marianus* natürlich kaum mehr ausgesprochen hätte, zeigen solche Äußerungen doch eindeutig, aus welcher Quelle sich die Herkunft seiner mariologischen Überzeugungen bildungsgeschichlich erklärt, nämlich dem Scotismus seiner Zeit. Auch die Glosse *organiçatio triplex* zu Duns, Ord. III, d. 2, q. 3, n. 3 (vgl. unten Anh. 1.15), die nur auf den ersten Blick nicht sehr aussagekräftig scheint, weist klar in die Richtung einer zustimmenden Kenntnisnahme der scotischen Mariologie. Kurz nach der Marienpredigt, bei der ersten Zürcher Disputation, hat sich Zwingli außerdem zwar nicht vorbehaltlos, aber doch unverkennbar deutlich hinter das franziskanisch inspirierte Basler Konzil und ausdrücklich gegen die Dominikaner in der Frage der unbefleckten Empfängnis gestellt (worauf Schneider, Zwinglis Marienpredigt, 115, hinweist): Z I 513, 3–514, 2: *Das die muoter gottes on erbsünd sy empfangen, ist offentlich beschlossen im concilio zuo Basel, unnd ist dennest kein Predigermünsch so törplecht, er darff darwyder reden.*

[62] Campi, Zwingli und Maria, 41f.
[63] Vgl. unten Kap. VIII, Anm. 37.

Sensoriums für Luthers performative Verwendung von Sprache in christologischen Aussagen) kaum begreifen und darum auch nicht akzeptieren. Das andere Interesse entstand psychologisch überhaupt erst aus diesen Zusammenhängen heraus, war aber von berechnenderer Natur. Die Subsistenzchristologie erschien Zwingli aufgrund ihrer raffinierten Balance im wechselseitigen Verhältnis der filialen Naturen eindeutig als das geeignetste argumentatorische Schiff, um sich an den Klippen sowohl der Skylla des sich sakramententheologisch immer exklusiver gebärdenden Frühluthertums wie auch der Charybdis des drohenden Nestorianismusverdachts vorbeilotsen zu können. Indem diese in der Mitte des 13. Jahrhunderts primär von den griechischen Vätern "wiederentdeckte" Form der christologischen Reflexion die Annahme der Menschennatur durch die Gottnatur voraussetzt – und *insofern* auch Assumptionschristologie ist – garantiert sie die Trennung der Naturen. Insofern sie aber das Subsistieren des Suppositums der Menschennatur im Suppositum der Gottnatur Christi aufgrund der Assumption in den Mittelpunkt stellt, verunmöglicht sie gut chalkedonisch jede Vorstellung einer mehr als virtuellen Trennung, weil es für beide Naturen nach der *unio* nur noch *ein* Suppositum geben kann. Die denkerische Ermöglichung der "Fusion" des theoretischen doppelten Suppositums in dem einen der Gottnatur wurde dann zudem von Duns im Anschluss an Heinrich von Gent gegenüber der die Figur schon benutzenden Hochscholastik um einen entscheidenden Schritt weitergeführt durch seine charakteristische (und sich in Zwinglis Ausführungen widerspiegelnde) Neufassung des Personbegriffs. Er zog nicht nur die Fassung von *persona* durch Richard von St. Viktor (für die göttlichen Hypostasen als *persona divina sit divine nature incommunicabilis existentia*,[64] oder univok für Gott, Engel und Mensch als *existens per se solum juxta singularem quendam rationalis existentiae modum*)[65] der Boethianischen Normaldefinition des früheren Mittelalters (*persona est naturae rationabilis individua substantia*)[66] klar vor, weil sie zwar Univozität für Gott und Mensch zulässt, aber nicht die menschliche *anima* in Trennung vom Menschsein insgesamt avisiert. Er verschärft darüberhinaus die Richard'sche definitorische Grundintention der Nichtmitteilbarkeit, indem er sie für die göttlichen Hypostasen reserviert, und von der menschlichen Person nur

---

[64] De Trin. 4, 22, zit. nach Burger, Personalität, 42, Anm. 107.
[65] De Trin. 4, 24, zit. nach Kible, Art. Person, 286, mit Anm. 24.
[66] Contra Eut. et Nest. 1–3, zit. nach Fuhrmann, Art. Person, 281 mit Anm. 21.

je eine *negatio dependentiae actualis* (faktische Selbständigkeit) und eine *negatio dependentiae aptitudinalis* (intrinsische Tendenz zur Selbständigkeit) verlangt. Eine *negatio dependentiae potentialis*, die schlichte Unmöglichkeit, von irgend einer andern Person abhängig zu sein oder ihr zu gehorchen, gibt es nach Duns nur in den Personen Gottes. In der Person Christi nun ist im Unterschied zu allen anderen menschlichen Personen die *negatio dependentiae actualis* nicht gegeben, da die Person des Menschen Jesus von Gott in der Person seinen Sohnes angenommen wurde. Durch diese zu Beginn des dritten Ordinatiobuches (mit den Parallelen in den anderen Fassungen der Sentenzenkommentars)[67] unter offensichtlicher Anregung durch Johannes Damascenus entwickelte Präzisierung des Personverständnisses kann die existenzielle Selbständigkeit des Menschseins Christi besser gewahrt werden als in der vorausliegenden, etwa der thomasischen, Scholastik, und hat unter anderem zur Folge, dass Duns dem Christus ein doppeltes *esse existentie* in der einen Essenz des filialen Suppositums zugesteht.[68]

Die wahrhaft subtile Dialektik der auf dieser Fassung des Personbegriffs beruhenden scotischen Christologie,[69] die die Wahrung der Selbständigkeit und Eigenheit der endlichen Menschennatur ebenso wie des dignitativen und funktionalen Primats der unendlichen Gottnatur und das Gleichgewicht einer unauflöslichen Verbindung beider Naturen genauso wie deren für die Erlösung insgesamt ja konstitutive Verschiedenheit garantiert, war exakt das Denkmodell, nach dem Zwingli Ausschau hielt, um sich gegen alle verschiedenen Abgründe sichern zu können. Zugleich war es, wie oben durch die Differenzierung zweier Grundinteressen angedeutet, das einzige Modell, das ihm aufgrund seines Bildungscurriculums überhaupt irgendwie wirklich plausibel erscheinen konnte. Seine Anwendung und Verwendung dieser Konzeption doppelt in sich verschränkter Ausgewogenheit nimmt darum so großen Raum in seinen Abendmahls- und übrigen späteren Schriften ein, dass es müßig wäre, hier alle Stellen nennen zu wollen; wir beschränken uns darauf, auf einige charakteristische Figuren und deren scotistische Herkunft hinzuweisen.

---

[67] Ord. III, d. 1, teils im Zusammenhang mit Ord. I, dd. 23 und 26.
[68] Ord. III, d. 6.
[69] Diese Christologie wird mit dem oben Wiedergegebenen nur schemenhaft nachgezeichnet. Eine neulich erschienene, ausführliche und sehr luzide Darstellung bietet Burger, Personalität, Teil B, 51–165, so dass wir darauf verzichten, die gesamte Diskussion der Tradition in Ord. III hier noch einmal wiederzugeben.

Grundsätzlich am ausführlichsten und klarsten spricht er auch in dieser Sache in der Schrift über das Bekenntnis Luthers; und wir beschränken uns in ihr auf jene Stellen, in denen der scotistische Einfluss unverkennbar ist, obschon im Prinzip das ganze Buch scotistischen Geist atmet. Die Unterschiedenheit in der Einheit, in der die beiden Naturen Christi zueinander stehen, bezeichnet Zwingli hier zweimal durch das Verhältnis von *ens* zu *essentia* oder von *essentia* zu *existentia* und nimmt dabei das erste Mal, wie schon erwähnt, explizit auf Duns Scotus und den ihn hier rezipierenden Pico della Mirandola (den Älteren) Bezug.[70] Wie schon gut ein Jahr zuvor in der *amica exegesis*[71] beruft sich Zwingli damit auf die scotische und dann auch typisch scotistische Unterscheidung zwischen *esse essentie* und *esse existentie*, die die vielschichtigen (und nicht durch dem neuzeitlichen philosophischen Denken entnommene Schlagwörter wie "ontologisch real" oder aber "ontologisch uneigentlich" charakterisierbaren) Relationsbegriffe insbesondere auch der scotistischen Spätscholastik sozusagen exemplarisch verdeutlicht:[72] Während Christus selbstredend *eine* Essenz bleibt und sein *esse essentie* von dieser nur virtuell unterscheidbar bleibt, sind in ihm doch zwei vor der Aktivität des Intellekts wahrnehmbare und also formal von ihr getrennte *esse existentie* für die beiden Naturen zu finden.[73] Dies hat seinen Grund

---

[70] Z VI/2, 150, 11–15; 178, 12–16.

[71] Z V, 925, 8–10: *Aber die Seel hat ihr selbsnatur unnd -wesen behalten (de essentia animae loquor, non de existentia, ne et neoterici possint offendi)*.

[72] Dies verkennt leider auch der sonst unerreicht meisterlich und gewissenhaft arbeitende Hilgenfeld, Mittelalterlich-traditionelle Elemente, in seinen ungewöhnlich pauschalisierenden Ausführungen über Zwinglis Christologie, aber auch über die "Nominalisten" insgesamt.

[73] Z VI/2, 178: *Ich kenn, das der ewig [. . .] gottessun ware [. . .] menscheyt [. . .] also an sich und zuo sich genommen hat in die einigkeit der person des suns gottes, das sy eyn Christus, ein unzertrennliche person sind, unnd dennoch yetwedre natur der eynigen person ir ard unnd eygenschafft behalten; alleyn das sin menscheyt niti ein eygen existentiam, das ist bstand, für sich selbs, sunder in der person des suns gottes hat; glych wie in unns menschen das fleysch sin eygen ard unnd ueben hatt unnd aber für sich selbs nit bstadt, sunder von der seel erhalten wirt im bstand.* Der zuletzt von Zwingli angeführte Vergleich mit der dem eigenständigen Leib subsistierenden Seele im Menschsein ist typisch für den Scotismus des 15. Jahrhunderts; vgl. gleich anschließend den Haupttext im folgenden Abschnitt. Das Anm. 71 zitierte Diktum aus Z V, 925, 8–10, braucht keineswegs, wie Blanke (dort: Anm. 8) meinte, eine Option für die thomistische Sicht (die kein eigenes *esse existentie* für die *natura humana* zugesteht) zu bedeuten. Zum einen wirkt die Bemerkung ausgesprochen konzessiv, sodass in ihr keineswegs zwingenderweise die eigene Meinung abzulesen sein muss. Zum anderen ist es durchaus denkbar, dass Zwingli ein mögliches und häufig auftretendes Missverständnis der scotistischen Position, dahingehend, dass zwei Existenzen im Vollsinn anzunehmen seien, abwehren wollte und dabei vereinfachte. Vielleicht am wahrscheinlichsten ist, dass für ihn der Gegensatz

letztlich darin, dass *humanitas* und *divinitas* je einen andern Formalgrund, eine andere *ratio formalis*, aufweisen.[74] Christus existiert daher in zwei formal zu unterscheidenden Existenzweisen; obschon es – selbstverständlich – keineswegs zwei separat existierende Personen des Christus gibt. Dem exemplarisch in der Schrift zum Bekenntnis Luthers zu findenden, die Naturen so klar differenzierenden scotistischen Ansatz entspricht im Übrigen auch der sachte adoptianistische Ton, der in manchen assumptionschristologischen Formulierungen beim Reformator durchschlägt, wenn er etwa schon in der *amica exegesis* in Rezeption einer Formel des *doctor subtilis* schreibt, der ewige Gottessohn sei zum Menschensohn gemacht worden (*factus est*) – nicht ohne sogleich zu betonen, dass die Gottnatur dadurch nicht verändert, sondern in gewissem Sinne erweitert wurde.[75]

Doch Zwingli übernahm zur Legitimation seines Verständnisses von Idiomenkommunikation *alias* Alloiosis nicht nur offen die abstrakte Sprache der schulmäßigen Christologie (und eher verborgen die spezifisch scotistischen Verfeinerungen dieses Vokabulars), sondern wusste sich auch unmittelbarer einsichtiger Bilder zu bedienen, von

---

zwischen Thomismus und Scotismus an diesem Punkt wie an anderen nicht wirklich ins Bewusstsein kam, weil er Thomas ohnehin von Scotus her zu las, und er darum die Sachintention beider Autoren in der selbstverständlich verneinenden Antwort auf die Frage des Lombarden (III, d. 6, q. 2) *utrum Christus sit aliqua duo* für mehr oder minder identisch hielt, den Terminologiewechsel deshalb für eher zweitrangig.

[74] In der erwähnten Passage über die Identitätenkatene (Z VI/2, 198, 25–199, 1) erklärt Zwingli unter anderem präzise und eigens, *humanitas* und *divinitas* seien *formaliter aut essentialiter* nicht identisch.

Sehr klar stellt ihrerseits die Duns'sche Ordinatio die formale Nichtidentität selber heraus im Buch III, d. 6, (W.) q. 2, n. 5. Zwar ist jede Aussage über Christus eine Aussage über Gott, aber nicht jede ist es auch *formaliter vel essentialiter*, nämlich dann nicht, wenn sie vom Menschen Christus handelt:

[. . .] Et hoc modo accipitur in diuinis cum negatur ista: Christus est solus homo, vel solus Deus. Haec enim falsa est, non quia aliquid dicatur de Christo: de quo non dicatur Deus: sed quia non omne dictum de Christo est formaliter, vel essentialiter Deus, quia homo dicitur de Christo, et tamen non est formaliter Deus, vel dictum de Deo.

Conceditur ergo ista communiter, Christus non est tantum homo, nec tantum Deus, sed non sequitur ex hoc, ergo est aliud quam homo, vel aliud, quam Deus; sed est fallacia consequentis, arguendo a propositione habente plures causas veritatis ad vnam illarum.

[n. 6] In proposito enim verificatur antecedens propositio: Christus est tantum homo, vel quod excluso excludat a praedicato formaliter accepto, vel quod excludat a forma importata per praedicatum, non autem a supposito habente formam.

[75] Z V, 681,14–682, 6: *[. . .] qui dei filius ab aeterno est, homine adsumpto, hominis quoque filius est factus, non ut qui dei filius esset, sortem aut statum divinitatis vel amitteret, vel in humanam conditionem transmutaret, neque ut humanam naturam in divinam converteret, sed, ut deus et homo unus fieret Christus [. . .].*

denen er sich stärkere Plausibilisierungswirkungen gegenüber den Theologen und vielleicht auch allgemein größere Popularisierungseffekte erhoffte. Schon in der *amica exegesis* verweist Zwingli darum auf das Bild von dem vom Feuer durchglühten Eisen und vor allem auf das von dem aus Leib und Seele bestehenden einen Menschsein. Nachdem er im einschlägigen idiomenkommunikationstheoretischen Passus in "Dass diese Worte" wieder auf beide Bilder verwiesen hatte,[76] zitiert er dann seinen Text aus der *amica exegesis* wörtlich (in die deutsche Volkssprache übersetzt) wieder in der Schrift über das Bekenntnis,[77] und gibt dort unmittelbar anschließend noch einmal unmissverständlich, die Verwendung des Zitats im Ursprungskontext rechtfertigend, die eigentliche Absicht dieses seines Gebrauchs beider *vestigia* an:

> Hie sehend ir, fromme fürsten, das ich nie der meinung gewesen, das ich zwo personen uß Christo habe wellen machen. Als wenig der mensch zwo personen ist, wiewol er zwo naturen hat des lybs und der seel, als wenig ich zwey ding uß dem gefüreten schwerdt mach. So nun der mensch ein person ist, der allein ein geschöpft ist, wie vil me ist Christus, der der schöpfer und geschöpft ist, nun ein person.[78]

Das erste dieser Bilder hat Zwingli nachweislich und von ihm selber schon 1525 in der Schrift gegen Valentin Compar in anderem Kontext selber so angezeigt aus *De orthodoxa fide* des Johannes Damascenus übernommen.[79] Er hat aber auch die Ausführungen des Damasceners zum zweiten Bild, in unmittelbarer textlicher Nähe zum ersten gelegen, mit intensiven Lesespuren versehen, es also mindestens *auch* durch die *theologia Damasceni* vermittelt zur Kenntnis bekommen.[80] Das ist nicht nur allein darum hochinteressant, weil Duns Scotus just durch das diesem Text vorangehende Kapitel zu der innovativen Formulierung der *duo esse existentie* in Christus mitmotiviert worden war,[81] wie überhaupt seine Christologie sich immer wieder auf den

---

[76] Z V, 923, 34–924, 20.

[77] Z V, 682, 13–19; VI/2, 130, 16–25.

[78] Z VI/2, 130, 25–31.

[79] Z V, 115, 7–10. Auf diesen Zusammenhang und auf die Rezeption dieses Bildes in "Dass diese Worte" verweist schon Schindler, Zwingli als Leser von Johannes Damascenus, 193. Die bedeutungsvolle Verwendung des Bildes in den beiden späteren, im Haupttext genannten Abendmahlschriften ist allerdings nicht erwähnt.

[80] S. unten Anh. 5.

[81] Ord. III, d. 6, q. 1, n. 7f. *Haec opinio secunda quantum ad illud, quod tenet de duplici existentia actuali, confirmatur per Damascenum, capite 60* [= III, 14]. *Ubi vult quod in Christo sunt duo voluntates, et duo velle, sed esse immediatius se habet ad essentiam, quam velle ad voluntatem: ergo magis necesse est ipsa plurificari secundum pluralitatem naturarum. Ad argumenta. Ad*

Damaszener bezieht.[82] Es ist vor allem bedeutsam, ja frappierend, weil schon der Annotator Zwingli den Bezug der Argumentation bei Duns zu der des griechischen Vaters erkannt und zu *De orth. fide*, III, 3 und 16, korrekt kommentiert hatte. Das Argument, dass Leib und Seele (resp. Eisen und Feuer) ein drittes, von ihnen verschiedenes Ganzes konstituieren, das aus ihnen besteht, in dem sie aber nicht aufgehen, sieht Zwingli als in Übereinstimmung mit den Scotisten an,[83] und er interpretiert es darum auch mittels der scotischen Figur der *forma corporeitatis*.[84] Diese allen körperlichen Teilen eines beseelten Wesens ihre Einheit schenkende *forma* ist die *corporeitas*, die von der *anima* zu trennen ist und die als innerer Zusammenhang aller Teile eines *corpus* unter Umständen mehrere Sub-*formae* umfassen kann: Je höher entwickelt ein Organismus ist, desto mehrerer Formen bedarf er. Scotus schreibt darum zu ihr ausdrücklich, seiner Grundmaxime des Ökonomieprinzips für einmal bewusst entgegen argumentierend: *Hic est necessitas ponendi plura!*[85] Die *forma corporeitatis* entschärft also bei Scotus dessen eigenes "Rasiermesser" und wohl darum bringt der Glossator Zwingli die Argumentation des Damasceners mit dieser Figur in Verbindung: Würde der Körper einfach als einzige *forma* durch die Seele informiert, bestünde schon daraus das ganze Menschsein. Genau darum wäre es nach der Union mit der göttlichen Hypostase bedroht, weil der Status der Seele Christi im Zustand

---

primum dico quod etsi in Christo sint duae voluntates, non tamen duo volentes, quia concretum non numeratur absque numeratione suppositi: sicut pater de habente duas scientias, qui non dicitur duo scientes. Ita in proposito si sint plura esse, quorum utrunque erit esse simpliciter suppositi, non sequitur suppositum esse duo entia. [. . .]
Et ad confirmationem rationis, cum dicitur quod tunc esset Christus ens per accidens, dico quod si accipiatur ibi proprie per accidens, ut aggregat duo genera, vel res duorum generum, non est ibi ens per accidens, quia natura divina in nullo genere est. Natura etiam humana nulli accidit, quia vere est: si tamen dicatur unum per accidens proprie quodcunque includens duo, quorum unum advenit alteri habenti esse completum, et non est forma per se informans illud constituens tertium, posset concedi, licet in proposito non bene sonet.

[82] Belege bei Burger, Personalität, 134–141.

[83] Der Inhalt von Schindlers Beurteilung, a. a. O. (oben Anm. 79), 189, Zwingli hätte bei Damascenus "die Begründung dafür, dass aus zwei Naturen in Christus nicht eine neue, etwas Drittes, wurde", gefunden, kann angesichts der zustimmenden Glosse zu III, 3 (vgl. unten Anhang 5. 4), *Argumentum neruosum Scoti discipulorum ex partibus essentialibus compactis aliud (ut sic) tertium resultare dicentium*, adäquater dahingehend gefasst werden, dass Zwingli hier die Begründung dafür fand, dass trotz der christologischen Union, die beide Naturen zu einem einzigen und in dieser Funktion für beide neuen Suppositum zusammenführt, das Gottsein *und* das Menschsein ihre existenzielle Selbständigkeit behalten können.

[84] Eine gute Darlegung des Begriffs bei Gilson, Duns Scotus, 507–514.

[85] Ord. IV, d. 11, q. 3, n. 54.

des angenommenen Menschseins bekanntlich von frühester Christenheit her unklar ist. Sieht man hingegen Körper und Seele als zwei Formen des Menschseins, kann dieses seine Integrität auch nach der *unio* eher wahren, weil die angenommene Person des Menschen nicht in direkter, unauflöslicher Verbindung zu ihnen steht. Aus diesem Grund trennt Scotus zwischen *individuum* und *persona*, verwirft er die Boethianische (auf die intellektive Rationalität der Seele sich abstützende) Person-Definition, und liest, wie später Zwingli, interessiert die Ausführungen des Damasceners über die bleibende Integrität der beiden "Naturen" Körper und Seele im Menschen als hilfreiches Bild für die bleibende Integrität der beiden Naturen Christi in Christus.[86]

Die wechselseitig aufeinander verweisenden Tatsachen, dass Duns die Figur der *forma corporeitatis* vor allem in Ord. IV, d. 11, entwickelt, wo er auch von Zwingli später in der Glossierung des Damasceners verwendete Terminologie benutzt (etwa das Adjektiv *vegetativus*), dass Zwingli umgekehrt von Ord. IV, d. 10, her auf Johannes von Damaskus verweist, und dass er auch von De orth. fide auf Ord. IV aufmerksam

---

[86] In diesem hier dargelegten Sinn will die Aussage in der Glosse zu III, 16 (vgl. Anhang 5. 7), *[. . .] non corpus ut corpus Informat, uerum corpore uegetius instructo hominem, ut diximus, a partibus differentem efficit*, verstanden sein: Nicht die Seele informiert den Körper, sondern bildet mit dessen *forma* zusammen den Menschen. Auch der Beginn der Glosse, *Ecce hic, emule Scoti, formam corporeitatis, nam si de corpore dici, quod sit natura, potest, facilius, quod forma informatur. sic dicetur Atque adeo maxime, quia reperiri non est materiam Informem; haec enim quo modo perceptibilis esset sensuum Grossitie?*, der nicht in allen Teilen ganz sicheren Sinn macht, geht sicher in diese Richtung und dürfte wohl etwa so zu übersetzen sein: Das *corpus* ist als *natura* zu verstehen und nicht als *materia informa*. Denn bevor das *corpus* mit der intellektiven Seele verbunden werden kann, muss es vor-informiert sein, damit es überhaupt die Fähigkeit besitzt, die Aufgabe der Wahrnehmung durch die gröberen Sinne an die Seele weiterzuleiten. Die auf den ersten Blick eigentümliche Anrede eines Scotisten im Vokativ und die scheinbar distanziert wirkende Nennung der Scotisten als "Schüler" in der 3. Person in der oben (Anm. 83) wiedergegebenen Glosse weist hier nicht auf eine "gegenüber der Schule der Scotisten eher zurückhaltende" Stellung Zwinglis, wie sie Schindler, a. a. O. (oben Anm. 79), 189, – ohne Angabe von Gründen – in den Damascenusglossen zu erkennen glaubt. Grammatische Wendungen dieser Art sind in den Glossen nicht selten und dürften einfach einen Reflex jener "emotionellen Prägung" (Schindler, a. a. O., 190) darstellen, die generell in den Lektürespuren des jungen Leutpriesters, etwa im Sinne eines Selbstgesprächs, zu finden sind, beispielsweise in der fo. 47r zu findenden (und schon von Schindler, ebd., mitgeteilten, einzigen deutschen) Glosse *David, das ist uff dich geredt* (und vermutlich eben auch in der Anrede *Ecce hic emule Scoti*) oder auch als direkte, zustimmende, ja tröstende und in Schutz nehmende Anrede an Duns Scotus selber, wie sie in einer Glosse zu dessen Ordinatio zu finden ist: *Hic tibi falso iniuriantur, o Scote, plerique Thomicantes* (s. Anh. 1. 2. zu Ord. I, d. 1, W. q. 2, a. 1f., n. 2; V. p. 1, q. 2, a. 1f., n. 32).

macht,[87] lassen hier durchaus einen Zusammenhang der Lektürevorgänge vermuten. Dass Zwingli den *historischen* Zusammenhang zwischen
dem schottischen und dem griechischen Johannes direkt wahrgenommen hat, scheint alles in allem eher unwahrscheinlich.[88] Doch schon
die innere Verwandtschaft der beiden Christologien bemerkt zu haben,
ist eine theologische Leistung, die Fähigkeit und Wissen zu einer
gedanklich-literarischen Differenzierung voraussetzten, wie sie auch
im Kreise von Zwinglis akademisch gebildeten Klerikerkollegen zumindest nicht gerade alltäglich gewesen sein dürften.

Diese Reminiszenen an den Damaszener dürften überraschenderweise zugleich auch die auf den ersten Blick etwas irritierende
Besonderheit der Zwinglischen Verwendung des Personbegriffs zumindest teilweise erklären, die eben darin besteht, dass er häufig in dem
bei Scotus innerhalb dieses Zusammenhangs von Gottperson und
Menschennatur eher marginalen Schema der eine Materie informie-
renden und damit aktualisierenden Form argumentiert.[89] Wenn er
außerdem dazu auch die Analogie der den leblosen, aber potentiell
existierenden Leib aktualisierenden Seele im Menschen beizieht, und
diesen Vorgang der Aktualierung für seine Zeit ungewöhnlich als
actio bezeichnet,[90] könnte das mit diesem griechischen oder mit sonstigen Kirchenvätern zu tun haben,[91] wenn es auch nicht die einzig
mögliche Erklärung dafür darstellt. Es gibt nämlich auch starke
Indizien dafür, dass Zwingli diesen Teil seiner subsistenzchristologischen Argumentation ebenfalls von scoti*sti*scher Quelle her übernom-

---

[87] Schindler, a. a. O., 191: Zu IV, 17 im Zusammenhang der Bilderverehrung.

[88] Zeigt nicht im Gegenteil der unbekümmerte Gebrauch eines Textes aus dem
14. Jahrhundert zur Kommentierung eines Textes aus dem 8. Jahrhundert eher,
dass Zwingli einen geschichtlichen Abstand nicht wirklich sehen konnte oder wollte?
Die Wahrheit ist in sich eine, wie Zwingli später des öfteren betonen sollte; darum
ist *ihre* historische Differenzierung keines seiner besonderen Anliegen, ganz im
Gegensatz zur Geschichte der Kirche, die er jedenfalls ab seiner reformatorischen
Phase bekanntlich echt humanistisch-kritisch zu bedenken beginnt.

[89] Köhler, Zwingli und Luther, I, 666, Anm. 1, bemerkte die Inkonsistenz gegenüber Duns, konnte aber keine Erklärung finden.

[90] Z VI/2, 151, 23. Der von Blanke 1934 bei der Kommentierung der Schrift
über das Bekenntnis angefragte, schon damals mit der Zwingliforschung in Kontakt
stehende Pollet hielt hier eine Angleichung des lateinischen *actus* an Zwinglis eigene
deutsche Formulierung "ein bhaltende krafft" für möglich (Z VI/2, 151, Anm. 19).
Doch abgesehen davon, dass schon die Formulierung "bhaltende krafft" ihrerseits
sehr nach subsistenz-christologischen Traditionsquellen klingt, wäre dann Zwinglis
expliziter Verweis (ebd., 22) auf die Verwendung des Wortes *actio* bei den *philosophi*
reiner Bluff?

[91] Glossen zu De orth. fide, III, 15.

men hat. Vor allem eine Reihe ungewöhnlicher Termini, die auf
wenigen Seiten in der Schrift über Luthers Bekenntnis entwickelt
werden, weisen auf spezifisch scoti*sti*schen, und zwar in ihrer Verbindung möglicherweise konkret auf Brulefer'schen Ursprung hin:
Auf das interessante *personae constitutio*[92] folgt die (bei Duns noch ausdrücklich kritisierte) Boethianische Definition der Person unter ebenso
ausdrücklicher Zustimmung Zwinglis,[93] darauf in der hier intendierten *persona-anima*-Analogie die Differenzierung von *actus* und *actio
animae*,[94] dann die Unterscheidung zwischen *persona* und *appropriata* in
der Trinität,[95] sodann die Unmöglichkeit einer Doppelperson in nur
einem Menschen,[96] die sogleich einmündet in die eindrückliche, das
Vokabular der Subsistenzchristologie *in nuce* programmatisch aufrei-
hende terminologische Katene von *singulare, suppositum, individuum et
personam*.[97] Diese ganzen, zum Teil – besonders die Viererkatene der
Subsistenzbegrifflichkeit! – sehr besonderen Äußerungen finden sich
allesamt in der zweiten Distinktion des ersten Brulefer'schen
Reportatiobuches, und ausgerechnet die Katene fast wörtlich: *Ista
quattuor persona. suppositum. singulare vel individuum. particulare*, und sogar
wörtlich annotiert: *suppositum, persona, singulare, particulare*. An Zufall
zu glauben fällt jedenfalls schwerer, als von gegenteiliger Annahme
einer Nichtbeeinflussung auszugehen. Bestimmt kein Zufall ist jedoch,

---

[92] Z VI/2, 151, 17; so auch bei Brulefer, Rep. I, d. 2, q. 1, im Rahmen der
Aufzählung der neun *unitates* nach Bernhard, fo. xxiii recto: *Secunda est unitas constitutiva, et est illa, qua plura constituunt unum tertium ut partes integrales, ut plura membra constituunt unum corpus. Omnia igitur membra dicuntur unum constitutive, et ista unitas est maior
quam prima.* Vgl. auch ebd. d. 5, a. 2, q. 2; fo. xlv recto: *Ad videndum, quomodo differunt
communicare et producere vel communicari et produci. Notandum, quod productio seu generatio
activa habet pro termino primo illud, quod primo producitur. Exemplum. 'Bos generat bovem':
'bos' ibi est primus terminus illius generationis. Notandum tamen, quod in omni tali generatione,
in qua agens producit aliquid primo productum, sunt duo termini scilicet totalis et formalis.
Terminus totalis dicitur totum compositum ex materia et forma. Sed terminus partialis sive formalis dicitur ipsa forma constituens cum materia ipsum compositum, sicut est forma sensitiva bovis
vel anima intellectiva in homine. Correlarium. Generatio nunquam terminatur ad materiam. Patet,
quia materia est subiectum generationis et presupponitur. Notandum, quod in creaturis aliquid se
producens habet duas relationes reales ad illos duos terminos videlicet totalem et partialem seu formalem. Probatur. Cum enim termini distinguantur realiter inter se, sequitur, quod et relationes
distinguantur realiter.*
[93] Z VI/2, 151, 19; so auch Brulefer, Rep. I, d. 2, q. 2, *primus terminus declarandus.*
[94] A. a. O., 23; so auch bei Brulefer *passim*, vermutlich im Anschluss an Ord.
IV, q. 1, W. n. 6, mit einer typisch scotischen terminologischen Differenzierung:
Actus nur für Gott, *actiones* bei Kreaturen!
[95] A. a. O., 152, 4f.; so auch Brulefer, Rep. I, d. 2, q. 1, fo. xxiii verso.
[96] A. a. O., 153, 5–15; so auch Brulefer., Rep. I, d. 2, q. 2, fo. xxiiii verso.
[97] A. a. O., 153, 17f.; so auch Brulefer Rep. I, d. 2, q. 2, fo. xxv recto.

dass hier anthropologisches Denken im Materie-Form-Schema, das im 15. Jahrhundert von steigender Bedeutung war, bei Zwingli sich in entsprechender Rezeption des Damaszeners wie auch der Scotisten wieder findet, und ihm, wie auch schon Brulefer, hilft, den überaus subtilen Personalitätsansatz Duns' zeitgemäß zu interpretieren und so zu verstehen bei sich selber und zu popularisieren bei anderen: Die Priorität des *Verbum* vor der von ihm bis auf die *dependentia aptitudinalis* komplett abhängig gegenüberstehenden Menschenperson lässt sich so für ein Publikum, das biographisch gesehen Aristoteles' *De anima* weit vor aller Theologie kennenlernte, anschaulich illustrieren.

Dieses Konzept einer komplementären, über die Subsistenzlehre mehrfach ineinander verschränkten Dialektik von Identität und Differenz der Naturen Christi liegt also aller Rede von der Notwendigkeit einer Alloisis in christologischen Aussagen bei Zwingli zu Grunde. Seine Anwendung in allem Reden von Jesus Christus stellt für ihn unzweifelhaft eine jener elementaren theologischen Regeln dar, die er von Scotus,[98] von den den Scotisten und generell auch von der mittelalterlichen Theologie, die hier recht einheitlich denkt, in seine reformatorischen Ansichten hinein übernommen hat; es erklärt vollständig, warum er die Einheit der Person Christi immer wieder aufs Neue ebenso stark betonen konnte wie den im Wortsinn immensen Unterschied der Naturen, ohne darin einen Widerspruch zu erkennen. Die ganze Arbeit Zwinglis spätestens von 1527 an, sein ganzes Bemühen in seinen langen und exegetisch oft etwas detailverlorenen Abendmahlsschriften geht eben dahin, diese für ihn schlicht zu den Fundamenten des christlichen Glaubens selber gehörende Dialektik stets neu und immer eindringlicher herauszustellen. Nur auf dieser Basis ist seine Überzeugung und Rede von der elementaren Erklärungskraft einer Alloiosis wirklich nach beiden ihrer Seiten begreifbar. Sie steht nicht alleine, und war nie dazu gedacht, alleine zu stehen, sondern macht Sinn nur auf dem Boden einer sie legitimierenden spätmittelalterlichen Christologie, die ihrerseits wiederum allein auf dem Grund scotischer Distinktionenlehre und entsprechendem Personverständnis gänzlich nachzuvollziehen ist. So wie die Formalprädikation in der scotischen Christologie nur auf dem Boden der Distinktionenlehre

---

[98] S. unseren Anh. 1. 13 zu Ord. I, d. 5, W. q. 1, n. 5; V. d. 5, p. 1, q. un., n. 18.

und der radikalen Zuspitzung der anhypostatischen Christologie durch
einen neuen Personbegriff verständlich wird, so ist es auch bei der
abendmahlstheologischen Applikation dieser Stücke durch den Zürcher
Reformator: Wer sie herauslöst und sie – bewusst oder auch nicht
bewusst – kontextfremd verwendet, wird ihren Sinn nicht erfassen
und ihn von bereits konfessionell oder gar neuprotestantisch geprägten Denkmustern her missverstehen müssen.[99]

---

[99] Obwohl nicht an sich übermäßig kompliziert, ist dieses für die Zeit elementare Konzept der letztlich auch auf der Formaldistinktion beruhenden scotisch-franziskanischen Subsistenzchristologie nur allzu vielen heutigen Autoren so gut wie
unbekannt. Typisch für dieses Unverständnis im Umgang mit der christologischen
Dialektik in den Werken Zwinglis sind etwa folgende Sätze: "Die beiden Naturen
in Christus werden scharf geschieden. [. . .] Eine Übertragung [. . .] findet nicht
statt. Damit wendet sich Zwingli gegen die Lehre von der communicatio idiomatum" (Gäbler, Huldrych Zwingli, Eine Einführung, 120). Ausgerechnet der unter
Berufung auf Väter und Scholastik – besonders in der für dieses Zitat herangezogenen Einzelquelle: Z IV, 828, 18–33. 30: *Diese red ist ye und ye von den Christen gedul-
det, verletzt ouch mich nüt [. . .]*, aber auch später immer und immer wieder – die
gmeynsame der eygenschaften (z. B. VI, 2, 128) auf Schritt und Tritt für sein Denken
reklamierende Reformator "wendet sich gegen die Lehre von der communicatio
idiomatum"? Wie anders als durch anachronistische Verwechslung eines konfessionell verengten Begriffs der Idiomenkommunikation (im Sinne der erheblich späteren lutherischen Orthodoxie) mit dessen ursprünglichem und von Zwingli avisiertem
Sinn sind Äußerungen wie diese erklärbar? "Daß es falsch ist, Zwingli, wie von seiten der Lutheraner geschah, vorzuwerfen, dass Alloeosis (Communicatio idiomatum)
für ihn nur eine rhetorische Figur ohne sachlichen Hintergrund sei" hat Fritz Blanke,
Z V, 680, Anm. 3, schon im Jahr 1934 erkannt.

KAPITEL VIII

DIE SCOTISTISCHE *CREATOR-CREATURA*-DIFFERENZ IM PRAKTISCH-ETHISCHEN DENKEN ZWINGLIS

Die durch die Unendlichkeit Gottes und die Endlichkeit der Kreatur bedingte Abständigkeit zwischen Schöpfer und Geschöpf wird durch eine sich an die Formalprädikation anlehnende und als solche dann auch allgemeinscholastische Akzeptanz reklamierende Aussagenlogik in die Bereiche der Christologie und der Sakramentenlehre vermittelt und so in eigene Konzepte und Intentionen reintegriert: Diesem Rezeptionsprozess verdankt sich das wichtigste, aber keineswegs das einzige franziskanisch-spätscholastische Erbe, das sich beim Zürcher Reformator findet. Dasselbe Gepräge markanter Akzentuierung der Differenz von Schöpfung und Schöpfer besitzen auch eine Reihe anderer, sich derselben historischen Herkunft verdankende Charakteristika des Zwinglischen Denkens, die mehr ins praktisch-soteriologische, kosmologische, ethische oder ekklesiologische Denken hinüberweisen.

1. Passive Rezeption

In erster Linie sei hier auf dieselben Rezeptionsinhalte verwiesen wie in der Infinitätsthematik: Die zu beschreibenden Phänomene der aktiven Rezeption rekurrieren alle auf die scotistische Elementartatsache inkommensurabler Abständigkeit von Unendlichem und Endlichem – wenn auch in verschiedenen und auf stark variierende Praxisfelder angewandten Konkretionen. Für die in diesen Feldern zu registrierenden Rezeptionsprozesse werden darum parallele passive Rezeptionsvorgänge je separat aufgeführt.

Grundsätzlich ist eindrücklich, dass der Zusammenhang zwischen Liberalität (*liberalitas*) Gottes und Erstursächlichkeit in einer Annotation zur zweiten *distinctio* des ersten Ordinatiobuches klar festgehalten ist.[1]

---

[1] W. d. 2, q. 7; n. 4, V. d. 2, p. 2, q. 4, n. 234: *Ad confirmationem illius glose per frustra dico quod in omni ordine agentium vbi principium activum de se non est imperfectum est status ad aliquod principium actuum simpliciter perfectum. quod scilicet agens ex liberalitate*

Die scotische Fassung der Sakramentendefinition in der ersten *distinctio* des vierten Ordinatiobuches ist reichlich annotiert und bezeugt so die Kenntnisnahme durch den Reformator. Nur per Konjektur zu vermuten, aber doch wohl mit einem Höchstmaß an Wahrscheinlichkeit anzunehmen sind Rezeptionen aus den unten erwähnten Werken Summenharts und der fünfzehnten *distinctio* im vierten Buch der Duns'schen Ordinatio.

2. Aktive Rezeption

2.1. *Radikale Relativierung aller Zweitursachen in Kosmologie und Prädestination*

Schon verschiedentlich ist auf eine stark voluntaristische Seite der Zwinglischen Aussagen über Gott aufmerksam gemacht worden, der aus grundloser *liberalitas* Menschen zu seinem Heil erwählt, deren Glaube und Heiligung diesem freien Gnadenwillen gegenüber zwar Zeichencharakter, nicht aber Kausalfunktion haben. Die Wahl dieser Themen sowie die Terminologie, durch die sie ausgedrückt werden, verweisen auf franziskanisches Erbe.[2] Dieses Denken spitzt sich im Laufe der Jahre zu und erreicht eine Akme in der Providenzschrift, in der Zwingli die zwei Themenkreise der unbedingten Prädestination und der unbedingten Kausalität Gottes miteinander kausal koppelt. In der Behauptung einer bedingungslosen Prädestination als inhaltlichem Kulminations- und Verdichtungspunkt der gesamten Schrift gelangt Zwingli zu einer klaren Ablehnung der (zumindest seiner Ansicht nach) vom Aquinaten vertretenen Fassung der Präszienz Gottes, weil sie einer synergistischen Kooperation des Menschen im göttlichen Erwählungsakt Raum verschaffe.[3] Gott ist, wie zuvor schon

---

secundum Auicennam sexto metaphysice capite vltimo: <u>nullum autem agens agit liberaliter propter hoc quod ex actione sua expectat perfici</u>: sicut enim in actibus humanis liberalis est ille qui agit non expectans redditionem. ita simpliciter agens dicitur liberale: eo quod nullo modo perficitur a productione vel producto.

Dazu annotiert am Rand: *Agens ex liberalitate.*

[2] Vor allem Hamm, Zwinglis Reformation der Freiheit, 34–44, zeichnet die Absicht der entsprechenden Äußerungen Zwinglis treffend und ortet deren zentrale Wortfelder historisch überzeugend in der franziskanischen, vor allem auch scotistischen, Tradition: *voluntas, liberalitas, non alligare, signum.*

[3] Z VI/3, 156, 17–158, 1; siehe dort auch die entsprechenden Anmerkungen Büssers. Die thomistische Position sollte später auch Calvin (Inst. I, 16, 4) verwerfen, wobei er allerdings vermutlich nicht von Zwingli beeinflusst wurde.

gesagt wird, von äußeren Beeinflussungen derart frei, dass er nicht
nur die Erfüllung einzelner Gesetzesforderungen durch ein Individuum,
sondern sogar die von ihm selber aufgestellen Gesetze außer Acht
lassen kann. Wenn er auch deswegen nicht, wie in der spätmittelalterlichen Tradition, zum *exlex* – Zwingli scheint den Ausdruck nur
pejorativ zu verstehen[4] – wird, steht Gott doch vollkommen souverän *supra legem*. Der erwählte oder verworfene Mensch wie auch das
ihn rechtfertigende oder verdammende Gesetz sind nur Instrumente
der *electio* (oder *reprobatio*), eigene Kausalitätskraft kommt ihnen nicht
zu, wie auch nicht dem ihnen korrespondierenden und darum rein
signifikativ aufzufassenden Glauben oder Unglauben.[5] Die Verneinung
aller geschöpflichen Mitkausalität für das Wirken der Providenz wertet Zwingli darum als Methode schlechthin zum Verständnis der
Vorsehung überhaupt.[6] An dieser Radikalisierung einer offenkundig
spätmittelalterlich-franziskanischen und -augustinischen Konstellation
der Gnadenlehre ist nebst der offensichtlich kaum mehr steigerbaren Macht Gottes, die sich nur dem *potentia-absoluta*-Denken der
Scotisten und verwandter theologischer Richtungen verdanken kann,
vor allem die Wahl der Mittel zum Nachweis der Unüberbietbarkeit
und Freiheit dieser Macht von Interesse. Es besteht in der Negation
aller faktischen Kausalität des Geschaffenen, das nach Zwingli nicht

---

[4] Z VI/3, 140, 8: *Qui enim exlex est, dei voluntatem ignorat.*

[5] Aufschluss über die vermutlich indirekt ebenfalls scotistischen Wurzeln des besonders in den antitäuferischen Kampfschriften Zwinglis (etwa in Z VI/1, 174, 21–175,
5) stark betonten reinen Zeichencharakters des Glaubens geben die Informationen
von Schulze, Signa Praedestinationis, zu dem um die Jahrhundertwende lebenden
und für die ungarische Geistesgeschichte hoch bedeutsamen Scotisten Pelbart von
Temesvár (vgl. Adriányi, Art. Pelbart von Temesvár). Die in Pelbarts *Rosarium* entwickelte Terminologie und Thematik der Zeichen für die Erwählung wurde, wie
Schulze a. a. O., 103f. nachweist, in Ecks *Chrysopassus Praedestinationis* stark rezipiert,
und zwar in der vierten, von Zwingli intensiv annotierten (vgl. Z XII, 249–251)
Zenturie. Die Parallelen sind auffallend: Als Glossator spricht Zwingli von *signa
quibus materia praedistinationis facilius intelligitur* (a. a. O., 249, 25f.) als Verfasser des
Elenchus gegen die Täufer vom Glauben als einem *certissimum signum [. . .] eterne salutis* (a. a. O., 175, 1). Die Rede von den *signa* kennt der klassische Thomismus in
diesem Zusammenhang noch nicht, wie auch der frühe Scotismus nicht.

[6] So der Titel des dritten Kapitels, Z VI/3, 83, 24f.: *Causas secundas iniuria causas vocari; quod methodus est ad providentiae cognitionem.* Mit einiger Wahrscheinlichkeit
entnahm Zwingli dieses Denken und die dazugehörige Terminologie aus Ord. IV,
d. 1, in der das Thema der Unmöglichkeit einer autonomen kreativen Eigentätigkeit
alles Geschöpflichen in grundlegender – und also über die Sakramente implizit,
wenn auch nicht wirklich explizit – hinausführender Weise behandelt wird.

eigentlich, sondern nur denominativ Kausalität, faktisch aber höchstens Instrumentalität oder Medialität genannt werden darf.[7]

Dieses Mittel wirkt insofern auf den ersten Blick allerdings durchaus überraschend, als seine Begründung in einer umfassenden, kosmologisch-ontologisch-physisch-metaphysischen Partizipation alles Seienden am *Sein* des ersten und faktisch einzigen Prinzips liegt.[8] Denn scheint das nicht die im Denken der Zeit vor Zwingli so stark festzustellende Abständigkeit zwischen Schöpfer und Geschöpf eher abzuschwächen statt zu unterstützen? Entspricht nicht diese viel mehr von der Existenz als der Essenz her kommende Denkungsart,[9] nach der das erste und eigentlich einzige Sein als göttliches erstes Prinzip allem Geschaffenen seinen Eintritt in den Akt der Existenz gewährt, als solche wohl eher thomistischem als scotistischem Denken, dem schon der Gedanke einer Univozität des Seins den Gedanken der Seinsteilhabe zwar natürlich nicht verunmöglicht, aber in dieser Simplizität und Einseitigkeit doch sehr erschwert? In der Tat wird durch diese Argumentationsstruktur Zwinglis die im Laufe des Spätmittelalters, speziell durch die Infinitäts- und Kausalitätentheorien Duns' Scotus, so wichtige Autonomie der Zweitursachen als Garantin einer wahrhaft kontingenten Struktur der Welt und ihrer Ereignisse scheinbar negiert oder gar attackiert.[10] Doch richtet Zwingli mit solchen Argumentationsgängen hier und andernorts in seinem Werk nicht wirklich die klassische Seinskatene im Gefolge der Ersten Scholastik[11] wieder auf, sondern arbeitet im Gegenteil faktisch noch

---

[7] A. a. O. 111, 7: *Constat [. . .] igitur causas secundas non rite causas vocari [. . .].* Ebd., 15–18: *Quaecunque igitur media aut instrumenta sunt, cum causae adpellantur, non iure sic vocantur, sed* μετωνυμικῶς, *hoc est: denominative, ab illa scilicet unica primaque universorum, quae fiunt, causa.*

[8] A. a. O., 94, 1–5: *Et secundum hoc sequitur, quod, quicquid est, in illo est, imo quod est et quod existit, ex illo est; cum autem non sic sit ex illo quasi esse et existere eius aliud vel diversum ab illo sit, iam certum est, quod, quantum ad esse et existere attinet, nihil sit, quod non numen sit; id enim est rerum universarum esse.*

[9] A. a. O., 92, 6–9: *Cum enim rebus primo necessarium sit, ut sint (nam quid aut quomodo sint, posteriora sunt), primo quoque datum est eis esse ab illo, qui est fons et origo omnium, quae sunt.*

[10] Vgl. zu dieser zentralen Thematik das wichtige Werk von André de Muralt: L'enjeu de la philosophie médiévale, speziell die sechste Studie: Providence et Liberté, 273–330, und die siebte Studie: La Métaphysique thomiste de la causalité divine, 331–351.

[11] Im Sinne Ludger Honnefelders, der mit Duns und einer neuen, dem *ens inquantum ens* viel mehr als einer Seinskatene im thomistischen Sinne verpflichteten Welle der Aristotelesrezeption die Zweite Scholastik beginnen lässt.

konsequenter an deren Auflösung, als die scotistische Scholastik es ihrerseits schon getan hatte.

War von Thomas und dessen Zeitgenossen die Subordination der Zweit- unter die Primärursachen in einem klug abgewogenen Verhältnis von Autonomie und Abhängigkeit gehalten, so dass beide zugleich auf ihre Weise Totalursache eines bestimmten produzierten Effektes sein konnten, und wurde so ein genau bestimmter Anteil an Konkausalität der inferioren Wesenheiten in der Hierarchie der Seienden mit der alles vorherbewegenden Erstursache stets festgehalten, hat Zwinglis Betonung einer totalen Unterordnung aller Zweitursächlichkeit im Sinne reiner Instrumentalität genau das Gegenteil zur Absicht und zur Folge.[12] Jede Mitwirkung nichtgöttlicher Kausalität schon am Schöpfungshandeln wie vor allem auch am Erlösungsgeschehen wird schlicht unmöglich. Damit aber sind Schöpfer und Geschöpf, Erlöser und Erlöste durch einen nicht mehr zu überbietenden, eben schlechthin unendlichen, Graben getrennt, der sich als solcher in seinem Ursprung nicht mehr der Hoch-, sondern nur erst der Spätscholastik verdanken konnte – bevor er dann noch einmal reformatorisch radikalisiert wurde.

Diese Radikalisierung ist ihrerseits natürlich erst recht in einem direkten Schritt von der hochscholastischen Ordo-Kosmologie hin zur reformatorischen Providenzlehre undenkbar. Vielmehr schließt sich der Reformator, wie er etwa durch Infinitätsterminologie (nebst den erwähnten *potentia-absoluta*-Anleihen) auch in diesem Themenfeld erkennen lässt, der extremen Akzentuierung der unendlichen Macht Gottes der späteren Franziskaner an, und kehrt so die Gedankenführung der früheren Scholastik um.[13] Der berühmte theologische, weil nicht kraft der Vernunft beweisbare, Satz: 'Wenn der allmächtige Gott in und mit den Zweitursachen wirkt, kann er das ungleich besser ganz

---

[12] Auch die Argumentation Duns' in Ord. IV, d. 1, q. 1, n. 26f. hat zwar von der Terminologie her Verwandtschaft mit derjenigen Zwinglis, ist von der Intention her jedoch viel weniger radikal, bezweckt im Gegenteil die Aussage einer gewissen Autonomie der Zweitursache.

[13] Swiezawski, Histoire de la philosophie européenne, 214f.: "D'après les nominalistes, c'est à Dieu seul qu'appartiendra la puissance de causalité; et on fait ainsi disparaître l'importance du causes secondes (*causae secundae*). Pierre d'Ailly était persuadé qu'en limitant l'action de la causalité à la seule cause première on soulignait ainsi la puissance et la grandeur de Dieu: 'Aucune cause seconde n'est la véritable cause d'un effet quelconque' ('*Nulla causa secunda est propria causa alicuius effectus*')."

ohne sie tun',[14] heißt für Zwingli nun: 'Nur wenn er ohne Zweitursachen wirkt, wirkt er tatsächlich im Vollsinn des Wortes als allmächtiger Gott'.[15]

Die beiden Beispiele, die Zwingli anführt, stammen beide aus der
Kosmologie und belegen beide die für die Zeit so typische merkwürdig polyvalente Applikation der Kausalterminologie in Physik und
Kosmologie einerseits, Metaphysik und Theologie andererseits, durch
die Innovationen des Gottesbildes auf das Weltbild rückbezogen werden konnten und umgekehrt. Das eine betrifft die These einer möglichen *generatio aequivoca* der Welt aus je anderen Welten und deren
daraus resultierende Sempiternität, eine klassische Problemstellung
der arabischen Aristotelesrezipienten und der aristotelischen Hochscholastik, die Zwingli mit dem klassisch scotistischen Argument der
Finität alles Geschaffenen, also auch der Welt insgesamt, souverän
hinter sich lässt.[16] Als zweites Beispiel für die pure Instrumentalität
der Zweitursachen, die von Gott als der Erstursache unmittelbar
bewegt werden, wählt Zwingli die Sterne.[17] Sie sind ihm, wie Leo
Jud schön übersetzt, "nüt dann mittel, gschirre und werchzüg, durch
die die Göttliche krafft würcket".[18] Kein Wort mehr von den *intel-
legentiae*, die die mehr aus Form denn aus Materie bestehenden *astra*
einmal waren, mächtige Himmelsgestirne, bewegte Beweger, gleich
(nach) der Gottheit die Erde antreibend! Zwar übergeht die scotistische Naturphilosophie d'Orbellis, die in Zwinglis Bibliothek stand,
die Buridan'sche Impetustheorie schweigend, aber Summenhart und
andere ihm nahestehende Scostisten griffen sie willig auf.[19] Auch
Zwingli wird durch sie und das durch sie geschaffene neue geistige
Klima, verbunden mit den naturphilosophischen Interessen des
Humanismus, zu seinem Engel-losen Planetenverständnis gekommen
sein. Und die Sterne stehen mit ihrem Schicksal nicht allein: Selbst

---

[14] Thomas, Summa Theologiae, 1, q. 105, a. 2 et 6; Duns Scotus, Ord. I,
d. 42, q. un., n. 14; Wilhelm von Ockham, Quodl. 6, q. 6 (OT, IX, 604).

[15] Was de Muralt, L'enjeu, 332, Anm. 2, von Calvin als Dozent in Genf schreibt,
trifft auch auf den Zürcher Reformator zu: "Loin de revenir à une doctrine de la
causalité subordonnée de causes totales pour répondre à la position de ses prédécesseurs
[scotistes], il obéit à la structure même de leur pensée, en la renversant: Dieu est
cause totale en tant qu'il prive la créature de sa causalité propre."

[16] Z VI/3, 84, 7–88, 2.

[17] Z VI/3, 88, 16–92, 1; 99, 10–15, 111, 29–112, 4.

[18] A. a. O., 112, Anm. 2 zu Zeilen 3f.

[19] Swiezawski, Histoire de la philosophie européenne, 103.

die den andern Jüngern Jesu Gottes Vergebung zusprechenden Apostel sind nicht mehr als reine Instrumente Gottes.[20] Nicht nur innerhalb der Providenzschrift als Gesamtkomposition, sondern auch innerhalb ihres kausalitätentheoretisch-kosmologischen Kapitels im Besonderen werden also Schöpfungswerk und Erlösungshandeln Gottes in eins gesehen.

2.2. *Reformatorische Akzentuierung positiven Rechts: Sozialethik im Gefolge der Scotisten*

Die der Zwinglischen Sozialethik – aber auch seiner Ekklesiologie – und besonders der großen Predigt über die göttliche und menschliche Gerechtigkeit zu Grunde liegende Unterscheidung von göttlichem und menschlichem Recht, zwischen unbedingt Gültigem und nur im Vorletzten Verbindlichem, gehört zu den geläufigen spätmittelalterlich-frühneuzeitlichen Argumentationsmustern im damals stets neu notwendigen Austarieren herrschender Gesellschaftsverträge. Es wird in verschiedenen historischen Kontexten und sozialen Segmenten verwendet; es erscheint in populären Flugschriften ebenso wie in *studia* und Universitäten, in den am direktesten betroffenen Landkommunen natürlich ebenso wie in führenden Kreisen urbaner Juristen. Darum ist die Situierung der Zwinglischen Ansätze in diesem sehr breiten und in sich durchaus heterogenen Feld zwar sicherlich zutreffend, aber in ihrem Erklärungsvermögen zu unspezifisch. Es kann nun allerdings darüber hinaus zwar nicht zwingend nachgewiesen, aber doch mit großer Wahrscheinlichkeit vermutet werden, dass die konkrete Applikation des zur Debatte stehenden Schemas beim früheren Zwingli sich scholastischen, im wesentlichen scotistischen, Wurzeln verdankt.

Schon im Februar 1520, fast dreieinhalb Jahre vor seiner berühmten Predigt über göttliche und menschliche Gerechtigkeit zum Johannistag 1523, schreibt Zwingli an Myconius ohne genaue Angabe seiner theologischen Quellen, er habe bereits öffentlich, wenn auch lateinisch, gepredigt, dass Zehnten nicht göttlichen Rechtes seien. Darauf habe ihm Generalvikar Faber einen schriftlichen Beweis für deren Göttlichkeit zukommen lassen.[21] Nur wenig später erkundigt

---

[20] Z VI/3, 112, 4–20.
[21] Z VII, Nr. 121, 272, 14–18. Die früher vertretene Ansicht, "bis ins Jahr 1522 hinein" sei von Zwingli "keine einzige seiner Predigten [. . .] dem Thema [. . .] nach

er sich mehrfach nach Fachliteratur zu Zinsethik und Geldwerttheorie bei Caspar Hedio in Basel. Wie ihm Hedio am 17. März 1520 bestätigt,[22] kam über einen gewissen Magister Henricus eine entsprechende Anfrage bei ihm an: Zwingli hatte geistige Hilfe in der damals in Zürich immer brisanter werdenden Frage der Zehnten angefordert. Er erbat sich dabei aus Basel im Sinne eines humanistischen Freundschaftsdienstes sozusagen per Fernleihe den *tractatus de potestate et utilitate monetarum* des Tübingers Biel und, vermutlich bedeutungsvoller, den 1497 entstandenen *Tractatulus bipartitus de decimis* von Biels scotistischem Kollegen Summenhart.[23] Der Band von Summenhart wäre an sich, so erklärt ihm Hedio in seinem Brief, leicht zu finden gewesen, weil er sich im Privatbesitz Wolfgang Capitos befand, der ihn allerdings schon nach Mainz, wohin er berufen worden war, vorausgesandt hatte. Zwingli bemühte sich in besagtem Frühjahr einige Monate lang um diese Schriften; er versuchte anscheinend noch, an Biels Traktat heranzukommen, als Capito schon an den Mainzer Bischofshof abgereist war.[24] In der Tat war Capito dafür eine nahe liegende Adresse, denn als Herausgeber der Summenhart'schen Physik von 1502 stand er in nahem Kontakt zu Summenhart und seinen Schriften. Ob die gesuchten Werke Zwingli je erreichten, geht freilich zumindest aus den von Zwinglis Seite her erhaltenen Quellen nicht hervor.[25] Sowohl in der Bibliothek Zwinglis als auch in der

---

bekannt" (Gäbler, Huldrych Zwingli, Eine Einführung, 45), und wir seien für jede Rekonstruktion möglicher Predigtinhalte während dieser Zeit "auf Äußerungen von Freunden und Gegnern angewiesen" (a. a. O., 49), wird durch dieses wichtige Selbstzeugnis Zwinglis stark relativiert.

[22] Z VII, Nr. 124, 279, 1–7. Wenn Hedio dabei den Namen als "Summerhart" schreibt, steht er damit nicht allein, wie das sonst zwar natürlich veraltete, aber trotzdem immer noch sehr lesenswerte "Culturbild" von Linsenmann, Konrad Summenhart, 79, Anm. 5, berichtet. Richtig ist, und von unserem Träger des Namens selber gebraucht wird allerdings "Summenhart".

[23] Summenhart wurde 1458 in Calw geboren und verstarb, wohl um 1501, vermutlich an der Pest, in der Abtei Schuttern an der Lahr. 1489 erfolgte seine Promotion zum Doktor der Theologie. Summenhart wird heute vor allem aufgrund seiner wirkmächtigen ökonomischen Publikationen wahrgenommen, hatte aber enzyklopädisch umfassende wissenschaftliche Interessen. Auch kirchenpolitisch war er engagiert als Konziliarist und Anhänger der Observanz. Weiteres und Lit. zu seiner Vita bei Feld, Art. Summenhart. Reiche ältere bibliographische Angaben gibt auch Ott, Zur Wirtschaftsethik des Konrad Summenhart, 3, Anm. 1.

[24] Z VII, Nr. 135, 305, 14f mit Anm. 6 und 7.

[25] Z VII, 284, 1 mit Anm. 1, berichtet von einer auf den 17. März datierten Briefsendung Hedios an Zwingli über Myconius in Luzern vom 17. März, die Myconius in einem auf den 25. März datierten Brief nach Zürich weitersandte.

Großmünster-Stiftsbibliothek fehlen beide Werke, während Summenharts einschlägiges *opus septipertitum de contractibus* dort immerhin vorhanden war.[26]

Sowohl die Schrift Biels wie auch diejenige Summenharts sind eine Exegese der *quaestio secunda* der 15. Distinktion des 4. Ordinatiobuches. Das vierte Sentenzenbuch handelt bekanntlich von den Sakramenten: Nach *baptisma, confirmatio, eucharistia* kommt in dd. 14–22 als viertes Sakrament die *poenitentia* zur Sprache. Hier ist der klassische theologische Ort, in dem die Scholastik wirtschaftsethische Fragen, vor allem das Vertragsrecht, abhandelt. Bevor nämlich, so geht der allgemeine Gedankengang, jemand Buße tun kann, ist Satisfaktion gefordert und diese Satisfaktion muss in ihrem Inhalt und Umfang allererst einmal bestimmt werden. Deswegen müssen die Modalitäten und Verbindlichkeiten abgeschlossener Verträge im Zusammenhang mit der Buße geklärt werden, wenn sie auch natürlich nicht den eigentlichen Gegenstand kirchlicher Bußleistung darstellen. Biel schrieb daher seine Abhandlung über die Geldwerttheorie, die später auch als Sonderdruck unter dem oben genannten Titel herausgegeben wird, in der neunten *quaestio* der d. 15 des vierten Buches seines *collectorium*.[27] Er stellt eine nominalistische Münzwerttheorie auf anhand der bußtheologischen Frage, worin die Restitutionsleistung eines reuigen Münzfälschers zu bestehen habe. Dabei behandelt er die Frage

---

Möglicherweise war die Summenhart'sche Schrift Hedios Brief beigefügt, doch hätte Myconius das vermutlich nicht unerwähnt gelassen.

[26] Es ist natürlich durchaus möglich, dass Zwingli die beiden brieflich gesuchten Werke leihweise doch noch von irgendwoher beschaffen konnte. Wahrscheinlicher hingegen wirkt die – freilich gänzlich unbelegbare – Vermutung, dass er sich vor allem mit dem in der Stiftsbibliothek als Nr. 466 geführten *opus septipertitum de contractibus* (vgl. dazu unten Anm. 32) befasste. Zwar ist nicht bekannt, wann der 1500 gedruckte Band im Stift angeschafft wurde, doch war das normalerweise – wie heute – nicht allzu lange nach dem Erscheinen im Buchhandel der Fall.

[27] Signatur ZBZ: 26.62.4: *De monetarum potestate simul et vtilitate libellus aureus, autore Gabriele Biel. Accessit eiusdem argumenti Materia, ex libello Ioannis Aquilae consultissimi Iurium Doctoris, quem quidem ad praxin mire utilem olim conscripsit. Item de valore Numismatum priscorum secundum Monetam Nurenbergensem autore Bilibaldo Pirckeymhero. Adiecta est quoque epistola nuncupatoria de Nouatione Monetae.*
fo 30r: *Impressum Norimbergae apud Iohan. Petreium, Anno M.D.XLII.*
Der Text des *tractatus* ist mit dem Collectorium (edd. Werbeck/Hoffmann), d. 15, q. 9, *notabile* 2 ab *conclusio* 2 identisch bis *conclusio* 5. Beigefügt sind der *conclusio* 5 sodann *tria dubia* (foll. 7r–9r), die mit q. 9, art 3, identisch sind. Im *collectorium* folgt anschließend noch ein viertes *dubium*. Vgl. zur Druckgeschichte Werbeck/Hofmann (Edd.): *Collectorium*, IV/2, XIIf.

nach dem Geldwert ganz im Sinne einer augustinistisch-nominalistischen Signifikationshermeneutik: Die Münze ist *signum* dessen, was sie bedeutet, ohne es materiell zu sein.

Privatbesitz erst nach dem Fall: Heilsgeschichtliche Lesarten der scotischen Entmischung göttlichen und menschlichen Rechts

Wichtiger für Zwingli dürften allerdings die wegweisenden wirtschaftsethischen Ansätze Summenharts gewesen sein. In seinem *opus septipertitum de contractibus* von 1500 hatte auch der Tübinger Scotist die brennenden ökonomischen Fragen ebenfalls in engem Anschluss an die einschlägige und berühmte zweite *quaestio* in der d. 15 des vierten Ordinatiobuches behandelt. Er tat dies im Duktus der damals bereits etablierten literarischen Gattung der *tractatus de contractibus* – die auch von Zwingli beiläufig als ein seinen Zeitgenossen ganz allgemein bekanntes Genre erwähnt wird.[28]

Eine unmittelbare Vorarbeit zum 1500 erstmals gedruckten *opus de contractibus* war der 1497 erschienene und von Zwingli so dringend gewünschte *tractatulus bipartitus de decimis*.[29] Summenhart argumentiert in dieser vor allem gegen die Kanonisten gerichteten Schrift, Zehnten seien nicht göttlichen, sondern nur menschlichen Rechts, müssten darum dann allerdings trotzdem geleistet werden. Er begründet das gut scotistisch mittels einer gegenüber der Tradition schärferen Trennung in Gebote der ersten Tafel und der zweiten Tafel des Dekalogs nach Ord. III, d. 37: Absolut unabänderbar sind nur Gebote, die direkt und unmittelbar das Unendliche, mithin also Gott, zum Ziel und Inhalt haben, und das sind nur die Gebote der ersten Tafel. Die Gebote der zweiten Tafel, auf den Mitmenschen gerichtet, haben Gott nur mittelbar zum Ziel; sie sind deswegen veränderbar. Summenhart entreißt also im Anschluss an grundsätzliche ethische Optionen Duns' die Zehnten dem göttlichen Recht unter anderem in der Absicht, das Zehntnehmen der Herren einzuschränken und den Druck auf die Bauern zu vermindern.[30] Die im Anschluss an Duns durchgeführte sehr deutliche Entmischung der beiden Gerechtigkeiten und ihre Applikation auf die Thematik von Zins und Wucher ist in dieser

---

[28] Z II, 512, 7–9.

[29] Bibliographische Angaben s. oben Kap. V, Anm. 76.

[30] Die Wirkung ist letztlich und längerfristig freilich eher gegenteilig: Indem wirtschaftsethische Fragen dem göttlichen Recht entrissen werden, werden sie veränderbar, damit menschlicher Willkür ausgeliefert.

Schrift Summenharts derjenigen Zwinglis überaus ähnlich; so ähnlich, dass eine Nichtabhängigkeit weniger Wahrscheinlichkeit besitzt
als ihr Gegenteil. Der mögliche Vorbehalt, Summenhart unterscheide
die beiden Gerechtigkeiten mehr als Natur- und positives Recht,
während Zwingli in heilsgeschichtlichen Kategorien Urstand und Fall
voneinander trenne, unterschätzt, wie sehr schon Summenhart im
Anschluss an Duns seine Konzeption augustinisch-heilsgeschichtlich
orientiert und verstanden haben wollte. Frappant sichtbar wird dies
insbesondere bei der in der Zwinglischen Gerechtigkeitsschrift und
der scotistisch-franziskanischen Ethik identisch vorgenommenen the-
ologisch-ethischen Wertung von Privateigentum. Privatbesitz war nach
Ord. IV, d. 15, q. 2, vor dem Fall keiner da, er ist Folge und Ausdruck der menschlichen Sünde, mithin eine äußerste göttliche Konzession an die gefallene Natur der Geschöpfe. In diesem Punkt, wie an
manchen anderen auch, zeigt sich wohl eine gewisse Verbundenheit
des *doctor subtilis* mit den Spiritualen seines Ordens, in jedem Fall
eine Differenz in der Einstellung der beiden Mendikantenorden zur
Armuts- und Eigentumsfrage: Bei Thomas ist Privateigentum schlicht
und einfach und vor wie nach dem Fall die günstigste und rational-
ste Form des Umgangs mit und der Verteilung von Gütern.[31] Duns
trennt hingegen sehr deutlich in *lex divina* oder *naturae* einerseits und
lex positiva andrerseits. Ausgehend von der Eigentumsfrage unterscheidet er dann auch sehr grundsätzlich Herrschaft nach Naturrecht,
nämlich die des *pater familias*, und Herrschaft nach positivem Recht,
nämlich die der *auctoritas politica*, die per Konsensfindung, also im
weitesten Sinne demokratisch, gefunden werden muss. Das Interesse
der Mendikanten am Erweis der Suprematie kirchlicher Rechts-
sprechung schimmert durch solche Argumentationsweisen durch –
und findet bei Zwingli ein epochal gebrochenes, aber deutliches Echo.
   Diese scotische Konzeption der notwendigen Trennung beider
Rechtsformen findet sich also bereits im Summenhart'schen *tractatulus*, markanter aber und in allen ihren charakteristischen Zügen im
ersten Teil des *septipertitum opus de contractibus pro foro conscientie atque*

---

[31] Nach STh II/II, q. 66, a. 2, ist die *communitas rerum* durch das Naturrecht selber begründet, der Eigenbesitz diesem *per adinventionem* beigefügt als positives Recht,
und insofern inferior. Doch weil die *adinventio* durch die menschliche Vernunft erfolgt,
ist er keineswegs eine Folge der Sünde. Auch sonst taucht ein solcher Gedanke bei
Thomas nicht auf, vgl. Goertz, Art. Eigentum, 421.

theologico.[32] Der erste der (dem Titel entsprechend) sieben Traktate hebt gänzlich auf die Aussage ab, die *distinctio dominiorum,* die Anerkennung von Privateigentum, könne nicht in göttlichem, sondern nur in menschlichem Recht gegründet sein. Distinkter Privatbesitz ist für den Scotisten Summenhart selbstverständlich eine Folge des Sündenfalls; da aber das göttliche oder Naturrecht selbstredend auch vor dem Fall Gültigkeit besaß, kann es nicht der Legitimation von individuellem Besitztum dienen. Für diese Ansicht zieht der Doktor drei Gruppen von Autoritäten bei. Zuerst nennt er, vermutlich als unanfechtbare Häupter der Gebiete des Kirchenrechts, der Philosophie und der Theologie Gratian, Plato und Clemens (Alexandrinus).[33] Dann werden, wohl nicht zufälligerweise und wohl auch nicht nur hinsichtlich der äußeren Form in der Mitte, Duns Scotus unter explizitem Bezug auf Ord. IV, d. 15, q. 2 und Johannes de Ripa als Zeugen dafür angeführt, dass das Naturrecht nicht nur im Urstand, sondern auch im gefallenen nicht direkt für die Aneignung von Separateigentum spricht.[34] Summenhart widerspricht zwar vordergründig dem Duns'schen Beweisverfahren, nach dem die *lex naturalis* auch im *status corruptionis* keinen Privatbesitz zulässt, weil sie gleichermaßen für beide *status* Gültigkeit besitzt und daher im einen Stand nicht zum Gegenteil des von ihm im anderen Stand Gewollten zuneigen kann: Weil die Natur des vom Naturrecht angesprochenen Menschen ja gerade je entgegengesetzt ist, einmal intakt und einmal gefallen, muss das Naturrecht nach dem Tübinger Scotisten nicht dem von

---

[32] Summenhart, Konrad: *Septipertitum opus de contractibus pro foro conscientie atque theologico per Conradum summenhart de Calw artium ac sacre theologie professorem in alma universitate Tubingensi ordinarie legentem compilatum: et per centum questiones digestum. ac per eundem quo ad pregnantium questionum atque difficultatem habentium uberiores articulos ibidem disputatum.* Hagenau (Heinrich Gran für Johannes Rynmann, 13. Oktober) 1500, 2° (Germann, A. a. O., 278, Nr. 466; Signatur ZBZ: Ink K 141; Hain 15179; BMC III, 685; Goff S-865).
Während der genannte Band in Pellikans Katalog der Stiftsbibliothek unter der Nummer 466 geführt wird, ist ein weiterer, identischer Druck in der Zentralbibliothek Zürich unter der Signatur 2.82 vorhanden, aber nicht in Pellikans Katalog genannt, denn er wurde erst von Johann Konrad Heidegger der Bürgerbibliothek vermacht, wie im Einband handschriftlich festgehalten wurde: *Joh. Conr. Heideggerus, Reipubl. Tig. Consul. Bibliothecae Ciuium dedit M.D.CCLXIX.* Der Band enthält neben dem *septipertitum opus* auch Summenharts *tractatulus bipartitus de decimis* (Hain 15177; BMC III, 685; Goff S-865, s. dazu oben V. 2, C. 1, 22). Annotiert sind hier mit rötlicher Tinte vermutlich des 17. Jh. die Tract. 2 und 3 des *opus septipertitum* und mit bräunlicher Tinte vermutlich ebenfalls des 17. Jh. der *tractatulus bipartitus,* der zudem beinahe in seiner gesamten Länge unterstrichen ist.
[33] *Opus septipertitum, Tract. primus,* q. 10, *secunda conclusio.*
[34] A. a. O., *tertia conclusio.*

ihm ursprünglich Intendierten widersprechen, wenn es dem korrupten Menschen Privatbesitz konzediert; es agiert hier vielmehr in einer Art korruptionsadaptativer Sonderform in seiner Eigenschaft als Zivilrecht, dem die menschliche *ratio* zugrundeliegt. Genau damit bestätigt er aber umso stärker die franziskanisch-scotistische Prämisse, dass Privatbesitz unter einen Generalvorbehalt zu stehen kommt. Interessant ist insbesondere der konzessive Charakter, den Summenhart dem hier eng mit dem Zivilrecht als positivem Recht verbundenen Naturrecht zugesteht: Das durch das positive Recht Gesetzte wird so vergleichsweise zu Duns näher an den Urstand und das originäre Naturrecht herangerückt, ohne dass dadurch die Schärfe des Falls in Frage gestellt würde. Diese Akzentuierung der heilsgeschichtlichen Kontinuität des Gesetzes bei gleichzeitiger Betonung der Diskontinuität in der Heilsgeschichte dürfte ein Proprium der Summenhart'schen Eigentumsbegründung darstellen.[35] Schließlich zitiert Summenhart mit Nachdruck die Augustinischen Traktate zum Johannesevangelium, die das stark heilsgeschichtlich geprägte Denken der Scotisten und generell der Franziskaner in der Eigentumsfrage mit dem zentralen Akzent auf der Trennung der Stände vor und nach dem Fall wesentlich mitgeprägt haben dürften.

Auch Zwingli geht wie die Scotisten aus von einem *ganz und gar* (in keiner Weise relativ) eigentumsfreien Zustand vor dem Fall Adams. Dieser Zustand wird erst und nur wegen der sündigen Eigensucht des gefallenen Menschen korrumpiert in der Aneignung individuellen Besitztums.[36] Das Ansichreißen von Privatbesitz stellt für Zwingli also geradezu den Inbegriff schlechthin des unseligen Übergangs vom unschuldigen zum sündenbeladenen Menschsein dar, wohl nicht nur, weil ihm die Eigentumsthematik im kontingenten Situationsbezug der Johannestagspredigt zentral sein musste, sondern noch mehr, weil in dem für das Gerechtigkeitsempfinden des Reformators durch und durch negativ besetzten, ja im Grunde gleichsam schöpfungsordnungsbedingt unmöglichen Individualisierungsvorgang des Parzellierens von Schöpfungsgut die Abkehr vom vollkommenen Wesen und Willen

---

[35] Vgl. dazu auch Ott, Zur Wirtschaftsethik des Konrad Summenhart, 4f.

[36] Z II, 492, 21–26: *Es ist war: Wie uns Got das erdrych und sine frücht fry gibt one unser bezalen, also solt es fry sin. Ja, so wir das nit thönd, so sind wir all zyt schuldner gottes und übel an im gevaren, das wir eigen machend, das gottes ist. Noch weißt got, das wir sölichs nit haltend, sunder wir sind eigennützig von Adamen har, und zücht ieder zu im selbs zu.*

Gottes exemplarisch zum Ausdruck kommt. Es entspricht eben der Vollkommenheit des göttlichen Wesens und analog des Menschen vor dem Fall, freigiebig, *liberalis*, ohne jede Erwartung eines Ausgleichs zu sein und handeln. Diese göttliche oder gottgegebene Vollkommenheit gewinnt in der Schöpfung ihren unmittelbarsten Ausdruck; die Schöpfung kommt uns darum allein aus Gnade zu, also haben wir auch kein Recht, sie uns anzueignen, als wäre sie unser Verdienst.[37] Wer es trotzdem tut, vergreift sich für Zwingli darum am Schöpfer selber. Da nun die göttliche Gerechtigkeit die Wiederherstellung der antelapsarischen Verhältnisse nicht allein bezweckt, sondern in sich selber verkörpert, gebietet sie die Entäußerung von aller persönlichen Habe zugunsten der Armen, also derer, denen die Schöpfung Gottes aufgrund der Gewalttätigkeit, des Geizes und des Egoismus anderer entwendet wurde, mithin also Gottes selber.[38] Wie schon vor ihm Biel in der von Zwingli angeforderten Schrift und die Scholastik generell dieses Postulat durch ein Diktum aus der lukanischen Feldrede als eine Forderung der göttlichen Gerechtigkeit selber ansahen, so tut es nun auch der Reformator mit demselben Bibelwort. Zwar ist die göttliche Gerechtigkeit nicht mehr erreichbar; gerade in der klaren theologisch begründeten Abgrenzung des Urstandes von aller Gegenwart ist dieser konzessive Realismus unvermeidlich und bildet dann auch die eigentliche Brücke zu den konkreten steuerrechtlichen Ratschlägen Zwinglis in seiner Predigt. Es fällt daher auf, wie nahe speziell auch dieser Zug der Zwinglischen Grundkonzeption – eine nicht etwa direkt *positiv* aus dem Willen Gottes, sondern indirekt *konzessiv* aus ihm abzuleitende Begründung fiskal- und generell politischer Notwendigkeiten in einer irreversibel gefallenen Gesellschaft als argumentative Grundlage zur Erstrebung und Einforderung urständlich

---

[37] A. a. O., 511, 2–18: *Nun kundt die Schuld dahar, das wir das gebott gottes nid haltend: Du solt dinen nächsten als lieb haben als dich selbs. Denn wo wir das hieltind, so hulffe, der etwas für hat, von im selbs dem manglenden. So wir aber das nitt haltend, so sind die frücht und hab dieser welt in der menschen eigenschafft kummen, und haltend die inn, das got fry unerkoufft hat geben. Denn was gebend wir im umb die frücht, die er uns täglich gibt? Darumb nun alle ding sind in eigenschafft kummen, so lernend wir alle, daß wir sünder sind; und ob wir von natur nit wüst wärind, so were doch die eigenschaft ein grosse sünd gnug, darumb uns got verdamte; denn das er uns fry gibt, das machend wir eigen. Vor dieser Sünd ist der betler nid sicher; denn es ist ieder mentsch eigennützig etlichen weg. Darumb nun uß der eigenschafft nitt unruow oder übels kömme, gbüt got uff unseren prästen: Du solt niemans guot begeren. Hie sehend wir wol, daß dis gebott erst uff die eigenschafft muoss kummen sin.*

[38] A a. O., 491, 3f: *Ja, der rych ist schuldig das sin hinzegeben den armen, das heißt: gott.* Siehe auch a. a. O., 495, 27–34.

gedachter ethischer Idealverhältnisse – der Summenhart eigentümlichen Betonung eines konzessiven Moments des "jetzt" geltenden positiven Rechts zu stehen kommt. Auch für Zwingli kennt das Substitut zum eigentlichen vollen urständlichen Gotteswillen in Form der menschlichen Gerechtigkeit aufgrund dieser konzessorischen Konzeption klare Grenzen: Wucher und Ausbeutung sind inakzeptabel, auch wenn sie dem Gewohnheitsrecht – auch hier greift Zwingli auf einen Fachterminus scholastischer Wirtschaftsethik zurück: *habitudo*[39] – entsprechen mögen. Verbindliche und allein zulässige Instanz ist das Wort Gottes, dessen Autorität durch diejenige der weltlichen Obrigkeit garantiert werden soll.[40]

So steckt der Reformator in der Eigentumsthematik speziell und allen ethischen Themenbereichen allgemein die Inhalte der beiden Moralebenen deutlich ab, indem er sie scharf getrennt voneinander fundiert, um jede Form gegenseitiger Einmischung der Repräsentanten der beiden Ebenen unterbinden zu können. Zwar geschieht diese doppelte Rahmung letztendlich stets in tendenziell und gerade in dem zentralen Gedanken des rein konzessiv und nur darum überhaupt zu legitimierenden Abweichens des aktuellen vom antelapsarischen Rechtes eindeutig vormoderner Manier korrelativ. Der eigentliche und wie schon bei Summenhart gegenüber der eigenen Zeit und der unmittelbaren Vergangenheit völlig neue Ton liegt aber auf der klaren Trennung von göttlichem und menschlichem Recht. *Divinum et humanum ius confundere*:[41] Diese Gefahr fürchtet Zwingli auch in späteren Jahren noch mit Abstand am meisten; ihr wollte er mit einer im Anschluss an den *doctor subtilis* und dessen Schüler konzipierten zweistufigen Ethik gleichsam präventiv begegnen. Die Zweistufigkeit, die bei Duns aus allgemein-franziskanischen Bahnen heraus durch die Unendlichkeitsphilosophie bereits ordensgeschichtlich schärfer akzentuiert und bei Summenhart aufgrund aktueller ethischer Notstände noch einmal zinsethisch zugespitzt wurde, findet bei Zwingli eine von der Rechtfertigungslehre her perspektivierte reformatorische Neuinterpretation. Dabei bleibt die Grundstruktur der ethischen Doppelrahmung gleich, wird aber gnadentheologisch radikalisiert: Das Naturrecht ist auf keinen Fall erreichbar, während es in mittelalter-

---

[39] A a. O., 491, 12.
[40] A a. O., 478, 20; 474, 1; 505, 3: *Man solt nit dem menschen losen, sunder dem waren wort gottes.*; 505, 17–22.
[41] Z VI/1, 134, 27–35 (*Contra catabaptistarum strophas elenchus*).

lichem Denken, auch scotistischem, zumindest theoretisch verwirklicht und *in statu perfectionis*, durch mendikantische Existenz vor Gott, widerspiegelt werden kann.[42]

Hierin liegt der bei aller augenfälligen Übereinstimmung ebenfalls nicht zu übersehende Kernpunkt der Unterschiede zwischen beiden, nämlich in der finalen Zweckausrichtung der Argumentation. Ist deren Struktur und Herkunft beiden wesentlich gemeinsam – entsprechend der beide gleichermaßen motivierenden Doppelfront gegen kanonistische Legitimierung exzessiver Verzinsungspraxis einerseits, überstürzt-anarchische Auflehnung dagegen andererseits –, scheiden sich die Wege ihrer Applikation deutlich. Zwar sehen beide das konkret anzustrebende Ziel entsprechend dem protologischen Verlust paradiesischer Gottesunmittelbarkeit in deren tendenzieller, also nur sektoriell zu fassenden Restitution in der Gegenwart, die damit zwar nicht umfassend-faktische, aber klar zeichenhafte eschatologische Qualität bekommt. Doch bleibt der so innovativ denkende Summenhart letztlich klar mittelalterlich, wenn er die Sektorialität dieses Restitutionsvorgangs noch im traditionellen Schema sozialer Schichtung von monastischer Elite und laikaler Mehrheit begreift, während Zwingli sie in erster Linie als pneumatologisch-kerygmatisches Geschehen inmitten von eigenem und fremdem Unglauben und damit als anthropologische Differenzierung *innerhalb* eines (durchaus *auch* kollektiv zu fassenden, aber) konstitutiv in sich personalidentischen Subjekts versteht. Dass der monastische Totalverzicht auf Besitz und Eigentum eben doch dem vom Naturrecht originär Intendierten am besten entspreche, legt Summenhart mit einer Ausführlichkeit dar, die verrät,

---

[42] Es ist wenig sachgerecht, wenn in der bisher gründlichsten Analyse der wirtschaftsethischen Texte Zwinglis behauptet wird, göttliches und menschliches Recht seien als "Tagesthema 'Zehnten und göttliches Recht'[,] die mehr oder weniger unauffällige Verkleidung der Unterscheidung des Alten und des Neuen Testaments" (Zimmermann, Die Antwort der Reformatoren, 89). Schon aus der simplen Tatsache, dass für beide *status* des Rechts *dicta probantia* aus beiden Teilen der Bibel angeführt werden, wird dies widerlegt. Aufgrund der offensichtlichen Ableitung der beiden Begriffe aus der augustinisch-franziskanischen Tradition kann die Behauptung nun nicht mehr nur als solche widerlegt, sondern auch konkret einer Lösung zugeführt werden: Nicht alter und neuer Bund, sondern Urstand und Heilsstand sind angesprochen. Dass die dialektische Unterschiedlichkeit der Gerechtigkeiten ganz anderswo als im Unterschied der Testamente liegt, statuiert auch Blickle, Gemeindereformation, 154: "Die menschliche und die göttliche Gerechtigkeit [. . .] bei Zwingli [. . .] stehen komplementär zueinander, geschieden und getrennt durch die Erbsündhaftigkeit des Menschen, aber aus einem gemeinsamen Ursprung, dem göttlichen Willen nämlich, kommend."

wie stark sich diese elitistische Konzeption schon 1505 antiklerikaler
Infragestellungen zu erwehren hatte, die aber gerade in ihrer Defen-
sivität doch umso klarer innerhalb der Grenzen traditionellen Stände-
denkens verbleibt. Zwingli hingegen sieht eine Verwirklichung des
Gesetzes Gottes in erster Linie in statusindifferentem Glauben gegeben, der durch den göttlichen Geist vermittelt wird – unabhängig
von aller sozialen Stellung, unabhängig aber auch von allem äußer-
lich-gesellschaftlichen Zwang, begründet und getragen allein in der
Freiheit der Annahme des Wortes Gottes im menschlichen Herz und
Handeln.[43]

In dieser in der Theorie bei Zwingli so umfassenden soziologischen
Entschränkung einer Partizipation am ethischen Ideal zeigt sich die
moderne Seite der in ihr bereits anhebenden Konfessionalisierung.
Genau damit erscheint aber auch ihr noch immer mittelalterliches
Zwangsmoment schon klar am Horizont. Weil das (soziologisch im
Mittelalter als Nicht-Weltliches verstandene) Geistliche durch seine
unter anderem gerechtigkeitstheoretisch kommunizierte reformatorische Entschränkung einen Prozess der Verinnerlichung erfährt, muss
die Durchsetzung seiner Ansprüche darum umso stärker an ein welt-
liches Pendant delegiert werden: "Weltliche Gewalt ist für Zwingli
die Stütze einer im mittelalterlichen Sinne geistlichen Macht. Wohl
muss man von dieser Trennung geistlicher und weltlicher Gewalt
sprechen. Sie basiert aber auf der Neuwertung und damit Hinaus-
hebung der geistlichen Gewalt aus der menschlichen Sphäre. In der
Welt selbst aber bleibt die mittelalterliche Vorstellung der geistlichen
Gewalt bewahrt und bedingt jenes ursächliche Verknüpftsein geistli-

---

[43] Er kann sich zwar gerade in der Zeit der Entwicklung seiner zweistufigen Ethik
im Sommer 1523 über weite Strecken der Argumentation sozusagen identisch zu
Summenhart äußern, so etwa in der Schlussrede zum 39. Artikel, Z II, 326, 19–328,
4: Die Gütergemeinschaft ist sowohl vom natürlichen als auch vom (mit diesem faktisch identischen) göttlichen Recht die beste und im Grunde einzig christliche
Lebensweise. Sie kann und darf aber nicht mit Zwang durchgesetzt werden, weil
ein ethisch hohes Gut (Gemeinbesitz) nicht durch ein ethisch Niederes (Zwang und
Gewalt) zu verwirklichen wäre. Diese Analyse trifft sich mit der Summenharts fast
völlig. Doch besteht die Lösung bei Zwingli dann nicht mehr in der Realisierung
des ethischen Ideals oder göttlichen Willens für Einzelne mit Hilfe äußerer Leitplanken
wie Standesdifferenzierung und Gelübde, sondern letztlich allein durch das "innere
Ziehen und Erleuchten" des Geistes, das den Frommen frei macht, das Gute zu
tun (a. a. O., 327, 5; 328, 3). Der Fromme ist dabei nicht in erster Linie soziologisch, sondern vor allem durch eine – anthropologisch gesehen universale – Pneuma-
tologie vom Unfrommen unterschieden.

cher und weltlicher Gewalt."[44] Sprechendes Symbol dieses Verknüpftseins beim Reformator Zürichs ist "der Prophet", der zwar durchaus *verbo, non vi* vorgehen und dabei weniger den Staatsbürger als vielmehr den Christenmenschen im Auge haben mochte, gerade so aber umso nachdrücklicher als biblisch legitimierter Anwalt des Naturrechts auftreten – und damit der Wahrung bis Expandierung der Handlungsvollmacht des Staates hervorragende Dienste leisten konnte.

Dies ist sozusagen die Kehrseite des scotistischen Ansatzes und damit in gewisser Weise des augustinisch-franziskanischen Erbes überhaupt. Denn die Trennung des göttlichen respektive natürlichen Rechts vom positiven ist zwar sicherlich ein mächtiges Instrument zu dessen Relativierung. Als solche war sie von Scotus gegen die Ansprüche der französischen Krone unter Philipp dem Schönen postuliert worden.[45] Als solche benutzte sie Summenhart und in seinem Gefolge auch Zwingli zum Kampf gegen das Kirchenrecht selber, das mittlerweile im subjektiven Empfinden der Zeitgenossen seinerseits zum puren positiven Recht "degeneriert" war, seine Ansprüche aber noch immer als göttlich begründet deklarieren wollte.[46] Als solche führte sie Zwingli gegen die exklusiv die Interpretation göttlichen Rechtes reklamierenden und damit die Trennung beider Rechtssphären in einer in seinen Augen politisch – und ganz zu Beginn im Prinzip auch militärisch – bedrohlichen Weise unterlaufenden Täufer ins juristische Feld. Dennoch funktionierte dieses so vielfach nützliche Schema nur dank der schon im Ansatz der scotischen Konzeption intendierten Überlegenheit des "echten" natürlichen Rechtes. Korrespondierend zu derjenigen der intensiven Infinität gegenüber allen subordiniert konzipierten Teilontologien gedacht, extrapolierte sie mit unwiderstehlicher Konsequenz deren auf der Ebene der Metaphysik gültige Superiorität legitimatorisch ins Politische. Wer die Konzeption als solche übernahm, hatte darum unweigerlich auch diesen Zug in seine ethischen Auffassung zu integrieren und zu verantworten. Hierin dürfte einer der wesentlichsten Gründe bestehen, warum ein zur Abwehr kirchlicher Machtposition und

---

[44] So treffend Brockelmann, Das Corpus Christianum bei Zwingli, 64. Vgl. dazu unten Kap. IX, Anm. 34.

[45] So überzeugend Davenport, Measure of a Different Greatness, 303f.

[46] Vgl. hier auch zur recht intensiven Beeinflussung des oberdeutschen Reformators Ambrosius Blarer durch Summenhart Oberman, Werden und Wertung, 155–160.

Gewissenskontrolle herbeigezogenes gedankliches Instrument, das
den Verzicht auf Vermischung göttlichen und menschlich-positiven
Rechts ins Zentrum stellte, statt in einer scheinbar unausweichlichen
Schwächung des Letzteren langfristig eher im Gegenteil in seiner
umso umfassender legitimierten Durchsetzung durch die Organe der
Staatsgewalt resultierte. Nicht mehr als allein nur menschliche
Gerechtigkeit durfte der Staat einfordern – das aber nun praktisch
konkurrenzlos. Göttliches Recht herrschte so zwar kaum mehr institutionell, sondern eigentlich nur als Größe des Glaubens – als eine
zur Sicherung der Ansprüche menschlicher Gerechtigkeit aber absolut unverzichtbare Größe. Zwingli selber legt das des öfteren dar,
wenn er die weltliche Obrigkeit in seinen Schriften immer neu dazu
auffordert, sich bei aller gebotenen Differenzierung möglichst am
göttlichen Recht zu orientieren. In indirekter, aber sehr konsequenter Weise gehen so die Ansprüche des göttlichen auf das menschliche Recht letztlich umso mächtiger über – eine Paradoxie, die in
analoger Weise bei Zwingli des öfteren anzutreffen ist.[47]

2.3. *Symbolkraft statt Materialwert: Das Sakrament als* causa sine qua non

Obschon werkgenetisch gesehen einer ihrer Ausgangspunkte, stellt
die Zwinglische Sakramentenlehre sachlich einen Sonderfall der instrumentalen Relativierung aller Zweitursachen dar. Denn besonders in
den Schriften des späteren Zwingli kommt dem Sakrament durchaus eine besondere, eben sakramentale Dignität zu; allerdings durfte
auch sie dann nie dazu führen, dass dem Zeichen mehr zugeschrieben wurde als instrumentelle Zweckdienlichkeit im Geschehen der
Heilsaneignung. Damit begab Zwingli sich auf eben jenen geistigen
Grat, auf dem lange zuvor bekanntlich schon die Scotisten und ganz
allgemein die Franziskaner wanderten. Zwar folgte ihnen der Reformator natürlich nicht für die Wandlungslehre des Mittelalters, obschon
er in gewissem, allerdings wohl nur sehr indirektem Sinne, auch
darin Scotus-Schüler war: Es ist auch bei differenzierter Betrachtung
der Dinge offensichtlich, dass für Duns der geistige Abstand zwischen Wandlungslehre und Sakramentskonzeption insgesamt wesentlich größer geworden war als noch für den Aquinaten.[48] Ist hier ein

---

[47] Vgl. unten VIII. 2. 4.
[48] Siehe unten in Anh. 1. 17. generell die Glossierung von Ord. IV, d. 1, der
in diesem Zusammenhang grundlegenden *distinctio*.

Einfluss der Franziskaner also nur höchst mittelbar zu sehen, folgte ihnen doch wie alle Reformatoren unzweifelhaft recht unmittelbar auch der Zürcher in der Betonung der Zeichenlehre des auch in der frühen Reformation als Kirchenvater schlechthin angesehenen gro-ßen afrikanischen Lehrers. Durch seine womöglich mehrmals in sei-nem Leben betriebene Lektüre der Scotisten und, via Brulefer, auch Bonaventuras wurde ihm so eine augustinische Grundhaltung in der Sakramentsauffassung verstärkt und bestätigt, die die zeichenhafte Effizienz der Sakramente in deren Stiftung durch Gottes Wort gege-ben sah und nicht in einer unmittelbar physischen Wirkkraft.[49] Die spezifische Leistung der franziskanischen und überhaupt der Scholastik gegenüber der augustinischen Patristik wird dabei für ihn, wie fak-tisch für alle spätmittelalterlichen Theologen, weniger darin bestan-den haben, den Gedanken eines signifikativen Sakramentsverständnisses als solchen einzubringen, sondern einmal darin, ihn vor dem Erscheinen eigentlicher Augustinus-Editionen überhaupt zu vermitteln und dann vor allem, ihn zu systematisieren in doppelter Hinsicht: Unter den bei Augustin bekanntlich wenig Resonanz evozierenden Bedingungen aristotelischen Weltverständnisses einerseits, unter dem Aspekt einer möglichst vollständigen und über Augustins antidonatistische Kon-zentration auf die Taufe hinausgehenden Berücksichtigung biblischer und kirchlicher Sakramentenlehre und -praxis andererseits. Die Materie jedes der sieben Heilszeichen trägt als solche bei Duns keine über-natürliche Kraft mehr in sich, wie Thomas das mit anderen noch recht ungeschützt behauptet hatte. Weder die Vernunft noch der Glaube erfordern die Annahme übernatürlicher Potenz; das franzi-skanische intellektuelle Ökonomieprinzip verbietet sie nachgerade.[50]

Dass das nicht, wie Seeberg noch gemeint hatte, ein Zugeständnis auf gleichsam äußerlichen Druck der kirchlichen Lehre gewesen sein muss, sondern die Glaubens-wahrheit neben der Vernunftwahrheit gestanden haben kann, zeigt Courtenay, Covenant and Causality, 374, indem er daran erinnert, dass schon Thomas in Bezug auf die Ewigkeit der Welt keinen vernunftgestützten Gegengrund, wohl aber gegen-teilige Glaubensargumente gefunden hatte.

[49] So lehnt Zwingli den *virtus*-Begriff (in diesem Zusammenhang) förmlich ab, etwa in *De conviciis Eckii*, Z VI/3, 272, 5–11, indem er die Verwendung dieses Terminus als missbräuchlich von derjenigen Augustins abhebt. *Quod si quis mihi dicat: "si sententiam de virtute sacramentorum sententiae Augustini subiciis, quid cause est, cur non redeas in gratiam cum papistis?", respondeo plurimum dissidii superesse. Illi enim tribuunt sacramentis, quasi alligata sit eis divina virtus, ut, ubicunque adhibeantur, operentur; hoc enim rem illis auget, ut qui omnia dei dona venalia habent, immo deum ipsum longe carius quam Judas vendunt.* [!]

[50] Ord. IV, d. 1, q. 4f., n. 9. Dies ist natürlich nur einer unter vielen von Duns genannten Gründen.

Über diesen Systematisierungsdienst hinaus aber wird das augustinische Erbe bei den Franziskanern generell und bei Duns speziell in
ihren Aussagen zugespitzt: Die durch die Unendlichkeit Gottes gegebene Abständigkeit zur und Freiheit von der Kreatur macht jede
intrinsisch aufgefasste Bindung an ein Objekt, und sei es eines der
Heilsvermittlung, vollkommen obsolet, ja geradezu blasphemisch,
wenn sie nicht durch den freien Willen Gottes geschieht. Diese Art
der Augustinlektüre kam Zwinglis Intentionen sehr zupass und es
erstaunt nicht, dass er etwa *De trinitate* kontinuierlich mit scotistischem Kommentar zu lesen pflegte: Sein Augustinverständnis ist in
diesem Punkt franziskanisch-scotistisch verschärft, er las – im wahr-
sten Wortsinn – den Kirchenvater durch die Brille der Schüler des
doctor subtilis.[51] Auch seine in den späteren zehner Jahren erfolgende
"Entdeckung" des "authentischen", in der Zeit ja erstmals kritisch
edierten Augustin etwa der Traktate zum Johannesevangelium wird
nolens volens nicht ohne dieses Vorverständnis geschehen sein.

Annulusallegorie und Beschneidungsanalogie: Andeutungen einer
sina-qua-non-Kausalität
Es ist bezeichnend, dass der Bruch vom physischen zum spirituellen Sakramentenverständnis während der Hochscholastik genau mit
den Namen verbunden ist, die auch bei der Verabschiedung des aristotelischen Infinitätsverständnisses prominent auftauchen: Richard
Fishacre und Robert Kilwardby.[52] Von ihnen wird ein neuartiges
Symbolverständnis entwickelt, das sie, einem Wechsel gesellschaftlicher Leitvorstellungen folgend, in ökonomischen Kategorien erklären. Diese Kategorien kommen in hinsichtlich der Aussageabsicht je
charakteristisch anderer, in der Funktion jedoch vergleichbarer Weise

---

[51] Zwingli hält in *De convitiis Eckii*, Z VI/3, 266, 15–267, 11 fest, dass Augustin
(trin. 15, 26, 46) bei seinem Reden vom zwar nicht unmittelbar durch die Jünger
Jesu, aber doch durch die Sakramente der Handauflegung und der Taufe vermittelten Geistempfang der Christen keineswegs eine autonome Macht der Sakramente,
sondern gänzlich diejenige des sie benutzenden Geistes angesprochen habe – und
bekräftigt diese seine Sicht durch ein Mayronis-Zitat, 267, 12–268, 5: *Quo item respe-*
xit Franciscus Maronis, cum in argumentorum adnotatione sic inquit: "Secundum argumentum:
quod illi, qui ministrant sacramenta, si ipsa sacramenta per suam virtutem gratiam causarent,
tunc tales ministri spiritum sanctum darent." Haec ille. Quo manifestum fit, quod, quacunque
ratione aut figura sermonis opus aliquod spiritus sancti symbolis aut sacramentis tribuitur, meto-
nymia fieri, cum a re principali nomen ad symbolum transfertur.
[52] Courtenay, The King and the Leaden Coin, 191.

bei den niederländischen Sakramentariern, Wessel Gansfort, Hendrik Hoen und dann bei Huldrych Zwingli ebenfalls vor.

Durch die Forschung in treffender Weise *sine-qua-non*-Kausalität genannt, sucht die in der Hochscholastik entwickelte Sakraments-auffassung zu erklären, welche Notwendigkeit dem Heils-Zeichen bei nicht unmittelbarer physischer Heils-Wirksamkeit denn noch zukom-men könne. Fishacre, der wohl als erster den innovativen Zugang zum Sakramentsverständnis entwickelt hat, greift zurück auf bibli-sche Beispiele: Der lepröse Naaman wird auf Elisas Geheiß geheilt, indem er sich im Jordan wäscht – nicht weil der Jordan als solcher heilende Kräfte hätte, sondern weil Elisa sie ihm zugesagt hatte. In Anlehnung an die Gleichnisse vom großen Gastmahl und den Arbeitern im Weinberg entfaltet er zudem die Situation eines Bettlers, der von einem Ministerialen des Königs eine Art Essensmarke für geleistete Arbeit in Form einer zinnernen oder Silber-Kupfer-legierten Münze erhält. Sie kann aber nicht unmittelbar eingelöst und darum auch einem anderen Bettler ohne entsprechende Arbeitsleistung ausgestellt werden. Entscheidend ist auch hier weder die zu leistende Arbeit noch der faktische Preis, sondern die ministeriale Zusage. Beide Bei-spiele basieren auf der Vertrauenswürdigkeit der ausstellenden und auf der Glaubensbereitschaft der empfangenden Person. Offensichtlich werden hier aktuelle Strömungen im ökonomischen Leben des Hochmittelalters aufgegriffen, denn spätestens seit Beginn des 12. Jahrhunderts wird der Wert eines Zahlungsmittels nicht mehr auf-grund seines effektiven Materialpreises, sondern durch den von der ausstellenden Person zugeschriebenen nominalen Wert berechnet.[53] Interessanterweise war das besonders in der königlichen, später auch kirchlichen Armenfürsorge der Fall, wo es vorgezogen wurde, sym-bolische Substitute für karitative Gaben auszuteilen, um größere Flexibilität in der Liquidität des Hofes zu gewinnen. Durch diese Veränderungen aber wurde das Zahlungsmittel nun nicht etwa wert-los, sondern gewann im Gegenteil ungleich mehr an Bedeutung: Konnte es als materieller Gegenwert im Grunde beliebig ersetzt wer-den, hing paradoxerweise just sein Nominalwert an der beglaubig-ten Form. Das Symbol wurde zur *conditio sine qua non*. Während Thomas sowohl aufgrund seines Sakramentenverständnisses wie auch aufgrund einer engen mentalen Verbundenheit mit traditionellen

---

[53] Courtenay, a. a. O., 185–209.

agrarischen Handels- und Zahlungsstrukturen dieser Denkfigur reserviert bis ablehnend gegenüberstand, nahm sie Bonaventura willig auf und öffnete ihr im Denken seines Ordens eine Tür.[54]

Eine direkte Linie dieser Denkfiguren zum Sakramentsverständnis Zwinglis ist zwar nicht nachzuweisen, was nicht zuletzt daran liegt, dass die Verbindungen von Wessel Gansfort und den Sakramentariern, in deren geistiger Atmosphäre der von Zwingli so dankbar rezipierte Cornelius Hoen aufwuchs, zu Bonaventura und generell zur eigentlichen Scholastik noch sehr wenig erforscht sind. Doch die beiden Argumentationsmuster, die der Niederländer in seiner von Zwingli willig aufgegriffenen Epistel bringt,[55] sind zweifellos diesem Denken verbunden, selbst wenn sie nicht vollkommen mit den im 13. Jahrhundert anzutreffenden Beispielen identifizierbar sind:[56] Sowohl die vom Reformator wieder aufgenommene Brautringallegorie[57] wie auch die Ackerkaufsymbolismen[58] verweisen auf *signa sine quibus non*, in denen nicht der intrinsische Materialwert, sondern ihre extrinsische, auf Zukunft hin und persönlich zugesprochene Valora − Zwingli gebraucht dafür den mittelalterlichen Ausdruck: *precium*[59] − unabdingbar ist. Zwar ist es richtig, wie kürzlich erstmals, dafür mit Nachdruck, geschehen, die Unterschiedlichkeit der Absichten Wessels, Hoens und Zwinglis in der Verwendung insbesondere des seit Tertullian gesamtchristlichen und darum gebräuchlichen Ringsymbols zu betonen: Für Wessel ist die Ringgabe Unterpfand künftiger Vereinigung der Seele mit Christus, die in mystischer Praxis nur präfiguriert werden kann, für Hoen hingegen Zeichen gegenwärtiger Gewissheit der Sündenvergebung, für Zwingli das *symbolum omnium symbolorum* der kommemorativen Präsenz Christi im Leben des Gläubigen.[60] Wessels Denken

---

[54] Courtenay, a. a. O., 200–208.

[55] Z IV, 512, 10–21.

[56] Hoen, Cornelius Hendrik: *Epistola Christiana*, in: Z IV, 512–518.

[57] Belege, Information und Literatur durch Büsser, Z VI/3, 278f., Anm. 7.

[58] Z IV, 517, 6–16: *Non ergo per haec verba "Hoc est corpus meum" salvator panem transsubstantiari voluit, sed per panem seipsum dare: sicut mos est quibusdam in locis, quando venditor agri possessionem vult tradere emptori, dat ei baculum, stramen aut lapidem, et dicit: "Ecce, trado tibi agrum." Item possessio domus datur per traditionem clavium. Sic etiam dominus per panem seipsum tradit nobis, quasi dixisset: "Accipite et comedite, et nolite aestimare parvum, quia hoc, quod trado vobis, significat corpus meum, quod do vobis, dando istud. Quando ergo illud tradetur aut in cruce pendetur, erit pro vobis, imo omnia quae feci aut faciam, vestra sunt." Magna est consolatio ista et dulcissima verba, si recte contemplantur [. . .].*

[59] Z VI/3, 281, 9f.12.16.

[60] Spruyt, Cornelis Hoen's *Epistola Christiana*, 139.

weist deutliche Züge spiritualistisch-mystischen Denkens auf, ohne dass er jedoch die dekretierte Eucharistielehre wirklich anzuzweifeln beginnt, während Hoen und Zwingli den Glauben an die Transsubstantiation bereits hinter sich gelassen haben. Dennoch benutzen alle drei Autoren, denen *mutatis mutandis* auch Bonaventura zugezählt werden kann, die Symbole letztlich mit derselben Elementarintention, nämlich nicht die Materialität des Sakraments, sondern dessen "Sakramentalität" als nicht-materiale Funktionalität in den Vordergrund zu heben – um dann freilich die Art dieser Funktionalität je anders zu erklären. Damit stehen sie alle in dem einen großen Strom spätmittelalterlicher verhaltener "augustinischer" Reserve gegenüber der Transsubstantiation, die zur Suche nach vorerst systemintegrativ reinterpretativen Ergänzungen und dann auch systemextern fundamentalkritischen Alternativen führte und der zur bildhaften Artikulation ihrer Vorstellungen nicht unendlich viel Metaphernmaterial zur Verfügung stand. Darum ist es nicht allzu erstaunlich, dass eine identische Symbolik von Bonaventura über die Sakramentarier hin zu Zwingli im Gebrauch stand. Noch deutlicher ist diese Linie bei dem anderen von Hoen wie Zwingli verwendeten Bild: Ist bei der Ringsymbolik noch, zumindest theoretisch, denkbar, dass die verschiedenen Autoren und deren Milieus unabhängig voneinander auf ältere, mittelalterliche oder patristische, Traditionen zurückgegriffen hatten, scheint das bei der Ackerkaufallegorese schwer vorstellbar.[61]

Auch im zweiten noch voll von ihm akzeptierten Sakrament, dem der Taufe, arbeitet Zwingli mit dieser Logik. Es ist der extrinsisch zugesprochene Wert der Pflichtzeichen von Beschneidung und Taufe, der sie nur umso unentbehrlicher macht.[62] Beide sind sie Symbole der Partizipationsermächtigung am einen Bund Gottes mit seinem Volk, und beide haben sie ihren Wert nicht in sich, sondern verweisen auf die eine Gnade Gottes in Jesus Christus für beide Teile des Gottesvolks, wie Zwingli etwa anhand der im Kontext des mittelalterlichen Foederaldenkens klassischen Weinbergparabel (Mt 20, 1–16) erläutert.[63] Es wäre darum nach Meinung des anti-täuferischen

---

[61] Eine Verbindung zwischen der scotischen Kritik am thomasischen Verständnis des Sakraments als materialer Transporteurs des Heils und Zwinglis *annulus*-Symbolik zieht explizit auch Pollet, Huldrych Zwingli. Biographie et Théologie, 344.

[62] Ausgangspunkt dieser theologischen Innovation dürfte der *in catabaptistarum strophas elenchus*, Z VI/1, Nr. 108, gewesen sein, der dann in die Tauftheologie der Spätschriften ausstrahlt.

[63] Z VI/1, 165, 9–16. Zum Stellenwert der Weinbergparabel für Theologie und

Publizisten Zwingli vermessen, sich über diese Zeichen stellen zu
wollen, indem die Analogie zwischen dem je am Kind ausgeübten
alten und neuen Bundeszeichen dahingehend negiert würde, dass die
Taufe an Kindern für überflüssig oder gar schädlich angesehen werden müsste. Letztlich wären *promissiones, testamentum, foedus* Gottes selber gering geachtet, würden die ihnen korrespondierenden Zeichen
ignoriert.[64] Diese Argumentation entspringt zweifellos (nebst nicht
sonderlich rühmlichen tagesaktuellen Motivationen) einer humani-
stisch-militärischen Mentalität und deren Vokabular. Sie ist aber
zugleich auch wohlverankert in der hoch- und spätscholastischen
Neukonzeption sakramentaler Wirksamkeit im Zuge der Verabschiedung der im Wesentlichen thomistischen Annahme von deren
physischer Effektivität im Hochmittelalter. Eine mittelbare Abhängigkeit
der erasmisch-zwinglischen *testamentum*-Metapher von scholastischem
Denken ist dabei anzunehmen, wobei der beiden gemeinsame Rekurs
auf das römische Recht die Brücke gebildet haben könnte.[65]

Wenn Zwingli mit zunehmendem Reflexionsgrad – und sicher
auch zunehmendem reichspolitischem Druck – in expliziter Anlehnung
an Augustin den Respekt oder wenigstens die Nicht-Verachtung[66]
des äußerlichen Aspektes der Sakramente vermehrt betonte, dann
kann das nur so zu verstehen sein, dass er den frei sich an die Heils-
zeichen bindenden Bundeswillen Gottes ansprechen, kaum aber deren
Materialität als solche wieder aufwerten wollte. Mit beidem – dem
Anschluss an Augustin und seiner Interpretation durch das *pactum*
Gottes mit Israel und der Kirche – liegt er auf der Linie der franziskanischen und überhaupt der scholastischen Theologie seiner Zeit.

Wenn nun aber in so vielen Punkten zwischen der Theologie des
späten, aktiv Scholastik rezipierenden Zwingli und einer durchschnitt-
lichen scholastischen Position wie etwa der mit gemäßigt franziskanischen Standpunkten durchaus vereinbaren Ansichten Johann Ecks

---

Terminologie des Hoch- und Spätmittelalters siehe Hamm, Promissio, Pactum,
Ordinatio, 343 mit Anm. 17 mit Verweisen, 403f.; 437.

[64] Z VI; 165, 6f.; sinngemäß und in anderen Varianten werden die Begriffe
unzählige Male im *Elenchus* und anderen Schriften verwendet.

[65] Zu Zwinglis vermutlichen Kenntnissen juridischen Denkens und seinem Gebrauch
römischer Vertragsbegrifflichkeit siehe Büsser, Z VI; 3, 255, Anm. 2.

[66] Etwa unter ausführlichem Bezug auf Augustin in *De convitiis Eckii*, Z 6, 3, 269f.:
*Quodque externam sacramentorum iustificationem nemo contemnere debet aut negligere, immo exter-
nam non potest negligere aut contemnere, quicumque fidem habet, cum datur occasio.*

Übereinstimmung besteht oder doch zumindest von Zwingli eine solche beschworen wird: Warum bezichtigt ihn Eck dann ausgerechnet
und wortwörtlich des Nichtverstehens einer sakramentalen *causa sine*
qua non-Logik?![67] Diese Frage ist nur teilweise und sachlich sicherlich
unzureichend damit beantwortet, dass Ecks *Repulsio* von Mitte 1530
die allerspätesten Entwicklungen im Denken Zwinglis noch nicht
hatte zur Kenntnis nehmen können. Die eigentliche Antwort liegt in
einem viel elementareren und für das Verständnis der Zwinglischen
Scotismus- und überhaupt Scholastikrezeption wohl entscheidenden
Punkt.

2.4. *Die entscheidende Differenz in der Scotusrezeption*

Es zeigt sich in den drei eben entwickelten und auf den ersten Blick
so unterschiedlichen Rezeptionsgebieten des Verhältnisses der Zweitursachen zur Erstursache, der Eigentums- und Steuerfrage und der
Sakramentenlehre ein gemeinsamer Zug zur verstärkten Betonung
der Kontingenz des menschlichen Handelns, sowohl ganz grundsätzlich betrachtet (VIII, 1.1.) als dann auch konkret im Blick sowohl
auf das politisch-juridische (VIII, 1.2.) als auch das kirchlich-liturgi-
sche (VIII, 1.3.) Handeln gesehen. Zu dieser schon eingangs dieses
Kapitels vorweggenommenen Beobachtung stellte sich nun im konkreten Durchgang heraus und ist zur angemessenen Einschätzung
der Scotismusrezeption Zwinglis von höchstem Interesse, dass stets
ein eminent paradoxal-dialektischer Befund sich einstellt: Die Abständigkeit der Welt von Gott wird zwar in den Schriften Zwinglis, zumal
den späten, so massiv betont, dass zugleich eine drastische Entwertung
alles Nicht-Göttlichen stattfindet. In der Konsequenz heißt das freilich, umgekehrt formuliert: Die Abständigkeit Gottes von der Welt
wird so rigoros betont, dass eine fast unheimliche Präsenz Gottes in
allen Lebensbereichen sich einstellt. Die Sekundärursachen werden
von der alles entscheidenden und allein mächtigen Ersten dermaßen
weit weggerückt, dass sie letztlich bedeutungslos werden. Dadurch
wird Gott zur daueraktiven Allursache. Menschliches Recht wird

---

[67] Repulsio, f. e 2v, zitiert nach Büsser, Z VI/3, 262, Anm. 2: [. . .] *Stultissimo*
profecto bardus est Zuinglius, qui obtuso suo ingenio nondum intelligit, quo pacto patres dicant
spiritum dari sacramentis: non enim quadriga invehitur spiritus, sed solus deus assistens omnipo-
tenti virtute, sensibilibus signis ab eo efficaciter institutis, infundit gratiam anime humanae. Non
enim aqua est effectrix proprie gratie in anima pueri, nisi sicut causa sine qua non, sed deus ipse
creat gratiam in anima pueri. [. . .]

vom göttlichen soweit getrennt, dass es der Verfügungsgewalt aktueller gesellschaftlicher Willkür anheim fiele, wäre nicht im Wort Gottes eine Art ewiges, aber positives Recht gegeben. Dadurch wird der es interpretierende Prophet als Sprachrohr Gottes zur juridisch-politischen Letztinstanz. Die Wirksamkeit göttlichen Handelns wird von der Materialität sakramentaler Hilfen seiner Vergegenwärtigung so weit getrennt, dass diese Heilszeichen entweder gänzlich abrogiert oder massiv vergeistigt werden. Dadurch wird der Glaube des Individuums zum universell-permanenten Sakrament der (Alltags-)Welt. Diese intrikate Präsenz des absenten Gottes ist heimlicher Gegenstand auch der anderen reformatorischen Systeme, aber nicht in der charakteristischen Zuspitzung, in der Zwingli sie vorstellt.

In der Beobachtbarkeit dieser Dialektik zeigt sich bestätigend, dass er, alles in allem gesehen, offenbar doch einen entscheidend anderen Zugang zur Kontingenzfrage gewählt haben musste als der nominalistische Zweig der Scotisten und Scotistenschüler. Diese entscheidende Differenz liegt, wie bereits angesprochen (VIII. 1.1.) in der Stellung zum Status der Zweitursachen, und, damit eng verknüpft, wie gleich zu zeigen ist, zur *potentia ordinata* Gottes. Beiden wird Autonomie mehr oder minder völlig abgesprochen, also auch jene zur Erstursache oder absoluten Potenz relative, die das nominalistische Spätmittelalter im Allgemeinen anerkennen wollte. Wie die Zweitursache so dient auch die Denkfigur der sich selbst ordinierenden Macht Gottes bei Zwingli allein der Konfirmation der unendlichen Abständigkeit von Schöpfer und Geschöpf – und zwar in der Sakramentenfrage in einem primär ins Räumliche gewendeten Verständnis der Infinität Gottes.

Zwinglis zirkumskriptorisch-verräumlichendes Verständnis der potentia ordinata Dei

Auch wenn sie gegenüber dem Handeln des Geistes selber untergeordnet sein mochte, war die Notwendigkeit von Zeichenhandlungen für Zwingli erwiesenermaßen gegeben. Doch in deren bundestheologischer Begründung und Entfaltung nimmt er, obschon in faktischem Einklang mit den Franziskanern, nur implizit auf Gottes *ordinatio* Bezug. Ein expliziter Rekurs auf die *potentia ordinata dei* erfolgt immer nur in einer Absicht: Die Unumstößlichkeit der zirkumskriptiven Verfasstheit des Leibes Christi zu belegen. Er steht damit als weitaus Erster und Frühester in einer Reihe reformierter Denker wie Calvin und Vermigli, die ebenfalls die ordinierte Potenz Gottes nur anführen, um etwaige auf der absoluten Macht Gottes basierende Gedankengänge unterminieren zu können.[68]

Zwingli setzt dabei das in den Texten der Bibel, insbesondere des Neuen Testaments, ergehende Wort Gottes mit seinem eigenen Verständnis der ordinierten Macht Gottes einfach gleich: Ausdrücklich und mehrfach identifiziert er in seinen späteren Werken sein Bekenntnis zu einem finit-zirkumskribierten Christusleib, die mittelalterliche Rede von der *potentia ordinata* und von ihm metaleptisch ausgelegte *dicta probantia* aus Evangelien und Briefen des Neuen Testaments.[69] Zwar

---

[68] Donnelly, Calvinism and Scholasticism, 27 zeigt die Existenz von formalen Parallelen zu Zwinglis Argumentation bei Vermigli an, ohne deren genaueren Kontext zu nennen. Auch Calvin (Inst. III, 23, 2) lehnt den Rekurs auf die *potentia Dei absoluta* vehement ab, allerdings in anderem Zusammenhang als Zwingli, nämlich in der Prädestinationsfrage.

[69] In chronologischer Reihenfolge:

Z V, 536, 14–537, 8, an Strauß zu dessen Behauptung, Christus könne unsichtbar an vielen Orten zugleich anwesend sein: *Merck du also, das es der menschheit Jesu Christi nit möglich ist, me dann an eym ort sin (nit siner macht, sunder sines wortes halb); dann er hat gesagt "Fürhin werdend ihr den sun des menschen sehen sitzen zur gerechten gottes; er ist ufgefaren ze himmel, sitzt etc.; wie ir inn habend gsehen z' himmel faren, also wirt er widerkommen" und andere sprüch. Darzuo ist gnug anzeigt, daß nit volgt: Gott vermag das, so ist es; oder aber unser schöner struß wäre ein widhopff; dann er inn darzuo wol machen mag.*

Z V, 669, 8–16: [*Amica Exegesis*; Zwingli wirft Luther vor, in der Sakramentenfrage *a posse ad esse* zu argumentieren, zitiert ihn dann wörtlich aus *contra Henricum*:] *"Nemo enim dubitat, quin deus possit transsubstantiare panem, sed quod id faciat, non possunt ostendere." Hec tua sunt, fideliter ex eo libro transscripta. Cur ergo, si tam es nullius momenti a posse ad esse arguere, tu nunc totus in hoc es? Quam legem tuleris, serva! Non patiemur te hinc elabi, sed si omnino teipsum redarguere pergas, Eccium aut Fabrum ex te faciemus, aut aliquid etiam monstrosius. Si enim constat argumentatio de posse ad esse, dicemus: deus potest Lutherum facere Eccium; iam caetera, que sequuntur, tu infer, nos ἀποσιωπήσομεν.*

Z V, 671, 9–18: [an Luther:] *Post hec omnia tandem infers: "Si ergo, ista cum tanta sint, puta, quod unius voce totus Christus tot auribus infertur, mirum cuiquam videatur, quod ipse se in panem et vinum aufert"? Quis negat Christum, si absolute loquamur, et hec et alia posse? Nos quaerimus iuxta tuam legem, ut probetis fecisse. Questio de omnipotentia dei nunc non controvertitur, sed de carnali corporis manducatione. Quando tandem vides te tuo more a posse ad esse argumentari? Nunc autem, quum Christus propter verbum suum (hoc Neoterici ordinatam vocant potentiam) alibi esse corpori non possit, quam ubi definivit, impossibile est, eum in pane edi.*

Z VI/2, 234, 19f. [eher indirekt zum Thema]: *Darzuo, so kan der fryheyt des geystes sich nieman ruemen, der damit wil wider gottes wort thuon oder leeren.*

Z VI/2, 808, 30–32 [*Fidei ratio*]: *Cum autem sint, qui corpori Christi locum abrogent et dicant non esse in loco, videant, quam adperte contra veritatem clausis tamen oculis eant.* [Es folgen biblische *dicta probantia*.] *Sed valeant tam calumniosae nugae, quae nobis veritatem tum humanitatis Christi, tum sacrarum literarum tollunt! Haec testimonia tollunt corporis Christi praesentiam ubique quam in coelo, canonice loquendo; hoc est: quantum nobis scriptura constat de ingenio et proprietate corporis adsumpti. Quantumque antinomiae cogunt, quae qiucquid nobis de potentia dei proponamus, nunquam tamen huc nobis torquenda est, ut facere deum contra verbum suum credamus. Hoc enim impotentiae esset, non potentiae etc.*

ist Gott auch für Zwingli wie in der Tradition – und, allerdings in anderem, christologisch begründeten Sinne, bei Luther – "absolut gesprochen" fähig, die Bedingtheiten des zirkumskribierten, zwingenderweise endlichen Leibes des Gottessohnes in seinem Handeln mit ihm und durch ihn zu negieren. Aber "aufgrund seines Wortes, das die Neuerer *potentia ordinata* nennen" verzichtet er darauf. Eine Fähigkeit Gottes, sich selber – seinem Willen und Wesen – unähnlich zu werden, bedeutete für den Reformator statt Macht deren genaues Gegenteil: Ohnmacht; und die gehört für Zwingli definitiv nicht zu den Proprietäten der unwandelbaren Gottesessenz, ebensowenig wie alle Unwahrhaftigkeit. Die Unwandelbarkeit Gottes ist mit seiner Wahrhaftigkeit aufs engste verbunden, und beide zusammen sind für Zwingli Garanten der Verlässlichkeit seiner Aussagen. Was die theologische Applikation der doppelten Macht Gottes angeht, übernimmt Zwingli somit von den formalen Grundstrukturen her längst Bekanntes, das nicht erst im späten (vor allem bei Gregor von Rimini),[70] sondern auch schon im hohen Mittelalter geläufig geäußert wurde:[71] Bei Gott ist kein *mendacium*, ein lügender Gott kann nicht allmächtig sein. Diese theologische Grundoption fand Zwingli etwa in der vierten Zenturie von Johannes Ecks *Chrysopassus* gründlich dargelegt und gegen Einwürfe verteidigt und hat die entscheidende, auf die Verlässlichkeit der *essentia* Gottes abhebende, Passage wie auch andere spe-

---

SS VI, 1, 546 [Zu Lk 1, 37: *Quia non est impossibile apud deum* usw.]: *Ut intelligas ac certo cognoscas (tantum enim valent haec verba) apud deum nihil esse impossibile etc. Sub hoc verbo plerique horrendos errores defendunt. Sed considerare illi deberent, potentiam dei simul et veram esse. Nam quidquid non est verum, corruptibile est et mutabile. Potentia ergo dei non fallit, et non nisi veritate cognoscitur. Si enim dissimilis sibi esset deus, non potentia sed impotentia potius dicenda esset. Si deus semel hoc statuit, et dixit, quod ipse solus peccata remittat: fieri nonquam potest, ut Papa peccata remittat, nisi deum dicamus non esse veracem. Quod semel ex labiis eius egressum est, non facit irritum. Christus dicit: Iam non sum in mundo. Ideo in pane corporaliter esse nunquam poterit: non enim haec potentia esset, sed impotentia. Ut nihil sit quod isti pro se dicunt: Deo sunt omnia possibilia. Nihil est deo possibile quod contra eius veritatem immutabilem pugnat.*

Fast identisch argumentiert übrigens auch Bullinger, s. unten Kap. IX, Anm. 48.

[70] Zur wichtigen Rolle Gregors von Rimini im Kampf gegen die Rede von einem lügenden Gott im Spätmittelalter vgl. Biard, La toute-puissance divine, 32–34: Die Frage stellte sich im Ausgang richtiger Einschätzung von göttlicher Prophetie. Da *contingentia futura* allein dann wahrhaft diese Bezeichnung verdienen, wenn sie tatsächlich im Vollsinn als kontingent zu verstehen sind, muss Prophetie zumindest theoretisch falsch sein können – und damit Gott ein Lügner. Diese Position vertraten primär die Gelehrten aus Oxford und generell England (etwa Robert Holcot, Richard Fitzralph, Adam Wodeham). Ihnen trat Gregor vehement entgegen; Mair schloss sich ihm voll und ganz an.

[71] Vgl. zur *veracitas dei* Hamm, Promissio, pactum, ordinatio, 417.

ziell notiert.[72] Diese als solche also durchaus traditionellen Strukturen aber füllte er in Bezug auf den Leib Christi im Sakrament in eigenwilliger Weise und, wie Luther und, mit größerem subjektivem Recht, Eck wohl kaum ganz unbegründet bemerkten, ohne speziell vertieftes Problembewusstsein sehr neu. Er prägte sie ohne viel Federlesens kurzerhand um zuhanden seiner eigenen, zu diesem Zeitpunkt trotz aller in den letzen Jahren noch vorgenommenen Retouchen im

---

[72] Johannes Eck, *Chrysopassus praedestinationis*; alle Angaben vgl. unten den Anhang 4.

(CX) Das Ausgangsproblem besteht in einer zweifelhaften Definition des Lügens, die zugleich die erste *evasio* darstellt. Gewisse Autoren behaupten, die Lüge würde in manchen Fällen nur *pro falsa vocis significatione cum intentione fallendi* genommen und sei dann keine Sünde. Es ist ja durchaus möglich, dass jemand es aus verschiedenen Gründen verdient, falsch informiert zu werden. Gestützt auf diese Definition fragt dann d'Ailly, warum das, wozu ein Geschöpf jederzeit in der Lage ist, dem allmächtigen Gott unmöglich sein sollte? Dazu führt er auch Augustinzitate an (enchir. 16f.). Allerdings, so die Gegner weiter, muss man unterscheiden, denn es gibt auch eine Lüge *cum intentione, scilicet inordinata fallendi*, ein unmoralisches Täuschenwollen, und auf diese Weise ist es ungebührlich, Gott als Lügner zu bezeichnen.

(CXI) Dagegen argumentiert Gregor von Rimini anhand der von den Gegnern selber angeführten, aber von ihnen zweifelhaft interpretierten Definition in Augustins *liber de mendacio ad Crescentium*, dass Lügen immer nur durch eine *intentio deordinata* möglich ist, Gott also in keinem Fall konveniert.

(CXII) Hier nun bringen die Gegner ihre zweite *evasio*: Wenn Lügen immer moralisch verwerflich sei, was sie zwar bezweifeln, aber gesetzt den Fall, dann könnte es Gott *de potentia absoluta* zwar nicht, wohl aber *de potentia ordinata*. Sichtlich erfreut bringt Eck nun die Gegenargumente Gregors, die ihm erscheinen wie das Schwert Alexanders des Großen durch den Gordischen Knoten. Gregor stellt erst einmal fest, dass bei Augustin die ordinierte Potenz Gottes nicht gemeint sein kann, denn Augustin spricht von Gottes Macht im Allgemeinen, das aber ist die *potentia absoluta dei*. Zweitens bestreitet Augustin ganz grundsätzlich, dass Gott lügt, täuscht, betrügt. Denn es widerspricht drittens der Allmacht Gottes, zu lügen, denn wer lügt, ist unwürdig und moralisch zweitrangig. Jede Zweitrangigkeit und jede Inferiorität aber widersprechen der Allmacht *per definitionem*.

(CXIII) In der dritten *evasio* tischen die Widersacher ihren letzten Trumpf auf, indem sie ganz einfach behaupten, eine mit göttlicher Autorität vollbrachte Sünde sei keine Sünde. *Autoritas ergo dei tam in seipso quam in alio excusaret mentientem a peccato*. Das aber, so Eck, ist einfach banal: Natürlich ist keine Handlung Gottes je eine Sünde: *non dubium est enim quin factum a deo non sit peccatum*.

(CXIIII) Abrahams Erlaubnis, Isaak zu schlachten, verfängt als Beispiel ebenso wenig wie andere, in der vierten Zenturie zuvor diskutierte biblische, vor allem alttestamentliche Vorfälle.

(CXV) Als Argument gegen diese dritte *evasio* führen Gregor und Eck ein Zitat aus Anselms *Cur deus homo*, c. 15, das zugleich auch alle ihre Argumente griffig souverän in sich bündelt. Anselm erklärt lakonisch, dass alles von Gott Gewollte gerecht sei, heisse nicht, dass Gott alles wollen könne. Sündigen widerspricht vielmehr dem eigentlichen Wesen, der Natur Gottes: Wenn Gott sündigt, dann ist nicht die Lüge keine Sünde mehr, sondern er nicht mehr Gott. Darauf und auf die Argumente Gregors, so Eck, gibt d'Ailly keine Antwort mehr. Er ist damit für Eck widerlegt.

Grunde längst fertig erstellten Abendmahlstheologie, in der eine definitive oder repletive Präsenz Christi im Brot des Sakraments nicht vorgesehen ist.[73] Der Beweggrund für Zwinglis Ablehnung der beiden Anwesenheitsweisen des *inesse diffinitive* und *repletive* des Christusleibes im Mahl wird zum einen vor allem seine grundsätzliche Kritik an der Transsubstantiation gewesen sein, die ja in gemeinscholastischem Verständnis auf die Transzendierung der zirkumskriptiven Präsenz Christi zwingend und sehr elementar angewiesen ist: Dass der Leib des Gottessohnes im Abendmahl und anderswo nicht allein zirkumskribiert anwesend sein kann, war Konsens schon der Thomisten und Scotisten, erst recht dann späterer *doctores*. Zum anderen, wenn auch wohl weniger stark, fiel wohl der eben eben genannte Umstand ins Gewicht, dass die Alternativen zur Zirkumskription des *corpus Christi* in der Eucharistie in der akademischen, der jüngeren, (scotistisch-) ockhamistischen Franziskanerschule entspringenden Theologie des 15. Jahrhundert tendenziell einiges stärker betont wurden als zuvor. Zwingli lehnt die genannten Präsenzmodi ab, weil er sie nicht nur der durch sie portierten Sache, sondern auch ihrer für ihn obskuren, wenig vertrauenswürdigen und tendenziell der Heterodoxie verdächtigen Herkunft wegen beargwöhnt.

Nun diente die Lehre von der *potentia dei* in der Zwingli vorausliegenden Schultheologie freilich unter anderem genau dazu, die intellektuelle (und dann auch spirituelle) Verengung auf strikt *localiter* begriffene Konditioniertheit des Leibes Christi zugunsten der gedanklichen Möglichkeit einer eucharistischen Präsenz im Brot zu entschränken. Wenn teils auch von absoluter Macht Gottes gesprochen wird, wo Multilokalität und eucharistische Präsenz Christi thematisiert werden, handelt es sich im Grunde um eine zu Zwecken des sich an die Sakramente bindenden Willens Gottes eingesetzte, also ordinierte Potenz. Nicht die Freiheit Gottes von einer Bindung an kreatürliche Dinge ist hier angesprochen, sondern umgekehrt die Freiheit Gottes, aufgrund seines Heilswillens innerhalb der Sakramente wirken zu können.[74] Das zeigt exemplarisch schön den Umschwung

---

[73] Zu den Raumbegriffen der scholastischen Sakramentenlehre siehe allgemein am besten Hilgenfeld, Mittelalterlich-traditionelle Elemente.

[74] Das hat auch Luther erkannt, wenn er 1532 erklärt: WAT 2, Nr. 1745, 202, 21–25: *Thomas dixit, quod in baptismate im wasser soll ein heimliche kraft sein, ibi coepta est disputatio, et deinde imprimitur character. Sed Scotus dixit: Non, sed ex pacto divino quando sacerdos baptisat, tunc adest Deus suo pacto; et recte dixit, und ist ein seher feiner mensch gewesen.* (Zit. nach Oberman, Die Reformation, 23, Anm. 11.)

im Denken Zwinglis gegenüber der Tradition: Wo die gesamte scholastische Theologie Gottes Macht in Anspruch nimmt, um die Heils-
wirkung kreatürlicher Zeichen zu behaupten, greift Zwingli seinerseits
zum Gedanken des ordinierten Vermögens Gottes, um umgekehrt
den unüberbrückbaren Abstand Gottes zu allen Geschöpfen bestätigt zu haben.

Es ist allerdings durchaus möglich, dass er durch den scotischen
und gemeinscholastischen Gedanken der zwar nicht faktischen, aber
in gewissem Sinne dennoch logischen Beschränkung der absoluten
Potenz dazu angeregt wurde oder sich mindestens in seinem Denken
halbwegs unterstützt sah. Diese Bedingung der Nichtwidersprüchlichkeit
für alles Handeln Gottes, die Scotus schon früh als *logica possibilitas*
in aller Differenziertheit ausgearbeitet hatte,[75] sah sich Zwingli in der
Diskussion der Eucharistielehre im vierten Buch der Ordinatio (d.
10, q. 2) offenbar genauer an und unterstrich sie (wohl nicht *nur* im
eigentlichen Sinn dieses Wortes, sondern auch in seiner Wahrnehmung
der Dinge) mehrmals. Dass der entscheidende Akzent des Passus
darin besteht, zu zeigen, dass die Multilokalität eines Körpers die
Bedingungen dieser *potentia logica* durchaus erfüllt, scheint er jedoch
nicht mehr zur Kenntnis genommen zu haben. Zieht Zwingli also
zur Abwehr der Luther'schen Emphase auf einer realen Präsenz
Gottes in den Sakramenten die *potentia ordinata* bei, kann euphemisch
vielleicht von einem uneigentlichen Gebrauch, muss kritisch jedoch
von einem Missverständnis des hinter dem Terminus liegenden rezipierten Konzeptes gesprochen werden.[76]

Das heißt selbstredend keineswegs, dass Zwingli nicht scotistisch-
franziskanische Theologie rezipiert hätte, sehr wohl aber, dass er in
ihr selegierte. Dies wiederum heißt keineswegs, dass sein Antipode
Luther nicht auch selegiert hätte, sehr wohl aber, dass er dafür

---

[75] Vos Jaczn, Contingentie en vrijheid, 37.

[76] Backus, The disputations of Baden, 1526 and Berne, 1528, 68 mit Anm. 14,
vermutet, Zwinglis wiederholtes Insistieren auf der Faktizität des kontingenten
Handelns Gottes bezüglich des finiten Christusleibes stehe in latentem biographi-
schem Zusammenhang mit seiner (vermutlich früh erfolgten) Lektüre der Äußerungen Giovanni Picos im Gefolge Heinrichs von Gent über die bewusste Festlegung
Gottes auf die Annahme einer menschlichen Natur für Christus. Wenn dies zutreffen
sollte, bewiese es nur wieder die Unspezifizität der Zwinglischen Orientierung an
diesem Punkt: Dass Gott in Christus faktisch einen Menschen angenommen hat,
steht weder im Spätmittelalter noch während der Reformation je zur Debatte, strittig war vielmehr, welche Eigenschaften dies implizieren konnte oder ausschließen
musste.

andere Kriterien verwandte. Das wird offenkundig gerade während der Phase, in der Luther mit Zwingli über dieser Frage die Klingen kreuzte. Im Großen Bekenntnis von 1528 zählt Luther referierend die drei Weisen der hohen und vor allem späten Scholastik zur Bestimmung der Modi von Präsenz auf, denen er im Großen und Ganzen zustimmt, "denn die Sophisten reden hie von recht / da sie sagen / Es sind dreyerley weise / an eim ort zu sein / Localiter odder circumscriptiue / Diffinitiue / Repletiue".[77] In einer zweiten Befragung dieser Gegenwartsweisen auf ihre theologische Tauglichkeit in der Abendmahlsfrage schließt er sich für die ersten beiden Modi ("die begreiffliche leibliche weise", "die vnbegreiffliche geistliche weise") den hergebrachten Bestimmung ebenfalls weitgehend an, weicht jedoch für die dritte, "die Gottliche hymelische weise", zumindest in einem Punkt weit von den Vorgaben ab, indem er die Übernatürlichkeit der repletiven Anwesenheit Christi im irdischen Brot mit seiner spezifischen Konzeption der hypostatischen Union kombiniert, in der jede Trennung von menschlicher und göttlicher Natur aufgehoben wird: In der Form des Brotes ist das Wesen Gottes ebenso umfassend aufgehoben wie in der Person Christi die menschliche Natur der göttlichen verbunden.[78] Die repletive Gegenwart Christi im Abendmahl wird so zur Konsequenz aus der christologisch argumentierenden Behauptung einer Kopräsenz der Menschen- mit der Gottnatur im Sakrament.[79]

Kommt Zwingli vom unendlichen, Proportionalität prinzipiell verbietenden Gegensatz von Schöpfer und Geschöpf auf die formale Nichtidentität der Naturen Christi und von da aus auf die Raumvorstellungen in der Abendmahlslehre, geht Luther aus von seiner Neugestaltung der Christologie, in der die Infinität-Finitäts-Differenz ausdrücklich negiert wird, und leitet von da aus Folgen für die räumliche Präsenz des Leibes Christi in der Abendmahlslehre ab. Die in ihrem charakteristischen Antagonismus die Geschichte des westlichen Christentums so nachhaltig prägende Applikation von Räumlichkeit als Kategorie sakramentalen Denkens ist bei beiden Reformatoren nicht Ausgangspunkt, sondern Folge spezifisch selegierender Rezeption der in der frühen franziskanischen Theologie ansetzenden und durch das Unendlichkeitsdenken Duns' Scotus in ihrer Spannung verschärf-

---

[77] Luther StA 4, 87, 21–88, 1 (= WA 26, 326f.).
[78] A. a. O., 95, 27–97, 1 (= WA 26, 335f.).
[79] Vgl. Hilgenfeld, Mittelalterlich-traditionelle Elemente, 222f.

ten Dialektik einer Kausalität der freien Selbstbindung Gottes: Wird sie von Luther ganz in Richtung auf die Freiheit zur Selbstbindung Gottes interpretiert, löst Zwingli sie ganz in Richtung auf die Freiheit Gottes von aller Bindung auf. Doch selbst diese so markante Verschiedenheit im Umgang mit besagter Dialektik ist – ein entscheidender Punkt,[80] – insofern eine nur relative, als beide Reformatoren die (bisher von der Zwingliforschung mit "Via antiqua" stets mehr oder minder in eins gesetzte) "Leiter metaphysischer Notwendigkeit"[81] zwischen Gott und Kreatur für obsolet ansahen und gleichermaßen stark, wenn auch mit anderen gedanklichen Mitteln, in Leben und Lehre bekämpften.

---

[80] Vgl. oben VIII. 2. 1.
[81] Oberman, Via Antiqua and Via Moderna, 451; vgl. auch oben II. 4. 2.

KAPITEL IX

HISTORIOGRAPHISCHER ERTRAG UND FORSCHUNGSSTRATEGISCHE RELEVANZ

1. Abschliessender Versuch chronologischer Rekonstruktion der Scotismusrezeption Zwinglis

"Entendez: la différence radicale entre le divin et l'humain: c'est là la contribution originale de Zwingli à la Réforme."[1] Nicht nur die Abendmahlslehre, sondern wesentlichste theologische Grundoptionen des Reformators Zwingli konvergieren mit der Fundamentaltendenz des wirkmächtigen Franziskaners Duns zur Verabständigung von Schöpfer und Geschöpf, Endlichem und Unendlichem, wie aus unserer Übersicht einiger – nicht aller, aber wohl zentralster –[2] scotistisch beeinflusster Themen ersichtlich wird. Dass diese auf offensichtlicher Systemanalogie beruhende Konvergenz die Folge einer historischen Beziehung darstellt, ist aufgrund der in dieser Arbeit demonstrierten Prozesse passiver und aktiver Rezeption evident. Die Art dieser geschichtlichen Abhängigkeit allerdings scheint weniger eindeutig, denn Übereinstimmung mit scotistischen Basistendenzen ist stringent erst ab dem Abendmahlsstreit nachweisbar. Ist also der Abendmahlsstreit Folge einer Scotismusrezeption oder nicht eher umgekehrt?

---

[1] Pollet, Huldrych Zwingli. Biographie et Théologie, 239.

[2] Mit Gewinn könnten wohl vor allem noch zwei Themenkomplexe im Scotismus selber tiefer betrachtet werden: Zum einen die Lehre vom menschlichen Willen und, damit zusammenhängend, der Status und die Aufgabe der Theologie (Glossen zur scotischen Ord., Prol. I, d. 1, qq. 1–3), sowie die Rezeption beider Themen bei Zwingli. Zum andern die göttliche Prädestination, vor allem die absolute des Christus, wie sie Burger, Personalität, aber etwa auch Schlageter, Das Menschsein Jesu Christi, und vor allem Dettloff in diversen Publikationen eindrücklich beschreiben. Unter den übrigen Richtungen mittelalterlicher Theologie dürften wiederum zwei zu weiterer Erforschung am lohnendsten sein. Zum einen wäre eine eingehendere als die von uns gelieferte Erkundung von *de fide orthodoxa* des Damaszeners mitsamt den möglichen Rezeptionsimplikationen bei Zwingli vermutlich sehr instruktiv. Zum anderen könnte und müsste eine bei genauerer Begriffsanalyse eventuell präziser als jetzt nachweisbare Thomas- und vielleicht auch Thomismusrezeption, freilich kaum aus den *Quaestiones quodlibetales* und ihrer sehr geringen Glossierung, aber möglicherweise aus den Hinweisen auf die *Summa* und nicht zuletzt aus den Werken des Capreolus über andere thomistische Autoren, eingehender erforscht werden.

Für die Vermutung, scotistische Denkfiguren und Terminologie seien zeitlich und sachlich sekundäre Erklärungshilfen eines nicht durch sie bedingten Phänomens, spricht vorerst die schlichte Tatsache, dass positive Bezugnahmen auf den großen Lehrer und dessen verschiedene Schüler explizit erst nach Beginn der angesprochenen Debatte mit Luther erscheinen. Die chronologische Posteriorität manifester Rezeptionsspuren gegenüber dem Ausbruch des innerreformatorischen Zwistes ist unbestreitbar, obschon sie bisher in der Forschung noch nie explizit als solche erkannt wurde. Sie weist darauf hin, dass zumindest eine Form der Scotismusrezeption Zwinglis erst im motivationspsychologischen Anschluss an den ersten reformatorischen Abendmahlsstreit stattgefunden haben muss.

Doch ist auf der andern Seite die Annahme, Zwingli hätte 1527 erstmals in seinem Leben überhaupt mit dem Scotismus Kontakt gehabt, sowohl nach dem, was wir an allgemeinem Wissen über die Verhältnisse an den vom Ostschweizer Scholaren besuchten Bildungsinstitutionen besitzen, wie auch nach dem, was uns aus späteren Selbstzeugnissen bekannt ist, höchst unwahrscheinlich, um nicht zu sagen: faktisch unmöglich.[3] Zwar sagt keine Quelle direkt etwas über den Inhalt seiner Studien an den Universitäten Wien und Basel aus, entgegen mancherlei Behauptungen auch neueren Datums.[4] Doch

---

[3] Zu einem Satz im Indikativ wird dieser Satz für alle, die die Datierung von Schindler zu den Damascenus-Glossen mit ihren Verweisen auf Duns auf 1508 für unverrückbar gesichert ansehen. Doch erscheint die ganze literarische Datierungsfrage trotz der momentan mehr oder minder (eine Quelle möglichen Einwandes ist genannt in Kap. V, Anm. 35) unanfechtbar scheinenden Schindler'schen Argumentation ganz generell noch so unklar, dass es wohl geraten scheint, vorläufig nicht zu große Schlüsse zu ziehen.

[4] Weil es nicht selten Lexikonartikeln und anderen Übersichtswerken als Standardreferenz dient, sei hier genannt das Werk Gäblers, Huldrych Zwingli, Eine Einführung, 31. Vermutlich im teilweisen Anschluss an Locher, vgl. oben Kap. II, Anm. 60, wird hier ohne Zögern von Thomas Wyttenbach behauptet: "Dem akademischen Unterricht legte er die Werke von Thomas von Aquin und des Petrus Lombardus mit dem Kommentar von Duns Scotus zu Grunde, benützte also die klassischen traditionell-scholastischen Lehrbücher im Gegensatz zu der via moderna eines Wilhelm von Ockham, in dessen Geist Luther aufwuchs." Einmal abgesehen von der scotische Kommentare zu den Werken Thomas' insinuierenden Formulierung und davon, dass man "die Werke von Thomas von Aquin" kaum alle einfach als Lehrbücher bezeichnen kann, gibt es für diese Aussage nicht den geringsten Beleg. Unkritisch übernimmt die Angaben Gäblers Sallmann, 34 mit Anm. 179. Schon Gäblers Angabe in: Huldrych Zwingli im 20. Jahrhundert, 41, es existierten Annotationen Zwinglis zu den Sentenzen des Lombarden, ist unbelegbar; zur Kommentierung des Lombarden fehlten Zwingli die nötigen akademischen Grade ohnehin bei weitem.

indirekt, etwa über seine sehr konkreten Äußerungen zu dem schon
1511 aus dem Leben geschiedenen Scotisten Beck, und weiteren,
unten besprochenen Indizien, nicht zuletzt natürlich auch den Glossen
zu den scotistischen Werken, kann durchaus auf relativ intime Kenntnis
der scotistischen Milieus in Oberdeutschland rückgeschlossen werden. Und es steht mit an Sicherheit grenzender Wahrscheinlichkeit
fest, dass sowohl Zwinglis eigene späte Aussage, von Luther *ad Scotica
et Thomistica* zurück(!) gerufen worden zu sein[5] als auch erst recht
seine vielen Polemiken zu den Schriften *Scoti ac Thomae*[6] oder auch
zu den *Scotos et Aquinates*[7], die unmittelbar im Ausgang der reformatorischen Wende bis 1525 erfolgen, zwar teils auf eine späte Beschäftigung mit diesen Autoren explizit hinweisen, sich im Prinzip
aber auf eine vor der reformatorischen Zeit liegende erste Aneignung
beziehen müssen: Zwingli dürfte in den frühen Reformationsjahren
kaum motiviert – obschon rein von seinem Zeitbudget her wohl
durchaus auch da in der Lage – gewesen sein, intensivere Scho-
lastikstudien zu betreiben. Die durch seine Polemik indirekt bezeugte
Beschäftigung mit dem Scotismus (und dem Thomismus) dürfte aber
auch noch nicht in der dieser Wende unmittelbar vorausliegenden
oder sie faktisch darstellenden Zeit gelegen haben, weil die seit 1515
so stark einsetzende Erasmusbegeisterung und die Philologieleidenschaft
Zwinglis ihn ebenfalls kaum zu vertieften Begegnungen mit dem philosophischen Denken des Spätmittelalters hin, sondern wohl eher
umgekehrt noch nicht völlig aus ihm hinaus geführt haben werden.
Darauf könnten jedenfalls die in den Ordinatioglossen nicht seltenen
Anspielungen auf humanistische Autoren und die Verwendung der
griechischen Buchstaben in einer Glosse hinweisen. Aber auch der
Briefwechsel weist in diese Richtung: Noch am 25. März 1519 sieht
Zwingli die Scholastiker Eck, Scotus, Brulefer, Durandus, Capreolus
und Franciscus Mayronis immerhin als "Gänse" neben den "Schwä-
nen", den Humanistenstars Erasmus, Rhenanus, Capito und Reuchlin.[8]
Dieses Bild impliziert natürlich eine deutliche Abwertung, scheint

---

[5] Z IX, 537, 13f.: *Revocavit nos Luterus ad Scotica et Thomistica, non hercle quasi illis
ipsi fidamus aut ipsum dextere pauperrimis istis usum esse viderimus, sed ut ei omne telorum genus
adimeremus.*

[6] Z III, 819, 14.

[7] Z IV, 503, 17.

[8] Z VII, 156 (Nr. 69): Zwingli berichtet Glarean von seiner Lektüre des *opusculum de dignitate* des Urbanus Rhegius, in dem sowohl aus dem humanistischen wie
aus dem scholastischen Lager respektvoll zitiert wird.

aber eher auf eine ästhetisch-stilistische (insofern typisch humanistische, aber darum eben zur Scholastik material gesehen immer noch "durchlässige") Kriteriologie des frisch nach Zürich gewählten Gelehrten als auf eine teilweise prinzipielle, unaufhebbare Distanz zu den theologischen Inhalten hinzudeuten, wie sie in den frühen zwanziger Jahren dann manifest werden sollte. Die von der Forschung stets ungefähr um 1514/1515 angesetzte Grenze[9] ist so, alles in allem, zwar wohl schwerlich in Zweifel zu ziehen, aber vielleicht war sie doch etwas durchlässiger in die späteren zehner Jahre hinein als bislang generell angenommen. Vor allem aber schliesst sie eine *wesentlich* spätere Neu- oder Re-lektüre der Quellen keinesfalls aus, wie ja Zwinglis eigene (oben genannte) Formulierung vom "*Rück*-Ruf" zu den scotischen und thomasischen Texten klar bezeugt. Damit stellt sich, nach einer genaueren Klärung unserer Informationen über die Zeit vor der genannten "Grenze" (9.1.1), die Frage nach dem Grund der aller Wahrscheinlichkeit nach in mindestens zwei unterschiedlichen Zeiträumen erfolgten Scotismusrezeption hinsichtlich einer kohärenten gesamtbiographischen Interpretation des Bildungsweges Zwinglis umso dringender (9.1.2.).

1.1. *Die mutmaßliche Rolle des südwestdeutschen Scotismus von ca. 1506 bis ca. 1515*

Für die Zeit vor 1515 bleiben freilich letztlich nur Vermutungen, wenn auch von sehr unterschiedlichem Plausibilitätsgrad. Zwei Thesen erscheinen als wahrscheinlich. Die erste betrifft die Datierung der ersten Zwinglischen Scotismusrezeption, die zweite ihre bildungsgeographische Lokalisierung.

a) Nicht *sehr* frühe Bekanntschaft mit dem Scotismus.

Es ist anzunehmen, dass Zwingli innerhalb seiner gesamten Studien- und Priesterzeit erst *relativ* spät, als Student frühestens ab 1506, als annotierender Leser vermutlich aber erst ab etwa 1508 bis etwa 1514, in engerem Sinne mit dem Scotismus in Berührung gekommen sein kann.

    aa) Das ergibt sich auf der einen Seite durch diverse, teils schon bekannte, Termini *post quos* für die Bestimmung seiner scotistischen Einstellung.

---

[9] So auch Goeters, Pollet und die meisten.

aaa) Zwinglis Begegnung gegen Ende der eigentlichen Studienzeit
mit dem nach seinem eigenen Zeugnis wichtigsten Lehrer, dem
nach acht Jahren Studium (Philosophie von 1496–1500, Theologie
von 1500–1504) aus Tübingen und als Schüler der bekannten
Scotisten Summenhart[10] und Scriptoris[11] – und damit indirekt
auch als Schüler Brulefers –[12] nach Basel gekommenen Bieler
Bakkalaureus Thomas Wyttenbach, wird kaum vor 1506 stattgefunden haben. Wyttenbach wurde am 26. November 1505
erst zu den Sentenzen in Basel zugelassen. Zwingli selber nahm
seine theologischen, also auf die Sentenzen ausgerichteten, Studien
kurz danach, 1506, formell auf.[13]
aab) Die Kenntnisnahme der Theologie des Scotisten Antonius
Beck kann vermutlich nicht vor 1506 stattgefunden haben, weil
der Freiburger erst zu diesem Zeitpunkt zum Sententiar ernannt
worden war und zuvor wohl kaum einigermaßen ausführlich
theologische Lehrfragen im engeren Sinne hatte berühren können.
aac) Die Glossierung sowohl der Duns'schen Ordinatio als auch
des Brulefer'schen Kommentars scheinen insgesamt eher auf
eine relativ späte Lektüre hinzuweisen. Zwingli nimmt gleich in
den ersten Distinktionen des ersten Buches mehrfach Bezug auf
die Reportata Brulefers, die er frühestens 1507, dem Jahr ihres
Druckes, in die Hände bekommen haben kann. In den Reportata
wiederum verweist er zweimal auf Ord. I, d. 2. Auf Johannes
Damascenus, den er kaum vor 1508 fertig gelesen haben kann,
verweist Zwingli sowohl in der Ordinatio als auch in den Repor-

---

[10] Zur Biographie Summenharts s. oben Kap. VIII, Anm. 23.
[11] Wegerich, Bio-bibliographische Notizen, 182–187.
[12] A. a. O., 182: Scriptoris war Brulefers Schüler noch in Paris. Wie Wegerich
ebd. im Anschluss an die Analecta Franciscana, Quaracchi, 1855, 504f., berichtet,
gab es später ein erneutes und für beide überaus glanzvolles Zusammentreffen in
Nürnberg 1488: "Wie [. . .] der zeitgenössische Chronist Nikolaus Glaßberger berichtet, fand in diesem Jahre [1488] in Nürnberg anläßlich des Provinzkapitels in
Gegenwart des Generalvikars der ultramontanen Observanten, Olivier Maillard, und
einer großen Zahl berühmter Gelehrter aus dem Welt- und Ordensklerus eine feier-
liche Disputation statt, die Stephan Brulefer, der sich seit seinem Übertritt zu den
Observanten in der Straßburger Provinz aufhielt und dort dem Studium in Mainz
vorstand, leitete, während seinem früheren Schüler, dem Tübinger Lektor Paul
Scriptoris, die ehrenvolle Aufgabe zufiel, die aufgestellten Thesen zu verteidigen."
Scriptoris war nicht nur Theologe, sondern auch ein glänzender Mathematiker,
Astronom, Geograph und Philologe, der Massen von Hörern ins Ordensstudium
nach Bebenhausen zog. Auch Johann Staupitz gehörte regelmäßig zu ihnen (vgl.
Wegerich, Bio-bibliographische Notizen, 185).
[13] Hermelink, Die theologische Fakultät, 169; Haller, Art. Wyttenbach, 574.

tata mehrfach. Auch auf Pico, den er vermutlich frühestens 1508 gelesen hat, verweist Zwingli einmal in Ord. I (d. 3, q. 2) und zweimal in Ord. IV (d. 8, q. 2 und d. 10, q. 2). Das alles deutet auf eine eher gegen Ende des Anfangsjahrzehnts des 16. Jahrhunderts einsetzende eigene Scotismuslektüre als auf einen Beginn schon 1506. Sicher ist diese Methode der Datierung freilich natürlich keineswegs.[14]

aad) Es gibt einige Glossen zu Duns und Brulefer, die zumindest für Teile dieser Werke eine Datierung erst um 1513 nahe legen. Zum einen gibt es eine griechische Glosse zu Ord. IV, d. 10 und eine zu Rep. I, d. 3, q. 3, die relativ eindeutig bezeugen, dass Zwingli zumindest *auch* noch während 1513 das vierte Ordinatiobuch und Brulefer studiert haben muss – es sei denn, er hätte sich schon vor seinem eigentlichen, ab 1513 belegten, Gräzisteneifer als Dilettant im Griechischen versucht. Zum anderen legt Zwingli in humanistischem Selbstbewusstsein in Rep. I, d. 22, q. 4 Brulefer nahe, sich als Nicht-Hebraist konsequenterweise nicht an der Erklärung des Tetragramms zu versuchen.[15]

aae) Dass Zwingli den erst 1513 gedruckten Cortesiuskommentar in seine Bibliothek noch aufnahm und sogar (mit großer Wahrscheinlichkeit sehr bald nach dem Kauf) zustimmend, ja emphatisch seine Admiration – [Scotus] *argus theologorum* –[16] des überragenden Doktors bekundend glossierte, beweist wohl, dass er zu diesem Zeitpunkt der in ihr enthaltenen Theologie noch weitgehend verbunden gewesen sein muss, wenn auch der Stil des Kommentars selber von der Methode her schon stark

---

[14] Alle Belege bei den einzelnen Werken in V. 2. Falls eines Tages das Ziel einer restlos umfassenden Edition des Annotationsmaterials zu Duns und Brulefer wird verwirklicht werden können, ist der Ratschlag Schindlers (Zwinglis Randbemerkungen, 484) zur "Herstellung eines Registers der Querverweise" zu besserer wechselseitiger, teilweise auch absoluter, Datierung der Glossen unbedingt sogleich in die Tat umzusetzen. Selbst dann werden aber wohl noch Vermutungen und auf Wahrscheinlichkeit beruhende Annahmen übrig bleiben.

[15] S. Anh. 2. 1. 20.

[16] Z XII, 224, 19f. zu Paulus Cortesius, In Sent. III, *de conceptione virginis*: d. 4 (fo. 29b); zur rezeptionsinhaltlichen Relevanz vgl. oben Kap. VII, Anm. 61. Bewunderung zollt dem *doctor subtilis* auch die Glosse schon gleich zu Beginn des Kommentars, In Sent. I, *de theologia*: d. 1 (fo. 4). Zu Cortesius, der hier von Duns sagt (Z XII, 223, 14–16): *theologus Scotus vero mentis aestu e conspectu evolans*, geht Zwingli zwar auf Distanz (Z. 16f.): *mirum pulcre ne verbis Scoti ingenium depinxit* – aber offenbar nur deswegen, weil dessen panegyrische Rhetorik bezüglich des *ingenium Scoti*, an dem Zwingli zu liegen scheint, etwas geschmacklos ausfällt.

humanistische Züge aufweist und nicht mehr als klassischer Scotismus bezeichnet werden kann.

ab) Umgekehrt betrachet kann Zwingli wohl nicht allzu spät mit dem Denken des *doctor subtilis* in Berührung gekommen sein, wie sich aus mindestens zwei mutmaßlichen Termini *ante quos* für eine intensive Beschäftigung mit dem Scotismus ergibt:

aba) In eine Zeit vor 1510 weist die am 13. Juli ergangene bekannte briefliche Klage Glareans an Zwingli über seine Kölner Studienverhältnisse, verbunden mit seinem "täglichen Traum", wegen der besseren kulinarischen Aussichten nach Basel gehen zu können. Überraschend wäre es, wenn der von Glarean gepriesene bessere Basler *cibus* und die dortigen *clarissimi fontes* tatsächlich Metaphern für die Philosophie darstellen; sicher aber ist, dass ihn Basel reizt, weil dort die *via Scoti* dargelegt wird.[17] Glarean war sich sicher, in Zwingli mit diesen Äußerungen einen Gleichgesinnten zu finden, bestimmt nicht allein aufgrund äußerlich-geographischer gegenseitiger Verbundenheit – nicht nur lebte Zwingli damals in Glareans zeitlebens onomatopoetisch bedeutsamer Glarner Heimat, sondern hatte auch in Basel an St. Peter noch immer Anspruch auf eine kleine Pfründe –,[18] sondern doch wohl, weil der Freund jedenfalls in diesem Sommer und wohl schon einige Zeit zuvor pro-scotistisch eingestellt gewesen sein muss.

abb) Im selben Brief findet sich die Erwähnung eines Pico,[19] die sicher zustimmende Kenntnis dieses Autors bei Zwingli voraussetzt.[20] Falls es sich um Giovanni Pico, den Onkel der beiden Mirandola, handelt, sind die aus einer unmittelbaren und wie es scheint, relativ erstmaligen, Beschäftigung entstandenen entsprechenden Verweise in der scotischen Ordinatio (wie oben aac angegeben) vermutlich vor 1510 entstanden. Die Tatsache,

---

[17] Z VII, 3, 18–22: *[. . .] Que res ita me movet, ut Basilicam urbem, ubi clarissimi fontes cibusque melior, quotidie somniem, ea lege, ut lectio mihi philosophica in via seu secta Scoti daretur, cuius doctrina luculentior et verior neotericorum de termino, figmentis atque nugaculis.*

[18] Z VII, Nr. 5, 12f. Der Professor (und zu Zwinglis Studienzeit 1502 Rektor und 1504 Dekan) und Chorherr zu St. Peter Johann Heinrich Wetz warnt den Glarner Priester gegen Ende Dezember 1511 brieflich wegen Vernachlässigung der mit dem *beneficium* verbundenen Pflichten, deretwegen ihm nach nicht wahrgenommener Vorladung in Basel durch Mag. Joh. Kabler *iam festivo tempore futuro* (13,13) förmliche, öffentliche Exkommunikation drohte.

[19] Z VII, Nr. 4, 6f.

[20] Darauf weist Schindler, Zwinglis Randbemerkungen, 9.

dass Zwingli von eben demselben Glarean einen Band des Neffen mit persönlicher Widmung zum Geschenk bekommen hat,[21] lässt allerdings auch diese Annahme keinesfalls als gesichert erscheinen. abc) Das Ableben des von ihm so präzise zitierten Beck um 1511 macht es wahrscheinlich, dass Zwingli ihn und damit den Scotismus bereits zuvor zur Kenntnis genommen hatte. (Allerdings heißt das – auch wenn uns bis heute leider keinerlei Quellen, welcher Art auch immer, vom geistigen Schaffen Becks Kunde geben – umgekehrt natürlich keineswegs, dass Zwingli nicht beispielsweise über Mittelsleute in Basel sich etwa hätte ein *Reportatio*-Manuskript nach dem Tode des mittlerweile ins ordentliche Magisterium Aufgestiegenen beschaffen können: Der Tod eines akademischen Lehrers stellt selbstredend einen viel weniger sicheren Datierungsanhalt dar als die Drucklegung einer Schrift.)

b) Prägung durch einen von Tübingen nach Basel und Freiburg übergreifenden süddeutschen Reformscotismus.

Als zweite generelle Vermutung besitzt die Annahme, Zwingli sei im wesentlichen vom Tübinger Reformscotismus seiner Studienzeit geprägt gewesen, aus folgenden Gründen hohe Wahrscheinlichkeit:

ba) Sein vielleicht wichtigster Universitätslehrer und zugleich nach dem späteren brieflichen Zeugnis eine seiner über das Akademische hinaus wichtigen Basler Bezugspersonen, Thomas Wyttenbach, studierte, wie aaa) erwähnt, als Bakkalaureus der Theologie bei den eminentesten Vertretern des Tübinger Scotismus seiner Zeit, bevor er dann 1505 in Basel zum *sententiarius* promoviert wurde.

bb) Für Wyttenbachs Tübinger Lehrer Summenhart interessierte sich Zwingli bekanntlich noch als Reformator ausdrücklich, und wir glauben plausibel gemacht zu haben, dass er dessen modifiziert scotistisches Verständnis der *dominiorum distinctio* als einer nicht mit natürlichem, sondern nur mit positivem Recht ethisch konzessiv begründbaren Entscheidung fruchtbar in seine ethischen Basisüberzeugungen integriert hat.[22]

bc) Der andere Lehrer Wyttenbachs, der berühmte Dozent Scriptoris, kam zu Beginn von Zwinglis Basler Zeit, nämlich 1501 von Tübingen nach Basel, allerdings nicht aus jener relativen persönlichen Freiheit, die auch ein Ordensmann genießen konnte, sondern

---

[21] Z IV PP 17; Germann, Die reformierte Stiftsbibliothek, 251, zu Nr. 227.
[22] S. oben VIII, 2. 2.

in einer Art Strafversetzung unter Entsetzung von seinen sämtlichen Ämtern aufgrund angeblich mangelnder Rechtgläubigkeit. Faktisch war es allerdings wohl gut observante Kirchenkritik gewesen, die ihm einen Zwangsaufenthalt am Oberrhein und wenig später in Rom veschaffte, während dessen er jedoch mündlich und schriftlich weiterhin tätig war. Er erwarb sich dadurch sogleich auch am Rheinknie große Achtung, nicht zuletzt auch bei Bischof Christoph von Utenheim, der ihn in Basel behalten wollte – entgegen den Wünschen des Ordens, der für ihn ein Lektorat in Toulouse, also in der indirekten Nachfolge Syrrects, vorgesehen hatte.

bd) Mehr oder weniger zusammen mit Scriptoris kam ebenfalls 1501 ein Ordensgenosse, der damalige Studienfreund und spätere Prophezey-Kollege Zwinglis Konrad Pellikan von Tübingen ins Basler Franziskanerkloster. Er hatte zuvor den geschmähten Gelehrten in sein Exil ins Elsass begleitet und dort unverhofft aufgrund eines Geschenks seine erste Bekanntschaft mit der hebräischen Sprache gemacht, die sich so segensreich auch für die Zürcher Reformation auswirken sollte.[23] Der Mann, der kurz nach Zwingli, 1508, Basel ebenfalls wieder verließ, war für Zwingli so ein personelles Bindeglied zur Universität am oberen Neckar, aber darüber hinaus auch insofern ein wichtiges Relais, als in seiner Vita nicht nur Tübingen und Basel zusammenkommen, sondern auch Scriptoris und Summenhart, deren beider Schüler er war, später via seine Rezeption des Nicolaus von Lyra Scholastik und Humanismus, Franziskanismus und Reformation, in gewissem Sinne sogar Judentum und Christentum. Nicht zuletzt bleibt Pellikan im Gedächtnis der Zürcher Reformation durch die Pflege und Katalogisierung der Großmünster-Stiftsbibliothek und damit auch der Bibliothek Zwinglis, der sich die gesamte hier vorliegende Studie verdankt. Pellikans Liebe zum Buch soll durch seinen Lehrer Scriptoris in Tübingen angeregt worden sein![24]

be) Der von Zwingli intensiv gelesene, annotierte und später auch rezitierte, und in seiner Zeit sehr einflussreiche Doktor Stephan

---

[23] Zur Biographie Pellikans s. Germann, a. a. O., 1–12 (und den ganzen Band); Wenneker, Art. Pellikan, Konrad.
[24] Germann, a. a. O., 2.

Brulefer wirkte nicht nur über seinen früheren Pariser Schüler
Paulus Scriptoris in die neugegründete Tübinger Universität hinein.[25] Er kam überdies zumindest nach seiner Pariser Zeit auch
selber in die Nähe Oberdeutschlands, nach Mainz, wo er sich
über die lokale Frömmigkeit recht genau informiert zu haben
scheint und das in seinen Augen als Missstand zu Rügende klar
benennt.[26] Ein äußerst wirkungsvoller Auftritt Brulefers in Nürnberg
1488 ist gut bezeugt,[27] ähnliche Anlässe im Reich mögen ebenfalls stattgefunden haben. Vor allem aber ist denkbar, ja doch
wohl sehr wahrscheinlich, dass Brulefer auch neben Scriptoris
durch mehr oder weniger unmittelbar persönlich von ihm geprägte
Schüler in die deutschen Observantenprovinzen hinein gewirkt
hatte.

bf) Auch der Freiburger *magister* (vermutlich: *regens*) Antonius Beck –
den Zwingli in seiner reformatorischen Zeit zwar ablehnend zitierte,[28]
um dessen Theologie er sich irgendwann aber doch zumindest so
weit bemüht haben musste, dass er sie einigermaßen präzise referieren konnte – war über seinen in Tübingen ausgebildeten Vorgänger und mit großer Wahrscheinlichkeit auch Lehrer Northofer
indirekt mit dem Tübinger Scotismus verbunden.

bg) Generell ist nicht erst um die Jahrhundertwende, sondern
schon zuvor ein starker personeller und intellektueller Einfluss von
Tübingen auf Basel festzustellen. Schon als erster der *reales* an der
bis dahin "modernen" Universität kam Johannes Heynlin vom
Stein (der natürlich nicht direkt auf Zwingli wirkte) von Tübingen
nach Basel. Auch wenn er wohl nicht eigentlich ein Scotist war,
prägte er das geistige Klima Basels doch nachhaltig im Sinne seiner vormaligen Pariser Heimatuniversität, wo Scotisten wie der
mehrfache Rektor Tartaretus, Brulefer, Almainus und später Mair

---

[25] Vgl. Wegerich, Bio-bibliographische Notizen, 182: Scriptoris wirkte beim Aufbau
des dortigen Franziskanerstudiums mit und war auch dessen erster Lektor.

[26] Brulefer, Rep. I, d. 2, q. 1, s. Anh. 2. 1. 2.: *Appropriatum vero dicitur quod propter errorem aliquorum vitandum vel extirpandum alicui persone attribuitur: licet sit commune tribus ut potentia attribuitur patri ne impotens credatur. sapientia filio ne minus sapiens: bonitas
spiritui sancto ne crudelis estimetur. Unde errant hi qui depingunt trinitatem (quod tamen viget
multum in alemania.)* Interessant ist hier, wie zwei auch bei Zwingli wieder stark
betonte theologische *regulae* – die Appropriationslehre in der Trinität nicht gegen
die Einheit des Wesens Gottes auszuspielen und die Nichtabbildbarkeit Gottes – bei
Brulefer in demselben Argumentationsgang erscheinen.

[27] S. oben Anm. 12.

[28] S. oben, VII. 2.2.

nachhaltigen Einfluss ausübten; wobei freilich bisher wenig über
Heynlins ureigene Präferenzen wirklich bekannt zu sein scheint.
bh) Vielleicht aufgrund all dieser Verbindungen kamen später
Gerüchte auf, Zwingli selber hätte in Tübingen studiert.[29]

Damit scheint die rudimentär bereits von Zarncke, später ausführlicher von Hermelink und anders geartet dann vor allem auch von
Swiezawski und O'Malley vertretene These einer primär auf den
süddeutschen Raum beschränkten Reformbewegung im Sinne der
Via antiqua prosopographisch und in gewissem Sinne institutionengeschichtlich gesehen in Zwinglis Biographie durchaus einen Sinn zu
machen: Nicht nur Brulefer, sondern insbesondere auch Scriptoris,
waren als umittelbar (und weniger über oder sogar explizit gegen
die Scotisten) den Anschluss an Scotus suchende Lehrer bekannt;[30]
Summenhart dürfte prägnant den mehr auf die unmittelbare Praxis
gerichteten sozialethischen und Wyttenbach am ehesten den spirituell erneuernden Impetus des Reformscotismus verkörpert haben;
und alle vier waren bekannt für ihre teils recht vehemente Kirchenkritik.[31] Brulefer und Scriptoris wurden deswegen einerseits schon zu
Lebzeiten innerhalb ihrer Orden massiv angefeindet, später andererseits umgekehrt zu Krypto- oder Proto-Protestanten stilisiert, wenn
auch natürlich ohne faktischen Grund.[32]

Doch eben damit die eigentliche Tiefe dieses von Paris und

---

[29] Wie Gäbler, Huldrych Zwingli, Eine Einführung, 30, leider ohne Quellennach-
weise, angibt, existieren, "verschiedene vage Hinweise des 16. Jahrhunderts" auf
einen Studienaufenthalt Zwinglis in Tübingen (wie auch auf solche in Köln und
Paris).

[30] Zu Scriptoris Scotus-Treue s. Dettloff, Die Entwicklung der Akzeptations- und
Verdienstlehre von Duns Scotus bis Luther, 347f.: "Die Lectura des Paulus Scriptoris
muss vor 1498 entstanden sein; denn in diesem Jahr wurde sie erstmals gedruckt.
Der Autor ist 1505 gestorben. Der volle Titel seines Werkes weist darauf hin, daß
es sich um einen ausgesprochenen Duns-Scotus-Kommentar handelt: 'Lectura fratris
Pauli Scriptoris . . ., quam edidit declarando subtilissimas Doctoris Subtilis sententias circa Magistrum in primo libro'. [. . .] Das Ganze [sc. des von Dettloff ausgewählten Abschnitts] ist ein sehr sorgfältiger Kommentar, der wie der am meisten
bekannte des Franciscus Lychetus immer am Text des Duns Scotus anknüpft und
diesem folgt. Er dient dazu, die Lehre des Duns Scotus verständlich zu machen,
ohne Neues hinzufügen zu wollen."

[31] Wyttenbachs kirchenkritischer Einfluss war zwar sicher noch nicht reformatorisch, aber vielleicht insgesamt doch etwas stärker als etwa Gäbler, Huldrych Zwingli
im 20. Jahrhundert, 48, vermutet.

[32] Wegerich, Bio-bibliographische Notizen, zu Brulefer: 158f., zu Scriptoris:
183–185. Nikolaus Paulus hat für beide kräftig "entmythologisiert" in seinem Aufsatz:
Paulus Scriptoris, ein angeblicher Reformator vor der Reformation.

Tübingen her nach Oberdeutschland und in die Eidgenossenschaft
kommenden scotistisch-reformerischen Einflusses voll begreifbar wird,
muss seine im engeren Sinne theologiehistorische Wertung neu vorgenommen werden – am ehesten so, wie Zwingli selber sie später
in seinem dankbaren reformatorischen Brief an den scholastischen
Lehrer von einst vornimmt: Als das Wichtigste in der christlichen
Lehre überhaupt bezeichnet er gegenüber Wyttenbach ausdrücklich
die *Creator-Creatura*-Differenz.[33] Der Plausibilitätskraft genau dieses von
Zwingli nunmehr als sein eigenes vertretenen Axioms verdanken sich
schon die beispielsweise als Kritik an der herrschenden Bilderverehrung
oder am geltenden Steuerrecht fassbaren Neuansätze gerade im oberdeutschen Reformscotismus, die wichtige Impulse auch des Zürcher
Reformators präfigurieren sollten. Dazu kommen die das Axiom stüt-
zenden gemeinscotistischen Lehrzüge, die natürlich auch in Tübingen
vermittelt wurden, und deren Wirkung auf Zwingli in dieser Studie
dargelegt wird. Die in Tübingen vertretenen Neuansätze sind also
letztlich frömmigkeitspraktische Konsequenzen der bei den Scotisten
wieder neu massiv betonten und in Tübingen auch sonst ohnehin
in ihren klassisch scotistischen Ausgestaltungen in theologischer
Erkenntnislehre, Christologie und Sakramentendoktrin weitertradier-
ten Differenz von Schöpfer und Geschöpf – und damit jener theologischen Fundamentaloption des Scotismus und der von ihm
abhängigen Richtungen, die in dieser Pointiertheit und Systemdominanz
in der Hochscholastik (also eben dem, was zumal die ältere Zwingliforschung gemeinhin unter "Via antiqua" zu verstehen pflegte) noch
kaum denkbar gewesen wäre.

1.2. *Modell einer Skizze der geistigen Entwicklung vom Scholar zum Reformator*

Im Lichte aller dieser Beobachtungen und der aus ihnen zu schlie-
ßenden Datierungsanhalte wird nach allen Gesetzen der historischen
Wahrscheinlichkeit also auch in der Zeit vor der aktiven Rezeption,
und zwar vermutlich wenigstens teilweise recht lange zuvor, eine
mehr oder minder eingehende Kenntnisnahme scotischer und scotistischer Theologie erfolgt sein. Falls das der Fall war, und es spricht
alles dafür, bedingt diese Duplizität der Aneignungsvorgänge – stu-
dentische (im weiteren, nicht auf die reine Präsenz an einer Universität

---

[33] Z VIII, 17–19.

eingeschränkten Sinne des Wortes) Absichtslosigkeit noch innerhalb
des Systems spätscholastischer Schultheologie einerseits und gezielte
situative Applikationsabsicht mit reformatorischem Vorverständnis
andererseits – eine differenzierte prozessuale Erklärung, für die hier
folgendes Modell vorgeschlagen sei. Wie alle historischen und überhaupt alle wissenschaftlichen Erklärungsansätze kann es nicht mehr
als hypothetischen Charakter beanspruchen. Es weist aber beim gegenwärtigen Stand der Forschung die wohl größte Plausibilität auf zur
Erklärung der erstaunlichen und von Zwingli selber so deutlich herausgestellten Basiskonvergenz dessen, was er als Scholar lernte und
dessen, was er als Reformator lehrte.

Die prinzipielle Konvergenz der beiden (gleichermaßen auf der
Differenz von unendlichem Schöpfer und endlichem Geschöpf beruhenden) theologischen Systeme des Scotismus und des Zwinglischen
Denkens, die in Zwinglis Werken aufgrund und zeitlich also erst
nach der aktiven Rezeption festgestellt werden kann, wird schwerlich erst zum Zeitpunkt des diese aktive Rezeption bedingenden
Abendmahlsstreites entstanden sein. Die theologischen Grundlinien
des Zwinglischen Denkens sind nicht erst aufgrund dieses Streites
entstanden; vielmehr erklärt er sich durch Basisoptionen, die sich
während dieses Dissenses keineswegs grundlegend geändert hatten,
sondern einfach in ihrer spaltenden Wirkung manifest wurden.[34]
Folglich ist der Ursprung der Konvergenz nicht im Abendmahlsstreit
und also nicht erst in der aktiven Rezeption zu suchen, sondern vor
beiden anzusetzen.

Der noch immatrikulierte oder bereits als Priester ordinierte Scholar
Zwingli lernt im Scotismus ein metaphysisches System kennen, das
unter anderem wesentlich auf der durch die Improportionalität von
Endlichem und Unendlichem gegebenen *Creator-creatura*-Differenz
beruht, was nicht nur sein theologisches Grundwissen, sondern sein
christliches Vorstellungsvermögen insgesamt grundlegend prägt.
Innerhalb des spätmittelalterlichen Grundparadigmas gradual vermittelbarer Gott-Welt-Bezüge entwickelt die angesprochene Differenz

---

[34] Zur weitgehenden Kontinuität der Theologie Zwinglis vor und nach 1527 auch
hinsichtlich der politischen Ideen ist aufschlussreich das wertvolle, viel zu wenig
bekannte Büchlein von Brigitte Brockelmann, Das Corpus Christianum bei Zwingli.
Ich halte es für möglich, dass das in Breslau 1938 erschienene Werk letztlich eine
Frucht reformiert-christlichen Widerstandes der Zeit darstellt – was aber seine
Wissenschaftlichkeit keineswegs beeinträchtigt, im Gegenteil.

freilich noch nicht ihr volles Sprengungspotential, sondern wird durch andere intellektuelle Einflüsse gleichsam gezähmt, indem sie konzeptuell in sie integriert wird, also in Lehrentscheidungen der Kurie, Thomismus, erasmisch-helvetischen Humanismus, und vor allem den Lebenshabitus der spätmittelalterlichen eidgenössischen und abendländisch-europäischen Christenheit insgesamt, in die hinein Zwingli selbstverständlich aufwuchs – wobei freilich der Spiritualismus etwa des Erasmischen Denkens durchaus systemische Analogien zu Duns aufweist, und vielleicht sogar in den theologischen Grundzügen ein gutes Stück weit von dessen Denken herrührt.[35] Im Laufe der institutionell sich allmählich in Zürich durchsetzenden Reformation wird diese nunmehr sozusagen von intra-scotistischen Selbstkontrollmomenten entbundene und darum ihr eigentliches Radikalitätspotential freisetzende theologische Basisdifferenz von Schöpfer und Geschöpf *faktisch* zu einem Grundpfeiler seines reformatorischen Denkens. Freilich wird

---

[35] Die Frage nach *spezifischen* Einflüssen der Spätscholastik auf Desiderius Erasmus harrt m. W. noch weitgehend ihrer vermutlich nicht unergiebigen Beantwortung. Die unlängst erschienene breite Untersuchung von Bejczy, Erasmus and the Middle Ages, setzt sich zwar eine materiale Analyse konkreter Rezeptionsprozesse bewusst nicht zum Ziel, hält aber S. 77 unter Verweis auf die einschlägige ältere Literatur grundlegend fest: "Time and again, Erasmus stressed that he did not condemn scholastic theology as such, but only its excesses. In his own esteem, his critique had always been gentle. He had only advocated moderation and discretion in order to purify scholastic theology, not to abolish it; the introduction of good letters he aimed at would reinforce rather than replace existing theological and philosophical studies." Die prinzipielle Hochschätzung der Väter schließt sicher keineswegs aus, dass Erasmus, der die Scholastik von den Vätern her kritisierte, umgekehrt auch diese durch eine Brille scholastischen Vorverständnisses in Bezug auf grundlegende theologische Axiome zu lesen unternahm. Auch nicht wenige lehramtliche Entscheide der Kirche, die Erasmus bekanntlich trotz allem nie in Frage stellte, ja zunehmend sogar engagiert verteidigte, wurden erst auf Anregung der Schultheologie des Mittelalters getroffen. Dass der spätere Humanistenfürst am ausführlichsten und wohl auch frühesten unter den Scholastikern über Duns Scotus wie auch den Scotisten John Mair unterrichtet wurde, ist bekannt. Duns ist darum zwar – aufgrund seines schroffen Lateins ja auch nicht ohne inneres Recht – eine bevorzugte Zielscheibe seines allgemeinen Spottes über die Stillosigkeit der Scholastiker, doch "Erasmus' criticism of specific Scotist views are indeed rare" (a. a. O., 80). Erasmus bezieht sich in seiner Kritik gar auffallend präzise auf ihn. Noch 1516 kommt er in einer recht spontan wirkenden und durchaus respektvollen Aufzählung typisch scholastischer Denkfiguren nach zwei allgemein-schulübergreifenden Termini sogleich auf zwei (nämlich in ihrer Kombination) exklusiv scotistische Philosophoumena zu sprechen, nämlich auf *quidditates* und *formalitates*: In *Novum Testamentum Praefationes*, *Paraclesis* (Ausgewählte Schriften, hg. Welzig, III 26f.): *Neque enim ob id, opinor, quisquam sibi Christianus esse videatur, si spinosa molestaque verborum perplexitate de instantibus, de relationibus; de quidditatibus ac formalitatibus disputet, sed si quod Christus docuit et exhibuit, id teneat exprimatque.*

dies zugleich auch von einer dem theologischen Bruch fast reflexhaft folgenden, in formelartig repetitiven Distanzierungsanstrengungen ihren Ausdruck findenden Abwertung der Scholastik noch überdeckt. Auch dort, wo sie faktisch seine Äußerungen bereits prägend beeinflusst, also in seiner Mariologie, der heilsgeschichtlichen Begründung seiner Ethik und, damit verbunden, den stark eschatologischen Zügen seiner Theologie insgesamt, vermutlich auch der anthropologischen *imago*-Lehre, wie sie etwa in der Oetenbachpredigt zum Ausdruck kommt, überhaupt in der theologischen Erkenntnistheorie, auch der des etwas späteren Commentarius,[36] wird sie kaum offen als solche dargestellt. Erst die durch den Abendmahlsstreit entstandene Notwendigkeit eines Rekurses auf nicht (direkt) biblische und nicht (direkt) patristische Autoritäten führten den Reformator zu einer aktiven, relativ vorurteilsfreien – nicht aber vorverständnislosen – Re-Lektüre und Rezeption scotistischer Werke und damit auch Theologie. Die Konvergenz, bisher nur *faktisch* wirksam, aber nicht mit wirklich vollem Bewusstsein wahrgenommen, sondern im Rahmen der für selbstverständlich zum Elementaren des christlichen Glaubenskanons gezählten subjektiven Grundüberzeugungen als (gott-)gegeben hingenommen und in keiner Weise kritisch reflektiert, wird jetzt auch für Zwingli selber offenbar, literarisch verifiziert und schließlich in innerreformatorischer Kontroverstheologie publizistisch verwertet. Für diese Sicht spricht auch, dass die aktive Rezeption, von ersten Anfängen in der Erkenntnistheorie ausgehend auf die für die Abendmahlslehre unmittelbar relevante Zweinaturenlehre und erst von da auf die Sakramente allgemein und schließlich die Gottes- und Schöpfungslehre ausgriff.[37]

---

[36] Vermutlich kommt franziskanischer Einfluss auch noch an anderen, derzeit noch nicht erkannten Teilen des Frühwerks zum Ausdruck.

[37] Plausibilität empfängt diese These aber etwa auch von den interessanten und vielleicht gerade von der Kirchen- als Dogmengeschichte noch nicht genügend ausgeschöpften Erkenntnissen Maurice Halbwachs' (Les cadres sociaux de la mémoire) über den zwingenderweise sozialen – aktueller formuliert: intersubjektiven – Rahmen jeglicher Konstituierung von Gedächtnis. Zwingli etwa erscheint geradezu als ein möglicher Modellfall für die von Halbwachs gewählten Beispiele zur Verdeutlichung des Bewusstseinswandels von ursprünglicher, scheinbar gänzlich individueller, zu faktisch weitgehend kollektiver Erinnerung bei uns Menschen.
Die von jedem intersubjektiven Vermittlungs*zwang*, aber auch von jeder Vermittlungs*möglichkeit* freieste Ebene menschlicher Aktivität ist, so beginnt Halbwachs in einleuchtender Weise sein Konzept, der Traum. Mit einem solchen beginnt nach einer längeren Zeit vorsichtiger und abwartender Äußerungen und, wenn man so will, Nicht-Äußerungen zur Eucharistie in den früheren zwanziger Jahren auch

Mit alledem – das sei zur Abwendung hier möglicher Missverständnisse betont – soll nicht gesagt sein, dass das scotistische Improportionalitätsaxiom schon in sich das Reformatorische selber bei Zwingli

---

Zwinglis eigentlicher, will sagen: von einer breiten Öffentlichkeit wahrgenommener, Positionsbezug im Eingang der ganzen Abendmahlsdebatte. In der gleichsam religionsgeschichtlich bewährten und auch biblisch breit abgestützten Form einer Theophanie im Schlaf (in der Nacht vom 12. auf den 13. April 1525) wird ihm, wie er im *subsidium sive coronis eucharistiae* berichtet, eine individuell-unmittelbare Erfahrung jener über-individuellen Wahrheit gewährt, deren Vorkämpfer er von nun an werden sollte: Nachdem er durch altgläubige Gegner in einen akuten Argumentationsnotstand gebracht worden war, kam ihm in der Wortlosigkeit plötzlich ein Bote zur Hilfe, der ihm die Sprache führte und ein Bibelwort eingab. Zwingli spürte ein anscheinend präverbales Überzeugtsein von großer existenzieller Tiefe, ohne es jedoch, zumal gegenüber den theologisch nicht auf den Kopf gefallenen Gegnern in Zürich und Rom in Worte fassen zu können, wie er berichtet: *Quod verum scirem negante lingua beneficium suum proloqui non possem* (Z IV, 483, 7f.). Dass nun ein (himmlischer) *monitor* sie ihm gab, verlieh dem Reformator für sein Anliegen zwar große Gewissheit, schuf jedoch auch spezifische Probleme, denn die Sprache eines Traumes lässt sich nur bedingt vermitteln. Sie folgt, wie auch Halbwachs darlegt, einer eigenen Logik, die raum-zeitlich an die Orientierungspunkte derjenigen Gruppe akkommodiert werden muss, der sie ja erst verständlich zu machen ist, soll diese den Inhalt des besagten Traumes nachvollziehen können. Diese Akkommodation vollzog sich bei Zwingli in zwei entscheidenden Phasen. Deren erste begann direkt am Morgen danach in der sog. Prophezey, in der Zwingli mit Hilfe von Exodus 12, 11, der griechischen Bibel und vielen Parallelstellen die Offenbarung des Traumes in die seinen Hörern zugängliche, scheinbar unmittelbar einsichtige Sprache biblischer Satzlogik zu gießen unternahm. Diese erste Phase der Erinnerung führte ihn damit sowohl chronologisch zurück in die biographisch jüngsten Konzepte seines eucharistischen Denkens, also in die *est-significat*-Debatte humanistisch-exegetischen Zuschnitts, wie zugleich soziologisch über seine eigene Person hinaus in den Kreis seiner Zürcher und oberdeutschen Freunde. Dabei konnte seine Erinnerungsarbeit an die Wurzeln seiner traumhaft präverbalen Überzeugungstiefe aber noch nicht stehen bleiben.

Denn war die Vermischung von Traumes- und Schriftautorität seinen Freunden einleuchtend, entbehrte sie für Luther und dessen Anhänger der nötigen Plausibilität, ja mehr noch, sie schien ihnen als ein belächelnswertes, geradezu bezeichnendes, Beispiel für den Evidenzmangel Zwinglischen Denkens überhaupt, als guter Grund zu beißendem Spott, ein Topos, der sich in der Polemik dann über Generationen durchhalten sollte (vgl. dazu Z IV, 483, Anm. 2 und unten Anm. 38). Für diese neue, nicht nur personell stärkere, sondern auch theologisch (bereits schon) deutlich anders geprägte Gruppe von Diskussionspartnern musste Zwingli darum grundsätzlich neue Formen einer Akkomodation seiner Erinnerung an die ihm geschenkte Wahrheit finden, wünschte er weiterhin gesprächsfähig zu bleiben. Wollte er nicht schlicht auf den ihm ansonsten nicht fremden Anspruch prophetischer Inspiration an sich zurückgreifen, was aber (hier) ja nur durch einen Selbstausschluss nicht nur aus dem wissenschaftlichen, sondern auch dem kirchlichen Gespräch seiner Epoche zu erkaufen gewesen wäre, wollte er vielmehr innerhalb eines zumindest theoretisch für beide Seiten akzeptablen Dialogfeldes verbleiben, hatte er auf gemeinsame Prämissen zu rekurrieren – also einen (scheinbar) gemeinsamen Boden der Erinnerung an die rational kommunizierbaren Gründe seiner vorsprachlich sich aufdrängenden religiösen Basisaxiome zu bestellen. Da dieser selbst bei den Vätern der Kirche zu

sei, und auch nicht, dass die reformatorische Wende, die wohl erst
1522 voll abgeschlossen war, jedenfalls erst von da an wirklich in
ihren literarischen Folgen beobachtbar ist,[39] unmittelbar durch sie
ausgelöst wurde. Die für die Zwinglische Theologie so charakteristi-

---

wanken begann, blieb nur mehr die universitäre Scholastik, die Zwingli sozusagen
automatisch mit seinem thomistisch angehauchten Scotismus in eins setzte.

Das allerdings kam nun einem kaum glaublichen Salto rückwärts in den Grund
der eigenen intellektuell-spirituellen Biographie und deren bleibender Macht auf die
Formen seines Verstandes gleich. Die eigene Erinnerung einer in den Tiefen seines Glaubens anwesenden und im Traum geschauten Wahrheit war plötzlich an
einem Ort gelandet, an dem sie eigentlich nie hätte ankommen dürfen, wäre alles
gemäß dem Regelsystem der Zwingli selber bewussten neuen Rationalität reformatorischen Schriftzugangs verlaufen: An der doch vermeintlich bereits überwundenen
Denkstruktur einer spätmittelalterlichen Theologie scotistischen Profils mit tendenziell schulentranszendierendem Anspruch, nämlich konkret und vor allem an der
jüngeren Normierung christologischer Aussagen durch die *communicatio idiomatum*,
sodann an deren Implikaten der stärkeren Abständigkeit der beiden Naturen Christi
und dem hinter dieser Abständigkeit liegenden Improportionalitätsaxiom von Finität
des Kreatürlichen und Infinität des Göttlichen. Diese zweite Phase der Akkomodation
führte also nicht nur biographisch noch einmal weiter zurück, sondern damit – dem
Halbwachs'schen Modell perfekt entsprechend – zugleich noch einmal tiefer in einen
Raum *kollektiver* Erinnerungsarbeit, der zugleich der eigentliche, letzte Grund der
Überzeugungen Zwinglis darstellen dürfte.

Zugestandenermaßen weist die Konzentration von Autoren wie Aby Warburg,
Maurice Halbwachs und Pierre Nora auf die kollektive Dimension der Erinnerung
auch Schwachpunkte auf (vgl. zur Kritik etwa Geary, Geschichte als Erinnerung,
130). Doch die französische "Memorialsoziologie" verweist insgesamt auf wichtige
Aspekte historischer Prozessualität, die zum Verständnis von Figuren im Übergang
wie etwa der Protagonisten der frühen Schweizer Reformation viel beitragen könnten.

[38] Deutliche Worte zu seiner Einschätzung von Zwinglis Traum findet noch nach
der Mitte des 17. Jahrhunderts der orthodox lutherische Straßburger Theologe Joh.
Conrad Dannhauer in seiner kasuistischen Ethik *Liber conscientiae apertus sive Theologiae
conscientiariae*, Argentorati (typis ac sumptibus viduae et haeredum Friderici Spoor)
1662, Bd. 1, § 1, S. 21: *Est tamen adhuc in mundo character sequester divini Chrematismi,
et heterogenei. Unus est insitus, alter assumtus. Insitus constat maiestate visionis nocturnae ex
paulo ante allatis causis transparente, utpote ex causa finali gloria Dei ac testimonio Jesu, illu-
minatione et edificatione Ecclesiae: alter est assumptus constans testimonio ac interpretatione
θεοπνεύστῳ, unde patuit somnium Pharaonis, Nabuchodonosoris, Jacobi de scala somniantis etc
fuisse divinum. Igitur non fuere divina, sed heterogenea quae mendacio sacris literis adverso ac
homicidio Satanam vel vanitate naturam, vel peccaminoso affluxu carnem prodidere. De Zwinglii
somnio copiose actum est in Hodomoria Spiritus Calv. Phantasm. I. p. 62, Cons. de optica theologia lactis Catech. [Katechismusmilch] part. 4 Conc. 2. p. 15. et seqq.*

Dass Dannhauer auf noch viel ausführlichere, offenbar von seinen Lesern generell akzeptierte Behandlung des Themas in anderen seiner Schriften verweist und
überhaupt sein selbstverständlicher Umgang mit dem Gegenstand zeigen, dass er
auf eine bis auf Luther selbst zurückgehende Topik zurückgreift – eine reforma-
torisch-nachreformatorische Angriffstopik, die selbst noch *ex post* verdeutlicht, in welch
akutem Legitimationszwang sich Zwingli nach 1524 befunden haben musste. Zu
der auch katholischerseits reichlich fließenden Polemik gegen Zwinglis Traum s.
Büsser, Das katholische Zwinglibild, 194–201.

[39] So mit guten Gründen Hamm, Zwinglis Reformation der Freiheit, 24, Anm. 90.

schen Elemente des freien Geistwirkens etwa sind in diesem Axiom selber noch nicht enthalten, obschon er sie vermutlich mit aus ihm abgeleitet haben dürfte;[40] und es ist auch der Gegensatz von Unendlichem und Endlichem, von Schöpfer und Geschöpf, noch nicht einfach der Abgrund zwischen Gott und Abgott, Gott und den Götzen.[41] Das genannte Axiom mit seinen intrascotistischen Filiationen etwa in der Trinitätslehre, der Christologie und der Sozialethik bildet aber, das ist unsere These, jenen theologisch-metaphysischen Bezugsrahmen innerhalb der Biographie Zwinglis, ohne den seine ganz eigene, persönlich charakteristische Ausgestaltung der reformatorischen Radikalalternative von göttlicher Alleinwirksamkeit oder menschlichem Heilsverlust nicht in der Weise stattgefunden hätte, wie wir sie unmittelbar in seinen Schriften und mittelbar im Wesen der reformierten Kirchen heute vorfinden.

Es tritt hier jene Paradoxie des Verhältnisses von traditionellem spätmittelalterlichem Material zum neu aus eben diesem Material Geformten während und aufgrund des Übersprungs zum Reformatorischen in Erscheinung, die sich von historischer Analyse zwar hoffentlich immer feiner und den Quellen angemessener beschreiben, aber letztlich kausal nicht mehr wirklich erklären lässt: Das Bild, das Zwingli im Laufe seiner existenziellen Wandlung zum Reformator von der Beziehung Gottes zum Menschen gewinnt, konnte nur im Rahmen der scotistischen Gott-Welt-Konzeption überhaupt entstehen, und doch verlässt es just dadurch, dass es entsteht, genau diesen Rahmen klar. In einem anderen Bild, nämlich der von Zwingli selber mitgeschaffenen Fassung (auch das eine reformatorische Reinterpretation einer traditionellen Metapher!) der "götlichen müly"[42] gesagt: So wie der Exeget Luther das durch den Müller Erasmus bereitgestellte Korn des "freigelegten ursprünglichen Bibeltextes"[43]

---

[40] Die Rolle des frei wirkenden Geistes halten die maßgeblichen Darstellungen der Theologie Zwinglis bei Hamm, Zwinglis Reformation der Freiheit, Schmidt-Clausing, Zwingli, sowie neuerdings Hauschilds Lehrbuch der Kirchen- und Dogmengeschichte, Bd. 2, – auf die hier nur summarisch verwiesen werden kann – allesamt für zentral, wenn nicht überhaupt *den* zentralen Punkt.

[41] Worauf vor allem Meyer, Huldrych Zwinglis Eschatologie, 120 (s. unten das Zitat Seite 90) und Hamm, a. a. O., 23–26, hinweisen.

[42] Flugschrift "Beschribung der götlichen müly so durch die gnad gottes angelassen . . .", Zürich (Christoph Froschauer d. Ä.), 1521 (Signatur ZBZ: Zw 106a), abgebildet und kommentiert bei Hamm, Zwinglis Reformation der Freiheit, VI und VII. Zu Zwinglis Anteil an der Gestaltung s. Z VII, 458, 7.

[43] Hamm, a. a. O., VI.

mit seinem Kneten nicht in sich verändert, und durch diesen Vorgang
der Interpretation doch etwas ganz anderes aus ihm macht, so nimmt
Zwingli den Fundamentalgegensatz des theologischen Infinitismus von
Scotus, Brulefer und anderen entgegen und verändert durch seine
persönliche Wende diesen Gegensatz nicht an sich, macht aber durch
seine frühreformierte Interpretation etwas doch sozusagen kategorial
anderes aus ihm, etwas, das im Scotismus immanent vielleicht bereits
angelegt war, das aber aus ihm selber so nicht hervorgehen konnte,
nämlich ein in seiner Plausibilität für ihn unübertreffbares Grundraster
zur eigenständigen Explikation reformatorischer Basiswahrheiten. Der
Auslöser für diese paradoxerweise die Linie des Infinitismus über sie
selber hinausführende rezeptorische Radikalisierung besteht – hierin
liegt eine bleibende Wahrheit der wohl nicht zufälligerweise in den
50er Jahren gewonnenen Sicht Arthur Richs auf die entscheidende
Wende – sicher in *existenziell* erschütternden Erfahrungen Zwinglis
zu Beginn der frühen zwanziger oder am Ende der zehner Jahre.
Doch sind auch diese auslösekräftigen Erfahrungen noch nicht die
Transformation der Tradition selber, der wir in ihren Folgen *ex post*
zwar nachschauen, die wir nicht aber von Angesicht zu Angesicht
erfassen können: Unser Begreifen dieser Transformation der Tradition
bleibt, in der Sprache dieser Tradition selber gesagt, methodologisch-
historisch betrachtet *cognitio abstractiva*, theologisch-existenziell gesehen
cognitio intuitiva rei absentis.

2. Doppelte Scotismusrezeption in den beiden Flügeln der frühen Reformation

Dass für Zwingli eine vermutlich als solche nicht ganz bewusste, weil
völlig selbstverständliche, seine Theologie als konstitutives Gestaltungs-
moment (wenngleich nicht, um es einmal so zu sagen, als kreativi-
tätspsychologische Letzturache) mit grundlegende Koinzidenz zwischen
reformatorischer Wahrheit und scotistischer Basisüberzeugung bestand,
heißt darum keineswegs, dass durch die reformatorische Perspektive
nicht faktisch eine markante Spezifizierung des Blickwinkels auf das
spätmittelalterliche Erbe stattgefunden hätte, genaugenommen sogar
eine zweifache: Der passiv rezipierte Scotismus Zwinglis wird zuerst
"reformatorisch" und dann "reformiert".
  Die neue reformatorische Optik bei Zwingli ging in eins und
bestand aus einer höchstens noch innerhalb der im deutschen Reich

bereits ausgebreiteten Reformation, nicht mehr jedoch reformations-extern ableitbaren Radikalisierung durch den Scotismus maßgeblich mitverstärkter systeminhärenter Tendenzen des Spätmittelalters: Allein-wirksamkeit Gottes im Heilsgeschehen, völlige Freiheit und Nichtbeein-flussbarkeit Gottes im Rechtfertigungsprozess, Unmöglichkeit autonomer kreatürlicher Vermittlungsleistung in der Aneignung des Glaubens. Durch seine unverbrüchliche Überzeugung, dass Gott in seinem Wesen frei sei und nur aus dieser Freiheit heraus auch uns Menschen aus unseren Unfreiheiten befreien könne, steht Zwingli in einem der substantiellsten spirituellen und intellektuellen Grundgefühle der spät-mittelalterlichen Christenheit überhaupt. Das Sensorium für den schwer überbrückbaren Abstand zwischen dem von intramundanen Prozessen vollkommen freien Gott und der Welt insgesamt bricht im 14. und 15. Jahrhundert deutlich auf und sprengt die kosmischen Einheitsvorstellungen des Hochmittelalters teilweise recht brutal. Eine plötzliche Fähigkeit zur Wahrnehmung der Kontingenz weltlicher Vorgänge entsteht, zweifelsohne primär als Reflex auf die vielfälti-gen existentiellen Bedrohungen für das Individuum in diesem "Zeitalter der Angst": Die durch den Beginn der Nationalstaatlichkeit anbre-chenden Kriege, die grässlichen Seuchen zumal in Mitteleuropa, viel-fältige Hungersnöte, nicht zuletzt auch die die relative Geborgenheit des alteuropäischen Lebensraums in Frage stellenden Türkeninvasionen und andere Gefahren mehr waren ständig präsent. Die solcherma-ßen auch lebensweltlich bedingte Öffnung des Bewusstseins für die Erfahrung einer Unabhängkeit der Welt von Gott, des Endlichen vom Unendlichen, in dem der Schöpfer von seinen Geschöpfen zunehmend abgehoben wird, ist in ihrem vollen Ausmaß also im Grunde nur umfassend mentalitätengeschichtlich zu verstehen. Sie setzt sich bei Zwingli ziemlich ungebrochen fort, spitzt sich freilich dann zu einer reformatorischen Radikalität zu, die auch einem aus-gesprochen *spät*mittelalterlichen Theologen fremd geblieben wäre. In dieser Linie der Kontinuität zum Spätmittelalter besteht wohl auch eine grundlegende Übereinstimmung zwischen allen Reformatoren der ersten Generation, insbesondere auch zwischen Zwingli und Luther, der überhaupt schon durch seine Fragestellungen – nicht durch die Antworten – ein Mann des Spätmittelalters geblieben ist.
Zugleich jedoch entstand eine letztlich konfessionsbegründende Differenz, die auf einer in der spätmittelalterlichen franziskanisch-augustinischen Theologie allgemein und im Scotismus speziell beste-henden Dialektik zwischen Freiheit und Selbstbindung Gottes beruht.

Fehlt diese Dialektik der göttlichen Aktionsmöglichkeiten bei Zwingli fast völlig, bekommt sie bei Luther umgekehrt ein enormes und den Rahmen des Spätmittelalters klar sprengendes Gewicht, nicht nur in der Abendmahlslehre, sondern auch in der Lehre von der Taufe, und allgemein in der Gotteslehre und der Soteriologie. Es ist daher vielleicht nicht übertrieben zu sagen, dass beide Reformatoren die letztlich aporetische Dialektik der ihnen vorgelegten Konzepte der Selbstbindung des unendlichen freien Gottes gleichermaßen theologisch aufzulösen versuchten, nur je in die genau entgegengesetzte Richtung zielend: Wo der eine die Freiheit Gottes – die die Gott an sich selbst bindende Christusoffenbarung letztlich transzendiert – über alles betont, legt der andere seine ganze Argumentationskraft in den exegetischen Erweis ebendieser Selbstbindung Gottes in Christus allein.

Parallel und vermutlich in einem Zusammenhang dazu ist eine umgekehrt analoge Stellung beider Reformatoren zum scotistischen Formalitätendenken festzustellen. Lehnt Luther, der sich zur Vermittlung der dem Menschen leicht zugänglichen mit den verborgenen Seiten Gottes auf ein modifiziertes Zwei-Potenzenschema abstützt, Gebrauch und Legitimität des Distinktionendenkens ziemlich grundsätzlich und mit zunehmender Schroffheit ab, ist und bleibt es für Zwingli ein zwar im Hintergrund wirkendes, aber sehr bedeutsames Instrument zur Bewältigung von Spannungsmomenten innerhalb seiner so stark vom Improportionalitätsaxiom geprägten Theologie. Nicht nur in der Christologie und deren Zweinaturenlehre, auch im Umgang mit den Personen der Trinität Gottes und der Zuordnung seiner verschiedenen Eigenschaften zueinander sind andere Primäroptionen bei beiden Reformatoren zu sehen, die sich maßgeblich auch aus Akzeptanz oder Ablehnung des formaldistinktiven Vorgehens in Theologie und Philosophie erklären.

Es wird so gesehen nicht übertrieben sein, von einer zwar generell konstitutiven, tendenziell aber doppelt gefächerten Scotismusrezeption in den beiden Flügeln der Reformation zu sprechen. Das bei Duns so stark aufbrechende und in die franziskanische Theologie aller Färbungen weiterwirkende Freiheitsmoment wird von beiden Vertretern der frühen (und, modifiziert, wohl allgemein von der) Reformation übernommen, der konkrete Umgang mit ihm allerdings dann je anders gehandhabt. Es kann dabei durchaus auch die Aufnahme oder Ablehnung anderer zentraler Argumentationsfiguren des Scotismus selber wie vor allem der Formaldistinktion ein Regulativ der unterschiedlichen Rezeption dieses einen scotistischen Freiheits-

moments werden.[44] Der den Theologien beider Reformatoren gemeinsame fundamentale Rekurs auf eben dieses scotische Freiheitsdenken
wird dadurch aber nicht in Frage gestellt, sondern, eben auf je andere
Weise, umso deutlicher bestätigt.

Dass diese These die Unterschiede der beiden sich bildenden
Konfessionen nicht monokausal und ohnehin nur fokussiert auf eine
geistesgeschichtlich-epochentranszendierende Perspektive erhellen kann,
versteht sich von alleine. Trotzdem dürfte sie für die Einheit in
Verschiedenheit der Rezeption franziskanischer und speziell im Ausgang
von und Anschluss an Duns Scotus entstehender christlich-theologischer
Motive derzeit die plausibelste aller möglichen Hypothesen bilden.

3. REFORMIERTES UNENDLICHKEITSDENKEN ALS AUSDRUCK DER ENTZAUBERUNG DER WELT?

Somit zeigt sich ein zwar unbedingt differenziert wahrzunehmender,
aber phänomenologisch unauflöslicher Doppelaspekt des in dieser
Studie freigelegten Rezeptionsprozesses: Er ist einerseits und vor allem
latenter Mitmotor reformatorischer Basisentscheide, andererseits aber
auch schon manifester Beginn reformierter Konfessionalisierung. Diese
beiden Aspekte sind zwar biographisch bei Zwingli selber, wie eben
angedeutet, recht klar zu trennen, in ihrer Wirkungsgeschichte innerhalb der Frühneuzeit aber nur gleichsam virtuell. Die unauflösliche
Abständigkeit zwischen unendlichem Gott und endlichem Geschöpf
wird zum eigentlichen Ausdruck allgemeinreformatorischer Kernpunkte
reformierter Spiritualität, da sie jede kreatürliche Vermittlung der
Gnade ausschließt, zugleich aber natürlich auch zum Grund konfes-
sionsdistinkter Partikularaspekte ihrer Identität, da sie diesen Ausschluss
intellektuell-theologisch (und zugleich oder sachlich sogar zuvor auch

---

[44] In dieser unterschiedlichen Akzeptanz scotistischer Figuren liegt insofern ein
Wahrheitsmoment der überkommenen Rede von einem Einfluss der Via antiqua
bei Zwingli, der Via moderna bei Luther, als sich Ockhamisten und Scotisten in
diesem Punkt bewusst voneinander abgrenzten. Doch sind gerade hier die Übergänge
zuweilen nicht glasklar, wie das Beispiel Brulefers zeigt. Insgesamt halte ich die
gemeinsame theologische Schnittmenge zwischen Scotisten und Ockhamisten vor
allem in dem gerade auch die beiden Reformatoren so zentral betreffenden Punkt
des insgesamt stark wachsenden Gefühls (nicht des Begriffs) für Kontingenz, wie es
oben im Haupttext geschildert wird, größer als diejenige der Gemeinsamkeiten zwischen Scotisten und Thomisten.

praktisch-liturgisch) viel klarer zum Ausdruck bringt als die lutherische Schwesterkonfession. Die im reformierten Glauben kategorische Improportionalität Gottes und der Kreatur ist, mit anderen Worten, *particula exclusiva* gegenüber gradualistischen mittelalterlichen Heilsvermittlungskonzepten (als *sola gratia*) – *ebenso* wie gegenüber der diese selbe reformatorische Exklusivpartikel so anders verstehenden Luther'schen und lutherischen Soteriologie (als *finitum non capax infiniti*). Es ist darum unsachgemäß, die infinitistischen Momente des reformierten Denkens zeitlich oder gar sachlich nur der theologischen Konfessionalisierung zuordnen zu wollen.[45] Im Gegenteil liegt hier vermutlich eines der zentraleren theologischen Momente, die "Konfessionalisierungsthese selbst [. . .] vom dezidiert theologisch gefassten Ursprungsereignis der Reformation selbst"[46] her stützen und verstehen zu können.[47]

Kaum erkannt oder sogar förmlich verkannt wurde diese Doppelaspektualität bisher wohl darum, weil im Dunkeln verblieb, dass beide Aspekte dieses reformierten Basisprinzips sich zu großen Teilen derselben Wurzel verdanken: Der passiven und aktiven Scotismusrezeption beim Zürcher Reformator und "ersten Reformierten" Huldrych Zwingli. Zwischen dem primär im Scotismus, aber auch weit darüber hinaus sich so wirksam zeigenden spätmittelalterlich-scholastischen Infinitismus und dem frühneuzeitlich-konfessionellen reformierten *finitum-non-capax-infiniti* steht Zwinglis theologischer Werdegang und Einflusskraft als wohl entscheidende theologiegeschichtliche Brücke.[48]

---

[45] Beispiele für diese Ansicht bei Locher und Neuser in Kap. VI, Anm. 73 b) und c).

[46] Holzem, Die Konfessionsgesellschaft, 66.

[47] Für die Christologie wurde die Darlegung entsprechender Kontinuitäten bisher vor allem geleistet durch Willis, Calvin's Catholic Christology; für die Soteriologie und andere wesentliche Grundmomente durch Muller, God, Creation and Providence.

[48] Bullinger steht wohl sozusagen am Brückenausgang, denn der ganze Impetus seiner Christologie korrespondiert exakt mit derjenigen Zwinglis (die er vermutlich schon früh übernahm, vgl. oben Kap. VI, Anm. 42), gießt sie aber bereits in "orthodoxere" Sprache, vgl. die Zitate aus Koch, Die Theologie, 106f. *"Ubicunque enim Christus est, ibi Deus et homo est, et semper adest corpori suo divinitas immutabilis, sed non ideo dico ibi est secundum humanitatem, ubi est secundum divinitatem, quod corpus nunquam infinitum fiat, et finitum esse desinat." "Et si ultra extra omnes creaturas euectus est, ubicunque divinitas est, ibidem et humanitas est, ergo ne infinitus factus est? Et si infinitus factus est, quomodo obsecro homo est, qui nisi infinitus sit, homo esse nequit?"* "[. . .] Darumb ist das endtlich nit unendtlich worden: dann es were Gottes wort widerig vnnd deßhalben ouch wider Gottes willen" "Derhalben belybt waar vnnd bestaendig daß die menschlich art vnnd natur nit me an sich nimpt/dann sy faehig ist/vnd daß sy der vnendtligkeit nit faehig ist/diewyl sy dardurch abgethon wurde."!

Diese Erkenntnis bedeutet nun aber weit mehr als einen (schon als solcher höchst instruktiven) Fund eines *missing link* zwischen zwei historischen Ereignisfeldern. Er könnte es vielmehr vor allem auch ermöglichen, die spezifisch theologiegeschichtlichen Aspekte von Reformation und Konfessionalisierung besser in einer historiographischen Landschaft zu verorten, die die vielfältigen Gesichtspunkte der Kontinuität und historischen Durchlässigkeit vom Spätmittelalter zur Frühneuzeit enorm aufgewertet hat. Wurde in den letzten Jahrzehnten der in der vormaligen Periodisierung so prominente theologische Blickwinkel teilweise regelrecht marginalisiert, könnte anhand spezifisch *theologischer* Kontinuitätsmomente gezeigt werden, dass eine Perspektive des *long récit* keineswegs zwingenderweise eine Ausblendung des im engeren Sinne kirchengeschichtlichen Blickwinkels auf das frühe 16. Jahrhundert bedeuten muss, ja gerade zur umfassenden Beobachtung der Kontinuität wohl gar nicht bedeuten *darf*. Selegierende Spezifizität der Übernahme von Tradition ermöglichte erst den epochalen Wandel, der – wie ja auch sonst immer – stets nur darum denk- und realisierbar war, weil nicht einfach *alles* änderte. Diese Grundregel gilt für die sich allmählich konfessionalisierende Theologie keineswegs weniger als für alle andern Bereiche menschlicher Aktivitäten im 16. Jahrhundert auch. Sie betrifft also eben nicht nur die schon so oft reklamierte und teils tatsächlich offensichtliche institutionelle und theologische Konstanz der römischen Konfession im (letztlich zwar auch alles andere als bruchlosen) Übergang von der Konstanzer zur Trienter Konzilsgemeinschaft. Sie ist insbesondere auch bei den in der reformierten Konfessionsbildung konstitutiven Übernahmen franziskanisch-philosophischen Erbes zu beobachten: Diese in Vielem entscheidende Franziskanismusrezeption erlaubt es nicht nur, sondern erfordert es geradezu, theologiegeschichtliche Kontinuität in mancher Hinsicht als ein Spezifikum reformierter Konfessionalisierung und Konfessionalität zu bestimmen.

Zugleich wird damit an diesem Punkt auch klar, dass zeitlich so weit ausgreifende Kontinuitätsmomente nicht nur diejenige philosophischer Formeln allein und kraft ihrer selbst gewesen sein konnten. Zwar wird zunehmend deutlicher, dass die Beharrungskraft auch "abstrakter" theologischer Formeln, Nomenklaturen und Denkoptionen über das religiöse Erdbeben der Reformation hinweg in sich viel stärker war als lange angenommen. Doch gerade weil seit der Mitte des vergangenen Jahrhunderts auf die bleibende Einflussmacht mittelalterlichen Denkens immer mehr Licht fällt, lässt sich auch zunehmend klarer erkennen, dass sie die allmähliche Trennung von religiöser und säkularer Philosophie nicht nur übergreifend hemmen, sondern auch gestaltend mitbewirkt haben musste: Die durch die frühneuzeitlichen Neoscholastiker in die allgemeine Wirklichkeitswahrnehmung der Menschen hinein vermittelte Rezeption mittelalterlicher Theoreme beruhte auf einer die religiöse wie auch intellektuelle Evidenz allein übersteigenden Akzeptanz. Eine so zentrale Stellung im theologischen Gefüge des reformiert-konfessionellen Denkens hätte eine so pointierte spätscholastische Formel wie das Axiom der Improportionalität von Finität und Infinität also kraft einer gleichsam intellektuell-intrinsischen und als solche nur im Kreise der Gottesgelehrten wirksamen Plausibilität nicht erreichen können. Vielmehr macht die in der sich zusehends charakteristischer ausbildenden reformierten Theologie des 16. und 17. Jahrhunderts im Wesentlichen parallel laufende Doppelprozessualität – das "Dogma" einer unüberwindlichen Differenz von Endlichem und Unendlichem bündelt sowohl allgemein-reformatorische wie auch spezifisch reformierte Intentionen in sich – diese Öffnung gleichsam exemplarisch deutlich. Der doppelte Erfahrungshorizont sowohl (in der Reformation) mit generell westlich-christlicher als auch (in der reformierten Konfessionalisierung) mit reformatorischer Spiritualität konnte sich zwar chiffrenhaft im Sinne funktioneller Konventionen in der theologischen Formelsprache dieses Improportionalitätsaxioms kanalisieren. Dazu musste es gleichzeitig aber einen ganzen (und im Grunde großenteils konfessionstranszendierenden)[49] frömmigkeitlichen Lebenshintergrund miteinschließen, voraussetzen und repräsentieren.

Versuche präziserer Wahrnehmung ebendieser Reziprozität lebensweltlicher Glaubenserfahrung und erfahrungsreflektierender Sprachkonvention im Bereich der Unendlichkeit Gottes wären so einer der vielleicht meistversprechenden methodischen Wege, eine Forderung einzulösen, die in allerjüngster Zeit mit zunehmender Stärke im

---

[49] Ein Blick in den Locus *De Deo* einer Normaldogmatik der lutherischen Hochorthodoxie (etwa bei Gerhard, Calov oder Dannhauer) zeigt zum Stichwort der göttlichen *Essentia* einen Katalog von Unendlichkeitsaussagen, der dem oben im Kap. VI Systematisierten verblüffend ähnlich kommt. Strittig war – wie auch schon zwischen Zwingli und Luther – nicht die Unendlichkeit Gottes an sich, sondern ihr Stellenwert im und zum Verständnis der Christologie. Es wäre sicher von Interesse, zu untersuchen, inwiefern die oft angesprochene Re-Aristotelisierung der lutherischen Orthodoxie faktisch auch, in einzelnen Topoi vielleicht sogar vornehmlich, eine (dann eher Aristoteles-kritische) Re-Franziskanisierung darstellte.

Konzert der Forschungsstimmen von Seiten vor allem auch – doch nicht ausschließlich –[50] der evangelischen Kirchengeschichtsschreibung erhoben wird: Das Gewicht und die Relevanz spezifisch christlich-frömmigkeitlicher Initiierungsfaktoren im Konfessionalisierungsprozess nicht leichthin zu unterschätzen.[51] Im Zuge dieses allerjüngsten kirchengeschichtlichen Umgangs mit den Forschungstendenzen der letzten Generationen wurden dabei primär die mit dem Stichwort der (in ihrem Potential zur Wirklichkeitserfassung nunmehr zunehmend angezweifelten) Sozialdisziplinierung konnotierten gesellschaftlichen Intensivierungsprozesse von einer einseitigen Sicht befreit. Nebst der offensichtlichen Dependenz von Frömmigkeit, Kirche und Theologie von politisch-etatistischen Kräften entdeckte man auch die erst bei genauerem Zusehen deutlichen faktischen Interdependenzen beider Bereiche. Zunehmend zeichnet sich ja ab, dass es durchaus eine aus Kriterien *religiöser* Plausibilitätspunkte gespeiste Wahlmöglichkeit der "unteren" Schichten der Gesellschaft hinsichtlich von "oben" eingeschlagener Disziplinierungsinhalte gab – oder sogar eine Protagonistenrolle dieser Schichten im Geschehen sozialer Normierung als einer faktischen Selbstdisziplinierung der Bevölkerungsmajorität aufgrund ihrer christlichen Einstellung. Analog wäre nun zu ergründen,

---

[50] Bemerkenswert sind die Ausführungen von Anton Schindling (Schindling, Konfessionalisierung und Grenzen von Konfessionalisierbarkeit, 12f.), die gipfeln in der Feststellung: "Es gab keine Konfessionalisierung ohne Konfession" (a. a. O., 13): "Das Defizit des Konfessionalisierungskonzepts in der Geschichte von Theologie, Frömmigkeit und Spiritualität ist sehr deutlich – es werden nur Außenschalen wahrgenommen, nicht der Kern, das innere kirchliche Leben, nicht die Erlebnisse, Wahrnehmungen und Deutungen der handelnden und betroffenen Menschen, nicht der subjektiv gemeinte und erfahrene Sinn. Demgegenüber gilt es, an die einfache Tatsache zu erinnern, dass die Konfessionen zunächst und vor allem – durch konkurrierende Glaubensbekenntnisse herausgeforderte – ausdifferenzierte Manifestationen der christlichen Religion, des kirchlichen Lebens, der Frömmigkeit und der Theologie sind. Die gemeinsame Herkunft aus der christlichen Tradition und ihrer bereits früh formulierten Glaubenslehre ist dabei ebenso grundlegend wie die jeweils konfessionsspezifische Ausgestaltung und Weiterentwicklung dieser Vorgaben."

[51] Vehement in diese Richtung argumentiert Kaufmann, Die Konfessionalisierung von Kirche und Gesellschaft. Indem er die konsequente Auflösung der sicherlich falschen Alternativen von Kirchen- versus Sozialgeschichte sowie Ereignis- versus Institutionengeschichte zu Gunsten einer integrativen Kombination beider als eigentliche Aufgabe und "Nagelprobe" (a. a. O., 1120) der Kirchengeschichte postuliert, um so dann die inkulturativen Wirkungen der christlichen Religion als eigenständige Fortschrittsfaktoren der Geschichte und nicht als bloßes "Kulturderivat" (a. a. O., 1121) darstellen und reklamieren zu können, stellt er der Gefahr einer tendenziellen Überbetonung der struktur- und sozialgeschichtlichen Kontinuität zwischen Spätmittelalter und Reformation eine starke Akzentuierung der kirchen- und theologiegeschichtlichen Diskontinuität entgegen.

ob und inwiefern auch die Konventionalisierungsprozesse theologischer Sprache nicht einfach von "oben" aus Akademien und Konsistorien ergingen, sondern ein Kondensat historischer Wandlungen darstellen, die die gesamte Gesellschaft und in ihr alle am christlichen Lebensvollzug beteiligten Menschen gleichermaßen, wenn auch nicht im selben Reflexivitätsgrad, betreffen mussten. Dass der immer klarer sich herausstellenden Favorisierung der Unendlichkeit als eines auch für die Gebiete der theologischen Ökonomie konstitutiven Gottesattributes im Übergang vom franziskanisch-scotistischen Teil des Spätmittelalters hin zur reformierten Variante des Konfessionalisierungsprozesses eine verstärkte Erfahrung innerweltlicher Kontingenz voraufging, wurde bereits vermutet. Im Anschluss daran soll hier – im Blick auf das für eine adäquate Interpretation des reformatorischen Übergangs wohl zentrale Phänomen der *Verdichtung*[52] des gesellschaftlichen Lebens hin auf dessen weitestgehende Durchdringung mit christlicher Frömmigkeit – eine Folgethese gewagt werden:

Die in der reformatorisch-nachreformatorischen Rezeption der spätmittelalterlichen Infinitätsthematik sich bekundende Verabständigung von Gott und Mensch war verbunden mit und begründet in einer mit der im Zuge der reformatorischen "Verdichtung" unausweichlichen Erfahrung der Marginalisierung explizit sakraler Räume im alltäglichen Leben. Die Nobilitierung des "gewöhnlichen" Lebensvollzugs durch die Anerkenntnis seines verborgenen religiösen Gehalts macht tendenziell alles religiös und die Religion ortlos: Gott west, mit (Pseudo-)Hermes Trismegistus, Brulefer und – der Sache nach – auch Zwingli zu sprechen, mehr und mehr in einer Sphäre des *ubique et nusquam*. Die bei Zwingli schon anhebende altreformierte handlungspraktische Fokussierung des Unendlichkeitsbegriffs primär auf die christologische Grundlage der eucharistischen Vollzüge gelebter Frömmigkeit scheint also sowohl eine kirchlich-konfessionelle Spezifizierung wie auch eine erste symbolisch bedeutsame Konsequenz einer sich spätmittelalterlichen Prozessen verdankenden und als solcher exemplarisch frühmodernen Gott-, Welt- und Selbstwahrnehmung wachsenden wechselseitigen Abstandes ebendieser Erfahrungsgrößen zu sein.[53]

---

[52] S. dazu Hamm, Das Gewicht von Religion, Glaube, Frömmigkeit und Theologie innerhalb der Verdichtungsvorgänge des ausgehenden Mittelalters und der frühen Neuzeit, mit Weiterführung in die entsprechende Literatur.

[53] Der später für die reformierte Konfessionalisierung in ihrer kirchlich-politischen

In dieser Linie läge dann auch der weitere Weg des ganzen hier skizzierten Rezeptionsprozesses am Ausgang der Frühneuzeit. Nicht allein wurde etwa die Infinität bei den Denkern der frühen Neuzeit, insbesondere in der Cartesischen Philosophie, aber auch bei Bruno, Leibniz oder Spinoza, erneut als ein Kernthema unter deutlichen – wenn auch, ähnlich wie bei den Reformatoren und den reformierten und lutherischen Vertretern der Orthodoxie, nicht unbedingt in den Vordergrund gehobenen – Rückbezügen auf die franziskanische Scholastik einfach nur wieder aufgegriffen.[54] Vielmehr löste sie gerade damit auch maßgebliche Schritte aus hin zur weitgehenden Anthropologisierung der neuzeitlichen Theologie durch die Entdeckung des Ich als des einzig möglichen Ortes der Unendlichkeitsintuition, ebenso wie umgekehrt auch zu einer wachsenden Entkosmologisierung der Theologie durch die Infinitisierung der Welt selber.[55] Die in jüngerer Zeit aufkeimende Erkenntnis, dass Konfessionalisierung und Säkularisierung keine Gegensätze darzustellen brauchten, wird von daher wohl bestätigt und dürfte zumindest teilweise dadurch zu erklären sein, dass beide Bewegungen als eine dialektisch-paradoxe Fortsetzung spätmittelalterlich-christianisierender Verdichtungsprozesse auf anderen Ebenen angesehen werden können. Für alle Christen in Europa, die ihren gelebten Glauben nicht als Absage an Aufklärung und Moderne verstehen können, ist das eine befreiende Erkenntnis. Durch eine genauere Untersuchung der Interdependenzen von spezifisch partikular-konfessionellem und konfessionstranszendierend-philosophischem Gebrauch des Infinitätsgedankens in der frühen Neuzeit könnte sie wohl noch gefestigt werden.

Praxis *insgesamt* so charakteristische Zug hin zu großer liturgischer Schlichtheit und ein von daher generell festzustellender "Vorrang des Rituellen" und der "Zeremonialfragen" (Klueting, Die reformierte Konfessionalisierung, 327) in der konkreten Stoßrichtung des frühen Reformiertentums in Deutschland könnte so zumindest *auch* in der Fortsetzung dieser Linie zu verstehen sein.

[54] Das Gewicht der Scholastikrezeption bei Descartes erkannte bekanntlich schon Gilson in seinem Index Scholastico-Cartésien, Paris [1]1913 [2]1979 (zu den Stichworten "Distinction": 86–90; "infini" 142–150). Der neuste Beitrag dürfte vorliegen im Konferenzband: Descartes et le Moyen Âge, 1997. – Eine überzeugende und wie ihr gesamtes Buch glänzende Erhellung der Kontinuität des franziskanischen Unendlichkeitsdenkens hin zur frühneuzeitlichen Philosophie in ihren mathematischen, optischen, astronomisch-kosmologischen und metaphysischen Ausprägungen bietet Davenport, Measure of a Different Greatness, Kapitel 7; vgl. auch unseren Nachtrag 6 hierzu.

[55] Instruktiv ist etwa der Aufsatz von Canone, Giordano Bruno (1548–1600). Von den Schatten der Ideen zum unendlichen Universum (mit weiterführender Literatur zum Thema).

D. EDITORISCHER TEIL

Die bibliographischen Angaben zu allen hier edierten Texten finden sich oben unter V. 2. mit Ausnahme des Anhangs 3.[1]

Die jeweils annotierte Druckausgabe ist stets in unverändertem Satz, alle Annotationen sind in kursivem und alle Erklärungen fett gesetzt. Bei der Anführung von durch Annotationen korrigierten Wörtern im erklärenden Begleittext ist das Korrekturmoment ebenfalls durch Kursivsetzung angezeigt.

Die Editionsweise hat zum Hauptziel, möglichst große Transparenz für den Leser in der Einordnung der Glossen Zwinglis in ihren druck-technischen, buchgeschichtlichen und philosophischen materialen Kontext zu bieten. Es sind darum stets, wo nicht ausdrücklich anders vermerkt, aus einem zitierten Abschnitt sämtliche Lesespuren ediert.[2] Auch wo der edierte Basistext schon anderswo – wie das für die sco-tische Ordinatio zwar nicht exakt in der von Zwingli annotierten, aber einer doch sehr ähnlichen, weil historisch mit von jener abhän-gigen Ausgabe der Fall ist – in einer allgemein zugänglichen Edition vorliegt, ist jede Auswahl des Textes eigens vermerkt.

Nicht zu ihrem Ziel setzen kann sich die hier vorliegende Edition aber eine vollständige Erschließung der in ihren Texten zitieren Quellen, Querverweise und Personen.[3]

Im Übrigen hält sich sie sich so weit möglich an die bekannten "Empfehlungen zur Edition frühneuzeitlicher Texte" von 1981.

---

[1] S. Kap. VIII, Anm. 32.

[2] Die Ansicht Schindlers, Zwinglis Randbemerkungen, 484, es sei "in Anbetracht der Fülle [des Materials] [...] ganz klar, dass bei einer Edition, die für reale Leser bestimmt ist, eine vollständige Darbietung des Materials ausgeschlossen werden" müsse, erscheint mir zumindest fragwürdig: Ist der "reale Leser" nicht immer der Leser jener Zukunft, die nach dem Abschluss einer Edition erst beginnt, weshalb die konkreten Interessen dieses Lesers oder dieser Leserin nicht präjudizert werden sollen und können?! Eine *prima vista* völlig nebensächliche Unterstreichung einer Textpassage kann im Lichte einer bestimmten Fragestellung plötzlich eine unge-ahnte Bedeutung bekommen – aber nur dann, wenn sie dem Publikum bleibend zugänglich ist. Dass auch mit dem in dieser hier vorliegenden Edition Gebotenen Vollständigkeit nur sektoriell geboten werden kann, betrachte ich als einen ernstli-chen Mangel und eigentlich nicht als Hilfe für den "realen Leser".

[3] Die vorliegende selektive und schon darum provisorischen Charakter tragende Fassung wird publiziert in der Hoffnung, zu gegebener Zeit und in ergänzter Form der Ausgabe der Annotationen Zwinglis im *Corpus Reformatorum* (in der Fortsetzung von Z XII) von Nutzen sein zu können. Für den Bonaventurakommentar Brulefers ist eine selbständige Edition ins Auge gefasst.

Dabei gelten allerdings folgende Besonderheiten oder Ausnahmen:

– Zu 1.8: Was sowohl in den scotistischen Drucken als auch in den Glossen durch Zwingli unterstrichen wurde, ist in der folgenden Darstellung ebenfalls stets unterstrichen. Unterstreichungen werden darum im Rahmentext nicht zwingenderweise erwähnt, um Redundanzen ohne Informationswert zu vermeiden.

– Zu 1.9. und 10: In eckigen Klammern stehen vom Editor inserierte Satzzeichen oder ein Leerraum für unleserliche Worte bzw. Abkürzungen (sowie auch die Nummerierung der §§ bei Wadding und der Seiten bei den weiteren Autoren). Fragezeichen für unsichere Lesarten und solche Lesarten selber stehen zur besseren Unterscheidbarkeit von Konjekturen in spitzen Klammern. In runden Klammern ist die in arabischen Ziffern erfolgende Foliozählung bei Bagnacavallo angegeben (Vgl. auch a. a. O., 1.19 und 2.1).

– Zu 1.11: Sämtliche Abkürzungen Zwinglis oder der von ihm annotierten Drucke sind ausgeschrieben, wobei sowohl bei Duns bzw. Bagnacavallo als auch bei Brulefer vor allem bei den stets durch das identische Kürzel "tn" signalisierten Worten *tantum* und *tamen* Verwechslungen der (m. E. als solcher nicht mehr erkennbaren) Autorintentionen möglich sind. "Cap." bei Bagnacavallo wird als *caput* aufgelöst, da "caplum" oder "caplo" davon zu unterscheiden sind.

– Zu 3.1: Auf einen textkritischen Apparat wird verzichtet, da stets nur eine einzige Vorlage benutzt werden konnte, nämlich jeweils der von Zwingli annotierte Druck. Hingegen sind bei den Ordinatio-Auszügen auffällige Übereinstimmungen oder Abweichungen zwischen Bagnacavallo, Wadding und der Vaticana (s. oben V. 2, B. 1, Nr. 3) angezeigt.

– Zu 3.4.3f.: Auf den eigenen Nachweis von Zitaten und erwähnten Personen wird weitestgehend verzichtet, da das Ziel der gegenwärtig vorzulegenden Edition sich auf die Rezeption der edierten Drucke durch Zwingli beschränkt.

– Zu 6.10 (resp. 5.7): Von den Zahlzeichen werden einfach abgedruckte Zahlen beibehalten, hingegen Ordinalzahlen mit Ringlein und ähnlichen Kürzeln aufgelöst.

INHALT DER EDITION

1. Glossen Huldrych Zwinglis zu Johannes Duns Scotus, *Super quattuor libros sententiarum*, Venedig (Bernhard Vercellensis für A. Torresanus), 1503. 2°, lib. I, d. 1, q. 2, a. 1 (ZBZ IV S 44, fo. 15ᵛ). Vgl. Ed. Anhang 1.2., S. 539f.

2. Glossen Huldrych Zwinglis zu Johannes Duns Scotus, *Super quattuor libros sententiarum*, Venedig (Bernhard Vercellensis für A. Torresanus), 1503. 2°, lib. I, d. 3, p. 1, q. 2 (ZBZ IV S 44, fo. 34ʳ). Vgl. Ed. Anhang 1.10., S. 595f.

Distinctio

ɪ Fo.XVI

Tertio queritur. Utrum

3. Glossen Huldrych Zwinglis zu Stephan Brulefer, *Reportata clarissima super primo sententiarum scripto sancti Bonaventure*, Basel (Jakob von Pfortzheim) 1507. 4°, d. 1, q. 3 (ZBZ IV S 113, fo. xvi^r): Vgl. Ed. Anhang 2.1.2., S. 646f.

Ortho. Fid. III 52

priuata/necȝ ex duabus vna cōpoſita natura facta.
nā cōpoſita natura:neutri naturarū ex quibus eſt
cōpoſita cōſubſtātialis eſſe poteſt/ex aliis aliud per
fecta. vt corpus quod eſt ex quattuor elemētis com
pactū:necȝ igni dicitur cōſubſtātiale/necȝ ignis no=
minatur/necȝ aer dicitur/necȝ aqua/necȝ terra:necȝ
alicui horū eſt cōſubſtātiale. Si igitur(vt cēſent here
tici)vnius cōpoſite nature Chriſtus poſt vnionē ex=
titit:ex ſimplici natura mutatus eſt i compoſitā. et
necȝ patri qui ſimplicis eſt nature/eſt cōſubſtātialis:
necȝ matri.nō eni ipſa ex diuinitate et humanitate
componitur. Necȝ in diuinitate eſt et humānitate:
necȝ deus nominabitur/necȝ homo/ſed Chriſtus ſo
lum. et erit Chriſtus nō hypoſtaſeos eius nomē:ſed
ſecundū ipſos vnius nature. Nos autē nō vnius cō=
poſite nature Chriſtū dogmatizamus/necȝ ex aliis
aliud: quēadmodū ex anima et corporȝ homo eſtȝ
aut ex quatuor elemētis corpus:ſed ex aliis illa. nā
ex deitate et humanitate:deū perfectū/et hominem
perfectū eundē et eſſe et dici/et ex duabus et in dua
bus naturis confitemur. nomen autē Chriſtus:hy=
poſtaſeos/perſonecȝ dicimus/nō vnimode dictū/ſed
duarū naturarū eſſe ſignificatiuū. ipſe eni ſeipſū vn=
xit:vngēs quidē vt deus ſua deitate corpus / vnctus
autē vt homo. nā ipſe eſt hoc et illud. ſiquidē vnctio:
deitas humanitatis. Si eni vnius nature cōpoſite eſt
Chriſtus et cōſubſtātialis eſt patri:erit igitur et pa=
ter cōpoſitus et carni cōſubſtātialis. quod quidē ab
ſurdū/et omni plenū blaſphemia. Quomodo vero
vna natura/cōtrariarū ſubſtātialiū ſuſceptiua diffe
ſentiarū fuerit? Quomodo eni poſſibile eſt eādē na
turā ſecundū idem/ creatā eſſe et increatā/mortalē

g iiij

HULDRYCH ZWINGLI: ANNOTATIONEN ZUR BAGNACAVALLO-AUSGABE DER SCOTISCHEN ORDINATIO IN AUSZÜGEN

Als Besonderheit der Edition der Ordinatio ist als abweichend von den erwähnten "Empfehlungen" anzuzeigen:

– Zu 6.3f.: In den Auszügen aus der Ordinatio werden *u* und *v* und *j* und *i* nach vokalischem und konsonantischem Lautwert dissimiliert und also nicht nach dem Lautwert normalisiert, um Inkonsistenzen mit der Darstellung der nicht lautwertlich verfertigten Annotationen und Glossen vermeiden zu können. Dasselbe gilt für Klein- und Großschreibung (6.9).

– Zu 1.12: Bei den Abkürzungen für Werke aus dem Corpus Aristotelicum wird "meta." singularisch, "phys." pluralisch aufgelöst, da für beide Fälle je entsprechend aufgelöste Schreibungen im Druck vorkommen, nicht aber umgekehrt.
Die Tinten werden bezeichnet durch die Kürzel b (braun), db (dunkelbraun), hb (hellbraun), hr (hellrot), r (rot).

1.1. Zu Ord. I, d. 1, W. q. 1; V. p. 1, q. 1

(fo. 15 recto a)

– Z. 25; b [W. q. 1, V. n. 4] "<u>nam quodcunque prohibens aliquid ab illo ad quod est inclinatio naturalis ipsius est violentum sibi</u>: sicut apparet de quiete grauis extra locum suum."

– Z. 39; b [W. n. 2; V. n. 8] **In den Ausführungen zum ersten Argument:** "De primo dico fruitio in communi excedit fruitionem ordinatam: quia <u>quandocunque potentia non determinatur ad actum ordinatum ex se: actus eius in communi vniuersaliori est actu eius ordinato</u>: voluntas autem non determinatur ex se ad fruitionem ordinatam: quod patet: quia summa peruersitas est in fruendo vtendis secundum Augustinum 83. questionum questione 30. ergo etcetera." **ist vom Wort** "vniuersaliori" **der letzte Buchstabe ausradiert, sodass sich die korrekte Lesart (wie bei Wadding) ergibt.**

(fo. 15 recto b)

– Z. 3; b [V. n. 12] "Item intelligentia inferior videns superiorem aut videt eam esse finitam: aut credit eam esse infinitam. aut nec videt eius finitatem nec infinitatem. Si credit eam esse infinitam. ergo non beatificatur in ea: quia stultius nihil potest dici quam quod falsa opinione anima sit beata secundum Augustinum 2. de ciuitate dei capite 4. Si autem nec videt eius finitatem nec infinitatem: non videt eam perfecte: nec sic est beata."

– Z. 17; b [V. n. 13] "Alij arguunt contra istam opinionem: quia anima imago dei est. ergo est capax eius secundum Augustinum 14. de trinitate capite 8. vel 15. Eo inquit imago eius est quo eius capax est eiusque particeps esse potest. Ex hoc sic: quicquid ex capax dei per nihil minus deo satiatur. ergo etcetera."

– Z. 37; b [V. n. 15] **Die Ausführungen zum zweiten Artikel:** "Teneo igitur quantum ad hunc articulum hanc conclusionem quod fruitio ordinata habet tantum vltimum finem pro obiecto: quia sicut tantum assentiendum est per intellectum primo vero propter se ita tantum assentiendum est primo bono per voluntatem propter se." **sind rechts mit einer leicht ornamentierten Klammer umrahmt; dazu steht die Anmerkung:**
Scoti opinio

– Z. 42; b [V. n. 16] **Zur Erklärung des dritten Artikels:** "De tertio articulo Dico quod obiectum fruitionis in communi est finis vltimus vel verus finis: qui id est finis vltimus ex natura rei vel apparens: qui scilicet ostenditur a ratione errante tanquam finis vltimus: vel finis prestitutus: quem scilicet voluntas ex libertate sua vult tanquam finem vltimum. duo prima membra satis patent. Tertium probo: quia sic in potestate voluntatis est velle et non velle: ita in potestate eius est modus volendi scilicet referre et non referre: quia in potestate cuiuscunque agentis est agere: et modus agendi. ergo in potestate sua est aliquod bonum velle propter se: non referendo ad aliud bonum: et ita sibi prestituendo finem." **findet sich folgende Anmerkung am Rande:**

finis $\left\{ \begin{array}{l} prestitus \\ \\ praefixus \end{array} \right.$

(fo. 15 verso a)

– Z. 5; b [W. n. 6; V. n. 19] **Zum zweiten Hauptargument:**
"Ad secundum dico quod relatio aliqua finita necessario est ad terminum vel obiectum infinitum: quia quod est ad finem inquantum
tale est finitum: etiam acceptum vt est omnino proximum fini cum
omnibus scilicet que sufficiunt ad immediate attigendum finem vltimum: et tamen relatio finis ad quem est illud immediate non fundatur nisi in infinito: et hoc frequenter accidi in relationibus
proportionalium et non similium: quia ibi propria extrema sunt
maxime dissimilia. ita dico in proposito quod inter potentiam et
obiectum non est relatio similitudinis sed proportionis." **steht die
Anmerkung:**
de hoc latius Bonauentura et Stephanus brulifer eius distinctione I Questione 5
**(Tatsächlich bringt Brulefer dort foll. xix v und xx r eine
relativ ausführliche Klärung der Begriffe, die dort ebenfalls
glossiert sind, fo. xix v:**

conuenientia $\begin{cases} \textit{uniuocationis} \\ \\ \textit{proportionis} \end{cases}$

sowie
conuenientia per dissimilitudinem
fo. xxr:
similitudo
proportio

– Z. 24; b [V. n. 20] "<u>vnde non erit ibi excessus ex parte graduum
obiecti: sed tantum ex parte actus videndi.</u>"

– Z. 26; b [V. n. 21] "Ad propositum dico quod vnum obiectum
potest includere omnia obiecta aliquo modo: et ideo illud solum
obiectum perfecte quietat potentiam quantum potest quietare: sicut
fuit argutum in secundo articulo contra Auicennam non tamen est
omnino simile de quite intus et extra: quia quodcunque receptiuum
quietatur intra aliquo finito recepto. sed extra siue terminatiue non
oportet quod finito quietetur: quia ad perfectius extra potest ordinari quam possit in se recipere formaliter: quia finitum non recepit
formam nisi finitam: tamen bene habet obiectum infinitum."

– Z. 37; b [ibid.] "<u>materia autem prima ad nullam formam determinate
inclinatur: et ideo sub quacunque quiescit non violenter sed naturaliter quiescit propter indeterminatam inclinationem ad quamcunque.</u>"

– Z. 39; b [V. n. 22] **Auf:** "Ad tertium [sic]⁴ dico quod intellectus assentit vnicuique vero secundum euidentiam ipsius rei quam natum est de se facere in intellectu: et ideo non est in potestate intellectus firmius vel minus firmiter assentire vero: sed tantum secundum proportionem ipsius veri mouentis intellectum. potestate aut voluntatis est intensius assentire bono vel non assentire: licet imperfectius viso. ideo consequentia non valet."

folgt die Anmerkung:

Intellectus ad uerum

1.2. Zu Ord. I, d. 1, W. q. 2, a. 1–2; V. p. 1, q. 2, a. 1f.

(fo. 15 verso a)

– Z. 53; b [W. n. 1; V. n. 23] "Secundo Quero. <u>vtrum vltimus finis habeat tantum vnam rationem fruibilitatis: an in ipso sit aliqua distinctio secundum quam voluntas possit eo frui secundum vnam rationem et non secundum aliam.</u>"

– Z. 63; [V. n. 24] **Im verworfenen Argument:** "Praeterea: Sicut unum convertitur cum ente ita est bonum. ergo cum transferantur ad diuina equaliter transferentur. ergo sicut vnum est ibi essentiale et personale ita bonum et bonitas. sicut igitur in deo

(fo. 15 verso b)⁵

sunt tres vnitates sic et tres bonitates et per conseques habetur propositum." **findet sich im Wort** "conseques" **über dem zweiten** "e" **ein n-Strich, sodass sich das korrekte** "consequens" **ergibt.**

– Z. 2; b [V. n. 25] "Preterea. actus non terminatur ad obiectum inquantum numeratur nisi obiectum ut est formale obiectum numeretur. sed actus fruendi terminatur ad tres personas inquantum tres. ergo obiectum fruitionis inquantum obiectum formale numeratur. [V. n. 26] probatio minoris: credimus in deum inquantum trinus. igitur videmus deum inquantum trinus: quia <u>visio succedit fidei secundum totam eius perfectionem.</u> ergo fruemur deo inquantum trinus."

---

⁴ Wadding, der in der ganzen q. mehr Text bietet, zählt insgesamt anders und druckt hier "ad quintum".

⁵ Fotographische Reproduktion dieser Kolumne in Abb. 1, S. 531.

– Z. 15; b [V. n. 28] "Item confirmatur ratio: quia tanta est vnitas efficientis quod non potest efficere vna persona non efficiente alia igitur similiter tanta erit vnitas finis quod non poterit vna persona finire alia non finiente. et sic sequitur propositum. Ista etiam secunda ratio confirmatur per Aug. 5. de trinitate capite 14 vel 34. <u>Fatendum inquit est patrem et filium vnum esse principium spiritus scilicet ad creaturam vero pater et filius et spiritus sanctus vnum principium sicut vnus creator et unus dominus.</u>"

– Z. 42; b [W. n. 2; V. 31] **Der Passus:** De primo dico quod possibile est viatorem frui essentia non fruendo persona et hoc fruitione ordinata: quod probatur. quia secundum augustinum 7. de trinitate capite 1. vel 5. <u>si essentia relatiue dicitur non est essentia: quia omnis essentia que relatiue dicitur est aliquid excepto relatiuo</u> ex quo concludit tertio capite quapropter si pater non sit aliquid ad se non erit aliquid quod ad alterum dicatur. <u>est igitur essentia aliquod obiectum conceptibile in cuius conceptu non includitur relatio. ergo sic potest concipi a viatore.</u> [Anm.: *essentia*]. Sed essentia sic concepta habet rationem summi boni: igitur et perfectam rationem fruibilis. igitur contingit ea frui etiam ordinate. [V. n. 32] Et confirmatur ratio. <u>quia possibile est concludi ex puribus naturalibus esse vnum summum bonum:</u> et tamen ex illis naturalibus non cognoscet homo deum vt trinus est. ergo et circa summum bonum sic cognitum potest habere aliquem actum voluntatis: et non necessario inordinatum. igitur habebit actum fruitionis ordinatum circa essentiam et non circa personas. vt nos concipimus personas: <u>econuerso autem non est possibile quod fruatur ordinate persona non fruendo essentia: quia persona in ratione sui includit essentiam.</u>" **ist eifrig unterstrichen und ein zentraler Begriff durch eine Anmerkung am Rande:** *Essentia* **wiederholt. Außerdem steht zur Behauptung der natürlichen Beweisbarkeit eines höchsten Gutes eine Annotation:**[6]

hic tibi falso iniuriantur[,] o Scote[,] plerique Thomicantes[,] quod unum esse deum ratione naturali non perserverari demonstrarique posse dicunt[,] quia semper aliquid suppositum concedi oportet[,] ut Thomas dicit[.]
sed hoc negatur sedulo[,] nisi mundum eternum esse dicatur[.] quod nequaquam Thomas intendit[.] sume ergo illud nunc demonstrari ex mundi ratione procedeque dein ad immutabile illud bonum[,] quod omnia mutabilia causat<?>[.]

---

[6] Vgl. die interpretativen Annäherungen in Kap. VI. 0. und 2.4.

Et si dicatur[:] illud nunc positum[,] quod mundum concedatur non fuisse ab eterno[,] quamquam id demonstratur per philosophos[,] tunc hoc modo fieret processus usque ad terminos[.] nec illa diceretur uera ['Jhomo est animal[',] nisi suppositio<?> pro termino significat<?> hominem[.] sed hoc satis pulsatile<?> est[.]

(fo. 16 recto a)

– Z. 2; b [V. n. 33] **Es findet sich eine leicht ornamentierte Randklammer von:** "Respondeo quod et si cognitio relatiui requirat cognitionem correlatiui" **bis zum Ende dieses ersten Artikels bei:** Z. 9 "vt patrem et frui eo non concipiendo et fruendo spiritusancto".

– Z. 19; b [W. n. 3; V. n. 35] **Zu Beginn des zweiten Artikels** "secundo sic. visio est existentis vt existens est et vt presens est videnti secundum existentiam suam: et in hoc distinguitur visio ab intellectione abstractiua: quia potest esse non existentis vel existentis. non inquantum in se presens et est in intellectu ista distinctio inter intellectionem intuitam et abstractiuam sicut in parte sensitiua es distinctio inter actum visus et actum fantasie. illa autem cognitio essentie diuine erit intuitiua. ergo erit existentis vt per se existens est et in existentia presentis virtuti cognoscenti. <u>non existit autem essentia nisi in personis</u>. ergo non potest esse visio eius nisi in persona." **ist das Wort** "intuitam" **mittels eines Strichleins über dem Buchstaben** "a" **zu** "intuiti*u*am" **korrigiert, und es finden sich am Rande zwei Anmerkungen:**

Intellectio { *Intuitiua*
              { *Abstractiua*

Actus { *visus*
        { *fantasie*

– Z. 27; b [V. n. 36] **In dem Abschnitt:** "Item non potest aliquid cognosci cognitione intuitiua in quo sunt aliqua plura distincta ex natura rei nisi etiam illa distincte videantur. Exemplum albedo non videtur distincte nisi videantur omnes partes eius que sunt in basi piramidis que partes distinguuntur ex natura rei. igitur non distincte videtur essentia nisi etiam videatur persone." **ist das zweitletzte Wort durch die Einfügung eines n-Strichleins über dem Buchstaben** "a" **zu** "videa*n*tur" **korrigiert.**

– Z. 37; b [W. n. 4; V. n. 38] "Ulterius etiam arguitur ad propositum quantum ad frui: quia <u>voluntas non potest magis abstrahere obiectum suum quam intellectus ostendere</u>: igitur si intellectus non potest distincte ostendere essentiam sine persona vel vna persona sine alia. ergo nec voluntas poterit distincte frui."

– Z. 41; b [V. n. 39] **Zur confirmatio**: "Hoc etiam confirmatur sic. quia voluntas non potest habere actum distinctum circa obiectum ex parte obiecti: nisi ponatur distinctio in obiecto vel re vel ratione. sed si intellectus apprehendit indistincte essentiam et personam. non erit distinctio ex parte obiecti: nec rec. nec rationis. ergo voluntas non potest habere ibi actum distinctum ex parte distinctionis in obiecto primo. quod non rei patet: quod nec etiam rationis probo: quia intellectus non distincte apprehendit hoc vel illud. igitur nec distinguit hoc et illud." **ist angemerkt:**
ut iam probatum

(fo. 16 recto b)

– Z. 2; b [W. n. 5, V. n. 43[7]] **Zu dem dann auch bei Mayronis gewichtigen Argument:** "Hoc persuadetur sic: pater prius origine quam generet filium est perfecte beatus: quia nullam perfectionem sibi intrinsecam habet a persona producta. beatitudo est perfectio intrinseca persone beate. sed si in illo priori est pater perfecte beatus. igitur in illo priori habet obiectum perfecte beatificans. non videtur autem in illo priori habere essentiam communicatam tribus vt obiectum: sed vt essentiam absolute vel essentiam vt est in vna persona precise. ergo non est de ratione essentie vt est obiectum beatificum quod beatificet inquantum est communicata tribus: et ita non videtur contradictio siue quantum ad fruitionem siue quantum ad visionem. Respondetur quod pater habet essentiam vt in tribus personis pro obiecto: et tantum primo secundum originem: quia ex se habet illam essentiam obiectam sibi: et hoc est esse prius origine. non est enim ibi prioritas aliqua secundum quam obijciatur sibi essentia: vt est in vna persona non vt in alia: sicut nec ipsa in aliquo priori nature obijcitur vni persone et non alij: sed tantum vni obijcitur ex se: alij non ex se. Contra quelibet persona intelligit formaliter

---

[7] Der dem ersten Doppelpunkt nachfolgende Text ist von der Vaticana als *textus a Duns Scoto cancellatus* ediert.

intellectu vt est in ipsa non vt est in alia nec vt est in tribus: vt patet ex xv. de trinitate capite vij. vel ix. <u>quelibet persona intelligit sibi-ipsi.</u> igitur ita videtur quod quelibet intelligit perfecte per se intelligendo essentiam vt est in se formaliter. igitur perfecta intellectio que est beatifica non necessario ex se requirit essentiam vt in tribus. probatio prime consequentie: <u>non minus ad intellectionem requiritur intelligibile quam intellectus.</u> igitur in perfecto intelligente ex se non minus requiritur quod habeat in se obiectum vt formaliter intelligibile quam quod habeat intellectum ex se vt quo intelligat. Confirmatur ratio: quia si pater intelligat beatifica visione essentiam vt in filio. igitur aliquid quasi reciperet a filio vel ab aliquo vt in filio consequentia probatur per argumentum philosophi 12. metaphysicorum quo probat <u>deum non intelligere aliquid aliud a se: quia tunc vilesceret eius intellectus:</u> quia perfectionem reciperet ab intelligibili." **findet sich nebst einer Randanstreichung von Beginn des zitierten Abschnitts an bis zu** "alij non ex se" **die Anmerkung:** *hanc argumenti probationem satis intelliges Infra Contra proximum subsequens argumentum* **und darunter, zu den gleich lautenden Worten im Text:** *esse prius origine*

– Z. 40 r/b [V. n. 43] **In:** "Modus ponendi est iste: actus omnis habens primum obiectum a quo essentialiter dependet. obiectum secundum a quo essentialiter non dependet: sed tendit in illud virtute primi obiecti: licet non possit manere idem actus nisi habeat habitudinem ad primum obiectum: potest tamen manere idem sine habitudine ad secundum obiectum: quia ab eo non dependet. Exemplum. idem est actus visionis essentie diuine et aliarum rerum in essentia. sed essentia in se est primum obiectum: res vise secundarium obiectum. non posset autem manere eadem visio nisi esset eiusdem essentie: posset autem manere absque hoc quod essent res vise in ea: sicut igitur deus absque contradictione potest cooperari ad actum illum inquantum tendit in primum obiectum non cooperando in ipsum inquantum tendit in secundum. et tamen est actus idem: ita sine contradictione potest cooperari ad visionem essentie vel fruitionem: quia essentia habet quasi rationem primi obiecti non cooperando eidem actui visionis vel fruitionis inquantum tendit in personam: et ita in vnam quod non in aliam: <u>quia persone habent rationem obiecti quasi secundarij.</u>" **steht zu** "actus omnis" **eine mit einer (eine Unterstreichung im Text direkt weiterführenden)**

Unterstreichung (r) versehene Anmerkung (b) am Rande:
primus potius,
außerdem steht von "Exemplum" **bis** "secundarij" **eine Randklammer (r) und rechts von ihr die Annotation (b):**
Superiorum clarificatio candidior

– Z. 59 [V. n. 44] **In der Widerlegung des ersten** *argumentum*: "Per hoc ad argumenta. cum primo dicitur de visione confusa: dico quod vniuersale in creaturis diuiditur in suis singularibus:
hoc autem quod est diuidi imperfectionis est. ideo non competit ei
quod est commune in deo: immo essentia diuina que de se est communis personis est oe se hec." **ist das fehlerhafte Wort** "oe" **mittels eines d-Strichleins beim Buchstaben** "o" **korrigiert zu**
"de".

(fo. 16 verso a)

– Z. 45; b [W. n. 8; V. n. 48] "Et cum probatur quod non: quia
intellectus non distincte concipit hoc ab isto. dico quod non oportet ad distinctionem rationis quod intellectus habeat illa sicut obiecta
distincta. sed sufficit quod in primo obiecto concipiat aliquid."

– Z. 53; b [V. n. 49] "quod enim quietatur primo in aliquo obiecto.
quietatur illo in quocunque est secundum illum modum."

1.3. Zu Ord. I, d. 1, W. q. 5; V. p. 3, q. 5

(fo. 19 recto b)

– Z. 55; b [W. n. 3; V. n. 175] **In der Darlegung des
Verhältnisses des geschaffenen seligen und des göttlichen
Willens:** "In secundo gradu est voluntas creata beata que non primo
sed participando a deo per se: tamen quia per formam suam intrin-
secam adheret firmiter huic bono. et hoc quia facta est quasi intrin-
seca voluntati primo quiescenti. quia in eius beneplacito semper
manens." **ist nach** "a deo" **ein Schrägstrich eingesetzt und der
Doppelpunkt nach** "se" **ausradiert, sodass sich dieselbe
Satzgliederung ergibt wie später auch bei Wadding (und der
Vaticana); zudem findet sich am Rande eine entsprechende
Anmerkung:**

hanc declarationem clariorem habere si volueris vide Bonauenturam / hac distinctione questione 4 vel primo ad argumentum 4 p[unctum] 5
wobei die beiden hier ausgeschriebenen Zahlen[8] **durch die zeitgenössisch in der Eidgenossenschaft übliche Abbreviatur für die Ziffer "4" angegeben werden.**[9]

(fo. 19 verso a)

– Z. 12; b [V. n. 178] **Die Determinatio:** "Ex his ad propositas questiones dico quod frui nihil dicit nisi actum inherendi obiecto propter se quem concomitatur delectationis quietatio: siue que est ipsa quietatio: hoc est actus vltimate terminans propositum inquantum potentia seipsa terminat actu suo: ita quod de ratione fruitionis non videtur esse quod ipsa quietet potentiam quantum ex parte obiecti: sed quantum est ex parte potentie obiecto propter se inherentis. [W. n. 4] dico ergo quod voluntas diuina fruitur simpliciter et necessario et per se et primo. voluntas creata beata fruitur simpliciter et perpetuo et per se: sed non primo. voluntas viatoris iusti fruitur simpliciter et per se: scilicet non immobiliter. nec primo voluntas peccantis mortaliter fruitur simpliciter quantum est ex parte voluntatis quietantis seipsam: quoniam quietatur in obiecto quod propter se amat: sed non simpliciter quietatur quantum est ex parte obiecti: nec frui illud requirit: quia obiectum non est de se quietatiuum sicut potentia actu suo se quietat in ipso: immo est fruitio inordinata. Sed tunc est dubitatio quo obiecto peccans mortaliter fruitur: an scilicet actu suo an obiecto sui actus. Respondeo quod communiter fruitur seipso: quia obiectum actus sui amat amore concupiscentie: et per consequens aliquid aliud amat amore amicitie: quia omnem amorem concupiscentie precedit omnis amor amicitie. illud autem aliud est ipsemet: cui vt amato amore amicitie appetit illud obiectum. vnde non fruitur obiecto sui actus: nec per consequens ipso actu super quem non oportet primo reflecti: hec est sententia Augustini de ciuitate dei libro 14. capite 28 et super genesim libro 2. et [sic] capite 8. quod duas ciuitates fecerunt duo amores. ciuitatem diaboli amor

---

[8] Gemeint ist in der Nomenklatur der modernen Ausgaben wohl art. 3, q. 2, p. 5: *Item, videtur specialiter de beatitudine. Omni est fruendum, quo habito animus quiescit et delectatur et nihil ultra potest quaerere; sed beatitudo creata est huiusmodi. ergo etc.*
[9] Die verwendete Abbreviatur für die Zahl 4, eine senkrecht gestellte Schleife, ist übrigens bei Cappelli, Lexicon Abbreviaturarum, 425 ausdrücklich für "Svizzera, [sec.] XV f." bezeugt.

sui vsque ad contemptum dei. ciuitatem dei amor dei vsque ad contemptum sui. ergo prima radix ibi est quod peccans fruitur se." **ist**
mit einer leicht ornamentierten Klammer von "Ex his" **bis**
"propter se inherentis" **umrahmt, gefolgt von der Anmerkung:**
uoluntas diuina fruitur
creata uoluntas fruitur
Neben der mittleren Unterstreichung steht die Anmerkung:
aliquis

1.4. Zu Ord. I, d. 2, W. q. 1; V. p. 1, q. 1

(fo. 20 recto a)

– Z. 14; b [W. n. 1; V. n. 1] **Zu:** "si vnum contrarium esset in
natura actu infinitum nihil sibi contrarium esset in natura. ergo si
aliquod bonum sit actu infinitum nihil mali esset in vniuerso." **ist**
am Rand annotiert:
NB.

– Z. 22; b [V. n. 3] **Hervorgehoben ist der Satz:** "et est exemplum si sol esset infinite calidus virtualiter nihil relinqueret frigidum
in vniuerso: sicut nec si esset infinite calidus formaliter."

– Z. 30; b [W. n. 2; V. nn. 5–6] **Im Abschnitt:** "Praeterea quod
ita est hic quod non alibi est finitum respecu vbi: et quod ita est
nunc quod non alias est finitum respectu quando: et ita de alijs. et
quod ita agit hoc quod non aliud est finitum secundum actionem.
Ergo quod est ita hoc aliquid quod non aliud est finitum secundum
entitatem. deus est summe hoc: quia ex se est quaedam singularitas: ergo non est infinitus. Item 8. physicorum. Uirtus infinita si esset
moueret in non tempore nulla virtus potest mouere in non parte
ergo etcetera." **sind unterstrichen** "ali-" **und** "parte"; **letzteres**
Wort ist zudem mit Unterstreichung korrigierend annotiert
am Rande:
tempore

1.5. Zu Ord. I, d. 2, W. q. 2; V. p. 1, q. 1–2

(fo. 20 recto a)

– Z. 43; b [W. n. 1; V. n. 10] **Unterstrichen und mit seitlicher Randanstreichung versehen:** "Secundo quero de aliquid infinitum sive an deum esse sit per se notum quod sic probo. Damascenus libro i. capitulo i. eius quod est deum esse cognitio omnibus est naturaliter inserta sed illud est per se notum cuius notitia omnibus inserta est."

– Z. 54; r [V. n. 12] "Item veritatem esse est per se notum: deus autem est veritas ergo deum esse est per se notum. probatio maioris quia sequitur ex suo opposito: si enim nulla veritas est. ergo verum est nullam veritatem esse. ergo veritas est."

(fo. 20 recto b)

– Z. 12; r [W. n. 2; V. n. 15] **Zum unterstrichenen Text:** "Dicitur igitur propositio per se nota que ex terminis proprijs qui sunt aliquid eius vt sunt eius habet veritatem euidentem: et non propter aliquid aliud quod sit extra terminos proprios habet euidentiam: sed ex se tantum vt omne totum est maius sua parte." **ist am Rande annotiert:**
propositio per se nota

– Z. 26; r [V. n. 18] "Hoc probatur secundo sic per Aristotelem i. physicorum quod nomina sustinent ad diffinitionem hoc quod totum ad partes."

– Z. 37; r [W. n. 3] "sequitur quod propositio non est per se nota quiditate confuse accepta que non est nota nisi eadem distincte concipiatur per diffinitionem."

– Z. 59; r [V. n. 22] **Zum Abschnitt:** "Ex hoc patet quod non est distinguere inter propositionem esse per se notam et per se noscibilem: quia idem sunt. nam propositio non dicitur per se nota: quia ab aliquo intellectu cognoscatur per se: tunc enim si nullus intellectus actu cognosceret nulla propositio esset per se nota: sed dicitur per se nota. quia quantum est de natura terminorum nata est habere euidentem veritatem contentam in terminis etiam in quocunque intellectu concipiente terminos: si tamen aliquis intellectus non concipiat concipiat terminos et ita

(fo. 20 verso a)

non concipiat propositionem: non minus est per se nota quantum est de se et sic loquimur de propositione per se nota." **ist am Rande (fo. 20rb) annotiert:**

propositio $\Bigg\{$ *per se nota*

            per se cognoscibilis

– Z. 2; r [V. n. 23] **In:** "Ex his patet quod nulla est vistinctio de per se nota in se et in nobis: quia quecunque est in re et per se nota cuicunque intellectui est per se nota: licet non actu cognita. tamen quantum est ex terminis est euidenter nota si termini concipiantur." **ist das fehlerhafte Wort** "vistinctio" **durch Überschreibung des** "v" **mit** *d* **zu** "*d*istinctio" **korrigiert.**

– Z. 32; r [W. n. 5; V. n. 27] **In den Sätzen:** "Primo quia quelibet talis est conclusio demonstrabilis etiam propter quid. probatio. <u>quicquid primo et immediate conuenit alicui de quolibet: quod est</u> <u>in eo siue sibi superiori siue inferiori. vel de passione potest demon-</u> <u>strari propter quid per illud cui primo conuenit tanquam per medium.</u> Exemplum si triangulus primo habet tres angulos equales duobus rectis de quolibet contento in triangulo potest demonstrari quod habeat tres angulos demonstratione propter quid. per medium quod est triangulus: puta quod aliqua figura habet tres etcetera. de qualibet etiam specie trianguli quod habeant tres licet non primo. esse autem primo conuenit huic essentie vt hec." **sind in einer Unterstreichung des Textes der nach dem Wort** "quolibet" **bei Bagnacavallo gesetzte Doppelpunkt und nach dem Wort** "inferiori" **der Punkt durchgestrichen.**[10] **Im weiteren Text erfolgt eine Korrektur, indem im Wort** "habeant" **der Buchstabe** "n" **durchgestrichen ist.**

– Z. 62; r [V. n. 30] "maior manifesta est per philosophum 5. metaphysicae capite de falso. <u>quia ratio in se falsa est de omni falsa. ergo</u> <u>nulla ratio est de aliquo vera: nisi sit in se vera.</u>"

---

[10] Die Motivation zu dieser Satzzeichenentfernung sind nicht unmittelbar ersichtlich, denn der syntaktische Gehalt und damit der inhaltliche Sinn scheint sich auch ohne die beiden getilgten Satzzeichen nicht zu verändern.

(fo. 20 verso b):

– Z. 8; r [ibid.] **Zu:** "ita ista homo albus est. non est per se nota nisi per se notum sit hominem: album actu coniungi: quia si non coniunguntur actu hec est vera. nihil est homo albus: et per consequens sua conuersa est vera. nullus homo albus est aliquid. ergo sua contradictoria falsa. homo albus est aliquid." **steht am Rande die rechts durch die Bindung abgeschnittene Annotation**

Homo albus est [/]
nihil est homo albus [/]
nullus homo albus est aliquid [/]
homo albus est aliquid

– Z. 13; r [V. n. 31] **Zu:** "Probatio minoris: quemcunque conceptum concipimus siue boni siue veri si non contrahitur per aliquid vt non sit conceptus simpliciter simplex. vt dicendo summum bonum vel infinitum bonum vel increatum vel immensum. et sic de alijs: nullus talis est proprius deo. voco autem conceptum simpliciter simplicem qui non est resolubilis in aliquos conceptus simplices: quorum quilibet possit actu simplici distincte cognosci." **ist am Rande annotiert:**

conceptus simpliciter simplex

– Z. 34 [V. n. 33] **Eine – wohl nachvollziehende – Unterstreichung zum Begriff des *conceptus simpliciter simplex*:** "Ideo aliter respondeo ad instantias. quod nulla istarum propositionum est per se nota. necesse esse est. vel. operans actu est: quod non est per se notum partes que sunt in subiecto vniri actualiter. Cum dicit oppositum predicati repugnat subiecto. dico quod non semper ex hoc propositionem esse per se notam: nisi illa repugnantia sit euidens: et etiam cum hoc sit euidens vtrumque extremum habere conceptum simpliciter simplicem vel conceptus partium vniri si non sit conceptus simpliciter simplex." **Außerdem ist** "semper" **durchgestrichen; mit Hilfe eines π ähnlichen Zeichens (mit dunkelbrauner Tinte) über dem Wort wird an den Rand verwiesen, wo korrigierend annotiert ist:**

sequitur

(fo. 21 recto a)

– Z. 26; r [W. n. 8; n. 37] **Randklammer zu:** "Aliter potest negari maior. Cum probatur. si nulla veritas est. ergo nullam veritatem esse est verum. consequentia non valet: quia veritas aut accipitur pro fundamento veritatis in re: aut pro veritate in actu intellectus componente aut diuidente. si autem nulla veritas est: nec verum est aliquam veritatem esse: quia nec veritatem rei: quia nulla res est: nec veritatem intellectus componentis et diuidentis: quia nullus est. bene tamen sequitur. si nulla veritas est ergo non est verum aliquam veritatem esse: quia nulla est. sed non sequitur vltra. ergo verum est aliquam veritatem non esse."

(fo. 21 recto b)

– Z. 2; r [W. n. 10; V. n. 40] **Zu:** "Quantum ad primum articulum dico. quod proprietates relatiue infiniti entis ad creaturas: aut sunt proprietates causalitatis: aut eminentie. Causalitatis duplicis aut efficientis aut finis. quod additur de causa exemplari non est aliud genus cause ab efficiente: quia tunc essent 5. genera causarum. vnde causa exemplaris est quoddam efficiens: quia agens per intellectum distinctum contra agens per naturam de quo alias" **findet sich eine Unterstreichung und dazu die Annotation:**
causa exemplaris

– Z. 23; r [W. n. 11; V. n. 43] **In:** "Prima conclusio istarum est ista. quod aliquod effectiuum sit primum simpliciter. ita scilicet quod non sit effectibile nec effectiuum virtute alterius a se: quod probo sic. aliquod ens est effectibile: aut igitur a se: aut a nullo: aut ab aliquo alio. non a nullo: quia nullius est causa illud quod nihil est. nec a se: quia nulla res est que seipsam faciat vel gignat. Aut primo de trinitate capite primo ergo ab alio effectiuo. illud aliud sit a. si a est primum hoc modo exposito. habeo propositum. si non est primum. ergo est posterius effectiuum. quia effectibile ab alio vel virtute alterius effectiuum: si enim negetur negatio ponitur affirmatio. detur illud alterum et sit b. de quo arguitur sicut de a. argutum est. et ita aut procederetur in infinitum quorum quodlibet respectu prioris erit secundum. aut stabitur in aliquo non habente prius. infinitas autem est impossibilis in ascendendo. ergo primitas necessaria: quia non habens prius nullo priore se est posterius. nam circulum in causis esse est inconueniens." **sind unter den entscheidenden Argumentationen Unterstreichungen vorhanden. Im Wort** "Aut" **ist (mit dunkelbrauner Tinte) das t durchgestrichen und zu** "Aug" **(Augustinus) korrigiert.**

– Z. 50; r [W. n. 12; V. n. 47] **Zwei zusammengehörende Unterstreichungen finden sich in:** "Ubi notandum quod aliud est loqui de causis per se et per accidens et aliud est loqui de causis essentialiter siue accidentaliter ordinatis: nam in primo tantum est comparatio vnius ad unum: cause videlicet ad causatum: <u>et est causa per se: que secundum naturam patet: et non secundum aliquid sibi accidens causat:</u> et causa per accidens e converso. In secundo est comparatio duarum causarum inter se inquantum ab eis est aliquid causatum. [V. n. 48] Et differunt cause per se siue essentialiter ordinate a per accidens siue accidentaliter ordinatis in tribus. [V. n. 49] Prima differentia est quod in causis per se ordinatis causa secunda inquantum causat dependet a prima. in per accidens non: licet in esse vel in aliquo alio dependet. [V. n. 50] Secunda est. quod in per se ordinatis est causalitas alterius rationis et alterius ordinis. quia superior est perfectior. in accidentaliter ordinatis non. hec sequitur ex prima. <u>nam nulla causa a causa eiusdem rationis dependet essentialiter in causando: quia in causatione alicuius sufficit vnum vnius rationis.</u> [V. n. 51] Tertia est. quod omnes cause per se et essentialiter

(fo. 21 verso a)

ordinate simul necessario requiruntur ad causandum: alioquin aliqua per se causalitas deesset effectui. in accidentaliter autem ordinatis non sic est: quia non requiruntur simultas earum in causando."

– [fo. 21rb] Z. 53; r [V. n. 47] **Zur ersten dieser obigen Unterstreichungen:** "<u>et est causa per se: que secundum naturam patet: et non secundum aliquid sibi accidens causat:</u> et causa per accidens e converso." **ist am Rand (fo. 21 recto b) annotiert:**

differunt { *causae essentialiter*
causae accidentaliter
causae per se et causae
per accidens

Die vier Linien sind links umklammert und so alle gleichermaßen auf das Prädikat ganz links bezogen.

– Z. 56; [V. n. 48] **Zusätzlich zu:** "Et differunt cause per se siue essentialiter ordinate a causis per accidens siue accidentaliter ordinatis in tribus." **ist am Rande annotiert:**

causae per se
causae per accidens
differunt

– Z. 58; [V. n. 49] **Zu:** "prima differentia", "secunda est" "tertia est" **ist am Rande je annotiert:**
prima differentia
secunda
tertia

(fo. 21 verso a)

– Z. 11; r [W. n. 14; V. n. 53] "Probatio istarum primo a scilicet quod infinitas essentialiter ordinatorum est impossibilis. probatio: Tum quia vniversitas causatorum essentialiter ordinatorum ad causata. ergo ab aliqua causa que non est aliquid illius vniuersitatis: quia tunc esset causa sui. <u>tota enim vniuersitas dependentium dependet: et a nullo illius vniuersitatis.</u> Tum secundo quia cause infinite essent simul in actu ex tertia differentia: sed consequens nullus philosophus ponit. Tum tertio <u>quia prius est quod est primo propinquius</u> ex 5. metaphysicorum. ergo vbi nullum primum nihil essentialiter prius. Tum quarto quia superior causa est perfectior in causando ex secunda differentia. ergo in infinitum superior est in infinitum perfectior. et ita infinite perfectionis in causando. et per consequens non causans in virtute alterius: quia quelibet talis in virtute alterius causans est imperfecte causans: quia est dependens ab alia in causando. Tum quinto quia effectiuum nullam imperfectionem ponit necessario." **Von diesen *probationes* der *propositio* sind die vierte und der Beginn der fünften durch eine Randklammer herausgehoben. Dazu ist am Rand annotiert:**
Infinite perfectius [sic]

(fo. 21 verso b):

– Z. 6; b/db [W. n. 16; V. n. 57] **In dem mit diversen Unterstreichungen versehenen Text:** "Et vlterius concluditur si illud primum est ineffectibile. ergo erit incausabile: quia non finibile: nec materiabile: nec formale. probatur prima consequentia videlicet quod si est ineffectibile. ergo non est finibile: quia <u>causa finalis non causat nisi quia metaphorice mouet ipsum efficiens ad efficiendum.</u> nam non alio modo dependet ab ipso essentialiter entitas finiti: vt a

priore. nihil autem est causa per se: nisi vt ab ipso tanquam a priore essentialiter dependet causatum. due autem alie consequentie videlicet quod si est ineffectibile. ergo immateriabile et non formale probantur simul: <u>quia cuius non est causa extrinseca eius non est causa intrinseca:</u> quia causalitas causae extrinsecae dicit perfectione sine imperfectione. [...]" **ist das Wort** "perfectione" **mittels eines Striches (b) über dem letzten** "e" **zu** "perfectione*m*" **korrigiert; zudem ist zur ganzen Passage am Rand annotiert (db):**
omne enim efficiens per se propter finem efficit deum ergo in effectum cum sit infinibilis perfecto fuerit

– Z. 49; b [W. n. 17; V. n. 61] "Secunda conclusio est hec. primum finitum est incausabile. probatur. quia est infinibile alias non esset primum et ultra. ergo ineffectibile. hec consequentia probatur: quia <u>omne per se agens agit propter finem</u> ex secundo physicorum."

(fo. 22 recto a)

– Z. 7; b / db [W. n. 18; V. n. 64] **In dem teilweise unterstrichenen (b) Text:** "Prima conclusio est ista: aliqua natura eminens est simpliciter prima secundum pefectionem. hoc patet in ordine essentiali: quia secundum Aristotelem <u>forme se habent sicut numeri</u> 8. Metaphysicorum in hoc ordine statur: quod probatur illis quinque rationibus que de statu in effictiuis sunt superius adducte. Secunda conclusio est ista. Suprema nam est incausabilis. probatur quia est infinibilis. nam finibile excellitur a fine in bonitate: et per consequens in perfectione. et vltra igitur est ineffectibilis. et vltra ergo incausabilis. consequentie ultime probate sunt in secunda conclusione de primo effectiuo." **ist zur *secunda conclusio* am Rande annotiert (db):**
quia propter quod unumquodcunque tale et illud magis

– Z. 23; db [V. n. 68] **Mehrfach unterstrichen ist der Abschnitt:** "Quantum ad secundum Articulum dico quod ista triplex primitas que est sparsim probata de ista quiditate competit eidem quiditati: quod ostenditur duabus conclusionibus sequentibus. Prima est ista: quod primum efficiens est vltimus finis. [n. 69] Secunda est. quod primum efficiens est primum eminentia. ita quod iste articulus habet duas conclusiones. prima probatur sic. quia omne per se efficiens agit propter finem: et prius efficiens agit propter finem priorem ergo primum effeciens agit propter vltimum finem. sed propter nihil aliud a se principaliter et vltimate agit: <u>quia nihil aliud a se potest esse finis eius.</u> ergo agit propter se sicut propter vltimum finem. ergo primum efficiens est vltimus finis. Secunda conclusio huius articuli probatur sic. <u>primum efficiens non est vniuocum respectu illarum naturarum effectarum: sed equiuocum.</u> ergo eminentius et nobilius eis. ergo primum efficiens est eminentissimum.", **der auch am Rande annotiert wird:**

hoc probatur quia tunc et illo per finem a fine ergo non eminentissima primaque

Vor allem aber erfolgt dazu eine senkrecht zwischen fo. 22 recto a und b sowie (in der ebenfalls senkrecht gehaltenen Fortsetzung) am unteren Blattrand gemachte Annotation (db):

hoc intelligi debet hoc modo: Generatio duplex est[.] univoca quum generans et generatum eiusdem rationis speciei[.]/equiuoca ratione ut solis radiis generatur Rana[.] sic ergo primum efficiens[:] respectu effectori equiuoca ratio est[.] quia si vnivoca[,] ergo eiusdem speciei et per consequens non primum efficiens[.] quia omnis creature species creata est[,] non autem a se ipsa[.] nulla enim seipsam species generatur[.] quodquod speciei individua sese generent[;] non autem hec est<?> rationis<?> species[,] sed subsistentie speciei[,] ut damascenus habet[.][11]

– Z. 46; db [W. n. 19; V. n. 70] "Ex hoc arguo sic. <u>nihil potest non esse nisi cui aliquid incompossibile positiue vel priuatiue potest inesse</u>: sed ei quod est a se et penitus incausabile non potest aliquid inesse quod sit ei incompossibile positiue vel priuatiue. ergo etcetera. maior patet quia nullum ens potest destrui nisi per incompos-

[11] Die Absicht der von Zwingli paraphrasierten Duns'schen Aussage ist klar: Nur eine äquivoke Wirkweise des ersten Wirkenden garantiert dessen Einzigkeit. In genau derselben Absicht verwendet Zwingli die Differenz zwischen äquivoker und univoker Effizienz als Beweis nur *einer* ersten und alleinigen und göttlichen Erstursache im Kosmos in *De Providentia Caput III* (Z VI, 3, 87). Er betont dabei, dass die Behauptung einer äquivoken potentiell unendlichen Generation potentiell unendlich vieler Welten durcheinander nur dann zum Beweis alleiniger Erstursächlichkeit führe, wenn die Endlichkeits-Unendlichkeits-Differenz beachtet und somit ein *regressus in infinitum* verunmöglicht werde.

Es sind solche auffälligen Parallelen, die bei einer Datierung der passiven Rezeption so viel Vorsicht angebracht sein lassen. Obwohl nichts in den Spuren dieser passiven Rezeption auf deren Entstehung in reformatorischer Geisteshaltung hinweisen würde, machen der Selbsthinweis Zwinglis auf seine aktive Rezeption 1528 (s. oben Kap. VI, Anm. 3) und vor allem die unbestreitbaren Beziehungen zwischen den Spuren der passiven und der aktiven Rezeption eine Vermutung vielleicht nicht zwingend später Entstehung, aber später Neulektüre jedenfalls plausibel. Das Vorkommen verschiedener Tinten gibt zusätzlich einer solchen These *sowohl* früher *als auch* später Genese der passiven Rezeption einige Wahrscheinlichkeit.

sibile sibi positiue vel priuatiue. minor probatur: quia illud incompossibile aut potest esse a se: aut ab alio. si a se. ergo est a se. ergo duo incompossibilia sunt simul. vel neutrum erit: quia vtrunque destruit esse alterius: si ab alio." **Zu den letzten beiden Sätzen ist am Rande annotiert:**
ut supra probatum est

(fo. 22 recto b)

– Z. 3; b [V. n. 71] **Eine nur bei Bagnacavallo in dieser Form überlieferte Aussage**[12] **ist unterstrichen, und zwar folgt auf den gut überlieferten Abschnitt:** "si vero per illas rationes quibus formaliter distinguuntur neutrum formaliter sit necesse esse. ergo ille rationes non sunt formaliter rationes necessario essendi. et ita sequitur quod neutrum includitur in necesse esse: quia necesse esse nihil includit quod non sit necesse esse" **die teilweise unterstrichene Apposition:** "vel ratio necessario essendi: quia quecunque entitas que non est de se necesse est possibilis: sed nihil possibile includitur in necesse esse. ergo etcetera."

– Z. 36; b [W. n. 20; V. n. 75] **Zu:** "primo ostendo quod primum efficiens est intelligens et volens: ita quod sua intellectio est infinitorum distincte: et quod sua essentia est representatiua infinitorum distincte: et ex hoc secundo concludetur sua infinitas. Quod autem sit intelligens et volens arguo sic [. . .]" **ist am Rande annotiert:**
prima conclusio
uolens

– Z. 49; b [V. n. 77] **In dem Argument:** "Secundo principaliter arguitur sic. si primum agens agit propter finem. aut ergo finis ille mouet primum efficiens: vt amatus actu voluntantis: aut vt tantum naturaliter amatus. si amatus actu voluntatis habetur propositum. si tantum amatus naturaliter hoc est falsum: quia non amat naturaliter alium finem a se vt graue centrum et materia formam tunc enim esset aliquo modo ad finem: quia inclinatus ad illum. si autem tantum amat naturaliter finem qui est ipse: hoc nihil est nisi ipsum esse

---

[12] Sie fehlt merkwürdigerweise genau für den von Zwingli unterstrichenen *quia*-Satz auch im Variantenapparat der Vaticana, s. Vat. 2, 172, obschon die Handschriftenfamilie zum Texttypus Bagnacavallos ansonsten konsultiert wird.

ipsum: hoc enim non videtur saluare rationem cause in ipso." **ist nebst einer Unterstreichung eine Korrektur angebracht, durch die das bei Bagnacavallo als Partizip formulierte Wort** "voluntantis" **mittels Streichung des Buchstabens** "n" **zu einem Substantiv reinterpretiert wird, wie übrigens auch die Vaticana liest.**

– Z. 57; b [V. n. 78] **Unterstrichen ist das Zitat in:** "Item arguitur quasi confirmando rationem iam factam. primum efficiens dirigit effectum suum ad finem. ergo vel naturaliter dirigit: vel cognoscendo et amando illum finem. non naturaliter: quia non cognoscens nihil dirigit nisi in virtute cognoscentis. sapientis enim est prima ordinatio. primo metaphysicorum sed primum efficiens in nullius virtute dirigit: sicut nec causat. nunc enim non esset primum. ergo etcetera."

– Z. 63; b [V. n. 79] **Der fehlerhafte Text bei Bagnacavallo:** "Item tertio arguitur sic. aliquid causatur contingentes. ergo prima causa contingenter causat. ergo volens causat." **wird korrigiert zu** "aliquid causatur contingente*r*".

(fo. 22 verso a)

– Z. 26; b [W. n. 21; V. n. 86] **Zu:** "Ad secundum dico quod non voco hic contingenter causatum quodcunque non necessarium: vel non sempiternum. sed cuius oppositum posset fieri quando illud fiet. ideo dixi aliquid contingenter causatur: et non dixi aliquid est contingens. Nunc dico quod philosophus non potest negare consequens saluando antecedens per motum: quia si iste totus motus necessario est a causa sua: quelibet pars eius necessario causatur quando causatur et ineuitabiliter: ita quod oppositum non posset tunc nec aliter causari. et vlterius quod causatur per quamcunque partem motus necessario causatur et ineuitabiliter. vel igitur nihil sit contingenter id est euitabiliter causatur: vel primum sic causat immediate quod posset etiam non causare." **ist am Rande annotiert:**
contingenter causari quodcunque

– Z. 46; b [W. n. 22; V. n. 89] **Im Abschnitt:** "Nunc vlterius quo ad conclusiones preambulas ad infinitatem probo. secundo quod eius intellectus et volitio non est aliud ab essentia eius. et primo de volitione suijpsius vt obiecti sic. causalitas et causatio cause finalis est simpliciter prima secundum Auicennam 6. metaphysicorum dicentem:

quod si de qualibet causa esset scientia illa que esset de causa finali esset nobilissima." **steht eine Unterstreichung und zudem am Rand:**

secunda conclusio

(fo. 22 verso b)

– Z. 16; b [V. n. 94] "Hec conclusio secunda. videlicet quod essentia dei eadem sit quod volitio suijpsius secunda est correlarijs. nam sequitur primo quod voluntas est idem prime nature: quia velle non est nisi voluntatis. ergo illa voluntas cuius est velle incausabile est incausabilis. ergo etcetera. similiter velle intelligitur quasi posterius voluntate. si igitur velle est idem illi nature: multo magis voluntas." **Dazu ist am Rande neben dem betreffenden Wort annotiert:**
correlaris [sic]

– Z. 22; b [V. n. 95] "Secundo sequitur quod intelligere se est idem illi nature: quia nihil amatur nisi cognitum. ergo si amare se est ex se necesse esse. sequitur quod intelligere se est ex se necesse esse. [V. n. 96] et similiter intellectio est quasi propinquior illi nature quam velle. Tertio sequitur quod intellectus est idem illi nature sicut prius et voluntate et velle argutum est. [V. n. 97] Quarto sequitur quod ipsa ratio intelligendi se sit idem sibi: quia necesse est rationem intelligendi esse ex se necesse esse: si intelligere sit necesse esse. ratio enim intelligendi se quasi preintelligitur ipsi intelligere."

– Z. 30; b [n. 23; V. n. 98] **Zu:** "Ostenso de intelligere se et velle se quod sint idem essentie primi ostendo propositum generalius scilicet de omni intelligere et velle respectu aliorum quod sint essentie primi idem. et sit conclusio ista tertia ad infinitatem preambula." **ist am Rande annotiert:**
tertia conclusio

(fo. 23 recto a)

– Z. 12; b [V. n. 104] **In:** "Item arguitur. intellectus iste habet in se per identitatem perfectionem maximam intelligendi. ergo et omnem aliam. Respondetur. non sequitur: quia alia que minor est prima potest esse causabilis. et ideo differe ab incausabili: maxima autem non potest." **ist das Wort** "incausabilis" **ohne erkennbaren Grund und jedenfalls grammatisch falsch durch Überschreibung verändert zu** "incausabili*a*".

– Z. 15; b [W. n. 24; V. n. 105] **Zu:** "Quarta conclusio principalis preambula de intellectu et voluntate dei ad infinitatem probandam sit ista. <u>intellectus primi intelligit semper et distincto actu et necessario quodcunque intelligibile prius naturaliter quam illud sit in se.</u>" **ist am Rande notiert:**
quarta conclusio

– Z. 59; db [W. n. 25; V. n. 115] **In:** "Contra istas declarationes rationis Aristotelis instatur quicquid sit de antecedente. omnia prima non videtur bene probari. non primo modo: quia duratio maior nihil perfectionis addit. nam albedo que vno anno manet non est perfectior quam si tantum vno die maneret. ergo motus quantecunque durationis non est perfectior quam motus vnius diei. igitur ex hoc quod agens habet in virtute sua actiua simul mouere motu infinito non concluditur maior perfectio hic quam ibi nisi quod agens diutius mouet et ex se: et ita esse ostendendum quod

(fo. 23 recto b)

eternitas agentis concluderet eius infinitatem: alias ex infinitate motus non posset concludi eius inifinitas. Tunc ad formam illius argumenti. vltima propositio illius colorationis negatur nisi de infinitate durationis." **ist das erste Wort des zweiten Satzes,** "omnia", **korrigiert zu** "*qui*a" **durch Verlängerung des ersten Buchstabens mittels einer q-Unterlänge; außerdem ist** "ita esse" **durch Hinzufügung eines** "t" **korrigiert zu** "ita esse*t*".[13]

– Z. 20; b [W. n. 26; V. fn. 117] **Zu:** "Ultima probabilitas que occurit pro consequentia Aristotelis declaranda est ista. quicquid potest in aliqua multa simul ita perfecte sicut quodlibet eorum seorsum: quorum quodlibet in causa requirit aliquam perfectionem sibi propriam. illud concluditur esse perfectius ex pluralitate talium ex hoc quod potest in plura: et per consequens infinitum si simul potest in infinita: et vlterius. si naturalis effectus non permittat simultatem eorum: tamen causa quantum est ex se posset simul in infinita adhuc sequitur quod sit infinitum ex pluralitate talium: et ita videtur de primo agente esse concedendum quod si posset causare infinita simul quod esset virtus eius infinita: et per consequens si simul haberet

---

[13] So auch Wadding und Vaticana.

virtutem causandi infinita: ita quod quantum est ex se posset simul
producere: licet natura effectus non permittat: adhuc sequitur infinitas
virtutis eiusdem: hec consequentia vltima probatur: quia potens causare simul album et nigrum non est minus perfectum si non potest
ea simul causare: quia ista non sunt simul causabilia: quia hec non
simultas est ex repugnantia eorum: et non ex defectu agentis: quia
agens simul habet virtutem respectu amborum si illa ex se essent
compossibilia. Sit igitur ista maior: quodcunque agens habet virtutem que quantum est de se posset in infinita simul: licet incompos-
sobilitas effectuum impediat ista simul poni: tale agens est infinite
virtutis. primum est huiusmodi ergo maior est declarata iam: quia
pluralitas talium concludit maiorem perfectionem in causa que quantum est ex se potest simul in illa. ergo infinitas illorum in que potest
quantum est ex se simul concludit infinitam eius virtutem."

ist am Rand annotiert:

Exemplum: visus particularis[,] quantum est ex se[,] potest videre omnia visi-
bilia mundi et tamen nullus visus unquam fuerit[.] certum est[,] quod omnia
viderit[,] quia non omnia compossibilia ratio videri simul. si dices[.] quod hoc
est ex defectu potentie visiue/ contra[.] sicut Intellectus universalis est ad omnia
intelligibilia et nunc nullus intellectus unquam fuit saltem naturalis[,] qui omnia
simul cointellexerit sane ex intelligibilium incompossibilitate id prouenit / sic ergo
visus et quelibet alia potentia eius organica universalis est ad omnia sui obiecti
individua et tamen illa omnia simul posse obiici impossibile est quod si possi-
bile esset potentia ferretur in omnia simul sed hec latius inveni praellegens In
secunda uia quare omissis his nostris rimulis ad fontem propera.

Die Worte "*esset potentia*" **sind unterstrichen.**[14]

---

[14] Diese Annotation ist sowohl sehr schwer zu entziffern – und darum im hier
angegebenen Wortlaut teilweise schlicht konjiziert – als auch, mit den technischen
Problemen zusammenhängend, inhaltlich schwer interpretierbar. Eingermaßen sicher
dürfte jedoch Folgendes zu sagen sein. Die Marginalie reflektiert den von Duns –
als halbherzige Rechtfertigung der problematischen Unendlichkeitsvorstellung der
aristotelischen Physik – in die Diskussion eingebrachten Gedanken eines unbedingten Perfektionsvorsprungs einer Macht, die *potentiell* gleichzeitig universal kausativ
tätig sein könnte, vor allen Mächten, die ihre Effekte zwar *aktuell*, aber ebendeswegen nur nacheinander oder nur teilweise oder überhaupt nicht effizieren können,
weil unter den Effekten stets logisch kontradiktorische auftauchen, die niemals zugleich
existieren können. Die *potentiell* unendliche Bewegung des ersten Bewegers würde
als einzige denkbare *potentiell* gleichzeitig alle ihre Effekte bewirken: *non ex defectu*
agentis, sondern *ex repugnantia eorum [effectorum]* und wäre darum unendlich perfekter
als alle anderen Mächte und in diesem Sinne wäre, so Duns, die aristotelische
Meinung trotz allem salvierbar. Die Zwinglische Marginalie meditiert so, unsere
Interpretation einmal als richtig genommen, diesen merkwürdigen Plausibilisierungs-
versuch, indem sie fragt, ob ein alle in der Welt vorhandenen Dinge zugleich erken-

– Z. 53; b [W. n. 27; V. n. 119] **Unterstrichen ist ein wichtiges Argument für die Beweisbarkeit der unendlichen Macht Gottes:** "licet ergo omnipotentiam proprie dictam secundum intentionem theologorum tantummodo creditam esse et non naturali ratione credam posse probari: sicut dicetur distinctione 42. probatur tamen infinita potentia: que simul quantum est ex se: habet eminenter omnem causalitatem qua simul posset in infinita si simul essent factibilia. [W. n. 28; V. n. 120] Si objicitur primum non posse ex se simul in infinita. quia licet habeat eminentius omnem causalitatem cause quam sit in causa secunda: tamen non potest ex se in effectus omnium causarum secundarum: quia non est probatum quod sit totalis causa infinitorum.

Hoc nihil obstat: quia si causa primo haberet simul vnde esset totalis causa nihil perfectius esset quam nunc sit quando habet vnde sit prima causa tantum. tum etiam quia ille secunde cause non requiruntur propter perfectionem addendam in causando: quia tunc remotius a prima causa esset perfectius: quia

(fo. 23 verso a)

perfectiorem requireret causam. sed si requiruntur cause secunde cum prima secundum philosophos: hoc est propter imperfectionem effectus: vt prima cum alia causa imperfecta possit causare imperfectum: quod secundum ipsos non potest immediate causare. tum etiam quia tote perfectiones causarum secundarum eminentius sunt in primo quam si ipse formaliter sibi inessent si possent inesse: quod probatur: quia causa secunda proxima prime totam perfectionem causatiuam habet a sola prima. ergo totam perfectionem illam eminentius habet prima causa quam causa secunda habens formaliter ipsam." **Zudem ist im letzten zitierten Satz das als Abbreviatur nur teilweise abgedruckte Wort** "quia" **ergänzend nachgeschrieben.**

---

nender und damit nach scholastischer Vorstellung auch effizierender Intellekt existiere oder nicht. Seine in ihrem exakten Verlauf nicht mehr rekonstruierbaren, aller Wahrscheinlichkeit nach jedoch abwägendes Problembewusstsein bezeugenden Überlegungen enden in einem Hinweis auf die zweite *via* der q., in der die Fragestellung des unendlichen Intellekts von Duns selber expliziert wird. Wahrscheinlich ist die Glosse also ein Versuch, Duns durch Duns zu erklären.

– Z. 20; b [W. n. 29; V. n. 121] **Zum Abschnitt:** "Iuxta istam viam efficientie arguitur quod primum habeat potentiam infinitam: quia creatiuam. nam inter creationis extrema infinita est distantia. Sed hoc antecedens ponitur tantum creditum vt <u>non esse quasi duratione praecedit esse:</u> vt tamen quasi natura secundum viam Auicenne non esse precedit esse. antecedens ostenditur. quia saltem prima natura post deum est ab ipso. et non a se: nec accipit esse aliquo presupposito. ergo illud creatur. sed sic accpiendo prius natura tam non esse quam esse non sunt ibi extrema mutationis quam causet illa virtus: nec illud effici requirit mutari." **ist am Rande eine hinweisende Hand gezeichnet, über der die Worte stehen:**
non videtur superfluum

– Z. 27; b [ibid.] **Es folgen weitere Unterstreichungen:** "Sed quicquid sit de antecedente: consequentia non probatur: quia <u>quando inter extrema nulla est distantia media: sed ipsa dicuntur precise distare ratione extremorum inter se tanta est distantia quantum est maius extremum.</u> exemplum. deus distat in infinitum a creatura etiam suprema possibili si qua daretur non propter aliquam distantiam mediam inter extrema: sed propter infinitatem vnius extremi: [V. n. 122] ita contradictoria non distant per aliqua media: quia contradictoria sunt immediata: ita <u>quod quantumcunque parum recedit aliquid ab vno extremo statim est sub altero:</u> sed distant propter ipsa extrema inter se. tanta est igitur ista distantia quantum est illud extremum: quod est perfectius: illud est finitum. ergo." **Zudem ist in dem Wort** "sed [distant propter]" **das nicht abgedruckte Endungskürzel** "3" **ergänzt zu** "β".

– Z. 43; b [V. n. 124] "Quod autem dicitur communiter contradictoria distare in infinitum potest sic intelligi id est indeterminate: quia sicut nulla est ita parua distantia que non sufficiat ad contradictoria. ita nulla est ita magna etiam si esset maior maxima possibili quin ad illa contradictoria se extendant. est igitur eorum distantia infinita id est indeterminata ad quodcunque magnam vel paruam. ex tali enim infinitate distantie non sequitur consequens de infinita potentia intensiua: sicut nec sequitur ad minimam distantiam in qua saluatur sic infinita distantia. <u>quod enim non sequitur ad antecedens non sequitur ad consequens.</u>"

(fo. 23 verso b)

– Z. 19; b [W. n. 30; V. n. 128] **Unterstrichen ist die wichtige Feststellung:** "Secundo iuxta istam viam de intelligere primi propositionem sic ostendo. causa prima cui secundum vltimum sue causalitatis causa aliquid perfectionis addit in causando: non videtur sola posse sine secunda ita perfectum effectum causare sicut ipsa cum secunda: quia causalitas sola prime cause diminuta est respectu causalitatis amborum. ergo si illud quod natum est esse a causa secunda et prima simul sit multo perfectius a sola prima: causa secunda nihil perfectionis addit prime: sed <u>omne finitum omni finito additum addit aliquam perfectionem.</u> ergo talis prima causa est infinita."

– Z. 52; b [W. n. 31; V. n. 131] **Auch der Argumentationsduktus in der _via quarta_ ist unterstrichen:** "Quarta uia Ex parte eminentie arguo sic. eminentissimo incompossibile est aliquid esse perfectius: sicut prius patuit. finito autem non est incompossibile aliquid esse perfectius. quare etcetera. [V. n. 132] minor probatur: <u>quia infinitum non repugnat enti.</u> omni finito maius est infinitum. quare etcetera."[15]

– Z. 56; b [ibid.] **Im Folgenden:** "Aliter arguitur et est idem. cui non repugnat infinitum intensiue illud non est summe perfectum nisi sit infinitum: quia si est finitum potest excedi vel excelli: si infinitas sibi non repugnat. enti autem non repugnat infinitas. ergo perfectissimum est infinitum. minor huius consequentie que etiam in precedenti argumento accipitur non videtur a priori posse probari vel ostendi: <u>quia sicut contradictoria ex rationibus proprijs contradicunt: nec potest per aliquid manifestius hoc probari: ita non repugnantia ex rationibus proprijs non repugnant:</u> nec videntur posse ostendi nisi explicando rationes ipsorum. ens autem per nihil notius explicatur." **ist ein Satz unterstrichen; außerdem sind im Wort** "per" **des letzten Satzes die Buchstaben** "p" **und** "r" **ergänzt. Der Abschnitt ohne Unterstreichungen ist am Spaltenrand markiert.**

(fo. 24 recto a)

– Z. 9; db [W. n. 32; V. n. 135] **Zum dritten Argument:** "Item sic suadetur. infinitum suo modo non repugnat quantitati. id est in accipiendo partem post partem. ergo nec infinitum suo modo repugnat

---

[15] Hier folgt Wadding einer andern Vorlage und verwendet _infinitas._

entitati id est in perfectione simul essendo. Item si quantitas virtutis est simpliciter perfectior quam quantitas molis: quare erit possibilis infinitas in mole et non in virtute: sed si est possibilis est et actu: sicut patet ex tertia conclusione vbi scilicet de primitate effectui." **ist am Rande annotiert:**

Incidens sicut de quantitate uirtutis arguis [,] sic ergo de quantitate molis argui posse non negabis [.] ergo si quantitas virtutis [,] quia potest esse [,] est [,] ergo et quantitas molis [,] quia potest esse [,] est [.] quia non videtur Ratio diuersitatis [,] ut arguitur <arguuntur?> in tantum<?> se procedit [,] consequens est [,] quantum nullum est[,] quia actum quantitas quantitate molis [.] Respondeo<responsio?> nulla est quantitas molis [quae] potest esse a se nisi uirtute alterius [,] hoc est [,] non potest esse quantitas molis [,] quia id requirat primam causam[.] non sic autem quantitas virtutis [,] quia oportet esse primam uirtutem [,] non autem quantitatem molis [.]

– Z. 38; db [W. n. 32; V. n. 139] **In der *coloratio Anselmi*:** "Uel aliter coloratur sic maius cogitabile est quod existit id est perfectius cognoscibile: quia visibile siue intelligibile intellectione intuitiua." **ist das Wort** "cognoscibile" **teilweise unterstrichen.**

– Z. 64; db [W. n. 33; V. n. 144] "Breuiter dico vnam propositionem quod quecunque essentia absolute finita in se est finita: vt preintelligitur omni comparationi sui ad aliam essentiam."[16]

1.6. Zu Ord. I, d. 2, W. q. 3; V. p. 1, q. 3

(fo. 24 verso b)

– Z. 19; db [W. n. 1; V. n. 158] **In:** "Preterea secundo quia sicut deus est quo maius cogitari non potest: ita dij sunt quibus maiores excogitari non possunt. illa autem quibus maiora cogitari non possunt sunt in effectu: quia videtur quod si non essent in effectu maiora possunt eis cogitari." **ist bei der am Anfang genannten Zahl, bei der in der Bagnacavalloausgabe nur das Ordinalringlein ohne Ziffer abgedruckt wurde, die Ziffer** "2" **ergänzt.**

– Z. 44; b [W. n. 2; V. n. 166] "Prima via ex parte intellectu infiniti arguitur primo sic. Intellectus infinitus cognoscit quodcunque intelli-

---

[16] *comparationi* ist wohl ein Druckfehler; sowohl Wadding wie Vat. schreiben *comparatione*.

gibile perfectissime quantum est intelligibile in se. ergo si sint duo dij sint a. et b. a. ergo cognoscet b. perfectissime quantum scilicet b. est cognoscibile: sed hoc est impossibile. probatio. quia aut cognoscit b. per essentiam b. aut non. si non. et b. est cognoscibile per essentiam. ergo a. non cognoscit b. perfectissime quantum scilicet b. est cognoscibile. <u>nihil enim cognoscibile per essentiam perfectissime cognoscitur nisi cognoscatur per essentiam suam vel per aliquid perfectius includens essentiam suam quam ipsa sit in se.</u>"

– Z. 62; b [V. n. 167] **In:** "Contra. Neutra responsio saluat quod a. intelligat b. perfectissime: et per consequens non est deus: <u>quia co-</u>

(fo. 25 recto a)

<u>gnitio alicuius in simili tantum siue in vniuersali non est cognitio perfectissima et intuitiua ipsius rei in se</u> et ita non cognoscit b. intuitiue et perfectissime. quod est propositum." **steht eine Unterstreichung.**

– Z. 3; b [V. n. 168] **Der folgende Abschnitt ist mit einer Randklammer versehen:** "Secundo ex parte intellectus arguitur sic. actus aliquis non potest habere simul duo obiecta adequata. a. est obiectum adequatum sue intellectioni: et b. esset adequatum eidem si posset intelligere simul perfecte a. et b. ergo impossibile est quod a. intelligat vnica intellectione simul perfecte a. et b. Si a. habet duas intellectiones realiter distinctas. ergo non est deus. Maior patet. quia alioquin actus adequaretur alicui obiecto: quo substracto non minus quietaretur potentia et adequaretur. et ita frustra esset tale obiectum."

(fo. 25 recto b)

– Z. 43; db [W. n. 6; V. n. 181f.] **Korrigiert ist in dem Abschnitt:** "Argumenta quedam aliorum ad conclusionem predictum nolo hic adducere quibus non oportet inniti: quia sub solubilia. et eque forsan concludentia vnum esse angelum in vna specie si angelus est simplex in essentia sua: aut si concludunt: non tamen ex naturaliter nobis notis: nec oportet illa adducere vt soluenda: quia non sunt contra conclusionem quam teneo." **die Endung des Wortes** "predictum" **zu** "predictam" **sowie das Wort** "sub" **zu** "sunt"; **zudem ist im Wort** "eque" **die** *cauda* **unterhalb des Anfangsbuchstabens ergänzt.**

(fo. 25 verso a)

– Z. 22; b [W. n. 7; V. n. 185] "Ad secundam dico. quod consequentia non valet: quia numerus non est talis modus significandi
grammaticaliter quales alij modi grammaticales qui precise dicunt
modum concipiendi rem absque aliquo reali correspondenti tali modo
concipiendi: sed numerus vere includit rem substractam.[17] vnde sequitur. homines currunt. ergo plures homines currunt: sed non est sic
de alijs consignificatiuis nominis vel verbi: quia non sequitur. deus
est generis masculini. ergo deus est masculus: quia ad masculinita-
tem sufficit aliquid in re a quo iste modus concipiendi possit accipi:
puta actiuitas. [. . .] et ideo non sequitur quod plurale sit verum de
plurali: sicut singulare de singulari: quia de eo cuius ratio est in se
falsa, nihil est verum."

– Z. 41; b [V. n. 186] **In:** "Per idem patet ad aliam probationem
quo maius cogitari non potest: quia non sunt dij cogitabiles sine
contradictione: quia modus repugnat rei concepte. et ideo maior est
glosando [sic] sicut prius in questione precedenti. Ad veritatem autem
propositionis requiritur quod ratio subiecti sit in se vera et non includat contradictionem sicut dictum est in questione secunda huius
distinctionis." **ist das Wort** "glosando" **zu** "glosand*a*" **korrigiert.**

– Z. 47; b [V. n. 187] **Zum Abschnitt:** "Ad tertium dico quod
maior propositio non est prima: sec reducitur ad istam. omne imperfectum reducitur ad perfectum: et quia omne ens per participationem est imperfectum: et tantum illud ens est perfectum quod est ens
per essentiam. ideo sequitur propositio illa maior de participatione.
hec autem maior de imperfecto sic habet intelligi. aliquid est imperfectum secundum perfectionem simpliciter. que non necessario habet
imperfectionem concomitantem: quia non includit in se limitationem
vt hoc bonum: hoc verum: hoc ens. et huiusmodi imperfectum reducitur ad perfectum eiusdem rationis. scilicet bonum. ens verum. que
important perfectiones simpliciter. aliquid autem est imperfectum
secundum perfectionem non simpliciter: sed secundum perfectionem
que de ratione sui includit limitationem. et ideo necessario habet
imperfectione annexam. vt hic homo et hic asinus.", **der im zweit-
letzten Satz für das offensichtlicherweise falsch abgedruckte**

---

[17] Wadding schreibt *substratam*.

Wort "imperfectione" **durch Einfügung eines m-Striches korrigiert ist zu** "imperfection*m*", **ist am Rande annotiert:**

Imperfectum secundum $\left\{ \begin{array}{l} \textit{perfectionem simpliciter} \\ \\ \textit{perfectionem non simpliciter} \end{array} \right.$

1.7. Zu Ord. I, d. 2, W. q. 6; V. p. 2, q. 3

(fo. 26 recto b)

– Z. 8; db [W. n. 2; V. 203] **Zu dem im Text allein vorhandenen Ordinalring ist die arabische Zahl** "2" **für** "Secundo" **ergänzt in:** "Secundo probatur maior. quia omne productum possibile fuit produci: alioquin impossibile esset productum."

– Z. 32; db [V. n. 208] **In der Beweisführung:** "[. . .] probatio antecedentis: quia latio et alteratio secundum Aristotelem octauo physicorum non ponunt tantam imperfectionem quantam ponit generatio: quia multa entia perfecta possunt alterari vel localiter ferri qui non possunt generari: sed non conceditur in deo loci mutatio vel alteratio. ergo nec generatio." **wird das fälschlicherweise maskulin gesetzte Pronomen durch die Verbreitung des** "i"-**Kürzels zu einem e-Strich zu seiner korrekten neutralen Form** "qu*e*" **gebracht.**

1.8. Zu Ord. I, d. 2, W. q. 7; V. p. 2, q. 4

(fo. 26 recto b)

– Z. 61; b [W. n. 1; V. n. 214 Anm][18] **Zu:** "preterea arguitur sic. ex commento illo. generabile hoc generatur equiuoce non ex semine: aut ergo de necessitate: aut ut in pluribus. aut vt raro. si de necessitate equiuoce generatur. igitur nunquam ex semine: quod est falsum. Si autem vt in pluribus equiuoce de purificatione generatur ergo naturaliter: quia quecunque vt in pluribus accidunt naturaliter acci-

---

[18] Die Vaticana zitiert den ganzen Passus als *textus interpolatus* im ersten kritischen Apparat.

(fo. 26 verso a)

dunt. ergo naturaliter generatur equiuoce." **ist am Rand [fo. 26rb] annotiert.**

putrefactione
Das nicht häufige Wort ist auch in Brulefers Rep. IV, d. 12, q. 6 an den Rand notiert, allerdings in anderem Kontext.

– Z. 29; b [W. n. 3; V. n. 220] **Zu:** "Quia sicut dixi pluralitas declaratur ex productione. ideo primo respondeo ad questionem de productione que est tertia in ordine. Et dico quod in diuinis est et potest esse productio: [V. n. 221] quod probo sic. quicquid de ratione sua formali est principium productiuum illud in quocunque est a se et sine imperfectione in eo est principium productiuum. istud totum scilicet intellectus habens obiectum actu intelligibile sibi presens ex ratione sua formali est principium productiuum noticie genite." **ist am Rande notiert:**
a^{or}
b^{or}
Dabei scheint sich a^{or} **auf die als syllogistischer Obersatz zu verstehende Aussage** "quod probo" **zu beziehen,** b^{or} **auf die den Untersatz darstellende Aussage** "istud totum".

– Z. 43; b [V. n. 227] "Contra istam rationem isto vt declaretur." **ist korrigiert zum korrekten** "i*n*sto".

– Z. 64; b [V. n. 230] **In dem Abschnitt:** "Secundo probatur quia intellectus est potentia actiua non factiua: vt dicitur 9. metaphysicorum igitur si potest producere productum potest producere in se illud et non extra se alioquin non ha

(fo. 26 verso b)

beret rationem actui vt distinguitur contra rationem factiui." **ist** "actui" **durch Einfügung eines** "i" **korrigiert zum korrekten** "actiui".

– Z. 3; b [W. n. 4; V. n. 231] "Istas rationes excludendo confirmo rationem. et ad excludendum responsionem ad minorem in se. dico quod intellectus noster respectu genite noticie habet potentiam receptiuam. et ista potentialis est imperfectionis: quia est potentialis [sic] passiua. nihil autem facit hoc ad rationem principij productiui: quia

<u>nulla imperfectio formaliter est de ratione principij productiui.</u> et maxime quando principium productiuum potest in se esse perfectum."

– Z. 25; db [V. n. 233] **Zwei Druckfehler in:** "igitur si separentur predicta duo in intellectu ab inricem remanentem eo quod erat per se ratio principii productiui: adhuc erit ratio producendi quantum- cunque non sit ibi potentialitas passiva recepiua." **sind korrigiert, nämlich** "inricem" **zu** "in*u*icem" **und** "recepiua" **zu** "recep*t*iua".

– Z. 28; b [ebd.] **Senkrechte, teilweise leicht gewellte Rand- anstreichung bei:** "Exemplum huius patet. quia si in intellectu nostro esset concreata vel consubstantialis notitia sui secundum quod quidam intelligunt Augustinum de notitia condita 14. de trinitate tunc licet intellectus non possit habere noticiam genitam qua cog- noscat se formaliter. tamen si potest habere aliquod obiectum actu intelligibile sibi presens potest aliquam noticiam gignere in passo approximato si quod tale sit: aut per se stantem si habere virtutem gignendi aliquid per se stans. ergo ab intellectu diuino circumscripta ratione receptiui noticie si remaneat ratio productiui noticie. et hoc per se stantis poterit talis noticia gigni. licet non recipiatur in intel- lectu qui est principium gignendi. ex hoc patet quod glosa illius minoris nulla est."

– Z. 40; b [V. n. 234] **In:** "Ad confirmationem illius glose per frus- tra dico quod in omni ordine agentium precipue vbi principium actiuum de se non est imperfectum est status ad aliquod principium actuum simpliciter perfectum: quod scilicet agens agit ex plenitudine perfectionis. et dicitur agens ex liberalitate secundum Auicennam sexto metaphysice capitulo vltimo: <u>Nullum autem agens agit libera- liter propter hoc quod ex actione sua expectat perfici.</u> sicut enim in actibus humanis liberalis est ille qui agit non expectans redditionem. ita simpliciter agens dicitur liberale: eo quod nullo modo perficitur a productione vel producto." **ist das Wort** "actuum" **durch Einfügung eines hochgestellten *i* korrigiert zu** "act*i*uum". **Am Rand ist annotiert:**
Agens ex liberalitate

– Z. 49; b [W. n. 5; W. n. 234] **Der Freiheitsgedanke wird noch zweimal durch Unterstreichung hervorgehoben:** "Ex hoc arguitur sic. in omni genere principij productiui non includentis imperfectionem possibile est stare ad aliquod primum simpliciter perfectum: sed intellectus est tale principium et voluntas simpliciter ergo in isto genere potest stari ad aliquod simpliciter perfectum: sed nihil est simpliciter perfectum agens quod non agit <u>libenter</u> secundum predictum modum. ergo hoc est aliquod agens <u>libenter</u> modo predicto."

(fo. 27 recto a)

– Z. 1; b [W. n. 5; V. n. 237] "Cum autem arguitur post de impossibilitate duco ad oppositum: quia et si aliquod obiectum presens memorie patris habeat ibi aliquam noticiam actualem patris quasi productam: non tamen habet noticiam adequatam in patre productam. <u>nulli autem principio productiuo ex se tollitur producere vt est in aliquo nisi intelligatur illud principium producere vel produxisse aliqua productione adequata virtuti talis principij productiui.</u> et ideo quantumcunque memoria vt in patre habeat quasi productum adhuc potest producere productum: sed verum est quod cum habuerit productum adequatum non poterit aliud producere."

– Z. 27; b [W. n. 6; V. n. 238] **Es besteht eine senkrechte Randanstreichung zu:** "Secundo principaliter ad conclusionem principalem arguo sic. Obiectum vt est in memoria producit seipsum vt est in intelligentia: vel est ratio producendi seipsum vt est in intelligentia: quod autem obiectum habeat esse vtrobique secundum quid vel ab eis differens hoc est imperfectionis: quia si memoria esset perfecta et intelligentia perfecta obiectum esset simpliciter vtrobique idem vtrique. ergo ablata omni perfectione reseruando illud quod est perfectionis simpliciter obiectum idem simpliciter memorie gignet aliquid in intelligentia cui est simpliciter idem quod est propositum." **und korrigierend ist vor das Wort** "perfectione" **die entscheidende Vorsilbe "im" hinzugefügt, sodass entsteht** "*im*perfectione".

– Z. 36; b [V. n. 239] **Zu:** "Preterea tertio sic. in qualibet conditione entis que non est ex ratione sua imperfecta necessitas est simpliciter perfectionis. igitur in productiuo: quia illud non dicit ex se imperfectionem. probatio antecedentis: quia sicut necessarium est conditio perfectionis in ente inquantum ens. ita etiam est perfectionis in quolibet diuidente ens quod non ex se necessario imperfectum siue limitatum." **ist am Rand annotiert:**
necessarium conditio perfectionis

– Z. 41; b [ibid.] **Nach einer Unterstreichung in:** "sicut enim <u>quando ens diuiditur per opposita alterum diuidentium est perfec-</u><u>tionis in ente alterum imperfectionis.</u> ita in quolibet quod est imper-<u>fectionis cuiuslibet diuisionis illud membrum est possibile: quod est</u><u>perfectionis est necessarium.</u> producens autem inquantum tale non includit imperfectionem. ergo non est producens perfectum in ratione producentis nisi sit necessario producens: producens autem primum non potest esse necessario producens aliud a se et ad extra. sicut dicetur distinctione octava. ergo ad intra." **ist** "producentis" **verändert zu:** "producent*um*".

– Z. 52; db [V. n. 240] **In:** "Preterea relationes opposite de secundo modo relatiuorum possunt comptere eidem nature limitate. sicut eidem voluntati competit ratio motiui et mobilis quando voluntas mouet se: sed relationes producentis et producti. licet magis repugnent quam relationes mouentis et moti: tamen sunt relationes eiusdem modi secundum philosophum 5. metaphysice capite de ad aliquid ibi enim pro exemplo ponit calefactiuum et calefactibile. patrem et filiu siue genitum et eum qui genuit. ergo relationes producentis et producti sunt compossibiles in eadem natura." **ist das unvollständige Wort** "filiu" **durch ein m-Strichlein über dem Buchstaben** "u" **zu** "filiu*m*" **ergänzt.**

(fo. 27 recto b)

– Z. 3; b [W. n. 7; V. 241 Anm. a][19] "Confirmatur etiam ratio. quia <u>omnia relatiue opposita equaliter includunt contradictionem: sed</u><u>aliqua secundi modi non includunt contradicionem [sic]. igitur nec</u><u>alia.</u>"

– Z. 17; b [V. n. 251] **Zu:** "Similiter arguitur de ratione perfecti: quia perfectum est quod potest producere sibi simile. ex primo metaphysice et 4. meteororum ergo primum agens quod est perfectissimum potest producere sibi simile: sed perfectius est quod potest producere sibi simile vniuoce quam equiuoce: quia productio equiuoca est imperfecta: ergo etcetera." **steht am Rande die Annotation:** *non ex parte producentis sed producti*

---

[19] Die Vaticana zitiert den Passus als *textus a Duns Scoto cancellatus* im ersten kritischen Apparat.

– Z. 41; db [W. n. 8; V. n. 255] **Im Text der Bagnacavalloausgabe**: "Respondeo quod verbum est quantum possibile est aliquid diffundi. Sed oportet probare quod possibile esset aliquid diffundi
siue communicari in vnitate nature." **wird korrigierend die Type
"b" im Wort** "verbum" **gestrichen, sodass Wortlaut und Sinn
des Satzes demjenigen aller anderen Ausgaben – die Vaticana
nennt keinerlei abweichende Varianten – angeglichen wird.**

– Z. 54; db [W. n. 9; V. n. 259] **Im Bagnacavallo-Text:** "Ad
primum negando maiorem: cum probatur primo per necessarium ex
se: et ex alio. dico quod si idem genus cause importetur per hec
duo ex se et ex alio: verum est quod nihil sic est necessarium ex se
et ex alio. si autem aliud genus cause importetur: puta per illuc[20] ex
se/causa formali. et per illud/ab alio/causa effectiua vel productiua
non est inconueniens idem esse necessarium ex se von modo." **ist
das "c" in "illuc" zu "illu*d*", was auch Wadding setzt, ergänzt
und sind senkrechte Zwischenstriche nach den Worten "se",
"illud" und "alio" gesetzt, wie in unserer Wiedergabe des
Textes behelfsmäßig angezeigt.**

(fo. 27 verso a)

– Z. 17; db [W. n. 10; V. n. 262] **Zu dem teilweise unterstrichenen Abschnitt:** "Ad secundam probationem maioris dico: quod
possibile logicum differt a possibili reali. sicut patet per philosophum
quinto metaphysice capite de potentia. possibile logicum est modus
compositionis formate ab intellectu illius quidem cuius termini non
includunt contradictionem: et ita hoc modo possibilis est hec propositio deum posse produci. et deum esse deum: sed possibile reale est
quod accipitur ab aliqua potentia in re sicut a potentia inherente
alicui: vel terminata ad illud sicut ad terminum: filius autem non est
possibilis possibilitate reali: nec possibilitate inherente: nec terminata
ad ipsum: quia possibilitas siue actiue siue passiua est ad aliud in
natura: sicut patet per diffinitionem potentie actiue et passiue. quinto
et sexto[21] metaphysice quod est principium transmutandi aliud vel
ab alio inquantum aliud: tamen filius est terminus potentie produc-
tiue que abstrahit a ratione potentie effectiue." **stehen am Rande
die Annotationen:**

---

[20] Wadding: illud
[21] Wadding: nono.

possibile logicum
possibile reale
sowie
potentiae activae et passivae diffinitio

– Z. 36; b [V. n. 263] **In:** "Ad tertiam probationem cum dicitur ibi est ordo ergo intelligitur prima persona non intellectiua secunda." **ist das Wort** "Intellectiua" **durch Streichung von** "iu" **zu** "Intellect*a*" **korrigiert.**[22]

– Z. 43; b [V. n. 264] **Zu:** "Cum autem infers mutationem ex terminis oppositis: accipis ac si intelligeretur productum non esse quando producens est. abstractionem igitur sine mendacio: que est non considerando illud a quo fit abstractio: commutas in abstractionem mendacem que est considerando illud non esse a quo sit abstractio." **ist am Rande annotiert:**

$$\text{Abstractio} \left\{ \begin{array}{l} \text{cum} \\ \\ \text{sine} \end{array} \right. \text{mendacio}$$

– Z. 48; b [W. n. 11; V. n. 265] **In den Bagnacavallo-Text:** "Ad quartam probationem dico: quod illa persona non esset in essentia sine productione. habet illam per productionem: [. . .]" **ist nach** "productione" **eingefügt:**
sed
Diese Insertion kommt laut der Vaticana sonst in keiner Edition mehr vor, stellt demnach wohl eher eine persönliche Ergänzung als eine Textkorrektur dar.

– Z 50; b [ibid.] **Der gleich anschließende Schlusssatz dieser trinitätstheologisch bedeutsamen *probatio quarta* der dritten q. ist unterstrichen:** "non sequitur ergo. essentia de se non habet personam. ergo essentia de non habente fit habens: sed sequitur. ergo essentia de ratione sua non habet illam vel non includit illam personam: quod patet si persona est relatiua. probatio: quia tunc est aliquid excepto relatiuo. secundum Augustinum 7. de trinitate capite primo vel sexto quia relatio non est de ratione absoluti. ipsa inquantum essentia habet illam productionem: siue per productionem habet personam in qua subsistit: que tamen persona vel

---

[22] So auch Wadding.

productio non est de ratione essentie: <u>non autem sequitur mutatio ex hoc quod aliquid inest alicui quod non est de ratione eius: sed mutatio requirit quod aliquid insit alicui cui prius infuit oppositum quod non habetur in proposito.</u>"

(fo. 27 verso b)

– Z. 2; db / b [W. n. 12; V. n. 267] **Im Abschnitt:** "Ad secundum principale dico: quod non sequitur. est ab alio. ergo dependens. Cum probatur concedo quod eque independenter est natura in producente et produco. Cum arguitur ex independentia quod non est preexigentia nego consequentiam: quia dependentia sequitur entitatem formalem dependentis ab illo a quo dependet: quando igitur habet eandem entitatem non est ibi dependentia: potest tamen ibi esse preexigentia si vnum suppositum habeat illud ab altero." **ist nebst einer durch ein eingefügtes *t* durchgeführten Korrektur des Wortes** "produco" **zu** "produc*t*o" **an den Rand herausnotiert:** *praeexigentia*

– Z. 9; b [V. n. 268] **Zu der teilweise unterstrichenen Begründung:** "Ad vltimum dico. quod mutationes alie a generatione ex ratione sua formali sunt imperfectiores generatione: quia ex ratione terminorum inductorum imperfectorum habent maiores imperfectiones quam termini generationis: tamen alie mutationes quantum ad illud quod presupponunt non requirunt tantam imperfectionem in subiecto. quantum requirit generatio. et hoc vt est mutatio: <u>quia generatio requirit in subiecto entitatem in potentia:</u> et hoc ad esse simpliciter. alie mutationes non." **ist am Rande erläutert:** *ex hoc facilis [sic; wohl für: facile] intelligitur quod dictum est ad probationem prime rationis in oppositum* **Gemeint (und zutreffend) ist, dass Duns hier auf die letzte der *declarationes prime rationis* (W. n. 5; V. n. 237) der q. 3 der *secunda pars* dieser d. rekurriert.**

– Z. 16; db **Im Bagnacavallo-Text:** "Ad propositum applicando dico. quod generatio non trensfertur ad diuina secundum illud quod presupponit generatio: puta subiectum mutabile quod est imperfectionis: quia vt est mutatio non est in diuinis: sed transfertur ad diuina inquantum generatio est productio sub ratione qua est productio termini: quia terminus eius est perfectior terminis aliarum mutationum." **ist das erste** "e" **in** "trensfertur" **zu einem *a* korrigiert**

und über dieses ein n-Strich (zusätzlich zum bereits vorhandenen) gesetzt.

– Z. 37; db [W. n. 13; V. n. 272] **Zu:** "Confirmatur ratio. quia actus notionales fundati super actus essentiales equantur eis. et ideo non possunt plurificari actus nationales [sic] fundati super eundem actum essentialem. [V. n. 273] Et modus ponitur iste: et colligitur ex multis dictis sparsim in pluribus locis: quod tam intellectus quam voluntas in quocunque habent esse propter sperationem illorum a materia: postquam habuerint esse in actu suo primo simplicis intelligentie aut volitionis: sunt supra se conversiue." **ist am Rande korrigierend zum Wort** "sperationem" **annotiert:**
sepa
sodass entsteht: "*sepa*rationem"

(fo. 28 recto a)

– Z. 62; b [W. n. 14; V. n. 282] **In der Widerlegung der Argumente Heinrichs für eine *conversio suppositorum* in Gott ist das entscheidende, die ganze scotische Gotteslehre mit grundlegende Axiom unterstrichen:** "Ista opinio ponit tres articulos quos non credo esse veros. Primum est quod intellectus vt nudus conuersus supra intellectum formatum noticia simplici formatur ab eo noticia genita. Hoc improbo sic. intellectus non conuertitur nisi vt est in aliquo supposi-

(fo. 28 recto b)

to: quia conuersio ponitur actio. et <u>actiones sunt suppositorum.</u>"

– Z. 17; b [V. n. 285] **In der weiteren Begründung dieses Axioms ist zum Satz:** "Tunc enim est aliquid in potentia proxima quando nihil oportet addi subtrahi vel minui ad hoc quod actus insit." **am Rand annotiert:**
In potentia proxima

– Z. 42; r [W. n. 15; V. n. 292] **Ein weiteres formalitätentheoretisch fundiertes Argument gegen die Vertauschbarkeit von *supposita* ist unterstrichen:** "Secundo sic. productio magis conuenit actui primo vt principio productiuo quam actui secundo: <u>quia operationes perfecte de ratione sui sunt fines et non sunt gratia aliorum finium.</u> ergo intellectio vt est operatio patris non est ratio

formalis productiua alicuius termini: sed tantum actus primus cuius
virtute elicitur illa operatio erit principium productiuum."

(fo. 28 verso a)

– Z. 10; db [V. n. 299] **In der Widerlegung des dritten**[23] **Artikels**
"Secundus etiam articulus est falsus in nobis. tum quia noticia confusa non potest esse principium elicitiuum noticie distincte simul nec
imperfectum potest esse principium elicitiuum productionis alicuis
perfectio." **wird das falsch gesetzte Wort** "alicuis" **um ein** "u"
zu alicui*u*s korrigiert.

– Z. 19; b [W. n. 17; V. n. 298] **Noch ein Argument gegen
Heinrichs Vertauschungstheorie ist als Widerlegung des
zweiten**[24] **Artikels unterstrichen:** "Tertius articulus etiam est falsus in nobis: quia verbum perfectissimum erit in patria secundum
Augustinum 15. de trinitate et tamen non erit illud verbum genitum
per actum reflexum siue conuersiuum super actum primum vt per
illud sciat quis se scire vel intelligere: quia verbum perfectissimum
creatum non habet pro obiecto suo primo aliquod creatum sed increatum."

– Z. 33; b / db [W. n. 18; V. n. 301[25]] **Zu:** "probatio. quia principia productiua que sunt natura et voluntas habent oppositos modos
principiandi. quia alterum inclinatur ex se ad agendum naturaliter.
alterum libere et in potestate sua habet producere. ita quod ad hoc
ex se naturaliter non inclinatur. si autem reduceretur ad aliquod
vnum principium productiuum." **ist am Rand in doppelzeiliger
zweispaltiger Notation links und rechts von einer nach rechts
offenen Klammer (db) annotiert:**
principia   ⎰ *natura*
productiua   ⎱ *voluntas*

– Z. 47; b [V. n. 302][26] "probatio. intellectus perfectus sicut inquantum est potentia operatiue natus est intelligere obiectum quantum

---

[23] Die Vaticana konjiziert das erste von uns zitierte Wort als "Tertius".
[24] Die Vaticana konjiziert das erste von uns zitierte Wort als "Secundus". Die
Reihenfolge der beiden Abschnitte ist ebenfalls umgetauscht.
[25] Die Vaticana zitiert den Passus als *textus a Duns Scoto cancellatus* im ersten kritischen Apparat.
[26] Die Vaticana zitiert den Passus als *textus a Duns Scoto cancellatus* im ersten kritischen Apparat.

<u>est ipsum noscibile. ita inquantum est potentia productiua noticie genite natus est esse principium tante noticie quanta potest esse obiecti."</u>

– Z. 64; b [W. n. 20; V. n. 304] **Im Abschnitt:** "Obijcitur contra istam deductionem sic. natura ex se est principium determinatum ad agendum. in diuinis autem intellectus vnde intellectus non tantum videtur esse

(fo. 28 verso b)

principium determinatum ad agendum. sed etiam natura vt est quodammodo prior intellectu quasi radix et fundamentum sic essentia quelibet videtur esse fundamentum potentie." **ist das Wort** "vnde" **durchgestrichen und durch** "vt" **korrigiert.**

– Z. 5; b [V. n. 305] **Zu:** "Secundum. dubium est de istis actibus productiuis quomodo sint istorum principiorum productiuorum: quorum sunt actus essentiales. cum enim actus distinguant potentias. Secundo de anima. videtur quod istis potentijs quibus conueniunt actus essentiales non competant actus <u>notionales siue productiui</u>." **ist am Rand annotiert:**
Actus notionales

– Z. 53; b [W. n. 22; V. n. 311] **Bei:** "Ad secundum dubium dici. quod memoria in patre est principium operationum patris: quo scilicet vt actu primo pater formaliter intelligit vt in actu secundo. est etiam eadem memoria patri principium productiuum quo pater existens in actu primo producit vt in actu secundo noticiam genitam: et actus primus prior est prioritate originis actu secundo." **ist in den Text nach** "dici" **eingefügt ein verweisendes** *v*, **das am Rande wiederholt wird mit darunterstehendem**
potest

(fo. 29 recto a)

– Z. 18; b [W. n. 23; V. n. 311] **Zu:** "Et tunc ad illud secundi de anima de distinctione potentiarum per actus potest dici quod quasi producere et producere sunt actus eiusdem rationis. si enim illud quod non producitur sed quasi producitur esset realiter distinctum a producente esset vere productum. igitur quod modo sine productione insit tamen virtute principij quod esset productiuum eius si posset distingui: et pro tanto dicatur quasi productum non variat formaliter

actum ab illo quo produceretur si esset producibile." **steht am
Rande geschrieben:**

$$Quasi \begin{cases} producere \\ \\ productiuum \end{cases}$$

– Z. 40; b [W. n. 24; V. n. 320] **In dem Textabschnitt:** "Contra
ista instatur. et primo sic. intelligentia est in parte sub propria ratione
intelligentie. et propria perfectio intelligentie: vt intelligentia est verbum. ergo verbum est intelligentia patris vt patris est: quod est nega-
tum. Preterea. Augustinus 15. de trinitate capite 13. vel 37. verbum
est visio de visione. ergo actualis notitia est ratio gignendi verbum.
Preterea. non videtur differentia inter memoriam et intelligentiam in
parte. ergo non videtur aliud esse improbare patrem vt intelligentiam esse principium verbi. et patrem vt memoriam. idem igitur
approbas et improbas.

   Quarta instantia est quare pater isto actu producit notitiam genitam: et non illo non videtur ratio: cum vterque sit actus secundus.
et principietur virtute eiusdem actus primi. Ad primum dico quod
pater formaliter est memoria intelligentia et voluntas. Augustinus 15.
de trinitate capite 7. sive 15. de paruis. In illa trinitate quis audeat
dicere patrem nec seipsum nec filium: nec spriritum sanctum intelligere nisi per filium vel diligere nisi per spiritum sanctum. per se
autem meminisse tantummodo vel filij vel spiritus sancti sequitur.
quis hec in illa trinitate vel opinari vel affirmare presumat. si enim
solus ibi filius intelligat vt intelligentia sit et sibi et patri et spiritui
sancto ad illam absurditatem reditur quod pater non sit sapiens de
se sed de filio. hec ille." **ist das zweite Augustinzitat seitlich
am Rand senkrecht angestrichen. Außerdem ist das erste**
"parte" **gestrichen und am Rand zu**
patre
korrigiert, ebenso ist das zweite "parte", **nun im Text selber, zu** "pa*tre*" **verbessert.**

(fo. 29 recto b)

– Z. 16; b [W. n. 25; V. n. 322] **Zu dem unterstrichenen Text:**
"Idem est igitur dicere de visione scientie nasci visionem cogitatio-
nis quod de scientia nasci cogitationem. <u>scientia autem est forma
habitualis perficiens memoriam</u> secundum eundem 15. de trinitate
capite 15. siue 38. vbi dicit. si potest esse in anima scientia sempi-

terna: sempiterna non potest esse eiusdem scientie cogitatio." **ist am Rand annotiert:**

scientia

– Z. 61; b [W. n. 27; V. n. 327] **Zu dem in einem Wort unterstrichenen Abschnitt:** "Ad primum argumentum principale dico quod Auerroes in commentario 46.8 physicorum cuius textus incipit. vtrum autem vnumquodque. non loquitur expresse nisi de homine. et quo ad hoc contradicit <u>Avicenna</u>. sic ipse dicit ibidem imposuit autem Avicenna. quod posuerit quod homo potuerit generari equiuoce. et tunc conclusio Auerrois. vera est." **ist am Rand mit korrespondierender Unterstreichung annotiert:**

[Avi]cenna secundum aristotelem

(fo. 29 verso a)

– Z. 26; b [W. n. 28; V. n. 331] **Zu:** "Item patet de animalibus quod multa generantur equiuoce. Duodecimo metaphysice commentario 18. vespe videntur fieri de corporibus equorum mortuorum: et apes de corporibus vaccarum." **ist am Rand annotiert:**

meliores ergo sueuius<?> succentes

– Z. 28; b [V. n. 332] "Quod autem omnia predicta generata equiuoce sint eiusdem speciei cum generatis vniuoce probatur. quia habent opiniones easdem: et circa eadem obiecta. et ab eisdem conseruuantur [sic]: et ab eisdem corrumpuntur. eosdem habent motus siue quantum ad sursum siue quantum ad deorsum siue quantum ad motum progressiuum. et eadem organa motus progressiui ex vnitate autem motus concludit Aristoteles primo de celo et mundo vnitatem nature. et commentator ibidem commentario 8. <u>motus vnus non prouenit nisi ex vnitate nature.</u>"

– Z. 42; b [V. n. 333] **Im Abschnitt:** "Contradicit etiam sibi magister suus 7. metaphysice vbi vult quod sicut aliqua eadem fiunt ab arte et a casu: quando principium est simile in materia illi quod esset principium motus factionis si idem fieret ab arte: ita vult quod quedam naturalia fiunt a natura et a casu: et quedam non. et ibidem Auerroes et incipit textus ergo sicut dictum est. vult ibi quod illa possunt generari sine semine equiouoce in quorum materia potest induci virtute celesti aliqua virtus similis virtuti seminis in propagatis. [V. n. 334] patet igitur multipliciter oppositum conclusionis Auerrois si generaliter et virtualiter intelligatur. [V. n. 335] Rationes etiam sue non concludunt." **ist das im Text abgekürzte und darum wie "rex" erscheinende Wort** "tex." **von seinem Abschlusspunkt entledigt und der erste, in seiner oberen Hälfte nicht ganz vollständige Buchstabe** "t" **erweitert zu seiner kompletten Form.**

– Z. 51; b [W. n. 29; V. n. 335] "Ad primum respondeo. quod materia secundum philosophum primo physicorum et quinto metaphysicorum <u>est ex qua fit res cum insit.</u>"

– Z. 61; b [V. n. 336] **Zu:** "Ad secundum dico. quod non dicitur aliquid fieri raro vel vt in pluribus quia: ipsum in se contingat frequenter vel raro. frequentius enim lapis cadens frangit caput quam luna eclipsetur. sed ista differentia debet intelligi per comparationem alicuius effectus ad suam causam. et dicitur ille effectus eueniens in maiori parte qui habet causam determina

(fo. 29 verso b)

tam ad suum euentum que vt in pluribus producit effectum Raro dicit euenire quando non habet certam causam determinatam ad suum euentum: sed tantum prouenit ex aliqua causa ordinata ad alium effectum. impedita tamen ab illo effectu ad quem ordinatur. et tamen ex tali impeditione prouenit istud raro." **ist am Rand annotiert:**
Raro

– Z. 8; b [V. n. 337] **In:** "Cum igitur arguitur generabile hoc si generatur equiuoce vel non ex semine aut igitur ex necessitate aut in pluribus vel raro ex necessitate. concedo. quod non. aut in maiori parte vel raro. concedo quod in maiori parte comparando ad causam determinatam et etiam vt est disiunctio inter contradictoria comparando. scilicet effectum equiuocum ad causam equiuocam sub disiunctione ad contradictoria. licet rarius eueniat. <u>hic</u> quod generetur non ex semine quam quod generetur ex semine: vt. videlicet comparantur inuicem duo disperata." **ist das unterstrichene Wort am Rand korrigiert wiedergegeben:**
hoc

(fo. 30 recto b)

– Z. 10; b [V. n. 352] **In:** "Cum vltimo dicitur de voluntate. quod est principium respectu creaturarum: dico quod per prius naturaliter voluntas dei est principium productiuum alicuius producti sibi adequati quam sit productiuum non adequati. adequatum infinito est infinitum: et ita creatura est secundarium volitum et productam a voluntate dei." **ist die Endung des Wortes** "productam" **zu** "product*um*" **korrigiert.**

(fo. 30 verso a)

– Z. 5; db [W. n. 35; V. n. 367] **Zum scotischen Zugeständnis, in der Position Heinrichs ein Wahrheitsmoment sehen zu wollen:** "Similiter auctoritas Hylarij quam adducunt dicit quod ita est. non tamen probat esse ita. [W. n. 36; V. n. 368] et cum accipit in ratione sua quod plures persone absolute non possunt esse in eadem natura qualiter est hoc notius conclusione. qui enim ponerem plures personas ingenitas non diceret eas formaliter constitui aliquibus relationibus. ergo accipere contra eum quod non possunt esse plures persone absolute videtur non accipere manifestius conclusione. Cum vltra dicitur quod non distinguuntur relationibus inter se. quia hoc non esset nisi per relationes originis. hanc consequentiam oportet probare. concesso enim illo quod non sit distinctio nisi per relationes originis cito haberetur propositum." **ist am Rand annotiert:**
pro Henrico[:]
ergo oporteret concedere illas absolutas naturas divisas[.] dicit Eternum in probatione[,] quod natura non est in pluribus suppositis absolute sine sui diuisione[.] Ex hoc[,] si ibi est summa Indiuisio[,] fuerit perfecto necessarium tantum unum affirmare relativum[,] ad quod alia referantur[,] quia natura indivisa requirit vnicum tantum absolutum[,] ut prima propositio habet [?].

– Z. 52; b [W. n. 37; V. n. 373] **Im Bagnacavallo-Text:** "Ad secundam rationem concedo quod relationibus ex parte producentium vel productiui correspondent relationes ex parte productorum et tot. sed non sequitur si relationes producti distinguunt: ergo et relationes producentis." **ist dem fehlerhaften Verb** "distinguunt" **die Nachsilbe "ur" korrigierend hinzugefügt, so dass sich** "distinguunt*ur*" **ergibt.**

– Z. 58; r [ibid.] **Im Bagnacavallo-Text:** "sicut productio artificialis et naturalis distinguuntur per principia productiua per artem

et naturam: licet ista concurrant in eodem suppositio: relationes autem
producti non possunt ita concurrere in eodem suppositio et vna persona: sed sunt distincte personaliter: quia productum est per se subsistens et suppositum." **ist beide Male korrigierend das zweite
"i" in "suppositio" gestrichen.**

(fo. 30 verso b)

– Z. 20; b [W. n. 38; V. n. 378] **Zu:** "Ubi notandum quod natura
non se habet ad suppositum sicut vniuersale ad singulare: quia in
accidentibus inuenitur singularitas sine ratione suppositi: in substantia etiam nostra natura athoma assumpta est a verbo secundum
Damascenum. Non tamen suppositum nostre nature: neque se habet
natura ad suppositum sicut quo ad quod. nam cuicunque quo correspondet proprium quod vel quis. et ita sicut natura est quo ita
habet proprium quod vel quis. quod non contrahitur ad suppositum:
et sicut suppositum est quod vel quis: ita habet suum quo proprium
quo subsistit. et tamen suppositum concomitanter de necessitate est
singulare. et etiam non potest esse quo respectu alterius: quia est
subsistens non potens esse actus alicuius subsistentis." **ist am Rand
annotiert:**
natura

– Z. 32; b [ibid.] **Zu den hier gleich anschließenden Ausführungen:** "consistit ergo ratio suppositi in duplici incommunicabilitate. vbi sciendum quod communicabile dicitur aliquid vel per
identitatem: ita quod illud cui communicatur sit ipsum. vel per informationem ita quod illud cui communicatur sit ipso non ipsum. primo
modo virtuale communicatur singulari. et secundo modo forma materie." **ist am Rand der Begriff annotiert:**
communicabile

– Z. 45; b [W. n. 39; V. n. 382–384[27]] **Nebst Unterstreichung
der zentralen Aussage:** "Hoc etiam arguitur sic. natura diuina et
quicquid inest nature vt natura est: est perfectio simpliciter. omnis
perfectio simpliciter est communicabilis pluribus. ergo etcetera. minorem probo. perfectio simpliciter est que melius est ipsum esse quod
non ipsum. Anselmus monologion capite 15. quod sic intelligitur.

---

[27] Die Vaticana zitiert den gesamten Passus in anderer Form als *textus a Duns
Scoto cancellatus* im ersten kritischen Apparat.

quod perfectio simpliciter est melius quocunque sibi incompossibili in quolibet supposito absolute considerato. hoc enim non determinando in quo natura sit illud subsistens. Sed si natura divina determinaret se ad subsistentiam incommunicabilem ipsa in nullo esset melior quocunque sibi incompossibilin nisi in illa subsistentia ad quam se determinaret." **ist im fehlerhaft gesetzten Wort** "incompossibilin" **das finale** "n" **ausradiert.**

(fo. 31 recto a)

– Z. 32; b [W. n. 41; V. n. 390] "Et intelligo sic realiter quod nullo modo per actum intellectus considerantis: immo quod talis entitas esset ibi si nullus intellectus consideraret. et sic esse ibi si nullus intellectus consideraret dico esse ante omnem actum intellectus. <u>non est autem aliqua entitas ante omnem actum intellectus</u> ita quod non per actum intellectus communicabilis. et aliqua entitas sic de se incommunicabilis ita quod sibi contradicat communicari nisi ante actum intellectus. hoc est quod non precise per intelligere sit aliqua distinctio inter hanc entitatem et illam. ergo etcetera."

– Z. 52; db [W. n. 42; V. n. 393] **In:** "Ex hoc arguo sic. pater intelligens se in illo primo signo originis aut intelligit essentiam et a. proprietatem vt diversa obiecta formalia: aut precise vt idem obiectum sub alio et alio modo concipiendi. Secundo modo non. quia tunc non esset maior differentia inter deum et relationem quam concipiendo deum et deitatem. et ita non concipere a. proprietatem magis incommunicabilem quam deitatem incommunicabile." **ist das letzte Wort durch einen m-Strich ergänzt zu** "incommunicabile*m*".

– Z. 66 db [V. n. 394] **In der für Duns' Denken grundlegenden Feststellung:** "omnis intellectio abstractiua et non intuitiua est aliquo mo

(fo. 31 recto b)

do impefecta." **ist das letzte Wort durch einen Überstrich korrigierend ergänzt zu** "imper̄fecta".

– Z. 1; b [ibid.] **Die gleich anschließende Begründung ist unterstrichen:** "<u>cognitio autem intuitiua est obiecti vt obiectum est presens in existentia actuali et hoc in se vel in alio eminenter continente</u>

<u>totam entitatem ipsius.</u>" **und mit einer Annotation am Rande versehen:**

Intuitiua

– Z. 16; db [W. n. 43; V. n. 395] **Zu:** "Contra. quicquid intellectus causat sine actione obiecti circa obiectum: precise hoc est virture [sic] propria intellectus. et hoc loquendo de obiecto vt habet esse cognitum in intellectu precise: et de intellectu vt considerans est illud est precise relatio rationis: nunc autem illa ratio quam facit essentia de se: patet quid est absoluta: aliter non beati faceret intellectum patris." **existiert eine senkrecht geführte Randanstreichung des Textes mit zeigender Hand von** "Contra" **bis** "in intellectu precise".

– Z. 49; b [V. n. 400] **Zu dem berühmten Abschnitt:** "Sed nunquid hec distinctio dicetur realis. Respondeo non est proprie realis actualis intelligendo sicut communiter dicitur realis actualis illa que est differentia rerum et in actu: quia in vna persona non est aliqua differentia rerum propter simplicitatem diuninam. et sicut non est realis actualis ita non est realis potentialis: quia nihil est ibi in potentia quod non est in actu. [V. n. 401] potest autem vocari differentia rationis sicut doctor quidam: non quod ratio accipiatur pro differentia formata ab intellectu sed vt ratio accipitur pro quiditate rei secundum quod quiditas est obiectum intellectus: [V. n. 402] vel alio modo potest vocari differentia virtualis: quia illud quod habet talem distinctionem in se non habet rem et rem. sed est vna res habens virtualiter siue eminenter quasi duas realitates: quia vtrique realitati vt est in illa re competit illud proprium quod inest tali realitati ac si ipsa esset res distincta. ita enim hec realitas distinguit et illa non distinguit: sicut si ista esset vna res et illa alia." **ist am Rande nachvollziehend annotiert:**

Realis differentia In diuinis quomodo

$$\text{differentia} \begin{cases} \textit{formalis} \\ \\ \textit{virtualis} \end{cases}$$

– Z. 63; b [W. n. 44; V. n. 403] **Zu:** "Uel vt proprijssime dicatur. sicut possumus inuenire multos gradus in vnitate. in primo minima vnitas est vnitas aggregationis. in secundo gradu est vnitas ordinis que aliquid addit supra vni-

(fo. 31 verso a)

tatem aggregationis. in tertio est vnitas per accidens. vbi vltra ordinem est informatio licet accidentalis vnius ab altero eorum que sunt
sic vnum. in quarto est vnitas per se compositi ex principijs essentialibus per se actu et per se potentia. in quinto est vnitas simplicitatis: que est vere identitas. quidquid enim est ibi est realiter idem
cuilibet. et non tantum est vnum illi vnitate vnionis: sicut in alijs
modis. ita adhuc vltra omnes est identitas formalis. voco autem identitatem formalem vbi illud quod dicitur sic idem includit illud cui
sic est idem in ratione sua formali et per consequens per se primo
modo." **am Rand jeweils zum Stichwort annotiert:**

(**fo. 31vb**)

gradus in unitate
sowie

(**fo. 31ra**)

Identitas formalis

– Z. 28; db [V. n. 407] **In:** "Ista differentia manifestatur per exempla. primo si ponatur albedo species simplex non habens in se duas
naturas. est tamen in albedine aliquid realiter. vnde habet rationem
coloris et aliquid vnde habet rationem differentie. et hec realitas formaliter non est illa realitas: nec econuerso formaliter: immo vna est
extra realitatem alterius formaliter loquendo sicut si essent due res:
licet modo per identitatem iste due realitates sint vna res. [V. n.
408] hoc exemplum licet aliqualiter sit simile ad propositum quantum ad hoc scilicet identitas realis non necessario concludit identitatem formalem cuiuslibet quod est in subiecto eodem ad quodlibet
quod est in ipso: non tamen est omnino simile: quia aliqua compositio est in albedine licet non rei et re. tamen talis qualis non conceditur in deo propter non identitatem formalem. vbi autem non
identitas formalis aliquorum in eodem requirat aliquam compositionem et potentialitatem: et vbi non. dicetur distinctione 8. de attributis: et in questione illa. an deus sit in genere." **ist bei** "rei et re"
im zweiten, fehlerhaft abgedruckten Wort das notwendige
i **ergänzt.**

– Z. 48; b [W. n. 45; V. n. 409] **Im Abschnitt:** "Ista autem distinctio siue non formalis identitas que probata est prius per duas vel tres rationes potest etiam probari per duas vel tres auctoritates Augustinus 7. de trinitate capite primo vel sexto Omnis essentia que relatiue dicitur est aliquid excepto relatiuo. et capite 3. si pater non est aliquid ad se non est omnino qui relatiue dicatur ad aliquid. Est igitur essentia in re ad se et non ad aliquid. et in re pater inquantum pater relatiue dicitur. non est autem formalis eadem entitas ad se et non ad se. igitur etcetera." **ist die Ziffer** "6°" **ergänzt. Es erfolgt zudem eine Randanstreichung von** "Ista autem" **bis** "igitur etcetera.".

(fo. 31 verso b)

– Z. 23; r [W. n. 47; V. n. 413] **In dem Einwand:** "Et si dicas quod saltem ex identitate realis eorum ad essentiam concludam identitatem realem eorum inter se." **ist bei** "realis" **das** "s" **gestrichen, womit das Wort zu** "reali" **korrigiert wird.**

– Z. 31; r [W. n. 47; V. n. 415] **In:** "Respondeo quod sicut in creaturis commune se habet vt quale quid. singulare vt hoc aliquid. ita hec essentia communis personis habet rationem qualis cuius: et persona habet rationem huius alicuius. medium ergo hic est quale quid: et non hoc aliquid. concluditur autem identitas extremorum in conclusione ac si medium fuisset hoc aliquid. Similiter ibi videtur esse fallacia accidentis et consequentis. quia ly deus accipitur in premissis pro alio et alio supposito. et similiter fallacia est figure dictionis commutando quale quid in hoc aliquid." **ist das Kürzel** "qle" **mit einer Vokalisierung** "~" **über dem** "q" **versehen. Dazu ist, wie auch in Brulefers Reportatio I, d. 4, q. 1, am Rand annotiert:**
quale quid
hoc aliquid

(fo. 32 recto a)

– Z. 43; db [V. n. 424] **In:** "Si adhuc instes. quia a. inquantum a. est ens vel res: quero que res vel quid ens. si essentia habetur propositum. si res et non essentia. ergo alia res. Respondeo. concedo quod est ens et res. et hoc vtroque modo accipiendo inquantum: quia si aliquod predicatum per se primo modo inest alicui: inerit sibi eodem modo per se siue illud subiectum sit res distincta a quo-

cunque quod est extra rationem eius siue contineatur per identitatem in aliquo quod est extra rationem eius: continentia enim talis
non tollit rationem formalem: nec ea que insunt primo modo per
se. Sed cum queris quid eos. dico quod ens quod est a. sicut si substantia est per se ens. si queras quod ens descendendo sub ente est
per se substantia non aliud." **ist bei** "eos" **das** "o" **zu einem** "*n*"
und somit das Wort zu "*ens*" **korrigiert.**

(fo. 32 recto b)

– Z. 62; b [W. n. 53; V. n. 435] **In:** "Ad secundum principale. dico
quod accidentale aut accipitur pro extraneo aut accipitur pro eo
quod quasi perficit aliquid accidentaliter quod preexistit in se perfectum. si secundo modo dico quod non omne ens omni enti in quo
est: est essentiale vel accidentale. est enim medium inter essentiale
et ac-

(fo. 32 verso a)

cidentale: vt contrahens: sicut differentia contrahit genus que nec est
essentiale nec accidentale accipiendo hoc modo: et sic in diuinis nihil
est accidentale: sed preter essentiam est aliquid non essentiale." **ist
das offensichtlich nur teilweise abgedruckte Wort** "esseniale"
mittels eines Buchstabens "t" **ergänzt zu seiner korrekten
vollen Form** "essen*t*iale".

1.9. Zu Ord. I, d. 3, W. q. 1; V. p. 1, q. 1

(fo. 32 verso b)

– Z. 14; db [W. n. 1; V. n. 1] **Teilweise unterstrichen ist in:**
"Circa tertiam distinctionem Quero primo de cognoscibilitate dei. Et
quero primo. Utrum deus sit naturaliter cognoscibilis ab intellectu
viatoris. Arguo quod non: philosophus tertio de anima. Fantasmata
se habent ad intellectum sicut sensibilia ad sensum. igitur intellectus
nihil intelligit nisi cuius fantasma potest per sensus apprehendere.
<u>deus autem habet</u> fantasma. ergo etcetera." **der bei Wadding ver-
neinte Satz. Dazu ist am Rand ausgeführt:**
non habes fantasma et dei non es fantasma et rationale<?> genus<?> puto

1.10. Zu Ord. I, d. 3, W. q. 2; V. p. 1, q. 2

(fo. 32 verso b)

– Z. 39; b [W. n. 1; V. n. 7] **Das zweite Argument für eine natürliche Gotteserkenntnis:** "Item nihil perfecte cognoscitur nisi deo perfecte cognito. ergo nihil simpliciter cognoscitur nisi eo simpliciter cognitio." **wird korrigiert durch Streichung des zweiten "i" im Wort** "cognitio".

– Z. 49; b [W. n. 1; V. n. 10] **Im Abschnitt:** "In prima questione non est distinguendum quod deus possit cognosci negatiue non affirmatiue: quia negatio non cognoscitur nisi per affirmationem secundo peryhermeneias in fine et quarto capite metaphysicorum. <u>patet etiam quod nullas negationes cognoscimus de deo nisi per affirmationes per quas remouemus incompossibilia aliqua ab illis affirmationibus:</u> sicut non remouemus compositionem nisi quia attribuimus simplicitatem vel aliquid aliud. [W. n. 2] negationes etiam tantum non summe amamus. Similiter etiam aut negatio concipitur precise: aut vt dicta de aliquo. si precise concipitur negatio vt non lapis. hoc eque conuenit nihilo sicut deo: quia pura negatio dicitur de ente et non ente. igitur in hoc non intelligitur deus magis quam nihil vel chymera. Si intelligitur non lapis de aliquo: tunc quero ille conceptus substratus de quo intelligitur ista negatio esse vera. aut est conceptus affirmatiuus aut negatiuus. Si est affirmatiuus habetur propositum.

(fo. 33 recto a)

Si negatiuus quero vt prius: aut negatio concipitur precise: aut vt dicta de aliquo. Si primo modo hoc eque conuenit nihilo sicut deo. Si vt dicta de aliquo tunc sicut prius." **ist das erste zur scotischen Sicht univoker begrifflicher Prädikation Gottes und der Kreaturen hinführende Argument unterstrichen. Zudem ist am Rande wiederholend notiert (fo. 32vb):**

negatio $\begin{cases} precise \\ \\ de\ aliquo \end{cases}$

; sowie nach "de aliquo tunc sicut prius" **ein "π" gesetzt und dazu annotiert (db) [33ra]:**

π sicut habetur propositio

– Z. 25; b [V. n. 19] **Unterstrichen ist die Zusammenfassung des Magisters:** "Est igitur mens questionis ista. <u>Utrum aliquem conceptum simplicem possit intellectus viatoris naturaliter habere in quo conceptu simplici concipiatur deus.</u>"; **dazu am Rand annotiert:**
Tenor questionis

– Z. 28; b [W. n. 3; V. n. 20] **Zum kritischen Referat der Positionen Heinrichs durch Duns:** "Ad hoc dicit quidam doctor sic. quod loquendo de cognitione alicuius distingui potest ex parte obiecti per se vel per accidens. It particulari vel in vniuersali. Realiter per accidens non cognoscitur deus. quia quicquid de ipso cognoscitur est ipse deus: tamen cognosendo aliquod attributum eius cognoscimus quasi per accidens quid est. vnde de attributis dicit Damascenus libro i. capite 4. quod non naturam dicunt dei: sed que circa naturam." **wird das fehlerhafte Wort** "It" (**sc.** "particulari") **durch Ergänzung des Buchstabens** "t" **zu einem** "I*n*" **korrigiert; sowie am Rande das Stichwort wiederholt:**
Attributa

(fo. 33 recto b)

– Z. 2; b [V. n. 22] **Ebenso zur Heinrich'schen Konzeption natürlicher Gotteserkenntnis:** "Quo ad secundam Questionem secundum istam opinionem distinguendum est de modo concipiendi naturaliter et rationaliter. primo modo deus est primum obiectum intelligibile a nobis ex creaturis. quia naturalis cognitio procedit ab indeterminato ad determinatum. Indeterminatum negatiue est magis indeterminatum quam priuatiue. indeterminatum ergo preconcipitur illi: et illud indeterminatum priuatiue secundum cognitionem nostram preconcipitur determinato. quia ens et res prima impressione imprimuntur in anima nostra secundum Auicennam i. metaphysice capite 5. ergo indeterminatum negatiue omnino primum est obiectum nostro intellectui." **ist am Rande notiert:**

Indeterminatum $\left\{ \begin{array}{l} \textit{negatiue magis} \\ \\ \textit{priuatiue} \end{array} \right.$

– Z. 39; b / db [W. n. 5; V. n. 26] **Entsprechend dem Inhalt:** "Secundo dico quod non tantum in conceptu analogo conceptui creature concipitur deus qui scilicet sit omnino alius ab alio qui de

creatura dicitur: sed in conceptu aliquo vniuoco sibi et creature. Et
ne fiat contentio de nomine vniuocationis conceptum vniuocum dico:
qui ita est vnus quod eius vnitas sufficit ad contradictionem affirmando
et negando ispum de eodem. Sufficit etiam pro medio syllogistico:
vt extrema vnita in medio sic vno sine fallacia equiuocationis con-
cludantur inter se vnum." **ist am Rand annotiert (b):**
conceptus vniuocus
und unmittelbar darunter (db):
*ita[,] quod quicquid est non ens[,] nec est deus nec homo[,] item[,] quidquid
est deus vel homo[,] est ens*

– Z. 47; b [W. n. 6; V. n. 27] **In der bei Bagnacavallo teilweise fehlerhaft gesetzten scotischen Univozitätsdefinition:**
"Et vniuocationem sic intellectam probo tripliciter. primo sic. omnis
intellectus certus de vno conceptu et dubius de diuersis habet conceptum de quo est certus. alium a conceptibus de quibus est du<u>o-
bus</u> subiectum includit predicatum. sed intellectus viatoris potest esse
certus de aliquo quod sit ens dubitando de ente finito vel infinito:
creato vel increato. ergo conceptus entis de aliquo est alius a conceptu isto vel illo: et ita neuter ex se sed in vtroque illorum includitur. ergo vniuocus. [V. n. 28] probo maioris. quia nullus idem
conceptus est certus et dubius." **ist am Rande das unterstrichene
Wort** "duobus" **durch die nun wieder mit hellerer Tinte ver-
fertigte und unterstrichene Annotation:**
dubius
korrigiert. Zudem wird am Rande wiederholt:
conceptus neuter
**Das aufgrund des folgenden grammatikalischen Kasus
unmögliche Verbum** "probo [maioris]" **wird durch einen
Endungsstrich auf dem zweiten** "o" **korrigierend zum
Abstractum** "prob*atio*" **umgedeutet.**

– Z. 55; b [V. n. 29] **Zu:** "igitur vel alius: quod est propositum: vel
nullus. et tunc non erit certitudo de aliquo conceptu: probo minorem. quilibet philosophus fuit certus illud quod posuit esse primum
principium esse ens: puta vnus de igne: alius de aqua. certus erat
quod erat ens. non autem fuit certus quod esset ens creatum vel
increatum. primum vel non primum. Non enim erat certus quod
erat ens primum: quia tunc fuisset certus de falso: et falsum non est
scibile. Nec quod erat ens non primum: quia tunc non posuisset

oppositum." **am Rand annotiert eine humanistisch inspirierte Namenliste:**

Scientiam Picus[,] Heraclitus Ignitus[,] Thales vidus[,] democritus densusque <?> atomis

(fo. verso 33 a)

– Z. 45; b / db [W. n. 10; V. n. 39] **Das gesamte dritte (nach der Vaticana: vierte) Argument für die Univozitätsdefinition des *doctor subtilis*:** "Tertio sic: Omnis inquisitio metaphysica de deo procedit sic scilicet considerando formalem rationem alicuius: et auferendo ab illa ratione formali imperfectionem quam habet in creaturis: et reseruando illam rationem formalem: et attribuendo sibi omnino summam perfectionem: et sic attribuendo illud deo. Exemplum de formali ratione sapientie vel intellectus vel voluntatis consideratur primo in se et secundum se. et ex hoc quod ratio istorum non includit formaliter imperfectionem aliquam nec limitationem remoueantur ab ipsa imperfectiones que concomitantur eam in creaturis: et reseruata eadem ratione sapientie et voluntatis attribuuntur deo perfectissime. ergo omnis inquisitio de deo supponit intellectum habere conceptum eundem vniuocum quem accipit ex creaturis." **ist am Rande mit einer senkrechten, leicht ornamentierten, Randanstreichung versehen und, wie oben wiedergegeben, teilweise unterstrichen. Dazu stehen, ebenfalls am Rande, zwei teilweise unterstrichene Annotationen; zuerst mit hellerer Tinte (b):**

tertio principaliter

dann mit dunklerer Tinte (db):

inquisitio metaphisica de deo

– Z. 55; db / b [V. n. 40] **Im folgenden Einwand ist aus nicht genau nachvollziehbaren Gründen und vermutlich dem scotischen Gedankengang widersprechend zu:** "Quod si dicas non sed alia est formalis ratio eorum que conueniunt deo. Ex hoc sequitur inconueniens scilicet quod ex nulla ratione propria eorum prout sunt in creaturis potest concludi aliquid de deo: quia omnino alia et alia ratio est istorum et illorum: immo non magis concluderetur quod deus est sapiens formaliter ex ratione sapientie quam apprehendimus ex creaturis: quam quod deus est formaliter lapis." **am Rande mit Unterstreichung (db) annotiert (db):**

qua

Außerdem ist im anschließenden Satz: "potest enim conceptus aliquid alius a conceptu lapidis creati formari ad quem conceptum lapidis: vt est ydea in deo habet lapis iste attributionem. et ita formaliter dicetur deus est lapis secundum istum conceptum analogicum: sicut sapiens secundum illum conceptum analogicum. Qualis autem sit vniuocatio entis: et ad quan-

(fo. 33verso b)

ta et ad que: dicetur magis inferius in questione de primo obiecto intellectus." **das "d" von** "aliquid" **durchgestrichen (b) und mittels Überschreibung (b) zu** "aliquis" **korrigiert.**

– Z. 4; db [W. n. 16; V. n. 56] **Zu:** "Cum enim arguitur. quod non cognoscitur aliquid nisi per simile. aut intelligitur de similitudine vniuocationis aut imitationis. si primo modo igitur nihil cognoscitur de deo: quia secundum opinionem illam in nullo habet deus similitudinem vniuocationis cum creatura per quam deberet a nobis cognosci. si secundo modo etiam creature non tantum imitantur illam essentiam sub ratione generalis attributi: sed etiam hanc essentiam: vt est hec essentia siue vt nuda. et vt in se existens. ergo secundum eum. propter talem similitudinem posset creatura esse principium cognoscendi essentiam diuinam in se et in particulari." **ist am Rande notiert:**

similitudine <similitudo?>   ⎧ *vnivocationis*
                              ⎨
                              ⎩ *Imitationis*

Außerdem ist das Wort "principium" **durch einen Strich über dem ersten "i" ergänzt.**

– Z. 13; b [V. n. 57] **Bei:** "Est igitur alia ratio huius conclusionis: quod deus vt hec essentia in se non cognoscitur naturaliter a nobis: quia sub ratione talis cognoscibilis est obiectum voluntarium et non naturale nisi respectu sui intellectus tantum. et ideo a nullo intellectu creato potest sub ratione huius essentie vt hec naturaliter cognosci: nec aliqua essentia naturaliter cognoscibilis a nobis ostendit sufficienter hanc essentiam vt hec. nec per similitudinem vniuocationis nec imitationis. Uniuocatio enim non est nisi in generalibus rationibus imitatio etiam deficit: quia imperfecta est: quia creature imperfecta eum imitantur. Utrum autem sit alia ratio huius impossibilitatis scilicet propter rationem primi obiecti vt alij ponunt illud esse quidi-

tatem rei materialis: de hoc in questione de primo obiecto intellectus." **steht im Text eine Unterstreichung und zusätzlich am Rande mit Unterstreichung notiert sind die Worte:**
obiectum voluntarium
Es erfolgen außerdem Korrekturen, indem der bei Bagnacavallo sinnwidrige Satz "quia creature imperfecta eum imitantur" **durch Verbesserung des** "a" **zu** "e" "imperfecta" **zu** "imperfect*e*" **reinterpretiert, der Wortkürzung** "impolitas" **durch einen Silbenreduplikations-Querstrich quer durch die Schleife des Buchstabens** "l" **ihr voller Wortsinn zurückgegeben sowie in** "de hoc in questione" **über dem Buchstaben** "i" **ein n-Strich gesetzt wird.**

– Z. 24; b [W. n. 17; V. n. 58] **Die zentrale Klarstellung ist unterstrichen in:** "Quarto dico quod ad multos conceptus proprios de deo possumus peruenire qui non conueniunt creaturis: cuiusmodi sunt conceptus omnium perfectionum simpliciter in summo. et perfectissimus conceptus: in quo quasi in quadam descriptione perfectissime cognoscimus deum est concipiendo omnes perfectiones simpliciter et in summo. tamen conceptus perfectior et simplicior nobis possibilis est conceptus entis simpliciter infiniti. Iste enim est simplicior quam conceptus entis boni vel entis veri vel aliquorum similium: quia infinitum non est quasi attributum vel passio entis sive eius de quo dicitur. sed dicit modum intrinsecum illius entitatis: ita quod cum dico ens infinitum non habeo conceptum quasi per accidens ex subiecto et passione: sed conceptum per se subiecti in certo gradu perfectionis. scilicet infinitatis: sicut albedo intensa non dicit conceptum per accidens sicut albedo visibilis: immo intenso dicit gradum intrinsecum albedinis in se. et ita patet simplicitas huius conceptus scilicet ens infinitum." **Dazu ist am Rande die Quintessenz der scotischen Aussage zusammengefasst durch zwei leicht von einander abstehende Annotationen:**
perfectissimus conceptus
infinitum

– Z. 39; b [W. n. 18; V. n. 59] "Perfectio autem istius conceptus multipliciter probatur. tum quia iste conceptus inter omnes a nobis conceptibiles virtualiter plura includit. sicut enim ens includit virtualiter bonum et verum in se. ita ens infinitum includit verum infinitum et bonum infinitum: et omnem perfectionem simpliciter sub ratione infiniti. tum quia demonstratione quia. vltimo concluditur esse de ente infinito vel esse infinitum de aliquo ente: sicut apparet ex questione prima secunde distinctionis. <u>illa autem sunt perfectiora que vltimo cognoscuntur demonstratione</u> quia. ex creaturis: quia propter eorum remotionem a creaturis difficillimum est ea ex creaturis cognoscere."

– Z. 48; b / db [V. n. 60] **Auch im folgenden Einwand ist ein zentraler Begriff unterstrichen sowie die abschließende Widerlegung der Argumente Heinrichs von den Worten** "ex hoc" **bis** "conuenit deo" **am Rande senkrecht umklammert (b):** "Si autem dicis de summo bono: vel de summo ente quod illud dicit modum intrinsecum entis: et includit virtualiter alios conceptus. Respondeo quod si summum intelligatur comparatiue sic dicit respectum ad extra: sed infinitum dicit conceptum ad se. si autem intelligatur absolute summum hoc est quod ex natura rei non possit excedi: perfectio illa <u>expressus</u> concipitur in ratione infiniti entis. non enim summum bonum indicat in se vtrum sit finitum vel infinitum.

Ex hoc apparet improbatio illius quod dicitur in precedenti opinione quod perfectissimum quod possumus cognoscere de deo est cognoscere attributa reducendo illa in esse diuinum propter simplicitatem diuinam. cognitio enim esse diuini sub ratione infiniti est perfectior cognitione eius sub ratione simplicitatis: quia simplicitas communicatur creaturis. infinitas autem non secundum modum quo conuenit deo." **Es wird am Rande wiederholt (b):**

summum $\left\{\begin{array}{l} \textit{comparatiue} \\ \\ \textit{Absolute} \end{array}\right.$

Nebst einer Andeutung des fehlenden "i" **in** "expressus" **durch einen Punkt (b) über dem Buchstaben** "u" **ist die korrekte Form mit Unterstreichung (db) am Rand annotiert (db):** *Expressius*

(fo. 34 recto a)[28]

– Z. 7; db [W. n. 18; V. n. 62] **In:** "Ex hoc apparet improbatio illius quod dicitur in precedenti opinione de illa suffossione: quia suffodiendo nunquam illud quod non subest suffossioni inuenitur per suffossionem. non autem subest conceptui creature aliquis conceptus

---

[28] Fotographische Reproduktion dieser Folioseite in Abb. 2, S. 532.

vel species representans aliquid proprium deo quod sit omnino alterius rationis ab eo quod conuenit creature: vt probatum est per secundam rationem in secundo articulo." **sind im zweiten Satz die Worte** "quod conuenit" **und** "articulo" **zur Verbesserung der Leserlichkeit nachgezeichnet.**

– Z. 39; db [W. n. 19; V. n. 63] **In dem Satz** "Et potest considerare istud abstractum et aliud abstractum cum quo sit proprium alteri scilicet in sensibili: sed sensus non est abstractiuus: et ideo in omni actu tam primo quam secundo requirit aliquod obiectum primum mouens: quo non se habet fantasma ad intellectum." **ist der grammatische Modus des Verbums** *requirere* **korrigiert zu** "requirit*ur*", **indem der Schlussbuchstabe unterstrichen und darüber die** "ur"-**Schleife gesetzt ist.**

– Z. 51; b [V. n. 64] **Die Bestreitung der Auslegung von Met. II durch den Kommentator Averroes und damit einer vorbehaltlosen Befürwortung natürlicher Gotteserkenntnis ist unterstrichen:** "Unde licet multipliciter posset exponi auctoritas philosophi. dico tamen quod oculus noctue non habet cognitionem nisi intuitiuam: et naturalem. et quantum ad istas duas conditiones potest exponi auctoritas philosophi de impossibili: quia sicut impossibile est illi oculo intuitiue considerare obiectum illud. sic intellectui nostro est impossibile naturaliter et intuitiue cognoscere deum."

– Z. 57; db [W. n. 20; V. n. 65] **In dem Abschnitt:** "Ad tertium dico quod infinitum potentiale est ignotum: quia vnumquodque est cognoscibile inquantum est in actu: non tamen ita est ignotum quod repugnat sibi intelligi ab intellectu infinito. sed non potest infinitum cognosci ab aliquo intellectui cognoscente ipsum secundum modum sue infinitatis. Modus enim sue infinitatis est accipiendo alterum post alterum. et intellectus qui cognosceret hoc modo alterum post alterum cognosceret semper aliquid finitum et nunquam infinitum. intellectus tamen infinitus potest cognoscere totum illud simul: non partem post partem." **sind die drei entscheidenden Worte unterstrichen, das fehlerhafte Wort** "intellectui" **durch Tilgung des Schluss-**"i" **korrigiert, und dazu am Rand annotiert:**[29]

---

[29] Die Parallelen zum Eingangsteil des *Commentarius* sind schlagend, vgl. oben Kap VI. 1.

Infinito non repugnat Intelligi ab Intellectu finito neque tamen tantum<?> eius
infinitatis univoc [. . .?] potest ab intellectu finito cognosci et foret legendum ab
intellectu finito super asteriscum.

Der in der Glosse erwähnte Asterisk wurde entweder im
Text selber versehentlich nicht gezeichnet oder aber er
befand sich genau an der Stelle, an der das (in der Mitte
unter den drei unterstrichenen Worten stehende und) bereits
erwähnte fehlerhafte "i" ausradiert wurde.

– Z. 65; b [V. n. 66] **Zum Abschnitt:** "Et cum arguitur de secundo
metaphysicorum de infinitis et infinito. Dico quod non est simile:
quia cognitio

(fo. 34 recto b)

obiectorum infinitorum numeraliter concluderet infinitatem potentie
cognoscentis: sicut patuit in questione prima secundae distinctionis
articulo 2. ad infinitatem. videlicet quia ibi pluralitas ex parte obiecti
concludit maioritatem virtutis in intellectu. Sed intellectio alicuius
infiniti intensiue non concludit infinitatem actus: quia non oportet
actum habere talem modum qualem habet obiectum: quia actus sub
ratione finiti potest esse ad obiectum sub ratione infiniti nisi esset
actus comprehensiuus. et concedo quod talem actum circa obiectum
infinitum non habemus: nec est possibile." **ist entsprechend dem**
Text am Rand annotiert:

	numeraliter non concludi
Infinitum	
	Intensiue cognoscere

Nach *concludi* ist weiterer Text möglicherweise durch die
Buchbindung abgetrennt worden, wie auch die beiden letz-
ten Silben von *cognoscere* konjiziert werden müssen.

– Z. 19; b [V. n. 67] "Ad argumenta pro prima opinione cum
arguit. quod deus non potest intelligi in aliquo conceptu vniuersali
communi vniuoco sibi et creaturis: quia est singularitas quedam.
Respondeo. consequentia non valet. Sortes enim inquantum sortes
est singularis: et tamen a sorte plura possunt abstrahi predicata. et
ideo singularitas alicuius non impedit quin ab eo quod singulare est
possit abstrahi aliquis conceptus communis: et licet quicquid est ibi
in re sit singulare ex se in existendo: ita quod nihil contrahat aliud

<u>ibi ad singularitatem:</u> tamen illud potest concipi vt hoc in re. vel quodammodo indistincte: et ita vt singulare vel vt commune."

– Z. 31; db [W. n. 21; V. n. 69] **Am Rand ist der erste Satz und damit der Inhalt des folgenden Abschnitts annotiert:** "Ad secundam questionem dico quod triplex est ordo intelligibilium in proposito. vnus est ordo originis vel secundum generationem Alius est ordo perfectionis. Tertius est ordo adequationis vel causalitas precise.":
triplex ordo intelligibilium

– Z. 40; b [V. n. 71] **Zum Satz:** "Loquendo igitur de primo ordine scilicet originis. videndum est de primo de cognitione actuali. secundo de cognitione habituali. tertio de virtuali." **ist am Rand annotiert:**

cognitio $\left\{\begin{array}{l} actualis \\ habitualis \\ virtualis \end{array}\right.$

– Z. 42; db [ibid.] "Quantum ad primum premitto duo. quorum primum est quod alius est conceptus simpliciter simplex. et alius est conceptus simplex qui non est simplex qui non est simpliciter simplex. Conceptum simpliciter voco qui non est resolubilis in plures conceptus: vt conceptus entis vel vltime differentie. Conceptus simplex sed non tamen simpliciter simplex est quicunque potest concipi ab intellectu actu simplicis intelligentie: licet possit resolui in plures conceptus seorsum conceptibiles: sicut est conceptus diffiniti vel speciei." **ist die sowohl fälschlicherweise gesetzte wie auch in sich inhaltlich falsche Apposition** "qui non est simplex" **durchgestrichen; dazu ist am Rand annotiert:**
conceptus simpliciter simplex
conceptus simplex

– Z. 49; db [V. n. 72] **Der Inhalt des Abschnittes:** "secundo premitto. quod aliud est confuse intelligere: et aliud confusum intelligere. Confusum enim idem est quod indistinctum. et sicut est duplex indistinguibilitas ad propositum scilicet totius essentialis in partes essentiales et totius vniuersalis in partes subiectiuas: ita est duplex distinctio duplicis totius predicti ad suas partes. Confusum igitur intelligitur quando intelligitur aliquid indistinctum altero predictorum modorum. Sed confuse dicitur aliquid concipi quando concipitur sicut exprimitur per nomen. distincte vero quando concipitur sicut exprimitur per diffinitionem." **ist am Rand annotiert:**

confusum

confuse
distincte

⎫
⎬   *concipere*
⎭

– Z. 58; db [W. n. 22; V. n. 73[30]] **Ein bei Bagnacavallo zitierter Satz im Abschnitt:** "His preintellectis primo pono ordinem originis in cognitione eorum actuali que concipiuntur confuse. et quo ad hoc dico quod primum actualiter cognitum confuse est species specialissima: cuius singulare efficatius et fortius primo mouet sensum siue sit audibile: siue visibile: siue tangibile. quodcunque enim indiuiduum fortius mouet sensum eius species primo cognita est cognitione confusa. et hoc supposito quod singulare non possit sub propria ratione intelligi: de quo alias. Loquor enim modo de illis que certum est posse intelligi secundum omnem opinionem [. . .]." **ist korrigiert durch die Unterstreichung des Wortes "eius" und einer korrespondierenden, ebenfalls unterstrichenen Annotation am Rande:**

cuius

(fo. 34 verso a)

– Z. 23; db [W. n. 24; V. n. 78[31]] **Am Rand umklammert ist der Abschnitt:** "Ex hoc apparet causa quare intellectus intelligit prius vnum intelligibile quam aliud licet species plurium sint ibi presentes. hoc enim non est a voluntate: cum tunc non habeat intellectus actum intelligendi. sed huius causa est: quia singulare vnius fortius mouet quam singulare alterius. hoc dictum [oder: dicendum] est de cognitione confusa."

(fo. 34 verso b)

– Z. 11; db [W. n. 26; V. n. 84] **In den lückenhaften Text ist zwischen "prius hominis" und "huius hominis" ein "π" einge-**

---

[30] Die Vaticana zitiert den Textabschnitt "sive sit audibile, sive visibile, sive tangibile. Quodcumque enim individuum fortius movet sensum, eius species prius cognita est cognitione confusa." als *textus interpolatus*.

[31] Die Vaticana zitiert den ganzen Passus als *textus interpolatus*.

setzt: "hoc idem probat Auicenna de eo quod videtur a remotis: quia prius cognoscitur aliquid sub ratione corporis quam animalis. et prius sub ratione animalis quam hominis: et prius hominis huius hominis.", **das auf eine Annotation am Rande verweist:**
quam

– Z. 29; db [W. n. 26; V. n. 87] **In:** "Ad Auicennam dico. quod quando obiectum non est debite approximatum non mouet ad cognoscendum se sub perfectissima ratione: sed sub aliqua imperfecta: et tunc intellectus sequens sensum talis obiecti oportet quod sit talis obiecti vniuersalis: cuius sensus erat sub ratione singularis: [. . .]" **ist das fehlerhafte Wort** "cognoscengum" **zu** "cognoscen*d*um" **korrigiert.**

– Z. 41; b [W. n. 28; V. n. 92] **Zu:** "Quantum ad notitiam habitualem siue virtualem: primo expono quid intelligo per terminos. Habitualem noticiam voco quando obiectum sic est presens intellectui in ratione intelligibilis actu: vt intellectu statim possit habere actum elicitum circa illud obiectum." **ist am Rande notiert:**
habitualis noticia

– Z. 53; db [V. n. 93] **Bei:** "Quantum ad istam notitiam habitualem vel virtualem dico quod communiora sunt prius nota via originis vel generationis: quod probatur. quia sicut diuerse forme perficiens idem perfectibile ordine quodam nate sunt mediatius et immediatius informare illud vel perficere. ita eadem forma contineat in se virtualiter perfectionem illarum formarum ordinatarum quasi consimili nature perficiet illud perfectibile." **ist zwischen den Worten** "forma" **und** "contineat" **das Merkzeichen** "π" **gesetzt, das am Rande wiederholt wird und dazu das Wort** "si" **vermerkt bekommt:**
π si
Damit wird ein ähnlicher Text wie bei Wadding[32] **erreicht. Zudem ist im Bagnacavallo-Text das Wort** "perficiens" **zu** "perficientes" **korrigiert und dem Wort** "consimili" – **wohl zu Unrecht – ein** "*s*" **hinzugefügt. Im Wort** "nature" **ist der Schlussbuchstabe durch eine den Umlaut anzeigende *cauda* zu einer *e caudata* ergänzt.**

---

[32] "ita si eadem forma".

(fo. 35 recto a)

– Z. 18; b [W. n. 29; V. n. 97] **Beidseitige senkrechte, links leicht ornamentierte, rechts klammerähnliche Anstreichung am Rande des folgenden Abschnittes, von den Worten** "quia habet equalem" **an:** "vnde in hoc etiam ponit philosophus felicitatem naturalem 10. Ethicorum et post ipsum species specialissima perfectior in vniuerso. et deinde species proxima illi. et sic vsque ad vltimam speciem. et post omnes species specialissimas genus proximum abstrahibile a specie perfectissima: et sic semper resoluendo. et ratio omnium istorum est: quia attingere actualius obiectum est intellectio perfectior simpliciter: quia habet equalem perfectionem ex parte intellectus cum quacunque alia intellectione vel non minorem: et habet perfectionem multo maiorem ex parte obiecti: que duo scilicet perfectio potentie et perfectio obiecti sunt causa perfectissime cognitionis siue intellectionis."

– Z. 51; b [W. n. 30; V. n. 101] **Im Satz:** "habet enim aliam causam qua cognosci potest: quia ista non est precisa causa. tamen per aliam non potest ita perfecte cognosci sicut per istam: quia ista causa scilicet demonstratio qua potest cognosci ab intellectu per perfectior causa cognitionis sue quam alia qua potest cognosci per sensum: ita est in proposito." **ist das überflüssige Wort** "per" **gestrichen und am Rande durch das annotierte Wort:**
est
ersetzt.

1.11. Zu Ord. I, d. 4, W. q. 1; V. p. 1, q. un.

(fo. 51 recto a)

– Z. 44; db [W. n. 2; V. n. 6[33]] **Das Wort** "signatum" **in:** "Ad propositum igitur. quam istarum trium significat hec locutio. filius est alius deus. Dico quod nec primam nec secundam: non primam.

---

[33] Die Vaticana zitiert fast die gesamte bei Bagnacavallo/Wadding erscheinende d. 4 als *textus interpolatus* in den Appendices A (Text) und B (Apparat) des Bandes IV der Edition. Der interpolierte Text weicht so stark von beiden genannten Drucken ab, dass auch hier sich zeigt, dass die Vaticana der Textfamilie β nur geringe Relevanz zugesteht. Auf die Nennung der Position der glossierten Stellen innerhalb der Vaticana-Interpolation, die entweder unmöglich oder sinnlos ist, wird deshalb für diese erste q. der d. 4 verzichtet.

quia non sequitur. sortes est alius homo. ergo est alius ab homine. antecedens est verum: et consequens falsum: nec secundam quia et si sortes est alius homo a platone. non tamen sequitur. ergo est alius humanitate a platone. quia humanitas non est ratio formalis differentie sortis a platone. sed significat tertiam. vnde bene sequitur sortes est alius homo a platone ergo sortes est alius a platone in humanitate. et e conuerso. et idem est cum dicitur filius est alius deus a patre. quod filius genitus est alius deus a patre generante: ita quod ly alius ponit suum per se significatum circa per se signatum extremorum et sui determinalis denotans ipsa inter se esse distincta: et illud determinabile esse commune vtrique extremo alietatis: et tamen distingui in eis: quod non conuenit deo. et hoc etiam significatur in tertia propositione predicta: propter quod idem sunt: ex quo sequitur cum hec sit falsa. filius est alius deus genitus. vt nunc declaratum est: erit hec falsa. deus genuit alium deum." **wird durch Einsetzen des Silbenreduplikations-Striches über dem Buchstaben** "a" **zu** "signi*f*icatum" **korrigiert.**[34]

– Z. 59; db [W. n. 3; V.[35] p. 382, 28–383, 2] "Ad primum Argumentum [sic] dico quod hoc antecedens est verum. deus genuit deum: quia termini in concreto possunt supponere pro suppositis respectu predicatorum respectu quorum non extraneantur suppositaliter. et ideo sicut hec est vera. deus pater genuit deum filium: ita hec. deus genuit deum: sed consequentia non valet. vnde non sequitur. ergo deus genuit se deum. aut alium deum. primum non sequitur: quia non est intelligibile quod idem producat se: nec secundum sequitur: quia sicut dictum est cum dicitur deus genuit alium

(fo. 51 recto b)

deum alietas notat suum determinabile distingui in extremis quod non significatur in antecedente. vnde sicut propositio est falsa vbi alietas additur determinabili quod non est commune suis extremis. sicut hec est falsa. sol est alius mus. si igitur sol generat murem. igitur se murem: aut alium murem: sed alium qui est mus: ita in proposito propositio est falsa in qua alietas additur determinabili quod non distinguitur in extremis. sic hec est falsa: pater in deitate est

---

[34] Vgl. auch Cappelli, Lexicon Abbreviaturarum, 352.
[35] Die Vaticana zitiert den Passus als *textus interpolatus* im Appendix A.

alius a filio. et ideo non sequitur. deus pater genuit deum: aut igitur se deum: aut alium deum: sed sequitur quod genuit alium qui
est deus. sicut exponit magister in litera: [. . .]"

– Z. 10; db [ibid.] **Zum darauffolgenden Abschnitt:** "quod si
probetur illa consequentia sic. si generat deum: aut igitur eundem
deum at diuersum deum: quia idem et diuersum immediate diuidunt
quodlibet ens: ex 10. metaphysicorum. si eundem vel diuersum. igitur se deum vel alium deum." **ist am Rand annotiert:**
Primo [sic³⁶] Metaphysicorum
idem et diuersum prima cuiuslibet entis diuidentia

– Z. 14; db [V. p. 383, 17–24] **Zum Abschnitt:** "Respondeo potest
concedi quod genuit eundem deum: quia sicut alietas ponit suum
significatum circa suum determinabile denotans ipsum disponi alietate et distingui in extremis quibus est commune: ita per oppositum
identitas ponit suum significatum circa suum determinabile commune
in extremis denotans ipsum non distingui nec diuidi in eis. et ideo
hec est vera. deus pater genuit eundem deum: quia filium qui est
idem deus: sed non sequitur. ergo genuit se deum: quia pronomen
reciprocum denotat actum terminari ad idem suppositum a quo procedit ille actus. aliter non esset reciprocum. antecedens autem non
est reciprocum. vnde consequens non solum refert eundem in essentia deitatis: sed eundem in ratione suppositi: non tantum autem ponitur per antecedens se: sed solum quod genuit eundem deum: et ideo
est fallacia consequentis et figure dictionis." **ist bei den Worten**
"sed non sequitur. ergo genuit se deum" **ist an den Rand notiert:**

deus genuit   *eundem*   *deum*
se

– Z. 40; db [W. n. 4] "Ad tertium cum dicitur deus genuit alium.
igitur alium deum vel alium non deum. Dicendum quod neutrum
concederetur. et cum probatur per rationem contradictionis. Dicendum
quod contradictio est tam in complexis quam in incomplexis. et
loquendo de contradictorijs complexis semper verum est quod altera
est vera et altera falsa. et sic est in proposito. hec est falsa. deus
genuit alium deum. et hec vera. deus non genuit alium deum: que

---

³⁶ Auch die durch die Vaticana rekonstruierte Textfassung nennt das erste Buch,
vgl. p. 382, Anm. 3.

est sua contradictoria: et non ista deus genuit alium non deum. Et si arguatur deus non genuit alium deum. ergo genuit alium non deum: quia ex negatiua de predicato finito sequitur affirmatiua de predicato infinito: sicut sequitur homo non est iustus. ergo est non iustus."

1.12. Zu Ord. I, d. 4, W. q. 2; V. p. 2, q. un.

(fo. 51 verso a)

– Z. 32; db [W. n. 1; fehlt in V. vollständig] **In:** "Preterea. cuiuslibet propositionis vere indefinite aliqua singulari est vera: sed nullam est dare veram singularem huius indefinite. igitur ipsa non est vera." **ist** "singulari" **im Text durch Einfügung eines** "*s*" **zu** "singulari*s*" **ergänzt.**[37]

– Z. 47; db [W. n. 2; V. n. 9[38] p. 383, 28–384, 3] **Neben dem schon von Bagnacavallo durch eine Marginalie als** "Extra" **und bei Wadding entsprechend als** "Additio" **gekennzeichneten Text:** "Verum est tamen quod in eius conuersa est magis predicatio formalis: quia ibi intelligitur quasi superius vel quasi commune predicari de per se suis suppositis. predicatio autem formalior est quando commune predicatur de vnitatibus quam econtra[.]" **steht am Rande:**
predicatio formalis et formalior

– [V. n. 10[39]] **Zum Abschnitt:** "Sed nunquid eadem est veritas illius et huius deitas est pater filius et spiritus sanctus. Respondeo sicut predicatio in diuinis distinguitur in veram formaliter et veram per identitatem. hoc est quod illa sit formalis quando predicatum conuenit formaliter subiecto. per identitatem vero quando propter simplicitatem[40] diuinam predicatum est idem subiecto: licet non

---

[37] So auch Wadding.
[38] Die Vaticana zitiert den Passus als *textus interpolatus* im Appendix A.
[39] Die Vaticana zitiert den Text von "hoc est" bis "licet non formaliter" als *textus interpolatus* im ersten Apparat.
[40] So auch die Vaticana; Wadding liest hier aber: *infinitatem*. Der Wechsel in der Wahl des Gottesprädikats ist bezeichnend für den intimen Zusammenhang von Einheit und Unendlichkeit in der scotistischen Gotteslehre; daß er mit charakteristischen spätmittelalterlichen bzw. frühneuzeitlichen Lehrveränderungen zu tun haben könnte, scheint nicht unwahrscheinlich, vgl. zur dieser Fragestellung generell Vignaux, Etre et infini.

formaliter ita hec pater filius et spiritus sanctus sunt deus: vera est
formaliter. et hec per identitatem: pater filius et spiritus sanctus sunt
deitas: non autem formaliter. ergo et ista deus est π pater etcetera
habet aliquam veritatem. loquendo de predicatione formali π quam
non habet ista deitas est pater etcetera." **ist das Merkzeichen "π"**
je nach "ista deus est" **und** "praedicatione formali" **am Rand**
annotiert:

$$predicatio\ vera \begin{cases} formaliter \\ \\ per\ identitatem \end{cases}$$

Zu den Merkzeichen π ist am Rande notiert:

π π [Am Zeilenanfang – und Ende]
nempe eam que eis<?> (bis?) conuersa est uere formalis quum huiusmodi<?>
posterioris nec conuertens nec conuersa sit uere formalis sed solum per<?> iden-
titatem

– Z. 63; db [W. n. 3; V. n. 11] **Im Text bei Bagnacavallo:** "Isti
[41] sic intellecto absque conceptu personarum seu perso

(fo. 51 verso b)

nalium proprietatum vere possunt competere aliqua predicata realia: que videlicet non competunt nature vt existenti in ratione suppositi: sed existenti in hac natura inquantum existens in ea." **ist im**
Wort "Isti" **dessen letzter Buchstabe** "i" **korrigierend zu einem**
"*o*" **ergänzt.**

– Z. 46; db [W. n. 4; V. n. 14:[42] p. 384, 4–20] **Am linken Rand**
senkrecht angestrichen ist der gesamte Schlussteil: "Ad euidentiam secundi argumenti est sciendum quod sicut dictum est in
questione precedenti cuilibet vnice nature adequate correspondet
vnum singulare: quod singulare vel est incommunicabile sicut creaturis: vel communicabile sicut in deo. natura autem diuina vnica est
omnino implurificabilis et innumerabilis. ergo ei adequate correspondet vnum singulare quod exprimitur nomine dei quod naturali intelligentia intelligitur ante quamcunque proprietatem personalem: et si
consideretur illud singulare vt quoddam ens ad se cui conueniunt
omnes proprietates essentiales et perfectiones ante omnem proprie-

---

[41] Wadding fügt hinzu: "termino".
[42] Die Vaticana bringt den Passus als *textus interpolatus* im Appendix A.

tatem personarum: est [43] quod quidem est ad se ens et per se nullo modo plurificabile vel numerabile. licet communicabile sit in suppositis pluribus que communicatio intelligitur per proprietates notionales. et sicut est illa vera. deus est pater filius et spiritus sanctus ita ista hic deus est pater et filius et spiritus sanctus. Exemplum iam tactum est: quia si esset vnius color in tribus superficiebus ille color: puta albedo disgregaret et haberet omnes perfectiones albedini competentes: sed non vt primo est in illa vel in illa superficie: sed secundum se licet illas haberet existens in illis superficiebus: non tamen primo. sic autem est hic." **In den Worten** "quidem" **und** "vnius" **ist** "e mit m-Strich" **resp. der Buchstabe** "i" **aus nicht erfindlichen Gründen wegradiert.**

1.13. Zu Ord. I, d. 5, W. q. 1; V. d. 5, p. 1, q. un.

(fo. 52 recto a)

– Z. 16; db [W. n. 1.; V. n. 1] **In:** "Circa quintam distinctionem quero vtrum essentia diuina genere vel generetur." **ist das unvollständige Wort** "genere" **mit einem** "t" **zum korrekten** "genere*t*" **ergänzt.**

– Z. 55; db [W. n. 2; V. n. 4] **Zu:** "Item per argumenta logica: quando predicatum predicatur per se de subiecto potest supponere pro eo. patet de superioribus et inferioribus: sed essentia predicatur per se de patre: quia pater est essentia. ergo potest supponere pro eo. igitur sicut illa est vera: pater generat: ita ista videtur esse vera. essentia generat. prout supponit pro patre. probatio minoris: quia non per accidens: quia nec vnum accidit reliquo: nec ambo tertio. et isti sunt duo modi vnitatis per accidens qui ponun

(fo. 52 recto b)

tur 5. metaphysicorum capite de vno." **ist unterhalb der Spalte a annotiert:**
vnitas per accidens

– Z. 48; db [W. n. 4; V. n. 12] **Im Satz:** "Quatum autem ad primum articulum in quo Ioachim dixit magistrum Petrum esse hereticum

---

43 Dieses Wort fehlt bei Wadding.

contradicit sibi papa." **ist der "n"-Strich im Wort "Quatum" über dem "a" ergänzt, sodass sich das korrekte Wort "Qua***n***tum" ergibt.**

– Z. 65; db [V. n. 15] **Die vierte ratio für den Erweis der Orthodoxie der lombardischen Trinitätslehre ist unterstrichen:** "Adducitur etiam alia ratio: quia in creaturis forma non generat nec generatur: sed compositum. <u>deitas autem</u>

(fo. 52 verso a)

<u>se habet quasi forma in persona.</u> ergo ipsa non generat nec generatur. ista ratio minorem habet euidentiam hic quam in creaturis: quia ibi forma non est aliquid per se existens vt possit esse operans. hic autem deitas non cointelligendo proprietates personales est de se ens in actu." **und dazu am Rand annotiert:**
deitas in persona quasi forma

– Z. 14; db [W. n. 5; V. n. 18] **Zu:** "Respondeo: quandocunque est subiectum abstractum vltimata abstractione et predicatum ex ratione sua non potest predicari nisi formaliter: non potest propositio esse vera nisi sit per se primo modo. subiectum hoc est abstractum vltimata abstractione: et predicatum hoc de ratione sua non est natum predicari nisi formaliter. ergo propositio non posset esse vera nisi per se primo modo. sic autem non est vera hec: quia predicatum non est de per se intellectu subiecti. omne enim <u>quod dicitur ad aliquid est aliquid preter relationem. 7. de trinitate 2. capite ita quod relatio non est intra conceptum absoluti.</u>" **ist am Rande notiert (db):**[44]
Regula

– Z. 23; db [W. n. 6; V. n. 19] **Zum gleich anschließenden Abschnitt:** "huius syllogismi maiorem declaro sic. in substantijs quamuis in eadem re simplici possint esse perfectiones multe substanti-

---

[44] Diese Notiz entspricht einer scotistischen Kommentierungstradition, indem sowohl Mayronis im *Conflatus* als auch Syrrect in den *Formalitates* und womöglich auch andere Formalisten die hier gegebene logische Erklärung Duns' zur *ultimata abstractio* als *regula* bezeichnen. Zur Bedeutung des Denkens in *regulae* bei den Scotisten vgl. oben Kap. II. 5.2. (Seite 101).

ales formaliter distincte: et ibi vna ratio formalis possit abstrahi ab
alia remanente adhuc concreatione vtriusque formalitatis ad sua propria supposita. verbi gratia. licet hec sit vera. substantia intellectiua
est volitiua: vbi est predicatio concretiua vnius perfectionis de altera:
tamen hec negatur: intellectus est voluntas: quia illa significant perfectiones illas vt abstractas a se inuicem: et secundum proprias formalitates: tamen adhuc sic abstracta concernunt propria supposita:
vt hic intellectus est intellectus: et hec voluntas est voluntas. accipiendo tamen substantiam siue simplicem siue compositam precise
secundum rationem suam formalem quiditatiuam tantum est abstractio a supposito proprie nature: quia communiter non sunt nate concernere aliquid alterius nature. ideo ibi ista abstractio est maxima.”
ist beim Wort “concreatione” **das** “a” **ausradiert und zudem
bei** “tamen adhuc” **an den Rand annotiert:**
abstractio in substantiis

– Z. 42; db [V. n. 20] **Zum Abschnitt:** “ Sed in accidentibus
quanto plura possunt concernere: tanto plures possunt fieri abstrac-
tiones: concernunt quidem accidentia supposita alterius nature: et
licet ab his abstrahantur: concernunt tamen indiuidua proprie nature:
sicut album concernit lignum: et licet ab hoc abstrahatur albedo:
tamen adhuc concernit albedinem hanc et illam que sunt indiuidua
sua: sed vlterius est abstractio quiditatis a supposito qualis dicta est
fieri in substantijs: et illam circumloquimur per hoc quod dicimus
quiditas albedinis: et illa non concernit aliquod suppositum nec eiusdem nature nec alterius.” **ist am Rande notiert:**
Abstractio in accidentibus

– Z. 54; db [V. n. 21] **Im Abschnitt:** “Exemplum: hoc concretum
quod est causa dicitur de igne qui causat calorem in ligno vt de subiecto: sed abstrahendo a subiecto remanet adhuc concretio ad fundamentum: puta si dicatur potentia causandi. calor enim est potentia
causandi calorem: non tamen ignis est potentia causandi illum. adhuc
potest fieri vlterior abstractio ad proprium genus. vtputa si dicatur
causalitas: et tunc nec ignis nec calor recipit predicationem istius:
tamen hec causalitas est causalitas. vltima abstracio qualis est in substantijs est per hoc quod dicimus quiditas causalitatis: et hec de nullo
predicatur alio.” **sind die verschiedenen im scotischen Text
verzeicheten Abstraktionsformen des Konkretums** “causa”
am Rande wiedergegeben:

causa
potentia causandi
causalitas
causalitatis quiditas (quidditas?)[45]

– Z. 63; db [V. n. 22] **Zu:** "Ex istis narratis apparet que sit vltima abstractio: quia quiditatis absolutissime sumpte ab omni eo quod est quocunque modo extra rationem quiditatis." **am Rande notiert:** *ultima abstractio*

– Z. 66; db [W. n. 7; V. n. 23] **Zu:** "Circa alium terminum maioris scilicet quod predicatum

(fo. 52 verso b)

de quocunque dicitur de necessitate formaliter predicatur: notandum est quod substantiua possunt dupliciter predicari in diuinis: quandoque formaliter: quandoque per identitatem. sed adiectiua si predicantur de necessitate formaliter predicantur: et hoc quia sunt adiectiua." **ist oben rechts an der Textspalte b annotiert:**

substantiuorum
predicatio   *in diuinis*
Adiectiuorum

– Z. 19; [W. n. 7; V. n. 24] **In:** "Patet etiam illa minor quod talia sunt ista extrema. essentia generat. vel deitas generat: quia deitas est abstractum vltimata abstractione: generat autem est verbum. ideo non potest predicari nisi formaliter: non sic autem [V. *textus interpolatus in Anm.* a] abstrahitur vltimata abstractione hoc nomen deus: et ideo potest supponere pro persona vt cum dicitur. deus creat: deus generat." **ist zwischen** "autem" **und** "abstrahitur" **ein nicht mehr klar identifizierbares Wort von ungefähr vier Buchstaben ausradiert.**

(fo. 53 recto a)

– Z. 1; db [W. n. 9; V. n. 27] **Zu:** "in proposito autem producens ad primum productum habet relationem realem: quia distinctionem realem et realem originem. ad terminum autem formalem in pro-

---

[45] Die Lesart ergibt sich aus der respektiven Interpretation des Kürzels "q" mit vertikal nach rechts oben durchgestrichener Unterlänge als "qui" oder "quid".

ducto non habet relationem realem: quia non distinctionem realem sine qua non est relatio realis. producere igitur in diuinis dicit relationem realem: communicare autem dicit relationem originis et quasi rationis concomitantem illam realem. cum igitur dicitur quod iste sunt relationes opposite scilicet communicare et communicari. dico quod sunt relationes rationis opposite secundum proprias rationes suas: licet necessario concomitentur aliquas relationes reales oppositas scilicet producere et produci: sed iste relationes et ille non sunt eorundem relatorum formaliter." **ist am Rand annotiert:**
communicans et producens non sunt idem

– Z. 19; db [W. n. 10; V. n. 32] **Zu:** "Ad argumenta Logica. cum primo arguitur de predicatione per se. dico quod essentia non predicatur per se primo modo de patre neque formaliter. Cum probas: quia non per accidens: dico quod sicut in creaturis non omnis predicatio est per se vel per accidens accipiendo accidens proprie: vt quando accidens predicatur de subiecto. non enim genus per se predicatur de differentia: nec sic per accidens: quia neutrum neutri accidit nec ambo tertio: sed est ibi medium extraneum siue inferius contrahens aliud: quod inferius potest dici accidens superiori id est extraneum: sed non proprie accidens: in diuinis autem non omnia sunt per se eadem id est formaliter: nec tamen est aliquid alicui per accidens proprie: sed aliquid est idem alicui absoluta identitate absque formali identitate: et ita est in proposito." **ist am Rand annotiert:**
non omnis predicatio est vel per se vel per accidens

– Z. 31; db [V. n. 33] **Im teilweise unterstrichenen Abschnitt:** "Ad aliud dico. quod ista. essentia est pater. potest distingui: quia pater potest sumi adiectiue vel substantiue. secundo modo significat personam cuius est paternitas: et concedo eam esse veram per identitatem: quia substantiuum potest predicari de aliquo per identitatem. primo modo significat ispam proprietatem denominatiue. et hoc modo exponit magister distinctione 27. quia idem est patrem esse et genuisse. hoc modo ista est falsa: essentia est pater: quia significat patrem formaliter predicari de essentia: quando igitur arguis de subiecto et passione. dico quod quando passio potest predicari predicatione eiusdem rationis cum illa qua predicatur subiectum: vel quando habet similem modum predicandi potest ex subiecto inferri passio. quando non: non hoc subiectum si sit substantiuum potest predicari per identitatem: passio autem si est passio non potest: sed tantum formaliter: quia est adiectiuum." **ist nach dem zweiten** "non" **ein Doppelpunkt gesetzt. Am Rande ist annotiert:**

predicantur (predicari?) $\left\{\begin{array}{l} \textit{Adiectiua} \\[1em] \textit{Substantiua} \end{array}\right.$

– Z. 58; db [W. n. 12, V. n. 38][46] **Im Satz:** "sumuntur tantum in significatione adiectiua: et hoc in respectu quem habent ad aliud quod respicit potentia a qua imponuntur sed quandocunque aliquid habet rationem adiacentis vel adiectiui ex respectu ad aliud quanto magis est determinatus eius respectus tanto magis habet rationem adiacentis vel adiectiui: et tanto minus quanto magis est indeterminatus." **ist die Endung von** "potentia" **mit einem Endungszeichen zu** "potentia*m*" **korrigiert.**[47]

1.14. Zu Ord. I, d. 5, W. q. 2; V. p. 2, q. un.

(fo. 53 verso a)

– Z. 52; db [W. n. 2; V. n. 53] **In:** "Istud probatur per rationem Augustini contra Maximinum que ponitur in littera. filius enim nullo modo est de nihilo. neque negatiue vt aliquis dicitur loqui de nihilo: quando non loquitur: neque affirmando ly de nihilo vt ly de. sit nota materialitatis vel quasi materialitatis: quia nihil non potest esse materia alicuius: neque affirmando ly de. originaliter siue ordinaliter id est post nihil. quos tres modos intelligendi aliquid esse de nihilo ponit Anselmus monologion capite 8. si nullo modo filius est de nihilo. ergo de aliquo. ergo cum non de alio quam de substantia patris: patet quod est de substantia patris. Et si respondeatur sicut videtur magister respondere in littera quod est de substantia patris. id est de patre qui est de substantia." **ist die Präposition** "de" **in** "est de substantia" **durch eine Unter- und eine Überstreichung waagrecht eingeschient; zudem ist am Rand annotiert:**
esse de nihilo

(fo. 53 verso b)

– Z. 26; db [W. n. 3; V. n. 57] **Zu:** "Breuiter igitur productio diuina summe differt a productione naturali: quia in ista itur per trans-

---

[46] Die Vaticana zitiert den Passus als *textus a Duns Scoto cancellatus* im ersten kritischen Apparat.

[47] Anders Wadding, der ebenfalls "potentia" setzt.

mutationem ad perfectionem: et ibi distat de potentia ab actu: in ista autem nequaquam. Differt etiam ista specialiter a productione naturali que est generatio: quia illa est de imperfecto substantialiter. ista vero est de perfecta substantia in quo plus conuenit cum productione que est alteratio: quia in illa subiectum quod est in potentia secundum quid est aliquid existens in actu: sed differt in hoc quia subiectum in alteratione est in potentia ad aliquid reale absolutum realiter differens ab ipso in productione autem diuina nequaquam: et in hoc diuina productio conuenit plus cum productione speciei ex genere: sed differt: quia in hac productione genus est sicut subiectum et materia: et est in potentia aliquid absolutum vt ad differentiam: que tamen sola intentione differt ab ipso: hic autem subiectum est in potentia ad aliquid respectiuum: quod differt ab ipso sola ratione." **ist zwischen** "potentia" **und** "aliquid" **ein** "π" **eingefügt und am Rande die Einfügung als Annotation widergegeben:** π *ad* π [48]

– Z. 40; db [Ebd.] **In:** "Et ita licet ista productio speciei ex genere sit magis simil s diuine quam alia: in multis tamen differt." **ist in die nur teilweise abgedruckte Schlusssilbe des Wortes** "simil s" **ein** "i" **eingefügt, so dass sich** "similis" **ergibt.**

– Z. 51; db [W. n. 4; V. n. 59] **Zu:** "Huic opinioni additur ab alijs. quod essentia diuina dicitur generari subiectiue. quod enim subijcitur generationi potest dici subiectiue generari per philosophum 5. physicorum. vbi arguit quod generatio non est motus. per hoc argumentum. quod mouetur est: quod generatur non est. ergo quod generatur non mouetur. accipit autem quod mouetur pro subiecto motus: non pro termino. si enim acciperet quod generatur pro termino generationis non pro subiecto argumentum non valeret: quia dum motus est terminus motus non est. ergo oportet quod accipiat ibi generationem pro eo quod subijcitur generationi. Idem probatur per Commentatorem ibidem commento 8. et 9." **am Rande notiert:** *subiectiue generari*

(fo. 54 recto a)

– Z. 12; db [W. n. 5; V. n. 64] **Zu:** "Contra istam opinionem arguo primo sic. essentia est formalis terminus productionis igitur non quasi

---

[48] Wadding druckt hier die Partikel "ad" abenfalls ab.

materia. probatio antecedentis. [V. n. 65] Ioanne 10. Pater quod
dedit mihi maius est omnibus. maius autem omnibus non est nisi
aliquid infinitum hoc non est nisi essentia. ergo illam dedit. [V. n.
66] hoc etiam vult Augustinus 15. de trinitate capite 26. vel 78.
Sicut filio inquit prestat essentiam sine initio temporis. sine vlla mutabilitate nature de patre generatio: ita spiritui sancto prestat essentiam sine vllo initio temporis sine vlla mutabilitate nature de vtroque
processio: non autem conceditur formam aliquam dari producto siue
communicari vel prestari per generationem nisi illa forma communicata sit formalis terminus talis productionis. [V. n. 67] Probatur
etiam illud antecedens per rationem. Primo. quia nulla entitas formaliter vnica [49] simpliciter perfectior termino formali productionis
habetur per productionem. essentia est formaliter infinita. relatio
autem non. ergo si relatio esset formalis terminus productionis persona non haberet essentiam per productionem." **ist am Rande
notiert:**

illa ratio pendet ex predicta Annotatione Augustini

– Z. 27; db [V. n. 68] "Secundo quia in creaturis natura est terminus formalis generationis. non autem proprietas indiuidualis vel
ypostatica. sicut patet 2. physicorum vbi dicitur quod generatio est
naturalis quia est via in naturam. scilicet in formam. natura igitur
siue essentia est per se terminus generationis: et non nisi terminus
formalis."

– Z. 32; db [V. n. 70] **Im Abschnitt** "Tertio. quia alia ista generatio non esset vniuoca: quia ratio formalis terminus eius non esset
ratio conuenientie generantis cum genito. consequens est inconueniens sicut tangetur distinctione 7. [W. n. 6; V. n. 69] Similiter alias
non esset ista productio generatio. sed magis esset mutatio ad relationem: quia productio ponitur in genere vel in specie ex suo termino formali. sicut patet ex 5. physicorum." **erfolgt eine Ergänzung
des dritten Wortes** "alia" **durch Einfügung eines** "*s*" **zu** "alia*s*",
wie bei Wadding. Dazu ist am Rand annotiert:
terminus

---

[49] Wadding liest hier "entitas formaliter infinita"; die Begriffsvertauschung entspricht der genuin scotischen Identifikation von Gottes Einzigkeit und Unendlichkeit.
Die Vaticana liest "entitas formaliter univoca".

(fo. 54 recto b)

– Z. 9; db [W. n. 8; V. n. 74] **Zu:** "Si autem dicas vt est de qua generatur filius nullam habet existentiam in persona. sicut et materia inquantum est de qua generatur genitum non habet esse in aliquo supposito: sed tantum habet esse in potentia in supposito generando. hoc nihil est: quia vt dictum est principianti realiter aliquod ens in quocunque genere principij oportet tribuere aliquod reale esse: et ideo materie vt prinicipiat compositum licet sibi non competat esse compositi quod est eius: participatiue tamen conuenit sibi esse suum proprium: quod esse est prius naturaliter quam sit pars compositi. ita igitur hoc oportet essentie inquantum est de qua generatur filius dare essentiam vel in supposito vel esse essentie secundum se et sic stat argumentum." **ist am Rand angemerkt:**
compositi iam facti[,] scilicet non fiendi

– Z. 41; db [W. n. 78] **Im Satz:** "antecedens huius entimematis q antum ad vtramque partem simul probatur: quia actiuum agit in passiuum se solo in ratione cause: nec producit productum nisi alio concurrente in ratione concausantis." **ist in das lückenhafte Wort**

"qantum" **das nicht gedruckte** "u" **eingesetzt.**

(fo. 54 verso a)

– Z. 3; db [W. n. 10; V. n. 83] **Im Abschnitt:** "Item secundum augustinum contra Maximinum libro 3. capite 15. Spiritus sanctus non est de nihilo: sed inde est vnde procedit. ita igitur concedit spiritum sanctum non esse de nihilo sed de substantia patris et filij sicut concedit filium esse de substantia patris: et simili modo relatio spiritussanctus est in deitate sic relatio filij:" **findet sich eine Korrektur, indem die letzten beiden Buchstaben im Wort** "spiritussanctus" **im letzten zitierten Satz mit einem** "i" **überschrieben sind und am Rande notiert wird:**
sancti

– Z. 8; db [V. n. 84] **In den sich anschließenden Ausführungen:** "sed essentia non se habet respectu relationis spiritus sancti quasi materia receptiua eius vt videtur secundum istam opinionem quia ponit verbum generari per impressionem in illud de quo gignitur: spiritum sanctum quasi per expressionem vel ex sufflatione sui de voluntate formata de qua producitur. quod enim producitur per expulsionem de aliquo non habet illud de quo pro materia in productione sui: quia omnis materia cuiuscunque productionis et producti est in qua recept forma producti: quod non est in expulsione de illo." **ist das Wort** "recept" **mit einem Kürzel zu** "recept*ur*" **ergänzt und zu Beginn des hier zitierten Abschnitts, also etwa acht Zeilen über dem betreffenden Text, an den Rand geschrieben:**

de productione scilicet omni scilicet

– Z. 27; db [W. n. 11; V. n. 94] **Beim Abschnitt:** "Primum declarari potest sic. Generatio in creaturis duo dicit productionem et mutationem: et istorum rationes formales alie sunt et sine contradictione separabiles abinuicem. [V. n. 95] productio autem formaliter est ipsius producti quod est compositum. 7. metaphysicorum et accidit sibi quod fiat cum mutatione alicuis <u>patris</u> compositi." **ist an den Rand notiert:**

In creaturis Generatio duo dicit

Außerdem ist das unterstrichene Wort "<u>patris</u>" **korrigiert durch die korrespondierende und teilweise unterstrichene Randnotiz:**

Mutatio partis

– Z. 37; db [V. n. 95] **Im Satz:** "si enim generans creatum esset perfectum agens et non exigeret materiam de qua vel in quam ageret: sed posset producere effectum per se et ex se. tunc esset productio sine mutatione. igitur sine contradictione possunt separari et realiter separantur comperando ad potentiam productiuam perfectam." **ist das fehlerhafte Wort** "comperando" **mittels Überschreibung zu** "comp*a*rando" **korrigiert.**

– Z. 59; db [W. n. 12; V. n. 98] **Im Abschnitt:** "Secundo dico quod negata omni materialitate et quasi materialitate: vere tamen filius est de substantia natris sicut dicunt auctoritates adducte in littera. [V. n. 99] vbi per ly de non tantum notatur efficientia vel origo. Si enim tantum efficientia tunc creature essent de substantia dei: nec notatur per illud de tantum consubstantialitas: quia tunc pater esset de substantia filij: sed notatur simul originatio et consubstantialitas: vt scilicet in <u>causali</u> huius prepositionis de

(fo. 54 verso b)

denotetur consubstantialitas sic quod filius habet eandem substantiam et quasi formam cum patre de quo est originaliter: et per illud quod construitur in genitiuo cum isto casuali notetur principium originans: ita quod totalis intellectus huius sermonis: filius est de substantia patris est iste: <u>filius est originatus a patre vt consubstantialis ei</u>." **findet sich eine Korrektur des Buchstabens** "n" **im falsch gedruckten Wort** "natris" **zu** "*p*atris".

Außerdem steht zu "vbi per ly de" **die linksseitige Annotation:**
de[:] quid dicat

Zu "vt scilicet in <u>causali</u> huius propositionis" **findet sich unterhalb des Wortes und der Spalte eine korrespondierend unterstrichene Korrektur:**[50]
casuali

Neben der zweiten Unterstreichung ist am Rande gesetzt die Annotation:
expositio

– Z. 31; db [W. n. 13; V. n. 104] **In:** "Secundum declaro scilicet quod istud de. sufficiat ad rationem filiationis: quia in animatis vbi est paternitas et filiatio: videamus quis sit ille actus per quem generans dicitur formaliter pater. ille vtique est actus decidendi semen. et si esset perfectum agens ita quod tunc quando decidit semen possit immediate decidere prolem: vere esset pater et multo perfectius quam modo sit vbi requiruntur tot mutationes intermedie: sed nunc in isto actu decidendi semen illud quod erat substantia eius vel aliquo modo aliquid eius: non est materia sed est quasi terminus formalis productus siue communicatus per istum actum sicut esset proles si immediate decidere a patre." **ist im Wort** "decidit" **der Buchstabe** "d" **ausgebessert, sowie zum fehlerhaften, nach** "immediate" **erscheinenden Verbum desselben Stammes** "decidere" **rechts über dem Schlussbuchstaben der Buchstabe** "t" **angefügt, sodass sich das korrekte** "decidere*t*" **ergibt.**

– Z. 64; db [W. n. 14; V. n. 106] **Seitlich senkrecht mit diversen leichten Ornamentierungen ist am Rand angestrichen** [V. n. 109]: "Secundo ipsa quiditas puta humanitas quia est imperfecte actualitatis: ideo diuisibilis est per illud quod contrahit ipsam ad indiuiduum: puta per proprietatem indiuidualem quecunque

---

[50] "casuali" lesen sowohl Wadding als die Vaticana (vgl. Bd. IV, p. 62, Anm. 7).

(fo. 55 recto a)

sit dicatur a. et recipit ab a. aliquam actualitatem sicut et vnitatem siue indiuisibilitatem quam habet in indiuiduo et non habet ex se: ita quod illud contrahens vt a. non tantum est formaliter in sorte quo sortes formaliter est sortes. sed est aliquo modo formale respectu nature: et natura est aliquo modo potentiale respectu eius vnde natura contrahitur et determinatur per ipsum a. [V. n. 110] Tertio. huma-nitas in sorte. est aliquis actus: et precise accipiendo humanitatem et a. distinguendo contra se: humanitas est perfectior actus quam sit ipsum a. licet a. sit magis propius actus et aliquo modo actus nature inquantum determinat naturam. [V. n. 111] Applicando hec tria ad diuina: relinquatur illud quod est imperfectionis. [V. n. 112] Quo ad primum deitas de se est qua deus est deus et qua subsistens siue persona cuius proprium est a. est formaliter deus: quia esse quo hoc modo non est imperfectionis in creatura sed competit quiditati vnde quiditas est. [V. n. 113] Quo ad secundum est dissimile: quia dei-tas ipsa per proprietatem personalem non determinatur nec contra-hitur nec aliquo modo actuatur: quia hoc erat imperfectionis et potentialitatis in natura creata: <u>sed deitas de se est hec: et sicut habet vltimam vnitatem de se ita et actualitatem. est igitur proprietas per-sonalis ita proprius actus persone quod tamen non est actus ipsius nature diuine aliquo modo perficiens vel informans eam</u>. [V. n. 114] Quo ad tertium est aliquo modo simile: quia relatio et si sit pro-prius actus persone et essentia non sit proprius actus persone sed aliquis communis actus: tamen essentia est formaliter actus infinitus. relatio autem non est actus infinitus ex ratione sua formali. ergo rela-tio licet sit proprius actus persone: non tamen actuat essentiam: cuius contrarium est in creaturis: vbi a. quod est in sorte actus actuat ali-quo modo naturam que est actus perfectior."

Dazu ist je auf den Textinhalt bezogen am Rande notiert:
[V. n. 112:] *esse quo (quomodo?) non imperfectionis*
[V. n. 114:] *simile*
[V. n. 113:] *dissimile*

– Z. 37; db [W. n. 15; V. n. 117] "Qualiter autem stat quod ratio relationis in re non sit formaliter eadem rationi essentie: et tamen in eodem concurrentes non constituunt compositum vel compositio-nem. hoc est quia ista ratio est eadem perfecte illi. propter enim infinitatem vnius rationis quicquid potest esse cum ea est idem perfecte sibi. perfectio enim identitatis excludit omnem compositionem: et quasi compositionem que identitas est propter infinitatem: et tamen infinitas non tollit formaliter rationes quin hec formaliter non sit illa."

(fo. 55 recto b)

– Z. 1; db [W. n. 16; V. n. 129] **Zu:** "Tertia difficultas est quomodo potest esse relatio nisi requirat propiam rationem fundamenti. fundamentum enim videtur esse prius relatione et quasi perfectibile per eam: non econuerso. relatio enim non videtur perfici a suo fundamento: quia tunc presupponeretur suo fundamento. ergo cum essentia sit fundamentum istarum relationum videtur esse quasi materia illarum. [V. n. 130] Respondeo. quod in creaturis ordo generationis et ordo perfectionis sunt contrarij: sicut patet 9. metaphysicorum quod illa que sunt priora generatione sunt posteriora perfectione. et ratio est: quia creature procedunt de potentia ad actum: et ideo de imperfecto ad perfectum: et ideo prius peruenitur via generationis ad imperfectum quam ad perfectum. sed eundo ad simpliciter primum oportet quod idem sit simpliciter primum et origine et perfectione." **ist am Rande notiert:**
fundamentum Relationum

– Z. 26; db [V. n. 131] **Ebenso ist zu:** "Isti igitur essentie abstractissime considerate vt priori omnibus personalibus conuenit esse per se: et in isto priori occurrit non vt aliquid receptiuum alicuius perfectionis: sed vt infinita perfectio potens in secundo signo nature communicari alicui: non vt forma informans materiam: sed vt quiditas communicatur supposito tanquam formaliter existenti per eam: et ita pullulant vt quida dicunt relationes ex ea et persone in ea. et ex ea. non quasi quedam forme dantes esse sibi vel quasi quedam supposita in quibus recipiat esse cum sit simpliciter ens. sed quibus suppositis dat esse: vt quo formaliter illa supposita sunt et quo sunt deus: et ita relatio illa pullulans cum sit per se subsistens ipsa pullulat non vt forma essentie: sed vt nata esse deus ipsa deitate formaliter. licet non vt informante ipsam: sed vt existente eadem sibi perfectissima identitate." **an den Rand notiert:**
pullulatio relationis et personarum
Außerdem ist im unvollständig abgedruckten Wort "quida" **auf dem Buchstaben** "a" **ein m-Strich eingefügt, sodass sich ergibt:** "quida*m*".

– Z. 43; db [V. n. 132] **Zu:** "Concedo tunc quod essentia est fundamentum istarum relationum: sed non fundamentum quasi potentiale recipiens istas: sed fundamentum quasi per modum forme in qua iste forme nate sunt subsistere. non quidem per informationem: sicut similitudo est in albedine: sed sicut subsistens dicitur esse in natura sicut sortes dicitur subsistere in humanitate: quia sortes humanitate est homo. non enim ex ratione fundamenti habebit rationem potentie vel quasi potentialitatis essentia diuina: sed precise habebit rationem forme vt qua relatio fundata in eo simpliciter est deus."
ist am Rande notiert:
fundamentum quasi per modum forme essentia relationibus
Außerdem ist das unterstrichene Pronomen "eo" **korrigiert am Rande wiederholt:**
ea

(fo. 55 verso a)

– Z. 35; db [W. n. 17; V. n. 138] **Zu:** "Dico igitur breuiter quod relatio et essentia ita sunt in persona quod neutra est forma informans alterum: sed sunt perfecte idem: licet non formaliter: vt tamen non sunt formaliter eadem relatio nullo modo perficit essentiam: nec est terminus formalis receptus in essentia: sed essentia hoc modo est forma relationis: quia est qua relatio est: et similiter qua est deus: essentia etiam est formalis terminus generationis: sicut in creaturis natura est formalis terminus generationis. non autem actus induidualis." **ist im fehlerhaft abgedruckten Wort** "induidualis" **korrigierend über dem ersten** "u" **ein** "i" **gesetzt, sodass sich das korrekte** "ind*i*uidualis" **ergibt, und zudem am Rande notiert:**
Resolutio doctoris

– Z: 59; db [W. n. 18; V. n. 140] **Im Satz:** "[. . .] natura perfectior est ratione subsistentia etiam in creaturis. et ex hoc sequitur quod natura est terminus formalis productionis quia nulla entitas simpliciter perfectio formali termino productionis potest esse per productionem." **ist das unvollständig gedruckte Wort** "perfectio" **mit einem** "r" **ergänzt**

(fo. 55 verso b)

– Z. 14; db [W. n. 19; V. n. 143] "Respondeo quod non est ibi materia: et ideo non est ibi de aliquo sic. et vltra. igitur de nihilo.

non sequitur: sed sequitur ergo de nullo materia." **ist die falsche Endung im Wort** "nullo" **mittels ergänzender Überschreibungen zu** "null*a*" **korrigiert.**

1.15. Zu Ord. I, d. 6, q. un.

(fo. 56 verso a)

– Z. 6; db [W. n. 3; V. n. 11] **Die entscheidende Differenzierung im Abschnitt:** "De primo contra illam opinionem ab identitate intelligere et dicere arguo sic. Intelligere est perfectio simpliciter. dicere non. ergo non sunt idem formaliter. probatio prime. pater quantum ad intellectum est formaliter beatus intellectione: et quantum ad voluntatem volitione: non est autem beatus: nisi perfectione simpliciter. ergo intelligere est perfectio simpliciter. probatio secunde. quia si dicere esset perfectio simpliciter tunc filius et spiritussanctus non essent simpliciter perfecti: quia non dicunt accipiendo hoc modo dicere quod est exprimere verbum." **wird am Rande wiederholt:**
dicere verbum exprimere

– Z. 31; db [W. n. 3; V. n. 15][51] **Zum Abschnitt:** "De tertio ad argumentum illud de distinctione potentiarum per actus dici posset quod aliud verum est de actibus adequatis et aliter non: quia potentia illimitata eadem manens potest habere plures actus." **wird am Rande wiederholt das Wort:**
illud

– Z. 53; db [W. n. 5; V. n 15] **Zu:** "De quarto dico. quod pater hoc modo gignit filium volens: quia pater in primo signo originis intelligit formaliter: et tunc etiam potest habere actum volendi formaliter. In secundo signo originis gignit filium: nec tantum vult illam genitionem volitione sequente illam genitionem: sed volitione habita in primo signo originis: qua volitione pater formaliter vult pre supposita aliquo modo intellectione qua pater intelligit: non autem genitione verbi. sic ergo dico quod pater volens generat non tantum voluntate concomitante: sed voluntate antecedente." **findet sich links von Spalte a kurz vor deren Ende bis rechts unter beiden Spalten auf voller Seitenlänge folgender Kommentar:**

---

[51] Die Vaticana zitiert den Passus als *textus interpolatus* im ersten kritischen Apparat und verweist auf Duns, Lectura I, d. 6, n. 27.

Antecedens voluntas hic a Scoto haud aliud accipienda est[,] quam pro concomitante uoluntate[.] Uocat eam Antecedentem voluntatem duplici causa[,] uel quia contra eos arguit[,] qui quodammodo subsequentem voluntatem Astruere nituntur: atque (ut fit) in adversam partem eam contra non hoc sentientes arguitur. Rem potius diducendam moliatur etcetera./ uel quod de illis potentiis caute loquitur[,] quum inquirit (? inquit) in primo signo: et In secundo signo[,] non quod ibi sit[,] quem<?> temperat successio[,] sed quod Intellectus noster a naturaliter [korrigiert aus: naturalis] cognitis esurgit ad supernaturalia quae<?> monstrans<?> Scoto peculiaris est[.] uult ergo[,] sicut in nostri verbi expressione actus voluntatis procedit[,] sic etiam in diuinis[,] quom bene Intelligere uolumus per intellectus quodammodo prioritatem[,] antequam dicat uolentem[,] quamquam pater[,] quod uult[,] tunc simul dicitur verbum non in uoluntate ut principio productiuo[,] sed concomitante.

(fo. 56 verso b)

– Z. 23; db [W. n. 6; V. n. 20] **Zur Erläuterung:** "Quantum ad istum articulum [sc. secundum]: et si aliqni [sic] distinguant quod ly voluntate potest teneri adverbialiter: vt sint sensus voluntate genuit id est voluntate genuit. et tunc est vera. aut potest teneri ablatiue. et tunc notat causam et principium elicitiuum respectu genitionis. et tunc est falsa." **folgt der wegen der Neubindung in der heutigen Form (vielleicht vollständige aber) möglicherweise unvollständige Nachvollzug:**
voluntas dupliciter intelligitur

– Z. 26; db [ebd.] **In der Differenzierung:** "Quicquid sic de ista distinctione non videtur dicendum quod pater filium genuerit voluntate. ita quod voluntas sit principium proximum vel remotum. quod non proximum probatum est: quia principium vnius rationis non est nisi principium vnius productionis. Quod etiam non remotum patet. quia sicut voluntas vt est principium operatiuum aliquo modo posterius operatur quam intellectus: ita vt est principium productiuum aliquo modo posterius producit quam intellectus: et ita non erit causa superior neque proxima in productione que est proprie intellectus." **wird das zweite Wort** "sic" **mittels eines t-Strichleins geändert zu** "si*t*" **und die unterstrichene Kurzform** "pro" **erklärend am Rande vermerkt:**
proxima

– Z 36; [W. n. 7; V. n. 21] **Der anschließende Abschnitt:** "Propter istas tamen auctoritates Augustini intelligendum est quod in nobis non est tantum vnicus actus intelligendi: accipiendo actum de genere qualitatis: neque vnicus actus gignendi: accipiendo actum pro actione de genere actionis: quia si esset tantum vnicus actus iste et tantum vnicus ille: et ille et iste essent idem: tunc voluntas nostra nullam causalitatem haberet in ratione actus intelligendi qui est de genere qualitatis: neque in ratione actus gignendi qui est de genere actionis. in diuinis igitur cum non sit in patre nisi vnicus actus intelligendi respectu illius actus voluntas patris non habebit aliquam rationem principij vel cause cum etiam non sit nisi vnicus actus dicendi respectu illius voluntas non habebit rationem principi: quia voluntas sicut operando ita et producendo vel principiando sequitur aliquo modo intellectum. actus igitur dicendi precedit omnem principiationem voluntatis. potest tamen voluntas vt complacens: non vt principians habere actum respectu illius genitionis ex hoc quod voluntas vt operans in patre non presupponit genitionem: sed tantummodo intellectionem illam qua pater formaliter intelligit: in nobis autem vere sunt auctoritates Augustini quod voluntas mouet aciem ad actum cognoscendi: et tenet eam in cogitione: quia posito primo actu nostro siue de genere qualitatis siue de genere actionis possumus habere alios actus posteriores ex imperio voluntatis: in patre autem voluntas non admouet intelligentiam patris vt formandam a memoria patris: quia in patre non est nisi vnica intellectio formaliter: que precedit aliquo modo productionem verbi. neque admouet <u>memoriam ipsi</u> obiecto vt gignatur verbum." **ist rechts mit leicht ornamentierter senkrechter Linie herausgehoben, wobei die Anfangs- und Endzeile ebenfalls einige Wort tief unterstrichen sind. Das fehlerhaft gesetzte Wort** "principi" **ist durch Anfügen eines Schluss-**"i" **zum korrekten** "princip*i*" **und** "cogitione" **durch ein n-Strichlein über dem ersten** "i" **zu** "cog*n*itione" **verändert.**

– Z 64; db [W. n. 8; V. n. 23] "Contra istud arguitur quod Augustinus non tantum intelligit in nobis sed etiam in deo: quia Augustinus nunquam videtur assignare actum volendi voluntati vt est tertia pars

(fo. 57 recto a)

imaginis: nisi illum quod est coniungere parentem cum prole. et hic modo habet causalitatem aliquam respectum genitionis prolis. ergo ista pars vt est pars imaginis nihil representabit in prototipo: nisi voluntas diuina habeat aliquo modo sic coniungere.

Respondeo et si frequenter assignet voluntati actum illum vt est pars imaginis: tamen aliquando sibi assignat alium. videlicet dilectionem

eiusdem obiecti quod est obiectum memorie et intelligentie sicut
apparet 15. de trinitate capitulo 20 vel 62 unde potest inquit sempiterna immutabilisque natura recoli concipio." **ist über dem am
Kolumnenbeginn stehenden Wort** "hic" **ein korrigierendes**
hoc
gesetzt. In "concipio" **ist der Schlussbuchstabe** "o" **ausradiert
und an seine Stelle ein Schlusspunkt gesetzt.**

– Z. 64; db [W. n. 10; V. n. 30] **In der zusammenfassenden
Widerlegung:** "Ad argumenta principalia. Ad primum cum dicit
Ricardus hoc mihi videtur etcetera non hoc videtur Augustinus quod
velle prius sit formaliter gignere: quia dicit 5. de trinitate capitulo
14. vel 32 quod spiritussanctus procedit quomodo datus non quomodo natus id est per modum voluntatis libere: non per modum
nature. et ideo oportet exponere Ricardum quod ipse intelligat concomitanter. Ad aliud dico. quod inuidia non solum est in subtra-
hendo illa bona que possunt communicari actu voluntatis immediate:
sed quecunque volens potest comunicare et non communicat. pater
autem volens licet non sicut principio elicitiuo vel productiuo generat: vt dictum est. et ideo tenet argumentum Augustinus de inuidia.
Ad tertium dico. quod nihil est ibi inuoluntarium. et ideo generatio
filij non est inuoluntaria. concedo: sed tamen non sequitur vltra. ergo
est voluntate vt principio elicitiuo. multa enim facimus siue voluntate precedente siue concomitante: quorum principium immediatum
non est voluntas." **stellt Zwingli fest:**
ecce hic Scotum intelligere uoluntate[m] concomitantem quam prius antecedentem
dixit

1.16. Zu Ord. I, d. 7, q. 1

(fo. 57 recto b)

– Z. 57; db [W. n. 1; V. n. 7] **Ein Druckfehler in:** "Item Hylarius
de trinitate libro 5. Ex virtute nature in eadem naturam natiuitate
subsistit filius." **wird korrigiert mit der Erwägung:**
Uel in eandem naturam[,] sed hoc est pertinentius (In eadem natura)

(fo. 57 verso a)

– Z. 1; db [V. n. 9] **Beim Referat der thomasischen Meinung:**
"Hic est opinio talis quod illud quo pater generat est essentia prop-

ter hanc rationem: quia generans assimilat sibi genitum in forma quam agit: filius autem assimilatur patri in essentia non in proprietate. ergo etcetera. [V. n. 10] et declaratur ratio: quia sicut in creaturis proprietas indiuidualis non est ratio agendi: sed natura in qua indiuidua conueniunt: ita in diuinis proprietas personalis que correspondet proprietati indiuiduali in creaturis non erit ratio agendi vel gignendi." **ist die *in margine* angegebene Stellenangabe** "Thomas i. parte summe questione 43. articulo 5." **korrigiert zu:**
questione 41 articulo 5

– Z. 28; db [V. n. 13] **In:** "Item secundo sic producentis et forma qua producens producit eadem est relatio ad productum. hoc accipit a philosopho. et physico et 5. metaphysice vbi vult quod ad idem genus cause et principij pertinent ars et edificator. ergo ad idem genus principij pertinent producens et illud quo producens producit. et ita si essentia sit qua pater generat habebit essentia relationem realem ad genitum. hoc falsum est. ergo etcetera." **ist nach** "genitum" **ein "π" eingefügt, das am Rande mit der verdeutlichenden Ergänzung wiederholt wird:**
π ergo realiter distinguetur ab eo

1.17. Zu Ord. I, d. 13, q. 1

(fo. 76 verso a)

– Z. 45; db [W. n. 16; V. n. 72] **In dem Damascenus rezepierenden Abschnitt:** "Et si queras: est ne intellectus omnino infinitus. formaliter ex se sicut essentia. Respondeo potest dici quod sicut distinguendo res ab inuicem aliqua res est infinita a se et in se: sicut pater et prima persona in diuinis aliqua res est in se infinita: sed non a se sicut filius et spiritus sanctus: aliqua autem res est ex se finita et in se simpliciter finita sicut creatura. Ita considerando aliqua que non sunt formaliter eadem potest aliquid accipi tanquam infinitum in se et omnino a se. sicut essentia diuina que est radix et fundamentum que infinitatem a nullo habet. vnde Joannes Damascenus capite 12. esse dei est velut pelagus substantie infinitum et indeterminatum: aliquid autem est infinitum per se et in se: sed non omnino a se tanquam prima radix et fundamentum omnis infinitatis: sicut attributa diuina: que secundum eundem Damascenum capitulo 5. Dicunt aliquid quasi circa essentiam: et bene possunt esse talia formaliter infinita et in se et per se: sed radicaliter in essentia sicut in fundamento: cui sequitur eadem: vlterius aliquid est quod nec in se formaliter est infinitum nec idem formaliter infinito sicut personales proprietates. Sed que ratio: quare ista non habent formalem infinitatem aliam ab essentia: sicut intellectus habet hoc alias poterit patere." **ist das Kürzel für** "[pater] et [prima]" **durch ein** "*π*" **überschrieben, das am Rande mit einem substituierenden Wort für** "et" **wiederholt wird:**

π est

Nach "in diuinis" **ist ein senkrechter Querstrich eingefügt, wohl zur Verdeutlichung der mit allen Korrekturen in diesem Satz offenbar bezweckten Neuordnung syntaktischer Strukturen. Der Doppelpunkt nach** "in se infinita" **ist durchradiert und wird (wohl statt dessen) nach** "sed non a se" **eingefügt.**

Auf Höhe des Abschnittsanfangs erfolgt die Annotation:

Res Infinita   ⎧ *a se*
                   ⎨ *In se*
                   ⎩ *per se*
                      ex se

1.18. ZU ORD. I, D. 14(FF.), Q. UN.

(fo. 78 recto b)

– Z. 10; hb [W. n. 6; V. n. 22] **Zur Widerlegung des dritten Arguments:** "Ad tertium concedo quod quelibet persona dat quamlibet: quia dare est liberaliter communicare: <u>quelibet autem seipsam communicat liberaliter voluntate vt sui est.</u> Nec sequitur ex hoc quod quelibet mittat quamlibet quod iam patet. quia dare non includit talem respectum intrinsecum: qualem includit mitti." **wird am Rand eine konkordante Aussage bei Bonaventura angeführt:**

Bonauentura 15 questione quadragesima prima prime partis distinctione ad argumentum ultimum

1.19. Zu Ord. I, q. 17, q. 1; V. p. 1, q. 2

(fo. 81 recto b)

– Z. 6; db [W. n. 16; V. n. 101] **Hinsichtlich der Erläuterung der Meinung des Lombarden:** "Ad primam questionem dicetur esse opinio magistri quod solus spiritussanctus inexistens sine aliquo habitu medio informante voluntatem mouet ipsam ad actum meritorium aliter quam moueat animam ad credere et sperare: quia ad credere et sperare mouet medientibus habitibus fidei et spei: et ita dicitur negasse omnem charitatem creatam. Pro hac conclusione potest argui duabus vijs. Prima accipitur ex imperfectione forme vel habitus vel non necessitate ad mouendum. Ubi arguo primo sic. sicut se habet actus naturalis ad naturalem habitum siue acquisitum: ita videtur se habere actus habitus infusi ad habitum infusum: sed habitus acquisitus tantum faciliter et tribuit delectabiliter operari: non autem dat ipsam substantiam actus: sicut patet in questione precedenti. ergo similiter infusus tamen tribueret delectabiliter operari aut saltem illud tribueret si inesset: sed peccator iam iustificatus primo non delectabiliter elicit actum diligendi deum. ita non videtur ei difficilis resistentia vitijs et continuatio bonorum operum sic quando erat in peccatis: vel non multo facilior quousque per pugnam et victoriam passionum acquisierit habitum. et tunc delectabiliter operatur. igitur non est aliquis habitus infusus illi iustificato: quia illo delectabiliter operaretur si inesset." **wird durch Einfügen eines horizontalen Strichleins über dem letzten Buchstaben des Wortes** "[operum] sic" **zu** "sic*ut*" **verändert, und in einer Annotation am Rande bemängelt:**

hanc tibi Scote aliquis negligentia sỹntaxin peperit

1.20. Zu Ord. I, d. 17, q. 3; V. p. 2, q. 2

(fo. 84 verso a)

– Z. 61; db [W. n. 2; V. n. 241] **Beim Referat der thomasischen Meinung:** "Opinio innitens argumentis factis: ad primam partem videtur dicere quod prescindendo formam a subiecto non est magis et minus in forma secundum se per realitatem additam: et quia secundum auctoritates sanctorum: oportet ibi saluare aliquo modo magis et minus oportet ibi ponere magis et minus secundum in esse ipsius accidentis ipsi subiecto: quod quidem inesse est sibi esse: et ita maioritas

(fo. 84 verso b)

accidentis quantum ad inesse attribuitur vel maiori dispositioni subiecti: vel maiori amotioni oppositi indisponentis." **wird die *in margine* angegebene und teilweise unterstrichene Stellenangabe** "Thomas 1. 2. [partis] questione 53. articulo i. et 2." **am Rande berichtigt:**

questione 52

Erläuternd steht zudem zu "secundum in esse ipsius accidentis" **am Rande:**

esse accidentium est inesse

(fo. 85 recto a)

– Z. 7; db [W. n. 7; V. n. 250] **In:** "Ad primum de numeris dico quod procedit ex defectu intellectus philosophi. comparat quidem ibi quidditates ad numeros inquantum sunt diffinibiles eo modo quo plato loquebatur de quidditatibus ponendo quidditates separatas." **steht im Kürzel für** "plato" "plo" **ein** "h"**-Bogen rechts am** "l"**-Strich und ein** "s"**-Strichlein über dem** "o", **sodass sich** "*philosophus*" **ergibt. Zudem steht rechts am Rand (im Kolumnenzwischenraum) der Verweisbuchstabe**

a

und dazu unten an der Kolumne:

Forme sicut (sic ?) numeri quatenus intelligendum a

– Z. 43; db [W. n. 8; V. n. 254] **In:** "Ad aliud de io. metaphysice potest responderi per idem vocando differentiam formalem differentiam quidditatiuam. [V. n. 255] Potest etiam dici ad formam quod non omnis differentia formarum est formaliter loquendo proprie de formali prout videlicet differentia formalis est differentia secundum formas: sicut non omnis differentia hominum est differentia in humanitate. cuius ratio assignatur realiter et logice. Realiter sic possunt homines habere humanitatem et differre: licet non per humanitatem: et ita in humanitate non differunt. ita possunt pure forme differre: et tamen non per formalitatem differunt. et ita neque formaliter: quia idem est differre formaliter proprie loquendo quod differre in forma vel per formam: logice sic. [. . .]" **steht am rechten Rand (in der**

Zwischenkolumne) auf der Höhe von "quia idem est" **der Verweisbuchstabe**
b
und dazu unten (unterhalb der Bemerkung zu *a*) **an der Kolumne:**
Formaliter differre b

1.21. Zu Ord. III, d. 2, q. 3

(fo. 8 recto a)

– Z. 25; db [W. n. 1] **Zum zweiten Argument gegen die eigene Lösung:** "Circa tertium arguitur quod sic. quod corpus christi erat generatum ex purissimis sanguinibus beate virginis secundum Damascenum libro 3. capite 38. corpus generatum est densius sanguinibus ex quibus generatur secundum Damascenum capite 38. ergo minorem locum occupat: et per consequens formationem vel conceptionem vel generationem necessario concomitatur motus localis. ille non est in instanti: igitur nec cum incarnatione que fuit in instanti: non post: igitur ante. Preterea. corpus organiçatum erat alterius figure quam sanguis ex quo generabatur: igitur occupauit alium locum. igitur illa forma requirebat motum localem: igitur in tempore. [W. n. 2] Preterea. omnis substantia generabilis et corrubtibilis que non creatur producitur per mutationem. tota natura assumpta a verbo est generabilis et corruptibilis: et non immediate creabatur: quia fuit ex sanguinibus: igitur producebatur per mutationem: et per consequens pars potentialis illius totius mutabatur ad formam eiusdem totius: igitur prius fuit sub priuatione opposita illi forme: et hoc prius tempore: quia opposita privatiue non possunt simul tempore esse in eodem. prius igitur tempore erat corpus non animatum quam animatum. Contra. magister in littera. distinctione 2. in fine et distinctione 3. capite i. et Damascenus 48 in fine." **findet sich beim Wort** "prius" **über dem Buchstaben** "p" **rechts neben dem** "r"-**Strichlein ein** "*i*", **obschon es eigentlich nicht vonnöten wäre, da das Wort korrekt gekürzt wurde.**

– Z. 57; db [W. n. 3] **Zu:** "Quantum ad secundum dico quod organiçatio potest intelligi vel vltima inductio forme disponent immediate ad animam intellectiuam secundum vnam opinionem. siue inductio anime intellectiue secundum aliam opinionem que ponit quod anima est que formaliter corpus est organicum." **steht am Rande die Annotation:**

organiçatio triplex

1.22. Zu Ord. IV, praefatio

(fo. 1 recto a)

– Z. 11; db [n. 1] **Im Eingangssatz zum vierten Buch des Kommentares:** "Samaritanus ille possimus spoliatum videns hominem atrociter sauciatum miserationis affectu compatiens: medicinam attulit efficacem." **wird das dritte, fehlerhaft als** "possimus" **gesetzte Wort zu** "p*e*ssimus" **korrigiert.**

– Z. 56; db [n. 4] **Im Satz:** "Sed au ordo iste fuerit cause ad causatum vel signitum ad significatum difficultas oritur principaliter ex duobus. quorum vnum est generale scilicet de potentia creature ad creandum gratiam." **ist das fehlerhafte Wort** "au" **durch Umschreibung des** "u" **zu einem** "n" **zum korrekten** "a*n*" **gemacht.**

1.23. Zu Ord. IV, d. i

(fo. 1 verso a)

– Z. 47; db [q. 1, n. 6] **Am Rand [vor:** "sed iste rationes non videntur necessario concludere"**] angestrichen ist der Abschnitt:** "Quarta ratio sumitur ex potentialitate agentis creati. et est talis. Nullum agens creatum est purus actus siue purum esse. ergo nec actio eius est actus purus. sed aliquid possibilitatis. habens talis autem non est sine motu et mutatione. ergo nullum agens creatum potest agere sine motu et mutatione. ergo nec creare: quia creare est de nihilo. motus autem in subiecto est. Sed iste rationes non videntur necessario concludere. prima enim consistit in his duabus propositionibus. esse simpliciter est proprius effectus dei. et esse simpliciter est proprius terminus creationis."**, in dem der Punkt nach** "possibilitatis" **durchkreuzt und ersetzt ist durch einen Punkt nach dem Wort** "habens".

(fo. 1 verso b)

– Z. 4; b [n. 7] **Beim Abschnitt:** "Item probationes illius propositionis improbate nunc non valent. nam ratio ad hoc adducta peccat secundum equiuocationem. vel altera premissarum est falsa. dupliciter enim potest intelligi causa vniuersalior. scilicet secundum virtutem seu perfectionem. vel secundum predicationem et similiter effectus potest dici vniuersalior dupliciter. scilicet predicatione et virtute seu perfectione." **steht ein** "a" **am Seitenrand und dazugehörend oben an der Spalte:**
Vniuersale predicatione : perfectioneue a

(fo. 2 recto a et b)

Auf dieser Seite stehen nicht leserliche Bemerkungen zwischen den Zeilen und am Rande; sie sind kleiner als die übrigen, am Rande stehenden Glossen.

(fo. 3 verso a)

– Z. 7; db [n. 26] **Im dem über lange Sätze hinweg seitlich am Rand angestrichenen Abschnitt:** "Ad questionem ergo quia sit difficultas de creare instrumentaliter et principaliter: ideo primo sciendum est quod aliquid agere principaliter potest intelligi dupliciter. vno modo excludendo omnem causam superiorem agentem vt sic agere principaliter sit agere independenter a causa superiore agente. Alio modo potest intelligi agere principaliter idest per formam propriam et intrinsecam agenti licet in agendo per eam sit ordinata causae superiori agenti. Si contra causam principalem primo modo dictam distinguatur instrumentum sic omnis causa secunda potest dici instrumentaliter. si autem contra secundum modum distinguatur instrumentum tunc illud potest dici instrumentum quod non habet in se formam actiuam in suo ordine et dependendo in actione sua ab aliquo superiore. sed tantum agit per actualem motionem alicuius alterius mouentis. vt patet de instrumentis artificis. vt securi ferra et huiusmodi quia si instrumentum ponatur proprie actiuum ad aliquem terminum necesse ipsum habere formam aliquam intrinsecam actiuam vel in esse quieto ante omnem motionem alterius agentis. vel in fieri quando totaliter mouetur a superiore agente. si enim neutro modo habeat formam actiuam nullo modo proprie aget cum enim actus primus sit principium actus secundi quod nullum actum primum habet in se actiuum in suo ordine in nullum actum secundum potest in illo ordine. alioquin quodlibet posset poni instrumentum respectu cuiuslibet. et posset dici quod deus per muscam vt per instrumentum crearet angelum. quod nihil est si enim alicui naturae repugnat quod sit principium actiuum aliquorum actionum non est possibile quod per potentiam quamcunque sit principium illarum. et si enim posset deus absolute creare frigus: non tamen posset per calorem. ita quod calor sit in aliquo ordine causa actiua respectu frigoris. vel in aliquo alio exemplo vbi talis esset repugnantia ad agendum." **ist unter den Worten** "agere prinicipaliter" **ein Hinweis auf die Randglosse, die am Rande erfolgt:**

Agere principaliter

(fo. 5 recto b)

– Z. 22; db [q. 2, n. 10] **Zu:** "Ex his patet solutio questionis dicendum est enim quod illa ratio de qua queritur si recte intelligatur et per alia non explicata suppleatur est propria ratio diffinitiua sacramenti eo modo quo sacramentum est diffinibile." **steht am Rande die Annotation:**

intellectus diffinitionis sacramenti

(fo. 6 recto b)

– Z. 9; db [q. 3, n. 8] **Der Abschnitt:** "Quod probatur. quia in processu generationis humane semper creuit notitia veritatis. vt patet per Gregorium super Ezechielem. ergo congruum fuit in lege posteriori signum institutum euidentius signare signatum. lex autem posterior semper fuit perfectior: quia deus ordinate agens procedit de imperfecto ad perfectum. lex autem perfectior requirit adiutoria perfectiora ad sui obseruationem. ergo lex posterior debuit habere sacramentum significans perfectiorem gratiam: sic ergo congruum fuit in alia et alia lege esse significationem aliam et aliam manifestiorem in posteriori et respectu signati posterioris." **ist am Rand angestrichen.**

– Z. 18; db [ebd.] **In** "Ex hoc sequitur quod docuit esse aliud et aliud sacramentum quantum ad sensibile signans." **ist das falsch gesetzte Wort** "docuit" **korrigiert zu** "d*e*cuit".

(fo. 8 recto b)

– Z. 15; db [q. 6, n. 2] "Hic supponendum est tanquam certum quod per circumcisionem peccatum originale delebatur. quod patet per auctores sanctorum. Et ad hoc est ratio congrua. quia deus nullo tempore relinquid [sic] genus humanum sine remedio necessario ad salutem: maxime illos quibus ipse legem dedit: vt per eius obseruantiam pertingerent ad salutem."

– 32; db [Ebd.] **Im Abschnitt:** "Sed inquirendum est an ex isto supposito sequatur necessario gratiam in circumcisione conferri. et quia dimissio culpe et collatio habere gratie siue coniunctim siue separatim non respiciunt nisi potentiam diuinam. aliquid autem dicitur possibile deo dupliciter. scilicet secundum potentiam absolutam vel ordinatam. Ideo primo videndum est an possibile sit deo de potentia absoluta delere culpam originalem sine infusione gratie. Secundo an hoc sit sibi possibile secundum potentiam ordinatam." **sind über den Buchstaben** "u" **und** "n" **des Wortes** "diuinam" **Verdeutlichungsstriche angebracht.**

(fo. 9 recto b)

– Z. 31; db [W. q. 7, n. 2] **Die Sätze:** "Respondeo nullo tempore dimisit deus cultores suos sine remedio necessario ad salutem sed omni tempore per lapsum fuit necessaria ad salutem deletio originalis: ergo quocunque tempore aliquid remedium efficax erat ad hoc. et si potuit deleri in adultis per motum bonum intrinsecum. tamen in paruulis in quibus talis motus fuit impossibilis enim potuit deleri per actum suum proprium." **sind am Rand angestrichen.**

– Z. 45; r [ebd.] "Et magis probabile est quod signum sensibile quam aliquid signum intelligibile tantum. quia pro statu nature lapse congruunt homini signa sensibilia respectu spiritualium. ergo rationabile est aliquid sacramentum contra originale fuisse in tempore legis nature. si autem aliquid aliud puta matrimonium vel aliquid correspondens alicui sacramento non le fuerit illo tempore de hoc inferius in tractatibus de illis sacramentis."

1.24. Zu Ord. IV, d. 3

(fo. 12 verso a)

– Z. 12; db [q. 2, n. 11] **Am Schluss des Abschnitts:** "De secunda variatione principali scilicet secundum quantitatem. patet per illud capite de communi distinctione 4. rettulerunt. vbi papa respondet de sacerdote quod bapticauit in nomine patria et filia et spiritu sancta. quod si hoc fecit ex imperitia lingue latine non intendens inducere errorem: vere papticauit. Quod intelligendum est quando est talis incongruitas in fine dictionis quando non prohibet quin possit capi conceptus significatus per distinctionem. Et quomodo hoc sit possibile bene experiunt aliqui audientes quosdam illiteratos qui loquuntur incongrue: et tamen bene concipiunt quid volunt dicere etiam quantum ad singula verba." **ist annotiert:**[52]

de inconsideratione autem dupliciter dicendum[,] quum vel provenit ex distractione mentis per cogitationes noxias aut libidinosas [-] tunc concedo quod peccet [-] vel ex forti imaginatione circa intentionem sacramenti[,] quod<?> homo iste<?> per tantum esse intentus[,] ut oris auram negligat[:] sic te adsensio[,] o Scote[,] sed non omnia vno loco potuisti dicere.

(fo. 13 recto b)

– Z. 14; db [q. 3, n. 2] **Zur Darlegung der Einsetzung des Taufsakraments** "Et huius probatio non est alia: nisi quia sic institutum est: vt patet Joannis 3. et Matthei 3. Quare autem sit sic institutum sunt apte congruentie: quia aqua est frigida: fluida: lucida: necessaria: et communis. et he omnes proprietates conueniunt illi humori in quo debet fieri baptismus: qui est ad reprimendum estum concupiscentie: ad flectendum rigorem inobedientie. ad illustrandum claritatem fidei: ad introducendum in viam salutis: et hoc est commune omnibus: sicut lex ista: cuius hoc sacramentum est iniciatiuum: communis est omnibus ad salutem." **wird am Rand auf den Aquinaten verwiesen:**

Thomas 3 parte summe 66: articulo 3 in corpore questionis

---

[52] Diese Glosse passt bestens zu der Z VI, 2, 72, 22–73,6 referierten Position, die dort allerdings als "metzg der conscientz" scharf kritisiert wird.

1.25. Zu Ord. IV, d. 4

(fo. 17 recto a)

– Z. 15; db [q. 4; n. 4] **Thematisch der vorletzten Glosse nahe ist eine Annotation unter der Spalte a beim Abschnitt** "Ad primum"**, die korrespondiert mit dem unterstrichenen Abschnitt:** "Siquis autem non consentiat tantum negative dico quod recipit sacramentum si consentit virtualiter? quia noluit deus obligare hominem ad impossibile vel secundum statum huius vite nimis difficile. nunc autem non distrahi nimis videtur difficile homini pro statu. quia secundum Augustinum 3. de libero arbitrio Non est in voluntate nostra quibus visis tangamur. ergo noluit deus salutem hominis ponere in ista conditione si non distrahatur. nec ergo voluit obligare eum quod in suscipiendo baptismum non distraheretur: et ita est vniversaliter in alijs sacramentis. sacerdos etiam in consecrando eucharistiam non obligatur necessario. dico ad hoc vt non sit distractus. Vere enim conficit distractus: dum tantum prius induendo se intenderet celebrare missam secundum morem ecclesie.":
Distractio actualis non impedit consecrationem[,] dummodo habitualis intentio habeatur a

1.26. Zu Ord. IV, d. 5

(fo. 18 recto b)

– Z. 27; db [q. 6, n. 4] **In den Sätzen über die Suffizienz der Blutstaufe:** "Ad aliud dico quod baptizatus baptismo sanguinis si postea est nobiscum viator: tenentur affectu et pro loco et tempore recipere effectu sacramenti in baptismo fluminis. hoc autem quid supponitur est bene possibile: sicut de quibusdam legitur: quod sunt facti bis confessores: quia sustinuerunt bis penas pro fide: propter quas tamen non sunt mortui. Si autem baptismus sanguinis sit completus: quia sic baptizatus moritur et non remanet nobiscum viator non est obligatus ad preceptum viatoris. sacramenta autem non habent locum nisi pro statu vie: vt tactum est distinctione 1." **ist eine runde Klammer nach rechts unmittelbar nach dem Wort** "affectu" **durch Ausradieren unkenntlich gemacht. Zudem erfolgt eine mittels griechischer Buchstaben geschriebene Annotation:**
id est testes fidei ipsa conficiens[,] quam ideo apud Grecos dicitur: Μαρτύρεις
[Schluss-sigma sic]

1.27. Zu Ord. IV, d. 7

(fo. 29 recto b)

– Z. 42; db [q. 1, n. 2; im Prinzip wohl n. 3, die aber bei Wadding nicht vorkommt] **Zu:** "Congruum etiam fuit post generationem spiritualem conferri etiam nobis nutrimentum spirituale: et illud magis congrue nobis datur sub similitudine nutrimenti corporalis: nutrimentum autem corporale precipuum consistit in pane et vino. ergo etcetera." **findet sich die für Datierungszwecke hilfreiche Annotation:**

damascenus libro 4 capite [hier undeutlich, offensichtlich korrigiert von: 11] 14

1.28. Zu Ord. IV, d. 8

(fo. 30 recto b)

– Z. 1; db [q. 2, n. 4] **Zum Abschnitt:** " De secundo dico quia verba consecrationis corporis sunt quatuor scilicet istud pronomen hoc: et verbum est: et in apposito corpus meum. Coniunctio enim non est de essentia forme scilicet secundum unum doctorem ponitur ad designandum ordinem consecrationis sacramenti ad usum sacramenti. quod patet ex verbis. Accipite hoc est enim etcetera. quod dicit quia talis est consecratio ideo vtimini consecrato. Sed alia ratio potest assignari scilicet quod enim ponitur ad continuandum ne illa verba que sunt de forma preferantur sine precedentibus.", **in dem das ohne Strich geschriebene** "n" **für** "[hoc est] enim" **mit einem solchen versehen und damit zu** "non" **geändert wird, steht die Stellenangabe** *in margine* "Thomas presentis distinctionis argumento 2. questione 1. in solutione 2. argumenti.", **zu der ergänzend am Rande vermerkt wird:**
Sic Thomas quoque in summa 3 parte questione 78 articulo 2 ad argumentum ultimum
Zwischen der gedruckten und der handschriftlichen Marginalie steht auf der Höhe von "alia ratio potest assignari" **steht zudem eine weitere handschriftliche Annotation mit etwas dunklerer Tinte:**
Ratio adiectiui enim

– Z. 45; db [n. 6] **Zu:** "Respondeo non dubito quin forma nostra sit certa secundum auctoritatem illam Innocentij quia multa tradita

sunt ecclesie ab apostolis: que tamen non sic scripta sunt in euan-
gelijs. nec obstat de euangelistis: quia intendebant narrare rem gestam:
non autem tradere formam consecrandi." **findet sich die an den
Rand gesetzte Annotation:**
sic picus in proloquio Apologie

1.29. Zu Ord. IV, d. 9

(fo. 33 recto b)

– Z. 1; db [q. 1 <W.: q. un.>, n. 2] **Im Abschnitt:** "tum quia
post talem inquisitionem contritus et confessus si moreretur saluare-
tur. non autem requiritur maior examinatio ad communicando [sic]
quam ad secure moriendum. tum quia alias quilibet se exponeret
periculo communicando. quia dicit psalmus. Delecta quis intelligit.
et Ecclesiastes 9. Nescit homo vtrum amor vel odio dignus sit. ergo
si oporteret communicantem scire se esse in caritate: quilibet communicando exponeret re periculo nesciens an illo actu peccaret. Tertio
probatur. quia tunc non esset sacramentum viatoris. quia talis certitudo non conuenit viatori. propter hoc dico quod diligenti inquisi-
tione facta secundum possibilitatem nostre fragilitatis et premissa
contritione et confessione quantum viator homini sufficere si tunc
communicet non peccat. immo si qua alia peccat lateant per istud
sacramentum etiam remittuntur." **ist im fehlerhaften Wort** "communicando" **das** "o" **mittels Überschreibung zum korrekten**
"*um*" **geändert; das sinnentstellende Wort** "Delecta" **wird durch
eine Überschreibung des** "e" **zu** "De*l*icta" **umfunktioniert;**
"exponeret re" **wird auf dieselbe Weise zu** "exponeret *se*", **was
durch die (unten ebenfalls wiedergegebene) Annotation**
se
verstärkt wird; und "alia peccat" **durch Anfügung eines** "a"
zu "peccat*a*". **Zum Ganzen steht am Rande die Annotation:**
*se/ Ciceronis In primo officiorum non Incongrua ad hanc probationem sic<sit?>
mandata sententia inqueritur[: "]Quo circa bene precipiunt[,] qui vetant quid-
cunque agere[,] quod dubites[,] eque sit an inique[."]*[53]

---

[53] Off. I, 30.

1.30. Zu Ord. IV, d. 10

(fo. 35 recto b)

– Z. 58; db [q. 2, n. 1] **Im Argument:** "Contra: U̱g. de sacramentis parte 8. capite xi. dicit. Qui fecit vt unum corpus esset in vno loco fecit quomodo voluit. et si voluisset aliter posset facere." ist das "U" von "Ug." **korrigierend überschrieben mit** "*A*". **Dem entspricht die unterstrichene Randglosse:**
Aug.
Beide Namenskürzel, im Text und am Rande, sind mit senkrechten Seitenstrichen links und rechts eingefasst, wohl im Sinne eines Korrekturzeichens.

(fo. 35 verso a)

– Z. 41; db [n. 3] **Im Abschnitt:** "Alius sic arguit: si idem esset simul in diuersis locis aut vna mutatione aut duabus: non vna: quia vna mutatio est tantum ad vnum terminum: nec duabus: quia aut eiusdem speciei: aut alterius: non eiusdem quia non potest simul idem moueri duobus motibus eiusdem speciei 3. physicorum et 5. metaphysicorum capite de eodem: nec duobus alterius [sic] speciei: quia termini eius essent contrarij: et sic motus incompossibiles." **ist im zweiten** "eiusdem" **der Buchstabe** "u" **durchgestrichen; im Wort** "duobus", **das** "o" **zu** "a" **korrigiert und der Doppelpunkt nach** "speciei" **zugunsten eines i-Strichs nach dem** "e" **des Kürzels** "spe" **umfunktioniert oder möglicherweise auch aus Platznot einfach überschrieben.**

(fo. 35 verso b)

– Z. 21; db [n. 5] **Zu:** "Contra istam opinionem hic sufficit in generali: quia quodlibet tenendum est esse deo possibile quod nec est ex terminis materiam impossibile: nec ex eo impossibilitas vel contradictio euidenter concluditur. Sic est hic: vt patebit soluendo omnes rationes scilicet positas. In speciali autem arguitur per quasdam rationes quas ille doctor cuius rationes primo recitate sunt ponit et nutritur soluere." **ist am Rande vermerkt:**[54]

---

[54] Das Verbum *nutriri* spielt, vor allem auch in der 3. Pers. Sing. des Präsens, eine wichtige Rolle in der unmittelbar voraufgehende n. 4 dieser q., was die Verwechslung des Druckers erklären könnte.

nititur

– Z. 35; db [ibid.] **Zu:** "Respondet quod due dimensiones repugnant propter situm localem. et illud tollit dos subtilitatis. sed illud quod est ratio limitationis ad vnum ubi scilicet situs determinatus non potest tolli per aliquid donum vel dotem quia etiam corpus gloriosum habet situm determinatum quo oportet ipsum esse ita hic quod non alibi. licet non habeat situm localem qui restat alteri corpori." **steht am Rande:**
situm quali definitione accipi credo

– Z. 41; db [n. 6] **In:** "Sed contra istud arguitur ex 3. rationes sua que est de commensurari secundum multum et vnum quia secundum illam impossibilius erit duo corpora esse simul magis quam unum corpus in duabus locis." **ist das Wort** "sua" **mit einem Strichlein im Text zu** "sua*m*" **umgeschrieben und das Wort** "ex" **durchgestrichen und am Rand ersetzt durch die Anmerkung:**
per

– Z. 64; db [ebd.] **In:** "patet etiam per aliud: quia in motu locali quocunque manet eadem superficies locati. sed non loci. mo [sic] communiter mutatur superficies loci mutato locato." **ist dem fehlerhaften Wort** "mo" **ein überstrichenes** *i* **vorangesetzt, sodass** "*im*mo" **entsteht, wie es sich dann auch bei Wadding findet.**

(fo 36 recto a)

– Z. 28; db [n. 8] **In:** "Et preterea cum corpus christi non esset ibi dimensionaliter non posset implere locum quem prius impleuerant dimensiones panis. et ita non maneret illa capacitas. sed in instanti conversionis partes aur converteren [sic]: et definiret esse locus qui prius erat. et sic per ipsum non maneret ibi corpus alicuius nec corpus christi. sicut nec modo manet corruptis speciebus panis. ergo si adhuc ibi maneret hoc non esset nisi propter substantiam partium aeris que immediate ante conuersionem istius termini tangebant dimensiones panis. et sic semper maneret ibi corpus christi: quia semper manere posset ibi iste partes aeris." **ist im Wort** "aur" **der Buchstabe** "u" **mit einem** "*e*" **überschrieben, dazu steht am Rande die Anmerkung:**
aeris
wie dann auch Wadding setzt. Das fehlerhafte "converteren"

ist durch Beifügung eines "*t*" und der "ur"-Figur zu "converter*entur*" umgeschrieben; Wadding setzt "concurrerent". **Schließlich ist in** "posset" **der Buchstabe** "e" **überstrichen, sodass sich aus dem fehlerhaften Singular der Plural** "posse*nt*" **ergibt, wie auch bei Wadding.**

– Z. 65; db [n. 9] **In:** "Sed deus potest facere corpus christi sacratum secundum omnes et facit de facto sacraliter. id est non sub modo suo naturali simul in diuersis locis. ergo potest idem facere in eiusdem sub modo naturali scilicet localiter et dimensiue." **ist im Wort** "eiusdem" **der Buchstabe** "u" **durchgestrichen, sodass sich, wie bei Wadding,** "eisdem" **ergibt.**

(fo. 36 recto b)

– Z. 12; db [n. 10] **Zur unterstrichenen Form:** "Contra. Species illa non est formaliter in corpore christi. ergo non est ratio corpori christi essendi formaliter underline{alique}. et hoc loquendo generaliter de aliquali pro quocunque quod formaliter inest corpori christi: sed corpus est formaliter presens. ergo per aiquid aliud quem per conuersionem vel speciem conuersi sicut dicit Ug." **steht im fehlerhaften Wort** "aiquid" **das fehlende** "l", **sodass sich** "al̇iquid" **ergibt. Zum unterstrichenen Wort steht am Rande die korrigierende Anmerkung**
alicubi

– Z. 43; db [n. 11] **In dem zu Beginn und gegen Ende unterstrichenen Textfeld:** "Dico ergo ad questionem quod est maxima mihi certissima quod underline{deo est possibile omne quod non includit euidenter contradictionem: et ad quod non sequitur necessario contradictio.} hoc est huiusmodi. ergo possibile est deo vt patebit soluendo rationes. Dico ergo quod deo simpliciter est possibile idem corpus simul facere in diuersis locis localiter. hoc patet ex intellectu terminorum. Cum enim dico idem corpus simile esse localiter in diuersis locis. nihil dico super hoc corpus nisi quendam respectum extrinsecus aduenientem fundatum in vno quanto ad aliud quantum circunscribens. respectum autem talem plurificari super idem fundamentum ad diuersos terminos non apparet contra aliquid notum secundum rationem. quia respectus intrinsecus aduenientes de quibus minus videtur possunt plurificari fundamento eodem manente ad diuersos terminos: vt super eadem [sic] albedinem possunt due similitudines fundari ad duos terminos. vt probatum est libro tertio distinctione 8. Assumptum scilicet quod vbi non dicit nisi respectum extrinsecus aduenientem ad circunscribens satis patet ex dictis in precedenti questione. Et mirum est quod sequentes rationem tantum sequuntur imaginationem. quod quia imaginatio non separat locum a corpore nec econuerso. nec percipit vnum plurificari sine alio: quid ideo dicatur simpliciter impossibile vnum sine

(fo. 36 verso a)

alio plurificari. sequendo tamen imaginationem non apparet aliud: sed exclusa ista imaginatione que semper initens sensibus non aliud apprehendit: et secundo ratione ex rationibus terminorum nulla est necessitas quod plurificatio vno pluficetur aliud: vt plurificato posteriori non est necesse prius plurificari: ipsa autem vbi sunt manifeste posteriora ipso quanto locato et accidentaliter et contingenter aduenientia. in multis etiam alijs vbi maior est connexio secundum rationem concedimus vnum sine altero plurificari. <u>vix enim est aliqua alia habitudo accidentalior suo fundamento quam sit vbi nec aliquis modus essendi in.</u>" **ist in** "simile" "mile" **durchgestrichen und dazu am Rand angemerkt:**
simul
Im Wort "eadem" **ist zudem durch ein Strichlein über dem** "a" **der Kasus korrigiert; bei** "sine alio plurificari" **steht am Rand eine Anstreichung und eine Anmerkung:**
Imaginarii taxantur de Imaginatione pici Libro
Von "Et mirum est" **bis** "apprehendit" **gibt es eine Randanstreichung. Im fehlerhaften Wort** "plurificatio" **ist der Buchstabe** "i" **gestrichen. Schließlich steht am Rande nach** "altero plurificari" **die Annotation:**
Ibi accidentalissima habitudo

– Z. 30; db [n. 13] **Im unterstrichenen Text:** "Et pro istis soluendis pono tres propositiones. quarum prima est. <u>quecunque sunt priora essentialiter ipso vbi vniformiter insunt corpori quamuis habenti diuersa vbi. nec variabuntur variatio ipso vbi. que vero posterius vel simul natura variabuntur secundum varietatem ipsius vbi.</u>" **ist nach dem ersten** "ubi" **ein Punkt eingefügt; ausserdem ist im fehlerhaften Wort** "variatio" **das** "i" **gestrichen, sodass sich das korrekte** "variato" **ergibt.**

– Z. 44; db [ebd.] **In:** "sed passio posito in duobus vbi ipsam habet eandem ponam passiuam ad formam absolutam." **ist im fehlerhaften Wort** "passio" **der Buchstabe** "i" **gestrichen.**

(fo. 36 verso b)

– Z. 5; db [n. 14] **Zu:** "tamen ad rem concedo quod ex parte dei actiui et corporis vt susceptiui <u>equalitas</u> est possibilitas in corpore ad duo vbi que sunt simpliciter distincta: et ad quotcunque: [sic] et tunc ad omnia." **steht am Rande die unterstrichene Anmerkung:** *equalitas*

– Z. 58; db [n. 16] **In:** "Si autem sint equalia in agendo passum tunc alterabitur in media proportione eodem modo sicut si diceres quod sana aurea [sic] et infirma simul essent: quod concedis deum posse: et idem corpus esset approximatum isti aure et illi simul." **ist im Wort** "aurea" **der Buchstabe** "u" **durch** "*e*" **überschrieben sowie das zweite** "e" **durchgestrichen; dazu steht am Rand eine kurze Anmerkung:** *a*

(fo. 37 recto a)

– Z. 8; db [n. 17] **In:** "Ad rationem est [sic] primam alterius doctoris dico quod termini vnius possunt intelligi simul esse cum terminis alterius vel similitate precisa et adequata: vel nec precisa nec adequata. Si primo modo intelligatur de simultate dico quod maior est vera et minor falsa. [n. 18] Si autem intelligatur de simultate secundo modo scilicet non adequata: tunc maior est falsa. quia non oportet illud quod est extra terminos vnius esset [sic] extra terminos alterius." **ist das erste Wort** "est" **gestrichen; im Wort** "esset" **ist der Buchstabe** "t" **durchgestrichen, sodass sich dieselbe Variante wie bei Wadding ergibt.**

– Z. 36; db [n. 19] **Zu:** "Ad aliud eiusdem doctoris cum dicit quod termini mutationis sint incompossibiles. dico quod verum est de primis terminis. non autem de terminis concomitantibus. Intelligo autem quod primi termini cuiuslibet mutationis sunt priuatio et forma et econtra. concomitantes autem qui iunguntur terminis predictis." **steht am Rande die Anmerkung:**

mutationis termini $\left\{ \begin{array}{l} \textit{primi} \\ \\ \textit{concomitantes [sic]} \end{array} \right.$

– Z. 58; db [n. 20] **Im Satz:** "sed mane ille terminus qui est quasi per accidens: et quasi concomitans communiter per se terminum." **ist der fehlende Buchstabe** "t" **des Wortes** "mane" **beigefügt, sodass sich das korrekte** "mane*t*" **ergibt.**

– Z. 59; db [ebd.] **Unterstreichung in:** "Ad propositum ponatur hic esse tantum motus acquisitiuus noui vbi sine motu deperditiuo. et huiusmodi per se terminus a quo est priuatio vbi acquisiti. illa autem non manet cum termino ad quem. sed hic nullus est terminus concomitans per se terminum a quo quia talis non est nisi vbi sunt duo motus vel mutationes concomitantes. et per se terminus vnius est per accidens terminus alterius."

(fo. 37 recto b)

– Z. 7; db [n. 21] **In:** "Exemplum virginem parere ita est nature create impossibile facere sicut duo corpora in eodem loco et vnum corpus in diuersis super que non potest virtus creata simul: que tamen non includunt contradictionem simpliciter vt visum est: ideo sunt possibilia deo: Ed [sic] secundum dico quod potest concedi quod si illa materia corporis locati in duobus locis transmutatur a duobus agentibus ad duas formas non esset nouum miraculum. sed tantum per antiquum miraculum esset proportionata ad recipiendum actiones illorum agentium. Dico tamen alter [sic] quod si idem ponatur esse in duobus locis non sequitur quod eadem materia duobus formis informetur simul similibus neque eiusdem speciei neque alterius [. . .] **ist das** "E" **in** "Ed" **durch Überschreibung mittels eines großen** "*A*" **korrigiert und im fehlerhaften** "alter" **ist über dem** "t" **ein i-Punkt eingefügt, sodass sich** "al*i*ter" **ergibt, wie bei Wadding.**

– Z. 25; db [ebd.] **Im Satz:** "vel essent inquales: non tamen vna omnino vinceret." **ist das Wort** "inquales" **durch Einfügung eines** "e" **korrigiert zum offensichtlich korrekten und auch bei Wadding bezeugten** "in*e*quales".

– Z. 40; db [n. 23] **Bei der Feststellung:** "si vero generarent eundem effectum indiuisibilem omnino generarent: tamen eo modo efficiendi quo neuter illorum posset esse causa totius effectus." **sind links und rechts des zweiten** "generarent" **senkrechte Seitenanstreichungen gemacht; möglicherweise handelt es sich auch nur links um eine Seitenanstreichung, während das Doppelpunktzeichen durchgestrichen wurde.**

– Z. 64; db [n. 24] **Zu den Ausführungen:** "Ad illud de diuersa figuratione dico quod licet figuratio: videatur esse qualitas: tamen consequitur ipsum vbi. Ad aliud de toto et parte. dico quod pars extra totum nihil habet quod non

(fo. 37 verso a)

habet in toto. illa enim actualitas que attribuitur parti extra totum et non in toto non est nisi precisio. [. . .] Responsionem quererere.[55] Dici potest quod duplex est figura quedam est forma absoluta: et ista est de genere qualitatis forma vel circa aliud constans figura. et ita non consequitur vbi. Alia est figura que est situatio partium in loco et continente: et ista est forma respectiua consequens ipsum vbi. et sic precedit argumentum." **steht zum Wort** "precisio" **am Rande die Annotation**

precisio

Im Wort "ita" **ist vor dem Buchstaben** "t" **ein** "*s*" **eingefügt; anders, nämlich wie Bagnacavallo, setzt Wadding.**
Zum Ganzen steht am Rande die Anmerkung:

figura $\left\{ \begin{array}{l} \textit{forma generis} \\ \\ \textit{situatio partium in loco} \end{array} \right.$

– 14; db [n. 25] **Zum teils unterstrichenen Abschnitt:** "Sed ad propositum non oportet incidere in istam difficultatem. nullus enim negat quin relationes opposite possint inesse eidem secundum diuersa fundamenta. vtpote. quia secundum aliquid sit maius et secundum aliud minus: et hoc vel respectu sni [sic] vel alterius. vbi autem in toto corpore aliud et aliud est posterius et anterius. superius et inferius. vbi autem in toto corpore aliud et aliud est posterius et anterius. superius et inferius. vnde mediante illo vbi tanquam fundamento alio et alio <u>non est conueniens</u> corpus habens vbi superius et inferius esse superius et inferius. nec mireris respectus superioris et inferioris fundari in vbi: licet vbi sit respectus. <u>quia potest bene vnus respectus fundari in alio respectu: vt tactum est supra.</u>" **steht, wohl den ganzen Abschnitt betreffend, die Anmerkung:**
lege

---

[55] Das Folgende bei Wadding als *Additio* gekennzeichnet.

Zum ersten unterstrichenen Teil steht außerdem die teils unterstrichene Anmerkung:

lege

non est inconueniens

– Z. 27; db [ebd.] **In:** "ergo si aliquid est vbi propinquum et distans possunt eidem corpori conuenire sicut conueniunt duobus vbi que conveniunt lli corpori: et sunt fundamenta propinquitatis et distantie." **ist dem fehlerhaften** "lli" **ein** "*i*" **vorangestellt, wie auch bei Wadding.**

– Z. 37, db [ebd.] **In:** "Potest autem hec ratio dici ad partem oppositam licet sophistice sic. idem locabile simul id in eodem loco existens potest esse in diuersis temporibus. ergo et simul tempore potest esse in diuersis locis. Soluant istud sophisma et soluent argumentum suum si forte reputent quod habeant euidentiam. [n. 26] Ad aliud quod idem mouetur simul et quiesceret: dico [. . .]" **ist im Wort** "habeant" **der Buchstabe** "n" **durchgestrichen, sodass sich die singularische Form ergibt, wie bei Wadding; zudem ist bei** "moueter" **nach dem** "e" **eingefügt ein** "*re*", **sodass sich wie bei Wadding** "move*re*tur" **ergibt. Am Rande steht zudem die Annotation:**

sophisma

– Z. 52; db [ebd.] **In:** "Et si arguas: ergo vt est in vno vbi posset moueri ad seipsum vt est in alio vbi: et ita accideret ad illud vbi in quo iam est." **ist im Wort** "accideret" **der Buchstabe** "i" **mit** "*e*" **überschrieben, sodass sich** "accederet" **ergibt, wie bei Wadding.**

(fo. 37 verso b)

– Z. 34; db [n. 28] **Bei den Ausführungen zu:** "Ad vltimum argumentum dico quod omnis actus immanens qui inesset isti corpori in hoc vbi inesset sibi in quocunque vbi: licet non infieret sibi vt in isto vbi. et de hoc dicetur in secundo articulo istius distinctionis questione 2. scilicet numquid sanguis vel spiritus vel similia que non sunt de veritate nature humane essent eadem hic et ibi: soluetur vbi dictum est nunc scilicet articulo secundo questione i. huius distinctionis que tamen erat in ordine questionum quarta" **ist im Wort** "erat" **das** "a" **durch ein** "*i*" **überschrieben, so dass sich, anders als bei Wadding,** "er*i*t" **ergibt.**

STEPHAN BRULEFER: SCHRIFTEN IN AUSZÜGEN EINSCHLIESSLICH DER ANNOTATIONEN HULDRYCH ZWINGLIS

Die Interpunktion ist in Anhang 2 im Interesse besserer Lesbarkeit modernisiert.

2.1. Die scotistische Reportatio zu Bonaventuras Sentenzenkommentar

2.1.1. *Rep. Prol.*

[fo. iii recto] [Kolumnentitel:] Prologus primi sententiarum sancti Bonaventure. [Text der Kolumne a:] Reportata clarissima Reverendi magistri fratris Stephani Brulefer, sacre theologie professoris Scotici Alme universitatis Parisiensis, sacri ordinis minorum de observantia, dicti super primo sententiarum scripto sancti Bonaventure, doctoris seraphici, in Moguntia aurea nobilis Alemanie comportata etc. Feliciter incipiunt.

Circa sancti Bonaventure prologum primi sententiarum notandum, quod quadruplices sunt questiones. Nam primo quedam sunt subtiles et studiose. Secundo quedam sunt difficiles et curiose. Tertio quedam sunt civiles et contentiose vel politice et litigiose. Quarto quedam sunt utiles et virtuose. Primum genus questionum disputatur in schola theorica philosophorum ut in phisica et metaphisica etc. Secundum genus disputatur communiter in scholis mathematicorum fantasticorum. Tertium genus disputatur in scholis iuristarum ut de litibus et aliis contentionibus. Quartum vero genus questionum, scilicet utilium et virtuosarum, solet pertractari in scholis theologorum. Quia ibi semper utilia ad morum edificationem et ad consequendam beatitudinem pertractantur. In primo igitur (que pro manibus habemus) sanctus Bonaventura pertractat questiones subtiles et studiosas, ut patebit, quia ibi de productione divinarum personarum et de electorum predestinatione agit. In secundo libro pertractat de secundo genere questionum. Quia ibi considerat naturam orbium, materie prime, et

Jerarchias angelorum. Sed contra questiones difficiles et curiose non sunt nisi vitiose, ergo etc.

Respondeo. Duplex est curiositas. Quedam est curiositas vitiosa et vitanda, qua scilicet aliquis in inquirendo sic curiosus est, quod querat aliquid omnino superfluum, et de quo nulla certa ratio potest dari. Prima propositio. Illo modo questiones difficiles et curiose sunt vitiose. Sed illo modo a sancto Bonaventura non pertractantur.

Alia est curiositas virtuosa. Qua scilicet quis nobilitate animi etiam occulta inquirere non attediatur ordinando illa (ex bona conscientia) ad salutem propriam et aliorum. Secunda propositio. Isto modo questiones difficiles et curiose non sunt vitiose. Probatur. Quia quicquid ex bona conscientia (hoc est secundum dictamen recte rationis) potest ordinari ad propriam et aliorum salutem, non est vitiosum. Sed alique rationes difficiles et curiose sunt huiusmodi, ergo etc.

Correlarium. Doctor seraphicus in suo secundo questiones difficiles et curiosas pertractat isto modo. In tertio vero libro questiones civiles maxime pertractat, eo quod de virtutibus specialius ibi tractat. Maxime vero in quarto (licet in omnibus aliis libris) pertractet questiones utiles et virtuosas.

Quidam discipulus interrogavit sanctum Thomam de aquino, quis esset modus proficiendi in theologia. Respondit, quod est exercere se in doctore perito et experto.

Discipulo querente. Quis est talis.

Respondit ille. Alexander de ales.

Sed doctor consolatorius Iohannes gerson de laudibus sancti Bonaventure ait. Ego vero eligo sanctum Bonaventuram. Nam doctor ille non tantum cherubicus (quia intellectum illuminat) vocari potest. Sed recte seraphicus appellatur quia inflammat et affectum.

Unde doctores scientes, conscientiam autem non habentes, non sunt seraphici, sed demones. Nam demon interpretatur sciens. Nam scientia in homine malo nihil aliud est quam gladius in manu furientis. Tales quoque dicuntur potius cacodemones, id est mali scientes; populum enim perdunt et heresim seminant.

Doctores sunt in duplici differentia:

Quia alii textuales ut quattuor doctores ecclesie, et magister sententiarum, qui fuit ultimus.

Alii sunt questionarii. Quorum primus in religionibus mendicantium fuit magister Alexander de ales.

A quo sanctus Thomas multa rece-[iii verso]pit. Unde fere quicquid scripsit in secunda secunde recepit ab alexandro de ales, ut patet intuenti.

Dubium morale. Utrum melius sit simpliciter, id est deo magis acceptum, docere in scholis vel in cathedra predicare an vacare simplici
contemplationi. Respondetur per unam distinctionem et aliquas propositiones. Distinctio. Triplex est opus virtuosum et laudabile, prout
nunc sufficit. Nam quoddam est opus virtuosum simplex pertinens
ad vitam contemplativam, cuiusmodi est amare deum, audire missam, et orare deum. Aliud est opus virtuosum simplex pertinens ad
vitam activam, sicut est recipere hospites, ministrare infirmis. Dicuntur
autem simplicia, quia non sunt permixta.

Tertium est opus virtuosum pertinens ad vitam activam. Derivatur
tamen a plenitudine contemplationis, ut est predicare, alios docere.
Non enim simpliciter pertinet ad vitam activam docere, sed etiam
ad contemplativam. Prima conclusio. Opus vite contemplative est
simpliciter melius et nobilius quam sit de facto opus simplex vite
active. Ex quo vita contemplativa est simpliciter melior vita activa.
Secunda propositio. Opus simplex vite active, licet sit virtuosum et
bonum, non est tamen eque perfectum, immo minus perfectum opere
derivato[1] ex contemplatione. Sed dices. Quanto aliquid opus est
difficilius, tanto est virtuosius. Sed opus simplex vite active est huiusmodi, ergo etc.

Respondeo. Quod duplex est difficultas in opere virtuoso.

Una ex parte operantis, et hec non facit opus in se esse virtuosius. Non enim sequitur: difficilius est mihi ieiunare quam orare, ergo
melius est ieiuniare quam operare etc.

Alia est difficultas ex parte operis in se. Et illa facit opus bonum
magis esse meritorium. Unde docere et predicare sunt difficiliora
operibus solummodo contemplationis difficultate operis in se. Igitur
sunt magis meritoria.

Tercia propositio. Opus vite active derivatum a vita contemplativa est simpliciter nobilius et virtuosius in genere moris, quam sit
simplex contemplatio.

Probatur. Magis et perfectius est illuminare quam lucere. Illuminare
enim presupponit lucere. Unde secundum philosophos lux et lumen
sunt due qualitates ordinate; lux enim est in corpore lucido, lumen
autem est in corpore perspicuo. Est igitur effectus lucis lumen.
Illuminare ergo nihil potest, nisi cum hoc luceat, ergo magis est illuminare, quam lucere. Sicut igitur magis est illuminare, quam lucere.

---

[1] Im Druck: derinato.

ita maius est contemplata aliis tradere, quam de facto contemplari solum.

Sequitur correlarium.

Quia alique religiones sunt perfectiores aliis. Unde religiones ordinate ad opus simplex vite active tenent infimum gradum, ut sunt religiones ordinate ad dimicandum pro fide catholica vel pro hospitibus recipiendis. Religiones vero institute ad simplicem contemplationem tenent secundum gradum, ut Benedictinenses et Carthusienses. Mendicantes autem instituti ad tertium opus virtuosum, scilicet vite active derivatum a contemplatione, sunt supremi.

Correlarium. Nulli mendicanti, saltim predicatori vel minori, licet exire suam religionem et ingredi religionem simplicis contemplationis ut Cartusienses vel Benedictinenses. Patet. Quia nulli licet exire suam religionem et ingredi laxiorem, ergo etc.

2.1.2. *Rep. I, d. 1, q. 3*

[xvi recto b; Ann. durchgehend mit dunkler Tinte][2] Tertio queritur. Utrum solo bono creato sit utendum. Habitum est supra, quid sit 'utibile' et quid 'ens creatum'. Videndum est ulterius pro declaratione terminorum, quid 'ens increatum' et quid significetur per 'solus'. Ens ergo increatum [Anmerkung am Rande:
Ens Increatum quid]
est illud, cui repugnat causari, creari vel effici, et tale est solus deus. Solus enim ipse est ens simpliciter independens. 'Solus' capitur dupliciter, scilicet kathegoreumatice, et sic valet idem quod 'solitarius'. Unde si multi currerent in uno campo, sortes autem sine socio in alio campo, ista esset vera 'solus sortes currit', id est 'sortes solitarie currit', et sic non facit propositionem exclusivam. Alio modo capitur sinkathegoreumatice, et sic est signum exclusivum et facit propositionem exclusivam. [Anmerkung am Rande:
>   *kathegoreumatice*
solus capitur
>   *Sinkathegoreumatice*]
Unde illa est propositio exclusiva, in qua ponitur signum exclusivum exclusive tentum. Quelibet autem propositio exclusiva exclusive tenta exponitur dupliciter, [Anmerkung am Rande:

---

[2] Fotographische Reproduktion dieser Kolumne bzw. der ganzen Seite in Abb. 3, S. 533.

propositio exclusiua exponitur]
scilicet gratia alietatis, [Anmerkung am Rande:
Gratia alietatis]
et tunc exponitur per suam preiacentem et per aliam propositionem,
in qua ponitur relativum substantie identitatis cum ablativo, mediante propositione 'a' vel 'ab', ut 'solo bono creato est utendum', id
est 'bono creato est utendum, et nullo alio a bono crento [der
Buchstabe "n" ist verbessert zu *a*, sodass das Wort zu "creato" korrigiert wird] est utendum'. Alio modo exponitur gratia infinitationis
[Anmerkung am Rande:
Gratia infinitationis]
vel contradictionis, et tunc exponitur per suam preiacentem et per
terminum infinitum[3] oppositum contradictorie subiecto prime propositionis, ut 'tantum homo est risibilis', id est 'homo est risibilis, et
nihil non homo est risibile'. Quotienscunque exclusiva potest exponi
gratia alietatis etiam potest exponi gratia contradictionis, licet verba
diversa sint. Quotienscunque dictio numeralis additur signo exclu-
sivo, talis propositio debet exponi gratia pluralitatis, non autem gratia alietatis, ut 'tantum quinque sunt predicabilia' [Anmerkung am
Rande:
tantum quinque sunt predicabilia]
sic exponitur [Anmerkung am Rande:
exponitur]
'quinque sunt predicabilia, et non sunt [Hier steht ein π, dazu wird
am Rand annotiert:
deest plura]
predicabilia quam quinque' et est verum.

Gratia alietatis autem sic 'tantum quinque sunt predicabilia. id est
quinque sunt predicabilia, [xvi verso] et nulla alia a quinque sunt
predicabilia', quod falsum est, quia si quinque sunt predicabilia, duo
vel tria vel quattuor (que tamen non sunt quinque) etiam sunt predicabilia.

Prima regula. [Anmerkung am Rande:
Regula de exclusiuis]
Quotienscunque dictio exclusiva additur termino relativo in propositione affirmativa, deest secundo adiacente, tunc illa propositio redditur impossibilis et inverificabilis, ut 'tantum pater est'. Probatur,

---

[3] Im Druck: iufinitum.

quia bene sequitur 'tantum pater est', ergo 'non tantum pater est'. Probatur, quia bene sequitur 'tantum pater est', ergo 'pater est'. Ulterius: 'pater est, ergo filius est'. Patet per naturam relativorum. Ulterius: 'filius est, ergo alius a patre est', et hoc in divinis 'vel aliud a patre est', et hoc in creaturis. Ulterius: 'alius vel aliud a patre est', ergo 'non tantum pater est'. De primo ergo ad ultimum habetur propositum.

Secunda regula [Anmerkung am Rande:
Alia Regula].

Quotienscunque dictio exclusiva additur alicui termino supponente pro re composita ex duabus rebus vel pro re includente, necessario duas res in propositione affirmativa deest secundo adiacente, talis propositio est falsa et inverificabilis et includens contradictoria, ut 'tantum homo est': homo enim includit corpus et animam. Quodlibet enim illorum est aliud ab homine. Pro resolutione questionis. Prima propositio. Solo bono creato est utendum. Probatur extra textum. Exponentes illius exclusive sunt vere, ergo ipsa vera per locum ab exponente ad expositam, qui locus comprehenditur sub loco ab interpretatione. Secundo probatur illa propositio per rationes ante oppositum. [Anmerkung am Rande:
ab exponente ad expositam].

2.1.3. *Rep. I, d. 1, q. 5*

[xx recto b; Ann. durchgehend mit dunkler Tinte] Pro solutione ultimi argumenti in oppositum. Nota ens aliquid dicitur infinitum dupliciter. Vel per privationem perfectionis, quod scilicet privatur omni perfectione, et isto modo materia prima dicitur infinita, eo quod caret omni forma quantum est de se, et tale non est obiectum fruitionis. Obiectum enim fruitionis habet finire et satiare. Materia autem potius finitur et perficitur. Vel dicitur aliquod infinitum per privationem limitationis, eo quod privatur limitatione, id est illimitatum, et hoc modo est infinitum, quia nullam limitationem includit. [Hierzu findet sich am Rande die Anmerkung:
per priuationem perfectionis
Ens infinitum
per priuationem limitationis]
Item Aristoteles iii. phisicorum dicit. Infinitum est, cuius quantitatem accipientibus semper est aliquid ultra accipere. Et intelligitur de quantitativo seu infinito in potentia, non in actu. Unde infinitum

entitative est, quod est supremum ens, quod includit omnem entitatem. Et hoc modo infinitum est quietativum. Sed infinitum quantitativum est, quod semper est divisibile, et illud diffinit philosophus ut supra. Et illud infinitum non contingit pertransire, nec hoc est quietativum.

2.1.4. *Rep. I, d. 2, q. 1*

[xxii verso, Z.23; alle Unterstreichungen bis auf eine Ausnahme rot, alle Glossen bis auf zwei Ausnahmen (dunkel-)braun] Circa secundam distinctionem queritur, utrum in deo sit ponere essentie unitatem. Pro declaratione terminorum, quorum tres sunt, scilicet 'deus', 'essentia', 'unitas'. Nota quod deus (secundum quod diffinit Trismegistus)[4] est sphera intellectualis cuius centrum ubique est et circumferentia nusquam. [Am Rande Anmerkung: *Trismegistus*]

Et sunt tres particule. Primo dicitur enim sphera et ponitur loco generis. Sicut autem in perfecta sphera nec principium nec finis, ita deus nec habet principium nec finem. Ipse enim dicitur alpha et o. Unde sphera hic capitur metaphorice. Intellectualis ponitur ad differentiam sphere materialis, ut solis et lune. Centrum autem huius nostre sphere est essentia divina. [Am Rande Anmerkung: *sphera*]

Unde Gregorius super illud Canticum v. 'Quo abiit dilectus tuus' dicit, quod deus sit in omnibus rebus per essentiam, presentiam et potentiam. Hinc patet error machometistarum dicentium deum esse in angulo paradisi et portari ab octo spiritibus. Nec enim magis est deus in celo quam in terra vel in inferno. Dicitur tamen esse in celo spatialiter, quia solum ibi disposuit beatificare spatialiter, et beatificat. In omnibus tamen locis est propter immensitatem, nec poterit ab immundiciis inquinari vel deturpari. Sicut enim nobilis anima poterit esse in corpore immundissimo, puta leprosi, vel alio, ut anima sanctissimi Job, cuius corpus totum putridum erat, et vermes de eo scaturiebant. Item nec radii solares deturpantur, si tetigerint stercora campi.

Correlarium. Quilibet ergo multum timere debet facere peccatum, licet non sint illic homines presentes, deus enim ubique est presens.

---

[4] Im Druck: Trimegistus.

Secundo deus est ubique per presentiam, id est per intuitivam cognitionem omnium rerum. Circa hoc erraverunt philosophi dicentes deum non intelligere res viles ut pulices vel vermes, alias eius intellectus vilesceret. Sed in hoc errant, quia deus non accipit cognitionem a rebus sicut intellectus noster sed a sua essentia in qua relucent omnia: que est obiectum adequatum intellectus divini. [Dazu Anmerkung am Rande: *contra<?; conservatur? conservatum?> deo non est rara de bobus carnis<?>*]

Tertio deus est ubique per potentiam, quia est causa conservativa omnium rerum in esse, scilicet positive et effective. Constat animam conservare hominem, quamdiu est in corpore, deus autem multo intimius conservat; nisi enim deus servaret anima, esse non posset. Deum enim non conservare aliquid, est anullare. Dicit circumferentia nusquam est etc. Circumferentia est linea terminans spheram. Circumferentia dei nusquam est, id est in nullo loco; deus enim est interminabilis.

Essentia est primaria entitas alicuius rei, qua est sibi simpliciter ratio essendi. [Am Rande Anmerkung:
Essentia]
Unde res habet duplicem entitatem, scilicet primariam, et est propria entitas rei seu quidditativa, illa videlicet, qua res est simpliciter. [Am Rande Anmerkung zu roter Klammer:
entitas duplex]
Alia entitas est secundaria et est accidens. Nullum enim accidens est de essentia eius, cuius est accidens. Humanitas autem est prima ratio essendi hominem. Iuxta hoc etiam loquitur beatus Augustinus vii. de trinitate c. iiii. et v. Quod est spiritui sapere eternitati eternum esse iusticie iustum esse: hoc est essentie esse, id est sicut nullus est sapiens nisi sapientia nec potens nisi potentia, sic nullus est nisi essentia. Augustinus. Illud quod propriissime est, propriissime vocatur essentia. Sed tamen esse aliter con-[xxiii recto]petit deo, aliter creature. Ille enim propositiones 'deus est', 'creatura est', aliter et aliter sunt vere. Prima est necessaria et in primo modo dicendi per se et in materia naturali: unde natura dei essentia dei et deitas idem sunt. Secunda autem est contingens, nec est in primo modo dicendi per se, sed in materia contingenti. Esse enim mutabiliter competit creature. Aliud est dicere, quo pater est, et quo pater est pater. Essentia enim divina est prima entitas in divinis, qua quelibet persona est simpliciter. Sanctus Bernhardus v. libro considerationum ad Eugenium ponit novem unitates. [Am Rande Anmerkung:

unitas novem]

Prima est collectiva sive aggregationis, et dicitur esse, quando plures res quantumcunque diverse simul aggregantur sine ordine et non faciunt aliquid unum per se ut acervus lapidum. Secunda est unitas constitutiva, et est illa, qua plura constituunt unum tertium ut partes integrales, ut plura membra constituunt unum corpus. Omnia igitur membra dicuntur unum constitutive, et ista unitas est maior quam prima. Tertia est unitas coniugativa, et est quando duo propter matrimonium institutum a deo efficiuntur una caro ut unitas viri et mulieris in matrimonio. Quarta est unitas nativa, quando per carnem et animam nascitur unus homo in animatione corporis, et possit sic exprimi, [mit schwarzer Tinte ist die Silbe "ex" durchgestrichen] quando ex partibus essentialibus constituitur totum. Quinta est unitas potestativa, et est, qua homo virtuosus non instabilis nec dissimilis nititur videri ab aliis, sed semper uniformis apparere aliis, et firmus in actione. Sexta est unitas consentanea, et est cum aliquid plures efficiuntur unum cor et anima una per charitatem, id est in voluntate bona et conversatione sicut Actuum 'Multitudinis autem credentium erat cor unum et anima una'.[5] Septima est unitas votiva, et est quando anima nostra vel spiritus noster votis omnibus adheret deo, propter quod efficitur unus spiritus cum eo. Octava unitas est dignativa, et est, qua natura nostra de limo facta a deo est assumpta in unitatem persone vel suppositi. Nona est unitas increata, et illa sola repereritur [dieses Wort ist mit zwei senkrechten Strichen je über dem 5. und 6. Buchstaben zu "reperitur" korrigiert] in divinis, et est illa, qua tres persone pater, filius et spiritus sanctus sunt una essentia. Et inter omnes unitates ista dicitur habere principatum.

Pro resolutione questionis. Prima propositio. Impossibile est plures deos esse. Ex hac sequitur: Impossibile est plures esse deitates seu essentias divinas, quia quelibet deitas constitueret deum distinctum, sicut alia et alia humanitas constituit alium et alium hominem, et hoc est contra Arrium.

Secunda propositio. Si recte accipiatur significatum huius termini 'deus', non solum est impossibile plures deos esse, sed etiam non est intelligibile. Tunc autem ille terminus 'deus' recte accipitur, quando naturaliter capitur. Probatur, quia non solum in re, sed etiam in

---

[5] Act. 2, 44.

cogitatione 'deus' accipitur essentialiter. Accipiendo ergo deum proprie patet ipsum esse summum ens. Sed impossibile est plura summa
esse, ergo impossibile est plures deos esse. Maior patet per opinionem omnium philosophorum et Anselmus. Item deus est, quo maius
excogitari non potest. Minor probatur per expositionem superlativi,
non quidem negative; alioquin possent plura esse saltem ratione expo-
sitionis sed affirmative. Et de hac dicit Priscianus. Quod per super-
habundantiam dicitur, uni soli convenit. Exponendo igitur affirmative
dicere plura esse summa, est simpliciter dicere contradictoria. Neutrum
enim ponitur summum. Probatur. Vocetur unum 'a' et aliud 'b'.
Arguitur, ergo 'a' est summum, id est omni alio maius vel supra
omne aliud ergo et supra 'b' et sic 'b' non erit summum. Et similiter arguatur de 'b' respectu 'a', et sic 'a' erit summum et non summum, et similiter 'b', que sunt contradictoria, ut clare probat doctor
subtilis. Bonaventura in decisione questionis dicit. Omnia sunt a deo
et in ipso et ad ipsum. Omnia sunt ad ipsum tanquam ad causam
finalem; et a deo, quia ab ipso <u>effectiva</u> et tanquam a causa efficiente.
[Am Rande die korrigierende Anmerkung:
effecta potius]
Omnia etiam sunt in deo, id est infra deum. Aliter igitur accipit
Bonaventura in ipso, ut patet [xxiii verso] in argumento, quod apostolus ad Romanos xi. dicens. Omnia ex ipso, id est a patre; potentia enim productiva appropriatur patri, et per ispum, id est per filium
tanquam per sapientiam exemplarem, et in ipso, id est in spiritu
sancto tanquam in fine conservante per bonitatem sunt omnia. In
divinis differunt proprium et appropriatum: Proprium est, quod convenit uni soli persone, ut paternitas patri, vel ad maius duabus ut
spiratio activa.
[Am Rande steht zu diesem Abschnitt:

        proprium

In divinis

        Appropriatum]
Appropriatum vero dicitur, quod propter errorem aliquorum vitandum vel extirpandum alicui persone attribuitur, licet sit commune
tribus. Ut potentia attribuitur patri, ne impotens credatur, sapientia
filio, ne minus sapiens, bonitas spirituisancto, ne crudelis estimetur.
<u>Unde errant hi qui depingunt trinitatem (quod tamen viget multum
in alemania.) Ante incarnationem enim verbi divini non decebat
depingere deum. Interim tamen bene depingitur christus, sed male
trinitas: depingi enim non debet.</u>

Pro declaratione argumentorum ante oppositum, que sunt pro parte vera. Nota, quod sex habentur rationes. Prime tres sumuntur ex tribus suppositionibus, quarum prima est: 'deus est simplicissimus'. Secunda: 'deus est omnipotentissimus'. Tercia: 'deus est summus'. Ulterius notandum, quod duplex est ratio, videlicet ostensiva et ducens ad impossibile, vel duplex est sylogismus, videlicet ostensivus, et est iste, qui infert tantum unam conclusionem veram ex duabus premissis veris, ut 'omnis homo est animal', 'sortes est homo', ergo 'sortes est animal'. Alius est sylogismus [sic] per impossibile, et est ille, qui primo infert conclusionem falsam et impossibilem, ex cuius interemptione regreditur ad interimendum unam premissarum. Et sic ibi sunt duo processus, ut si quis dicat, quod homo sit asinus. Contra. Nullus asinus est animal rationale. Sed homo est asinus per te. Ergo homo non est animal rationale. Iste processus potest dici ostensivus. Sed ultra illa conlusio est falsa, ergo aliqua premissarum, sed non maior, ergo minor. Sumatur ergo contradictorium conclusionis cum altera premissarum, scilicet cum maiori, et inferatur oppositum contradictorium minoris. Sic in cesare 'Nullus asinus est animal rationale', 'omnis homo est animal rationale', ergo 'nullus homo est asinus'. Idem sunt communis animi conceptio dignitas propositio per se nota. Principium indemonstrabile. Dicitur principium indemonstrabile, [Am Rande Anmerkung:

principium Indemonstrabile]

quia cognoscitur cognitis suis terminis et per nullam aliam propositionem priorem se demonstratur. Dicitur propositio per se nota, quia per proprios terminos. Dicitur dignitas, quia dignum est propter sui evidentiam, ut ei assentiatur, dicitur communis animi conceptio, quia omnes terminos eius intelligentes ei assentiunt. Arguitur ergo primo ex prima suppositione sic 'deus est simplicissimus', ergo impossibile est, quod sint plures dii. Consequentia probatur. Quia si essent plures dii, vocentur 'a' et 'b', ergo convenirent in aliquo, puta: in hoc quod essent dii. Different etiam ab invicem, quia dicit, quod sint duo. Item impossibile est idem secundum idem convenire cum aliquo et differre ab eodem, ergo alio et alio distinguuntur et conveniunt, et ultra ergo ambo sunt compositi. Differentia sunt alicui idem entia. Sanctus Bonaventura utitur hic illo termino 'communicare', posse autem communicare nihil aliud est quam convenire. Si dicis ad argumentum, quod in nullo conveniunt, ergo unus seu 'a' non convenit cum 'b' in entitate, ergo 'a' est non ens, et sic nihil et per consequens nec deus. Hoc argumentum concludit deum non esse

compositum. <u>Unde deus propter sui simplicitatem solam in nulla realitate convenit cum creatura</u> sequeretur enim (si aliud dicatur) compositio dei quo ad realitatem subiectivam ex natura rei. Non autem
concludit contra doctor subtilis, quia negat realitatem subiectivam in
deo, que conveniat cum creatura. Quare si arguas: ergo conceptus
entis, quem ponis communem deo et creature, non erit realis, sed
ficticius. Nego consequentiam, quia ad hoc, quod conceptus realis
dicatur, sufficit, quod immediate sumatur ab ipsa re. Arguitur secundo
ex suppositione secunda, sicut habetur in textu Bonaventure. Et est
de omnipotentia. Ipsa tamen sicut iacet non concludit. Hoc tamen,
scilicet quod non concludat, non est inconveniens, quia non est de
corpore questionis, et sic nullo [xxiiii[6] recto] modo sumenda est pro
auctoritate iuxta unam regulam superius distinctione i. questione iiii.
positam, vide ibidem. Notandum ergo pro declaratione illius argumenti, quod omnipotentia est voluntas divina, ut respicit omne possibile fieri et contingens, id est omne possibile causabile. [Am Rande
rote Anmerkung:
omnipotentia]
<u>Necessarium igitur simpliciter non est obiectum omnipotentie: et hoc
secundum omnes theologos.</u> Item impossibile produci non potest produci. Filius in divinis producitur, ergo potest produci seu possibile
est ipsum produci. Non tamen est obiectum omnipotentie patris.
Patet, quia obiectum omnipotentie est possibile fieri seu contingens.
Ratio ergo non concludit. Ipsa tamen potest aliter formari ex dictis
doctoris subtilis. Pro quo nota aliquas propositiones, que sunt due
maxime apud omnes theologos. Prima propositio. Omnipotens potest
per suum velle producere seu causare in esse quodcunque possibile
fieri. Secunda propositio. Omnipotens suo velle potest destruere omnia
entia alia a se contingentia.[7] Et per istos potest ratio Bonaventure
tolerari, roborari seu glosari sic. Si essent duo dii, sint 'a' et 'b',
sequitur, quod 'a' faciat 'b' nullipotentem, quia non est necesse, quod
concordent in voluntate, eo quod duas habent voluntates. Ergo pla-
ceret uni facere species animalis, puta: asinos, alteri displiceret, et
sic impediret, quod nullo posset facere permanere. Hoc autem argumentum non procedit de tribus personis in divinis, quia habent
omnino eandem voluntatem. <u>Si dicis somniando (sicut videtur Ockam</u>

---

[6] Im Druck: xxiiii.
[7] Im Druck: coutingentia.

dicere) quod habeant inter se pactum firmissimum. Adhuc per primam regulam probatur, quod unus faceret alium nullipotentem, quia
a volendo producere potest omne possibile. Ipsum ergo 'b' preve-
niet, et sic alius nihil poterit causare. Pro tertia ratione fundata in
suppositione de excellentia vel summitate nota secundum sententiam
Augustini: Idem sunt in mere spiritualibus maius, melius, perfectius,
dignius, superius. Summus etiam proprie est superlativus huius positivi 'supra', licet etiam 'supremus' sit eiusdem superlativus, nam
'celsus' habet alium superlativum, scilicet 'celsissimus' vel 'cellentissimus'.
Pro quarta ratione, que est prima ducens ad impossibile. Quandocunque est aliquid in alio eodem modo essendi in, tunc unum est
materiale alterius. Non tamen semper est vera, quando scilicet unum
non est in alio informative. Unde deus est in homine et in omni
creatura, nec tamen est materiale respectu creature. Propositio. [dun-
kelbraun unterstrichen:] 'Omne illud cui aliquid illabitur dependet
ab eo quod illabitur: si ergo 'a' et 'b' intelligant se invicem per inti-
mitatem, ergo etc.

Pro responsione ad argumenta. Maior prime rationis transeat, licet
non sit vera in proposito. Quo ad minorem dico, quod est fictio,
non intellectio. Unde duplex est intellectus, scilicet rationalis et fantasticus. Concedo ergo, quod deus plus potest facere quam hoc intelligere intellectu rationali, non autem fantastico, quia per hunc
impossibilia componimus. Per intellectum fantasticum intelligit fan-
tasiam interiorem, que est nobilissima potentia sensitiva. [Am Rande
rote Anmerkung:

rationalis

Intellectus

fantasticus]

Pro secundo argumento nota quasdam propositiones. Prima. Plura
bona finita sunt meliora paucioribus. Ratio, quia bonum finitum semper augmentat seu addit aliquam bonitatem alio bono finito; quodlibet enim est pars. Secunda propositio. Bonum infinitum est illud,
quo maius cogitari non potest, sed si duo bona infinita sunt maius
uno illorum, ergo illud non est infinitum. Tertia propositio. Deus
cum omnibus suis creaturis simul non est maius bonum quam solus
deus: licet enim angeli et alie creature ostendant eius bonitatem nullo
tamen modo augent. Pro solutione tertii argumenti, quando arguitur: Quecunque habent diversam operationem et virtutem, illa habent
aliam et aliam essentiam; sed pater et filius et spiritus sanctus habent
aliam et aliam operationem, ergo minor negetur. Et si dicatur:

Operatio enim trinitatis ad extra est una et eadem. Contra. De appa-
ritione christi in baptismo iordanis. Similiter in transfiguratione nubes
erat lucida, in qua apparuit spiritus sanctus et pater in voce etc. Pro
responsione. Prima propositio. Pater et filius et spiritus sanctus conveniunt necessario in omni operatio-[xxiiii⁸ verso]ne ad extra. Secunda
propositio. Licet opera trinitatis ad extra sint indivisa, non tamen
oportet, quod relatio sit communis tribus, seu quod conveniant in
omni relatione ad terminandum. Patet de unione nature humane ad
verbum. Similiter in transfiguratione nubes erat formata, cuius formatio est operatio et communis tribus. Item nubes erat signum sensibile et significabat spiritum sanctum, que significatio terminabatur
ad spiritum sanctum, sic quod non ad patrem. Consimiliter dicatur
de voce audita. Exemplum dat Augustinus. Nam in formatione huius
propositionis. Memoria est intellectus cum specie intelligibili vel obiecto
in se presente, ibi concurrunt tria, scilicet memoria, intelligentia et
voluntas. Nisi enim vellem, non dicerem etc. Et tamen memoria non
significat illa tria. Ulterius nota, quod relationes creature ad deum
sunt duplices. Quedam est creature inquantum causate a deo et ad
deum tanquam ad causam. Alia est alterius rationis ab aliis relationibus causati, cuiusmodi est significare et unire, et dicitur relatio
ordinis posterioris ad prius. Prima propositio. Omnis relatio creature
ad deum, que est creature tanquam causate ad deum tanquam ad
causam, est communis tribus. Secunda propositio. Non omnis relatio, que est alterius rationis a relationibus causati est necessario communis tribus personis. Pro solutione ultima. A posse ad esse nunquam
valet consequentia formaliter. In eternis tamen bene valet arguere a
posse ad esse. Unde secundum Aristotelem. In necessariis idem est
esse et posse. Aliquid producere aliquid potest intelligi tripliciter. [Am
Rand Anmerkung:
Intelligere capitur hic aliud]
Uno modo, quod illud, quod producit, producat illud aliud de seipso,
id est de substantia sua, et sic pater producit filium in divinis. Alio
modo, quod producat de alio, ut adam de limo terre et evam de
costa ade. Non ergo sunt proprie creati. Tertio modo, quod producat de nihilo, et illa productio dicitur creatio, sicut anima producitur de nihilo. Prima propositio. Deus potest producere deum de
seipso, sunt tamen unus deus. Secunda propositio. Deus non potest

---

⁸ Im Druck: xxiiiii.

aliquid aliud producere de seipso. Tertia propositio. Deus non potest producere summum ens simpliciter, id est deum de aliquo alio a se neque de nihilo. Quarta propositio. Deus potest producere summum ens in genere de alio et etiam de nihilo.

2.1.5. *Rep. I, d. 2, q. 2*

[xxiiii⁹ verso b; Z. 4; alle Ann. hellrot] Secundo queritur. Utrum in deo sit ponere personarum pluralitatem.

Preter in questione precedenti dicta sunt hic adhuc duo termini declarandi, scilicet 'persona' et 'pluralitas'.

Unde persona secundum Boecium est 'rationalis nature individua essentia vel substantia'. Sed ista diffinitio non est sufficiens. Probatur. Quia si esset bona, tunc in quolibet homine essent due persone, quia totum compositum est una persona, et anima esset alia persona. Ideo secundum Richardum 'Persona est intellectualis nature incommunicabilis existentia'. Due igitur conditiones requiruntur ad personam. Primo, quod sit natura intellectualis, et in hoc concordant Boecius et Richardus, et ob hoc persona est nomen dignitatis, et persona solum invenitur in tribus naturis. Secundo oportet, quod sit vel existat incommunicabiliter. Incommunicabilitas [Am Rand ergänzende Anmerkung (Text dunkel, Unterstreichung rot) zu dem diese Silbe nicht enthaltenden Druckkürzel:

li] (Text dunkel, Unterstreichung rot)

autem opponitur communicabilitati, et quot modis dicitur unum oppositorum, tot modis et reliquum. Duplex autem est communicabilitas. Quedam est ut quod, [Am Rand Anmerkung:

communicabilitas quod]

et ista dicitur communicabilitas per identitatem, et est illa, qua aliquid superius est communicabile suis inferioribus, sic quod predicatur de ipsis in recto, quod enim est nominativi casus, ut 'hoc communicatur sorti et platoni'. Alia est communicabilitas ut quo [Am Rand Anmerkung:

quo]

dicitur communicabilitas per informationem et est, qua aliquid dicitur communicari alicui, ut quo est ipsum. Et sic anima communicatur corpori, non quidem per predicationem ut quod, sed ut quo. Et hoc etiam modo omne accidens communicatur suo subiecto.

---

⁹ Im Druck: xxiiiii.

Antequam autem aliquid sit persona oportet, quod sit incommunicabile duplici incommunicabilitate opposita duplici communicabilitati iam dicte.

Prima propositio. Nullum superius seu commune est persona, quia
nullum tale respectu inferiorum suorum est incommunicabile ut quod.
Secunda propositio. Nulla anima intellectiva et quodlibet accidens
non est persona, quia communicatur subiecto ut quo. Tertia propositio. Essentia divina secundum se et formaliter non est persona, quia
est [xxv recto] communicabile ut quod et ut quo. Nam essentia
divina predicatur in recto de personis et est etiam ratio ipsis personis, qua sunt deus. Ista quatuor 'persona', 'suppositum', 'singulare'
vel 'individuum', [Am Rande stehen, je neben die in den nachste-
henden Sätzen genauer erläuterten Termini gesetzt, die folgenden
Anmerkungen:

suppositum, persona, singulare, particulare]

'particulare' habent se per ordinem sic, quod omnis persona est suppositum, non econtra, et sic de aliis. Suppositum enim est singulare,
quod nec est communicabile ut quod nec ut quo. <u>Ratio igitur incom-
municabilitatis est ratio suppositi.</u> Quodlibet igitur individuum de
genere substantie excepta natura humana Christi est suppositum.
Persona autem ultra rationem suppositi addit rationem nature intellectualis. Nullum autem singulare seu individuum accidentis est suppositum, quia omne tale est communicabile ut quo, ut 'hec albedo'.
Species quoque sunt particularia respectu generis, et tamen non sunt
singularia. Pro declaratione pluralitatis. Possumus imaginari (non dico
ponere) sex pluralitates in divinis. Prima est pluralitas essentiarum,
quando scilicet sunt plures essentie tunc est pluralitas essentiarum.
Unde Prima propositio. In divinis non est ponenda pluralitas essentiarum, ut etiam habitum est in questione precedenti. Impossibile est
plures esse deos. Secunda est pluralitas personarum. Tertia productionum. Quarta realitatum seu formalitatum. Et est pluralitas aliquarum rationum formalium, quarum una non includit aliam in primo
modo dicendi per se, ut 'genus' et 'differentia', sicut 'animal' et
'rationale', similiter et 'risibilitas', 'flebilitas', 'unitas', 'veritas', 'bonitas'.
Secunda propositio. In divinis necesse est ponere pluralitatem personarum. Pluralitas productionum est, quando sunt plures produc-
tiones. Tertia propositio. In deo necesse est ponere pluralitatem
productionum, patet, quia in deo necesse est ponere generationem
et spirationem. Quarta propositio. In deo est ponenda pluralitas realitatum et formalitatum. Patet, quia in deo sunt plures realitates ex

natura rei; sunt enim in deo 'intellectio', 'volitio', 'bonitas', 'veritas'. Omnes tamen iste perfectiones, licet sint non idem formaliter, sunt tamen una summa res. Si enim distinctio realis, puta: distinctio personarum, scilicet distinctio realis suppositorum, non autem essentiarum, non obviat simplicitati divine, quanto minus obviat distinctio formalis (que est minor inter omnes distinctiones ex natura rei) simplicitati divine.[10] Bonitas enim et sapientia et iusticia sunt unica res essentialiter et nullo modo distinguuntur realiter. Pluralitas relationum [Am Rand Anmerkung:

pluralitas relationum]

rationis est inter aliquos respectus rationis vel inter plures secundas intentiones, ut alia est relatio rationis generum, alia speciei. Quinta propositio. Licet in deo non sit ponenda pluralitas relationum rationis ex natura rei, potest tamen poni per intellectum nostrum comparantem ipsum ad creaturas. Prima pars probatur. quia relatio rationis in nullo potest esse ex natura rei, sed in proposito probatur. Quicquid enim est in deo ex natura rei, est deus. Dicere autem deum esse relationem rationis est hereticum. Secundum patet, quia per intellectum nostrum potest deus comparari ad creaturam, inquantum est causa efficiens et inquantum est beatificans, ergo etc. Tales enim sunt plures relationes. Sexta propositio. Omnis respectus dei ad creaturam est respectus rationis, ut relatio dei in ratione cause efficientis ad creaturam. Non dico, quin deus realiter causet creaturam, tamen denominatio seu respectus in deo non est nisi rationis. Septima propositio. Pluralitas modorum concipiendi [Am Rand Anmerkung:

pluralitas modorum concipiendi]

idem obiectum formale est, quando idem obiectum formale concipitur diversis modis concipiendi. Et hoc potest fieri dupliciter, scilicet grammaticaliter, ut considerando ut 'homo', 'hominis', 'homini', vel logicaliter ut 'album', 'albedo'. Similiter concipiendo 'album' et 'albedinem' idem obiectum concipitur. Octava propositio. Licet in deo non sit ex natura rei pluralitas modorum concipiendi idem obiectum, potest tamen poni ab intellectu nostro. Prima pars patet, quia talis pluralitas est propter intellectum nostrum. Secunda similiter patet ut prius.

Resolutio. In divinis necesse est ponere pluralitatem personarum.

---

[10] Im Druck ist die logisch öffnende erste Klammer nach links gebogene gesetzt.

Nam constat, quod quemlibet fidelem oportet ponere trinitatem personarum di[xxv verso]vinarum; est enim articulus fidei. Trinitas autem
est species pluralitatis, ergo etc. Nullum autem argumentum est vali-
dius quam fides nostra et testimonium sacre scripture. Utrum ista
propositio sit demonstrabilis per rationem naturalem. Pluralitas personarum est in divinis in unitate essentie. Et respondetur per duas
propositiones. Prima propositio. Per nullam rationem naturalem necessariam demonstrativam et evidentem potest ostendi a viatore de lege
communi, quod in divinis sint tres persone, patet, quia nulla propositio potest demonstrari nisi cognitis terminis. Si enim evidentissima
propositio et per se nota non potest cognosci nisi cognitis terminis,
sed huius propositionis termini non sunt cogniti 'Pater et Filius et
spiritus sanctus sunt tres persone in una essentia', ergo ipsa non
potest demonstrari. Minor probatur, quia ad hoc, quod ipsa cognoscatur, oportet habere noticiam perfectam suorum terminorum, sed
hanc nulllus viator potest habere de lege communi, ergo. Secunda
propositio. Supposita hac veritate catholica et theologica 'pater et
filius et spiritus sanctus etc.' possent adduci alique rationes probabiles et persuasive tanquam congruentie ad ostendendum, quod non
sit impossibile illud, quod dicimus, licet non possimus probare, quod
sit possibile necessarium. Ista propositio est simpliciter falsa '<u>Nullius
boni sine socio est iocunda possessio</u>'. [Am Rande modifizierend-
zustimmende Anmerkung:
Iocunda quidem potest esse possessio[,] sed cum socio Iucundior]
Potest enim esse, ut 'ego diligam me ex charitate et volo me diligere deum'. Nam etiam dicit Richardus de sancto victore, quod si
per impossibile esset una sola persona, adhuc esset perfecte et vere
beata. Item de facto pater omnia habet a se, omnem iocunditatem
scilicet et charitatem. Et dicere, quod filius det patri iocunditatem
proprie est hereticum. Secunda ratio minus concludit. Pro qua sit
hec prima regula. Omne superius est simplicius et universalius suo
inferiori. Secunda regula. Omne inferius est compositius et particu-
larius suo superiori. Quicquid enim est in animali, est in homine, et
cum hoc homo est rationalis. Communicari autem pluribus cum sui
divisione dicit duo. Communicari enim est perfectionis, dividi autem
imperfectionis, ergo illud, quod est perfectionis, est ponendum in deo
etc. Si concluderet, tunc infinite persone essent ponende in deo. Pater
est fons et origo totius trinitatis. Hinc dicitur, quod pater est fonta-
lis plenitudo. Pater est prima persona, id est pater est innascibilis.
    Pro solutione argumentorum in oppositum. Arguitur enim sic.

Quicquid est beatum per essentiam, sibi soli sufficit. Pater est beatus per essentiam, ergo sibi soli sufficit, ergo non indiget filio. Aliqua natura potest dici beata dupliciter, scilicet per essentiam, qua est independenter a se beata, et hoc modo deus est beatus. Duobus tamen modis aliqua natura potest dici beata per essentiam. Uno modo, sicut iam dictum est. Alio modo, id est in essentia. Alio modo aliqua natura potest dici beata per participationem, qua est dependenter beata participando beatitudinem eius, qui est per essentiam beatus. Differunt autem ille due nature, quia, que est per essentiam beata, sibi soli sufficit. Prima propositio. Non in minori obiecto nec in perfectiori potest natura nostra beatificari, quam illud est, in quo beatificatur natura divina. In hoc apparet dignitas nature humane. Secunda propositio. Idem igitur sub eadem ratione formali est obiectum beatitudinis nature et beatitudinis divine. Illud autem est deus sub ratione deitatis. Tertia propositio. Pater in divinis non requirit filium nec spiritum sanctum ut beatificetur vel ut sit beatus. Probatur, quia pater prius est beatus, quam generet filium, id est omnem perfectionem, quam habet pater, habet a se et nullam a filio. Et si diceretur contrarium, esset hereticum. Consimiliter nec aliquam iocunditatem vel leticiam. Quarta propositio. Requiritur ergo filius et spiritus sanctus tanquam communicantia in beatitudine supposita. Nam sicut pater et filius et spiritus sanctus habent eandem naturam, sic eandem habent beatitudinem. Quinta propositio. Non est alia ratio, quare deus est trinus, nisi quia divinitas est talis natura, que necessario est in tribus suppositis vel personis, et sicut necessario est in [xxvi recto] patre, ita neccessario est in filio per generationem et in spiritu sancto per spirationem.

Pro secundo argumento. Essentia divina non est plenius neque perfectius in tribus personis quam in una. Contrarium dicere est heresis. Sed arguitur. Ex quo eque plene est in una sicut in tribus, ergo superflue ponitur vel dicitur esse in tribus. Respondet Bonaventura, quod licet eque perfecte sit in una etc., non tamen eque declaratur in una sicut in tribus. Magis enim quodammodo extensive declaratur. Tunc resolutio stat in hoc, quod natura divina determinata ad hunc patrem sic, quod, si iste pater non esset in divinis, nullus esset in divinis, est determinata ex se ad tres personas etc. Nec hoc ponitur frustra, ex hoc enim arguitur: Talis natura est formaliter infinita et perfectissima, eo quod singularissima tribus communicata. Item libri impressi in illo argumento habent defectum, sit igitur sic: Si ergo ultra plenitudinis perfectionem additio est superflua, pluralitas

est superflua. Et si hoc, cum in divinis nihil sit superfluum, pluralitas non erit in divinis. Omne superius creatum sive increatum est
communicabile suis inferioribus cum sui divisione.

Pro tertio argumento. Duplex est pluralitas, scilicet per additionem, et ista repugnat simplicitati. Alia per originem, et ista non
repugnat simplicitati. Primitas in personis non arguit nobilitatem, sed
dicitur prima, quia alie ab ipsa sunt et ipsa a nulla. Et sicut productio non dicit perfectionem, quia alias pater esset nobilior et perfectior filio, sic nec primitas dicit perfectionem. Hinc est, quod sanctus
Augustinus attribuit unitatem patri, quia a se. [Am Rand Anmerkung:
*nulla imperfectio est de ratione principii productivi scotus distinctione 2 questione
6 articulo primo ad questionem*]

2.1.6. *Rep. I, d. 2, q. 3*

[xxvi recto a; Z. 36; alle Ann. hellrot] Queritur tercio. Utrum in
divinis personis sit ponere infinitatem.

Pro declaratione terminorum. Notandum, quod infinitum capitur
kathegoreumatice et sinkathegoreumatice, ut dixi in tractatu distributionum, et multipliciter subdividitur, prout tamen ad presens sufficit
et ad propositum nostrum pertinet.

Sex sunt infinitates. [Am Rand Anmerkung:
infinitas].
Prima numeralis, et huic correspondet infinitum secundum multitudinem. Secunda est molis, et huic correspondet infinitum secundum
magnitudinem vel extensionem. Tercia est virtutis, et huic correspondet infinitum secundum perfectionem vel entitatem. Quarta est immensitatis, et huic correspondet infinitum secundum locum. Quinta est
durationis, et huic correspondet infinitum secundum durationem vel
tempus. Sexta est infinitas intensionis, et huic correspondet infinitum
secundum intensionem. Cuilibet ergo infinitati correspondet suum
infinitum. Est autem infinitas numeralis illa, qua aliquid denomina-
tur infinitum secundum multitudinem, ut si essent infiniti homines
numero, et de hac infinitate indendit questio mota seu intelligitur.

Pro resolutione questionis.

Prima propositio. Infinitas numeralis personalis in divinis non est
ponenda.

Probatur. Nihil, quod dicit imperfectionem in deo, est ponendum,
sed infinitas numeralis dicit imperfectionem, ergo etc. Minor probatur, quia infinitas numeralis dicit inordinationem. Item ipsa recedit

ab origine sua a principio suo, scilicet ab unitate. Ergo dicit imperfectionem. Tenet consequentia ultra textum per istam propositionem. Proculi philosophi. Unumquodcunque ens natum est converti ad illud, a quo processit. Cum autem ens convertitur ad id, a quo processit, est perfectum, eo quod habetur ratio circuli, que dicit perfectionem. Tunc enim homo est perfectus, cum convertitur ad deum per claram visionem et fruitionem. Sicut ergo converti etc. est perfectionis, sic recedere ab origine est imperfectionis. [Von "Proculi Philosophi" bis "est imperfectionis" erfolgt eine leicht ornamentierte Randanstreichung.] Infinitas molis est illa, qua aliquid dicitur infinitum secundum quantitatem extensivam. Et sive illa possit esse sive non, nunc non est disputandum.

Secunda propositio. Infinitas molis non est ponenda in deo.

Probatur: Constat, quod quantitas corporea dicit imperfectionem, quantitas autem molis est corporea, ergo. Et philosophi idem dicunt: Cetere autem infinitates correspondentes diffiniantur secundum predicta.

Aliquid esse infinitum in virtute in entitate [xxvi verso] in perfectione idem sunt. Et describitur sic. Ens in virtute infinitum [Anmerkung am Rande:

ens in virtute Infinitum]

est, cui nihil deest entitatis eo modo, quo possibile est omnem entitatem haberi ab aliquo. Unde deum habere omnem entitatem potest intelligi dupliciter. Uno modo formaliter, realiter et entitative, et hoc modo deus non habet omnem entitatem. Alio modo eminenter vel perfectionaliter, et sic habet omnem entitatem. Omnes enim perfectiones simpliciter deus habet formaliter et realiter. Omnes autem perfectiones creaturarum deus habet eminenter. Vel diffiniatur sic. Ens in virtute infinitum est illud, quod excedit omne ens finitum non secundum quantitatem vel determinatam proportionem, sed secundum omnem proportionem datam vel dabilem, determinatam vel determinabilem, assignatam vel assignabilem. Hoc autem nullo modo convenit creato. Nam 'albedo', 'scientia', 'anima', 'angelus' sunt creata, quorum unum aliud excedit etc. Albedo est accidens corporale seu materiale, et sic exceditur a scientia, que est accidens spirituale. Iste autem excessus est secundum proportionem determinatam, puta: in tribus. Et consimile dicendum de angelo et fortassis in gradibus mille vel magis etc. Omne ens finitum excedit vel exceditur secundum finitam proportionem et hoc respectu alterius finiti.

Tertia propositio. Infinitas virtutis, qua est infinitas perfectionis,

necessario est ponenda in deo. Probatur. Illud, quod dicit perfectionem, est attribuendum deo, sed infinitas virtutis dicit perfectionem,
ergo etc.

Quarta propositio. Infinitas immensitatis necessario est ponenda in
deo. Probatur. Infinitas immensitatis necessario est in eo, quod ex
perfectione sua est ubique incircumscriptibiliter; deus est huiusmodi,
ergo etc. Infinitas durationis [Anmerkung am Rande:
Infinitas durationis]
est illa, qua aliquid durans non habet principium nec finem sue durationis.

Quinta propositio. Infinitas durationis necessario est ponenda in
deo. Infinitum secundum intensionem [Anmerkung am Rande:
secundum intensionem]
dicitur illud, quod habet infinitos gradus intensionales perficientes
rem.

Sexta propositio. Infinitas intensionis non est ponenda in deo.
Probatur, quia ipsa sit per gradus perficientes rem. Deus autem non
suscipit magis aut minus nec perficitur, cum hoc dicat imperfectionem. Unde hoc habendum est pro una maxima. Deo attribuendum
est illud, quod est perfectius, dignius et nobilius, et illa conceditur
ab omnibus. Supposita ergo illa maxima sequitur ulterius. Distinctio
autem est nobilior[11] confusione. In divinis personis est distinctio, ergo
ibi non est confusio, et ultra: ergo ibi non est infinitas personarum,
quia ubi maior multitudo, ibi maior confusio. Item ubi non est ter-
minatio, ibi non est mediatio, medium enim est illlud, quod ponitur inter extrema. Unde si esset linea non habens principium nec
finem, illa non haberet medium. Ultimum argumentum non concludit. Doctor enim subtilis pulchre respondet ad illud, vide ibidem.
Divine unitati productive in divinis non competit aliqua productio
imperfecta ad intra saltem. Sed infinitas numeralis dicit imperfectionem.

2.1.7. *Rep. I, d. 3, p. 1, q. 1*

[xxix verso b; Z. 37 alle Ann. dunkelbraun] Circa distinctionem tertiam queritur primo. Utrum deus sit cognoscibilis a creatura. Hic
sunt tres termini declarandi, scilicet 'deus', 'cognoscibile', 'creatura'.
Primus est superius declaratus. Cognoscibile autem dicitur omne illud,

---

[11] Im Druck: uobilior.

quod potest terminare actum cognoscendi vel actualem cognitionem, vel quod potest cognosci a potentia cognitiva. [. . .]

[xxxi recto a; Z. 2] Pro solutione argumentorum. Cognitio est duplex, scilicet comprehensiva et apprehensiva. Apprehensiva est illa, qua aliquod obiectum intelligitur ab intellectu nostro sive intelligatur quantum in se est intelligibile sive non, id est sive intelligatur perfecte sive non. Intelligitur hic, id est manifestatur intellectui. Alia cognitio est comprehensiva, et est illa, qua aliquod obiectum intelligitur vel cognoscitur tantum quantum ipsum intelligibile est. Hoc est, quod dicit Bonaventura, quod est illa, que consistit in inclusione totalitatis. Sed talis modus loquendi non appreciatur a modernis doctoribus. Correlarium. Ex hoc sequitur, quod intellectus noster non comprehendit deum, immo nullus angelus nec intellectus beatus alius ab intellectu anime christi. Intellectus anime christi intelligit deum, quantum intelligibilis est. Nec tamen ex hoc sequitur, quod anima christi comprehendat deum, quia licet deus non cognoscat plura obiecta quam intellectus anime christi. Tamen intellectus divinus infinite et infinito actu independenter omnino intelligit. Intellectus autem anime christi dependenter et finite intelligit omnia, quia hoc sibi communicatur a deo. Unde Isidorus: Trinitas est sibi soli nota etc. Quid autem requiratur ad hoc, quod aliquid comprehendatur ab aliquo intellectu, dictum est supra. Duplex autem est proportio, scilicet assimilationis, et est illa, quando extrema proportionabilia habent quandam assimilationem. Alia est equalitatis, quando extrema proportionabilia habent quandam equalitatem. Propositio. Anima nostra intellectiva habet proportionem assimilationis ad quodlibet obiectum intelligibile, et per consequens ipsum deum. Patet, quia anima, que est extremum proportionabile, intelligit obiectum, quod est quid extremum per speciem, que est similitudo obiecti: Patet etiam, quia anima intelligit intellectione, que intellectio est similitudo obiecti. Ergo assimilatur obiecto, et sic habet proportionem assimilationis, immo actus intelligendi est expressior et maior similitudo obiecti. Duplex autem est obiectum, scilicet intelligibile precise ut deus, sensibile precise ut lapis.

[Am Rand Anmerkung:

obiectum { *Intelligibile*

Sensibile]

Inter animam autem nostram et deum nulla est proportio equalitatis. Duplex est distantia, scilicet entitativa et sic aliqua distant secundum rationem entis. Alia est secundum cognosci et sic aliqua distant secundum rationem cognoscibilis.

Propositio. Plus distat verum increatum, id est deus, ab intellectu nostro, quam obiectum sensibile ab intelligibili. Inter deum enim et creaturam est infinita distantia entitativa. Deus autem non distat tantum ab intellectu nostro secundum rationem cognoscibilis, quantum distat secundum rationem entis.

Obiecta autem intelligibilia sunt illa, que nullo modo sunt sensibilia, et sic mere spiritualia dicuntur obiecta intelligibilia, prout distinguuntur contra sensibile, ut 'deus', 'angelus', 'anima', et sic accipit Sanctus Bonaventura. Pro solutione secundi argumenti sumpti ex secunda suppositione. Nota, quod infinitum est duplex, [Am Rand Anmerkung:

Infinitum duplex]

scilicet in quantitate, et illud dicitur per oppositionem ad simplex, quia si esset infinitum mole, haberet infinitas partes. Aliud est infinitum in capacitate, et sic anima intellectiva capit, id est habet, deum intelligendo et amando. Non tamen capitur eius totalitas, id est non tantum intelligitur, quantum est intelligibilis. Non ergo sequitur, capit deum, ergo comprehendit deum. [. . .]

[xxxiiii recto b; Z. 13] Pro solutione argumentorum ante oppositum pro primo et secundo argumentis est notandum, quod triplices sunt res; vide textum. Propositio. Bonitas attribuitur spiritui sancto. Potissimus autem effectus bonitatis est redemptio humani generis. Benificia enim creationis parva sunt in comparatione beneficiorum redemptionis. Sciendum est, quod imago nostra tria representat, scilicet ordinem, distinctionem et equalitatem. Primo ordinem. Sicut enim pater est prima persona in divinis, sic mens nostra est primum in imagine creata. Noticia autem est actus secundus, et presupponit actum primum, scilicet mentem. Amor vero presupponit noticiam. Quia nihil volitum nisi precognitum. [Am Rand Anmerkung:

mens	*pater*
noticia	*filius*
amor	*spiritus sanctus*]

Correlarium. Mens ergo representat patrem, noticia filium, amor vero spiritum sanctum. Secundo representat imago nostra distinctionem. Sicut enim persone realiter distinguuntur, sic etiam actus pri-

mus ipsius anime realiter distinguitur ab actibus secundis. Mens autem, actus primus, idem est cum anime substantia. Substantia distinguitur realiter ab accidente. Unum accidens realiter distinguitur ab altero. Tertio representat imago nostra equalitatem. Nam quicquid respicit mens pro obiecto, respicit et noticia et amor. Et sic est ibi quedam equalitas. Ex predictis sequuntur propositiones. Prima propositio. Naturaliter loquendo quilibet potest cognoscere dei imaginem [xxxiiii verso] quantum ad id, quod est. Clarum est enim, quod philosophi intellexerunt actus primos et actus secundos, que sunt imago. Secunda propositio. Nullus viator, quamdiu est viator, potest cognoscere imaginem, inquantum imago est. Patet, quia imago inquantum imago dicit respectum ad id, cuius est imago. Nullus autem respectus potest cognosci nisi cognitis fundamento et termino. Imago autem est respectus fundatus in anima tanquam in subiecto, et terminatus ad tres personas in divinis ut ad terminum, scilicet patrem, filium et spiritum sanctum. Pro secundo argumento ante oppositum est notandum, quod quicquid de deo cognoscimus, hoc duplici via cognoscimus, scilicet via affirmationis et via negationis. Via affirmationis attribuendo ei perfectiones repertas in creaturis per excellentiam. Unde est regula [Am Rand Anmerkung: *Regula*]
theologicalis quod quicquid est perfectionis attribuendum[12] est deo in summo. Sed via negationis est removendo ab eo imperfectiones repertas in creaturis. Iuxta aliam regulam theologicalem, scilicet Quicquid est imperfectionis removendum est a deo. Pro ultimo argumento est notandum, quod creatura est quasi liber pro quanto ducit in cognitionem dei tripliciter, scilicet ut umbra, ut vestigium et ut imago etc.

2.1.8. *Rep. I, d. 3, p. 2, q. 2*

[xxxiiii verso a; Z. 29; alle Ann. dunkelbraun] Nunc vero quo ad secundam presentis distinctionis partem. Primo queritur. Utrum in his tribus, scilicet memoria, intelligentia et voluntate consistat ratio imaginis. Termini declarandi sunt 'imago', 'vestigium', 'intelligentia', 'memoria' et 'voluntas'. Notandum, quod duplex est assignatio imaginis. Prima est 'memoria', 'intelligentia' et 'voluntas'. De quo Augustinus x. de trinitate capite viii et deinceps libro eodem capite

---

[12] Im Druck: attriduendum

ultimo. Secunda assignatio imaginis dicitur mens, noticia et amor, ut idem dicit Augustinus ix. de trinitate capite iiii. [Am Rand Anmerkung:

Imaginis assignatio duplex]

Primus terminus est imago. Ubi est notandum, quod imago quantum ad propositum sufficit capitur quatuor modis. [Am Rand Anmerkung:

Imago 4 modis]

2.1.9. *Rep. I, d. 3, q. 3*

[xxxvi verso a; Z. 42] Queritur tertio de istis tribus potentiis in comparatione ad ipsam animam. Utrum sunt idem in essentia. Ista questio est multum animastica ad libros de anima pertinens. Nota tantum ad presens, quod novem sunt genera potentiarum. [Über der Kolumne braune Anmerkung:

potentiarum 9em sunt genera]

Prima potentia dicitur activa. [. . .] [xxxvi verso b; Z. 7] Secunda potentia dicitur passiva [. . .] [Z. 23] Tertia potentia dicitur obeditiva [. . .] [xxxvii recto] Quarta potentia dicitur mathematica [. . .] [Z. 18] Quinta potentia dicitur logica. [. . .] [Z. 35] Sexta potentia dicitur subiectiva. [. . .] [xxxvii recto b; Z. 11] Septima potentia dicitur obiectiva. [. . .] [Z. 44] Octava potentia dicitur productiva. [. . .] [fo xxxvii verso a; Z 36; alle Ann. dunkelbraun] Nona et ultima dicitur potentia operativa. Et est illa, in qua formaliter est aliquis actus humanus immanenter. Unde actio immanens dicitur esse quaedam operatio alicuius potentie. Que non est extra productiva sui termini, ut visio est actus immanens, que non est productiva termini vel obiecti, quod videtur. Actio autem transiens dicitur esse actio productiva sui termini extra, ut calefactio producit calorem in ligno. Prima propositio. Potentia operativa reperitur in deo. Patet, quia non dicit imperfectionem, sed perfectionem. In deo enim formaliter sunt intellectio et volitio, et sic operationes immanentes dicte. Secunda propositio. Omnis potentia cognitiva animalis sive spiritus et eius appetitiva correspondens et sole iste sunt proprie operative. Correlarium. Potentia movendi sursum, similiter potentia nutritiva et augmentativa non sunt operative sed transeuntes. Propositio. De istis potentiis operativis est questio nostra. Utrum intellectus et voluntas sunt idem realiter in essentia anime. Pro secundi termini (qui est idem) declaratione est notandum. Quia idem et distinctum sive diversum opponuntur. Quot modis autem dicitur unum oppositorum, tot modis dicitur et reliquum, i. Topicorum Propositio triplex est distinctio, scilicet rationis, formalis et realis. Distinctio rationis est illa, vel illa distinguuntur ratione, que habent diversas relationes (id est respectus) rationis causatus [Der Buchstabe "u" ist korrigierend mit *a* überschrieben, sodass sich die korrekte Lesart "caus*atas*" ergibt] per actum, id est operationem intellectus.

Prima propositio. Idem omnibus modis idem realiter et nullo distinctum ex natura rei potest distingui ratione, ut 'sortes est sortes', 'deus est deus'.

Secunda propositio. Aliqua, que sunt plures res et essentialiter et realiter distincte, possunt esse idem ratione. Ista propositio est contra errantes et dicentes. Quia identitas rationis inferat identitatem realem, et omnes alias, quod est hereticum. Unde pater filius et spiritus sanctus distinguuntur realiter, et tamen sunt idem ratione. Probatur, quia una relatio rationis convenit ipsis tribus. Probatur, quia sunt una causa creature. Causalitas autem in deo non dicit nisi relationem rationis. Item cum sint realiter distincti pater filius et spiritus sanctus, ergo eis competunt secundum te tres relationes rationis dominii, ergo tres domini. Item nec in creaturis est verum. Patet. Nam aqua, verba, et ablutio distinguuntur realiter et essentialiter, et tamen sunt unum ratione. Quia conveniunt in sacramento baptismatis.

Distinctio formalis est illa, que est inter duas quidditates vel entitates, quarum una non includit aliam in pri-[xxxviii recto]mo modo dicendi per se. Propositio. Illo modo distinguuntur anima et intellectus, ut est potentia. Patet. Nam si anima defineretur in eius diffinitione, non poneretur intellectus nec voluntas. Unde illa est falsa 'anima est intellectus'.

Tercia distinctio est realis. Et illa est duplex, scilicet suppositorum et naturarum. Propositio prima. Distinctio suppositorum et non naturarum non invenitur in creaturis. Patet, omnia enim, que distinguuntur suppositaliter in creatura, distinguuntur et essentialiter. Propositio secunda. Distinctio personarum et non nature solum reperitur in divinis. Tercius terminus est 'in essentia'. [Vertikale Anmerkung zwischen den beiden Kolumnen:

In essentia]

Unde nota, quod differentia est inter aliquid esse idem in essentia cum alio et aliquid esse de essentia alicuius. Unde aliquid idem esse in essentia cum alio. Est illud, quod identificatur alteri essentialiter,

quando vicem habet unam essentiam et eandem naturam. Propositio.
Illo modo pater, filius et spiritus sanctus in divinis sunt idem in essentia. Et de illa est questio nostra.

Sed esse essentia alicuius est, quando aliquid dicitur de alio in
primo modo dicendi per se.

Propositio prima.

Potentie sunt idem anime in essentia, sed non sunt de essentia
anime, quia non predicantur de ea in primo modo dicendi per se.

Propositio secunda. Omne superius est de essentia inferioris sui.
Quartus et ultimus terminus est 'anima'. Pro quo nota, quod dupliciter definitur a philosopho ii. de anima. Anima est actus primus (id
est forma informans) corporis phisici organici potentia vitam habentis. Corpus autem phisicum est illud, quod componitur vere ex
materia et forma, quod scilicet est generabile et corruptibile. Corpora
organica dicuntur, que habent diversa organa ad diversa opera depu-
tata vel officia. Unde arbores habent radices, que assimilantur ori,
quia per has sumunt nutrimentum, videlicet humores ut fimum rorem
et pluviam. Propter ultimam particulam in definitione positam. Nota,
quod quadruplex est vivendi gradus. Primus gradus vivendi est vivere
per augmentum et decrementum assumendo alimentum. Correlarium.
Illo modo omnes arbores, omnes herbe vivunt. Correlarium secundum. Nihil inferius planta proprie vivit, ut sunt aurum, argentum,
lapides etc. Secundus gradus est vivere per sensum. Propositio prima.
Iste convenit cuilibet animali sive perfecto sive imperfecto. Et ad hoc
ad omne minus requiritur sensus tractus. Propositio secunda. Iste
gradus vivendi nobilior est primo, quia est cognoscitivus cognitione
sensiva. Tertius gradus est vivere motu progressivo. Prima propositio. Iste gradus solum convenit perfectis animalibus. Secunda propositio. Animalia sunt duplicia, scilicet perfecta et imperfecta. Perfecta
sunt ut homo, equus et similia. Imperfecta similiter ut hostree, que
solum moventur motu dilatationis et restrictionis. Quartus gradus
vivendi est vivere intellectualiter. [Am Rand Anmerkung:
gradus vivendi Quatuor]
Propositio. Ille non solum convenit hominibus, verum et angelis et
deo. Aliter definitur anima a philosopho. Anima est qua vivimus:
sentimus: movemur secundum locum: et intelligimus. Propositio. In
ista definitione comprehenduntur quattuor gradus vivendi.

Resolutio questionis stat in aliquibus propositionibus et quibusdam
distinctionibus. Pro principali argumento Thomistarum nota, quod

argumentum subsequens est principalissimum argumentum eorum in hac materia. Quecunque differunt vel distinguuntur predicamentaliter non sunt idem, sed potentie anime et anima ponuntur in diversis predicamentis, igitur non sunt idem. Propter istud argumentum Sanctus Bonaventura ponit primo distinctionem, videlicet potentia naturalis potest capi tribus modis. Uno modo pro abilitate vel agilitate quadam, qua aliquis habens potentiam potest faciliter uti sua potentia. [Am Rand Anmerkung:
ut ἁρματεισια<?>]
Correlarium. Et sic nihil aliud dicit nisi modum existendi in subiecto. Propositio. Unde dico, quod potentia hoc modo capta ponitur in secunda specie qualitatis. Ingeniositas enim est quoddam accidens additum gratis intellectui, per quam faciliter potest capere intelligenda, que ponitur in secunda specie qualitatis. [Anmerkung am Rande:
que est naturalis persona]

[xxxviii verso] Alio modo capitur potentia naturalis pro ipsamet potentia egredentie a substantia sive a subiecto suo. Et hoc dupliciter. Primo modo capitur pro potentia naturali egrediente a substantia mediante accidente, ut potentia calefaciendi egreditur ab igne in lignum mediante accidente, puta calore.
Propositio.
De illa dico, quod omnis talis potentia reponitur in tali predicamento, in quo ponitur accidens, mediante quo egreditur.
Dices contra: Potentia est relatio accidens absolutum, ergo non ponuntur in eodem predicamento. Respondetur, quod potentia potest capi dupliciter. Uno modo formaliter pro respectu; sic non accipit Bonaventura. Alio modo capitur potentia pro denominato. Et sic est aliquid absolutum. Et illo modo loquitur sanctus Bonaventura in littera. Tercio modo capitur potentia pro naturali potentia egrediente immediate a substantia sive quocunque accidente medio. [Abschnitt von "Uno modo formaliter" bis "pro denominato" umklammert und am Rand Anmerkung:
potentia dupliciter]
Propositio.
De illa dico, quod omnis potentia hoc modo est in eodem predicamento, in quo est substantia, a qua egreditur, ut potentia generativa hominis est in predicamento substantie sicut homo.
Secunda distinctio, et est specialior quam prima et magis ad pro-

positum. Et est talis. Potentie anime possunt capi tripliciter. Primo modo pro quadam facilitate, secundum quam anima est facilis ad exercendas operationes suas. [Am Innenrand der Kolumne zwischen beiden Kolummen senkrechte Anmerkung:
similitudo duplex]
Propositio.

Sic dico, quod intellectus et potentie alie non sunt potentie. Sed illo modo ingeniositas est quedam facilitas reponibilis in predicamento qualitatis.

Propositio.

Omnis facilitas, omnis tarditas, qua quis redditur promptus vel tardus ad aliquid exercendum, est in secunda specie qualitatis.

Alio modo capiuntur potentie anime, prout dicunt ordinem ipsius anime ad operationes suas. Et hoc dupliciter, vel prout dicunt ordinem ad actum mediante accidente, ut habeo potentiam sylogisandi mediante logica.

Propositio.

Dico, quod omnis talis potentia ponitur in tali specie, in qua est accidens, mediante quomodo[13] habet ordinem ad actum.

Tercio modo capiuntur potentie anime pro illis, que immediate egrediuntur a substantia anime sine quocunque accidente medio. Correlarium de illis potentiis est ad propositum. Unde ponentur propositiones directe ad questionem responsive. Prima propositio. Potentie tertio modo dicte sunt consubstantiales ipsi anime. Secunda propositio. Potentie anime immediate egredientes a substantia sunt in eodem predicamento, per reductionem in quo est anima. Anima autem est in predicamento substantie, ergo et potentie, puta intellectus et voluntas. Tertia propositio. Licet potentie iste immediate, scilicet egredientes a substantia anime sint consubstantiales anime et in eodem predicamento; non tamen sunt omnino idem per essentiam ipsi anime.

Dicit prima pars, licet potentie sint consubstantiales etc. Ex quo sequitur secundum Sanctum Bonaventuram, quod potentie sunt[14] idem realiter ipsi anime. Secunda particula dicit, quod non sint omnino idem ipsi anime per essentiam. Ex quo sequitur, quod distinguantur formaliter. Illa enim dicuntur esse non idem per essentiam, quorum unum non includit alterum in primo modo dicendi per se.

---

[13] Cappelli, 317 b: sec. xv.
[14] Im Druck: suut.

Notandum, quod similitudo est duplex, accidentalis videlicet[15] et essentialis. Accidentalis similitudo est illa, qua aliqua sunt similia in aliquo accidente. Essentialis autem similitudo est illa, qua aliqua sunt similia in natura specivoca.

Sciendum ulterius, quod adhuc duplex est similitudo, videlicet secundum rationem et intentionem. Similitudo secundum rationem est illa, qua aliqua sunt similia in aliqua ratione quidditativa. Similitudo vero intentionis est illa, que est inter aliqua duo, quorum unum est similitudo alterius.

Conclusio responsalis ad obiectionem. Concedendum est, quod anima non est sue potentie per essentiam, id est formaliter, licet sint idem realiter.

Iuxta hoc nota, quod per essentiam capitur dupliciter. Uno modo per essentiam, id est formaliter. Illa autem dicuntur esse idem formaliter, quorum unum includit aliud in primo modo dicendi per se. Non idem per essentiam sunt illa, quorum unum includit aliud in primo modo dicendi per se.

Propositio. Sic intelligitur ultima resolutio Sancti Bonaventure, que dicit. Concedendum est etc. Alio modo per essentiam capitur, prout idem est quod realiter. Et tunc illa dicuntur idem per [xxxix recto] essentiam, que sunt idem realiter.

Propositio. Illud. Ideo dico, quod potentie sunt idem per essentiam ipsi anime, quia idem realiter. Predicatio est duplex, scilicet essentialiter et accidentaliter. Predicatio accidentalis est accidentis de subiecto, et sic illa 'anima est intellectus' non est predicatio accidentalis etc. Predicatio essentialis est de eo, cuius est essentiale. Propositio. Illud dicitur essentiale alteri, quod est idem realiter illi. Et sic est ibi predicatio essentialis etc. Essentiale capitur quadrupliciter, vel ut dicit essentiam rei, ut natura specifica dicit totam quidditatem, vel secundo, ut dicit essentialia constitutiva, sicut caput, cor, materia et forma etc. Vel tertio dicit, sine quo res non potest esse. Vel quarto essentiale dicit, sine quo ipsum non habet esse perfectum.

Propositio. Quandocunque aliqua sic se habent, quod sunt idem realiter, tunc multiplicato uno multiplicatur et reliquum. Pro intellectu[16] huius propositionis est notandum, quod multiplicatio potest esse duplex, prima est rerum, secunda rationum formalium. Propositio. Intelligendo propositionem secundo modo, scilicet de multiplicatione

---

[15] Zur Abbreviatur im Text vgl. Cappelli, Lexicon, 390a: sec. xivf.
[16] Im Druck: inteliectu.

rationum formalium, ipsa non est vera. Non enim multiplicato uno sequitur, quod etiam multiplicetur et reliquum. Patet hoc de potentiis anime, que licet multiplicentur; non tamen ideo ipsa anima multiplicatur.

2.1.10. *Rep. I, d. 4, q. 1*

[xl verso a; Z. 35; alle Ann. dunkelbraun] Circa distinctionem quartam queritur primo. Utrum hec locutio 'deus genuit deum' in divinis sit concedenda. Pro declaratione terminorum. Notandum, quod omnia verba cuiuscunque temporis sive preteriti sive futuri sive important actus essentiales sive notionales dicuntur vere de deo et est regula omnium theologorum generalis. Ista regula fundatur in isto dicto Augustini super illo verbo: 'Quecunque audivi a patre etc.'.[17] Notandum, quod ista verba, licet dicantur de deo, non dicunt tamen differentias diversas.

Prima propositio. Verba diversorum temporum non dicunt differentiam temporis, prout dicuntur de deo.

Secunda propositio, quod idem sunt presens, preteritum et futurum in deo.

Tertia propositio, quod ista verba diversorum temporum, ut dicuntur de deo, important nunc eternitatis, non tamen absolute, sed prout coexistit pluribus partibus temporis.

Resolutio questionis stat in una propositione et quatuor regulis. Propositio est talis, quod hec propositio 'deus genuit deum' de rigore verborum est vera. Ubi notandum, quod duplex est generatio, univoca et equivoca. Univoca est illa, que generatur aliquid simile in natura specifica generanti. Equivoca vero est, que generatur aliquid dissimile in natura specifica generanti. Propositio nostra intelligitur de generatione univoca. Notandum, quod quicquid habet pater, realiter habet a se, filius autem quicquid habet realiter, habet a patre per generationem. Prima regula logicalis est talis: Nomen abstractum imponitur a forma et imponitur ipsi forme: Nomen vero concretum imponitur a forma, sed imponitur subiecto, ut album imponitur a forma albedinis. Sed non forme imponitur, sed supposito, id est subiecto.

Correlarium. Omne concretum pro per se significato significat suam formam, ut 'album' 'albedinem'. Pro denominato autem significat

---

[17] Joh. 15, 15.

subiectum. Alia regula. Talia sunt subiecta, qualia permittuntur ab eorum predicatis. Illa regula sub aliis verbis assignatur a sancto Bonaventura in textu. Correlarium. Nulla dictio restringens restringit aliquem terminum, nisi ponatur in eadem parte cum illa dictione. Sequitur correlarium. Nulla dictio posita in parte predicati restringere potest terminum positum a parte subiecti. Et econverso. Nihil positum a parte subiecti, etc.

Secunda regula est, quod terminus habens multitudinem suppositorum, id est terminus communis sine distributione acceptus, stat pro illo, pro quo reddit locutionem veram, ut 'homo currit' pro 'currente'. Notandum, quod aliud est restringere, aliud est locutionem reddere veram, et aliud est significare: et illud est supponere. [xli recto] Reddere locutionem veram est, quando redditur vera pro unico supposito, ubi tamen subiectum supponit pro pluribus disiunctive, et hoc maxime in propositione particulari. Terminum vero restringere oportet, quod sit dictio restrictiva posita a parte eiusdem termini. Exemplum: 'homo albus'. Exemplum, ubi non valet: 'homo est albus'. Ratio est, quia additum illi propositioni signum universale fit universalis, et valet descensus copulative.

Sed quando additur termino restricto signum universale solum confundit terminum pro illis tamen, qui continentur sub termino restricto. Tertia regula est, quod termino habenti formam non multiplicabilem, ut est terminus singularis, non differt proponere et postponere negationem. Unde non differt dicere 'petrus non currit' et 'non petrus currit'. Que regula aliis sub verbis talis est. In terminis singularibus non refert negationem proponere vel postponere ante faciendam negativam vel contradictoriam unius affirmative. Exemplum, ut 'non deus genuit deum' vel 'deus non genuit deum' contradicit huic 'deus genuit deum'.

Terminus singularis est ille, qui aptus natus est predicari de uno solo tantum, et sic in hoc conveniunt omnes logici, quod terminus discretus significat subiectum incommunicabile. Ex quo sequitur contra sanctum Bonaventuram, quod deus nullo modo est terminus singularis. Ideo omnes ille propositiones 'deus generat deum' et 'deus non generat deum' sunt indefinite.

Contra. Ergo sequitur, quod illa sit vera 'deus non generat deum'. Concedo, quod omnes ille propositiones sunt vere. Probatur, quia sicut in illa propositione 'deus genuit deum' 'deus' stat pro persona patris, sic in illa propositione 'deus non genuit deum' ly 'deus' stat pro filii seu spiritus sancti persona. Sed tunc quod ad doctorem

sanctum dicendum, quod hoc fecit amore antiquorum, qui hoc dicebant contra hereticos.

Quarta regula est ista. Relativum refert antecedens sub eodem
modo supponendi, sub quo antecedens processit ipsum relativum,
nisi faciat relationem simplicem.

Ubi notandum, quod duplex est relatio, scilicet simplex et personalis. [Am Rand Anmerkung:

simplex

relatio duplex

personalis]

Relatio simplex, qua non refertur idem antecedens numero. Exemplum:
'mulier damnavit, que salvavit genus humanum'. Relatio personalis,
qua refertur idem antecedens numero. Exemplum: 'mulier currit,
quae movetur'. Et hoc est, quod ipse sanctus Bonaventura dicit in
lectura, nisi habeat suppositionem simplicem. Notandum pro solutione ultimi argumenti, quod, quandocunque mutatur hoc aliquid in
quale quid, semper committitur fallacia figure dictionis. Hoc aliquid
est singulare, [Am Rand Anmerkung, wie schon zu Duns' Ordinatio
I, d. 2, q. 4:

hoc aliquid – quale quid]

sed quale quid est universale. Exemplum: Petrus est individuum, ergo
homo est individuum. Et econtra tenet illa regula. Exemplum: 'homo
est species', ergo 'sortes est species' etc.

2.1.11. *Rep. I, d. 5, q. 1*

[xlii recto b; Z. 9; alle Ann. dunkelbraun] Circa distinctionem quintam primo queritur.

Utrum essentia divina generet. Pro declaratione terminorum advertendum, quod duplex est generatio, activa videlicet et passiva. Activa
est illa, qua generans producit active genitum in esse, sed passiva est
illa, qua aliquid producitur passive in esse. [Am Rand Anmerkung:

Actiua

generatio

passiua]

De generatione activa est praesens questio, similiter et secunda. De
generatione vero passiva sunt alie due questiones.

Notandum, quod generatio activa in creaturis duas rationes formales importat, quarum una non includit aliam formaliter. Prima
est productio, que non dicit imperfectionem, sed tantummodo respec-

tum producentis ad productum. Secunda est mutatio, que dicit imperfectionem. Unde mutatio illa nihil aliud est, nisi actus ipsius materie, que precedit materia a privatione forme ad formam. Prima propositio. Ad divina non transsumitur generatio inquantum dicit mutationem. Patet, quia illo modo includit imperfectionem. Secunda propositio. Ad divina non transsumitur generatio inquantum dicit productionem. Patet, quia illa productio dicit perfectionem, ergo etc. Divini verbi generatio non est mutatio, sed vera eius productio, non successiva, sed indivisibilis et eterna, non raptim transiens seu fluens, sed summe permanens. Ista descriptio habet septem particulas. [Am Rand Anmerkung:

Generatio verbi divini]

Quarum quatuor sunt affirmative, et tres negative. Et unaqueque facit specialem conditionem. Prima particula est, quod 'non est mutatio'. Probatur. Nihil, quod est imperfectionis, est ponendum in deo, sed mutatio est huiusmodi, ergo etc. Secunda particula est affirmativa, scilicet 'sed vera eius productio'. Probatur, quia patet [unter diesem Wort Anmerkung:

2]

in [xlii verso] divinis, vere producit filium, sed non nisi per generationem, ergo generatio non est nisi vera ipsius filii productio. Tertia particula et negativa, 'non successiva'. Quarta particula est affirmativa, 'sed permanens'. Iste due particule simul probantur. Illa generatio non est successiva, sed indivisibilis, per quam illud, quod generatur, non habet seu acquirit partem post partem, sed simul totaliter producitur. Sed generatio, qua producitur verbum divinum, est huiusmodi, ergo non est successiva, sed indivisibilis. Quinta particula et affirmativa, 'sed eterna'. Probatur, quia impossibile est, quod aliquid (quod est idem cum essentia divina) non sit eternum, cum essentia divina sit eterna. Sed generatio, qua generatur filius, est idem cum essentia divina, ergo est eterna. Sexta particula et negativa. 'Non raptim transiens seu fluens'. Probatur. Nihil imperfectionis est ponendum in deo, sed raptim transire est imperfectionis, ergo etc. Septima et ultima particula, 'sed est summe permanens'. Patet, quia ab eterno in divinis filius genitus est, semper generatur et semper generabitur. Ergo est summe permanens. Alia ratio. Illa generatio est summe permanens, cui repugnat non existere et necessario convenit semper existere, sed generatio filii in divinis est huiusmodi, ergo etc.

Notandum, quod ista quattuor 'generativum', 'potens generare' 'generans' et 'pater' in creaturis dicunt quattuor rationes formales separabiles ab invicem. Hoc patet, quia generativum dicit aptitudinem ad generandum.

Prima propositio. Multa sunt generativa, que non possunt generare, ut patet de pueris. Sed contra. Sequitur, habet aptitudinem, ergo potentiam. Respondeo. Differentia est inter aptitudinem et potentiam. Patet, quia cecus habet aptitudinem ad videndum, et tamen non habet potentiam videndi secundum philosophum.

Similiter potentia differt ab aptitudine. [Am Rand Anmerkung: *aptitudo*

differunt

potentia]

Patet, quia lapis potest esse sursum, non tamen habet aptitudinem essendi sursum, ergo distinguuntur. Unde generativum in plus se habet, quam potens generare. Secundum est 'potens generare'. Propositio. Omne potens generare habet aptitudinem ad generandum et non econtra. Tertium est 'generans'. Propositio. Omne generans est potens generare. Probatur. Quantum ab esse et posse sibi correspondens est bona conscientia, ergo etc.

Quartum et ultimum est. Probatur. Propositio. Omnis pater est generans vel fuit aliquando generans. Correlarium sequitur. Multi sunt, qui genuerunt filios, quorum tamen nunquam erunt patres, nisi in extremo iudicio. Patet de illo, qui moritur, postquam decidit semen in utero matris, antequam vivebat fetus. Correlarium. Licet omnia ista predicta dicant in creaturis rationes distinctas formales, in divinis tamen omnia illa dicunt idem et sunt omnibus modis idem. Differunt tamen solum penes modos significandi grammaticales, scilicet 'generativum', 'potens generare', 'generatio actualis' et 'paternitas'.

Resolutio questionis consistit in tribus suppositionibus, duabus distinctionibus, et tribus propositionibus.

Prima suppositio. Hec veritas 'sic deus est trinus et unus, quod nec trinitas confunditur per unitatem, nec trinitas confunditur per unitatem, nec unitas multiplicatur per trinitatem' est fundamentum totius fidei catholice. Patet per Athanasii simbolum, ubi dicit 'hec est fides catholica, ut unum deum in trinitate et trinitatem in unitate veneremur etc.'.

Secunda suppositio. Oportune inventa sunt nomina, immo a deo sunt nobis manifestata, que significent personarum distinctionem in essentie unitate et unitatem essentie sine multiplicatione. Patet, quia ex quo credimus personarum trinitatem cum essentie unitate, ergo oportunum fuit, ut traderentur nobis termini, quibus ea explicare possemus.

Tertia suppositio. Sicut nomina in divinis imposita personis divinis sunt incommunicabilia in significatione. Ita essentie divine oportuit aliqua imponi nomina, que non aliquam importarent distinctionem in significatione. Probatur, quia persone divine realiter personaliter distinguuntur, ergo etc. Sed quia essentia divina est unica, ergo secunda pars suppositionis vera. Sunt autem adminus duo nomina significantia unitatem essentie, ut supra patet: 'Essentia di-[xliii recto]vina' et 'deitas'. Correlarium. Ex quo infertur contra Sanctum Thomam In officio de eucharistia, ubi dicit in quodam hymno 'te trina deitas', quod nullo modo de rigore verborum illa est vera, ut patebit per sequentia. [Am linken Rand umklammert von "Essentia" bis "sequentia"]

Prima distinctio triplex est nominum genus significantium essentiam. Quedam significant in concreto, ut <u>hoc nomen</u> [Am Rand Anmerkung:

hoc <u>nomen</u>]

'deus', quod significat divinam essentiam in concreto. Alia sunt, que significant in abstracto et hoc ultimate abstracto, ut est hoc nomen 'deitas', quod precise significat divinam essentiam. Alia sunt, que significant divinam essentiam medio modo, ut 'voluntas', 'sapientia' et huiusmodi.

Secunda distinctio. Aliquod nomen concernere aliquod suppositum potest intelligi dupliciter. Uno modo per modum inherentie. Alio modo dicitur concerni suppositum, quia importat aliquem actum vel originem, qui est solius suppositi. Exemplum primi, ut puta 'potentia', 'bonitas', 'sapientia'. Exemplum secundi: 'genitus', 'productus'. Prima propositio. Nomina significantia essentiam divinam in concreto possunt vere et realiter supponere pro personis. Correlarium. Ergo ista propositio 'deus generat' est admittenda. Secunda propositio. Nomina, que significant in abstracto et hoc ultimata abstractione, nullo modo possunt supponere pro personis vel suppositis. Correlarium. Ergo ista est omnino impropria et nullo modo a catholicis admittenda 'essentia divina generat vel deitas generat'. Tercia propositio. Nomina significantia essentiam divinam medio modo, scilicet partim in abstracto et partim in concreto supponunt, partim pro suppositis et partim pro essentia. Correlarium. Omnes tales propositiones 'sapientia est genita', 'amor est productus' possunt admitti, quia sunt partim proprie, inquantum vicem supponunt pro personis, partim improprie, inquantum supponunt pro essentia divina. Notandum ergo, quod quandocunque invenitur in sacris doctoribus illa propositio 'essentia divina generat', semper est ponenda sic 'essentia divina generat, id est res illa, que est essentia divina, generat'. Hoc ideo, quia sancti contra hereticos multa sunt locuti, et expressius quam sermonis expetebat proprietas.

Pro solutione argumentorum. Notandum pro solutione primi argumenti, quod sunt tantum tres proprietates in divinis, scilicet paternitas, filiatio et spiratio passiva. Distinguuntur autem persone et essentia per 'habere' et 'non habere', quia essentia divina non habet proprietates, persone vero habent proprietates. [Am Rand Anmerkung: *distinctio inter essentiam et personas per habere et non habere*]
Ulterius notandum pro secundi argumenti solutione, quia diversitas rationis accipitur dupliciter in divinis, uno modo pro habere diversas proprietates. Propositio. Illo modo, quando est diversitas proprietatum in divinis, unum distinguitur realiter ab alio, et unum non predicatur de alio. Alio modo per 'habere' et 'non habere'. Et sic non distinguuntur realiter. Notandum etiam, quod duplex est contradictio. [Am Rand Anmerkung:
contradictio duplex]
Quedam est, que nihil ponit vel cuius unum extremorum nihil ponit, ut 'ens' et 'non ens'. Alia est, cuius extrema aliquid ponunt, ut in proposito 'habere proprietatem' et 'non habere proprietatem'. Animadvertendum, quod aliquem terminum 'nihil' ponere, est ipsum non posse verificari de aliquo reali. Per oppositum. Illa negatio dicitur aliquid ponere, que potest verificari de aliquo termino positivo. Et sic est in proposito de illo termino 'incommunicabile'. Regula generalis est, quod quandocunque aliqua habent distinctionem rationis vel etiam minimam, tunc sufficit ad hoc, quod de seipsis contradictoria dicantur. Regula secunda. In omni propositione indefinita affirmativa subiectum et predicatum eodem modo supponunt. Et idem intelligitur de particularibus et singularibus, de quibus idem est iudicium. Sciendum pro maiori intellectu, quod duplex est predicatio, scilicet secundum substantiam et secundum rationem. Secundum substantiam, ut 'homo est animal'. Secundum rationem, ut 'animal est genus'. Ista distinctio videtur esse prepositivi etc. [Am Rand Anmerkung:
praepositiva]
Propositio. Illa predicatio est verissima 'essentia divina est generatio',

'essentia divina est paternitas'. Ubi notandum, quod duplex est in divinis predicatio, scilicet formalis et identica. [Am Rand Anmerkung:
Identica
predicatio duplex
formalis]
Identica est illa, in qua unum extremorum est formaliter infinitum. Vel ambo sunt infinita et ambo sumuntur in abstracto, aut si unum [xliii verso] in concreto oportet, quod substantivetur aut concretive teneatur. Exemplum primi. 'Essentia est paternitas'. Exemplum secundi et tertii. 'Essentia divina est bonitas'. Exemplum quarti. 'Essentia divina est pater', id est 'pater est id, quod est essentia divina'. Ex quo sequitur ex prima conditione, quod nulla predicatio est in creaturis per identitatem contra Franciscum Maronis, qui dicit, quod bene sit in transcendentibus predicatio identica. Regula generalis. Quodlibet ens infinitum formaliter identificat sibi omne compossibile. Alia regula. Nullum ens infinitum formaliter est alteri componibile. Probatur, quia quicquid componitur, cum alio potest esse pars. Sed esse pars dicit imperfectionem, ergo, cum ens infinitum nihil habeat imperfectionis, non est componibile alteri. Alia regula: Nulla adiectiva vel principia vel verba possunt predicari per identitatem, nec in divinis, nec in creaturis. Idem sunt 'generare', 'generatio', 'paternitas', et 'pater' adiective tentus.

Regula generalis. Quandocunque mutatur predicatio identica in predicatione [Im Text über dem "e" ein m-Strichlein ergänzt] per inherentiam, semper committitur fallacia figure dictionis. Exemplum: 'Essentia divina est pater, ergo essentia divina generat'.

[In der q. 2 desselben Artikels, xliiii recto, Anmerkung bei "Contra Henricum et Godfredum":
Scotus hic questione 2]

2.1.12. *Rep. I, d. 5, a. 2, q. 1*

[xliiii recto b; Z. 28; alle Ann. dunkelbraun] Circa secundum articulum queritur primo. Utrum substantia sive essentia generetur. Pro declaratione terminorum notandum, quod aliquid potest dici generari duobus modis. Uno modo subiective. Alio modo obiective vel terminative. [Am Rand Anmerkung:

generari $\begin{cases} subiective \\ \\ obiective \end{cases}$]

Illud autem dicitur generari subiective, quod est subiectum generationis. Propositio prima. Illo modo in omni generatione materia prima
dicitur generari. Patet, quia est subiectum generationis. Secunda propositio. Illud, quod generatur subiective, non oportet, quod sumat
esse per generationem, sed presupponitur et precedit ipsam generationem. Alio modo aliquid dicitur generari obiective. Et sic illud dicitur generari in creaturis, quod accipit esse simpliciter. Vel quod
accipit esse per ipsam generationem de novo. Quamvis questio presens possit intelligi de utraque [xliiii verso] generatione, tamen doctor seraphicus accipit generationem secundo modo dictam, quia querit,
an essentia divina generetur in ratione termini. Duplex est terminus
generationis, scilicet totalis et formalis. [Am Rand Anmerkung:
Terminus generationis totalis]
Terminus totalis est ille, qui primo et adequate accipit esse per generationem. Exemplum patet de igne, qui generatur ex aere. In illa
enim generatione primo corrumpitur aer per actionem ignis. Et materia corrupti informatur forma ipsius ignis, quia in omni generatione
necesse est presupponere materiam. Unde totum compositum generatum dicitur terminus generationis totalis. Alius dicitur esse terminus formalis vel partialis. [Am Rand Anmerkung:
terminus formalis]
Et dicitur ille, qui accipit esse per generationem, licet non primo et
adequate. Propositio. In creaturis uterque terminus accipit esse de
novo per generationem. Correlarium sequitur. Quia agens sive producens habet duos respectus realiter distinctos ad illos duos terminos realiter distinctos. Notandum tamen, quod quando terminus
formalis non distinguitur[18] a termino totali realiter, tunc non oportet, quod terminus formalis recipiat esse de novo. Sic simili modo
est in divinis, ubi essentia est terminus formalis et idem realiter cum
termino totali. Ideo non accipit esse per generationem. Et ideo sol-
vitur hac distinctione argumentum Ockam contra doctorem subtilem in eadem distinctione.

Resolutio questionis.

Prima propositio. Generatio de ratione sua communi terminatur
ad substantiam. Probatur. Quia philosophi communiter loquentes de
motu ponunt quinque species, scilicet generationem, augmentatio-
nem, corruptionem, alterationem, et secundum loci mutationem. [Der

---

[18] Im Druck: distingnitur.

Buchstabe "i" im Wort "loci" ist durch Erweiterung des Buchstabens und ein über dieser Erweiterung stehendes m-Strichlein zu "u" abgeändert, sodass sich für das Wort die korrekte Lesart "loc*um*" ergibt. Am Rande steht die Anmerkung:
species motus]
Generationem autem dicunt terminari ad substantiam. Ubi notandum, quod duplex est generatio, scilicet secundum quid et simpliciter. [Am Rand Anmerkung:

generatio { *secundum quid*
              simpliciter]

Secundum quid dicitur illa, que terminatur ad terminum secundum quid. Simpliciter vero dicitur illa, que terminatur ad esse simpliciter, id est substantiam. Et terminus secundum quid dicitur forma accidentalis. Et ideo generatio alicuius accidentis dicitur generatio secundum quid et non simpliciter. Duplex est substantia, videlicet prima et secunda. Prima substantia dicitur omne individuum de genere substantie.

Secunda vero substantia est aliquid commune de genere substantie. Dupliciter possumus loqui de termino generationis. Uno modo quantum ad productionem. Propositio. Illo modo prima substantia semper dicitur terminus generationis primus. Alio modo quantum ad intentionem. Propositio. Illo modo secunda substantia semper est primus terminus generationis. Probatur. Quia unumquodque generans intendit sibi assimilare genitum, sed non potest illud nisi in aliqua natura communi, ergo semper intendit primo secundam substantiam, que est natura communis. Tamen illud intelligitur de generatione univoca. Confirmatur. Aristotele ii. de anima. Omne ens semper appetit esse divinum, quod vocat semper esse, sed singulare non potest semper esse vel [korrigierende Anmerkung am Rande:
ut]
universale, ergo natura primo intendit esse universale.

Secunda propositio. Quia in creaturis forma communis numeratur in suppositis, ideo simul corrumpitur et simul producitur in corruptione et generatione compositi. Probatur per Aristotelem in predicamentis. Destructis primis substantiis impossibile est aliquid aliorum remanere, id est secundas substantias. Tercia propositio. In creaturis secunda substantia non est solum terminus primus generationis tantum per intentionem, sed etiam est terminus generationis per productionem. Correlarium. Quia ergo natura divina non numeratur in personis, ideo non multiplicatur secundum multiplicationem suppositorum vel personarum.

Propositio resolutoria. Essentia divina nullo modo generatur, contra abbatem Ioachim. De hoc vide canonem de fide catholica Damnamus etc. §. 'Nos autem sacro apostolico concilio credimus et confitemur cum petro, quod una quedam res est incomprehensibilis quidem et ineffabilis etc.' Et infra.

Et illa res non est generans nec genita nec procedens. Sed est pater, qui generat, et filius, qui gignitur, et spiritus sanctus, qui procedit, ut distinctiones sint in personis, ut unitas in natura etc.

Propositio. Essentia divina proprie loquendo non est similis patri vel filio. Patet, quia similitudo est relatio realis, et requirit distinctionem realem termini, sed distinctio realis inter personam et essentiam non est ponenda, ergo etc.

Aliam responsionem quere in lectura. Et alibi in Scoto eadem distinctione. Notandum, quod essentia divina potest accipi dupliciter. Uno modo pure con-[xlv recto]cretive. Alio modo mere abstractive. Propositio prima. Generare dicitur de deo, inquantum importat divinam essentiam in concreto. Secunda propositio. Generare nullo modo dicitur de deo inquantum importat divinam essentiam precise in abstracto. Unde regula Scoti sumpta a Bonaventura hoc in loco est talis. Quandocunque aliqua sunt ultimate abstracta, tunc unum non potest predicari de altero, nisi predicatio illa sit in primo modo dicendi per se.

2.1.13. *Rep. I, d. 5, a. 2, q. 2*

[xlv recto a; Z. 11; alle Ann. dunkelbraun] Secundo et ultimo queritur. Utrum substantia per generationem communicetur. Pro declaratione terminorum. Notandum est primo, quid sit 'per generationem communicare'. Respondeo. Aliud est per generationem seu productionem aliquid communicari. Et aliud est per generationem seu productionem aliquid produci. Patet, quia secundum omnes theologos essentia divina nec generat nec producit neque generatur neque producitur. Et tamen omnes theologi concedunt, quod essentia divina per generationem communicatur.

Ad videndum, quomodo differunt communicare et producere vel communicari et produci. Notandum, quod productio seu generatio activa habet pro termino primo illud, quod primo producitur. Exemplum. 'Bos generat bovem', 'bos' ibi est primus terminus illius generationis. Notandum tamen, quod in omni tali generatione, in qua agens producit aliquid primo productum, sunt duo termini, scilicet totalis et formalis. Terminus totalis dicitur totum compositum ex materia et forma. Sed terminus partialis sive formalis dicitur ipsa forma constituens cum materia ipsum compositum, sicut est forma sensitiva bovis vel anima intellectiva in homine. Correlarium. Generatio nunquam terminatur ad materiam. Patet, quia materia est subiectum generationis et presupponitur. Notandum, quod in creaturis generans aliquid seu producens habet duas relationes reales ad illos duos terminos, videlicet totalem et partialem seu formalem. Probatur. Cum enim termini distinguantur realiter inter se, sequitur, quod et relationes distinguantur realiter.

Nunc ad propositum. In divinis pater vere et realiter generat et terminus totalis illius generationis est filius, suppositum illud non compositum. Sed illa relatio patris ad filium est realis. Probatur, quia filius realiter distinguitur a patre. Relatio autem, que est inter communicans et communicatum, non est realis. Patet, quia terminus formalis, scilicet essentia divina, non distinguitur realiter a communicante.

Correlarium.

Pater ergo duplicem habet relationem ad terminos sue generationis. Primus respectus, qui est inter patrem et terminum totalem, est realis. Sed alius, qui est inter patrem et essentiam divinam, est rationis tantum. Contra hoc arguitur. Essentia divina realiter et vere communicatur, igitur respectus inter communicans et communicatum erit respectus realis et non rationis. Probatur antecedens, quia illud communicare non est per rationem tantum, sed realiter.

Respondeo, concedo antecedens, et nego consequentiam. Pro quo notandum, quod dupliciter potest relatio dici rationis. [Am Rand Anmerkung:

dupliciter relatio rationis]

Uno modo negative. Et dicitur illa, quae non habet conditiones requisitas ad conditionem relationis realis. [Am Rand Anmerkung:

conditio relationis realis]

Et sunt tres.

Prima, quod habeat extrema realia, defectu cuius contradictio non potest dici relatio realis. Secunda est, quod oportet, quod extrema realiter distinguantur, defectu cuius identitas ad meipsum non erit relatio realis. Tertia est, oportet, quod relatio ista consurgat ex natura extremorum, defectu cuius relationes rationis non dicuntur esse reales. Sed in proposito, licet relationi illi, que est inter communicans et communicatum, id est inter patrem et divinam essentiam, conveniat prima conditio. Non tantum convenit ei secunda conditio, quia extrema non distinguuntur realiter; non est enim distinctio realis inter essentiam et patrem. Correlarium.

Relatio communicantis ad communicatum est relatio rationis negative dicta. Alia est relatio rationis positive dicta, et dicitur illa, quae causatur ab opere collativo intellectus, sicut communiter sunt omnes secunde intentiones in logica. Et quando dicitur essentia divina vere et realiter, communicatur etc. Dicendum quod, licet ego sim idem mihimetipsi ex natura rei, tamen illa relatio secundum philosophum non est <u>relatio</u> [Am Rand Anmerkung, eine offensichtliche Lücke schließend:

realis]

, sed rationis. Sic licet [xlv verso] essentia divina realiter ex natura rei communicetur, tamen relatio communicantis ad communicatum non est realis, sed rationis.

Secundo est notandum, quod aliud est per generationem communicari, et aliud est esse terminum formalem illius generationis. Nam spiratio activa vere communicatur filio per generationem, et tamen non est terminus formalis illius generationis, [Am Rand Anmerkung:

terminus formalis]

ergo aliud est communicari per generationem et esse terminum formalem generationis. Quia autem filius habeat illam per generationem, patet per sanctorum auctoritates. Quicquid enim habet filius, per generationem habet. Terminus formalis sic potest describi. Est ille, quo formaliter terminus totalis capit vel habet esse. Vel quo formaliter terminus totalis est in actu. Nunc autem spiratio <u>passiva</u> [Am Rand Anmerkung:

activa potius]

non est, quo filius habet esse, sed est quasi adventicia, id est post esse completum filii advenit filio. Correlarium. Sic patet, quod Ockam male impugnat doctorem subtilem de termino formali. Ipse enim sic describit terminum formalem. Terminus formalis est ille, qui totaliter accipit esse per generationem. Non enim de ratione formali ipsius termini formalis est, quod recipiat esse per generationem. Hoc patet in divinis. Sed in creaturis, quandocunque terminus formalis distinguitur realiter a termino[19] totali, tunc terminus formalis accipit esse

---

[19] Im Druck: termimino.

per generationem. Unde argumentum est contra eos, quia in generatione carnis per alimentum caro generatur. Et eadem caro in
homine animatur post generationem anima intellectiva. Et tamen
anima intellectiva, que dicitur terminus formalis, non habet esse per
generationem. Simili modo patet in resurrectione, ubi corpus accipit esse seu producitur de novo, non tamen accipit esse novum terminum formalis, id est anima intellectiva, que prius manet. Notandum
tercio. Quod aliquid potest dici per generationem communicari tribus modis. Uno modo strictissime. Alio modo large. Tertio modo
largissime. Strictissime dicitur illud communicari per generationem,
quod idem in generante existens capit etiam esse in genito. Propositio.
Illa solum est in divinis. Large dicitur communicari per generationem. Omne illud, quod est in producto per generationem, sive est
terminus formalis sive totalis sive etiam materia. Tercio modo dicitur communicari per generationem largissime, scilicet omne, quod
accipit esse per generationem, sive distinguatur producente sive non.
  Resolutio questionis stat in tribus propositionibus. Prima propositio. Aliquid dicitur commune duobus modis. Uno modo secundum
potentiam tantum. Et dicitur illud, quod est secundum potentiam
communicabile, sed tamen secundum actum nunquam communicatur. Aliud est commune secundum potentiam et secundum actum,
ut natura specifica. Secunda propositio. Quoniam natura communis
vel universalis in creaturis de se est communicabilis, non tamen communicatur nisi per propagationem, sic natura divina est de se communicabilis, non tamen communicatur actu nisi per id, per quod
efficitur in tribus suppositis vel quod est in pluribus. Tertia propositio, quod quia per spirationem et generationem persone multipli-
cantur, ideo essentia divina per spirationem activam et generationem
activam communicatur. Notandum prout dicit Scotus. Generatio in
divinis, qua pater generat filium, habet duas conditiones. Prima est,
quod est assimilativa, quia illo producit sibi simile. Secunda est, quia
est et distinctiva, distinguit enim filium a patre suppositaliter.

2.1.14. *Rep. I, d. 7, q. 3*

[li recto a; Z. 28; alle Ann. dunkelbraun] Queritur tertio. Utrum
posse generare et posse creare sit unicum posse. Ubi nota pro declaratione terminorum, quod 'posse creare' et 'posse generare' possunt
dupliciter accipi, formaliter scilicet et fundamentaliter. Primo 'posse
generare' [Am Kolumnenrand Verweiszeichen π; dazu am gegenüberliegenden Seitenrand die Anm.:

π posse creare et posse generare dupliciter]
et 'posse creare' capiuntur formaliter et pro per se significato. Et
tunc important relationem principiationis alicuius principii ad prin-
cipiatum. Unde 'posse generare' est relatio ipsius principii creantis
vel creativi ad id, quod creatur. Et ita est communis tribus personis. Propositio. Ista relatio est rationis. <u>Omnis enim relatio dei ad
creaturas est respectus rationis</u>. Secundo capiuntur 'posse creare et
generare' fundamentaliter, et tunc est ipsa voluntas dei. Propositio
secunda. 'Posse generare' importat habitudinem patris ad filium.
Propositio tertia. 'Posse generare' est respectus principii generantis
ad generatum. Exprimitur autem per illud, quod est paternitas. Et
est relatio realis in divinis, scilicet 'posse generare'. Patet, quia est
relatio ad intra pertinens ad distinctionem originis, ut infra distinctione xxxix.

Resolutio questionis stat in aliquibus propositionibus. Prima propositio. 'Posse generare' et 'posse creare' non sunt idem formaliter et
pro per se significato. Probatur. Quia nulla relatio rationis est
identificata cum relatione reali. Et sic loquitur Scotus distinctione
xxxix. primi. Secunda propositio. 'Posse generare' et 'posse creare'
pro formali intantum distinguuntur, quod nihil univocum potest de
ipsis dici. Nota secundum mentem doctoris seraphici, quod 'posse
generare' est pater, et 'posse creare' est essentia divina. Et hoc
capiendo 'posse generare' et 'posse creare' pro denominatis.
　　Prima propositio. Sicut esse deum et esse patrem sunt una et
eadem res, differunt tamen ratione, sic 'posse generare' et 'posse
creare' sunt unum posse, differunt tamen ratione. Quod autem deus
et pater differant ratione, patet, quia esse patrem dicit relationem et
est proprium patri; esse autem deum est quid absolutum et commune tribus personis, ergo etc. Secunda pars patet, quod sunt una
res, sed quod ratione differant. Patet, quia 'posse generare' terminatur ad filium. 'Posse' autem 'creare' terminatur ad creaturas.
　　Secunda propositio. Sicut essentia divina et persona sunt una et
eadem res, differunt tamen ratione, sic 'posse generare' et 'posse
creare' sunt unum posse, differunt tamen ratione.
　　Tertia propositio. Sicut 'posse generare' et 'posse creare' distinguuntur secundum rationem, ita habent diversum ordinem inter se.
Unde notandum, quod 'posse generare' et 'posse creare' possunt
comparari ad id, cuius sunt, vel ad id, ad que terminantur.
　　Quarta propositio. [li verso] Quandocunque ista duo 'posse generare'

et 'posse creare' comparantur ad id, cuius sunt, [Am Rand Anmerkung: *comparatio duorum posse*]

'posse creare' precedit 'posse generare'. Probatur, quia illa, que sunt communia tribus, precedunt propria, cum sint essentialia. Essentia quoque precedit patrem. Patet, quia ea, que sunt essentialia, sunt immediatiora et priora, quam que sunt propria.

Quinta propositio. Comparande [der letzte Buchstabe dieses Wortes ist im Text überschrieben mit "o"] tamen illa duo ad illa, ad que terminantur, tunc generare precedit posse creare, eo quod filius in divinis est terminus ipsius potentie generative. Et filius est prior creatura, ergo 'posse generare' secundum hoc precedit 'posse creare'.

Pro solutione argumenti primi in oppositum. Nota, quod duplex est alietas, scilicet rationis. [Am Rand Anmerkung: *Alietas rationis*]

et de illa loquitur Sanctus Augustinus dicens. Alio pater est deus et alio est pater. Nam deitate est deus, paternitate autem est pater. Et videtur hic posse concordare doctor seraphicus cum doctore subtili. Nam arguo sic. Si est distinctio rationis inter paternitatem et essentiam, vel est omnino per opus intellectus vel non. Nam duplex est distinctio rationis propria, scilicet et impropria. Prima et propria est illa, que precise fit seu causatur seu potius derelinquitur fabricaturve per opus intellectus collativum. [Am Rand Anmerkung: *distinctio rationis duplex*]

Circumscripto autem omni opere intellectus adhuc essentia divina est communicabilis, paternitas incommunicabilis. Constat autem, quod communicabile et incommunicabile differunt etiam ex natura rei, ergo paternitas et essentia non distinguuntur precise ratione illo modo dicta. Alia est distinctio rationis, que est inter duas rationes formales in aliqua re ex natura rei reperibiles etc. Alia est alietas realis, [Am Rand Anmerkung: *alietas realis*]

de qua non intelligitur auctoritas Augustini supra dicta etc. Notandum ulterius, quod actus dicitur habere completionem ab obiecto, id est quando actus causatur ab obiecto. Sed creare non completur ab obiecto. Patet, quia deus nullo modo dependet a creatura. Notandum finaliter, quod duplex est obiectum potentie, videlicet primum et adequatum, et non primum, sed secundarium. Primarium obiectum potentie creative est essentia divina. Potentia enim creandi est voluntas dei divina. Potentie ergo plurificantur secundum pluralitatem subiectorum, verum est de subiectis primis et adequatis. De alio subiecto scilicet secundario non oportet.

2.1.15. *Rep. I, d. 8, a. 2*

[liii recto a; Z. 34; alle Ann. dunkelbraun] Secundo queritur. Utrum hec proprietas conveniat deo in summo, hoc est dictum, utrum divinum esse sit a deo verum, quod non possit cogitari non esse. Hic declarandi essent tres termini, sed quia unus superius est declaratus, ideo tantum duo restant, scilicet 'esse divinum' et 'cogitari'. Pro primo termino notandum, quod quintuplex est esse, scilicet esse essentie, subsistentie, propositionale, existentie actualis et esse obiectivum. Esse essentie cuiuscunque rei est ipsa eiusdem rei essentia, sic, quod non differunt nisi ratione, scilicet penes modos significandi. Propositio. Esse ergo divinum est ipsamet essentia divina, sic loquendo esse subsistentie est esse actualis existentie incommunicabilis. Unde due conditiones ad hoc requiruntur. Prima, quod tale actu existat. Secunda conditio, quod iam incommunicabiliter existat. Tale est suppositum etc. Tercium est esse propositionale seu sinkathegoreumaticum (ut placet aliis). Et illud significat unionem alicuius intellectus componentis seu unientis predicatum cum subiecto; de hoc Aristoteles in peryermenias. Esse quandam compositionem significat etc. Propositio. Tot sunt ergo esse in homine, quot sunt predicata verificabilia de homine. Patet. Nam esse sapientem est aliud, quam hominem esse album. Unde esse significat verum, non esse autem significat falsum. Esse existentie actualis est ipsamet existentia actualis. Esse obiectivum est illud, secundum quid aliquid habet esse secundum quid terminans operationem potentie operative. Et tale esse, scilicet obiectivum est duplex, scilicet intellectum et volitum. Esse obiectivum intellectum est illud, secundum quid aliquid terminat actum intellectus. Esse vero obiectivum volitum est illud, secundum quid aliquid terminat actum voluntatis. [Am Rande zum jeweiligen Stichwort Anmerkung:
Esse essentie
esse subsistentie
esse propositionale
esse obiectivum duplex
Intellectum
⎫
⎬ *et*
Volitum] ⎭
Conformiter potest distingui de esse divino. Questio nostra intelligitur de primo esse. Notandum, quod doctor subtilis in secunda distinc-

tione primi sub aliis terminis idem querit, utrum silicet ista 'Deus est' sit per se nota. Pro predictorum intellectu nota propositiones. Prima propositio. Divinum esse essentie est unicum et singularissimum existens in patre et filio et spiritu sancto. Probatur, quia ipsum est divina essentia, sed essentia divina est unica in tribus, ergo etc. Secunda propositio. In divinis sunt tria esse subsistentie, sicut sunt tres persone realiter distincte, licet non essentialiter propter idemptitatem earum realem cum essentia. Questio ista potest ampliari et extendi ad tale esse, scilicet subsistentie. Tertia propositio. In divinis tot sunt esse propositionalia, quot sunt predicata verificabilia de essentia divina. De isto esse non est questio nostra, est enim de esse reali, nec [liii verso] tale esse est in deo ex natura rei. Esse actualis existentie nullo modo distinguitur ab essentia divina ex natura rei. Propterea esse pro actuali existentia dicitur contingenter de creaturis, de deo autem in primo modo dicendi per se. Notandum, quod naturaliter de deo habere possumus quattuor conceptus quidditative de deo dictos. Primus est 'ens infinitum'. Secundus 'vita intellectualis'. Si enim deus diffiniretur in eius diffinitione, poneretur vita intellectualis. Tercius de deo conceptus est 'spiritus'. Quartus conceptus, quem naturaliter de deo habemus, est 'existere' seu 'existentia actualis'. Secundus terminus est 'cogitare', ubi nota, 'cogitare' est concretum et 'cogitatio' abstractum. Cogitatio autem capitur dupliciter, [Am Rand Anmerkung:
cogitatio]
generaliter videlicet et specialiter. Generaliter capta capitur pro omni noticia seu actu cognoscendi sive sit sensitiva sive intellectiva. Unde noticia, cognitio, cogitatio idem sunt. Unde omnis intellectio est cognitio, sed non e converso. Est enim intellectio cognitio intellectiva. Et sic non capitur in questione. Specialiter vero capitur adhuc dupliciter. Uno modo pro cogitatione sensitiva. Et sic est quedam operatio sensus cuiusdam interioris sensitive, qui vocatur potentia cogitativa. Unde secundum Avicennam. quinque sunt sensus interiores, videlicet sensus communis, imaginativa, estimativa, cogitativa et memorativa. Tamen secundum philosophos cogitativa forte eadem est cum imaginativa. In hoc enim Avicenna magis est cum medicis quam cum philosophis. Alio modo cogitatio specialiter capta capitur pro cognitione intellectiva. Et sic capitur in questionis titulo.

2.1.16. *Rep. I, d. 8, a. 2, q. 1*

[liiii verso a; Z. 26; alle Ann. dunkelbraun] Circa secundum articulum. [. . .] [lvii recto] Circa distinctionem secundam illius partis primo queritur. Utrum in deo sit summa simplicitas. Termini declarandi sunt 'summa' et 'simplicitas', nam 'deus' superius est declaratus. Notandum igitur circa primum terminum, quod 'summus' idem est quod 'supremus'. Et est superlativus huius positivi 'supra'; comparatur enim sic 'supra', 'superior', 'supremus'. Et non est superlativus huius positivi, qui est 'celsus'. Sciendum autem, quod quilibet superlativus dupliciter habet exponi, scilicet positive et negative. Unde summa simplicitas affirmative seu positive exponendo valet, id est simplicitas omni alia superior. Et sic secundum Priscillianum, quod per superabundantiam dicitur, uni soli convenit. Negative autem exponendo valet, id est simplicitas, qua nulla est superior. Magis autem appropriate capitur hic primo modo. Notandum pro secundo termino, quod differunt 'simplex', 'simpliciter simplex' et 'summe simplex'. Unde 'simpliciter simplex' est illud, quod non est resolubile in aliqua ipsius compositiva seu constitutiva; sed ultima resolutio stat ad ipsum, ut est conceptus entis secundum doctorem subtilem. Ratio, quia ens est simpliciter primum; si autem componeretur, non esset omnino simpliciter primum; patet, quia esset constitutivum. Est autem duplex 'simpliciter simplex', scilicet phisicum et metaphisicum. Ens simpliciter simplex phisicum est illud, quod non est resolubile in partes essentiales ipsius constitutivas, sed ultima resolutio stat ad ipsam, ut materia prima secundum philosophos est simpliciter simplex. Et vocatur yle, id est nudata ab omnia forma. Sic eodem modo ultima forma adveniens alicui est simpliciter simplex. Et sic anima mea intellectiva est simpliciter simplex, non enim componitur ex re et re, sed sic est forma, quod nihil habet de materia, sic etiam materia prima sic est materia, quod nihil habet de forma. Ens vero simpliciter simplex metaphisicum est illud, quod non includit aliquos conceptus priores quidditativos, ex quibus componitur vel in quos resolvatur, ut est conceptus ultime differentie. Et est duplex. Quidam enim est conceptus simpliciter simplex quidditativus, ut est conceptus entis. Alius est conceptus simpliciter simplex qualitativus, ut conceptus ultime differentie. Ultime enim differentie sic habent conceptus qualitativos, ut non sit aliquid, de hoc dicantur in quid, nec quod de ipsis predicetur nisi denominative. Summe simplex est illud, quod non est in se compositum, nec aliquid est componibile sibi, nec ipsum est componibile alicui. [Am Rand Anmerkung:

summe simplex]

Defectu prime particule nulla substantia corporea est summe simplex. Defectu secunde particule nullus angelus est summe simplex, quia aliquid est componibile secum compositione accidentis, utpote intellectio et volitio. Defectu tertie particule ultimum accidens non est summe simplex. Patet enim, quod ultimum accidens non potest recipere aliud accidens, alioquin non esset ultimum. Et nisi ipsum esset componibile cum altero, non esset accidens. Sicut autem in omnibus entibus est primum ens unus solus deus, sic est unicum ultimum accidens. Et licet in unoquoque genere sit ultimum illius generis, non tamen unumquodque tale est simpliciter ultimum. Prima propositio. In creaturis bene invenitur aliquid, quod est simpliciter simplex. [Am Rand Anmerkung:

simpex simpliciter]

Secunda propositio. In creaturis non invenitur aliquid summe simplex. Omne enim creatum vel est compositum in se vel componibile cum altero vel aliud cum ipso. Sicut cum angelo componitur sua intellectio et volitio. Correlarium. Solus deus est summe simplex. Simplex [Am Rand Anmerkung:

simplex]

dicitur omne incomplexum, quod potest intelligi terminans primam operationem intellectus (que est simplicium vel incompletorum apprehensio) sive componatur ex rebus vel conceptibus quidditativis sive non. Et illo modo hoc est simplex. Item triplex est actus intellectus. [Am Rand Anmerkung:

actus intellectus 3^x]

Primus est simplicium apprehensio. Secundus est compositio et divisio. Tertius est discursio.

Resolutio questionis stat in una conclusione, et est talis. In deo ponenda est summa simplicitas. Quod probo sic. Deus est ens simplicissimum, ergo in deo est summa simplicitas. Antecedens probatur in littera. [fo lvii verso] Omne enim primum est simplicissimum, sed deus est primum in genere entium, ergo etc. Quicquid est compositum ex aliquibus habet aliquod prius se. Omnis enim prius est prior suo toto. Deus ideo dicitur summe simplex, quia est quicquid habet. Pro intellectu illius auctoritatis Augustini est notandum, quod duplex est modus habendi. [Am Rand Anmerkung:

habere dupliciter]

Primus modus habendi est formaliter, quando scilicet ipsummet est existens in eo formaliter, et hoc modo deus habet sapientiam. Alius

modus habendi est correlative. Et est ipsum referri ad aliud correlative. Et hoc modo pater habet filium. Beatus autem Augustinus
communiter exponit, quod intelligit de modo habendi formali. Addit
enim excepto eo, quod relative dicitur. Maxima apud theologos.
Omnis entitas perfectionem dicens est attribuenda deo in summo.
Simplicitas autem dicit perfectionem, ergo etc. Secunda regula theologicalis. Omnis entitas importans imperfectionem removenda est a
deo. Notandum, quod quanto res est simplicior, tanto est nobilior.
Ista propositio in rebus corruptibilibus est falsa. Unde totus homo
melior et nobilior est quam sola anima. Intelligitur autem in rebus
incorruptibilibus, et in deo et angelis.

Pro argumento primo in oppositum et eius solutionem ponuntur
propositiones. Prima propositio. Fides intelligit deum ut simplicissimum ens et ut summe simplex. Secunda propositio. Contingit intelligere tripliciter, unum in uno vel unum in pluribus. Primo modo
sicut hanc albedinem in hoc pariete. Secundo modo ut multiplicatum sicut naturam in individuis. Tercio modo ut non multiplicatum,
et sic solum est in deo. Tertia propositio. Simplicius intelligitur unum
in pluribus multiplicatum quam unum in uno; probatur, quia in creaturis universale semper est simplicius singulari. Omne enim inferius
est compositius suo superiori, cum includit ipsum addens aliquid etc.
Quarto propositio. Multo simplicius immo simplicissime intelligitur
natura communicata pluribus sine multiplicatione sui, quam intelligatur eadem natura in pluribus multiplicata. Notandum, quod diversitas potest oriri seu pervenire dupliciter, scilicet ex additione et
origine. Ex additione pervenit, ut cum scientia additur homini.
Correlarium primum. In deo nullo modo ponenda est diversitas ex
additione. Secundum correlarium. Diversitas proveniens ex origine
ponenda est in divinis. Magis tamen est alietas et distinctio dicenda
quam diversitas. Nam pater est alius a filio. Diversitas enim ponit
distinctionem essentialem proprie. Item duplex est pluralitas. Una
est, qua sunt plura sic, quod duo plus faciunt quam unum. Due
enim creature semper sunt maius bonum, quam una sola ex ipsis.
Alia est pluralitas aliquorum, quorum duo non faciunt plus vel maius
bonum quam unum. Hec autem pluralitas non repugnat simplicitati
etc. Notandum finaliter, quod in divinis quinque [sic] sunt notiones,
scilicet 'paternitas, 'filiatio' et 'spiratio passiva'. Et dicuntur proprietates. Ponitur innascibilitas, que est proprietas patris, quia ipsi repugnat produci; est tamen alia a paternitate. Innascibilitate enim pater
comparatur negative ad prius se, paternitate autem comparatur ad

posterius origine et affirmative. Spiratio autem activa non est proprietas, sed est communis patri et filio etc.

2.1.17. *Rep. I, d. 8, q. 4*

[lx recto a; Z. 37; alle Ann. dunkelbraun] Queritur quarto. Utrum deus sit in aliquo determinato genere, id est predicamento. Unicus terminus hic venit declarandus, scilicet 'genus'. Notandum igitur quantum ad propositum, quod duplex est genus, scilicet phisicum et logicum. Genus phisicum dicitur esse subiectum sive materia, que est subiectum generationis et corruptionis.

Prima propositio.

Omnia illa, que habent eandem materiam communem, circa quam fiunt transmutationes naturales, sunt eiusdem generis phisice. Correlarium. Omnes substantie naturales sicut substantie corporee dicuntur unum genere phisico. Secunda propositio. Substantia corporea et substantia incorporea differunt genere phisico. Patet, quia non habent materiam communem, ex quibus componuntur. Probatur per Arestotelem [sic] x. metaphisicorum. Corruptibile et incorruptibile differunt plus quam genere, scilicet phisico. Angelus enim non habet materiam. Et de illo genere non intelligitur questio nostra. Aliud genus dicitur logicum. Et est illud, quod predicatur de pluribus specie differentibus in eo, quod quid. Et est duplex, scilicet generalissimum et subalternum. De isto est hic ad propositum. Notandum, quod aliud est genus, quod dicitur civile. Dicitur autem civile genus, quia fuit in usu communiter loquentium. Et capitur etiam dupliciter. Uno modo pro collectione plurium seu multorum. Alio modo pro principio effectivo vel generativo illius collectionis vel conservativo. Et latius pertractata fuere in summulis etc. Est et aliud genus, scilicet grammaticum, et illud etiam est duplex, scilicet nominale et verbale etc. Est et genus mathematicum. Et illud dicitur esse aliquid fundamentum seu subiectum aliquarum diversarum figurarum. Unde philosophus dicit, quod superficies est genus vel subiectum omnium figurarum superficialium. Solidum autem est genus, id est subiectum omnium figurarum solidarum. Unde si in vasis aureis vel argenteis fiunt sculpture, dicuntur figure solide.

Resolutio questionis stat in duabus propositionibus. Prima propositio. Deus non est in uno genere determinato. Probatur. Omne enim, quod in genere determinato ponitur, est finitum; deus autem non est finitus, sed infinitus, ergo etc. Secunda propositio. Deus non potest

esse in pluribus predicamentis simul. Nam ratio, quare aliquid est
reponibile in pluribus predicamentis, est duplex. Quia vel propter
multiplicitatem naturarum vel propter sui communitatem, sed neutrum illorum convenit deo, ergo etc.

[lx verso] Maior declaratur. Quero enim album in quo predicamento? Responsio. In nullo determinato. patet per philosophum
dicentem: quod concretum non est in genere. Intelligitur autem de
concreto accidentali. Ratione autem qualitatis per se importate est
in predicamento qualitatis. Ratione vero subiecti est in predicamento
substantie. Transcendentia vero ut 'ens' et 'unum' non sunt in predicamento propter sui generalitatem, immo in omnibus predicamentis, non tamen ut genus nec ut species, sed ut aliqua, que predicatur
[Über dem "a" ist ein n-Strichlein ergänzt, so dass das Wort zu
"predicantur" korrigiert wird] de talibus predicamentis. Hec opinio
antiquorum et doctorum modernorum habet pro se beatum Augustinum quinto de trinitate ubi ait. Deus est bonus sine qualitate, deus
est magnus sine quantitate, deus est ubique sine situ etc.

Ad argumenta. Pro primo notandum. Quicquid habet differentiam,
per quam differt ab alio, est in predicamento. Patet. Nam si habeat
differentiam specificam, est species. Si vero materialem, id est indi-
vidualem, est individuum. Sed deus a nullo differt per differentiam.
Nam si sic, tunc deus esset compositus, quod est hereticum. Et licet
distinguatur ab aliis, ista tamen distinctio non est per differentiam
aliquam, sed seipso est ista distinctio. Unde notandum, quod determinatum potest capi vel intelligi duobus modis. Uno modo prout
idem est, quod distinctum ab alio. Et sic potest solvi argumentum
eo quod natura divina est determinatissima. Alio modo prout idem
valet sicut finitum. Et tunc verum est, quod omne ens determinatum, id est finitum, est in predicamento. Gregorius autem de Arimino
recedens a suo magistro Ockam in hoc et ab omnibus antiquis habet pro se rationem sequentem. Unde arguit sic: Omne predicatum
dictum in quid de pronomine demonstrante aliquam rem, idem predicatum dictum in quid de pronomine demonstrante aliam rem
distinctam specie (addit Bonaventura: nisi predicetur de omnibus) est
genus. Sed 'ens' est predicatum dictum in quid de pronomine demonstrante deum et idem predicatum dictum in quid de pronomine
demonstrante aliam rem distinctam specie, ergo 'ens' est genus. Patet,
quia ens dicitur quidditative de deo et creaturis. Preterea spiritus est
tale predicatum, ut dicendo 'hoc est spiritus' demonstrando deum,
et 'hoc est spiritus' demonstrando angelum. Spiritus enim non est

attributum, ergo etc. Responsio. Maior est insufficienter posita, verum enim est si contrahatur per differentias formales formaliter oppositas. Et hec est intentio Arestotelis et Porphirii et Boecii. Quia si sic, ponatur maior, tunc minor est simpliciter falsa, quia spiritus non contrahitur per differentiam formalem ad deum, et oppositum dicere est hereticum. Omnis enim differentia contractiva generationis, constitutiva est speciei, patet manifeste in porphirio. Et sic sequitur, quod deus sit constitutus, quod est hereticum. Rationale enim cum animali constituit hominem.

Notandum, quod quicquid est commune deo et creature, est transcendens, sed nullum transcendens proprie ponitur in genere determinato, nec verum est, quod omne transcendens dicatur de omnibus. Sed ratio transcendentis est, ut per prius dicatur de ente, quam ens dividatur in decem predicamenta. Unde ens multas habet divisiones, per prius enim dividitur in ens finitum, id est creatum, et infinitum, id est increatum, quam in decem predicamenta. Subdividitur autem postea ens creatum seu finitum in decem predicamenta. Nihil enim ponitur in predicamento nisi imperfectum et variabile. Sed deus nullo modo est variabilis, nec est in universo tanquam pars universi. Et licet sit in omnibus creatis, tamen non est de ipsis. Si enim deus est de universo, sequitur, quod est pars universi. Omnis autem pars est minor suo toto. Sed deus cum omnibus entibus creatis non est maius ens quam sine creaturis, ergo etc.

Sciendum ulterius, quod nihil est universale dictum in quid nisi contrahibile. Unde si doctor Seraphicus intelligit de deo, non est aliquid superius, id est universale, bene dicit. Unde nec ens est genus, quia non est contrahibile ad deum et creaturam. Deus dicitur ens per se, quia nullo egens, [lxi recto] id est quia independens. Sed sic creatura nullo modo dicitur per se. Et licet deus non sit in alio, tamen hoc sic convenit ei, ut nullo modo indigeat conservante etc. Notandum ulterius, quod substantia capitur dupliciter. Uno modo ut dicitur a substando. Et sic illud dicitur substantia, quod potest substare accidentibus. Propositio. Illo modo quicquid ponitur in predicamento substantie potest substare accidentibus. Patet, nam proprium est substantie substare accidentibus, differenter tamen, quia prime substantie primario substant, secunde vero secundario. Alio modo capitur substantia prout dicitur a per se essendo. Et sic deus verissime est substantia. Unde substantia sic capiendo et essentia idem sunt. Sed sic non facit genus generalissimum. Ex hoc sequitur, quod deus non potest poni in predicamento substantie. Arguatur enim sic.

Nihil ponitur in predicamento substantie, nisi quod vel primario vel
secundario substare potest accidentibus. Sed secundum te deus ponitur etc, ergo etc. Conclusio est heretica, quod patet per beatum
Augustinum sic dicentem. Manifestum est abusive deum vocari substantiam. Sed si ponitur in predicamento substantie, substantia proprie dicetur de deo, nisi ponas solum reductive, quod esset rustice.
Solutio autem in textu seu littera Bonaventure posita non est multum bona. Non enim sequitur, si aliqua duo differant secundum speciales rationes, non sequitur ob id, quod non possint convenire in
communi ratione. Non ergo sequitur, deus non est in alio independenter, creatura est in alio dependenter, ergo non conveniunt in
communi ratione etc.

Notandum, quod summo bono nihil deest de bonitate. Item summo
enti nihil deest de entitate. Verum est eo modo, quo possibile deest
omnem entitatem esse in aliquo. Sed non est possibile omnem entitatem formaliter esse et ex natura rei in aliquo ente quantumcunque infinito. Possibile autem est omnem entitatem esse in aliquo
eminenter. Et hoc est, quod dicit sanctus Bonaventura per equivalentiam, immo multo magis quam per equivalentiam. Deus enim non
solum equipollet omnibus creatis, sed supereminet omnibus excedens
omnia creata infinite.

2.1.18. *Rep. I, d. 9, q. 4*

[lxi recto b; Z. 5; alle Ann. dunkelbraun] Circa distinctionem nonam.

Primo queritur. Utrum in divinis ponenda est generatio [. . .] [lxii
recto a; Z. 3] Queritur secundo. Utrum generatio in divinis sit personarum distinctiva. [. . .] [lxii verso a] Queritur tertio. Utrum generatio divina sit eterna.

[lxiii recto b; Z. 14] Queritur quarto. Utrum generatio filii sit terminata. Pro declaratione terminorum: Notandum primo, quod aliquid potest dici terminatum [Anmerkung am Rande:
terminatum oder *termitus*?]!
dupliciter. Primo, quia est perfectum. Hoc modo terminatum dicit
perfectionem et excludit imperfectionem. Et sic domus, quando fit,
non dicitur terminata. Alio modo aliquid dicitur terminatum, quia
est habens vel quia habet finem durationis. Et sic dicit desitionem
excludens durationem. Et sic dicitur vita hominis terminari in morte

etc. Secundum istam distinctionem questio potest habere duplicem sensum etc.

Resolutio questionis stat in duabus conclusionibus et aliquibus distinctionibus. Prima conclusio. Pro primo sensu questionis est: generatio filii dei est terminata prout terminata excludit imperfectionem. Patet, quia est perfectissima: Secunda conclusio pro secundo sensu questionis. Generatio filii dei non est terminata prout terminata excludit durationem. Probatur, quia illud non est terminatum, quod adhuc durat. Sed generatio filii dei adhuc durat, ergo non est terminata secundo modo. Notandum etiam, quod generari nunc, generari semper, genitum esse et generandum in divinis sunt idem etc. Distinctio. Duplicia sunt entia, scilicet successiva et permanentia.

[Am Rande steht die Anmerkung:

entia

successiva *permanentia*]
principium duplex Intelligitur <?>]
Ens successivum est illud, cui contradictorie ex sua scilicet ratione formali repugnat habere omnes partes [lxiii verso] simul. Unde formaliter repugnat motui habere omnes suas partes simul. Propositio. Ens successivum, quando fit, est, et quando factum est, non est, ut quando lectio fit est, quando autem lectio facta est, cessat actus legendi. Correlarium primum. In entibus successivis sunt idem esse et fieri. Correlarium secundum. In entibus successivis distinguuntur factum esse et esse. Ens autem permanens. Est illud, quod requirit omnes partes suas simul ad hoc, quod existat loquendo de partibus principalibus, ut patet de domo. Non enim requiruntur fenestre etc. Vel si non habeat partes potest coexistere alicui instanti indivisibili. Sunt autem entia permanentia duplicia. [Am Rand Anmerkung: *permanentia duplicia*]
Quedam sunt, que dependent solum a suo producente proximo in fieri, sed non in esse, ut 'domus', et 'homo' dependet a patre suo, 'albedo' 'color'. [Am Rand Anmerkung: *produci et dependi intellectus*]
De istis nota propositiones. Prima propositio. Entia permanentia, quando fiunt, non sunt, sed quando fuerint, facta tunc sunt. Secunda propositio. In entibus permanentibus illo primo modo captis differunt fieri et esse factum. Alia sunt entia permanentia, que dependent non solum quantum ad fieri, sed etiam quantum ad esse a suo proximo producente, ut lumen in aere dependet a sole. Prima propositio. In

istis permanentibus idem est fieri, esse et factum esse. Patet, quia lumen, quando fit, factum est. Unde dicit beatus Augustinus. Lumen semper nascitur. Item, quando lumen primo modo fit in aere a sole, aer est illuminatus. Secunda propositio. Ista ultima productio magis applicatur ad generationem filii in divinis quam prima. Tertia propositio. Filius dei cum sit ens permanentissimum idem est suum esse, suum generari et suum genitum esse. Pro intellectu[20] secundi argumenti in oppositum, quod tantum est pro parte vera est notandum, quod infinitum capitur duobus modis, scilicet intensive et perfectionaliter. Tunc dico, quod nec generatio filii nec spiratio spiritus sancti nec paternitas nec filiatio sunt infinita intensive. Alio modo capitur infinitum extensive et durative, quia scilicet habet infinitatem in duratione. [Am Rand Anmerkung:

infinitum $\left\{ \begin{array}{l} \textit{immensum} \\ \\ \textit{durans}] \end{array} \right.$

Et sic quiqcuid est in divinis sive relativum sive absolutum est infinitum. Et sic capitur, quando dicitur generatio filii est infinita, quia eterna etc.

2.1.19. *Rep. I, d. 13, q. 1*

[lxx recto b; Z. 18; alle Ann. dunkelbraun] Circa distinctionem decimam tertiam queritur. [. . .]. [lxx verso b; Z. 29] Tertio queritur. Utrum processio spiritus sancti realiter distinguatur a generatione filii an solum secundum rationem intelligendi. Pro declaratione terminorum nota. [. . .]

[lxxi recto a; Z. 4] Resolutio questionis stat in septem propositionibus.
   Prima propositio. Generatio et spiratio activa non tantum differunt secundum modum dicendi seu intelligendi, sed etiam penes differentiam vel modum originis et habitudinis. Prima pars patet ex secunda ratione in textu. Unde secunda pars probatur. Omnia illa differunt penes differentiam originis et habitudinis, que habent diversos modos originandi et diversos modos se habendi. Sed generatio filii et spiratio habent diversos modos originandi et diversos modos se habendi,

---

[20] Im Druck: intellecu.

ergo generatio et spiratio differunt penes differentiam originis et habitudinis. Maior patet. Illa dicuntur differre penes modum originis, que habent diversos modos originandi. Differentia modorum originandi non repugnat essentie nec persone. Unde sunt in una persona, scilicet patre. Differentia rei et rei repugnat uni persone. Unde non vult, quod sit realiter proprie seu stricte distinctio realis differentia; non enim concedendum est, quod sint distincte realiter, nisi cum addito, scilicet secundum modum originandi vel distinctione reali suppositorum.

Secunda propositio. Prima ratio differentie vel distinctionis inter spirationem activam spiritus sancti et inter generationem filii non potest assignari ex ratione terminorum, qui sunt persone. He enim passive differunt non active. Prima pars probatur, quia sic esset circulus; non enim est prima ratio. Quero enim, quare habent terminos differentes vel quare termini differunt. Respondetur. Propter emanationes, nec ex ratione principiorum. Patet in lectura Bonaventure. Nota aliquid differt active, que sunt ratio differentie, que scilicet faciunt differentiam, passive vero, que differunt etc.

Tertia propositio. Aliud est loqui de istis emanationibus secundum esse. Et aliud est loqui secundum distingui.

Quarta propositio. Loquendo de istis emanationibus secundum esse habent perfectissimum esse, vel perfectissimam rationem essendi a suis principiis productivis perfectis in divinis vere existentibus. Quia enim est memoria secunda et voluntas infiniti amoris. Ideo ibi est generatio activa filii et spiratio spiritus sancti.

Quinta propositio. Loquendo de istis duabus emanationibus secundum distingui distinguuntur seipsis. Unde sicut secundum omnem viam tam nominalium quam scotistarum due ultime differentie seipsis distinguuntur. [Am Rand Anmerkung:
2 differentie ultime]
Licet moderni dicant quasi de omnibus, quod seipsis distinguantur, sic dicendum est in proposito. Addit doctor subtilis, quod se totis distinguuntur.

Sexta propositio. Quia generatio et spiratio seipsis distinguuntur primo, ideo ad illam sequuntur due differentie, quarum prima est, quod generatio solum est in patre, et spiratio est in patre et filio. Secunda, quod spiratio est nexus amborum.

Septima propositio. Per istas duas differentias ultimo dictas, sequitur concomitantia generationis et spirationis.

Pro argumentis in oppositum. Pro primo argumento dicit Augustinus,

licet pater producat filium et spiritum sanctum, tamen filius procedit quomodo natus, spiritus sanctus quomodo datus, pater ergo nec
inquantum unus nec inquantum plures producit filium et spiritum
sanctum, sed alio modo, et alio modo se habens producit filium per
modum nature, spiritum sanctum per modum liberalitatis. Secundum
argumentum est quasi replica: Secundum omnes verum est, quod
pater ratione fecunditatis nature generat, ratione fecunditatis voluntatis spirat, sed in deo idem est voluntas et natura, ergo etc.

Ad quod respondet doctor seraphicus, quod voluntas capitur seu
consideratur dupliciter. Uno modo absolute. Alio modo consideratur ut principium, consimiliter et de natura. Licet ergo idem sint
voluntas et natura absolute, tamen in ratione non sic.

Et sic est eadem solutio sententialiter ad solutionem Scoti, qui dicit
natura et voluntas sunt [lxxi verso] idem summa identitate simplicitatis et realiter, dinstinguuntur tamen formaliter. [Am Rande findet
sich die womöglich von anderer Hand stammende Anmerkung:
distinctio formalis]
Ex hac namque[21] questione doctor subtilis maximam occasionem
habere potuit investigandi distinctionem formalem. Ipsam namque[22]
ponere videtur Bonaventura, secundum rem, licet non secundum
nomen. [. . .]

2.1.20. *Rep. I, d. 22, q. 4*

[ciiii recto a, Z. 6; alle Ann. dunkelbraun]
Pro solutione argumentorum sequuntur quedam notabilia. Per se
aliquando opponitur illi, quod est per accidens, aliquando illi, quod
est ad aliud. Pro ultimo argumento notandum, quod duplicia sunt
nomina relativa in divinis. [Dazu steht am rechten Kolumnenrand,
also in der freien Spalte zwischen den beiden Kolumnen der Seite,
das Zeichen:
a
Es verweist zu der unter der Kolumne stehenden und mit dem selben Buchstaben gekennzeichneten Annotation:
Relativa duplicia in divinis a
[. . .] [Z. 42] Notandum ulterius, quod duplex est nomen, scilicet
prime impositionis et secunde impositionis. Nomina prime imposi-

---

[21] Im Druck: nanque.
[22] Im Druck: nanque.

tionis sunt duplicia, quia quedam sunt prime intentionis, alia secunde intentionis. Nomina prime intentionis sunt illa, que significant veras res. Nomina secunde impositionis dicuntur omnia illa nomina vel alias voces significativas vel proprietates earum. Exemplum primi. Nomen 'verbum'. Exemplum secundi. 'Casus', 'genus', 'numerus', 'figura'. Item sub aliis verbis. Nomina prime impositionis, et prime intentionis sunt omnia illa nomina, que significant veras res, ut 'albedo', 'homo', sed nomina prime impositionis et secunde intentionis sunt omnia illa nomina, que significant intentiones secundas seu respectus rationis, ut 'genus', 'species' 'differentia' etc. Prima propositio. Illud nomen 'tetragrammaton' non est

prime impositionis. Non enim significat rem ut distinguitur contra vocem. Non enim significat deum nec significat creaturam contra vocem distinguendo. Secunda propositio. Hoc nomen 'tetragrammaton' est nomen secunde impositionis. Probatur. Quia est nomen significans nomen quattuor litterarum, quod vix vel omnino non erat proferibile, ergo etc. Componitur 'tetragrammaton' a 'tetra', quod est quattuor et 'grammaton', littera, quasi nomen quattuor litterarum. [Ab der Höhe von "Prima propositio" bis zum aktuellen Satz ist am Rande die Anmerkung notiert:
quam quisque nouit artem exerceat [.] tu bone Stephane tetragrammaton ignoras [,] ideo aliis disertationem eius relinque]
Et nota, quod istud nomen apud hebreos tante sanctitatis reputatur, quod non debeat nominari nisi a summo sacerdote et solum in benedictionibus fiendis in templo. Ideo loco illius nominis pronunciatur hoc nomen 'adonay' etc. Sicut apud nos hoc nomen 'deus' propter sui sanctitatem non esset licitum nominari, et ubicunque inveniretur scriptum, loco illius pronunciaretur 'dominus'. Et hoc modo translatio nostra Exodi vi. (ubi[23] dicitur in hebreo 'et nomen[24] meum tetragrammaton non indicavi eis') habet 'adonay' loco nominis domini 'tetragrammaton'.

2.1.21. *Rep. I, d. 26, q. 1*

[cxiii verso a; alle Ann. dunkelbraun] Circa vicesimamsextam distinctionem queritur primo, utrum in divinis sit ponere proprietates. Pro declaratione terminorum notandum [. . .]

---

[23] Im Druck:)ubi.
[24] Im Druck: tomen.

[Z. 43] Resolutio sancti bonaventure dividitur in duas partes. [. . .] [cxiiii recto a; Z. 16] In secunda parte, que incipit ibi. Sed diversificati sunt; ponuntur duo modo dicendi. Primus reprobatur, et stat in duabus propositionibus. Prima propositio. Quia quelibet persona in divinis habet summam simplicitatem, et est eque simplex sicut essentia, et sicut in essentia divina non differunt quo et quid, ita in persona non differunt realiter, qui distinguitur et quo distinguitur. Secunda propositio. Suppositum et proprietas, qua distinguitur, sunt omnino idem in divinis secundum rem, differunt tamen secundum modum intelligendi seu rationem. Ista est opinio nominalium. Tamen antequam essent nati moderni, sancti doctores ut Bonaventura et Thomas reprobaverunt eam. Solus tamen sanctissimus Ockam in ista parte est vere realis. Gregorius de arrimino et multi alii moderni videntur esse huius opinionis false et periculose.

2.1.22. *Rep. I, d. 30, q. 2*

[cxxxi recto b] Circa distinctionem xxx. primo queritur, utrum aliquid dicatur de deo ex tempore. [. . .]

[cxxxii recto b; Z. 9] Secundo queritur, utrum que dicuntur de deo ex tempore, dicantur per se vel per accidens. Hic duo veniunt termini declarandi, scilicet 'per se' et 'per accidens', nam alii superius sunt declarati. Ubi notandum, quod quattuor sunt modi dicendi 'per se' secundum philosophum primo posteriorum.

Primus modus dicendi per se est, quando diffinitio predicatur de diffinito vel pars diffinitionis, vel quando aliquis conceptus quiddativus predicatur quidditative de aliquo subiecto, cuius est conceptus. Regula prima. Omnis diffinitio predicatur in primo modo dicendi per se de suo diffinito. Secunda regula. Omne genus predicatur de suis speciebus in primo modo dicendi per se. Tertia regula. Omnis differentia predicatur in primo modo dicendi per se de illo, cuius est differentia. Quarta regula. Ens predicatur in quid in primo modo dicendi per se de omnibus conceptibus non simpliciter simplicibus.

Secundus modus dicendi per se est, quando passio predicatur de suo subiecto sive sit passio adequata sive non, ut 'homo est risibilis', 'homo est unus', 'homo est verus'.

Tertius modus non est proprie modus dicendi, sed est magis modus[25]

---

[25] Im Druck: modns.

essendi. Quare ponitur talis propositio. Nulla propositio potest esse in tertio modo dicendi per se. Probatur. Omnis propositio est modus dicendi proprie, sed tertius modus non est modus predicandi, ergo etc. Secunda propositio. Sola illa entia, que per se et incommunicabiliter existunt, sunt in tertio modo dicendi per se. Unde ad hoc, quod aliquid sit in tertio modo dicendi per se, due conditiones requiruntur. Prima, quod 'per se existat'. Et sic nullum accidens est in tertio modo dicendi per se, quia nullum accidens per se existit. Secunda conditio est 'incommunicabiliter etc.'. Propositio. Omnia individua de genere substantie preter humanitatem christi sunt in tertio modo. Et sic patet, quod ille modus nihil aliud est, quam per se existere incommunicabiliter.

Quartus modus, qui proprie non debet dici modus[26] essendi, nec propriissime modus dicendi, licet etiam dicatur modus dicendi, proprie tamen a Scotistis vocatur modus causandi. Et est, quando prima ratio inherentie predicati ad subiectum includitur in ipso subiecto, ut voluntas vult. Ratio enim proxima, quare voluntas vult, est, quia voluntas est voluntas, seu tale ens. Et in hoc quarto modo ponuntur propositiones immediate tam necessarie quam contingentes, dummodo tamen in subiecto includatur proxima ratio inherentie predicati ad subiectum. Exemplum. 'Animal rationale est risibile', hec est immediata et necessaria. Exemplum secundi. 'Calidum calefacit', hec est immediata, licet contingens. Correlarium. Hec non est in quarto modo 'homo est risibilis', quia in subiecto non includitur proxima ratio inherentie predicati ad subiectum. Propositio. Omnis propositio in quarto modo dicendi per se est immediata; patet ex descriptione iam dicta.

Secundus terminus est 'ens per accidens'. Notandum, quod 'ens per accidens' capitur dupliciter, scilicet methaphisicaliter et logicaliter. 'Ens per accidens' methaphisicaliter est illud, quod aggregat in se res diversorum predicamentorum. Et est duplex. Quia quoddam est 'ens per accidens', quod includit res diversorum generum, ita tamen, quod unum est accidens alterius. Aliud est 'ens per accidens', quod scilicet includit res diversorum generum, [cxxxii verso] ita tamen, quod unum non accidit alteri, sed ambo illa accidunt aliquo tertio. Correlarium. Et sic est duplex modus predicandi per accidens. Unus, quando unum accidens accidit alteri, ut homo albus. Secundus

---

[26] Im Druck: modns.

modus predicandi per accidens est, quando unum dicitur de altero et ambo accidunt uni tertio, ut 'album est musicum'. 'Ens per accidens' logicaliter sive logice loquendo est aliquid aggregatum ex duobus conceptibus, quorum neuter includit alium quidditative, et neuter est per se determinativus alterius. Unde due conditiones requiruntur ad tale 'ens per accidens'. Prima est, quod sint duo conceptus, quorum neuter inlcudat alium quidditative, defectu cuius istud non est 'ens per accidens' 'animal homo'. Secunda conditio est, quod neuter sit contractivus seu determinativus alterius defectu, cuius istud non est 'ens per accidens', 'animal rationale' (sed 'per se'), quia contrahit animal ad hominem. Propositio. Omnis propositio in qua predicatur differentia de superiori genere vel econverso est propositio per accidens, ut 'rationale est animal'. Correlarium. Lata est differentia inter propositionem per accidens et 'ens per accidens' logice. Ad propositionem enim per accidens sufficit, quod predicatum sit extra rationem subiecti et econtra ut 'animal est rationale', unde, quando additur differentia ad genus sine copula, non est 'ens per accidens'. Sed tamen, quando additur mediante copula, est 'ens per accidens'. Propositio. Licet 'ens per accidens' methaphisicaliter loquendo non possit inveniri in deo, potest tamen inveniri 'ens per accidens' logicaliter loquendo in divinis. Prima pars illius propositionis patet, quia in tali semper unum accidit alteri, seu unum est accidens alterius, vel ambo accidunt tertio. Secunda pars patet de illa propositione 'essentia est paternitas'. Nullum enim est de ratione quidditative alterius. Nec paternitas est determinativa essentie, sed magis persone. Essentia enim est determinata de se. Correlarium. Proprietates in divinis non determinant essentiam divinam sed ypostases. Resolutio questionis [...] [cxxxiii recto] Quartum dictum. Licet omnia ista, que dicuntur de deo ex tempore, dicantur per accidens de deo, tamen dicuntur per se de deo per comparationem ad creaturam. Probatur, quia illud dicitur de deo per se in comparatione ad creaturas, quod dicitur deo seipso. Sed deus seipso refertur ad creaturam, ergo etc. Correlarium sequitur: Quia illa opinio est subtilior, quam sit opinio doctoris subtilis qui tenet, quod deus referatur ad creaturam respectu rationis. Oppositum tenet doctor seraphicus quia seipso causat, id est per nullum respectum refertur ad creaturam, nec rationis nec realem. Quintum dictum. Licet modus dicendi per accidens opponatur modo dicendi per se in creaturis, non tamen sic est in divinis. Probatur. Omnis propositio per se est necessaria, licet non econtra. Non enim omnis necessaria est per se, ut 'animal est rationale' est necessaria (saltem si rationale sit propria differentia hominis), et tamen non est per se, sed per accidens. Intelligit autem de duobus modis dicendi per se.

2.1.23. *Rep. I, d. 33, q. 1*

[cxli recto b] Circa trigesimam tertiam distinctionem primo queritur. Utrum proprietas in divinis sit ipsa persona. Hoc est querere in claris terminis, utrum 'paternitas' sit 'pater', 'filiatio' 'filius' et 'spiratio passiva' 'spiritus sanctus'. Termini supra sunt declarati.

Resolutio questionis. Doctor Seraphicus respondendo ponit tres opiniones. Prima opinio est Gilberti porretani, et stat in una conclusione. Conclusio est talis. Proprietates personarum divinarum non sunt persone divine, nec sunt in ipsis personis, sed assistunt ipsis sicut relationes. Motivum eorum fuit simplicitas personarum divinarum.

Sed contra. Quicquid est deus realiter, est pater vel filius vel spiritus sanctus, sed proprietates tres sunt deus realiter, ergo sunt pater et filius et spiritus sanctus. Respondebant ad minorem, quod non sunt proprie deus. Contra. Vel sunt creator vel creatura. Non creatura patet, quia ab eterno sunt proprietates divinarum personarum, ergo creator. Dicebant, quod nec hoc nec illud, sed abstrahunt ab utroque. In hoc fuit condemnata ista opinio in concilio remensi et magister Gilbertus porretanus proprio ore eam retractavit. Caveat ergo Gregorius de arimino dicens, quod proprietates divinarum personarum sint quedam complexa significabilia, que nec sint aliquid extra animam, nec sint deus, nec creatura. Dicunt enim, quod solum incomplexum significabile sit deus vel creatura. Secunda opinio prepositivi est in alio extremo, et stat in una conclusione. Proprietates divinarum personarum sunt totaliter ipse persone, sic quod differunt solum in modo loquendi, quia scilicet sicut abstractum et concretum. Contra. Impossibile est eandem rem et penitus eandem plurificari et non plurificari; sed proprietates plurificantur non plurificata seu [cxli verso] multiplicata persona, ut patet de paternitate et spiratione activa, ergo etc. Tertia opinio est magistrorum parisiensium. Conclusio. Proprietates divinarum personarum, licet identificentur realiter ipsis personis, distinguuntur, tamen aliquo modo realiter, scilicet secundum modum se habendi. Unde nota regulam theologicam. In eadem persona non possunt esse plures res realiter et essentialiter distincte proprie ut res et res. Pro secunda parte conclusionis notandum, quod duplex est distinctio realis, scilicet essentialis, et secundum diversum modum se habendi. Unde patet, quod sanctus Bonaventura ponit distinctionem mediam aliquo modo realem inter essentialem et distinctionem rationis, que fit per actum intellectus. Et videtur omnino idem esse cum dicto doctoris Subtilis, quod sit distinctio formalis inter personam et proprietatem. Et Franciscus maronis aliquando vocat distinctionem modalem, et videtur esse sumptum ab hoc sancto doctore, quia dicit, quod sit distinctio penes diversum modum se habendi. Unde merito comparatur hic doctor Sanctus Bonaventura[27] leoni tanquam rex inter doctores. Scotus autem aquile, que est rex avium etc. [. . .]

2.1.24. *Rep. I, d. 34, q. 1, res.*

[cxliii verso b] Circa distinctionem trigesimamquartam primo queritur, utrum sit ponere in divinis additionem, hoc est querere, utrum res nature in divinis addat aliquid supra naturam. Nota additio est triplex, quedam est extensiva, alia intensiva, alia compositiva. [Es wird im Folgenden erläutert, warum Gott in allen drei aufgeführten Formen keine Addition erfahren kann.]

[cxliiii recto b; Z. 12] Resolutio questionis stat in quattuor propositionibus. Prima propositio. Dupliciter potest intelligi, quod persona divina sive res nature in divinis addat aliquid supra naturam. Uno modo quantum ad rem. Alio modo quantum ad intellectum. Probatur, quia duplex est additio, scilicet rei ad rem, id est realis, et alia per intellectum tantum, et dicitur rationis. Secunda propositio. Persona divina necessario aliquid addit supra naturam divinam quantum ad intellectum. Probatur, quia necessario includit intellectum nature divine, et propter ipsam includit proprietatem, per quam distinguitur, ergo etc. Antecedens probatur per diffinitionem persone, quia persona est rationalis nature suppositum proprietate distinctum. Tertia propositio. Huiusmodi additio, licet non distinguat naturam nec componat personam, intellectus tamen illam additionem intelligens non est vanus neque falsus. Prima pars patet, quia essentia divina singularissima stat cum tribus proprietatibus indistincta. Secunda pars patet, quia intellectus sanus et fidelis intelligit personam quamlibet esse perfectissimam et summe simplicem. Declaratur sic: Nam sicut intellectus sanus intelligit essentiam divinam et multitudinem attribu-

---

[27] Im Druck: Bonanentura.

torum perfectio num formalium, et tamen sine compositione, sed cum summa simplicitate, ita in proposito. Et sicut iste intellectus de essentia et attributis non est va-[cxliiii verso]nus, sic nec ille. Et licet non correspondeant ipsis in re distincta, tamen sapientia vere est in deo, et est ipsa essentia. Quarta propositio et ad questionem formaliter responsiva. Cum additio ex parte rei ponat necessario compositionem, et persona divina sit simplicissima, impossibile est, quod res nature in divinis sive persona addat (secundum rem) aliquid supra naturam. Hec propositio patet ex dictis ante resolutionem questionis, scilicet in declaratione terminorum.

Sed hic doctor Seraphicus ponit dubium difficillimum, quomodo persona potest esse distincta secundum rem et essentiam non. Ad hoc qualitercunque intelligendum, cum hoc sit supra vires humani intellectus. Sciendum, quod duplex est distinctio, scilicet per qualitates et per originem. Distinctio per qualitates est querendo aliquid distinguitur ab alio per qualitates absolutas, ut 'homo albus' et 'homo niger'. Distinctio vero per originem est illa, que fit per productionem, quando videlicet unus producitur ab alio. Et utraque distinctio est distinctio secundum rem. Et sumpsit a Richardo de sancto victore. Quinta propositio. Quamvis persona divina non se habeat ad naturam divinam per additionem, tamen aliquo modo distinguitur ab ea, scilicet secundum rationem. Probatur, quia non esset intelligibile, quod plurificaretur persona remanente essentia unica. Ubi notandum, quod duplex est distinctio rationis, scilicet precise per intellectum, sicut 'sortes est sortes'; alia est distinctio rationis, que scilicet est distinctio rationum formalium existentium ibi ex natura rei. Et de illa dicit doctor Seraphicus, quod persona inquantum persona distinguitur ratione ab essentia. Et ista distinctio vocatur a doctore subtili distinctio formalis. Sexta propositio. Quoniam ergo modus se habendi ad alium et oriendi ab alio non ponit compositionem in persona secundum rem, sed distinctionem realem ab alia persona, ideo modus ille comparatur[28] ad essentiam vel personam, cuius est, tantum est modus, comparatus vero ad illum, ad quem est, (cum faciat veram distinctionem secundum rem) vere res est. Correlarium. Modus ille se habendi ad alium facit uno modo distinctionem realem personalem (scilicet cum comparatur ad personam oppositam), alio modo distinctionem rationis cum scilicet comparatur ad essentiam. Ista patent per precedentia.

---

28 Im Druck: compararur.

Secundo queritur, utrum res nature vel persona predicetur de natura vel econverso. 'Res nature', 'hypostasis', 'suppositum' et 'persona', illa quattuor sunt idem in divinis.

Resolutio questionis stat in sex dictis. Primum dictum. Duplex est predicatio, scilicet per identitatem et per inherentiam. Predicatio per identitatem necessario requirit unum extremorum esse abstractum. Secundum dictum. Utraque predicatio tam per identitatem quam per inherentiam reperitur in divinis. Exemplum primi. 'Pater est paternitas', 'deus est creatio'. Exemplum secundi. 'Deus creat'. Tertium dictum. Predicatio per identitatem propriissime reperitur in divinis propter ipsius rei summam et perfectissimam identitatem. Patet, quia quicquid est in divinis, est perfectissima identitate idem cum essentia. Quartum dictum. Predicatio per inherentiam proprie non est in divinis a parte rei, sed solum propter nostri intellectus defectibilitatem. Probatur prima pars. Quia omnia in divinis habent rationem substantie. Secunda pars patet, quia intellectus noster per intellectionem rerum sensibilium devenit in cognitionem intelligibilium, sed invenit in rebus sensibilibus inherentiam, ergo etc. Quintum dictum. Licet in deo nulla sit inherentia proprie loquendo, tamen intellectus noster formans et componens predicationes per inherentiam non est falsus. Patet secunda pars a simili declarando. Sicut intellectus noster abstrahens lineam a materia non est falsus, eo quod illam abstractionem ponit circa illum [cxlv recto] intelligere, sic in proposito. Sextum dictum. Quamvis in deo sit summa simplicitas, tamen illa non potest exprimi ab intellectu nostro nisi per compositiones. Unde Augustinus Deus verius est, quam cogitatur, et verius cogitatur, quam dicatur, quia licet possit aliquo modo simplex intelligi, non tamen potest exprimi illa simplicitas summa a nobis nisi mediante complexione. Probatur, quia non exprimimus illam nisi per propositiones, quas componit intellectus noster, ergo etc.

Pro solutione secundi argumenti seu pro auctoritate Dionysii dicentis, quod negationes de deo sunt vere, affirmationes vero incompacte, cum ergo in divinis non sit aliquid a nobis affirmare, ergo nec predicare, sciendum, quod videtur esse intentio Dionysii, quod non intelligamus deum nisi negative, ut quod non est lapis et huiusmodi, dicendum, quod nullum nomen exprimit divinam essentiam omnino, sicuti est, et ideo incompacte, id est obscure. Vel dic, quod affirmatio uno modo est idemptitas, et illa vera est in deo et a parte rei. Alio modo est affirmatio, compositio, et sic respectu huius est incompactio, quia nulla est ibi realis compositio etc.

2.1.25. *Rep. I, d. 36, a. 1, q. 1*

[cxlix recto b; Z. 32] Circa distinctionem xxxvi. queritur de existentia rerum in deo. Et habet tres articulos. Primus querit de existentia. Secundus de modo. Tertius vero de numero.

Pro primo articulo queritur primo. Utrum res fuerunt in deo ab eterno. Pro declaratione terminorum nota, quod duplex est res, scilicet necessaria et possibilis. Res necessaria est res increata infinita, cuiusmodi est solus deus. Et potest sic describi. Res necessaria est entitas infinita, que non potest non esse. Correlarium. Non bene [cxlix verso] diffinitur res necessaria per solam negationem sic 'est quod non potest non esse', quia talis diffinitio convenit chimere. Res vero possibilis est res creata finita, cuiusmodi est creatura. Et est entitas, que potest esse et non esse seu que contingenter est, quando est. Nota secundo, quod aliquid potest dici esse ab eterno dupliciter, proprie scilicet et improprie. Proprie ab eterno esse dicitur illud, quod vere realiter et actualiter fuit existens ab eterno. Propositio. Solus deus illo modo fuit ab eterno. Et sic non accipitur in presenti questione. Esse autem ab eterno improprie sumptum sive large dicitur illud, quod immutabiliter et eternaliter est cognitum vel quod eternaliter est causabile. Propositio. Omne creabile et omnis creatura est ab eterno hoc modo.

Notandum tertio, quod aliquid habere esse in deo potest intelligi quadrupliciter. Primo subiective et formaliter, quod scilicet est in eo secundum realem et formalem existentiam.

Prima propositio. Creature non fuerunt in deo subiective et formaliter nec sunt actualiter et ex natura rei.

Secunda propositio. Nulla creatura alia ab humanitate christi et ab his, que includuntur essentialiter in humanitate christi, fuit in deo etiam ex tempore nec erit formaliter et subiective.

Tertia propositio. Humanitas christi et anima eius et quicquid est de essentia eius sunt in deo formaliter et subiective ex tempore propter realem assumptionem ipsius a verbo. Patet, quia esse subiective non accipitur hic, quod fit esse per inherentiam, sed est esse per realem existentiam.

Quarta propositio. Omnia attributa et omnes perfectiones simpliciter sunt in deo formaliter et subiective.

Quinta propositio. Ommes relationes reales, que sunt in divinis, et persone divine sunt in deo formaliter. Secundo modo aliquid dicitur esse in deo obiective sicut cognitum in cognoscente et volitum in volente.

Sexta propositio. Omnes creature ab eterno fuerunt in deo obiective. Correlarium. Aliquid esse in deo obiective nihil aliud est, quam actualiter ipsum cognosci. Tertio modo aliquid est in deo virtualiter vel causaliter. Et dicitur illud esse virtualiter in deo, quod potest causari ab eo. Isto modo rana est in sole.

Septima propositio. Omnes creature ab eterno fuerunt in deo virtualiter et effective. Correlarium. Illo modo omnis effectus antequam producatur est virtualiter in sua causa. Quarto modo aliquid dicitur esse in deo eminenter. Et nihil aliud est, quam aliquid continere aliquid in aliquo perfectissimo.

Octava propositio. Omnes creature ab eterno fuerunt eminenter in deo.

Resolutio questionis. Aliquid potest dici in alio tripliciter, scilicet secundum actualem existentiam. Sic omnis res creata existens dicitur esse in mundo. Alio modo secundum similitudinis presentiam, quando scilicet cognitum est ab ipso, et sic est idem quod esse obiective. Tertio modo secundum creativam potentiam, id est virtualiter.

Prima propositio.

Res create vel creabiles non sunt in deo ab eterno secundum actualem existentiam. Correlarium. Male dicit opinio albertistarum, quod quidditates fuerint ab eterno esse essentie. Item contra Franciscum maronis. Quidditates sunt ab eterno.

Secunda propositio.

Res create et creabiles habuerunt esse in deo ab eterno secundum similitudinis presentiam et secundum creativam potentiam.

Tertia propositio.

Omnes creature secundum se totas fuerunt ab eterno in deo secundum creativam potentiam, non quod fuerint in actu, sed in potentia. Unde esse actuale est duplex, scilicet simpliciter et secundum propriam essentiam, aliud secundum quid, hoc modo esse cognitum est esse actuale. Unde esse cognitum est esse terminum cognitionis divine.

Correlarium. Non est idem esse cognitum et esse possibile. Creatura enim habet esse cognitum in deo, quia ab eterno actualiter cognoscitur a deo. Habet autem esse possibile, quia potest creari a deo.

Unde rana habet esse possibile respectu solis, et est solum denominatio extrinseca. [cl recto]

Secundo queritur, utrum res sint in deo ratione essentie vel persone.

Resolutio questionis

stat in una distinctione et tribus propositionibus. In divinis contingit tria considerare. Primo essentiam divinam absolute, ut est communis, secundo proprietatem, tertio appropriata contingit considerare. Prima propositio. Res create vel creabiles non sunt in deo ratione persone. Secunda propositio. Res create vel creabiles non sunt in deo ratione essentie. Tertia propositio.[29] Res create vel creabiles sunt in deo ratione appropriatorum. Patet, quia res sunt in deo ratione potentie creative, sed potentia attribuitur patri. Item sunt in deo ratione sapientie, quia obiective inquantum scilicet habent esse cognitum. Nota producere capitur dupliciter, scilicet notionaliter et essentialiter. Producere notionaliter captum est in divinis ratione persone, non enim convenit tribus. Essentialiter vero producere idem est, quod creare. Hoc modo est in divinis ratione essentie magis quam ratione persone.

2.1.26. *Rep. I, d. 36, a. 2, q. 1*

[cl recto a; Z. 24] Circa secundum articulum queritur primo. Utrum omnia, que sunt in deo, sunt in ipso vita vel dicantur vivere, ut lapis et alie creature. Nota, vita capitur multis modis. Primo pro principio formali vivendi, sic anima dicitur vita. Et secundum quod triplex est anima, sic triplex est vita, scilicet intellectiva, sensitiva et vegetativa. Et sic non capitur in proposito. Secundo modo capitur pro natura vivente, et sic dicitur de deo quidditative; non enim est nisi ipsa essentia viventis. Unde Scotus prima questione quodlibeti dicit. Si diffiniretur deus vita intellectualis, poneretur in ipsius diffinitione. Ultra[30] ergo hoc modo dicitur quidditative tam de deo, angelis quam hominibus, et differt a primo modo, quia natura humana non est vita primo modo, sed secundo modo. Et est duplex, scilicet mere spiritualis et mere corporalis. Mere spiritualis est duplex, scilicet increata et creata. Corporalis est duplex, scilicet vegetativa et

---

[29] Im Druck: propositip.
[30] Im Druck: Ulta.

animalis. Animalis est duplex, scilicet sensitiva et rationalis. Tertio modo capitur pro operatione alicuius viventis inquantum vivens est. Et dicuntur operationes vitales omnes scilicet operationes, que sunt a vivente inquantum vivens. Unde Aristoteles ii. de anima. Intelligere est vita. Quarto modo capitur pro vivere sic, quod solum differunt penes modos grammaticales. Et sicut quadruplex est vivere secundum Aristotelem ii. de anima, ita quadruplex est vita. Primus gradus vivendi vel primum vivere fit per augmentum et per susceptionem alimenti. Correlarium. Omnia vegetabilia hoc modo vivunt et nihil inferius planta, id est imperfectius, vivit. Secundus est vivere per sensum, hoc modo sentire est vivere. Correlarium. Omnis operatio animalis inquantum animal hoc modo est vita et convenit omnibus animalibus. Tertius est vivere per motum progressivum et sic convenit solum animalibus perfectis. Quartum est vivere per intellectum, et de hoc est ad propositum.

Respondendo ad questionem doctor Seraphicus duas ponit opiniones. Prima stat in duabus propositionibus. Prima propositio. Non omnia, que sunt in deo, dicuntur vita in ipso deo, sed solum ea, que sunt in deo, ut disposita fieri et causari ab eo. Pro declaratione notandum, quod aliqua sunt in deo, que aliquando fuerunt vel sunt vel erunt et dicuntur factibilia, aliquando existentia. Alia sunt possibilia, que nunquam erunt, licet sint possibilia, ut alter mundus et perfectior hoc mundo, et hec non vivunt secundum hanc opinionem in deo etc. Secunda propositio. Ad hoc, quod aliquid dicatur vivere in deo, requiritur, quod sit in deo quantum ad potentiam, id est, quod possit produci, et quantum ad noticiam, et quantum ad voluntatem producendi, id est quod cognoscat, et aliquando producantur vel producta fuerint.

[cl verso] Sed hec positio est contra Augustinum vi. de trinitate, ubi dicit, quod filius est ars plena omnium rationum viventium. Sed constat, quod non impletur nisi rationibus infinitis, ergo infinite rationes rerum vivunt in deo, ergo non solum entium et futurorum, sed etiam omnium possibilium. Et iterum Augustinus lxxxiii. questionum [sic] dicit, quod ratio est etiam, si nunquam aliquid per illam fiat. Sed constat, quod ratio est in mente artificis, etiamsi res corrumpatur ad extra, ergo etc.

Responsio sancti Bonaventure propria stat in quinque propositionibus cum quibusdam correlariis.

Prima propositio. Res create vel creabiles sunt in deo tripliciter. Primo tanquam in principio producente, id est potente producere, hoc est ratione potentie. Secundo tanquam in exemplari exprimente, hoc est ratione sapientie vel noticie. Tertio tanquam in fine conservante, hoc est ratione voluntatis.

Secunda propositio. Res create vel creabiles, inquantum sunt in deo tanquam in principio producente, tantum non sunt in eo vita nec sunt aliquid, sed purum nihil, et est contra Franciscum maronis. Probatur, quia creatio est post purum nihil.

Tertia propositio. Res create vel creabiles, inquantum sunt in deo tanquam in fine conservante, sunt diversimode, scilicet quia quedam res dicuntur vita in deo et quedam non. Deus enim conservat res secundum esse proprium ipsarum rerum, scilicet eo modo, quo habent esse. Hoc modo animalia et omnes nature viventes in deo vivunt, metalla vero non.

Quarta propositio. Res create vel creabiles sunt in deo tanquam in[31] exemplari exprimente, ideo habent vitam in ipso. Vel secundum Scotum: Res, inquantum sunt in intellectione divina et intellecte a deo, sunt vita in ipso.

Quinta propositio et ultima. Non solum illa, que sunt vel aliquando erunt vel fuerunt, dicuntur vita in deo, sed omnia possibilia fieri. Propter existentiam enim non est clarior intellectio divina, quam si non extiterit. Unde ab eterno deus eque clare cognovit me pro nunc legere, sicut modo cognoscit. Unde Johannis primo 'Quod factum est, in ipso vita erat'. Sed non erat vita creata ab eterno, ergo vita creatrix. Non autem debet punctuari, sicut Arrius voluit.[32] Nota omne obiectum cognitum ab aliquo inquantum cognitum ab eo, tale habet

---

[31] Im Druck: iu.

[32] Joh. 1, 3f. Vgl. Schabel, Online-Edition zu Franciscus de Marchia , Rep. IA, d. 39, art. 2, q. 3 (http://plato.stanford.edu/entries/francis-marchia/primum.html; 2002): *Aliqui dicunt quod non. Dicunt enim quod lapis intellectus vel volitus ut sic non est aliud ab actu divine intellectionis vel volitionis. Et hec etiam videtur esse de intentione Augustini 5* Super Genesim, *capitulo XV, et 4* De trinitate. *5 enim* Super Genesim *super illo verbo:* "Quod factum est in ipso vita erat", *probat Augustinus dupliciter quod ista littera non debet sic punctuari:* 'Quod factum est in ipso, vita erat', *sed sic:* 'Quod factum est, in ipso vita erat'. *Cuius ratio sua prima ibi est quod primo modo punctuando videtur innui quod illud quod factum est non sit factum per ipsum, sed tantum in ipso, cum tamen omnia sint facta per ipsum et sint in ipso.* Vgl. auch ders.: Unpubl. Edition zu Franciscus de Marchia, Rep. IB, d. 39 (Paris, BNF lat. 307), fo. 74vb (opinio propria zu art. 3).

Die von Brulefer vertretene Interpunktionsweise dürfte also vermutlich scotistisches und überhaupt mittelalterliches Gemeingut dargestellt haben.

esse obiective extrinsece (id est participative et denominative; non dico realiter); quale esse habet ipsa intellectio seu noticia. Correlarium primum. Omnia creata sunt in deo secundum triplex genus cause, scilicet efficientis, finalis et exemplaris, que proprie non distinguitur ab efficiente. Et sicut conceditur, quod lapis in mente divina est vita creatrix, que est deus; ita potest concedi, quod lapis in mente divina est deus. Sed post inferre, ergo lapis est deus: committitur fallacia a dicto secundum quid ad simpliciter. Correlarium secundum. Omnia sunt in deo modo istorum trium appropriatorum, scilicet potentie, noticie et bonitatis. Et nota, quod omne obiectum cognitum inquantum cognitum ab aliquo, tale habet esse participative et extrinsece; quale esse habet ipsa intellectio seu noticia formaliter.

2.1.27. *Rep. I, d. 36, a. 2, q. 2*

[cl verso b; Z. 26] Queritur secundo. Utrum res sint in deo verius quam in universo sive in proprio genere. Pro declaratione terminorum nota, quod res create habent duplex esse, scilicet secundum quid, et esse simpliciter. 'Esse secundum quid', prout ad presens sufficit, est esse cognitum ipsius creature secundum quod actualiter terminat actionem alicius intellectus. Et illud est duplex, scilicet 'esse secundum quid' ab eterno, aliud est 'esse secundum quid' ex tempore, secundum quod duplex est intellectus, scilicet increatus et creatus. Esse secundum quid ab eterno est, quod habuerunt omnes creature in intellectu divino ab eterno. Esse autem ex tempore est illud, quod habet cognitum in intellectu creato. Esse simpliciter rei est esse verum essentie sive actualis existentie, secundum quod actualiter res est in sua propria entitate, et secundum illud esse res dicuntur in proprio genere. Unde esse in universo, esse in proprio ge-[cli recto]nere, esse in mundo, esse simpliciter, esse essentie, esse actualis existentie, et esse nature vel impropria natura sunt omnibus modis idem. Habet autem questio ista (secundum sanctum Bonaventuram) duplicem sensum. Unus est, ut fiat comparatio eiusdem rei ad seipsam penes tamen diversum modum essendi. Et tunc est sensus, utrum lapis vel homo verius sit in deo quam in seipso. Alius sensus est, ut non sit comparatio eiusdem ad seipsum, sed sit comparatio rei ad rationem intelligendi talem rem. Et est sensus, utrum lapis habeat verius esse quam sua species vel ratio intelligendi.

Resolutio questionis stat in quinque propositionibus.

Prima propositio. Triplex est existentia rerum, scilicet in exemplari eterno, in intellectu creato et in mundo, et hoc est dictum in principio lectionis.

Secunda propositio. Res create habent esse in exemplari eterno, id est in intellectu divino et intellectu creato per suas similitudines, et in mundo secundum entitatem propriam.

Tertia propositio. Unaqueque res creata habet verius esse in seipsa vel in proprio genere, quam habeat in exemplari eterno. Et hec probatur tribus rationibus in oppositum.

Quarta propositio. Similitudo rei create verius est in deo simpliciter loquendo quam ipsamet creatura in semetipsa. Patet secundum ipsum, quia similitudo rei create in deo est ipsa essentia divina. Sed essentia divina est infinita, ergo etc.

Quinta propositio. Similitudines rerum creatarum sunt nobiliori modo et veriori modo (etiam in intellectu creato) quam in proprio genere seu in seipsis; patet, nam sunt in intellectu spirituali modo. In se autem habent esse corporale. Exemplum. Equus est grossus, sed species equi est mere spiritualis. Nam commune dictum Boecii est, quod receptum recipitur per modum recipientis. Correlarium. Sicut ad rem cognosci non sequitur rem esse, ita ad verius cognosci non sequitur verius esse. Doctor Subtilis in quarto ad istam questionem dicit: Aliud est loqui de esse veriori et perfectiori simpliciter alicuius rei. Et aliud est loqui de perfectiori esse alicuius rei inquantum talis res. Unde dicit

prima propositio,

quod quelibet res creata habet verius esse in intellectu divino quam in seipsa simpliciter. Patet, quia omne, quod ego habeo in deo, est ipse deus. Quod conceditur a Bonaventura, quia ponit quid, ydea sive similitudo ipsius creature, est ipse deus. Probatur aliter, quia tale esse habet ipsum obiectum cognitum participative, quale habet ipse intellectus, ergo.

Secunda propositio.

Lapis in se habet verius esse lapidis quam in intellectu divino. Patet. Licet enim lapis habeat nobilius et verius esse in intellectu divino cognitum, non tamen esse reale, quod est esse proprium. Hoc modo intelligitur Bonaventura et declaratur per scotum de intellectu creato.

Prima propositio.

Omnes forme accidentales et omnia accidentia materialia habent nobilius esse in intellectu creato.

Secunda propositio.

Substantie quecunque sive corporee sive incorporee habent verius esse in seipsis quam in intellectu creato. Patet, quia esse cognitum est accidens. Sed omnis substantia est nobilior accidente, ergo etc.

2.1.28. *Rep. I, d. 37, a. 1, q. 1*

[clii recto a; Z. 31] Circa distinctionem tricesimamseptimam, que habet duas partes principales, quarum prima tres habet articulos. Et circa primum articulum queritur primo, utrum deus sit ubique, id est in omnibus rebus. Animadvertendum, quod nullus terminus hic est declarandus nisi terminus ille 'ubique'. Ubi notandum, quod 'ubique' capitur dupliciter. Uno modo stricte et proprie, et sic est quidam terminus distributivus pro omnibus locis adverbialiter et affirmative, quia tantum valet sicut in omni loco, et est totum in modo. Alio modo large, ut est terminus distributivus pro omnibus rebus, et sic capitur in presenti questione. Et est distributio accommoda, id est in omnibus aliis a se. Sicut hic 'celum tegit omnia'. Nota, aliquid esse ubique vel in omnibus rebus potest intelligi tripliciter. Primo, ut sit in omnibus rebus per presentiam sive presentialiter. Alio modo essentialiter. Tertio modo potentialiter. Illud dicitur esse in omnibus rebus presentialiter, quod scilicet cognoscit clare et distincte omnes res, et de isto tractabitur distinctione xxxix. huius.

Correlarium. Deus necessario est in omnibus per presentiam sive presentialiter. Patet, quia illud dicitur presens ubique, in cuius conspectu omnia sunt presentialiter presentia, sed deus est huiusmodi, ergo. Secundo modo per potentiam seu potentialiter, et est ipsum causare et conservare omnes res in esse. Tertio modo per essentiam seu essentialiter, et est ipsum vel naturam eius esse in omnibus rebus vere et realiter.

Resolutio questionis.

Prima propositio.

Deus necessario est in omnibus rebus per presentiam. Patet, quod illud est ubique potentialiter, quod est indistans omnibus rebus, sed

deus est huiusmodi. Unde dicit magister sententiarum. Nihil aliud a
deo est presens omnibus rebus et hoc ex propria natura. Nota, quod
duplex est presentia, scilicet obiectiva et subiectiva sive realis. Presentia
obiectiva est in esse cognito et volito. Hoc modo esse presentialiter
in omnibus seu presentem omnibus vel habere omnia presentia dicit
relationem rationis. Sed presentia subiective seu realis est localis large
loquendo de esse locali, immo quasi improprie, prout deus immensive dicitur esse in loco.

Secunda propositio sive conclusio.

Deus necessario est in omnibus rebus per potentiam seu potentialiter.

Tertia propositio. Deus necessario est in omnibus rebus per essentiam.

Probantur iste conclusiones ex dictis Gregorii super illud Canticorum.
Quo abiit dilectus tuus, ubi dicit. Deus est in om-[clii verso]nibus
rebus essentialiter, potentialiter et presentialiter. Item psalmista: 'Si
ascendero in celum, tu illic es, si descendero ad infernum, ades'.[33]

Si queris, que sit necessitas essendi deum in omnibus rebus.
Respondetur, quod duplex est necessitas, scilicet absoluta; hoc modo
deus non necessario est in rebus. Patet, quia deus ab eterno non fuit
in rebus creatis. Alia est necessitas conditionata. Hoc modo debet
intelligi, quod dicit Sanctus Bonaventura. Deus necessario est in omnibus rebus, id est supposito, quod res create sint; non potest esse,
quin deus in ipsis sit.

Unde dicit sanctus Bonaventura: Necessitas existendi deum in omnibus sumitur primo a parte perfectionis summe ipsius dei. Secundo
a parte indigentie creaturarum. Ex quo enim deus immensus est et
summe potens nec potest habere unam partem hic et aliam alibi,
sed sit summe simplex; ideo in omnibus invenitur tanquam immensum. Et cum sit virtuosissimum in infinitum et summe simplex, ideo
virtus eius in omnibus est, et virtus eius idem est, quod substantia
eius; ideo necesse est, quod sit in omnibus.

Secundo ex parte creature est necessitas. Creatura enim est pas-
sibilis et vana, et utriusque causa est, quia est de nihilo, quia enim
creatura accipit esse ab alio, cum prius non esset, ex hoc non est
suum esse, et ideo non est purus actus, quia habet possibilitatem.
Ratione huius habet variabilitatem et caret stabilitate, et ideo non

---

[33] Ps. 138 (139),8.

potest esse nisi per presentiam eius, qui dedit ei esse. Et exemplum huius aptum est in impressione forme sigilli in aqua, que non conservatur ad momentum nisi presente sigillo. Item, quia creatura de nihilo producta est, ideo habet vanitatem, et quia nihil vanum in seipso fulcitur, id est firmatur, necesse est, quod omnis creatura sustentetur per presentiam virtutis eius. Et est simile, si quis poneret corpus ponderosum in aere sine sustentatione. Pro declaratione huius soliti sumus dicere de homine instabili, quod sit vanus, stultus enim, ut luna mutatur. Et sicut corpus ponderosum naturali inclinatione tendit deorsum, sic etiam omnis creatura ex quadam inclinatione tendit ad nihilum, et redigeretur in nihilum, nisi deus conservaret.

Ex dictis quedam ponuntur correlaria.

Primum correlarium.
   Deus non verius est per essentiam et potentiam in paradiso quam in ista stuba.

Correlarium secundum.
   Deus non verius est in ecclesia quam in coquina per essentiam, potentiam et presentiam; nec sequitur, ergo in ecclesia non debeo magis deum adorare quam in coquina, quia sunt etiam alii modi essendi in.

Tertium correlarium.
   Deus est in ecclesia per sanctificationem specialiter.

Quartum correlarium. Deus uniformiter est in omnibus rebus per essentiam, per presentiam et potentiam. Patet enim, quod deus equaliter intelligit muscam et angelum, et sic de aliis.

2.1.29. *Rep. I, d. 37, a. 1, q. 2*

[clii verso b, Z. 22] Queritur secundo. Utrum deus sit ubique localiter, id est in omnibus locis. Nota aliquid dicitur esse in loco quattuor modis, scilicet circumscriptive, diffinitive, sacramentaliter et immensive. Circumscriptive aliquid dicitur esse in loco, quod sic est in loco, quod totum locatum correspondet toti loco, et partes locati correspondent partibus loci. Hoc modo omnia corpora sunt in loco excepto celo empyreo. Diffinitive autem aliquid dicitur esse in loco, quod est presens alicui loco per realem presentiam et actualem existentiam, sic tamen, quod, quando est in illo loco, non potest esse in alio vel alibi ex sua natura vel per suam potentiam. Sacramentaliter vero illud dicitur esse in loco, quod est presens alicui loco per realem presentiam et actualem existentiam. Et sic est illi presens, quod est ibi sicut sub signo sensibili. Quarto aliquid est in loco immensive, scilicet quod propter suam immensitatem ex sua natura necessario est presens cuilibet rei.

[cliii recto] Prima propositio. Deus non potest esse in loco circumscriptive.

Secunda propositio. Nec angelus, nec anima de se, nec punctus, nec aliquod indivisibile est in loco circumscriptive. Patet, quia nullum tale habet partes integrales, ergo etc.

Tertia propositio. Esse in loco circumscriptive, occupative, commensurative, et dimensive, id est quantitative, idem sunt. Pro secundo membro (scilicet aliquid esse in loco diffinitive) patet, quod angelus dummodo est hic, non est in celo empyreo, licet semper sit in paradiso, id est in beatitudine. Sicut christus dixit latroni in cruce. Hodie mecum eris in paradiso, id est eris beatus clara visione divine essentie. Patet enim, quod latro illa die nec fuit in paradiso terrestri nec in celo empyreo, sed in limbo.

Correlarium: Deus non potest esse in loco diffinitive. Pro tertio membro (scilicet aliquid esse in loco sacramentaliter)[34] propositio. Corpus christi non potest esse in omnibus rebus sacramentaliter. Patet, quia tunc esset in omnibus tanquam sub signis sensibilibus. Sed nec angelus, nec essentia divina est signum sensibile, ergo etc. Corpus tamen christi potest esse ubique sacramentaliter capiendo ubique, id est in omni loco. Nec impedit, quod esse alicubi sacramentaliter non est proprie esse in loco. Sufficit enim, quod generaliter comprehendatur sub esse in loco. Unde posito quod corpus christi de potentia divina absoluta esset sub omnibus rebus sensibilibus, vel quod sole species consecrate sint, corpus christi esset ubique, id est in omni loco. Hic autem non accipitur hoc modo esse in loco, sed quarto modo, scilicet immensive.

Resolutio questionis stat in una distinctione et tribus propositionibus. Distinctio est talis. Triplex est proprietas sive conditio, secundum quam locus et locatum possunt comparari. Prima dicitur salvationis

---

[34] Im Druck fehlt diese schließende runde Klammer.

seu conservationis. Hoc modo locus excedit locatum practica in philosophia. Vinum melius conservatur in cavea terre frigida, quam si
ponatur ad solem. Item in hac terra non generantur leones etc. Prima
propositio. Deus non potest esse in loco sic, quod conservetur a loco.
Secunda conditio dicitur commensurationis seu equalitatis, et secundum hanc proprietatem nec locus excedit locatum nec econverso.
Secunda propositio. Sola corpora sunt in loco commensurative.
Conditio tertia dicitur impletionis, et secundum illam locatum excedit locum; locus enim hoc modo indiget locato. Patet, si alicui eruan-
tur oculi, erit turpis, quia concavitas ista sine organo est magne
imperfectionis. Tertia propositio. Ista tertia proprietas non dicit imperfectionem, ideo ponenda est in deo. Unde Hieremias xxiiii [sic]
'Celum et terram ego impleo etc'.[35]

2.1.30. *Rep. I, d. 43, q. 1*

[clxxvi verso a; Z. 25] Circa distinctionem quadragesimamtertiam
primo queritur. Utrum potentia dei sit infinita.

Resolutio questionis stat in una conclusione, tali scilicet: Conclusio.
Divina potentia est omnimode infinita tam in actu quam in habitu.
Unde per divinam potentiam intelligimus voluntatem divinam inquantum creativa omnium possibilium fieri. Unde intellectus dei ut intellectus non dicitur omnipotentia. Post declarationem igitur aliqualem
conclusionis, in qua omnes doctores catholici conveniunt. Notandum,
quod divina potentia capitur dupliciter. Uno modo habitualiter. Et
est ipsa voluntas divina inquantum operativa seu creativa. Alio modo
actualiter, et est velle divinum, quo deus omnia creat. Hec distinctio est eadem cum illa (doctoris subtilis et aliorum), duplex est actus,
scilicet primus et secundus. Primus est entitas productiva alicuius
effectus. Actus secundus est aliquid productum. Conformiter seu cor-
respondenter est in divinis; quamvis enim velle divinum non sit productum, tamen habet rationem producti. Probat conclusionem
resumendo rationes ante oppositum. Nec tamen oportet omnes rationes esse demonstrativas, sed sufficit, quod sint probabiles. Penultimum
enim argumentum patitur calumniam, ut patet in prima distinctione
quarti questione prima Scoti. Principaliter tamen sic probatur conclusio. Essentia divina est infinita, ergo potentia divina est infinita.
Probatur consequentia, quia summa idemptitate sunt unum, nec pos-

---

[35] Jer. 23,24.

sunt distingui. Item potest argui. Essentia divina est ubique, ergo
potentia dei est ubique, quia idem sunt. Et quamvis questio est pro-
lixa, tamen est clara.

Pro solutione argumentorum sciendum, quod duo prima argumenta simul solvit dupliciter. Ex secundo argumento enim magis
patet primum, quomodo scilicet probetur esse status in potentia dei,
quia non extendit se ad mala. Licet autem utraque solutio sit bona.
Secunda tamen est clarior. Prima solutio stat in his dictis. Primum
dictum. Divina potentia est infinita respectu eorum, que posse est
potentie. Secundum dictum. Non est ergo respectu illorum, que posse
est impotentie infinita, nec est infinita respectu malicie, quia nihil ex
eis potest. Tertium dictum. Nec tamen potentia dei invenit terminum nec excessum. Patet. Excessus enim et terminus rei attenditur
secundum ea, ad que res se extendit seu que respiciuntur ab ipsa,
sed divina potentia solum extendit se ad bona. Et non sunt tot bona
creabilia assignabilia, quin deus possit in plura. Et quantum ad talia
bona numquam scientia est plurium quam potentia. Secunda solutio. Potest aliter dici, scilicet quod potentia dei et scientia dei in se
sunt eque infinita, nec unum excedit aliud. Alio modo comparari
potest potentia ad obiecta, et similiter scientia, et sic est loqui dupliciter, aut enim secundum formam seu speciem vel secundum numerum. Secundum nume-[clxxvii recto]rum potentia dei non exceditur
a sapientia, quia potest in infinita secundum numerum. Si secundum
speciem, tunc potentia exceditur a scientia, non tamen sequitur, quod
sit infinita. Exemplum de duabus lineis in infinitum protensis, ubi
una illarum excederetur ab ambabus, non tamen esset finita quo ad
protensionem.

2.1.31. *Rep. I, d. 43, q. 2*

[clxxvii recto a; Z. 8] Queritur secundo. Utrum essentia divina sit
infinita sive divina potentia sit infinita quantum ad esse, non scilicet
quantum ad posse. Pro cuius declaratione questionis quinque ponuntur divisiones. Dicitur autem infinitum ab 'in', id est 'non', et 'finitum'
quasi 'non finitum'. Ideo potest capi dupliciter ratione negationis,
quia potest sumi aut negative aut privative. Prima divisio. Infinitum
capitur dupliciter: Uno modo sinkathegoreumatice et hoc dupliciter,
aut enim additur multitudini, et sic tantum valet sicut aliquot et non
tot quin plura, vel secundum aliam expositionem valet tantum sicut
aliquot et quelibet plura, ut 'infiniti sunt dies seculi'. Si autem addatur

magnitudini, sic tantum valet sicut aliquantum et non tantum quin maius, vel (et in idem redit) id est aliquantum et quantolibet maius, ut 'linea est infinita', id est 'linea est aliquanta et quantolibet maior'. Hec expositio videtur magis exprimere. Sed sic non capitur in proposito infinitum. Alio modo infinitum capitur kathegoreumatice, et est aliqua res habens infinitatem. Secunda divisio. Infinitum kathegoreumatice captum sumitur tripliciter. Primo pure negative, et est illud, quod non habet terminum seu finem nec est aptum natum habere terminum. Isto modo punctum est infinitum. Secundum Aristotelem enim in quinto et sexto phisicorum. Quod habet terminum includit duo etc. Alio modo capitur pure privative, et est illud, quod caret termino, est tamen aptum natum habere terminum. Verbi gratia imaginetur linea existere ablatis punctis terminantibus ab ea. Tertio modo. Infinitum kathegoreumatice captum sumitur pure contrarie, et est illud, quod habet positive infinitatem, et de hoc est ad propositum. Tertia divisio. Infinitum kathegoreumaticum pure contrarie captum est duplex, quoddam est infinitum contrarie extra genus, et dicitur esse aliqua res habens infinitam entitatem in perfectione, cuiusmodi est solus deus, et de hoc membro est questio presens. Quarta divisio. Infinitum contrarie in genere est quadruplex, scilicet secundum multitudinem et correspondet infinitati numerali, sicut esset infinitus numerus, si posset esse, ut infiniti homines actualiter existentes. Aliud est infinitum secundum extensionem vel magnitudinem et correspondet infinitati molis. Tertium est secundum durationem. Quartum vero secundum intensionem, sicut esset albedo habens infinitos gradus. Quinta divisio. Quodlibet illorum potest capi dupliciter, scilicet in actu et in potentia.

Resolutio questionis stat in tribus opinionibus, quarum prime due sunt heretice. Tertia vero est katholica et tenenda. Prima opinio stat in una distinctione et duobus dictis. Distinctio. Essentia divina potest dupliciter considerari. Uno modo sub ratione essentie. Alio modo sub ratione potentie. Primum dictum. Essentia divina in ratione essentie est finita. Patet, quia nominat deum ut in se, qui ut sic est finitus, quia comprehenditur a finito, ut beatis. Et hoc patet propter essentie simplicitatem, que tota videtur, et per consequens comprehenditur. Secundum dictum. Essentia divina in ratione potentie est infinita, patet, quia, ut sic dicit respectum ad effectus infinitos, ergo etc. Sed contra. Ista opinio manifeste est erronea; patet. Nam ista sunt incompossibilia, quod essentia sit finita, et potentia sit infinita, cum sint omnino idem. Pro declaratione tamen aliquorum iam dictum notande

sunt quedam propositiones. Prima propositio. Omnes beati sunt com-
prehensores perfecte visionis, sed non comprehensione inclusionis.
Secunda propositio. [clxxvii verso] Nullus beatus (excepto christo seu
anima christi) intelligit deum, quantum intelligere posset deo volente.
Correlarium. Intellectus noster pro statu isto nullam rem comprehendit. Probatur, quia neque corporalem neque spiritualem sic intelligit, ut omnia predicata de eo verificabilia cognoscat. Item non
cognoscimus differentias individuales.

Secunda opinio etiam stat in unica distinctione et duobus dictis.
Distinctio. Duplex est infinitum, scilicet simpliciter, et nobis. Primum
dictum. Tam essentia quam potentia divina est simpliciter et secundum veritatem finita; patet. Quia est ipsi deo finita, qui est summa
veritas, ergo etc. Secundum dictum. Tam essentia quam potentia
divina est nobis infinita; patet, quia improportionabiliter nos excedit, ergo etc. Sed contra, quia, sicut supra probatum est, quod potentia divina est actu infinita, sic est de essentia divina. Tertia vero
opinio katholica et tenenda stat in unica conclusione. Conlusio.
Tenendum est tanquam verum (eo quod est magis consonum fidei,
que dicit deum immensum, et auctoritatibus sanctorum, qui omnes
dicunt deum infinitum), quod essentia divina est actu infinita. Unde
Damascenus dicit, quod deus est quoddam pelagus substantie infinitum, ergo etc.

2.1.32. *Rep. I, d. 43, q. 3*

[clxxvii verso a; Z. 30] Queritur tertio. Utrum divina potentia possit in effectum actu infinitum. Notandum, quod hec questio includit
quattuor questiones, de quarum quelibet est maxima difficultas, precipue secundum quod tractant moderni doctores viri utique doctis-
simi eas. Infinitum enim kathegoreumatice captum contrarie in genere
est quadruplex, scilicet secundum multitudinem, extensionem, intensionem et secundum durationem. Unde infinitum secundum multitudinem est duplex, scilicet in actu et in potentia. Infinitum in actu
secundum multitudinem est aliqua multitudo actu infinita, que non
contingit dari maiorem. Ut si essent infiniti homines, multitudo illorum esset infinita taliter. Infinitum[36] vero in potentia secundum multitudinem est aliqua multitudo actu finita data vel dabilis, que contingit
dare maiorem in infinitum. Sensus igitur questionis. Primus potest

---

[36] Im Druck: Infininitum.

esse. Utrum divina potentia possit producere infinitos homines vel
muscas, et sic de aliis secundum multitudinem in actu vel in infinitum
in potentia. Secundo modo. Infinitum dicitur secundum extensionem
et hoc iterum est duplex, scilicet in actu vel in potentia. In actu
enim aliqua multitudo habens actu infinitam quantitatem extensive,
qua non potest esse maior extensive. Et de tali infinito est secunda
partialis difficultas. Vel est infinitum secundum potentiam, et est aliqua magnitudo habens actu finitam quantitatem extensive, que potest
esse vel dari maior in infinitum. Aliqui enim dicunt, quod ignis potest
augeri in infinitum illo modo, et sic hec est vera 'omni igne dato
vel dabili potest esse maior'. Tertio modo dicitur infinitum secundum intensionem, et hoc iterum aut in actu vel in potentia. Si in
actu, sic est aliqua forma intensibilis habens infinitos gradus intensionis perfectionales, que non contingit dari maiorem. Aliud autem
est infinitum secundum intensionem in potentia, et est aliqua forma
intensibilis data vel dabilis, que potest intendi in infinitum. De quo
tertia potest esse difficultas. Infinitum autem quarto modo dicitur
secundum durationem, et hoc vel simpliciter vel secundum quid.
Infinitum secundum durationem simpliciter est illud, quod non habet
principium sue durationis, nec finem. Et dicitur alio nomine eternum. Infinitum autem secundum durationem secundum quid est illud,
quod licet habeat principium sue durationis, non tamen habet finem.
Et dicitur infinitum secundum durationem a parte post, quod dicitur perpetuum. De hoc esset quarta difficultas, de quo tamen specialiter tractabitur in secundo, utrum scilicet deus possit vel potuerit
facere creaturam eternam seu ab eterno.

Opinio modernorum doctorum. Pro qua possent allegari quadraginta rationes hincinde disperse in Hybernico, Elinckam, Bockinkam,
Adam et Gregorio de arimino, qui quasi est princeps illius opinionis, et stat in quattuor conlusionibus. Prima conclusio. Deus potest
produce-[clxxviii recto]re aliquam multitudinem actu infinitam. Secunda
conclusio. Deus potest facere aliquam magnitudinem actu infinitam.
Tertia conclusio. Deus potest facere aliquam qualitatem intensibilem
actu infinitam. Quarta conclusio. Deus potest facere infinitum secundum durationem simpliciter et hoc etiam secundum plures scotistas.
Probatio harum conclusionum. Quia omne illud est possibile deo,
quod non includit evidenter contradictionem nec ad ipsum sequitur
necessario contradictio. Sed infinitas actualis et multitudo non includunt contradictionem poni simul, nec ad eas sequitur necessario contradictio. Similiter infinitas actualis et magnitudo etc. non includunt

etc., ergo etc. Maior est Scoti in quarto. [Ord. IV, d. 10, q. 2 passim] Sed minor probatur, quia infinitas et ratio multitudinis non repugnant. Probatur, quia ratio multitudinis seu multitudo inquantum multitudo non includit finitatem nec infinitatem. Infinitas ergo non destruit rationem multitudinis nec rationem magnitudinis loquendo de infinito in actu in genere tamen; patet enim, quod nihil aliud a deo potest esse infinitum in actu, scilicet in perfectione. Tenens has conclusiones non dimittit Scotum. Patet de quarta difficultate, quia doctor Subtilis est neuter in secundo. Solvit enim argumenta pro utraque parte. Item vult, quod finitas et infinitas non variant rationem formalem eius, cuius sunt. Sed hoc nihil videtur ad propositum. Patet enim, quod dato, quod deus faceret talia infinita, adhuc unumquodque talium haberet finitatem entitativam, ut modum intrinsecum omni creabili.

Responsio sancti Bonaventure stat in una distinctione et duabus conclusionibus. Distinctio. Duplex est infinitum, scilicet actu et potentia. Prima conclusio. Infinitum in potentia deus facit. Secunda conclusio. Infinitum in actu non potest facere nec facit. Ponit rationem, que parum curatur ab aliis. Aliter etiam sic probatur. Deus non potest facere tot homines, quin facere possit plures; probatur, quia quotcunque dederis eum fecisse quero. Utrum deus possit facere alios aut non. Si non, ergo potentia divina est infirma propter creationem illorum, et sic finita et limitata. Vel potest alios facere (et hoc membrum oportet admitti), ergo illi, qui adhuc possunt fieri, additi aliis augent eos. Alia opinio diceret, etiam si deus faceret albedinem infinitorum graduum seu (quod idem est) infinitum actu secundum intensionem, adhuc illa albedo esset minoris entitatis quam minima substantia, immo quam minima qualitas spiritualis alterius speciei ab ipsa. Argumenta ante oppositum non sunt meliora, que fieri possunt. Unde et sanctus Bonaventura bene solvit. Concedit autem, quod deus potest facere infinita sinkathegoreumatice capiendo, id est, quantumcunque multa fecerit, potest facere plura. Argumentorum declaratio pro parte prime opinionis. Et primum alii sic solvunt. Infinito nihil est maius, verum est de infinito simpliciter seu extra genus. Aliud est infinitum in genere seu in specie, ut infinitum in multitudine sicut infiniti homines. Dicunt ergo, licet deus infinitos faceret homines, adhuc in entitate essent imperfectius ens quam minimus angelus, quia est alterius rationis. Ad secundam vero rationem dicerent, quod calor infinitus secundum intensionem est infinitum secundum quid seu in genere, esset enim in genere qualitatis. Et esset

imperfectior minima substantia. Da tali infinito non est verum, quod
sit simpliciter simplex. De quo infinito notande sunt alique propositiones
secundum illam opinionem. Prima propositio. Deus potest creare
infinitas animas. Secunda propositio. Deus potest creare infinitas gratias in istis animabus. Tertia propositio. Deus potest separare illas
gratias ab animabus, sicut modo separat quantitatem et qualitatem
a substantia panis in sacramento altaris. Quarto propositio. Deus
potest separatas gratias unire sibi invicem. Sicut si essent infinite
gutte aque, quo ad numerum seu multitudinem possent uniri in unum
mare. Postquam autem essent unite in unam gratiam, illa esset infinita
intensive. Huic ultimo manifeste videtur Scotus in tertio distinctione
xiii. [clxxviii verso] contradidere, ergo et illi, ex quo sequitur.

2.1.33. *Rep. II, d. 3, q. 1*

[cciiii verso a; Z. 24] Circa distinctionem tertiam ostenditur, quales
facti sunt angeli.

Primo queritur. Utrum in angelo sit compositio ex diversis naturis, scilicet materia et forma. [. . .] [Z. 35] Queritur secundo dato,
quod in angelis sit materia large capta. Utrum sit eiusdem rationis
cum materia corporalium. [. . .] [cciiii verso b] Tertio queritur. Utrum
materia spiritualium et corporalium sit una secundum numerum vel
secundum aliam unitatem. [. . .] [Z. 29] Quarto queritur. Utrum in
angelis sit mera discretio personalis. [. . .] [ccv recto a; Z. 10] Queritur
quinto. Utrum personalis proprietas sit in angelis accidentalis vel substantialis. [. . .]

[ccv recto b; Z. 34] Sexto queritur. Utrum discretio personalis sit
a parte principii formalis vel materialis. Respondeo breviter et dico
secundum Scotum, quod neque materia, que est altera pars compositi neque forma, que est altera pars compositi, neque unio mutua
neque quantitas est principium individuationis, sed principii individuationis est differentia individualis. Nam sicut natura specifica constituitur per differentiam specificam in esse specifico, sic individuum
constituitur in esse individuali per [ccv verso] differentiam[37] indivi-
dualem, que est materia totius et est realiter eadem cum forma totius,
scilicet humanitate, licet formaliter distinguatur a forma, scilicet totius.
Nota, quod distinctio personalis aliter fit in deo et aliter in creatu-

---

[37] Im Druck: differenitam.

ris, quia in deo fit solum per originem. In creaturis autem non fit
per originem. Et dicitur persona per analogiam de deo et creaturis,
quia per prius dicitur de deo quam creaturis. Auctoritas Boecii, scilicet quod species sit totum esse individui est vera, si intelligatur de
esse quidditativo et essentiali. Ex quo sequitur, quod individuum non
habet diffinitionem quidditativam propriam, et per consequens de
individuo non est scientia. Differentia individualis non est de essentia individui, licet sit de intrinseco individui.

2.1.34. *Rep. III, d. 3, q. 1 mit q. 2*

[cclxxxiii recto; Z. 38] Circa distinctionem tertiam tertii sententiarum queritur. Utrum caro beate marie virginis fuerit sanctificata ante
animationem. 'Virgo' est concretum huius abstracti 'virginitatis'. Nota,
quod virginitas capitur quattuor modis. Primo modo dicitur esse integritas [cclxxxiii verso] carnis quedam, et sic omnis mulier nascitur
virgo, et ista virginitas sive integritas carnis non est virtus moralis et
meritoria; patet, quia nulla virtus inest nobis a natura. [. . .] [Z. 11]
Secundo modo capitur pro inexperientia cuiuscunque veneree delectationis in persona apta nata experiri. [. . .] [Z. 22] Tertio modo
capitur pro habitu continendi ab omni venerea delectatione cum
negatione voluntarie experientie de preterito. [. . .] [Z. 30] Quarto
modo capitur pro habitu continendi ab omni venerea delectatione
cum negatione voluntarie experientie de futuro propter deum, et isto
modo diffinitur ab Augustino. Est continentia, qua integritas carnis
ipsa creatori carnis et anime vovetur, conservatur, et consecratur, et
est perfecta species continentie. Notandum, quod virginitas se habet
ad continentiam sicut magnificentia ad liberalitatem. Liberalitas enim
respicit materiam circa sumptus sive magnos sive parvos. Magnificentia
autem solum magnos sumptus. Et sic omnis magnificentia est liberalitas, sed non econtra secundum Aristotelem quarto ethicorum; sic
continentia dicit abstinentiam ab omni actu libidinoso illicito contra
leges matrimonii, et ista est in matrimonio. Continentia vero in vir-
ginitate, id est virginitas, dicit continentiam ab omni coitu, scilicet
licito et illicito, et sic omnis virginitas est continentia et non econverso. Sola ergo virginitas mentis est virtus; patet, quia caro non est
susceptiva virtutis et gratie de se. Aliqua mulier etiam naturaliter
loquendo potest esse mater alicuius ipsa remanente totaliter virgine
virtute ut de oppressa violenter et contra voluntatem suam, que potest
concipere. [. . .] [Z. 26] Virgo beata habuit omnes istas virginitates.

Primam, quia christus exivit de utero suo absque aliqua fractura, et sic duo corpora fuerunt in eodem loco. Quartam habuit, quia dicunt doctores, quod ipsa voverat virginitatem, alioquin frustra dixisset 'non cognosco virum', id est 'non cognoscere proposui et novi'.

Secundo queritur: Utrum anima beate virginis fuerit sanctificata ante peccati originalis contractionem. Require in sermone: Nondum erant abyssi.[38]

2.1.35. *Rep. III, d. 7, q. 1*

[cclxxxix recto a; Z. 40] Circa distinctionem septimam queritur.

Utrum hec propositio sit vera 'deus est homo'. Dicendum, quod absque dubio secundum fidem catholicam tenendum est firmiter, quod predicta propositio est vera ratione unionis personalis in christo duplicis in unam personam, que de seinvicem predicantur in concreto, quia quecunque uni et eidem singulari singulariter et univoce tento et incorporabili sunt eadem, ista eadem sunt inter se, sed sic est, quod de christo dicitur 'deus et homo', ergo distinguuntur de seinvicem. Non tamen predicta propositio est immediata, sed hec est immediata 'natura humana est unita verbo dei', et ex hac sequitur ista, scilicet quod 'verbum divinum est homo'. Et ad hanc sequitur 'deus est homo', ad quam sequitur ista quarta 'homo est deus', que est convertens tertie. Sed de modo predicandi est triplex opinio, vide in textu, quarum due prime reprobantur, et tertia tenetur. Non enim est predicatio formalis sive essentialis ut 'homo est animal', nec causalis ut 'deus spes mea'; nec causativa ut 'loqui est opus humanum' est predicatio causalis. Nec est accidens talis, que est, quando predicatum et accidens subiecto vel econverso, nec est identica sive implicativa, ut dicit secunda opinio, que dicit, quod hec 'deus est homo' est vera per implicationem, et sensus est 'ille, qui est deus, est homo; filius enim dei, qui est deus, identice est homo'; non valet, ut patet in textu. Dicendum ergo est, quod hic est singularis modus predicandi, scilicet per unionem, ideo enim homo predicatur de deo, quia unitur ei in unitate persone, et quoniam hec unio est singularis, non est mirum, si singularem modum exigit predicandi, ideo hec predicatio non reducitur ad aliquos modos predicandi consuetos. Nota, quod est differentia inter univoce predicari et predicatum univocum. Univocum predicatum est, quod predicatur de aliquibus

---

[38] Zu dieser Predigt s. oben VII. 2.4., Anm. 61.

secundum idem nomen et eandem rationem, ut 'album' predicatur de lapide, pariete et equo et homine secundum idem nomen et eandem rationem, que est esse disgregativum visus. Ad predicari autem univoce requiritur ultra, quod ratio nominis sit de quidditate eius, de quo predicatur. Ista sunt synonima 'univoce predicari', 'quidditative in primo modo dicendi' et 'formaliter et essentialiter', homo autem dicitur de deo non univoce, sed tanquam univocum predicatum.

2.1.36. *Rep. III, d. 7, q. 2*

[cclxxxix recto b; Z. 40] Secundo queritur. Utrum sicut ista conceditur 'deus est homo' pro persona filii, sic ista sit concedenda 'deus non est homo' pro persona patris. Respondeo secundum Bonaventuram, quod hec non concedenda est 'deus non est homo', quia non est simile, quia iste terminus 'deus' etc., vide textum. Dicen-[cclxxxix verso]dum secundum aliquos, quod utraque est vera et ratio est, quia ista 'deus est homo' et 'deus non est homo' sunt indiffinite singulariter, quia illa propositio est indiffinita, in qua subiicitur terminus communis sine signo quantificante, sed sic est hic, ergo etc. Quod autem iste terminus 'deus' sit communis, patet, quia ille terminus est communis, qui vere potest predicari de pluribus; sed iste terminus 'deus' est huiusmodi, ergo etc. Et sic dicit Ockam et Gregorius de arimino: Iste terminus 'deus' in sacra sciptura habet diversam suppositionem. Aliquando enim supponit pro persona divina. Aliquando pro essentia divina communi ipsis tribus personis. Prima pars patet per illud presens. 'Propterea unxit te deus, deus tuus oleo leticie'. Ita quod li primum 'deus' est vocativi casus et supponit pro persona filii, et secundum li 'deus' supponit pro patre et est sensus 'O deus fili propterea unxit te deus tuus, id est pater tuus', et hoc dicit Augustinus. Patet etiam per illud Johannis primo 'verbum erat apud deum',[39] quia 'apud' importat distinctionem, que non est inter verbum et naturam divinam. 'Et ibi benedicat nos deus deus etc.' Secunda pars patet per illud apostoli 'Solus deus habet immortalitatem',[40] et per illud Exodi [sic] 'Audi israel, quia dominus deus tuus unus est',[41] id est essentia divina unica est et indivisibilis. Item patet per illud Augustini. in primo libro de trinitate. 'Deus est pater

---

[39] Joh. 1,1.
[40] 1. Tim. 6,16.
[41] Deut. 6,4.

et filius et spiritus sanctus'. Et in uno sermone de uno martyre. 'Quis est deus? Pater et filius et spiritus sanctus', et constat ibi, quia ibi supponit 'deus' pro divinitate, neque 'pater est pater, filius et spiritus sanctus etc.' Et in ista propositione 'deus genuit deum', et 'deus est homo' 'deus' non supponit pro natura divina, sed pro persona, quia ista 'deitas genuit vel est homo' est heretica. Sequitur ex hoc, quod in ista 'deus non est homo', ly 'deus' supponit pro persona, ideo dicendum, quod quantum est de sermone rigoris. Ista est singulariter concedenda 'deus non genuit deum', et ista 'deus non est homo', quia sunt indefinite, et ad veritatem indefinite sufficit, quod una singularis sit vera. Ista autem 'deus non est homo' habet duas singulares veras, scilicet 'deus pater et deus spiritus sanctus non est homo', que ambe sunt vere, ergo ipsa vera. Similiter dicendum est de ista 'deus non genuit deum'. Hec autem dicta sunt secundum opinionem modernorum, sed prima secundum opinionem antiquorum.

2.1.37. *Rep. III, d. 7, q. 3*

[cclxxxix verso b; Z. 4] Tertio queritur. Utrum hec sit admittenda 'deus factus est homo'. Notandum, quod duplex est factio, activa et passiva. Prima est habitudo facientis ad factum, quod accipit 'esse post non esse' natura vel tempore a tali faciente. In hac diffinitione sunt due particule. Prima habitudo facientis ad factum loco generis.

Secunda particula, quod accipit etc. Quia de ratione eius factionis est 'esse post non esse', et hoc ponitur ad differentiam filii dei, qui semper fuit. Ideo non potest dici factus. Ex quo sequitur, quod si deus creasset mundum ab eterno, adhuc fuisset ibi vera factio, quia licet non habuisset 'esse post non esse' tempore vel duratione, habuisset tamen natura, quia mundus quantum est de se, habuisset 'prius non esse quam esse', nisi deus impedivisset preveniendo, ita quod fuisset ibi prioritas nature privativa. Factio passiva est habitudo ipsius facti ad ipsum faciens etc., sicut in priori diffinitione. Filius autem dei et spiritus sanctus, licet sint producti, non sunt tamen facti, quia sunt ex se eque necessarii sicut pater, quamvis non sint a se. Notandum, quod creatio, factio, actio sic differunt, quia actio semper subiectum presupponit, in quod agatur.

Creatio nihil omnino presupponit, sed est de nihilo, et est soli deo possibilis. Unde est productio alicuius de nihilo. Ex quo sequitur, quod creatio proprie non est actio, et si dicatur actio, magis dicitur grammaticaliter loquendo quam realiter vel metaphisicaliter loquendo, sicut dicitur, quod 'creo' est verbum activum, factio autem est quid commune actioni et creationi. Factio iterum est duplex, quedam dicitur factio simpliciter, alia factio talis qualis vel factio secundum quid. Sicut enim istud verbum 'est' ponitur in propositione 'deest secundo adiacente', aliquando in propositione 'deest tertio adiacente'; quando autem [ccxc recto] ponitur primo modo, dicit existentiam simpliciter, quando ponitur secundo modo, dicit esse, scilicet de tertio adiacente, non esse existentie sive esse simpliciter, sed importat secundum illud, quod specificatur per tertium, ut esse album vel nigrum etc. Sic dicendum est de isto verbo substantivo 'fio'. Quando enim ponitur in propositione 'deest secundo adiacente' importat factionem simpliciter, ut deus sit etc., quando autem ponitur in propositione 'deest tertio adiacente' importat actionem secundum exigentiam vel specificationem tertii, quod ponitur in propositione. Factio ergo simpliciter est, qua aliquid sit simpliciter de non esse ad esse, factio autem aliqualis est, qua aliquid fit tale, ut 'sortes fit albus' etc. Questio autem intelligitur de factione non simpliciter, que esset plana, sed factione aliquali. Ad quam respondendum est simpliciter affirmative, scilicet 'deus factus est homo'. Sic enim 'factus' cadat super totam propositionem 'sensus est factum'; est ita, quod ista propositio sit vera 'deus factus est homo' et 'homo factus est deus'. Et quamvis sit verus sensus et ab omnibus concessus, non tamen est verus de rigore sermonis, quia hoc participium, quod est 'factus', cum dicitur masculini generis et adiectivum adiective tentum, non potest ponere rem suam circa copulam, sed necessario ponit quantum est de virtute sermonis circa subiectum vel predicatum. Si autem li 'factus' tenet se ex parte predicati, est sensus 'deus est homo, qui quidem homo factus est vel productus', et sic potest dici, quod sensus est falsus, quia homo dictus de christo dicit suppositum divinum, quod minime est factum, et ideo christus non est homo factus. Si autem li 'factus' determinet unum ex tremore in comparatione ad aliud, sic est sensus 'deus se fecit hominem per humanitatis assumptionem, sicut homo facit se doctum per acquisitionem doctrine' et sic sensus est verus; tamen aliquid habet impropietatis et aliquid propietatis. Hoc enim participium 'factus' tria importat, videlicet antecessionem ex parte subiecti et inceptionem ex parte predicati ad transmutationem ex parte utriusque, ut in hoc exemplo 'homo factus est sapiens'. Homo enim fuit, antequam esset sapiens, et postea incipit esse sapiens, et est transmutatio tam in homine quam in sapientia. In proposito autem est reperire antecessionem ex parte subiecti et inceptionem ex parte predicati, sed non est reperire transmutationem in supposito dei, et ideo 'factus' hic cadit a propria significatione quantum ad tertiam conditionem, nec importat transmutationem, sed unionem, licet ergo habeat aliquam proprietatem, quia tamen habet veritatem, ideo recipitur, quia in expressione fidei magis consideratur sermonis veritas quam significationis congruitas. Ea enim, que sunt fidei nostre, ut dicit Augustinus, melius intelligimus, quam proferamus. Et gregorius dicit, quod excelsa dei balbutiendo resonamus. Concedendum est ergo predictus sermo, quantum ad primum et tertium sensus suos. Nota, quod factio proprie loquendo, licet importat mutationem, non tamen factio large loquendo: non est ibi imperfectio. De ista propositione etiam 'homo factus est deus' potest similiter distingui sicut de priori. Si enim 'factus' importat rem suam super totam propositionem suam, sensus est 'homo factus est deus', id est 'factus est ut homo deus', et est verus sensus, et concessus vel magis permissus a doctoribus sacris, et iste solus est verus. Si autem li 'factus' ponat rem suam super predicatum, sensus est 'homo factus est deus', id est 'homo est deus qui est factus', et iste sensus est hereticus, quia 'deus non est factus', quamvis sit genitus. Si autem li 'factus' ponat rem suam circa utrumque extremum, et dicat ordinem subiecti ad predicatum, sensus est 'homo factus est deus', id est 'qui prius erat homo factus, est deus posterius', et hic sensus est falsus, quia esse hominem nunquam antecessit in illo supposito esse deum, nec divinum esse aliquatenus inchoatur. Unde magis est impropria hec propositio 'homo factus est deus' quam hec 'deus factus est homo' et rarius invenitur in sacra scriptura. Si tamen alicubi legatur vel inveniatur, tunc secundum priscianum sensum est: 'accipienda'. Notandum, [ccxc verso] quod hec propositio 'homo factus est deus' de rigore significationis simpliciter falsa est. Patet. Omnis propositio est falsa simpliciter et de rigore significationis, cuius contradictoria est simpliciter vera; sed contradictoria istius 'homo factus est deus' est simpliciter vera, ergo etc. Minor probatur: Contradictoria istius est ista 'nullus homo factus est deus', que est singulariter vera et de rigore significationis, quia nullus alius homo a christo factus est deus, ut patet inductione, nec ipse homo, qui dicitur christus, factus est deus, cum ille homo christus sit ab eterno deus, et clarum est, quod 'homo' est nomen suppositi et ibi supponit pro persona divina, que semper fuit deus, et per consequens ista 'nullus homo factus est deus' est vera, quia eius omnes singulares sunt vere, ut patet inducendo.

Secunda propositio, licet autem hec propositio 'deus est homo' et hec 'homo est deus' inceperint esse vere, nullus tamen homo incepit esse deus.

Prima pars patet, quia omnis propositio, que nunc est vera et prius non fuit vera, incepit esse vera quandoque, sed iste propositiones 'deus est homo' etc., non fuerunt vere in tempore legis nature et scripte, et fuerunt vere postea in novo testamento. Secunda pars propositionis patet inductive, quia nec iohannes nec petrus et sic de aliis a christo, nec ipse christus incepit esse deus, cum fuerit ab eterno deus; 'incipit' enim importat habitudinem ad non esse precedens. Tertia propositio. Ista consequentia non valet. 'Deus factus est homo, ergo homo factus est deus', quia antecedens est verum et consequens falsum, quia ex vero non sequitur falsum, sed solum verum. Et si dicas, quod hec convertitur simpliciter, cum sit indefinita. Sic ergo, quod factum est homo, est vel fuit deus. Item hec consequentia non valet 'deus factus est homo', ergo 'deus factus est aliquid', quia arguitur ab inferiori ad superius negative. Item non valet 'deus incepit esse homo, ergo incepit esse'. Ista enim 'factus est et incepit' includitur negationem. Ista est vera 'aliquis homo fuit ab eterno, qui tunc incepit esse ex tempore', quia filius dei, qui est homo, fuit ab eterno et incepit homo esse in tempore.

Item licet aliquis homo non potest non esse, tamen possibile est, quod nullus homo sit. Prima pars patet, quia filius dei non potest non esse simpliciter et ipse est homo etc. Secunda pars patet per ipsum verbum divinum, quia potest dimittere naturam humanam et ipsam annihilare et omnes homines, et ista esset vera 'nullus homo est'. Notandum, quod communicatio ydiomatum non tenet in predicatis, que exprimunt unionem natura humane ad divinam, quia communicatio ydiomatum in predicationibus fit propter unionem, non ergo fit secundum illa, que exprimunt unionem, et ideo 'non est factus deus, licet factus est homo' sicut hic 'natura divina assumpsit naturam divinam, igitur natura humana assumpsit naturam divinam' non sequitur.

2.1.38. *Rep. IV, d. 12, q. 6*

[cccxci verso a; Z. 14] Circa distinctionem duodecimam queritur primo. Utrum sit possibile accidentia esse sine subiecto etiam per miraculum. [. . .]

[cccxcii recto a; Z. 19] Sexto queritur. Utrum accidentia habeant operationes suas per naturam an per miraculum. Notandum, quod in istis accidentibus sunt tres operationes. Prima operatio illorum accidentium est mutatio sensus, scilicet mutare gustum vel tactum, et de ista mutatione est presens questio. Unde mutatio sensus (prout est ad propositum) est aliqua operatio, que ipsum sensibile causat obiective et partialiter actu sentiendi in sensu, sic sapor immutat in gustu actum sentiendi, color immutat in visu actum sentiendi. Secunda operatio illorum accidentium est transmutatio, ut est putrefactio. Unde putrefactio est corruptio proportionis elementorum in mixto propter exalationem humidi a corpore continentis partes in mixto facta a calido copore circumstantis. Ideo si aliquis sepeliretur in nivibus perpetuis, nunquam corrumperetur secundum Aristotelem, quia humiditas habet continuare partes sicut siccitas dissolvere. Tertia operatio est nutritio. Item differentia est inter nutritionem et refectionem. Refectio enim est alimenti sumptio ad replendum loca evacuata per digestionem. Nutritio insequitur refectionem, quia est alimenti in alitum conversio per virtutem digestivam. Et secundum has tres operationes sunt tres parve questiones. Prima. Utrum illa immutatio sensus sit naturalis an miraculosa. Secunda. Utrum illa putrefactio sit naturalis an miraculosa. [Am linken Rand Anmerkung: *putrefactio*]

Tertia questio, utrum illa nutritio sit naturalis an miraculosa. Ad istas questiones respondetur ponendo unam distinctionem et duo dicta. Distinctio. Omnes iste operationes possunt comparari vel ad virtutem, a qua egrediuntur vel ad obiectum, circa quod operantur. Primum dictum. Si comparentur ad virtutem, a qua egrediuntur, tunc omnes ille operationes sunt miraculose. Quia iste operationes nec sunt substantiales, nec dependent a substantia. Secundum dictum. Si comparentur ad id, circa quod operantur, tunc sunt naturales, quia quando illa accidentia immutant sensum vel putrefiunt aut nutriunt, non est miraculum, sed est miraculum, quod habent illam virtutem. [Am rechten Rand Anmerkung: *Exemplum ponit Scotus de ceco super naturam illuminato[,] quod postquam videt: videt naturaliter[,] sed hoc miraculose[,] scilicet<?> est videns*].

2.2. Die scotistischen "Declarationes idemptitatum et distinctionum rerum" (formalitatum textus)

[a i recto] Venerabilis magistri fratris Stephani Brulefer Parisiensis ordinis minoris Formalitatum Textus unacum ipsius commento perlucido. [a i verso: leer]

[a ii recto] Incipiunt venerabilis sacri eloquii professoris alme universitatis Parisiensis fratris Stephani Brulefer ordinis minorum de observantia declarationes idemptitatum et distinctionum rerum in doctrina doctoris subtilis.

Cum multi pro introductione doctrine Scoti varia de distinctionibus et formalitatibus eiusdem doctoris subtilis inconsona tamen suis dictis scripserint, in quibus scholastici false eruditi a veritate non modice sunt alienati. Placuit pro communi studere volentium utilitate mentem eiusdem doctoris de ea re in hoc opusculo ostendere. Et primo quorundam modus dicendi ponetur. Secundo illius modi dicendi falsitates redarguentur. Postremo veritas succincte aperietur.

Quantum ad primum advertendum, quod ab aliquibus formalisantibus doctorem subtilem (ut asserunt) sequentibus ponuntur septem modi distinctionum.

Quorum primus est distinctio rationis. Secundus est distinctio ex natura rei. Tertius est distinctio formalis. Quartus est distinctio realis. Quintus est distinctio essentialis. Sextus est distinctio se totis subiective. Septimus est distinctio se totis obiective. Hi autem modi distinctionum possunt cognosci per modos idemptitatum oppositos.

Prima autem distinctio est disinctio rationis, que secundum eos est illa, que habet fieri per actum nostri intellectus comparativum seu collativum, ut 'sortes est sortes'. 'Sortes' positus a parte predicati distinguitur a 'sorte' posito a parte subiecti sola ratione et non ex parte rei sive ex natura rei.

Distinctio autem ex natura rei secundum eos et secundum veritatem est illa, que est inter aliqua extrema, de quibus predicata contradictoria possunt verificari preter opus intellectus. Exemplum: Ut se habent totum et partes, superius et inferius, concretum et abstractum; totum enim habet esse constitutum, partes autem non constitutum, constitutum autem et non constitutum contradicunt. Similiter superius est preter actum intellectus multiplicabile in plura, inferius autem non est multiplicabile; multiplicabile autem et non multiplicabile sunt contradictoria.

Distinctio autem formalis est illa, que est inter aliqua duo, quorum unum non includit aliud in primo modo dicendi per se, ut inter subiectum et propriam passionem suam.

Distinctio realis est illa, que est inter aliqua duo, que sunt res et res; illa vero sunt res et res, quorum unum potest corrumpi alio manente et econtra, ut 'sortes et plato', vel quorum unum per potentiam divinam potest esse sine alio, ut 'paries' et 'color', qui est in eo, et omne accidens per accidens respectu sui subiecti. Illa etiam sunt res et res, quorum unum est per se causa efficiens vel finalis, et aliud per se effectus, quia idem realiter non potest causare seipsum. Illa etiam, quorum unum est generans et aliud genitum, quia nulla res seipsam gignit secundum Augustinum capite i. in de trinitate dei. Unde in divinis pater et filius distinguuntur realiter.

Distinctio realis est illa, que est inter aliqua, que per aliquam potentiam possunt separari a seinvicem, ut 'sortes' et 'plato', 'paries' et sua 'albedo', et sic non differunt distinctio realis et essentialis secundum istos in creaturis, quia quecunque distinguuntur essentialiter in creaturis, distinguuntur realiter et econtra, quecunque distinguuntur realiter, etiam distinguuntur essentialiter in creaturis. Reperitur tamen in divinis distinctio realis sine distinctione essentiali ipsarum, cum habeant eandem essentiam. Sic ergo secundum eos distinctio realis in plus se habet quam distinctio essentialis.

Distinctio se totis subiective secundum eos est illa, que est inter aliqua duo extrema, quorum realitates sunt distincte, et abinvicem separate in actuali existentia, ita quod non conveniunt in aliqua realitate subiectiva seu in actu existendi, ut duo individua eiusdem speciei; nec enim coincidit ista distinctio cum distinctione reali, quia ibi non requiritur de necessitate separatio actualis, hic autem requiritur. Unde corpus et anima unita distinguuntur realiter, quia licet non sint separata actu, possunt tamen separari, et unum potest corrumpi alio manente, et tamen non distinguuntur se totis subiective. Conveniunt enim in realitate subiective, cum ex his constituatur unum ens per se.

Distinctio se totis obiective est illa, que est inter aliqua duo extrema, que in nullo conceptu reali communi conveniunt quiddita-[a ii verso]tive, et sunt due ultime differentie. Et per istas septem distinctiones facile patent septem idemptitates per oppositum ad illas.

Ex his inferunt aliqua correlaria.

Primum est, quod ultima distinctio arguit omnes alias, et penultima omnes alias preter ultimam et sic descendendo ad primam. Non econtra sic se inferunt. Prima enim non arguit secundam, nec secunda tertiam, et sic de singulis usque ad ultimam.

Secundum correlarium est, quod idemptitates non sic se inferunt sicut distinctiones opposite. Ultima enim idemptitas non arguit penultimam, et sic de aliis usque ad primam, sed opposito modo se habent, quia prima arguit secundam et secunda tertiam, et sic ascendendo usque ad ultimam.

Tertium correlarium. Maior idemptitas, que potest esse, est idemptitas rationis, quia ipsa infert omnes alias.

Quartum correlarium est, quod minor idemptitas, que potest esse, est idemptitas se totis obiective, quia ipsa nullam aliam infert.

Quintum correlarium. Maior distinctio, que potest esse, est distinctio se totis obiective, et minor est distinctio rationis. Ratio primi est, quia distinctio obiectiva omnes alias infert. Ratio secundi, quia distinctio rationis infert nullam.

Sextum correlarium est, quod cum distinctione rationis stat idemptitas ex natura rei, et cum distinctione ex natura rei stat idemptitas formalis, et sic de aliis ascendendo. Ut animal et homo distinguuntur ex natura rei, et tamen sunt idem formaliter, cum animal includatur in homine in primo modo dicendi per se.

Septimum correlarium est, cum distinctione obiectiva nulla stat idemptitas.

Octavum correlarium est, quod cum idemptitate reali stat distinctio formalis, et ex natura rei; hec omnia patent ex premissis.

Sed ista opinio, licet sit multum communis et famosa apud multos scotistas, videtur tamen concedere multa falsa nec sequitur doctorem subtilem, immo manifeste asserit aliqua contra eum.

Ideo hoc secundo loco arguo eam improbando primo, quod nulla sit distinctio ex natura rei minor distinctione formali, et quod distinctio ex natura rei non possit stare cum idemptitate formali. Quia quecunque distinguuntur ex natura rei, distinguuntur formaliter et econtra, ergo distinctio ex natura rei non stat cum idemptitate formali, nec est minor ipsa, consequentia est manifesta. Antecedens conceditur ab eis quo ad secundam eius partem. Sed quo ad primam probatur, quia quecunque distinguuntur ex natura rei, dicunt aliam et aliam rationem formalem, sed quecunque dicunt aliam et aliam rationem formalem, distinguuntur formaliter. Minor est evidens. Maior probatur, discurrendo per omnia illa, que ipsi ponunt distingui ex natura rei, et non formaliter.

Primo de superiori et inferiori. Manifestum enim est, quod superius et inferius habent aliam et aliam rationem formalem, cum ratio inferioris sit extra rationem superioris. Similiter, sicut ipsi dicunt, ratio socratis est incommunicabilis, ratio autem hominis est communicabilis; sed eadem ratio formalis non potest esse communicabilis et incommunicabilis. Similiter patet de toto et partibus.

Ratio enim formalis totius est alia a rationibus formalibus partium, cum eadem ratio formalis non sit constituta et non constituta, constituens et non constituens.

Similiter de modo intrinseco et re, cuius est modus. Licet modus intrinsecus sit ille, qui additus alteri non variat rationem eius formalem, ut patet de albedine et eius gradibus. Albedo enim intensa et remissa sunt eiusdem rationis formalis. Non tamen est talis modus conveniens rei in primo modo dicendi per se, quare non erit ille idem formaliter cum re, cuius est modus, licet forte proprie non distinguatur formaliter a re, cuius est modus, quia ad distinctionem formalem requiritur fortassis, quod sit quidditas et quidditas, modus intrinsecus autem non est proprie formalitas vel quidditas, quia quidditas alteri addita variat rationem eius formalem seu constituti per illam, ut rationale et irrationale, si addantur animali, constituunt species habentes diversas rationes formales; non sic modus intrinsecus. Unde nulla ratio quidditativa potest addi alteri, quin variet speciem, vel simpliciter, hoc est, de una specie facit aliam contrariam vel desperatam, vel secundum quid, hoc est, de non tali specie facit aliam speciem. Puta si addatur differentia pertinens ad esse quidditativum generi, facit speciem aliam. Et non prefuit talis species specialissima, sed tantum prefuit species subalterna.

Patet quarto de diffinitione et diffinito. Nam ratio formalis diffiniti est alia a ratione formali diffinitionis. Ratio enim formalis diffiniti est ratio totius, et ratio formalis diffinitionis est ratio partium. Nam dictum est, quod est alia ratio formalis totius, et alia partium.

Item manifestum est, quod alius est per se conceptus diffinitionis, alius diffiniti, accipiendo pro conceptibus significatis, ergo aliam et aliam concepti-[a iii recto]bilitatem dicunt diffinitio et diffinitum; sed tales conceptibilitates non sunt nisi rationes formales seu obiecta formalia conceptibilia, ergo diffinitio et diffinitum dicunt aliam et aliam rationem formalem. Assumptum est doctor subtilis distinctione secunda questione prima primi, ubi ex intentione probat illud duobus aut tribus mediis, et confirmatur illa ratio. Quecunque important aliam et aliam quidditatem, illa distinguuntur quidditative et formaliter. Sed omnia illa, que distinguuntur ex natura rei, important aliam et aliam quidditatem, ergo omnia, que distinguuntur ex natura rei, distinguuntur quidditative et formaliter, igitur distinctio ex natura rei non potest stare cum idemptitate formali, nec est minor ipsa. Maior est manifesta. Quia ubicunque est alia et alia quidditas, ibi est distinctio quidditativa, sicut ubi est alia et alia res, ibi est distinctio realis. Modo constat, quod omnis distinctio quidditativa est formalis. Minor est sufficienter probata per discursum factum in precedenti ratione. Patet enim per ipsum manifeste, quod omnia, que ipsi ponunt distingui ex natura rei et non formaliter, habent aliam et aliam quidditatem, vel saltem dicunt quidditatem et modum intrinsecum eius. Si dicatur, quod concretum et abstractum distinguuntur ex natura rei, et tamen non habent aliam et aliam quidditatem. Dico, quod hoc est falsum, quia quecunque distinguuntur solum penes diversos modos concipiendi idem subiectum formale, sola ratione distinguuntur et non ex natura rei. Sed concretum et abstractum solum differunt penes diversos modos concipiendi idem subiectum formale, ergo sola ratione distinguuntur et non ex natura rei.

Maior est manifesta, quia sola diversitas concipiendi idem obiectum in numero non arguit distinctionem ex natura rei; minor est doctoris subtilis ii. distinctione primi et in pluribus aliis passibus sue doctrine.

Secundo principaliter arguitur ad idem, supponendo quod "distinctio una in intellectu[42] est penes diversos modos concipiendi idem obiectum formale, et hoc sive concipiendo grammatice ut 'homo' et 'hominis' sive logice ut 'homo' et 'humanitas'. Alia est distinctio maior in intellectu concipiendo duo obiecta formalia duobus actibus, et hoc sive illis correspondeant diverse res ut intelligendo hominem et asinum sive una res ad extra ut intelligendo colorem et disgregativum."[43] Ista suppositio est in forma doctoris subtilis ii. distinctione primi, ubi investigat distinctionem formalem inter rationem essentie divine et inter rationem suppositi. Isto supposito probo, quod inferius et superius non distinguuntur ex natura rei, sed etiam formaliter, quia intellectus intelligens 'hominem' et 'sortem' aut intelligit ipsa ut diversa obiecta formalia aut precise ut idem obiectum formale sub alio et alio modo concipiendi. Non secundo modo, quia tunc non esset maior differentia quam concipiendo 'hominem' et

---

[42] Im Druck: intelellectu.
[43] Ord. I, d. 2, W. q. 2, n. 42; V. p. 2, qq. 1–4, n. 392.

'humanitatem', et ita non conciperet 'hominem' seu 'humanitatem' magis communicabilem quam 'sortem'. Nam 'homo' non est communicabilis, si 'humanitas' est incommunicabilis et econtra. Igitur si 'homo' et 'sortes' non plus differunt quam 'homo' et 'humanitas', 'homo' non est communicabilis, si 'sortes' sit incommunicabilis, nec econtra. Si primo modo, cum ista obiecta formalia sint due rationes formales in re ex natura rei reperibiles et non fabricate per actum intellectus negociantis seu comparantis, sequitur, quod inter ista erit distinctio formalis. Nam ubicunque est alia et alia ratio formalis, ibi est distinctio formalis, quia alietas in diversibus rationibus formalibus arguit aliam et aliam formalitatem, et alia et alia formalitas arguit distinctionem formalem. Eodem modo posset argui de diffinito et diffinitione, et de toto et partibus. Ex his manifestum est, quod non est ponenda aliqua distinctio precedens actum intellectus minor distinctione formali, que posset stare cum idemptitate formali.

Preterea tertio arguitur principaliter ostendendo, quod hoc est contra doctorem subtilem expresse in eadem distinctione ii. primi in loco predicto, ubi ponit distinctionem formalem seu non idemptitatem inter essentiam divinam et proprietatem declarando, qualis sit differentia formalis seu non identitas, que ponit precedere omnem actum intellectus, sic in forma dicens:

"Dico autem tam in rebus quam in intellectu differentia aliqua maior manifesta magis est. Ex illa concluditur frequenter differentia minor, que est immanifesta.[44] In re autem manifesta est distinctio rerum, et hoc dupliciter, scilicet suppositorum et naturarum. In intellectu manifesta est differentia duplex, scilicet modorum concipiendi, et obiectorum formalium. Ex his concluditur differentia iam intenta, que est immanifesta, quia minima in suo ordine, hoc est inter omnes, que precedunt intellectionem."[45] Hec ille.

[a iii verso] Ex quo manifeste patet, quod doctor non solum sententialiter, sed etiam verbaliter ponit distinctionem formalem seu non idemptitatem esse minimam inter omnes precedentes intellectionem; nulla ergo est minor distinctio ex natura rei distinctione formali. Item secundum ipsum Scotum probatur, quia superiora distinguuntur formaliter a suis inferioribus, quod negant isti sequaces sui. Ipse enim in distinctione xvi. secundi respondens ex intentione ad questionem

---

[44] Im Druck: in manifesta.
[45] Ord. I, d. 2, W. q. 7, n. 43; V. p. 2, qq. 1–4, n. 396f.

formatam, scilicet utrum imago trinitatis consistat in tribus potentiis
anime rationalis realiter distinctis, sic dicit in forma:

"Ideo dico aliter sic secundum Dionysium v. capite de divinis
nominibus. Continentia unitiva non est eorum, que omnino sunt
idem, quia illa non uniuntur nec eorum, que manent distincta, ista
distinctione, qua fuerunt distincta ante unionem. Sed est eorum, que
sunt unum realiter, manent tamen distincta formaliter, sive que sunt
idem idemptitate reali, distinguuntur tamen formaliter. Huiusmodi
autem contenta sunt in duplici differentia, quia quedam sunt de
natura continentis, ut quecunque sunt superiora ad continens. Verbi
gratia. Ab eadem re sumitur ratio formalis albedinis, coloris, qualitatis, sensibilis et quantitatis, et hec sunt superiora ad hanc albedinem, et ideo omnia sunt de essentia eius. Alia sunt contenta in aliquo
unitive quasi inferiora, quia quasi passiones continentis, nec sunt res
alie ab ipso continente. Isto modo ens continet multas passiones, que
non sunt res alie ab ipso ente, ut probavit Aristoteles iiii. metaphi-
sice. Distinguuntur tamen abinvicem formaliter et quidditative."[46]
Hec ille: Patet igitur clare, quod omnia superiora continentur unitive in suis inferioribus, et quod ad talem continentiam unitivam
requiritur, quod contenta distinguantur formaliter a continente.

Unde breviter isti scotisantes non dicunt ad doctrinam scoti conformiter, qui nusquam ponit distinctionem ex natura rei distinctam
contra distinctionem formalem, immo oppositum expresse ponit, sicut
patet ex istis preallegatis et multis aliis passibus sue doctrine, quos
omitto causa brevitatis.

Quarto principaliter arguitur ex dictis eorum, dicunt enim, quod
distinctio formalis est illa, que est inter aliqua duo, quorum unum
non includit reliquum in primo modo dicendi per se; ex ista descriptione, si sit sufficiens, sequitur, quod superius et inferius distinguuntur formaliter, similiter totum et sue partes, diffinitum et diffinitio,
et non solum distinguuntur ex natura rei, probatur.

Quecunque extrema sic se habent, quod unum non includit alterum in primo modo dicendi per se, illa distinguuntur formaliter, sed
totum et sue partes, superius et inferius, diffinitio et diffinitum sic se
habent, quod unum non includit aliud in primo modo dicendi per
se. Maior est evidens ex descriptione distinctionis formalis data ab
eis, minor patet, quia superius non includit inferius in primo modo

---

[46] Ord. 2, d. 16, q. un., n. 17.

dicendi per se, cum nullum superius diffiniatur per suum inferius, immo omnia inferiora sunt extra rationem per se superiorum. Similiter diffinitio non includit in primo modo dicendi per se diffinitum, quia propositiones per se non convertuntur secundum philosophum primo posteriorum de statu principiorum, sic intelligendo, quod si predicatum dicatur de subiecto per se, non econtra dicatur subiectum de predicato per se, sed per accidens; ergo si ista est per se primo modo 'hoc est animal rationale', ista non erit per se primo modo 'animal rationale est homo', sed magis per accidens. Similiter partes enim includunt totum in primo modo dicendi per se. Si dicatur ad ista, licet superius non includat inferius suum in primo modo dicendi per se, neque diffinitio diffinitum, neque partes totum, tamen econtra inferius includit superius in primo modo dicendi per se, et diffinitum diffinitionem, et totum suas partes. Hoc nihil valet, quia licet per hoc concluderetur, quod omne inferius est idem formaliter suo superiori, et similiter diffinitum sit idem formaliter diffinitioni, et similiter totum suis partibus propter hoc, quod quodlibet illorum includit reliquum in primo modo dicendi per se; tamen eodem modo concluditur, quod superius non est idem formaliter suo inferiori, quia non includit ipsum in primo modo dicendi per se, et quod diffinitio non est eadem formaliter suo diffinito, et quod partes non sunt eadem formaliter suo toto, quia nullum eorum includit aliud in primo modo dicendi per se. Et confirmatur quia in causis precisis, si affirmatio est causa affirmationis et negatio erit causa negationis per philosophum primo posteriorum, ergo si includere aliud in primo modo dicendi per se sit ratio precisa, quare includens est idem formaliter incluso, non includere aliud in primo modo dicendi per se erit causa, quare non includens sit non idem formaliter non incluso. Modo constat, si descriptio distinctionis formalis data ab eis sit sufficiens, quod causa precisa, quare aliquid est idem [a iiii recto] formaliter alteri, est, quia includit aliud in primo modo dicendi per se. Vel igitur oportebit eos concedere ista, que in istis instantiis inferuntur, que tamen fuerunt negata. Vel oportet eos dicere, quod descriptiones tam distinctionis formalis, quam idemptitatis sint ab eis insufficienter assignate.

Preterea quinto principaliter arguitur contra ipsorum modum ponendi distinctionem se totis subiective, quia si illa distinguerentur solum se totis subiective, quorum realitates sunt loco et situ separate, et in actuali existentia, ut duo individua eiusdem speciei, sequitur quod corpus et anima actualiter unita non distinguerentur se totis subiective, nec etiam homo et sua albedo, neque anima intellectiva et scientia sua. Consequens est falsum, ergo consequentia manifesta, quia omnia illa non habent realitates locu et situ separatas. Falsitas consequentis patet. Quia si illa non distinguerentur se totis subiective, sequeretur quod convenirent in aliqua realitate subiectiva seu in aliquo actu existendi, quod est falsum, quia quecunque due essentie essentialiter et realiter distinguuntur ad seinvicem, habent alium et alium actum existendi seu aliam et aliam realitatem subiectivam. Sed corpus et anima unita simul, similiter homo et sua albedo, similiter etiam anima et sua scientia sunt realiter et essentialiter distincta, ergo non conveniunt in aliquo actu existendi seu realitate subiectiva. Maior probatur, quia unaqueque res sive essentia habet suum proprium actum existendi. Cum esse existendi et esse essentie idemptificentur realiter, sicut ergo corpus et anima habent aliam et aliam entitatem, ita habent aliam et aliam existentiam actualem. Unde breviter non video, quod anima et corpus et similiter, quod accidens et subiectum conveniunt magis in aliquo actu existendi communi ambobus seu in aliqua realitate subiectiva, quando uniuntur simul, quam quando actualiter sunt separata.

Sexto arguo probando, quod distinctio se totis obiective non inferat omnes alias, nec sit maior omnibus aliis, quia 'risibile' et 'flebile' opponuntur et distinguuntur se totis obiective, similiter 'risibile' et 'homo', et tamen non distinguuntur realiter, ergo distinctio se totis obiective non infert distinctionem realem, nec est maior ea. Assumptum probatur, quia in nullo conceptu communi reali quidditativo conveniunt, cum illa habeant conceptus simplices simpliciter, neque includunt ens quidditative. Omnis enim propria passio cuiuscunque entis est simpliciter simplex, nec aliquid includit quidditative. Quod confirmatur et est quasi idem, quia veritas et bonitas, que sunt proprie passiones entis, distinguuntur se totis obiective, et tamen non distinguuntur realiter, ergo distinctio se totis obiective non infert distinctionem realem nec omnes alias. Assumptum patet, quia in nullo conceptu communi quidditative conveniunt, cum nullum sit superius ad ipsas. Dicunt enim conceptum simpliciter simplicem irresolubilem in aliquid prius, nec ens quidditative predicatur de ipsis, cum sit subiectum ipsarum. Nullum enim subiectum predicatur quidditative de suis propriis passionibus. Quia autem omnia predicta idemptificentur realiter, patet, quia etiam propria passio idemptificatur realiter cum suo subiecto, et omnes proprie passiones subiecti idemptificantur realiter inter se. Confirmatur secundo. Duo differentie ultime distinguuntur

se totis obiective, et tamen possunt esse idem realiter et essentialiter, ergo distinctio se totis obiective non est maior omnibus aliis, nec
infert omnes alias. Antecedens probatur, quia ultima differentia
specifica albedinis, et differentia huius albedinis distinguuntur se totis
obiective, et sunt primo modo diverse, cum sumantur ab ultima realitate speciei et ultima realitate individua, et dicunt conceptus simpliciter simplices, et tamen non distinguuntur essentialiter neque
realiter, cum omnis differentia speciei idemptificetur cum per se individuo illius speciei vel differentia eius individuali. Et ista ultimate
sumpta sunt de mente doctoris Subtilis in iii. distinctione primi, et
in iii. distinctione secundi in materia de principio individuationis et
in multis aliis passibus, quos pro nunc omitto.

Et sic patet, quod formalisantes multa dicunt contra opinionem
Scoti. Patet etiam falsitas multorum dictorum ab eis. Patet etiam,
quomodo cum distinctione se totis obiective stat idemptitas realis et
essentialis, nec infert omnes alias, quorum opposita asserebant in suis
correlariis.

Preterea septimo principaliter probo, quod distinctio realis et essentialis non inferunt distinctionem formalem, immo cum idemptitate
formali stat distinctio tam realis quam essentialis. Quia homo est
idem formaliter et quidditative anime sue intellective et corpori suo,
que sunt partes essentiales ipsum essentialiter et intrinsece constituen-
tes, et tamen essentialiter et realiter distinguun-[a iiii verso]tur ab
eis, tam divisim quam coniunctim sumptis, ergo distinctio realis et
essentialis non inferunt distinctionem formalem, immo cum idemptitate formali stat distinctio realis et essentialis. Assumptum pro prima
parte patet, quia tam anima intellectiva quam corpus includuntur
quidditative et formaliter in homine, et homo includit illa duo in
primo modo dicendi per se, ergo homo est idem formaliter et quidditative cum ipsis; consequentia tenet per descriptionem idemptitatis
formalis data ab ipsis. Illa enim sunt idem formaliter secundum eos,
quorum unum includit alterum in primo modo dicendi per se.
Antecedens probatur, quia de quiddate seu diffinitione quidditativa
cuiuslibet rei naturalis est tam materia quam propria forma substantialis; sed corpus et anima sunt huiusmodi respectu hominis, ergo
etc. Et ita potest argui de qualibet re naturali, et hoc est de intentione doctoris subtilis in iii. in illa questione, utrum christus fuerit
homo in triduo. Secunda pars principalis assumpti, scilicet, quod
homo essentialiter et realiter distinguatur ab eis, ab anima intellectiva scilicet et corpore, tam divisim quam coniunctim sumptum, et

quodlibet compositum essentiale a materia et forma ipsum intrinsece constituentibus seu componentibus tam divisim quam coniunctim sumptum, patet per doctorem subtilem in iii. distinctione ii, et per omnes scotizantes, qui expresse hoc determinant.

Octavo principaliter probando, quod idemptitas rationis non infert omnes alias idemptitates, cuius oppositum dicunt in suis correlariis. Quia pater et filius et spiritus sanctus sunt idem ratione seu habent idemptitatem rationis, et tamen non sunt idem realiter, suppositaliter seu personaliter. Igitur idemptitas rationis non infert omnes alias idemptitates. Assumptum pro secunda parte sui manifestum est. Nam alia est persona patris, alia filii, alia spiritus sancti, et distinguuntur inter se realiter suppositaliter, cum nulla res sit que seipsam gignat, producat, vel spiret. Sed prima pars assumpti probatur. Nam de quibuscunque dicitur unus et idem respectus rationis numero seu eadem relatio numero, illa sunt eadem ratione, et habent idemptitatem rationis. Sed de patre et filio et spiritu sancto dicitur unus et idem respectus seu relatio rationis numero, igitur sunt idem ratione. Maior patet. Nam sicut illa distinguuntur ratione, de quibus dicuntur diverse relationes, ita illa dicuntur eadem ratione, de quibus dicitur unus et idem respectus rationis seu relationis. Minor probatur, quia pater et filius et spiritus sanctus sunt unus dominus respectu creature, unus creator, unus conservator[47] et rector, et sic de aliis. Modo constat, quod tale dominium et respectus creationis active et conservationis et gubernationis, et sic de similibus, important solum relationem seu respectum rationis. Confirmatur, quia omnis respectus dei ad creaturam est communis tribus personis, presertim loquendo de respectu cause ad causatum et creatis ad creatum, cum opera trinitatis ad extra sint indivisa. Sed omnis talis respectus dei ad creaturam est respectus rationis et non realis, cum deus non possit referri habitudine reali ad creaturam seu ad aliquid aliud extra se, igitur in tali respectu communi tres persone conveniunt, cum sint idem tanquam in aliquo essentiali ad extra.

Item nono principaliter arguitur ad idem. Predicamenta sunt eadem ratione, et tamen non sunt idem realiter et essentialiter, autem saltem formaliter, igitur idemptitas rationis non infert omnes alias idemptitates. Assumptum pro secunda sui parte patet. Nam predicamenta secundum unam opinionem distinguuntur realiter et essentialiter. Aut

---

[47] Im Druck: conservato.

adminus formaliter secundum aliam. Vel tertio secundum unam opinionem aliqua predicamenta secundum suas species aliquas distinguuntur realiter a seinvicem. Sed prima pars assumpti probatur. Nam omnia predicamenta conveniunt in ista secunda intentione seu relatione rationis, que est genus generalissimum. substantia enim est genus generalissimum, similiter qualitas est genus generalissimum, et sic de aliis.

Confirmatur, quia homo et lapis in istis duabus propositionibus 'homo currit' et 'lapis est in centro terre' idemptificantur ratione, cum conveniunt in isto respectu rationis seu secunda intentione, que dicitur subiectum seu subiici in propositione, et tamen constat, quod distinguuntur essentialiter et realiter. Igitur idemptitas rationis non infert omnes alias idemptitates. Nec valet si dicatur, quod non est idem respectus numero seu secunda intentio, que dicatur de decem predicamentis, sed solum specie. Nec eadem secunda intentio numero, que dicitur de subiecto illius propositionis vel alterius, sed solum specie, quia tunc nulla entia creata vel paucissima possent idemptificari ratione, et hoc loquendo regulariter et secundum quod logici communiter loquuntur de secundis intentionibus seu respectibus rationis, quia, ut communiter dicunt, nulla entia realiter et essentialiter distincta totaliter et adinvicem separata possunt convenire in aliquo [a v recto] respectu rationis uno numero, qui dicatur de ipsis. Et notanter dixi 'communiter' et 'regulariter', quia in aliquibus entibus oppositum invenitur, ut patebit in ratione sequenti. Similiter nullum ens reale creatum, quantumcunque sit sibiipsi idem realiter et penitus ex natura rei, potest convenire cum seipso in uno respectu seu relatione rationis numero. Sortes enim, quamvis sit sibi idem penitus ex natura, ei in istis tamen duabus propositionibus 'sortes legit', 'sortes disputat' non convenit cum seipso neque identificatur sibiipsi in uno respectu seu relatione rationis numero. Alia est enim intentio secunda seu relatio rationis numero subiecti, ut dicitur de ipsa in prima propositione, et alia, ut dicitur de ipsa in secunda. Sic igitur intellectus non posset facere, quod idem ens creatum omnibus modis idem ex natura rei esset sibi idem ratione, si oporteret eundem respectum seu relationem rationis numero dici de eisdem seu de his, que identificantur ratione.

Decimo et ultimo arguitur sic. Aqua pura et verba ista 'Ego baptiso te in nomine patris et filii et spiritus sancti' sunt realiter et essentialiter distincta, et tamen conveniunt in uno respectu seu relatione rationis numero, in qua identificantur. Igitur distinctio realis et essentialis stat cum identitate rationis, cuius oppositum dicunt ipsi. Assumptum pro prima parte probatur. Nam aqua pura est ens permanens, verba illa sunt successiva. Similiter remanet in actuali existentia aqua pura verbis transeuntibus, igitur illa duo realiter et essentialiter distinguuntur. Sed secundum partem assumpti probo, nam illa duo simul sumpta faciunt unum sacramentum baptismi, quod formaliter nihil aliud est nisi relatio signi ad signatum, que relatio non est nisi respectus rationis; igitur conveniunt in una et eadem relatione rationis numero, et in eadem identificantur. Antecedens probatur per Augustinum super Johannem Omelia xviii. Et ponitur in canone Detrahe. Accedit verbum ad elementum et fit sacramentum. Confirmatur ratio, quia entia quantumcunque diversa in re possunt concurrere et convenire in fundamento unius relationis numero. Igitur illa quantumcunque diversa in re possunt esse eadem ratione. Igitur identitas rationis non infert identitatem realem. Primum antecedens probatur, quia huius relationis unius numero, que est significare mustum bonum, bene potest esse fundamentum totum istud, scilicet circulus pendens ante tabernam coopertus foliis, edere in modum circuli etc. Multe etiam oriones contexte vel una orio ex multis syllabis, que nihil unum per se faciunt, ut deus trinus et unus, sunt fundamentum unius relationis numero, scilicet huius, que est significare deo inesse aliqua, que sibi insunt intrinsece, cum tamen constet, quod illud signatum sit unum et idem simplicissimum.

Ex his omnibus patet, qualiter ista opinio formalizantium continet multa falsa, et qualiter omnia illa falsa sunt contra mentem doctoris subtilis. Patet etiam secundo, qualiter isti sunt turpiter decepti, ex eo quod opinantur se sequi doctorem subtilem, sibi tamen in istis et in multis aliis expresse contradicunt, ut prolixius declaravi in diversis passibus doctrine prefati doctoris subtilis legendo suos quattuor libros sententiarum in magnis scholis huius conventus fratrum, scilicet minorum.

Potest igitur aliter dici, quod iste distinctiones non ordinantur inter se per modum inferioris et superioris. Nec similiter habent necessariam habitudinem adinvicem per modum inferentis et illati.

Quod probatur primo, quia sicut cum identitate reali stat distinctio formalis, ita cum identitate reali stat distinctio realis et essentialis. Prima pars patet, quia risibilitas et flebilitas, similiter et humanitas, sunt idem realiter, et tamen distinguuntur formaliter, cum sint diverse formalitates, quarum una non includit aliam in primo modo dicendi per se.

Secundum probatur, quia homo est idem formaliter anime intellective et etiam corpori, cum includat ipsa in ratione sua quidditativa seu in primo modo dicendi per se, et tamen distinguitur realiter ab ispis et essentialiter, sicut manifestum est.

Probatur tertio, quia distinctio se totis obiective non infert distinctionem realem et essentialem. Nec econtra distinctio realis et essentialis infert distinctionem se totis obiective, ergo non ordinantur inter se per modum superioris et inferioris nec per modum inferentis et illati.

Prima pars antecedentis probatur, quia veritas et bonitas, similiter risibilitas et flebilitas, distinguuntur se totis obiective, ut probatum est contra opinionem precedentem, et tamen sunt idem realiter et essentialiter. Similiter differentia ultima speciei et differentia ultima sui proprii individui distinguuntur se totis obiective, et tamen sunt idem realiter, ut etiam probatum est contra predictam opinionem. Et potest addi una parva [a v verso] ratio, quia quecunque sunt primo diversa, distinguuntur se totis obiective; sed omnes differentie ultime sunt primo diverse, ergo distinguuntur se totis obiective. Maior patet, quia primo diversa in nullo conceptu communi conveniunt. Alioquin non essent primo diversa. Minor probatur, quia si differentie ultime non essent primo diverse, includerent aliquid commune dictum de eis, in quo conveniret, et per consequens, cum non sint eedem, different aliis differentiis a se invicem, et sic non essent ultime differentie, sed ille alie, per quas different a seinvicem. Vel esset processus in infinitum in differentiis et differentibus. Secunda pars antecedentis probatur, quia homo et asinus distinguuntur realiter et essentialiter, et tamen non distinguuntur se totis obiective, cum conveniant in aliquo conceptu communi; illa etiam pars conceditur ab omnibus formalisantibus.

Ulterius potest dici, quod preter distinctionem rationis, que fit per actum collativum intellectus seu voluntatis, quam etiam suppono cum dictis formalisantibus, non sunt necessario ponende nisi due distinctiones precedentes omnem actum intellectus, scilicet distinctio formalis, et distinctio realis, quarum prima est minor distinctio et immanifesta, secunda est maior et manifesta. Et ad istas duas distinctiones omnes alie habent reduci nec proprie distinguuntur contra istas.

Pro declaratione prime distinctionis advertendum, quod illa opponitur identitati formali seu unitati, ideo videndum est, quid sit identitas formalis. Possumus enim invenire multos gradus unitatis. In primo grado est unitas sive identitas aggregationis, et illa est minima unitas. In secundo gradu est unitas ordinis, que aliquid addit super aggregationem, scilicet ordinem partium integralium adinvicem. In tertio est unitas per accidens, ubi ultra ordinem est informatio, licet accidentalis unius ab alio, que sic sunt unum. In quarto est per se unitas compositi ex principiis essentialibus per se actu et per se potentia. In quinto est unitas simplicitatis, que est vera identitas; quicquid enim est ibi, est realiter idem cuilibet, et non tantum est uni illi unitate unionis, sicut et aliis modis. In sexto gradu adhuc ultra omnes est identitas formalis ad aliud. Voco autem identitatem formalem, ubi illud, quod sic est idem, includit aliud, cui sic est idem in sua ratione formali et primo modo dicendi per se; et per hoc patet, quid sit distinctio formalis opposita tali identitati formali. Voco autem distinctionem formalem, ubi illud, quod dicitur sic distinctum, non includit illud, a quo est distinctum in sua ratione formali et in primo modo dicendi per se. Ex hoc potest elici, quod omne inferius est idem suo superiori formaliter, et omne diffinitum est idem sue diffinitioni formaliter. Potest etiam elici, quod omne totum essentiale est idem formaliter et quidditative cum suis partibus. Patet, quia omnia ista includunt illa in sua ratione formali et per se primo modo. Secundo potest elici, quod superius distinguitur formaliter a suo inferiori, et similiter omnis diffinitio distinguitur formaliter a suo diffinito, similiter omnes partes alicuius totius essentialis distinguuntur formaliter quidditative a suo toto. Probatur, quia ista non includunt illa in sua ratione formali et per se primo modo, ut dictum est in improbatione precedentis opinionis. Tertio potest elici, quod distinctio formalis est in re et ex natura rei precedens omnem actum intellectus, quia ista distinctio est inter quidditates et realitates, quarum una non includit aliam quidditative, modo quidditas et realitas, quarum una non includit aliam, sunt vere ex natura rei. Nec possunt dici secunde intentiones vel entia rationis fabricata per actum collativum intellectus vel negociativum.

Quarto principaliter potest dici, quod distinctio ex natura rei non est minor distinctione formali, immo est ipsamet distinctio formalis, et quecunque distinguuntur ex natura rei distinguuntur formaliter, et econtra. Sed contra hoc arguitur. Inferius distinguitur a suo superiori, et similiter diffinitum a sua diffinitione, aliqua distinctione ex natura rei precedente omnem actum intellectus, et non solum distinctione rationis fabricata per actum intellectus. Sed inferius non distinguitur a suo superiori, vel etiam diffinitum a sua diffinitione distinctione formali, cum quodlibet illorum includat reliquum in primo modo

dicendi per se, ut etiam modo dictum est, nec etiam distinguitur realiter, ut patet, nec etiam aliqua distinctione maiori, quam sit distinctio formalis. Ergo distinguitur aliqua distinctione minori, quam sit
distinctio formalis precedente omnem actum intellectus. Illa autem
non videtur esse nisi [a vi recto] distinctio ex natura rei, ideo ponenda
est distinctio ex natura rei minor distinctione formali etiam extra
intellectum. Respondeo, quod distinctio formalis est duplex. Una est,
que est inter aliquas duas quidditates et realitates seu formalitates,
quarum una non capit in rationem quidditativam alterius nec econtra.
Et isto modo subiectum et propria passio, puta 'risibilitas' et 'humanitas', distinguuntur formaliter, quia in quiddiativa ratione humanitatis non accipitur vel includitur risibilitas nec econtra, et isto modo
non dicuntur distingui diffinitum et diffinitio, superius et inferius,
quia semper alterum illorum cadit in ratione quidditativa alterius seu
includitur quidditative in alio. Isto etiam modo non distinguuntur
quidditas formaliter et suus modus intrinsecus, quia non dicunt duas
formalitates seu realitates, sed tantum una cum modo eius intrinseco. Modus enim intrinsecus non addit formalitatem aliam ultra
quidditatem eius, cuius est modus, ut patuit in prefate opinionis in
probatione. Isto modo patet etiam superius distingui a suo inferiori,
licet non econtra. Similiter diffinitio a diffinito, licet non econtra.
Similiter etiam partes essentiales a toto essentiali, licet non econtra,
sicut patet in secundo dicto supra elicito. Alia est distinctio formalis, que est inter aliqua duo extrema, quorum unius non est precise
et adequate ratio alterius seu adequatius alterius. Verbi gratia ratio
animalitatis et ratio humanitatis dicuntur distingui formaliter, isto
modo etiam loquendo secundum viam doctoris subtilis, quia ratio
humanitatis non adequat rationem animalitatis, que propter unum
non predicatur de altero in abstracto loquendo de ultimata abstractione, quia humanitas non est animalitas, et hoc est, quia una non
est precise et adequate altera, et hoc verum, nisi altera illarum esset
formaliter infinita, vel ambe ille rationes essent formaliter infinite.
Unde essentia divina et bonitas, licet distinguantur formaliter et una
non sit precise alia, predicantur tamen de seinvicem in abstracto
loquendo etiam de ultimata abstractione. Sed hoc est propter infinitatem
formalem inclusam in ipsis. Isto modo etiam dico quod omne inferius distinguitur a suo superiori formaliter; ratio enim inferioris non
est precise et adequate ratio superioris, nec inferius est idem suo
superiori idempitate adequata, ita quod inferius sit tantum suum
superius formaliter. Similiter diffinitum isto modo distinguitur forma-

liter a diffinitione, quia non est precise et adequate et idemptice sua diffinitio, cum dicat quidditatem aliam a sua diffinitione constitutam ex partibus diffinitionis. Et sic patet, qualiter doctor subtilis diversimode loquitur de esse idem formaliter et distingui formaliter. Et isti formalisantes semper uno modo capiunt distinctionem formalem, scilicet primo modo, et ideo non habent mentem doctoris subtilis. Per istam etiam distinctionem factam de distinctione formali (si bene notetur) solvuntur septem rationes gregorii de Arimino, quas ipse adducit contra opinionem doctoris subtilis ponendo distinctionem formalem, quas rationes brevitatis causa omitto. In nullo enim arguit contra doctorem subtilem, quia semper capit distinctionem formalem uno modo et non alio modo, et hec sufficiunt pro distinctione formali. Secunda autem distinctio, que est realis, est maior et manifesta, et est distinctio rerum, vel est distinctio rei et rei; que autem sint res et res videatur in opinione precedenti, quia satis bene declaratur. Ista autem distinctio realis est duplex, quia quedam est suppositorum, alia est naturarum. Prima est inter personas divinas, que sunt tria supposita realiter distincta habentia tantum unam naturam numero indivisibilem et indivisibiliter. Distinctio autem naturarum est inter omnes alias res, quarum una non est alia. Et ista vocatur distinctio essentialis. Qecunque autem habent aliam et aliam naturam, habent aliam et aliam essentiam, cum natura et essentia sint idem. Distinctio igitur realis naturarum est distinctio essentiarum, et per consequens distinctio essentialis. Sic igitur distinctio essentialis non distinguitur contra distinctionem realem. Sed est ipsa distinctio realis, licet non non [sic] precise suppositorum, sed etiam naturarum, et quo ad hec bene dicit precedens opinio, quod in divinis bene requiritur distinctio realis, et non distinctio essentialis, quia ibi invenitur distinctio suppositorum, et non distinctio naturarum. Aliter tamen dicit Canonicus et aliqui scotisantes, quod distinctio essentialis est inter aliqua duo, quorum unum potest existere sine alio. Et sic secundum eum totum essentiale non distinguitur essentialiter a suis partibus, licet bene distinguatur realiter, quia totum essentiale non potest existere sine suis partibus. Sed tenendo istum modum huius canonici, diceretur quod paternitas non distingueretur a filiatione, nec econtra, [a vi verso] nec quodcunque relativum a suo correlativo, quia neutrum illorum potest esse sine alio, et sic secundum istum modum non omnes species essentialiter distincte essent, quia species de genere relationis non distinguerentur a seinvicem essentialiter, saltem ille, que opponuntur relative, quia una non potest esse

sine alia. Similiter isto modo nulla creatura distingueretur essentialiter a deo, patet, quia nulla creatura potest essentialiter esse sine
deo; sed omnia ista sunt absurda, quare reputo primam opinionem
probabiliorem, scilicet quod distinctio essentialis est distinctio realis
naturarum. Et quecunque distinguuntur distinctione reali naturarum,
distinguuntur etiam distinctione essentiali, et econtra, quamquam alique distinguantur distinctione reali suppositorum, que non distinguuntur essentialiter, et hoc solum in divinis, ut dictum est. Sic igitur
patet, quomodo distinctio essentialis non distinguitur contra distinctionem realem. Similiter patet, qualiter distinctio ex natura rei non
distinguitur contra distinctionem formalem.

Ulterius dico, quod distinctio se totis subiective aut est distinctio
formalis aut etiam aliquando est distinctio realis naturarum seu suppositorum. Unde illa dicuntur distingui se totis subiective, que non
conveniunt in aliqua potentiali realitate contrahibili ad ipsa per alias
realitates contrahentes, ut deus et creatura. Cum enim deus sit summe
simplex, non est in eo ordo realitatum, quarum una contrahat aliam,
de quo magis alias videbitur. Isto modo etiam distinguuntur decem
predicamenta, quia in nulla realitate contrahibili potentiali ad ipsa
per alias realitates conveniunt supposito, quod ens non descendat in
ipsa per differentias formales, sed solum per modos intrinsecos, qui
non dicunt aliquas realitates. Ex quo patet, quod convenire in aliqua realitate subiectiva non est convenire in aliquo actu existendi
seu in aliqua re, ut dicebat precedens opinio, scilicet est convenire
in aliqua realitate potentiali contrahibili differentias formales impor-
tantes diversas realitates, sicut homo et leo conveniunt in animalitate, que est realitas contrahibilis ad ipsas species per realitates
differentiales. Patet ulterius, quod distinctio se totis subiective est aliquando distinctio realis naturarum, sicut exemplificatum est de deo
et creatura et de decem predicamentis. Addit enim dumtaxat, quod
distincta tali distinctione non habeant aliquam quidditatem communem contrahibilem ad ipsa per realitates. Aliquando stat etiam distinctio se totis subiective cum distinctione formali dumtaxat, sicut sapientia
et essentia divina distinguuntur se totis subiective, cum in nulla realitate contrahibili conveniunt, quia in deo nulla ponitur realitas contrahibilis et contrahens, et ideo nulla est ibi realitas subiectiva; et
tamen manifestum est, quod essentia divina et sapientia divina solum
formaliter distinguuntur. Similiter stat distinctio se totis subiective
cum distinctione reali suppositorum, sicut pater et filius et spiritus
sanctus in divinis distinguuntur se totis subiective, cum in nulla rea-

litate contrahibili conveniant, et tamen distinguuntur distinctione reali
suppositorum. Ex omnibus igitur his evidens est, quod distinctio se
totis subiective non distinguitur contra distinctionem realem nec contra distinctionem formalem, sed aliquando stat cum distinctione reali
suppositorum, aliquando cum distinctione formali solum, et quid
addat seu connotet ultra illas distinctiones, dictum est nuper. Dicitur
finaliter, quod distinctio se totis obiective aliquando est distinctio realis naturarum, aliquando distinctio formalis solum; addit tamen seu
connotat ultra illas distinctiones, quod illa, que sic distinguuntur in
nullo conceptu quidditativo reali conveniunt. Unde ultime due
differentie duarum diversarum specierum distinguuntur realiter, et
similiter se totis obiective, cum in nullo conceptu quidditativo communi conveniant. Similiter unitas et bonitas, ut probatum est contra precedentem opinionem, et sic de multis aliis, que distinguuntur
se totis obiective, et tamen solum distinguuntur formaliter. Stat ergo
distinctio se totis obiective cum distinctione formali et cum distinctione reali.

Ex istis omnibus evidenter notum est, quod, cum pluralitas non
sit ponenda sine necessitate et non appareat aliqua necessitas multiplicandi distinctiones, que sunt precedentes intellectum nisi in distinctionem formalem et distinctionem realem, sequitur, quod non sunt
necessario ponende alie distinctiones condistincte proprie et per se
et alie ab istis duabus. Patet enim manifeste, quomodo alie continentur sub istis, et ad eas reducuntur.

Formalitatum textus magistri Stephani brulefer ordinis minorum
feliciter finit.

KONRAD SUMMENHART: SEPTIPERTITUM OPUS DE CONTRACTIBUS, TRACT. I, QQ. 9 U. 10 IN AUSZÜGEN

Die Interpunktion ist zur besseren Lesbarkeit leicht modernisiert.

3.1. Gesamtaufbau des Werks

Nebst den beiden avisierten Quaestionen werden im Folgenden Erläuterungen zur Gesamtstruktur des Werkes sowie zum Aufbau des ersten *tractatus* geboten.

[fo. AA recto] Septipertitum opus de contractibus pro foro conscientie atque theologico per Conradum summenhart de Calw artium ac sacre theologie professorem in alma universitate Tubingensi ordinarie legentem compilatum: et per centum questiones digestum. ac per eundem quo ad pregnantium questionum atque difficultatem habentium uberiores articulos ibidem disputatum.[1]

Hexastichon heinrici Bebelii Justingensis

Ad lectores

Vos quibus incumbit Christi pastoria cura
   Et vos custodes catholicique gregis
Discite contractus varios dispendere iusta
   Lance. queant plebis nescia corda regi
Et si pastor oves duces per devia tesqua
   Cum pecore infernos experiere lupos
          Telos

[AA verso] Contenta in hoc septipertito opere

Auf der Zeilenhöhe von "Variis qui fundantur" steht ein im Abstand von ungefähr zehn Lettern links vorgesetztes "De", das sich aber – wie aus dem Fehlen einer entsprechenden Präposition vor den allesamt

---

[1] Summenhart, Konrad: *Septipertitum opus de contractibus pro foro conscientie atque theologico*, Hagenau (Heinrich Gran für Johannes Rynmann, 13. Oktober) 1500, 2° (ZBZ Hain 15179; BMC III, 685; Goff S-865).

im Ablativ beginnenden und allesamt mit dem selben Einzug gesetzten Einträgen hevorgeht – auf den gesamten Abschnitt bezieht.

Variis diffinitionibus divisionibus atque speciebus dominiorum ac
iurium, que habentur in rebus atque in genere de contractu, diffinitive
et divisive per xxx. Species, que exemplis declarantur: et hec in
primo tractatu per xvii. questiones.

Mutuatione et eius obligatione de usura quoque et eius iniquitate
ac variis huiusce speciei contractibus. In secundo tractatu per xxxii.
questiones.

Negociatoribus et mercatoribus emptione et venditione, tam in
genere, quam in variis eorundem contractuum casibus specialibus.
In tertio tractatu per xxii. questiones.

De Variis, qui fundantur emuntur atque venduntur redditibus perpetuis irredimibilibus atque redimibilibus determinata quoque ac
indeterminata temporalitate (cuiusmodi sunt vitalitia) temporalibus.
In quarto tractatu per xv. questiones.

Locatione et conductione, tam in genere, quam in ea specie,
qua locantur atque conducuntur animalia. In tractatu quinto per v.
questiones.

Societate tam in genere, quam in ea specie, quam in animalibus
atque in pecunia per multos casus contrahitur. In sexto tractatu per
vi. questiones.

Cambio pecuniario et eius utilitate equitate atque iniquitate. In
septimo tractatu per tres questiones.

[AA2 recto a] Incipit summarium a compilatore subsequentis operis super eodem loco alphabetice tabule (quam ceteri libris solent
annectere) collectum. In quo centum questionum tituli eiusdem volu-
minis ac conclusiones summarie ad singulas questiones responsive
compendiose continentur atque alia notabiliora puncta, ut queran-
tur, indicantur nonnullis confirmatoriis ac amplius resolutoriis additionibus per eundem adiectis.

Der Prolog erstreckt sich bis EE7 recto a, mit Ergänzungen in
Kolumne b.

Es folgt a verso – a6 recto a ein Prolog, der sich unter anderm mit
der Frage beschäftigt, ob es legitim sei, dass Theologen sich mit dem
Vertragsrecht beschäftigen. An seinem Ende steht ein Überblick über
den Gesamtinhalt:

[a6 recto a, Z. 13/14] Librum autem presentem, quem septipertitum opus contractuum appellandum censui in septem tractatus ac centum questiones distinguo.

In primo tractatu dicetur de rerum dominio diffinitive et divisive, utputa de variis divisionibus atque speciebus dominiorum. tandemque specialiter de dominio civili, eo quod illud specialiter respicit materiam contractuum, per quos transferuntur dominia rerum. et ibi dicetur de eius distinctione facta, si licita fuerit: et si per legem naturalem vel humanam fuerit facta. Insuper de diffinitionibus usus, usufructus, proprietatis ac possessionis et de convenientiis et differentiis eorundem. de diffinitione etiam contractus in generali et variis divisionibus eiusdem. et continet xvii questiones.

In secundo specialiter de illa specie contractus, que dicitur mutuatio per xxxii questiones.

In tertio de negociatoribus seu mercatoribus ac emptione et venditione in generali. et continet xxii questiones.

In quarto specialiter de emptione et venditione reddituum, tam temporalium utputa vitaliciorum et aliorum, quam perpetuorum redimibilium et irremidibilium per xv questiones.

In quinto de contractu locationis animalium atque aliarum rerum per quinque questiones.

In sexto de contractu societatis animalium atque pecuniarum per sex questiones.

In septimo et ultimo de contractu permutationis et cambii per tres questiones.

Quibus per c questiones consummatis finis optatur; aderit in eo, qui est omnium consummatio sermonum, cui sit honor et imperium per secula cuncta. Cuius sancte ecclesie et eius presuli summo universisque, quorum interest, presens opus offero pie corrigendum paratus stare sententie cuiuslibet melius sentientis.

Finit prologus.

Schließlich folgt a6 recto b-z6 / aa–ll6 / A-Y5 recto der Hauptteil mit den im Titel genannten sieben Traktaten. Im Folgenden werden die Quaestionentitel des ersten Traktates wiedergegeben. Die zweite und besonders die neunte und zehnte Quaestio sind dabei ausführlicher dargestellt.

[a6 recto b; Z. 1] Questio prima

Utrum due descriptiones iuris et una descriptio dominii: sint a magistris bene ac magistraliter posite: [. . .].

[b recto a; Z. 9] Questio secunda

Queritur, quot modis dividitur dominium. In hac questione ponetur unus modus dividendi dominium in sex species et singularum specierum descriptiones ac clausularum in descriptionibus positarum declaratio. Quattuor quoque dubia et duo argumenta solventur. Ad questionem igitur respondetur, quod quattuor modis dividitur dominium, quorum duo primi ponuntur a Johanne de gersona i de potestate ecclesiastica loco supra dicto. Tertius autem ab eodem in tractatu de vita spirituali lectione tertia. Primus igitur modus dividendi est, quod sextuplex est dominium, scilicet beatificum, originale, gratificum, evangelicum, canonicum et politicum. [. . .]

[c3 recto a; Z. 45] Questio tertia

Utrum primus modus dividendi dominium cum descriptionibus suarum specierum, ut in precedenti questione est positus, sit bene positus. [. . .]

[c3 verso a; Z. 16] Questio quarta

Utrum secundus modus dividendi dominium sit bene positus. [. . .]

[c5 recto a; Z. 29] Questio quinta

Utrum tertius modus dividendi dominium existens etiam trimembris sit bene positus. [. . .]

[c6 recto a; Z. 23] Questio sexta

Quis est quartus et ultimus modus dividendi dominium et an sit bonus. [. . .]

[d recto b; Z. 49] Questio septima

Utrum dominium ci[d verso]vile fundetur in charitate. Et idem queritur de dominio evangelico capto pro potestate ecclesiastica, similiter de canonico. [. . .]

[d4 verso a; Z. 21] Questio octava

Utrum rerum dominia fuerint aliquando indistincta. [. . .]

[d5 recto a; Z. 46] Questio nona

Utrum cum rerum dominia primum fuerint indistincta et communia, ipsa potuerint postea licite et rationabiliter distingui seu appropriari.

[e2 recto a; Z. 29] Questio decima

Utrum distinctio dominiorum fuit facta per legem naturalem vel humanam.

[e4 verso a; Z. 6] Questio undecima

Ex quo dominiorum distinctio licite fuit facta et non nisi per legem positivam, queritur, quis et quottuplex potuit fuisse modus, quo per legem positivam talis distinctio fuit iuste facta. [. . .]

[e5 verso a; Z. 25] Questio duodecima

Utrum descriptiones usus et usufructus sint bone quibus dicitur: Usus est ius utendi alienis rebus salva rerum substantia. Usufructus autem est ius utendi et fruendi rebus alienis salva rerum substantia. [. . .]

[e8 recto b; Z. 18] Questio tredecima

Qualiter differunt et conveniunt usus et usufructus inter se. [. . .]

[f recto b; Z. 25] Questio decima quarta

Utrum descriptiones proprietatis ac possessionis sint bene posite, quibus dicitur: Proprietas est dominium rei iustis modis quesitum. Possessio est corporalis rei detentio, corporis et animi, iuris adminiculo interveniente. [. . .]

[f3 recto a; Z. 38] Questio decima quinta

Utrum dominia rerum ab initio iuste distincta possint in alios a primis dominis transferri et quot modis. [. . .]

[f4 verso b; Z. 3] Questio decima sexta

Utrum descriptio contractus sit bona, qua dicitur: Est ultro citro quam obligatio. [. . .]

[f5 verso a; Z. 11] Questio decima septima

Que et quot sunt species contractus. [. . .]

[Y5 recto b] Explicit septipartitum opus de contractibus pro foro conscientie et theologico per magistrum Conradum Summenhart de Calw, sacre theologie professorem in alma universitate Tubingensi ordinarie legentem compilatum ac per centum questiones digestum. ibidem quoque per eundum quo ad multarum pregnantium questionum articulos uberiores solenniter disputatum. Impressumque in imperiali oppido Hagenaw per industrium Heinricum Gran impensis et sumptibus providi Johannis Rynman: Anno salutis nostre Millesimo quingentesimo xiii. die mensis Octobris.

3.2. Quaestio 9 in Auszügen

[d5 recto a; Z. 46] Questio nona

Utrum, cum rerum dominia primum fuerint indistincta et communia, ipsa potuerint postea licite et rationabiliter distingui seu appropriari. Solutio stat in una suppositione, quattuor conclusionibus, quattuor argumentorum solutionibus et quattuor correlariis.

Suppositio

Titulus questionis de indistinctione et distinctione dominiorum debet intelligi de indistinctione et distinctione non intrinseca, sed extrinseca, quomodo dictum est in prima suppositione precedentis questionis. Quia si intelligeretur de intrinseca indistinctione, questio quo ad suppositum suum supponeret falsum et quo ad quesitum nullum haberet dubium, ut patet ex dictis in precedenti questione. Est ergo sensus questionis, utrum cum res (quarum homines habent dominia) primum fuerint communes hominibus, sic quod nulli fuerant appropriate, ipse potuerint postea licite et rationabiliter aliquibus appropriari, ut hec esset propria illi, illa alteri. Et sub talibus terminis ponentur etiam conclusiones.

Prima conclusio

est affirmativa ad questionem, quod sic, hoc est, quod, cum res primum, scilicet in statu innocentie, fuissent communes et non appropriate potuerunt postea licite et rationabiliter appropriari. Probatur sic. Illud, quod erat expediens atque ad quod movebant cause rationabiles, potuit licite et rationabiliter fieri, secundum quod res pri-

mum communes postea appropriarentur erat expediens, et rationabiles cause ad hoc movebant; igitur conclusio vera. [. . .]

[d5 verso; Z. 3] Secunda conclusio
Non expedivisset omnibus omnia esse communia pro statu nature
lapse. Probatur dupliciter, scilicet autoritate et ratione.

[d6 recto b; Z. 29] Primo arguitur contra primam conclusionem.
Id, quod fuit factum contra legem naturalem, non potuit licite nec
rationabiliter fieri, sed appropriatio rerum facta est contra legem
naturalem, igitur non potuit fieri licite nec rationabiliter. Maior nota,
quia lex nature in omni statu ligat et tantum ad rationabilia, et per
consequens contradictoria eorum, ad que ligat, sunt licita et rationabilia. Minor probatur, quia lex nature disponit omnia esse communia omnibus, ut patebit questione sequenti. Ad illud argumentum
respondetur tripliciter. Primo, quod maior intelligitur de lege naturali non revocata. Modo lex nature disponens omnia esse communia omnibus est revocata, quando homo cecidit ab innocentia et ille
modus dicendi esset conformiter ad Scotum in quarto distinctione
xv. questione ii. Dicit enim, quod illud preceptum legis nature de
habendo omnia communia revocatum est post lapsum.
Sed contra istum modum solvendi arguitur [d6 verso] quadrupliciter.
Primo sic. Lex naturalis est immutabilis, sed si esset revocata, esset
mutabilis; igitur. Maior probatur dupliciter. Primo, quia in decretis
distinctione vi §. 'his itaque' ait Gratianus: 'Naturale ius ab exordio
rationalis creature incipiens manet immobile', volens per hoc assignare differentiam eius ad legem scriptam. Secundo probatur, quia
ibidem distinctione v. ait: 'Ius naturale cepit ab exordio creature
rationali nec variatur tempore, sed immutabile permanet.'
Secundo sic. Aut lex naturalis disponens omnia debere esse communia omnibus hominibus disposuit hoc de hominibus incontracte
captis, hoc est sive corruptis sive integris, aut tantum de integris,
quales primum fuerunt. Non primum, quia nunquam recta ratio, a
qua procedit lex nature, hoc dictasset de corruptis hominibus: Quia
semper recta ratio vidisset talibus existentibus hominibus emergere
predicta damna quattuor ex rerum communitate et indistinctione. Si
secundum, igitur adhuc illa lex manet, scilicet quod integris hominibus (si essent) omnia essent communia dimittenda, igitur non est
revocata.

Tertio sic.

Regula medicinalis dicens vinum esse potum hominibus congruum non deberet dici revocata, si omnes homines inciperent febricitare, et ita vinum inciperet eis discongruere, quia non intelligeretur illa regula, nisi de hominibus sanis; ergo etiam sic erit hic. Et hoc est etiam exemplum beati Augustini in libro confessionum ad ostendendum, quomodo lex naturalis non debet ex hoc dici variata vel mutata, quod ipsa concedente omnia communia omnibus, postea oppositum fuit ordinatum. Nam hec ordinatio non arguit mutationem in ipsa lege naturali, sed arguit mutationem ex parte hominis.

Quarto sic. Ille modus dicendi supponit, quod lex disponens communitatem in rebus sit preceptiva precipiens scilicet ut sint omnia communia omnibus vel prohibitiva proprietatis. Quia dicit, quod illud preceptum legis nature de habendo omnia communia est revocatum. Modo illa lex non est preceptiva nec prohibitiva, sed tantum concessiva. Unde sciendum, quod in libro legis naturalis, scilicet in intellectu, qui est ut liber legis naturalis, reperiuntur triplices sanctiones legis naturalis. Quedam enim sunt sanctiones preceptive, ut illa: 'Quod tibi fieri vis aliis facias'. Quedam sunt prohibitive, ut illa: 'Quod tibi fieri non vis non facias'. Alique vero sunt concessive, id est non precipiunt nec prohibent, sed concedunt aliquid. Et ille sunt duplices.

Quedam enim concedunt aliquid tanquam utile, et talis fuit illa sanctio, que concessit pro statu innocentie communitatem rerum ut omnia essent omnibus communia, eo quod illa communitas conferebat ad finem humane felicitatis pro illo statu. Quedam autem concedunt aliquid tanquam expediens, ut sanctio illa, que concedit, quod res pro statu nature corrupte approprientur. Et de istis videatur Alexander de ales in tertia parte summe, questione xxvii. membro iiii. articulo primo. Ideo secundus modus solvendi est concedendo maiorem, quando tale, quid fit contra legem preceptivam vel prohibitivam, et hoc modo minor est falsa: quia lex naturalis concedens communitatem in rebus non est preceptiva, precipiens scilicet communicationem, nisi in casu necessitatis, scilicet tantum est concessiva. Modo contra illius sanctionem concessivam tantum potest aliquid licite fieri iure positivo id disponente, ut licitum est transire per agrum alienum, quia illud est de sanctione legis naturalis, sed non nisi concessiva. Et tamen iure positivo factum est illud illicitum. Unde Isidorus intelligendo per phas ius naturale et per ius intelligendo positivum ius ait sic: 'Transire per alienum agrum phas est, quia est licitum. phas enim est quod licitum est: sed non est ius scilicet positivum:

immo vetitum est iuro positivo'.[2] Tertius modus solvendi est con-
cessa maiore sine distinctione. Neganda est minor, quia lex naturalis disponens communitatem in rebus etiam si esset preceptiva illius
communitatis vel prohibitiva appropriationis non intelligitur, nisi quo
ad homines in natura bene instituta, non autem quo ad homines
nature corrupte. Modo nunc homines sunt in natura corrupta, igitur. Et hii duo ultimi modi solvendi essent conformiter ad Alexandrum
de ales ubi supra. [. . .]

[e recto a; Z. 48]

Quarto arguitur

 contra secundam conclusionem. Si esset vera, sequeretur, quod
intrantes religionem facerent quid inexpediens intrando. Consequens
est inconveniens, igitur et antecedens. Falsitas autem consequentis
probatur, quia intrando faciunt actum supererogationis. Et per consequens aliquid multum commendabilem [sic]. Non igitur quid inexpediens. Sequela tamen probatur. Quia intrando religionem abdicant
appropriationem rerum et contenti sunt dominio rerum in communi.
Modo hii in faciendo hoc reducunt res ad communitatem, quam
tamen rerum communitatem secunda conclusio dixit esse inexpedientem in statu nature lapse. Dicendum dupliciter. Primo admisso quod
consequens sit inconveniens neganda est sequela. Ad probationem
concedatur maior et minor pro prima parte, sed ad minorem pro
secunda parte, scilicet quam tamen rerum communitatem dixit secunda
conclusio esse inexpedientem. Dicendum, quod conclusio non dixit,
quod non aliquibus expediret omnia esse communia seu quod nul-
lis expediret omnia esse communia in statu nature lapse, sed non
expediret, quod omnibus omnia essent communia. Quia aliquibus
non expedit. et hoc verum. Nam si omnes haberent omnia communia, oporteret sequi predicta incommoda secunde conclusionis, eo
quod multi sunt imperfecti et infirmi adeo carentes adiutorio gratie,
quod sine divina offensa multiplici non viverent non habendo propria. Et tamen stat, quod aliqui contenti existentes communitate
rerum non sint sic infirmi et imperfecti, sed divina gratia adeo adiuti,
ut eis habentibus omnia communia non emergant predicta incommoda.
Et illis non est expediens communitas rerum, immo expediens et
bona. Secunda solutio est concedendo sequelam indefinite captam.

---

[2] Vgl. Decretum Gratiani, d. 1, c. 1, § 1.

Nam non omnibus expedit abdicare a se appropriationem rerum et stare in communitate rerum. Exemplum. Nam si quis est talis, quod in non habendo propria aut omnino frangeretur impatientia aut maior esset impatientia in retrahendo eum ab amore eternorum quam amor in possidendo propria, melius esset illi victui necessaria retinere et profectius quam abdicare et sic incurrere predictam impatientiam. Quia facilius esset ei aliquem gradum sancitatis aut perfectionis attingere, prout deducit Heinricus gandensis quodlibeto vii. ex dictis beati Gregorii in pastorali. et ex glossa ii. Corinthiorum viiii. Si vero posset eis carere absque impatientia aut cum impatientia minoris culpe quam esset [e verso] amor in retinendo sic melius esset propria dimittere. Et hoc non solum cum male dispensat quis propria, sed etiam cum bene dispensat et maxime cum abundat sive multum abundet sive mediocriter. Immo etiam, si non abundet, sed tantum habet victui necessaria, ut ibidem deducit. Per eandem solutionem solveretur aliud argumentum, quo sic argueretur contra secundam conclusionem: Apostoli, discipuli ac alii in primitiva ecclesia abdicando a se proprietatem et stando in communitate rerum non fecerunt quid inexpediens, ergo communitas rerum non est quid inexpediens pro statu nature lapse. Solutio patet. Quia aliquibus est expediens, aliquibus non. Ideo vera est conclusio, quod non expediret, quod omnibus omnia essent communia. Ad illam secundam conclusionem et solutiones argumentorum sequitur

Primum correlarium

quod non sequitur: Status ille est perfectissimo statui similior, igitur omnibus hominibus est expedientior. Nam status religiosorum, quo ad hoc, quod est sine appropriatione rerum, est similior statui innocentie, qui est perfectissimus status vie. Et tamen status ille, quo ad predictam expropriationem non est omnibus expedientior, immo nec in positivo gradu loquendo est expediens omnibus. Quia non illis imperfectis, quibus dictum est eum esse inexpedientem.

3.3. QUAESTIO 10 IN AUSZÜGEN

[e2 recto a, Z. 29] Utrum distinctio dominiorum fuit facta per legem naturalem vel humanam.

Solutio questionis stat in duabus suppositionibus et quinque conclusionibus ac quinque argumentorum solutionibus.

Prima suppositio. questio non potest intelligi de aliis dominiis a dominio civili: utpote de dominio gratifico: evangelico: originali et beatifico. Probatur. quia tunc supponeret falsum. supponeret enim talia aliquando fuisse indistincta: et postea fuisse facta distincta. Secunda autem pars illius suppositi esset falsa. quia sicut olim fuerunt indistincta. sic etiam hodie talia ubi sunt: sunt indistincta. Nam quamvis illis superaddita sint aliqua distincta dominia scilicet civilia. tamen illa non sunt eadem cum predictis. ideo propter hoc non debet concedi predicta fuisse distincta. Sensus igitur questionis est. utrum distinctio dominiorum civilium fuerit facta per legem etc.

Secunda suppositio. Titulus questionis etiam intellectus de dominiis civilibus potest intelligi dupliciter. Uno modo per constructionem transitivam, ut sit sensus quasi aliquo tempore dominia civilia fuerint, quo fuerunt indistincta, et postea illa ceperint distingui. Et sic questio presupponit falsum, quia nunquam fuerunt indistincta, sed quamprimum fuerunt orta, fuerunt orta cum distinctione.

Alio modo per constructionem intransitivam et adiectivalem, ut sit sensus, utrum dominia civilia, que sunt dominia non indistincta ut alia, sed distincta, fuerint recta et orta per legem naturalem. Et hoc modo titulus questionis intelligitur hic.

Prima conclusio

Sane intelligendo titulum questionis questio nullam habet difficultatem, quin certum sit, quod dominiorum distinctio tantum est secundum legem civilem et humanam. Probatur, quia sanus intellectus tituli questionis est: 'per quam legem fuerint dominia civilia erecta vel facta'. Modo hoc quesitum nullam habet difficultatem. Quia ex terminis questionis patet responsio. Nam eo ipso, quod titulus questionis est de dominiis civilibus, patet ex descriptione et propria ratione dominii civilis, quod secundum nullam legem fuerint illa facta, nisi secundum legem humanam et non secundum naturalem, quia tunc essent dominia naturalia, nec secundum divinam, quia tunc essent dominia divina. Sed tamen ex quo alii tractantes illam questionem respondent ad eam quasi difficultatem habentem. Ideo subiungo etiam tres conclusiones. Est ergo

Secunda conclusio

Dominiorum distinctio non est facta secundum legem naturalem. Probatur, quia lex naturalis etiam habuit locum in statu innocentie.

Si igitur dominiorum distinctio esset secundum legem naturalem, tunc etiam pro statu innocentie fuisset dominiorum distinctio. Consequens est falsum, quia in statu innocentie omnia fuissent homini communia, quia ibi res fuissent illo modo ipsorum hominum quo modo plus voluissent ad sustentationem nature et pacificam conversationem, sed pro statu innocentie res exi[e2 verso]stendo communes omnibus hominibus plus valuissent ad sustentationem nature et pacificam conversationem quam essendo appropriate aliquibus; igitur. Minor probatur, quia ex quo quilibet fuisset innocens et rectus, non occupasset aliquis plus de rebus quam indiguisset, et sic indigentes non caruissent necessariis, nec aliquis occupasset superflua. Huic conclusioni concordat Gratianus in decretis distinctione viii. capite primo dicens: 'iure nature sunt omnia communia'. et secundum hoc ius vel legem naturalem apostoli possederunt res temporales, scilicet ut omnibus omnia, que haberent, essent communia. Etiam plato sensit secundum hanc legem naturalem res esse possidendas, ut omnes res omnibus essent communes. Unde apud eum illa civitas iustissime ordinata traditur, in qua quisque proprios nescit affectus, ita quod quisque tantum alium diligit quantum se. Finxit enim plato quandam rempublicam, in qua omnia sunt communia. Tertio, quia Clemens in epistola iiii. habetur xii. questione prima capitulo 'dilectissimis' ait: 'communis usus' etc. vide precedenti questione, et addidit ibidem. Denique grecorum quidem sapientissimus hec ita sciens esse 'communia debere' (ait) 'esse amicorum omnia'. Hec autem autoritas vult, quod quantum est ex lege nature, deberent omnia esse communia. Igitur distinctio dominiorum non est per legem nature.

Et quia aliquis diceret: illa conclusio habet veritatem hoc modo, quod dominiorum distinctio non est secundum legem naturalem, et hoc pro statu innocentie, tunc enim omnia fuerunt et debebant esse communia, sed non probat, quin eorum distinctio pro statu nature corrupte sit secundum legem naturalem, ideo ponitur

Tertia conclusio

Dominiorum distinctio etiam pro statu nature lapse non est secundum legem naturalem. Probatur per Scotum in iiii. ubi supra. et per Johannem de ripa ordinis minorum sic. Nam sicut natura non inclinat ad opposita, sic etiam lex naturalis non inclinat ad opposita. Modo lex naturalis inclinat et disponit, ut omnia sint omnibus communia, igitur illa eadem non inclinat nec disponit ad hoc, ut res approprientur et dominia distinguantur. Cum igitur lex nature sit eadem pro statu tam innocentie quam nature corrupte, sequitur, quod sicut disposuit omnia debere esse communia pro statu innocentie, sic etiam disponit pro statu nature corrupte, et per consequens distinctio dominiorum non est per legem naturalem. Hanc rationem tangit Scotus in iiii. distinctione xv. questione secunda et etiam Johannes de ripa ordinis minorum in quodlibetis. Sed quamvis conclusio sit vera, tamen illa probatio non valet, quia si illa lex naturalis, que disponit omnia esse communia omnibus. poneret res esse appropriandas hominibus, non propter hoc inclinaret seu disponeret ad opposita. Probatur, quia quando lex naturalis disponit omnia esse communia omnibus, non disponit hoc, nisi pro illis hominibus, qui sunt nature integre non corrupte, sed disponendo res esse hominibus appropriandas disponeret hoc pro hominibus nature corrupte. Et sic de diversis disponeret communitatem et proprietatem rerum. Et per consequens non disponeret opposita, quia opposita sunt opposita respectu eiusdem, patet per simile. Nam si aliqua regula medicinalis artis disponat vinum esse dandum Johanni, cum sanus est, et eadem disponat eidem, cum febricitat, non esse dandum, non disponit opposita, quia non respectu eiusdem hominis eodem modo se habentis. Ideo aliter probatur conclusio sic: Per distinctionem dominiorum hic nihil aliud intelligitur quam ipsa dominia civilia distincta, ut patuit in prima suppositione. Modo civilia dominia non sunt facta per legem naturalem pro statu nature corrupte, quia tunc civilia dominia non essent civilia sed naturalia. Diffinitur enim civile dominium, quod est ex concessione legis civilis et naturale, quod est ex lege naturali. Et si aliquid dicat idem esse dominium naturale et civile, ut supra etiam patuit, idem dominium esse naturale et divinum, hoc non obstat, quia hic loquimur de civili dominio pure tali. Secundo probatur illa conclusio sic, quia lex naturalis concedens alicui aliquod dominium est nota naturali lumine rationis, ita, quod ratio naturaliter nata est formare talem legem et ei adherere. Modo ratio naturalis non est nata formare talem legem, que dicat hec res sit petri, hec sit Johannis, sed lex civi[c3 recto]lis sic diposuit.

[Es folgen vier Einwände mit ihrer *refutatio*, u. a. mit Bezug auf Duns Ord. III, d. 37]

[e3 verso a; Z. 43] Quarta conclusio

Dominiorum distinctio non est secundum legem divinam. Probatur duabus autoritatibus et una ratione. Ratio autem tangetur in examine prime autoritatis. Prima autoritas est augustini super Johannem, et habetur in decretis distinctione viii. capite 'quo iure' ubi ait sic: "Quo iure defendis villas ecclesie? Divino an humano? Divinum ius in divinis scripturis habemus, humanum in legibus regum. Unde quisque possidet quod possidet? Nonne iure humano? Nam iure divino 'domini est terra et plenitudo eius'.[3] Pauperes et divites una terra supportat. Iure vero humano dicitur: Hec villa mea est, et hec domus mea est, hic servus meus est. Iura autem humana iura imperatorum sunt. Quare? Quia ipsa iura humana per imperatores et reges seculi deus distribuit generi humano." Hec ibi. Sed diceres in illis verbis non habetur illa negativa, quod distinctio dominiorum seu proprietas rerum non sit a iure divino, sed tantum habetur illa affirmativa, quod talis distinctio sit a iure humano. Modo illa affirmativa non infert predictam negativam, eo quod unum et idem dominium potest alicui competere utroque iure, ut habitum est etiam supra questione quinta. Dicendum dupliciter. Primo, quod etiam illa negativa ibi habetur in hoc, quod dicitur 'Nam iure divino domini est terra et plenitudo eius'. Ibi enim vult probare, quod non sit illa proprietas ex lege divina.

Sed diceres contra, quia illa probatio Augustini non videtur valere. Vult enim sic arguere: Nullus habet dominium divino iure nisi deus. Modo si distincta dominia et proprietates, quas habent homines in rebus huius mundi essent secundum legem divinam seu ius divinum, tunc homines haberent illud dominium, quod est soli deo proprium. Modo hec probatio equivocat ius divinum et etiam dominium divinum. Patet, quia ius divinum accipitur dupliciter secundum quod ius accipitur dupliciter (ut tactum est in prima suppositione prime questionis). Uno modo pro lege divina, et hoc modo maior est falsa, quia homines habent aliqua dominia secundum divinam legem, ut est dominium beatificum originale et gratificum atque evangelicum. Et sic minor etiam est falsa, quia non oportet, si homines habent dominium eis conveniens secundum legem divinam, quod ergo habeant dominium proprim soli deo. Quia non oportet, quod tale dominium conveniens alicui secundum legem divinam sit deo proprium.

---

[3] Ps. 24,1.

Alio modo capitur ius, prout idem est, quod pote[e4 recto]stas seu dominium. Et hoc modo idem est ius divinum, quod dominium divinum, et tunc adhuc capitur equivoce, ut tactum est in prima suppositione quinte questionis: Vide ibi.

Et si primo illorum modorum accipiatur, maior est falsa sicut prius, similiter et minor. Sed si secundo modo capiatur, maior est vera, quia sensus est: Nullus habet illud dominium, quod convenit deo, sed tunc minor est falsa. Nam ex hoc, quod homines haberent ex divina concessione distincta dominia, non ob hoc haberent illud dominium, quod est in deo. Quia deus habet dominium per essentiam in rebus et altissimum atque impendens. Homines autem tantum habent participatum bassum et dependens. Dicendum, quod ratio augustini aliter est intelligenda, quam iam sit deducta, si debeat esse valida. Et hoc sic: Supponit enim, quod deus habet dominium in terra et omnibus rebus terrenis et quod sua lege et concessione derivaverit in homines atque eis concesserit participatum et dependens dominium terrenorum. Sed illam legem suam ferendo, per quam eis concessit ea, non distinxit eis ipsa terrena, ut hec res sit illius et hec illius, sed traditit ea eis indistincte. Et sic ex divina concessione non habent distincta dominia. Assumptum autem, scilicet quod dominus ferendo legem, per quam concessit eis terrena non distinxerit eis ea, probatur. Quia lex divina, per quam concessit eis ea, habetur in scriptura sacra, scilicet Genesis primo pro statu innocentie, et Genesis ix. pro statu nature corrupte. Et post diluvium et tamen talis lex non distinguit, quid cuique debeat esse proprium. Ait enim indistincte sic Genesis primo: 'Ecce dedi vobis omnem herbam afferentem semen suum super terram: et universa ligna etc., ut sint vobis in escam et cunctis animantibus terre' etc. et Genesis ix. ait: 'Omnes pisces maris manui vestre traditi sunt, et omne, quod movetur et vivit, erit vobis in cibum, quasi olera virentia tradidi vobis omnia etc.'

Secundo dicendum, quod etiam illa negativa habetur in secunda autoritate, quia ibidem ait Augustinus: 'Tolle iura imperatoris, et quis audet dicere: hec villa mea est. meus est iste servus, mea est domus.' Hec ille. Ergo vult, quod distinctio dominiorum et proprietas sit tantummodo ex iure humano, quia eo sublato tollitur proprietas et distinctio, non est igitur a iure divino.

[Folgt ein Einwand mit Widerlegung.]

[e4 recto b; Z. 41] Quinta conclusio

Distinctio dominiorum est tantum secundum legem humanam Probatur
tripliciter. Primo, quia omnis lex aut est naturalis divina aut humana:
sed distinctio dominiorum non est secundum legem naturalem et
divinam, ut probatum est, igitur a sufficiente divisione erit secundum humanam.

Secundo patet ex eo, quia distinctio dominiorum hic supponit pro
dominiis distinctis, [e4 verso] qualia sunt civilia. Modo ex descriptione civilis dominii habetur, quod ei secundum legem civilem convenit, cui convenit, igitur. Tertio probatur per auctoritates duas
allegatas in quarta conclusione.

JOHANNES ECK: CHRYSOPASSUS PRAEDESTINATIONIS, FÜNFTE ZENTURIE IN AUSZÜGEN (XC–XCV) EINSCHLIESSLICH DER ANNOTATIONEN HULDRYCH ZWINGLIS

Die gegenüber den ersten drei edierten Werken bereits deutlich klarere Interpunktion wird hier unverändert wiedergegeben.

U und v sind durchgehend normalisiert. E caudata ist als e wiedergegeben.

Es wird in den Annotationen nur eine, dunkelbraune, kräftige Tinte verwendet.

[fo. V <i> verso, Z. 41] XC

EVASIO RATIONUM MULTIPLEX

Ad has rationes pars adversa multivariam respondet, et autoritates exponit: quas [V ii recto] Cameracensis dicit faciliter posse glossari. Unde primo distinguunt de mendacio Hibernicus in quaestione de revelatione, Adam in quaestione v. tertii recitat Syrensem/quem sequitur. Mendacium inquiunt, aliquando capitur pro falsa vocis significatione cum intentione fallendi: id est quod falsum significet, cum intentione quod alter habeat falsum assensum, vel erret circa sibi notificatum: et istud potest fieri sine peccato. Et sic inquit Adam: Non video quin deus possit hoc facere, et possit praecipere alicui quod faciat, qui tunc hoc licite facere posset, nec in hoc contraveniret conscientiae sue. Et in hoc inquit Robertus Holcot, nulli debet esse dubium. Ad hoc enim nulla sequitur contradictio inquit Cameracensis: nec aliquod evidens impossibile, nec aliquam imperfectionem includit, imo videretur imperfectus deus/si hoc non posset/sicut creatura hoc potest sine peccato: quia aliquis potest demereri ut decipiatur. Et mirabile videtur inquit/quod deus non posset talem punire, et decipere per seipsum immediate: maxime cum error qui esset in illa deceptione possit esse sine peccato, ut ostendit divus Augustinus in Enchiridio ad Laurentium capite xvi. quod in patientia sint nobis multa nescienda: et capite xvij. ad longum argumentatur aliquem esse errorem bonum/dummodo non sit in via morum: citat versum ex carmine pastorali Vergilii. Ut vidi, ut perii, ut me malus abstulit error.

Accipitur etiam decipere pro eo quod est fallere aliquem contra instinctum legis divinae, aut legis naturae, vel contra conscientiam: quo modo acceptum nec deo convenit, nec bono angelo/aut homini: unde tunc supplenda est divi Augustini de mendacio diffinitio: Mendacium est falsa vocis significatio cum intentione, scilicet inordinata fallendi. Et sic mentiri non convenit deo. Et secundum hoc procedunt autoritates et rationes in contrarium adducte, quia impossibile sit deum mentiri: si deus falleret/iam non esset dignus qui esset omnipotens etc. quae vera sunt ut mendacium aut fallere includunt deordinationem vel iniusticiam.

NOTULA ADAE. Addit magister Adam. Item quia deceptio communiter sonat in malum, non debet concedi quod deus possit aliquem decipere, nisi cum bono moderamine praeexpresso in prioribus solutionibus.

XCI

IMPROBATUR EVASIO.

Hanc pretensam solutionem retundit valens ille Gregorius/ostendens illa glossemata non habere intentionem textuum et autorum: est enim violentium genus exponendi, omnino extrarium apostolo et Augustino: et primum in sole ponitur de Augustino: quia ipse in libro de mendacio ad Crescentium (unde desumpta est illa definitio, quaae a parte adversa ista tortuose exponitur) principaliter inquirit utrum liceat aliquando mentiri. Ad cuius quaestionis discussionem dicit primo videndum quis proprie dicatur mentiri, seu quid sit mendacium: et tunc ex communi concessione sumit diffinitionem illam praemissam exprimentem quod nominis mendacii, et dein procedit ad principale quesitum. Constat autem/quod si in diffinitione quid nominis mendacii, que communiter praesupponitur disputationibus/poneretur vel subintelligeretur de ordinata fallendi potentia, superflua et inutilis esset omnis ulterior inquisitio qua investigaretur utrum limitum esset aliquando mentiri. Nam in controversum est inordinatam intentionem nunquam esse licitam. Ex ipsa ergo diffinitione que disputationi prae-[V ii verso]supponitur/pateret statim nunquam licere mentiri: nec aliqua quaestio de hoc esset reliqua.

CORROBATVR. Quia divus Augustinus in prememorato loco dicit esse dubium an omne mendacium sit cum intentione fallendi: propterea quod videri posset, omnem falsam significationem cum voluntate falsum enuntiandi (esto quod non sit cum intentione fallendi) esse mendacium: quamvis nulli dubium sit/omnem falsam significationem cum intentione fallendi esse mendacium: Si ergo dubium fuit an requiratur intentio fallendi: quomodo tunc necessaria fuisset deordinatio, cum illa per se quidem deordinata sit et peccatum: et secludens posterius a priori omnem falsam significationem cum intentione fallendi/mendacium dicit: et omne tale mendacium dein astruit esse peccatum: non ergo convenit ista interpretatio divo Augustino.

SECVNDO ostenditur gipposa illa partis adverse expositio esse contra mentem apostoli. Nam divus Paulus electionis vas volens ostendere fidelibus quod debeant habere certam spem salutis futurae, dicit hoc deum Abrahe interposito iureiurando promisisse/ut per duas res immobiles, scilicet promissionem et iuramentum: in quibus impossibile est mentiri deum, fortissimum solatium habeamus, qui confugimus ad tenendam propositam spem/quam habemus sicut anchoram anime tutam ac firmam etc. quasi argumentari vellet apostolus: Si deus non esset facturus quod promisit et iuravit/tunc deus fefellisset promittendo et iurando ac fuisset mentitus, quod est impossibile. Aut ergo apostolus accepit mentiri in proposito pro iurare falsum cum intentione fallendi sine pluri (hoc est sine additione inordinationis) et habetur propositum quod deum impossibile est sic mentiri. Aut accepit ut dicat intentionem deordinatam fallendi: et tunc sua probatio esset nulla: quia secundum opinationem adversariorum. esto quod deus iurasset falsum, non tamen fuisset mentitus: quia non habuisset inordinatam intentionem fallendi: quomodo ergo ex hoc fideles possent habere certam spem salutis/si deus etiam praeter vel citra mendacium posset non servare promissa et iurata: maxime cum dicat iuramentum esse finem controversie ad confirmationem apud homines: quod si non finit et terminat ac certificat apud deum, fundamentum apostoli erit penitus ruinosum. Patet ergo tam apostolum/quam Augustinum ambos maximos ecclesie doctores, omnem falsam significationem cum intentione fallendi absolute et sine pluri vocant mendacium, quod removent a deo. Nihil igitur valet istorum doctorum velamentum, qui extrariis glossis quasi quibusdam nebulis et technis obnubilare nituntur veritatem.

XCII

EVASIO SECUNDA ADVERSARIORUM

Miror quod Adam et Cameracensis nihil dixerunt ad illas replicas Gregorii, cum tamen dicta eius oculatissime perlustraverint, et adamussim alias examinaverint et excusserint. Nihil inquam dixerunt ad has obiectiones: quare non potest mihi non suspecta esse eorum sententia. Confugiunt ergo ad aliud propugnaculum ut propria tueantur, dicentes/quod si mendacium accipiatur pro falsa vocis significatione cum intentione fallendi: qualiter tamen non existimant sumi ab apostolo et Augustino, tunc deum non posse mentiri aut decipere/est dumtaxat verum de potentia dei ordinata, non absoluta sicut declaravit dominus Cardinalis propositione sua quarta contradicente nostre quinte: et ita vagantur per omnes auctoritates sanctorum et sacre scripture libere sine omni metu et hesitatione[.]

[V iii recto] CONTRA Praetensam solutionem fortissime replicat valens ille Gregorius: et profecto apparet mihi/quod sue replicae sint gladius Alexandri Magni, ut etiam Gordium nodum dissolvere possint. Unde ad memoriam revocanda est divi Augustini autoritas ad propositionem quartam superius inducta, quae non patitur illam limam Anglicorum, et hoc ex tribus.

Primo quia Augustinus loquitur de omnipotentia dei: modo illa non attenditur secundum potentiam ordinatam quae nunc est: quoniam secundum talem non omnia potest/sed secundum absolutam. Cum igitur divus Augustinus neget posse mentiri a dei omnipotentia, sequitur quod ipsum excludat a potentia dei absoluta. Secundo: quia uniformiter Augustinus negat deum posse mentiri, et ipsum posse mori et falli: et constat quod deus de potentia absoluta non potest mori vel falli: ergo nec mentiri aut fallere. Tertio hoc evincitur ex ratione Augustini qua probat deum non posse aliquod istorum. Nam si mori, fallere, falli, mentiri posset, iam non esset omnipotens quoniam si hoc esset in eo/non esset dignus qui esset omnipotens: et est egregium verbum Augustini inquit Ioannes Maioris. Si ergo dignitati dei repugnat mentiri, quoniam alias non esset omnipotens: quoniam si hoc esset in eo/non esset dignus qui esset omnipotens, eque et plus adversabitur potentie absolutae/quam ordinate. Et multum subtiliter sciscitatur ab adversario Gregorius, an deus de absoluta potentia possit ordinare se aliquando mendacem futurum. Si non, ergo neutra potentia mentiri potest: quoniam etsi secundum illam potentiam et ordinationem non posset omnia que absolute posset et simpliciter: nihil tamen potest absolute quin posset ordinare se illud facere: et per consequens quin posset illud secundum aliquam potentiam ordinatam possibilem ab bonum intellectum dicti communis de potentia dei ordinata. Si vero dicitur quód deus absolute possit ordinare se aliquando mendacem vel fallentem futurum: ponatur ergo quod ordinet, tunc sequitur secundum probationem Augustini quod ipse non erit omnipotens, nec dignus qui sit omnipotens: Deum autem esse indignum omnipotentia/est impossibile: ergo et illud ex quo sequitur. Nota et pondera illam rationem: non quia ita efficaciter stringat partem adversam sed in hoc quomodo potentia ordinata possibilis sit eadem cum potentia absoluta. Et quod deus potest facere de potentia dei absoluta/illud potest ordinare se facturum: et sic cuiuscunque factibilis de potentia sua absoluta deus habet potentiam ordinatam possibilem: quod perpetuo tene menti. Addit Ioannes Maioris pro confirmatione: Non valet dicere, deus non potest fallere de potentia dei ordinata/sed absoluta. Unde igitur tibi certum est quod non velit decipere, cum simpliciter fallere posset per te: igitur nullus simpliciter credere potest sacrae scripture. Hoc tamen dictum Ioannes Maioris non urget adversarium, ut videbimus.

XCIII

TERTIA EVASIO ADVERSARIORUM

Quia in probatione propositionis assumit, Si deus posset mentiri vel fallere, posset etiam peccare et prave agere. Suscipiunt illud argumentum negando illatum. Nam mendacium autoritate divina factum non est peccatum: nec in illo aliquis peccat. Unde deus posset alicui dare illam autoritatem, aut posset per seipsum facere, quo facto non peccaret: quod videtur rationabile inquit Aliacensis. Nec ap-[V iii verso]paret quod tali autoritate data illud esset plus peccatum/quam occidere innocentem autoritate dei: nam magis est contra instinctum nature secundum quam primum circunscripta dei autoritate: sed neutrum esset contra instinctum naturae/si fieret ex precepto vel autoritate auctoris naturae. Exemplum in Abraham volente immolare filium Isaac. Autoritas ergo dei tam in seipso/quam in alio excusaret mentientem a peccato.

IMPROBATIO ILLIVS SOLVTIONIS

Sed neque hac parte liberabuntur adversarii. Tantum enim evincit illa ratio quod factum dei/aut autoritate eius non sit peccatum: et quis hoc iret inficias. hoc scivimus antequam <u>Theologus</u> nasceretur. [Dazu am Rand ein unterstrichenes Wort:

   Theognis]

Nam cum peccatum sit aliquid factum vel concupitum contra legem dei, ut inquit Augustinus: ideo in controversum est deum non posse peccare, cum sit supra legem: medulla autem argumenti aliunde deducitur. Inquirit enim argumentum quomodo deus hoc vel illud non possit/quia sit peccatum/et nihilominus ipse sit omnipotens: non dubium est enim quin factum a deo non sit peccatum. Unde quia mendacium divi Augustini sententia est universaliter peccatum ergo deus ipsum non potest facere, licet sit omnipotens: alioquin per istam fugam nihil erit tam blasphemum et criminosum quod deo non attribuere posses. Semper enim diceres, iam non est peccatum, quia a deo factum: ubi essent tunc illa quae nominata statim habent annexam maliciam/ut inquit Stragyrita [sic] primo Ethicorum. Si ergo velit satisfacere rationi/oportet respondentem ostendere, quare ille actus non esset peccatum propter autoritatem divinam interpositam, cum omnes noverimus deum nec facere/nec praecipere malum culpae.

XCIIII

EXEMPLUM

Adductum per adversarium confirmat et declarat hoc quod diximus: Nam deus praecepit occidi Isaac innocentem per Abraham patrem: quod non licuisset Abrahe/nisi fuisset interposita autoritas divina: et ita alias illicitum, iussione dei factum/est licitum. Sed dicam rationem huius, cur iam desiit esse peccatum deo precipiente: et quidem triplicem/uti Richardus Minorita tangit distinctione xlvij. primi quaestione quarta. Prima est: quia licet Isaac esset innocens respectu Abrahe/tamen fuit nocens respectu dei. Fuerat enim aliquando obstrictus peccato originali, cuius sequela est mors: poterat ergo deus reposcere debitum uti placuit, sive per ignem sive per gladium/infirmitatem aut alium repentinum casum: interposuit ergo autoritatem is qui habuit potestatem super vitam hominis. Abraham vero solum fuit executor et minister iusticiae dei. Secunda ratio est: quia cum omnia

sint in manu domini: et in secundo articulo diximus deum habere
ius potentius et maius dominium in homines/quam habeat homo
super vilissima re sua. Potest ergo cum habuerit dominium mortis
et vite/facere ut placuerit, vivere/vel interficere: et eandem exequi
potestatem alteri committere. Adde tertiam rationem: quia deus ple-
nissime potest resarcire damnum, si aliquid poenale obvenit ex prae-
cepto dei: ita potest etiam innocentem flagellare: et ut sapiens inquit:
Quos diligit castigat. confert tamen illis augmentum praemii, et maiorem beatitudinem ex illa passione. Hoc quoque verum est/deum non
voluisse per illa verba Isaac interficiendum/quemadmodum Abraham
intellexit: sed intendebat deus sua preceptione Abraham debere habere
promptum animum immolandi filium/ut ex hoc augeretur meritum
obedientie Abrahae. Quia si dicis [V iiii recto] deum praecepisse
occisionem Isaac, habes iam paradoxum/quod deus praecepit aliquid fieri meritorie, quod tamen noluit fieri merendo: sed haec missa
faciamus Idem potest ostendi in vasis Aegyptiorum, quae causa sub-
fuit transferendi dominium in iudeos sine peccato, et superius osten-
dimus. Si ergo respondens voluerit autoritatem divinam interponendam
excusare mendacium a peccato, patefaciat rationem, et credimus ei.

XCV

SECVNDO Valens ille Gregorius eiaculatur adversus illam solutionem rationem Anshelmi libro primo Cur deus homo. capite duodecimo: ubi inquit Anshelmus: Quod autem dicitur, quia quod deus
vult/iustum est: et quod non vult/non est iustum, non ita intelligendum est/ut si deus velit quodlibet inconveniens minus tamen sit/quia
ipse vult. Non enim sequitur inquit, si deus vult mentiri, iustum esse
mentiri: sed potius illum non esse deum. Nam nequaquam potest
velle mentiri voluntas/nisi in qua corrupta est veritas: imo quae defe-
rendo veritatem corrupta est. Cum igitur dicitur, Si deus vult men-
tiri/non est aliud quam si deus est talis natura quae velit mentiri:
et idcirco non sequitur iustum esse mendacium: nisi ita intelligatur
sicut cum de duobus impossibilibus dicimus si hoc est, illud est: quia
nec hoc/nec illud est. Itaque de illis tantum verum est dicere, si
deus hoc vult/iustum est: quae deum velle non est inconveniens: nilil
expressius posset dixisse Anshelmus, quum ait deum hoc non posse
velle, nec si vellet hoc esset iustum, quin potius infert deum non esse
deum. Et vehementer miror hic de Cameracensi qui assumendo
rationes Gregorii primo negat consequentiam: et ad probationes dicit

Augustinum et Anshelmum non probare intentum Gregorii, nihil
aliud addit. Sed ista esset facilis via evadendi quaecunque argumenta/
si solum voluerimus interimere et negare: et non adducere rationem
aut modum cur negemus, et ostendere defectum argumenti. Sed ad
omnes autoritates passim dicere possem sine delectu/hoc non probat quod intendis. Oportet bone vir melius condire dictum: non enim
facile video posse evolui illas autoritates Augustini et Anshelmi/quin
locupletissime probent illud ad quod assumuntur. [Vom erstmaligen
Erscheinen des Wortes "Anshelmus" bis "Cum igitur dicitur, si deus
vult mentiri" steht eine ornamentierte Klammer am rechten Rand.[1]]

---

[1] Leider bringt eine zufällige Einsicht in die Quellenlage auch hier Mängel der
Köhler'schen Edition zu Tage. Zum einen fehlt Z XII, 253, 16 die erste Glosse in
fo. V iiiv völlig. Zum anderen steht eine a. a. O., Z. 16–18, unter fo. V iiij wiedergegebene Glosse nicht dort, sondern ebenfalls in fo. iii v. Außerdem ist die wenig
später a. a. O., Z. 21, zu fo. V 6 gebotene Interpretation der Zwinglischen Annotation
loss als *causativitas* doch wohl wenig wahrscheinlich, da es sich hier einfach um eine
alemannische Aufforderung zum Hinhören auf das im Text Gesagten handeln dürfte.
Zwei beliebig ausgewählte Glossen beinhalten also das Fehlen einer ganzen Glosse,
eine falsche Stellenangabe und eine falsche Interpretation.

"THEOLOGIA DAMASCENI" IN AUSZÜGEN
EINSCHLIESSLICH DER ANNOTATIONEN
HULDRYCH ZWINGLIS

Die gegenüber den ersten drei Editionsteilen bereits deutlich klarere Interpunktion wird hier unverändert wiedergegeben.

In den Annotationen werden zwei Tinten verwendet, eine dunkle bis fo. 99 verso, eine rötliche ab fo. 100 recto (IIII, cap. XVIII).

5.1. Zu De orth. fide I, 9

[9 recto] De patre et filio. Cap. VIIII.

At nostro aspiret sermoni qui ultra omnia est: omnem comprehensionem et intelligentiam transcendens. docet igitur sancta catholica et apostolica ecclesia simul patrem/et simul unigenitum eius filium/ab eo genitum intemporaliter/indefluxibiliter/impassibiliter/et incomprehensibiliter/ut solus universorum novit deus. quemadmodum simul ignis et simul ab ipso lux: neque prius est ignis et po[9 verso]sterior lux: sed simul sunt. et quemadmodum lux ab igne semper gignitur/et nequaquam separatur ab eo: hunc in modum et filius a patre gignitur/et nequaquam ab eo separatur/sed semper in eo est. sed lux que ab igne inseparabiliter gignitur/in ipso semper manens: non habet propriam subsistentiam preter ignem. nam nativa qualitas ignis est. verum filius dei/unigenitus/a patre inseparabiliter genitus et indivisibiliter/et in eo semper manens: propriam habet subsistentiam preter eam que patris est. Verbum [Am Rand Anmerkung:

Verbum]

autem et splendor effulgentiaque dicitur: propterea quod incommixtibiliter/impassibiliter/intemporaliter/et indefluxibiliter/ex patre genitus est. filius [Am Rand Anmerkung:

filius]

vero/et character paterne substantie: quia et perfectus est/et in propria subsistens persona/et per omnia patri similis preter ignascentiam. [Am Rand Anmerkung:

ignascentia]

unigenitus etiam: quod ex solo patre singulariter est genitus. neque enim assimilatur alia generatio generationi filij dei. quandoquidem neque ullus est alius filius dei. tametsi enim spiritus sanctus a patre procedit: non tamen per generationem/sed per processionem. Alius autem hic subsistentie modus: incomprehensibilis/et incognoscibilis/quemadmodum et filij generatio. <u>Quapropter quecunque habet pater/filij sunt: preter ignascendi proprietatem/que non significat substantie differentiam/neque dignitatis/sed subsistentie modum.</u> Sicut Adam ingenitus est: plasma enim dei est. et Seth genitus: nam filius Adam. et Eva ex costa Adam procedens. non enim ipsa genita est. <u>neque ipsi natura differunt</u> (homines enim sunt) sed subsistentie modo. [Am Rand Anmerkung:

Argumentum pro sentientibus de natura communi ut Scotus et sequaces]

Nosse autem oportet igenitum homonymum esse: et nunc [10 recto] non factum significare/nunc vero non genitum. primo quidem significatum: substantie a substantia discrimen internoscitur. Nam substantiarum alia est ingenita: ut incerata/et alia genita/que scilicet creata factaque est. Secundo autem significatum non substantie a substantia hoc pacto differentia sumitur. Nam cuiuscunque speciei animalium: prima condita natura ingenita est/sed non primo modo ingenita. creata enim sunt/et divino verbo ad ortum deducta. attamen genita/non ex preexistente altero eiusdem speciei ex quo generarentur. [Von "primo" bis "generarentur" Klammer am Rande. Neben und zu der Klammer Annotation:

    Ingenitum dupliciter Intelligitur

Increatum primo   *non genitum creatum tamen <tantum?> secundo*]

Secundum igitur primam significantiam: conspirant/conveniuntque invicem tres sancte deitatis superdivine hypostases/idest subsistentie [Am Rand Anmerkung:

hÿpostases subsistentie]

ac persone. consubstantiales enim/et increate sunt. Secundum autem alterum significatum: nullo modo. nam solus pater ingenitus. non enim ex alia hypostasi/sue hypostaseos habet substantiam. et solus filius genitus. ex patris enim substantia [Am Rand Anmerkung:

filius genitus ex patris substantia]

sine initio/et intemporaliter genitus est. et solus spiritussanctus ex patris substantia procedens. non genitus enim sed procedens (sic divina edocente sciptura) modo quidem et generationis et processio-

nis incomprehensibili existente. Et hoc scire oportet : nomen pater-
nitatis/filialitatis [Am Rand Anmerkung:
filialitas]
et processionis non esse ex nobis ad beatam illam divinitatem trans-
latum/sed contra (ut ait apostolus) inde nobis traductum. Propterea
(inquit) flecto genua mea ad patrem/ex quo omnis paternitas in celo
et in terra. Si autem dicimus patrem principium esse filii et maiorem: non priorem ipsum filio [10 verso] aut tempore aut natura
ostendamus (per ipsum enim fecit et secula) neque secundum aliud
quodcunque nisi secundum causam/hoc est quia filius ex patre geni-
tus/non autem pater ex filio/et quia pater causa est naturaliter filii.
quemadmodum non ex luce ignem proficisci dicere solemus: verum
magis ex igne lucem. quando igitur audimus principium/et maiorem
patrem: [Anm. im Text:
π;
dazu die Anmerkung am Rande:
notat admodum grosse causam[,] quom causa a causato essentialiter differre vide-
atur[;] verum causam Intelligat[,] quantum ad nascentiam referri[:] pater ut
pater filii causa est[,] quia filii subsistentia et generatio ex patris persona sub-
sistentiave genita est]
causam intelligamus. Et quemadmodum non dicimus alterius substantie ignem et alterius lucem: hunc in modum fieri non potest ut
recte dicamus patrem et filium alterius et alterius substantie/sed unius
et eiusdem: et quo pacto dicimus per eam lucem que ab ipso est
ignem illucere/et non ponimus organum administratorium ignis esse
lucem que ex ipso est/sed potius virtutem naturalem: sic dicimus
patrem quecunque facit per unigenitum filium eius: non ut per instrumentum servile/sed ut per virtutem naturalem/et substantialem. Et
ut dicimus ignem illuminare/et rursus dicimus lucem illuminare: sic
omnia quecunque facit pater/similiter et filius facit. sed lux quidem
propriam subsistentiam preter ignem non possidet : filius autem perfecta subsistentia est/a paterna subsistentia discreta/ut supra iam
discussimus. impossibile enim est in creatura compertam imaginem:
in seipsa immutabiliter divine trinitatis modum representare. quod
enim creatum est/et compositum/et fluxibile/et mutabile/et circun-
scriptum/et figuram habens atque formam: quomodo liquide mon-
strabit/omnibus huiusmodi supereminentem/supersubstantialem/
divinam substantiam: Omnis autem creatura (ut manifestum est)
compluribus illorum obnoxia est: et omnis secundum suiipsius naturam corruptioni/interituique subiecta.

5.2. Zu De orth. fide I, 10

[11 recto] De spiritu sancto. Cap. X.

Identidem in unum spiritum sanctum credimus dominum et vivi-
ficantem/ex patre procedentem et in filio requiescentem/cum patre
et filio simul adoratum/et conglorificatum/ut consubstantialem/
et coeternum/dei spiritum/rectum/principalem/vite ac sanctificatio-
nis fontem/deum cum patre et filio et appellatum et existentem:
increatum/plenum/conditorem/omnitenentem/omnium effectorem/
omnipotentem/infinitum/dominantem omni creature cum a nullo
dominetur/deificantem/non deificatum/[Anmerkung am Rande:
Spiritus Sanctus deificans non deificatus]
implentem/non impletum/participatum/non participantem/santifi-
cantem non sanctificatum/paracletum [Anmerkung am Rande:
paracletus non paraclitus]
id est consolatorem et patrocinatorem: ut qui alioru patrocinia susci-
piat/per omnia patri et filio similem/ex patre procedentem/et per
filium distributum/et participatum ab omni creatura/et per semetip-
sum creantem/et ad essentiam deducentem universa/et sanctificantem/
et continentem/subsistentem/[Anmerkung am Rande:
subsistentia[,] quid sit[,] hic notari potest]
id est in propria persona existentem/inseparabilem/indigressibilem a
patre et filio/et omnia habentem quecunque pater habet et filius:
preter ignascentiam/et generationem. pater enim sine causa et ingenitus: nam non ex aliquo est. ex seipso enim habet/neque quippiam
eorum quecunque habet: ex altero habet/ipse autem magis principium est/et causa esse: et quomodolibet naturaliter esse omnibus.
filius vero a patre nascibiliter: spiritus autem sanctus non nascibiliter sed processibiliter est. et generationis et processionis differentiam
esse didicimus: at quis differentie modus/nequaquam et simul esse
filii a patre generationem/et spiritus [11 verso] sancti processione.
omnia igitur quecunque habet filius et spiritus sanctus: a patre habet/et
ipsum esse habet. et si non est pater: neque filius/neque spiritus. et
si pater quippiam non habet: neque filius/neque spiritus. et propter
patrem hoc est propter esse patrem: est et filius/et spiritus sanctus.
et propter patrem: habet filius et spiritus quecunque habet/hoc est
propter patrem illa habere/preter ignascentiam/generationem/et processionem. in his enim solis personalibus proprietatibus: differunt
abinvicem tres sancte hypostases/hoc est subsistentie ac persone/non

substantia /characterisino proprie hypostaseos indivisibiliter discrete. dicimus autem unamquamque trium /perfectam habere subsistentiam: ut non ex tribus imperfectis /unam compositam naturam intelligamus. sed in tribus perfectis personis: unam simplicem substantiam /superperfectam /et anteperfectam. Omne enim ex imperfectis coalitum: compositum est. ex perfectis autem subsistentiis: impossibile est compositionem evadere. unde non dicimus speciem ex subsistentiis: sed in subsistentiis. [Anmerkung am Rande: *species In subsistentiis non ex sub* /] et imperfecta pronuntiamus: que speciem non salvant eius rei que ex ipsis absolvitur. lapis enim et lignum et ferrum /unumquodcunque per seipsum perfectum secundum propriam naturam: ad edificium autem quod ex illis absolvitur /imperfectum unumquodcunque illorum est. neque enim est unumquodcunque eorum: secundum seipsum domus. perfectas igitur ipsas hypostases /personasque dicimus: ut nullam in divina natura compositionem intelligamus. nam compositio: principium divisionis. et rursus has tres hypostases in se invicem astruimus: ut non multi[12 recto]tudinem /et quandam deorum turbam inducamus. per tres quidam hypostases: incompositum et inconfusum. per consubstantiale vero et immanentiam in se invicem hypostaseon: et identitatis /et voluntatis /et operationis /et virtutis /et potestatis et motus (ut sic dicam) inseparabilitatem /et unum esse deum deprehendimus. unus enim vere deus est: deus et verbum et spiritus.

5.3. Zu De orth. fide I, 18

[17 recto] Collectanea de deo: patre /filio /spiritusancto /verbo / spiritu. Cap. XVIII.

Invertibilis igitur omnino deus/et inalterabilis. nam ipse omnia que non in nostra potestate sunt: prescientia predeterminavit /unumquodque secundum proprium et conveniens tempus et locum. Quapropter pater nullum iudicat. iudicium autem dedit filio. iudicat enim pater/videlicet et filius/et spiritus sanctus ut deus: ipse vero filius ut ho[17 verso]mo corporaliter descendet/et sedebit in throno maiestatis. corporis enim circunscripti est et descensio/et sedes. et iudicabit orbem terrarum in iustitia. Omnia distant a deo: non loco/sed natura. In nobis prudentia/sapientia et consilium ut habitus [Anmerkung am Rande:

habitus intelliges]
accedunt et abscedunt: at non in deo. nam in ipso nichil accedit aut
abscedit. inalterabilis enim est /et immutabilis. neque fas est illi accidens ascribere. [Anm. am Rande:
In deum non cadit accidens]
nam bonum deus concurrens /coincidensque habet ipsi substantie.
qui desiderat semper deum: ipse deum videt. nam in omnibus est
deus. ab ipso ente enim dependent entia: et non est possibile quodcunque esse /nisi ab ipso ente esse habeat. quoniam in omnibus con-
tentus est deus: naturam continens. [. . .]

5.4. Zu De orth. fide III, 3

[51 verso] De duabus naturis. Cap. III.

Invertibiliter [Anmerkung am Rande:
Inconverse (ut aiunt)]
sane /et inalterate /unite sunt invicem nature: neque divina natura
a sua simplicitate discedente /neque re vera humana in deitatis naturam versa: neque substantia /existentiaque [52 recto][1] privata /neque
ex duabus una composita natura facta. nam composita natura: neutri naturarum ex quibus est composita consubstantialis esse potest /ex
aliis aliud perfecta. [Anmerkung am Rande:
*Argumentum neruosum Scoti discipulorum ex partibus essentialibus compactis
aliud (ut hic) tertium resultare dicentium*]
ut corpus quod est ex quattuor elementis compactum: neque igni
dicitur consubstantiale /neque ignis nominatur /neque aer dicitur /neque
aqua /neque terra: neque alicui horum est consubstantiale. Si igitur
(ut censent heretici) unius composite nature Christus post unionem
extitit: ex simplici natura mutatus est in compositam. et neque patri
qui simplicis est nature /est consubstantialis: neque matri. non enim
ipsa ex divinitate et humanitate componitur. Neque in divinitate est
et humanitate: neque deus nominabitur /neque homo /sed Christus
solum. et erit Christus non hypostaseos eius nomen: sed secundum
ipsos unius nature. Nos autem non unius composite nature Christum
dogmatizamus /neque ex aliis aliud: quemadmodum ex anima et cor-

---

[1] Fotographische Reproduktion dieser Seite in Abb. 4, S. 534.

pore homo est aut ex quatuor elementis corpus: sed ex aliis illa. nam
ex deitate et humanitate: deum perfectum /et hominem perfectum
eundem et esse et dici /[Anmerkung am Rande:
Euidentius claret hic[,] quod supra posui]
et ex duabus et in duabus naturis confitemur. nomen autem Christus:
hypostaseos /personeque dicimus /non unimode dictum /sed duarum
naturarum esse significativum. ipse enim seipsum unxit: ungens quidem ut deus sua deitate corpus /unctus autem ut homo. nam ipse
est hoc et illud. siquidem unctio: [Anmerkung am Rande:
unctio]
deitas humanitatis. Si enim unius nature composite est Christus et
consubstantialis est patri: erit igitur et pater compositus et carni consubstantialis. quod quidem absurdum /et omni plenum blasphemia.
Quomodo vero una natura /contrariarum substantialium susceptiva
differentiarum fuerit: Quomodo enim possibile est eandem naturam
secundum idem /creatam esse et increatam /mortalem [52 verso] et
immortalem /circunscriptam et incircunscriptam. Si autem et unius
dicentes Christum esse nature /simplicem esse dixerint. aut nudum
ipsum deum confitebuntur /et phantasiam inducunt humanitatem /aut
nudum solumque hominem secundum Nestorium. et ubi est quod
in deitate perfectum est /et quod perfectum in humanitate. Quando
autem dicunt Christum duarum naturarum: qui dicunt ipsum post
unionem unius esse composite nature. Nam quod Christus unius
nature ante unionem: omnino manifestum est. verum hoc hereticis
inducit errorem: [Anmerkung am Rande:
Inductum errorem hereticorum]
quod idem dicant naturam et hypostasin /suppositumve /ac personam. Cum igitur unam hominum dicimus naturam: sciendum quod
non aspicientes in anime et corporis rationem / id dicimus (nam
impossibile est: unius nature animam /corpusque dicere adinvicem
comparata) sed quia plurima supposita hominum sunt /et omnia eandem rationem /diffinitionemque suscipiunt nature. omnia enim sunt
ex anima et corpus coalita /compositaque: et omnia naturam anime
comparticipant /et omnia corporis substantiam possident. communem
enim speciem plurimarum et differentium hypostaseon suppositorum-
que: unam dicimus naturam /unoquoque videlicet supposito duas
naturas habente /et in duabus perfectis naturis /anima dico et corpore.
In domino autem nostro Iesu Christo: non est communem speciem
sumere. nam neque factus est ea que est: nec est /neque fiet unquam
alius Christus ex deitate et humanitate / in deitate et humanitate /deus

perfectus / idem et homo perfectus. hinc non est dicendum: unam
naturam in domino nostro Iesu Christo. et ideo ex duabus perfectis
naturis divina et humana: dicimus unionem factam esse / non secundum massam / aut confusio[53 recto]nem / aut mixtionem. ut a deo
repulsus inquit Dioscorus et Severus / et eorum scelerata cohors. neque
personalem aut habitualem / aut secundum dignitatem / aut eandem
voluntatis conspirationem / aut honoris equalitatem / aut eandem homo-
nyme nuncupationem / aut acceptationem: ut deo odibilis dicebat
Nestorius / Diodorus et igne dignus Theodorus / et eorum demonica
conventio. Sed secundum compositionem / id est secundum hypostasin / invertibiliter / inconfuse / inalterate / indivise / et indistanter / et in
duabus naturis perfectis habentibus unam hypostasin confitemur filium
dei incarnatum: eandem hypostasin dicentes deitatis eius et humanitatis / et duas naturas confitentes in ipso falsas integrasque manere
post unionem / non seorsum / et particulatim ponentes unamquamque: sed unitas adinvicem in una composita hypostasi. [Anmerkung
am Rande, die sich auch auf das Nachstehende beziehen dürfte:
Hic[,] quom legis 'compositam'[,] non admodum responditur<?> intelligens<?>
velim secundum ut tantum uerbum<?, oder: verum?> quantum rationem<?>
unitam[.] compositio enim simplicitatem abnuit[,] quia aut terminorum[,] quan-
doque unum pro altero ponit[,] tantum diffidemus doctori[,] quam et aliquo
<abgeschnitten am Rande> sobria eis intentio pie fideliterque excerpi ausa<?,
abgeschnitten am Rande>]
substantialem enim dicimus unionem: hoc est veram non secundum
phantasiam / apparentiamque fallacem. substantialem autem: non quod
ex duabus naturis una perficiatur natura / sed quod unite sint adinvicem secundum veritatem in unam compositam filii dei hypostasin.
et earum substantialem differentiam astruimus salvari. nam creatum
mansit creatum / et increatum: increatum / et mortale manebat mortale / et immortale: immortale / et circumscriptum: circumscriptum / et
incircumscriptum: incircumscriptum / visibile visibile / et invisibile invisibile. hoc autem miraculis claret: illud iniuriis subiacet. et que
humana sunt. verbum sibi attribuit. peculiariaque facit. <u>nam ipsius</u>
<u>sunt ea que sancte ipsius carnis sunt</u> / [Anmerkung am Rande:
Et <?> hoc Immixte utrumque]
<u>et tradit carni sua / secundum alterne tributionis modum propter natu-</u>
<u>rarum in se invicem accessionem ac immanentiam / et secundum</u>
<u>unam hypostasin unitionem.</u> et [53 verso] quod unus erat et idem:
qui divina et humana operabatur in utraque forma cum alterutrius
communione. quare et dominus glorie crucifixus dicitur: etsi divina

ipsius non patiente natura. et filius hominis ante passionem in celo esse confessus est: ut ipse dominus dixit. unus enim erat et idem dominus glorie: qui natura et veritate filius hominis / id est homo factus est. et eius miracula et passiones cognoscimus: etsi secundum aliud miracula operabatur / et secundum aliud passiones sufferebat. scimus enim quemadmodum unam eandemque hypostasin: sic et naturarum substantialem differentiam salvari. at quomodo salvabitur differentia: non salvatis iis que adinvicem differentiam habent: <u>nam differentia: differentium est differentia.</u> hac igitur ratione qua differunt nature Christi / id est ratione substantie: dicimus ipsum coniunctum esse extremis. secundum divinitatem quidem patri et spiritui sancto: secundum autem humanitatem et matri. nam ipse secundum divinitatem consubstantialis est patri et spiritui sancto: secundum vero humanitatem et matri / et cunctis hominibus. qua vero ratione coniunguntur nature ipsius: differe ipsum dicimus et a patre / et spiritu sancto / et a matre et reliquis hominibus. coniunguntur enim nature ipsius in hypostasi: unam hypostasin compositam habentes / secundum quam differt et a patre / et a spiritu / et a matre / et a nobis.

5.5. Zu De orth. fide III, 14

[63 recto] Cap. XIIII. De voluntatibus et arbitriis liberisque potestatibus domini nostri Iesu Christi.

Quia igitur Christi due nature sunt: duas eiusdem et naturales voluntates et naturales actiones dicimus. at vero quia duarum naturarum / una ipsius hypostasis est: unum et eundem astruimus et volentem et agentem naturaliter / secundum ambas naturas. ex quibus / et in quibus / et que: Christus deus [63 verso] noster est. velle autem et agere: non divise / sed coniuncte et unite. vult autem et facit utraque forma: cum alterius dispensatione. quorum enim substantia eadem: horum et voluntas et actio eadem. et quorum differens substantia: horum et differens voluntas et actio. et contra. quorum voluntas et actio eadem: horum et substantia eadem. et quorum differens et voluntas et actio. horum et substantia differens. quapropter in patre et filio et spiritu sancto: ex identitate actionis et voluntatis / identitatem nature agnoscimus. in divina autem dispensatione: ex differentia actionum et voluntatum / naturarum differentiam apprehendimus. et naturarum differentiam agnoscentes: confitemur et voluntatum et actionum diversitatem. nam quemadmodum unius et eiusdem Christi

naturarum numerus / pie et religiose intellectus et assertus: non dividit unum Christum / sed salvam in unione representat naturarum
differentiam: sic et numerus substantialiter coassistentium naturis
voluntatum et actionum. secundum enim ambas naturas volens et
agens nostram salutem: non divisionem inducit (absit enim hoc) sed
magis ostendit ipsarum in unione custodiam ac conservationem. naturales enim et non hypostaticas personalesque dicimus et voluntates
et actiones. [Anmerkung am Rande:
uirtutes non Hipostatice sed naturales]
dico autem ipsam voluntariam et activam virtutem: secundum quam
vult et agit / et vires illas: velle et agere. si enim illas dabimus hypostaticas et personales: aliud volentes et aliud operantes tres sancte
trinitatis hypostases dicere compellemur. Sciendum enim quod non
idem est velle et quoquo pacto velle. nam velle / nature est: quemadmodum et videre. omnibus enim hominibus adest. sed quoquo pacto
velle: non nature / sed nostri con[64 recto]silii. quemadmodum quoquo pacto videre: bene aut male. non enim omnes homines similiter volunt: neque quoque similiter vident. hoc etiam in actionibus
assignabimus. nam quoquo pacto velle / quoquo pacto videre / quoquo pacto agere: modus est usus volendi et videndi / et operandi: qui
ei soli qui usus est adest / et ab aliis idem secundum communiter dictam differentiam separat. dicitur igitur simpliciter velle / voluntas: id
est qua velle possumus virtus / que est rationalis appetitus / et naturalis voluntas. quoquo pacto autem velle: secundum id quod voluntati
obiicitur affectabile voluntate / et voluntate apprehensibile. Et voluntarium: est quod natum est velle. ut voluntaria est divina natura / identidem et humana. volens autem: est qui utitur voluntate / id est
hypostasis ut Petrus. Quia igitur unus est Christus / et una eius hypostasis: unus est et ipse volens et divine et humane. Et quia duas
naturas habet voluntarias / quippe qui rationalis (nam omne rationale: voluntarium et libere potestatis) voluntates duas / id est naturales quibus velle possit vires / in ipso dicimus. voluntarius enim ipse
est secundum utramque naturam. nam que a natura nobis inest:
talem ipse voluntariam virtutem sumpsit. Et quia unus est Christus / et
idem volens secundum utramque naturam: idem voluntate affectabile
ab ipso dicimus. non quod ea sola voluerit / que naturaliter ut deus
voluit (nam non est deitatis: velle comedere / bibere / et eiusmodi) sed
quod et constitutiva nature volebat / non contraria sententia ac voluntate / sed naturarum proprietate. tunc enim hec naturaliter volebat:
quando divina ipsius voluntas volebat / et sinebat carnem affici / et

agere que essent propria[.] [Anstreichung am Rande von "Et quia
duas naturas„ bis zum Ende des Abschnitts.] [. . .]

5.6. Zu De orth. fide III, 15

[67 recto] De actionibus que sunt in domino nostro Iesu Christo.
Cap. XV.

Duas autem actiones dicimus in domino nostro Iesu. habuit enim ut
deus et patri consubstantialis: similem/divinamque actionem. et ut
homo factus et nobis consubstantialis: humane nature actionem.
Sciendum igitur quod aliud est actio/aliud activum/aliud actus/et
aliud agens. Actio [Hierzu und zum Folgenden stehen am Rande
vier Begriffe untereinander, wobei jeder Begriff sowohl im Text als
auch in der Annotation je auf einer neuen Zeile erscheint:
Actio Actiuum Actus Agens]
igitur est efficax et substantialis nature motus. Activum: natura ipsa/ex
qua actio prodit. Actus: actionis absolutio: et res ipsa gesta. agens
autem quod utitur actione: id est hypostasis. Dicitur etiam actio
actus/et actus actio/quemadmodum creatio creatura. sic enim dicimus: omnis creatio/omnes creaturas ostendentes. Sciendum etiam
quod actio motus est: et fit magis quam agat/quemadmodum deiloquus inquit Gregorius in sermone de spiritu sancto: si quidem actio
est/agetur scilicet/non aget/et simulatque acta fuerit/quiescet.
Agnoscere etiam oportet: quod vita actio est. et actio animalis:
[Anmerkung am Rande:
Actio Animalis]
est omnis animalis dispensatio/sive nutritiva/sive augmentativa id est
vegetatrix/et motus secundum locum/et secundum sensum et men-
tem/et libera arbitrariaque motio/et quicquid[2] [67 verso] ab aliqua
virtute perficitur: actio dicitur. Si igitur hec omnia in Christo intue-
mur: igitur et in ipso humanam actionem astruemus. Actio dicitur
prima in nobis constituta intelligentia: et est simplex et sine habitudine actio/mente secundum seipsam occulte proprias porrigente: sine
quibus/ne mens quidem/intellectusve iuste vocabitur. [Vor Beginn
der Unterstreichung Anmerkung am Rande:
Actio Intelligentia]

---

[2] Im Druck: quicq uid.

Dicitur et rursus actio: ipsa per prolationem [Anmerkung am Rande:
prolatio]
sermonis manifestatio /et intelligentiarum explicatio. et ipsa non amplius sine habitudine et simplex: sed in habitudine considerata /et ex
intellegentia et sermone composita. Sed et ipsa habitudo /quam habet
faciens ad id quod fit: actio est. et idipsum etiam quod perficitur /absol-
viturque: actio dicitur. et hoc quidem solius anime est: hoc autem
anime utentis adminiculo corporis / hoc corporis intellectualiter animati /
hoc autem est quod actione absolvitur. nam mens preconcipit quod
futurum: et sic per corpus operatur. Est igitur principatus: anime.
nam utitur ut organo corpore: ducens ipsum atque regens. alia autem
est corporis actio: quod ducitur ab anima /ac movetur. quod autem
a corpore perficitur: tactus est /et continentia /et facti veluti circun-
datio. anime vero veluti facti formatio et figuratio. Sic et in domino
nostro Iesu Christo: miraculorum virtus /divinitatis ipsius fuit actio.
manus impositione medela /et velle et dicere volo mundare: eius
humanitatis fuit actio. et ab eius humanitate perfectum /et res gesta
fuit: panum fractio /et quod a leproso auditum/volo. at vero a divinitate gestum /panum multiplicatio /et leprosi mundatio. per utras-
que enim et anime et corporis actiones: unam et eandem congeneam
et equalem demonstrat suiipsius divinam actionem. Quemadmodum
enim unitas na[fo 68 recto]turas cognoscimus /et se invicem immeantes:
et earum differentiam non negamus /sed et numeramus et easdem
inseparabiles agnoscimus: sic et voluntatum et actionum coniunctio-
nem cognoscimus /et differentiam agnoscimus /et numeramus /et divisionem haudquaquam inducimus. Et quemadmodum caro deificata
est /et transmutationem sue nature non est passa: hunc in modum
et voluntas et actio /et deificate et proprios non egresse terminos.
unus enim est hoc et illud existens: id est deitus et humanitus volens
et agens. duas igitur actiones in Christo astruere: necessarium est
propter duplicem naturam. nam quorum natura diversa: illorum
diversa actio. et quorum diversa actio: illorum et diversa natura. Et
ediverso. quorum natura est eadem: horum et actio est eadem. et
quorum actio una: horum quoque et substantia una est /secundum
divinorum interpretes patres. necesse est igitur duorum alterum: aut
unam actionem in Christo dicentes /unam dicere et substantiam: aut
si veritati adheremus /et duas substantias secundum evangelium et
patres nostros confitemur /duas etiam actiones identidem illos sequentes confiteri. consubstantialis enim existens deo /et patri secundum
divinitatem: equalis erit et secundum actionem. et consubstantialis

nobis existens secundum humanitatem. equalis erit secundum actionem. [...] [Am Rande beim zweimaligen Erscheinen des Begriffs
der *substantia* die Anmerkung:
substantia hic pro natura[,] ut supra dictum est]
[68 verso z 29] At vero si quis dicat: quod cum actione persona
inducitur. Respondebimus. si cum actione persona inducitur: rationabiliter recurrit / ut cum persona actio inducatur. et erunt quem[69
recto]admodum tres persone / id est hypostases sancte trinitatis: sic
et tres actiones. aut quemadmodum una actio: sic et una persona
ac una hypostasis. sancti autem concorditer dixerunt: que eiusdem
sunt substantie / et eiusdem esse actionis. Pretera si actioni persona
coinducitur: qui neque unam / neque duas Christi actiones dicendum
autumant: neque unam personam eius dicendam / neque duas sta-
tuerunt. Et in ignito quidem gladio / quemadmodum nature salvantur ignis et ferri: sic et due actiones / et perfectiones eorum. habet
enim ferrum incidendi virtutem / et ignis urendi. et incisio / actionis
ferri perfectio absolutioque operis: combustio vero / ignis. [Bei Beginn
der Unterstreichung Anmerkung am Rande:
congruum simile]
et salvatur horum differentia: in combusta incisione et in incisa combustione. tametsi neque combustio sine incisione fiat post unionem / neque incisio sine combustione. et neque propter duplicitatem
naturalis actionis / duos ignitos gladios dicimus: neque propter singu-
laritatem igniti gladii / confusionem substantialis erorum differentie
inducimus. sic et in Christo: divinitatis eius / divina et omnipotens
actio. humanitatis autem eius: ea que secundum humanitatem operationis absolutio. humanitatis quidem: quod tenuit puellam manu
et erexit. divinitatis: vivificatio. aliud enim hoc / et illud aliud / etsi
abinvicem inseparabiles sunt in deivira actione. Si propter unam esse
Christi hypostasin / una erit et actio: propter unam hypostasin / una
erit et substantia. Et rursus si unam actionem in domino dicamus:
aut divinam illam dicemus / aut humanam aut neutram. atqui si divinam: deum solum ipsum / nudum ea que secundum nos humanitate
dicemus. Si autem hu[69 verso]manam: nudum ipsum esse hominem blasphemabimus. Si autem neque divinam neque humanam:
neque deum neque hominem / neque patri neque nobis consubstan-
tialem. ex unione: secundum hypostasin identitas facta est / non tamen
differentiam naturarum sublata est. differentia vero naturarum salvata:
salvantur videlicet et ipsarum actiones. nam non est natura inefficax /
actionisque exors. Si una dominatoris Christi actio: aut creata erit / aut

increata. media enim harum non est actio: quemadmodum neque
natura. si igitur fuerit creata: creatam solum ostendet naturam. Sin
increata: increatam solum designabit substantiam. oportet enim omnino
alterna et commeantia esse naturis naturalia. nam impossibile est:
defectuose nature existentiam comperire. Si autem secundum naturam actio: non eorum est que non habent naturam. et manifestum:
quod neque esse neque fieri naturam possibile est sine actione. per
quod enim agit quodque: proprie nature fidem facit / quod quidem
est non mutatum / lapsumque. [Anmerkung am Rande:
ut homo Ridens uinum designat]
[. . .]

5.7. Zu De orth. fide III, 16

[71 verso] Ad eos qui dicunt / si duarum naturarum et actionum est
homo: necesse est in Christo tres naturas / et totidem actiones astruere.
Cap. XVI.

Unusquisquam sane homo ex duabus componitur naturis / anima et
corpore / et has intransmutabiliter in seipso continens: duas habere
naturas rationabiliter dicetur. [Anmerkung am Rande:
*Ecce hic[,] emule Scoti[,] formam corporeitatis[,] nam si de corpore dici[,] quod
sit natura[,] potest[,] facilius[,] quod forma informatur[;] sic dicetur Atque adeo
maxime[,] quia reperiri non est materiam Informem[.] hec enim quo modo perceptibilis esset sensuum Grossitie[?] Accedit ad hoc corpus emortuum<?> Animaque
effoetum[,] quod haud aliud dici potest a priore[,] quia si detur Anime Appetitus
exequcio[,] et idem erit[,] quod ante emortuum<?> corpus[.] vel dicat emulus[,]
quid additum corpori nisi anima: illa ergo[,] quom corpore hominem constituit[,]
non corpus ut corpus Informat[,] uerum corpore uegetius Instructo hominem[,]
ut diximus[,] A partibus differentem efficit*]
salvat enim vtriusque etiam post unionem / naturalem proprietatem.
nam neque corpus immortale / sed corruptibile: neque anima morta-
lis / sed immortalis. neque corpus invisibile: neque anima corporali-
bus oculis conspicua / sed rationalis / et intellectiva / et incorporea. illud
vero crassum / et visibile et irrationale. non unius autem nature: ea
que secundum substantiam ex opposito dividuntur. non unius ergo
substantie: anima et corpus. Et rursus [72 recto] si animal rationale
mortale: homo / et omnis diffinitio: subiectarum naturarum est indi-
cativa / et non sit idem secundum nature rationem rationale mortali:
non fuerit profecto unius nature homo secundum proprie diffinitionis

regulam. Si vero dicat quispiam: quando unius nature dicitur homo /pro specie sumitur nature nomen. Cum dicere soleamus quod non differt homo ab homine secundum aliquam nature differentiam /sed eandem substantiam habent omnes homines ex anima et corpore compositi /et duabus quisque [Anmerkung am Rande:

quisque]

naturis perfecti sub una omnes ratione continentur. Et non id quidem preter rationem: cum et omnium creaturarum ut generabilium unam naturam sacer Athanasius dicat in sermone adversus blasphemantes spiritum sanctum. sic inquiens. quoniam autem supra creaturam est spiritus sanctus /et aliud preter generabilium naturam. proprium enim divinitatis est ea que retro /futuraque sunt conscire. [Anmerkung am Rande:

conscire]

Enimvero omne quod communiter et in multis conspicitur /non in aliquo quidem plus /in alio vero minus existens: substantia /naturaque nominatur. quia igitur omnis homo ex anima et corpore coalitus est: secundum hoc ipsum una dicitur hominum natura. In hypostasi autem Christi haudquaquam dicere valemus unam naturam. Nam nature salvant etiam post unionem unaqueque naturalem proprietatem: et speciem Christorum invenire non possumus. non enim factus est alius Christus ex divinitate et humanitate: idem deus et homo. Et rursus. Non est idem secundum speciem hominis unum esse /et secundum substantiam anime et corporis unum esse. Nam secundum speciem hominis unum esse: [Anmerkung am Rande:

secundum speciem idem esse]

hoc in omnibus hominibus [72 verso] incommutabilitatem demonstrat. Secundum vero substantiam anime et corporis unum esse: [Anmerkung am Rande:

secundum partes idem esse id est unum]

hoc esse istorum ledit /ad inexistentiam omnimodam ista adducens. nam aut unum in alterius transmutabitur substantiam: aut ex ipsis/ alterius nature aliud generabitur /et ambo mutabuntur. aut erunt in propriis manentia terminis: et sic due nature erunt /et non unum secundum substantiam. non enim idem secundum substantie rationem: corpus incorporeo. non necesse est igitur eos qui dicunt unam in homine naturam non propter identitatem substantialis qualitatis anime et corporis /sed propter incommutabilitatem individuorum sub una specie reductorum: una et in Christo naturarum dicere /ubi non est speciem multarum contentivam hypostaseon comperire. Ad hec autem. <u>omnis compositio ex continuo compositis coalescere dicitur</u> (non enim dicere solemus domum ex terra et aqua compositam esse: sed ex lateribus et lignis) quia necesse esset hominem dicere ex quinque ad minimum conflatum /compositumque esse naturis /ex quattuor elementis et anima. Sic et in domino nostro Iesu Christo: non partes partium consideramus /sed e vicino composita /deitatem et humanitatem. Preterea si duarum naturarum hominem dicimus: et nos tres in Christo naturas dicere necesse est /et vos quoque ex duabus naturis hominem dicentes: ex tribus Christus dogmatizatis naturis. Similiter autem et de actionibus. Nam alternam et cum natura remeantem /actionem esse necesse est. Quod autem homo duarum naturarum dicatur et sit: testis est deiloquus Gregorius. 'due enim nature (dicit) deus et homo: quia et due nature anima et corpus'. Et in sermone de bapismate /talia di[73 recto]cit. '<u>Cum nos duplices simus ex anima (dico) et corpore /hoc quidem visibili /illa vero invisibili natura: duplex est et purgatio /per aquam et spiritum</u>'.

NACHTRAG ZUR TRANSEPOCHALEN KONTINUITÄT
DES FRANZISKANISCHEN INFINITISMUS

Anne Ashley Davenport: "Measure of Different Greatness"

Wie sehr die Frage nach der Kontinuität der Infinitätsvorstellungen
von der Zeit der Hochscholastik, in der sie plötzlich mit Nachdruck
in die universitäre Diskussion eingebracht werden, hin zur frühen
Neuzeit in ihren mehr philosophischen und ihren mehr theologischen Facetten angesichts der gegenwärtigen Forschungslage in der
Luft lag und liegt, zeigt das kürzlich erschienene Buch von Anne
Ashley Davenport *Measure of a Different Greatness*. Dieses ungewöhnlich
brillante Werk, verfasst als philosophische Dissertation im Harvard
Department of the History of Science unter der Leitung von John
Murdoch, der sich selber seit Jahren mit der Thematik befasst,
verdankt sich denn wohl auch der selben Grundintuition wie die
vorliegende Studie: Die in der zentralen Frage der Unendlichkeit
Gottes immer noch festzustellende Lückenhaftigkeit der allgemeinen
Forschungslage verträgt sich schlecht mit einem in der Ideengeschichte
ebenfalls immer stärker werdenden Bedürfnis nach der Kenntlich-
machung von Kontinuitäten selbst über die Grenzen einzelner Schulen
und Epochen hinweg. Zwar stellte sich diese Problematik für die
Autorin in besonderer Weise auch darum, weil sie merkwürdigerweise die auch für diese Fragestellung teilweise schon geleistete wichtige Arbeit von Honnefelder (1979 und 1990, s. unsere Bibliographie,
sowie diverse Aufsätze) konsequent auf der Seite lässt. Dies wiederum mag allerdings damit zusammenhängen, dass Davenport für
ihre oft mit schlichtweg atemberaubender philosophiegeschichtlicher
Intelligenz, historischer Plausibilität, spiritueller Tiefe und stilistischer
Schönheit so luzide durchgeführte Studie von einem ganz anders
gearteten, nämlich optikgeschichtlich orientierten Rahmenansatz, teilweise vermittelt durch Katherine Tachaus[1] Sicht auf Ockham, ausgeht, der die Phänomene historisch feiner gefächert, in der Kontinuität

---

[1] Tachau, Vision and Certitude in the Age of Ockham.

zum Hochmittelalter durchlässiger und sachlich ebenso tief angeht wie der Blick auf die auch infinitätstheoretisch relevante Wirkungs-geschichte des *ens inquantum ens.*

Davenports Hauptthese besteht darin, dass ein von der Mitte des 13. Jahrhunderts an aufkeimendes und in den der Frage der Per-spektivität gewidmeten Studien Richard Fishacres erstmals konkret beobachtbares Interesse mittelbar bis zu dem ebenfalls stark mit opti-scher Theorie verbundenen Unendlichkeitsdenken Descartes' und anderer frühneuzeitlicher Philosophen hinführt, vermittelt durch zwei spezifische Änderungen des Konzepts, die verbunden sind mit den Namen Johannes Duns Scotus und Wilhelm von Ockham. Insofern wird die vorliegende Arbeit, die diese Kontinuität, allerdings weni-ger auf das 17., sondern vor allem auf das 16. Jahrhundert hin, ebenfalls in den Blick fasst, sowohl in ihrer Absicht wie auch in ihrer Argumentation grundsätzlich und klar bestätigt.

Davenports Verständnis der Sache wird mit beeindruckender his-torischer Kenntnis und argumentativer philosophischer Präzision zugleich entwickelt. Schon für den in den einschlägigen Texten der Scholastiker ja eher unvermittelt wirkenden Beginn des hochscholas-tischen Infinitätsdenkens bringt sie eine unschätzbar wichtige und sehr überzeugende These: Das maßgebliche Interesse der beiden Mendikantenorden und ihrer Vertreter, sich der Unendlichkeit Gottes genauer zuzuwenden, lag in der Notwendigkeit einer auch intellek-tuellen Bekämpfung der katharischen Häresie. Die Albigenser und Katharer, die metaphysisch gesehen ihre Lehre auf einer ausgespro-chen dualistischen Kosmo-Ontologie begründeten, sollten durch den umfassenden und konzisen Erweis der *per se* antimanichäistischen Unendlichkeit Gottes *in radice* widerlegt werden. Die beiden Bettelorden begannen darum sobald mit diesem Programm, als ihre Theologen als Doktoren an der Universität zu wirken beginnen konnten. Dass die franziskanische Infinitätsspekulation also *in the Shadow of Montségur* (Titel des 1. Kap.) ihren Anfang nahm, ist von großem Interesse auch hinsichtlich der immer wieder diskutierten Frage, ob "der Gang durch die Institutionen" der Franziskaner insbesondere von der Mitte des 13. Jahrhunderts an einen Abfall, ja Verrat an den Intentionen des heiligen Franziskus oder nicht doch eher eine Fortentwicklung bedeutete. Was die Minderbrüder an den Universitäten unter Nießung gewisser Privilegien und zumindest vom äußerlichen Aufwand her gesehen mit nicht mehr direkt franziskanisch bescheidener und ein-

fältiger Geistigkeit betrieben, entsprach durchaus einer der Haupt-
absichten sowohl des Dominikus als eben auch des Franziskus: Den
Menschen eine überzeugendere Alternative zu den Ansichten der
perhorreszierten Ketzer bieten zu können. Die Lehrer Thomas und
Bonaventura kombinierten darum die Alternative in der Frömmigkeit,
die der Orden schon für die Ebene des konkreten Lebenswandels
geschaffen hatte, mit einer solchen auf denkerischer Ebene. Damit
ist eines der vielleicht wichtigsten Tätigkeitsfelder auch der Franziskaner
unter den frühen Mendikanten, das neben dem ewig schwelenden
Armutsstreit noch zu wenig oder überhaupt nicht wirklich erkannt
wurde, hier nun benannt. Auch für den weiteren Fortgang des Unendlichkeitsdenkens werden in *Measure of a Different Greatness* immer wieder die Verbindungslinien zwischen der im franziskanischen Lebensstil
zentralen Spiritualität der Liebe und der Kontemplation des Unendlichen eindrücklich hervorgehoben. Auch die Tatsache, dass der
so entwickelte Infinitätsbegriff eine klare Tendenz der damaligen franziskanischen Theologie hin zur Theokratie und zur Legitimierung
kirchlicher Gewaltanwendung darstellte, scheint durch Davenports
Darstellung durch – zwar nicht in unnötig plakativer Weise, aber
darum nur umso unheimlicher. Die Autorin weiß in alledem immer
wieder die innovativen Elemente des franziskanischen Denkens in
den historischen Kontext nicht nur intellektueller, sondern auch sozialer und machtpolitischer Natur hineinzustellen. Sie tut dies in einer
Weise, von der es nicht übertrieben ist, zu sagen, dass sie in dieser
Souveränität selten anzutreffen ist in der Literatur über die Theologie
des hohen Mittelalters.

Doch nicht allein für den Beginn der Arbeit am Begriff des Unendlichen, sondern dann auch für deren weitere Entwicklung von
Fishacre zu Duns Scotus (Kapp. 2 bis 5) bietet Davenport entscheidende Zwischenstationen, vor allem in der Nachzeichnung des Durch-
bruchs von Heinrichs von Gent faktisch noch sehr "aristotelischer"
(das Unendliche kategorial [zu] wenig vom Endlichen unterscheidenden) (Kap. 3) und Johannes Petrus Olivis neuartiger, durch eine pro-
venzalisch-spiritualistische (die unvergleichliche Transzendenz des nur
durch Liebe richtig zu erstrebenden Infiniten betonenden) Unendlichkeitskonzeption (Kap. 4). Dadurch gelingt ihr eine sehr genaue historische Bestimmung der evidenten theologischen und politischen
Motivationen der markanten Innovationen der scotischen Infinitätslehre innerhalb der Vita des *doctor subtilis* (Kap. 5). Ihm gelingt es
nach Davenport erstmals, in der Linie des Petrus Olivi die wirklich

umfassende Suprematie des göttlichen Unendlichkeitsbegriffs gedanklich nachzuvollziehen, indem er eine von der äquivoken aristotelischen Kategorie zu unterscheidende spirituell intensive Quantität einführt, die nur in Gott als unendliche gegeben ist. Dadurch sind die noch verbleibenden tritheistischen Allusionen bei Petrus endgültig emendiert. Gott kann nun als höchste Seinsintensität auch für die trinitarischen Supposita gedacht werden, ohne dass deren Ursprungsrelationen als solchen Infinität zugestanden werden müsste. Die Applikation des Olivi'schen Anspruchs vollkommener Transzendenz der göttlichen Essenz ist so nicht allein ontotheologisch, sondern damit dann auch politisch gesichert: Die in der aristotelischen Ontologie vorhandenene Tendenz zur Partialisierung in einzelne gleichrangige Subontologien wird durch die in ihrer unüberbietbaren Andersartigkeit einschränkungslos gegebenen Universalität Gottes in allen Bereiche des Seins aufgehoben. Damit ist die Leitfunktion einer christlichen Metaphysik und von Theologie und Kirche analog auch auf der Ebene von *dominium*, *iudicium* und *potestas* erwiesen – was wiederum auf jene Seite der franziskanischen Spiritualität hinweist, die dem heutigen Empfinden nicht leicht einleuchtet, und gerade darum sozusagen als historische *lectio difficilior* eine wichtige Zugangsweise zum Wirken der Pariser Franziskaner (wieder) freilegt.

Für die nächsten historischen Etappen des Infinitätsdenkens bei Ockham (Kap. 6) und dessen Wirkungsgeschichte (Kap. 7) stellt Davenport wieder die Optik in den Vordergrund. Latent schon in den Thesen Olivis vorhanden, wird die Perspektivität menschlicher Erkenntnis ganz allgemein und in Bezug auf Gottes unendliches Wesen nun neu zum Leitschema. Die Autorin gibt dazu einleitend (Beginn des 6. Kap.) instruktive Beispiele aus der Malerei, indem sie anhand spezifischer technischer Neuerungen die Leitabsicht Giottos von den Intentionen etwa Cimabues abhebt: Es geht nun nicht mehr primär um Belehrung und um Vermittlung kognitiver Inhalte durch die Kunst, sondern um die Hinlenkung des Willens der Betrachter auf das Dargestellte. Diese Bewegung findet sich, mit den Mitteln der Philosophie, auch bei dem Franziskaner – Davenport legt auf diese Zugehörigkeit größten Wert – William von Ockham wieder. Ähnlich wie andere neuere Publikationen zur Signifikationslehre Ockhams auch (etwa Schulthess, Signifikation und Erkenntnis bei Wilhelm von Ockham) sieht sie dessen semiotisches Grundprogramm nicht als im klassischen Sinne nominalistisch an. (Auch wenn sie ihm des öfteren als Nominalisten bezeichnet, hebt sich ihre Darstellung

des Nominalismus von dem, sagen wir: Vor-Boehner'schen, Denken
früherer Forscher, klar ab). Davenport verortet mit Vignaux und vielen anderern die Mitte seines zeichentheoretischen Denkens in der
Differenz von intuitiver und abstraktiver Erkenntnis, indem sie betont,
dass das abstraktive Erkennen einer Sache oder einer Person notwendigerweise auf deren extramentale Existenz rekurrieren muss,
auch wenn sie in diesem Erkenntnismodus nicht evident oder intuitiv greifbar wird. Die Erinnerung an ein Objekt aus früherer intuitiver Anschauung operiert immer abstraktiv, bezieht sich deswegen
aber dennoch auf ein extramental Existentes – und nicht etwa auf
ein Fiktum. In diesem Sinne konstituiert sich darum auch der Vorgang
der abstraktiv geschehenden Erkenntnis des aktual unendlichen Wesens
Gottes. Dem Intellekt des *viator* ist zwar nur die Erkenntnis der
Zeichen, die dieses Wesen denotieren, möglich, doch auch sie bieten eine *notitia abstractiva distincta* des betreffenden Objekts. Auch wenn
also dieses extramentale Objekt niemals als solches absolut und total
erkannt werden kann, reichen *signa* wie Worte und mentale Konzepte
zu einer distinkten, eindeutigen Denotation aus. Im Falle der Erkenntnis
Gottes ist diese Denotation gegeben im Begriff des Unendlichen. "In
short, to think and speak of an actual infinite is not to experience
or grasp or know an actual infinite as such, but simply to have a
semiotic device with which to distinctly designate it. A *terminist* infinitist
theology is thus able to speak positively of the actual infinite without
suspicion of ontologism" (359). Das Ziel der Erkenntnis dieses
Unendlichen ist – mit dieser Feststellung ist die angedeutete Parallele
zur Malerei der Zeit nun explizit ausgezogen – nicht dessen absolute Erfassung in unserem Intellekt, sondern die Ausrichtung unseres Willens auf es trotz und in dessen perzeptiver Unerreichbarkeit.
Von daher ist für uns in Ockhams Aussagen über die Unendlichkeit
Gottes und seine Erkennbarkeit eine mit den Absichten der früheren Franziskaner, insbesondere Petrus Olivi und Duns Scotus, genau
identifizierbare Intention festzustellen. Auch Ockham bietet – eine
luzide Beobachtung Davenports – letztlich eine positive Beschreibung
des Unendlichen und erweist sich so ganz als Träger franziskanischer Spiritualität, während die Dominikaner und insbesondere Thomas
sich mit einer negativen, apophatischen Bestimmung des Infiniten
begnügten (366). Diese unterschiedlichen Grundkonzeptionen entsprechen den Grundabsichten der beiden Bettelorden, die im Falle
der Predigerbrüder mehr auf Orthodoxie und intellektuelle Abgrenzung vom Nicht-Unendlichen, im Falle der Minderbrüder mehr auf

Orthopraxie und existenzielle Erstrebung des Unendlichen ausgerichtet sind.

Einen letzten wichtigen Einwand bespricht Davenport erst anschließend an diese prinzipiellen und wiederum für das Bild der Orden insgesamt äußerst erhellenden Feststellungen. Er geht aus von einer Serie von Einwänden, die Ockham in Quodl. VII, qq. 11–18 selber gegen Duns erhebt (366–371): Ergibt sich nicht aus der in Aristoteles begründeten Notwendigkeit einer Kommensurabilität des jeweils Ersten in einem *ordo* die Unmöglichkeit der Infinität Gottes, da er ja mit den Kreaturen im selben *ordo* des Seins steht? Dieser Einwand verfängt wohl gegen eine realistische Betrachtungsweise, wie Duns Scotus sie hat, nicht aber an sich. Univok und somit generisch einheitlich ist nur die Denotation distinkter extramentaler Entitäten, die darum als solche durchaus in verschiedenen Mensurationsebenen existieren können. Da uns das extramentale Konzept der Unendlichkeit Gottes durch Offenbarung gegeben ist, kann und muss es nicht aus der Prolongation der Mensurierung finiter Kreaturen geschlossen werden.

Diese schön herausgearbeitete franziskanische Mischung aus wissenschaftlicher Bemühung um Begriffspräzision und deren Speisung aus spirituellen Grundmotiven zieht sich durch die Wirkungsgeschichte von und Weiterarbeit an Ockhams Unendlichkeitsdoktrin fort in die frühe Neuzeit, bei Cusanus, Kepler, Pascal und anderen mehr. Sie geht letztlich, so Davenport (418), auf in den Bemühungen neuzeitlicher Mathematik, dem Raumbegriff der euklidischen Geometrie ideelle Unendlichkeit zuzufügen. Insofern die Betrachtung ebendieser Unendlichkeitspunkte für die genannten Mathematiker und Philosophen nicht zuletzt auch als ein Mittel zur existentiellen Einübung in die Fragilität und Bescheidenheit unserer menschlichen Endlichkeit diente, schließt sich hier der Kreis: Primär spirituell motiviertes Unendlichkeitsdenken in der Perspektivenlehre des Hochmittelalters führt im Laufe der Jahrhunderte hier zu geometrisch motivierter *spiritualité* in den Observatorien und Gelehrtenstuben der anbrechenden Neuzeit.

Mit dieser gleichsam epilogischen Feststellung in Davenports Schlusskapitel sind wir bei den Unterschieden zwischen *Measure of a Different Greatness* und vorliegender Studie angelangt, denn sie betreffen wesentlich die Auswahl der Autoren und Kontexte der Unendlichkeitsdenker nach Ockham. Bei Davenport sind mit Oresme, Buridan, Marsilius von Inghen entweder noch im unmittelbaren geistigen und zeitlichen Umfeld Ockhams angesiedelte oder aber mit Kepler, Pascal

und Descartes bereits im 17. Jahrhundert wirkende Autoren dargestellt. Für die Zeit dazwischen finden sich bei ihr lediglich einige
eher illustrative als hier argumentationstragende Beispiele aus der
Malerei des Quattrocento, beim Kusaner und ganz zu Beginn des
Buches ein Verweis auf die Verwendung der göttlichen Unendlichkeit
in der Calvin'schen Vorsehungslehre.[2] Nicht nur die Reformation
liegt offensichtlich außerhalb des eigentlichen Blickpunktes der Autorin,
sondern im Grunde interessiert sie die ganze Zeit zwischen der Mitte
des 14. und dem Beginn des 17. Jahrhunderts kaum näher. Sie ignoriert damit nicht nur die wichtige Transmittorenrolle der Scotisten
sowohl in diachroner Hinsicht zwischen den von ihr beschriebenen
Eckpunkten des Hochmittelalters und der eigentlichen anbrechenden
Neuzeit. Sie übergeht auch völlig deren Ausgleichsfunktion in der in
verschiedenen Flügeln operierenden franziskanischen Welt selber zur
Zeit vor der Reformation, etwa in dem merkwürdigen Oszillieren
zwischen kategorematischem und synkategorematischem Unendlich-
keitsverständnis bei den Scotisten um die Wende vom 15. zum. 16.
Jahrhundert. Auch die des öfteren wiederkehrende Formel "Ockhams
via moderna" (xiv; 320; 330; 366; 371) scheint, nicht nur unter diesem
Problemaspekt, etwas gar plakativ und vereinfachend. Die spirituelle
Vertiefung der originär franziskanischen Unendlichkeitskontemplation
bei Gerson und den Frömmigkeitstheologen und Mystikern des
Spätmittelalters hat in Davenports Konzept kaum Platz gefunden.
Zugleich, und das steht damit vielleicht in einem Zusammenhang,
orientiert *Measure of a Different Greatness* innerhalb der behandelten
Systeme nur wenig über die Verbindungslinien der Unendlichkeitslehre
mit anderen theologischen Reflexionsgebieten und Lehrpunkten, etwa
der Christologie. Mit diesen Anmerkungen ist hier natürlich keine
Kritik beabsichtigt; es steht ja frei, was eine Forscherin ins Zentrum
ihrer Recherchen stellt: Die Schneise, die Davenport für den historischen Blick freimacht, ist auch so überaus stringent und bringt
einen, es kann stets nur wiederholt werden, immensen und in diesem Überlick nicht annähernd in allen seinen Façetten einzuholen-
den Erkenntnisgewinn.

Zusammenfassend kann so festgestellt werden: Die Grundthese von
Infiniti contemplatio, die Diskontinuität von Duns und den Scotisten zu

---

[2] A. a. O., 4f. mit Anm. 18: Inst. I. 13, interessanterweise angeführt aus der
franz. Ausgabe von 1535.

Ockham und der "via moderna" sei gerade in der Unendlichkeitsthematik entgegen der Ansicht eines Großteils bisheriger Forschung
längst keine vollständige, vielmehr herrsche im Gegenteil in den konkreten *theologisch-spirituellen* Implikationen und Konsequenzen eine teils
beinahe ungebrochene Kontinuität, wird durch *Measure of a Different
Greatness* bestätigt.

LITERATURVERZEICHNIS

Kürzungen entsprechen den Vorgaben der Theologischen Realenzyklopädie, Abkür-
zungsverzeichnis, zusammengestellt von Siegfried M. Schwertner, Berlin et al.
²1994 (S. 1–488 = Schwertner, Siegfried M.: Internationales Abkürzungsverzeichnis
für Theologie und Grenzgebiete, Berlin et al. ²1992).
Zusätzlich oder abweichend wurde verwendet:
BBKL = Bio-bibliographisches Kirchenlexikon (Hg. Friedrich Wilhelm Bautz),
    Hamm/Westf. 1 (1975)–.
CHLMPh = The Cambridge History of Later Medieval Philosophy, hg. v. Norman
    Kretzmann, Cambridge 1982.
Zwa = Zwingliana, Zürich 1 (1897)–.

1. Nachschlagewerke und Allgemeines

Annales Typographici [...] opera Georgii Wolfgangi Panzer, 11 Bde, Nürnberg
    1793–1803.
Catalogue of Books printed in the Fifteenth Century now in the British Museum,
    9 Bde, London 1908–1949.
Catalogue of Books printed on the Continent of Europe, 1501–1600 in Cambridge
    Libraries, compiled by H. M. Adams, 2 Bde, Cambridge 1967.
Gesamtkatalog der Wiegendrucke, bisher 10 Bde, Leipzig (Bde. 1–7), 1925–1938;
    Stuttgart et al. (Bd. 8–10) 1978–1998.
Indice Generale degli Incunaboli delle Biblioteche d'Italia, 6 Bde, Rom 1943–1981.
    (Indice e Cataloghi, n. s., 1)
Müller, Gerhard und interdisziplinärer Arbeitskreis: Empfehlungen zur Edition früh-
    neuzeitlicher Texte, in: Berichte zur Wissenschaftsgeschichte 4 (1981), 167–178.
Short-title catalogue of books printed in Italy and of Italian books printed in other
    countries from 1465 to 1600 now in the British Museum, London 1958.
Unten unter 3. werden die üblichen großen Lexika unter Angabe von Band und
    Jahr zitiert.

2. Quellen

2.1. *Handschriften*

[Anonymus:] Brevissimus Tractatus Septemplicis Distinctionis: Madrid, Nac. 2017
    ff. 40v–43v.[1]
Buchmann, Heinrich (Jud, Leo): Sermones populares ac vulgares ex propheta Esaia
    excepti per Leonem Iudam ex ore Huldrici Zuinglii, ZBZ Ms Car I 185.
Robertus Anglicus, O.F.M.: Dialogus de formalitatibus inter Ochamistam et Dunsistam,
    Bibl. Naz. Marc., Z. Lat. 495, ff. 2r–116 [vermutlich Beginn des 15. Jh.].

---

[1] Vgl. dazu Roest, Bert: http://users.bart.nl/~roestb/franciscan/franautp (2002),
unter dem Stichwort Petrus Thomae.

2.2. *Inkunabeln und Postinkunabeln*

Nachweise in Bibliographien erfolgen hier nur, wo in V. 2 nicht bereits gegeben.

[Anonymus (= Pseudo-Mayronis):] *Tractatus Formalitatum*, in: Franciscus Mayronis, *In Libros Sententiarum* [etc.], Venedig 1520, ff. 263r–268v.

Bonetus, Nicolaus: *Formalitates*, als viertes Werk gebunden in einen Sammelband in 2° mit der *Expositio super textu Petri Hispani* des Nicolaus de Orbellis, und Schriften von Franciscus Mayronis, Antonius Andreas, Antonius Sirectus, und Thomas von Aquin, Venedig (Bernardin de Choris und Simonem de Luero, 7. November) 1489 (Hain 12052, Proctor 5151, Reichling III, 123).[2]

Brulefer, Stephanus O.F.M.: *Exellentissimi atque profundissimi humanarum divinarumque literarum doctoris fratris Stephani Brulefer ordinis minorum charitate igniti reportata clarissima in quattuor S. Bonaventurae sententiarum libros Scoti*, Basel (Mag. Jakob von Pfortzheim [sic]) 1507, 2 Bde: Bd. 1 mit Lib. I und II; Bd. 2 mit Lib. III und IV und außerdem

——: *Formalitatum textus* (= *Declarationes idemptitatum et distinctionum rerum in doctrina doctoris subtilis.*)

Duns Scotus, Joannes: *Super quattuor libros sententiarum*, Venedig (Bernhard Vercellensis für A. Torresanus), 1503, zusammengebunden mit den scotischen *Quaestiones quodlibetales.*

Mayronis, Franciscus de, O.F.M.: *Conflatus* (= In Sent. I), in: *In Libros Sententiarum, Quodlibeta, Tractatus Formalitatum, De Primo Principio, Terminorum Theologicalium Declarationes, De Univocatione*, Venedig 1520, Reprint Frankfurt/M. 1966.

Heinrich von Gent: *Summae Quaestionum Ordinariarum*, 2 Bde, Paris (Iodocus Badius Ascensius) 1520, Reprint St. Bonaventure, NY 1953 (FIP.T 5).

Summenhart, Konrad: *Septipertitum opus de contractibus pro foro conscientie atque theologico*, Hagenau (Heinrich Gran für Johannes Rynmann, 13. Oktober) 1500, 2° (Hain 15179; BMC III, 685; Goff S-865).

Syrrectus, Antonius, O.F.M.: *Insigne Formalitatum opus de mente Doctoris Subtilis, adiunctis resolutissimis Celeberrimi Tuanensis Archiepiscopi Mauritii. Necnon excell. Antonii de Fanti Tarvisini annotationibus*, Wien (Hieronymus Vietor), 14. Juli 1517 (VD16, S 6596).

2.3. *Moderne Ausgaben*

Alexander Halesius: Doctoris irrefragabilis Alexandri de Hales ordinis minorum summa theologica issu et auctoritate reverendissimi. patris Bernardini Klumper, totius ordinis fratrum minorum ministri generalis studio et cura papali collegii Sancti Bonaventurae ad fidem codicum edita, ad claras aquas (quaracchi) prope florentiam, ex typographia collegii Sancti Bonaventurae, 1924–1948.

Aristoteles' Metaphysik, Neubearbeitung der Übersetzung von Hermann Bonitz, mit Einl. u. Kommentar hg. von Horst Seidl, Griech. Text in d. Edition von Wilhelm Christ, 2 Bde, Hamburg ²1984 u. ³1989 (Meiner Philosophische Bibliothek 307f.).

——: Physik, Vorlesung über Natur, übersetzt, mit einer Einleitung und mit Anmerkungen hg. von Hans Günter Zekl, Halbbd. 1, Bücher I(A)–IV(Δ), Hamburg 1987, Halbbd. 2, Bücher V(E)–VIII(Θ), Hamburg 1988 (Meiner Philosophische Bibliothek 380f.).

Avicenna Latinus: Liber de Philosophia Prima sive Scientia Divina I–IV, ed. S. van Riet, Louvain 1997.

Biel, Gabriel: Collectorium circa quattuor libros Sententiarum auspiciis Hanns Rückert, collaborantibus Martino Elze et Renata Steiger ed. Wilfridus Werbeck et Udo Hofmann, Tübingen 1973–77.

---

[2] Impressum: S. 282, Anm. 175.

Bonaventura, Johannes: Doctoris Seraphici S. *Bonaventurae* S. R. E. Episc. Cardinalis Opera Theologica Selecta iussu et auctoritate R.mi P. Leonardi M. Bello Totius Ordinis Fratrum Minorum Ministri Generalis Cura PP. Collegii S. Bonaventurae edita, Editio minor, Quaracchi 1934ss.

Bullinger, Heinrich: Psalmorum liber ex Hebraica veritate ad collationem Graecorum, qui LXX interp. sunt, translatus, consultis praeterea optimis quibusque interpretibus; zit. nach Staedtke, Joachim: Die Theologie des jungen Bullinger, Zürich 1962 (SDGSTh 16).

Desiderius Erasmus von Rotterdam: Ausgewählte Schriften: lateinisch und deutsch (Hg. Werner Welzig), 8 Bde, Darmstadt 1968–1980.

Duns Scotus Johannes:

——: Wadding: R. P. F. Joannis Duns Scoti Doctoris Subtilis, Ordinis Minorum, Quaestiones in Lib. Sententiarum, Nunc denuo recognitae, Annotationibus marginalibus, Doctorumque celebriorum ante quamlibet Quaestionem citationibus exornatae, et Scholiis per textum insertis illustratae. Cum Commentariis R.mi P. F. Francisci Lycheti Brixiensis, Ordinis Minorum Regularis Observantiae olim Ministri Generalis, Et Supplemento R. P. F. Ioannis Poncii Hiberni, eiusdem Ordinis, in Collegio Romano Hibernorum Theologiae primarii Professoris. Lugdunii: Sumptibus Laurentii Durand, MDCXXXIX. Cum Privilegio Regis (Reprint Hildesheim 1968).

——: Vaticana: Doctoris Subtilis et Mariani Ioannis Duns Scoti Ordinis Fratrum Minorum Opera Omnia, ed. P. C. Balić et al., Vatikanstadt 1950ff.

——: Abhandlung über das erste Prinzip, ed. Kluxen, Wolfgang, Darmstadt ²1987.

Franciscus de Marchia: Online-Edition zu Franciscus de Marchia, ed. Schabel, Christopher, Rep. IA, d. 39, art. 2, q. 3 (http://plato.stanford.edu/entries/francis-marchia/primum.html; 2002)

François de Meyronnes [= Franciscus Mayronis] – Pierre Roger: Disputatio (1320–1321), publié par Jeanne Barbet, Préface de Paul Vignaux, Paris 1961 (TPMÂ 10)

Gerson, Jean: Œuvres Complètes, Introduction, texte et notes par Mgr Glorieux, vol. I–X, Paris et al. 1960–1973.

——: Notulae super quaedam verba Dionysii de Caelesti Hierarchia, ed. in: A. Combes, Jean Gerson commentateur dionysien, Paris 1973, 183–346; zit. nach: Zenon Kaluza, Les querelles doctrinales à Paris, Nominalistes et Réalistes aux confins du XIV et du XV siècles, Bergamo 1988 (= Quodlibet 2 [Richerce e strumenti di filosofia medievale]).

Ockham, William von: Opera philosophica et theologica ad fidem codicum manuscriptorum edita, cura Instituti Franciscani,

——: Opera Theologica, St. Bonaventure, NY 1967–1986,

——: Opera Philosophica, St. Bonaventure, NY 1974–1988.

Lakmann, Nikolaus, Quaestio de Formalitate, ed. in: Pompei, Alfonsus: De Formalitatibus, Modis et Rebus Scotistarum Doctrina. Accedit "Quaestio de Formalitate" Nikolai Lakmann, in: MF 61, 1961, 251–275.

Luther, Martin: Vom Abendmahl Christi Bekenntnis (1528), Martin Luther Studienausgabe, hg. Hans-Ulrich Delius, Bd. 4, Berlin 1986, 7–258.

Mair, Johannes, Tractatus de infinito, ed. in: Elie, H. Le traité "De l'infini" de Jean Mair, Nouvelle édition avec traduction et annotations, Paris 1938.

Petri Lombardi Parisiensis Episcopi Sententiae in IV Libris Distinctae, Editio Tertia ad Fidem Codicum Antiquiorum Restituta, Duo Tomus, Grottaferrata 1971.

Pico della Mirandola, Giovanni u. Gian Francesco: Opera Omnia, 2 Bde, Basel (Henricus Petrus) 1557/1573; Reprint Hildesheim 1969.

Thomae, Petrus: Formalitates breves/conflatiles, ed. in: Bridges, Geoffrey G., O.F.M., Identity and Distinction in Petrus Thomae, O.F.M. (FIP.P 14), St. Bonaventure, NY 1959.

——: Quodlibet, ed. in: M. Rachel Hooper/Buytaert, Eligius: Quodlibet, St. Bonaventure NY, 1957 (FIP.T 11).

Ripa, Jean de: Conclusiones, ed. Combes, André, Paris 1957 (EPhM 44).

——: Determinationes, ed. Combes André, Paris 1957 (TPMÂ 4).

——: Questio de gradu supremo, edd. Combes, André, Vignaux, Paul, Paris 1964 (TPMÂ 12).

——: Lectura super primum Sententiarum. Prologi quaestiones ultimae, ed. Combes André; Ruello, Francis, Paris 1970 (TPMÂ 16).

Thomae Opera: S. Thomae Aquinatis Opera Omnia, ut sunt in indice thomistico additis 61 scriptis ex alii medii aevi auctoribus, curante Roberto Busa S. I., Stuttgart 1980–.

Werl, Henricus de: Tractatus de Formalitatibus, ed. in: Clasen, Sophronius, O.F.M.: Enrici de Werla, O.F.M., Tractatus de Formalitatibus, in: FrS 14 (1956), 310–322 (Introductio). 412–442 (Textus).

Zwingli Huldreich: Sämtliche Werke, Berlin et. al. 1905–1991, Bde I–XIV (= CR 88–101) [= Z].

——: Werke, hg. v Melchior Schuler und Johannes Schulthess, 8 Bde, Zürich 1828–1842 [= SS].

3. Literatur

Adriányi, Gabriel: Art Pelbárt von Temesvár, in: BBKL 7 (1994), 174–178.

Aertsen, Jan: The Philosophical Importance of the Doctrine of the Transcendentals in Thomas Aquinas, in: RIPh 204 (1998), 249–268.

——: Being and One: The Doctrine of the Convertible Transcendentals in Duns Scotus, in: FrS 56 (1998), 47–64 (Timothy Noone and Gordon A. Wilson, Hgg., Essays in Honor of Girard Etzkorn: Franciscan Texts and Traditions).

——: Entretien avec Alain de Libera, in: Recherches de Théologie et Philosophie médiévales 65 (1998), 168–175.

——: What is First and Most Fundamental? The Beginnings of Transcendental Philosophy, in: Jan A. Aertsen und Andreas Speer (Hgg.), Was ist Philosophie im Mittelalter? Akten des X. Internationalen Kongresses für mittelalterliche Philosophie der Société Internationale pour l'Étude de la Philosophie Médiévale, 25.–30. August 1997 in Erfurt, Berlin et al. 1998 (MM 26), 305–321.

Amato, Norbertus de: Doctrinae summae fratris Alexandri de Hales de ipsa natura a verbo assumpta. Disquisitio historico-systematica, Romae 1956 (Pontificium athenaeum Anton. 105).

Amman, E.: Art. Mair ou Maior John, in: DThC 9,2 (1927), 1662f.

——: Art. Trombeta ou Tubeta Antoine, in: DThC 15,1 (1947), 1925.

Apollinaire, P.: Art. Vorilongus Guillaume, in: DThC 15,2 (1950), 3471f.

Ashworth, E. J.: The Doctrine of Supposition in the Sixteenth and Seventeenth Century, in: AGPh 51 (1969), 260–285.

——: The Doctrine of Exponibilia in the Fiftheenth and Sixteenth Centuries, in: Vivarium 11 (1973), 137–167.

Backus, Irena: Randbemerkungen Zwinglis in den Werken von Giovanni Pico della Mirandola, in: Zwa 18, 4.5 (1990f.), 291–309.

Badaloni, Nicola: L'infinito nel Rinascimento: Giordano Bruno fra gli 'antichi' e i 'moderni', in: Giuliano Toraldo di Francia (Hg.), L'Infinito nella Scienza. Infinity in Science, Rom 1987.

Balić, C.: A propos de quelques ouvrages faussement attribués à Jean Duns Scot, in: RThAM 2 (1930), 162–164.

Bänziger, Paul: Beiträge zur Geschichte der Spätscholastik und des Frühhumanismus in der Schweiz, Schweizer Studien zur Geschichtswissenschaft NF 4, Zürich 1945.

Bannach, Klaus: Die Lehre von der doppelten Macht Gottes bei Wilhelm von Ockham. Problemgeschichtliche Voraussetzungen und Bedeutung, Wiesbaden 1975 (VIEG 75).

Basly, Déodat de: Structure philosophique de Jésus, l'Homme-Dieu, Ma ligne de Cheminement (1), 5–40; (2), 315–343.

Barbone, Steven: Scotus: Adumbrations of a New Concept of Infinity, in: WiWei 59 (1996), 36–43.

Barcelone, Martin de: Nicolas Bonet (†1343). Tourangeau, Doctor Proficuus O. M., in: EtFr 37 (1925), 638–657.

Bareille, G.: Art. Capreolus, in: DThC 2 (1910), 1694.

Baron, F.: Stephan Hoest. Reden und Briefe. Quellen zur Geschichte der Scholastik und des Humanismus im 15. Jahrhundert, München 1971.

Barth, Timotheus: Die Grundstruktur des göttlichen Seins bei Johannes Duns Scotus, in: FS 48 (1966), 270–296.

——: Duns Scotus und die Notwendigkeit einer übernatürlichen Offenbarung, Ordinatio Prolog q. 1 übersetzt und eingeleitet, in: FS 40 (1958), 382–404; 42 (1960), 51–65.

——: Art. Nicolaus Bonetus, in: ²LThK 7 (1962), 982.

——: Das Wagnis der Seinsfrage. Eine Begegnung von Thomas von Aquin und Duns Scotus heute, in: WiWei 26 (1963), 98–123.

Bauch, Gustav: Andreas Karlstadt als Scholastiker, in: ZKG 18 (1898), 37–57.

Baudry, Léon (Hg.): La querelle des futurs contingents (Louvain 1465–1475), textes inédits, Paris 1950 (EPhM 38).

——: Lexique Philosophique de Guillaume d'Ockham, Étude des Notions Fondamentales, Paris 1958.

Bauer, Johannes Joseph: Zur Frühgeschichte der theologischen Fakultät der Universität Freiburg im Breisgau, Freiburg i. Br. 1957.

Bauer, Karl: Die Wittenberger Universitätstheologie und die Anfänge der Deutschen Reformation, Tübingen 1928.

Bauer, Martin: Die Erkenntnislehre und der Conceptus entis nach vier Spätschriften des Johannes Gerson, Meisenheim am Glan 1973.

Bedouelle, Guy (Hg.): Jean Capréolus en son Temps, Paris 1997.

Bejczy, István: Erasmus and the Middle Ages. The Historical Consciousness of a Christian Humanist, Leiden et al. 2001 (Brill's Studies in Intellectual History 106).

Benary, Friedrich: Zur Geschichte der Stadt und der Universität Erfurt am Ausgang des Mittelalters, Bd. III: Via antiqua und Via moderna auf den deutschen Hochschulen des Mittelalters mit besonderer Berücksichtigung der Universität Erfurt, Erfurt 1919.

Bérubé, Camille: La première école Scotiste, in: Zénon Kaluza u. Paul Vignaux (Hgg.), Preuve et raisons à l'université de Paris. Logique, ontologie et théologie au xive siècle. Actes de la Table Ronde internationale organisée par le Laboratoire associé au C.N.R.S. n° 152 du 5 au 7 novembre 1981, Paris 1984 (EPhM, Hors série), 9–24.

Bettoni, Efrem: Duns Scoto philosopho, Mailand 1966.

Betzendörfer, W.: Art. Duns Scotus, in: ³RGG 2 (1958), 283–285.

Biard, Joël und Rashed Roshdi: Descartes et le Moyen Âge, Paris 1997 (EPhM 75).

Biard, Joël: La toute-puissance divine dans le *Commentaire des Sentences* de Jean Mair, in: Guido A. Canziani et al. (hgg.): Potentia Dei. L'onnipotenza divina nel pensiero dei secoli XVI e XVII, Mailand 2000, 25–41.

Black, Robert: Humanism, in: Christopher Allmand (Hg.), The New Cambridge Medieval History 7 (1998), 243–277.

Blanke, Fritz: Zwinglis Theologiestudium, in: ThBl 15,1 (1936), 94f.

——: Der junge Bullinger, 1504–1531. Mit Bilderbeilage bearbeitet von Leo Weisz, Zürich 1942, 4f. (ZwingBü 22).

Blösch, Emil: Dr. Johannes a Lapide: Ein Prediger in Bern vor 400 Jahren, in: Berner Taschenbuch auf das Jahr 1881, Bern 1881, 239–274.

Bochenski, J. M.: Introductio ad Petri Hispanici Summulas Logicales, in: ders. (Hg.), Summulae Logicales, Rom 1947, IX–XXIII.

——: Formale Logik, München o. J.

Boehner, Philotheus: Collected Articles on Ockham, St. Bonaventure, NY 1958.

——: Medieval Logic: An Outline of its Development from 1250 to ca. 1400, Chicago 1952.

Boler, John. F.: Intuitive and Abstractive Cognition, in: CHLMPh 460–478.

Bonorand, Conradin: Vadians Weg vom Humanismus zur Reformation und seine Vorträge über die Apostelgeschichte (1523), St. Gallen 1962.

——: Die Bedeutung der Universität Wien für Humanismus und Reformation, insbesondere der Ostschweiz, in: Zwa 12,3 (1965), 162–180.

Boulnois, Olivier: Humanisme et Dignité de L' Homme selon Pic de la Mirandole, in: ders. u. Tognon, Guiseppe, Jean Pic de la Mirandole, Œuvres Philosophiques, Texte latin, Traduction et Notes, Paris 1993, 293–340.

Borchert, Ernst: Der Einfluß des Nominalismus auf die Christologie der Spätscholastik. Nach dem Traktat De communicatione idiomatum des Nicolaus Oresme, Münster 1940 (BGPHMA 35,4/5).

Boyle, Marjorie O'Rourke: Fools and Schools. Scholastic Dialectic, Humanist Rhetoric; from Anselm to Erasmus, in: MeH 13 (1985), 173–95.

Bubenheimer, Ulrich: Consonantia Theologiae et Iurisprudentiae, Andreas Bodenstein von Karlstadt als Theologe und Jurist zwischen Scholastik und Reformation, Tübingen 1977 (JusEcc 24).

Brady, Ignatius: Art. Wilhelm von Vorillon, in. ²LThK 10 (1965), 1154.

——: The Scholastic Writings of Petrus Thomae, in: Auer, Johannes u. Volk, Hermann (Hgg.), Theologie in Geschichte und Gegenwart (FS Michael Schmaus), München 1957.

——: William of Vaurouillon, O.F.M., A Fifteenth-Century Scotist, in: B. M. Bonansea u. John K. Ryan (Hgg.), John Duns Scotus, 1265–1965, Washington D. C. 1965, 291–310 (SPHP 3).

——: The Later Years of Petrus Thomae, O.F.M., in: Studia mediaevalia et mariologica, P. Carolo Balić septuagesimum explenti annum [1969] dicata, Rom o. J. [ca. 1970?], 249–257.

Brady, Thomas A.: In Memoriam. Heiko Augustinus Oberman 1930–2001, in: SCJ 32/2 (2001), 435–437.

Brandy, Hans Christian: Die späte Christologie des Johannes Brenz, Tübingen 1991 (BHTh 90).

Brecht, Martin; Peters, Christian (Hgg.): Annotierungen zu den Werken des Hieronymus, Köln et al. 2000 (AWA 8).

Bridges, Geoffrey G., O.F.M.: Identity and Distinction in Petrus Thomae O.F.M., St. Bonaventure, NY 1959 (FIP.P 14).

Brightman, Robert S.: Apophatic Theology and Divine Infinity in St. Gregory of Nyssa, GOTR 18 (1973), 97–114.

Brockelmann, Brigitte: Das Corpus Christianum bei Zwingli, Breslau 1938, Reprint Aalen 1982 (Breslauer Historische Forschungen 5).

Brülisauer, Josef: Neue Beiträge zur Biographie Conrad Hofmanns (1454–1525), Diss. phil. (masch.) 1970.

Buske, Thomas: Die Via Moderna. Geschichte zwischen Sein und Werden, in: ThZ 50 (1994), 108–123.

Burger, Maria: Personalität im Horizont absoluter Prädestination, Untersuchungen zur Christologie des Johannes Duns Scotus und ihrer Rezeption in modernen theologischen Ansätzen, Münster 1994 (BGPHMA, NF 40).

Büsser, Fritz: Das katholische Zwinglibild. Von der Reformation bis zur Gegenwart, Zürich 1968.

Campi, Emidio: Zwingli und Maria. Eine reformationsgeschichtliche Studie, Zürich 1997.

Canone, Eugenio: Giordano Bruno (1548–1600). Von den Schatten der Ideen zum unendlichen Universum, in: Paul Richard Blum (Hg.), Philosophen der Renaissance. Eine Einführung, Darmstadt 1999, 188–205.

Cappelli, Adriano: Lexicon Abbreviaturarum. Dizionario di abbreviature latine ed italiane usate nelle carte e codici specialmente del medioevo riprodotte con oltre 1400 segni incisi, Mailand Reprint [6]1967.

Capkun-Delic, Pedro, O.F.M: P. Carlos Balić, O.F.M., Escotista Y Mariologo, in: Studia mediaevalia et mariologica, P. Carolo Balić septuagesimum explenti annum dicata, Rom o. J., 9–36.

Carré, M. H.: Realists and Nominalists, Oxford 1946.

Catania, Francis J.: John Duns Scotus on Ens Infinitum, in: American Catholic Philosophical Quarterly 67 (1993), 37–54.

Chenu, M.-D.: La théologie comme science au XIIIe siècle, Paris [3]1969.

Chroust, A.-H.: A contribution to the Medieval Discussion: Utrum Aristoteles sit Salvatus, JHI 6 (1954), 231–238.

Clasen, Sophronius, O.F.M.: Enrici de Werla, O.F.M., Tractatus de Formalitatibus, in: FrS 14 (1956), 310–322 (Introductio). 412–442 (Textus).

Combes, André: La Métaphysique de Jean de Ripa, in: Paul Wilpert (Hg.): Die Metaphysik im Mittelalter (MM 2), 543–557.

Courtenay, William J.: Covenant and the Leaden Coin: The Economic Background of Sine qua non Causality, in: Tr. 28 (1972), 185–209.

——: Nominalism and Late Medieval Thought: A Bibliographical Essay, in: TS 33 (1972), 716–734.

——: Nominalism and Late Medieval Religion, in: The Pursuit of Holiness in Late Medieval and Renaissance Religion, Charles Trinkaus u. Heiko Augustinus Oberman (Hgg.), Leiden 1974 (SMRT 10), 26–66.

——: Covenant and Causality in Medieval Thought. Studies in Philosophy, Theology and Economic Practice, London 1984.

——: Ockham, Chatton and the London Studium: Observations on Recent Changes in Ockham's Biography, in: Werner Vossenkuhl u. Rolf Schönberger (Hgg.), Die Gegenwart Ockhams, Weinheim 1990, 327–337.

——: Schools and Scholars in Fourteenth-Century England, Princeton, NJ 1987.

Crombie, Alistair C.: Infinite Power and the Laws of Nature: A Medieval Speculation, in: Giuliano Toraldo di Francia (Hg.): L'Infinito nella Scienza. Infinity in Science, Rom 1987.

Damerau, Rudolf: Die Abendmahlslehre des Nominalismus, insbesondere die des Gabriel Biel, Gießen 1963.

Davenport, Anne Ashley: Measure of a Different Greatness: The Intensive Infinite, 1250–1650, Leiden et al. 1999 (STGMA 67).

Day, Sebastian: Intuitive Cognition. A Key to the Significance of the Later Scholastics, St. Bonaventure, NY 1947 (FIP.P 4).

Decorte, Jos: Studies on Henry of Gent. The Relevance of Henry's Concept of Relation, in: RThPhM 64,1 (1997), 230–238.

Dettloff, Werner: "Christus tenens medium in omnibus". Sinn und Funktion der Theologie bei Bonaventura (I. Teil), in: WiWei 19 (1956), 28–42.

——: Die Geistigkeit des hl. Franziskus in der Theologie der Franziskaner, in: WiWei 20 (1957), 197–211.

——: Die Lehre von der Acceptatio divina bei Johannes Duns Scotus mit besonderer Berücksichtigung der Rechtfertigungslehre, Werl/Westf. 1954 (FrFor 10).

——: Die Entwicklung der Akzeptations- und Verdienstlehre von Duns Scotus bis
Luther mit besonderer Berücksichtigung der Franziskanertheologen, Münster
i. W. 1963 (BGPHMA 40,2).

——: Das Gottesbild und die Rechtfertigung in der Schultheologie zwischen Duns
Scotus und Luther, in: WiWei 27 (1964), 197–210.

——: Art. Duns Scotus/Scotismus I.: Duns Scotus, in: TRE 9 (1982), 218–231.

——: Art. Durandus de S. Porciano, in: TRE 9 (1982), 240–242,

——: Die franziskanische Theologie des Johannes Duns Scotus, in: WiWei 46 (1983),
81–91.

Dewan, Lawrence, O.P.: St. Thomas, Capreolus, and Entitative Composition, in:
DT(P) 77 (1980), 355–375.

Di Napoli, G.: Giovanni Pico della Mirandola e la teoresi tomistica dell' ipsum
esse, in: StTom 1 (1974), 249–281.

——: L'Essere e l'Uno in Pico della Mirandola, in: RFNS 46 (1954), 356–389.

Dipple, Geoffrey L.: Humanists, Reformers, and Anabaptists on Scholasticism and
the Deterioration of the Church, in: MQR 68 (1994), 461–482.

——: Antifraternalism and anticlericalism in the German Reformation: Johann
Eberlin von Günzburg and the campaign against the friars, Aldershot et al. 1996
(St. Andrews Studies in Reformation History 6).

Dolfen, Ch.: Die Stellung des Erasmus von Rotterdam zur scholastischen Methode,
Osnabrück, 1936.

Donnelly, John Patrick: Calvinism and Scholasticism in Vermigli's Doctrine of Man
and Grace, Leiden 1976 (SMRT 18).

Doyle, John P.: Some Thoughts on Duns Scotus and the Ontological Arguments,
in: NSchol 53 (1979), 234–241.

Duclow, Donald F.: Gregory of Nyssa and Nicholas of Cusa: Infinity, Anthropology
and the Via Negativa, DR 92 (1974), 102–108.

Duhem, Pierre: Etudes sur Leonardo da Vinci, 3 Bde, 1906–1913.

——: Le Système du Monde. Histoire des Doctrines Cosmologiques de Platon à
Copernic, vol. X, VIᵉ partie: La cosmologie du XVᵉ siècle. Écoles et universités
du XVᵉ siècle, Paris 1959.

Dumont, Stephen D.: The questio si est and the Metaphysical Proof for the Existence
of God according to Henry of Gent and John Duns Scotus, in: FS 66 (1984),
335–367.

——: The Question on Individuation in Scotus's [sic] Quaestiones in Metaphysicam,
in: L. Silas (Hg.), In via Scoti. Methodologica ad mentem Joannis Scoti. Actus
Congressus Scotistici Internationalis, Romae 1993, Rom 1995, Bd. 1, 193–227.

Dulles, Avery: Princeps concordiae. Pico della Mirandola and the Scholastic Tradition,
Cambridge 1941.

Eduoard d' Alencon, P.: Art. Bonet Nicolas, in: DThC 2 (1910), 986f.

——: Art. Brulefer Etienne, in: DThC 2 (1910), 1146f.

Ehrismann, Otfried-Reinald: Thesen zur Rezeptionsgeschichtsschreibung, in: Walter
Müller-Seidel (Hg.), Historizität in Sprach- und Literaturwissenschaft. Vorträge
und Berichte der Stuttgarter Germanistentagung 1972, München 1974, 123–131.

Ehrle, Franz: Die Ehrentitel der scholastischen Lehrer des Mittelalters, München
1919 (SBAW.PPH 9).

——: Der Sentenzenkommentar Peters von Candia, des Pisaner Papstes Alexander
V., Ein Beitrag zur Scheidung der Schulen in der Scholastik des vierzehnten
Jahrhunderts und zur Geschichte des Wegestreites, Münster i. W. 1925 (FS,
Beiheft 9).

Elie, Hubert: Quelques maîtres de l'Université de Paris vers l'an 1500, in: AHDL
18 (1950–51), 193–243.

Engelhardt, P.: Art. Intentio, in: HWP 4 (1976), 466–474.

Fäh, Hans Louis: Johannes Duns Scotus: Ist Gottes Dasein durch sich bekannt?, Ordinatio I, d. 2 q. 2 übersetzt und erklärt, in: FS 43 (1961), 348–373.

——: Johannes Duns Scotus: Gottes Dasein und Einzigkeit, Ordinatio I, d. 2, q. 1 und 3 übersetzt und erklärt, in: FS 44 (1962), 192–241.

——: Johannes Duns Scotus: Die Erkennbarkeit Gottes, Ordinatio I, d. 3, pars 1, q. 1–3 übersetzt und erklärt, in: FS 47 (1965), 187–299.

Farley, Benjamin Wirt: The Providence of God, Grand Rapids, MI 1988.

Farmer, Stephen Alan: Syncretism in the West: Pico's 900 theses (1486): the evolution of traditional religious and philosophical systems: with text, translation, and commentary, Tempe, AZ 1998 (MRTS 167).

Farner, Oskar, Huldrych Zwingli. Seine Jugend, Schulzeit und Studentenjahre, Zürich 1943.

Farthing, John L.: Thomas Aquinas and Gabriel Biel, Interpretations of St. Thomas Aquinas in German Nominalism on the Eve of the Reformation, Durham et al. 1988 (DMMRS 9).

Feld, Helmut: Art. Summenhart (Summerhart, Summerhardt), in: BBKL 11 (1996), 260–262.

——: Art. Scriptoris, Paul, in: BBKL (1995), 1258–1261.

Ferguson, Everett: God's Infinity and Man's Mutability. Perpetual Progress According to Gregory of Nyssa, in: GOTR 18 (1975), 59–78.

Freund, Walter: Modernus und andere Zeitbegriffe des Mittelalters, Köln 1957 (NMBGF 4).

Fuhrmann, Manfred: Art. Person, I, in: HWP 7 (1989), 269–283.

Fussenegger, G.: Art. Brulefer, in: ²LThK 2 (1958), 725.

Gäbler, Ulrich: Huldrych Zwingli im 20. Jahrhundert. Forschungsbericht und annotierte Bibliographie, 1897–1972, Zürich 1975.

——: Huldrych Zwinglis "reformatorische Wende", in: ZKG 89 (1978), 120–135.

——: Huldrych Zwingli. Eine Einführung in sein Leben und sein Werk, München 1983.

Gandillac, de, M.: Duns Scot et la "Via antiqua", Ockham et la "Via moderna", in: HE 13 (1951).

Ganoczy, Alexandre; Müller, Klaus (Hgg.): Calvins handschriftliche Annotationen zu Chrysostomus. Ein Beitrag zur Hermeneutik Calvins, Wiesbaden 1981 (VIEG 102).

Gaudel, A.: La théologie de l'"Assumptus Homo". Histoire et valeur doctrinale. A propos du livre du P. Déodat de Basly: "Inopérantes offensives contre l'Assumptus Homo", in: RevSR 17 (1937), 64–234.

Geary, Patrick J.: Geschichte als Erinnerung, in: Evelyn Schulz u. Wolfgang Sonne (Hgg.), Kontinuität und Wandel. Geschichtsbilder in verschiedenen Kulturen und Fächern, Zürich 1999, 115–140 (Zürcher Hochschulforum 28).

Germann, Martin: Die reformierte Stiftsbibliothek am Großmünster Zürich im 16. Jahrhundert und die Anfänge der neuzeitlichen Bibliographie, Rekonstruktion des Buchbestandes und seiner Herkunft, der Bücheraufstellung und des Bibliotheksraumes. Mit Edition des Inventars von 1532/1551 von Conrad Pellikan, Wiesbaden 1994 (Beiträge zum Buch- und Bibliothekswesen 34).

Gerschmann, Karl-Heinz: 'Antiqui – Novi – Moderni' in den 'Epistolae obscurorum virorum', in: ABG 11 (1967), 23–36.

Gestrich, Christof: Zwingli als Theologe. Glaube und Geist beim Zürcher Reformator, Zürich et al. 1967.

Gilbert, Neal Ward: Ockham, Wyclif, and the 'Via moderna', in: Albert Zimmermann (Hg.), Antiqui und Moderni. Traditionsbewußtsein im späten Mittelalter, Berlin et al. 1974 (MM 9), 85–125.

Gilgenfeld, Hartmut: Mittelalterlich-traditionelle Elemente in Luthers Abendmahlsschriften, Zürich 1971 (SDGSTh 29).

Gilson, Etienne: Avicenne et le point de départ de Duns Scot, in: AHDL 2 (1927), 89–149.

——: Jean Duns Scot. Introduction à ses positions fondamentales, Paris 1952.

——: Johannes Duns Scotus, Düsseldorf 1959.

Goertz, Hans-Jürgen: Art. Eigentum V (Mittelalter), in: TRE 9 (1982), 417–423.

Goeters, Johann Friedrich Gerhard: Zwinglis Werdegang als Erasmianer, in: Reformation und Humanismus, Robert Stupperich zum 65. Geburtstag, Witten 1969, 255–271.

——: Die reformierte Föderaltheologie und ihre rechtsgeschichtlichen Aspekte, Vaduz 1994 (Lichtenstein Politische Schriften 19).

Gössmann, Elisabeth: Antiqui und Moderni im Mittelalter. Eine geschichtliche Standortbestimmung, München 1974.

Gottschick, J.: Hus', Luthers' und Zwingli's Lehre von der Kirche, mit Rücksicht auf das zwischen denselben bestehende Verhältnis der Verwandtschaft oder Abhängigkeit, in: ZKG 8 (1886), 345–394; 543–616.

Grabmann, Martin: Geschichte der scholastischen Methode, Freiburg 1909–1911, Reprint Graz 1957.

——: Die Kanonisation des hl. Thomas von Aquin in ihrer Bedeutung für die Ausbreitung und Verteidigung seiner Lehre im 14. Jahrhundert, in: DT 1 (1923), 233–249.

——: Aristoteles im Werturteil des Mittelalters, in: Mittelalterliches Geistesleben, München 1936 (Abhandlungen zur Geschichte der Scholastik und Mystik 2), 95–97.

——: Handschriftliche Forschungen und Funde zu den philosophischen Schriften des Petrus Hispanus, des späteren Papstes Johannes XXI, München 1936 (SBAW.PH 9).

——: Die Introductiones in logicam des Wilhelm von Shyreswood († nach 1267), München 1937 (SBAW.PH 10).

——: Johannes Capreolus O.P., der "Princeps thomistarum" († 7. April 1444) und seine Stellung in der Geschichte der Thomistenschule, in: DT 3,2 (1944), 85–109.145–170.

Grajewski, Maurice J.: The Formal Distinction of Duns Scotus. A Study in Metaphysics, Washington 1944 (PhSt[W] 90).

Grane, Leif: Contra Gabrielem. Luthers Auseinandersetzung mit Gabriel Biel in der Disputatio Contra Scholasticam Theologiam 1517, Gylendal 1962 (AThD 4).

Grant, Edward und John Murdoch (Hgg.): Mathematics and its Applications to Science and Natural Philosophy in the Middle Ages (FS Marshall Spragett), Cambridge et al. 1987.

Greitemann, N.: Via antiqua en Via moderna op de universiteiten van Engeland, Frankrijk en Duitschland, in: StC 6 (1929/1930), 149–163; 7 (1930/31), 29–40.

Greschat, Martin: Der Bundesgedanke in der Theologie des späten Mittelalters, in: ZKG 81 (1970), 44–63.

Greving, Joseph: Johann Eck als junger Gelehrter. Eine literar- und dogmengeschichtliche Untersuchung über seinen Chrysopassus praedestinationis aus dem Jahre 1514, Münster 1906.

Grimm, Gunter: Rezeptionsgeschichte. Grundlegung einer Theorie. Mit Analysen und Biographie, München 1977.

Hamm, Berndt: Promissio, pactum, ordinatio: Freiheit und Selbstbindung Gottes in der scholastischen Gnadenlehre, Tübingen 1977 (BHTh 54).

——: Frömmigkeitstheologie am Anfang des 16. Jahrhunderts. Studien zu Johannes von Paltz und seinem Umkreis, Tübingen 1982 (BHTh 65).

——: Zwinglis Reformation der Freiheit, Neukirchen-Vluyn 1988.

——: Das Gewicht von Religion, Glaube, Frömmigkeit und Theologie innerhalb der Verdichtungsvorgänge des ausgehenden Mittelalters und der frühen Neuzeit, in: Monika Hagenmeier u. Sabine Holz (Hgg.), Krisenbewusstsein und Krisen-bewältigung in der Frühen Neuzeit – Crisis in Early Modern Europe (FS Hans Christoph Rublack), Frankfurt a. M. et al. 1992, 163–196.

———: Reformation als normative Zentrierung von Religion und Gesellschaft, in: Volk Gottes. Gemeinde und Gesellschaft, Neukirchen-Vluyn 1992 (JBTh 7), 241–279.

———: Von der spätmittelalterlichen reformatio zur Reformation: der Prozeß nor-mativer Zentrierung von Religion und Gesellschaft in Deutschland, in: ARG 84 (1993), 7–81.

———: Einheit und Vielfalt der Reformation – oder: was die Reformation zur Reformation machte, in: ders.; Moeller, Bernd; Wendebourg, Dorothea: Reforma-tionstheorien: ein kirchenhistorischer Disput über Einheit und Vielfalt der Reforma-tion, Göttingen 1995.

———: Nekrolog. Heiko Augustinus Oberman. 1930–2001, in: HZ 273 (2001), 830–834.

Hammann, Konrad: Heinrich Hermelink als Reformationshistoriker, in: ZThK 96 (1999), 480–507.

Halbwachs, Maurice: Les cadres sociaux de la mémoire. Préface de François Châtelet, (Paris [1]1925) [2]1952 Reprint 1976 (Archontes 5).

Haller, Friedrich Albert (red. H. Hermelink): Art. Wyttenbach, in: [2]RE 2 (1908), 574–577.

Haller, Johannes: Zur Geschichte der deutschen Universitäten, in: HZ 159 (1938), 88–228.

Hartmann, Norbert: Person in Einsamkeit und Gemeinsamkeit, Überlegungen zum Personbegriff des Johannes Duns Scotus, in: WiWei 47 (1984), 37–60.

Hauschild, Wolf-Dieter: Lehrbuch der Kirchen- und Dogmengeschichte, Bd. 1: Alte Kirche und Mittelalter, Gütersloh 1995; Bd. 2: Reformation und Neuzeit, Gütersloh 1999.

Hechich, Barnabas: Bibliographia P. Carolo Balić O.F.M. Systematico Ordine Digesta, in: Studia mediaevalia et mariologica, P. Carolo Balić septuagesimum expleti annum dicata, Rom o. J., 37–63.

Hegyi, Johannes: Die Bedeutung des Seins bei den klassischen Kommentatoren des heiligen Thomas von Aquin Capreolus – Silvester von Ferrara – Cajetan, Pullach 1959 (PPhF 4).

Heidegger, Martin: Die Kategorien- und Bedeutungslehre des Duns Scotus, Tübingen 1916.

Heimsoeth, H.: Die sechs großen Themen der abendländischen Metaphysik und der Ausgang des Mittelalters, [2]1934.

Helm, Paul: Calvin (and Zwingli) on Divine Providence, in: CTJ 29 (1994), 388–405.

Hennessy, James E.: The Background, Sources and Meaning of Divine Infinity in St. Greogry of Nyssa, 1963.

Hermelink, Heinrich: Die theologische Fakultät in Tübingen vor der Reformation 1477–1534, Tübingen 1906.

———: Die religiösen Reformbestrebungen des deutschen Humanismus, Tübingen 1907.

———: Handbuch der Kirchengeschichte für Studierende, Zweiter Teil, Das Mittelalter, bearbeitet von Gerhard Ficker und Heinrich Hermelink, Tübingen [2]1929.

———: Handbuch der Kirchengeschichte für Studierende, Dritter Teil, Reformation und Gegenreformation, zweite Auflage in Verbindung mit Wilhelm Maurer neu bearbeitet, Tübingen 1931.

Heynck, Valerius: Zur Lehre von der unvollkommenen Reue in der Skotistenschule des ausgehenden 15. Jh., in: FS 24 (1937), 18–52.

Hilgenfeld, Hartmut: Mittelalterlich-traditionelle Elemente in Luthers Abendmahls-schriften, Zürich 1971 (SDGSTh 29).

Hoburg, Ralf: Seligkeit und Heilsgewissheit. Hermeneutik und Schriftauslegung bei Huldrych Zwingli bis 1522, Stuttgart 1994 (CThM 11).

Hochstetter, Erich: Studien zur Metaphysik und Erkenntnislehre Wilhelms von Ockham, Berlin und Leipzig 1927.

———: Nominalismus?, in: FrS 9 (1949), 370–403.

Hoenen, M. J. F. M.: Marsilius of Inghen, Divine Knowledge in Late Medieval Thought, Leiden 1993 (SHCT 50).

———: Scotus and the Scotist School. The Tradition of Scotist Thought in the Medieval and Early Modern Period, in: P. Bos (Hg.), John Duns Scotus (1265/6–1308). Renewal of Philosophy. Acts of the Third Symposium Organized by the Dutch Society for Medieval Philosophy Medium Aevum (May 23 and 24, 1996), Amsterdam 1998 (Elementa 72), 197–210.

Holzem, Andreas: Die Konfessionsgesellschaft. Christenleben zwischen staatlichem Bekenntniszwang und religiöser Heilshoffnung, in: ZKG 110 (1999), 53–85.

Honnefelder, Ludger: Ens inquantum ens. Der Begriff des Seienden als solchen als Gegenstand der Metaphysik nach der Lehre des Johannes Duns Scotus, 1979 (BGPHMA, NF 16).

———: Artikel Duns Scotus/Scotismus II: Die Rezeption des scotischen Denkens im 20. Jh., in: TRE 9 (1982), 232–240.

———: Scientia transcendens. Die formale Bestimmung der Seiendheit und Realität in der Metaphysik des Mittelalters und der Neuzeit (Duns Scotus – Suarez – Wolff – Kant – Peirce), Hamburg 1990 (Paradeigmata 9).

Hook, Brennen van: Duns Scotus and the Self-Evident Proposition, in: NSchol 36 (1962), 29–48.

Hossfeld, Max: Johannes Heynlin aus Stein. Ein Kapitel aus der Frühzeit des deutschen Humanismus, in: BZGAK 6 (1906), 309–356; 7 (1908), 79–431.

Hübener, Wolfgang: Der Konservativismus des Jean Gerson, in: Albert Zimmermann (Hg.), Antiqui und Moderni. Traditionsbewußtsein im späten Mittelalter, Berlin et al. 1974 (MM 9), 171–200.

———: Die Nominalismus-Legende. Über das Mißverhältnis zwischen Dichtung und Wahrheit in der Deutung der Wirkungsgeschichte des Ockhamismus, in: Norbert W. Bolz u. Wolfgang Hübener (Hgg.), Spiegel und Gleichnis (FS Jacob Taubes), Würzburg 1983, 87–111.

Huber, Max: Natürliche Gotteserkenntnis, Ein Vergleich zwischen Thomas von Aquin und Huldrych Zwingli, Bern 1950.

Iserloh, Erwin: Gnade und Eucharistie in der philosophischen Theologie des Wilhelm von Ockham: Ihre Bedeutung für die Ursachen der Reformation, Wiesbaden 1956.

———: Johannes Eck (1486–1543), Scholastiker, Humanist, Kontroverstheologe, Münster ²1985 (KLK 41).

Jansen, Bernhard: Beiträge zur geschichtlichen Entwicklung der Distinctio formalis, in: ZKTh 53 (1929), 317–324.517–544.

Jolivet, Jean: Schèmes néoplatoniciennes chez Jean de Ripa, in: Philosophie Médiévale Arabe et Latine. Recueil d'articles de Jean Jolivet, Paris 1995, 181–189 (EPhM 83).

Junghans, Helmar: Ockham im Lichte der neueren Forschung, Berlin et al., 1968.

Kaluza, Zenon: Les querelles doctrinales à Paris. Nominalistes et Réalistes aux confins du XIV et du XV siècles, Bergamo 1988 (Quodlibet 2).

Kaufmann, Thomas: Die Konfessionalisierung von Kirche und Gesellschaft, ThLZ 121 (1996), 1009–1015; 1112–1119.

Kennedy, Leonard A.: Martin Luther and Scholasticism, in: Aug(L) 42 (1992), 339–349.

Kible, Brigitte: Art. Person, II, in: HWP 7 (1989), 283–300.

Klueting, Harm: "So sammele ich weiter. Gerade die dubiose Gegenwartsentwicklung nötigt zur Historie". Johann Friedrich Gerhard Goeters. Doktor und Professor der Theologie (1926–1996). Ein Porträt statt eines Nachrufes, in: JWKG 91 (1997), 13–25.

———: Die reformierte Konfessionalisierung als "negative Gegenreformation", in: ZKG 109 (1998), 167–199. 306–327.

Kluxen, Wolfgang: Ioannis Duns Scoti Tractatus de primo principio, ed. transtulit, adnotationibus instruxit Wolfgang Kluxen, Darmstadt 1974.

Knebel, S. K.: Art. Skotismus, in: HWP 9 (1995), 988–991.

Kobusch, Theo: Artikel Metaphysik, III. Antike bis Hochmittelalter, in: HWP 5 (1980), 1196–1217.

———: Sein und Sprache. Historische Grundlegung einer Ontologie der Sprache, Leiden et al. 1987 (SPAMP 11).

———: Luther und die scholastische Prinzipienlehre, in: Medioevo [Padova] 13 (1987), 303–340.

———: Substanz und Qualität. Die Reduzierung der Kategorien nach Wilhelm von Ockham, in: Dietmar Koch u. Klaus Bort (Hgg.), Kategorie und Kategorialität. Historisch-systematische Untersuchungen zum Begriff der Kategorie im philosophischen Denken (FS Klaus Hartmann), Würzburg 1990, 75–98.

Koch, Ernst: Die Theologie der Confessio Helvetica Posterior, Neukirchen 1968 (BGLRK 27).

Köhler, Walther: Zwingli in Paris?, in: Zwa 12/13 (1918f.), 414–418.

———: Zwingli, in: B. Bess (Hg.), Unsere religiösen Erzieher. Eine Geschichte des Christentums in Lebensbildern, Bd. 2, Leipzig 1918, 45–77.

———: Zwingli als Theologe, in: Ulrich Zwingli. Zum Gedächtnis der Zürcher Reformation, Zürich 1919, 9–74.

———: Huldrych Zwinglis Bibliothek, Zürich 1921 (84. Neujahrsblatt zum Besten des Waisenhauses in Zürich).

———: Zwingli und Luther, Der Streit über das Abendmahl nach seinen politischen und religiösen Beziehungen, 1. Bd.: Die religiöse und politische Entwicklung bis zum Marburger Religionsgespräch 1529, Leipzig 1924.

———: Huldrych Zwingli, Leipzig ²1954.

Kühtmann, Alfred: Zur Geschichte des Terminismus, 1911 (APG 20).

Kretzmann, Norman (Hg.): Infinity and Continuity in Ancient and Medieval Thought, London 1982.

Laarmann, Matthias: Art. Scotismus, in: EKL 4 (1994), 161–164.

Lane, Anthony N. S.: John Calvin Student of the Church Fathers, Edinburgh 1999.

Lang, Albert: Die Wege der Glaubensbegründung bei den Scholastikern des 14. Jahrhunderts, Münster i. W. 1931 (BGPHMA 30).

———: Heinrich Totting von Oyta, Ein Beitrag zur Entstehungsgeschichte der ersten deutschen Universitäten und zur Problemgeschichte der Spätscholastik, Münster i. W. 1937 (BGPHMA 32,4/5).

Lay, Rupert: Passiones entis disiunctae, Ein Beitrag zur Problemgeschichte der Transzendentalienlehre, in: ThPh 42 (1967), 51–78.359–389.

Leff, Gordon: Art. Ockham, Wilhelm, in: TRE 25 (1998), 6–16.

Leinsle, Ulrich G.: Einführung in die scholastische Theologie, Paderborn et al. 1995 (UTB 1865).

Leppin, Volker: Geglaubte Wahrheit. Das Theologieverständnis Wilhelms von Ockham, Göttingen 1995 (FKDG 63).

Link, Hannelore: Rezeptionsforschung. Eine Einführung in Methoden und Probleme, Stuttgart et al. ²1980.

Linsenmann, Franz Xaver: Konrad Summenhart. Ein Culturbild aus den Anfängen der Universität Tübingen, Tübingen 1877.

Locher, Gottfried W.: Die Theologie Huldrych Zwinglis im Lichte seiner Christologie, Erster Teil: Die Gotteslehre, Zürich 1952.

——: Die Prädestinationslehre Huldrych Zwinglis, zum 70. Geburtstag Karl Barths, in: ThZ 12 (1956), 526–548; Reprint [ohne Originalpaginierung] in: ders., Huldrych Zwingli in neuer Sicht. Zehn Beiträge zur Theologie der Zürcher Reformation, Zürich et al. 1969, 105–125.

——: Inhalt und Absicht von Zwinglis Marienlehre, in: Huldrych Zwingli in neuer Sicht. Zehn Beiträge zur Theologie der Zürcher Reformation, Zürich et al. 1969, 127–135.

——: Zwingli und die Schweizerische Reformation, Göttingen 1982 (KIG 3 J1).

——: Die Zwinglische Reformation im Rahmen der europäischen Kirchengeschichte, Göttingen et al. 1979.

Loewe, J. H.: Der Kampf zwischen Realismus und Nominalismus im Mittelalter, Prag 1876.

Mahoney, Edward P.: Aristotle as 'The Worst Natural Philosopher' (pessimus naturalis) and 'The Worst Metaphysician' (pessimus metaphysicus): His Reputation among Some Franciscan Philosophers (Bonaventure, Francis of Meyronnes, Antonius Andreas, and Joannes Canonicus) and Later Reactions, in: Olaf Pluta (Hg.), Die Philosophie im 14. und 15. Jahrhundert. In memoriam Konstanty Michalski, Amsterdam 1988, 261–273.

Maier, Anneliese: Die Vorläufer Galileis im XIV. Jahrhundert, Rom 1949 (Studien zur Naturphilosopie der Spätscholastik 1).

——: Die Anfänge des physikalischen Denkens im XIV. Jahrhundert, in: PhN 1 (1950), 7–35.

——: Zwei Grundprobleme der scholastischen Naturwissenschaft: Das Problem der intensiven Größe. Die Impetustheorie, Rom ²1951 (Studien zur Naturphilosophie der Spätscholastik 2).

——: An der Grenze von Scholastik und Naturwissenschaft. Die Struktur der materiellen Substanz. Das Problem der Gravitation. Die Mathematik der Formallatitudinen, Rom ²1952 (Studien zur Naturphilosophie der Spätscholastik 3).

——: Metaphysische Hintergründe der spätscholastischen Naturphilosophie, Rom 1955 (Studien zur Naturphilosophie der Spätscholastik 4).

——: Zwischen Philosophie und Mechanik, Rom 1958.

——: Ausgehendes Mittelalter, Gesammelte Aufsätze zur Geistesgeschichte des XIV. Jahrhunderts, Rom 1965.

Mandonnet, Pierre: Art. Capréolus Jean, in: DThC 2 (1910), 1694.

Maurer, Armand A.: Francis of Mayron's Defense of Epistemological Realism, in: Studia mediaevalia et mariologica, P. Carolo Balić septuagesimum explenti annum dicata, Rom o. J., 203–225.

Marenbon, John: Later Medieval Philosophy (1150–1350): An Introduction, London et al. 1991.

Margolin, Jean-Claude: Duns Scot et Erasme, in: ders., Erasme: le prix des mots et de l'homme (London 1986), Bd. 3, 89–112.

Markowski, Mieczyslaw: Biographie [Konstanty Michalskis], in: Olaf Pluta (Hg.): Die Philosophie im 14. und 15. Jahrhundert. In memoriam Konstanty Michalski, Amsterdam 1988.

McGrath, Alister E.: Homo Assumptus?, A Study in the Christology of the Via moderna, with particular Reference to William of Ockham, in: EThL 60 (1984), 283–297.

——: John Calvin and Late Medieval Thought. A Study in Late Medieval Influences upon Calvin's Theological Development, in: ARG 77 (1986), 58–78.

——: Johann Calvin. Eine Biographie. Aus dem Englischen von Gabriele Burckhardt, Zürich 1991.

Meersseman, G.: Les Origines Parisiennes de l'Albertisme Colonais, in: AHDL 7 (1932), 121–142.

——: Geschichte des Albertismus, I: Die Pariser Anfänge des Kölner Albertismus, Rom 1933. II: Die ersten Kölner Kontroversen, Rom 1935.

Meier, Ludger: Die Barfüßerschule zu Erfurt, Münster i. W. 1957 (BGPHMA 38,2).

——: Nikolai Lakmann O.F.M. doctrina de divinae existentiae demonstrabilitate, in: StFr 2 (1930), 413–425.

Mestwerdt, Paul: Die Anfänge des Erasmus. Humanismus und "devotio moderna", Leipzig 1917.

Meyer, Walter Ernst: Soteriologie, Eschatologie und Christologie in der Confessio Helvetica Posterior. Beleuchtet an Kapitel XI "De Iesu Christo vero Deo et Homine, unico mundi Salvatore", in: Zwa 12 (1967), 391–409.

——: Die Entstehung von Huldrych Zwinglis neutestamentlichen Kommentaren und Predigtnachschriften, in: Zwa 14 (1976), 285–331.

——: Huldrych Zwinglis Eschatologie. Reformatorische Wende, Theologie und Geschichtsbild des Zürcher Reformators im Lichte seines eschatologischen Ansatzes, Zürich 1987.

La Philosophie au XIV siècle. Six Etudes, hg. Kurt Flasch, Frankfurt 1969.

Minges, Parthenius: Beitrag zur Lehre des Duns Scotus über das Werk Chisti, in: ThQ 89 (1907), 241–279.

——: Beitrag zur Lehre des Duns Scotus über die Person Jesu Christi, in: ThQ 89 (1907), 384–424.

——: Ioannis Duns Scoti, Doctrina Philosophica et Theologica, 2 Bde (Tomus I: Doctrina philosophica. Theologia fundamentalis; Tomus II: Theologia specialis), Quaracchi 1930.

——: Art. Scotism and Scotists, in: Catholic Encyclopedia Online Edition, vol. 12 (1912) (http://www.newadvent.org/cathen/13610b.htm; 2002).

Moeller, Bernd: Buchbesprechung zu H. A. Oberman, Werden und Wertung der Reformation, in: ARG 70 (1979), 308–314.

Molland, George A.: Continuity and Measure in Medieval Natural Philosophy, in: Albert Zimmermann mit Gudrun Vuillemin-Diem (Hgg.): Mensura, Zahl, Zahlensymbolik im Mittelalter, 1. Halbband, Berlin 1983 (MM 16,1), 132–144.

Monfrin, Jacques: Les lectures de Guillaume Fichet et de Jean Heynlin, in: BHR 17 (1955), 7–23.

Monnerjahn, Engelbert: Giovanni Pico della Mirandola. Ein Beitrag zur philosophischen Theologie des italienischen Humanismus, Wiesbaden 1960 (VIEG 20).

Moore, Walter L.: Between Mani and Pelagius. Predestination and Justification in the early writings of John Eck, Cambridge, MA 1967.

Mühlenberg, Ekkehard: Die Unendlichkeit Gottes bei Gregor von Nyssa. Gregors Kritik am Gottesbegriff der klassischen Metaphysik, Göttingen 1966 (FKDG 16).

Muller, Richard Alfred: God, Creation, and Providence in the Thought of Jacob Arminius. Sources and Directions of Scholastic Protestantism in the Era of Early Orthodoxy, Grand Rapids, MI 1991.

——: Calvin and the "Calvinists": Assessing Continuitites and Discontinuities between the Reformation and Orthodoxy, in Two Parts, in: CTJ 30 (1995), 345–375; 31 (1996), 125–160.

Mullally, J. P.: The "Summae logicales" of Peter of Spain, Notre Dame, IN 1945.

Müller, Gerhard: Art. Lambert von Avignon, Franz, in: ³RGG 3 (1960), 213.

Muralt, André de: L'enjeu de la philosophie médiévale. Etudes thomistes, scotistes, occamiennes et grégoriennes, Leiden et al. 1991 (STGMA 24).

Murdoch, John Emery: From Social into Intellectual Factors: An Aspect of the Unitary Character of Late Medieval Learning, in: ders. u. Edith Dudley Sylla (Hgg.), The Cultural Context of Medieval Learning, Proceedings of the First

International Colloquium on Philosophy, Science, and Theology in the Middle Ages – September 1973, Dordrecht 1975, 271–339 (Boston Studies in the Philosophy of Science 26).

——: Thomas Bradwardine: mathematics and continuity in the fourtheenth century, in: E. Grant u. J. Murdoch (Hgg.), Mathematics and its applications to science and natural philosophy in the Middle Ages (FS Marshall Spragett), Cambridge 1987, 103–137.

——: Infinity and continuity, in: Norman Kretzman et al. (Hgg.), CHLMPh, Cambrigde 1982, 564–592.

——: William of Ockham and the Logic of Infinity and Continuity, in: Norman Kretzman (Hg.): Infinity and Continuity in Ancient and Medieval Thought, London 1982, 165–206.

Neuser, Wilhelm: Zwingli und der Zwinglianismus, in: HDThG 2, Göttingen 1988, 167–196.

North, John: Eternity and Infinity in Late Medieval Thought, in: Giuliano Toraldo di Francia (Hg.), L'Infinito nella Scienza. Infinity in Science, Rom 1987, 245–255.

Oberman, Heiko Augustinus: Archbishop Thomas Bradwardine, a fourtheenth century Augustinian. A Study of his theology in its historical context, Utrecht 1957.

——: Some Notes on the Theology of Nominalism, with Attention to its Relation to the Renaissance, in: HThR 53 (1960), 47–76.

——: Facientibus quod in se est Deus non denegat gratiam: Robert Holcot, O.P., and the Beginnings of Luther's Theology, in: HThR 55 (1962), 317–342.

——: The Harvest of Medieval Theology. Gabriel Biel and Late Medieval Nominalism, Cambridge, MA 1963; dt.: Der Herbst des Mittelalters (Spätscholastik und Reformation 1) Zürich 1965.

——: Theologie des späten Mittelalters: Stand und Aufgaben der Forschung, in: ThLZ 91 (1966), 401–416.

——: Wittenbergs Zweifrontenkrieg gegen Prierias und Eck, in: ZKG 80 (1969), 331–358.

——: Via moderna – devotio moderna: Tendenzen im Tübinger Geistesleben 1477–1516. Ecclesiastici atque catholici gymnasii fundamenta, in: Martin Brecht (Hg.), Theologen und Theologie an der Universität Tübingen. Beiträge zur Geschichte der Evangelisch-Theologischen Fakultät, Tübingen 1977, 1–64.

——: Werden und Wertung der Reformation. Vom Wegestreit zum Glaubenskampf, Tübingen 21979 (Spätscholastik und Reformation 2).

——: Die Reformation: von Wittenberg nach Genf, Göttingen 1986.

——: Via antiqua and Via moderna: Late Medieval Prolegomena to Early Reformation Thought, in: JHI 48 (1987), 23–40. Reprint in: ders., The Impact of the Reformation, Essays by Heiko A. Oberman, Grand Rapids, MI 1994, 3–21.

O'Brian, F.: Art. Bonet (Nicolas), in: DHGE 9 (1937), 849–852.

Oeing-Hanhoff, L.: Art. Intellectus agens/intellectus possibilis, in: HWP 4 (1976), 432–435.

Old, Hughes Oliphant: Bullinger and the Scholastic Works on Baptism; A Study in the History of Chistian Worship, in: Ulrich Gäbler u. Erland Herkenrath (Hgg.), Heinrich Bullinger 1504–1575. Gesammelte Aufsätze zum 400. Todestag, Erster Band: Leben und Werk, im Auftrag des Instituts für Schweizerische Reformationsgeschichte, Zürich 1975, 191–207.

Olszewsky, Hans-Josef: Art. Johannes de Lapide, O. Cart. in: BBKL 3 (1992), 452–457.

——: Art. Lambert von Avignon, Franz, in: BBKL 4 (1992), 1015–1020.

O'Malley, John W.: The Feast of Thomas in Renaissance Rome. A Neglected Document and its Import, in: ders., Rome and the Renaissance: Studies in Culture and Religion, 1–27 (CStS 27).

Overfield, James H.: Humanism and Scholasticism in Late Medieval Germany, Princeton, NJ 1984.

Ott, Hugo: Zur Wirtschaftsethik des Konrad Summenhart (*ca. 1455, † 1502), in: VSWG 53 (1966), 1–27.

Owens, Joseph: Faith, ideas, illumination, and experience, in: CHLMPh 440–249.

Pannenberg, Wolfhart: Die Prädestinationslehre des Duns Skotus im Zusammenhang der scholastischen Lehrentwicklung, Göttingen 1954.

——: Wissenschaftstheorie und Theologie, Göttingen, 1987.

——: Theologie und Philosophie. Ihr Verhältnis im Lichte ihrer gemeinsamen Geschichte, Göttingen 1996.

Paqué, Ruprecht: Das Pariser Nominalistenstatut. Zur Entstehung des Realitätsbegriffs der neuzeitlichen Wissenschaft (Occam, Buridan und Petrus Hispanus, Nikolaus von Autrecourt und Gregor von Rimini), Berlin 1970 (QSGP 14).

Paulus, Nikolaus: Paulus Scriptoris, ein angeblicher Reformator vor der Reformation, in: ThQ 75 (1893), 289–311.

Payton, James R.: Rezension zu Emidio Campi, Zwingli und Maria, Zürich 1997, in: CTJ 33 (1998), 493–495.

Pelster, Franz: Wilhelm von Vorillon, ein Skotist des 15. Jahrhunderts, in: FS 8 (1921), 48–66.

Pestalozzi, Theodor: Die Gegner Zwinglis am Großmünsterstift in Zürich, Zürich 1918 (Schweizer Studien zur Geschichtswissenschaft 9,1).

Pfeilschifter, Frank: Das Calvinbild bei Bolsec und sein Fortwirken im französischen Katholizismus bis ins 20. Jahrhundert, Augsburg 1983.

Pinborg, Jan: Die Entwicklung der Sprachtheorie im Mittelalter, Münster i. W. 1967 (BGPHMA 42,2).

Pini, Giorgio: "Notabilia Scoti super metaphysicam": Una testimonianza ritrovata dell' insegnamento di Duns Scoto sulla "Metafisica", in: AFH 89 (1996), 137–180.

Pluta, Olaf: Die Philosophie im 14. und 15. Jahrhundert. In memoriam Konstanty Michalski (1879–1947), Amsterdam 1988 (BSPh 10).

Pollet, Jacques Vincent: Art. Zwinglianisme, in: DThC 15,2 (1950), 3745–3925, sowie in: ders., Huldrych Zwingli et le Zwinglianisme. Essai de synthèse historique et théologique mis à jour d'après les recherches récentes, Paris 1988 (De Pétrarce à Descartes 52), 1–216.

——: Zwingli und die Kirche. Scholastik und Humanismus im Kirchenbegriff Zwinglis, in: Zwa 16 (1985), 489–499.

——: Huldrych Zwingli. Biographie – Théologie d'après les Recherches récentes, in: ders., Huldrych Zwingli et le Zwinglianisme, Essai de synthèse historique et théologique mis à jour d'après les recherches récentes, Paris 1988 (De Pétrarce à Descartes, 52), 221–415.

Pompei, Alfonsus: De Formalitatibus, Modis et Rebus Scotistarum Doctrina. Accedit "Quaestio de Formalitate" Nikolai Lakmann, in: MF 61 (1961), 198–251; 251–275.

——: Nicolai Lakmann O.F.M. doctrina de divinae existentiae demonstrabilitate, in: StFr 2 (1930), 413–425.

Poole, David: Stages of religious faith in the classical Reformation Tradition: The Covenantal approach to the ordo salutis, San Francisco 1995.

Poppi, Antonio: Causalità e Infinità nella scuola Padovana dal 1480 al 1513, Padova 1966 (STCSTA 5).

——: Il Significato Storico di un "Tractatus Formalitatum" Attribuito a Giovanni Duns Scoto, in: De doctrina Ioannis Duns Scoti. Acta Congressus Scotistici Internationalis Oxonii et Edimburgi 11–17 sept. 1966 celebrati, vol. IV: Scotismus decursu Saeculorum (StSS 4).

——: Il Contributo dei Formalisti Padovani al Problema delle Distinzioni, in: Problemi e Figure della Scuola Scotista del Santo, Padova 1966 (PPPFMC 5), 601–790.

Prantl, Carl: Geschichte der Logik im Abendlande, 4 Bde: Leipzig 1855.1861. 1867.1870.

Prentice, Robert O.F.M.: The fundamental Metaphysics of John Duns Scotus as a thirteenth century "Proslogion", in: Anton. 39 (1964), 77–109.

———: Primary Efficiency and its Relation to Creation, Infinite Power and Omnipotence in the Metaphysics of John Duns Scotus, in: Anton. 40 (1965), 395–441.

Rhijn, M. van: Wessel Gansfort te Heidelberg en de strijd tusschen de "Via antiqua" en de "Via moderna", in: NAKG 18 (1925), 251–265.

Richter, Vladimir: Duns Scotus' literarisches Werk, Legende und Wirklichkeit, in: Camille Bérubé (Hg.), Homo et Mundus. Acta Quinti Congressus Scotistici Internationalis Salmanticae, 21–26 septembris 1981, Rom 1984, 559–563. (StSS 8).

Rijk, de, L. M.: Logica Modernorum. A contribution to the history of early terminist logic, 3 Bde, Assen 1962.

Ritter, Gerhard: Studien zur Spätscholastik I: Marsilius von Inghen und die okkamistische Schule in Deutschland, Heidelberg 1921 (SHAW.PH 4).

———: Studien zur Spätscholastik II: Via antiqua und Via moderna auf den deutschen Universitäten des XV. Jahrhunderts, Heidelberg 1922 (SHAW.PH 7).

———: Studien zur Spätscholastik III: Neue Quellenstücke zur Theologie des Johann von Wesel, Heidelberg 1927 (SHAW.PH 5).

———: Romantische und revolutionäre Elemente in der deutschen Theologie am Vorabend der Reformation, in: DVfLG 5 (1927), 342–380.

———: Die Heidelberger Universität, Ein Stück deutscher Geschichte, Im Auftrag der Heidelberger Akademie der Wissenschaften, Erster Band: Das Mittelalter (1356–1508), Heidelberg 1936.

Rose, V.: Pseudo-Psellus und Petrus Hispanus, in: Hermes 2 (1867), 156f.

Roßmann, Heribert: Die Hierarchie der Welt, Gestalt und System des Franz von Meyronnes OFM mit besonderer Berücksichtigung seiner Schöpfungslehre, Werl/Westf. 1968 (FrFor 23).

———: Die Sentenzenkommentare des Franz von Meyronnes O.F.M., in: FS 53 (1971), 9–227.

———: Die Quodlibeta und verschiedene sonstige Schriften des Franz von Meyronnes O.F.M., in: FS 54 (1972), 1–76.

———: Art. Franziskanerschule, in: LMA 4 (1988), 824–830.

Roth, Bartholomäus: Franz von Mayronis und der Augustinismus seiner Zeit, in: FS 22 (1935), 44–75.

———: Franz von Mayronis O.F.M. Seine Leben, seine Werke, seine Lehre vom Formalunterschied in Gott, Werl/Westf. 1936 (FrFor 3).

Rückert, Hanns: Das Eindringen der Tropuslehre in die schweizerische Auffassung vom Abendmahl, in: ARG 37 (1940), 199–221.

Ruello, Francis: La pensée de Jean de Ripa O.F.M. (XIVᵉ siècle): Immensité Divine et Connaissance Théologique, Paris 1990 (Vestigia 6).

———: La théologie naturelle de Jean de Ripa (XIVᵉ siècle), Paris 1992 (TDT15).

———: Le Projet Théologique de Jean de Ripa O.F.M. (XIVᵉᵐᵉ Siècle), in: Tr. 49 (1994), 127–170.

Ruh, Kurt: Geschichte der abendländischen Metaphysik, Bd. 3: Die Mystik des deutschen Predigerordens und ihre Grundlegung durch die Hochscholastik, München 1996.

Rupp, G. E.: The Reformation in Zürich, Straßburg and Geneva, in: The Swiss Reformers and The Sects, in: G. R. Elton (Hg.), The New Cambridge Modern History 2: The Reformation 1520–1559, Cambridge 1965.

Sallmann, Martin: Zwischen Gott und Mensch: Huldrych Zwinglis theologischer Denkweg im De vera et falsa religione commentarius (1525), Tübingen 1999 (BHTh 108).

Sbaralea, Hyacinthus Johannes: Supplementum et castigatio ad Scriptores trium ordinum S. Francisci a Waddingo aliisve descriptos cum adnotationibus ad syllabum martyrum eorumdem ordinum opus posthumum, pars II, [Quaracchi] 1978.

Scheel, Otto: Martin Luther. Vom Katholizismus zur Reformation, Bd. 1: Tübingen 31921.

Schepers, Heinrich: Buchsbesprechung zu: K. A. Sprengard, Systematisch-historische Untersuchungen zur Philosophie des XIV. Jahrhunderts, in: PhJ 76 (1968/69), 395–400.

Schilling, Heinz: Die Reformation – ein revolutionärer Umbruch oder Hauptetappe eines langfristigen reformierenden Wandels?, in: Wilfried Speitkamp u. Hans-Peter Ullmann (Hgg.), Konflikt und Reform (FS Helmut Berding), Göttingen 1995, 26–40.

Schindler, Alfred: Zwingli und die Kirchenväter, Zürich 1984 (147. Neujahrsblatt zum Besten des Waisenhauses in Zürich).

——: Zwinglis Randbemerkungen in den Büchern seiner Bibliothek, in: Zwa 17,6 (1988), 477–496; 18,1f. (1989), 1–11.

——: Zwingli als Leser des Johannes Damascenus, in: Leif Grane et al. (Hgg.), Auctoritas Patrum: zur Rezeption der Kirchenväter im 15. und 16. Jahrhundert, Mainz 1993, 185–195 (VIEG, Beiheft 37)

——: Zwinglis Gegner und die Kirchenväter. Ein Überblick, in: Leif Grane et al. (Hgg.), Auctoritas Patrum II. Neue Beiträge zur Rezeption der Kirchenväter im 15. und 16. Jahrhundert, Mainz 1998 (VIEG, Beiheft 44), 187–200.

Schindling, Anton: Konfessionalisierung und Grenzen von Konfessionalisierbarkeit, in: ders. u. Ziegler, Walter (Hgg.): Die Territorien des Reichs im Zeitalter der Reformation und Konfessionalisierung. Land und Konfession 1500–1600, Bd. 7: Bilanz – Forschungsperspektiven – Register, Münster i. W. 1997 (KLK 57).

Schlageter, Johannes: Das Menschsein Jesu Christi in seiner zentralen Bedeutung für Schöpfung und Geschichte bei Johannes Duns Scotus und heute, in: WiWei 47 (1984), 23–36.

Schmaus, Michael: Der Liber Propugnatorius des Thomas Anglicus und die Lehrunterschiede zwischen Thomas von Aquin und Duns Scotus, Münster i. W. 1930 (BGPHMA 39).

Schmidt, Martin Anton: Die Zeit der Scholastik, in: HDThG 1 (1988), 567–754.

Schmidt-Clausing, Fritz: Zwingli, Berlin 1965 (Sammlung Göschen 129).

——: Das Corpus Juris Canonici als reformatorisches Mittel Zwinglis, in: ZKG 80 (1969), 14–21.

Schneider, Hans: Zwinglis Marienpredigt und Luthers Magnifikat-Auslegung, in: Zwa 23 (1996), 105–141.

Schneider, Notker: Die Kosmologie des Franciscus de Marchia. Texte, Quellen und Untersuchungen zur Naturphilosophie des 14. Jahrhunderts, Leiden et al. 1991 (STGMA 27).

Schönberger, Rolf: Realität und Differenz: Ockhams Kritik an der distinctio formalis, in: ders. u. Wilhelm Vossenkuhl (Hgg.), Die Gegenwart Ockhams, Weinheim 1990, 97–122.

—— und Brigitte Kible (Hgg.): Repertorium edierter Texte des Mittelalters aus dem Bereich der Philosophie und angrenzender Gebiete, Berlin 1994.

——: Johannes Duns Scotus: Lectura in Librum Secundum Sententiarum, Dist. 1–6; 7–44 (opera omnia XVIII–XIX), in: WiWei 60,2 (1997), 275–296.

Schlageter, Johannes O.F.M.: Das Menschsein Jesu Christi in seiner zentralen Bedeutung für Schöpfung und Geschichte bei Johannes Duns Scotus und heute, in: WiWei 47 (1984), 23–36.

Schulthess, Peter: Sein, Signifikation und Erkenntnis bei Wilhelm von Ockham, Berlin 1992.

Schulten, Gert: Giovanni Picos Brief über das humanistisch-christliche Lebensideal und seine europäische Rezeption, in: Kontinuität und Umbruch. Theologie und Frömmigkeit in Flugschriften und Kleinliteratur an der Wende vom 15. zum 16. Jahrhundert, Beiträge zum Tübinger Kolloquium des Sonderforschungsbereichs

8 "Spätmittelalter und Reformation" (31. Mai bis 2. Juni 1975), hg. Josef Nolte et al. (SMAFN 2), 17.

Schulze, Manfred: Signa praedestinationis. Anhang zu Dieter Schellongs "Calvinismus und Kapitalismus", in: Hans Scholl (Hg.), Karl Barth und Johannes Calvin. Karl Barths Göttinger Calvin-Vorlesung von 1922, Neukirchen-Vluyn 1995, 102–106.

Schwarz, Reinhard: Gott ist Mensch, Zur Lehre von der Person Christi bei den Ockhamisten und bei Luther, in: ZThK 63 (1966), 289–351.

Scott, F.: Scotus and Gilson on Anselms Ontological Argument, in: Anton. 40 (1965), 442–448.

Seeberg, Erich: Der Gegensatz zwischen Zwingli, Schwenckfeld und Luther, in: FS Reinhold Seeberg, Leipzig 1929, 43–80.

Seeberg, Reinhold: Die Charakteristik der reformatorischen Grundgedanken Zwingli's, Separatdruck aus den "Mittheilungen und Nachrichten" etc. 1889, Januar-Heft.

——: Die Theologie des Johannes Duns Scotus, Eine dogmengeschichtliche Untersuchung, Leipzig 1900.

Seiller, Léon: La notion de Personne selon Scot. Les principales applications en christologie, in: FrFr 20 (1937), 209–248.

Souffrin, Pierre: La quantification du mouvement chez les scolastiques. La vitesse instantanée chez Nicole Oresme, in: Jeannine Quillet (Hg.): Autour de Nicole Oresme. Actes du Colloque Oresme organisé à l'Université de Paris XII, Paris 1990, 63–83.

Spade, Paul Vincent: Insolubilia, in: CHLMPh, 246–253.

Sprengard, Karl Anton: Systematisch-historische Untersuchungen zur Philosophie des XIV. Jahrhunderts. Ein Beitrag zur Kritik an der herrschenden spätscholastischen Mediaevistik, Bd. 1: Bonn 1967, Bd. 2: Bonn 1968.

——: Die Artistenfakultät und die Philosophie des 14. und 15. Jahrhunderts, in: Arts libéraux et Philosophie en Moyen Âge, Paris 1969.

Spruyt, B. J.: Cornelis Hoen's Epistola Christiana, in: Akkerman, F., Huisman, G. C., A. J. Vanderjagt (Hgg.): Wessel Gansfort (1419–1489) and Northern Humanism, Leiden et al. 1993 (Brill Studies in Intellectual History 104), 122–141.

Stapper, R.: Die Summulae Logicales des Petrus Hispanus und ihr Verhältnis zu Michael Psellos, in: Festschrift zum elfhundertjährigen Jubiläum des deutschen Campo Santo in Rom, Freiburg i. B. 1897.

——: Papst Johannes XXI, Münster i. W. 1898 (KGS 4,4).

Stayer, James M.: Zwingli and the "Viri Multi et Excellentes": The Christian Renaissance's Repudiation of neoterici and the Beginnings of Reformed Protestantism, in: E. J. Furcha and H. W. Pipkin (Hgg.), Prophet Pastor Protestant, The Work of Huldrych Zwingli After Five Hundred Years, Allison Park, PA 1984 (PThM 11), 137–154.

Stegmüller, Fridericus: Repertorium Commentatoriorum in Sententias Petri Lombardi, Würzburg 1947.

Stephens, William Peter: The Theology of Huldrych Zwingli, Oxford 1986.

Steinmetz, David C.: Scholasticism and Radical Reform: Nominalist Motifs in the Theology of Balthasar Hubmaier, in: MQR 45 (1971), 123–144).

Stickelberger, Hans Emanuel: Ipsa assumptione creatur. Orthodoxe Christologie und weltliche Existenz in der "Kirchlichen Dogmatik" Karl Barths, Bern 1979.

Strehle, Stephen: Calvinism, Augustinianism, and the will of God, in: ThZ 48 (1992), 221–237.

Stump, Eleonore: Theology and Physics in De sacramento altaris: Ockham's Theory of Indivisibles, in: Norman Kretzmann (Hg.), Infinity and Continuity in Ancient and Medieval Thought, London 1982, 207–257.

Sweeney, Leo: Divine Infinity in Greek and Medieval Thought, New York 1992.

Swiezawski, Stefan: Les débuts de l'aristotelisme chrétien moderne, in: Organon 7 (1970), 177–194.

——: "Via antiqua" et "Via moderna" au XV siècle, in: Antiqui und Moderni, Traditionsbewußtsein und Fortschrittsbewußtsein im späten Mittelalter, hg. A. Zimmermann, Berlin et al. 1974 (MM 9) 484–493.

——: Histoire de la philosophie européenne au XVe siècle, adaptée par Mariusz Propopowicz, Paris 1990.

——: L'Anthropologie Philosophique du XV Siècle sous l'Aspect de l'Influence du Scotisme, in: Studia Mediaevalia et Mariologica, P. Carolo Balić septuagesimum explenti annum dicata, Rom o. J., 361–375.

Tachau, Katherine: Vision and Certitude in the Age of Ockham: Optics, Epistemology and the Foundations of Semantics, 1250–1345, Leiden 1988.

Tavuzzi, Michael: Prierias: the life and works of Silvestro Mazzolini da Prierio, 1456–1527 (DMMRS 16).

Teetaert, A.: Art. Pierre de Candie, in: DThC 12 (1935), 1890–1895.

——: Art. Pierre de Castrovol, in: DThC 12 (1935), 1895f.

——: Art. Pierre Thomas, in: DThC 12 (1935), 2046–2049.

——: Art. Pierre de Trabibus, in: DThC 12 (1935), 2050–2064.

——: Art. Sirect, Antoine, in: DThC 14 (1939), 2170–2171.

Tewes, Götz-Rüdiger: Die Bursen der Kölner Artisten-Fakultät bis zur Mitte des 16. Jahrhunderts, Köln 1993 (Studien zur Geschichte der Universität Köln 13).

——: Die Erfurter Nominalisten und ihre thomistischen Widersacher in Köln, Leipzig und Wittenberg. Ein Beitrag zum deutschen Humanismus am Vorabend der Reformation, in: Andreas Speer (Hg.), Die Bibliotheca Amploniana. Ihre Bedeutung im Spannungsfeld von Aristotelismus, Nominalismus und Humanismus, 445–488 (MM 23)

Thompson, Craig R.: Better Teachers than Scotus or Aquinas, in: Proceedings of the Southeastern Institute of Medieval and Renaissance Studies 2 (1966), 114–45.

Torrance, Thomas Forsythe: La philosophie et la théologie de Jean Mair ou Maior (1469–1550), in: ArPh 32 (1979), 531–47; 33 (1980), 261–293.

Trapp, Damasus: Clm 27034: Unchristened Nominalism and Wycliffite Realism at Prague in 1381, in: RThAM 24 (1957), 320–60.

——: "Modern" and "Modernists", in MS Fribourg Corderliers 26, in: Aug. 5 (1965), 241–70.

Trinkaus, Charles u. Oberman, Heiko A.: The Pursuit of Holiness in Late Medieval and Renaissance Religion, Leiden 1974 (SMRT 10).

Tweedale, Martin: Scotus and Ockham on the Infinity of the Most Eminent Being, in: FrS 23 (1963), 257–267.

Ueberweg, Friedrich: Grundriß der Geschichte der Philosophie, Zweiter Teil: Die patristische und scholastische Philosophie, Basel 1951.

Usteri, Martin: Initia Zwinglii. Beiträge zur Geschichte der Studien und der Geistesentwickelung Zwinglis in der Zeit vor Beginn der reformatorischen Thätigkeit. (Nach bisher zum Theil unbekannten Quellen), in: ThStKr 58 (1885), 607–672; 59 (1986), 95–159.

Vial, Marc: Une harmonie évangélique du XVe siècle: Le Monotessaron de Jean Gerson (1363–1429), texte distribué le 7 juin 1999 dans le cadre des colloques de l'Institut de la Réformation, Université de Genève (non publié).

Vignaux, Paul: Art. Nominalisme, in: DThC 11,1 (1930), 717–84.

——: Artikel Occam, in: DThC 11,1 (1930), 876–89.

——: Justification et prédestination au XIVe siècle. Duns Scot, Pierre Auriole, Guillaume d'Occam, Grégoire de Rimini, Paris 1934 (Bibliothèque des Hautes Etudes, Sciences Religieuses 48).

——: Luther Commentateur des Sentences (Livre I, Distinction XVII), Paris 1935 (EPhM 21).

——: Nominalisme au XIVe siècle, Montreal 1948.

——: L'être comme perfection selon François de Meyronnes, in: Études d'histoire littéraire et doctrinale 17 (1962), 259–318; Reprint in: ders., De Saint Anselme à Luther, Paris 1976 (EPhM, hors série), 253–318.

——: Être et Infini selon Duns Scot et Jean de Ripa, in: De doctrina Ioannis Duns Scoti. Acta Congressus Scotistici Internationalis, Oxonii et Edimburghi 11–17 sept. 1966 celebrati, Rom 1968 (Studia scholastico-scotistica 4), 43–46; Reprint in: De Saint Anselme à Luther, Paris 1976 (EPhM, hors série), 353–366.

Vischer, Wilhelm: Geschichte der Universität Basel von der Gründung 1460 bis zur Reformation 1529, Basel 1860.

Vom Berg, Hans Georg: Die "Brüder vom gemeinsamen Leben" und die Stiftschule St. Martin zu Emmerich. Zur Frage des Einflusses der devotio moderna auf den jungen Bullinger, in: Ulrich Gäbler u. Erland Herkenrath (Hgg.), Heinrich Bullinger 1504–1575, Gesammelte Aufsätze zum 400. Todestag, Erster Band: Leben und Werk, im Auftrag des Instituts für Schweizerische Reformationsgeschichte, Zürich 1975, 1–12.

——: Spätmittelalterliche Einflüsse auf die Abendmahlslehre des jungen Bullinger, in: KuD 22 (1976), 221–233.f

Vos Jaczn, Antonie: Johannes Duns Scotus, Leiden 1994 (Keerkhistorische Monographieën 2).

—— und H. Veldhuis, A. H. Looman-Graaskamp, E. Dekker, N. W. den Bok: Johannes Duns Scotus. Contingentie en Vrijheid. Lectura I 39, Zoetermeer 1992.

Wackernagel, Rudolf: Geschichte der Stadt Basel, Bd. 2,2, Basel 1916.

Wadding, Lucas: Scriptores ordinis minorum quibus accessit syllabus illorum qui ex eodem ordine pro fide Christi fortiter occubuerunt, recensuit, Quaracchi 1878.

Walton, Robert C.: Zwinglis Theocracy, Toronto 1967.

Weber, Hans Emil: Reformation, Orthodoxie und Rationalimus, Erster Teil: Von der Reformation zur Orthodoxie, Gütersloh 1940.

——: Die philosophische Scholastik des deutschen Protestantismus im Zeitalter der Orthodoxie, Leipzig 1907.

Wegerich, Erich: Bio-Bibliographische Notizen über Franziskanerlehrer des 15. Jahrhunderts, in: FS 29 (1924), 150–197.

Weiler, Anton G.: Heinrich von Gorkum. Seine Stellung in der Philosophie und der Theologie des Spätmittelalters, Hilversum et al., 1962.

——: Nederlanders in Keulen en Heidelberg rond magister Herwich Gijsbertz van Amsterdaam (1440–1481), in: Postillen over kerk en maatschappij in de veertiende en vijftiende eeuw, Nijmegen 1964, 257–283.

——: Un traité de Jean de Nova Domo sur les universaux, in: Vivarium 6 (1968), 108–154.

——: Realisme, Nominalisme, Humanisme. De wegenstrijd in de laatscholastiek en het humanistisch antwoord, in: VoxTh 39 (1969), 58–79.

——: Art. Antiqui/moderni (Via antiqua/Via moderna), in: HWP 1 (1971), 407–410.

Wendel François: Calvin. Sources et évolution de sa pensée religieuse, Paris ²1985 (HistSoc 9).

Wenneker, Erich: Art. Pellikan, Konrad, in: BBKL 7 (1994), 180–183.

——: Art. Surgant, Johann Ulrich, in: BBKL 11 (1996), 273–275.

——: Art. Wyttenbach, Thomas, in: BBKL 14 (1998), 264–266.

Werner, Hans-Joachim: Die Ermöglichung des endlichen Seins nach Johannes Duns Scotus, Bern et al. 1974.

Werner, Jakob: Rezension zu Walther Köhler, Huldrych Zwinglis Bibliothek, in: Neue Zürcher Zeitung 24.2.1921.

Wetter, Friedrich: Die Trinitätslehre des Johannes Duns Scotus, Münster i. W., 1967.

White, Graham: Luther as Nominalist. A Study of the Logical Methods used in Martin Luther's disputations in the Light of their Medieval Background, Helsinki 1994 (SLAG 30).

Willis, E. D.: Calvins' Catholic Christology, Leiden 1966.

Wissink, J. B. M. (Hg.): Eternity of the World in the Thought of Thomas Aquinas and his Contemporaries, Leiden et al. 1990 (STGMA 27).

Wöhler, Hans-Ulrich: Geschichte der mittelalterlichen Philosophie. Mittelalterliches europäisches Philosophieren einschließlich wesentlicher Voraussetzungen, Berlin 1990.

Wolf, Sebastian: Das potentiell Unendliche. Die aristotelische Konzeption und ihre modernen Derivate, Frankfurt a. M. 1983, (EHS 20, 103)

Wölfel, Eberhard: Seinsstruktur und Trinitätsproblem. Untersuchungen zur Grundlegung der natürlichen Theologie bei Johannes Duns Scotus, Münster i. W. 1965.

Wood, Rega: Ockham on Essentially-Ordered Causes. Logic Misapplied, in: Werner Vossenkuhl u. Rolf Schönberger (Hgg.), Die Gegenwart Ockhams, Weinheim 1990, 25–50.

Wulf, de, Maurice: Via moderna et Via antiqua, in: Miscellanea historica in honorem Alberti de Meyer, Bd. 2, Brüssel 1946, 696–698.

Wunberg, Gotthart: Modell einer Rezeptionsanalyse kritischer Texte, in: Gunter Grimm (Hg.), Literatur und Leser. Theorien und Modelle zur Rezeption literarischer Werke, Stuttgart 1975, 119–133.

Wyngaert, van den, A.: Art. Brulefer, in: DHGE 10 (1938), 916f.

Wyss, Karl-Heinz: Leo Jud. Seine Entwicklung zum Reformator 1519–1523, Bern et al. 1976, (EHS 3, 61).

Zarncke, Friedrich (Hg.): Sebastian Brants Narrenschiff, Leipzig 1854.

Zavalloni, Roberto: Giovanni Duns Scoto. Maestro di Vita e Pensiero, Bologna 1992.

Zeller, Eduard: Das theologische System Zwinglis, Tübingen 1853.

Zimmermann, Albert: Antiqui und Moderni. Traditionsbewußtsein im späten Mittelalter, Berlin et al. 1974 (MM 9).

Zimmermann, Gunter: Die Antwort der Reformatoren auf die Zehntenfrage: Eine Analyse des Zusammenhangs von Reformation und Bauernkrieg, Frankfurt a. M. et al. 1982 (EHS 3,164).

Zuckerman, Charles: The Relationship of Theories of Universals to the Theories of Church Government in the Middle Ages: A Critique of previous Views, in: JHI 25 (1975), 579–594.

Zupko, Jack: Nominalism meets Indivisibilism, in: Medieval Philosophy and Theology 3 (1993), 158–185.

REGISTER

Kursiv gesetzte Seitenangaben verweisen auf Belege in den Anmerkungen. Fett gesetzte Seitenangaben verweisen auf Quelleneinträge Zwinglis im Editionsteil.

PERSONEN

Moderne Autoren

Sachen

Orte

Studies in the History of Christian Thought

EDITED BY HEIKO A. OBERMAN

46. GARSTEIN, O. *Rome and the Counter-Reformation in Scandinavia*. 1553-1622. 1992
47. GARSTEIN, O. *Rome and the Counter-Reformation in Scandinavia*. 1622-1656. 1992
48. PERRONE COMPAGNI, V. (ed.). *Cornelius Agrippa, De occulta philosophia Libri tres*. 1992
49. MARTIN, D. D. *Fifteenth-Century Carthusian Reform*. The World of Nicholas Kempf. 1992
50. HOENEN, M. J. F. M. *Marsilius of Inghen*. Divine Knowledge in Late Medieval Thought. 1993
51. O'MALLEY, J. W., IZBICKI, T. M. and CHRISTIANSON, G. (eds.). *Humanity and Divinity in Renaissance and Reformation*. Essays in Honor of Charles Trinkaus. 1993
52. REEVE, A. (ed.) and SCREECH, M. A. (introd.). *Erasmus' Annotations on the New Testament*. Galatians to the Apocalypse. 1993
53. STUMP, Ph. H. *The Reforms of the Council of Constance (1414-1418)*. 1994
54. GIAKALIS, A. *Images of the Divine*. The Theology of Icons at the Seventh Ecumenical Council. With a Foreword by Henry Chadwick. 1994
55. NELLEN, H. J. M. and RABBIE, E. (eds.). *Hugo Grotius – Theologian*. Essays in Honour of G. H. M. Posthumus Meyjes. 1994
56. TRIGG, J. D. *Baptism in the Theology of Martin Luther*. 1994
57. JANSE, W. *Albert Hardenberg als Theologe*. Profil eines Bucer-Schülers. 1994
59. SCHOOR, R.J.M. van de. *The Irenical Theology of Théophile Brachet de La Milletière (1588-1665)*. 1995
60. STREHLE, S. *The Catholic Roots of the Protestant Gospel*. Encounter between the Middle Ages and the Reformation. 1995
61. BROWN, M.L. *Donne and the Politics of Conscience in Early Modern England*. 1995
62. SCREECH, M.A. (ed.). *Richard Mocket, Warden of All Souls College, Oxford, Doctrina et Politia Ecclesiae Anglicanae*. An Anglican Summa. Facsimile with Variants of the Text of 1617. Edited with an Introduction. 1995
63. SNOEK, G.J.C. *Medieval Piety from Relics to the Eucharist*. A Process of Mutual Interaction. 1995
64. PIXTON, P.B. *The German Episcopacy and the Implementation of the Decrees of the Fourth Lateran Council, 1216-1245*. Watchmen on the Tower. 1995
65. DOLNIKOWSKI, E.W. *Thomas Bradwardine: A View of Time and a Vision of Eternity in Fourteenth-Century Thought*. 1995
66. RABBIE, E. (ed.). *Hugo Grotius, Ordinum Hollandiae ac Westfrisiae Pietas (1613)*. Critical Edition with Translation and Commentary. 1995
67. HIRSH, J.C. *The Boundaries of Faith*. The Development and Transmission of Medieval Spirituality. 1996
68. BURNETT, S.G. *From Christian Hebraism to Jewish Studies*. Johannes Buxtorf (1564-1629) and Hebrew Learning in the Seventeenth Century. 1996
69. BOLAND O.P., V. *Ideas in God according to Saint Thomas Aquinas*. Sources and Synthesis. 1996
70. LANGE, M.E. *Telling Tears in the English Renaissance*. 1996
71. CHRISTIANSON, G. and T.M. IZBICKI (eds.). *Nicholas of Cusa on Christ and the Church*. Essays in Memory of Chandler McCuskey Brooks for the American Cusanus Society. 1996
72. MALI, A. *Mystic in the New World*. Marie de l'Incarnation (1599-1672). 1996
73. VISSER, D. *Apocalypse as Utopian Expectation (800-1500)*. The Apocalypse Commentary of Berengaudus of Ferrières and the Relationship between Exegesis, Liturgy and Iconography. 1996
74. O'ROURKE BOYLE, M. *Divine Domesticity*. Augustine of Thagaste to Teresa of Avila. 1997
75. PFIZENMAIER, T.C. *The Trinitarian Theology of Dr. Samuel Clarke (1675-1729)*. Context, Sources, and Controversy. 1997
76. BERKVENS-STEVELINCK, C., J. ISRAEL and G.H.M. POSTHUMUS MEYJES (eds.). *The Emergence of Tolerance in the Dutch Republic*. 1997
77. HAYKIN, M.A.G. (ed.). *The Life and Thought of John Gill (1697-1771)*. A Tercentennial Appreciation. 1997
78. KAISER, C.B. *Creational Theology and the History of Physical Science*. The Creationist Tradition from Basil to Bohr. 1997
79. LEES, J.T. *Anselm of Havelberg*. Deeds into Words in the Twelfth Century. 1997
80. WINTER, J.M. van. *Sources Concerning the Hospitallers of St John in the Netherlands, 14th-18th Centuries*. 1998

81. TIERNEY, B. *Foundations of the Conciliar Theory*. The Contribution of the Medieval Canonists from Gratian to the Great Schism. Enlarged New Edition. 1998

82. MIERNOWSKI, J. *Le Dieu Néant*. Théologies négatives à l'aube des temps modernes. 1998

83. HALVERSON, J.L. *Peter Aureol on Predestination*. A Challenge to Late Medieval Thought. 1998.

84. HOULISTON, V. (ed.). *Robert Persons, S.J.: The Christian Directory (1582)*. The First Booke of the Christian Exercise, appertayning to Resolution. 1998

85. GRELL, O.P. (ed.). *Paracelsus*. The Man and His Reputation, His Ideas and Their Transformation. 1998

86. MAZZOLA, E. *The Pathology of the English Renaissance*. Sacred Remains and Holy Ghosts. 1998.

87. 88. MARSILIUS VON INGHEN. *Quaestiones super quattuor libros sententiarum*. Super Primum. Bearbeitet von M. Santos Noya. 2 Bände. I. Quaestiones 1-7. II. Quaestiones 8-21. 2000

89. FAUPEL-DREVS, K. *Vom rechten Gebrauch der Bilder im liturgischen Raum*. Mittelalterliche Funktionsbestimmungen bildender Kunst im *Rationale divinorum officiorum* des Durandus von Mende (1230/1-1296). 1999

90. KREY, P.D.W. and SMITH, L. (eds.). *Nicholas of Lyra*. the Senses of Scripture. 2000

92. OAKLEY, F. *Politics and Eternity*. Studies in the History of Medieval and Early-Modern Political Thought. 1999

93. PRYDS, D. *The Politics of Preaching*. Robert of Naples (1309-1343) and his Sermons. 2000

94. POSTHUMUS MEYJES, G.H.M. *Jean Gerson – Apostle of Unity*. His Church Politics and Ecclesiology. Translated by J.C. Grayson. 1999

95. BERG, J. VAN DEN. *Religious Currents and Cross-Currents*. Essays on Early Modern Protestantism and the Protestant Enlightenment. Edited by J. de Bruijn, P. Holtrop, and E. van der Wall. 1999

96. IZBICKI, T.M. and BELLITTO, C.M. (eds.). *Reform and Renewal in the Middle Ages and the Renaissance*. Studies in Honor of Louis Pascoe, S. J. 2000

97. KELLY, D. *The Conspiracy of Allusion*. Description, Rewriting, and Authorship from Macrobius to Medieval Romance. 1999

98. MARRONE, S.P. *The Light of Thy Countenance*. Science and Knowledge of God in the Thirteenth Century. 2 volumes. 1. A Doctrine of Divine Illumination. 2. God at the Core of Cognition. 2001

99. HOWSON, B.H. *Erroneous and Schismatical Opinions*. The Question of Orthodoxy regarding the Theology of Hanserd Knollys (c. 1599-169)). 2001

100. ASSELT, W.J. VAN. *The Federal Theology of Johannes Cocceius (1603-1669)*. 2001

101. CELENZA, C.S. *Piety and Pythagoras in Renaissance Florence the* Symbolum Nesianum. 2001

102. DAM, H.-J. VAN (ed.), *Hugo Grotius, De imperio summarum potestatum circa sacra*. Critical Edition with Introduction, English translation and Commentary. 2 volumes. 2001

103. BAGGE, S. *Kings, Politics, and the Right Order of the World in German Historiography c. 950-1150*. 2002

104. STEIGER, J.A. *Fünf Zentralthemen der Theologie Luthers und seiner Erben*. Communicatio – Imago – Figura – Maria – Exempla. Mit Edition zweier christologischer Frühschriften Johann Gerhards. 2002

105. IZBICKI T.M. and BELLITTO C.M. (eds.). *Nicholas of Cusa and his Age: Intellect and Spirituality*. Essays Dedicated to the Memory of F. Edward Cranz, Thomas P. McTighe and Charles Trinkaus. 2002

106. HASCHER-BURGER, U. *Gesungene Innigkeit*. Studien zu einer Musikhandschrift der Devotio moderna (Utrecht, Universiteitsbibliotheek, MS 16 H 94, olim B 113). Mit einer Edition der Gesänge. 2002

107. BOLLIGER, D. *Infiniti Contemplatio*. Grundzüge der Scotus- und Scotismusrezeption im Werk Huldrych Zwinglis. Mit ausführlicher Edition bisher unpublizierter Annotationen Zwinglis. 2003

108. CLARK, F. *The 'Gregorian' Dialogues and the Origins of Benedictine Monasticism*. 2002

109. ELM, E. *Die Macht der Weisheit*. Das Bild des Bischofs in der *Vita Augustini* des Possidius und andere spätantiken und frühmittelalterlichen Bischofsviten. 2003

Prospectus available on request

BRILL — P.O.B. 9000 — 2300 PA LEIDEN — THE NETHERLANDS